U0950185

西南政法大学刑法学术文库

XINGFA LILUN YU SHIJIAN TANSUO

刑法理论与实践探索

西南政法大学刑法学科教师代表性论文集

梅传强／主　　编
石经海／执行主编

中国检察出版社

图书在版编目（CIP）数据

刑法理论与实践探索：西南政法大学刑法学科教师代表性论文集/梅传强主编．—北京：中国检察出版社，2023.6

ISBN 978－7－5102－2751－6

Ⅰ．①刑…　Ⅱ．①梅…　Ⅲ．①刑法－中国－文集
Ⅳ．①D924.04－53

中国版本图书馆 CIP 数据核字（2022）第 091344 号

刑法理论与实践探索——西南政法大学刑法学科教师代表性论文集

梅传强　主编

责任编辑：葛晓湄
技术编辑：王英英
美术编辑：曹　晓

出版发行：中国检察出版社
社　　址：北京市石景山区香山南路 109 号（100144）
网　　址：中国检察出版社（www.zgjccbs.com）
编辑电话：（010）86423784
发行电话：（010）86423726　86423727　86423728
（010）86423730　86423732
经　　销：新华书店
印　　刷：北京联兴盛业印刷股份有限公司
开　　本：710mm×960mm　16 开
印　　张：50.5
字　　数：845 千字
版　　次：2023 年 6 月第一版　　2023 年 6 月第一次印刷
书　　号：ISBN 978－7－5102－2751－6
定　　价：140.00 元

检察版图书，版权所有，侵权必究

如遇图书印装质量问题本社负责调换

《西南政法大学刑法学术文库》编辑委员会

主　任　梅传强　石经海

委　员　李永升　朱建华　王利荣

袁　林　高维俭　陈　伟

姜　敏　卢有学

《刑法理论与实践探索》
编辑委员会

主　　编　梅传强

执行主编　石经海

成　　员　卢有学　刘湘廉　张武举
　　　　　陈小彪　李永升　朱建华
　　　　　王利荣　陈　伟　姜　敏
　　　　　袁　林　丁胜明　贾　健
　　　　　姚万勤　张永强

学术编辑　唐渠渠

总 序

七十载辉煌征程，七十载峥嵘岁月。当时光的脚步踏入2019年，我们迎来了新中国成立七十周年的历史性时刻。在这个洋溢着喜庆的美好日子里，全新打造的《西南政法大学刑法学术文库》（以下简称《西政刑法文库》）由中国检察出版社隆重推出，这既是庆贺新中国七十华诞和致敬新中国光辉成就的献礼，更是西南政法大学刑法学科再出发的前进号角，我们将伴随着新中国永不停息的发展脚步，迈入新征程，迎接新挑战，实现新跨越。

西南政法大学刑法学科是全国最早获得硕士学位授权的刑法学科之一，是我国西部地区第一个刑法专业博士学位授权点，早在1995年就被确定为省部级重点学科。在近七十年的发展历程中，西政刑法学人辛勤耕耘、默默奉献，以赵念非教授、伍柳村教授、黄观效教授、邓又天教授、董鑫教授、高绍先教授、赵长青教授、陈忠林教授、李培泽教授、朱启昌教授、邱兴隆教授、张绍彦教授、梅传强教授等为代表的一大批知名学者为刑法学科的建设和发展做出了重要贡献。改革开放以来，邓又天教授、赵长青教授、陈忠林教授、梅传强教授和石经海教授先后担任学科带头人（负责人）。时至今日，刑法学科的专任教师已达38人，形成了具有良好学历、职称、年龄和学缘结构的教学科研团队；拥有重庆市首批人文社科重点研究基地“毒品犯罪与对策研究中心”，与最高人民法院、国家禁毒办合作共建了“国家毒品问题治理研究中心”，此外还有“有组织犯罪研究中心”“量刑研究中心”“特殊群体权利保护与犯罪预防研究中心”“少年法学研究中心”“金融刑法研究中心”“外国与比较刑法研究中心”等研究基地。经过几代人的薪火相传和不懈努力，西南政法大学刑法学科已经成为具有雄厚学科基础和优良学术传统、在全国发挥重要影响并且具有一定国际知名度的省部级重点学科。

科学研究与人才培养是学科建设的两翼。西南政法大学刑法学科具有数量规模庞大、年龄结构合理、学历水平优化、学缘结构合理的学科团队，他们积极投身于教学科研第一线，近年来在科研项目立项、学术论文发表、科研成果获奖等方面成绩斐然，在科学研究方面取得了优异的成绩。此外，在大力加强科学研究的同时，西南政法大学刑法学科也着力于人才培养。自2001年获得博士学位授权点以来，本学科已培养了近百名博士，他们活跃在法学理论和司法实务的各个领域，他们所取得的成绩在一定意义上也是本学科所取得的成绩。为此，《西政刑法文库》将立足本学科，主要出版本学科教学科研人员的优秀著作；同时，也将选择本学科培养且已经毕业的部分博士的学位论文或其他优秀学术著作出版。为了发挥《西政刑法文库》的学术价值和社会效应，体现学术丛书的性质，将采取不定期常年出版的形式，对于拟出版的著作由编辑委员会审定同意后出版，每本著作连续编号，力争将其打造成为规模较大、质量上乘、影响广泛的学术精品。《西政刑法文库》将秉承思想交流与学术创新的基本宗旨，着力打造学术精品，展示西南政法大学刑法学人形象，献力中国刑法学术发展。

学术的生命在于争鸣，思想的火花源于碰撞。《西政刑法文库》的出版将呈现每一个作者对当下中国刑法理论与实践问题的关注和思考，为学术交流搭建一个有益的平台，用文字和思考为中国法治发展贡献自己的绵薄之力。我们期待《西政刑法文库》的出版发行能够为国内外同行了解和认识本学科提供一个窗口，也期待国内外同行能够以此为平台加强与本学科的沟通交流，国内外同行和广大读者的真知灼见将是我们进一步加强学科建设的重要力量。

将西南政法大学刑法学科发展好、建设好，是全体西政刑法学人的使命和追求。处在新时代的激流之中，在“双一流”建设的大背景下，本学科的发展也面临着诸多新的挑战，加强学科建设刻不容缓。值此《西南政法大学刑法学术文库》出版之际，诚挚欢迎学界同仁以及各界朋友一如既往地关心和支持西南政法大学刑法学科的发展建设，共同促进我国法治事业的健步前行。

《西南政法大学刑法学术文库》编辑委员会

2019 年 10 月

目　录
CONTENTS

刑法基础篇

刑事犯罪篇

刑事责任篇

刑法分论篇

刑法基础篇

刑事政策学刍议*

王学沛**

刑事政策学是刑事法学的一门重要分支学科，然而，多年来，尽管我们在同犯罪做斗争中非常重视运用刑事政策这一有力武器，但却长期忽视对刑事政策的理论研究，以致这门学科在理论上几乎处于空白状态，并且也在很大程度上影响了刑事政策本身的完善，进而影响了同犯罪的斗争。建立我国社会主义刑事政策学已经刻不容缓。

早在近代资产阶级刑法学的鼻祖贝卡利亚 1764 年出版的《论犯罪与刑罚》一书中，就已经闪烁着不少刑事政策的光辉，其中最为耀眼的又莫过于预防犯罪的思想。贝卡利亚的继承者费尔巴哈在《论犯罪与刑罚》的基础上构筑了资产阶级刑法理论大厦，并首次提出了“刑事政策”的概念。资产阶级刑法理论新派的崛起，最终促成了刑事政策学的兴起与日渐成熟。第二次世界大战以后，大量以刑事政策为题的专著出版。

刑事政策学，顾名思义，是一门以刑事政策为研究对象的学科。然而，什么是刑事政策，在西方国家中却存在着广义和狭义之争。资产阶级刑事政策学奠基人之一李斯特的著名论断——“最好的社会政策亦是最好的刑事政策”，就代表了广义刑事政策的观点。从这一观点出发，国家所采取的一切社会政策，只要与预防犯罪有一定的联系，都可视为刑事政策。例如，国家的教育政策、救济政策、劳动政策、住宅政策等，都为预防犯罪提供了一

---

* 本文原载于《现代法学》1987 年第 4 期。

** 西南政法大学校友。

定的物质基础和社会环境，因而都是刑事政策。大多数学者从狭义的刑事政策观出发，认为刑事政策是指国家以预防和镇压犯罪为目的，运用刑罚以及与刑罚有类似作用（如保安处分）的各种制度来对付犯罪人及有犯罪倾向的人的各种对策。在这种观点看来，刑事政策的范围是很狭窄的，基本上只限于刑罚制度（各刑种和刑罚执行制度，如缓刑、假释等）以及定罪前后和行刑前后针对特定人的各种保安处分措施。

我国的刑事政策概念，目前尚无定论。但可以肯定，它与资产阶级的刑事政策概念有着显著的区别。它既不像资产阶级广义刑事政策那样囊括一切社会政策，也不像资产阶级狭义刑事政策那样只把眼光盯住犯罪人。我国的刑事政策是在广阔的社会领域内，以犯罪人为重点，以预防犯罪为核心，针对犯罪现象而采取的一系列专门对策。因此，我国刑事政策应该定义为：国家专为同犯罪做斗争而制定和运用的策略和手段。这一定义无论从语义学上还是从刑事政策本身的内涵上来看，都是比较科学的。从语义上讲，“刑事”二字是专指直接涉及犯罪与处罚的事项，如刑事案件，就是专指在定罪量刑范围内考虑的案件。从这个意义上说，把刑事政策限于专门同犯罪做斗争的政策，是符合其概念自身的要求的。从刑事政策本身的内涵看，它固然是以犯罪人为重点，但却不是以犯罪人为其全部对象，特别是我国社会主义刑事政策以预防犯罪为核心，就必然要求注重防患于未然，因此，一般预防同样是我国刑事政策瞩目的重点，有时甚至是更重要的方面。

任何一门学科的建立，都必须首先解决研究范围，这是一门学科得以立足和发展的起码条件，刑事政策学也不例外。在西方国家，刑事政策学的研究虽然十分发达，但其研究范围却并非十分统一。在英美法系国家中，很少使用“刑事政策”这一概念，而是将刑事政策学的内容完全放到犯罪学中去。就独立的学科而言，英美法系国家并没有建立起完整的刑事政策学理论体系。当然，这并没有妨碍他们在犯罪学的领域内就一些刑事政策课题进行广泛而深入的研究。相反，在大陆法系国家中却有自己独特的、完整的理论体系的刑事政策学。但是，其刑事政策概念的广狭之分，使其研究范围也各有所异。从广义的刑事政策概念出发建立的刑事政策学，其研究范围必然包括教育政策、救济政策、劳动政策等，因为这些社会政策确实与预防犯罪有着密切的关系。然而，社会政策毕竟是宏大广博的，要真正把它们统统纳入刑事政策学的研究范围，不仅是刑事政策法学家们力所不能及的，而且也使刑事政策学的理论体系失去了自身的特定内涵，从而失去了自身存在的必要性。所以，现代西方学者大多已抛弃这种主张，转而主张狭义的刑事政策概念。但即使都以此为基点，也并未使刑事政策学的研究范围一致。主要分歧在于，是否应把犯罪原因纳入刑事政策学的研究范围。多数人认为，刑事政策的研究必须以犯罪原因的研究为基础，方能收对症下药之效果，因此刑事政策学的研究范围应包括对犯罪原因的研究。这就涉及刑事政策学与犯罪学的关系问题。把犯罪原因纳入刑事政策学的研究范围，实际上等于否定了以犯罪原因为基本研究内容的犯罪学的独立性。而犯罪学在西方恰恰是被广泛承认的一门独立学科。这正是资产阶级在建立刑事政策学理论体系时所遇到的至今尚未解决的一个难题。建立我国的刑事政策学理论体系，也必须首先解决刑事政策学与犯罪学二者之间的关系。犯罪学研究在我国已广泛展开，犯罪学体系正在逐步形成，我国法学界也比较一致承认了犯罪学在法学体系中的独立地位。在这种情况下来建立我国的刑事政策学理论体系，就应使刑事政策学成为与犯罪学各自独立的一门学科，明确地说，在我国刑事政策学体系中，不应包含有对犯罪原因的研究。把刑事政策学同犯罪学在体系上明确划分开来，不仅是为了这两门学科自身理论体系的完整性和独立性，而且也为整个刑事科学的正确分类创造了条件。当然这不妨碍在刑事政策学的研究中直接采用犯罪学研究的成果。

我国刑事政策学研究的基本内容应该有哪些呢？我认为应该有以下几个方面的内容：

第一，刑事立法政策。这一部分内容要求以对犯罪现状的充分认识和对犯罪发展趋势的科学预测为基础，研究刑事立法对策。具体地说，这一部分研究的内容包括：刑事立法的指导思想，如何确定把哪些行为纳入犯罪领域，对犯罪应该设立何种刑罚方法，对各类不同的犯罪应分别规定多重的刑罚，现行各刑种的惩罚与预防效果如何等。刑事立法是一项复杂的社会工程，它必须以最优的形式，取得最佳的社会效果。这就涉及刑法典与单行条例的关系，专门刑事法规与其他法规中的刑罚法条的关系，刑事法规的制定，修改的时间、程序，刑事法规的解释形式、机关及其解释权的大小，等等。这些也都是刑事政策学在这一部分内容中所要研究的问题。

第二，刑事司法政策。刑事司法是实现刑事立法目的的基本途径，在刑事司法过程中采取何种指导思想以及程序、手段等，直接关系到刑事立法目的的实现的程度。刑事政策学的第二个任务，就是要研究在各个不同的时期，根据犯罪客观情况的变化，在刑事司法过程中，应该相应采取什么措施，怎样掌握对各种犯罪的处罚尺度，以及对某些特殊类型的犯罪或犯罪人采取什么特殊的措施等。例如，对严重危害社会治安的犯罪和严重的经济犯罪从严惩处，就是贯彻了从重的刑事司法政策。对刑事司法政策的研究，可以为刑事司法实践提供正确的指导思想，使司法实践始终正确掌握宽严尺度，既能根据各个时期处罚各类犯罪人的需要正确量刑，又能避免量刑上的忽轻忽重。刑事政策学的这部分内容，还要研究某些特殊的司法措施。例如，对少年犯罪是否应该采用特别的诉讼程序，或者设立专门的刑事司法机构。

第三，行刑政策。劳动改造学是行刑政策所要研究的重要内容，但不是唯一的内容，后者的范围要比前者广泛得多，它还要研究行刑的总的指导方针，各种刑种（包括附加刑）的执行方式，行刑机构的设置，各种刑罚执行制度（假释、缓刑、减刑等）的适用情况及效果，各种非刑事性质的旨在加强行刑效果的辅助措施等。例如，行刑指导思想上教育、惩罚与剥夺犯罪能力三者的关系，死刑是否应公开执行，采取什么程序适用假释、减刑，对缓刑、假释者如何考察，如何使各种行刑措施更符合目的性，等等。刑事政策学对行刑政策的研究，将促使我国行刑制度的进一步健全，使刑事活动的最后阶段能够收到更有效地预防犯罪的效果。

第四，刑事政策学除了研究各种刑事政策本身以外，还必须研究刑事政策与其他各种社会政策在预防犯罪方面的协调作用。实践表明，有些社会政策，原本不是为反击犯罪而制定，但却在客观上有预防犯罪的积极作用，如发展教育的政策、扩大就业的政策等，而另有些社会政策，在客观上则有可能增加滋生犯罪因素的消极后果。因而如何使各种刑事政策进一步同其他社会政策协调起来，充分利用其他社会政策在预防犯罪方面的积极作用，尽力避免滋生犯罪因素，就成为刑事政策学的重要内容。此外还应包括对各种社会防卫性质的非刑罚措施的研究。例如，对未达刑事责任年龄的未成年人的强制管束，对无责任能力或只有部分责任能力的精神病人的强制医疗处分，对有强烈犯罪倾向的人的预防性强制措施，等等。

刑事政策学的内容还可以细分，而且随着科学研究的深入，还可能开拓新的研究领域。但无论哪一个方面的内容，都是以最有效地预防犯罪为目标的。因此，我们可以把刑事政策学的基本任务概括为：以预防犯罪为直接目的，研究所有反击犯罪的措施，并使之系统化，以便使所有反击犯罪的措施协调起来，组成一个有机的国家活动体系，收获最大的预防犯罪的实效。

树立社会主义市场经济刑法观[*]

赵长青[**]

我国由计划经济体制转变为市场经济体制，已经逐渐成为人们的共识。在当前经济体制转轨变型的关键时期，要正确认识市场经济竞争与运行中各种行为的性质，恰当地处理好打击与保护的关系，保证市场经济按照自由、公正、公开的原则有序地进行。

一、树立为发展市场经济保驾护航的服务观

增强服务意识，提高服务质量，首先，要开阔视野，深入了解服务对象。建设有中国特色的社会主义，没有现成的模式。在加快改革开放步伐的今天，我们面前摆着许多不熟悉的新知识、新领域。只有深入了解和掌握这些新事物、新问题的性质和特点，熟悉深化改革、扩大开放的新政策、新措施。才能跟上形势，转变观念，主动服务，超前服务，防止用产品经济的观念去衡量市场经济中的问题，乱立姓“社”姓“资”的标准，阻碍社会主义市场经济的发展。

其次，在刑事法律的执法实践中，打击破坏市场经济的犯罪活动，是服务经济建设的首要和基本的一环。要正确认识打击犯罪与改革开放两者相辅

---

* 本文原载于《法学》1993年第2期。

** 西南政法大学法学院教授。

相成的关系，坚持“两手抓”“两手硬”的方针。同时，还要积极参加综合治理，把打击、防范、教育、管理等各项措施落实到各单位和城乡基层，净化经济环境。

最后，改善执法环境，转变工作作风。各级政法部门在执法活动中不能借“服务”为名，搞“利益驱动”，要坚决克服以言代法、以权压法和以罚代刑、地方保护主义等问题。

二、树立以保障社会生产力发展为标准的犯罪观

按照经济领域中对社会关系的不同影响及其程度，经济活动行为大致可分为三种类型。第一类是对生产力的解放和发展有益无害的行为。即无论从宏观到微观、从整体到局部、从自己到他人的高度看，该行为都有利于建设具有中国特色的社会主义事业，有利于社会主义市场经济的发展。这种行为理应受到法律的坚决保护。第二类是对生产力的解放和发展有害无益的行为。这种行为只要达到犯罪程度的，就应予以依法制裁。第三类是对生产力的解放和发展既有害又有利的行为，即行为对某种社会关系有损害，但对另一种社会关系又有利。衡量这类经济行为的性质时，要注意从宏观与微观，整体与局部，国家、集体与个人，多方面多层次地进行比较分析，全面权衡利弊。对以破坏社会生产力发展为主的，即在宏观上、整体上危害经济建设，妨害市场经济发展的，即使对某个小集体或个人有利，也应当依法制裁；对以有利于发展社会生产力为主的，即在微观上、局部上对社会某种利益有一定损害，但在宏观上、整体上对经济建设，市场经济发展有利的行为，就应当在分清是非的基础上依法保护，决不能按犯罪论处。如何处理这类复杂的社会现象，司法实践中有的已经总结出了一些有益的经验，诸如要正确划清在改革中敢闯敢试、做出贡献，但由于缺乏经验造成失误，致使国家和集体财产受到损失与玩忽职守犯罪的界限；划清为了发展经济，搞好企业而采取某些突破现行政策的竞争手段进行购销活动与投机倒把犯罪的界限；划清符合公开、公用原则，不损害国家和集体利益的回扣、手续费与利用回扣、手续费进行营私舞弊、中饱私囊犯罪的界限；划清在企业与企业、企业与个人的经济交往中，为求自身的生存与发展，进行必要应酬与贿赂犯罪的界限；划清科技人员利用业余时间进行科技服务而取得报酬与盗窃、出卖本单位技术秘密获取非法收入的界限；划清对外贸易中按国际惯例支出或收受佣金、礼品，以及日常经济生活中接受私人馈赠、经济上的不正之风与

贪污、受贿犯罪的界限，等等，都具有借鉴和研究价值。

三、树立与市场经济相适应的刑罚效益观

刑罚的效益观应当在两个方面得到体现，一是刑罚设制的合理性，二是刑罚适用的合理性。前者属于立法问题，后者属于司法问题。我国刑法经过十余次的修改、补充，但从宏观上考虑刑罚效益还是不够，因而罪与刑、罪与罪、刑与刑之间不协调现象仍较严重，影响到刑罚效益的发挥。例如，经过修改、补充后的投机倒把罪，最高法定刑是死刑，而制造、贩卖假药罪最高法定刑是 7 年徒刑，假冒商标罪最高法定刑是 3 年徒刑。这三种犯罪虽然有不同之处，但我们可以从它们的犯罪行为抽出一个实质性的共同点，那就是用掺杂使假、以次充好、以假充真的办法制造、销售伪劣产品，达到牟取非法暴利的目的。它们使用的犯罪方法和对象不同而已（有的以假药、有的以假商标、有的以伪劣产品为对象），但其罪质上完全具有可比性，可是它们之间罪与刑极不协调，显失公平。如不解决这些问题，将严重影响刑罚效益的发挥。在刑罚的适用上，更需要处处考虑适用刑罚的合理性，充分发挥刑罚的有效性。例如，在刑事案件的侦查、审理中，就不能单纯地就事论事，而应该弄清案件与发展经济建设的关系，估量案件的经济价值，以决定工作上的轻重缓急。其中对商品生产与销售影响特别大的，涉及重要的科技人员的、敢闯敢试的改革者的，就应该慎重而迅速地处理，以免影响生产力的发展。在定罪量刑中，要以是否有利于发展社会生产力为标准，精心分析界定行为有无社会危害性及其危害性的大小，严格区分罪与非罪的界限。如科技人员利用业余时间为乡镇企业提供技术服务领取报酬的行为，过去是严格禁止的，甚至要做犯罪处理。现在看来，这是对搞活经济、发展生产有利的，不但不能认为是犯罪，而且还应当受到表扬和奖励，相反，有一些过去不认为犯罪的行为，但今天看来对发展商品经济不利的，就应当认定为犯罪。比如，泄露企业技术机密的行为，过去由于提倡“传经送宝”，知识产权根本不被重视，更不会用刑罚方法处罚这种行为，今天看来，保护知识产权，对于保护商品经济的公平竞争，促进生产力发展是完全必要的，泄露技术机密构成犯罪的，就应当依法制裁。对一些高科技人员、改革开放中的某些“能人”犯罪的，由于他们对商品生产的发展作出了贡献，在生产上或管理上起着别人不可代替的作用，我们必须慎重对待。因此，我们既不能宽大无边，任意放纵，又要考虑社会效益和经济效益。那些“一个判刑，全

厂倒闭”“一个判罪，万人受穷”的做法是不可取的。只要在法律允许范围内，可关可不关的要坚决不关，可判可不判的要判决不判，可高可低的要就低不就高，非判刑不可的，也应尽量多判罚金、管制或者缓刑，让他们继续留在工作岗位上发挥技术专长戴罪立功，这样做，既坚持了法制原则，又对发展市场经济有益，单纯重刑主义对社会发展是极端不利的。

树立刑罚适用中的效益观。必须正确处理宏观与微观、整体效益与局部效益的关系。在市场经济条件下，不同地区、不同行业、不同部门都可能形成自己的利益。他们往往会从自身利益上去看效益的大小与有无，这都是一种正常的现象。但倘如局部上看有效益的行为，在全局看来是有害的，则应该局部服从全局。一个单位的走私、偷税等行为，看来对局部是有利的，但它严重地危害国计民生，我们要从整体效益出发，对走私、偷税单位该判则判、该罚则罚，才能正确处理国家、集体和个人之间的关系，维护国家的整体利益。所以，在适用刑罚中要坚决摒弃地方保护主义、行业保护主义和单位保护主义，绝不允许把个人利益、局部利益凌驾于法律之上。衡量刑罚效益观的唯一标准，也只能是看是否有利于社会生产力的发展，是否有利于社会主义市场经济的发展，除此之外，别无其他选择。

四、树立人人在法律面前平等公正的执法观

人人在法律面前平等公正，这是社会主义市场经济和民主政治的客观要求。

这种平等观的基本要求，一是参加经济交往双方当事人法律地位平等，官民平等，国营、集体与私营企业平等；二是参加经济交往双方当事人相互间的权利义务对等，在同等条件下竞争；三是参加经济交往双方当事人权利受到侵害时，有得到法律平等保护的权利。

刑法中的平等观与公正观是一致的。在社会主义市场经济中，存在着一条十分重要的公正原则，便是等价交换原则。刑法中的罪刑相适应原则，在商品经济社会中，就必然要受到等价交换的影响，而社会主义民主政治则要求摒弃任何人犯罪后在刑罚适用上的特权。要做到适用刑罚的公正性，就要做到罪刑关系的等价性，正确反映经济领域中等价交换这一客观规律。这种罪刑关系的等价原则一般表现在两个方面，一是作为犯罪处罚的行为，一定是达到一定社会危害程度的行为，对不具有社会危害性的行为，决不能施以刑罚，这里的核心是正确界定行为的社会危害性的有无与大小；二是在对具

有一定社会危害性的行为科处刑罚时，一定要坚持罪刑等价原则，重罪重判，轻罪轻判，决不允许混淆是非，轻重倒置，违背等价交换原则。“以官抵刑”“官民异罚”，或者为“体现政策”而宽大无边，为“杀一儆百”而重判重处等，都是与反映商品经济特征的等价观念不一致的。其必然会增加群众对刑罚的不公正感，损害法律的权威性。因为在商品经济社会里，公正的概念是建立在等价基础上的，因此，坚持罪刑等价原则是十分必要的。

传统刑法与以人为本[*]

高绍先[**]

"以人为本"，在当前中国社会使用频率极高，它几乎汇集了人道主义、人本精神、人性、人权的种种内容。这句话并非舶来品，而是出自两千多年前中国著名的政治家管仲之口。管仲在其所著《霸言》一文中说："夫霸王之所始也，以人为本。本治则国固，本乱则国危。"春秋战国时期，群雄并立，竞争空前激烈，有远见卓识的政治家、思想家都认识到人民的重要。如老子说："圣人无常心，以百姓心为心。"③ 孟子所说："民为贵，社稷次之，君为轻。"① 荀子说："天之生民，非为君也；天之立君，以为民也。"② 这种思想为历代所崇，且有不少发挥。如汉代刘向在其所著《说苑·建本》一文中说："君人者，以百姓为天。百姓与之则安，辅之则强，非之则危，背之则亡。"唐代魏徵对李世民讲的载舟覆舟，宋儒宋祁所说的："民，国之基也。五仞之墙，所以不毁，基厚也；所以毁，基薄也。"③ 明代学者丘浚有言："天生物以养人，非专为君也。而君专其利，已违天意矣。"④ 可以说都是一脉相承。

---

* 本文原载于《现代法学》2005 年第 4 期。

** 西南政法大学法学院教授。

③ 《老子·第四十九章》。

① 《孟子·尽心下》。

② 《荀子·大略》。

③ 宋祁：《杂说》。

④ 丘浚：《慎刑宪》。

中国古代刑法以严酷、擅断为特点，但不论在刑法思想、刑法制度乃至刑法条文上，我们都会发现若干“以人为本”思想的闪光点。这些闪光点虽然不能改变封建刑法的本质，但仍足可给后世以启迪，特别是在构建和谐社会的伟大实践中，有不少值得我们借鉴之处。

一、古代刑法思想中的以人为本

慎刑恤杀是古代思想家倡导的刑法理念。恤刑思想最早见于《尚书·舜典》：“钦哉钦哉，惟刑之恤哉！”这是对虞舜刑制赞美之辞。恤，忧也。用之于刑，则有“深思熟虑”之意。“轻重毫厘之间，各有攸当……而钦恤之意行乎其间。”① 恤，亦有顾惜、矜恤之意，即对法律存敬重之心，对罪人怀忧念之情。如《唐律疏议》所言：“一夫向隅而责躬，万方有犯而罪己。”但对罪人之忧念并非放弃刑法的惩治功能。史载大禹和梁武帝都有“泣囚”的故事，然二者有异。“大禹泣囚，怜民之愚也；梁武泣囚，徼己之福也。洒泪虽同，而处心则异。怜愚而泣，终置之于法，所以戒其后，使之化愚为智，变恶为良；徼福而泣，虽若免之于死，然而法度日弛，奸恶日生……”② 丘浚说：“若夫刑者，帝尧所付之民，不幸而入其中，肢体将于是乎残，性命将于是乎殒，与此尤在所当敬谨者焉。是以敬而又敬，拳拳不已，惟刑之忧念耳。”③ 所谓慎刑，就其本意而言，乃用刑宜慎之又慎，切莫以人君一时之喜怒为断。距今四千多年前，帝舜在一次御前会议上对时任“司法部长”的皋陶说了一段话：“临下以简，御众以宽，罚弗及嗣，赏延于世，宥过无大，刑故无小；罪疑惟轻，功疑惟重；与其杀不辜，宁失不经。”④ 用现代语意译，大致可以表述为：“对待下级要放权；治理百姓要宽厚；惩罚不得株连亲属，奖励却可泽及后人；犯罪事实有疑时应当从宽，论功行赏不妨就高不就低；宁肯丧失原则，也不能滥杀无辜。”这是一段极富人情味的语录，与后世暴君独夫奉行的“宁肯错杀三千，不可放走一个”形成鲜明的对比。

慎刑必须戒滥纵之失。沈家本在总结秦二世而亡的教训时说：“重刑之

---

① 《尚书》。

② 丘浚：《慎刑宪》。

③ 丘浚：《慎刑宪》。

④ 《尚书·大禹谟》。

往事大可鉴矣。世之用刑者，慎莫若秦之以刑杀为威，而深体唐虞钦恤之义也。”① 继秦之后，历代也多有暴虐之君，滥杀无辜。

《资治通鉴·唐纪六十八》载唐懿宗之女同昌公主病死，懿宗竟将御医韩宗邵等二十多人处死，且收捕其亲族三百余人。丘浚曾对此加以评论说：“知痛吾女之死，而人之死独不可痛哉！彼二十人者，皆有父母子女；吾爱吾女，而彼之父母子女亦爱其子女。人有贵贱，而痛戚之情则一也……而懿宗不悟，非独不仁，盖不智也。”② 换位思考实是统治者所最难得的品质。

二、古今刑法制度中的以人为本

（一）关于缓刑

“缓刑”作为一种制度，最早见于《周礼》的“若邦凶荒，则以荒辩之法治之。令移民通财，纠守缓刑”。根据此说，周的缓刑是处理突发事件的应急措施。经过漫长的历史演变，缓刑逐渐形成一种刑罚制度。北魏孝文帝太和十二年下诏规定：“诸犯死罪，若祖父母、父母年七十以上，无成人子孙，旁无期亲者，具状上请。流者鞭笞，留养其亲，终则从流，不在原赦之例。”③ “存留养亲”，即含有缓刑性质。这在当时战乱不休、社会动荡、家庭破碎的现实下，起到了一定的安抚人心、稳定统治、减少社会问题的作用。这一制度建立后，隋、唐、宋、元、明、清均予保留。

唐在总结前朝经验的基础上，进一步完善了存留养亲的制度。《唐律·名例》二十六“犯死罪应侍，家无期亲成丁”条规定：“诸犯死罪非十恶，而祖父母、父母老、疾应侍，家无期亲成丁者，上请。犯流罪者，权留养亲，不在赦例，课调依旧。若家有进丁及亲终期年者，则从流。”据此，缓刑之条件有三：第一，犯罪人犯有流罪或不属于十恶的死罪；第二，犯罪人的祖父母、父母，包括曾祖、高祖老、疾，即年八十以上，或患笃疾，即两肢残废、两目失明及癫狂或其他不治之症；第三，家中无“期亲成丁”。期亲，指应服一年丧的亲属，如长辈之祖父母、伯叔父母、未嫁之姑；同辈之兄弟、姊妹、妻；小辈之侄、嫡孙等。成丁，谓年二十一岁以上，五十九岁以下。上述三个条件必须同时具备。

---

① 沈家本：《历代刑法考》。

② 丘浚：《慎刑宪》。

③ 《魏书·刑法志》。

缓刑的待遇：权留养亲。被判死刑的暂时不予处死；判流刑的，暂时不予流放，留在家中服侍年老有病的祖父母、父母。如果罪犯已至配所，应在流放地服劳役。而随去的亲人应当由他服侍的，也得免去居作。徒罪，存留养亲时，可易刑处罚，即徒一年，加杖一百二十，不居作。

存留养亲条件的丧失，就意味着缓刑的撤销。包括“家有进丁”，指家中增加了期亲成丁，有人可行侍养之劳，罪犯即无“权留”必要；“亲终期年”，指被侍养的亲人亡故达一年后，失去了侍养的对象，且守丧期满，当然更无权留的理由。这两种情况的出现，犯流罪的要重新执行流刑。犯死罪的，奏请上裁，由皇帝钦定。

唐以后，各朝均有相同规定，且有发展。元律规定：“诸兄弟同盗罪皆致死，父母老而乏养者，内以一人情罪可逭者，免死养亲。”清乾隆五年定例：“凡犯罪，有兄弟俱拟正法者，存留一人养亲。仍照律奏闻，请旨定夺。”同时，明、清律还将存留养亲者所犯罪名扩大到非常赦不原的死罪和流罪、徒罪。放宽了将被侍养者的年龄、疾病的界限与对成丁的要求。唐律规定的年龄为八十，明、清律规定为七十；唐律规定限于笃疾，明、清律规定为笃、废疾；唐律要求为期亲成丁，年在二十一以上，明、清律只要求家无以次成丁，年十六以上。

存留养亲体现了儒家仁政思想，同时又解决实际问题，维护社会的安定。中国古代的农村多是一家一户为单位进行生产活动，其抵御自然灾害和社会变动的力量极为薄弱。二十一岁以上的青壮年，绝对是一个家庭的顶梁柱，一旦遭变，或为国戍边，战死疆场；或身遇不测，横死他乡；或触犯刑律，行将殒命。变故的性质虽有不同，但对一个家庭的打击却并无多大差别。如果有兄弟数人，尚可缓冲；如果只有一人，上有老，下有小，父祖年老重病，子女嗷嗷待哺，立刻就会面临危机，甚至土崩瓦解。这种情况，靠国家无法包下来，靠邻里虽可周济一时，终非长久之计。存留养亲不失为解决此类问题的一个好办法。而且，存留养亲有利于犯罪人回归社会。被判死刑的人捡回一命；遭到流放的人，暂时免去了离家远徙之苦，得以和家人共同生活，这一差别何啻天壤？一般情况下，他们必然会全心尽孝，不敢再触法网，加之在正常社会中生活对他们的心理、感情都会有较为良好的影响，易于使他们回归社会。

我国现行刑法的缓刑制度，是对轻刑犯的一种量刑制度。它有刑罚的限制，只能适用于判处拘役或三年以下有期徒刑的犯罪分子；有对犯罪情节和悔罪程度的要求：适用缓刑不致再危害社会，并不考虑犯罪分子的家庭困难。但“存留养亲”中所针对的家庭困难在现实社会也是的确存在的。尤其是在经济落后地区，一个家庭成员犯罪，全家不仅要承受巨大的心理压力，而且也可能遇到无法解决的实际困难。土地荒芜无人耕种，生意停业无人经营，年老有病的亲人无人照顾，子女面临辍学。这些确实是非常具体的社会问题。回顾历史，前人留给我们的遗产会显示出它的魅力，“存留养亲”的某些积极因素似也可借鉴。

比如，在适用缓刑不致再危害社会这一根本前提下，可将家庭有特别困难只能依靠其解决作为一项选择性的条件。也就是说，虽然单从犯罪情节审查不够缓刑条件，或者刑期虽然超过三年，而超过不多，但有家庭特别困难这一条件，也可宣告缓刑。当然，对这种因家庭特殊困难的缓刑案件需要设定严格的审查、核准程序。

我国的假释条件是：被判处有期徒刑或无期徒刑的犯罪分子，执行了一定的刑期；认真遵守监规，接受教育改造，确有悔改表现，假释后不致再危害社会。但同时又规定：“如果有特殊情况，经最高人民法院核准，可以不受上述执行刑期的限制。”什么是特殊情况，刑法未作规定，一般解释为原工作单位因重要生产或重大科研的特殊需要请求保释的；犯罪人家庭有特殊困难，确须本人照顾请求假释的，也算不受执行刑期的限制的一种特殊情况。但假释条件较严，对有燃眉之急的困难家庭，未免远水不解近渴。既然包括无期徒刑在内的罪犯都可因家庭特殊困难而获得假释，那么，仅判三年以下有期徒刑的罪犯似亦可因此而受到缓刑的处遇。

（二）关于亲亲相隐

亲亲相容隐是封建伦理道德在刑法上的反映，在中国有深刻的社会基础和悠久的历史渊源。儒家历来主张亲亲相隐。《论语》记载：“叶公语孔子曰：‘吾党有直躬者，其父攘羊，而子证之。’孔子曰：‘吾党之直躬异于是，父为子隐，子为父隐，直在其中矣。’”叶公与孔子有不同的道德标准，叶公认为父亲偷羊，儿子作证，是正直的表现；孔子认为父亲犯罪，儿子包庇，体现了正直。孟子更假设了一个极端的案例：舜的父亲杀了人，舜如何处理？“桃应问曰：‘舜为天子，皋陶为士，瞽叟杀人，则如之何？’孟子曰：‘执之而已矣。’‘然则舜不禁与？’曰：‘夫舜恶得而禁之？夫有所受之也。’‘然则舜如之何？’曰：‘舜视弃天下如弃敝屣，窃负而逃，遵海滨而处，终身忻然，乐而忘天下。'"[①] 瞽叟杀人，按国法，应当逮捕法办，作为国君，舜不加干涉；但作为儿子，他却有权"亲亲相隐"，背着父亲逃到海边，与犯罪的父亲在一起享受天伦之乐。

亲亲相隐是家族本位主义的产物，西周实行的是以家族为本位的宗法制度，整个国家政权组织是由一家一姓的家族来统治的。人们对待家庭和对待国家的态度也是统一的。反映在道德标准上就是以亲亲、尊尊为基本原则的三纲五常，总的要求是事父以孝，事君以忠。比起忠来，孝具有更大的普遍性，上至皇帝，下至黎民百姓，都要讲孝。许多朝代都标榜"以孝治天下"。亲亲相隐正是基于孝道的扩大。

汉时，实行亲亲得首匿的制度。宣帝本始四年时，专门下诏说："父子之亲，夫妇之道，天性也。虽有祸患，犹蒙死而存之，诚爱结于心，仁厚之至也，岂能违之哉！自今子首匿父母，妻匿夫，孙匿大父母，皆勿坐；其父母匿子，夫匿妻，大父母匿孙，罪殊死，皆上请廷尉以闻。"[②] 可以说，亲亲相隐于此时已由理念上升为法律制度。

东晋元帝时，大理寺河东卫展上书奏道："今施行诏书，有考子正父死刑，或鞭父母问子所在……伤顺破教，如此者众。相隐之道难，则君臣之义废，君臣之义废，则犯上之奸生矣。"建议元帝下令纠正。元帝即下诏曰："礼乐不兴，则刑罚不中，是以明罚敕法，先王所慎。自元康已来，事故荐臻，法禁滋蔓。大理所上，宜朝堂会议，蠲除诏书不可用者，此孤所虚心者也。"[③]

南北朝宋文帝时，侍中蔡廓奏议："鞠狱不宜令子孙下辞明言父祖之罪。亏教伤情，莫此为大。自今但令家人与囚相见，无乞鞠之诉，使民以明伏罪，不须责家人下辞。"[④] 文帝采纳了他的意见。这成了一条诉讼原则，即法律不得要求子孙作证，以明父祖之罪。

唐代，亲亲相隐的制度更加完整。《唐律·名例》四十六"同居相为隐"条规定："诸同居，若大功以上亲及外祖父母、外孙，若孙之妇、夫之兄弟及兄弟妻，有罪相为隐。部曲、奴婢为主隐，皆勿论。即漏露其事，及

---

① 《孟子·尽心上》。
② 《汉书·宣帝纪》。
③ 《晋书·刑法志》。
④ 《宋书·蔡廓传》。

语消息，亦不坐。其小功以下相隐，减凡人三等。若犯谋叛以上者，不用此律。”此条规定有以下几点值得注意：第一，容隐与服制有关。亲等愈近，容隐的权利愈多。大功以上相隐，可免除刑事责任，小功以下，减轻刑事责任；第二，部曲、奴婢与主人，虽无血缘关系，但基于义的道德要求，亦许为主隐；第三，相隐者不仅有罪可以互相包庇，而且容许“语消息”，即为罪人通风报信，如把官方要秘密收捕罪人的情报，透露给罪犯。如《唐律疏议》所说：“语者，隐语也。谓隐语与罪人言，令唐律其逃避，以免追摄也。”第四，某些特别严重的犯罪不得相隐。“谋反、谋大逆、谋叛，此等三事，并不得相隐。”即在国家利益与亲情利益发生尖锐矛盾与重大冲突时，仍应以国家利益为重。

与亲亲相隐对立的是大义灭亲。“大义灭亲”语出《左传·隐公四年》。春秋时，卫国大夫石碏之子石厚与卫公子州吁共谋暗杀桓公，欲立州吁为君，石碏乃借二人向自己请教治国安邦之道时，将二人诛杀。《春秋》赞为“大义灭亲”。以后，人们把将违法犯罪的亲属通过举报、控诉或其他途径绳之以法的行为都称之为大义灭亲。大义灭亲的价值表现为废私取公，小利服从大义。但大义灭亲在现实生活中只适合做一种崇高的道德规范，不宜为一种法律义务。

对亲亲相隐，我们历来持批判态度，将其视为封建糟粕，但仔细思考也未必然。特别是从现代法律的价值来审视，亲亲相隐亦有其一定的合理性。正义的法律应当体现人权的价值，符合人性的基本要求。亲权以人伦为基础，既是道德权利，又是法律权利，因此属于人权的范畴。每个人都生活在一定的亲权之中，强调亲权，从生物生存的自然属性而言，是繁衍后代的需要；从人类社会的特有属性而言，是社会文明的需要，包括道德和法律的需要。法理、人情并不是截然对立的，良好的法治中的法律在制定之初就应当兼顾到人情。法治并不是仅仅要求秩序井然，也要求一个充满人情味和广泛爱心的人文环境与和谐社会。

我们一方面尊重、赞赏大义灭亲的行为，因为没有这种精神，犯罪有可能会因亲属的包庇而不会受到应有的惩罚以致逍遥法外，甚而继续危害社会；但另一方面，我们应当看到能做到大义灭亲的也许是少数。法律不可能将少数人才能达到的境界作为社会成员的普遍行为标准明文规定。这样亲亲相隐就有了一定的生存空间。

由于对亲亲相隐所持的批判性原则立场，我国现行刑法也将其排斥在法律领域之外，但在司法实践中，这些问题已不可回避地出现了。有些犯罪嫌疑人、罪犯的亲属即使明知包庇行为会受到法律制裁，依然会选择包庇、窝藏犯了罪的亲人，甚至被判刑入狱也无怨无悔。对他们而言，被害人虽然冤枉，但比不上自己与罪犯的骨肉情深。

更值得注意的是，不仅仅是中国历代在立法上都对血缘至亲的人情予以尊重，当代西方国家也充分认识到了这一点。说明人类广泛地存在着共识。

亲亲相隐在现代刑事法制中主要体现在两个方面：一是罪犯亲属作为知情人是否承担作证义务，法律是否赋予知道案件真实情况的罪犯亲属免予作证的权利。这主要体现在刑事诉讼领域。二是刑法对亲亲相隐行为构成犯罪的是否给予减、免刑事责任的优待。这主要体现在刑事实体法中。我们可以考察一下其他国家和地区的刑法：

1810 年法国刑法典对亲亲相隐原则有所体现。《法国刑法典》第 248 条规定："明知其为应受身体刑之重罪犯，故意隐匿或使他人隐匿之者，处三个月以上，二年以下之拘役……但隐匿者为犯人之直系尊亲属、卑亲属、配偶（包括已离婚者）、兄弟姐妹或同亲等之姻亲时，不适用前项之规定。"

现行法国刑法典规定，对知情不举和包庇罪可以判处 3 年监禁并科 30 万法郎罚金；经常实行此种犯罪的，可加重至 5 年监禁并科 50 万法郎罚金；但同时又规定："下列人员不属于前款规定之列：1. 重罪之正犯或共犯的直系亲属、兄弟姐妹以及这些人的配偶；2. 重罪之正犯或共犯的配偶或者众所周知同其一起姘居的人。"

法国刑法典的这些规定与中国古代实行的亲亲相容隐的制度颇为相似，但它将"众所周知同其姘居的人"也列为可以容隐的对象。

现行《德国刑法典》第 257 条（包庇）第 1 项规定了对包庇罪的处罚："为确保犯罪人因其犯罪行为所得的利益而提供帮助的，处五年以下自由刑或罚金。"紧接着第 258 条（使刑罚无效）第 6 项专门规定："有利于其亲属而犯本罪者，不处罚。"

《意大利刑法典》第 384 条（免刑情况）规定：对公务员怠忽告发犯罪、怠忽通报、拒绝履行司法协助义务、自我诬告、伪证、虚伪鉴定或通译、庇护他人等罪，"如因必须救助自己或近亲重大且不可避免之自由或名誉之损害而被强迫为之者，不罚"。

现行《俄罗斯联邦刑法典》第 316 条（包庇犯罪）规定："包庇特别严重的犯罪而未经事先通谋的……附注：包庇配偶或近亲属所实施的犯罪而未

经事先通谋的，不负刑事责任。”

一些东方同属大陆法系的国家和地区也有类似的规定。如《日本刑法》1974 年修正案第 163 条（湮灭证据，藏匿证人）第 3 项规定：“直系血亲及配偶为本人之利益而犯前二项（指湮灭证据、藏匿证人）之罪者，不罚。其他之亲属，为本人之利益而犯之者，得免除其刑。”《韩国刑法典》第 151 条规定：“亲族、家长或同居之家族为犯人而犯藏匿犯人之罪的，免除刑罚。”《泰国刑法》第 193 条规定：犯包庇、藏匿罪犯等罪，如果是“意在帮助其父母、子女、夫妻者，得免除其刑”。我国台湾地区实行的“刑事诉讼法”第 167 条规定：“现为或曾为被告或自诉人之配偶、五亲等内之血亲、三亲等内之姻亲或家长、家属的，得拒绝证言。”该地区的“刑法修正案”第 167 条规定：“配偶、五亲等内之血亲或三等内之姻亲图利犯人或依法逮捕、拘禁之脱逃而犯藏匿犯人罪和湮灭证据罪的，减轻或免除其刑。”

国外刑法理论上一般把此类情况称为期待可能性，即对于某一行为，欲认定其刑责，必须对于该行为人能期待其不为该行为，而为其他适法行为。如果缺乏此种期待可能性，即不能使该行为人负刑事责任。这里不仅包括对基于血缘亲情而为之行为的认可，还包括基于对人类趋利避害的本性的理解和尊重。

我国刑事立法目前尚无这类规定。从我国现行刑法第六章第二节妨害司法罪的规定来看，亲属关系不能使隐匿、包庇罪犯的行为人免除法律的惩治。

三、古代刑法条文中的以人为本

封建刑法以八议入律，公开将皇家亲故、功贵高官的刑事豁免制度化，从条文中可以找出若干残酷镇压被统治阶级的规定，但也有一些体现对百姓疾苦的人文关怀的条文。

《唐律·擅兴》四“检点卫士征人”条规定：“诸检点卫士，取舍不平者，一人杖七十，三人加一等，罪止徒三年。（律注：不平，谓舍富取贫，舍强取弱，舍多丁而取少丁之类。）”《唐律疏议》：“检点之法，卫士，财均者，取强；力均者，取富；财力又均，先取多丁。”这是说挑选拣点警卫、士兵时必须体现社会公正，照顾弱势群体。财产相当时，先取身体强健的；体质相当的，先取家庭富有的。如果有谁放着富家子弟不取，专收贫户儿郎；放着身强力壮的不取，专收身羸体弱的病号；放着三兄四弟的不取，专收人家的独生子，就不止是违背道德的问题，而且要承担刑事责任。

《唐律·户婚》二十“部内旱涝霜雹”条规定：“诸部内有旱涝、霜雹、虫蝗为害之处，主司应言而不言及妄言者，杖七十。覆检不以实者，与同罪。若致枉有所征免，赃重者，坐赃论。”《唐律·户婚》二十一“部内田畴荒芜”条规定：“诸部内田畴荒芜者，以十分论，一分笞三十，一分加一等，罪止徒一年（州、县各以长官为首，佐职为从）。”以上两条均为对农业生产管理上的失职之罪的规定。州县官吏负有保境安民的责任。在辖区内，荒芜土地的，州、县、乡三级地方官都要负责。州以刺史为首，长吏、司马、司户为从；县以县令为首，县丞、县尉为从；乡则以里正获全罪。在受灾面积的计算上，以辖区内按人口授田的总数为十分，荒芜面积达一分以上的，即构成犯罪。这说明封建王朝对地方官在组织、领导当地农业生产上的责任，要求是很严厉的。辖区内如有天灾虫患，应及时上报，地方官吏放弃职守，隐瞒不报，或不如实上报，即是犯罪。主司，指乡官里正以上。发现灾情，里正应上报于县，县报州，州报省，灾情严重时，还要奏闻皇帝。所谓“赃重”，指若因妄报灾情，导致赋役不公，应免而征，或应征而免，论赃超过本罪最高法定刑杖七十时，按坐赃论处，一尺笞二十；若将枉征之物，中饱私囊，以枉法论，一尺杖一百。

元英宗时制定的刑法典《大元通制》中专设有“平反”一条，其文曰：“诸官吏能平反冤狱，应赏者，从有司保勘，廉访司体覆，而后议之……其同僚能理平民之冤，正犯人之罪，归其俘虏，活其死命者，于本官上优升一级迁用。凡职官能平反重刑一起以上，升同等，诸职官能平反冤狱一起以上者，与减一资。诸路府曹吏，能平反冤狱者，于各道宣慰司令吏补用。”

元律曾被学者评为“元起漠北，法失其正”，讥其背离汉律之正宗，但它却能将官吏平反冤狱设为专条，对能平反冤狱的官吏给予从优擢升、破格提拔，实属不易。

明、清律与唐律基本相同，但通过条例又增加了许多新的内容。清常以例破律，但乾隆五年所定一例颇有深意：“凡有蝗蝻之处，文武大小官员率领多人公同及时捕捉，务期全净……如延蔓为害，必根究蝗蝻起于何地，及所到之处。该管地方官玩忽从事者，交部照例治罪，并将该督抚一并议处。”此条的精彩处在于规定文武官员，不论职务高低，必须亲自率领众人去捕捉蝗虫。如果捕捉不净，滋蔓为害，则要寻根问底，对玩忽职守者治罪。

此外，明、清律还有“赋役不均”“激变良民”等条，均体现了立法者为缓和阶级矛盾，维护公正、体恤民艰的思想。“赋役不均”条规定赋役必须公平，如有司对富有人家有意减免，而对贫苦之家任意加增，“放富差贫，挪移作弊”者“许被害贫民赴控该上司，自下而上陈告。当该官吏，各杖一百。若上司不为受理者，杖八十；受财者，计赃以枉法从重论”（一两杖七十，八十两绞监候）。“激变良民”条规定：“凡有司牧民之官，失于抚字，非法行事，激变良民，因而聚众反叛，失陷城池者，斩。”

这些条款说明统治阶级深知“载舟覆舟”的道理，特别是明、清以后，封建王朝已步入衰败末世，面临风起云涌的农民起义，也不敢过为已甚。

四、几点启示

第一，“以人为本”是我国优秀文化传统，虽然最早出于法家管仲之口，但也为后世儒家所倡。凡是明智的政治家、思想家都极力推崇，主张得民心、恤民艰、惜民力、察民情。值得注意的是，传统思想中的“以人为本”与现代的民主法治理念是不同的。在古代看来，这些举措都是圣君的恩赐、仁政的施予，而不是人民自身权利的反映。“民贵君轻”“载舟覆舟”，可以说已经是封建传统民本思想的顶峰了，但还没有一个古代思想家讲过“民作主”“民驾舟”的话。这是先圣们的不足，有待今人超越前贤。

第二，封建法律，特别是封建刑法，虽然有个别条文和制度反映了“以人为本”的理念，但并未改变封建刑法整体残酷、擅断的本质。许多思想家们的主张还停留在意识形态的领域，没有进入实践范围。有些内容，即使法律条文明载刑典，但缺乏必要的制度保证，仍然是口惠而实不至。明洪武二十六年皇帝专下一令：“天下有司，凡遇岁饥，先发仓廪赈贷，然后具奏，请旨宽恤。”这是授权地方官吏可以便宜行事，先赈后奏，对灾民及时得到救济显然是有利的。但清时，对此条的评价已大不相同。《清律集解》说：“有司救饥例，许先发后奏，今不敢遵例行。”薛允升更感慨道：“此先赈贷而后具奏也，督抚尚可，州县则断难遵行。汲长儒之矫诏赈恤，后世能有几人耶？”[①] 汲长儒，名黯，西汉名臣，出使河南时，见当地灾情严重，乃假皇帝旨意，发河南仓廪救济灾民。薛允升的意思是说当时县级官吏既没

---

① 薛允升：《读例存疑》。

有汲长儒的胆识气魄，矫诏赈恤，也没有了允许汲长儒矫诏赈恤的皇帝，缺乏适用该条例的法治环境。

“检点卫士，取舍不平”“赋役不均”都是法有明文的犯罪，但读一读杜甫的“三吏三别”、柳宗元的《捕蛇者说》，又可见平等云者，在封建社会仅为一乌托邦而已。但即使有许多局限，传统思想中的这些亮点对我们构建和谐社会仍有借鉴意义。一种思想可以历数千年沧桑岁月的冲刷，仍难掩其光辉，弥足珍贵；而且唯其来自传统，具有浓郁的乡土气息，我们接受起来，更感到亲切、融洽。和谐社会是小康社会的一个重要标准。小康与大同都是儒家追求的理想社会。大同世界有一点“共产主义社会”的意味：“大道之行也，天下为公……货恶其弃于地也，不必藏于己；力恶其不出于身也，不必为己。”而小康社会不同。小康的特点是“天下为家，各亲其亲，各子其子，货力为己”①。也即是一个存在私有制尊重个人自由，维护个人权利的社会。

和谐不等于没有矛盾，在有矛盾和冲突的前提下构建和谐社会，就需要有一套公平、公正协调矛盾、解决冲突的途径与方式，包括理念的更新、制度的设立和道德的弘扬。和谐社会做不到贫富均等，但要倡导富不欺贫、强不凌弱的社会公德，走共同富裕之路。要设定一整套政策和制度，遏制分配不公，防止贫富差距过于悬殊，让弱势群体受到切实的、特殊的照顾。一切改革都必须要使社会的中下层得到实惠，政策不只要锦上添花，更要雪中送炭。和谐社会应当是一个法纪严明、吏治肃然而又充满人情温馨，个人自由得到充分保障，人权受到高度尊重的社会。

构建和谐社会的两大基本支柱：一是民主与法治，二是公平与正义。这两大支柱不仅要求有严密的法律保证，而且要求有公民普遍的高水平道德作支撑。作为调整公权力与私权利最广泛的刑法，可以对私权实行最严厉的剥夺。这把双刃剑挥舞得不当，可能对和谐社会造成最大的不和谐；运用得当，则在构建和谐社会的实践中大有可为，因而更应慎之又慎。

---

① 《礼记·礼运》。

刑事学科系统论*

高维俭**

引言

犯罪学、刑法学、刑法哲学、监狱学、刑事政策学、刑事诉讼法学、刑事被害者学、法医学、刑事侦查学等众多的刑事学科形成了一个庞大的刑事学科群落。所有刑事学科的目的及功能是一致的——解决刑事社会问题，因此各刑事学科之间不应当是各自为阵、彼此割裂的，而应当具有密切的内在有机关联，共同构成一个有着内在关系结构以及相应功能机制的系统整体。各刑事学科和整个刑事学科群之间是一种“部分与整体”的辩证关系。在我国，刑事学科科学协调发展的内在矛盾日益显著，客观上要求我们不仅要研究单个的刑事学科，还要同时关注并深入地研究刑事学科的整体，以及整体与部分之间的有机关联。刑事一体化思想由此应运而生，并创造性地提出了整体论、关系论、机制论等方面的重要理论。刑事一体化是被作为一种刑法哲学的基本方法论提出来的。但由于学科发展的历史阶段所限，“作为刑法研究方法的刑事一体化……认真看来这仅是一个开端”①。刑事一体化思想及其理论还有诸多的值得深入发掘的重要内涵。笔者拟以系统论的哲学方法来科学、全面、动态、和谐地把握整个刑事学科群落的研究，从而进一步

---

* 本文原载于《法学研究》2006 年第 1 期。

** 西南政法大学法学院教授。

① 储槐植：《刑事一体化》，法律出版社 2004 年版，自序第 2 页。

丰富刑事一体化思想的内涵，并进一步探索刑事哲学方法论的构建。

一、刑事一体化——刑事学科系统之发展演化论

刑事一体化，即“惩治犯罪的相关事宜形成有机整合”①。刑事一体化思想，按照笔者的理解，其哲学实质为辩证法，即以普遍联系和动态发展的基本观念来研究刑法学以及其他惩治犯罪的学科，从而科学、全面、合理地把握刑法学以及其他惩治犯罪学科发展的内在规律。刑事一体化思想中蕴含着系统论的内涵，而刑事学科系统论的基本观念源于刑事一体化。

（一）刑事一体化——刑事学科系统的重要发展阶段

整个刑事学科是一个系统。系统的发展遵循“从无到有，由有而分，分久而合，分合有致”的一般规律。刑事一体化思想随刑事学科的发展应运而生，是刑事学科系统发展进程中的一个重要阶段。

1. 刑事学科“从无到有”

现代意义上的刑事学科产生的标志为切萨雷·贝卡利亚于1764年出版的《论犯罪与刑罚》一书。该书为贝卡利亚赢得了巨大的声誉，奠定了贝卡利亚刑事古典学派鼻祖的地位，并对俄国、普鲁士、奥地利等国的刑法改革带来了重大的影响。刑事学科的“有”中，实际上已经包含了“分化”的可能。解读《论犯罪与刑罚》，我们不难发现，该书实际上将后来分化出来的犯罪学、刑法学、刑事诉讼法学、刑事政策学等学科中的诸多重要内容以思想的形式“熔炼于一炉”。②

2. 刑事学科的分化

首先是刑法学。边沁、费尔巴哈等在刑法学方面作了进一步的深入研究，刑法学取得了独立的地位。“费尔巴哈的作用尤为显著——从以上列举的费尔巴哈著作目录中可以看出，费尔巴哈是一个职业意义上的刑法学家，或者说实定刑法学家，甚至可以说，费尔巴哈是近代第一个真正的刑法学家……贝卡利亚与其说是一个刑法学家，不如说是一个刑法思想家。只有费尔巴哈才以职业刑法学家的身份，对实定刑法进行了深入研究，建筑了实定

---

① 储槐植：《刑事一体化》，法律出版社2004年版，自序第2页。

② 据此，如果将《论犯罪与刑罚》一书单纯说成是一部刑法学著作，则有失片面；相应地，将贝卡利亚单纯说成是一个刑法学家，也有失片面。笔者认为，将贝卡利亚称为“刑事学家”或“刑事学思想家”，而将《论犯罪与刑罚》称为“刑事学（科）”的奠基之作，比较贴切。

刑法学的原则与体系。”[①] 然后是犯罪学。其产生的标志性著作有龙勃罗梭的《犯罪人论》、菲利的《犯罪社会学》和加洛法罗的《犯罪学》。接下来，“犯罪学的建立，为刑事政策学的发展奠定了基础。但真正使刑事政策成为一门学科的，是李斯特……在经验人假设的基础之上，李斯特引伸出其刑事政策思想，从而使刑事政策之发展进入到一个科学的阶段”[②]。

3. 刑事学科的整合

“只有密切的、组织上有保障的合作，才能期望刑法和犯罪学与其相邻学科，适应纷繁复杂和瞬息万变的社会要求。没有犯罪学的刑法是瞎子，没有刑法的犯罪学是无边无际的犯罪学。”[③] “李斯特教授大力倡导刑法的刑事政策化，主张将刑法学研究从狭窄的法律概念中解放出来，以科学主义的实证研究方法研究作为一种自然和社会现象（而不仅仅是作为法律现象）的犯罪，并提出了建立包括刑事政策学、犯罪学、刑罚学和行刑学等在内的‘整体刑法学’的主张。”[④] 在笔者看来，李斯特所谓的“整体刑法学”实为刑法学本位意义上的刑事科学。[⑤] 可以说，李斯特的“整体刑法学”理念是刑事一体化的一种西方话语。

新中国的刑事学科建设发展轨迹大致可以分为：引进（从无到有），建设（由有整合、分久而合）。在整合阶段，一些学者提出了与刑事一体化有关的论说：

其一，甘雨沛先生之“全体刑法学”。甘雨沛先生曾提出：“成立一个具有立法论、适用解释论、行刑论、刑事政策论以及保安处分法的全面规制的‘全体刑法学’。”[⑥] 从刑法整体来说，单是依实体法本身的规定或依实体法作出的判决、决定、裁定本身，不能完成刑法的整体性或全体性，当然也不能达到刑法的任务、目的，还需要有个使之实现的过程、手续或方法，这就必须有刑事诉讼法的助成。为了达到刑法的改造教育目的，必须有行刑法

---

① 陈兴良：《刑法的启蒙》，法律出版社 2003 年版，第 98 页。

② 陈兴良：《刑法的启蒙》，法律出版社 2003 年版，第 98 页。

③ ［德］汉斯·海因里希·耶赛克、托马斯·魏根特：《德国刑法教科书》（总论），徐久生译，中国法制出版社 2001 年版，第 53 页。

④ 付立庆：《刑事一体化：梳理、评价与展望——一种学科建设意义上的现场叙事》，载陈兴良、梁根林主编：《刑事一体化与刑事政策》，法律出版社 2005 年版。

⑤ 参见［德］汉斯·海因里希·耶赛克、托马斯·魏根特：《德国刑法教科书》（总论），徐久生译，中国法制出版社 2001 年版，第 52 页。

⑥ 参见甘雨沛、何鹏：《外国刑法学》（上），北京大学出版社 1984 年版，前言。

领域的监狱法的措施来保证。为了彻底、准确地揭发和侦查犯罪以及正确认定犯罪，还需要有侦查学、法医学等的助成。这些都属于刑事法的范围。据此，刑事法可称为“全体刑法”。一句话，凡有关罪、刑的规定者均属之。[①]可见，甘先生所提倡的全体刑法学实为“刑事法学的整体化”。

其二，储槐植教授之“刑事一体化思想”。储槐植教授指出：“拙文‘建立刑事一体化思想’[②]，基本之点是刑法和刑法运行处于内外协调状态才能发挥最佳刑法功能。实现刑法的最佳社会效益是刑事一体化的目的，刑事一体化的内涵则是刑法和刑法运行内外协调。所谓内部协调主要指刑法结构合理，外部协调实质为刑法运作机制顺畅。刑法现代化的全部内容便是顺应世界潮流优化刑法结构和刑法机制。刑事一体化观念倚重动态关系中的刑法实践。刑事一体化作为方法，强调‘化’（即深度融合），刑法学研究应当与有关刑事学科知识相结合，疏通学科隔阂，彼此促进。”[③] 这里的刑事一体化实际上是关于“犯罪——刑罚——行刑”的一体化，以健全刑法运行机制为核心目的。初期刑事一体化视野中的主要学科就包含了犯罪学、刑法学、行刑学以及刑事政策学。其主要意义在于：将与刑法密切相关的刑事学科联系起来研究，从而理性地、自觉地拓宽刑法学的研究思路。

（二）刑事一体化思想中的系统论内涵

1. 系统论的基本思想及内容

所谓系统，即“相同或相类的事物按一定的秩序和内部联系组合而成的整体……在自然辩证法中，同‘要素’组成一对范畴，指由若干相互联系和相互作用的要素组成的具有特定功能的统一整体；要素指构成系统的组成单位。系统具有整体性、结构性、层次性、历史性等特性。整体性是系统最基本的特性”[④]。系统论的基本理念可以包括整体观、要素论、联系观（关系论或结构论）、动态发展观以及和谐一致观等方面的内容。可以说，系统论是一种典型的辩证法思想。马克思主义哲学认为，辩证法是人们认识世界、改造世界的基本哲学方法论。辩证法的基本观念为联系观和发展观。联系观认为，事物之间的联系是普遍的、具有层次结构的；发展观认为，事

---

① 参见甘雨沛、何鹏：《外国刑法学》（上），北京大学出版社 1984 年版，前言。

② 该文载于《中外法学》1989 年第 1 期。

③ 储槐植：《再说刑事一体化》，载《法学》2004 年第 3 期。

④ 《辞海》（缩印本），上海辞书出版社 1990 年版，第 1290 页。

物在联系中相互作用、协调共生、无限发展。可见，系统论与辩证法的思想是基本一致的。

2. 刑事一体化理论中的系统论思想

刑事一体化论至少包含了四个方面的系统论基本观念及内容：整体范围论、结构关系论、学科分组论和功能机制论。

其一，整体范围论。从文义上看，刑事一体化强调“一体”，或者说，强调刑事学科研究的整体性。关于刑事学科的整体，学界一般认为，所有惩治犯罪的学科皆在其中。整体范围论是刑事一体化基本观念的一个首要方面。

其二，结构关系论。刑事一体化之结构关系论主要见于关系刑法论和关系犯罪论等两个方面。一方面，对于刑法学，强调刑法结构以及“刑法存活于关系中”“刑法学研究应当突破单向、片面、孤立和静态思维模式，确立由刑法之中研究刑法、在刑法之外研究刑法和在刑法之上研究刑法组成的多方位立体思维”等观念。[①] 另一方面，对于犯罪学，强调“犯罪在关系中存在和变化”[②] 以及“关系犯罪学”。[③]“关系刑法也是一种方法论，可称关系分析法。”[④] 关系刑法论，实际上是一种刑法学研究的基本思维方法，而哲学是研究思维的，因此关系刑法论即为一种基本的刑法哲学方法论。同理，关系犯罪论为一种犯罪学研究的基本哲学方法论。

其三，学科分组论。刑事一体化主要包含了犯罪学和被害人学等事实学科、刑法学和监狱法学等刑事实体法学、刑事程序法学、刑事预防法学以及刑事政策学等刑事学科。

其四，功能机制论。“刑法机制及刑罚机制论”强调研究刑法的动态功能机制，其中包括：关注“刑法运作方式与过程”，[⑤] 强调“健全的刑事机制应是双向制约的：犯罪情况→刑罚←行刑效果”，[⑥] 以及“探讨刑罚功能

---

① 储槐植：《刑事一体化》，法律出版社 2004 年版，第 582 页。

② 储槐植：《犯罪在关系中存在和变化——关系犯罪观论纲，一种犯罪学哲学》，载《社会公共安全研究》1996 年第 3 期。

③ 参见白建军：《关系犯罪学》，中国人民公安大学出版社 2005 年版。

④ 储槐植：《刑事一体化》，法律出版社 2004 年版，第 332 页。

⑤ 储槐植：《刑事一体化》，法律出版社 2004 年版，第 426 页。

⑥ 储槐植：《刑事一体化》，法律出版社 2004 年版，第 194 页。

实现过程的规律”以研究刑罚机制等观念。[1]

可见，刑事一体化论者虽没有非常明确地提出系统论的观念，但从刑事一体化论上述四个方面的基本观念及内容来看，刑事一体化论和系统论之间有着内在的一致性。可以说，刑事一体化思想及理论自觉或者不自觉地包含了系统论的哲学方法。

（三）刑事一体化思想的发展以及系统论方法的引入

1. 刑事一体化思想的发展

刑事一体化思想从提出到现在，已经历时近十五年。刑事一体化，作为目前刑事学科研究的一种导向性理念，已经得到了学界的广泛认同。刑事一体化所主张的是一种整体性的研究方法、一种辩证的思维方法。刑事一体化的研究方法，较之那些故步自封的刑事学科研究方法来说，具有全面、动态的哲学辩证方法论上的优越性。关于刑事一体化研究，一方面，有了一些学者的卓有见地的思想；另一方面，还有了《刑事法评论》的群体性实践，[2]可以说有关研究的成绩是令人瞩目的。但储槐植先生指出：“刑事一体化思想提出尽管已有十多年，还只能算是粗浅的开头，尚需进一步深入和展开。”[3]

刑事一体化理论中还存在一系列悬而未决的基本理论问题，如刑事一体化的整体范围、刑事学科究竟包括哪些、各刑事学科之间的关系结构如何、整个刑事学科系统的中心脉络何在、刑事学科系统的动态发展机制遵循怎样的规律，等等。笔者认为，一方面，这一系列问题的解决正是刑事一体化思想“进一步深入和展开”的基本发展方向；另一方面，这一系列问题的解决有待于在刑事一体化思想及理论的基础上进一步明确、自觉地以系统论的思想及哲学方法来关照刑法学、刑事法学以及其他刑事学科的研究。

2. 刑事学科系统论的基本构想——系统论方法的引入

刑事学科系统论认为，犯罪学、刑法学、刑事诉讼法学、监狱学、刑事侦查学、刑事政策学以及刑事被害人学等刑事学科之间不是截然分立的，而是紧密关联组合成一个系统——刑事学科系统。以系统论的方法来研究刑事

---

① 储槐植：《刑事一体化》，法律出版社 2004 年版，第 605 页。

② 付立庆：《刑事一体化：梳理、评价与展望——一种学科建设意义上的现场叙事》，载陈兴良、梁根林主编：《刑事一体化与刑事政策》，法律出版社 2005 年版。

③ 储槐植：《再说刑事一体化》，载《法学》2004 年第 3 期。

学科，可以构建刑事学科研究的宏观、有序、动态、和谐的理念。刑事一体化理论的进一步系统化，可以从整体范围论、结构关系论、学科分组论和功能机制论等四个基本方面来进行。如果说刑事一体化思想反映了刑事学科系统发展“从无到有，由有而分，分久而合，分合有致”一般规律中的“分久而合”阶段，那么，“分合有致”便是刑事学科系统论所试图追求的境界。

二、系统整体——刑事学科系统之整体范围论

整体范围论，是刑事一体化论以及刑事学科系统论的首要观念或理论。刑事学科系统之整体范围论强调以宏观、整体、全面、扩展、联系的方法来研究刑法学以及其他刑事学科。从学界有关问题的研究现状来看，刑事学科的整体范围仍是一个悬疑。学界多以列举的方式将刑法学、犯罪学、刑事政策学、刑事诉讼法学、监狱学、法医学等学科归入刑事学科的范畴中，但刑事学科到底包括哪些，学界至今还未有一个整体的范式将该问题框定。笔者拟从横向和纵向两个维度来寻求及确定刑事学科系统整体范式问题。横向维度，即以犯罪中心主义的偏颇及其反思为线索，通过被害人学以及犯罪事件论等的启发，构建“犯罪者—被害者—刑事环境”的刑事学科系统的横向整体范式，即关于犯罪者、被害者、刑事环境以及三者之间互动关系等知识体系或学科都应纳入刑事学科的范围之中。纵向维度，即以人类学科思维的基本过程“事实认识—对策实践—哲学反思”为线索，构建“刑事事实学—刑事对策学—刑事哲学”的刑事学科系统的纵向整体范式。

（一）刑事学科系统的“犯罪者—被害者—刑事环境”横向三元范式

20世纪中叶，现代刑事学科的发展历史中出现了一个重要事件——被害人学（victimology）产生。被害人学的产生及发展促进了刑事学科界对被害[①]问题的全面关注。近代刑事学科对被害问题的关注是全面缺失的。近代刑事学科系统不仅缺乏被害者元素，还同时缺乏对刑事环境的应有关注。被害者元素和刑事环境元素的缺乏，皆可归诸于“犯罪中心主义”理念及其

① 如无特别说明，本文所称的“被害”指刑事的被害。

所带来的刑事学科系统横向范式的单一性，即“刑事”等于“犯罪”，刑事学科系统等同于“犯罪学科系统”。通过对犯罪中心主义的批判，不难发现，刑事学科系统的横向范式应当是三元性的，即由“犯罪者—被害者—刑事环境”以及三者之间的互动关系为基本范式，从而框定刑事学科系统整体的横向范围。

1. 被害人学的产生、发展及启示——被害元素的缺失

“二战”前后，随着对刑事问题认识的积淀和深入，加之“二战”的巨大灾难性及犹太人被害的触目惊心，激发了一批学者对被害问题的深切关注和深刻理论反思。德国犯罪学家汉斯·冯·亨蒂、耶路撒冷的律师本杰民·门德尔松、德国精神病学家亨利·艾伦伯格等发表了一系列被害人学的著作。[①] 随着被害人学的深入发展，刑事学科系统中的一系列结构性矛盾问题开始从中寻求出路，一系列与被害人相关的理论问题被逐步深入发掘，其中包括：被害性（victimity）、[②] 被害行为论以及被害学论；[③] “犯罪（者）—被害（者）”关系模式以及门德尔松所谓的“刑事上的对立者”（penalcouple）的类似理念[④]和冯·亨蒂所谓的“双重结构”（duel frame ofcrime）的类似理念；[⑤] 刑法中的被害者过错[⑥]以及被害者同意（或被害人承诺）[⑦] 问题；刑事诉讼法中的被害人诉讼地位及价值问题；[⑧] 刑事被害国家补偿法律问题，[⑨] 等等。

从上述一系列有关被害人的问题中，我们不难发现，刑事学科中的被害问题不仅仅是某一个理论问题的缺漏，而是一系列的刑事学科理论问题。何以造成一系列的问题呢？合理的回答应当是：刑事学科系统理论研究基本范式中的被害者元素的缺失——研究视角上的一个基础性、根本性的缺失。被

---

① 参见郭建安主编：《犯罪被害人学》，北京大学出版社 1997 年版，第 19 页。

② 参见徐永强：《论犯罪被害人的法律地位和救助》，北京大学 2002 年博士学位论文。

③ 参见高维俭：《刑事三元结构论——刑事学科研究范式的理论》，北京大学 2004 年博士学位论文。

④ 参见张智辉、徐名涓编译：《犯罪被害者学》，群众出版社 1989 年版，第 35 页。

⑤ 参见郭建安主编：《犯罪被害人学》，北京大学出版社 1997 年版，第 36 页。

⑥ 参见高维俭：《试论刑法中的被害者过错制度》，载《现代法学》2005 年第 3 期。

⑦ 参见张明楷：《外国刑法纲要》，清华大学出版社 1999 年版，第 175 页。

⑧ 参见杨正万：《刑事被害人问题研究——从诉讼角度的观察》，中国人民公安大学出版社 2002 年版。

⑨ 参见郭建安主编：《犯罪被害人学》，北京大学出版社 1997 年版，第 300 页。

害人学的产生及发展是刑事学科界反思犯罪中心主义的阶段性、标志性成果。

2. 犯罪事件论及其启示——刑事环境元素的缺失

被害人学的诞生标志着刑事学科界对“犯罪中心主义”理念的根本性反思，也标志着刑事学科基本视角正在从“犯罪人中心”向“犯罪人及被害人中心”转移。随之，学界提出“犯罪事件论”，即“在所有的犯罪案件中，除所谓无被害人的犯罪，必然存在犯罪人、被害人及其双方的相互作用，这三位一体的组合可称为犯罪事件”①。犯罪事件论的提出具有重要的理论意义，即刑事学科研究的基本视角可以据此由“犯罪人中心”转向“犯罪人——被害人互动模式中心”。犯罪事件论具有重要的理论意义，但笔者认为，犯罪事件论还存在着相当的局限性，其中之一是犯罪事件论没有明确社会环境的抽象互动作用及其范式功能。

犯罪事件论的有关理念已经涉及犯罪周围的社会环境的影响作用：“同其他任何社会事件一样，犯罪事件的发生也有其背景和环境。其环境是由居民和社会的特点、文化观念、对被害危险的认知以及其他间接影响犯罪事件的因素组成的。被害人和犯罪人与这些环境因素相互作用并受环境的影响……自70年代以来，犯罪学理论出现了重大变化，其中一个明显的发展就是关于犯罪的情境性研究和情境研究方法（situationalapproach）的出现。”② 毫无疑问，这些刑事环境因素对刑事事件（犯罪）的发生和发展具有重要的影响作用，但由于犯罪中心主义的影响，近代刑事学科研究对刑事环境因素的重视程度不够。

3. 犯罪中心主义批判以及刑事学科系统研究的横向三元范式

（1）犯罪中心主义批判

现代刑事学科理论体系，③ 含犯罪学、刑法学、刑事诉讼法学、刑事政策学等，是以犯罪为中心构建起来的学科群，各学科联系的主线即犯罪。刑事学科理论的研究以犯罪为出发点和归宿，即几乎所有的研究都围绕犯罪者及其行为来进行。这就是笔者所谓的刑事学科理论体系的“犯罪中心主

① 郭建安主编：《犯罪被害人学》，北京大学出版社1997年版，第129页。

② 郭建安主编：《犯罪被害人学》，北京大学出版社1997年版，第130页。

③ 笔者这里所说的现代刑事学科理论体系，指产生、发展于近代，定型完善于现代的刑事学科理论体系。

义”。犯罪中心主义的主要表现如下：

其一，在犯罪中心主义的刑事学科基本概念中，学者们一般认为刑事等于犯罪。[①] 这种片面构成了犯罪中心主义的理论基点。刑事等于犯罪吗？仔细分析一下，可知刑事之“事”不仅是犯罪之事，还同时是被害之事，以及刑事环境“推波助澜”之事，是犯罪者、被害者和刑事环境同为“主角”之事。

其二，在犯罪中心主义的刑事事实学研究中，存在着体系性的重大缺失，即只有犯罪学理论的存在，而没有专门研究被害问题的学科存在。西方国家的这种情况大致以“二战”结束或20世纪50年代为界；中国的有关情况大致可以1990年为界。之前，没有对被害问题作专门的研究；之后，有了专门的研究，但仍然或多或少地受着犯罪中心主义的影响，还很不成熟。中国犯罪学理论界对被害者问题的正式关注较晚，有关的理论建设在相当程度上是从西方引进的。1990年以后的犯罪学著作开始有了专门章节对被害问题进行论述。这些著作将被害问题或置于概论，[②] 或置于现象论，[③] 或置于原因论，[④] 或分置于现象论和对策（预防）论，[⑤] 或分置于现象论、原因论和对策（预防）论。[⑥] 这种混乱不堪的局面，其根本原因在于“犯罪中心主义”的影响。

其三，在犯罪中心主义的刑事实体法学理论中，只有关于惩罚罪犯和保障罪犯权益的刑法学，忽视对被害者的救助、恢复和权益保护以及刑事环境的治理措施等问题。这是一种与上文两点论述相通的体系上的重大缺失。不仅如此，在有关的刑法学理论中，对被害者因素在定罪量刑中的考虑也有着明显的不足和缺漏。如被害人同意问题，西方国家的刑法理论已经有了不少的研究，但仍然不足，安乐死问题在世界范围内的悬而未决就是明证；[⑦] 又如被害者过错问题，它对于加害者的刑事责任有着举足轻重的影响，即被害

---

① 参见陈兴良：《当代中国刑法新境域》，中国政法大学出版社2002年版，第200页。

② 参见张旭：《犯罪学要论》，法律出版社2003年版。

③ 参见周密主编：《犯罪学教程》，中央广播电视大学出版社1990年版；储槐植、许章润等：《犯罪学》，法律出版社1997年版。

④ 参见康树华主编：《犯罪学通论》，北京大学出版社1992年版。

⑤ 参见魏平雄、赵宝成、王顺安主编：《犯罪学教程》，中国政法大学出版社1998年版。

⑥ 参见张绍彦主编：《犯罪学》，法律出版社1999年版。

⑦ 对安乐死问题合法化的还只有荷兰、比利时等少数几个国家。

者过错因素是影响定罪量刑的重要因素，但目前中外的刑法学理论对此缺乏应有的理论自觉性和系统性。被害者过错因素主要被作为一种影响定罪量刑的酌定情节来考虑。与此有一定关系的研究散见于正当防卫理论、杀人罪理论①等。刑事环境，可作为影响犯罪者刑事责任的重要因素，如期待可能性等理论，也没有得到应有的重视。

其四，在犯罪中心主义的刑事程序法学理论中，有关的体系性理论缺失是一脉相承的——不存在对被害者救助、恢复和赔偿及国家补偿等权益保护，以及刑事环境治理的程序性保障法学理论。非但如此，在对犯罪进行追诉的程序法学理论中，被害人的地位及诉讼权利很成问题。

其五，犯罪中心主义的刑事政策对被害者、刑事环境也缺乏应有的关注。如“严打”政策“打”的是犯罪，而并没有或很少明确提出如何“严密”保护被害者和“严格”治理刑事环境，并系统地采取相应策略的问题。当然，打击犯罪本身就是一种对被害者的保护和对刑事环境的治理，但这只是一种反向治标之策，仅此还远远不够，有关的刑事政策还应当包括被害预防、被害救助与恢复、被害赔偿与补偿以及刑事环境的治理战略、举措等多方面的内容。

（2）刑事学科系统研究横向范式的三元性

类似于犯罪者和被害者之间具体层面的互动关系，犯罪者、被害者与抽象的刑事环境（即刑事化的社会环境）之间也存在着一种抽象意义上的互动关系。这种抽象的互动关系可以从两个方面来分析：一方面，从人格社会化的纵向维度来看，刑事环境是犯罪者和被害者人格形成的环境，二者和刑事（人格）环境之间存在着抽象的互动关系。这种抽象的互动关系由主体与周围人的互动活动组合而成，这种组合具有一种由近及远、由强及弱的层次结构。犯罪者和被害者的人格就是在这种互动关系层次结构中逐渐形成的。另一方面，从刑事事件发生的横向维度来看，刑事环境还是犯罪者和被害者互动行为发生的具体情境。这种情境，学界将其称为“犯罪场”。其中，刑事环境和犯罪者、被害者之间也存在着相应的互动关系——“存在于潜在犯罪人体验中、促成犯罪原因实现为犯罪行为”。② 笔者认为，这种

① 参见陈兴良：《被害人有过错的故意杀人罪的死刑裁量研究——从被害与加害的关系切入》，载《现代法学》2005年第2期。

② 储槐植：《刑事一体化》，法律出版社2004年版，第70页。

“促成……实现”的互动关系也适用于被害行为。

综上，从横向的角度看，关于犯罪者、被害者、刑事环境以及三者之间互动关系的知识体系都可归入刑事学科的范畴。

（二）刑事学科系统的“刑事事实学—刑事对策学—刑事哲学”纵向三元范式

从纵向的角度看，人类知识发展的逻辑过程不外乎三个基本阶段：认识、实践和反思。学科的产生及发展正反映了这一基本过程及规律。据此，人类知识及学科系统的范畴不外乎三个层面：反映人类认识活动的事实学科、反映人类实践活动的对策学科和反映人类系统反思活动的哲学学科。刑事一体化的研究也构架了相应的纵向研究范式，即“犯罪—刑罚—行刑”以及“犯罪学—刑事政策学和刑法学—监狱学”的纵向逻辑顺序及过程。[①] 但问题是：刑事法哲学、被害人学、刑事诉讼法学等学科如何纳入其中呢？

刑事学科系统的纵向范式应当表明刑事学科研究的逻辑先后顺序及其过程，即凡是涉及人们关于刑事问题的认识、实践及系统反思的所有学科都可以归入刑事学科系统的范畴。据此，刑事学科系统整体研究的纵向范式为“刑事事实学—刑事对策学—刑事哲学”。

1. 刑事事实学的层面

刑事事实学反映了人们对刑事问题的认识阶段。刑事事实学，即研究刑事案件以及刑事社会现象、特点及其原因机制而形成的知识系统。犯罪学、被害（人）学以及刑事社会（环境）学皆可归入刑事事实学。

2. 刑事对策学的层面

刑事对策学反映了人们基于对刑事问题的认识，对刑事问题制定并实施相应对策活动的实践阶段。刑事对策学，即基于刑事事实学科研究而形成的对刑事学科对象的认识，对刑事社会事实问题进行协调、改造的知识系统。刑事对策学主要包括刑事政策学和刑事法学。目前的刑事政策学主要是针对犯罪的政策学，刑事法学也主要是针对犯罪的法学。笔者认为，有关被害者、刑事环境问题的国家政策也可归入刑事政策学的研究范畴；针对被害者、刑事环境的实体与程序、行政与司法等方面的法律，如刑事被害国家补偿法、社会治安综合治理法、预防未成年人犯罪法等法律皆可归入刑事法学

① 储槐植：《刑事一体化》，法律出版社2004年版，目录第1页以下。

的研究范畴。

3. 刑事哲学的层面

刑事哲学反映了人们对刑事认识（刑事事实）及实践活动（刑事对策）等阶段进行的系统反思。刑事哲学的内容包括刑事哲学的本体论基础、刑事认识论及实践论的基本过程及规律、刑事学科的基本体系构架、刑事哲学方法论等。从目前学界的著述及相关提法上来看，刑事哲学主要包括犯罪学哲学、① 刑法哲学、② 刑事诉讼法哲学③以及刑事法哲学④等。

总之，从横向维度看，关于犯罪者、被害者以及刑事环境问题的所有学科，也可归入刑事学科系统的整体范围之中；从纵向维度看，关于人们认识、协调和改造刑事社会问题全部过程中的所有学科，都可归入刑事学科系统的整体范围之中。两方面的纵横交错、结合即为刑事学科系统之整体范围。

三、系统结构——刑事学科系统之结构关系论

刑事一体化关系论指明了刑事学科进一步发展的方向——关注犯罪与刑法所赖以存在的关系系统，这也是有关刑事哲学基本方法论的一种初步思索。这一理论的重要意义，尽管目前还没有充分地显现出来，但笔者相信，其意义是非常重大而深远的，它将开启刑事哲学方法论的探索之路以及刑事哲学理论体系的建立。但由于刑事一体化关系论提出的探索性、初期性，它有待于补充完善、系统整合的方面还很多。首先，关系犯罪论和关系刑法论分别都提出多种多样的关系，这些关系之间的关系如何呢？这些关系群的关系结构如何呢？有没有某种使其内在统一的范式工具及运行规律呢？其次，关系犯罪论和关系刑法论之间有无内在联系？如果有，其关系如何？二者如何协调一致，共同为刑事一体化的理论目的服务？总之，刑事一体化的关系论还相当的纷繁复杂，头绪错综。下文中，笔者试图借助于一套结构关系范式——刑事三元结构论，将上述错综复杂的问题作一个系统的梳理。

上文论及刑事学科系统整体的三元性范式——即“犯罪者—被害者—

---

① 参见储槐植、许章润等：《犯罪学》，法律出版社 1997 年版，第 6 页。

② 参见陈兴良：《刑法哲学》，中国政法大学出版社 2000 年版。

③ 参见锁正杰：《刑事程序的法哲学原理》，中国人民公安大学出版社 2001 年版。

④ 参见刘远：《刑事法哲学初论》，中国检察出版社 2004 年版。

刑事环境”的横向三元性范式与“刑事事实学—刑事对策学—刑事哲学”的纵向三元性范式的纵横交错结合体。刑事三元结构论实际上是对上述范式基本元素之间关系结构或联系脉络的追问、探索和清理。所谓结构，即事物各组成要素之间相对稳定的关系模式。结构往往具有立体性。以结构方法分析得出的关系模式，即结构关系。笔者所谓的刑事三元结构论可以分为三个层面：刑事事实的三元结构模式、刑事对策的三元结构模式以及二者的刑事哲学关系问题。

（一）刑事事实的三元结构模式

刑事事实结构的基本模式是三元性的：主体三元——刑事环境、犯罪者和被害者；互动关系三元——犯罪者、被害者，犯罪者、刑事环境，被害者、刑事环境。

1. 刑事事实的三元主体

首先，刑事环境，即刑事化的社会环境。一方面，刑事环境是刑事化的，即以刑事问题认识的角度，来看待犯罪者和被害者所处的对刑事事件形成和发生起作用的环境因素；另一方面，刑事环境是社会化的，即不是单纯的自然环境。其次，这里所说的犯罪者即刑事加害者。犯罪者是刑事事件的“最后一击”的行为者，即刑事损害的最直接的制造者。最后，被害者，是指刑事损害的直接承受者。被害者的概念大于被害人的概念，即被害者不仅包括具体意义上的被害人，如自然人、法人，还包括特定的抽象被害者，如某项特定的社会制度或某区域的社会秩序。

2. 刑事事实的横向维度——刑事场——刑事现象

横向结构是以空间为坐标展开的。刑事事实的横向三元结构，即三元互动关系的现实情状，也即刑事场。关于刑事场，笔者借用了犯罪场的理论。刑事场中，存在着三对基本的互动关系：其一，犯罪者和被害者之间的具体层面上的社会互动关系；其二，犯罪者和刑事环境之间的情境性的抽象互动关系；其三，被害者和刑事环境之间的情境性的抽象互动关系。这三对基本的互动关系之间紧密相关，存在着某种内在的规律性和机制性。刑事事实的横向三元结构和刑事现象理论直接相关。

3. 刑事事实的纵向维度——刑事人格生成——刑事原因

纵向结构是以时间为坐标展开的。刑事事实的纵向三元结构，即刑事三元互动关系的人格维度。犯罪者具有犯罪人格；被害者也通常具有被害人格；笔者认为，刑事环境也同样具有相应的人格，不过，这种人格是抽象意义上的，即社会文化品格。在时间的纵向维度上，三者相互作用，相互影响，相互塑造。而且三者往往存在着角色的变化及互换现象，例如，此时的犯罪者可能是彼时的被害者，而此时的被害者可能演变为将来的犯罪者。刑事事实的纵向三元结构和刑事原因理论直接相关。

4. 刑事社会矛盾关系及其伦理基础的中心与统一地位

刑事事实三元互动关系的中心在于刑事社会矛盾关系，或者说，刑事事实三元结构统一于刑事社会矛盾关系。刑事社会矛盾关系中存在其社会伦理及人性基础的问题。陈忠林教授认为，"'常识、常理、常情'的核心内容，是人民群众关于社会最基本价值的基本认识，是一个社会最基本的伦理要求的基本形式"，"无论是'良心'，还是'常识、常理、常情'都是特定社会中的人性、人心最本源的形态"。[①] 对于社会伦理及人性，可以从两个层面来把握：一方面，整个人类社会伦理及人性具有抽象的一致性，即"不害人"的"良心"是人类社会所共通的基本社会伦理及人性，它是人类社会赖以存在的基本价值基础；另一方面，具体社会的伦理及人性是具体的，是特定社会时空内的民众所普遍认同的基本价值观念以及是非标准。社会伦理及人性具有具体的差异性，即"不害人""良心"的具体标准不是亘古不变、四海皆同的，而是具有时空性的，即具有历史时期变化性和地区（人群）文化差异性。而一定的社会伦理及人性正是其社会成员之间互动行为的是非标准及心理基础，严重违背这些社会伦理及人性基础及标准的行为[②]必然会产生刑事社会矛盾关系，并进而引发刑事社会矛盾冲突，导致刑事事件的发生。据此，笔者认为，社会伦理及人性问题是把握刑事社会矛盾关系、刑事事实发生规律、刑事防治对策以及刑事责任考量等纷繁刑事社会问题的"执一"之道。所谓"道执一而驭万"。[③] 张介宾有云："有善求者，能于纷杂中而独知所归，千万中而独握其一。"[④]

---

① 陈忠林：《刑法散得集》，法律出版社 2003 年版，第 37 页以下。

② 这里所说的行为，既包括个人行为和单位行为（即犯罪者和被害者的行为），还包括以制度及文化为存在形式的刑事环境的抽象行为。

③ 吕嘉戈：《中国哲学方法——整体观方法论与形象整体思维》，中国文联出版社 2003 年版，第 52 页。

④ 吕嘉戈：《中国哲学方法——整体观方法论与形象整体思维》，中国文联出版社 2003 年版，第 30 页。

（二）刑事对策的三元结构模式

刑事对策结构的基本模式是三元性的：即刑事对策三元结构涵盖了国家、犯罪者，国家、被害者，国家、刑事环境等三个方面的刑事对策——四面体的三个棱；刑事对策三元结构是以刑事事实三元结构为基础构建起来的——四面体的底面；刑事对策三元结构是以国家为主导的——四面体的顶点；犯罪者、被害者和刑事环境的互动关系统一于刑事社会矛盾关系——四面体底面的中心；那么，国家刑事对策的根本目的也就应当在于刑事社会矛盾关系的化解——四面体的重心线。

1. 直接目标及手段的三元性

其一，针对犯罪者的刑事对策，即根据犯罪者的人格责任给予其相应的刑罚非难，并对其进行相应程度的隔离、控制，以及对其进行相应的人格矫治等。其二，针对被害者的刑事对策，即根据被害者所受到的刑事损害以及被害者的相应责任等情况，决定对其进行合理的赔偿、补偿、服务，以及对其进行相应的保护、教育、治疗等。其三，针对刑事环境的刑事对策，即根据刑事环境在刑事事件中表现出来的有关问题，以刑事司法建议的形式进行查究，消除有关的不良因素，弥补有关的管理缺漏，追究有关人员的相应责任等。三种核心手段分别为“刑罚”“救偿”和“查究”。

2. 三元统一的根本目的及手段

即刑事矛盾关系的解决，以及社会正义的实现。这一根本目的可以分为三个基本层次：其一，修复——恢复被破坏的刑事法律秩序，即通过对犯罪者施用刑罚、对被害者给予救偿和对刑事社会环境予以查究，使刑事社会正义得以弥补性地实现。这是对社会形式正义的修复，是对社会秩序价值的恢复。其二，控制——维持现有的刑事法律秩序，即通过对犯罪者、被害者和刑事社会环境之间的已经存在的对抗性矛盾关系施加外在的压力，使其不至于演变为破坏刑事法律秩序的刑事事件，使刑事社会正义得以控制性地实现。这是对社会形式正义的维持，是对社会秩序价值的捍卫。其三，治理——使社会运行符合自然法意义上的法秩序，即化解、协调和疏导，避免刑事社会矛盾关系的形成，从而使刑事社会正义得以和谐地机制性地实现。这是对社会实质正义的理性求索，是对自由价值的终极溯求。这三个基本层次和赵国玲教授等指出的“三道防线的犯罪预防体系”,[①] 以及一些西方学者提出的“三级预防模式”,[②] 在纵向思路上是基本一致的。不同的是，在横向思路上，笔者明确地主张以犯罪者、被害者和刑事环境的三元关系为基本立场，刑事对策的根本目的在于这三方面的统一体，即刑事社会矛盾关系；而大部分学者主要是站在犯罪中心主义的基本立场。

刑事对策主体在采取刑事对策手段时，有以下方面的问题需要特别注意：一方面，应当严格根据对象，即刑事事实的具体情状来决定手段的设定、选择和运用，避免“想当然”的主观臆测。既然刑事对策是严格地根据对象来的，其客观性就有了相应的保证。同时，对对象的全面、系统认识是保证刑事对策全面性、系统性的基础。另一方面，应当本着理性的目的，以理性的目的为指引，避免刑事对策的盲目性，以免迷失根本目的，误将手段当作目的，如人们通常将打击、控制、预防犯罪作为刑事对策的根本目的，即是误将手段当目的的典型表现——目的和手段是相对而言的，打击、控制和预防犯罪可以被理解为刑事对策的直接目的，但相对于刑事对策的根本目的（刑事社会矛盾关系和社会正义）而言，其应当被作为实现刑事对策根本目的的手段和过程来看待。本着这一根本目的，庞杂的刑事对策便有了“主旋律”“主心骨”，其系统性、一致性就有了保证，是所谓纲举目张、一以贯之。

四、系统组分——刑事学科系统之学科分组论

所谓刑事学科系统之学科分组论，即各刑事学科之间的合理划分以及整体组合的理论问题。目前学界关于刑事学科分组的理论现状还很不完善，归结起来大致有四个方面的问题：其一，有关的理论展开基本以刑法学为中心——其实为“一管之见”；其二，有关的论述还基本停留于刑事法学的层面，这反映了有关法学研究者的视野局限性；其三，有关的论述对有关刑事学科之间关系的把握多限于两者之间，整个局面比较散乱——有待于系统整体化；其四，对刑事学科群的把握基本停留于一个平面上，层次不明晰——有待于立体结构化。

随着各种刑事学科的产生或兴起，刑事学科分组论的理论局面变得更为

① 参见赵国玲：《刑事法学三论》，警官教育出版社1998年版，第160页以下。

② 参见储槐植、许章润等：《犯罪学》，法律出版社1997年版，第293页以下。

错综复杂起来，问题接踵而来：刑事学科到底应该包括哪些学科？如法医学、刑事侦查学、司法精神病学、刑法哲学、刑事被害者学、刑事政策学等学科是否也可以纳入刑事一体化？如何纳入？这一系列的刑事学科之间不应当是某种简单的平铺并列关系，它们之间的关系体系如何构建？现有的众多刑事学科是否足以覆盖整个刑事学科系统的整体范畴？现有的众多刑事学科是否都有必要单独分立？现行的刑事学科群是否与刑事学科系统的功能区域（即相对独立的环节或过程）合理地对应？这一系列问题的解决有赖于对现行刑事学科群的系统结构化梳理与重组，即构建刑事学科群结构论，或刑事学科系统之学科分组论。

对现行刑事学科群的系统化梳理与重组不是任意的，而应当是有章可循的，或者说应当有一套“一以贯之”（或系统整体）的方法论可用。笔者认为，应当将上文所论及的“整体范围论”和“结构关系论”（即刑事三元结构论）的方法论结合起来，即令系统结构关系在系统整体中分层次、有序地展开，使得相应的结构功能区域与相应的刑事学科合理地对应，从而进一步为刑事学科系统功能机制的协调运行奠定基础。刑事学科群的结构可以从外部结构和内部结构两个方面进行把握。

刑事学科群的外部结构，即刑事学科群和相关学科及学科群的相对稳定的关系模式。首先，刑事学科群与法学的关系。法学是由宪法学、刑事法学、民事法学、行政法学、国际法学、法史学以及法哲学等众多学科组成的学科群。刑事学科群与法学是一种交叉关系，二者的重合部分主要是刑事法学。其次，刑事学科群与社会科学的关系。刑事学科群主要归属于社会科学，但不完全是，如刑事学科群中的法医学、犯罪生物学等有着明显的自然科学性质。最后，刑事学科群在整个人类学科体系中的定位。《易·系辞上》云：“形而上者谓之道，形而下者谓之器。”形，即事实；道，即哲理；器，即功用。据此，整个人类学科体系或可大致分为三个层面，即形而中的事实学、形而下的应用（对策）学和形而上的哲学。如果把整个人类学科体系比作一块三层的蛋糕，那么，刑事学科群就是沿着“刑事”这条线的一个纵向切面，它会牵涉人类学科知识体系的众多层面。

从人们认识刑事问题、解决刑事问题和反思刑事问题的思维逻辑的基本顺序出发，刑事学科群的内部结构可以分为三个基本层面：刑事事实学，刑事对策学和刑事哲学。我们可以将刑事哲学理解为关于刑事的“形而上之道”；将刑事对策学理解为关于刑事的“形而下之器”；而将刑事事实学理解为关于刑事的“形之体”。

（一）刑事事实学层面上的学科组合及分立

从纵向维度来看，刑事事实学可以分为刑事现象学和刑事原因学两个层次。对事物发生、发展内在原因的探寻，总是从事物的表面现象入手的。刑事现象学是刑事原因学的研究基础。

首先，刑事现象学是以刑事社会现象事实为研究对象的。刑事现象，是犯罪者、被害者和刑事环境等三者的情况以及三者之间的互动关系情状所组合而成的社会现象。刑事现象（学）又可以派生出犯罪现象（学）、被害现象（学）和刑事环境现象（学）。但笔者基于刑事三元结构论的理念主张将三者整合为一——刑事现象学。对刑事现象之表面事实的系统把握，需要借助一些学科及技术知识，其中主要包括社会学和统计学。

其次，刑事原因学是以刑事社会现象事实为基础的，并通过系统、宏观的哲思，分析、把握掩藏在现象背后的机理以及本质原因。同上理，刑事原因学也可以派生出犯罪原因学、被害原因学和刑事环境原因学等刑事学科。刑事原因学是以探究刑事事实原因为目的的。对于刑事事实原因，难以仅仅通过直观的感受来把握，而需要通过宏观、抽象、辩证的哲学思维来探寻。因此刑事原因学的哲学意味是比较浓的，换言之，刑事原因学的研究在很大程度上需要借助于哲学。同时，刑事原因学研究的是掩藏在刑事社会现象背后的机理以及本质原因，这其中掩藏着影响或指导有关行为人的社会行为的生物学、心理学、政治学以及社会伦理学等方面的机理。因此刑事原因学的研究需要借助于生物学、心理学、政治学以及社会伦理学等方面的理论。

揭示刑事事实的客观样态，即刑事事实学的本位目的。尽管刑事事实学所揭示的客观事实现象和规律能够应用于制定相应的对策来解决刑事问题，但这已超出刑事事实学的本位目的，而成为刑事对策学（或者称为刑事应用学）的本位目的。正因为其学科的本位目的在于揭示客观事实现象和规律本身，刑事事实学所要强调的是一种客观科学精神，即在研究中不带主观功用目的，唯一的目的就是客观地揭示刑事事实本身。至于主观的功用目的，只有建立在对客观事实规律的科学揭示和认识的基础之上，方能科学地实现。

（二）刑事对策学层面上的学科组合及分立

尽管刑事对策学的研究必须用到上述的刑事事实学的研究成果，或者说，也必须研究或关注刑事事实学，同时还得运用下述的刑事哲学，但这些都不能改变刑事对策学的应用性和功用性的本位目的。在国家社会中，刑事对策主要是由国家来组织的，因而国家是刑事对策的主要主体。刑事对策是国家政治的重要组成部分，因而刑事对策学的研究不可避免地会借助于政治学、政治伦理学等学科。从纵向的维度来看，刑事对策学可以做两种不同的分类：其一，从刑事对策生成（或立定）的角度来看，刑事对策学可以分出两个层次来，即刑事政策学和刑事法学；其二，从刑事对策运作（或执行）的角度来看，刑事对策学可以分出三个层次来：即刑事治理对策学、刑事控制对策学和刑事司法对策学。

1. 刑事政策学和刑事法学

所谓刑事政策学，即以刑事政策为研究对象的学科。而刑事政策，即国家为应对刑事社会问题（包括刑事社会环境、刑事犯罪和刑事被害等三个基本方面）所采取的政治策略。笔者这里所定义的刑事政策，从主体的角度而言，是狭义的，其主体限于政治国家，而不包括所谓“市民社会刑事政策”；[①] 但从对象的角度而言，则是广义的，其对象不限于刑事犯罪，而是包括刑事犯罪、刑事被害以及刑事环境等三个基本方面。

关于刑事政策学的学科定位问题，学界众说纷纭。如梁根林教授将刑事政策学界定为集“观察的科学”“批判的科学”“决策的科学”“形而上的知识体系”于一身的刑事科学，强调批判性与建构性是刑事政策学的学科使命及其生命力所在。[②] 再如我国台湾地区学者苏俊雄教授指出：“刑事政策已逐渐突显出其政策性格背后的刑法理论、刑法契机及对于犯罪之实证效应的探讨，而充当着刑法与犯罪学领域的桥梁。”[③] 从这些论断中，可以看出刑事政策学具有思想构建性、决策观念性、中介桥梁性等特征。

关于刑事政策学和刑事法学的关系，笔者认为：其一，二者的内容范畴基本一致，具有非常严整的对应性，即凡是刑事法学研究的问题也同时是刑事政策学研究的问题，如刑事法学研究犯罪法、刑罚法、刑事诉讼法、刑事证据法、刑事执行法、刑事被害补偿法、犯罪预防法等；与此相对应，刑事政策学则研究犯罪政策、刑罚政策、刑事诉讼政策、刑事证据政策、刑事执

---

① 参见梁根林：《刑事政策：立场与范畴》，法律出版社 2005 年版，第 49 页。

② 参见梁根林：《刑事政策：立场与范畴》，法律出版社 2005 年版，序一第 2 页。

③ 苏俊雄：《刑法总论》（I），台湾大地印刷厂股份有限公司 1998 年版，第 94 页。

行政策、刑事被害补偿政策、犯罪预防政策等。归纳起来，二者的基本内容包括三个方面：（一般性的）刑事社会预防、刑事犯罪处置和刑事被害救偿。① 其二，二者的研究目的一致，即合理、有效地解决社会刑事问题。其三，二者的关键区别在于方法论不同。后者基于法治的理念，运用了法学方法论，融入了明确、规范、公正、稳定、长效等方面的法学价值；而前者则是基于刑事事实学的认识，运用了政治学方法论，从而构建出应对刑事社会问题的思想、策略、方法和举措等。其四，二者之间存在着内在有机的关联：首先，前者是后者的先导，即基于刑事事实学，刑事政策学首先完成应对刑事社会问题的思想、策略、方法和举措等方面构建，然后，基于法治理念，抉择法学方法，建立相应的刑事法学体系，② 从而也完成了刑事政策学在刑事事实学和刑事法学之间的中介作用；其次，前者是后者的内在精神，即法治抉择之后，前者"引退"并转化为后者的"潜台词"，成为理解刑事法学的重要思路以及解释刑事法律的理论根据等；最后，前者是后者的补充，即一些刑事政策学的内容，因为各种现实原因还未上升为刑事法学的，可以成为刑事法学的补充，抑或借助将来合适的时机法学化。

2. 刑事治理对策学、刑事控制对策学和刑事司法对策学

首先，刑事治理对策学的主要任务在于：从刑事政策的层面而言，即采取一定的策略、方法和措施，促进社会政治、经济、文化的和谐发展，最大限度地避免刑事社会矛盾以及刑事环境的形成；从刑事法学的层面而言，即将最大限度地避免刑事社会矛盾的刑事对策经验融入国家的法治体系中，指导、调整和影响国家法治大政方针以及其他法律体系的构建。在现代法治国家中，刑事治理对策学的主要目标即建立健全刑事对策经验的反馈机制，使之促进国家其他社会政策的完善以及相应法律制度的完善，减少刑事矛盾，并最终促进和谐社会法治体系的建构。这些社会政策以及相应的法律制度涉及国家管理社会的方方面面，如政治、经济、文化等。而这些社会政策以及相应的法律制度都不同程度地涉及、隐含并吸取着刑事对策的经验，如人民代表大会制、议会制、选举制等基本民主政治（法律）制度就是防止权力

---

① 笔者这三个方面的基本内容及观念和刘仁文博士的有关论述存在较大的可参照性。参见刘仁文：《刑事政策初步》，中国人民公安大学出版社2004年版，第29页以下。

② 法治，是现代社会以及国家的理性的政治抉择。也可以说，刑事法治以及刑事法学方法的抉择本身，即为刑事政策的思想、策略方面的一种政治抉择。

腐败刑事案件的基本策略；又如公平的经济分配制度、社会保障制度等，即为防止贫富分化、极端贫困现象所引发的刑事案件的基本策略；再如财务会计、审计（法律）制度，即为防止贪污、职务侵占、偷税等刑事案件的重要策略。

其次，在现阶段以及可以预测的未来，刑事社会矛盾以及刑事环境的形成在所难免，于是有必要研究刑事控制对策学。所谓刑事控制对策学，即既然刑事社会矛盾以及刑事环境已经存在，刑事事件的发生有了现实的可能性，于是便有必要利用社会控制的策略、方法和举措，控制刑事场中可能导致刑事事件发生的犯罪者、被害者和刑事环境等方面的因素。借鉴我国社会治安综合治理的经验，刑事控制对策学的法治形式可以设定为建立健全“刑事综合控制法律”体系，其基本目标为加强对潜在犯罪者、潜在被害者和刑事环境的有效控制。于是，刑事控制对策学以及刑事综合控制法律体系就可以派生出三个方面的刑事控制对策及法律制度：着眼于严重违法者（犯罪边缘者）控制的保安处分法律制度以及预防未成年人犯罪法等；着眼于潜在被害者控制的弱势、高危人群保护法律制度（如未成年人保护法、妇女权益保障法等）；着眼于刑事环境控制的特别场所管理法律制度（如戒严法，机场航空、车站码头等特殊公共场所的安全管理法律等）。这三个方面存在着一定程度的交叉混合，如未成年人保护法既有防止未成年人成为被害者的目的，也有防止未成年人沦为犯罪者的目的。这是犯罪与被害的一体关系所决定的，也是刑事控制对策学以及刑事综合控制法律体系的综合性、一体性的重要根据所在。

最后，刑事控制对策的疏漏是难免的，于是就会有刑事事件的发生。那么，就有必要研究如何应对已经发生的刑事事件的刑事司法对策学。刑事司法对策学由三个基本方面组合而成：刑事程序法学、刑事侦查科学和刑事实体法学。其中，刑事程序法学又由刑事证据规则、刑事侦查程序、刑事检察程序、刑事审判程序和刑事执行程序等方面组合而成；刑事侦查科学则包含刑事侦查技术学、物证技术学、法医学、司法精神病学和司法会计学等；刑事实体法学主要由犯罪惩治法学、被害救偿法学和刑事司法建议制度等方面组合而成。而犯罪惩治法学还可以进一步地划分为刑罚学、监狱学等；被害救偿法学还可以进一步划分为被害救助劝诫制度、被害赔偿制度和被害国家补偿制度等；刑事司法建议制度还可以划分为侦查司法建议制度、检察司法建议制度、审判司法建议制度和行刑司法建议制度等。刑事司法对策学是事后弥补、修复性的。目前看来，刑事司法对策学是刑事对策学体系中最为发达的一个方面，且一些居于末端的刑事学科尤其发达，如监狱学、刑罚学等。这实际上说明了目前刑事对策学“重事后弥补，轻事前预防”“重细枝末节，轻根本大体”的总体现状。

如果说刑事治理对策学的目的在于“防患于未然”，其主要方法及思路为协调社会关系并使其人性化、和谐化；那么刑事控制对策学的目的即在于“防患于未乱”，其主要方法及思路即为疏浚、阻隔刑事社会矛盾关系，并使其不至于激化为现实的刑事之“乱”；而刑事司法对策学的目的即在于“治患于已乱”，其主要方法及思路即为斩断、处置刑事之“乱”，并使被破坏的社会关系得到公正、合理的修复。其中，刑事治理对策学和刑事控制对策学可以同属于刑事预防对策学之列。

(三) 刑事哲学层面上的学科组合及分立

刑事哲学是人们对有关刑事问题认识、对策和思想的系统反思。这种反思是理性的、思辨性的、超经验的、非实证的。这种反思的结果将作为一种宏观、系统观念再用于对问题的发现、认识和解决。

整个刑事学科系统可以相对地分为若干个子系统，对这些子系统的宏观反思可以派生出若干个刑事哲学的分支。于是，刑事哲学可以由刑事事实哲学和刑事对策哲学组合而成。而刑事事实哲学又可以由刑事现象哲学和刑事原因哲学，或者犯罪学哲学和被害学哲学等分支刑事哲学学科组合而成；刑事对策哲学又可以由刑事政策哲学和刑事法哲学，或者刑事治理对策哲学、刑事控制对策哲学和刑事司法对策哲学组合而成。依此还可以划分出刑事诉讼哲学、刑法哲学、刑罚哲学、刑事证据哲学、被害救偿哲学……几乎可以说，有多少个具体的刑事学科就可能有多少个刑事哲学的分支学科。但所有这些刑事哲学的分支都不能脱离刑事哲学的系统整体，必须与之保持协调一致性，并援引其系统整体理念及方法论，如此方能保持真正的哲学性。也正是因为刑事学科群在哲学意义上的系统整体性，每一个刑事学科的研究都可以（也应当）援引系统整体中其他学科层面上的知识、理论和思想观念等。这也是目前各刑事学科的研究往往跨及数个层面上的理论问题的缘故所在，例如，刑法学研究跨及刑法哲学、规范刑法学、理论刑法学、刑事政策学等方面的内容；又如，刑事侦查学跨及刑事侦查技术学、刑事证据科学、刑事侦查哲学、刑事侦查程序法学等多方面的学科内容。

总而言之，刑事学科群是一个有机的结构化系统，该系统包含了犯罪者、被害者和刑事环境等三个基本点。刑事学科体系应当建立在这三个基点之上，不可偏废。这是刑事学科群内部结构组合横向展开的基点。同时，刑事学科群内部结构组合的纵向展开是基于事实——对策——反思的基本思维逻辑，并由此派生出刑事事实学、刑事对策学和刑事哲学等三个基本层面。刑事学科群的内部结构决定整个刑事学科群的性状，是把握刑事学科群的关键所在。刑事学科群的外部结构与刑事学科群的内部结构是紧密相关的，反映了刑事学科群的外部关系，通过与刑事学科群的内部结构对刑事学科群发生作用。科学地厘清刑事学科群的结构组合，将为刑事一体化思想以及刑事学科系统论的发展铺平道路。

五、系统运行——刑事学科系统之功能机制论

系统机制，是以一定的组织结构为存在基础的，并通过组织结构各部分之间以及与外部环境之间的信息、能量交换来实现其系统功能的动态变化、循环往复过程及内在工作方式的统一。系统机制具有组织结构性、动态变化性、内在功能性、循环往复性等特性。组织结构性，即一定的系统机制以一定的系统组织结构为依托，并与之相对应；动态变化性，即系统机制是系统组织结构的动态形式，其中包含不断的变化；内在功能性，即系统机制是系统功能实现的过程及规律；循环往复性，即系统机制不是直线向前的，而是可以不断循环往复的，具有相对的稳定性。研究某系统（或组织结构体）的功能机制具有显著的理论意义——“意味着对它的认识从现象的描述进到本质的说明”①。

（一）刑事一体化“机制论”的现状及评论

前文论及，刑事一体化中的一个基本观念为“机制论”：机制是关系的动态形式，是功能实现过程的规律。刑罚机制及刑法机制，即刑罚及刑法运作的方式与过程的规律；强调刑法问题的解决，往往不在于刑法本身，而在于刑法之外（之前、之后、之上、之下等方面），以及有关因素的动态运行中所形成的刑罚机制及刑法机制；研究刑法的动态机制，其中包括关注“刑法运作方式与过程”，② 强调“健全的刑事机制应是双向制约的：犯罪情

---

① 《辞海》（缩印本），上海辞书出版社 1989 年版，第 1408 页。

② 储槐植：《刑事一体化》，法律出版社 2004 年版，第 426 页。

况→刑罚←行刑效果”,[①] 以及“探讨刑罚功能实现过程的规律”以研究刑罚机制等观念。[②] 总结起来，刑事一体化“机制论”有如下几个方面的特点：

其一，以刑罚为中心。刑事一体化强调“惩治犯罪的相关事宜形成有机整合”。根据犯罪场论、多层次犯罪原因论等理论，惩治犯罪的手段包括控制犯罪场、化解及协调引发犯罪的社会矛盾因素、刑罚惩罚犯罪者等。然而，从目前的研究现状来看，刑事一体化的“机制论”只是主要体现了刑罚的手段，即刑罚机制、刑法机制或是刑事机制等刑事一体化“机制论”中都是以刑罚（惩罚犯罪者的手段）为中心构建起来的，而没有将控制犯罪场、化解及协调社会矛盾因素等解决刑事问题的重要手段纳入其中。综合、全面地关照刑事问题，以刑罚（惩罚犯罪者）为中心的刑事一体化“机制论”还有待于在横向方面进一步扩展、完善。

其二，强调“运作方式与过程”，即强调刑法惩治犯罪有关事宜的运作方式与过程——“犯罪情况→刑罚←行刑效果”。首先，“犯罪情况”即人们对犯罪客观情况的认识，其中包括犯罪现象和犯罪原因两方面的基本内容；其次，“刑罚”是人们惩治犯罪的对策活动，其中包含了刑事政策层面的刑罚政策以及刑事法律层面上的刑罚设定（立法）、刑罚裁量及适用程序（司法）等方面的基本内容；最后，“行刑效果”即刑法在执行中、执行后的效果，其中主要指对犯罪者产生的实际效果，即刑法功能的实现程度。另外，“→”表示：根据犯罪情况或从犯罪情况出发来制定刑罚；“←”则表示：根据行刑效果的反馈信息来调整、修正刑罚。可见，刑事一体化的“机制论”重点强调了惩治犯罪有关事宜的运作过程及方式，且这一运作过程实际上形成了一种辩证回复的循环：即从认识犯罪情况、确立刑罚政策、制定刑罚、适用刑罚、执行刑罚，一直到通过行刑效果信息反馈，行刑效果主要表现为对犯罪情况的影响作用，然后再影响作用于刑罚，如此周而复始，促使惩治犯罪有关事宜的运作方式与过程的不断演进。故而，从纵向流程角度看，刑事一体化“机制论”还是基本完全的，即有犯罪场论、多层次犯罪原因论、关系刑法论、刑罚机制论等为理论基础，刑事一体化“机制论”在惩治犯罪相关事宜方面的观念上，不至于产生系统机制的纵向基

---

① 储槐植：《刑事一体化》，法律出版社2004年版，第194页。

② 储槐植：《刑事一体化》，法律出版社2004年版，第605页。

本过程及环节方面的缺失，但还可以进一步细化、明晰化、条理化。

其三，强调刑罚功能的实现。刑罚的功能包括基本功能和附加功能等两方面。刑罚的基本功能，即刑罚的惩戒功能，其中包括报应功能（惩）和威慑功能（戒）；刑罚的附加功能是刑罚在执行过程中通过附加外力投入所产生的作用，主要指矫正（教育、改造）。然而，刑罚功能与解决犯罪（刑事）社会问题的实际需要之间存在着很大的差距——这是刑罚（刑法）社会功能中的一个基本矛盾。也就是说，一方面，人们研究犯罪（刑事）社会问题的目的就在于有效地控制、解决犯罪（刑事）社会问题，即社会需要构建一整套具有相应功能的有效应对机制——刑事机制。另一方面，刑事一体化“机制论”中的刑罚机制（即刑罚功能得以实现的动态运行方式及过程）无法承载相应的功能，即刑罚是惩罚犯罪者的主要手段，但不是治理犯罪（刑事）社会问题的主要手段，充其量也只能说是一种重要手段。基于犯罪（刑事）社会问题的多层次原因结构理论以及相应的刑事对策理论，从深层次、长远性的视角来看，刑罚在解决犯罪（刑事）社会问题上的作用（功能）是非常有限的。这两方面的悬殊，不能不说是一种缺憾。健全的刑事机制应当能够有效、全面地承载控制、解决刑事社会问题的功能。换言之，刑事一体化“机制论”主要关注刑罚功能的实现，而对整个刑事社会问题的其他两个基本方面（被害者救偿、刑事环境治理）功能的实现缺乏必要的关注，其全面性还有待于进一步发展。

综上，刑事一体化“机制论”还存在一定的缺憾，有待于进一步完善。下文中，笔者将试图在承继刑事一体化“机制论”基本思路的基础上，裨补完善，从而构建完善的刑事机制——刑事学科系统机制。

（二）刑事学科系统机制（模型）的构建

首先应当明确的是，刑事学科系统机制的功能定位（或基本目的）应当为全面解决、协调、控制刑事社会问题。这可以说是刑事学科系统机制的主心骨，即整个机制的运行方式及过程的设定都是围绕这一功能定位来进行。可以说，刑事学科系统的动态机制就是上文所论说的“刑事学科系统的关系结构”的运行过程，在此过程中，刑事学科系统的功能得以体现。一方面，从横向维度来看，因其组织结构的三元性，刑事学科系统机制也相应地表现出三元性，即包含了犯罪者、被害者和刑事环境等三个基本方面，以及这三个方面的统一体。刑事学科系统机制的每个纵向环节都应当体现这种三元性，如此，刑事学科系统机制方能保持其全面性、互动性、科学性以及和谐性。另一方面，从纵向维度来看，以人们认识以及社会实践活动的辩证过程为基本线索，刑事学科系统机制可以分为若干基本环节。每个基本环节的相互关联、之间的信息和能量的相互传递，以及整个流程的辩证循环、持续发展中，刑事学科系统的功能得以体现，其机制的整体得以形成。机制是动态的，它通常以系统各个基本环节及其纵向流程为主要表现形式。故而下文中，笔者将以此为基本线索来构建刑事学科系统机制的基本运作模式。

刑事学科系统机制可以大体分为四个基本环节：

第一环节——刑事现象学。即以刑事现象为基本研究对象的知识体系。其中，刑事现象是（刑事）犯罪现象、（刑事）被害现象和（刑事）环境现象等三者的统一体。

第二环节——刑事原因学。即研究刑事现象发生的原因——刑事原因的知识体系。该环节中，基于对刑事现象的系统认识，经过由表及里、由现象到本质（原因）的认识深化过程，系统地把握（刑事）犯罪原因、（刑事）被害原因和（刑事）环境原因等三方面的原因因素，以及三者的辩证统一体——刑事原因。

第三环节——刑事政策学。即研究解决刑事犯罪、刑事被害和刑事社会环境等刑事社会矛盾问题的国家政治方法、策略和举措的学问体系。在本环节中，基于对刑事原因的系统深入认识，以及对整个社会运行机制以及相关资源、因素的考察，经过对有关问题的系统化探寻，全面、科学、合理地把握解决刑事社会矛盾问题的系统方略。刑事政策学以思想性、观念性为其主要特征。刑事政策学包含了犯罪政策（即对犯罪者的政策）、被害政策（即对被害者的政策）和环境政策（即对刑事环境的政策）等三个基本方面的内容。

第四环节——刑事法学。即研究以法律规范的方式来贯彻刑事政策思想观念，并借此解决刑事社会矛盾问题的学问体系。在本环节中，基于有关刑事政策的思想、观念，本着法律科学知识、方法，科学、系统地制定并实施有关的刑事法律，以图协调、解决刑事社会矛盾问题。刑事法学以明确性、规范性、稳定性为其主要特征。刑事法学包含了犯罪法律（即惩治犯罪者的法律）、被害法律（即救偿被害者的法律）和环境法律（即治理刑事社会环境的法律）等三个方面的基本内容。同时，有关的刑事法学还包含了刑事实体法学和刑事程序法学两个基本方面。刑事法学还可以包含刑事立法、刑事司法和刑事执法等阶段。

经过刑事法律对策的实施，以及相应社会效果等方面反馈信息的收集、整理和分析，刑事学科系统机制又可以再一次进入第一个环节——刑事现象学。如此周而复始，形成刑事学科系统的关联性、动态性的辩证循环机制，即刑事学科系统机制。其中，第一、二环节属于认识论的范畴；第三、四环节属于实践论的范畴。

结语

刑事学科系统之“发展演化论”“整体范围论”“结构关系论”“学科分组论”以及“功能机制论”共同组合为一个有机整体——刑事学科系统论。刑事学科系统论的上述“五论”之间有着内在的紧密关联。首先，刑事学科系统之“发展演化论”以刑事一体化的基本思想及理论为基础，发掘其中的系统论内涵及发展趋向，提出刑事学科系统论的命题。其次，刑事学科系统之“整体范围论”将框定现行刑事学科整体范围的“惩治犯罪的所有相关学科”之单一元素（即犯罪元素）结构范式，扩展至“犯罪者——被害者——刑事环境”的三元结构范式，从而横向地扩展刑事学科的整体范围；同时还以“事实认识——对策实践——哲学反思”的纵向思维逻辑层次将整个刑事学科划分刑事事实学、刑事对策学和刑事哲学等三个基本层面，从而有序地框定出刑事学科整体的纵向范围。其三，刑事学科系统之“结构关系论”以其“刑事三元结构论”梳理了整个刑事学科系统的内在关系脉络，构建了刑事事实三元结构模式、刑事对策三元结构模式以及二者之间的刑事哲学关系模式。其四，刑事学科系统之“学科分组论”即在刑事学科系统整体范围内，运用“结构关系论”的关系脉络线索，对刑事学科系统整体进行相应的划分与组合，同时对现行的各刑事学科作相应的定位与重组，从而使其与刑事学科系统的各个基本功能区域及基本环节进行合理的对应。其五，刑事学科系统之“功能机制论”可以理解为，整个刑事学科，在其系统基本目的的指引下，以系统整体为基本范围，以系统结构关系为基本线索的动态功能表现形式。刑事学科系统功能机制以理性、动态、循环的辩证运动过程来不断推进整个刑事学科系统的完善及和谐化。

刑法伦理解释论*

张武举**

在最基本的意义上，刑法解释是指对刑法文本的诠释。刑法解释至少包括以下两个方面的问题：一是刑法是否需要解释，二是如何解释刑法。关于刑法是否需要解释，法学史上曾经有过旷日持久的争论，时至今日，现代法学界已达成了一个共识，即无论立法者多么充满理性和睿智，都不可能全知全觉地洞察立法所要解决的一切问题，也不可能基于语言文字的确定性和形式逻辑的完备性而使法律文本的表述完美无缺、逻辑自足①。也就是说，刑法的意蕴只有通过法官对法律条文的理解、解释和适用才能表现出来。既然刑法的实现离不开解释，这样一来，“刑法解释问题的关键就只在于如何认识解释以及怎样解释”②。然而，当人们将探询的目光投向刑法解释理论的时候，很快会发现自己处于各种解释论的荆棘丛中，几乎无法找到任何能够指点迷津的统一性见解。于是，刑法解释理论成了脱离立法和司法实践的“说法”，也成了人人绕道而行的理论泥潭，有些学者甚至陷入了类似于奥古斯丁所谓的“对于法律语义，如果不问我，我懂；但如果有人问我，我便茫然”的情绪中。有鉴于此，本文在分析、批判以往刑法解释理论的基础上，提出并论证了“伦理解释论”，力图使刑法解释理论突出重围，并赢

---

* 本文原载于《现代法学》2006年第1期。

** 西南政法大学法学院副教授。

① 张志铭：《法律解释操作分析》，中国政法大学出版社1999年版，第1—2页。

② 梁根林：《罪刑法定视域内的刑法适用解释》，载《中国法学》2004年第3期。

得刑法立法、刑事司法活动的尊崇。

一、对以往刑法解释理论的质疑和追问

在制定刑法的过程中，立法者总是力求法律条款准确、完备、清晰。然而，正如《拿破仑法典》四人起草委员之一的波泰利斯所说的那样，不论看上去如何完备，一部典章刚实行，就会有千百个未被预见到的问题呈现在法官面前。这是因为一旦由立法者头脑中转化成成文形式，它就被条文所固定下来，但与此相反，人民永远不会一成不变，他不断地改变着，以及由实情如此多样地改造着其变化效果，在每时每刻产生着某种新的组合、新的事实和新的选择。的确，刑法条文用语本身可能有多重含义①，固定不变的律条和变动不居的社会生活之间总是存在着这样那样的矛盾，有着不同价值观念的人们也会对同一刑法条文产生不同的理解。于是，在理解和适用刑法的时候，重新理解或者解释刑法条文就是必然的事情。关于刑法需要解释的理由，学者们的论述颇丰,② 这里不再赘述。总体上，刑法解释的关键就不再是刑法是否需要解释，而是在刑法用语含义的众多分歧中，人们应当如何决定取舍。令人遗憾的是，迄今为止的刑法解释理论都没有能够就这一问题给我们以满意的回答。下面就以主观解释论（形式解释论）、客观解释论（实质解释论）以及折中主义解释论之间的对立、混乱和苍白无力说明之。

（一）三种基本的刑法解释理论

关于如何解释刑法，向来就有主观解释论与客观解释论以及相关折中论之学说论争。

主观解释论是一种强调探询立法原意的解释论，也是 19 世纪盛行于西方的法律解释原理，其精髓可以用美国学者霍姆斯的一段话来概括："当遇到制定法时……可以说就像是与主权者的命令打交道，你唯一要做的事就是了解主权者想要什么……"③。这种刑法解释论强调，由于刑法条文是立法者为社会设计的行为规范，表达了立法者希望或不希望、允许或不允许从事

---

① 刑法条文用语在含义上的多重性既可能来自条文用语本身的多义性，也可能来自理解者、适用者价值观念的差异性。

② 学者们多从立法的滞后性、立法的技术漏洞、立法语言的歧义性等角度予以论证。

③ ［美］霍姆斯：《科学中的法律和法律中的科学》，载《哈佛法律评论》1899 年第 12 期。转引自林雅：《法律解释的真谛：波斯纳法律解释理论梳理》，载《法律适用》2004 年第 4 期。

什么样行为的主观愿望，本身就具有明确性，所以法官只有在刑法规定的权限内依法办案、行使权力，才能使法律的安全价值得到保障。这一主张因强调尊重和忠实于刑法文本表达的立法原意，重视刑法条文的形式价值，故而也被称作形式解释论。主观解释论崇尚立法权威、力图限制国家司法权力，以完全排除法官的自由裁量因素为出发点，在反对司法擅断的启蒙运动时期，这种绝对的严格规则主义法学观点自然而然地成为早期罪刑法定原则的思想基础。主倡罪刑法定主义的刑事古典学派代表人物贝卡利亚就曾主张刑法"应当用几何学的精确度来解释"，"当一部法典业已厘定，就应逐字遵守，法官唯一的使命就是判定公民的行为是否符合成文法律"。①

客观解释论是一种强调现实需要的解释理论，也是19世纪末20世纪初盛行于西方并逐渐取得优势至今仍在世界上居于通说地位的法律解释原理。该说承继以耶林为代表的自由法学派的精神，认为独立于解释者理解之外的作品的意义是不存在的，作品的意义只出现在作品与解释者的对话之中。客观解释论认为，刑法一经制定，就与立法者相分离，成为一种客观存在。因此，刑法解释的目标并不在于探求立法者在立法时的意思，而在于探求存在于刑法内部或刑法自身的合理意思，并使这种合理意思适应社会的发展变化。这种解释论注重发现刑法文本现在应有的客观意思，强调刑法文本的独立性，主张根据变化了的社会情势与刑法适用目的，挖掘刑法文本的潜在含义，做出"合乎社会需要"的解释，因而又被称为"实质解释论"。

折中说，又称综合解释论。该说认为："刑法之解释宜采主观与客观之综合理论，即原则上采主观理论，对于刑法条款之解释仍应忠实地停留在立法者立法时之标准原意，惟如有足够之理由证实立法当时之价值判断，显因时过境迁而与现阶段之公平、正义、社会情状与时代精神不相符合时，则应例外地采客观理论。"该说还指出："采主观与客观之综合理论，则时间之因素在刑法之解释上亦扮演一重要角色，对于新近公布施行之刑法条款，则以主观理论为主，就法律条文之实体内容，以事解释。反之，对于公布施行已久之刑法条款，则因法律诞生至法律适用，已经过一段长时间，故应着重客观意思，以为解释。"②

① ［意］贝卡利亚：《论犯罪与刑罚》，中国大百科全书出版社1993年版，第13页。
② 李希慧：《刑法解释论》，中国人民公安大学出版社1995年版，第79—80页。

（二）质疑

上述三种学说中，主观解释论和客观解释论之间的冲突是直接和明显的。比如，主观解释论主张在刑法解释时再现立法者原意；客观解释论却认为，刑法解释的目标就是阐明解释时刑法条文客观上所表现出来的意思，而不是立法者制定刑法时主观上所赋予刑法条文的意思。又如，在精神主旨上，主观解释论否定司法权的恣意与专横，强调法律的安全价值和保障机能；客观解释论却意图扩大法官的自由裁量权，强调司法的能动作用。

折中说试图在主观说和客观说之间选择一条中间道路，并希望以此来缓和二者之间的冲突。它既肯定立法原意的存在，也不认为立法原意是不可超越的；既强调刑法的安全价值和保障机能，又兼顾刑法的公平价值和保护机能。但折中说所持的立场决定了其理论自身具有不可克服的缺陷。因为，主观说和客观说的冲突在实质上是不可调和的，试图将二者融为一体，并以此来缓和二者的冲突的折中态度，本身就可能继承了二者各自所固有的弊端。

当然，上述三种解释论都有其合理性的一面，但是，它们同时又都存在着一定的不足。比如，就主观解释论而言，强调立法价值的倾向固然可取，但解释者能否真实地再现立法者的原意？他在解释法律的时候能够抛弃自己的经验知识（或曰偏见），完全站在立法者的角度去阐释文本的含义吗？即使能够做到这一点，但如果这种立法意图在适用时因时过境迁而招致极大的不公平时，“再现立法者的原意”是不是符合法治的精神？这样的“再现”又有什么值得追求或者夸耀之处呢？质言之，主观解释论的初衷自有可取之处，但对立法原意的过分遵从，难免会使刑法解释、适用背离社会需要，丧失实质合理性。就客观解释论而言，虽然诠释者不可能抽离其身处的传统和实际处境而对文本进行理解和诠释，理解和诠释必须在每一个处境重新进行[①]，适当承认解释者的个人见解能够克服刑法的不周延性、滞后性和僵化性的弊端，但如若抛开刑法文本，以解释者的个人价值观念替代立法原意，势必与权力分立制衡精神、罪刑法定原则产生对立，降低刑法文本确定性，损害公民的自由，导致刑法解释、适用的恣意性，使法律的安全价值丧失殆尽。

更为重要的是，上述三种理论都无法给刑法的解释者、理解者或适用者

---

① 参见陈弘毅：《当代西方法律解释学初探》，载《中国法学》1997年第3期。

以明确的指导。比如，即便像主观解释论者所认为的那样，刑法解释者的解释能够令人惊奇地达到"再现立法原意"的要求，人们仍然不明白如何才能将立法者的原意通过法律适用完全再现出来，更不明白当某一法律条文用语存在多种含义的时候，他通过什么途径去验证他所选择的那个含义就是立法者的意图。同样地，即便像客观解释论者所主张的那样，刑法解释应当允许解释者的个人观念融入解释过程，但为了确保刑法不至于由"庄严的公共典籍"蜕变为司法人员的"私用家书"，我们当然需要提醒解释者合理地（而非恣意地）解释和适用刑法。然而，客观解释论却未能为人们提供衡量解释结论是否"合理"的标准。这样，当人们意欲将一般的、抽象的刑法条文规定运用到具体的、特殊的个案时，当人们站在多元的、歧异的刑法条文用语含义面前的时候，除了恶意利用、左右踌躇、你争我吵之外，还能做什么呢？我们不得不惊诧于上述刑法解释理论的苍白无力了！

笔者认为，刑法解释领域之所以矛盾丛生、荆棘密布，重要的原因在于人们没有找到居于各种刑法解释类型之上，各种解释都须遵循、一以贯之的基础性准则。[①] 而刑法解释应受目的律的支配，解释者必须首先了解刑法的目的何在，并以此为出发点解释刑法条文。也就是说，只有结合刑法的基本目的或者价值准则，才能进行恰当的刑法解释。

（三）追问

许多学者都意识到了这一问题。比如，日本学者町野朔就曾敏锐地指出："在进行刑法解释时，结局是必须考虑刑法是为了实现何种目的，必须进行适合其目的的合理解释。"[②] 德国学者耶赛克也曾颇具启发意义地说："解释方法的桂冠当属于目的论之解释方法，因为只有目的论的解释方法直接追求所有解释之本来目的，寻找出目的观点和价值观点，从中最终得出有约束力的重要的法律意思。从根本上讲，其他解释方法只不过是人们接近法

① 对刑法文本的理解、适用都离不开解释，关于刑法的一切理论（理解）都是解释，人们因解释主体不同，将其分为立法解释、司法解释、学理解释；因解释方法不同，将其分为文理解释、论理解释；因解释结果不同，将其分为扩张解释、合意解释、限制解释；因效力不同，将其分为有权解释、学理解释。无论什么解释，都须遵循刑法解释的自身特性。如果没有找到刑法解释应当遵循的基础，任何一种解释都可能呈现出"既有合理的一面，也有不合理的一面"的特征，刑法解释问题的多元、混乱由此而生。

② ［日］町野朔：《刑法总论讲义案Ⅰ》，信山社1995年版，第68页。转引自张明楷：《法益初论》，中国政法大学出版社2000年版，第216—217页。

律意思的特殊途径。”[①]

的确，“合目的”“合理”传达着我们对任何事物的企盼，当然也是我们对刑法解释、适用的铁则。但问题是，“合目的”“合理”中的“目的”“理”却并非不言自明的：刑法目的是一种抽象的观念，其具体含义往往更多地取决于解释者的价值判断；世间的“理”也很多，各种“理”之间还存在着这样那样的冲突。那么，在司法实务中，司法人员在解释、适用刑法时，到底应遵循怎样的价值判断原则？人们应当以什么态度对待刑法解释中的价值冲突？耶赛克说：“在根据法律目的进行解释时，法官总是将宪法的价值判断放在首位，进行符合宪法的解释。”[②] 哈耶克说：“特定的法律也只有在符合更为一般性的原则的情形下才被认为是正当的。”[③] 但是，“宪法的价值”是什么？“更为一般性的原则”又是何物呢？在众说纷纭的宪法理论面前，在莫衷一是的法理学之下，耶赛克、哈耶克恐怕无法（也没有）给我们以简明有力的回答。

在上述背景下，笔者认为，刑法解释的首要问题，就是当按照不同的解释理论和解释方法对同一对象的解释产生分歧时，应当依照什么样的价值准则来决定取舍、做出选择。在这一实实在在的问题面前，我们必须找到居于各种解释方法之上的解释方法，找到统合各种解释方法的价值原则。下文所论的“伦理解释论”正是笔者针对这一问题的管窥之见。

二、本文的主张——伦理解释论

（一）主旨

笔者认为，合理地解释、适用刑法，就是在文本用语的最大含义范围内，选择、适用最符合公众善恶观念的含义。在刑法解释中，指导解释主体价值判断的原则或者精神应当是社会公众的善恶观念。是否体现社会公众善恶观念，是衡量刑法适用、解释好或者坏的实质标准。“社会公众的善恶观

---

① ［德］汉斯·海因里希·耶赛克等：《德国刑法教科书》，徐久生译，中国法制出版社2001年版，第193页。

② ［德］汉斯·海因里希·耶赛克等：《德国刑法教科书》，徐久生译，中国法制出版社2001年版，第193页。

③ ［英］弗里德利希·冯·哈耶克：《自由秩序原理》（上），邓正来译，生活、读书、新知三联书店1997年版，第224—225页。

念”就是“合理”中的“理”，它相当于耶赛克所谓的“法律目的”、哈耶克所谓的“一般性原则”。为叙述方便起见，笔者姑且将这一见解称为“伦理解释论”。

（二）优越性

笔者不相信“恶意立法”，相信立法者一般都明白“水可载舟、亦可覆舟”的道理，当然也相信，在主权者想要的东西中，秩序居于首要的地位。这决定了我们能够找到社会公众利益和主权者意志的契合点，这个契合点就是对社会公众善恶观念的尊重。因为，只有社会公众的善恶观念得到了尊重，秩序才能形成，主权者的意志才能实现；只有社会善恶观念得到了尊重，社会公众才没有压迫感，才能获得人之为人的基本尊严。另外，无论是刑法原则还是具体的条文规则甚至于刑法概念，都来源于生活事实，都传达着一定的“应然”。“当吾人误以为从事实可以得出纯粹的规范时，其中所涉及的绝非只是纯粹的经验事实，而是一种已经与价值关联的事实：亦即是一种‘道德上的’力量，一种‘理性的’意志，一种‘充满价值’的志趣。”① 同时，为了弥补法律留下的空白，立法者在制定法典的时候常常把一些社会公认的道德原则融入法律之中，作为弹性内容，一方面指导司法实践，另一方面使司法者在面临具体问题而法律又无明文规定的情况下，不至于无所适从。“伦理解释论”恰恰反映了法律与道德之间的深刻关联，因而是优越的。

“伦理解释论”能够将任何一种刑法解释论的合理成分吸纳进来。如果说对等性、人道性、功利性是刑法适用、解释的三个具体标准的话，那么，是否合乎社会公众的善恶观念则是位于其上的总体标准；如果说“文义解释→体系解释→历史解释→目的解释→合宪解释”② 的过程设计有可取之处的话，那是因为它体现了对社会公众善恶观念的尊重；如果说主观解释和客观解释、形式解释和实质解释之间存在沟通的可能的话，那么，社会公众的善恶观念就是衡量是否应当沟通、在何种程度上沟通的决定性因素。伯尔曼曾经说过：“没有信仰的法律将退化成僵死的教条……而没有法律的信仰却将蜕变成为狂信”只有建立在“尊重社会公众善恶观念”基础之上的“伦理解释论”，才最能唤起大众的信仰。概言之，“伦理解释论”是最为优越

---

① 梁根林：《罪刑法定视域内的刑法适用解释》，载《中国法学》2004年第3期。

② ［美］伯尔曼：《法律与宗教》，梁治平译，中国政法大学出版社2003年版，第39页。

的刑法解释理论。与之相比，其他的解释方法、解释原则、解释程序……都只能算是形式。

“伦理解释论”符合刑法解释、适用活动的客观规律，其优越性可以从人类解释、适用刑法活动的历史中得到解读。在社会历史活动中，是否只有在理想的未来社会里，刑法的解释、适用才能拥有伦理的特征呢？答案是否定的。在人类历史上，无论是以君王任性著称的专制主义社会，还是以公民权利自诩的民主社会，都能看到刑法的解释、适用遵从公众基本善恶情感的影子。早在古希腊时代，雅典城邦的直接民主制下，所有雅典男性公民都有权直接参与立法，这使得雅典城邦的法律充满了质朴的正义和朴素的情感。而以大众司法和陶片放逐法为代表的司法民主，则更为直接地体现了雅典的政治民主。雅典大众司法的具体做法是将通过抽签选定的5000名男性公民作为法庭的陪审员候选人，并由他们分别组成法庭，依照正义的意识作出判决，无须陈述任何理由。雅典的陶片放逐法的做法是在达到法定人数6000人的特别集会上，通过陶片表决的方式来决定是否将某人放逐。始于中世纪的西方陪审制也体现了情感之法的特质，无论是英美的陪审制，还是欧洲大陆的陪审制，都是依据非法律职业的大众情感作出裁断。19世纪后期，英国的陪审制逐渐衰落，欧洲大陆的陪审制也进行了改革，由法官和陪审员组成的混合法庭一道审理和裁决，而不是由陪审员单独作出裁决。只有在美国，由于宪法中有明确的规定和其他原因，陪审制才表现出长盛不衰的生命力。不过，美国在所谓“杰克逊式民主”的潮流中，也表现出对诉诸大众情感和公正意识司法的向往。从19世纪30年代开始，美国一些州取消了对律师资格的限制，至1860年，三分之二以上的州对从事律师职业的唯一要求是具有“良好的道德”①。法律非职业化潮流对职业化司法产生了巨大冲击。另外，苏联采用的同志审判会制度，更是诉诸大众情感进行审判的典型。

像任何社会活动一样，受社会历史发展规律的影响，人类对刑法解释、适用规律的认识和践行，也在曲折往复的“否定之否定”中前进着。大体而言，在罪刑法定确立初期的19世纪，形式主义的罪刑法定观念支配下，一般倾向于形式的解释论与主观的解释论。20世纪以来，在实质主义的罪刑法定观念主导下，转而采纳实质解释论和客观解释论。笔者认为，悬坠于

---

① ［日］大谷实：《刑事政策学》，黎宏译，法律出版社2000年版，第87—88页。

刑法解释论“钟摆式”历史发展之下的重心，正是本文所指的伦理精神。换个角度说，“合乎社会公众的善恶观念”是解释刑法应当遵循的唯一合理的标准，因为它能够恰当地将法律与道德、立法与司法、理论与实践联结起来。

三、对两种刑法解释观念的否定

由于偏离了刑法解释的价值目标，在刑法解释理论上存在着两种值得否定的观点。为叙述方便起见，笔者分别姑且将它们称为“入罪解释论”“出罪解释论”。

（一）对“入罪解释论”的否定

所谓“入罪解释论”，是指在解释、适用刑法条文时，只允许对其做不利于被告人的理解，不允许对其进行有利于被告人的解释。这种主张往往与“扩大解释”密切相关，即在刑法规定不明确或者平义解释（按照条文用语的通常字面含义进行解释）显然荒谬的情况下，超越法条用语的通常字面含义（甚至超越法条用语可能具有的最大含义范围），采用导致被告人有罪或者罪重的含义。这种解释论会导致日本学者大谷实所称的“刑法适用解释上的犯罪化效果”。①

可以将“入罪解释论”的出发点概括为几个字：欲加其罪，“却”患无辞。这种主张实质上是先入为主地将涉入刑事诉讼领域的犯罪嫌疑人、刑事被告人当成了“罪犯”或者认为其犯下了重罪。在没有正当理由的情况下，只允许（在法条用语可能具有的最大含义范围内）选择不利于被告人的解释，显悖公平、正义精神；而允许在法条用语可能具有的最大含义范围之外寻求不利于被告人的解释，则属现代刑法否定的（有罪）“类推”。合乎伦理要求的刑法，实现社会正义的基本路径之一是“相同的恶予以同样的处罚、相同的善给予相同的褒奖”。在刑法解释、适用时，当然应当遵循公正原则。然而，“入罪解释论”违反了“允执其中”的公正标准，蕴含着消解刑法公正的危险。从罪刑法定原则的层面上说，“入罪解释论”误把“被告”当成了“敌人”，过分关注刑法的“秩序维护”功能，忽略了罪刑法定原则的人权保障价值。更为重要的是，它忽略了刑法“保障社会正义”的

---

① 梁根林：《罪刑法定视域内的刑法适用解释》，载《中国法学》2004 年第 3 期。

精神实质。由是，“入罪解释论”的荒谬性昭然若揭。

（二）对“出罪解释论”的否定

所谓“出罪解释论”，是指在解释、适用刑法条文时，只允许对其做有利于被告人的理解，不允许做出不利于被告人的解释。这种主张也与“扩大解释”密切相关，即在刑法规定不明确或者平义解释（按照条文用语的通常字面含义进行解释）显然荒谬的情况下，超越法条用语的通常字面含义（甚至超越法条用语可能具有的最大含义范围），采用“有利于被告人”的原则，选择适用导致被告人无罪或者罪轻的含义。在笔者看来，“出罪解释论”同样是错误的。值得重视的是，“出罪解释论”在当前的刑法解释论领域格外引人注目，在学界影响日盛，所以，澄清它的真面目、给它以恰切的评判，尤显迫切和必要。

实际上，持这一见解的学者，大都完全忽视了论证基点的正确性。比如，有学者在论及罪刑法定与刑法适用解释问题时指出，当代罪刑法定，就会衍生出法外入罪禁止与法内出罪正当化解释两大基本机能[①]。那么，为什么入罪解释是不正当的解释，而出罪解释却是正当的呢？其理由是，这是“当代罪刑法定原则的功能与价值旨趣运用于刑法的解释与适用于刑法解释与适用的结果”[②]。问题是，罪刑法定是以“公正”为价值圭臬的，“出罪解释”怎么能够得到“公正”的支持呢？原来，在其看来，“当代罪刑法定也没有改变其保障公民人权、限制国家刑罚权为偏一的价值诉求的初衷”[③]。殊不知，正义和公正根本不可能是“偏一”的。因为，公正的本义就是“允执其中”，而“偏一”本身就意味着“失中”“失当”“不公允”“不公正”。承载着维护正义、保障秩序等属性的刑法（及其罪刑法定原则），本身在价值上就不应该是“偏一”的。而将论证建立在“偏一”的刑法正义之上，结论自然也是“偏一”的。又如，有学者认为，“有利被告”的实体价值并不亚于其程序价值，主张在刑法没有明文规定、刑法冲突、刑法规定模棱两可等存在暂时解释不清的疑难时，应该做出有利于被告的选择。其还指出，在刑法解释适用时采用有利被告的原则，可以从国家作为立法者应对刑法规定不明承担责任、刑法的人权保障机能、刑法与刑事诉讼法的立法精

① 参见梁根林：《罪刑法定视域内的刑法适用解释》，载《中国法学》2004年第3期。
② 参见梁根林：《罪刑法定视域内的刑法适用解释》，载《中国法学》2004年第3期。
③ 参见梁根林：《罪刑法定视域内的刑法适用解释》，载《中国法学》2004年第3期。

神、刑法的正当目的以及传统刑事政策等诸多维度得到证成。[①] 但问题是，与民法上关于格式合同的解释规则[②]不同，由于刑法立法疏漏或者刑法立法不清晰，我们无法让国家承担责任；废除类推并不意味着“我国刑法由不利于被告转向有利被告的一个里程碑”[③]，溯及力上的从旧兼从轻原则、量刑制度上废除了加重处罚的规定也并不“直接显现出有利被告的意向”[④]。在笔者看来，立法者的相关行为都是追求公正之举，绝没有刻意体现“有利被告”之意；诚然，“刑罚的目的或者正当性根据，无外乎公正地惩罚犯罪人与有效地预防犯罪，亦即报应与功利两个方面”[⑤]，但由此并不能推出“有利被告”的结论，因为，在犯罪事实清楚，证据确实、充分的情况下，刻意根据“有利被告”的原则，选择适用有利于被告的刑种、刑度，社会公正观念必然受损。

由此，可以将“出罪解释论”的特点概括为几个字：欲“开”其罪，何患无辞。这种主张实质上是先入为主地将涉入刑事诉讼领域的犯罪嫌疑人、刑事被告人当成了“无辜者”或者认为其只犯有轻罪。在没有正当理由的情况下，只允许（在法条用语可能具有的最大含义范围内）选择有利于被告人的解释，显违公平、正义精神；而允许在法条用语可能具有的最大含义范围之外，寻求有利于被告人的解释，则是应当予以否定的无罪“类推”。合乎伦理要求的刑法，实现社会正义的基本路径之一是“相同的恶予以同样的处罚、相同的善给予相同的褒奖”。在刑法解释、适用时，当然应当遵循这一原则。然而，“出罪解释论”违反了“允执其中”的公正标准，并且同“入罪解释论”一样，蕴含着消解刑法公正的危险。从罪刑法定原则的层面上说，“出罪解释论”误把“被告”等同于“人民”，将犯罪嫌疑人、刑事被告人、罪犯之外的公民当成了“敌人”，仅仅关注罪刑法定原则“保障犯罪人人权”的侧面，忽略了罪刑法定原则“保障人权”的侧面，其偏颇性自不待言。更为重要的是，“出罪解释论”忽略了刑法“保障社会正义”的精神实质。由是观之，“出罪解释论”谬之远矣。

---

① 参见邱兴隆：《有利被告论探究——以实体刑法为视角》，载《中国法学》2004年第6期。

② 当民事合同当事人因格式合同条款的疏漏或模糊而发生争议时，对合同条款的解释，应当选择适用不利于格式合同的提供者一方的含义。

③ 邱兴隆：《有利被告论探究——以实体刑法为视角》，载《中国法学》2004年第6期。

④ 邱兴隆：《有利被告论探究——以实体刑法为视角》，载《中国法学》2004年第6期。

⑤ 邱兴隆：《有利被告论探究——以实体刑法为视角》，载《中国法学》2004年第6期。

四、余论——关于刑法解释的方法

甄别法律漏洞，要从整个立法的体系与立法目的着眼。法律漏洞是一种法律“违反计划的不圆满性”，那么该怎样了解立法的计划呢？正如德国刑法学家拉伦茨所言，作为法律基础的规整计划，必须透过法律，以历史解释及目的解释的方式来求得。[①] 如果将刑法解释看作是探询立法者意志的过程，那么，刑法解释之所以困难的关键，就是主权者意志的多元性及其形式上的冲突。主权者的意志渗透在每一个刑法条文之中，每个法条承载的“具体意志”各不相同（如果完全相同就不需要不同法条了），并不意味着“意志冲突”不可调和、不可解决。那么，如何协调解决这些冲突呢？由于意志表达遵循着“从整体到局部”的效力等级规则，不同层次的“意志”的法律价值的权重是不同的，层次越高，权重系数越大；层次越低，权重系数越小。这样，我们就可以在不同层次的“意志”发生冲突时，优先适用高层次的“意志”。比如，对某一术语的理解，应当遵循它所依存的条、款或者项的意义；对某一“项”的理解，应当遵循所依存的条、款的意义；对某一“条”的理解，则须以它所依存的节、章、编、直至整部法典的价值为指导。至于对法典本身的价值产生争议时的价值选择原则，哈耶克曾指出：“特定的法律也只有在符合更为一般性的原则的情形下才被认为是正当的。”[②] 笔者认为，哈耶克所谓的“更为一般性的原则”就是法典之外的“伦理”。笔者也相信，随着民众基本共识的逐渐扩大，合乎民众基本善恶观念的刑法解释必将显示出更为蓬勃的生命力。

---

① 参见［德］拉伦茨：《法学方法论》，陈爱娥译，商务印书馆2003年版，第255页。

② ［英］弗里德利希·冯·哈耶克：《自由秩序原理》（上），邓正来译，生活、读书、新知三联书店1997年版，第224—225页。

刑法解释观应从规则主义适度转向人本主义*

袁　林**

一、规则主义在刑法解释中的局限性之分析

规则主义又称法条主义，是指以法律的确定性为法律适用的前提，力图排除法官在司法活动中的自由裁量权，强调法官严格依照法律条文的规定进行裁决的一种司法观念。规则主义作为一种司法观念由来已久。亚里士多德早就指出，法律应在任何方面都受到尊重以保持无上的权威，执政人员和公民团体只能在法律（规则）所不及的“个别”事例上有所抉择，两者都不该侵犯法律。①

从法律的历史沿革看，规则主义的产生和盛行是成文法发展的结果。在古罗马时期，《查士丁尼法典》的编纂明显消解了罗马法整体的灵活性或适应性，并逐步演变为严格的规则主义模式。19 世纪欧洲大陆各国盛行的法典编纂运动将严格的规则主义推上了顶峰。在我国传统法律的发展过程中，规则主义也有重要的历史渊源。根据《尚书·舜典》记载，被视为舜统治优点之一的“慎徽五典，五典克从”，即是规则主义理念的体现。《礼记·

---

* 本文原载于《法商研究》2008 年第 6 期。

** 西南政法大学法学院教授。

① 参见［古希腊］亚里士多德：《政治学》，吴寿彭译，商务印书馆 1981 年版，第 171 页。

王政》中记载的“有旨无简不听”，同样强调了严格按规则办事的立场。春秋战国时期，法家倡导“法治”“君臣上下贵贱皆从法”，并主张通过制定和公布成文法的方式严禁官吏任意解释法律。唐朝更是明确要求定罪判刑必须严格按照法律规定，如《唐律·断狱》十六规定：“诸断罪，皆须具引律、令、格、式正文，违者笞三十。”

我国法制的现代化仍然选择了法典化的路径。从清末修律到当代的一系列立法，无一不是以法典的现代化为基本目标。我国的法典化运动不仅保留了传统的严格规则主义，且因对大陆法系国家法律观念的“移植”而进一步强化了规则主义的地位。自我国 1997 年修正的《刑法》第 3 条规定罪刑法定原则并取消 1979 年刑法中的类推制度后，规则主义或称严格的罪刑法定主义在我国更加盛行。例如，有学者认为，由于 1997 年刑法规定了罪刑法定原则并取消了类推制度，因此，社会危害性的概念应被逐出注释刑法学的领域，尤其是在司法活动中，对于认定犯罪来说，社会危害性的标准应当让位于刑事违法性的标准。如果形式合理性与实质合理性发生冲突而使一般公正与个别公正不能兼得时，应牺牲个别公正以实现一般公正。①

客观地讲，坚持规则主义的刑法解释观在维护社会秩序方面，特别是在我国正努力走向法治社会的背景下，确实有积极和重要的意义。但是，严格奉行规则主义的刑法解释观也产生了诸多问题。概括而言，规则主义的刑法解释观存在以下几个方面的局限性：

（一）过于依赖法律确定性的假定

规则主义的刑法解释观以理性主义为认识论基础，以法律确定性的假定为基本前提。所谓法律的确定性，是指已经存在的法律规则作为法律推理的大前提，可以为处理具体的案件提供肯定与唯一的答案。按照规则主义刑法解释观的假定，对于某一行为是否构成犯罪、构成何罪，刑法都有明确具体的规定，亦即刑法的规定与具体的犯罪都是明确对应的。在持这种观念的学者看来，“当一部法典业已厘定，就应逐字遵守，法官唯一的使命就是判定公民的行为是否符合成文法律”。②

然而，对于如何理解法律的确定性及确定性程度的问题，国外法学界一直都争论不休。坚持法律规则主义的学者认为，法律规范具有确定的内容，

---

① 参见陈兴良：《社会危害性理论》，载《法学研究》2000 年第 1 期。

② ［意］贝卡利亚：《论犯罪与刑罚》，黄风译，中国大百科全书出版社 1993 年版，第 13 页。

是一个包罗万象、完整无缺的规则体系，每项规则便是一个一般性的命题。对于法律规范，只需进行逻辑上的演绎，然后把它适用到个别案件之中，便能得出正确的判决。[①] 德国的概念法学派曾将法律规则主义推向了登峰造极的地步。然而，这一学派的观点因带有法律浪漫主义的色彩而受到了许多法学家的批判。例如，美国的霍姆斯、庞德、狄骥、卢埃林分别从不同的角度强调了法律的非确定性；而美国现实主义法学派的代表人物弗兰克则认为，鼓吹法律具有确定性、稳定性的学说只是一个法律神话；波斯纳认为，对于法律而言，正当性的限度是其推理的部分可接受性，而不是追寻逻辑的精确和道义的真理，它仅仅意味着对话者在特定语境下通过交流所获得的共识。[②] 西方国家20世纪最有影响的新分析法学派的代表人物哈特则采取了一种折中的立场，认为以语言文字方式表达出来的法律如文字本身一样具有确定的含意，但这种确定性仅在特定的条件下才是一个正确的命题。

总之，规则主义的刑法解释观与规则怀疑主义的刑法解释观都失之偏颇，失去了观察与分析社会现象应有的辩证立场。不论什么样的法律，既不可能是绝对确定的，也不可能是完全不确定的。在实践中，规则主义的刑法解释观往往过分依赖法律规则的确定性，从而走向了解释刑法的机械主义，偏离了刑法解释的核心宗旨。

（二）拘泥于文义的形式化解释

“施莱尔马赫认为，文本由两个层次构成：一个是形式层次，它是由语法、符号等构成的；另一个层次是内容，它是由作者的思想、情感等因素构成的。因此，解释一个文本的意义需要用两种方法：一是语法解释；一是心理解释。前者侧重于从形式上来理解文本的含义，后者则侧重从作者的创作过程来理解文本的含义。”[③] 以规则主义的刑法解释观为指导的刑法学者认为，实行罪刑法定原则就应该对刑法做形式解释，即严格按照刑法规定的字面含义解释。然而，由于法律用语具有模糊性与多义性，在一部法律中使用的所有概念（数字、日期和计量单位除外），在或大或小的范围内都具有多

---

① 参见陈弘毅：《当代西方法律解释学初探》，载梁治平编：《法律解释问题》，法律出版社1998年版，第11页。

② 参见刘星：《法律是什么——二十世纪英美法理学批判阅读》，旅游出版社1997年版，第290—292页。

③ 严春友：《人：西方思想家的阐释》，中国社会科学出版社2005年版，第264—265页。

重含义。这一特点既适用于规范性概念，即那些主要只能通过思想来理解的概念，如“侮辱”等概念，也广泛适用于叙述性概念，即那些通过感观才能感知其对象的法律表达方式，如“人”等概念。① 因此，对同一法律用语的解释边界以及同一法律用语的多种含义如何选择都存在很大的分歧。例如，对刑法解释的边界问题，有学者主张应限制在“文义射程”内，然而，“文义射程说”并不能解决刑法用语多重含义的取舍问题。为此，另有学者主张可以进行限制或扩大解释，但不能进行类推解释。应该说，这些解释方法都是常用的解释方法，但在关于何时使用限制或扩大解释、为何不能进行类推解释等问题上，学者之间都未能达成共识。因此，在刑法解释理论中，文义解释法虽然是一种重要的解释方法，但因其不能消除语义上的分歧，故而不能成为从根本上解决问题的方法。

（三）过于强调探讨法条的立法原意

规则主义的刑法解释观强调严格执行立法者制定的法律规则，而法律规则的意义是由立法者所赋予的，因此，探究立法者的原意就成为解释刑法的正当性基础。也就是说，只有遵循了立法者的原意，才能视为真正实施了法律。但是，这样的观念已经被证明不具有深刻的现实意义，并遭到学者们广泛的质疑。

首先，对于是否存在立法原意，学者间一直存在争议。例如，富勒在《法律的道德性》中就明确否定了立法原意的存在。富勒认为：“我们不断追问‘立法者’（the legislator）的意图，虽然我们知道并不存在这样的个体。另一些时候我们会说到‘立法机构’的意图，虽然我们知道投票支持一部法案的那些人往往是抱着对其含义的不同理解而这样做的，而且往往对其中的条文缺乏真正的理解。为了更接近于个人心理，我们会提到‘法律起草者’的意图。但此时我们又一次陷入麻烦。一部法律的起草者往往是许多个人，他们不一定同时行动，而且对于所追求的准确目的也没有任何共同理解。况且，起草者们关于一部制定法的任何私人的、未经交流的意图被正确地认为同法律的正确解释之间并无法律上的相关性。”②

其次，即使承认立法原意的存在又如何找到立法原意呢？根据哲学解释

① 参见［德］克劳斯·罗克辛：《德国刑法学总论》（第1卷），王世洲译，法律出版社2005年版，第84—85页。

② 参见［美］富勒：《法律的道德性》，郑戈译，商务印书馆2005年版，第9、101—102页。

学的原理，由于文本具有间隔化的特征，即使在文字中蕴含有意图、意向、思想，理解性解释也不可能再完整恢复和重构作者的原意，因此，我们解释文本，不是去发现包含在文本中呆滞的意义，而是从我们自己的需要出发，去揭示由该文本所提示的存在的可能性。如果将作者的原意作为文本解释的客观标准，那么就会陷入一个怪圈，即正确的解释必须与作者的意图一致，而怎样才能证明你所把握到的就是作者的意图或原意？解释者拿不出一条证据或操作标准来对此作出证明，所以只能自己认为自己的解释是正确的、符合原意的。① 在对我国刑法进行解释的过程中，印证上述观点的例子相当普遍。可以说，对刑法的每一个条文都存在不同的理解者，并且每个人都认为自己的理解是正确的，是符合立法原意的。因此，以是否符合立法原意作为解释刑法的标准并无任何实际意义。

（四）忽视权利保障的现实条件

从刑法保障公民权利的角度看，坚持规则主义的刑法解释观存在以下几个问题：（1）强调刑法的解释应当遵循规则，往往容易忽视规则存在的正当性依据——人类自身发展的需要；（2）在权利体系中，最高层次的权利是人权，我国刑法虽然体现了保障人权的理念，但并没有直接规定人权本身，因此，规则主义的刑法解释观常常局限于狭隘的视野，忽视人权的具体要求和人权实现的现实条件；（3）规则主义的刑法解释观遵从其一贯的形式主义的立场，强调对抽象与普遍意义上权利的保障，而忽视对不同主体现实中丰富的具体权利的保障。正是因为规则主义的刑法解释观存在上述缺陷，从而使刑法的解释背离了法治的基本精神与社会目标，产生了规制的非合理性。

（五）忽视公众的情感

人类的情感是维系社会的最基本要素，也是法律存在的根基。贝卡利亚早就指出："道德的政治如果不以不可磨灭的人类感情为基础的话，就别想建立起任何持久的优势。任何背离这种感情的法律，总要遇到一股阻力，并最终被其战胜。"② 因此，刑法的解释必须尊重人的基本情感。在解释刑法的过程中，规则主义的刑法解释观往往只注重严格适用刑法的规定，而严重

---

① 参见曹志平：《理解与科学解释》，社会科学文献出版社2005年版，第98、187页。

② ［意］贝卡利亚：《论犯罪与刑罚》，黄风译，中国大百科全书出版社1993年版，第13页。

忽视适用刑法的结果对公众基本情感的影响。刑法的解释与适用完全忽视公众的情感，那么刑法的人文伦理基础将日渐薄弱，并会导致刑法适用的结果与人本目标渐行渐远，最终会异化到与人的发展相分离的原始状态。

（六）缺乏对违法犯罪人的人文关怀

从某种意义上讲，犯罪是社会的产物。在很多情况下，犯罪是由社会某种原因所诱发或造成的，因此，无论我们对犯罪持什么样的态度，都不能否认社会对犯罪人所应负的不可推卸的责任。坚持规则主义的刑法解释观，往往只注重刑法分则条文的相关规定，而忽视在解释刑法过程中对违法犯罪人所应给予的人文关怀，从而导致严格适用刑法的结果并不为公众所认同的后果。

二、人本主义在刑法解释中的优越性之梳理

关于什么是人本主义，目前人们并没有达成共识。在西方国家，人本主义思潮虽然派别林立且各自都有自己的主张和理念，但他们还是有一些共同点：（1）强调人的自主性、实践性和能动性，主张在人与世界的关系中，人占有主导地位。（2）强调人的自由和全面发展，主张人是目的而不是手段，强调哲学重建的根本途径是人的回归。对于人本主义，我国在20世纪80年代以前基本上是持否定的态度，认为它与马克思主义是对立的。现在看来，这是对人本主义与马克思主义之间关系的一种误读。应该说，西方人本主义的共同点，也是马克思人本主义的基本点，只不过，马克思关于人全面发展的理论扬弃了西方哲学思想中抽象人的理论。① 中国共产党第十六届三中全会制定的中共中央《关于完善社会主义市场经济体制若干问题的决定》指出："坚持以人为本，树立全面、协调、可持续的发展观，促进经济社会和人的全面发展。"中国共产党提出的"以人为本"的执政理念，丰富和发展了马克思主义关于人全面发展的理论，确立了社会成员在社会历史发展中的主体地位。"以人为本"已成为我们党和政府的执政理念与实践原则。在刑法解释中坚持人本主义的刑法解释观具有如下优越性：

---

① 参见刘放桐：《"人本主义"和"人本主义哲学思潮"随笔录》，载《学术月刊》1999年第10期。

(一) 确立了刑法解释的目标和出发点

从理论上看，人本主义倡导“以人为本”的基本价值取向，而这种价值取向同样适用于刑法的解释。从现实看，社会问题实质上就是个人与个人、个人与集体、个体与类的关系以及群体与群体的关系问题。因此，人本主义精神就是主体精神，而主体精神的核心就是把人视为评判一切的标准，把人视为价值的中心和价值的创造者，强调人的尊严高于一切。就刑法解释而言，人本主义的基本内涵包括：（1）人是刑法解释的价值主体，即人的一切行动包括制定、解释和适用刑法的活动，最终都是为了人的幸福。正如古希腊智者学派的代表人物普罗泰拉所言：“人是万物的尺度，是存在者存在的尺度，也是不存在者不存在的尺度。”① （2）人是评价的主体，即人是刑法解释中公平与否的评价者。（3）人是实践的主体，即人类文明包括刑事法律制度的进步，是人类共同创造与行动的结果。

以人为本奠定了从认知主体向生命主体转向的理论基础，顺应了重建价值体系的时代要求。社会的交往内在于人的生存之中，人因为共同利益而生存于集体或群体中，人的生活方式具有社会性，并形成了超越个体需要的集体利益。在这样的主体性结构中，孤立的个体不存在伦理与价值的可能性。因此，人本主义包含着一种深刻的整体性要求，只有通过整体的改善，即社会的全面进步和全人类的发展，才能使每一个生活在这个整体——社会或国家——中的个人得到更好的发展。正因为如此，马克思指出：“只有在集体中，个人才能获得全面发展的手段，也就是说，只有在集体中才能有个人自由。”②

作为规则的刑法，其目的就是要保证人类的生存，对危及作为人类生存基础的行为，国家将动用刑罚予以惩戒，由于刑法所规定的惩罚措施是以剥夺个人的财产、自由甚至生命为代价来维护人的整体利益的，因此，必须以剥夺个人最小利益的方式来实现对人的整体利益最大化的保护，只有这样才符合刑法的人本主义精神。对于国家而言，适用刑罚的目的在于通过强制性规则来维护人类和平和安全的共同生活基础。因此，耶赛克指出：“刑罚绝

---

① 转引自北京大学哲学系外国哲学史教研室编译：《西方哲学原著选读》（上卷），商务印书馆1981年版，第54页。

② 《马克思恩格斯选集》（第1卷），人民出版社1979年版，第82页。

不能轻易适用于凡无公正之处，只能适用于维护社会利益必不可省之处。”[①] 由此可见，刑法的解释应以人的需要及有利于社会和谐和人的充分发展等为目的，以促进人的发展作为出发点和归宿。

（二）确立了人权在刑法解释中的地位

当代各国刑法都被赋予了人权保障的功能，其中，罪刑法定原则被认为是体现刑法人权保障功能最基本的原则。然而，刑法的基本特征是使用最严厉的制裁措施——刑罚——惩罚犯罪人，而刑罚所剥夺的正是犯罪人作为一个人所享有的最基本的财产权、自由权与生命权。那么应该如何解释刑法保障人权与剥夺人权的矛盾呢？由于人本主义强调以人为中心，以促进人的全面发展为目的，因此，保障人人享有财产、自由等权利，并创造和谐的社会秩序以实现每个人的基本人权，是以人为本的应有之义。但是，当有人破坏和谐的社会秩序及他人的基本权利时，国家迫不得已而采用限制甚至剥夺犯罪人自由甚至生命权的措施也是以人为本的必然选择。正因为如此，《世界人权宣言》第 29 条规定：“（1）人人对社会负有义务，因为只有在社会中他的个性才可能得到自由和充分的发展。（2）人人在行使他的权利和自由时，只受法律所确定的限制，确定此种限制的唯一目的在于保证对旁人的权利和自由给予应有的承认和尊重，并在一个民主的社会中适应道德、公共秩序和普遍福利的正当需要。”由此可见，人本主义是刑法保障人权最基本的依据。

（三）解决了刑法解释中知识来源的问题

自 19 世纪下半叶批判黑格尔思辨的理性主义以来，西方现代刑法学理论形成了两种不同的范式：一种是科学主义范式，该范式采用知识论的标准，从理性的角度去衡量社会利益关系；另一种是人本主义范式，该范式采用意义的标准，从生存意义上去衡量社会利益关系。其中，以人为本的范式又成为刑法适用与解释获得一致的基本条件。[②] 首先，就知识的基础而言，对犯罪与刑法的认识既依赖于经验，又在很大程度上依赖于理论，受解释者

---

① ［德］汉斯·海因里希·耶赛克、托马斯·魏根特：《德国刑法教科书（总论）》，徐久生译，中国法制出版社 2001 年版，第 194 页。

② 参见曹志平：《理解与科学解释》，社会科学文献出版社 2005 年版，第 98、187 页。

不同旨趣和先验信念的影响，因而其认识具有历史性、条件性和个体性；[①]其次，就知识的目标而言，对犯罪与刑法的认识既有主观的建构活动，又有对作为研究对象材料的客观描述，而无论是主观的建构还是客观的描述，均力求以一种更清晰、更一致的方式再现社会现实的意义；最后，在知识的特征上，有关犯罪与刑法的理论既追求普遍性的知识，也追求个体性的知识，但在整体上更倾向于追求普遍性的知识。因此，从认识论上分析，以人为本的范式强调对人自身价值与存在意义的理解和认同，要求我们基于共同的人本性主体框架而不是客体性框架，从大体一致的视角认识并解释犯罪与刑法的问题。这样不仅解决了相关知识的来源问题，维持了理解与解释的一致性，而且给出了知识的统一检验标准，成为人们达成共识的认识论基础。

在以人为本的框架内，对人生的意义和价值的理解成为知识的重要来源。也就是说，对犯罪与刑法的认识是对人生价值和意义理解的结果。在我国现有社会结构与意识形态之下，只有坚持以人为本的框架，多元的利益主体才能从人的价值理念出发追求公平与合理的价值目标，协调各种利益关系和矛盾，认真对待人的生存权、发展权、平等权等基本权利，才能正确理解犯罪与解释刑法，化解各种社会矛盾。

人本主义强调对人生意义的理解和体验，以此为基础形成的有关犯罪与刑法的知识不再是完全客观的，而是知识共同体达成共识的结果，这决定了刑法知识的相对性、建构性与公共性。这种公共性的知识体系支撑着价值多元的正当性，但也导致了人们在认识上的分歧和冲突。可以说，许多有关犯罪与刑法的矛盾，都来自于认识以及价值之间的冲突。近年来国内出现的一些刑事案件的大讨论就是很好的例证。总的来说，科学主义范式以知识论为核心，为我们提供了恰当的认识工具和实用的知识；人本主义范式以人的生存为核心，为我们提供了恰当的理念与目标指引。只有将这两种认识范式相结合，才能明确刑法解释的目标，从而正确适用刑法。

（四）倡导进行刑法解释应坚持人文关怀的价值理念

人作为一个生物体有各种需要，美国著名的社会心理学家马斯洛为此创造性地提出了人的需求层次理论。马斯洛把人的各种需要分成生理需要、安全需要、社交需要、尊重需要、自我实现需要五个层次。一个人犯罪往往是

① 美国学者帕森斯认为，知识的科学意义在于其与理论体系有关。参见［美］T. 帕森斯：《社会行为的结构》，张明德等译，译林出版社2003年版，第8—9页。

为了满足特定的需要。我们知道，每个人的需要是不完全相同的，社会也不可能完全满足每个人的需要。当行为人通过社会所能容忍的方式不能满足其特定的需要时，他就会采取为社会规范所不能容忍的方式来满足这种需要，这就触犯了法律的规定，因而应当受到刑罚的处罚。但是，刑罚所惩罚的不是行为人满足其特定需要的行为，而是处罚其采用的为社会所不容的满足自己特定需要的方式。因此，从某种意义上讲，所有的犯罪都具有某种可原谅的动机。特别是在某些特殊情况下，行为人为了满足其特定需要而触犯刑法，但其行为能为社会所谅解或容忍，出于人性的关怀，可以对行为人从轻或减轻、免除处罚，甚至不作为犯罪论处。这也是大陆法系国家刑法学理论中的期待可能性理论所要解决的问题。当然，这里又可以分为两种不同的情况：一种情况是行为人出于良好的动机实施了违反刑法规定的行为，对于此种情况我国古代是根据“志善而违于法者免，志恶而合于法者诛”① 的思想来进行处罚的，应该说这种完全根据主观动机来决定是否处罚的规则是不科学的，但其中所体现的人本主义精神却是可以借鉴的；另一种情况是行为人实施的犯罪行为虽然不是出于善良的动机，但其实施犯罪行为的动机是基于人性的弱点，即一般人在同等条件下也有可能产生此种动机并实施此种违法犯罪行为，在此种情况下，违法犯罪者往往能在一定程度上得到社会成员的谅解，因此，法院在解释与适用刑法时，应综合考虑人性的弱点而作出为社会认可的人性化判决。

（五）倡导进行刑法解释应注重公众的情感

由于刑罚是国家所适用的化解社会整体与公民个人之间冲突的工具，往往涉及公民整体与犯罪人个人之间基本权利的取舍，因此，关于在某个具体案件中是否需要动用刑罚以及使用何种刑罚、刑罚的轻重是否适度等，最佳的选择是既能使社会整体感到恰当，又能使犯罪人服罪，只有这样才可能实现刑法促进人发展的功能，才可能维护和谐的社会秩序，才可能真正保障包括犯罪人在内的全体公民的基本人权。如果不恰当地解释和适用了刑法，那么就会与人民群众的基本情感相违背，并且每个人都会设想自己处于犯罪人的地位时所可能遭受的不当处罚，而对社会、国家充满恐惧感和不安全感，造成民心不稳定的局面。但是，坚持人本主义的刑法解释观却能够避免出现

① 桓宽：《盐铁论·卷十》。

前述情况。

三、刑法解释观适度转向人本主义的路径选择

人类社会存在和发展的根本动力和最高目标是要满足人类日益增长的物质和文化生活需要。而社会存在和发展的基本前提是必须有稳定的秩序，用秩序保障每个个体在不危及他人及人类整体生存的前提下最大限度地满足自己的需要。因此，规则源于人的需要，以人本为起点和归属。马克思指出："在民主制度中不是人为法律而存在，而是法律为人而存在。在这里，人的存在就是法律，而在国家制度的其他形式中，人却是法律规定的存在。"① 马克思的这一论述，深刻地揭示了法律与人的辩证关系。刑法的解释同样是人本主义与规则主义的有机统一，同样应当从人的需要出发，尊重人的个性需要和人类整体发展的需要。既然如此，笔者认为我国的刑法解释观也应当从规则主义立场适度转向人本主义立场，其具体的转变路径如下：

（一）在解释立场上应实现客观主义与建构主义的统一

长期以来，人们信奉科学实证主义的理论，认为犯罪是客观存在的，因此，刑法解释的关键在于如何认识和把握犯罪与刑罚的同在规律，即遵循科学性的客观原则。但是，社会发展的历史告诉我们，知识包括有关犯罪的知识并不完全是客观的，有些知识是我们在某种程度上共同认识的结果，因此，刑法应当如何影响社会行为主体的行为和社会结构，以及行为主体的认识和行为又如何影响社会秩序，都是认识融合与观念分配的结果。这就是建构主义的基本观点。无论人们是否赞同，从科学实证主义向建构主义的转变已经成为20世纪以来人类认识观发展的一个重要特征。尽管人们不会完全否定和背离客观实证主义的观念，但适度修正客观实证主义的观念并接受建构主义的认识论已经成为事实。坚持规则主义刑法解释观的法官应当以超然中立的客观解释者的身份来解释和适用刑法；而坚持人本主义刑法解释观的法官必须以社会公众的身份来解释和适用刑法。这种角色的转换决定了刑法解释和适用的结果可能决然不同，但这种角色的转换是实现刑法解释从垄断转变到开放的必要条件。

---

① 《马克思恩格斯全集》（第1卷），人民出版社1956年版，第281页。

（二）在解释标准上应努力实现法官视阈与公众视阈的融合

在我国的刑法解释观适度转向人本主义观念时，必须讨论的一个问题是：刑法的解释到底是法官的认识还是公众的认识？对这一问题的不同回答将直接影响刑法解释的立场。笔者认为，刑法解释观从规则主义适度转向人本主义必须实现法官视阈与公众视阈的融合。

加达默尔认为，视阈是指看视的区域，这个区域囊括了从某个立足点出发所能看到的一切。① 不同的人理解同一个文本，由于其处境不同，视阈就会不同，因而基于不同的视阈就会得出不同的结论，而相互的理解就是不同视阈的融合过程。我们对历史或某个文本的理解，实际上就是从我们的视阈出发对过去或他人视阈的理解。任何视阈都是开放的，我们可以进入他人的视阈，通过对他人视阈的理解而不断扩展我们的视阈，修正我们的前见。因此，视阈是永远处于变化之中的。当然，每个人进入他人的视阈，并不是要把自己的个性消融在他人的视阈之中，而是为了扩展自己的视阈，以便获得一个更广阔的视阈。

对刑法的解释，实际上是对刑法文本的解读，学者、法官、公民个人由于其在整个社会中的地位、价值观等不同，每个人基于自己的处境对刑法文本的解读也就不同。如果说对刑法的解释是以法官的视阈为标准，那么，依据法官个人视阈所作出的判决就不可能起到定分止争的作用。因此，为了合理有效地解决社会矛盾，实现社会的和谐发展，对刑法的解释必须努力实现法官视阈与社会公众视阈的融合。富勒曾经指出，法律解释必须予以“辨识和考虑”的因素应当包括，那些根据这部制定法来安排自己行为的人们是如何合乎理性地理解其含义的。② 富勒的这一论述从另一角度阐明，在解释法律时，法官必须进入社会公众的视阈，并努力实现法官视阈与公众视阈的融合。

实现法官视阈与公众视阈的融合具有以下几个方面的重要意义：（1）公众与法官相互尊重对方的理解和解释，通过对话与讨论可以实现互动并达成共识；（2）刑法的解释当然应尊重包括法官在内的法律专家的理解，法官的判决必须忠于法律并考虑公众意见；（3）刑法的解释在技术上更倾向于

① 参见［德］汉斯-格奥尔格·加达默尔：《真理与方法》（上卷），洪汉鼎译，上海译文出版社2004年版，第391、426页。

② 参见［美］富勒：《法律的道德性》，郑戈译，商务印书馆2005年版，第99、101—102页。

尊重法官及专家的理解，但在目标与结果上更应当尊重公众的认同，以免出现因为适用法律而背离刑法人本目标的结果。

（三）在解释方法上应尽量实现语义学方法与语用学方法的统一

法律是用文字表达出来的，而对法律的解释，首先表现为对法律文字的解释。坚持规则主义刑法解释观的学者主张对刑法的解释应严格按照刑法条文字面的含义进行解释，即进行语义解释。然而，如果仅根据刑法条文进行字面解释，那么有时可能无法得出合理的结论。例如，在我国刑法中有多个条文规定了“暴力”手段，如果严格按照刑法条文进行字面解释，那么每个刑法条文中所使用的“暴力”的含义都应当是相同的，其暴力的程度也应当是相同的。但是，“暴力干涉婚姻自由罪”中行为人所使用的“暴力”与在“抢劫罪”中所使用的“暴力”的含义显然是不同的。因此，在很多情况下，字面解释仅仅是解释刑法的一种方法。值得注意的是，当代的解释学已经明显从语义学转向了语用学。语用学解释方法以科学历史主义和实用主义为理论基础，否定以逻辑实证为基础的语义学所坚持的精确的形式化，并创立了“语境论”理论。持该理论的学者既强调解释对“语境”的依赖性，又强调主体的能动作用，而否定解释的客观性和真理性，承认解释的相对合理性，从而成为人文社会科学常用的解释理论。笔者认为，对刑法的解释，也应该从语义学适度转向语用学。这种转向要求我们在对某一刑法条文进行解释时，不能仅机械地根据刑法条文的字面含义进行解释，而要根据其在整个法律体系中的含义来进行解释。同时，由于法律规则体系仅是社会规则系统的一个组成部分，因此，在对刑法进行解释时还要将其放入整个社会规则系统中进行考察，换言之，刑法的解释还不得违背社会的惯例，不得违背当时当地的常识、常理、常情。“法官所受的约束，不仅包括某些被立法者明确视作有效的特定规则，而且还包括一个规则系统的内在要求。当然，这个规则系统作为一个整体，并不是某个人刻意设计的产物，而且这个系统中的某些部分甚至还从未得到过明确的阐释。社会生活中确实存在着这样一种规则系统：尽管它的存在不仅独立于立法者的意志，甚至还独立于立法者的知识，但是它却得到了人们的普遍遵守，而且立法者也常常让法官去发现或适用这些规则。”① 坚持规则主义刑法解释观的学者常常以法律的至上性

① ［英］弗里德利希·冯·哈耶克：《法律、立法与自由》（第2—3卷），邓正来等译，中国大百科全书出版社2000年版，第77页。

否定其他社会规则的作用，甚至认为法不容情，这其实是一个极大的谬误。相反，当法官结合刑法以外的法律以及法律以外的其他规则，根据维系人类社会有序运行的最基本的道理、情感及规则作出合乎常理的解释，不仅没有违反刑法的规定，反而回归到了刑法的基础——人本上来。我国现行《刑法》第13条的“但书”部分、第37条、第63条第2款就是立法者让法官去发现或适用这些规则的法律依据。

（四）在解释效果上应努力实现规则正义与结果正义的统一

从最终的结果上考虑，刑法的解释必须反映公众对正义的追求，满足公众对正义的需要。在刑法的规则体系中，规则与事实是分离的，即刑法是抽象的一般规则，而作为法律适用对象的事实则是具体的。规则与事实分离后，规则正义与个案正义也就自然分离开来。这种分离通常以两种状态表现出来：一是法官与执法者可能走向法律机械主义，过于强调规则的正义性而忽略个案结果的正义性。哈耶克曾指出：“司法判决震惊公共舆论并与一般预期相背离的大多数情势，都是因为法官认为他不得不墨守成文法的条文且不敢背离（以法律的明确陈述作为前提的）三段论推论的结果所致。”① 二是法官与执法者受其知识与立场的局限，过于强调个案结果的公正性，而忽视规则正义的整体与普遍要求，甚至为了个案的正义性结果而曲解法律规则。笔者认为，只强调规则正义或只强调个案正义都是不正确的。因为法律只能是对社会成员所应遵守规则的一般性陈述，所以在适用刑法规则时应当考虑具体案件的特殊构成要素，并且应当将刑法规则作为普遍的规则来对个性化的事实作出适当的回应，即应当考虑事实的特殊性，同时应当注意在多大程度上考虑事实的特殊性是恰当的。

由于规则正义与个案正义可能是分离的，因此，刑法的实施必须通过事实过程——执法者将普遍与抽象的规则运用到具体案件的过程来完成。这个过程也是规则与事实互动的过程。在这一过程中，规则正义是作为形式正义而存在的，个案正义是作为实质正义而存在的。因此，要想使两种正义恰当地融合，刑法的适用者与公众之间必须就两种正义的关系达成共识。如果在个案正义与规则正义的关系问题上刑法的适用者与公众之间不能达成共识，那么刑法的适用将不可能很好地转化为事实，更不可能取得良好的社会效

① ［英］弗里德利希·冯·哈耶克：《法律、立法与自由》（第1卷），邓正来等译，中国大百科全书出版社2000年版，第183页。

果。而刑法的适用者与公众之间如果要在此问题上达成共识，那么就必须在解释和适用刑法时找到刑法适用者与公众理解的共同基础。这个共同基础既是刑法解释的基础，也是刑法解释的边界，最终决定规则正义与个案正义的结合。而能有效地将规则正义与个案正义结合的共同基础，正是公众所认同的常识、常理、常情。法官在适用刑法规则时，不能机械地执行规则，而应根据维系人类社会有序运行的、人们普遍遵循的、最基本的道理、情感对规则进行合理的解释，对个案作出普通公众所认同的判决。加达默尔指出："一个法治国家的观念包含着，法官的判决绝不是产生于某个任意的无预见的决定，而是产生于对整个情况的公正的权衡。任何一个深入到全部具体情况里的人都能够承担这种公正的权衡。"按照笔者在前面所阐述的人本主义理念，规则正义与实质正义是否统一，评判的主体应该是全体民众。一般而言，要实现规则正义与实质正义的统一，必须遵循以下两个原则才能满足民众基本的正义诉求：一是适用刑法平等原则。如果违反此原则，虽然个案是正义的，但民众将会强烈地感受到法院判决的非正义性。二是罪刑相适应原则。罪刑相适应是实现正义的基本要求，违反此原则的重罪轻罚、轻罪重罚等，都会使民众认为所处的刑罚具有非正义性。

保护人权
——刑法的终极目的*

蔡　英**

一、当前我国刑法学界关于刑法目的研究特点和理论分歧

（一）刑法目的的含义及其法条规定

目的，是指实践主体所要达到的目标，是观念性、超前性的实践结果。“目的是全部法律的创造者。每条法律规则的产生都源于一种目的，即一种实际的动机。”① 刑法目的或称刑法的宗旨、刑法的价值根据，是指国家制定和适用刑法时统率所有刑法功能的最基本的价值目标，它主要探究为什么制定刑法。“刑法目的在一部法律中处于中心地位，它对于立法和司法上合理控制处罚范围、对刑法条文的科学解释、司法人员正确司法都具有根本指导意义。”②

刑法理论界一般认为，我国《刑法》第1条（“为了惩罚犯罪，保护人民，根据宪法，结合我国同犯罪作斗争的具体经验及实际情况，制定本法”）、第2条（“中华人民共和国刑法的任务，是用刑罚同一切犯罪行为作

---

* 本文原载于《西南大学学报（社会科学版）》2009年第3期。

** 西南政法大学法学院副教授。

① 此系耶林的著名观点，转引自［美］博登海默：《法理学：法律哲学与法律方法》，邓正来译，中国政法大学出版社1999年版，第109页。

② 张明楷：《刑法学》（第二版），法律出版社2003年版，第33页。

斗争，以保卫国家安全，保卫人民民主专政的政权和社会主义制度，保护国有财产和劳动群众集体所有的财产，保护公民私人所有的财产，保护公民的人身权利、民主权利和其他权利，维护社会秩序、经济秩序，保障社会主义建设事业的顺利进行”）规定的是刑法的目的。当然，也有学者将第 1 条归纳为“立法目的”、将第 2 条称为“刑法的任务”，并试图区分二者。笔者认为，这种努力其实并无必要，因为虽然表述的侧重点和详略不同，但二者归根结底表达的还是国家为什么要制定和动用刑法，并无实质差异。

（二）当前我国刑法学界在刑法目的上的研究特点

“刑法的目的这一问题，本来应该作刑法的‘第一课’进行本质性的论述。”① 然而，诚如日本刑法学家木村龟二所说：“众所周知，关于刑法的机能，一般教科书已经提出各种各样的主张，但据我所知，关于刑法的目的，基本的论述是关于普通刑罚的目的的问题，真正把刑法的目的作为研究对象的论著，目前几乎没有。”那么，我国刑法理论界对于刑法目的的研究情况会不会好一点呢？

从目前笔者收集到的资料来看，学者关于刑法目的之论述存在以下“五多五少”的特点，即在教科书中简短地说明刑法目的的比较多，以撰文或专著形式深入阐述刑法目的的比较少；单纯孤立地在刑法学范围内谈论刑法目的的比较多，将刑法视为宪法的下位规范、联系宪法原理和价值观念阐释刑法目的的比较少；从刑罚权运用的必要性出发谈论刑法目的的比较多，以国家存在的目的、国家权力行使的正当化根据为视角阐明刑法目的的比较少；泛泛地仅从理论本身说明刑法目的的比较多，结合刑法规定深入阐释刑法目的具体内涵的比较少；在说明刑法目的的具体内容时，混用各种概念甚至追求片面深刻的比较多，准确把握不同概念的区别以及作出公允论断的比较少。

以上“五多五少”的特点充分说明了刑法理论界关于刑法目的研究现状的薄弱，不经意间，“刑法的目的是什么”似乎成了一个可有可无或者是不证自明的问题，刑法目的的重要性被忽视了。然而，作为刑法的“第一课”，倘若我们不能正确说明国家为什么制定和适用刑法的问题，那么我们在适用“刑罚”这一最严厉的强制措施时，就不可能知道刑罚权的目的、

① 许道敏：《民权刑法论》，中国法制出版社 2003 年版，第 64 页。

范围和限度在哪里，不可能准确界定个人和国家、国家与法律、权利和权力之间的关系，就会以“守法”的名义对恶法和强权俯首帖耳，甚至顶礼膜拜。回顾“二战”时期德国、意大利、日本等国的野蛮行径，我们期望得到警醒：忘记人们为何要制定刑法的真正目的，或迟或早都将导致灾难性的悲剧。

（三）关于刑法目的的理论分歧

刑法理论界对刑法目的的认识不尽相同，比较有代表性的观点有五个：观点一，认为惩罚犯罪与保护人民是制定刑法的目的的两个方面。“制定刑法的目的就在于惩罚犯罪，保护人民，这是由我国刑法的性质所决定的……惩罚犯罪与保护人民是制定刑法的目的的两个方面，这两个方面是密切联系，有机统一的。”① 观点二，认为惩罚犯罪不是刑法的独立目的，刑法的目的是惩罚犯罪与保护人民的统一。“我国刑法的目的是惩罚犯罪与保护人民的统一。把他们割裂开来，认为惩罚犯罪就是刑法的目的，或者认为刑法可以离开对犯罪的惩罚实现保护的目的，或者认为惩罚犯罪、保护人民是两个平行的目的，都是不正确的。惩罚犯罪从其最直接的意义上来说，也可以是刑法的目的，但是，它不是独立的目的，不能为惩罚而惩罚，而是为了保护人民才惩罚犯罪，从这一点来说，它又是实现保护人民这个根本目的的手段。”② 观点三，认为刑法的根本目的是保护犯罪人的权利。认为“如果刑法的目的在于打击犯罪，那么刑法就没有必要出台，因为正如中国的那句古话：刑不可知，威不可测。刑法只需存在于统治者的内心深处，一种秘而不宣的刑法较之公开明示的法律更能打击一切所谓具有社会危害性的行为。刑法理论也是简单明快的，因为你实施了危害社会的行为，所以你犯罪了，那么你就要接受或者监禁或者死刑在内的一切刑罚，至于到底是什么刑罚与你无关，这要看我统治者的心情了。这样的话，一切有关谁应该构成犯罪也就只能依赖于统治者的偏好，在某些时候，可能是有关道德与否的争论。这样，大可不必担心出现疑难案件，因为我们可以打击想要打击的任何行为，欲加之罪，何患无辞。因此，在本质上来说，刑法遏制的不是犯罪人，而是国家……可见，刑法的根本目的是对刑罚权的限制”③。观点四，认为刑法

① 高铭暄：《刑法学》，北京大学出版社2000年版，第10页。

② 何秉松：《刑法教科书》（修订版），中国法制出版社2000年版，第17页。

③ 罗翔：《刑法目的的新表述》，载《黑龙江省政法管理干部学院学报》2004年第2期。

的目的是消灭犯罪。“刑法是要消灭犯罪，这是刑法的最终极的目的，也是刑法的‘理想’。刑法不是为了‘惩罚犯罪’而制定的，而是为了同犯罪做斗争，最终消灭犯罪。然而，只要有人的存在，就有冲突，犯罪就不可能消灭。因此，消灭犯罪只能是刑法的‘理想’，刑法的目标是朝这个方向努力，不断向这个状态靠近。”① 观点五，认为刑法的目的是保护法益。“因为各种犯罪都是侵犯法益的行为，运用刑罚与各种犯罪行为作斗争，正是为了抑制犯罪行为，从而保护法益；刑罚的目的是预防犯罪，之所以要预防犯罪，是因为犯罪侵犯了法益，预防犯罪是为了保护法益，这正是刑法的目的。”②

以上各种观点分歧，给“什么是刑法目的”这个似乎“不言自明”的问题带来了许多疑惑。看起来，“什么是刑法目的”不仅结论不明，而且还很有必要认真辨析。总结上述观点，发现分歧焦点集中在以下几个方面：其一，惩罚犯罪和保护人民是不是并列的两个刑法目的；其二，刑法只保护犯罪人的权利，还是也要保护其他公民（被害人、守法公民）的权利；其三，刑法的目的和刑罚的目的有没有关系，两者是不是能够等同，在什么意义上等同；其四，将“保护法益”作为刑法的目的，是不是能够有效鉴别刑法和其他部门法调整对象的不同。笔者认为，厘清这些分歧，既取决于对刑法学内部相关规定、原理的阐明程度，也取决于对刑法之外的国家目的、宪法价值的认识程度。对于刑法目的的正确阐明，只有站在国家及国家权力存在的目的、宪法的基本原理和价值追求的高度，只有从刑法的特殊性入手，从刑法典的具体规定出发，只有以准确的概念表述，才能具体而深入地揭示。

二、刑法目的与国家权力、宪法价值的关系

（一）刑法目的与国家及国家权力存在的目的

毫无疑问，刑法的目的要受国家目的的制约，而国家存在的目的又是一个颇有争议的伦理、政治、法律问题。尽管从早期的柏拉图、亚里士多德到中世纪的圣奥古斯丁、托马斯·阿奎那以及近代的黑格尔都曾经对国家存在

① 车财发：《浅析刑法第一条》，载 http：//www. gotoread. com/article/？ wid = 106144.

② 张明楷：《刑法学》（第三版），法律出版社 2007 年版，第 27 页。

的目的有过思考，但得到广泛赞同并对后世影响最大的，却是资产阶级革命时期洛克、孟德斯鸠等启蒙思想家所提出的观点。洛克主张："人们联合成为国家和置身于政府之下的重大的和主要的目的，是保护他们的财产。"国家的目的是"人民的和平、安全和公共福利"。[①] 孟德斯鸠赞成洛克关于人类的自由是国家应予实现的最高目标的观点，并设计了保障自由的分权政治理论。贝卡利亚则依据社会契约理论，认为刑罚权并不是国家天然具有的强制权力，而是个人为了让别人保护自己而割让出来的一份份最少量自由的结晶。"无疑，每个人都希望交给公共保存的那份自由尽量少些，只要足以让别人保护自己就行了。这一份份最少量自由的结晶形成刑罚权。一切额外的东西都是擅权，而不是公正，是杜撰而不是权利。"所以，"如果刑罚超过了保护集存的公共利益这一需要，它本质上就是不公正的。刑罚越公正，君主为臣民所保留的安全就越神圣，留给臣民的自由就越多"[②]。虽然以社会契约论论证国家、政府及其法律存在的目的缺乏实践支持，但它却在理论上证成了个人权利先于国家权力而存在、国家存在的唯一目的是保护每个人的自由的重大观念。国家之所以能够拥有各种强制性权力，是为了更好地保护公民个人的权利。刑罚权作为强制程度最高的国家权力，当然也必须受制和服务于这个目的。在现代民主政治国家，法律具有社会公约的属性，国家权力不是政治统治和个人权威随心所欲的工具，刑法也不是政治的附庸，而应当具有自身独立的价值。我国宪法规定："中华人民共和国的一切权力属于人民。"人民是我们"国家的主人"。在我国，法律只能是人民利益的集中体现，保护人民的利益是我们国家最基本的职能，也是运用国家权力的出发点和目标所在。因此，保护人民，自然是我国制定和适用刑法都必须遵循的最基本的价值目标。守法公民、被害人及犯罪人，都是人民的一员，都是国家刑罚权的所有者与刑法要保护的对象，国家只不过是刑罚权的执行者而已。

（二）刑法目的与宪法价值的关系

宪法是刑法的上位规范，阐明刑法的目的必须从宪法的高度来认识。近代宪法文本多以权利宣言的形式出现，表明确认和保障权利是宪法的核心内容。"人类宪法制度史已经清楚地表明，所有的宪法现象和宪法行为无不是

---

① ［英］洛克：《政府论》（下篇），叶启芳、瞿菊农译，商务印书馆1964年版，第77—80页。

② ［意］贝卡利亚：《论犯罪与刑罚》，黄风译，中国大百科全书出版社1993年版，第9页。

围绕着权力的行使和权利的保障而展开的，同样，一切宪法关系也都只能是权利与权力关系的升华。”① 根据国际宪法学理论的通说，确认权利，限制权力，以便最终保障人权，是宪法思想的核心。“宪法是人权保障书”，“宪法就是一张写着人民权利的纸”。当今社会，宪法具有最高法律效力已为立宪国家所公认，不少国家的宪法都就此作了专门规定。我国宪法也明确规定：“一切法律、行政法规和地方性法规都不得同宪法相抵触。”刑法作为宪法的下位规范，其创制和适用必须要吻合宪法所强调的“限制权力，保障权利”的精神。不仅如此，由于刑罚是国家对于公民权利可能造成损害的最激烈的方式，也是个人与社会发生冲突时可能产生的最严重后果，因此，比起其他部门法，刑法更应该谨慎而忠实地反映宪法的要求。“刑法必须遵照宪法的理念、原则进行立法和解释，刑法学、刑法理论应当遵照宪法的理念、原则来建构。在这个意义上可以说，刑法必须是‘宪法性刑法学。’”

国际范围内，在“二战”以前，除了形式主义的罪刑法定原则还可以对国家权力进行极为松弛的制约外，德国、意大利和日本的刑法理论研究与宪法价值基本无关。纳粹法西斯的血腥罪恶给战后重新思考刑法目的与宪法的关系提供了一个历史性的契机。“战后一系列国际人权文件（如 1948 年《关于人权的普遍宣言》，1950 年的《欧洲人权公约》等）和欧洲各国战后宪法关于基本人权不可侵犯的规定，使讲究人道，‘崇尚自然法精神’等观念有了自己的实在法基础。”② 在 20 世纪 60 年代末，意大利刑法学界“不得不就刑法与宪法所维护的价值之间的关系，以及刑法的基础、刑法学的研究对象、研究方法等展开了一场空前的大讨论”。这场讨论给刑法理论带来的首要变化，就是对刑法与宪法关系的再认识。在刑法的基本理念问题上，“由绝对的法律至上，千方百计地为现有刑法规定的合理性辩护的立场，逐渐转移到了宪法维护的基本价值或者宪法规定的基本人权至上，用宪法规定来批判性地审视现实中刑法规范的立场上。认为宪法所规定的基本人权是刑法的最高价值，现行刑法典的一切规定（如罪刑法定原则）都必须根据宪法的规定赋予新的含义，一切不符合宪法确认的基本人权不可侵犯的刑法规定，都必须根据宪法的精神予以废除或者修正，目前这已成为意大利刑法学界的基本理念”。

---

① 许道敏：《民权刑法论》，中国法制出版社 2003 年版，第 3 页。

② 陈忠林：《意大利刑法纲要》，中国人民大学出版社 1999 年版。

“二战”之后，公民的生命、人身自由、财产权利和基本政治权利神圣不可侵犯的观念，成为现代法治的核心内容。而我国也在2004年将“国家尊重和保障人权”历史性地载入宪法修正案。在保障人权的这面大旗下，无论是划定个人自由和国家权力的界限，还是决定量刑的轻重，制定和适用刑法者、刑法学者都应当铭记“中华人民共和国的一切权力属于人民”的宪法要求，将宪法对于刑法的制约作用和刑法必须贯彻、体现宪法精神的要求，落实到对刑法目的、刑罚目的的理解和运用中去。

三、刑法目的的正确阐明——与犯罪本质、刑法调整对象的关系

（一）对《刑法》第1条、第2条的正确理解

在探讨了刑法目的与国家权力、宪法价值的关系以后，我们对于刑法目的的揭示还需要回到刑法学的领域中来。只有依据刑法的具体规定，结合刑法自身的特殊性，才能具体而深入地阐明刑法的真正目的。

1. 刑法的目的是“保护人民”

《刑法》第1条开宗明义，在首要位置说明了刑法的目的。尽管对其内容的具体理解存在争议，但都认为这一条就是理解刑法目的的法律依据。至于《刑法》第2条，有人认为这是刑法的“任务”，不同于刑法的目的。然而，保护国家利益、社会利益和个人利益，实际上就是我国刑法“惩罚犯罪，保护人民”这一根本价值目标的具体化。实现刑法任务的主要形式是“惩罚犯罪”，实现任务的主要内容是“保护人民”。因此，《刑法》第2条关于刑法任务的规定，同时也是关于刑法目的的规定。

《刑法》第1条、第2条归根结底表达了相同的意思——国家为什么要制定和动用刑法。笔者认为，答案可归结到一点，就是保护人民，或者说保护人民的（各种各样的）利益。

有人认为：“‘保护人民’的提法不合时宜，而且太笼统。‘人民’一词是一个政治概念，‘人民’曾经是与敌人（包括犯罪分子）相对应曾经被广泛用于战争年代；而且，‘人民’一词很抽象，缺乏法律术语所要求的具体性，如果深追一步：刑法要保护人民的什么？则仍然需进一步阐释。”①

① 牛忠志：《刑法目的新论》，载《云南大学学报（法学版）》2006年第5期。

对此，笔者认为，“人民”一词的确具有政治含义，但同时还具有法律含义；“人民”一词具有非常明确具体的对象所指，并非抽象空洞的口号。因为，首先，根据我国宪法的规定，由于“在我国，剥削阶级作为阶级已经消灭，但是阶级斗争还将在一定范围内长期存在。中国人民对敌视和破坏我国社会主义制度的国内外的敌对势力和敌对分子，必须进行斗争”，因此，我国宪法框架内的“人民”首先应是一个政治概念，是“包括全体社会主义劳动者、拥护社会主义的爱国者和拥护祖国统一的爱国者的广泛的爱国统一战线”。但是，作为刑法保护对象的“人民”，不仅是一个政治概念，同时也是一个法律概念。我国《宪法》第 33 条规定：“中华人民共和国公民在法律面前一律平等。”第 32 条规定：“中华人民共和国保护在中国境内的外国人的合法权利和利益……”因此，法律意义上的“人民”，泛指受我国法律保护的“任何人”，而不是仅限于按照特定政治标准划入特定范围的“政治人”。其次，从最基本的常识理解，“保护人民”也有具体所指，即意味着保护人民群众的合法权利和利益中，如果根据宪法规定全面阐释其含义，则“既包括作为我国人民根本利益集中反映的国家利益和社会利益，也包括所有受到我国法律保护的个人利益；既包括中国公民的合法利益，也包括受我国法律保护的那一部分外国公民的利益；既包括保护一般人民群众免受犯罪侵害的利益和保护无罪的人免受刑事追究的利益，也包括保护犯罪的人不受法外追究的合法利益”①。

2. 保护人民的利益就是保护人权

刑法的目的是保护人民的利益。那么人民的利益体现在哪些方面呢？从《刑法》第 2 条、第 13 条以及分则共计 10 章的条文规定来看，刑法所保护的人民利益可分为四个方面，即国家的安全、人民民主专政的政权和社会主义制度的安全、国家主权和领土的完整，社会主义经济基础的健康发展，公民人身权利、民主权利和财产权利的正常行使，以及稳定的社会秩序（当然，是合理的社会秩序）。其中，直接反映人们利益所在的是人身和财产权利，其他三个方面的利益虽然间接，但却与人身、财产权利的实际享有密切相关。在应然的意义上，最大限度地保障人身安全，全力保护公民的生命、健康、名誉、人格和自由，应该是刑法保护利益的重中之重，是所有利益的核心。

---

① 高铭暄、马克昌：《中国刑法解释》（上卷），中国社会科学出版社 2005 年版，第 28 页。

保护公民个人的生命权、健康权、自由权、人格和名誉权、财产权等不受犯罪侵害，也不受国家权力的任意侵犯，实际上就是保护每个公民的基本人权。保护国家安全、社会公共安全和经济秩序的稳定，是保证人们能够切实享有人权的基础和前提。从人权的本意看，人权是每一个人作为“人”所应该享有的权利。从人权概念产生的社会历史过程来看，人权是一种反抗权利，人权带有革命的性质。人权的核心意义是个人对于国家权力享有的权利，“人权的主流精神始终是防止和抵抗公权力走向恶政”①。人权与国家权力的对应关系表明：一方面，满足人权要求是国家的主要责任和义务，国家必须采取必要的措施和手段，积极地保障和促进人权的实现；另一方面，国家权力的行使必须以保障和促进人权为目的、为限度、为范围，国家权力必须遏制其自身具有的无限扩张的本性，防止权力滥用而侵害人权。

在刑法中，享有人权的主体范围不应添加任何限制；只要是人，就是人权的主体。因此，人权不仅仅是犯罪嫌疑人、被告人、犯罪人的权利，也是被害人、无辜公民、善良公民的权利。② 在刑法中，由于侵害公民基本权利的行为种类、主体不同，作为人权主体的个人也就有不同的身份：受到犯罪行为侵害的被害人和守法公民，享有不受犯罪侵害其生命、自由、财产等基本权利的人权；善良公民可能因为刑罚权的滥用而成为刑罚的对象，犯罪嫌疑人或被告人的公民权利可能在有罪判决确定之前就被剥夺，犯罪人被执行刑罚外的剩余合法权利也可能成为恣意行使刑罚权的牺牲品，他们的人权也需要刑法保护。守法公民享有不受非法逮捕、追诉的权利；犯罪嫌疑人、被告人享有受程序法和实体法保障的合法审判、公正定罪和量刑的权利；对于犯罪人来说，属于刑罚执行内容的一部分权利受到限制或者不能行使，但其他未被剥夺的权利仍然合法，要受到刑法的保护。正如西原春夫所说：“对司法有关者来说，刑法作为一种制裁的规范是妥当的，这就意味着当一定的条件具备时，才可命令实施科刑，同时当其条件不具备时，就禁止科刑。从这一点看，可以说刑法是无用的，是一种为不处罚人而设立的规范，人们之所以把刑法称为犯人的大宪章，其原因就在此。”③

---

① 徐显明：《法理学教程》，中国政法大学出版社 1994 年版，第 392 页。

② 参见唐忠民、王继春：《论公民基本权利限制的基本原则》，载《西南大学学报（社会科学版）》2007 年第 2 期。

③ ［日］西原春夫：《刑法的根基与哲学》，顾肖荣等译，法律出版社 2004 年版，第 45 页。

在刑法中，由于不同身份的人权主体享有人权的内容是不完全相同的，刑法保护其人权的方式也有区别。对于被害人及守法公民，刑法主要通过惩罚犯罪来实现保护人权之目的；对于善良公民、被告人、犯罪人，坚持罪刑法定、罪刑相适应原则、防止刑罚权滥用是实现这一目的之途径。

3. “保护人权”的刑法目的可作层次之分

将刑法目的归结为“保护人权”，并不排斥在微观的层面对其进行层次之分。研究刑法不同层次的目的不但有助于保持刑法立法的自身协调，也有助于促使司法人员时刻考虑自己的司法活动是否符合刑法目的，从而正确理解和适用法律，将刑法目的贯穿于刑事司法活动的始终。

有学者指出，刑法目的基本上有三个层次：第一个层次是刑法的整体目的；第二个层次是刑法分则各章的目的；第三个层次是各个条文的目的。笔者认为这种划分是适当的。在刑法最高目的的指引下，更能准确把握刑法分则各章的具体目的。受“保护人权”这个整体目的的制约，对刑法具体条文（尤其是分则条文）的理解和运用就会摆脱机械执法的阴影。当然，反过来，刑法整体目的的实现有赖于第二、第三层次目的的体现与实现。

4. 刑法保护人权的特殊之处

要进一步深入认识刑法的目的，还必须在明确法的理念的基础上，对刑法的特殊性予以充分揭示。什么是法的理念？这是法哲学上的根本问题。一般认为，正义、合目的性、法的稳定性是关于法理念的三个要素。要保持刑法的正义、合目的性和稳定性，就必须使刑法规范在形式上具有公开性、稳定性和连续性，在内容上罪与刑的范围和幅度具有正当性、明确性、相称性。之所以对刑法的形式和内容有多项要求，是因为刑法拥有其他法律不可比拟的最严厉强制措施——刑罚。

刑法的特殊性，首先在于调整对象利益的整体性。刑法所禁止的行为，仅以“严重的社会危害性”这一传统理论根本无法界定其范围，而是一种从根本上威胁到相应法律制度的存在，从而严重地危害作为整体的国家法律秩序的行为。刑法所调整的对象不是民法或婚姻法那样仅仅是平等主体之间的财产关系或人身关系，或者像行政法那样仅是公民与国家的某种职能之间的关系，而是公民个人的基本权利与代表社会整体利益的法律秩序之间的关系。刑法这种特有的调整对象，是从实质上划分刑法与其他部门法的标准，也是从实质上确认一个行为构成犯罪的依据。刑法只应该调整那些其他法律制度本身的制裁措施不可能有效制止的行为，这种行为如果不以刑罚进行制裁，它们都会使相应的法律制度的存在受到根本威胁。犯罪的本质并非是对具体被害人造成的损害，而是从根本上破坏、威胁了以确认和维护全体公民基本人权为内容的国家法律制度。行为人实施的犯罪行为，直接或者间接侵害了全体公民的基本人权，国家对其动用刑罚，限制或者剥夺犯罪人最基本（当然也是一个人最为重要的）的权利，根本的目的乃是从整体上保护代表全体社会成员福祉的国家法律制度。

刑法的特殊性，还体现在调整手段的特殊性。可以说，正是由于刑法调整社会关系的特殊性，才决定了刑法调整手段特有的严厉性和迫不得已性。如果我们仔细观察刑罚的内在属性，可以发现以下几个重要事实：其一，刑罚是国家在和平时期所能够拥有的最大强制措施，刑罚的运用是国家动用各种暴力机器的结果；其二，刑罚的内容是对公民生命、自由、财产、政治权利的限制或者剥夺，而这些权利，在现代政治国家的法律中，都属于个人的基本人权；其三，刑罚的两端分别是作为犯罪人的个人和作为社会整体利益代表的国家。刑罚的这几个特点说明，刑罚这一刑法特有的制裁措施所体现的社会关系，是国家的刑罚权与公民的生命、自由等最基本权利的关系，是作为社会代表的国家权力与作为社会成员的公民个人最基本人权的关系。如果我们承认现代法治的核心精神是“基本人权神圣不可侵犯”，那么以限制或者剥夺公民最基本权利为内容的刑罚，就必须要严格限制其适用条件和适用范围，只有在其他法律制裁措施不能有效发挥作用，并且不用刑法调整有关的法律制度就会从根本上受到威胁，社会共同生活的基础就会受到严重危害的情况下，国家才能制定和适用刑罚。

5. 保护国家的整体法律秩序、人类社会的共同生活秩序，就是保护人权

实际上，从对刑法调整对象和调整手段的特殊性的分析中，我们已经将国家制定和动用刑法（刑罚）的目的揭示出来。维护国家法律秩序的正常运转，实质就是保护人权，因为这些国家法律制度就是以确认和保护公民的基本人权以及基本人权实现的各种前提和保障为内容的。此外，有一些学者将刑法的目的归纳为“保护人类社会的共同生活秩序”，这种说法如果具备一个前提，即这个人类社会生活的共同秩序，在现代社会，不是封建统治者暴力压制下的秩序，不是纳粹法西斯统治下践踏人权的秩序，而是充满民主、自由，尊重人权的人类生活的新秩序，那么，它和保护国家的整体法律秩序、保护人权的提法在本质上也是一致的。现代刑法对人类社会生活共同秩

序的保护，“只有通过以下的方式来进行，即保护公共和平秩序，同时尊重个人的行为自由，反对非法强制，根据公正原则对严重的违法行为进行制裁”①。

四、对多种观点的分析与回应

综上，当我们将刑罚权作为国家权力的一种，进而从源头上探寻国家权力存在的正当根据和目的之时，我们确信：所有国家权力存在的唯一目的，是保护人的自由和权利，提供个人自我发展和完善的各种保障措施，增进人的幸福，即使是最具强制力的刑罚权，也概莫能外。当我们将刑法作为宪法的下位规范，从而将其定位为“宪法性刑法学”，强调刑法目的应当受到宪法目的、价值观及条文的指引和限制之时，我们笃信：限制权力滥用、充分保障人权的理念，必然也是国家制定刑法和动用刑罚的最终目的。当我们将犯罪的社会本质透视为对国家整体法律秩序的威胁或者破坏的时候，刑法存在的根本目的必然定义为对代表全体社会成员福祉的国家法律制度的维护；当我们深入揭示刑法的特殊调整手段——刑罚的内在属性，了解刑罚的实质是对犯罪人基本人权的限制或剥夺的时候，我们应当清楚认识到：犯罪的特殊危害只能用刑罚这种特殊的手段来应对，为了不使公民的人权成为他人犯罪的牺牲品，必须要对犯罪人的人权进行限制或剥夺，同时，为了不使犯罪人的人权成为刑罚权滥用的牺牲品，在惩罚犯罪时不至于造成新的人权侵害，必须要在“保护全体公民基本人权不受侵害”的观念指引下，严格设定动用刑罚的条件和范围。

一言以蔽之，犯罪是对国家整体法律秩序的威胁或者破坏，而国家法律制度的主要内容则是直接或间接对公民基本人权的确认和保护；国家制定和动用刑法的目的，是保护包括犯罪人在内的全体公民的基本人权既不受犯罪的侵害，也不受刑罚权滥用的侵害；刑法对基本人权的保护，主要是通过惩罚犯罪以及坚持罪刑法定、罪刑相适应等刑法基本原则达到目的。

行文至此，有必要对本文开头提到的刑法学界关于刑法目的的不同观点作出简要分析和回应。这种回应，既是对理论上含糊或者混乱观点的廓清，也是对刑法目的是“保护人权”的最后归结。

---

① 李海东：《刑法原理入门（犯罪论基础）》，法律出版社1998年版，第2—3页。

（一）“惩罚犯罪”和“保护人民”是刑法的两个并列目标吗

的确，《刑法》第1条“为了惩罚犯罪，保护人民”的表述方式很容易令人得出这样一个结论。但是，如果“惩罚犯罪”能够和“保护人民”并列作为刑法的目的，那么，首先，这意味着“人民”这个概念中是不包括犯罪人的，犯罪人只是刑罚惩罚的对象，而这种理解显然是与宪法关于“人民”范围的规定相矛盾的。其次，“保护人民”（实际上是保护没有犯罪的人民）既然不是“惩罚犯罪”的前提，“惩罚犯罪”可以作为独立的刑法目的之一，那么“惩罚犯罪”必然没有任何范围或者程度的限制。这样理解刑法目的的结果，是我们的司法实践必然会出现侵犯公民基本人权的情况。我们必须清醒地认识到：惩罚犯罪不能作为刑法的目的，刑法目的是“保护人民”的一元主义，不是“惩罚”和“保护”的二元主义。

（二）“惩罚犯罪”是“保护人民”的手段吗？

有观点认为，“惩罚犯罪”和“保护人民”既不能并列，又不能单列，“惩罚犯罪”在最直接的意义上是刑法的目的，但不是独立目的，而是实现“保护人民”这个根本目的的手段。

在这段矛盾的阐述中，有一点是值得肯定的，即惩罚犯罪不能作为刑法的独立目的。但是，如果把惩罚犯罪当作保护人民的手段，也不太妥当，尤其是当“人民”意指除犯罪人以外的其他社会成员时，就更成问题。比较周延的说法是：由于刑法以刑罚为最主要的制裁手段，而刑罚的内容是限制或者剥夺犯罪人的自由、财产、参与社会公共生活的资格甚至生命，因此，惩罚犯罪必然是刑法的最基本功能。正确地惩罚犯罪，是发挥刑法其他功能的前提和保证。“在我国刑法‘惩罚犯罪’和‘保护人民’这两种基本功能中，前者是刑法的客观属性，后者是我国刑法追求的价值目标。因此，‘惩罚犯罪’必须服务于‘保护人民’这一根本目的，必须以‘保护人民’的范围和需要为限度。”①

（三）刑法的根本目的是保护犯罪人的权利吗

人权意识高涨的结果之一，便是人权成了各种主张的口号。但是，在殷切的人权保护热情下，矫枉不能过正。如果将保护犯罪人的人权说成是刑法的唯一目的，不仅会罔顾社会上一般人对犯罪行为的恐惧心声，给无辜被害

---

① 陈忠林：《刑法学》（上），法律出版社2006年版，第10页。

人本已受伤的身心平添许多痛苦，而且也完全不符合“人权”二字的基本含义。举世公认，人权是凡为“人”就应该享有的权利。在刑法中，不仅犯罪人享有人权，被害人、守法公民一样享有人权，我们决不能将他们置于刑法的保护之外而不顾！

其实，笔者相信，所谓“刑法的根本目的就是限制刑罚权，保护犯罪人的权利”的说法，本意并不是说我们的刑法就只是为了保护犯罪人而制定的（否则就是违背常识，基本立场都有错误），但为了“微言大义”，凸显“片面的深刻”，也就顾不得论证是否稳妥了。的确，制定成文的刑法确实能够明示国家权力的界限，能够起到限制刑罚权滥用的作用。但是，限制刑罚权并非刑法的真正目的，而是实现刑法目的过程中的必要的手段。刑法不仅要保护犯罪人免受刑罚权滥用之苦，更重要的是，还要保护无辜公民不受犯罪的侵害，保护善良公民不成为刑罚任意宰割的对象。唯其如此，刑法才既是“犯罪人的大宪章”，也是“善良公民的大宪章”。

（四）刑法的目的是“消灭犯罪”吗

的确，惩罚犯罪不是刑法的目的，然而，消灭犯罪就应该成为刑法的价值目标吗？且不说犯罪的原因是多种多样的，刑法只是众多预防犯罪措施中的一个，也不说犯罪是古老的历史现象，单靠刑法一己之力根本无法消灭，我们只需准确理解要讨论命题的真正含义，就能发现以上说法已经偏离正题。所谓“刑法的目的”，是指国家在制定和适用刑法时统率所有刑法功能的最基本的价值目标，也就是刑法的宗旨。我们不能说“我们制定和适用刑法的宗旨是消灭犯罪”，消灭犯罪不是目的，目的是保护人民的利益。

（五）刑法的目的是保护法益吗

有学者不仅详细说明了“法益”的概念及“法益侵害说”的基本主张，同时更指出：犯罪在本质上都是侵犯法益的行为，运用刑罚的目的是抑制犯罪行为，保护法益。①

显然，将保护法益作为刑法的目的，“其合理性在于纠正了将国家权力的实现作为刑法目的本身的国权刑法观念，确立了现代刑法尊重权利的基本精神。但刑法上的法益是刑法所保护的利益和价值，它依赖于刑法的存在而

---

① 张明楷教授是赞同“法益保护说”的代表。其对“法益”含义的解释以及对“法益侵害说”主张的理论概括，具体可参见张明楷：《刑法学》（第三版），法律出版社 2007 年版，第 84—85 页。

存在，说明不了刑法为什么存在、为什么制定的问题，如果将其作为刑法的目的，只能是一种同义反复，逻辑上存在缺陷”。在法律对法益作出确认之前，权利就已经客观存在，法不过是对权利的确认和记述而已。而且，保护法益说不能清楚说明刑法保护的法益和其他部门法保护的法益有什么区别，所谓“由刑法所保护的人的生活利益，就是刑法上的法益”仍然不能准确说明分辨刑法法益和其他法益的标准，因此循环解释之后又回到原点。相较之下，从刑法调整对象的特殊性和调整手段的特殊性入手，将只有已经经过其他法律调整但无效，并且如果不动用刑罚，其他法律所确立的法律制度就要从根本上受到动摇甚至破坏的状态，作为制定和动用刑法的介入点，才能从根本上解决刑罚权发动的必要性和正当性的问题，才能从根本上理解犯罪的本质和刑法的目的问题。刑法所保护的利益，是整体上代表全体社会成员福祉的国家法律制度，这些法律制度的内容，就是以各种方式和途径确认、保护公民个人的基本权利。犯罪的社会属性是对国家法律制度及其维护的社会价值的侵害，归根结底是对每一个公民基本人权的侵害；刑法的目的是保护国家法律制度及其维护的社会价值，归根结底就是保护包括犯罪人在内的全体公民的基本人权。

（六）刑法的目的和刑罚的目的有没有关系？两者是不是能够等同？在什么意义上等同

有人将刑法的目的等同于刑罚的目的，也有人认为两者根本风马牛不相及。笔者认为，如果这两者毫无关系，刑罚就不会作为刑法的主要制裁手段，但是在前提不明的情况下将两者等同，也不足取。实际上，刑法的目的和刑罚的目的密切相关，甚至是从不同角度分析的同一个事物。如果我们承认刑罚的目的也有层次之分，那么，其直接目的就是预防犯罪，包括一般预防和特殊预防；刑罚的根本目的就是为了保护人权，在这一点上，它与刑法的目的具有相同的价值追求。

刑法教义学研究的中国主体性[*]

丁胜明[**]

一、无国界的教义学方法和有国界的教义学知识

近年来，“教义学”一词在法学界，尤其刑法学界流行了起来。这是中国法制建设逐步完善的结果。在刑事法律体系基本建成之后，不少刑法学者把主要精力转向了理解和解释刑法，刑法教义学研究逐步取代了刑事立法学研究的主导地位。[①] 早在2005年，就有学者在国内率先对刑法教义学的基本问题展开了探讨，认为“刑法学如欲成为一门科学，必须推进刑法教义学方法论的研究”；[②] 2010年，该学者又提出了“走向教义学的刑法学”的历史性课题。[③] 此后，多篇关于刑法教义学问题的论文陆续发表。[④] 与此同

---

* 本文系西南政法大学法学院院级青年教师科研培育项目（QK201403）的成果，原载于《法学研究》2015年第2期。北京大学陈兴良教授、华东政法大学马寅翔博士、西南政法大学梅传强教授、石经海教授以及法学实验班林斯韦同学对本文的修改提出了宝贵建议，在此一并致谢。

** 西南政法大学法学院副教授。

① 参见冯军：《刑法教义学的立场和方法》，载《中外法学》2014年第1期。

② 陈兴良：《刑法教义学方法论》，载《法学研究》2005年第2期。

③ 参见陈兴良：《教义刑法学》，中国人民大学出版社2010年版，序言第1页。

④ 如周详：《教义刑法学的概念及其价值》，载《环球法律评论》2011年第6期；陈兴良：《刑法教义学与刑事政策的关系：从李斯特鸿沟到罗克辛贯通——中国语境下的展开》，载《中外法学》2013年第5期；冯军：《刑法教义学的立场和方法》，载《中外法学》2014年第1期；张明楷：《也论刑法教义学的立场——与冯军教授商榷》，载《中外法学》2014年第2期。

时，国外关于刑法教义学的学说相继被介绍到国内。[①] 可以说，刑法教义学已经成为目前国内刑法学研究最热门的话题之一。

但是，众所周知，刑法教义学（Strafrechtsdogmatik）是舶来品。那么，作为舶来品的刑法教义学是否如"科学"那样是无国界的？舶来的刑法教义学能否直接适用于中国？要回答这些问题，首先必须对"教义学"这一概念做进一步的分析。教义学首先指的是某种研究方法，但另一方面，根据教义学方法发展起来的体系化知识则是教义学的实体性内容。法律方法论可谓是无国别的，[②] 因此教义学方法是无国界的，也不存在法律部门的界别。实际上，不仅刑法学在运用教义学方法，民法、宪法等法律部门的研究也在运用教义学方法。

教义学方法作为一种研究方法，有其不可动摇的方法论预设。"法教义学是以实证法，即实在法规范为研究客体，以通过法律语句阐述法律意蕴为使命的一种法律技术方法。"[③] 而教义学的本意是指诠释宗教戒律的学问，[④] 是对宗教经典进行解释的方法及其学说体系。显然，对于宗教来说，宗教经典的正确性不容置疑，这是教义学的起点。"教义学的思想经常被视为一种不能批判思想的典范。这就表明：教义学是以自身已经确定而无须再作任何检验的信条为前提的，而且通过对这些前提的深入思考可以进一步认识教义学。这种理解其实是以预先给定的内容和权威为前提，而不是对该前提进行批判性检验。"[⑤] 就法教义学而言，这种不容置疑的教义就是实在法。易言之，实在法对法教义学来说，是一种先在的东西，是教义学分析的逻辑起点，并对教义学分析形成约束。[⑥] 而对刑法教义学来说，不容置疑的教义就是现行刑法。正如学者所言，刑法教义学将现行刑法视为信仰的来源，现行刑法既是刑法教义学者的解释对象，也是解释根据；在解释刑法时，

---

① 如［德］沃斯·金德豪伊泽尔：《适应与自主之间的德国刑法教义学——用教义学来控制刑事政策的边界?》，蔡桂生译，载《国家检察官学院学报》2010 年第 5 期；［德］沃尔福冈·弗里希：《法教义学对刑法发展的意义》，赵书鸿译，载《比较法研究》2012 年第 1 期。

② 参见周详：《教义刑法学的概念及其价值》，载《环球法律评论》2011 年第 6 期。

③ 陈兴良：《刑法教义学方法论》，载《法学研究》2005 年第 2 期。

④ 参见陈兴良：《刑法知识的教义学化》，载《法学研究》2011 年第 6 期。

⑤ ［德］沃尔福冈·弗里希：《法教义学对刑法发展的意义》，赵书鸿译，载《比较法研究》2012 年第 1 期。

⑥ 参见陈兴良：《刑法知识的教义学化》，载《法学研究》2011 年第 6 期。

不允许以非法律的东西为基础；对刑法教义学者而言，现行刑法就是“圣经”。[①] 同时，解释总是对某种对象的解释，如果离开了解释的对象，这种解释就成了无本之木，欠缺对象的解释是不可想象的。另外，如果置疑解释的对象本身，也就不能称之为解释了。因此，教义学必须将解释的对象视为不可置疑的权威。而刑法教义学所解释的对象就是现行刑法，对现行刑法进行解释而形成的观点、学说和理论的体系，就是刑法教义学知识。

既然刑法教义学知识是对现行刑法进行解释而形成的知识体系，就不能不认为刑法教义学知识是有国界的，因为刑法作为实在法是有国界的。尽管中国刑法与外国刑法，哪怕是同为大陆法系国家的刑法，在很多规定上是相似甚至相同的，但中外刑法之间终究存在很多差别。一种法律制度，有规定与没有规定，或者都有规定但规定的方式不同，必然导致对其进行解释而形成的教义学知识存在差别。既然法教义学以一国现行实在法为基础及界限，[②] 那么当实在法存在差异时，法教义学知识也就只在各自实在法有效的国界内有效。这就是法教义学知识的国界性。

可是，在引进德日刑法理论的浪潮中，学界似乎并未有意识地区分教义学方法和教义学知识这两个不同的层面。更令人担忧的是，当人们笼统地以“理论”这种模糊国别色彩的概念为名接受国外的教义学知识时，教义学知识固有的国界性被彻底遗忘了。这其中隐藏的危险显而易见。无国界的教义学方法当然可以直接为我所用，但国外的教义学知识，如果有意识地作为比较法研究的参考资料来使用，尚无大碍，但如果忘了这些知识是以相关外国刑法是不可置疑的教义为前提而产生的，将其直接拿到中国径直当作我们的教义学知识，则中国学者的主体性在教义学知识的生产过程中就完全丧失了，而这种拿来的教义学知识也可能无法解决中国的问题。不幸的是，上述担忧在当前中国刑法学的部分研究领域已经成为现实。下面，本文就刑法总论和分论各选取一个问题，展示刑法教义学知识的国界性在中国是如何被忽视的。在总论部分，本文选取的问题是中国的共犯理论能否采取实质客观说；在分论部分，本文将讨论“拒不退还”“拒不交出”在中国的侵占罪中是否是独立的要件。

---

① 参见冯军：《刑法教义学的立场和方法》，载《中外法学》2014 年第 1 期。

② 参见白斌：《论法教义学：源流、特征及其功能》，载《环球法律评论》2010 年第 3 期。

二、中国的共犯理论不能采取实质客观说

共犯理论一向是刑法学说争论的主要领域，而共犯理论被称为刑法理论最混乱、最黑暗的一章，在很大程度上缘于正犯与共犯区分标准的理论争议。关于这一区分标准，历来存在主观说与客观说、形式客观说与实质客观说的争论。目前，主观说已经淡出历史舞台，形式客观说与实质客观说的争论则如火如荼。形式客观说主张以是否实施构成要件行为作为区分正犯与共犯的标准，正犯是实施构成要件行为者，否则为共犯。而实质客观说的核心思想是，在犯罪进程中起重要作用、支配作用的人是正犯，否则为共犯。其下又有必要性说、同时性说、犯罪事实支配理论以及重要作用说等分支学说。

在中国传统的刑法学说中，并不存在上述争论；更确切地说，形式客观说没有对手。事实上，在传统理论中我们只有实行犯和非实行犯（教唆犯、帮助犯）的划分，是否实施了实行行为（构成要件行为）是唯一的划分标准。正犯概念以及正犯与共犯的区分是大量引进德日刑法理论之后，才被认真对待的研究课题。目前在德国和日本，实质客观说已经取代形式客观说，占据了绝对优势。近年来，部分中国学者认为应当引入实质客观说。比如，有学者认为，应该采取犯罪事实支配理论来区分正犯与共犯；[①] 也有学者认为，应该采取日本通行的重要作用说，[②] 并呼吁引进日本刑法理论特有的共谋共同正犯理论。[③]

然而，正犯与共犯的区分应当采取何种学说，不能脱离一国的立法。因为共犯理论是以一国刑法关于共犯的规定为前提的，属于解释论、教义学的范畴。[④] 换言之，正犯与共犯的区分理论属于刑法教义学知识，是对特定的共犯立法的解释，故只有在具体刑法条文的语境之下谈论某种共犯理论是否有效，才是有意义的。反之，脱离共犯立法的共犯理论体系，不论多么精

① 参见张明楷：《刑法学》，法律出版社2011年版，第357页；周光权：《刑法总论》，中国人民大学出版社2011年版，第212页；任海涛：《大陆法系正犯与共犯区分理论评述》，载《中国刑事法杂志》2006年第3期；阎二鹏：《区分制共犯设立模式之前提》，载《国家检察官学院学报》2008年第5期。

② 参见刘艳红：《论正犯理论的客观实质化》，载《中国法学》2011年第4期。

③ 参见刘艳红：《共谋共同正犯论》，载《中国法学》2012年第6期。

④ 参见陈兴良：《刑法知识的教义学化》，载《法学研究》2011年第6期。

致，其实践意义都会大打折扣。[1] 因此，不能笼统地断定形式客观说与实质客观说哪个更为合理，而必须具体讨论，根据哪国刑法采取何种学说作为自己的教义学知识才更为合理。中国的共犯理论是否可以采取德日通行的实质客观说，也必须立足于中国刑法。可是，中国与德日虽同采区分制，但在共犯分类的具体规定上，特别是正犯的功能界定上，可谓大相径庭。罔顾这种立法上的差异而直接采用德日的犯罪事实支配理论或者重要作用说，是否可行？[2]

德日在学说上倾向于实质客观说，而在学说的背后有相应的关于共犯的法律规定作为支持。比如，《德国刑法典》第 25 条规定，自己实施犯罪，或通过他人实施犯罪的，依正犯论处（第 1 款）；数人共同实施犯罪的，均依正犯论处（第 2 款）。第 26 条规定，故意教唆他人故意实施违法行为的是教唆犯，对教唆犯的处罚与正犯相同。第 27 条规定，对他人故意实施的违法行为故意予以帮助的，是帮助犯（第 1 款）；对帮助犯的处罚参照正犯的处罚，并依第 49 条第 1 款减轻其刑罚（第 2 款）。再比如，《日本刑法典》第 60 条规定，二人以上共同实行犯罪的，皆为正犯。第 61 条规定，教唆他人实行犯罪的，处正犯之刑（第 1 款）；教唆教唆犯的，依前款论处（第 2 款）。第 62 条规定，帮助正犯的，是从犯（第 1 款）；教唆从犯的，处从犯之刑（第 2 款）。第 63 条规定，从犯之刑，比照正犯之刑减轻。[3] 从上述《德国刑法典》第 26 条、第 27 条第 2 款和《日本刑法典》第 61 条、第 63 条的规定不难看出，共犯的刑罚与正犯直接挂钩：对教唆犯处以正犯之刑，对帮助犯则必须参照正犯之刑减轻处罚。这意味着，德日刑法中的正犯概念具有双重功能，其不仅影响定罪，还直接决定共犯的刑罚轻重。所以，德日刑法中参与人类型的区分在多数场合下涉及的是，参与人究竟成立作为重犯罪类型的正犯，还是成立作为轻犯罪类型的共犯。[4]

在这种立法背景下，教义学上怎么解释正犯和共犯，尤其帮助犯的含义，就成为至关重要的问题。依据形式客观说，只有实施了构成要件行为的

---

① 参见钱叶六：《中国犯罪参与体系的性质及其特色个比较法的分析》，载《法律科学》2013 年第 6 期。

② 参见钱叶六：《双层区分制下正犯与共犯的区分》，载《法学研究》2012 年第 1 期。

③ 参见《德国刑法典》，徐久生、庄敬华译，中国方正出版社 2004 年版，第 11 页；《日本刑法典》，张明楷译，法律出版社 2006 年版，第 27 页。

④ 参见［日］林干人：《刑法总论》，东京大学出版会 2008 年版，第 392 页。

人才构成正犯，实施了教唆行为、帮助行为的是共犯。但这必然导致如下局面：部分行为人虽然仅仅实施了（物理的或者心理的）帮助行为，却在犯罪进程中发挥了重要甚至支配性作用；如果这类行为人被定性为帮助犯，就必须对其减轻刑罚。这显然不合理，因为确定共犯刑罚的实质标准只能是行为人在犯罪进程中所发挥的作用的大小。因此，德日的司法实践都会把某些没有实施实行行为但起了主要或重要作用的人，尤其是在幕后策划、指挥犯罪的人，认定为正犯。[①]

最典型的是将部分场合下的望风者认定为共同正犯，同时还承认所谓共谋共同正犯。[②] 而促成实现这一目标的教义学理论，便是实质客观说。根据实质客观说，除了实施构成要件行为的人是正犯外，没有实施构成要件行为但发挥了重要甚至支配性作用的行为人，也被纳入了正犯概念。也就是说，在实质客观说取代形式客观说之后，正犯概念的内涵发生了根本变化。原先在形式客观说之下所坚持的正犯与实行行为的对应被打破，是否被认定为正犯取决于行为人对犯罪实现的贡献（作用），而非其行为样态（分工）。[③] 很多学者已经洞察到这一点，认为完全可以将德日刑法中的正犯与中国刑法中的主犯放在同一平台上加以讨论。[④]

至此，我们已经能够清晰地认识到，实质客观说取代形式客观说的根本原因是其满足了量刑均衡的需要。[⑤] 部分望风者被认定为共同正犯，共谋共同正犯理论能在日本流行，都是为了避免特定行为人因被认定为共犯而被判处相对较轻的刑罚。[⑥] 而在德日之所以产生这种需要，是因为两国刑法将共犯的刑罚与正犯的刑罚关联在一起。因此，当望风者、共谋者在犯罪中起了

---

① 参见陈洪兵：《我国未规定共同正犯不是立法疏漏》，载《东南大学学报（哲学社会科学版）》2011 年第 1 期。

② 参见刘明祥；《论中国特色的犯罪参与体系》，载《中国法学》2013 年第 6 期。

③ 参见阎二鹏：《共犯行为正犯化及其反思》，载《国家检察官学院学报》2013 年第 3 期。

④ 参见金光旭：《日本刑法中的实行行为》，载《中外法学》2008 年第 2 期；张明楷：《刑法的基本立场》，中国法制出版社 2002 年版，第 347 页；参见张明楷：《刑法学》，法律出版社 2011 年版，第 405 页；陈家林：《共同正犯研究》，武汉大学出版社 2004 年版，第 24 页；陈洪兵：《共犯论思考》，人民法院出版社 2009 年版，第 63 页；钱叶六：《双层区分制下正犯与共犯的区分》，载《法学研究》2012 年第 1 期。相反观点参见刘明祥：《主犯正犯化质疑》，载《法学研究》2013 年第 5 期。

⑤ 参见阎二鹏：《共犯行为正犯化及其反思》，载《国家检察官学院学报》2013 年第 3 期。

⑥ 参见陈洪兵：《我国未规定共同正犯不是立法疏漏》，载《东南大学学报（哲学社会科学版）》2011 年第 1 期。

重要作用时，就不能将其定性为共犯，而必须将其纳入正犯，这样才能实现罪刑均衡。

可是，上述实质客观说赖以生存的土壤在中国并不存在。《刑法》第26条第1款规定，组织、领导犯罪集团进行犯罪活动的或者在共同犯罪中起主要作用的，是主犯。第27条规定，在共同犯罪中起次要或者辅助作用的，是从犯（第1款）；对于从犯，应当从轻、减轻处罚或者免除处罚（第2款）。第29条第1款规定，教唆他人犯罪的，应当按照他在共同犯罪中所起的作用处罚。

根据上述《刑法》第27条的规定，在共同犯罪中起次要或者辅助作用的是从犯。从犯是与主犯相对的概念，后者在犯罪中起主要作用，前者起次要作用。而从犯与帮助犯并非完全对应的关系，因为前者根据行为人在共同犯罪中所起的作用大小来认定，而后者根据行为人在共同犯罪中的分工来认定。所以，完全存在分工上属于帮助犯却在共同犯罪中起了主要作用的情况，比如前述望风者、共谋者被认定为正犯（主犯）的例子。因此，即使认为德日刑法中的正犯与中国刑法中的主犯大致相当，也不能认为帮助犯在中国刑法中也与正犯（主犯）存在刑罚挂钩关系。

就中国刑法中的教唆犯而言，其与正犯（主犯）之间同样不存在刑罚挂钩关系。在德日刑法的语境下，对教唆犯必须处以与正犯相同的刑罚。但中国刑法规定教唆犯“应当按照他在共同犯罪中所起的作用处罚”。据此，教唆犯可能因为在共同犯罪中起主要作用而成为主犯，也可能因为起次要作用而构成从犯。事实上，在刑法典起草过程中，对教唆犯的刑罚也曾经考虑德日刑法的规定模式，但最终讨论的结果是：“学者们普遍认为，从实践中看，教唆犯不一定都是主犯，一律按照主犯处罚，是不合理的。有鉴于此……立法机关又将其改回‘按照他在共同犯罪中所起的作用处罚’，并一直维持到新刑法典通过。”①

可见，在中国刑法中，无论帮助犯还是教唆犯，与正犯（主犯）之间都不存在刑罚挂钩关系。有学者指出，日本刑法中的从犯与中国刑法中的从犯含义不尽相同。前者是分工分类标准下的共犯类型，指的是帮助正犯的帮助犯；后者是在分工分类的基础上，为了合理解决共犯的量刑所作的进一步

---

① 高铭暄：《中华人民共和国刑法的孕育诞生和发展完善》，北京大学出版社2012年版，第209页。

分类。在中国刑法中，能够成为从犯的不只是帮助犯，还包括部分正犯和部分教唆犯。[①] 如此一来，中国刑法就不存在德日刑法那种将帮助犯等同于从犯，并硬性规定帮助犯比照正犯减轻处罚的制度，教唆犯也不一定要处以与正犯相同的刑罚。简言之，“共犯的量刑较之正犯要轻”这样的认识在中国刑法上并不成立。[②]

实际上，中国采取了与德日刑法完全不同的共犯制度。在共犯的分类上，中国刑法同时采用了分工和作用这两种标准。一是按照分工分类法，在构成要件层面将共犯划分为正犯、组织犯、教唆犯和帮助犯，以解决共犯的分工定性及其关系问题；二是在分工分类的基础上，按照作用分类法进一步将共犯划分为主犯、从犯，并明定其处罚原则，以解决共犯的量刑问题。[③] 也就是说，中国刑法在共同犯罪的量刑中，是根据各自在共同犯罪中所起的作用大小给予轻重不同的处罚，而并非依据参与形式的不同给予不同的处罚。[④]

在这种立法模式下，正犯和主犯的概念与功能是分开的。[⑤] 中国的正犯是与教唆犯、帮助犯相对的概念，其主要解决共犯的定罪问题，尤其是着手和从属性问题，而主犯是与从犯、胁从犯相对的概念，其主要解决共犯的量刑问题。“在这种双层区分制立法模式下，正犯与共犯的界分宜采以构成要件为轴心的实行行为说。”[⑥] 也就是说，在中国刑法已经根据共犯在共同犯罪中所起的作用将共犯分为主犯、从犯的前提下，再讨论正犯、教唆犯、帮助犯的区分标准，就难以采取实质客观说，否则可能使正犯、教唆犯、帮助犯的区分与主犯、从犯的区分完全重叠。[⑦]

另外，在中国，即使采取形式客观说，也不会出现罪刑不均衡的问题。对于那些在共同犯罪中起重要作用却没有分担构成要件行为的人，虽然不能

---

① 参见钱叶六：《中国犯罪参与体系的性质及其特色个比较法的分析》，载《法律科学》2013年第6期。

② 参见阎二鹏：《共犯行为正犯化及其反思》，载《国家检察官学院学报》2013年第3期。

③ 参见钱叶六：《双层区分制下正犯与共犯的区分》，载《法学研究》2012年第1期。

④ 参见刘明祥；《论中国特色的犯罪参与体系》，载《中国法学》2013年第6期。

⑤ 参见陈家林：《共同正犯研究》，武汉大学出版社2004年版，第25页。

⑥ 钱叶六：《双层区分制下正犯与共犯的区分》，载《法学研究》2012年第1期。认为中国采取了单一制，并且中国的共犯规定更为合理的，参见刘明祥：《论中国特色的犯罪参与体系》，载《中国法学》2013年第6期。

⑦ 参见张明楷：《刑法的基本立场》，中国法制出版社2002年版，第292页。

认定为正犯，却可以认定为主犯，因而最终能够实现罪刑均衡。具体而言，实质客观说所要解决的那些问题在中国刑法的语境下并不存在。按中国刑法的规定，将一些望风者、组织领导犯罪的幕后操纵者，以其在共同犯罪中起主要作用为依据认定为主犯，是既合法也合情合理的。[①] 比如，望风者虽然仅构成心理作用意义上的帮助犯，[②] 但可能在共同犯罪中起了重要作用，因此成立主犯，不必对其减轻处罚。而在日本成立共谋共同正犯的情形，按照形式客观说，虽然不能成立正犯，但完全可能成立心理作用意义上的帮助犯；对这类行为人，如果符合中国刑法规定的组织犯的条件，就可以按照组织犯处罚；如果不符合组织犯的条件，仍然可以构成其他类型的主犯，因而同样不存在罪刑不均衡的问题。这样，日本刑法实务界出于刑事处罚合理性需要而创立的共谋共同正犯理论，对中国刑法理论并无借鉴价值。[③]

一国刑法理论中正犯与共犯的区分标准究竟采用何种学说，应以其立法为阈限和依托。因而，在中外刑法关于共犯分类的规定及其共犯体系存在实质差异时，应当注意国外理论的应用边界，而不能不加甄别、不究根底地采信和照搬。[④] 作为一种教义学知识，实质客观说根植于德日刑法的共犯制度，是为了解决两国共犯立法所导致的问题而产生的，但中国的共犯制度与德日并不相同，也不存在德日共犯制度所存在的问题。换言之，共犯的刑罚与正犯的刑罚相关联只是德日刑法的规定，而不是中国刑法的规定。

实际上，抛开教义学不谈，单从立法论上来讲，中国刑法的规定也更加合理。共犯制度要解决两个问题：共同犯罪的定罪和量刑。而解决这两个问题需要依靠不同的共犯分类法。有学者很早就提出了应将共同犯罪的定罪和量刑进行明确的分层次规定的立法主张。[⑤] 应当说，这种观点具有高度的合理性。因为定罪层面的判断与量刑层面的判断是有逻辑顺序的，参与类型与参与程度的设置根本不是同一个层面并列的问题。[⑥] 所以，在共犯制度中有

---

① 参见刘明祥：《论中国特色的犯罪参与体系》，载《中国法学》2013 年第 6 期。

② 参见张明楷：《共同犯罪的认定方法》，载《法学研究》2014 年第 3 期。

③ 参见钱叶六：《双层区分制下正犯与共犯的区分》，载《法学研究》2012 年第 1 期。

④ 参见钱叶六：《双层区分制下正犯与共犯的区分》，载《法学研究》2012 年第 1 期。

⑤ 参见陈兴良：《共同犯罪论》，中国人民大学出版社 2006 年版，第 171 页；陈兴良：《历史的误读与逻辑的误导——评关于共同犯罪的修订》，载陈兴良主编：《刑事法评论》（第 2 卷），中国政法大学出版社 1998 年版，第 30 页。

⑥ 参见阎二鹏：《犯罪参与类型再思考——兼议分工分类与作用分类的反思》，载《环球法律评论》2011 年第 5 期。

必要将定罪和量刑的问题分开讨论，将对共犯分工的讨论和对共犯作用的讨论当作先后有序的两个不同问题：先采取分工分类法，在定罪层面将共犯分为正犯（实行犯）、帮助犯与教唆犯，这种分类对于认定构成要件行为的着手、共犯的从属性等问题具有重要意义；然后运用作用分类法，在量刑层面将共犯分为主犯（含组织犯）、从犯和胁从犯，这种分类主要解决共犯的刑罚轻重问题。

但是，根据德日的立法模式，正犯既是定罪的模本，也是共犯量刑的参照物；共犯不仅在定罪上从属于正犯，在量刑上也必须以正犯为标杆，这实际上混合了分工分类法和作用分类法的功能。事实上，区分制中诸多问题的根本症结就在于企图将构成要件的范围问题与量刑问题一并加以解决。① 但是，“要先验地决定各类共犯行为的意义，以及它们在具体犯罪实施过程中对罪过的影响，在任何情况下都是一件非常困难的事情”②。一个简单的道理是，实施构成要件行为的正犯并非在所有共同犯罪中都起主要作用，并非都有必要处以比共犯更重的刑罚。③ 反之，没有实施构成要件行为的共犯，也可能在共同犯罪中起主要作用。因此，所谓单独正犯、共同正犯、直接正犯、间接正犯、教唆犯以及帮助犯等形式，和支配力的有无以及支配力的强弱都没有必然关系，用这些形式的区别来等同于支配力上的区别会导致严重的误差。④ 从根本上说，德日共犯制度的问题就在于高估了犯罪参与形式在共犯量刑中的意义，赋予了参与类型不能承受的“确定刑罚轻重”这一量刑层面的功能。⑤ 硬性地将参与形式与参与程度这两个问题糅合在一起，其导致的直接后果是，客观上为了实现具体案件的罪刑均衡，不得不以扭曲参与形式之间的界限为代价，在正犯与帮助犯的区分、间接正犯与教唆犯的划界、特别犯等一系列问题上造成混乱，以致扭曲了区分制的前提——限制正犯概念，导致了共犯理论中构成要件观念的模糊。⑥

---

① 参见江溯：《单一正犯体系研究》，载陈兴良主编：《刑事法评论》（第24卷），北京大学出版社2009年版，第418页。

② ［意］杜里奥·帕多瓦尼：《意大利刑法学原理（注评版）》，陈忠林译，中国人民大学出版社2004年版，第296页。

③ 参见刘明祥；《论中国特色的犯罪参与体系》，载《中国法学》2013年第6期；刘明祥：《主犯正犯化质疑》，载《法学研究》2013年第5期。

④ 参见黄荣坚：《刑罚的极限》，元照出版公司1998年版，第126页。

⑤ 参见任海涛：《承继共犯研究》，法律出版社2010年版，第169页。

⑥ 参见任海涛：《统一正犯体系之评估》，载《国家检察官学院学报》2010年第3期。

三、“拒不退还”“拒不交出”是成立侵占罪的独立要件

刑法总论教义学知识的国界性在上述正犯与共犯的区分标准问题上，已经得到了充分展示。刑法分论教义学知识的国界性同样随处可见，甚至可以说，教义学知识的国界性更多体现在刑法分论中，这是因为各国刑法规定的差异更多体现在分则中。由于立法者对哪种行为具有可罚性的理解不同，导致了各国刑法对个罪的具体描述存在重大差异。刑法分则条文对犯罪类型的不同描述，必然导致各国刑法分论教义学知识呈现出不同的面貌，而这种差异也经常被学界忽视。下面就以关于中国刑法侵占罪中“拒不退还”“拒不交出”的学说争论为例，展示教义学知识的国界性是如何在刑法分论中体现的。

《刑法》第270条规定，将代为保管的他人财物非法占为己有，数额较大，拒不退还的，处2年以下有期徒刑、拘役或者罚金；数额巨大或者有其他严重情节的，处2年以上5年以下有期徒刑，并处罚金（第1款）；将他人的遗忘物或者埋藏物非法占为己有，数额较大，拒不交出的，依照前款的规定处罚（第2款）；本条罪，告诉的才处理（第3款）。上述第1款是关于委托物侵占的规定，第2款是关于脱离占有物侵占的规定。这两款规定都要求行为人有“非法占为己有”的行为，同时第1款有“拒不退还”的表述，第2款有“拒不交出”的表述。

当前侵占罪的刑法教义学研究经常讨论一个问题：“拒不退还”“拒不交出”是否是独立的犯罪成立要件？原本这并不是一个问题，因为自1997年刑法修订以来，传统理论都认为，“拒不退还”“拒不交出”是独立的、具有实体性意义的行为，只有行为人拒不退还、拒不交出的，才成立侵占罪（独立性说）。[①] 但近年来有学者认为，“非法占为己有”和“拒不退还”表达的是一个含义，都是将自己占有的他人财物变为自己所有的财物。当行为人将他人财物出卖、赠与、消费、抵偿债务时，就充分表明行为人拒不退还；当行为人拒不退还时，就说明行为人将他人财物非法占为己有。也就是

---

① 参见高铭暄、马克昌主编：《刑法学》，北京大学出版社、高等教育出版社2014年版，第515页；刘志伟：《侵占犯罪的理论与司法适用》，中国检察出版社2000年版，第106、111页；于世忠：《侵占罪研究》，吉林人民出版社2002年版，第205页以下；朱本欣、郭理蓉：《侵犯财产犯罪司法适用》，法律出版社2005年版，第168页。

说，以财物的所有人自居而对财物加以所有或者处分的，即使从未作出拒绝退还或者拒绝交出的表示，仍然属于拒不退还、拒不交出（非独立性说）。①

按照非独立性说，“拒不退还”“拒不交出”将被溶解在“非法占为己有”的语义之内，从而对于侵占罪的认定来说，不再具有独立意义。易言之，侵占罪的客观行为仅仅是非法占为己有。从实务上来讲，行为人拒不退还、拒不交出时，当然说明行为人将他人财物非法占为己有，此时在定性上不存在太大问题。因此，解释难题并不在于行为人事实上拒不退还、拒不交出的场合，而在于行为人将他人财物非法占为己有后以所有权人自居，之后又退还、交出了该财物的，是否能够认定构成侵占罪。此时，按照独立性说，会否定侵占罪的成立，因为拒不退还、拒不交出是需要进行独立判断的行为要件；而按照非独立性说，则成立侵占罪，因为拒不退还、拒不交出不是独立的行为要件，侵占罪的成立有非法占为己有的行为即已足够。显然，“拒不退还”“拒不交出”是否是区别于“非法占为己有”的独立的成立要件，是关涉罪与非罪的重大实务问题。

通过考察国外相关学说，不难发现，独立性说是在采纳日本的取得行为说的基础上，将“拒不退还”“拒不交出”融入“非法占为己有”的含义之中的。② 在日本，认为侵占罪的行为是非法占为己有的观点被称为取得行为说，这是日本的判例和理论所主张的通说。③ 在德国，学说上也毫无疑问地认为，侵占是将他人财物非法占为己有。并且，在德日刑法教义学看来，侵占罪的行为就是非法占为己有，成立侵占罪有此一行为即已足够。

因为中国刑法在侵占罪的条文中明文规定了“非法占为己有”，所以笔者赞同取得行为说。但是，侵占罪的本质是取得行为，与中国刑法侵占罪的成立要件是否和德日一样仅止步于非法占为己有的行为，是两个不同的问题。应当说，在德日刑法教义学中，认为侵占罪的行为仅仅是非法占为己有是不存在障碍的，这是由两国刑法关于侵占罪的规定所决定的。《德国刑法典》第 246 条规定，为自己或者第三人违法地取得他人可移动之物的，当

---

① 参见张明楷：《刑法学》，法律出版社 2011 年版，第 903 页以下；周光权：《刑法各论》，中国人民大学出版社 2011 年版，第 115 页；黎宏：《刑法学》，法律出版社 2012 年版，第 760 页。

② 参见张明楷：《刑法学》，法律出版社 2011 年版，第 902 页；周光权：《刑法各论》，中国人民大学出版社 2011 年版，第 114 页。

③ 参见［日］西田典之：《刑法各论》，王昭武、刘明祥译，法律出版社 2013 年版，第 255 页；［日］山口厚：《刑法各论》，王昭武译，中国人民大学出版社 2011 年版，第 356 页。

其他条款未对该行为处以更重的刑罚时，处3年以下自由刑或罚金刑（第1款）；如果第1款中的物品系委托给行为人保管的，处5年以下自由刑或罚金刑（第2款）；犯本罪未遂的，亦应处罚（第3款）。《日本刑法典》第252条规定，侵占自己占有的他人的财物的，处5年以下惩役（第1款）；虽然是自己的财物，但在经公务机关命令其保管的情形下侵占该财物的，与前款同（第2款）。第254条规定，侵占遗失物、漂流物或者其他脱离占有的他人的财物的，处1年以下惩役或者10万日元以下罚金或者科料。[①] 从上述规定看，其关于侵占罪的条文都没有类似中国的"拒不退还""拒不交出"的表述，因此，关于"拒不退还""拒不交出"是否是独立行为要件的争论，在德日刑法理论中并不存在。

但是，能否因为德日刑法教义学的这种理解，就认为在中国刑法的教义学研究中，可以把"拒不退还""拒不交出"稀释在"非法占为己有"的含义中，从而认为成立侵占罪仅仅具备非法占为己有的行为就足够了？笔者对此持否定的回答。

首先，从历史解释来看，相对于"非法占为己有"，"拒不退还""拒不交出"自始具有独立含义。自1950年中央人民政府法制委员会制定《中华人民共和国刑法大纲草案》开始，历次刑法草案的侵占罪中都没有"拒不退还""拒不交出"的规定。[②] 以上述大纲草案为例，其规定："侵占自己持有他人之财物者，为侵占，处三年以下监禁，或批评教育。侵占业务上持有他人之财物者，处六月以上五年以下监禁。就自己持有他人之物，以品质较差之物掉换者，以侵占论罪。"再以1988年12月25日《中华人民共和国刑法（修改稿）》为例，其规定："侵占公私财物，数额较大或者情节严重的，处三年以下有期徒刑或者拘役，可以单处或者并处罚金；数额巨大的，处三年以上十年以下有期徒刑，并处罚金；数额特别巨大或者情节特别严重的，处十年以上有期徒刑，并处罚金或者没收财产。"据公开的立法资料，可以查到的最早关于"拒不交出"的规定是在1996年8月8日的草案中；而直到1996年10月10日的草案中，"拒不退还"才第一次出现在侵占委托

---

① 此处德国刑法相关条文由华东政法大学马寅翔博士翻译。此处日本刑法相关条文，参见《日本刑法典》，张明楷译，法律出版社2006年版，第93页。

② 参见高铭暄等主编：《中国刑法立法文献资料精选》，法律出版社2007年版，第224、270、296、523页。

物的表述之中。[①] 特别值得注意的是，在此前的1996年8月31日草案中，对侵占委托物的规定是“将自己代为收管的他人财物非法占为己有，数额较大的……”。这已经与1997年刑法的规定基本相同了。这意味着，立法者起初确实打算将侵占罪的行为限定为非法占为己有，后来又有意加入了“拒不退还”“拒不交出”的规定。至于为什么加入这样的规定，立法资料显示，主要是因为立法者考虑到在侵占罪中，行为人往往是基于一时的贪欲，临时产生了犯意，而且当事人之间往往是邻居、同事、朋友等熟人关系，拾得他人遗失物、埋藏物与故意占有他人财物的性质也大不相同，因此，如果事后能够协商解决，没有必要一定要定罪处罚。基于这种考虑，定稿时对侵占罪的成立加了两个限制性条件，一是要求行为人拒不退还或者拒不交出，二是将侵占罪规定为亲告罪。[②] 以上情况说明，立法者自始就有意识地将“拒不退还”“拒不交出”作为独立要件来规定：在非法占为己有后，如果退还、交出的，就不构成侵占罪。

其次，从体系解释来看，也应该认为“拒不退还”“拒不交出”是独立于“非法占为己有”的要件。《刑法》第271条第1款紧接着侵占罪规定了职务侵占罪：“公司、企业或者其他单位的人员，利用职务上的便利，将本单位财物非法占为己有，数额较大的，处五年以下有期徒刑或者拘役；数额巨大的，处五年以上有期徒刑，可以并处没收财产。”职务侵占罪与侵占罪不仅在罪名上相似，在内容上存在竞合，而且在法条的表述上都有“非法占为己有”的规定，但职务侵占罪中并无“拒不退还”的规定。这说明，“拒不退还”并非“非法占为己有”的附属，而是与之并列的独立要件，否则无法解释职务侵占罪中为什么没有“拒不退还”的规定，或者为什么侵占罪中要特地强调“拒不退还”。

最后，从文理解释来看，也很难认为“非法占为己有”的含义射程能够覆盖“拒不退还”“拒不交出”。“非法占为己有”在刑法教义学上具有自己完整、独立的构造，其含义是指通过对财物的利用和处分剥夺他人所有

① 参见高铭暄：《中华人民共和国刑法的孕育诞生和发展完善》，北京大学出版社2012年版，第495页。

② 参见全国人大常委会法制工作委员会刑法室编：《〈中华人民共和国刑法〉条文说明、立法理由及相关规定》，北京大学出版社2009年版，第565页。

权。[①] 在日本刑法教义学中，买卖、赠与、典当、抵押权的设定、消费、侵吞、携款潜逃、截留等被认为是典型的非法占为己有行为，[②] 这种解释在中国也被广泛接受。[③] 而“拒不退还”“拒不交出”，无论如何对其字面意思进行扩大解释，都应该是指经权利人要求退还、交出而不退还、不交出的行为。这种不退还、不交出可以是明确拒绝的作为，也可以是沉默不语的不作为，但如果经权利人要求退还、交出而退还、交出了，就不可能称为“拒不退还”“拒不交出”。“罪刑法定原则要求对刑法做严格解释，这就决定了刑法解释的空间是有限的，超越法条词语含义的范围来做解释是不允许的。”[④] 而上述“非法占为己有”和“拒不退还”“拒不交出”的含义表明，两者是相互独立的概念，将“拒不退还”“拒不交出”融入“非法占为己有”，超越了“非法占为己有”可能具有的含义。比如，行为人携款潜逃后，因厌倦了东躲西藏的生活而回来归还财物的，可以认定行为人将他人财物非法占为己有，但不可能同时认定行为人拒不退还。另外，按照非独立性说的观点，根据非法占为己有本身就足以认定行为人拒不退还、拒不交出，那么“拒不退还”“拒不交出”的规定就形同具文，这也就等于将德日刑法对侵占罪的规定等同于中国刑法对侵占罪的规定了，这明显违背中国刑法文本，低估了“拒不退还”“拒不交出”规定的价值。[⑤]

进一步的问题是：德日刑法对侵占罪的规定止于非法占为己有的行为，那么，中国刑法所特有的“拒不退还”“拒不交出”在侵占罪中是什么性质的要件？为什么额外增加了这一要件？对此，有学者认为“拒不退还”“拒不交出”是与“非法占为己有”相并列的构成要件要素（构成要件要素

---

① 参见徐凌波：《刑法上的占有》，载陈兴良主编：《刑事法评论》（第 25 卷），北京大学出版社 2009 年版，第 469 页。

② 参见［日］西田典之：《刑法各论》，王昭武、刘明祥译，法律出版社 2013 年版，第 258 页；［日］山口厚：《刑法各论》，王昭武译，中国人民大学出版社 2011 年版，第 356 页。

③ 参见张明楷：《刑法学》，法律出版社 2011 年版，第 902 页；周光权：《刑法各论》，中国人民大学出版社 2011 年版，第 114 页；高铭暄、马克昌主编：《刑法学》，北京大学出版社、高等教育出版社 2014 年版，第 509 页。

④ 刘明祥：《主犯正犯化质疑》，载《法学研究》2013 年第 5 期。

⑤ 参见于世忠：《侵占罪研究》，吉林人民出版社 2002 年版，第 217 页；柏浪涛：《构成要件符合性与客观处罚条件的判断》，载《法学研究》2012 年第 6 期。

说)，[①] 也有学者认为是侵占罪的罪量要素（罪量要素说)，[②] 或者是一种情节（情节说)，[③] 还有学者认为它是一种附加行为（附加行为说)。[④] 近期则有学者认为，“拒不退还”“拒不交出”是一种消极的客观处罚条件（客观处罚条件说)。[⑤]

笔者认为，要认定“拒不退还”“拒不交出”在侵占罪成立要件中属于什么性质的要件，必须从其与不法和罪责的关系来判断。众所周知，侵占罪是财产犯罪，其保护法益是财物的所有权。既然如此，就不得不认为“拒不退还”“拒不交出”既不是不法要素，也不是罪责要素。原因在于，非法占为己有的行为已经侵犯了财物的所有权，并且已经达到既遂的状态，此后的拒不退还、拒不交出的行为无法进一步对财物的所有权造成侵害。换言之，拒不退还、拒不交出的行为与法益侵害并无关系。例如，当行为人将自己占有的他人财物出售后，经所有权人索要，因害怕受到刑事处罚而将财物赎回并退还的，无疑已经对财物的所有权造成了侵害，退还行为并不能回溯性地否定这一法益侵害结果。可见，拒不退还并不能影响侵占罪的不法。那么，它是否体现了行为人的罪责？不可否认的是，从一般人的观念来讲，拒不退还、拒不交出财物的，行为人的主观恶性更大，[⑥] 因而其似乎与罪责的程度存在关联。但是，这种主观恶性其实和罪责没有关系，因为罪责是与不法相联系的，罪责是针对不法的罪责，[⑦] 而侵占罪的罪责针对的是侵犯法益的非法占为己有行为。既然拒不退还、拒不交出的行为与不法没有关系，那么，这一行为就不是侵占罪罪责的评价对象，因而对认定侵占罪的罪责来说也就没有意义。如此一来，构成要件要素说就难以成立。因为构成要件属于不法类型，既然拒不退还、拒不交出的行为并不能影响侵占罪的不法，那么就不可能是构成要件要素。罪量要素说、情节说在表述上不同，实际上却并无区别。这两种观点似乎并无可指摘之处，但它们也没有进一步说明问题：

---

① 参见刘志伟：《侵占犯罪的理论与司法适用》，中国检察出版社2000年版，第106页；于世忠：《侵占罪研究》，吉林人民出版社2002年版，第222页。

② 参见陈兴良：《口授刑法学》，中国人民大学出版社2007年版，第674页。

③ 参见刘明祥：《财产犯罪比较研究》，中国政法大学出版社2001年版，第359页。

④ 参见马寅翔：《侵占罪的刑法教义学研究》，北京大学2013年博士学位论文。

⑤ 参见柏浪涛：《构成要件符合性与客观处罚条件的判断》，载《法学研究》2012年第6期。

⑥ 参见刘志伟：《侵占犯罪的理论与司法适用》，中国检察出版社2000年版，第111页。

⑦ 参见［德］李斯特：《德国刑法教科书》，徐久生译，法律出版社2006年版，第257页。

中国刑法中的情节实际上包含了多种要素，既可能是违法要素，也可能是罪责要素，还可能是客观处罚条件，甚至是一些刑事政策考量要素。[①] 因此，说"拒不退还""拒不交出"是一种罪量要素或者情节，却没有进一步明确其到底应该归入上述要素中的哪一种，这等于只是做了简单的形式性归类，而缺乏实质意义。附加行为说存在同样的不足。

因此，最终值得考虑的就只剩下客观处罚条件说。从侵占罪的特点、立法讨论的过程以及客观处罚条件本身的性质来看，认为"拒不退还""拒不交出"属于客观处罚条件是合理的。侵占罪是较为轻微的财产犯罪，从实务来看，此类犯罪大多发生在亲戚、朋友等熟人之间，被害人最主要的诉求是拿回财物。正是基于这些考虑，立法者才在立法讨论的过程中，将"拒不退还""拒不交出"设定为侵占罪的成立要件。这样一来，侵占罪的成立范围便被大大缩小了。而通过增加犯罪成立要件来限缩处罚范围，正好契合了客观处罚条件作为刑罚限制条件的本质。[②] 另外，与不法和罪责均无关系，则更加说明"拒不退还""拒不交出"只可能是客观处罚条件。

总而言之，与德日刑法侵占罪的教义学知识不同，在中国刑法的侵占罪中，"非法占为己有"与"拒不退还""拒不交出"属于性质不同的两个行为，后者无法被溶解在前者之中。而之所以存在这点差异，根本上是因为德日刑法和中国刑法对侵占罪的规定并不相同。中国刑法对侵占罪在"非法占为己有"之外又规定了作为客观处罚条件的"拒不退还""拒不交出"，这不是什么错误，也无须回避。何种行为具有可罚性、可罚性的程度如何，在各国立法者那里存在不同的理解，这是一个以文化传统、国民观念为基础的价值判断问题，而非是非对错问题。因此，不能因为顾忌到德日刑法教义学认为侵占罪的行为止于非法占为己有的行为，就悄悄地把中国刑法侵占罪所特有的"拒不退还""拒不交出"给解释没了。[③]

四、中国刑法教义学研究的主体意识

通过对上述两个实例的分析可以发现，虽然教义学有席卷刑法学界之

---

① 参见王莹：《情节犯之情节的犯罪论体系性定位》，载《法学研究》2012 年第 3 期。

② 参见林钰雄：《新刑法总则》，元照出版有限公司 2006 年版，第 307 页；［德］克劳斯·罗克辛：《德国刑法学总论》（第 1 卷），王世洲译，法律出版社 2005 年版，第 691 页。

③ 参见于世忠：《侵占罪研究》，吉林人民出版社 2002 年版，第 223 页。

势，但落实到具体问题上，教义学的核心精神却没有真正贯彻到学术研究之中。一方面，在面对国外关于共同犯罪和侵占罪的教义学理论时，部分研究者并没有真正认识到，上述理论属于教义学知识，其仅仅是对相关外国刑法规定的解释，因而也只有在外国刑法规定效力所及的范围内有效；另一方面，在面对中国的刑法问题时，学术讨论没有真正将教义学的核心思想融入自己的研究，没有意识到中国的刑法教义学应当以解释中国刑法的规定为旨归。

一方面积极拥护刑法教义学研究，另一方面又不真正在研究中贯彻教义学的核心思想，形成这种自相矛盾的局面恐怕是因为：在法律移植中，人们对法条、法律制度的移植始终抱着谨慎的态度，因为人们知道，国情不同，立法就有可能采取完全不同的选择；但在理论移植的问题上，上述谨慎态度往往会松弛下来，因为人们通常认为，理论是没有国界的。在这一思想之下，人们对国外刑法教义学知识也就丧失了辨别力。可是，“理论无国界”的观点至少在教义学中并非总是成立，这是由教义学的本质决定的。法教义学以实然性的法条为研究对象，而这种实然性表现在以一国现行有效的法条为其逻辑出发点，[①] 并且教义学的认识程序必须受到“于此范围内不可再质疑的”法律规定的拘束。[②] 因此，法教义学本身所具有的以一国现行有效法律为逻辑出发点并受其约束的本质特性，是直接引进国外教义学知识的最大障碍。因为政治国家的边界限制了国家的权力和法律，[③] 而法教义学的这种性质，决定了教义学知识是有国界的。显然，法教义学知识的地方性和国界性特征，被部分中国刑法学者忽视了。

在今后很长的一个时期内，中国刑法学界还将持续不断地引进国外的刑法教义学理论。而教义学知识的国界性，要求我们面对国外的刑法教义学理论时要保持高度的清醒。无视他国的法律背景，不加区分地引进国外的教义学知识，并进一步将其直接当作中国的教义学知识的做法，实际上是视中国法律的具体规定为无物，而这恰恰违背了法教义学最核心的精神——法教义学正是要特别重视和尊重法条，把法条视为不可置疑的前提。无视国与国之间法律规定的差异，而不加区别地把对他国法条的解释结论嫁接到中国，这

---

① 参见陈兴良：《刑法教义学与刑事政策的关系：从李斯特鸿沟到罗克辛贯通——中国语境下的展开》，载《中外法学》2013 年第 5 期。

② 参见［德］卡尔·拉伦茨：《法学方法论》，陈爱娥译，商务印书馆 2003 年版，第 107 页以下。

③ 参见白斌：《论法教义学：源流、特征及其功能》，载《环球法律评论》2010 年第 3 期。

无异于以教义学之名行反教义学之事。刑法教义学知识具有根深蒂固的国界性和地方性，这是中国刑法学者必须认真对待的问题。对于构建中国的刑法教义学体系而言，当下最重要的是唤醒研究者的主体意识。

第一，在研究对象上，中国学者应当始终对中国刑法与外国刑法在制度上和具体规定上的差异保持高度的敏感。在面对国外的刑法教义学知识时，必须联系其法律背景作系统性的理解。尤其是，在某种制度中外刑法都有规定时，一定要注意区别其中的细微差别，本文讨论的共犯制度便是最好的例证。当然，在中外刑法的规定并不冲突，或者都没有明文规定时，直接引进国外的刑法教义学知识就不存在太大的障碍。比如，犯罪论体系并不是德国刑法规定的，中国刑法也没有对此作出任何规定，因此这种教义学知识可以跨越国界，成为国际共享的理论财富。①

第二，在研究的方法论上，研究者必须清醒地意识到自己是在做比较法研究，还是在做教义学研究。教义学研究要求研究者始终将中国刑法的规定作为研究的指南和不可逾越的界限，而比较法研究是比较各国法律及其理论的异同。当然，这并不是说刑法教义学研究完全排斥比较法研究方法。在教义学研究中，当然可以参考外国学者的研究，比较本国刑法与外国刑法的异同，并借鉴外国的教义学知识。但是，最终能被称为中国刑法教义学知识的，永远应当"于中国刑法有据"，永远不应脱离中国刑法的具体规定。

"走向教义学的刑法学"应该是中国的刑法学知识、刑法研究方法的教义学化，是通过教义学的方法自主更新原有刑法学知识的过程，而非单纯移植外国已经成型的刑法教义学知识。虽然目前国内刑法教义学的研究倾向有令人担忧之处，但在一些中国刑法独有的特殊规定上，中国学者却做出了精彩的解释性研究，比如《刑法》第13条的"但书"规定、刑法分则的罪量要素规定、扒窃型盗窃罪。② 在这些事实面前，我们又有什么理由怀疑，中国学者在重塑中国刑法教义学研究的主体性方面，不会取得更大的成就？

---

① 参见江溯：《犯罪论对刑法典的形塑作用——以德国犯罪论与刑法典的关系史为线索的考察》，载《南京师大学报（社会科学版）》2013年第1期。

② 参见陈兴良：《但书规定的法理考察》，载《法学家》2014年第4期；陈兴良：《作为犯罪构成要件的罪量要素——立足于中国刑法的探讨》，载《环球法律评论》2003年第3期；张明楷：《"客观的超过要素"概念之提倡》，载《法学研究》1999年第3期；梁根林：《但书、罪量与扒窃入罪》，载《法学研究》2013年第2期；车浩：《"扒窃"入刑：贴身禁忌与行为人刑法》，载《中国法学》2013年第1期。

科学发展观视阈下的刑法改革论纲*

李永升**

党的十六大以来，中国共产党创造性地发展了马克思列宁主义、毛泽东思想、邓小平理论和“三个代表”重要思想，提出了科学发展观这一重大治国理念。科学发展观的基本内涵是，坚持以人为本，树立全面、协调、可持续的发展观，促进经济社会和人的全面发展，按照统筹城乡发展、统筹区域发展、统筹经济社会发展、统筹人与自然和谐发展、统筹国内发展和对外开放的要求，不断推进经济社会改革和有序发展。在改革步伐行进到当前的关键时期，我国经济体制、社会结构、利益格局、思想观念都在发生深刻变化。立足于现实的时代背景，我们要推动科学发展、构建和谐社会，就必须更加自觉地运用科学发展观这一战略思想，从宏观整体与微观视角上共同推进各个层面的有序展开。随着科学发展观的渐入人心，对我国刑事立法和刑事司法也提出了前所未有的重大挑战。因此，在我国的刑事立法和司法实务中认真贯彻落实科学发展观，就成为广大刑法理论工作者面临的一项重要使命。

---

* 本文系中国法学会部级课题“科学发展观与刑法改革研究”（CLS－D0959）阶段性成果，原载于《河南大学学报（社会科学版）》2015年第5期。

** 西南政法大学法学院教授，博士生导师。

一、科学发展观指导刑法改革的基本原则

科学发展观的第一要义是发展，核心是以人为本，基本要求是全面协调可持续，根本方法是统筹兼顾。科学发展观深刻内涵的揭示，给我们具体理解其要义指明了基本方向。我们知道，“科学发展观并不仅仅是一个新的提法和新的范畴，也不是简单总结归纳以往关于发展的战略方针，而是上升到更高的科学理论层次，说明和力图解决我国经济社会发展中存在的问题”①。在科学发展观新的理论体系之下，我们应该按照其内在原则进行刑法改革的现实建构。建立在科学发展观的治国理念基础上，我们认为，要在刑法领域中全面贯彻落实科学发展观，必须遵循以下几个方面的原则：

（一）科学原则

科学发展观是科学原则指导下的发展观，其获得现实支撑的基点就在于科学原则。“从广义上说，我们大致可以认为，科学是系统论研究包括人自身及其交往活动在内的存在物的状态、变化、发展、规律的结论、方法和思维。”② “科学发展观的科学性在于其历史观，即唯物史观的正确性。”③ 科学发展观的首要精髓就在于其科学性，即符合事物自身的发展规律，按照辩证唯物主义的内在要求，合理地拟定自身的目标设计，确立立场定位，防止急躁冒进，结合自身实际，不盲目奉行“拿来主义”，在充分考察了自身特点与现实环境之后，按部就班地实现预期计划，这是科学发展观之所以科学的本质所在。科学发展观是科学性与实践性的统一，其理论建构的科学性与其实践展开的实践性是相互促动的。科学发展观倡导的科学性必须来源于现实生活，并在操作运用过程中自觉地接受实践的检验。

我国刑事立法与司法改革的基础必须建立在科学发展观的治国理念之上，以科学发展的精神作为我国刑法改革的一切出发点。“现代科学的刑法，其价值选择、取向是：追求社会与个人完美和谐地发展，追求社会与个人的利益充分尊重、保障和实现。”④ 从我国刑法学的研究现状来考察，我国刑法学正处在不断的发展变化之中，这种变化一方面体现在刑法条文不断

---

① 陈文通等：《科学发展观新论》，江苏人民出版社2005年版，第7页。

② 姜小川：《科学发展观与和谐社会》，中国法制出版社2009年版，第10页。

③ 王岗峰：《社会和谐发展论》，社会科学文献出版社2007年版，第51页。

④ 陈正云：《刑法的精神》，中国方正出版社1999年版，第254页。

地丰富与发展，即通过刑法修正案的方式不断进行修改和补充，另一方面体现在刑法理论的不断演进与更新，即通过国内外刑法学研究的不断深入，无论是就刑法学的宏观架构，还是就微观问题的具体认识，都取得较之以往更为丰硕的成就。科学发展观的指导思想告诉我们，刑法学应该在我国现有的刑法理论基础上，既密切关注和研究国外理论动态，又学会自我消化和吸引，并在条件成熟时候转化为自己的东西，必要时通过修订刑法或补充修正案的方式呈现出来。

（二）协调原则

总体来说，科学发展观就是一个生态系统，“生态系统的进化过程表现在时间向度上，就是生态系统的多样性和有序性的增长过程。多样性和有序性是生态系统得以进化的前提”①。因此，在多样性和有序性的要求之下，我们必须通过统筹协调理顺彼此之间的关系。正所谓“工欲善其事，必先利其器”，无论我们做何种事情，不讲究行事方法，必将是事倍功半，甚或无功而返。科学发展观作为一个宏观性的指导方针，其中必然要涉及方方面面的工作。全面协调可持续与统筹兼顾作为一项科学性的工作思路，要求我们正确认识和妥善处理各方利益关系，充分考虑不同地区、不同行业、不同群体的利益要求，善于把握各方利益的结合点，积极发现问题，解决矛盾，调动一切有利要素和各方力量，在和谐共处中促进各项事业的共同进步。

刑法学作为法律体系中的一个部门，必须妥善处理好多方关系。“在我国，刑事学科科学协调发展的内在矛盾日益显著，客观上要求我们不仅要研究单个的刑事学科，还要同时关注并深入地研究刑事学科的整体，以及整体与部分之间的有机关联。”② 储槐植教授说：“愚以为刑法研究的基本思路是多方位立体思维。从刑法之外研究刑法，涉及研究的广度；在刑法之上研究刑法，涉及刑法的深度；在刑法之中研究刑法，则是研究的起点与归宿。”③在储槐植教授提倡的“刑事一体化”基础之上，刘仁文教授提出了“立体刑法学”的创新性思路，他认为，所谓“立体刑法学”，就是刑法学研究要

① 孙正申：《生态政治学》，黑龙江人民出版社2005年版，第337页。

② 高维俭：《刑事学科系统论》，载《法学研究》2006年第1期。

③ 储槐植：《刑事一体化论要》，北京大学出版社2008年版，第27页。

瞻前望后、左顾右盼、上下兼顾、内外结合。[①] 无论是储槐植教授的“刑事一体化”，还是刘仁文教授的“立体刑法学”，实际上都告诉我们，刑法学不是孤立的部门法学，刑法学的良性发展需要其他学科的相互扶持，只有在彼此的共存共融中才能准确找寻自身的位置，进而寻求科学性的发展。

(三) 谦抑原则

科学发展观要求的可持续性发展，既是为了达到人与自然的和谐，也是为了实现经济长久稳定发展。科学发展观指导下的各项事业虽然是以发展为其要旨，但是发展不是以一时的指标增长为目的，而是必须坚持动态的、长远的、可持续性的内在要求进行有效性推动。在发展过程中，哪些是当前可以做的，哪些是当前不能做的，哪些是前期行为，哪些是后期行为，必须进行宏观上的调控和体系性的安排。科学发展观告诉我们，虽然发展是第一要务、没有发展就没有出路，但是发展是有条件的、具体的、历史性的，在现有的时空环境下，不能为了发展而发展，更不能为了发展而置他方利益于不顾。因此，在这个层面上，我们可以说，自我约束与自我控制同样是科学发展观的内在要求。

刑法学的发展要强调谦抑原则，这是科学发展观在当下的自觉运用。刑法的谦抑原则要求刑法以最小的支出——少用甚至不用刑罚（而用其他刑罚替代措施），获取最大的社会效益——有效地预防和抗制犯罪。因此，刑法的谦抑性表现出鲜明的功利主义色彩，具体表现为，凡在其他制裁措施足以抑止某种违法行为、保护合法权益时，就不应将该违法行为规定为犯罪；同时在某种行为构成犯罪的情况下，凡适用较轻的制裁措施就能抑止该行为时，就不得规定较重制裁措施。谦抑原则是对刑法学调整范围及其边界的限定，作为具有严厉惩罚性的刑事责任，刑法的运用及其介入不能是无边无际的，刑罚的施加也不能是毫无限制的。刑法调整范围的整体性不是决定其随意动用的实质理由，在整个法律体系之下，刑法学只能充当其他部门法的补充法，即在其他部门法难以有效调整时才能“该出手时就出手”。刑法学的调整对象决定了它只能充当其他部门法的保障，通过刑事责任的有效施展维护其他部门法的现实地位，坚守法律体系的完整性与逻辑安排的层次性。

---

① 参见刘仁文：《刑法的结构与视野》，北京大学出版社2010年版，第1页。

（四）人道原则

“以人为本是对人的目的地位的肯定，彰显了科学发展观在价值选择上的趋善性。”[①] 科学发展观的核心是以人为本，以人为本的内在要求回答了科学发展观为谁发展、靠谁发展、谁来分享等诸多问题，是我们党和国家新时期坚持群众路线、人民当家作主的生动体现。“科学发展观把以人为本作为其本质核心，坚持了马克思主义关于人民群众是历史的主体的唯物史观，丰富深化了我们党全心全意为人民服务的宗旨和立党为公、执政为民的本质要求，反映了时代进步潮流和历史前进方向，是我们党执政理念的重大创新。”[②] “以人为本作为一种总的价值目标，规定着我国经济社会发展的道路、模式和方向。牢固确立以人为本这一治国理政的核心观念，对于坚持经济社会发展的正确方向，不断增进广大人民的福祉，巩固党的执政基础和执政地位，具有极为重要的现实意义和深远的历史意义。”[③]

在刑事法领域，刑法的人道原则，是指刑法的制定与适用都应从人的本性出发，与人性的基本要求相符合。而人性的基本要求，则是指人类出于良知而在其行为中表现出的善良与仁爱的态度与做法。因此，刑法的人道性具有以下三个方面的含义：第一，人格尊严的保护与尊重。国家在对罪犯适用刑罚时，应注意维护罪犯作为人的人格尊严。虽然他因犯罪而被判处刑罚，但并不因此而丧失其人格尊严。第二，禁止以人作为达到刑罚目的的工具。人之所以受罚，是因为他犯了罪，有了承担刑事责任的义务。如果刑罚的判处不是以此为基础，而是为了要达到震慑其他人的效果，则是不符合人道之要求的。第三，禁止对罪犯使用残酷而不人道的刑罚手段，如肉刑、丑辱刑等。可见，刑法的人道性的最基本的要求就是把犯罪人当人看，使犯罪人成为人。[④] 从刑事法治的视角来看，刑法的人道性也应当包含对犯罪嫌疑人、被告人的人道待遇，因为“刑法的人文关怀精神最终是向弱势群体倾斜”[⑤]。在刑事追诉及刑罚执行过程中，相对于强大的国家机器，犯罪嫌疑人、被告人及罪犯处于相对趋势的地位，因此必须防止国家在动用刑罚以恢复被犯罪

---

① 张再兴、赵甲明：《科学发展观的理论与实践研究》，中央编译出版社2009年版，第88页。

② 仇小敏：《科学发展观以人为本价值取向探微》，载 http://hxd.wenming.cn/llpd/2009-11/17/content_67240.htm。

③ 王伟光：《科学发展观概论》，人民出版社2009年版，第151页。

④ 参见《中国刑法的运用与完善》，法律出版社1989年版，第334页。

⑤ 孙国祥：《WTO语境下的刑法观念重构》，载《江海学刊》2002年第5期。

所侵害的公民个人自由时，不对公民个人自由构成新的专断和干预。唯有如此，方能保障其权利和自由。

人权保障为刑法内在功能不可或缺的重要部分，刑罚惩治不能忽视人权而任意施刑。在刑法学中强调人本精神，最重要的就是贯彻实施人道原则，坚持以人为本的核心价值观，遵守宪法提出的关于保障人权的基本精神，充分发挥刑法对人权的保障机能。刑法自身肩负着人权保障与社会防卫的双重使命，虽然二者无法完全一致，但是在和谐社会的时代背景下，在民主法治理念的倡导下，在刑法日益步入理性的前提下，如何寻求保障功能与防卫功能的协调一致，将是刑法理论工作者与司法实务人员的一项重要课题。

二、科学发展观指导刑法改革的司法理念

（一）合理划定犯罪圈

犯罪圈的划定与刑法的调整对象密切相关，牵涉的是究竟入罪还是出罪的实质界分问题。我国当前的刑法结构不是又严又厉，而是厉而不严。[①] 因而，为了严密刑事法网，就不能以抽象的社会危害性作为唯一的评判标准。“在确立刑法的调控范围的时候，要充分考虑到刑法调控本身所具有的补充性、不完整性、最后手段性的特点，适应社会的情势、根据抗制犯罪的需要来决定是否予以犯罪化。”[②] 从刑法修正案的演进来看，入罪已经成为严密刑事法网的主流趋势，在相当程度上，其与社会的动态性、开放性发展是相一致的。

然而，“犯罪圈应是动态的，动态犯罪圈必须是一个‘犯罪化’和‘非犯罪化’双向并举的过程”[③]。针对现实生活中影响较大的行为，往往比较一致的看法就是增设新罪名，期望通过新罪名的设置有针对性地防范此类行为。比如，婚内强奸、同性强奸、胎儿性别鉴定、性贿赂、见危不救、醉驾、恶意逃避债务、普通赌博、学术不端行为、侵害环保行为、劳动侵权行为等都带有此明显的特性。总体上说，这些行为纳入犯罪圈的探讨都牵涉其必要性的研究，即在现有的条件下究竟有无必要或有多大程度必要的问题。

---

① 参见储槐植等：《刑法机制》，法律出版社2004年版，第8页。

② 付立庆：《“刑法危机”的症结何在》，载《云南大学学报（法学版）》2007年第5期。

③ 张笑英、谢焱：《动态犯罪圈的完善——以刑法修正案的实体考量为视角》，载《法学杂志》2009年第3期。

如果时机尚不成熟，或者说理论上尚无充足的论证、实践上的可操作性不强，则搁置在犯罪圈之外就是明智的；如果纯属刑法规范中的漏洞，需要及时对此进行刑罚规制，则以刑法修正案的方式纳到犯罪圈之中就是必须的。

合理划定犯罪圈，除了需要立法机关在制定刑法时谨慎行事之外，司法机关在适用法律时同样需要细心排查与筛选。类推解释的禁止适用是有效缩小犯罪圈的直接体现，除此之外，司法机关必须密切结合行为的社会危害性与人身危险性进行查探，如果刑罚的配置对该行为人来说并非必须施加、有可供选择的其他责任归咎方式、刑罚施用不能达到预期目的等情形存在，以非罪方式进行调整就是值得考虑的事情。反之，如果该行为的社会危害性异常、突破了社会公众容忍的基本底线、严重脱逸了社会相当性、人身危险大，则通过合理性解释划入犯罪圈之中就是刑法义不容辞的责任。

（二）坚持无罪推定原则

现代刑事法治必须坚持无罪推定原则，贯彻未经人民法院审判，任何人不得被认定有罪的法治理念。刑事诉讼是排查行为人有无犯罪并进行刑事归责的法律程序，在刑事诉讼判决未生效之前，调查事实与适用法律都处于排疑状态中，因此贯彻无罪推定原则是符合刑事诉讼理念的基本要求，是推行法治正当程序的自然之理。虽然当前司法机关查办案件的难度不断增加，犯罪疑难人的作案手段日益隐蔽，但是按照正当性程序的基本要求，我们不能为了所谓的结案率而牺牲无罪推定原则，也不能以实体效果的好坏而抛弃程序法治的价值初衷。

“无罪推定尤其使得作为现代刑事诉讼核心的被追诉者的主体性地位得以确立，并积极地参与到刑事诉讼中，为寻求自身的合理处遇而努力，实现了现代刑事诉讼内部结构和功能上的动态平衡。”① 无罪推定是对强力下的国家司法权的有意收缩，从而摆正刑事归责与权益保障的协调性平衡。“罪刑法定从口号提出到原则形成，实际上是为了反映和体现一种根本精神，那就是有利于被告人的精神。”② 换言之，在当代刑事理念已经默契地认同罪刑法定原则的前提下，无罪推定原则与有利被告的精神完全一致。除此之外，坚持无罪推定原则，需要赋予犯罪嫌疑人以沉默权、坚持疑罪从无、反

---

① 汪建成：《从逻辑理性到价值理性的转变——论无罪推定原则的现实适应性》，载《人民检察》2005 年第 21 期。

② 游伟：《理念与实践——面向我国刑事司法》，上海交通大学出版社 2007 年版，第 28 页。

对强迫自证其罪等原则。司法机关过度依赖犯罪嫌疑人口供的现状亟待改变，这既是刑事法治不成熟的表现，又是司法机关对自我能力不信任的侧面折射。给予犯罪嫌疑人沉默权、坚持疑罪从无、反对强迫自证其罪，体现了刑事法治不断趋于理性的一面，是在坚持诉讼法治理念基础上对司法权的有限收缩和自我控制。

（三）贯彻刑罚轻缓化理念

纵观刑罚发展的历史脉络，刑罚趋于轻缓的渐进发展是一个不容否认的客观事实。时至今日，轻刑化已经成为世界各国刑罚的基本走向，刑罚的轻缓化要求刑罚应当立足于矫正和特殊预防的立场，从片面强调专政职能转向重视罪犯人权保障，并期望通过刑罚的宽和为经济发展创造一个宽松和谐的社会环境。无论如何，刑罚的功能都是有限的，寄望通过刑罚来达到预防犯罪的最终目的都是过高估计刑罚之举。在整个法律体系之下，刑事法治仍然只能解决部分问题，刑事归责的最终完成并不代表其承载的所有目的性追求能够全部实现。

“近代以来的刑罚轻缓化不仅是人类对犯罪现象理性认识的结果，而且是人类对自身价值日益重视的结果，也即人道主义和人权价值观念兴起的结果。”[①] 刑罚的根本属性在于其惩罚性，但是该惩罚性手段是多元的，惩罚性的方式除了剥夺生命之外，应该根据犯罪行为人的社会危害性与人身危险性进行针对性的选择。刑事责任归咎本身已经包含了严厉的谴责性，如果能够以较少的刑罚投入而换得较多的效益产出，更为严厉的刑罚方式或更加残虐的刑罚都是不足取的。有学者直接指出，刑法的未来趋势应该是“犯罪化与非犯罪化并存、刑罚更为轻缓、刑法刑事政策化”[②]。可以说，刑罚能够行走到今天，就是根据时代动态发展而不断轻缓化的结果，毕竟，重刑惩治除了标榜自身的客观存在之外，根本无法彰显刑罚的价值追求。刑罚的轻缓化是刑罚冷静思索并对罪刑关系合理看待的坦然应对，是对自身功能合理预期的一种从容。

（四）注重行为人刑法的现实价值

传统刑法采纳的是行为刑法的基本立场，以行为刑法来建构刑法的全部

---

① 黄华生：《论刑罚轻缓化》，中国经济出版社2006年版，第67页。

② 张小虎：《刑法的基本观念》，北京大学出版社2004年版，第73页。

理论，其最大好处在于能够保证其客观公正，防止罪刑擅断，使法益保护的功能得以直观展现。“人们公认，现行刑法绝大多数是一种行为刑法。”① 无论是从犯罪构成的设立，还是从刑罚的惩处来说，行为刑法在理论研究中所处的重要地位都是有目共睹的，在司法实践发挥的现实效用也是显然的。然而，撇开行为人刑法的刑法学，仍然难以把握刑事法治的灵魂。毕竟，刑法学要实现其真正的价值追求，脱离了犯罪人的积极关注，罪刑之间的鸿沟就难以避免，社会效果的追求就将化为泡影。

究竟是以行为为中心，还是以行为人为中心，问题的回答不是简单的排他性选择。刑事古典学派以行为为中心的理论建构与刑事近代学派以行为人为中心的创新见解，是从不同侧面与视角对问题的分析与把握。“犯罪人是刑事科学的出发点和最终归宿，因为，实施犯罪行为的是犯罪人、应受刑罚处罚的是犯罪人、受到矫正改造的仍然是犯罪人。因此，可以说，没有犯罪人，就没有刑事科学；脱离犯罪人研究的刑事科学，不能称之为完整的科学。”② 因此，在当前的时代背景下，在法治进程高歌猛进的潮流中，我们应该保持那一份理性，使二者在协调性平衡中共融共存。

（五）注重司法效果的积极反馈

在刑事法治的实施过程中，达致法律效果的既有目标，是贯彻罪刑法定原则的当然要求。法律效果的好坏，表面上是奉行法律至上的原则，实际上仍然需要在把握刑事法治背后基本理念的基础上进行法律的合适选择。这些基本理念与社会效果的好坏是紧密挂钩的，或者说正是社会效果的信息反馈支撑着法律的世俗运行。“中国刑法学要取得真正的发展，根本的出路在于密切关注司法实践和社会实践，立足于解决有中国特色的具体问题。”③ 司法效果的好坏，是现实法律的直接反馈，是静态法条与动态运作之间的比照。抽象的法律理念究竟能否与现实生活相合拍，移入的国外先进法律及其思想能否与我国国情水土相服，都必须从实践效果中寻求问题的标准答案。

法律需要信仰，否则其将形同虚设。刑事法治不能是高高挥舞的杀威

---

① ［德］克劳斯·罗克辛：《德国刑法学总论》（第1卷），王世洲译，法律出版社2005年版，第110页。

② 张文：《以行为为中心，还是以犯罪人为中心——关于犯罪论体系根基的思考》，载《中外法学》2007年第5期。

③ 周光权：《无声的中国刑法学》，载高鸿钧主编：《清华法治论衡》（第5辑），清华大学出版社2005年版，第164页。

棒，给人一副盛气凌人的架势。刑事法律作为解决社会纠纷的一种手段，它必须立足于社会的世俗人情，与人民群众的基本价值判断不相抵牾。“‘观俗立法’，循沿生活的常识、常理与常情，是立法的最低也是最高标准，也是法律从业者的职业敏感的特殊性所在。换言之，任何法律总是现实的规则，立于生活现实并对生活现实作出自己的反映。”① 刑事法律必须寻求公众认同，缺乏公众认同的刑事司法只能是曲高和寡，缺乏群众参与与附和的刑事法治也过于冷清，这样的法治不仅不能把我们带到世外桃源，反而会把法治的满腔预期推向孤立无援的困境。“刑法必须得到公众认同，刑法的规范有效性才能得到维持，刑法的存在才有意义，所以，行为、规范、刑法、公众认同之间具有高度的一致性。”② 僵硬的奉法而为虽然坚守了法律的确定性要求，但是抛弃法律实质内容且与社会现实不接壤的依法行事，是把法律看成不食人间烟火的神圣之物，即使能够收一时之功效，也无法维持长久。

三、科学发展观与刑法改革的基本路径

（一）重新构筑立法体例，彰显公民个人权益

在我国现有刑法的结构排列上，侵犯公民人身权利、民主权利罪放在刑法分则第四章。从总体上来说，刑法分则的排列顺序说明了立法者对该类法益的重视程度，越是排列在前，呈现出来的重要性越发突出。

按照我国当前刑法排列的结构性呈现，最为明显的特点就在于它刑法的工具价值过于突出，给人的感觉过于威严，欠缺亲和力。因而，在当前刑法不断强调人权保障功能的当下，在构建和谐社会的时代背景下，调整现有的刑法结构，按照公民人身与民主权利、财产权益、公共安全、社会管理秩序、社会主义市场经济秩序、国家安全、国防利益、国家廉政制度、国家机关的公信力和国家军事利益的顺序加以排列，无疑更为合适。在我国，现行法律体系中作为国家根本大法的宪法对此早已摆正了自己的姿态，我国现行宪法的一个突出特点就是把“公民的基本权利和义务”从原来的第三章调整到了第二章，即位于“总纲”之后、“国家机构”之前，突出强调公民个人权利的至高无上性。另外，从当今世界各国刑事立法来看，将侵犯公民人

---

① 许章润：《法律的实质理性》，载《中国社会科学》2003 年第 1 期。

② 周光权：《论刑法的公众认同》，载《中国法学》2003 年第 1 期。

身权利、民主权利等有关公民个人法益方面的犯罪置于分则体系之首的做法也不乏其例，如法国、俄罗斯、奥地利、瑞典、西班牙、瑞士等国刑法典均将侵犯人身权利的犯罪作为分则的首章内容。刑法在保护经济、国家政权、公共安全和法律秩序的同时，首先要保障公民的基本权利和合法权益。因此，刑法分则对侵犯人身权利犯罪予以单独规定并非是偶然的，而是为了优先保护被整个文明世界公认的人类自身的权利。① 因此，为顺应时代潮流，张扬刑法的人本精神，使我国刑法体系更为科学合理，在今后刑法修改时有必要将“侵犯公民人身权利、民主权利罪”置于分则体系之首。

（二）调整具体法条设置，契合法益保护目的

我国刑法规范中，存在着注意性规范与法律拟制的现实区分，前者是提醒司法机关人员注意适用，后者是将原来不符合规定的行为也按照该规定处理。“刑法理论与实践需要通过考察是否存在设立注意规定的必要性、是否存在作出法律拟制的理由、某条款是否具有特殊内容等，合理区分法律拟制与注意规定。”② 从现有的规定来看，何者是注意性规范，何者是法律拟制并不十分清楚。由于二者不同的性质认定会带来不同的结论，因而笔者认为，从立法语言的节俭性出发，为防止不必要的曲解或误读，注意性规范应该尽量减少使用，以避免人权保障法益目标的价值受损。

比如，《刑法》第20条第3款规定了无限防卫权。从现有的立法规定来看，其本来旨趣在于提醒司法机关正确认定防卫限度，但是就现有的立法表达来说可能适得其反。比如，现有无限防卫权的规定存在缺乏主观条件的限制、“行凶”一词含义模糊、“其他严重危及人身安全的暴力犯罪”易生歧义、用词不够严谨、缺乏防卫人证明责任的限定等弊端。③ 尽管有学者认为，无限防卫权有利于社会秩序的保护与正义张扬，④ 然而，“无限防卫权的确立损害了‘刑罚权应由国家统一行使’的原则，损害了刑法的公正价值，损害了刑法的人权保障机能，违背了正当防卫主客观相一致原则”⑤。

---

① 参见［俄］Л. В. 伊诺加莫娃—海格主编：《俄罗斯联邦刑法》（总论），黄芳等译，中国人民大学出版社2010年版，第3页。

② 张明楷：《刑法学》，法律出版社2007年版，第505页。

③ 参见古加锦、李钢：《无限防卫权的刑事立法完善探讨》，载《广西政法管理干部学院学报》2003年第3期。

④ 参见冯萍：《刑法无限防卫权的法律精神二题》，载《青海民族学院学报》2007年第4期。

⑤ 参见阮传胜：《无限防卫权刑事立法化质疑》，载《甘肃政法学院学报》1999年第2期。

“从现代各国的刑事立法来看，完全赋予自然人无限防卫权的国家几乎没有，有的国家只是允许自然人在特定的情况下对特定的犯罪实行无限防卫。”① 而且，就我国正当防卫权的已有规定来看，根据《刑法》第20条第1款、第2款的内容行使正当防卫权已经足够，删除无限防卫权，既有利于防卫权的正当行使，又不会造成司法适用的不便。

犯罪是侵害法益的行为，刑法是用来保护法益的，二者对应。“显而易见，仅仅从总体上认识到犯罪的本质是社会危害性还不够，还必须进一步明确社会危害性就是对法益的侵犯性，更进一步将该观点贯彻到刑法的各个角落。”② 在现有刑法分则体系之下，具体罪名的排列也有自己的顺序。按照一般的观点认为，刑法分则的罪名是根据该犯罪所侵犯的客体进行分类的，即把同类客体的犯罪归在一类。相对比较特殊的是，若该罪名为复杂客体，究竟以何者为主来进行罪名排列，仍然存有较大的争议。比如，抢劫罪的客体为复杂客体，即抢劫行为既侵犯了人身权，又侵犯了财产权，根据何者确定其主要客体决定了其地位归属。从目前刑法的规定来看，抢劫罪是放在刑法分则第五章侵犯财产罪第263条之中的，很明显立法者认为抢劫罪的主要客体是财产权而非人身权。然而，就人身权与财产权的比较而言，人身权明显是高于财产权的，或者说，抢劫罪与其他财产性犯罪的重大不同就在于其侵犯人身权益的特性上。因而，从法益保护的轻重程度上进行主次客体的区分，并在此区分的基础上进行主次客体的分类，将是刑法分则进行正确排序的根据。

“现代刑法的首要任务是维护个人自由，如果不把个人自由放在首位，那么刑法的现代文明特点将大打折扣。”③ 既然现代刑法以“善良人的大宪章”和“犯罪人的大宪章”自居，刑事法律以保障人权为其最终归宿，那么，我们在刑事法律规范的具体安排或设计过程中，就不能不刻意为之并尽力去实现该意图。毕竟，刑事司法是在刑事立法的整体框架下依法行事的，在刑事立法层面尽量避免矛盾或尴尬情形，相当程度就是在为刑事司法扫除障碍，潜在地引领后期的司法运作顺畅进行。因此，根据法益保护的目的追求进行法条规范的合理安排，完善现有刑事立法的技术操作，避免不必要的

---

① 参见杨鸿、商志超：《“无限防卫权”质疑》，载《中山大学学报》2001年第4期。

② 张明楷：《新刑法与法益侵害说》，载《法学研究》2000年第1期。

③ 曲新久：《刑法的精神与范畴》，中国政法大学出版社2003年版，第62页。

干扰与逻辑混乱，仍然显得意义深长。

（三）顺应人本主义潮流，改革我国刑罚体系和行刑机制

刑罚变革具有自己鲜明的运动轨迹，刑罚的多元化与刑罚的轻缓化是刑罚未来发展的基本方向。人类社会刑罚结构由野蛮时代以死刑和肉刑为中心的刑罚结构，到前资本主义时期以死刑和自由刑为中心的刑罚结构，再到当代许多国家盛行的以自由刑为中心的刑罚结构，以及西欧和北欧许多国家已经成型的以自由刑替代措施和社区刑罚为中心的刑罚结构的历史演变的轨迹，突出反映了人类社会在刑罚种类选择和刑罚强度确定方面呈现的基本刑法政策的变化，反映出基本刑罚政策的轻刑化、人道化、合理化、科学化甚至非刑化的发展趋势。① 刑罚的运用是以改造和教育犯罪人为其终极目标，让行为人重返社会、改恶从善是其第一要务，因而刑罚的惩罚性之中也隐藏着深厚的人文关怀。“刑罚不是为了贬低、减损人（个人）的价值，而是以尊重人（个人）的价值为基础进行的惩罚的话，那么，我们所提倡的刑罚改革，就应当时时刻刻将人（个人）的价值置于至高的地位，不再把刑罚仅仅作为一种剥夺和限制的手段，而更应当作为一种‘灵魂的拯救’。”② 建基于人本主义的认识基础上，我国当前的刑罚改革应当从如下几个层面努力：

其一，调整重刑结构，逐步废除死刑。关于死刑存废的争论不绝于耳，从整体上说，尽管废除死刑的呼声颇高，但是，“死刑废止的理论认识、学术观点还远远没有达到完全引导民意……的力度”③。“限制死刑的途径可以从两方面着手，即死刑的立法限制和司法限制。”④ 但是，在当前的环境条件下，通过司法控制死刑适用无疑是最佳选择。“在死刑立法与死刑政策相偏离的情况下，强调严格限制死刑政策对死刑司法的控制作用，对于最大限度地减少、限制死刑的实际适用，无疑具有极为重要的现实意义。”⑤ 因此，通过司法的实体与程序限制收缩死刑适用，将是理论界与实务界共同努力奋斗的目标。我国《刑法修正案（八）》废除了13个非暴力经济性犯罪的死

---

① 参见梁根林：《刑罚结构论》，北京大学出版社1998年版，第66页。
② 时延安：《理性与经验的弥合》，载《法学论坛》2006年第4期。
③ 黄晓亮：《暴力犯罪死刑问题研究》，中国人民公安大学出版社2008年版，第256页。
④ 黄素萍：《论我国刑法中死刑限制的途径》，载《浙江社会科学》2009年第8期。
⑤ 马松建：《死刑司法控制研究》，法律出版社2006年版，第55页。

刑，就是限制并逐步废除死刑的有效尝试。

其二，提高有期徒刑，改变“生刑过轻”的现有局面。陈兴良教授指出：“我国刑罚体系存在着死刑过重生刑过轻的结构性缺陷，其不合理性显而易见。”[①] 为了使刑罚的结构安排轻重有度，提高我国现有有期徒刑的上限是刑法修改之关键。我国《刑法修正案（八）》对此已作了有效的尝试。例如，该修正案第 10 条规定：“将刑法第六十九条修改为：‘判决宣告以前一人犯数罪的，除判处死刑和无期徒刑的以外，应当在总和刑期以下、数刑中最高刑期以上，酌情决定执行的刑期，但是管制最高不能超过三年，拘役最高不能超过一年，有期徒刑总和刑期不满三十五年的，最高不能超过二十年，总和刑期在三十五年以上的，最高不能超过二十五年。’”

其三，落实行刑社会化，注重非监禁刑的运用。单纯的监禁刑导致司法机关不堪重负，其既不符合刑罚的目的性追求，又不符合经济性原则，而且还导致了越狱脱逃、交叉感染、人格监狱化等诸多弊端。“时至今日，用非监禁刑替代监禁刑已经成为西方各国刑罚改革的重要方向。”[②] 顺应这一潮流，我们应该重视非监禁的适用，大力推进社区矫正的工作落实，为犯罪人重返社会创造良好条件。例如，《刑法修正案（八）》关于对判处管制、宣告缓刑、适用假释的犯罪分子依法实行社区矫正的规定，就是我国刑事立法的一大重要成就。

其四，加强监管环境改造。当前的监管场所远离市区，很大程度上阻离了社会因素的介入。而且，监管人员单纯注重监管安全，对犯罪人的教育改造重视程度明显不够。因此，提高监管人员的业务素质，改善监管条件和物质待遇，有区别地进行入狱甄别，根据不同级别进行针对性的处遇或改造，是监管机构今后需要极力完善的工作。

其五，落实社会帮扶，消除隔阂与障碍。刑罚执行的社会化过程需要引入社会力量，通过社会帮扶，可以减少歧视和对抗，有利于发挥服刑人的情感认同，重建良好的社会关系网络。我们需要通过社会力量的介入，或者让人身危险性小的服刑人参加社会义务劳动，建立彼此之间的良性关系与信任机制。

其六，认真执行减刑、假释制度。当前的减刑、假释制度难以实现其目

---

① 陈兴良：《宽严相济刑事政策研究》，载《法学杂志》2006 年第 1 期。

② 谢望原：《欧陆刑罚改革成就与我国刑罚方法重构》，载《法学家》2006 年第 1 期。

的初衷，监管场所的权力过大，缺乏外在制约，审判机关的书面审查有流于形式之嫌。尽快改革现有的减刑、假释制度是司法改革面临的重要课题，如何配置减刑、假释的权利归属与监督设置都是极需解决的现实问题。[①] 为了更好地完善减刑、假释制度，《刑法修正案（八）》作了较大的修改和补充。例如，该修正案第 15 条规定："将刑法第七十八条第二款修改为：'减刑以后实际执行的刑期不能少于下列期限：（一）判处管制、拘役、有期徒刑的，不能少于原判刑期的二分之一；（二）判处无期徒刑的，不能少于十三年；（三）人民法院依照本法第五十条第二款规定限制减刑的死刑缓期执行的犯罪分子，缓期执行期满后依法减为无期徒刑的，不能少于二十五年，缓期执行期满后依法减为二十五年有期徒刑的，不能少于二十年。'"该修正案第 16 条规定："将刑法第八十一条修改为：'被判处有期徒刑的犯罪分子，执行原判刑期二分之一以上，被判处无期徒刑的犯罪分子，实际执行十三年以上，如果认真遵守监规，接受教育改造，确有悔改表现，没有再犯罪的危险的，可以假释。如果有特殊情况，经最高人民法院核准，可以不受上述执行刑期的限制。对累犯以及因故意杀人、强奸、抢劫、绑架、放火、爆炸、投放危险物质或者有组织的暴力性犯罪被判处十年以上有期徒刑、无期徒刑的犯罪分子，不得假释。对犯罪分子决定假释时，应当考虑其假释后对所居住社区的影响。'"该修正案第 17 条规定："将刑法第八十五条修改为：'对假释的犯罪分子，在假释考验期限内，依法实行社区矫正，如果没有本法第八十六条规定的情形，假释考验期满，就认为原判刑罚已经执行完毕，并公开予以宣告。'"该修正案第 18 条规定："将刑法第八十六条第三款修改为：'被假释的犯罪分子，在假释考验期限内，有违反法律、行政法规或者国务院有关部门关于假释的监督管理规定的行为，尚未构成新的犯罪的，应当依照法定程序撤销假释，收监执行未执行完毕的刑罚。'"

其七，加强犯罪人重返社会的过渡机制。从监管场所直接重返社会，由于时空环境的变化和心理上的落差，犯罪人与社会都需要有一个重新接纳的过程。由于我国缺乏中间的过渡机制，致使部分犯罪人出狱之日就成了入狱之日。因此，建立中间过渡站，设置专业人员帮助刑期届满或即将届满的行为人进行心理调适、适应社会，并帮助或指导其就业，是降低重新犯罪率的

---

① 马进保：《减刑假释权归属问题研究》，载《中国刑事法杂志》2005 年第 1 期；杨国章：《论减刑假释监督》，载《中国刑事法杂志》2004 年第 5 期。

重要手段，是注重人性化的必要内容。

（四）坚持宽严相济刑事政策，落实刑法的刑事政策化

我国台湾地区著名学者林纪东先生指出，刑法之制定与运用，罪刑之确定与执行，都应由刑事政策的观点出发，以是否合于刑事政策的要求为指向，不合于刑事政策的刑事立法，是不良的立法，离开刑事政策的判决与执行，也必定是不良的判决与执行。[①] 在宽严相济的刑事政策提出之后，无论是刑事立法还是刑事司法都应该以此为中心调整自己的步伐，并在遵守其内在精神旨趣的基础上贯彻实施。从目前的实际情形来看，宽严相济的刑事政策仍然囿于刑事司法政策，局限于刑事审判政策之中，难以真正对刑事立法产生现实效用。刘仁文教授认为："宽严相济的刑事政策不仅是刑事司法政策，也是刑事立法政策。"[②] 马克昌教授也指出："从政策的指导功能角度考察，宽严相济首先是刑事立法政策。"[③] 因此，以宽严相济刑事政策来规范我国既有的刑事立法是未来的方向性道路，并且通过刑事立法促进刑事司法的积极遵循也是发挥该刑事政策的真正出路。

宽严相济的刑事政策倡导的是宽严有别的刑事政策，它是构建社会主义和谐社会的应有之义和必然要求。"宽严相济"的时代意义在于"以宽济严"，"以宽济严"是在构建社会主义和谐社会背景下"宽严相济"政策的要义。[④]"侧重运用宽松刑事政策，可以充分发挥刑事法治的人权保障机能，从而营造宽松、理性、祥和的社会氛围，促进社会的和谐发展。"[⑤] 然而，现有刑法分则中绝对确定的法定刑的存在，却是阻碍宽严相济刑事政策顺利施行的一大障碍。比如，我国现行刑法设立了 7 个绝对确定法定刑，分别是：第 121 条劫持航空器罪"致人重伤、死亡或者使航空器遭受严重破坏的，处死刑"；第 239 条绑架罪"致使被绑架人死亡或者杀害被绑架人的，处死刑"；第 240 条拐卖妇女、儿童罪"情节特别严重的，处死刑"；第 317 条暴动越狱罪和聚众持械劫狱罪"情节特别严重的，处死刑"；第 383 条贪污罪、第 386 条受贿罪个人贪污、受贿数额在 5 万元以上不满 10 万元，情

---

① 参见林纪东：《刑事政策学》，中正书局 1963 年版，第 8—9 页。

② 吴宗宪：《解读宽严相济的刑事政策》，载《中国人民公安大学学报》2007 年第 1 期。

③ 马克昌：《论宽严相济刑事政策的定位》，载《中国法学》2007 年第 4 期。

④ 参见刘仁文：《宽严相济的刑事政策研究》，载《当代法学》2008 年第 1 期。

⑤ 《和谐社会构建与宽严相济刑事政策的贯彻》，载《吉林大学社会科学学报》2008 年第 1 期。

节特别严重的，处无期徒刑；个人贪污、受贿数额在10万元以上，情节特别严重的，处死刑。绝对确定的法定刑窒息了司法人员的自由裁量权，致使司法人员在量刑情节的多元考察中缺乏伸展空间，导致宽严相济刑事政策“以宽济严”的内在功能无法发挥出来。因此，基于宽严相济刑事政策的立场定位，以及罪刑法定原则排斥绝对确定法定刑的应有内涵，在我国刑法中排除绝对确定的法定刑应是自然之理。

刑事政策要真正拥有现实生命，就必须通过刑法的刑事政策化予以有力推动。宽严相济刑事政策提出并在实务界获得积极响应，已经足以说明该项政策在现有条件下的顽强生命力。然而，如何升华该刑事政策的内在意蕴并真正落实到实践操作中去，仍然是摆在理论学者与实务工作者面前的一件难事。刑事政策只是权力运行对刑事操作的方向性指引，在法治理念的框架下，单纯的政策性导向仍然不能完全取代刑事法律的既有地位，罪刑配置仍然不能以政策的变动不居作为自己灵活性的实质理由。毕竟，刑法是刑事不可逾越的藩篱，在坚持和推行刑事法治原则的前提下，刑事政策并不是引导刑事案件程序流转和刑事裁量的直接根据，脱离了具体法律规范的有效规制和束缚，刑事政策难以落实。

刑事政策的精神要真正贯通到刑事法治的实践活动中来，需要在认真领悟其内在意蕴的前提下，根据变化了的时代背景合理完善刑事法律规范。只有刑事法律为宽严相济刑事政策容留了栖息之所，其内在的张力与功能才得以拥有发挥的空间，刑事政策的指导性也才能最终辉映于刑事司法的各个环节。更具现实意义与可行性的是，刑事司法应该充分利用自己的司法技艺，把刑事政策的精神淋漓尽致地嫁接到个案之中，游刃有余地通过司法操作达致刑事政策寄望达到的境界。“当前提倡刑法的刑事政策化，当务之急不是考虑在刑事立法上兴师动众、大兴改废，而是在刑法适用上下功夫，总结和分析现代刑事政策研究的基本成果，并将其融会贯通到我们的刑法适用中来。”① 在司法机关的自由裁量仍然比较宽松的前提下，注重刑事司法操作的政策引导，已经成为一条务实性路径。通过刑事法律进行形式层面的规范适用，以刑事政策作为实质层面的价值导向，双向层次的推动需要司法人员破除传统守旧的思维模式并予以个案落实，并在反复的操作中总结经验和不断强化，从而推进刑法刑事政策化的实践。

---

① 黎宏：《论“刑法的刑事政策化”思想及其实现》，载《清华大学学报》2004年第5期。

（五）建立环境友好型社会，完善环境刑法的罪刑设置

科学发展观需要营造人与人、人与自然、人与社会之间的和谐，其倡导的可持续发展要求我们注重环境保护，注重生态文明与生态社会的构建。“生态良好是科学发展观确立的文明发展道路的一个重要特征，良好的生态环境是实现社会可持续发展的必要条件，是全面建设小康社会的重要基础，也是发展中国特色社会主义的重要条件。”① 因此，科学发展观追求环境友好型社会的具体建构，体现在我国刑事法律层面，就是完善环境刑法体系建构与具体罪名设置。

环境刑法的根本目的是保护环境法益，而我国现行刑事立法只注重对环境犯罪侵害人身、财产法益的保护是其最大不足。② 这样的立法困境与我们长期所持的基本观念息息相关。有学者认为：“过去的环境立法虽然也是为了保护人类的生存环境，但它们却是在传统法理念的‘人类利益中心主义’思想指导下制定的。而现代的环境立法则应当树立新的环境价值理念，在‘生态利益中心主义’思想指导下重新修改、制定环境法，将生态利益与人类利益予以同等地考虑。”③ “人类中心主义和极端个人主义是两种极不和谐的价值观念，在对待人与自然的关系上，以人的利益为中心，表现为急功近利、竭泽而渔、掠夺自然和糟蹋自然。”④ 因此，在此理念的指导之下，环境刑法的具体设置仍然不无疑问。可以说，正是由于观念上的严重偏差，导致在经济发展中出现了重效率、轻效益且忽视生态保护的最大不足。正如学者所言：“以人类中心主义作为伦理基础来指导环境刑事立法，必然将环境刑法的保护法益局限于人类本位，局限于将人的人身和财产利益保护作为环境刑法的中心地位。我国现行刑法关于环境犯罪的立法主要体现的是人类中心主义伦理价值观，由此导致我国环境刑法过分强调对人身和财产利益的保护而相对弱化了对生态利益的保护。”⑤ 鲜活的现实告诉我们，环境法益已经成为现代社会不可或缺的重要内容，背道而驰的行为只能导致人与自然双

---

① 易超：《和谐哲学原理》，重庆大学出版社 2007 年版，第 21 页。

② 张艳：《从环境刑法法益的角度谈环境刑法的完善》，载《山东行政学院、山东省经济管理干部学院学报》2005 年第 3 期。

③ 马克昌：《比较刑法原理》，武汉大学出版社 2004 年版，第 74 页。

④ 易超：《和谐哲学原理》，重庆大学出版社 2007 年版，第 259 页。

⑤ 游伟、肖晚祥：《环境刑法的伦理属性及其立法选择》，载《华东政法大学学报》2009 年第 4 期。

向关系的恶化，不仅不能实现人类中心的目标预设，反而会加速导致人类边缘化与灾难性的结局。

笔者认为，综观我国现有环境刑法的现状，其不足主要有如下方面：

其一，环境法益的重要性没有体现出来。我国现有刑法把破坏环境的犯罪归于分则第六章妨害社会管理秩序罪之中，致使环境法益的重要性严重被遮蔽。从环境破坏所直接侵犯的利益而言，不是广义的社会管理秩序的破坏，而是生态环境权益的受损，根据目前的体系排列存在相当程度的错位。为了突出环境刑事犯罪和张扬环境法益的重要性，合适的行为方向应该是把本节罪名独立出来，赋予环境保护的价值特殊性，同时契合按照法益重要性予以排序的基本准则。

其二，罪状设计不合理，犯罪成立过于严格。我国环境资源犯罪的规定大多采用空白罪状的形式，如“违反国家规定”“违反保护水产资源法规”，这样的立法模式致使环境犯罪刑事责任的承担必须依赖行政性法规的前期违反，从而致使环境犯罪的成立较为严格。另外，环境犯罪多以危害结果为其客观条件。由于环境破坏的潜伏期比较长，等到危害结果发生才追究责任显得极其被动，因而现有的立法模式并不科学。因此，为了应对环境风险并提前进行预防，对环境犯罪设立危险犯是预防或惩治此类犯罪的一剂良方。

其三，犯罪圈过窄，应该予以弥补。现有刑法规定的“破坏环境资源保护罪”的罪名过少，致使环境法益应该保护的内容没有纳入进来。环境法益牵涉生态圈中的诸多方面，在当前环境保护日益受到重视的前提下，应该通过刑事立法予以积极呼应。有学者主张，我们应该“将严重破坏草原、滩涂、湿地、坡地、破坏自然保护区以及非法引进境外生物物种导致生态破坏等行为规定为犯罪”①，“可以考虑增设以下罪名：破坏草原罪、破坏自然保护区罪、非法从事开发建设活动导致水土流失、土地沙化或地面沉降罪”②。还有学者指出：“就我国环境刑事立法的保护范围而言，遗漏了对部分环境因素的保护，如海洋、草原、自然保护区、风景名胜区等。”③ 综合上述学者的认识可以看出，在现有的基础上放宽环境刑法的范围几成一致性认识。因此，笔者认为，为了加强环境法益的刑事保护力度并堵塞现有遗

① 易超：《和谐哲学原理》，重庆大学出版社2007年版，第101页。

② 杜万平：《论环境刑法对生态利益的保护》，载《江汉大学学报》2004年第5期。

③ 彭俊：《科学发展观视野下环境资源的刑法规制》，载《湖北大学学报》2008年第4期。

漏，可以考虑在环境犯罪中使用兜底性的罪名，以防止出现挂一漏万的情形。

其四，刑罚惩处方式应该更具针对性。刑法立法除了扩大环境犯罪的罪名，在刑罚惩治方式上仍然需要进一步的完善。基于环境犯罪较之于其他刑事犯罪的特殊性，我们可以考虑配置更具针对性的责任承担方式。比如，有学者建议："创制一些具有良好遏止环境犯罪行为的持续危害后果作用的新的刑罚或非刑罚措施，如责令补救、限期治理，等等，以最大限度地发挥刑事措施的应有作用。"① 环境一旦受到破坏或者具有破坏的危险，除了追究行为人的责任之外，当务之急就是采取补救措施，尽力恢复环境或者减少环境破坏可能带来的次生灾害。因此，通过非刑罚的处遇措施，要求行为人进行限期整改、恢复环境、消除隐患、社区环境服务等方式，既可以增加行为人的环境意识，又可以对其他行为人起到更好的教育意义。

① 付立忠：《论我国环境刑法的最新发展》，载《中国人民公安大学学报》2003 年第 2 期。

刑事犯罪篇

试论犯罪的着手*

伍柳村**

犯罪实行行为的着手是划分未遂和预备的分界线。"着手"一词在近代刑法学中是由贝卡里亚在1764年发表《论犯罪与刑罚》一书中首先提出的。[①] 1810年法国刑法又在条文中使用了"着手"一词。[②] 尔后各国刑法在规定未遂时，也相继采用与法国刑法类似的表述。[③] 我国《刑法》第20条规定："已经着手实行犯罪，由于犯罪分子意志以外的原因而未得逞的，是犯罪未遂。"这就说明，"着手"是犯罪实行行为的开始。我国《刑法》第17条规定："为了使公共利益、本人或者他人的人身和其他权利免受正在进行的不法侵害，而采取的正当防卫行为，不负刑事责任。"所谓"正在进行的不法侵害"，一般也指的是着手之后的侵害，而对于侵害的预备和侵害已

* 本文原载于《法学杂志》1983年第3期。

** 西南政法学院教授。

① 贝卡里亚《论犯罪与刑罚》："三十七、未遂、共犯、免除刑罚……法律不惩罚意图。根据这一点还不能得出这样的结论：以某种行为——它暴露出将行为进行到底的意图——着手进行犯罪，还不应当受到刑罚，即或这种刑罚是比已遂罪的处罚较轻的。预防这种未遂的行为的重要性证明，对犯罪未遂给以处罚是正确的。既然在未遂和已遂之间可能相隔一定的时间，对已遂行为判处较重的刑罚，能使已着手犯罪的人悔悟。"

② 1810年《法国刑法》第2条规定："凡未遂之重罪，已表现于外部行为并继之以着手实施，仅因偶然或非出于犯人本意之情况而中止或未发生结果者，以重罪论。"

③ 1871年《德国刑法》第43条第1项规定："因欲犯重罪或轻罪，着手于其实行之端绪行为而未遂其目的时，以之为未遂罪而处断。"日本现行刑法第43条规定："已着手实行犯罪而未遂的，可以减轻刑罚……"

经终止，都不能行使防卫。因此，从理论上探明“着手”问题，对司法实践具有重大的现实意义。

以往对于“着手”的解释有主观说和客观说之分。

主观说认为：“以得认有犯意之行为，为着手于实行之行为。”即是说，凡可以认识出有犯罪意思的行为，就是实行犯罪的着手。诚然，实行犯罪的着手是以具有犯罪意思为前提的。例如，持刀在人前挥舞，将决定其挥刀行为究竟具有怎样的性质，仅就其客观的行为来观察，还不能作出任何判断；必须从行为人主观的思想活动来考察，才能作出确切的决定。如出于游戏，就与犯罪无关；如出于胁迫，则为某种犯罪的手段，成为犯罪构成要件之一；如出于杀人，则为杀人犯罪的着手。然而，犯罪的预备，同样也只有在行为人表现出是为了犯罪而作准备时，才能确定其为犯罪；否则，还不能认定为犯罪的预备。例如，买刀、磨刀的行为人在还没有表现出是为了杀人而作准备时，就不能认定为杀人罪的预备；又如，买煤油、汽油一类易燃物的行为人在没有表现出是为了放火而作准备时，也不能认定为放火罪的预备。因为买刀、磨刀，买煤油、汽油等都非专为犯罪之用，多数都是出于生活的需要。所以，预备行为作为犯罪处理，必须确认行为人的思想活动是为了犯罪做准备。按照主观说的论点，将混淆预备和未遂的界限，会把大多数预备行为划入着手阶段，势必扩大未遂犯的范围，在处理案件上将发生很大的差误，且不利于鼓励行为人在预备阶段自动放弃犯罪。

客观说认为：“以客观事实为决定着手与预备的区别，其是否着手，非以行为人之意思为基准，而以行为人之行为为根据。”即是说只要从客观上观察到，“着手于完成犯罪之危险行为；或着手于完成犯罪所不可缺之行为；或着手于构成犯罪事实有密接关系之行为”，都是实行犯罪的着手。按照客观说的论点，则在犯罪尚未完成以前很难认定其为危险行为或不可缺的行为；在犯罪构成事实尚未具备以前，也难推断其与之有密接的关系；而且同预备行为也难于区别。例如，持枪杀人，向他人借得手枪和子弹，也可以说是为了完成犯罪所不可缺的行为；而将子弹上膛，更可以说是危险行为。然而，还没有遇见被害人，能说这些就是犯罪实行行为的着手？显然不能。即使藏枪在身已碰上了被害人，对于构成犯罪事实已达到密接关系，但尚未拔出枪来，也还不能认为着手，应该说这些都属于犯罪的预备。所以，按照客观说也将混淆预备和未遂的界限，而且不考虑行为人主观的思想活动，仅从行为观察，遽作认定，还会导致客观归罪的错误。

按照马克思主义唯物辩证的观点，一切应从实际出发，在犯罪的阶段问题上，必须就具体问题作具体分析，而且还要求客观和主观得到一定的统一。

犯罪的预备是犯罪实行行为以前的一个阶段。犯罪的预备和实行都是行为，而且是两个行为，还是两个性质不同的行为。我国《刑法》第 19 条规定："为了犯罪，准备工具、制造条件的，是犯罪预备。"用以同第 20 条相对照，就会明显地得出上述结论。犯罪的预备只是为了实行犯罪准备工具或者制造条件的行为；而犯罪实行，则是实施了刑法分则规定某一犯罪构成要件客观方面的行为，例如，杀人罪的杀害行为。犯罪的实行必有一个起点，这个起点就是犯罪实行行为的开始。着手标志着故意犯罪已由犯罪的预备阶段向犯罪的实行阶段跨进了一大步，其行为的性质也发生了很大的变化。着手是确定犯罪实行的主要标志，也是划分未遂同预备的分界线。着手不是预备的终了，而是实行的开始，即是犯罪实行行为的起点，它和实行是极为紧密地连接着的，两者几乎不可分割，有时甚至只是一瞬间的事，要说它在时间上占多久，是很难说出的。如果把犯罪的实行行为看成一条线，则这条线的起点就是着手，终点就是既遂。线的起点和终点虽然有一定的距离，但很难说出它有多长。然而，这个起点和终点总是客观存在的事实；而且，这个起点和终点无论在理论上和实践上都非常重要。前者是划分未遂和预备的界限，后者决定犯罪已否完成，达于既遂。

如何认定实行行为的开始——着手？由于犯罪是一种极为复杂的社会现象，各种各类、各式各样的不同犯罪，有各种各类、各式各样的不同着手实行。这就决定了在理论上很难提出一个固定的、统一的公式来认定，应按各个不同的具体犯罪作具体分析。必须对犯罪构成客观方面的行为和犯罪构成的其他有关要件，如犯罪侵害的客体、犯罪可能发生的危害结果以及犯罪的手段、时间、地点和情节等，有机地联系起来进行分析。具体一点说，可从以下两点来考虑：第一，行为人在客观上已经表现出有为一定犯罪的意思，即犯意客观化；第二，与某一具体犯罪构成的客观要件所要求一定的实行行为紧密相连接的起点。例如，放火罪，准备煤油、火柴等易燃物品以及走向放火场所等行为都属于预备；而在擦燃火柴或以火种接触燃料这一行为时，则为着手，即是放火罪的实行开始。在持刀杀人的犯罪中，行为人买刀、磨刀、带刀以及探看被害人的行踪所在等行为都属于预备；而在对准被害人举起刀子时，或从背后紧追被害人时，都应认为是杀人罪的着手，即是杀人罪的实行开始，刀子砍下去就是杀人罪的实行。投毒杀人的着手与上述情况有所不同。何时是着手？有两种意见：第一，认为毒药投下后，还没有接近被害人是预备，毒药接近了被害人才是着手；第二，认为毒药一投就是着手，投下就是实行。应以第二种意见为妥当。因为毒药一经投下，杀人的实行行为不但已经开始，而且已经终了，此后行为人即不必再有其他的动作。至于毒药何时接近被害人，只能看成是自然进行的一个中间现象，其进行的速度与过程如何，已与实行行为无关。如被害人服毒身死，则构成杀人既遂；如被害人没有服用毒药，则为实行终了的杀人未遂。若按第一种意见，则毒品接近被害人、为被害人服用，往往是由于被害人自己的行为所使然，这岂不把被害人自己的行为视为犯罪的着手实行？在情理上都是讲不通的。又如，抢劫罪、强奸罪都规定以暴力、胁迫等手段为其犯罪构成的客观要件，行为人一实施暴力、胁迫，就是这两种犯罪实行行为的开始，其犯罪就已经着手实行，尽管行为人还没有接触到被害人的财物或被害人的肉体，但也不能认为抢劫的行为或强奸的行为还没有开始。当然，这两种犯罪的手段相同，而目的各异，区别罪的性质在于探求犯罪故意的内容。实践中有一个案例，数人共谋抢劫，准备了刀枪棍棒，在路边丛林中隐藏起来，等待行人经过实行抢劫。正当此时，就被人抓获。负责办理的检察院认为他们的行为已进入着手阶段，应定为抢劫未遂。其实，笔者认为，这种情况，既没有特定的受害人，也没有面对受害人，还不能认为着手，只能作为抢劫罪的预备犯来处理。

以上是就一般以作为的形式进行犯罪所作的探讨，以下再就结合犯、牵连犯和不作为犯作一些探索。

结合犯是数个可以单独成立犯罪的行为，由刑法规定结合而成为另一个独立的犯罪。行为人以实施结合犯的意思着手实行犯罪，尽管只实施了结合犯的一部分内容，但如已达到足以认识他全部犯罪意思的程度，就应该认为是结合犯罪的着手。《刑法》第 191 条第 2 款规定，邮电工作人员私自开拆邮件、电报而窃取财物的是结合犯。当行为人开始开拆保价信件，就能够识别他不止是单纯地开拆邮件，而且具有窃取财物的目的，就应视为结合犯罪的着手，并不要求行为人接触其所窃取的财物。

牵连犯是以实施某一犯罪为目的，而其犯罪的方法或结果又触犯其他罪名，在处罚上发生合一的关系。它与结合犯不同，并不是犯罪行为的合一关系。因此，应当就其各个行为分别判断其着手问题。

不作为犯的着手问题比较复杂。纯正的不作为犯，是以违反一定作为义务而成立的，不以发生危害结果为犯罪构成要件。如遗弃罪，当行为人决意拒绝履行扶养义务，其犯罪就已成立。因此，只须行为人表示拒不履行应尽的义务，就是犯罪的着手实行，同时也是犯罪的完成即既遂，没有存在未遂的余地。即使在行为人拒绝履行义务后，有其他人代为履行其义务，因而未发生危害结果，也不是未遂问题。因为遗弃罪的犯罪构成并不要求发生危害结果，如发生危害结果则属于量刑的从重情节。不纯正的不作为犯，是以不作为的手段，而犯作为犯所能犯的罪，究竟如何认定其着手实行，则较为复杂。不纯正的不作为犯之成立，是违反作为义务而不作为，用以达到一定犯罪的目的，即须有一定危害结果之发生，才能构成犯罪既遂，故在法律上应有一定的作为，而且在事实上为了防止危害结果的发生，有作为的必要。因此，行为人以犯罪的意思不去作为，就是犯罪的着手。例如，乳母采用在三五天内不给婴儿喂奶的手段，实施杀害婴儿犯罪，就应将她以杀害婴儿的犯罪意思开始不给婴儿喂奶，认定为犯罪的着手。由于不纯正的不作为犯在犯罪构成要件上要求有危害结果的发生，在行为与结果之间便有一段距离，在这段距离中，可能出现未遂，也允许行为人自动中止。

犯罪的着手是一个复杂而细致的问题，过去很少有人论及。兹篇所述，盖一孔之见，有待于司法界和刑法学界人士作进一步的研究。

过失犯罪刑事责任的主客观基础[*]

邱兴隆[**]

一

过失，是一个法律概念，从属于罪过的范畴。如果我们只是为了认定某一行为是否构成过失犯罪，也许仅从刑法的规定与刑法学的角度即可解决问题，不必深究。但是，当我们把过失罪过作为行为人承担刑事负责的主观基础来考察时，就远远超出了刑法甚至刑法学本身狭小的范围，而必须结合犯罪心理学及法理学原理进行内容上与实质上的分析。

过失，作为与故意相对的一种罪过形式，是指主体对其行为的危害结果所持的忽视或轻视的心理态度。因此，对过失罪过的内容上的分析的起点应是过失犯罪的心理过程。

犯罪意识与犯罪意志是构成罪过的两个要素。它们是犯罪心理过程的两个不同的侧面。两者相互依存、相互包含。没有犯罪意识就不可能存在犯罪意志，没有犯罪意志也就不会出现犯罪的意识。

过失犯罪有疏忽大意的过失与过于自信的过失之分。

在疏忽大意过失情况下，犯罪意识体现为应当预见而没有预见到行为的

---

* 本文原载于《法学评论》1984年第3期。

** 于西南政法大学获法学学士学位和法学硕士学位，曾任教于西南政法大学。

危害结果发生的可能性，犯罪的意志在于疏忽大意。具体地说，在当时的具体情况下，主体没有意识到自己的行为的性质，但按照社会的要求与客观标准他是应当预见且能预见的。社会的要求是指主体具有意识的义务，它因人的职业及所处的环境等而异。所谓客观标准是指：其一，按照与主体在职业、发育状况、接受技术与知识的训练和培养的机会相同或相似的其他理智正常的人的标准，主体是能够意识的；其二，主体本身的年龄、发育状况、生产实践经验等达到了可以意识的程度，客观条件是正确意识行为的性质的前提，但是具备了这些条件还只能说“能意识”。要使“能意识”变成“已意识”，即使意识由可能性转化为现实，尚须经过主体的主观努力（正确的意志活动）。疏忽大意过失的主体就是主观努力不够，在应引起注意的时候未注意（错误的意志活动），才导致对能意识的情况未能意识。这就是疏忽大意的过失所具备的犯罪意识与犯罪意志两个要素。

在过于自信过失情况下，犯罪意识体现为已经预见到行为的危害结果发生的可能性，犯罪的意志在于轻信能够避免这一危害结果的发生。也就是说，主体在行为时对所有情况诸如环境、有利与不利条件等有了较为具体的认识，知道自己的行为可能引起危害结果及其大小。明知自己的行为是不正常的，在意识到行为性质后，主体未按社会的要求重视自己行为的危害性，而是对行为及其后果持轻视态度。这种应重视且能重视而予以轻视的心理态度，正是主体的意志错误所在。因此，过于自信的过失也同样具备了犯罪意识与犯罪意志。

刑法学认为，当主观上同时具备刑法所规定的犯罪意识与犯罪意志时，就说明主体是有罪过的，而有罪过是构成犯罪、负担刑事责任的主观依据。然而，为什么过失罪过能作为刑事责任的主观基础？这是有待下文进一步研究的过失罪过的主体意志的自由性，及其与作为绝大多数人共同意志的体现的社会主义法的相互关系的内容。

疏忽大意的过失，是以意识错误为前提的。主体意志是否自由，取决于引起意识错误的原因。在我国社会主义制度下，公民享有受教育的权利，接受了必要的专业知识与社会知识的培养。同时，人的年龄、身体发育状况是随自然的发展而发展的，人对专业知识、技术、社会知识的掌握程度与人的学习、努力程度成正比。无论是自然界还是社会都为人在较大范围内正确地认识事物、判断是非提供了有利条件，疏忽大意过失的主体，与其他公民一样，具备上述条件。但他未能充分利用这些有利条件，没有按照社会的要求作出应有的努力，对应注意的事情没有注意，最终导致对应意识（预见）的情形未能意识（预见），发生意识上的错误。可见，意识错误是行为人平时不努力的必然结果。而主体的这种可努力而不努力的选择，说明了其意志是自由的。

过于自信的过失是有认识的过失，也就是说，主体不但能够意识（预见）而且已经意识（预见）到自己行为的严重性。既然主体对自己的行为有了正确认识，他自然具有正确选择自己行为的能力。按照社会的要求，主体应当重视自己的行为的严重性，立即作出放弃自己行为的决定，最为有效地防止危害结果的发生，这才是正确的决定。然而主体作出了相反的决定，对自己行为的严重性掉以轻心，继续实施这一带有潜在危险性的行为，将防止危害结果发生的希望寄托在可能性不大的措施如自己的技术上，轻信可以避免危害结果的发生，显然，应该重视而不重视，这一自由选择正是主体自由意志的体现。

辩证唯物主义认为，绝对的意志自由是不存在的。除了受自然规律的制约外，人的意志还必然要受一定的社会规范的约束。在社会主义制度下，个人的意志应受绝大多数人的共同意志的约束，社会主义法是广大人民共同意志的体现，它只承认作为阶级意志的这种共同意志，如果个别人或少数人为追求个人意志的满足与自由而违背了大多数人的共同意志，就必然受到法律强制措施的制裁。过失罪过正是主体在追求个人意志的满足、放任个人意志的过程中忽视或轻视了人民的共同意志。它构成了过失犯罪应负刑事责任的主观基础。

二

从本质上说，犯罪意识与犯罪意志都是对客观外界的错误反映，属哲学上的所谓认识错误。

人具有二重性。作为自然的人，他不可避免地要同自然界打交道，即进行生产实践活动；作为社会的人，他必然要参与人与人之间的交往，即进行社会实践活动。人参加生产实践必须尊重自然规律、参加社会实践必须尊重社会规律。马克思主义认识论认为，实践的成败取决于认识的正确与否。认识的正确与否就是主观是否符合客观实际，正确的认识是对客观规律的正确反映，错误的认识是主观超越或落后于客观规律。既然过失罪过是认识错误，那么，由这种错误认识指导下的实践活动必然遭到失败。

从我国刑法原则对过失犯罪的具体规定来看，所有过失犯罪大致可分为两类：一类是发生在生产过程中的过失犯罪，包括职务上的过失犯罪（如玩忽职守罪）、违反管理规定的过失犯罪（如违反易燃易爆物品管理规定罪）、违反规章的过失犯罪（如交通肇事罪），等等。从直接原因来看，这类过失犯罪都是因违反规章制度造成的。另一类是发生在日常生活中的过失犯罪，主要包括过失杀人罪、过失伤害罪、失火罪、过失爆炸罪，等等。造成这类过失犯罪的直接原因大都是违反社会共同生活准则。

规章制度是人们在长期的生产过程中认识与适用自然规律的经验总结，也是保证人们在生产过程中能正确遵守自然规律的行为规范。因此，一般说来，遵守了规章制度，也就尊重了自然规律，违反规章制度必然违背自然规律。社会主义共同生活准则的核心是共产主义道德，它与社会向前发展的客观规律是一致的，是对社会规律的正确反映。遵守了社会共同生活准则，也就尊重了社会规律，违背共同生活准则就必然违背社会规律。过失犯罪人由于认识上的错误，违反规章制度与社会共同生活准则，其结果不是违背自然规律就是违背社会规律。

违背客观规律就必然遭到规律的报复性制裁，这本身也是一条不以人的意志为转移的客观规律。规律具有客观性，其报复不同于人的有意识的报复，而带有很大的盲目性。同时，规律的制裁也是无情的。它不一定体现为对规律的违背者本人造成某种损害，更经常的是给国家与人民造成不可估量的损失。过失犯罪是违背客观规律的行为，那么，当行为人违背客观规律而给社会带来重大损失、侵害了人民共同利益时，自然就产生了行为人对行为负责的问题。我国社会主义法是保护人民共同利益的工具。当个别人的行为侵害了人民的共同利益时，国家机关必然运用法律的强制力对这种行为进行制裁。对于严重违背客观规律、造成重大损害的过失犯罪行为，自然要动用最严厉的制裁措施即追究刑事责任。所以，违背客观规律并因此而造成的重大损害是过失犯罪应负刑事责任的客观基础。

三

主客观相统一是我国刑法的一条基本原则。根据这一原则，在确定过失犯罪的刑事责任时，既要有主观依据又要有客观依据。不具有犯罪意识与犯罪意志两个要素，即无过失罪过，即使在客观上造成了重大损害，也不构成过失犯罪，当然不能追究刑事责任；虽然有了认识上的错误，但在客观上没有严重违背客观规律、未造成重大损害，仅属一般错误，无所谓过失犯罪，更谈不上追究刑事责任。

同时，作为刑事责任的依据还必须是主客观基础的有机结合，而不是两者紊乱的堆积，人对客观外界的认识是能动的反映，而不是机械的摄影与复写。因此，在认识世界与改造世界的过程中，人们的主观愿望与客观实际是难以保持绝对一致的，不可避免地要发生不同程度的差异。现实生活中，事与愿违的小错小过是常见的，对于这种小错小过，不必也不能追究刑事责任。固执己见导致产生严重的认识错误、超出人们所能谅解的限度，从而形成了作为刑法意义上罪过形式之一的过失。

认识错误及其严重与否，是主观的东西。衡量某人是否具有认识上的错误、错误的程度只能是客观标准。认定某人认识错误是否严重即是否构成过失罪过的唯一标准是违背客观规律的程度，即造成的社会危害的大小。只有发生了严重后果，才能证明认识错误的严重性，也才谈得上刑法意义上的过失。如果未发生严重后果，就不足以说明行为人具有过失罪过，即使有认识错误，也只是一般错误。因此，我国刑法把致人死亡、重伤，造成重大损失等严重后果作为构成过失犯罪的必要要件。造成严重后果的过失，已不同于一般小错小过，也超出了社会所能谅解的限度，必须追究刑事责任。所以，如果不认识到过失罪过与一般认识错误在错误程度上的差异，就会错误地将过失犯罪行为当作一般的小错小过而不追究刑事责任。这样做，既不利于行为人吸取教训，也难以表示社会对这些行为所持的否定态度，自然也达不到阻止类似行为继续出现的目的。

另外，因为过失犯罪是主体在错误认识的支配下，不自觉地选择的有害于社会的行为，不像故意犯罪是主体在个人意志与人民共同意志、个人利益与社会利益发生了激烈的外部冲突时自觉地选择的敌视社会的行为，因此，较之故意犯罪，过失犯罪民愤要小，易于得到社会的谅解。同时，正因为过失犯罪是认识错误所致，行为人尚未形成敌视社会的心理，不像故意犯罪具有包括犯罪动机、目的以及一系列犯罪思维活动在内的复杂的犯罪心理结构。所以，过失犯罪者在目睹自己的行为所造成的损害后，容易产生知罪、悔罪、赎罪心理，比故意犯罪者容易改造。根据这些特点，对过失犯罪不必处以重刑即可达到改造犯罪人、预防过失犯罪的目的。如果只看到过失犯罪在客观上造成的巨大损害，忽视它与故意犯罪在主观恶性上的差异，片面严惩过失犯罪，就会违背我国刑罚的目的。

总之，确定过失犯罪刑事责任时，只要我们在认识到过失罪主观恶性浅的同时能看到它给社会造成的严重损害，在看到其严重后果的同时也能考虑到其主观恶性不深，就必然得出如下正确的结论：过失犯罪，不可不罚，又不可重罚。

论犯罪构成各要件的实质及辩证关系*

——改造现行犯罪构成理论的探索

陈忠林**

作为指导司法实践认定犯罪的理论和罪刑法定原则的坚强支柱，犯罪构成理论在我国的刑法学体系中无疑具有不可动摇的核心地位。但是打开我国刑法学论著中有关犯罪构成的论述，我们就会发现下列奇怪现象：我们强调犯罪构成的形式和犯罪实质的统一，同时又认为正当防卫、紧急避险等根据有社会危害性的行为在形式上也具备犯罪构成要件；我们强调犯罪构成是有机统一的整体，同时又认为犯罪构成个别要件（如因果关系）可以脱离犯罪构成或其他要件而单独存在；我们强调犯罪构成是主客观要件的统一，同时又认为客观要件不同的犯罪，可以具有相同的主观要件……这些现象的存在说明，我国现行的犯罪仍然理论仍然存在着犯罪构成的形式和犯罪实质相脱离，犯罪构成内部各要件相互脱离两大根本的缺陷。这些缺陷的存在，不仅在理论上妨碍了我国刑法学体系的科学性，同时也给司法实践带来了一定

---

* 本文为笔者的硕士论文，最初拟名为《论犯罪构成各要件的实质及辩证关系》。笔者的指导老师伍柳村认为这个名字太“小气”，就加了一个副题定。最后定名为《论犯罪构成各要件的实质及辩证关系——改造现行犯罪构成理论的探索》。最初收入西南政法学院研究生处1987年所编的《硕士研究生论文集》，2000年在陈兴良教授主编的《刑事法评论》第6卷上依原文发表。现将该论文内容分为三章，并根据内容添加了一些小标题。

** 西南政法大学法学院教授。

的混乱。

为了克服我国犯罪构成理论中的这些缺陷，建立具有中国特色的刑法学体系，不少同志在探索中提出了许多富有建设性的设想。但我们注意到，我国刑法学界在改造现行犯罪构成理论的探索中，一般都把注意力集中在犯罪构成整体和犯罪实质的联系，以及犯罪构成究竟应该包括那些要件等问题上，方法论上并没有彻底摆脱以“行为”，实际上是以行为的直观的形式为中心的观念的束缚。迄今为止的犯罪构成理论发展史说明，只从形式上去研究犯罪构成和犯罪实质、犯罪构成的个别要件和犯罪构成整体的联系，是不可能从根本上克服现行犯罪构成理论中的这些缺陷的。要真正建立科学的犯罪构成理论，不但要求我们必须抛弃传统犯罪构成理论重行为“外观”不重行为实质、重行为形式不重行为内容、重构成要件间的外在区别不重构成要件的内在联系、重客观不重主观那一套形而上学的方法，同时还要求我们深入到犯罪构成的内部，从犯罪构成各要件的实质及内在联系这一崭新的角度，对犯罪构成各要件进行系统的考察，本部分试图对此做一初步的尝试。

第一章　犯罪构成的概念

第一节　犯罪构成与犯罪概念

一、现行犯罪构成定义的缺陷

要弄清犯罪构成各要件的实质及其辩证关系，首先应从概念上搞清楚什么是犯罪构成。根据我国刑法界目前最有代表性的说法，犯罪构成就是我国刑法所规定的，决定其一具体行为的社会危害性及其程度，而为该行为构成犯罪所必需的一切客观和主观要件的总和。[①] 尽管这个定义可说是字字都值得重新推敲，但其最大缺陷仍可归纳为不能科学地说明犯罪构成要件的实质

① 参见高铭暄主编：《刑法学》，法律出版社 1982 年版，第 97 页。

和各要件间的内在联系。

我们说该定义没有揭示犯罪构成要件的实质，主要有以下理由：

第一，该定义认为犯罪构成是“一切客观和主观要件的总和”，但没有说明究竟什么是犯罪构成要件。因而有人认为构成要件是构成犯罪的“条件”，有人又认为是刑法规定的“事实特征”，还有人认为是构成犯罪的“条件和特征”，在理论上造成了一定的混乱。

第二，该定义没有揭示犯罪构成要件和犯罪行为之间的关系，这表现在它没有说明犯罪构成要件究竟是包含于犯罪行为之内的要素呢，还是存在于犯罪行为之外的事实。这在实际上导致犯罪行为之外去寻找犯罪构成要件的做法，如有的人把犯意等同于犯罪的故意，视构成要件中的行为为“客观上危害社会的行为”，这无疑是把犯罪行为以外的事实也当作构成要件了。

第三，这个定义不能说明构成要件之所以能成为构成要件的理由。尽管该定义说明了构成要件能“决定”行为社会危害性及其程度，但为什么其他能表明行为的社会危害性及程度的因素如动机、后果、自首、累犯等不能成为构成要件呢。如果构成要件是构成犯罪所必需的因素（暂用这一模糊的概念），那为什么是它们而不是其他旨构成犯罪所必需的呢？现有的构成定义也不能说明这一点。

第四，这个定义没有正确地说明犯罪构成要件的作用。该定义认为构成要件只是“能决定行为的社会危害性及其程度”，只是为“构成犯罪所必需”，据此推来，犯罪构成要件就最多只能用作区分罪与非罪的标准，而不能成为划分此罪与彼罪的界限，因为社会危害性程度不同，不等于犯罪的性质不同。社会危害性程度相同的犯罪，也不等于其犯罪性质就完全一样。

由于现有的构成定义没有揭示构成要件的实质，因而也就不可能正确地说明构成各要件间的辩证关系。现有的定义把构成视为构成要件的“总和”，尽管也在强调犯罪构成的有机统一，在实际上却是把犯罪构成视为各要件的机械相加。并由此导致了犯罪构成整体和各构成要件之间、犯罪构成各要件之间的相互分离，前面所讲的认为刑法中的因果关系可以脱离主观罪过而单独存在，就是典型的例子之一。

现有的犯罪构成定义不能正确地说明犯罪构成要件的实质和各要件的相互关系给现有的犯罪构成理论带来了许多不可克服的内在矛盾，除了本文前面提到的那些奇怪现象外，人们经常用公式表述：

犯罪构成＝犯罪的客体＋犯罪的客观方面＋犯罪的主体＋犯罪的主观

方面

如果把这个公式稍调整一下

犯罪构成 = 犯罪行为 + 犯罪结果 + 犯罪客体 + 犯罪主体 + 犯罪的主观方面

该公式表明，犯罪行为的构成大于犯罪行为的本身，这在逻辑上的错误是很明显的。如果按有些人的说法，犯罪构成中的行为是“客观上危害社会的行为”，我们还将得出犯罪构成的一个要件（犯罪构成的一部分）都要大于犯罪构成整体的错误结论。

二、犯罪构成与犯罪概念的关系

怎样才能克服现有构成理论的缺陷，给犯罪构成下一科学的定义呢？我们认为这首先需要弄清犯罪构成和犯罪概念的关系。犯罪构成和犯罪概念是刑法总则理论中两个联系最紧密的概念。虽然它们都以犯罪现象为自己抽象的对象，但二者对犯罪行为的抽象却有不同的内容和作用。

犯罪概念和犯罪构成是在不同层次上对犯罪现象的抽象。犯罪概念是刑法总则规定的适用于一切犯罪的概念，它以宏观的犯罪现象的整体为自己抽象的对象，因而它是对犯罪现象最高次的抽象，其抽象的结果是一切犯罪所共有的特点，即犯罪的共性。而具体的犯罪构成则是刑法分则规定的各种具体犯罪的特征，每种犯罪构成只能说明该种犯罪的特点。相对于犯罪概念而言，各种犯罪构成是在微观的犯罪的种（或类）的层次上对犯罪行为进行的抽象，它抽象的结果说明的是各种犯罪之间的不同特点，说明的是各种犯罪行为的个性或特殊性。

犯罪概念和犯罪构成不仅对犯罪行为抽象的层次不同，而且抽象的角度和深度也不一样。犯罪概念从犯罪行为的社会性质的角度，抽象为一切犯罪行为所共有的不同于非犯罪行为的基础属性。而犯罪构成则是从犯罪行为的内部结构的角度，说明各种犯罪行为的构成要素各有什么特点。犯罪行为的社会性质是犯罪行为内在的东西，具有非直观性特点，它们代表犯罪行为的共同本质，在认识论上属于理论认识范畴。相对于犯罪行为的基本属性而言，犯罪行为的结构具有外在、直观的特点，它们代表的是犯罪行为的形式，一般来说，它们还属于感性认识的范畴。因此，犯罪概念和犯罪构成还分别代表了人们对犯罪行为认识的不同深度。

三、犯罪概念不能直接认定犯罪的标准

犯罪概念和犯罪构成是在不同层次上从不同的角度对犯罪行为进行的不同深度的抽象，因此二者在司法实践中的作用也不一样。犯罪概念是对犯罪行为的最高层次进行的最一般的抽象，它以犯罪行为的共同本质为自己特有的内容，对于司法实践中认定犯罪具有重大的指导意义，但它却不能直接用作认定犯罪的标准。除了犯罪概念抽象的是犯罪的本质，具有非直观性，不可能为直觉直接把握这一根本原因外，还有以下两个主要原因：

第一，我国刑法学界目前对于犯罪概念的三要素，特别是社会危害性和刑事违法性的具体内容还没有明确一致的认识。如精神病人在不能辨认和控制自己行为的情况下实施的对社会造成了损害的行为有没有社会危害性，依类推定罪的行为是否具有刑事违法性，刑法学界就有不同的看法。甚至对犯罪概念本身究竟是包含了三个要素，还是两个、四个要素，这些要素的关系如何，我国刑法学界也还存在争论。我们不能用这种模糊的概念来作为定罪的标准。

第二，即使我们对犯罪概念的内涵有了明确一致的认识，犯罪概念仍然不能作为认定犯罪的标准。因为犯罪概念反映的犯罪的共性，说明的是犯罪行为的共同点，即使我们能用它将犯罪行为和非犯罪行为区别开来，我们仍然无法用它来说明此罪与彼罪的差别，因而无法最终认定犯罪。

由于犯罪构成抽象的是犯罪行为结构形式的特点，因而具有能为人们所直接把握的特点。同时它又是在较低层次上对犯罪行为个性的抽象，能说明各种犯罪之间的区别。因而只有它在司法实践中能直接作为认定犯罪的标准。

尽管犯罪构成和犯罪概念存在以上区别，但二者又有内在的必然联系。因为犯罪概念所说明的犯罪行为的本质属性虽然是非直观的、内在的，但它总是通过一定的外在的、直观的、个别的犯罪行为的结构表现出来。犯罪行为不同于其他行为的共同本质最终只能通过其结构形式中不同于其他行为的内容才能得到说明。因此各种具体的犯罪构成既是犯罪概念所抽象的犯罪共同本质的存在形式，又是我们认识犯罪行为共同本质的根据。而我们对犯罪共同本质的认识——犯罪概念，对于我们分析、研究、确定犯罪构成又有着重大的指导意义，如果行为的结构形式的具体内容不能说明犯罪的共同本质，那么它就不是表现犯罪共同本质的犯罪构成。

第二节　犯罪构成的概念及分析

一、犯罪构成的定义

弄清了犯罪构成和犯罪概念的关系，犯罪构成的定义就比较清楚了。根据上面的分析，所谓“犯罪构成”，就是体现各种具体犯罪特殊本质的法律结构。与现有的犯罪构成定义相比，这个定义既揭示了犯罪构成要件的实质——各种具体犯罪行为特殊本质的体现，也说明了犯罪构成各要件间的辩证关系——“特殊本质”即一事物特有的内部联系，“结构”一词也包含了事物内各要素的相互在内。

二、犯罪构成要件是各种具体犯罪特殊本质的体现

我们说犯罪构成要件的实质是各种犯罪特殊本质的体现，主要有以下理由：

（一）它正确地说明了犯罪构成要件和犯罪行为的关系

第一，它说明犯罪构成要件只存在于犯罪行为之中。由于犯罪构成要件是各种具体犯罪特殊本质的体现，所谓特殊本质又是指一事物特有的内部联系，因而它说明犯罪构成要件只存在于犯罪行为之中，不能把犯罪行为以外的“条件”“特征”当作犯罪构成要件，这就从理论上排除了犯罪构成要件和犯罪的实质相脱离的可能。

第二，它说明了犯罪构成要件是犯罪行为能为人们所直接把握的表现形式。我们说犯罪构成要件是各种具体犯罪特殊本质的体现，还意味着犯罪构成要件是体现出来的犯罪行为的特殊本质，因而它属于犯罪行为的现象范畴，是犯罪行为特殊本质的表现形式，具有相对外在、能为人们所把握的特点。了解这一点，我们就不会把犯罪行为中所包含的内在的、不可能为人们所直接把握的成分（如刑法所保护的社会关系）作为构成要件，避免犯因此而使整个构成要件都无法直接把握的错误。

第三，它说明了犯罪构成要件只是犯罪行为中代表各种犯罪行为特殊本

质的那一部分特征，而不是犯罪行为的全体。一事物的特殊本质是使一事物区别于他事物的内在联系。所以我们说犯罪构成要件是各种犯罪行为特殊本质的体现，还意味一种犯罪行为的构成要件体现的只是该种犯罪行为的特殊本质，而不是犯罪行为全部的质。因而犯罪构成要件只是一种犯罪的全部现象中代表该种犯罪特殊本质的现象，即为该犯罪所特有，也为该种犯罪所共有的特征。犯罪构成要件不等于犯罪现象的整体，犯罪构成也不等于犯罪行为本身。因而构成犯罪的因素也并不等于犯罪构成的要件。犯罪构成的各种要件只是犯罪客体和犯罪的客观方面，以及犯罪的主体和主观方面中包含的体现犯罪特殊本质的特征，而不能把它们等同于实际存在的犯罪主体，客体和犯罪行为的主观方面。从理论上弄清这一点，不仅能划清犯罪构成要件和构成犯罪的因素的界限，同时也能说明为什么犯罪行为有的特征能说明行为社会危害性的程度，但却不能作为犯罪构成要件的原因。

（二）它正确地说明犯罪构成要件和犯罪概念的关系

我们说犯罪构成要件是各种具体犯罪特殊本质的体现，说明了犯罪构成是在罪种的层次上对犯罪行为的表现形式的抽象，同时由于犯罪构成要件体现了各种犯罪的特殊本质，又说明了犯罪构成要件抽象的是各种犯罪行为不同于其他行为的特征，抽象的是各种犯罪的个性、特殊性。它说明所谓犯罪构成是犯罪概念的具体化，其实质就是犯罪构成是犯罪概念的个性化、特殊化和外在化。

（三）它正确地说明了犯罪构成要件的作用

总结前面的分析，犯罪构成要件具有以下特点：

第一，它们体现的是犯罪行为特殊本质，说明的是各种犯罪行为之间不同的特征，因而能作为区分此罪的与彼罪的界限。

第二，共性寓于个性之中。犯罪行为的一般本质通过各种具体犯罪的特殊本质体现出来，能说明各种具体犯罪行为特殊本质的犯罪构成要件也能说明犯罪的一般本质，所以它们也能作为判断具体的行为是构成犯罪的标准。

第三，犯罪构成要件是各种具体犯罪特殊本质的表现形式，能为人们所直接把握。

犯罪构成要件的这些特点说明犯罪构成能直接作为司法实践认定犯罪的标准。

三、犯罪构成是犯罪的法律结构

与目前通行的犯罪构成定义相比，这个定义另一个较大的修改是用“法律结构”取代了“刑法规定的……要件的总和”。之所以要作这样修改，首先是因为刑法本身对许多具体犯罪的构成要件并没有作明确的规定，往往需要作进一步的解释。司法实践中确定具体的犯罪构成要件的过程，一般来说有以下三种情况：

一是在刑法规定十分明确的情况下，直接根据刑法有关条文的规定来确定。

二是在刑法规定不十分明确，但经全国性的有权解释机关如最高人民法院等有具体解释的情况下，依有权解释机关的解释来确定。

三是在刑法规定不十分明确，有权解释机关又无具体解释的情况下，由审判人员根据刑法总则规定的精神和有关分则条文的具体规定，结合党的有关政策和当时当地的实际情况来确定。

在上面这三种情况中，只有第一种情况是由刑法直接规定了犯罪构成要件，后两种情况的犯罪构成要件都是通过解释来确定的。就是在第一种情况下，刑法的规定也不是一一指出犯罪构成的各个要件、具体的犯罪构成要件的获得，是我们运用犯罪构成理论分析刑法有关规定的结果，所以不宜直接说犯罪构成要件就是刑法规定的。但不管具体的犯罪构成是用哪一种方式来确定的，我们都只能以刑法总则和有关分则的具体规定的依据，不能脱离、更不能违背刑法规定的精神。由于犯罪构成要件表现的是代表犯罪特殊本质的结构形式，所以我们认为称犯罪构成为犯罪的法律结构较为适当。

除此之外，说明犯罪构成是犯罪行为的法律结构，还向我们展示了说明具体的犯罪构成要件的实质和内部联系的根据途径。因为结构是一事物的表现形式，一般说来，直接与它相联系的是事物的内容而不是事物的本质。这说明要揭示犯罪构成要件的实质和内部联系，就不能像传统的构成理论那样只停留在构成要件的形式上，而必须进一步分析犯罪构成要件的内容。

第二章　犯罪构成各要件的实质

第一节　犯罪主体要件

一、犯罪主体要件的实质

（一）犯罪主体要件是研究犯罪构成的逻辑起点

根据马克思主义关于人的本质的基本原理，人总是处于一定的社会关系中，进行各种具体活动（行为）。因而人既是一定社会关系的主体，又是以一定的方式进行各种活动的主体。在这里，主体所处的社会关系是主体的本质，而主体所进行的活动则是主体的存在和表现形式。主体所处的社会关系的性质，决定主体行为（活动）的性质。犯罪行为是主体（犯罪主体）在一定的社会关系中所进行的活动，它是犯罪主体的存在和表现形式。犯罪行为的特殊本质实际上就是犯罪主体的特殊本质。犯罪构成的各个要件只是犯罪主体要件的存在和表现形式。我们要揭示犯罪构成各要件的实质及其辩证关系，首先就必须分析犯罪构成主体要件的内容，揭示犯罪主体所处的社会关系。所以，我们把犯罪构成的主体要件当作研究各构成要件实质和辩证关系的逻辑起点。

（二）刑事责任能力是犯罪主体要件的核心

犯罪构成的主体要件是犯罪行为中所包含的，从主体角度说明犯罪行为的特殊本质，区分罪与非罪、此罪与彼罪的特征。它一般包括主体的刑事责任年龄和刑事责任能力。在有的犯罪构成中还要求主体具备一定的身份。由于主体的刑事责任年龄在特定的身份都是用来说明主体的刑事责任能力的，因而主体的刑事责任能力是犯罪构成主体要件的核心。

（三）刑事责任能力是行为人承担刑事义务的条件

刑事责任能力中的“能力”一词在法律用语中表示主体能否实施某种行为的资格或条件。其中的“责任”则通常有两种含义：（1）指人们所承担的义务，如父母有抚养教育子女的责任；（2）指违反某种义务所应承担的后果，如我国刑法规定“故意犯罪要负刑事责任”。犯罪构成是确定刑事责任（违反刑法规定所应承担的后果）的根据，还不等于法律后果本身。所以在犯罪构成中谈刑事责任，主要是指刑法规定的义务。所谓刑事责任能力主要也是指行为人承担刑事义务的条件（资格）。

（四）刑事责任能力以行为人对自己行为的辨认和控制能力为内容

究竟什么是行为人承担刑事义务的条件，我国刑法并没有直接作正面的规定。由于违反义务的后果和义务本身有着内在的必然联系，我们可以根据我国刑法中有关行为人要对自己行为承担刑事法律所规定的后果的规定推出行为人承担刑事义务的条件。根据我国《刑法》（1979 年）第 13 条规定，行为人在损害社会的结果不可预见，不保抗拒的情况下不负刑事责任（不认为是犯罪），第 15 条规定精神病人在不能辨认不能控制自己行为的情况下实施的行为不负刑事责任。从上面的规定可以看出，我国刑法规定行为人承担刑事义务必须具备以下两个条件：

一是能辨认自己行为的性质（能预见自己行为的后果）；

二是能控制自己的行为（能抗拒自己行为的后果）。

这两个条件即人们常说的行为人对于自己行为的认识能力和控制能力。

行为人对于自己行为认识能力，指行为人对于自己所实施的行为性质的认识能力。行为人能否认识自己行为的性质，取决于行为人能否认识决定自己行为性质的要素。由于人的行为总是行为人利用一定条件来作用于一定对象并产生一定结果的活动，因此行为人对于自己行为的认识能力包括行为人对于自己所利用的客观条件的性质和行为对象性质的认识能力，以及行为结果的预见能力。行为人对于自己行为的控制能力则指的是，有认识能力的主体依自己意愿去认识自己行为的性质，在已经认识自己行为性质的基础上决定是否实施该种行为，并把这种决定的内容变为客观现实的能力。简言之，行为人对于自己行为的控制能力指的是行为人能不能控制自己去认识自己行为的性质，并把这种认识变为客观现实的能力。

二、刑事责任能力与刑事义务的内在联系

我国刑法为什么要求以行为人的认识能力和控制能力为行为人承担刑事义务的条件呢？这是因为：

（一）只有对刑法所禁止的行为有认识能力和控制能力的人才可能承担刑事义务

和其他法规一样，刑法规定刑事义务是为了调整人们的行为，因此这种义务存在的前提就是承担这种义务的主体的行为能够调整，即承担这种义务的主体能够按照刑法的要求不去实施为刑法所禁止的行为。要行为人按照刑法要求的方式行为，必须以行为人能够理解刑法的要求，能够辨认自己的行为是否符合刑法的要求，并能把自己的行为控制在刑法所允许的范围内为前提，即以行为人具有对于自己行为的认识能力和控制能力为前提。如果行为人不能够认识自己行为的性质，就不可能知道自己的行为是否违背了刑法所规定的义务，或者行为人不能把自己的行为控制在刑法所要求的范围内，行为人的行为就是无法调整的，对他们规定刑事义务就失去了任何实际意义。

（二）对刑法所禁止行为具有认识能力和控制能力的人必须承担刑事义务

从行为人的角度看，对于自己行为有认识能力和控制能力的人的行为与不具有这种能力的人的行为有着根本的区别。因为一个人具有了认识和控制自己行为性质的能力，就能够运用这种能力主动地去认识周围的事物，并在自己认识客观事物的基础上，按照自己的需要去影响，改变自己所认识的事物，把自己对于客观事物的认识和自己的需要变为客观现实，使自己的行为及其结果成为行为人运用自己的认识能力和控制能力的结果，此即人们常说的主观能动性，受不同的社会影响，不同的个人可能用不同的方式来满足自己的需要。当一个人需要的方式与社会的需要一致时，个人为了满足自己的需要，运用自己对于行为的认识能力和控制能力就会对社会产生积极的影响，如刑法中的正当防卫、紧急避险。从社会利益的角度看，我们称这种主观能动性为积极的主观能动性。如果个人满足需要的方式与社会的利益产生了冲突，个人为满足需要而运用对于自己行为的认识能力和控制能力，就会破坏社会的稳定，对社会产生消极的影响，我们称这种主观能动性为消极的主观能动性。所谓的社会危害就是这种消极的主观能动性的体现。当刑法所保护的对象进入行为人的认识、控制范围的时候，如果行为人以消极的方式来满足自己的需要，就会对刑法所保护的对象带来危害，破坏刑事法律所维护的社会法律秩序。让他们承担刑事义务，就是在目前的情况下必须采取的措施之一。

（三）特殊主体即因特殊的刑事责任能力而负有特殊的刑事义务的主体

行为人是否具备对于刑法所禁止的行为的认识能力和控制能力，要受到主客观两方面的限制。从主观方面看，行为人对于自己行为的认识能力和控制能力首先就要受到自己生理发育——认识机能和运动机能发育的限制。因此我国刑法规定了未满 14 周岁的未成年人不负刑事责任，已满 14 周岁未满 16 周岁的未成年人只对社会危害性严重、特别明显的少数刑事犯罪承担刑事责任。同时行为人所受的教育、训练、经历等也对其认识能力和控制能力有极大的影响。如不具有一定的专业知识，就不可能认识和控制属于专业范围内的行为。从客观方面讲，行为人的认识能力和控制能力要受到自己所处的社会关系的限制。由于行为人所处的社会关系代表行为的本质，所以行为人只有处于一定的社会关系中，才可能具有对某种行为的认识能力和控制能力，特别是控制能力。所谓特殊主体，实际上就是指相对于一般人而言，主体处于特殊的社会关系中，因而具有对特殊行为的认识能力和控制能力。

三、犯罪主体要件的意义

研究犯罪构成的主体要件具有以下十分重大的意义：

第一，犯罪构成的主体要件是行为人承担刑事义务的条件。它在犯罪行为中的存在，说明了行为人是承担刑事义务的主体，这种主体的活动是刑法所设定的统治关系——刑事法律关系的表现形式。所以犯罪构成主体要件从犯罪行为所体现的社会关系的角度，揭示了犯罪行为不同于其他行为的特殊本质。

第二，犯罪行为是违反刑事义务的行为，犯罪构成的主体要件是行为人承担刑事义务的条件。犯罪主体只可能是承担刑事义务的人，因而犯罪构成的主体要件又是从主体角度区别犯罪行为和其他行为的标志。

第三，由于刑事只可能调整行为人认识、控制范围内的行为，犯罪行为就只能是行为人运用自己的认识能力和控制能力的结果，犯罪行为也只可能是行为人的认识能力和控制能力的表现形式。所以犯罪行为中所包含的各种因素最终只有从行为人的认识能力和控制能力，即只有从犯罪构成的主体要件出发才能得到解释。如不查明行为人的认识能力，就无法说明行为人是否明知，是否应知自己的行为会发生危害社会的结果，因此也无法确定犯罪构成的主观要件；不查明行为人的控制能力就无法说明哪些结果的发生是行为人无法抗拒的，作用于刑法所保护对象的条件中哪些是为行为人所应控制的，因而也就无法确定犯罪行为客观方面的范围和犯罪行为的客观性质。

四、研究犯罪主体要件应注意的问题

研究犯罪构成的主体要件应注意以下几个问题：

（一）“实施了危害社会行为的自然人”不一定是犯罪主体

犯罪构成的主体要件是包含于犯罪行为中的主体特征，因而犯罪构成的主体要件只存在于犯罪行为之中，离开了犯罪行为就无所谓犯罪构成的主体要件问题。现行的构成理论认为犯罪主体是“实施了危害社会行为的自然人”，由于危害社会的行为并不一定就是犯罪行为，这无异是说非犯罪行为中也可能包含犯罪构成的主体要件，这种观点是值得商榷的。

（二）只有行为人实施犯罪行为时的刑事责任能力才是犯罪构成的主体要件

由于犯罪构成的主体要件只存在于犯罪行为中，因此只有实施犯罪行为时的行为人才能叫作犯罪主体，只有实施犯罪行为时行为人的刑事责任年龄和刑事责任能力才能作为犯罪构成的主体要件。而行为人在犯罪行为前或犯罪行为后的刑事责任年龄和刑事责任能力都不能作为犯罪构成的主体要件。所以我国刑法规定“间歇性的精神病人在精神正常的时候犯罪，应当负刑事责任”。有的刑法教科书认为犯罪主体是“实施了犯罪行为的自然人”或是“依法应对自己的犯罪行为负刑事责任的人”，都是指实施了犯罪行为以后的人。实施了犯罪行为以后的人所进行的活动，不一定就是犯罪活动。这时行为人只是他们所进行的活动的主体，不能说是犯罪主体。因此，他们这时的刑事责任能力和刑事责任年龄不能够作为犯罪构成的主体要件。

（三）犯罪主体要件的成立，取决于其他犯罪构成要件的成立

由于犯罪构成的主体要件只存在于犯罪行为中，没有犯罪行为就没有犯罪构成的主体要件，而犯罪行为的存在意味着全部犯罪构成要件的存在。因此，犯罪构成的主体要件能否成立，要取决于其他犯罪构成要件的成立。反过来讲，犯罪构成主体要件的成立也标志着整个犯罪构成的成立。

（四）不同犯罪构成的主体要件具有不同的内容

由于犯罪构成主体要件只存在于犯罪行为中，行为人包含于犯罪行为中的

认识能力和控制能力是对具体的犯罪行为的认识能力和控制能力。因而在具体的犯罪构成中，特别是具体的犯罪行为中，不同犯罪构成的主体要件具有不同的内容。如在确定具体的行为是否具备盗窃罪的主体要件时，我们就必须分析在行为人实施行为的具体情况下，行为人能不能认识自己的行为具有盗窃的性质，能不能控制自己不去实施这种行为。因此，意外事件、行为人身体受强制以及行为人睡梦中的行动等，行为人在“行为”时或是不可能认识到自己“行为”的性质，或是不能控制自己不去为一定的“行为”，它们都不是行为人的认识能力或控制能力的表现形式，因而它们之中都没有包含犯罪构成的主体要件。

第二节　犯罪客体要件

一、刑法所保护的社会关系不可能脱离具体的犯罪对象而存在

犯罪构成主体要件的实质是行为人的认识能力和控制能力，主体运用自己的认识能力的根本目的在于按自己的意愿影响，改变客观事物以满足自己的需要。这样，主体认识能力、控制能力和运用就必须以一定的客观事物为对象，即为主体认识和控制的客体。没有主体所欲影响、改变的客体，主体就无法体现自己的认识能力和控制能力，主体也就不成其为主体。如果主体所欲影响、改变的客体是刑法所保护的对象时，主体的行为就成为刑法所调整的对象，主体才成为刑事义务的主体。这时，如果主体用刑法所禁止的方式来影响或改变刑法所保护的对象，其行为就是违犯刑事义务的犯罪行为，主体也就成为犯罪主体，其行为的对象也就成了犯罪客体。由此可见，犯罪主体是相对于犯罪客体而言的，犯罪主体和犯罪客体是密不可分的矛盾统一体。所以，我们在分析了犯罪构成的主体要件之后，紧接着分析的就是犯罪构成的客体要件。

犯罪构成的客体要件可说是现行的犯罪构成理论中最混乱的问题。各种学说争论的焦点都集中在“犯罪客体”（法益、社会关系）和犯罪对象（犯罪行为所影响的人或物）的关系问题上。如果说在犯罪构成其全要件问题上，现行的犯罪构成理论是要形式、不要内容，重外观、不重实质的话，那么在犯罪构成客体要件的问题上，就可说是转了一个180度的大弯，而只要“实质”，不要形式了。其结果是把犯罪客体的实质——刑法所保护的社会关系和犯罪客体的

存在与表现形式——犯罪对象割裂开来，使犯罪构成的客体要件成为犯罪构成中一个不可直接把握的因素。因此，我们要分析犯罪构成客体要件的实质内容，首先就必须从理论上弄清犯罪对象和刑法所保护的社会关系之间的内在联系。

根据我国刑法学界目前通行的观点，“犯罪客体是指受刑法保护而为犯罪行为所侵犯的社会关系；而犯罪对象则是指犯罪分子对之施加某种影响的具体的人或物”。它们“是两个既有联系又有区别的概念”[①]。在此基础上，人们进而推出了犯罪客体不等于犯罪对象、有的犯罪中没有犯罪对象、“犯罪客体”（刑法所保护的社会关系）可以脱离犯罪行为所影响的对象而存在的结论。由于这个结论是以马克思关于“犯罪行为实质并不在于侵害了作为某种物质的林木，而在于侵害了林木的国家神经——所有权本身”的论述为立论的根据的，所以我们有必要先来看一下马克思究竟是怎样论述这个问题的：“林木占有者的利益之所以林木受窃时受到了损失，只是林木遭到了损失，而不是权利受到侵犯。只是罪行的可以感觉的那一面触犯了林木占有者的利益，犯罪的实质并不在于侵害了作为某种物质的林木，而在于侵害了林木的国家神经——所有权本身，也就是实现了不法意图。”这就是人们常常引用来论证犯罪客体不等于犯罪对象的那一段马克思的论述。在这段论述里，马克思指出林木的损失（犯罪行为对犯罪对象的影响）是“罪行的可以感觉的那一面”，罪行对所有权（刑法所保护的社会关系）的侵害是“罪行的实质”。辩证唯物主义的认识告诉我们，事物的“可以感觉的那一面”和“实质”是同一事物的两个不可分割的侧面。事物的“可以感觉的那一面”是事物存在的形式，事物的“实质”只有通过其“可以感觉的那一面”才能表现出来。所以刑法所保护的社会关系不可能脱离具体的犯罪对象而存在。

从马克思的论述中，我们不仅看到了犯罪对象和刑法所保护的社会关系不可分离，而且还看到了它们之所以不可分离，是因为它们是同一事物（犯罪客体）的实质和表现的辩证统一。

二、只有通过犯罪对象的具体特征才能揭示和认定犯罪所侵犯的社会关系

前面已讲过，犯罪行为所侵犯的社会关系说明的不是犯罪行为的“可以感

---

① 高铭暄主编：《刑法学》，法律出版社1982年版，第114页。

觉的那一面”，而是犯罪的“实质”，因而它们本身是不可直接认识的。感性是一切科学认识的基础，所以要揭示犯罪行为侵犯的社会关系，就只能以犯罪客体的“可以感觉的那一面”——犯罪对象为根据，通过对犯罪对象所表现出来的可感觉到的特征进行科学的分析，我们才有可能正确地说明犯罪客体的本质。

当然，从犯罪对象的特征来揭示犯罪行为所侵犯的社会关系并不是一个简单的推定过程。因为任何犯罪对象都处于复杂的社会关系之中，作为犯罪对象的人是“各种社会关系的总和”，作为犯罪对象的物“是多种属性的总和”，他们都可以分别和不同事物相联系，分别代表不同的社会关系。与它们联系的事物不同，它们所代表的社会关系也不同，它们表现出来的特征也不一样。因此，要通过犯罪对象来揭示犯罪对象所代表的社会关系，就必须对犯罪对象所处的具体联系进行具体的分析。

一般说来，考察犯罪对象所代表的社会关系，首先应考察分析犯罪对象和其他代表某种社会关系的事物的联系。例如，当犯罪对象是贮存于仓库中的电话线时，与这种电话线相联系的就是贮存于仓库中的其他货物，这时的电话线就具有作为仓库中货物之一部分的特征，因而它就和贮存于仓库中的其他货物一样成为财产所有权的体现。但如果电话线是用于正在使用的通信设备中的，那它具有正在使用的通信设备的一部分的特征。这时它代表的社会关系就是公共安全。

要揭示犯罪对象所代表的社会关系，除了要分析犯罪对象和其他代表某种社会关系的事物之间的联系外，更重要的是要分析犯罪对象和犯罪行为中所包含的其他因素的内在联系。因为“同一”对象所处的具体环境可能使它“同时”处于多种社会联系中，从而“同时”代表多种社会关系。如作为各种社会关系的人，就可以“同时”是具有生命的人、有一定健康状况的人、正在执行公务的国家工作人员、人民民主专政政权和社会主义制度的代表等身份（特征），从而分别代表公民的生命权利、健康权利、国家机关的正常活动和人民民主专政政权等社会关系。但是，“对象必然是存在于某一个规定里面，而不是自在和自为地存在着”。犯罪行为只可能以对象的一定的规定性（特征）为对象。所以在犯罪对象能同时代表多种社会关系的事物时，我们要揭示犯罪对象所代表的社会关系，就必须分析犯罪行为是以它的哪一部分规定性为对象的。

在刑法规定要求以特定的时间、地点为构成要件时，我们要揭示犯罪对象所代表的社会关系，不必须考察犯罪对象所处的具体时间和地点。在这里必须注意的是，刑法规定的时间、地点是用来说明犯罪对象特征，揭示犯罪对象所代表的社会关系的，因而它们属于犯罪构成的客观要件，而不是属于客观方面的要件。如在非法捕捞水产品罪中，由于国家规定一定时期、一定区域内的水产品不准捕捞，处于这些区、期中的水产品就成了国家经济管理的特别对象，从而体现了国家对水产资源特别管理这一社会关系。认为构成中的时间、地点属于犯罪构成的客观要件，实际上等于说它们之所以能成为国家对水产资源特别管理的对象，不是由于国家的管理，而是由于有人捕捞它们。或者说刑法所保护的社会关系是犯罪行为所创造的。这在逻辑上显然是讲不通的。

从上面的分析中我们可以看到，我们从犯罪对象的特征揭示犯罪对象所代表的社会关系的过程，实际上是我们分析犯罪对象所处的具体联系的过程。我们所说的代表一定社会关系的犯罪对象，指的是因处于一定的具体联系中而具有一定特征的具体的对象。犯罪行为所（欲）影响的犯罪对象的特征不同，犯罪行为所侵犯的社会关系也就不同。只要我们把握了犯罪行为（欲）影响的犯罪对象的特征，我们就把握了揭示、辨别犯罪行为所侵犯的社会关系的客观标准。现行的犯罪构成理论不分析犯罪对象所处的具体联系的客观标准。现行的犯罪构成理论不分析犯罪对象所处的具体联系和犯罪行为所影响的犯罪对象的具体特征，把犯罪对象当作孤立的“自在和自为”的对象来进行形而上学的考察，自然会得出“单从犯罪对象去看分不清犯罪性质”[①] 的结论。

三、任何犯罪都有犯罪对象

由于犯罪行为所影响的犯罪对象特征是我们揭示犯罪行为所侵犯的社会关系的根据和辨别标准，我们自然就会合乎逻辑地推出我们的第二个结论——任何犯罪行为所侵犯的社会关系都必须以一定的犯罪对象特征为自己的表现形式，任何犯罪行为都必须以具有一定特征的客观事物为自己影响的对象，即任何犯罪都有犯罪对象。

现行犯罪构成理论认为“不少犯罪没有犯罪对象”的论点，首先在理论上就是站不住脚的。承认有的犯罪没有犯罪对象，实际上就是认为有的刑法所保护的社会关系没有自己的物质表现形式。如果有这种社会关系存在，其根据是什么呢？我们对这种没有“可以感觉的那一面”为物质形式的认识又是从何而来的呢？对这种感都感觉不到的社会关系，犯罪行为又怎能对之实施侵犯呢？

---

① 高铭暄主编：《刑法学》，法律出版社 1982 年版，第 114 页。

对这些问题，现行的构成理论是很难自圆其说的。

实际上，没有犯罪对象的犯罪行为是不可能存在的，只要我们仔细分析与犯罪行为相联系的人和物，我们就会发现，任何犯罪都会对一定的人和物发生影响，都要以一定的人或物的一定特征为自己的对象。就拿人们常举的“没有”犯罪对象的脱逃罪为例吧。脱逃罪指依法处于司法机关强制措施控制下的人犯用非法手段摆脱司法机关强制措施的行为。脱逃罪的结果是犯罪分子脱离了司法机关合法的控制，使其由一个处于司法机关强制措施控制下的人，变成了人身自由暂时摆脱了司法机关控制的人。所以在脱逃罪里同样存在着犯罪行为所影响的对象——犯罪分子本身。犯罪行为所侵犯的社会关系——司法机关的正常活动就是通过犯罪分子本身所具有的处于司法机关强制措施控制下的这一特征体现出来的。其他如组织反革命集团、偷越国（边）境罪等犯罪行为所侵犯的社会关系，也是通过犯罪分子本身所具有的特征而体现出来的。

犯罪对象的特征和犯罪行为所侵犯的社会关系的统一性还表现在犯罪行为对任何刑法所保护的社会关系的侵害，都必须通过犯罪行为对犯罪对象特征的影响或改变体现出来。

正如前面所分析的，犯罪对象是犯罪行为所侵犯的社会关系的存在形式，是犯罪行为“可以感觉的那一面”，因而也是犯罪行为可以直接对之发生作用的一面。犯罪行为对犯罪对象的作用改变了犯罪对象所处的具体联系，使犯罪对象丧失了代表某种社会的特征，从而使刑法所保护的社会关系受到侵害。如脱逃罪就是改变了犯罪分子所具有的处于司法机关强制措施控制下的特征，从而侵犯了司法机关的正常活动。如果行为人的行为根本就不能使其对象丧失代表刑法所保护的社会关系的特征，就意味着它不能对刑法所保护的社会关系带来任何损害。因此，我们说犯罪行为对刑法所保护的社会关系的侵犯，只能通过对犯罪对象特征的影响或改变体现出来。

四、只有犯罪对象的特征才可能成为犯罪构成中的客体要件

弄清了犯罪行为所侵犯的社会关系和犯罪行为所影响（改变）的犯罪对象特征的辩证关系，究竟什么是犯罪构成中客体要件就很清楚了。因为犯罪构成是司法实践中区别罪与非罪、此罪与彼罪的标准，它抽象的是犯罪行为的表现形式，其每一要件都必须是相对具体，可以直接掌握的（至少通过解释后应是如此），否则就无法用它来认定犯罪。所以可能作为犯罪构成要件的只能是具体的代表犯罪客体表现形式的、犯罪行为所（欲）影响的犯罪对象的特征，而不

是抽象的代表犯罪客体本质的犯罪行为所侵犯的社会关系。这本来是一个司法实践早就解决了的问题，如司法实践中只要查明犯罪分子用暴力胁迫等手段强奸的妇女具有不愿意与罪犯发生性关系的特点，就可以定有强奸罪的客体存在，没有必要追究犯罪行为究竟侵犯的是妇女的性权利、性自由，还是健康、人格。现行的构成理论把犯罪对象和犯罪客体视为两种可以相互脱离的东西，反而把这个问题搅混乱了。当然，我们强调只有犯罪对象的特征才能作为犯罪构成要件，并不意味贬低通过犯罪对象的特征来揭示犯罪行为所侵犯的社会关系的重要性。而只是说在认定犯罪时不能、也不可能直接用抽象的社会关系作为标准。

由于犯罪对象特征是犯罪行为所侵犯的社会关系的表现形式、犯罪对象特征的改变标志着刑法所保护的社会关系所受到的侵害，因而犯罪构成客体要件所揭示的就是犯罪行为的社会属性。它在犯罪构成中的作用是从犯罪行为的社会属性的角度来揭示犯罪行为的特殊本质。

犯罪构成中的客体要件是犯罪行为（欲）影响或改变的犯罪对象的特征，是犯罪主体的认识能力和控制能力所作用的对象，因而它只能与犯罪主体的认识能力和控制能力相联系而存在，只能与体现犯罪主体认识能力和控制能力的犯罪构成的其他要件相联系而存在。没有主体的认识能力和控制能力，就没有犯罪行为。没有犯罪行为，就不会有受到犯罪行为影响改变的犯罪对象的特征。因而犯罪构成客体要件的成立，也要求其他构成要件的同时具备，也标志着整个犯罪构成的成立。

第三节　犯罪的主观要件

一、犯罪主观要件以行为人对犯罪行为的认识和控制状态为内容

体现刑法所保护的社会关系的客观事物的特征之所以能成为犯罪构成的客体要件，是因为犯罪主体以这些特征为自己行为认识能力和控制能力的对象，并使这些特征（可能）受到刑法所欲防止的影响。犯罪主体实施犯罪行为的过程，是行为人在认识自己行为性质的基础上，用这种认识来控制自己行为性质的过程。在这个过程中，犯罪主体的认识能力和控制能力具体化

为有一定内容的心理状况——行为人对于自己行为性质的认识状况和控制状况。在实施具体行为时，由于行为人运用自己的认识能力和控制能力的状况有差异，体现在犯罪行为中的心理状况也具有不同的特征和表现形式——故意和过失，即犯罪构成的主观要件。为了揭示犯罪构成主观要件的实质及其和各要件的辩证关系，我们不能像现行的构成理论那样，只停留在行为人对于危害结果的心理态度和犯罪构成主观要件形式的分类上，而必须深入分析这些形式中所包含的内容。

二、犯罪主体对犯罪行为的认识状态

（一）认识状态的主要内容

我国刑法规定“明知自己的行为会发生危害社会的结果，并且希望或者放任这种结果发生因而构成犯罪的，是故意犯罪”。这里的“明知自己的行为会发生危害社会的结果”指的就是行为人对于自己行为的认识状况。根据刑法的这一规定，行为人的认识状况包括以下几个内容：

1. 行为人对于自己行为性质的认识

行为人“明知自己行为会发生危害社会的结果”，即行为人明知自己的行为具有能引起危害结果发生的性质。行为人对于自己行为性质的认识又包括：（1）行为人对于行为手段、方法的客观（自然）属性的认识；（2）行为人对于行为对象特征的认识；（3）行为人对于自己行为的社会属性——社会危害性的认识。如在杀人罪中，行为人就必须（应该）认识到自己的行为在客观上具有能杀死人的性质，自己行为的对象为有生命的人，自己的杀人行为是为社会所否定的。

2. 行为人对于自己行为结果的认识

行为人“明知自己的行为会发生危害社会的结果”，也意味着行为人行为时已经认识自己行为的结果是危害社会的结果。行为人对于犯罪结果的认识，同样包括对于结果的自然属性和社会属性的认识。如杀人罪中，既要求行为人认识到自己行为的结果是他人的死亡，也要求行为人认识到（起码是应该认识到）自己行为所造成的这种结果是为社会所否定的。

3. 行为人对于自己行为发展过程的认识

行为人“明知自己的行为会发生危害社会的结果”，意味着行为人明知危害社会的结果是自己的行为所引起的，即行为人知道自己行为发展的过程就是危害社会的结果发生的过程。

在过失犯罪中行为人的认识状况，特别是在疏忽大意的过失中，行为人对于自己行为的认识状况是应该具备这三项内容，而不是已经具备了这三项内容。

（二）分析犯罪主体认识状况的内容必须注意的事项

我们在分析犯罪主体认识状况的内容时有两点必须注意。

1. 对社会危害性的认识是犯罪主体认识状态必须具备的内容

行为人对于自己行为的社会属性——社会危害性——的认识，是行为人认识状况中必须具备的内容。因为我国刑法明确规定行为人主观罪过的内容是行为人“明知”“已经预见”或“应该预见”到“自己的行为会发生危害社会的结果”，不讲行为人的主观罪过中包含（或应该包含）对社会危害性认识，无疑是违背刑法规定的精神的。如果根据行为时具体情况，行为人根本就无法认识到自己的行为的社会危害性，那么我们就不能说其行为中包含犯罪构成的主观要件。坚持犯罪构成的主观要件中包含对社会危害性的认识，不仅是刑法规定的要求，同时也是与资产阶级形式主义犯罪构成理论划清界限的重要条件。否则，我们有可能认为正当防卫、紧急避险等根本就没有社会危害性的行为仍在形式上具备犯罪的构成、重犯犯罪构成的形式和犯罪实质相脱离的错误。

2. 犯罪主体的认识状态必须以具体犯罪构成要件的认识为内容

并不是任何明知、应知自己行为会（可能）发生危害社会的结果的认识状况，都包含了犯罪构成主观要件所要求的内容。由于犯罪构成要件中的认识状况，是对犯罪行为的客观性质、对象特征和结果性质的认识。因而在具体的犯罪构成中，其认识状况要以刑法所要求具体的犯罪行为的客观性质、对象特征和结果性质为其内容。如果行为中所包含的认识状况的内容不是刑法所要求行为的客观性质、对象特征、结果性质，这种认识状况就不是犯罪构成主观要件要求的认识状况。这说明作为犯罪构成主观要件的故意、过失，是具有一定具体内容的行为人的认识状况，它与不具有刑法所要求具体内容，一般意义上的故意和过失有本质上的区别。如某甲明明知道某乙枕头下只放了10元钱，并乘某乙不备将这10元钱取走。这个行为里，由于某甲认识内容中的对象不具备刑法所要求的数额较大的特征，因而其认识状况不是作为盗窃罪主观要件的认识状况。说明作为犯罪构成主观要件内容的认识状况是具有刑法所要求的具体内容的认识状况，有助于从行为的主观方面划清犯罪行为和其他行为的界限，防止犯罪构成的形式和犯罪实质相脱离，同时对于说明犯罪构成内部各要件的联系，从主观方面划清此罪与彼罪的界限也具有十分重大的意义。

三、犯罪主体对犯罪行为的控制状态

行为人对于自己行为人认识状况只是犯罪主观要件的一个方面。犯罪构成主观要件的另一方面就是行为人对于自己行为的控制状况。我国刑法规定，构成故意犯罪要求行为人主观上必须具备“希望或者放任这种结果的发生”的心理状况。这种心理状况实质上就是指行为人主观上对于自己行为的控制状态。

（一）作为罪过内容的“希望”与“放任”是犯罪主体将犯罪意识转化为客观行为的活动

这里所谓的“希望”，就是行为人在认识自己行为性质的基础上利用自己对行为的控制能力，把自己的行为控制在自己对行为性质的认识范围内，即有意识地控制自己行为的手段、方法使其具有某种客观性质，并将其指向自己所认识的犯罪对象，使自己对于自己行为认识按自己的意愿转化为客观现实，从而导致危害结果的发生；所谓“放任”，则是指行为人在已经认识到自己行为方法手段的性质和自己行为所指向的对象会导致危害结果的发生，并且行为人在行为过程中能够改变自己行为的手段、方法的客观性质指向目标的情况下，有意识地不运用对自己行为的控制能力，不设法阻止自己对于行为性质的认识转化为客观现实的心理状态。在这里我们可以看出，作为犯罪构成主观要件的希望和放任，不是现行的犯罪构成理论所理解的那样，是静态的纯主观的行为人对危害后果的心理态度，而是有一定控制对象和控制内容的、动态的、能动的心理活动。通过行为人对控制对象的控制，行为才具有一定的性质，行为人主观上对自己行为性质的认识才转化为客观现实。因而行为人对于自己行为的控制过程，已不仅是行为人内在的心理活动，而是使主观转化为客观，作用于客观的桥梁。我国刑法规定“希望或放任这种结果发生，因而构成犯罪的，是故意犯罪”。行为之所以构成犯罪，是因为对结果的希望和放任。这也说明，这种希望和放任不仅是行为人静态的心理态度。

（二）过失的实质在于行为人没有按照刑法的要求去控制自己认识自己行为性质

行为人对于自己行为的控制状态在过失犯罪中采取了较为曲折的形式。因为过失犯罪中犯罪结果都是在行为人有某种认识错误的情况下发生的。特别是在疏忽大意的过失中，行为人对于自己行为的性质和结果的发生都没有认识，似乎谈不上控制问题。实际上，行为人对于自己行为的控制能力在过失犯罪中，显得特别重要。因为不论是行为人轻信犯罪结果能够避免或是对犯罪结果的发生未能预见，都是行为人在认识自己行为性质时未能按刑法的要求正确地控制自己去认识行为性质的结果。如果在认识自己行为性质时，行为人正确地运用了自己的控制能力，行为人就会正确地认识到自己行为性质，就不会因“轻信能够避免”“未能预见”而导致以后行为的失控状态。

四、犯罪主观要件与其他构成要件间的内在联系

说明犯罪构成的主观要件包括行为人对于自己行为的认识状态和控制状态两个方面的内容，也就揭示了犯罪构成的主观要件和其他要件之间的内在联系：

第一，犯罪行为中所包含的行为人的认识状态和控制状态是犯罪主体在实施犯罪行为时对于自己行为的认识能力和控制能力及运用状况，或者说是体现在犯罪行为中的犯罪主体的认识能力和控制能力，犯罪构成的主观要件是主体要件的具体化。没有犯罪构成的主体要件就没有犯罪构成的主观要件。没有犯罪构成的主观要件所包含的具体内容，行为人对于自己行为的认识能力和控制能力也不能成为犯罪构成的主体要件。

第二，犯罪构成的主观要件要以犯罪对象的特征、犯罪方法手段为自己的认识内容和控制对象，因而犯罪构成的主观要件不能脱离犯罪构成的客体要件和客观方面的要件而存在。犯罪行为前的犯罪意图——犯意由于缺乏将其主观内容转化为客观现实的控制状况，因而不能视同犯罪构成要件中的故意。

第三，由于犯罪构成的主观要件以一定的对象特征和行为的客观属性为自己的认识内容和控制内容，因而每一犯罪构成都不可能有内容同其他犯罪构成完全相同的主观要件。如诈骗罪中对手段属性的认识内容是骗，盗窃罪是偷；诈骗罪的主体是以骗为内容来控制自己行为，盗窃罪则有不同之处。

并且正是由于这种认识内容和控制内容的不同，犯罪行为主观方面才有所不同。现行的构成理论认为不同的犯罪构成可以具有相同的主观要件，是违背主客观辩证统一的基本原理的。

第四节 犯罪的客观要件

一、犯罪构成中的行为要件

（一）犯罪行为要件是说明犯罪行为自然属性的客观特征

犯罪主体对于自己行为的控制状态，使犯罪主体认识状态中的主观的内容转化成为客观现实，包含于主体认识状态中的行为客观方面的特征，也转化为客观的、现实的犯罪行为的客观特征。这就是犯罪构成的客观要件。因而犯罪构成的客观要件是犯罪构成主观要件的现实化、客观化，也是犯罪构成的主体要件的客观化、现实化。

犯罪行为客观方面的特征体现为各种犯罪行为不同的客观性质。由于犯罪构成的客体要件已从行为的社会属性的角度说明了行为的客观性质，我们在犯罪构成的客观要件中就主要研究犯罪行为客观方面的自然属性。如在杀人罪中，就主要研究该行为是否在客观上具有能致人死亡的性质，盗窃罪中则研究该行为是否具有秘密窃取的性质。由于人的行为是一种最高级的运动形式，其中包含了物理、化学、生物、心理等各种较低级的运动形式，因而研究行为的客观性质就不能只研究行为的物理属性，同时应研究行为中所包含的化学性质（如投毒）、生理性质（如伤害）、心理性质（如侮辱）……

（二）行为人用以作用于犯罪对象的条件①

现行的犯罪构成理论在研究犯罪构成的客观要件时，主要研究犯罪行为是作为或是不作为。这种研究固然能解决刑法理论中的某些问题（如有的罪只能由作为构成），但是行为是作为或不作为不能说明各种犯罪行为客观方面的区别，也不能说明犯罪构成客观要件和其他要件的内部联系。为了研

① 现在看来，更正确的表述应该是，“行为人控制或者应该控制的指向犯罪对象的客观条件”。

究犯罪行为的客观性质，我们还必须从另外的角度即行为人在客观上利用以作用于犯罪对象的条件的角度来进行考察。

行为人在客观上用以作用于犯罪对象的条件，一般有以下三种情况[①]：

第一，行为人自身的条件，如举拳伤人、用言语侮辱人。

第二，行为人外部的自然条件，如开枪杀人、投毒杀人。

第三，他人的行为，如教唆犯、帮助犯利用被教唆者实行犯罪的行为。

研究行为人利用的条件对于说明犯罪行为的客观性质具有决定性的意义。如开枪杀人，离开了枪弹及其杀伤力，行为人和扳机的动作除了引起空气的振动外，无任何实际意义。研究行为人所利用的条件，不仅能说明行为的客观性，许多刑法理论上的重要问题也只有弄清了行为人的行为包括其利用的条件才能得到科学的说明。例如，只要我们了解了行为人的行为包括行为人利用的客观条件，我们就可以看出不作为只不过是一种利用他人的行为或外部的自然进程为表现形式的行为。国内外刑法学界长期争论的不作为的行为性和不作为的因果关系问题就迎刃而解了。

由于犯罪构成的客观要件是犯罪构成主体要件和主观要件的客观化、现实化，所以行为人所利用的客观上作用于犯罪对象的条件中，只有体现犯罪构成主体要件和主观要件的条件，即行为人能够认识，并且有所认识（尽管可能是错误的认识）条件才是能说明犯罪行为客观性质并作为犯罪构成客观要件的条件。因此，离开了犯罪构成的主体要件和主观要件，就无所谓犯罪构成的客观要件。同时，由于这些条件是在客观上作用于犯罪对象，即影响（改变）犯罪对象特征的，离开了犯罪对象的特定，这些条件所具有客观性质（作用）就无从体现出来，所以犯罪构成的客观要件也不能离开犯罪构成的客体要件而存在。

（三）犯罪构成中的“行为要件”与相关的概念

在研究犯罪构成客观要件时，我们必须注意作为犯罪构成客观要件的行为要件和与其有紧密联系的几个概念的区别。

1. 作为构成要件的“行为”与“犯罪行为”

首先，我们不能把犯罪构成中的“行为”和犯罪行为混为一谈。犯罪行为是一个比犯罪构成整体的外延还要大的概念。它不仅包括犯罪行为中作

---

① 现在来看，似乎还应加上行为人的身份等行为利用的社会条件。

为犯罪构成的客观要件、主观要件、主体和客体要件的特征，同时也包括那些不能作为犯罪构成要件的其他的犯罪行为的特征（如主体的特性、知识结构、被害人的特点、作案的手段……），它是犯罪行为现象的全体。而作为犯罪构成客观要件的行为，只是犯罪行为现象的一部分——客观方面中能代表犯罪行为客观性质的那一部分特征。因而犯罪构成中的行为与犯罪行为是两个虽有内在的必然联系，又有严格区别的概念。犯罪行为与犯罪构成中的行为有区别，外延比犯罪行为更大的危害行为当然就更不能与犯罪构成中的行为划等号了。

2. 作为构成要件的“行为”与“客观性质与犯罪相似的行为”

我们还必须把犯罪构成中的行为要件与客观性质和犯罪行为相似的行为区别开来。犯罪构成中的行为要件是体现犯罪主体和主观要件的犯罪行为的客观性质，是犯罪行为客观方面的特征，而不是不体现犯罪主体和主观要件的，客观方面的特征与犯罪行为相似的非犯罪行为。客观方面与犯罪行为相似的行为有两种表现：

首先，从行为的表面看来，该行为给社会造成了犯罪行为相同的损害结果，如刑法中的意外事件，精神病人在不能辨认和控制自己行为时的行为，但是这结果的发生，是行为人不可能预见或不可能（要求他们）抗拒、控制的，造成这些结果的行为不是行为人对于自己行为的认识能力和控制能力的体现，因而不论是这些行为或是这些行为的客观方面都不能作为犯罪构成中的行为要件。

其次，行为虽然在客观方面有和犯罪行为相似的性质，行为人也能认识和控制自己的行为，但由于行为人主观上具有与犯罪行为不同的内容，因而行为不仅不具有社会危害性，反而是有益于社会的行为。如刑法中的正当防卫、紧急避险等。这种行为的客观方面不是犯罪构成主观要件的客观化、现实化，我们既不能把这种行为作为犯罪构成的客观要件，也不能说这种行为中具备犯罪构成的客观要件。①

---

① 此观点需修正。

二、犯罪结果要件

（一）犯罪结果——刑法所欲防止的犯罪对象特征的改变

当行为人利用的条件在客观上作用于犯罪对象，并使犯罪对象特征发生了刑法所欲防止的变化时，犯罪行为就达到了犯罪实行阶段的完成状态——犯罪结果。其表现形式为代表刑法所保护的社会关系的犯罪对象特征所受到的影响或改变。如杀人罪中的结果要件就是人的生命因被杀而丧失，伤害罪中的结果要件就是人的健康因伤害行为受到了一定程度的损害。

根据我国刑法规定，对于故意犯罪来说，犯罪结果的出现与否并不妨碍犯罪的成立。犯罪行为是否完成，并不能说明犯罪行为的特殊本质，也不能作为区别罪与非罪、此罪与彼罪的界限，因而在大多数故意犯罪中，刑法所欲防止的犯罪对象特征的改变并不是犯罪构成要件。只有在过失犯罪和间接故意犯罪中，刑法才要求犯罪的成立必须要以一定的结果出现为标准，这时的犯罪结果才成为从客观方面区别罪与非罪，此罪与彼罪的标准。这种结果的表现形式——犯罪对象特征的改变才成为犯罪构成客观方面的必备要件。

（二）犯罪侵犯社会关系都是由法律确定的思想意志社会关系

在研究犯罪构成的结果要件时，除了要注意把在客观上、性质上相似的非犯罪行为和犯罪行为的结果区别开来外，还有一个误解必须澄清，此即“犯罪结果的性质是受犯罪客体性质制约的。由于犯罪客体有物质性的，也有非物质性的”①。似乎侵害物质性社会关系的结果就是物质性的，侵害非物质性社会关系的结果就是非物质性的。如果此说能够成立的话，任何犯罪行为都不可能产生物质性结果。因为根据我国《刑法》（1979 年）第 2 条和第 10 条的规定，犯罪行为侵犯的是无产阶级专政制度、公私财产所有权、公民民主权利、人身权利以及其他权利等社会关系，而这些社会关系可以说无一不是统治阶级意志的体现，即无一不是属于非物质性的社会关系。如侵犯财产罪，侵犯的是公私财产所有权，公私财产所有权就是一种由法律确定的思想意志社会关系；破坏社会主义经济秩序罪侵犯的是我国的经济管理秩序，这种秩序也是依我国工人阶级和广大劳动人民的意志而建立的，它同样是一种非物质性的社会关系。所以刑法所保护的社会关系无物质性和非物质

---

① 高铭暄主编：《刑法学》，法律出版社 1982 年版，第 123 页。

性的区别。

（三）犯罪结果有“可以具体确定”与“难以具体确定”之分，但无“物质性”与“非物质性”之分①

同时，由于犯罪结果是犯罪行为对犯罪对象特征——犯罪客体的“可以感觉的那一面”的影响和改变，因而任何犯罪结果同样具有物质性的“可以感觉的那一面”（否则这个结果就是人们不可能认识的结果），把犯罪结果分为物质性结果和非物质性结果同样不能成立。当然，由于体现刑法所保护的社会关系的犯罪对象特征受影响的方式不同，犯罪结果的确有可以具体确定（描述）（如人的死亡）和难以具体确定（如受侮辱）之分。但这种差别只能用犯罪客体特征受影响的方式来解释，不能用犯罪客体是否为物质性社会关系来说明。

第三章　主观罪过是犯罪构成的核心

第一节　犯罪构成各要件之间的辩证关系

通过以上分析，我们可以看到犯罪构成要件的实质是各种犯罪行为特殊本质在不同侧面的体现，它分别从不同的角度说明了罪与非罪、此罪与彼罪的区别。犯罪构成是有内在必然联系的浑然不可分的整体。任何一个犯罪构成要件的成立都有赖于整个犯罪构成的成立，任何一个犯罪构成要件的成立也标志着整个犯罪构成的成立。犯罪构成各要件间存在着一种既相互联系又相互限制，既相互包含又相互转化的辩证关系。

---

① 更准确的表述似乎应该是：犯罪结果有“必须具体确定”（如杀人、伤害罪的结果）和“不必具体确定”（如侮辱、诽谤、诬告罪的结果）之分，但无“物质性”与“非物质性”之分。

一、任何一个犯罪构成要件都不能离开其他构成要件而单独存在

我们说犯罪构成各要件之间相互联系，指的是任何一个犯罪构成要件都不能离开其他构成要件而单独存在，任何一个构成要件都要以其他构成要件的存在为自己成立的前提。没有说明行为人认识能力和控制能力的主体要件，就不可能有表明行为人认识状况和控制状况的主观要件，没有作为行为人认识控制对象的客观要件和客体要件，作为犯罪构成主观要件的行为人的认识状况和控制状况就无任何实际的内容。犯罪构成要件存在的范围，都不能超过其他构成要件存在的范围。如犯罪构成的主观要件，就不能存在于不具备犯罪构成的主体要件（如未满 14 周岁）和客观要件（如犯意表示）的行为之中；犯罪构成的客体要件如果不是包含于主观要件的认识范围以内和处于犯罪构成客观要件的作用范围之内，也就不能作为犯罪构成的客体要件而存在。

二、每一犯罪构成要件内部都包含其他构成要件乃至整个犯罪构成的影子

所谓犯罪构成各要件之间的相互包含，指的是对每一犯罪构成要件的深入研究，都能从中找出其他构成要件乃至整个犯罪构成的影子。例如，我们研究作为犯罪构成客观要件内容的，行为人用以作用于犯罪对象特征的条件，不但可以从这些条件作用于什么对象和犯罪对象的那一部分特征而判断出犯罪构成的客体要件，同时也可以从行为人能不能正确地认识这些条件的客观属性，是否正确地认识了这些条件，这些条件是否处于行为人的控制之下来推出犯罪构成的主体要件和主观要件。犯罪构成要件间的相互转化，指的是任一犯罪构成要件都是其他构成要件的转化形态。如作为犯罪构成主观要件的行为人认识状况和控制状况是犯罪主体要件认识能力和控制能力的具体化，犯罪客观要件是犯罪主观要件的现实化、客观化。而犯罪构成的客体要件，因其作为犯罪主体认识、作用的对象而存在，因而它是犯罪主体的对象化。

三、只有正确理解犯罪构成各要件之间的辩证关系，才可能克服现有构成理论的缺陷

我们讲任何一个犯罪构成要件的成立都标志着整个犯罪构成的成立，任何一个犯罪构成要件中都包含着其他构成要件乃至整个犯罪构成的影子。这并不意味着我们否认每一构成要件只是说明了一种犯罪行为特殊本质的一个方面，也不能理解为我们可以用某一犯罪构成要件的研究来代表我们对其他犯罪构成要件的分析。我们想强调的只是：任一犯罪构成要件都和其他要件乃至整个构成存在着内在的必然联系，只有在正确理解犯罪构成各要件之间的辩证关系的前提下，才可能把握各构成要件的实质，并从根本上克服犯罪构成和犯罪实质相脱离、犯罪构成内部各要件相互脱离等现有构成理论存在的缺陷。

第二节　主观罪过是犯罪构成的核心

在掌握了犯罪构成要件的实质及辩证关系的基础上，如果我们对犯罪构成各要件间的相互关系进行进一步的考察，我们就会发现：尽管每一构成要件中都包含了其他要件乃至整个犯罪构成的影子，但在犯罪构成中的地位和作用却不是一样的。当我们分别把犯罪构成各要件与犯罪的本质、与犯罪的法律后果（刑事责任）和犯罪构成其他要件的相互关系联系起来考察时，我们就不能不得出一个与现行犯罪构成理论大相径庭的结论：犯罪构成的核心不是构成中的客观要件——“行为”，而是犯罪构在的主观要件——行为中所包含的主观罪过（故意和过失）

一、主观要件代表犯罪行为的本质

为了说明主观要件在构成中的核心地位，我们首先来考察一下它的犯罪的共同本质——社会危害性的内在联系。

（一）犯罪对刑法所保护社会关系的侵犯是犯罪主观要件内容的实现

“犯罪行为的实质不在于侵犯了代表林木占有者利益的林木，而在于侵犯了林木的国家神经——所有权本身，也就是实现了不法的意图。”这是我们前面引过的一段马克思关于犯罪本质的论述。在这段论述里，我们看到了马克思关于犯罪本质的两种表述方式：（1）犯罪是对“林木的国家神经——所有权本身”的侵犯；（2）犯罪是“不法的意图”的实现。

犯罪行为对“林木的国家神经——所有权本身”的侵犯，即我们所说的犯罪行为的社会危害性，它表明犯罪行为是侵犯刑法所保护的社会关系的行为，是“孤立的个人反对统治关系的斗争”。“不法的意图”则是指行为人实施犯罪行为时的心理状态。它表明行为人“对社会秩序最明显最极端的蔑视”，属于犯罪构成主观要件所包含的内容。对所有权的侵犯即“不法的意图”的实现，说明行为的社会危害性只不过是实现了的犯罪构成的主观要件，只不过是犯罪构成主观要件所包含内容的客观表现形式。行为是否具备犯罪构成的主观要件，对于行为是否具有社会危害性具有决定性的作用。因此，犯罪构成的主观要件在犯罪构成中有代表犯罪本质的作用。

（二）犯罪构成主观要件是区别犯罪行为和非犯罪行为的标准

犯罪构成主观要件代表犯罪本质的作用体现为我们可用犯罪构成的主观要件将犯罪行为和非犯罪行为区别开来。

如果我们将任何行为都像犯罪行为那样分为四个要件的话，我们就会发现，无论是用行为的主体特征、客观方面的特征或客体特征，我们都无法把犯罪行为和其他行为区别开来，如我们不能说达到刑事责任年龄，具有刑事责任能力的人所实施的行为就是犯罪行为。我们也不能说客观上具有某种性质或在客观上针对一定对象的行为就是犯罪。如行为虽然客观上具有能致人死亡的性质，也以他人的生命为对象，但我们不能就此得出结论说该行为就是犯罪。因为不论是意外事件，还是正当防卫、紧急避险在客观方面都可能具有以上特征。但如果行为人知道自己是在实施危害社会的杀人行为，并以此认识来支配（控制）自己的行为，即行为中包含了主观罪过的内容，我们就有充分的根据来认定该行为是犯罪了，这说明有无刑法所要求的主观要件的内容是犯罪行为和其他行为在结构上的主要区别，所以我们可以用是否包含犯罪构成主观要件的内容将犯罪行为和非犯罪行为区别开来。具体说来，犯罪构成主观要件的这种作用体现在以下几个方面：

1. 犯罪主观要件是犯罪行为存在的前提

犯罪构成的主观要件是犯罪主体对于犯罪行为的认识状况和控制状况，是行为人对于自己行为的认识能力和控制能力的具体化，因此，行为人对于自己行为的认识能力和控制能力就是犯罪构成主观要件成立的前提。我国刑法规定未满 14 周岁的未成年人和不能辨认、控制自己行为的精神病人的行为不是犯罪，其根本原因就在于他们不具备对于自己行为的认识能力和控制能力，不可能形成支配犯罪行为的认识状况和控制状况。因此，主观要件存在的前提，同样是犯罪行为存在的前提。

2. 犯罪主观要件的范围决定犯罪行为的范围

这可以分为以下三种情况：

（1）行为虽然在客观上给社会造成了一定的损害，但由于这种结果的发生超出了行为人所能认识（预见）或控制（抗拒）的范围，行为人主观上不包含犯罪构成主观要件的内容，因而行为不构成犯罪，刑法中的意外事件就属于这种情况。

（2）结果的发生是行为人运用自己认识能力和控制能力的结果。但是行为人是出自保护公共利益、本人或其他人的人身权利和其他权利免受正在进行的不法侵害或避免正在发生的危险的目的，行为中不包含明知或应知自己行为会发生危害结果的认识。不具备犯罪构成主观要件的内容，所以行为不构成犯罪。这种情况包括刑法中的正当防卫、紧急避险等。

（3）行为虽然在客观上并未造成刑法所定的具体损害，甚至行为在客观上还未完全具备刑法分则条文所要求的客观性质，还未实际指向体现刑法所担保的社会关系的客观事物，但只要行为中包含了犯罪构成主观要件所要求的认识内容，并有把这种认识内容转化为客观现实的控制状况，即包含了犯罪构成的主观要件，行为同样构成犯罪。

我们在前面还分析过每一犯罪构成的主观要件都包含着与其他犯罪构成主观要件不同的认识内容和控制内容，因此我们还可根据各犯罪构成主观要件不同的内容，将不同的犯罪区别开来，犯罪构成的其他要件则不具有这一特点。所有的侵犯财产罪都以他人的财产为自己行为的对象。

二、犯罪主观要件是犯罪构成要件的集中体现

犯罪构成的主观要件之所以能代表犯罪的本质，具有区别罪与非罪、此

罪与彼罪的作用，从犯罪构成各要件相互关系的角度分析，其根本原因就在于犯罪构成的主观要件是其他要件的集中体现。

（一）犯罪主观要件是唯一直接包含了全部构成要件内容的构成要件

犯罪构成主观要件是其他要件的集中体现，首先表现在犯罪构成的主观要件是犯罪构成中唯一直接包含了全部构成要件的构成要件。

尽管犯罪构成各要件间都存在相互包含的关系，但各要件间相互包含的情况是不一样的。有的是直接包含，即根据一要件可以直接推出另一要件来，有的是间接包含，即一要件要通过其他要件才能推出另一要件来。前者如在疏忽大意的过失中，可以直接从主体要件推出主观要件，后者如只有经过行为要件才能从结果要件推出主观要件来，如果我们对犯罪构成各要件进行逐一的分析，我们就会发现，在所有的犯罪构成要件中，只有主观要件才具有直接包含了所有犯罪构成要件的特点。因为它是犯罪构成主体要件的具体化，所以它和犯罪构成的主体要件有着最直接的联系；它以行为人利用来作用于犯罪对象特征的条件的客观性质和犯罪对象特征为自己的认识内容和控制内容，因而它又直接包含了犯罪构成的客观要件和客体要件。

（二）犯罪主观要件对于其他行为方面的特征成为犯罪构成要件有着决定作用

犯罪构成的主观要件之所以是犯罪构成各要件的集中体现，还因为它的存在对于行为其他方面的特征成为犯罪构成要件有着决定性的作用。

前面讲过，犯罪构成的主体要件是表明犯罪主体的认识能力和控制能力的，行为人具有某种认识能力只是表明行为人处于某种刑事法律关系之中，只是表明其行为属于刑法调整的范围，并不能表明具有这种能力的人就是犯罪主体。具有认识能力和控制能力的行为人之所以成为犯罪主体，绝不是他具有或运用了这种能力，而只能是他采取了刑法所禁止的方式运和这种能力，使自己的认识状况和控制状况中没有包含犯罪构成主观要件的内容（如行为人主观上没有包含以体现刑法所保护的社会关系的客观事物为行为对象的内容），行为人的认识能力和控制能力就不可能成为犯罪构成的主体要件。因此，犯罪构成的主观要件的存在对犯罪构成主体要件的成立有着决定性的作用。

犯罪构成主观要件对于犯罪构成客观要件的决定作用表现为：

1. 犯罪主观要件的内容决定客观要件存在的范围

犯罪构成的客观要件是行为人作用于犯罪对象的条件的客观性质。行为人对于这些条件的利用，是以对这些条件的认识和控制为前提的。因而，只有为行为人所认识或控制的条件，才可能成为犯罪构成的客观要件。所以我们说犯罪构成主观要件的内容，决定犯罪构成客观要件存在的范围。

2. 犯罪主观要件的内容决定行为的客观性质

由于行为人利用来作用于犯罪客体的条件与客观世界的其他事物有千丝万缕的联系，因而任一条件都可能具有不同的客观性质。如枪，行为人既可利用它的杀伤力来杀人，也可利用它的杀伤力来伤人，但究竟是用它杀人或是伤人，只能决定于行为人对它的认识状况和控制状况。如某甲开枪向某乙射击，不查清行为人主观罪过的内容，我们就无法认定该行为是杀人行为，还是伤害行为。

犯罪构成主观要件的内容对于行为客观性质的决定作用，在行为的主客观两方面发生矛盾的情况下表现得特别明显。如果行为的主观方面包含了犯罪构成主观要件的内容，即使行为在客观方面不具备刑法所要求的客观性质（如投毒杀人误白糖为砒霜），或不完全具备刑法所要求的客观性（如预备），我们也可以行为主观方面的内容来补充、修改，确定行为具有犯罪构成的客观要件，相反，如果行为的主观方面没有包含犯罪构成主观要件的内容，即使行为的客观方面有和犯罪行为相同的客观性质，我们也不能说行为人具备了犯罪构成的客观要件。如刑法中的意外事件。

3. 犯罪主观要件的内容决定犯罪客体要件的成立

犯罪构成客体要件的成立同样取决于犯罪构成主观要件中的内容。作为犯罪客体要件的犯罪对象特征固然是客观存在的，但如果它们不是属于行为人所认识或所应认识的特征，如果它们不是处于行为人所认识（控制）条件的作用范围内，即不包含于犯罪构成主观要件的内容内，即使它们在实际上受到刑法所欲防止的影响，它们也不能成为犯罪构成的客体；但只要它们包含于犯罪构成主观要件的内容之中，即使它们并未实际受到影响（如犯罪预备、未遂、中止），甚至实际上并未成为犯罪行为作用的对象（如开枪杀人、误兽为人），它们也能成为犯罪构成的客体要件。

（三）司法实践中认定犯罪的过程实际上就是查明犯罪主观要件内容的过程

由于犯罪构成主观要件直接包含了犯罪构成的其他要件，犯罪构成主观要件的内容对于其他要件成立具有决定作用，所以我们只有查明了犯罪构成主观要件的内容，才能确定犯罪构成的其他要件，我们确立犯罪构成要件的过程，实际上就是我们查明犯罪构成主观要件内容的过程。换言之，我们分析行为各方面的特征是为了查明犯罪构成主观要件的内容，这是我们说犯罪构成主观要件是犯罪构成各要件集中体现的理由之三。

三、主观罪过是刑事责任的唯一根据

犯罪构成主观要件在犯罪构成中的核心地位，还表现在它和犯罪行为的法律后果——刑事责任的联系中。犯罪构成主观要件和刑事责任的联系表现为：犯罪构成主观要件是唯一和刑事责任有着内在必然联系的构成要件。换言之，犯罪行为中包含的主观罪过是行为人承担刑事责任的唯一根据。

（一）“刑法中的因果关系”不是行为人刑事责任的客观基础

在刑事责任的根据问题上，我国刑法学界几乎都持“主客观统一说”，即认为主观罪过是刑事责任的主观基础（根据），刑法中的因果关系是刑事责任的客观基础，只有在同时具备了刑事责任的主客观基础的情况下，才可以追究行为人的刑事责任。这种观点在逻辑上的错误是显而易见的。

第一，在预备、未遂、中止等未完成形态的犯罪中，都没有发生刑法所要求的犯罪结果，不存在刑法中的因果关系，因而也不存在“刑事责任的客观基础”。但如果说这些行为负刑事责任的话，显然违背我国刑法规定的精神。

第二，依现行的“主客观统一说”的观点，主观上没有罪过的意外事件等也具有刑法中的因果关系，即在非犯罪行为中也存在“刑事责任的客观基础”。这样，刑事责任基础总的外延无疑是扩大到了犯罪行为之外，割裂了刑事责任和犯罪行为的必然联系。显然了有悖于我国刑法规定的精神。

（二）犯罪的主体要件、客体要件和客观要件不是刑事责任的根据

如果“刑法中的因果关系”不是刑事责任的客观基础，那么，犯罪的主体要件、客体要件、客观要件是否是行为人承担刑事责任的根据呢？

根据我国《刑法》（1979 年）第 11 条至第 18 条的规定，只有犯罪行为才负刑事责任。一个人的行为为什么会构成犯罪呢？是因为行为主体对自己的行为有认识能力和控制能力吗？不是！根据我国《刑法》第 14 条规定的精神，具有责任能力的人只有在犯罪的情况下才负刑事责任，这说明刑事责

任能力本身并不是行为构成犯罪的根据。是行为客观方面能对社会造成某种损害的性质吗？也不是！我国《刑法》（1979 年）第 13 条、第 15 条明确规定，行为能否在客观上对社会造成损害同样不能决定行为是否构成犯罪。是体现一定社会关系的行为对象的特征吗？回答同样是否定的。因为这些对象特征是先于犯罪行为的客观存在，没有犯罪行为它们同样存在，它们是否在实际上受到影响也不能决定犯罪的成立。

（三）只有主观罪过才是行为人承担刑事责任的根据

如果“刑法中的因果关系”，犯罪的主体要件、客体要件、客观要件都不是行为人承担刑事责任的根据，那么包含于犯罪行为中的主观罪过是否是行为构成犯罪的根据呢？我国刑法规定对此作了肯定的回答。

我国《刑法》（1979 年）第 11 条规定：“明知自己的行为会发生危害社会的结果，并且希望或者放任这种结果发生，因而构成犯罪的，是故意犯罪。”这条规定明确表明，故意犯罪是因故意而构成，行为构成故意犯罪不要求行为在客观上对社会造成了实际的损害（犯罪的预备、未遂、中止同样构成犯罪），也不要求行为在客观上具有能对社会造成某种损害的性质（手段不能犯的未遂、客体不能犯的未遂并不影响犯罪的成立），只要行为中包含有“明知自己的行为会发生危害社会的结果，并且希望或放任这种结果发生”的故意，犯罪即可成立。因此，有故意这种主观罪过，就有故意犯罪。《刑法》（1979 年）第 11 条又规定：“故意犯罪要负刑事责任。”这就是说只要行为中包含刑法所要求的故意，就有刑事责任。故意犯罪中的故意就是行为人要负刑事责任的根据。

刑法规定行为必须在客观上造成了危害结果，过失犯罪才能成立，这似乎可以理解为过失犯罪刑事责任的根据应包括主观上过失犯罪的规定，我们就会发现这种理解是不符合我国刑法规定的精神的。《刑法》（1979 年）第 12 条规定：“应当预见自己的行为可能发生危害社会的结果，因为疏忽大意而没有预见，或者已经预见而轻信能够避免，以致发生这种结果的，是过失犯罪。”这说明，过失犯罪中危害结果的发生是由于行为人的“轻信”或“疏忽大意”所引起的，行为人主观上的过失是危害结果发生和存在的根据，危害结果的存在只能由行为人主观上的过失来说明。行为人为什么要对这种危害结果负刑事责任，也只能由行为人主观上的过失来说明，所以，我国刑法规定过失犯罪要负刑事责任，从根本上来说并不是由于行为在客观上造成的结果，而是由于这种结果中包含了行为人主观上的过失。

为什么我国刑法要规定犯罪行为中的主观罪过是刑事责任的唯一根据呢？

第一，是由刑事责任和犯罪行为之间联系的性质决定的。从法律的角度看，刑事责任是犯罪行为的必然结果，刑事责任和犯罪行为之间的联系是一种内在的本质联系。在犯罪构成中，只有主观要件才能代表犯罪的本质，而客观要件只不过是主观要件的表现形式。因而只有主观罪过和刑事责任的联系才具有必然的内在联系的性质，才是一种本质间的联系。

第二，从犯罪构成主观要件和其他要件的相互关系看，由于犯罪构成主观要件是其他构成要件的集中体现，犯罪构成主观要件的成立能决定其他要件的成立。因此，只要行为中包含了主观罪过，行为就具备了犯罪构成，就构成了犯罪，我们应有了追究行为人刑事责任的根据。反之亦然。

第三，从刑罚的目的和作用来看，我们也只能以行为中包含的主观罪过为刑事责任的根据。刑事责任的基本表现形式是刑罚。我国的刑罚具有惩罚犯罪和改造犯罪人两种主要的作用。我们适用刑罚的目的不是把人弄傻整残，因此刑罚不能作用于作为犯罪构成主体要件的行为人的认识能力和控制能力。受到犯罪行为所侵犯的客体特征和犯罪行为的客观方面都是一种存在于过去的客观事实。对于已成为过去的客观事实，人们只能认识，不能改变，因而也不可能再为刑罚惩罚和改造的对象。我们惩罚犯罪，是因为支配犯罪行为的是，行为人在明知或应知自己的行为会发生危害社会的结果的情况下，不运用自己的认识能力和控制能力去防止这种结果发生，这样一种心理状况，因此，不论是故意或是过失，其本质都是“蔑视社会程序的最明显最极端的表现”，是一种表现出来的反社会意识。从根本上讲，我们惩罚犯罪就是惩罚和改造犯罪分子主观中的这种反社会意识，防止它们再具体化为支配犯罪行为的主观罪过，这就是刑罚的特殊预防作用。同时，我们通过刑法规定具体犯罪的刑事责任的对犯罪分子适用刑罚，也是为了震慑社会上其他具有反社会意识的人，阻止其反社会意识具体化为支配犯罪行为的主观罪过，此即刑罚的一般预防作用。因而不论从刑罚的作用还是从刑罚目的来看，刑事责任都只能和犯罪行为中的主观方面相联系。

第三节 答疑与结束语

一、答疑解惑

对主观要件是犯罪构成核心的观点，人们可能会提出以下疑问：

第一，承认犯罪构成主观要件是犯罪构成的核心，承认犯罪构成主观要件对其他要件的决定作用，是否违背辩证唯物主义关于存在决定意识，主观决定于客观的基本原理？回答是否定的。存在决定意识、客观决定主观这一基本原理，是辩证唯物主义在哲学基本问题范畴内对主客观关系的概括。它像马克思主义的其他基本原理一样，不是可以滥用于一切具体场合的教条，知和行，主观罪过和行为的客观性质这一对矛盾同样要服从各自向自己的对立面转化这一辩证法的基本规律。在主观罪过形成的过程中，只有在客观上有行为人欲利用来作用于犯罪对象的条件和的犯罪对象存在，行为人主观上才可能以它们为自己认识的内容。在这个客观存在变为主观认识的过程中，客观存在是主观认识的来源，客观存在相对于主观认识的内容而言，是主要的、决定性的因素。但是当行为人用这种认识来支配自己行为时，行为人在客观方面的活动就成了行为人对于自己所利用的条件和作用对象的认识状况和控制状况的表现形式。行为人认识状况和控制状况中包含或应当包含什么样的内容，行为的客观方面就具有什么样的性质。在这个主观罪过转化为客观存在的过程中，行为的主观方面就上升为主要的、决定的因素。我们前面讲的当行为的主客观两方面发生矛盾时，只能以行为主观罪过的内容来决定行为的客观要件和客观要件就是明显的例子。因此，在承认主观罪过的内容来源于客观存在的条件下，承认主观罪过在犯罪实施过程对行为客观方面的决定作用，“不是违反了唯物论，正是避免了机械唯物论，坚持了辩证法”。

第二，承认主观要件是犯罪构成的核心，承认主观罪过是刑事责任的唯一根据，是不是惩罚思想？我们的回答也是否定的。因为我们说的主观罪过是支配犯罪行为的心理状态。它不仅包括行为人对犯罪行为的认识，而且包括这种认识对犯罪行为控制（支配）。行为人用这种认识控制（支配）行为的过程就是把这种认识中的内容转化为客观现实的过程，行为人对行为认识状况和控制状况必然要以行为的形式体现出来。因此，直接支配犯罪行为的主观罪过是包含于犯罪行为中的主观要素。它与并未直接支配行为、不以行为为自己存在形式的思想有着本质上的区别。

第三，承认主观要件在犯罪构成中的核心地位，承认主观要件直接包含了全部犯罪构成的内容，是不是要用对犯罪构成主观要件的研究来代替对其他构成要件用至整个犯罪构成的研究？我们的回答同样是否定的。因为核心是相对于非核心而言的，离开了犯罪构成的其他要件，犯罪构成的主观要件就不成其为核心。如果行为主观方面的内容不是犯罪构成主体要件的具体化，不以犯罪构成的客体和客观要件为自己认识和控制的内容，它就不是犯罪构成的主观要件。同时，犯罪构成主观要件的确立，也是我们对犯罪行为各方面的特征进行全面分析的结果。

二、结束语

“从前的一切唯物主义——包括费尔巴哈的唯物主义——的主要特点是：对事物、现实、感性，只是从客观的或者直观的形式去理解，而不是把它们当作人的感性活动，当作实践去理解，不是从主观方面去理解。”马克思这段对旧唯物主义的客观评价，也可说是对现行犯罪构成理论缺陷的精辟剖析。现行犯罪构成理论在“行为”为核心，实际是以行为的客观方面——犯罪行为“直观的形式”为核心，当然不可能揭示犯罪构成各要件的实质内容和各要件间的辩证关系，因而也不可能在犯罪构成理论范围内真正解决犯罪构成的形式和犯罪实质相脱离，犯罪构成各要件相互分离的缺陷。主观要件是犯罪构成的核心，是我们深入分析犯罪构成各要件的实质和各构成要件间辩证关系的必然结论。犯罪构成的核心由客观“行为”向主观罪过的转移，实质上是犯罪构成理论（甚至整个刑法学理论）研究重点由犯罪行为“直观的形式”向犯罪行为实质内容的转移。这个转移的完成不但能使我们找到克服现行犯罪构成理论缺陷的根本途径，同时也能使我们找到克服现行犯罪构成理论——犯罪论和刑罚论——的连接点和新、旧两大刑法学派在犯罪构成理论问题上的结合点。实现这个转移，对于我们改造现行的犯罪构成理论，建立真正科学的、具有中国特色的社会主义刑法学体系，无疑是一个根本性的突破。

正当防卫的若干问题[*]

董　鑫[**]

一、正当防卫的缘起与演进

正当防卫缘起于人类的防卫本能。动物体生来就有逃避或抵抗外来侵害的本能，否则该动物就不能生存于自然界。从动物界经过漫长劳动过程进化脱胎而来的人类也有防卫的本能，但人类防卫本能和其他动物有着原则区别：其他动物的防卫是受自然支配而缺乏理智的；人类的防卫已经演变为由理智支配的非本能行为。卢梭论述这一区别时说："在禽兽的动作中，自然支配一切，而人则以自由主动者的资格参与其本身的动作。禽兽根据本能决定取舍，而人则通过自由行为决定取舍。"① 这说明人类的防卫本能是受理智支配的，和其他动物有着本质的不同。所以人类的防卫本能可以说是正当防卫最原始的雏形。

当人类进入阶级社会以后，人们的防卫本能掺入了阶级内容，不仅受理性的支配，更受到法的约束，成为法（即统治阶级的意志）所赋予或剥夺的一种权利。当统治阶级认为防卫对自己有利时，法就承认这种权利；当统治阶级认为防卫可能危及自己的统治时，法就剥夺这种权利。防卫行为的正当性问题由个人的防卫意识发展为以统治阶级为代表的整个社会意识，正当

---

* 本文原载于甘雨沛主编：《刑法学专论》，北京大学出版社 1989 年版。

** 西南政法大学法学院教授。

① ［法］卢梭：《论人类不平等的起源和基础》，商务印书馆 1982 年版，第 82 页。

防卫由私人的反击行为发展为触动统治阶级神经的法的行为，这也是一种本质的演变。

正当防卫从不成文法的习俗上升到法律的明文规定，又是一个曲折而重要的演进。中国古代就有正当防卫的概念和规定。《尚书·舜典》中的“眚灾肆赦”一语，有的学者解释道：“其所谓‘灾’者，盍包含有正当防卫及救护紧急危难行为二种观念。”[①]“灾不外天灾人祸，所谓不幸是也。遇不正之侵害，与避现在之危难，皆可谓之不幸。因不幸而至触犯罪刑，亦当赦之。”[②] 据《周礼·地官·调人》记载：“凡杀人而义者，不同国，令勿仇；仇之则死。”有学者认为：“杀人而义者，即今日之所谓正当防卫及救护紧急危难之行为也。”[③]“凡杀人而义者，不同国，令勿仇；仇之则死。”这就是说，合法的杀人者，不要与被害人的家属居住在同一城市，以免复仇。如果复仇，便构成杀人罪，要处死刑。[④] 又据《周礼·秋官·朝士》记载：“凡盗贼军乡邑，及家人，杀之无罪。”这实际是正当防卫行为，就是说侵害生命财产的人屯驻于城市或乡村，如果有人将其杀死或伤害都是无罪的行为。[⑤]

印度著名的《摩奴法典》（约于公元前2世纪时编成）第八卷第349条规定：“在斗争中为了自卫，为了捍卫神圣权利，以及为了保护妇女和婆罗门而正当杀人者，不构成犯罪。”第350条规定：“无论何人向自己扑来行刺而无法逃走时，即使来者是教师或儿童、老人，甚或精于圣典的婆罗门，也应该毫不踌躇地杀掉他。”第351条规定：“公然或私下杀死企图进行暗杀的人，毫不构成杀人罪。这就是以暴易暴。”这些规定说明，在古代印度的法律和习惯中，包含了明确的正当防卫思想。古代希腊的雅典法规定，男子发现其妻、姐、妹、女与人通奸，有权将对方男子立即处死。[⑥] 对夜盗者，准许当场打死。[⑦] 罗马《十二铜表法》第八表第12条规定：“如果于夜

---

① 徐朝阳：《中国刑法溯源》（一），商务印务馆1929年版，第125—126页。

② 徐朝阳：《中国刑法溯源》（一），商务印务馆1929年版，第129页。

③ 徐朝阳：《中国刑法溯源》（一），商务印务馆1929年版，第132页。

④ 参见蔡枢衡：《中国刑法史》，广西人民出版社1983年版，第176页。

⑤ 参见蔡枢衡：《中国刑法史》，广西人民出版社1983年版，第176页。

⑥ 参见陈盛清主编：《外国法制史》，北京大学出版社1982年版，第45页。

⑦ 参见［苏联］康·格费多罗夫：《外国国家和法律制度史》，中国人民大学出版社1985年版，第31页。

间行窃，［就地］被杀，则杀死［他］应认为是合法的。”① 这些行为，实际上也相当于正当防卫。

封建社会的刑法把正当防卫作为分则的法律规范作了明文规定。中国《汉律》有“立子奸母，见，乃得杀之”（《公羊·桓公六年》）的规定。这就是说对继嗣的养子奸养母的现行犯，可以杀死而不负罪责。②《汉律》还规定：“无故入人室宅庐舍，上人车船，牵引人欲犯法者，其时格杀之，无罪。”这意思是说对无正当理由而进入他人住地，侵犯人身自由者，将其当场打死是无罪的。③ 这两个规定，有学者认为都是《秦律》的承袭。④ 北齐律规定：“盗贼群攻乡邑及入人家者，杀之无罪。若报仇者，告于法而自杀之，不坐。”⑤ 大意是说盗贼结群攻打村庄、城镇而侵入住宅者，将其杀死是无罪的。如果要报仇的，只要向官府备案，就不处罚。这些规定，既反映了浓厚的封建伦理观念，又带有报复主义的色彩，从其法律性质看，则相当于现代意义上的正当防卫。

作为中国封建法典楷模的《唐律》，对同现行犯罪行为做斗争的拘捕人犯、正当防卫等问题，作出了比历代法律更为详细、明确的规定。其主要表现有五点：（1）允许为保卫他人的权利而扭送现行犯和进行防卫。《捕亡律》中规定：“诸被人殴击折伤以上，若盗及强奸，虽旁人皆得捕系，以送官司。”《唐律疏议》对这一规定解释说：“有人殴击他人折齿、折指以上，若盗及强奸，虽非被伤、被盗、被奸，家人及所亲，但是旁人，皆得捕系以送官司。”如果侵害人“持杖拒捍，其捕者行格杀之；持杖及空手而走者，亦得杀之”⑥。（2）将制止某些现行犯罪行为规定为一种法律义务，凡能履行这种义务而不履行者应受处罚。如《捕亡律》中规定：“诸追捕罪人而力不能制，告道路行人，其行人力能助之而不助者，杖八十；势不得助者，勿论。”⑦ 这一条规定的意思是能协助而不协助追捕现行犯的道路行人，要负

---

① 法学教材编写部《外国法制史》编写组：《外国法制史资料选编》，北京大学出版社 1982 年版，第 153 页。

② 参见蔡枢衡：《中国刑法史》，广西人民出版社 1983 年版，第 177 页。

③ 参见蔡枢衡：《中国刑法史》，广西人民出版社 1983 年版，第 177 页。

④ 参见蔡枢衡：《中国刑法史》，广西人民出版社 1983 年版，第 177 页。

⑤ 《隋书·刑法志》。转引自蔡枢衡：《中国刑法史》，广西人民出版社 1983 年版，第 177 页。

⑥ 长孙无忌：《唐律疏议》，中华书局 1983 年版，第 528 页。

⑦ 长孙无忌：《唐律疏议》，中华书局 1983 年版，第 529 页。

刑事责任。《捕亡律》还规定："诸邻里被强盗及杀人，告而不救助者，杖一百；闻而不救助者，减一等；力势不能赴救者，速告随近官司，若不告者，亦以不救助论。"[①] 这一条规定了邻里对遇到强盗、杀人现行犯的人不救助的刑事责任。以上两条规定的刑事责任范围都比现代法律广泛。（3）强调实行正当防卫必须是在不法侵害的"登时"，即不法侵害正在进行时。如《贼盗律》中规定："诸夜无故入人家者，笞四十。主人登时杀者，勿论。"《唐律疏议》对此解释说："家者，谓当家宅院之内。登于入时，被主人格杀之者，勿论。"[②] 这就是说，如果不是在"登于入时"当场杀死侵害人者，则应受处罚。（4）规定了禁止滥施防卫权，以防流弊。《贼盗律》规定："诸夜无故入人家者，笞四十。……若知非侵犯而杀伤者，减斗杀伤二等。"《唐律疏议》解释说"'若知非侵犯'，谓知其迷误，或因醉乱，及老、小、疾患，并及妇人，不能侵犯，而杀伤者"，规定要受处罚。即使是对不法侵害者，如"其已就拘执"，则不允许再进行伤害，否则，也应受处罚。《唐律疏议》解释说："'已就拘执'，即夜入人家，已被擒获，拘留执缚，无能相拒，本罪虽重，不合杀伤。主人若有杀伤，各依斗法科罪，至死者加役流。"[③]（5）明确规定了某些公职人员的防卫权。如《捕亡律》中规定："诸捕罪人而罪人持杖拒捍，其捕者格杀之及走逐而杀，若迫窘而自杀者，皆勿论。"[④] 这就是说，执行逮捕罪犯任务的公职人员杀死持凶器拒捕的罪犯、杀死逃走的罪犯及罪犯自杀，都不论罪处罚。这些规定说明《唐律》也具备现代正当防卫意义理论上的许多基本观点。

宋、元、明、清刑律对正当防卫的规定与解释多以《唐律》为基础，并有所发展。《宋刑统》第十八卷《贼盗律》标明"夜入人家"的罪名，同样规定："诸夜无故入人家者，笞四十，主人登时杀者勿论。若知非侵犯而杀伤者，减斗杀伤二等。"其疏议也完全采用《唐律疏议》的意思。[⑤] 元代有"夤夜潜入人家，被殴伤而死，勿论"的规定。[⑥] 明律、清律除将杖四十的规定改为杖八十外，其他均与唐律同。清律对此还作了辑注："然必是

---

① 长孙无忌：《唐律疏议》，中华书局 1983 年版，第 530 页

② 长孙无忌：《唐律疏议》，中华书局 1983 年版，第 346 页。

③ 长孙无忌：《唐律疏议》，中华书局 1983 年版，第 346 页。

④ 长孙无忌：《唐律疏议》，中华书局 1983 年版，第 527 页。

⑤ 参见窦仪：《宋刑统》，中华书局 1984 年版，第 290—291。

⑥ 参见蔡枢衡：《中国刑法史》，广西人民出版社 1983 年版，第 179 页。

黑夜，必是无故，必是家内，必是登时杀死，方得弗论。有一不符，即当别论矣。”①

阿拉伯的回教法规定，在自卫及保护自己的财产或另一人的生命财产时的杀伤行为不受处罚。日耳曼法也对反击侵害人们人身权利的正当防卫行为作了规定。神圣罗马帝国皇帝查理五世 1532 年制定的《加洛林纳刑法典》规定，为了防卫生命、身体、名誉、贞操等不受侵害，可以实行正当防卫，直至把人杀死。这明确了正当防卫是保护合法权益免受侵犯的手段。俄国 1694 年的《会典》中，对正当防卫也作了明确规定。②

在资本主义社会，资产阶级刑事立法对正当防卫的规定从概念上、理论上和法律意义上提高了一步，具有划时代的意义。资本主义国家对正当防卫的规定，最早见于法国大革命时代 1791 年 10 月 6 日的《法国刑法典》。该法典第 6 条规定：“防卫他人侵犯自己或他人之生命而为杀人行为时不为罪。”它把正当防卫作为总则规范加以确立，从此奠定了正当防卫在刑法体系中的地位。后来各资本主义国家刑事立法对正当防卫的规定大都渊源于此。

1810 年《法国刑法典》在总则中没有规定正当防卫，而在分则中作了规定。该法典第 328 条规定：“由于正当防卫自己或他人之迫切需要所为的杀人、伤害和殴击，不以重罪或轻罪论。”第 329 条规定：“下列两种情形均视为迫切需要的防卫：（1）在夜间因抗拒他人攀越或破坏住宅、家室或其附属物的围墙、墙壁或门户而杀人、伤害或殴击者；（2）因防御以暴力实施犯罪的盗窃犯或掠夺犯而杀人、伤害或殴击者。”除法国外，还有一些国家的刑法，如《比利时刑法》第 460 条、《埃及刑法》第 222 条、《泰国刑法》第 501 条等，都是在刑法分则中规定正当防卫制度。英国刑事立法和 1845 年沙俄的刑事立法也没有规定正当防卫的一般概念，只是在刑法分则中针对某些犯罪作了规定。把正当防卫制度规定在刑法分则中，而没有规定在总则当中，说明允许进行正当防卫的还仅仅是对某些不法侵害行为，不是对所有合法权益都可以通过正当防卫加以保卫。

把正当防卫从刑法分则的规定发展为刑法总则的一般原则，从适用于个别的犯罪行为演进为适用于一切的不法侵害行为，18 世纪末期的德国刑法

① 戴炎辉：《中国法制史》，三民书局 1979 年版，第 61 页。
② 参见陈盛清主编：《外国法制史》，北京大学出版社 1982 年版，第 133 页。

学者起了重要的作用。费尔巴哈当时对这个问题的主张就颇有影响。1871年颁布的《德国刑法典》第53条规定：“（1）由于正当防卫而不得不为的行为，不罚。（2）自己或他人遭受现在和不法的侵害时，为了抗拒侵害所必要的防卫称为正当防卫。（3）行为人如在混乱、恐惧或惊悸中超过正当防卫的限度时，其超过正当防卫的行为不罚。”1871年《德国刑法典》关于正当防卫的这一总则性规定，成为后来许多资本主义国家刑法规定正当防卫制度的蓝本或典范。此后，1903年的《俄罗斯刑法典》在总则第45条对正当防卫作了一般性规定：“当防卫者自己或他人之身体或财产权益遭受侵害时，防卫者在抵抗侵略之正当防卫中所作的行为，不得论罪。”1907年《日本刑法》第36条对正当防卫规定：“为防卫自己或他人的权利，对于急迫的不正当侵害而采取的出于不得已的行为，不处罚。”“超过防卫限度的行为，根据情节，可以减轻或免除其处罚。”1937年《瑞士刑法》规定：“任何人为反击对自己或他人之违法攻击或此种攻击之威胁所实行之适合该种情况的适当防卫，乃是正当防卫。”《中华民国暂行新刑律》也在总则中将正当防卫规定为：“对现在不正之侵害，而出于防卫自己或他人权利之行为，不为罪；但防卫行为过当者，得减本刑一等至三等。”

现代资本主义国家的刑法典，多数是在总则中规定正当防卫的一般概念。如1976年《联邦德国刑法典》第32条规定：“因排除对自己或他人的现在不法侵害所为之必要的防卫，是为正当防卫。”1971年《瑞士刑法》第33条规定正当防卫为：“遭受非法之攻击或可能遭受直接攻击之人及其他任何人，均有权采用与该情况相当之方式，对此攻击加以防御。”1968年《意大利刑法》第52条对正当防卫的规定是：“为防卫自己或他人的权利，对于现在不法之侵害，于采取不过当之防卫行为者，不罚。”其他如西班牙、巴西、加拿大等国刑法典，都在总则中对正当防卫的概念作了一般性的规定。

社会主义国家的刑法典在总则中规定了正当防卫的一般概念。例如，1978年修订的《苏俄刑法典》第13条对正当防卫的规定是：“某种行为虽然符合本法典规定的行为要件，但是在正当防卫的状态中所实施的，即在保卫苏维埃国家利益、公共利益、防卫本人或其他人的人身权利不受危害社会行为侵害而给侵害人致成损害的情况下所实施的，如果这种行为没有超过正当防卫的限度，则不认为是犯罪。”1973年补充的《罗马尼亚刑法典》第44条规定为：“自卫……为自卫而实施刑法所禁止之行为，不构成犯罪……

为使本人、他人或公共利益免受确实存在的、直接的、及时的、非法的侵害，而实施刑法所禁止的行为，因而给加害人人身与权利或公共利益造成巨大危险的，是自卫……由于恐惧，自卫超过了应与危险的严重程度适应的限度的，也认为是自卫。”蒙古国1975年补充和修订的刑法典第9条对正当防卫的规定是：“(1)某种行为虽然符合本刑法典的规定，但是它是在保卫国家或者社会的利益，保护本人或他人的生命、健康或者权利，使其不受危害社会行为侵害而给侵害人以损害的情况下实施的，如果这种行为没有超过正当防卫的限度，不认为是犯罪。(2)受害人或者其他人在侵害人实施侵害行为后当即实施的，目的在于拘留罪犯或者将罪犯送交有关权力机关的被迫行为，如果拘留罪犯是必须的，应当认为是正当防卫。”我国刑法总结各国关于正当防卫的立法经验，在第17条里对正当防卫作了规定。

正当防卫从习俗到法律，从观念到理论，源远流长。从奴隶制社会、封建社会到资本主义社会，虽其刑法对正当防卫的规定各有不同，但总的说来，反映剥削阶级的意志和利益这一本质是共同的。到社会主义社会，正当防卫的实质才起了根本变化。

二、正当防卫的阶级本质和法律性质

正当防卫的阶级本质和法律性质是既有联系又有区别的两个问题。正当防卫的阶级本质，是指在一定社会形态中的正当防卫制度所反映的社会政治内容。正当防卫的法律性质，是指正当防卫不构成犯罪或免除刑事责任的理由。资产阶级学者只谈正当防卫的法律性质回避其阶级本质。

(一) 正当防卫的阶级本质

马克思主义认为，在阶级社会中，各阶级经济上的不平等决定它们政治上的不平等。在剥削阶级统治的社会里，被剥削阶级承担着各种义务而享受不到应有的权利。恩格斯指出：“如果说在野蛮人中间……不大能够区别的权利和义务，那么文明时代却使这两者之间的区别和对立连最愚蠢的人都能看得出来，因为它几乎把一切权利赋予一个阶级，另方面却几乎把一切义务推给另一个阶级。”[①] 正当防卫作为一种权利，在剥削阶级的法律中，正是这样规定的。

① 《马克思恩格斯选集》(第4卷)，人民出版社1972年版，第174页。

在奴隶制社会，奴隶是奴隶主的财产，是会说话的工具。他们承担着各种义务，却没有任何权利，而只是奴隶主权利的客体。他们的生命、健康、自由没有任何法律的保障。他们遭到什么样的侵害，都是无权自卫的，只能忍受奴隶主的任意奴役、打骂、凌辱或残杀。而法律则是奴隶主一切权利的保障。在奴隶主的生命、健康或财产遭受侵害时，他们有权进行自卫反击，杀死侵害者。因此奴隶制社会的正当防卫是奴隶主的权利，是保护奴隶主利益、镇压奴隶反抗的一种法律制度。在封建社会，地主阶级和农民阶级在政治、经济、法律上也是公然不平等的。当地主阶级成员的人身权利或财产权利被农民侵害时，他们可以进行正当防卫；反之，地主阶级侵犯农民的人身权利或财产利益时，农民则不能进行正当防卫，有时连向官府控告的权利也没有。因此，封建社会的正当防卫的阶级本质，是保护地主阶级权益和镇压农民反抗的一种法律手段。在资本主义社会，资产阶级法律的虚伪性和欺骗性这一特点，同样充分体现在正当防卫制度中。从形式上看，正当防卫的权利似乎属于每个公民，但实际上主要是资产阶级特有的权利。这是因为：首先，资本主义国家刑法对正当防卫的规定主要是保护个人的人身权利和财产权利，而一贫如洗的无产者和其他劳动者则没有什么私产保护而行使正当防卫的权利。其次，只有当无产阶级和其他劳动群众要求保护的利益同资产阶级的利益还没有发生根本冲突时，无产阶级和其他劳动群众才有可能实行正当防卫，这是有利于资产阶级的统治秩序的。一旦两个阶级的利益发生冲突时，被剥削者的正当防卫权利就会化为乌有。例如，尽管资本主义国家刑事立法规定正当防卫只是出于保护“自己或他人之权利”，但资产阶级理论则认为：“为防卫公益之行为，亦得理解为正当防卫……即不外认许为一切法益，均有正当防卫之意。”[①] 而这些东西在资本主义国家都代表了资产阶级的利益。正是这样，在资本主义国家，资产阶级可以为了保护私有财产而杀害小偷，也允许军、警、宪、特对要求自己合法权利的、手无寸铁的和平示威或罢工游行的劳动群众进行血腥镇压。这些罪恶行径，都可以美其名曰“正当防卫”，而找到合法的根据。

由此可见，正当防卫作为阶级社会的一种权利，是由统治阶级在自己的法律中赋予公民的。尽管从这种权利行使者的主观愿望看，实现权利的性质可能有所不同，但从权利的客观性质看，它和法一样，是统治阶级意志的反

---

① 刘清波：《刑法概论》，台湾开明书店1970年版，第102页。

映。统治阶级之所以在一定条件下赋予一部分人以正当防卫的权利，其目的主要是通过这些人行使正当防卫权利，以保护统治者的整体利益和根本利益，也体现出对这些人法定权利的保护。所以，在不同社会制度的国家，由于正当防卫维护的阶级利益不同，正当防卫也就有着不同的阶级本质。

社会主义国家规定正当防卫的阶级实质与剥削阶级国家根本不同。社会主义国家是以生产资料公有制为基础，人民群众是国家的主人，社会主义法制是一切合法权益的保障。在社会主义国家，公共利益与个人利益是统一的，个人利益是公共利益的派生，又是公共利益的补充，因此保护公共利益与保护个人合法利益是一致的，相辅相成的。当然，公共利益是全体人民的根本利益，必须首先保护，同时也要保护个人合法利益。没有公共利益，就没有个人利益，而不保护个人合法利益，也将会损害公共利益。并且无论是对公共利益或者个人利益的保护，都有赖于社会主义法制的健全和巩固。正是由于这种个人利益与公共利益的一致性，维护合法权益和维护社会主义法制的一致性，决定了在社会主义国家，任何不法侵害在客观上都是对个人利益、公共利益和社会主义法制的侵犯。所以，社会主义国家刑法规定正当防卫的本质特征，必然是制止不法侵害、保护合法权益、维护社会主义法制三者的有机统一。正当防卫这一本质特征的三个内容，是一个有机统一的整体，不能割裂，不能偏废。只有在正当防卫本质特征的这三个内容的指导下，才能正确了解和掌握有关正当防卫的一切问题。在社会主义国家，法律一视同仁地保护所有合法权利。谁实施侵害国家利益、集体利益、公民个人合法权益的违法犯罪行为，人人都有对之行使正当防卫的权利。这就是社会主义国家正当防卫制度的阶级本质，也是同剥削阶级国家正当防卫制度的根本区别。

（二）正当防卫的法律性质

近代各国刑事立法对正当防卫的概念和要件的规定尽管有所不同，但对正当防卫规定为不犯罪或不处罚都是相同的，这就是正当防卫的法律性质。至于为什么正当防卫行为不构成犯罪或者不负刑事责任，资产阶级刑法理论上有着许多不同的学说。概括介绍如下：

1. 认为正当防卫是法律上不予处罚的行为。至于为什么对正当防卫不处罚，主要有以下几种学说：

（1）以恶易恶说。此说为德国学者格耶耳（Geyer）所主张。他认为正当防卫绝非无罪，而仅是不处罚的行为。不处罚的理由是攻击之恶与反击之恶相当，两得其平，互相抵消。

(2) 道德压制说，又叫自卫本能说。此说为德国学者谱芬道夫（Pufendorf）所倡导。他认为正当防卫是一种自然的反映和本能的冲动，当人们受到突然袭击时，道德受到压制而按本能办事，所以虽是犯罪行为而不能不加以原谅，这是正当防卫不处罚的原因。

(3) 意思丧失说，又叫丧失自由意思说。此说认为正当防卫是因为不法侵害来得急迫，被害人在强烈的刺激下，丧失了控制能力而实施防卫行为，故应与无自由意思人的行为一样看待，不应负刑事责任。

(4) 必要行为说，又叫放任行为说。此说认为正当防卫是两种法益之矛盾，即防卫方面的法益与侵害方面的法益不能两立，在事情紧急的情况下，来不及由国家权力机关解决，只能由被害人自力救济，这是一种与紧急避险相似的放任行为，因而不能追究刑事责任。

(5) 消灭刑罚权说。这种学说为德国法学家喀拉拉（Carrara）所主张。他认为建立公共防卫的国家刑罚权是为了补充个人防卫的不足，也限制过度防卫者。当情况紧急，国家来不及防卫时，个人自然可以实行防卫，国家的刑罚权因此而消失，这就是对正当防卫不处罚的根据。

以上几种学说，都认为正当防卫并不是合法、正当的行为，有的甚至认为正当防卫是一种邪恶、犯罪，仅仅是不给予处罚。不处罚的根据各说不一，但他们都没有揭露问题的实质，因而也不能有力说明不予处罚的理由。

2. 认为正当防卫是一种权利行为。既是权利行为，也就谈不到刑事责任问题。这种主张主要有以下几种学说：

(1) 天赋人权说。自然法的理论认为，正当防卫是人类生来的一种权利。对外来的侵犯，个人有全力以赴地进行自我保护的权利。荷兰法学家格老秀斯（Grotias）就持这一观点。古典自然法学派的代表卢梭（Rousseau）认为，正当防卫的条文乃是人的天然自卫权的恢复。这种权利是人在国家社会形成以前所持有的，只在国家社会成立后，人始依据社会契约将这个权利让给国家了。俄国的民主主义者与唯物主义哲学家拉狄希夫（PaЦШЩeB）认为，人民暴动乃是人民抵抗皇帝专横的天然复仇权。

(2) 社会契约说。这种学说以卢梭的社会契约说为基础，认为原始社会人人有保护自己维持正义的权利，在订立契约组织社会时，虽交出了一部分权利，但仍然保留了一些权利，其中包括正当防卫权。这就是正当防卫合法性的基础。

（3）消灭不正说。此说认为正当防卫是对不法侵害的否定。不法侵害是对他人合法权利的否定，是一种不正当的行为，因此正当防卫是消灭不正的一种权利。

（4）法律与社会利益说，又叫保全社会生存说。此说认为不法侵害是一种具有反社会性的行为，对这种反社会行为，人人都有防卫的权利，以保全社会的共同福利。正当防卫是一种维护社会利益和法律的权利行为，权利行为就应当受到法律保护。这一学说的代表人意大利学者菲莉（Ferri）在其名著《刑事社会学》中说："正当防卫者——正是站在社会利益上和法律的利益上完成他应执行的法律行为。在社会上，自然只有对这种消灭反社会性的人表示敬意。所以，个人防卫合法化之基础完全是存在于下列两种利益：（1）社会善良分子的整个保全；（2）犯罪活动的淘汰。"

以上几种学说中，法律与社会利益说比较能说明正当防卫的法律性质。但这种学说也和其他资产阶级学者的观点一样，是用超阶级的法律与社会利益去解释资本主义社会的正当防卫制度。

尽管资产阶级关于正当防卫的学说五花八门，但他们都掩盖了这样一个本质问题，即资本主义国家刑法规定正当防卫行为不受处罚或不构成犯罪，同其整个刑法一样，是反映资产阶级的意志和利益的，是有利于资本主义的法律秩序的，他们总是企图把资产阶级的意志和利益，冒充全社会的意志和利益，并以此欺骗人民。

社会主义的刑法理论是从犯罪的本质特征来解释正当防卫的法律性质的。马克思主义认为，犯罪是反对统治关系的行为。统治阶级为了维护其统治，把危害他们的阶级利益和统治秩序的行为规定为犯罪，并予以刑罚处罚。因此，行为的社会危害性是犯罪的本质特征。如果某种行为对于统治阶级的利益和统治秩序不具有任何危害性，就不能认为这种行为是违法的，也就不构成犯罪，当然也不能受刑罚处罚。在实际生活中，某些行为从现象上看好像是犯罪行为，但是实质上不具有社会危害性，而是有利于统治阶级的行为。这种行为不是违法行为，而恰恰是法律所要保护、支持和鼓励的行为。刑法中规定的正当防卫正是这样的合法行为。社会主义刑法理论真正抓住了正当防卫的阶级实质，正确地回答了正当防卫为什么不受处罚的问题。

三、我国刑法中正当防卫的概念和条件

（一）正当防卫的概念

我国《刑法》第 17 条规定："为了使公共利益、本人或者他人的人身和其他权利免受正在进行的不法侵害，而采取的正当防卫行为，不负刑事责任。"根据这个规定，可以给正当防卫下这样的定义：正当防卫就是用对不法侵害者造成一定损害的方法，制止其正在进行的不法侵害，以保卫公共利益、本人和他人的合法权利的行为。这个定义含有以下四点意思：

1. 正当防卫是对社会有益的行为。它是主观上的防卫意图和客观上的防卫行为的统一。在主观上，防卫者是为了保护公共利益或公民的合法权益，具有正当的动机、目的。在客观上，实施了同不法侵害做斗争的行为。从主客观上看都非但无害，而且是对国家对人民有益的行为，故应受到法律的保护。

2. 正当防卫是我国公民的一项合法权利。这种权利是公共利益、公民的合法权益受到不法侵害的紧急状态下产生和行使的。这种权利的行使，必须符合一定的条件才能认为是合法的，如果离开了一定的合法条件，任意滥用，则不仅达不到正当防卫的目的，反而会给社会造成危害。

3. 正当防卫是公民的一项道德义务，对某些人是一项法律义务。面临不法侵袭，特别是当国家和他人权益受到严重威胁时，作为一个公民应该挺身而出，积极同违法犯罪行为做斗争，否则在道义上是要受到谴责的，甚至要受到党纪、政纪的处分。负有法律义务的人，在需要实行正当防卫时不实行，就应负法律责任。例如，1983 年最高人民法院、最高人民检察院、公安部、国家安全部、司法部联合制定的《关于人民警察在执行职务中实行正当防卫的具体规定》第 4 条规定："人民警察在必须实行正当防卫行为的时候，放弃职守，致使公共财产、国家和人民利益遭受严重损失的，依法追究刑事责任；后果轻微的，由主管部门酌情给予行政处分。"

4. 正当防卫是通过采用对不法侵害者造成某种损害的方法来实现的。这里所说的"造成某种损害"应该怎样理解呢？某些教材解释为"不仅可以损害侵害者的人身，也可以对其财产及其他权益加以损害"①。从正当防

① 高铭暄主编：《刑法学》，法律出版社 1984 年版，第 166 页。

卫的渊源及司法实践的情况看，损害主要是对侵害者个人的人身进行的，可能造成侵害者身体健康、人身自由甚至生命的损害。在某些特定条件下，也可能单独或同时对侵害者的财产权造成一定损害，但很难想象对侵害者人身、财产以外的其他广泛权益造成一定损害是属于正当防卫的情况。所以，将损害解释为可以对侵害者的人身、财产及其他权益造成某种损害，虽不违背法律的规定，但从实际情况看，损害主要是对侵害者人身进行的。对侵害者人身以外的财产及其他广泛权益造成的损害，并不是严格意义上的正当防卫，不属于正当防卫的主要内容。这种情况如果符合正当防卫条件的，也可视为正当防卫，但并非典型的正当防卫。

正当防卫是国家赋予公民的一种权利，但与国家刑罚权不同。马克思说："刑罚不外是社会对违犯它的生存条件（不管这是些什么样的条件）的行为的一种自卫手段。"[①] 孟德斯鸠也说过："在政治宽厚的国家里，对一个好的立法者来说，无论什么都可以当作刑罚……总之，法律认为什么是刑罚，就是有效的刑罚。"[②] 从马克思和孟德斯鸠这两段话的意思看，正当防卫也是一种自卫手段，对侵害者实行反击作为其不法侵害行为的有效后果，好像正当防卫也是刑罚。尽管如此，正当防卫和刑罚是有明显区别的：第一，行使权利的主体不同。正当防卫权由国家法律规定授予公民行使；刑罚权则由法院代表国家行使。第二，行使权利的条件不同。正当防卫是在不法侵害正在进行、危害结果尚未发生或正在发展时进行的；刑罚权利则是在犯罪后，由司法机关依法行使。第三，对犯罪分子的损害有所不同。正当防卫往往以造成不法侵害者的伤亡来实现；刑罚权则由国家剥夺犯罪分子一定的权利以实现，不一定是伤亡。第四，行使权利的目的不同。正当防卫的目的是保护国家、集体和公民的合法权利免受正在进行的不法侵犯；刑罚适用则是通过惩罚和改造罪犯，达到预防犯罪和消灭犯罪的目的。

（二）正当防卫的条件

正当防卫是在紧急状态下，为了保护合法权益而派生的一种权利。这种权利不是可以任意行使的。如果行使不当，或者滥用这种权利，不但达不到正当防卫的目的，反而可能对他人造成不应有的损害，危害社会，构成犯

---

① 卡尔·马克思：《死刑——科布顿先生的小册子。英格兰银行的措施》。见《马克思恩格斯全集》（第8卷），人民出版社1965年版，第579页。

② ［法］孟德斯鸠：《论法的精神》（上册），商务印书馆1978年版，第83—84页。

罪。因此，进行正当防卫必须遵守一定的条件。

关于正当防卫的条件，刑法理论上的论述不尽一致。常见的论述有两种。一种是首先将成立正当防卫须具备的条件分为侵害行为方面的条件和防卫行为方面的条件，再分别加以论述，而在论述的方法和具体内容上又各有不同。侵害行为方面的条件，有的又叫正当防卫成立的前提条件，一般主张包括三个条件：(1) 必须是不法侵害行为；(2) 必须是实际的侵害；(3) 必须是正在进行的侵害。还有的主张侵害行为必须是作为，对不作为不能实行正当防卫。防卫行为方面的条件一般认为是：(1) 防卫目的是正当的；(2) 防卫行为是针对不法侵害者本人进行的；(3) 防卫不能超过必要限度。另一种是将正当防卫的条件概括为四个，即正当防卫四要件说：(1) 必须有不法侵害行为；(2) 必须是正在进行的侵害行为；(3) 防卫只能对不法侵害者本人实行；(4) 防卫不能超过必要的限度。我国目前的刑法论著，大都采用四要件说。

正当防卫的四要件说层次简单，便于记忆。它的主要缺点是实行正当防卫的目的性不明确，而正当防卫的目的性系成立正当防卫不可缺少的重要特征。

本文根据我国《刑法》第 17 条的规定，以正当防卫四要件为基础，补充正当防卫的主观要件。对成立正当防卫的条件，做如下分析：

1. 正当防卫的目的必须是保护合法的权益。

防卫目的的正当性，是成立正当防卫的主观条件。正当防卫的成立是否必须具备主观条件，刑法理论上有两种不同的主张。一种是否定说。认为正当防卫不必具备主观要件，即正当防卫的构成不以防卫意思作为必要条件。这种主张的主要理由是：正当防卫往往是在一瞬间作出的反射行为，如果强调这个条件，势必把正当防卫的范围限制得很狭窄。以防卫目的作为构成正当防卫的主观条件，实际上难以行得通，因为行为人即使出于非正当目的，也很难查明。另一种是肯定说。主张正当防卫行为在主观上应具有防卫的意思，即具有正当防卫的目的性。这是构成正当防卫的主观条件。这种主张认为即使是在紧急的状态下，缺乏冷静判断而作出的反击行为或基于本能所表现出来的反射行为，也反映了一定的防卫意思。例如，出于义愤、憎恶等感情而进行的反击，也不能认为没有防卫意思。如果是在缺乏意思的状态下作出的反射动作，那就不是行为。如果否认正当防卫的主观条件，就可能把具有明显犯罪意图的行为，视为正当防卫。这显然是不妥当的。

我们认为否定说的理由是站不住脚的。正当防卫的概念是主观和客观的统一，它的构成当然也应是主客观条件的统一。人的行为总是受思想支配的，是主观见之于客观的东西，所以人的行为及其性质是受自己的目的制约和支配的，行为不能脱离人的思想意识的支配。防卫行为同样不能脱离防卫人的防卫意思的支配。防卫意思是正当防卫的认识因素和意志因素的统一。正当防卫的认识因素是指防卫人对正在进行的不法侵害的认识；意志因素系防卫人对制止和反击不法侵害，以保卫合法权益的决意。认识因素是意志因素的基础，没有认识就谈不上意志，也就谈不到正当防卫。防卫意思是防卫人的主观心理状态，也是防卫人对客观存在的不法侵害的反映，并通过一定的防卫行为体现出来，它是可以认识和查明的。

我国《刑法》第 17 条明确规定，正当防卫的目的是“为了使公共利益、本人或者他人的人身和其他权利免受正在进行的不法侵害”。所谓公共的利益，是指国家、集体的利益，即社会共同的利益。所谓本人或者他人的人身和其他权利，是指受到法律保护的任何公民的人身安全、财产权益，以及其他民主自由权利。无论是公共利益还是公民的合法权利，如果遭受不法侵害，任何公民都有权挺身而出，实行正当防卫，对其加以保护。

社会主义国家对正当防卫所维护的权益，都不限于防卫者本人的权益。如《苏俄刑法典》第 13 条规定：“在保卫苏维埃国家利益、公共利益、防卫本人或其他人的人身权利不受危害社会行为侵害而给侵害人造成损害的情况下所实施的，如果这种行为没有超过正当防卫的限度，则不认为是犯罪。”可见，在社会主义国家，正当防卫是维护公共利益、他人或本人权益而同犯罪做斗争的一种手段，而不是保卫个人私利的合法措施。

资本主义国家就不一样。有些资本主义国家法律规定，只有本人的利益受到侵害才能实行正当防卫。即使允许在第三者权益受到侵害时也可以实行正当防卫，也对第三者的权益范围作了限制。如英国刑法只将“第三者”限制在夫妻、子女、亲属的范围内。智利、西班牙、阿根廷和美国（纽约州）刑法规定，代行第三者防卫权，限于亲属或有救助义务的人。对“第三者”的范围不加限制的国家有日本、德国、意大利、挪威、荷兰等国的刑法。

各国法律对正当防卫所维护权益的对象的规定，也有所不同。有的只限于人身自由、财产被侵害时，才能行使防卫权，如法国、芬兰、比利时、美国（纽约州）的刑法。有的国家则规定限于人身、财产、名誉被侵害时才能行使防卫权，如墨西哥刑法。还有些国家则在人身、财产、名誉之外，又指明生命、健康、幸福等遭受不法侵害时，均可行使防卫权，如丹麦等国刑法。有的国家则只简单地将不法侵害的对象概括为“权利”二字。我国《刑法》第17条将不法侵害的对象规定为“公共利益、本人或他人的人身和其他权利”。可见，人身权利、财产权利或其他权利受到侵害时，均可实行正当防卫。而且我国刑法是把公共利益列在可以防卫的权益的首位。这是因为我国是社会主义国家，在我国个人利益与集体利益是一致的，集体利益高于个人利益。在我国，人与人之间的关系是互助合作的同志关系，因此刑法规定当他人利益遭受不法侵害时，可以实行正当防卫。

正当防卫目的是构成正当防卫的主观要件。如果不具备这一要件，则不能成立正当防卫。行为人主观上不具备正当的防卫目的行为，包括防卫挑拨和互殴行为两种情况。防卫挑拨，是指故意挑起他人的不法侵害，然后以正当防卫为借口而加害对方的行为。它同正当防卫根本不同。互殴行为，是指双方互相斗殴或厮打的行为，彼此都有殴击和伤害对方的故意，双方的行为都是违法的，任何一方都不是正当防卫。

2. 必须是对不法的侵害行为才能实行正当防卫。

不法侵害是实行正当防卫的起因，这是刑法理论一致公认的，各国法律也是这样规定的。所谓侵害，就是使合法权益感受危害的状态。侵害行为的本质特征是具有社会危害性。法律对这种行为的评价是否定的，称之为不法侵害，就是说具有违法性。对于合法的行为不能实行正当防卫。例如，公民依法扭送正在实施犯罪的人犯，执法人员依法拘捕人犯，人犯或第三者均不得以人身“受到侵害”而实行正当防卫。对正当防卫、紧急避险的合法行为，受损害者不能借口维护自身的合法利益而实行防卫。如果行为人明知对方是正当防卫或紧急避险而进行反击，应依法对反击所造成的危害承担刑事责任。如果不知对方是正当防卫或紧急避险而进行了反击，应按照对事实认识错误的处理原则解决。不法侵害限于单方面的侵害行为，如果双方都分别实施不法侵害，如互相斗殴，则谈不上正当防卫权。对享有外交特权和豁免权的外国人，虽然对他们的刑事责任问题要通过外交途径解决，但如果他们实施不法侵害行为，仍可对之进行正当防卫。

不法侵害的范围是否限于犯罪行为，还是包括犯罪行为与其他违法的侵害，关于这个问题，历来有狭义说和广义说两种不同的理解。狭义说主张不法侵害专指犯罪行为，只有侵害行为达到犯罪的程度，从行为本身和行为人的主观情况看都构成犯罪的不法侵害，才能成为正当防卫的起因，如果不法侵害包括一般违法侵害行为在内，就会扩大打击面，造成不应有的危害。如果对一切违法侵害行为都可以实行正当防卫，就会给某些动辄行凶害人者以可乘之机，也给司法机关处理案件带来困难。广义说则认为不法侵害既包括犯罪行为，也包括一般违法的侵害行为。因为一般违法行为也具有社会危害性，同样是不法侵害，因此，也可以对之实行正当防卫。如果只对犯罪行为实行正当防卫，而对一般违法侵害行为不能进行正当防卫，就会缩小正当防卫的法定范围，从而放纵某些进行不法侵害的违法分子。我国刑法学界一般认为不法侵害通常指犯罪行为，但也包括某些一般违法侵害行为，如违反治安管理处罚条例的某些行为。这样理解是符合我国对正当防卫的立法精神和实际情况的。因为一般群众以至专业人员，在紧迫情况下难以分清犯罪与一般违法行为的界限。再者，某些不法侵害在危害结果发生之前，其性质难以确定。例如，拳击头部，可能只造成轻微伤害，也可能造成轻伤，甚至重伤。在举拳而伤害结果未发生时，很难说是一般违法行为还是犯罪行为，但该行为具有不法侵害的形式和内容则是明显的，而且违法行为和犯罪行为是可以转化的，在不法侵害进行的过程中，二者之间没有不可逾越的界限。所以如果要求人们在遇到不法侵害的紧迫情况下，先分辨清楚是犯罪行为还是一般违法行为，再决定是否实行正当防卫，这在理论上是荒谬的，在实践中是行不通的。

当然，这不是说对任何犯罪行为和一般违法侵害行为都必须实行正当防卫。那么，究竟对哪些不法侵害行为可以实行正当防卫呢？一般说来，对那些带有一定紧迫性的违法的或犯罪的侵害行为，可以实行正当防卫。

这里又涉及一个问题，即正当防卫是否只能对紧迫的，不能用其他方法避免的不法侵害实行，还是可以适用于一切正在进行的不法侵害。也就是说不法侵害的紧迫性是否应作为成立正当防卫的条件。关于这个问题，历来有消极说与积极说之争。消极说主张正当防卫只能对紧迫的不法侵害实行，如果能以其他办法避免不法侵害，就不能对之实行正当防卫。此说主张不法侵害的紧迫性是形成正当防卫权的要件之一。所谓不法侵害的紧迫性，是指不法侵害迫在眉睫，具有现实性、即时性、迫切性（势在必行）、直接性等客观特征。面临这样的侵害，除采取直接的防卫手段外，别无其他方法可以避免。积极说主张正当防卫应适用于所有正在进行的不法侵害，而不限于紧迫性的侵害，防卫者即使在能以其他办法避免侵害情况下，仍可行使自己的防卫权。这种学说认为，只要是制止正在进行的不法侵害的防卫行为，都是不得已的、被迫的行为，因而也是必要的防卫行为。

从各国立法例来看，《日本刑法》第36条第1项和《奥地利刑法》第3条第1项都把“紧迫”规定为防卫对象（指不法侵害）的要素。《朝鲜民主主义人民共和国刑法》第15条对正当防卫的规定中也将“紧急”作为不法侵害的条件。《联邦德国刑法典》总则第32条第2项也把“紧迫”作为防卫的必要条件作了规定。法国、瑞士、意大利、印度、苏联、捷克、蒙古国、匈牙利、罗马尼亚等国家刑法，都没有作正当防卫只适用于紧迫性不法侵害的限制性规定。我国《刑法》第17条对正当防卫的规定，也没有限制于只适用于紧迫性的不法侵害。

我们认为消极说和积极说都有一定的片面性。正当防卫是公民面临正在进行的不法侵害时所派生的一种权利。既然是权利，就不应将这种权利的行使解释为别无他法和万不得已时的唯一措施。即使在防卫人能以其他方法避免不法侵害的情况下，只要遵循正当防卫的条件，仍可行使防卫权，否则就不成其为一种权利。我国法律对此也未作限制性规定。同时，也应看到在符合正当防卫的条件下，防卫人对之进行反击的不法侵害，通常带有一定的紧迫性。这里所谓紧迫性，是指侵害是迫在眉睫或正在进行的不法侵害，而且往往是带有暴力性和破坏性的侵害行为。不能将这种紧迫性解释为除进行反击外别无其他方法可以避免的侵害。犯罪现象及不法侵害的种类、情节极为复杂，侵害者、防卫者的具体情况也各有不同，究竟对哪些违法犯罪的侵害行为可以实行正当防卫，必须根据实际情况和关于正当防卫的立法精神，按照正当防卫的条件，进行具体分析。

从犯罪的侵害行为看，通常对那些带有一定紧迫性的直接侵犯公民人身权利、公私财产所有权和严重危害公共安全和社会主义建设的犯罪行为，可以实行正当防卫。例如，对杀人、放火、抢劫、强奸、投毒、爆炸、决水、流氓、反革命破坏等故意犯罪，可以实行正当防卫。对贪污、贿赂、重婚、赌博、伪证等故意犯罪，则不宜用正当防卫的手段去制止，因为这些犯罪通常不会形成侵害的紧迫性，并且这些犯罪的危害性也不可能用对侵害人造成人身、财产等损害的防卫方法而加以排除，所以对待这些犯罪只能用检举、揭发、扭送等方法，请求有关部门依法采取相应的措施解决。如果对这些犯罪采取加害作案人的手段去制止，不但难以符合正当防卫的条件，而且会使问题复杂化。对过失犯罪不能实行正当防卫。因为过失犯罪是以造成了法定的严重结果为构成要件，当危害结果尚未发生时，不能说它是正在进行不法侵害行为，因而也不能对之实行正当防卫。当危害结果已经发生，构成过失犯罪时，又失去了正当防卫的必要性。

从一般违法的侵害行为看，对带有一定紧迫性的一般违法行为可以实行正当防卫。如对故意扰乱社会秩序、流氓活动、殴打他人、非法限制人身自由、非法侵入住宅、哄抢公私财物、破坏公私财物、抢夺少量公私财物等尚不够刑事处罚的一般违法行为，必要时，可以进行正当防卫。对某些一般违法行为，虽不具有明显的侵害紧迫性，但当采取适当方法不足以制止其侵害活动时，可以实行正当防卫。例如，对经常进行小偷小摸的人，当他作案时以语言劝阻、批评等方法不能制止的，可以进行正当防卫，用强力加以制止或赶出偷窃地点。对不带侵害紧迫性的一般违法行为，通常不宜进行正当防卫。例如，对侮辱、诽谤、侵犯公民通信自由但不构成犯罪的一般违法行为，写恐吓信、吸食鸦片、赌博、卖淫、嫖宿娼妓、违反交通管理、违反户口或居民身份证管理等违反治安管理的行为，对不履行合同等民事违法行为，用批评、警告、劝阻等方法即可解决，不必采取正当防卫。如要实行正当防卫，不仅是不适当的，而且可能构成犯罪。例如，某甲偕其女友某乙散步时，某丙在路旁对某乙评头品足，讲下流话，某甲一气之下掏出匕首将某丙刺伤。又如张某怀疑李某蓄意隐匿他的信件，一天看到李某正在开拆的信是自己的，心中恼怒，遂猛烈拳击李某头部，造成重伤。这两个例子中的某甲与张某，都面临一种不法侵害，前者是侮辱行为，后者是非法开拆信件的行为，但这两种侵害行为没有什么紧迫性，因而也不能采用暴力进行正当防卫，所以某甲和张某的行为既不是正当防卫，也不是防卫过当，而是故意伤害。

还有这种情况，属于同一性质的不法侵害行为，有的带有紧迫性，有的则谈不上什么紧迫性。例如，以暴力方式实行侮辱行为往往有一定的紧迫性，而以言词进行侮辱的行为则不带紧迫性。对前者，可以实行正当防卫，而对后者则不宜进行正当防卫。只有根据具体情况，进行具体分析，才能得出正确的结论。

作为正当防卫起因的不法侵害，一般带有紧迫性。根据这一特征，可以较好地解决对不作为形式的侵害能否实行正当防卫的问题。在刑法理论上对这个问题有三种不同的观点：第一种观点认为从文义上解释，侵害行为只能是作为，对不作为不能实行正当防卫；第二种观点认为，侵害行为通常是作为，但对不纯正不作为也可实行正当防卫，对纯正不作为则不能实行正当防卫；第三种观点认为，无论作为不作为都可构成侵害，实质相同，都可对之实行正当防卫。我们同意第一种观点，即对不作为形式的侵害不能实行正当防卫，主要理由不是基于对不法侵害词义上的理解，而是基于不作为形式的侵害不能形成侵害的紧迫性。当然，不作为同作为一样，都可能产生对合法权益的侵害，对危害结果都具有原因力，但这两种情况的原因力是不同的。在作为的情况下，不法侵害是危害结果产生的内在的必然的原因，只要对不法侵害人实行正当防卫，就可以防止危害结果的发生。而在不作为的情况下，其原因力在于违反特定的作为义务而使事物向着危险的方向发展，以致造成危害结果。不作为的行为人是能防止危害结果的发生而不加以防止，所以对不作为犯实行正当防卫，造成其人身伤亡，并不能排除正在进行的不法侵害。对不作为的侵害，只能采用提醒、劝说、警告、命令等方法解决，或者施以适当的胁迫或强制。这种采用胁迫、强制方法迫使不作为犯实施其所应当实施的行为，也不能认为是正当防卫。因为我国刑法并没有单独地将威胁、强制规定为犯罪，也就不存在相应的刑事责任，从而也就谈不上是否负刑事责任的问题，所以，不是正当防卫。

不法侵害指人的行为，这是理论上所公认的。对于动物加害于人，能不能对之实行正当防卫呢？理论上对此有三种不同的见解。第一种是肯定说，认为对来自动物的加害可以进行正当防卫。理由是动物的加害虽然是自然的事实，不能在法律上作合法不合法的评价，但毕竟是对人的一种侵犯状态，所以应允许实行正当防卫。第二种是否定说，认为对动物的加害不能产行正当防卫。理由是，不法侵害仅指人的行为，来自人以外的加害，如果处于紧急状态，只能对之实行紧急避险，而不能实行正当防卫。第三种是折中说，认为法律既规定限于对不法侵害才能实行正当防卫，而不法侵害又限于人的行为，所以对动物的加害，“自不能进行正当防卫，但应沿用”正当防卫的规定，才符合实际。我们认为对动物的加害能不能进行正当防卫，应根据不同情况来确定：（1）动物如属无主的一般野兽，其加害不属不法侵害，因而对之进行反击，不发生法律上的问题。（2）如果动物是有主的牲畜或国家保护的珍贵动物，其加害于人也谈不上不法，因而可以对之实行紧急避险，但不得已时，应当认为可以进行正当防卫。（3）如果动物的加害是由于动物所有者的故意利用或第三人的故意利用所致，则对之可以实行正当防卫。

3. 必须是对正在进行的不法侵害行为，才能实行正当防卫。

正当防卫只能对正在进行的不法侵害行为实行。所谓“正在进行的不法侵害行为”，包括两个意思：一是不法侵害的真实性。就是说这种不法侵害是客观上确实存在的，而不是主观想象的或推测的。如果由于想象或推测，把实际上并不存在的所谓“不法侵害”误认为存在而实施防卫的，是假想防卫。对因假想防卫而造成损害的，适用对事实认识错误的处理原则。二是不法侵害的时间性。这也是实行正当防卫的时间条件。正当防卫的时间界限就是不法侵害正在进行的时间，所谓正在进行，是指侵害已经开始而尚未结束的状态，处于实行阶段。如果说侵害的开始和侵害的结束都是一瞬间的话，那么正在进行就是这两个一瞬间的持续状态。因此弄清不法侵害开始与结束的时刻，从而确定正在进行的标准，正当防卫是否适时的问题也就解决了。

“着手”是不法侵害的开始。对于“着手”的解释，刑法理论上有主观说和客观说之分。主观说以犯罪意图为准，认为只要表现出犯罪意图的行为，即为实行犯罪的着手。按照这种观点，只要不法侵害人有犯意表示，就是已经着手进行不法侵害，就可以对之实行正当防卫。这样就势必把正当防卫的时间提前而成为事前加害。客观说以行为为准，认为只要着手于完成犯罪的危险行为，就是实行犯罪的着手。按照这种说法，只要侵害人在客观上表现出一定的危险行为，就是已经着手进行不法侵害，即可对之实行正当防卫。这样解释则对犯罪的预备行为也可实行正当防卫，因为预备行为也是一种危险行为，结果仍可导致事前加害。可见主观说和客观说都有一定的片面性，只有按照唯物辩证的观点，坚持主客观的统一，当侵害人的犯罪故意表现为开始实行某种具体犯罪构成的客观要件的特征时，才是不法侵害的着手。这时，就可以对不法侵害人实行正当防卫。

着手是确定不法侵害开始的标志，是犯罪实行行为的起点，不是预备行为的结束。由于具体的犯罪极为复杂，因而着手实施的表现形式和要求也不相同。入室盗窃者撬门扭锁，盗窃黄金者开启保险柜，扒窃犯向钱袋伸手，都是盗窃行为的着手。同样是故意杀人，持刀杀人、枪击杀人、投毒杀人的着手各有不同。我国刑法规定抢劫罪和强奸罪都是以暴力、胁迫和其他方法为犯罪构成的客观要件，只要侵害者一经实施暴力、胁迫，就是这两种不法侵害的着手，只要不法侵害的意图在客观上表现出来，尽管侵害人还没有接触被害人的财物或被害妇女的身体，都是抢劫行为和强奸行为实行的开始，就可对之实行正当防卫。所以，判断不法侵害的着手而认定能以实行正当防卫的开始，要从该侵害行为的犯罪构成的客观要件入手，结合案情加以确定。具体一点说，应该从以下两点上结合考虑：一是不法侵害意图已经表现为一定的客观行为；二是这种行为属于某种犯罪构成客观要件所要求的行为。

值得注意的是，不法侵害虽然还未着手实施，但其实施的危险性已极其明显，不可避免的情况。这时是否可以实行正当防卫？例如，被告甲女被乙男入室强奸，乙男临走时对甲女说："明晚留着门，我还要来。"次日夜晚十二点左右，乙男又来到甲女住处，刚一推门，甲女就对准他的脸撒了一把石灰，并趁乙男揉眼时把他打昏在地。乙男第二次强奸的意图表现为推门入室，但这种推门的行为还未进入着手实施的阶段。甲女的行为是否属于正当防卫？回答是肯定的，因为乙男早有再次侵害的念头，并作了表示，客观上他正在推门准备入室，使甲女的人身权利处于被侵害的直接威胁状态，这时，她实行正当防卫是适时的。可见，在某些情况下，正当防卫开始的时间，可以稍早于侵害的着手实施。就是说虽然不法侵害还未着手实施，但当现实的侵害已经迫在眉睫，使合法权益处于明显的直接威胁的危险状态之中，又不能采取其他防预措施时，实行正当防卫，也应认为是适时的。如果在这种情况下要求防卫人必须等待侵害进入着手实施才防卫，是不合情理和脱离实际的。所以，着手是不法侵害开始的标志，也是在一般情况下判断能否实行正当防卫的时间标准；在某些情况下，当合法权益已经处于紧急威胁的危险状态下而无其他办法可以避免时，也应认为是不法侵害已经开始，这时，对侵害人实行正当防卫，也是适时的。

确定不法侵害的开始，既要从防卫人对现实存在侵害危险的主观观念出发，又要从形成这种主观观念的客观事实基础出发。就是说，防卫人关于侵害行为是否已经着手或直接面临紧急威胁的主观观念，应当建立在客观实际的基础上。当不法侵害已实际发展到这样的程度，足以使防卫人形成侵害已经直接威胁到合法权益的认识时，就可以认为不法侵害已经开始，就应该允许防卫人进行正当防卫。

还应明确：不法侵害的开始，是不法侵害的着手实施或者直接面临不法侵害的紧急威胁，并不包括不法侵害的预备行为。对不法侵害的预备行为，原则上是不允许实行正当防卫的，因为预备行为是一种相对静止的状态。预备行为的结束，并不是必然地进入着手实施的阶段。处于预备阶段的不法侵害，对合法权益的威胁还处于一种或然的状态，还来得及采取反击以外的各种预防措施以防止危害结果的发生。应当明确，这种原则是对一般情况而言的，如果在某些特殊情况下，其预备行为与侵害行为紧密相连，不法侵害已十分逼近，待其着手就无法制止侵害时，也应允许进行相应的防卫行为。

不法侵害的终止或结束又是什么时间呢？当不当侵害终止后，正当防卫的前提条件已不存在，一般不再发生正当防卫的问题。关于不法侵害终了的标准，刑法理论上有四种不同的主张；

（1）行为停止说。以侵害行为停止做标准，认为只要侵害行为停止下来，侵害就算终止。例如，盗窃犯停止盗窃行为，抢劫犯停止抢劫行为，不管是自动中止，还是受外力的阻止，只要行为停止，侵害就算结束。

我们认为，侵害行为的停止，固然是不法侵害结束的主要表现，但某些侵害行为的暂时停止，只意味着进一步加害的继续，不能说明侵害的结束。有时犯罪行为虽已结束，而侵害尚在持续之中，对此仍可行使正当防卫权。例如，盗窃、抢劫的犯罪行为虽已终了，对正在逃跑过程中的罪犯以强力夺回赃物的行为，应视为正当防卫。在刑法理论上有的认为这是自救行为，但我国刑法对自救行为未作规定，把这种夺回赃物的行为视为正当防卫是合适的。所以以行为完毕作为侵害终了的标准是不周全的。

（2）离去现场说。以侵害者已否离开现场为标准，认为不法侵害人脱离了现场，不论不法侵害的状态如何，即为侵害的终止。例如，盗窃仓库者离开仓库，侵害就算结束，就不能再对他进行正当防卫。

我们认为，侵害者离去现场，固然是不法侵害结束的一种表现，但类似前述的情况，盗窃、抢劫犯逃离现场后，被跟踪追击，失主可能夺回财物，却说不法侵害者已经离去现场，不能实行正当防卫，这也未免太绝对了。相反，在某些情况下，不法侵害行为确已自动中止，侵害者已经被制服，或者已经丧失了侵害能力，则不管侵害者是否已经脱离现场，都不能对他实行正当防卫。所以，侵害人没有脱离现场，不等于侵害正在进行，而且有些犯罪，现场不只一个。例如拐卖人口罪，甲地拐骗，乙地出售，拐骗、出售的地点，有些还不只一处，以哪一个现场为准呢？所以，离去现场说是不妥当的。

（3）事实结束（不再继续）说。这是以不法侵害的事实是否结束为标准，认为只有不法侵害的事实结束，才是不法侵害的终止。

此说的含义是不明确的。既可以把不法侵害事实的结束解释为不法状态的结束，例如，盗窃犯窃取财物后，其不法占有赃物的状态一直继续着，并未结束，难道可以随时对他进行正当防卫吗？显然不能，这样解释事实结束说是不通的。又可以把事实结束说解释为不法行为的结束，例如，非法拘禁属于持续犯，只要其不法行为没有结束，就可以对侵害者实行正当防卫，这是当然的道理。所以，不能以事实结束作为不法侵害终止的标准。

（4）排除危险说。这是以危险状态是否被排除为标准，认为只有不法侵害造成的危险状态被排除，才是侵害行为的结束。

按照这种学说，有些不法侵害造成的危险状态具有持续性的，即使侵害行为本身结束了，只要该行为造成的危险状态还在持续中，就可以对侵害者实行正当防卫。例如，放火烧房，放火犯把房子点烧之后跑了，放火行为虽已结束，但只要房屋被烧的危险状态未排除，随时都可以对放火犯实行正当防卫。反之，如果危险状态已被排除，如火被风吹熄，即认为侵害已经结束，就不能再实行正当防卫。看来，此说也有不妥之处。

以上四种学说都有一定道理，又都存在不同程度的片面性，不能准确、周全地解释不法侵害终了的时刻问题。我们认为，原则上应该以排除危险说作为不法侵害终了的尺度，就是把不法侵害行为的社会危险性威胁被排除的时刻，作为侵害终了的时刻，但也应从案件的具体情况出发，参照其他学说，分析判断，不能一律以排除危险说来衡量。总之，不法侵害的终了时刻应是：即使实行正当防卫也不能减轻或避免危害结果，不实行正当防卫也不会再发生危害性结果，或者已发生的危害结果不会再扩大。这就是不法侵害已经结束。

如何具体掌握不法侵害行为的社会危险性威胁是否排除呢？下列规定可以作为准绳。1983 年，最高人民法院、最高人民检察院、公安部、国家安全部、司法部《关于人民警察执行职务中实行正当防卫的具体规定》第 3 条指出："遇有下列情形之一时，应当停止防卫行为：（一）不法侵害行为已经结束；（二）不法侵害行为确已自动中止；（三）不法侵害人已经被制服，或者已经丧失侵害能力。"之所以在这三种情况下必须停止防卫行为，是因为危险已经不复存在，或者通过正当防卫已经不能排除其危险。既然如此，也就失去了正当防卫的前提条件。因此可以把这三种情况作为排除不法侵害的社会危险性威胁的具体内容。

不法行为已经结束，是指犯罪已经达到既遂状态，危害结果已经造成，而犯罪分子又没有实行进一步侵害的明显意图，因此，危险已经不复存在，没有实行正当防卫的必要。例如，甲杀乙，把乙杀死后，正要逃跑，这时丙见了，就不能再对甲实行正当防卫，只存在扭送人犯的问题。

不法侵害行为确已自动中止，这是指由于侵害人的自动放弃，使犯罪确实形成中止状态。这样，危险已经不复存在，就没有实行正当防卫必要。例如，某甲以打火机点易燃物，着手放火之际，又打消了放火的念头，将火熄灭，终止了放火行为，离开作案现场。这时，如果乙明知甲已放弃作案，就不能再对甲实行正当防卫。如果在当时情况下，无法判断行为人是否中止了犯罪，而实行正当防卫，不宜追究防卫人的刑事责任，应按照意外事件处理。另外，作案人并非彻底放弃不法侵害，而只是暂时停止不法侵害的情况，是否可以对之实行正当防卫呢？这要做具体分析。如果作案人只是暂时停止侵害，马上又要重新进行不法侵害，例如，用木棒打人觉得不够分量，另寻凶器而暂停侵害，对此情况，可以实行正当防卫。如果作案人暂时放弃侵害，短时间内不会重新进行不法侵害，那就不能对之实行正当防卫。

“不法侵害人已经被制服，或者已经丧失侵害能力”，是指犯罪已形成未遂状态，作案人已经被控制，或已被剥夺侵害能力，而不可能继续侵害，这也应认为危险状态已被排除，防卫行为应该即时停止。

应该明确，不法侵害的终了同侵害行为在法律上的终了是不同的。侵害（犯罪）行为在法律上的终了是指既遂，只要行为符合刑法分则所规定的某种犯罪构成的全部要件，不管该行为的社会危险性是否排除，都看成是在法律上已经结束，即构成了某种犯罪之既遂。当某一侵害行为在法律上虽然结束了，但其社会危险性依然存在的时候，是应当允许对之实行正当防卫的。

还应明确，不法侵害行为危险性威胁的减轻和侵害行为危险性威胁的排除是两回事。侵害行为危险性威胁的排除，意味着侵害行为的终了，这时就不能再对之实行正当防卫。而对侵害行为危险性威胁的减轻，则不能一律视为侵害终了。有些刑法论著常举这样一个例子：杀人者的刀被夺下，防卫者就不得再对杀人者进行正当防卫，理由是不法侵害已经终了。这种看法是欠准确的。因为杀人者的凶器被夺下，可能是侵害危险性威胁的排除，也可能只是侵害危险性威胁的减轻。杀人者的刀被夺下，还可能采用其他方法进行侵害，不能一律说成是侵害的终了。

违反正当防卫时间条件的防卫，在刑法理论上称为防卫不适时。防卫不适时不具有正当防卫的性质，因而是法律所不允许的。

4. 防卫必须是针对不法侵害者本人实行。

正当防卫的目的在于排除和制止不法侵害，保护合法权利，所以只能针对进行不法侵害者本人实行，不能对第三人（包括不法侵害者的家属）实行。这是正当防卫的对象问题。如果离开不法侵害者本人而对没有进行侵害行为的第三人实行“正当防卫”，既达不到正当防卫的目的，又会枉及无辜者，因而也就不是正当防卫行为。对属于共同犯罪的不法侵害，因为每个犯罪人都具有共同的犯罪故意和共同的行为，因此防卫人对正在进行共同犯罪的每个人，都可实行正当防卫。例如，三人结伙入室抢劫，一人在门口站岗放哨，一人以凶器监视被害人，一人则四处搜寻财物。这时对三个罪犯中的任何人都可采取正当防卫行为。

无刑事责任能力和未达到负刑事年龄的人，能否作为正当防卫的对象呢？无刑事责任能力人如精神病患者、未满 14 岁的人的侵害行为，不是犯罪行为，能否对他们实行正当防卫呢？对这个问题有两种意见：一种意见认为正当防卫的对象是不法侵害行为，未达到法定年龄的人及无刑事责任能力人的侵害虽不符合犯罪主体的条件而不负刑事责任，但不能否认其具有不法侵害的性质，所以对来自无刑事责任能力人的侵害行为，无论防卫者是否知道他是无刑事责任能力人，都应当允许实行正当防卫。另一种意见认为，正当防卫的对象不仅客观上是不法的，而且主观上是有责任能力的，因此对于无刑事责任能力的行为人，只能实行紧急避险，但是如果防卫人确实不知道侵害者是无刑事责任能力人，或者虽然知道是无刑事责任能力人，而不可能用其他方法避免危害结果发生时，可以实行正当防卫。后一种意见是正确的。

尊亲属能否作为正当防卫的对象呢？在中国封建社会，按照以封建伦理为立法根据的封建法律，卑亲属侵犯尊亲属的要处以重刑，而尊亲属侵犯甚至杀害卑亲属的，或者根本不予以追究，或者处以轻刑，而且卑亲属对于尊亲属一般没有实行正当防卫的权利。仅以 1911 年《大清新刑律》为例，该刑律第 15 条规定：“对现在不正之侵害，而出于防卫自己或他人的权利之行为不为罪。”但其附则暂行章程第 5 条又作了例外规定：“对尊亲属有犯，不得适用正当防卫之例。”这是封建法律对正当防卫对象所作的身份上的限制性规定。我国社会主义的刑法坚决摒弃腐朽的封建伦理观念，对正当防卫对象没有作任何身份上的限制，体现了正当防卫制度的社会主义性质和法律面前人人平等的精神。

对不法侵害者进行防卫的方法，各国刑法大多没有明文规定。1810 年《法国刑法典》则明文规定为“杀人、伤害或殴击”。我国刑法也未作明文规定。在司法实践中，实行防卫的方法通常表现为搏斗、以器物还击侵害者，造成侵害者伤残，剥夺其人身自由，甚至剥夺其生命。

正当防卫的对象只能是不法侵害者本人，但如果针对不法侵害者实施反击的同时，又对第三人的合法权益造成损害的，是否影响正当防卫的成立呢？这种情况防卫行为只要是针对不法侵害者本人实施的，仍应成立正当防卫。至于对第三者实施的行为和造成的损害，应根据不同的情况，分别按以下四种情况定性处理：

（1）侵害者用他人之物进行侵害，防卫人反击时使该物受到损害，这仍属正当防卫。例如，侵害者用他人名贵的刀剑进行抢劫，防卫者反击时把该剑打断，这不影响正当防卫的成立。

（2）防卫人在反击侵害时用第三者的器物作武器，使该器物遭受损害，如果损害不过当，不影响正当防卫的成立。至于在实施防卫过程中，出于不得已而损害第三者的权益（人身、财产），只要不超过必要限度，可视为紧急避险。

（3）在防卫过程中，防卫人因主观认识的错误而对第三者造成了损害，那对第三人造成的损害，不应视为正当防卫，应按照假想防卫的原则处理。

（4）在防卫过程中防卫人因防卫行为的偏差而对第三者造成了损害，也不是正当防卫。例如，防卫人向侵害人投掷砖块，不料失误将过路的第三者打死或打伤，这种情况一般应按照过失犯罪处理。

总之，对在正当防卫过程中，造成第三人损害的行为，应做具体分析，可能是紧急避险，也可能是正当防卫，还可能是过失行为或意外事件。

5. 防卫不能超过必要限度造成不应有的损害。

实行正当防卫只能在必要限度内进行。如果超过必要限度造成不应有的损害，就是刑法理论上所说的防卫过当或防卫过剩。防卫行为是否超过必要限度而造成不应有的损害，是区分正当防卫和防卫过当的标准。下面专门论述这个问题。

上述五个条件中，有的是侵害行为方面的条件，也就是正当防卫成立的前提条件，有的是实施防卫行为的合法条件。五个条件必须同时具备，才能构成正当防卫。

四、防卫过当

（一）防卫过当的概念与特征

我国《刑法》第17条第2款规定："正当防卫超过必要限度造成不应有的危害的，应当负刑事责任；但是应当酌情减轻或者免除处罚。"这里所说的"超过必要限度造成不应有的危害"就是防卫过当。对此，许多国家刑法都有类似的规定。如1978年修订的《苏俄刑法典》第13条第2款、1961年《蒙古人民共和国刑法典》第9条第2款和1950年《匈牙利刑法典》第15条第2款都同样规定，超过正当防卫限度的行为是防卫过当。其他如1979年《日本刑法》第36条第2款、1976年修订的《联邦德国刑法典》第32条，以及阿尔巴尼亚、朝鲜民主主义人民共和国等国刑法都有类似规定。各国法律对防卫过当的规定和解释，虽不尽相同，却都能表明防卫过当的概念，但以我国刑法的规定较为科学、具体。它明确反映出正当防卫与防卫过当的界限。从我国刑法的规定可以看出，防卫过当具有以下三个特征：

1. 行为的防卫性。防卫过当首先是为了防卫，即是为了制止正在进行的不法侵害而对侵害者本人实行的行为，也就是说行为具备正当防卫的特征，但是超过了必要的限度，是在正当防卫基础上构成的一种特殊形式的犯罪。不法侵害者在防卫过当中既是防卫对象，又是犯罪对象，不法侵害者作为防卫过当的犯罪对象是有过错的被害人。在这个意义上可以把防卫过当称为被害人有过错的犯罪。

2. 防卫行为的过当性。防卫行为的过当性是指防卫行为超过必要限度，由量变引起的质变，它已不是为制止正在进行的不法侵害所必须的行为，因而由防卫行为转化为犯罪行为。正如黑格尔所说："道德方面，只要在'有'的范围内来加以考察。也同样有从量到质的过渡；不同质的出现，是以量的不同为基础的。只要量多些或少些，轻率的行为越过尺度，于是就会出现完全不同的东西，即犯罪，并且，正义会过渡为不义，德行会过渡到恶行。"[①] 过当行为虽有正当防卫的动机、目的，但超过必要限度造成不应有的危害，在制止不法侵害的同时，其自身已转化为不法，在客观上造成了一

① ［德］黑格尔：《逻辑学》（上卷），商务印书馆1987年版，第405页。

定的危害。因此，过当行为和防卫行为的社会政治内容截然不同，二者有本质区别。

3. 结果的过当性。防卫过当必然造成一定的危害结果，就是过当行为造成了不应有的危害结果。防卫行为是否过当，要以是否造成不应有的危害来衡量。如果未造成不应有的危害，就不可能造成防卫过当。因此，防卫过当以不应有的危害为犯罪构成的必要条件。从这个意义上，可以说防卫过当是结果犯。正当防卫和防卫过当都造成了一定的损害结果，但它们的性质根本不同。

（二）防卫过当的标准

确定正当防卫是否过当，要以防卫行为是否超过必要限度、造成不应有危害为标准。什么是“必要限度”？怎样才是“造成不应有的危害”呢？法律没有规定具体的标准。在理论上和司法实践中有各种不同的观点，主要有三种主张：

1. 基本相适应说。这种学说认为必要限度就是防卫行为与侵害行为基本相适应，即防卫的性质、手段、强度和后果同不法侵害的性质、手段、强度和后果之间要基本相适应，才能成为正当防卫。如果两者不是基本相适应，防卫行为明显超过侵害行为，造成不应有危害的，是防卫过当。基本相适应不是大致相等，而是可以超过。被害人处于紧急危险的被动状态下，不可能从容考虑、选择，防卫难免超过侵害的强度。只要不是明显地超过侵害行为的性质和强度，就不能认为超过正当防卫的必要限度。这样，有利于抵制犯罪。

基本相适应说对实际工作具有一定的参考价值，但也有一些缺点。它是从不法侵害的性质、手段和强度出发来考察必要限度，而不是从正当防卫的目的考虑，因而没有抓住问题的本质，不利于公民行使正当防卫权，而且此说难以解释实践中公认的一些情况。例如，妇女为防卫被强奸而杀死了强奸犯、某人为抵制拦路抢劫而打死抢劫犯，尽管此说也认为两种情况属于正当防卫，但强奸妇女、抢劫财物和剥夺生命相比，很难说是基本相适应。我国刑法理论上和实践中长时期采取基本相适应说，近几年提出了必需说。

2. 必需说。必需说又叫客观需要说。它主张以制止住不法侵害为正当防卫的必要限度。只要防卫行为是制止不法侵害所必要的，则无论反击行为是否大于侵害行为，也无论造成的损害是轻是重，防卫都是适当的。如果不是非此不能制止不法侵害，而造成不应有危害的，就应认为是防卫过当。

必需说从防卫的目的出发，主张制止不法侵害所必需是正当防卫的必要限度，有利于公民同犯罪做斗争，但把客观需要作为必要限度的标准是不确定的，过于空泛。这样，到底什么是客观需要仍不得不求助于不法侵害的性质、手段和强度等因素。如果片面地把需要作为防卫的限度，必然会不恰当地扩大防卫适当的界限，还可能把本来属于犯罪的行为错定为防卫过当。

3. 有效制止不法侵害说。此说认为正当防卫的目的是避免正在遭受的不法侵害，因此应以制止住不法侵害为正当防卫的必要限度。衡量防卫行为是否超过必要限度，主要应根据防卫行为的手段、强度，同侵害行为的手段、强度之间，尤其是防卫人对侵害人所造成的后果，同侵害人正在造成或即将可能造成的危害之间是否基本相适应，是否为防卫合法权益、制止不法侵害所必须来加以认定。如果防卫行为的手段、强度、后果与不法侵害行为基本相适应，就是正当防卫；如果相差过于悬殊，前者显著超过后者，比如可以用比较缓和的手段制止住不法侵害，而采用了激烈的手段，或者对没有直接危及人身安全的不法侵害，而采用了重伤甚至杀人的手段等，就是防卫过当，应追究其刑事责任。

这种学说是将基本相适应说和必需说有机地结合起来，认为防卫行为足以或正好足以制止住不法侵害就是必要限度，防卫强度可以超过侵害强度，但是不能过于悬殊。它既肯定了适应说的合理内涵，又抓住了必需说的关键，给必要限度一个合理的尺度，不过分悬殊。故此说是比较得当的。

怎样理解和确定必要限度是一个复杂的问题。这既要掌握一个基本原则，又要根据具体案件具体分析。原则上应当以防卫行为足以制止正在进行的不法侵害为必要限度。一般说，这个限度所包括的具体内容有三种情况：（1）能用较缓和的手段制止住不法侵害时，就不允许采取激烈的防卫手段。对于徒手的侵害，通常无须动用器械致人重伤。但如果侵害者身高力大，防卫者身单力薄，在弱不敌强的特殊情况下，有时用器械防卫徒手的侵害，也应当认为是必须的。（2）为了避免较轻的不法侵害，不允许造成严重的损害后果。例如，对抢夺一顶帽子的不法侵害，反击几拳夺回帽子就可以了，如果再把抢夺者捅上一刀就过当了，因为防卫的目的不是惩罚和报复。但不是对侵害人造成的损害，必须小于或等于侵害行为可能造成的损害，在必要时可以适当大于或等于侵害行为可能造成的损害。所以，只要防卫行为的强度为制止不法侵害所必需，防卫者对侵害者所造成的损害与侵害行为可能造成的损害不过分悬殊，就应认为不超过必要限度。在司法实践中，妇女为了防止强奸而杀死强奸犯，行为人为防止抢劫而杀死抢劫犯，只要符合正当防卫的条件，都认为属于正当防卫。（3）对于没有明显立即危及人身安全或国家、人民重大利益的不法侵害行为，不允许采取重伤、杀害的手段实行防卫。例如，把伸手掏钱包的扒手打死，这是不允许的，属于防卫过当。反之，也不能简单地以不法侵害人被防卫人打死了，就认为是防卫过当，要看具体情况。当本人或他人的生命正在遭受死亡威胁，在激烈的搏斗中，防卫人使侵害人致伤，甚至死亡，就不能认为是超过必要限度。

在考虑防卫行为是否过当，是否必要时，必须适当考虑防卫与侵害双方的性质、手段、强度、后果等因素是否基本相适应。因为完全脱离具体的手段、强度、后果而独立存在的不法侵害和防卫需要是没有的，只有联系具体的手段、强度、后果，做深入考察分析，才能准确判断防卫是否为制止不法侵害所必需。只强调一面而忽视另一面，都是不妥的。

对于某种防卫行为是否必要，不能以防卫人的主观认识为准，只能以客观的实际情况为标准。要把侵害和防卫双方置于当时特定的环境中进行考察。因此必须查明当时的具体情况，对案件发生的时间、地点、环境和双方的体力、智力状况，以及不法侵害的手段、强度、后果等因素，进行全面的、实事求是的分析。由于不法侵害往往是突然袭击，防卫人没有防备，精神紧张，情况紧急，很难马上判明侵害的确切性质和强度，从而准确地采取相应的防卫手段，甚至也难以预料防卫所造成的后果。因此对正当防卫行为的要求，不宜过于苛刻。

总之，在认定防卫行为是否过当时，既要鼓励和支持群众同违法犯罪行为作斗争，又要防止滥用正当防卫权随意伤人、杀人，造成不应有的危害。

（三）防卫过当的罪过形式

防卫过当作为一种特殊形式的犯罪，除具有防卫行为超过必要限度造成不应有的危害的客观要件外，行为人的罪过是构成防卫过当的主观要件。客观外部的行为是行为人主观心理状态的表现。客观上既有超过必要限度的行为，造成了不应有的危害，行为人的主观上必然是有罪过的。因此判断防卫行为是否过当，必须弄清行为人主观上的罪过，才能正确认定该行为的性质，适当地解决其刑事责任问题。如果行为人主观上不存在任何形式的罪过，就不能对之定罪量刑。

关于防卫过当的罪过形式，多数国家未作出规定，只是少数国家作了规定，规定的情况又各有不同。基本上有四种立法例：第一种是以总则规范将防卫过当规定为过失犯罪。例如，《巴西刑法典》第 21 条附款规定：“行为人过失地超越合法防卫的限度，如果实施的行为应受过失罪处罚的，应当负刑事责任。”《意大利刑法》第 55 条也把防卫过当规定为过失犯罪。第二种是以分则规范将防卫过当规定为过失犯罪。例如，《蒙古人民共和国刑法典》第 72 条规定：“过失杀人和超过正当防卫限度杀人的，处五年以下剥夺自由。”《蒙古人民共和国刑法典》第 74 条则是规定的过失重伤及超过正当防卫限度的重伤罪。第三种是以分则规范单独规定了防卫过当的杀人罪和伤害罪，条文虽未明确规定其罪过形式，但从其立法精神分析，应为过失罪过。例如，按照《苏俄刑法典》的规定，对超过正当防卫限度的杀人罪，处 2 年以下的剥夺自由，或 1 年以下的劳动改造（见 1978 年修订版《苏俄刑法典》第 105 条），而对过失杀人则处 3 年以下的剥夺自由或 1 年以下的劳动改造（见《苏俄刑法典》第 106 条）；对超过正当防卫限度的重伤或伤害，处 1 年以下的剥夺自由，或 1 年以下的劳动改造（见《苏俄刑法典》第 111 条），而对过失重伤罪则处 2 年以下的剥夺自由，或 1 年以下的劳动改造（见《苏俄刑法典》第 114 条）。从上述规定的精神比较分析，防卫过当的罪过形式应为过失。1955 年《朝鲜民主主义人民共和国刑法典》第 116 条、第 122 条，对防卫过当作了类似的规定。第四种是以分则规范单独将防卫过当规定为故意犯罪。例如，1954 年《阿尔巴尼亚刑法典》第 153 条规定：“因超过正当防卫的范围，而故意重伤他人身体的，判处三年以下的监禁。”

我国刑法对防卫过当的罪过形式未作明确的规定。刑法理论上和司法实践中对此问题存在争论，目前主要有三种观点：

第一种观点认为，防卫过当只能由过失构成。持这种观点的同志比较多，其中有的人主张防卫过当唯一的罪过形式只能是疏忽大意的过失，有些人主张防卫过当的大多数情况系出于疏忽大意的过失，但也有出自过于自信过失的。其理由是：（1）防卫过当必须以正当防卫为前提，而正当防卫都有正当的目的，因而防卫过当行为人的主观上就不能存在犯罪的故意。如果行为人主观上存在犯罪的故意，则其行为本身就失去正当防卫的性质，这样造成的结果，就不是防卫过当的结果，而是故意犯罪的危害结果。（2）防卫过当要说有故意的话，则是日常生活用语上的故意，而不是刑法意义上特定的犯罪故意。犯罪故意的认识因素和意志因素都是对行为的社会危害性，甚至是对行为的违法性而言的，而在防卫过当的主观心理状态中，则不具有这种主观恶性，相反地，这是防卫人高尚道德情操的体现。因此不能混淆这两种故意的原则界限。（3）在防卫过当的情况下，由于情况紧急，防卫人未能采取适当的防卫措施，而造成了不应有的危害，这在主观上可能出自疏忽大意，或过于自信的过失。

第二种观点认为，防卫过当可由过失和间接故意构成，但不能由直接故意构成。所谓防卫过当的间接故意，指防卫人在防卫过程中不全面衡量双方的情况而约束自己的防卫限度，随心所欲地进行防卫，当他认识到自己的行为会超过必要限度造成不应有的危害时，而放任这种危害的发生，这在防卫过当中完全是可能的。因为防卫人出于防卫的动机、目的，反击不法侵害，主观上认为“反正你先动手，我反击过火点也没关系”，虽不希望造成不应有的危害，但也未明确表现出确实不希望甚至阻止其发生，这完全符合间接故意犯罪的特征。如陈某为了防身，带着匕首去某学校操场看电影，散场时，陈某不慎撞了素不相识的胡某。胡某便叫骂。陈某见对方人多，遂快步走开，但胡某、袁某等三人追上来挥拳就打。陈某用手招架了两下，然后拿出匕首，胡乱扎去，刺中胡某腹部一刀，刺中袁某胸部一刀。胡某、袁某二人皆受重伤，陈某事后供认，他使用匕首时，想到后果可能严重，但看到对方人多追打他，便顾不上这些了，扎人时，只想到刺到哪个算哪个，一是自己不挨打，二是给他们留个教训，以后不再欺负人。很明显，陈某这种心理状态是间接故意。持这种观点的同志还认为，正当防卫的目的、动机和犯罪的目的、动机是互相排斥的，不可能同时发生在一个人的头脑里，所以，防卫过当的罪过形式不可能是直接故意。

第三种观点认为，防卫过当既可以由过失构成，也可以由直接故意和间接故意构成。这种观点的理由是：现实生活中确有些防卫者，明知自己的防卫行为会发生超过必要限度的危害结果而希望和放任这种结果发生，这种既非过失，又非出于报复、泄愤等犯罪动机而实施的过当行为，只能构成故意犯罪，但毕竟是出于防卫的正当动机，仍属防卫过当。例如，某厂电工刘某因揭发何某偷取厂里木料，何某遂怀恨在心。一天，何某在僻静路上对刘某进行报复，将刘某按在地上毒打，刘某极力反抗，挣扎中，摸出身上的电工刀就捅，结果造成何某死亡。这显然是防卫过当，刘某的罪过形式就要做具体分析。如果刘某用刀捅的是何某的大腿，不料刺伤动脉导致死亡，这是过失；如果他是用刀直接向何某要害部位捅刺，则是直接故意；如果他是在强度上不加限制，部位上不加选择地乱捅，就是间接故意。按照这种分析，当地法院对此案引用《刑法》第 132 条及第 17 条第 2 款，判为故意杀人罪，减轻处罚，是正确的。在实施防卫的过程中，防卫人主观心理上的正当防卫目的和侵害他人权益的意图，是一对矛盾，它们互相对立地制约着防卫人的防卫手段和防卫强度。因此，应该全面、正确地反映这种心理，不能肯定一个目的而否定另一个目的，片面地否认这种行为的防卫性质。防卫人在制止了不法行为的继续侵害后，仍继续加害于不法侵害者，便超越了防卫的时限，防卫的强度也和侵害的强度不相适应。对这种防卫过当，防卫人的主观心理态度就可能是直接故意。例如，郑某（男，31 岁）中午回家时，发现窗户被撬，知道有人在屋内行窃，便顺手拾起一根木棍，当盗贼谷某（男，17 岁）从窗台上跳下时，郑某打了他一棍，谷某当即晕倒，郑某认为不解恨，对躺在地上的谷某头部又打两棍致重伤，留下严重后遗症。所打第一棍属正当防卫，但后两棍造成严重后果，便构成防卫过当。后两棍的罪过，属于直接故意。在此案例的损害结果中，就是既有正当防卫行为造成的，也有非法侵害行为造成的，应当作为防卫过当的一种形态。

除上述三种主要观点外，还有一种观点认为，过当行为所造成的损害是故意实施防卫的结果，因此，防卫过当都是故意犯罪。

我们认为，防卫过当的罪过形式通常是疏忽大意的过失，但也不能绝对排除过于自信过失与故意的情况。防卫人实施防卫的目的是保护合法权益，而不是犯罪，因而不能把防卫人为制止不法侵害而有目的地对侵害者故意实行的防卫同刑法上的犯罪故意相混淆。有意进行的防卫，尽管可能造成某种损害结果，但只要不超过必要的限度，其行为对社会是有益的，而不是危害社会的，它和故意犯罪的性质截然不同。所以在一般情况下，防卫人遭到不法侵害的突然攻击，出于紧迫，难以立即判断采取什么措施，造成多大损失才是适当的。这往往也不是由防卫人任意选择的。防卫人由此产生主观方面的疏忽，造成了不应有的危害结果，则是一种疏忽大意的过失。所谓疏忽大意的过失，是指防卫人对过当的危害结果的发生是无意的，没有认识到，但他在客观上具备认识自己行为可能超过必要限度，造成不应有危害的条件，而因疏忽大意没有预料到，以致造成不应有的危害，因此，应负刑事责任。

在认定防卫人对过当结果是否应当预见时，要根据防卫人的主观条件，结合案件的客观情况分析、判断。在确定其是否应当预见时，应和其他过失犯罪有所区别。根据案件情况，防卫人如能预见其行为可能超过必要限度，造成不应有的危害，那就是应当预见；如果没有预见，也不可能预见，那就是意外事件。例如，被告张某一天因吃饭和李某发生争吵，李某首先上前抓其胸襟，将被告推到墙角，被告也就抓住李某的胸襟，李某遂用拳头向被告胸前猛击数拳。这时被告也用拳头向李某胸前还击两拳，致使其当场死亡。经法医鉴定为因击伤胸部，刺激迷走神经引起反射性心跳停止致死。当地法院认为死者首先对被告进行辱骂，威胁并抓其胸襟，猛击被告胸部数拳。在这种情况下，被告向死者胸部还击两拳，属于正当防卫。不法侵害人的死亡系被告没有预见也不可能预见的意外事件，被告对此不负刑事责任。我们认为法院这一意见是正确的。

防卫过当的罪过形式在某些情况下可能是属于过于自信过失——防卫人已预见到自己的行为可能超过正当防卫的必要限度，而造成不应有的危害，由于轻信能够避免而导致其行为超过必要限度造成不应有的危害。正当防卫是在紧迫情况下发生的，一般没考虑如何凭借一定的主客观条件避免其行为超过必要限度造成不应有的危害的余地。只是在某些防卫人与侵害人之间力量对比悬殊，防卫人可稍从容地实施其防卫行为的情况下，才可能以过于自信过失构成防卫过当。此外，我国法律并未排除防卫过当出于故意的可能性。如果把它限于只能出于过失，就毫无根据地限制了防卫过当的范围。在个别情况下，防卫人明知自己的防卫行为达到了一定的限度，将可能造成不应有的危害而予以放任，或希望这种结果的发生，这就属于故意的罪过形式。

防卫过当的犯罪构成，是客观上的危害性和主观上的罪过性的统一，这是防卫过当应负刑事责任的基础。

（四）防卫过当的处理

各国刑法对防卫过当的行为，一般都不免除罪责。如何处理，在立法例上是不一致的。有些国家在刑法分则中，把防卫过当规定为独立的罪名，并规定了相应的量刑幅度。例如，《苏俄刑法典》在刑法总则第 13 条第 2 款防卫过当一般概念的基础上，又在刑法分则第 105 条和第 111 条中规定了超过正当防卫限度的杀人罪和超过正当防卫限度的重伤、伤害罪及其刑事责任。《阿尔巴尼亚刑法典》第 146 条和第 153 条分别规定了防卫过当杀人罪和防卫过当重伤罪及其法定刑。《朝鲜民主主义人民共和国刑法》第 116 条和第 122 条，作了和《阿尔巴尼亚刑法典》同样的规定。多数国家的刑法只是在总则中规定防卫过当负刑事责任的一般原则，分则中未作具体规定。如《日本刑法》第 36 条第 2 款规定：“超过防卫限度的行为，根据情节，可以减轻或免除其刑罚。”《联邦德国刑法典》第 53 条规定：“行为人由于惶惑、恐怖、惊愕致逾越正当防卫之限度者，不罚。”《瑞士刑法》第 33 条第 2 款规定：“防卫过当者，法官依自由裁量减轻其刑，因过于激奋或惊惶失措而防卫过当者不罚。”我国《刑法》第 17 条第 2 款规定：“正当防卫超过必要限度造成不应有的危害的，应当负刑事责任；但是应当酌情减轻或者免除刑罚。”像这样的规定，防卫过当本身不是一个罪名，只是一种案件的情节，不能定防卫过当罪。

处理防卫过当案件，要先正确确定罪名。对于这类案件，应当定什么罪名，我国刑法未作规定，各地法院的做法不一致，有的定“防卫过当罪”；有的先冠以“防卫过当”，再定“致人伤害罪”“伤害致死罪”或“致人死亡罪”。这些罪名都是不正确的。因为防卫过当不是一个独立的罪名，而是一种特殊的犯罪形式，在量刑时，应当将其作为一个情节，加以考虑。在判决书上对于这个情节，可以在判决理由中进行阐述，而不应在判决主文中作为一个罪名表述，刑法分则中没有防卫过当的罪状和罪名。防卫过当构成犯罪的，应当根据其行为所构成的犯罪，实事求是，按照刑法分则的有关条款确定罪名，是什么罪，就定什么罪名。例如，造成侵害者重伤或者死亡的，根据不同情况，可分别定为过失重伤罪、故意伤害罪（包括致人死亡的）或者过失杀人罪。有的同志认为既是防卫过当，就不能定故意杀人罪，因为二者的性质很不相称。其实没有什么不相称，《刑法》第 132 条故意杀人罪中规定了“情节较轻的”，其中就包括防卫过当的杀人在内。罪名是不能随意变更的，只能酌情减轻或免除刑罚。把杀人罪过很明显的案子也定为伤害罪，这是不妥当的。

在正确确定罪名的基础上，怎样进行量刑呢？我国刑法规定“应当酌情减轻或者免除刑罚”。之所以这样现定，从行为人主观上说，是出于正当防卫的动机、目的，为了使合法权益免受正在进行的不法侵害，虽然对过当造成不应有的危害，具有一定的罪过，但和那些出于卑鄙、阴险动机而故意杀人、伤害的主观恶性根本不同，和那些在生活中粗心大意而过失杀人、伤人相比较，防卫过当的主观恶性也较小。从客观上说，防卫过当造成不应有的危害，同那些对合法权益的不法侵害相比较，其社会危害性要小得多。而且在防卫过当的全部损害结果中，由于存在正当防卫的前提，所以危害结果实际可分为应有的损害和不应有的危害两部分。防卫过当只能对其不应有的危害结果承担刑事责任。这是防卫过当应当减轻或免除处罚的主客观根据。

它体现了我国刑法罪刑相适应的基本原则。

“应当酌情减轻或者免除刑罚”，哪些防卫过当应当减轻刑罚，哪些防卫过当应当免除刑罚呢？刑法对此没有具体规定，只规定“酌情”，怎么“酌”？根据立法精神和司法实践的经验，应当综合考虑以下五方面的因素：

1. 防卫的起因。不同的起因，具有不同的意义，虽然都是针对不法侵害进行反击，有的是基于小事而互相争吵、辱骂、导致一方实施不法侵害而另一方反击过度；有的是基于社会正义感，在公共利益和他人利益遭受侵袭的紧急关头挺身而出进行防卫。从这种不同的防卫起因来看，对后者的处罚应较前者轻，甚至免除处罚。

2. 过当的程度。过当的程度是指过当的行为、结果与必要限度差距的大小。防卫过当的社会危害性具体表现在过当程度上。一般说，过当行为、结果与必要限度差距大的，其所造成不应有的危害就大，过当的程度也大，相应地其罪行就重，处罚也重；反之，则过当程度小，罪行就轻，处罚也轻，以至免除处罚。所以应考虑是严重过当还是轻微过当，结合其他情节，适当处理。

3. 造成防卫过当的主客观原因。这里说的主客观原因是指防卫人的主观心理状态和当时的处境，比如防卫过当行为是否由于恐怖、惊愕、激动等原因而难以控制，如果确属这类情况，可以考虑免除刑罚。某些国家刑法中有此规定。

4. 保护权益的性质。合法权益、公民的权利在法律上是平等的，但在对防卫过当行为追究责任时，应做具体分析。如同是防卫过当，一是为了保护多数人的生命及国家重大财产，二是为了保护个人安危及个人财产，在处理上应有所区别。有的主张凡保护公共利益、人身权利等重大权益而防卫过当，一般可考虑免除处罚，但对保护较轻的权益，而对不法侵害人造成不应有的重大人身伤亡的，可考虑减轻处罚。

5. 防卫过当行为造成危害结果的情况。在同样性质的防卫过当中，损害结果小的，对其处罚应轻于损害结果大的。

以上五条是决定减轻、免除刑事责任时，应考虑的重要因素，但不是仅有的因素，也不能孤立地突出某一个因素，而应将以上因素综合在整个案情中加以考虑。

此外，还有的同志主张，要考虑社会舆论。由于防卫过当的对象具有被害人和不法侵害人的双重身份，因而防卫过当行为往往容易得到社会舆论的同情和谅解，如果防卫对象是当地一霸，过当行为还可能被看成为民除害的行为，对此情况的防卫过当如果处理不当，就会使法律评价和道德评价间发生矛盾。所以，处理时，既要维护社会主义法制的严肃性，又不能挫伤公民对不法侵害实行正当防卫的积极性。

对防卫过当的犯罪人，在处理时应当正确适用刑法分则的有关条款，依法酌情减轻或者免除处罚。从审判实践看，对防卫过当过失致人轻伤的，依法不负刑事责任；致人重伤或者死亡的，一般可以按照《刑法》第135条过失重伤罪和《刑法》第133条过失杀人罪规定的刑罚，酌情减轻处罚；如果具备缓刑条件的，可以适用缓刑；如果具有自首情节，一般可以免予处罚；如果犯罪情节轻微，不需要判处刑罚的，可以免予刑事处分。防卫过当出于故意的，一般可以按照相应的法定刑，酌情减轻处罚。如果情节轻微，后果不严重的，也可以免除处罚。

五、处理正当防卫案件应划清的一些界限

正当防卫的案件，情况复杂，经常涉及罪与非罪的界限。总的来讲，符合正当防卫条件的行为，不属于犯罪；某些形式上类似正当防卫而不符合正当防卫条件的行为，则可能构成犯罪或其他违法行为。如何具体划清这些界限，从而准确地认定正当防卫行为，在实践中存在不少问题，需要从理论上进行探讨和研究。

（一）假想防卫

假想防卫又叫误认防卫。这是指实际上并不存在不法侵害行为，但防卫人误认为自己已面临不法侵害，从而对想象或推测的侵害者实行防卫，将人打伤、打死的行为。误认而实施防卫，往往是由于防卫人精神紧张，对事实认识发生错误而引起的。例如，某人家中连续丢失衣物，为捉小偷，他在天黑后潜伏在院子里，不久，一黑影推门进其屋，他认为那人是小偷，于是猛击一棒将其打伤在地，而那人却是他父亲。又如被告甲听到其儿子乙的呼叫声，遂立即奔到屋外，眼见儿子手里拿着一副链条，正对峙着手持菜刀的丙，准备用链条打丙，其实丙并无任何侵害意图和行为，而被告甲误认为儿子已受到丙的攻击，举起猎枪射击，致丙死亡。这两个例子，都属于假想防卫。

假想防卫是一种对行为性质的认识错误，客观上没有不法侵害行为，因

而不存在正当防卫的前提，不符合正当防卫的条件，造成被害人伤害或死亡是不正当、不合法的，应按照对事实认识错误的处理原则，解决行为人是否负刑事责任的问题。如果行为人主观上存在过失，也就是说，对于实际上不存在不法侵害的客观情况，按其情况应该预见并且能够预见，而竟没有预见，以致造成危害结果的，应以过失犯罪论处。如果根据当时的具体情况是不可能预见的，属于意外事件，不应以犯罪论述。

假想防卫还可能表现为对象选择的错误。所谓对象选择的错误，是指在正当防卫中，防卫人对不法侵害人发生错误认识，将没有进行不法侵害的第三者误认为不法侵害人，而对之实行了“正当防卫”。例如，防卫人在同不法侵害人搏斗时，误认前来看热闹的第三者是侵害人的同伙而将其打伤或打死。这也应按照对事实认识错误的处理原则解决。

在处理这种案件时，要注意划分对象选择错误与故意加害第三者的界限。因事实认识错误而损害第三者的，防卫人不具有非法加害的故意，通常是由于受害人的突然出现等客观原因而使防卫人误认为是侵害人的同伙所致。对此，应按照处理事实认识错误的原则解决。如果防卫人明知第三者（主要是指侵害者的家属）没有参加实施不法侵害行为，出于报复，或者为迫使侵害者停止侵害而故意加害第三者的，则此种加害行为属于故意犯罪。

正当防卫中对法律认识上的错误则不影响正当防卫的性质。所谓正当防卫中对法律的认识错误，是指行为人对正当防卫与防卫过当的法律性质和应负刑事责任轻重的误解。一是误认正当防卫为犯罪行为；二是误认防卫过当不构成犯罪；三是对构成犯罪应承担的刑事责任的轻重的错误认识。比如法律规定应当酌情减轻或者免除处罚的，行为人误认为要加重处罚，或者法律要判处有期徒刑的，他误认为只判处管制。这些法律认识上的错误，不排除行为人主观上具有正当防卫的目的，在客观上不影响其行为的社会危害性，因而并不改变其行为属于正当防卫或防卫过当的性质，对行为人应否负刑事责任以及刑事责任的轻重均不发生影响。

（二）防卫挑拨

防卫挑拨又叫挑拨防卫。这是指以挑拨寻衅等不正当手段，故意激怒对方，引诱对方对自己进行侵害，然后以“正当防卫”为借口，实行加害的行为。防卫挑拨容易同防卫过当相混淆，必须注意二者的界限。防卫挑拨是利用正当防卫实行自己预谋的犯罪，应按照故意犯罪论处。例如，甲、乙二人素有私仇，甲知乙性格粗暴，易于激怒，遂预谋利用乙的这一缺点，加害报复。一日，甲在乙身旁指桑骂槐，果然将乙激怒，乙则动手打甲，甲立即反击，将乙打成重伤。甲的行为，既不属于正当防卫，也不是防卫过当，而是防卫挑拨，构成故意伤害罪。防卫挑拨从表面上看，防卫行为似乎是由不法侵害引起的，防卫目的似乎是保护自己的合法权利，但只要认真查明案件的全部事实，查明主客观方面的一切情况，就不难看出防卫挑拨与防卫过当是不同的。二者的主要区别是：（1）起因不同。防卫过当的起因是不法侵害行为的攻击，而防卫挑拨的“不法侵害”却是防卫人故意挑拨引起的。（2）目的不同。防卫过当是正当防卫超过必要限度造成不应有危害的行为，它本来具有正当的目的；而防卫挑拨则是基于泄愤或报复，为了侵害他人合法权益而实行违法犯罪行为，其目的是不正当的。（3）行为的产生和深度不同。防卫过当的行为是在不法侵害的紧迫情况下产生，往往不是一开始就超过侵害行为强度的；而防卫挑拨行为却是事前蓄意的加害行为，其强度是一开始就超过侵害行为强度的。如果防卫人仅仅是引起侵害，并没有借正当防卫实行犯罪的意图，则不是“防卫挑拨”，就不能以侵害者的侵害行为是出于被害者所挑拨而剥夺他实行正当防卫的权利。例如，甲对乙加以嘲笑，乙一时气急难忍，遂拔出利刀向甲杀去。在这种情况下，尽管乙的侵害行为是由甲对他的嘲笑行为引起的，但由于甲原无挑起乙的侵害，而自己借正当防卫加以反击，进行犯罪的意图，因而甲对乙的侵害行为，仍然可以实行正当防卫。

防卫挑拨不是正当防卫，是一种违法犯罪行为。但是如果防卫挑拨者的挑衅行为引起对方的激愤，对方实行的侵害已超出挑拨者原先的预料，并可能严重威胁挑拨者的生命与健康时，挑拨者能不能实行正当防卫？这就值得具体分析研究。在这种情况下，事情已经发生了变化，不能说挑拨者一概不能防卫。比如，防卫挑拨者只想伤害对方，而对方要剥夺防卫挑拨者的生命时，防卫挑拨者也可实行防卫，不能束手待毙，但如果实际上对方没有这种意图和行为表现的话，防卫挑拨者不能以自己的生命受到威胁为借口，而置对方于死地。对这种情况，必须仔细查明不法侵害的起因以及具体的发展变化，全面分析，慎重处理。

（三）防卫不适时

防卫不适时，是指在不法侵害行为尚未开始，或者已经结束的情况下，对不法侵害者实行的防卫行为。总的来说，防卫不适时不符合正当防卫的时间条件，因而不具备正当防卫的性质，是法律所不允许的。

防卫不适时包括两种不同的情况：一种是事前防卫或事前加害。这是在侵害还未开始时，或尚未面临不法侵害的直接威胁时进行的防卫。另一种是事后防卫或事后加害，或迟误的防卫。这是在侵害结束后实行的防卫。

事后防卫包括两种不同的情况：一种是故意的事后加害，即明知侵害已经终了而继续防卫，加害于侵害人。这在主观上是故意的，是一种报复侵害行为。例如，甲对乙实行正当防卫，乙受伤，已丧失继续侵害的能力。甲见乙未死，又继续对之加害，将乙打死，这就是报复加害，应按故意杀人罪处理。另一种是认识错误的事后加害，即是应该预见而没有预见不法侵害已经停止，仍继续进行防卫。对这种情况，应按照对事实认识错误的原则处理。根据当时的主客观条件，如果防卫人主观上有过失，应负过失犯罪的责任；如果防卫人主观上没有过失，则不负刑事责任。

关于防卫过当与防卫不适时的关系，刑法理论上有两种不同的观点，主要分歧是对事后防卫。

一种观点认为，防卫不适时不具备正当防卫的时间条件，因而根本不存在防卫过当的前提。事后防卫是防卫行为超越了时间界限，是在已不存在不法侵害的情况下进行“防卫”，不论是否造成危害，这种行为本身就是违法的。例如，某甲已将抢劫犯打昏在地，又用石头将其砸死。这样造成的死亡，不是正当防卫或防卫过当的结果，而是在正当防卫之后，又实施报复侵害的结果。因此，防卫人应负报复杀人罪的责任，而不是防卫过当的问题。这种观点认为：防卫过当是正在遭受不法侵害的情况下实行防卫，只是防卫行为超过必要限度，给不法侵害者造成了不应有的危害。防卫过当造成了不应有的危害结果，并不包括侵害结束后防卫人的继续加害行为所造成的危害结果。

另一种观点认为，某些事后防卫可以成为防卫过当的一种表现形式。例如，甲在遭到乙抢劫时，用木棍将乙打倒，接着又打了两下，乙昏倒不动。事后查明，第一棍打在头部，已致乙晕倒，后两棍将乙肋骨打断。后两棍显然属于事后防卫。这种事后防卫的行为应属防卫过当。这种事后防卫的特点，不是不法侵害已经完全结束后才开始实行的，而是在不法侵害正在进行的时候开始，又在不法侵害已停止的情况下与前一防卫行为紧接着继续实施的行为。持这种观点的同志认为，防卫人受当时的主客观条件限制，很可能把握不住不法侵害停止的准确时刻，只要在一定条件下，实施的是和防卫行为不间断的继续行为，而超过必要限度的，应认为是防卫过当。但是要划清这种防卫过当和报复行为的界限：（1）这种防卫过当，是在不法侵害已停止，但防卫人还处在侵害的直接影响下而当场紧接着防卫行为继续实施的某种不必要的行为。如果侵害行为已明显结束，比如，侵害者已被打倒不能动弹情况下的打击，或者是事后的加害而不是当场紧接着防卫行为而实施的继续行为，则不属防卫过当，而是报复侵害。（2）这种防卫过当是当时行为人在主观上没能认识不法侵害的变化情况或者是受不法侵害威胁而控制能力尚未完全恢复的情况下实施的。如果防卫人当时已能完全认识不法侵害的变化，在其控制能力已完全恢复的情况下实施报复行为，则不属于防卫过当，应按一般犯罪论处。

我们认为，首先应以第一种观点为基础，分清防卫不适时与防卫过当的界限，二者不能混淆。其次在某些特殊情况下，不能一律否认事后防卫与防卫过当可能出现交叉的实际情况，因而第二种观点也是值得参考的。

防卫不适时与防卫挑拨都是以防卫为名，在主观上都存在不法侵害行为。但二者是不同的，防卫挑拨的防卫是假防卫真报复泄恨，防卫不适时的防卫是真防卫，只是不符合正当防卫的时间条件；防卫挑拨所“防卫”的不法侵害行为是“防卫”人挑起的，防卫不适时所面对的不法侵害则是侵害人发起的，而不是防卫人挑起的。

（四）互相斗殴

互相斗殴是指双方互相打架、结伙斗殴、聚众械斗等行为。互相斗殴的性质、情节和严重程度各有不同，可以表现为两人或多人撕打，也可表现为扰乱公共秩序的结伙斗殴，还可表现为持械聚众斗殴。引起互相斗殴的原因多种多样，危害结果也各有不同。不论何种情况的斗殴，彼此都有殴击或伤害对方的故意，双方主观上都没有正当的意图，下手先后又难以证实，往往难分是非曲直，因而双方的行为都是违法的，属于不法与不法的关系，都不属于正当防卫的范畴。任何一方给对方造成了危害的，都要负法律责任。虽有一方受伤较重，也不能因之而免除责任，均应依法酌情处理。

有些斗殴在开始时确有不法侵害，另一方确无殴击或伤害对方的故意，纯属被迫反击，正当防卫的情节极为明显，经查证属实的，仍应以正当防卫看待。不能以具有斗殴形式而一律否定其正当防卫的性质。当然，对于某些日常生活中由于邻居口角、纠纷或家务琐事而引起的厮打、斗殴等问题，即使有人证实动手有先有后，一般由于行为的性质及实际损害较轻，可以通过调解等方法解决，不一定提高到刑法规定的正当防卫来解决。

处理这类案件应注意以下三点：

第一，互相斗殴的双方，如果其中一方确实不愿再打，并且已经停止了自己的殴打行为，离开了现场，而另一方仍不罢休，继续殴打对方，这时，继续殴打的一方就成为不法侵害者，应允许已经停止殴打的一方实行正当防卫。

第二，不要把过去有过劣迹的人同不法侵害作斗争的正当防卫行为，混同为互相斗殴的行为。即使是经常打架斗殴的人，只要他这次的行为符合正当防卫的条件，就应肯定他实行了正当防卫。任何公民包括犯过错误和犯过罪的人，在其人身遭到不法侵害时，同样享有正当防卫的合法权利。

第三，不要把防卫人带凶器而实行正当防卫的行为，误认为是“互相斗殴”或“流氓械斗”。携带凶器的行为本身虽然是错误的或者是违法的，但他并没有实施不法侵害，不能因为携带凶器就剥夺了他对不法侵害的正当防卫权。即使在防卫中使用了所携带的凶器，只要符合正当防卫的条件，就应肯定其正当防卫的性质。

（五）安设防卫装置

安设防卫装置是指为了预防不法侵害而事前采取的防卫措施。例如，为了预防盗窃、抢劫而在住宅的围墙上安置玻璃碎片，在住宅内装置自动杀伤机关等。安设防卫装置是法律允许的，但必须遵守以下条件。

1. 安设防卫装置的目的，只能是预防不法侵害行为，保护公共利益或公民的合法权益，不能为了捉弄他人或为了防止野兽侵害及获取野物而威胁他人的人身安全。

2. 防卫装置不能危害公共安全。防卫装置只能对不法侵害者造成损害，不能给未实施侵害行为的人造成损害。所以防卫装置及其安设的范围、地点、条件等必须适当。如果所安设的防卫装置妨害或危害公共安全的，应负法律责任。

3. 防卫装置对不法侵害者造成的损害不能超过必要限度。就是说不能为了保卫一般的权益而安设极端的防卫装置。例如，为了防卫盗窃在住宅围墙顶部装置玻璃碎片是合适的，如果安装带高压电的铁丝网，足以致人死亡，这就超过了必要限度。

安设防卫装置如果符合上述条件，是合法的。它和正当防卫有许多相似之处。当防卫装置发生了防卫效果时，可以比照正当防卫的原则处理。有的学者认为，安设防卫装置也系正当防卫。这种观点，值得商榷。事实上安设防卫装置与正当防卫是不同的，不能混为一谈。它们的主要区别有：

1. 前提不同。实行正当防卫以面临正在进行的不法侵害为前提，而安设防卫装置的前提是预防将来可能发生的不法侵害。

2. 对象不同。正当防卫加害的对象是已经明确的特定人，而安设防卫装置加害的对象却是今后可能出现的侵害人。

3. 作用不同。正当防卫对不法侵害者造成的损害是防卫人积极作为的直接结果，而安设防卫装置所造成的损害则只是防卫人积极作为的间接结果，却是侵害人自己作为的直接结果。

4. 发生效果的时间不同。正当防卫的效果是防卫当时发生的，而安设防卫装置的效果则是后来一定时间才发生的。

单位犯罪研究*

何泽宏**

1987—1995年，我国立法机关在海关法、《关于惩治走私罪的补充规定》等十多个法律、补充规定、决定中规定了五十多种犯罪可以由企事业单位、机关、团体构成。与此同时，准确地说是自20世纪80年代初以来，我国刑法学界一直围绕着企事业单位、机关、团体能否成为犯罪主体的问题进行了广泛的学术讨论，形成了“肯定说”和“否定说”两种对立的观点，至今尚未完全统一。

在上述学术争鸣中，由于受西方刑法理论中的“法人犯罪”这一传统提法的影响，争鸣的双方都使用了“法人犯罪”这一概念。然而，我国刑法中规定的可以成为犯罪主体的企事业单位、机关、团体并非都是法人，也包括一些不具有法人资格的非法人组织。因此，严格说来，我国刑法中规定的企事业单位、机关、团体犯罪不应该称为“法人犯罪”，而应该叫作“单位犯罪”。有鉴于此，第八届全国人民代表大会第五次会议于1997年3月14日修订的《刑法》（以下简称新刑法）第30条规定：“公司、企业、事业单位、机关、团体实施的危害社会的行为，法律规定为单位犯罪的，应当负刑事责任。”这就在我国刑事立法上明确使用了“单位犯罪”这一概念，排斥了对“法人犯罪”这一传统提法的沿用。这对于规范法律概念、完善刑事立法、正确指导司法，无疑具有十分重要的意义。

---

* 本文原载于《现代法学》1998年第1期。

** 西南政法大学副教授。

本文旨在对新刑法所规定的单位犯罪的概念、特征、分类以及一些有关问题略陈管见，以就教于各位专家、学者。

一、单位犯罪的概念和特征

应当如何给单位犯罪下定义，这在刑法理论上和刑事立法上都是一个颇有争议的问题。

在以往关于“法人犯罪”的理论探讨中，有的认为，法人犯罪“是指法人代表或代理人经过法人决策机构的授意或批准，以法人名义实施了侵害我国刑法所保护的社会主义社会关系的行为”。① 有的认为，法人犯罪是“在法人决策机关指挥下，由其法定代表人或代理人实施的侵害社会主义社会关系和法律秩序的行为”。② 还有的认为，“法人犯罪（单位犯罪）是指机关、团体、企业事业单位以及其他合法社会组织体违反法律规定或不履行其法律义务，故意或过失实施的危害社会的、依法应受刑罚处罚的行为”。③

在刑事立法上，尽管立法机关在 1987—1995 年的立法中规定了五十多种企事业单位、机关、团体犯罪，但是从未明确规定过单位犯罪的定义。全国人大法工委提交第八届全国人大第五次会议主席团审议的《刑法（修订草案)》第 31 条规定：“公司、企业、事业单位、机关、团体为本单位谋取非法利益，经单位集体决定或者由负责人员决定实施的犯罪，是单位犯罪。”在提交代表讨论的过程中，有的代表提出上述关于单位犯罪的定义的规定不够全面，尚不能完全包括分则规定的所有单位犯罪，建议将该条修改如新刑法第 30 条之规定。④

笔者认为，根据犯罪的一般概念和单位犯罪的特点，结合新刑法总则、分则对单位犯罪之规定，似可将单位犯罪的概念归纳如下：

所谓单位犯罪，是指公司、企业、事业单位、机关、团体为本单位谋取非法利益，经单位集体决定或者由负责人员决定实施的，严重危害社会的，法律明文规定应当受刑罚处罚的行为。

---

① 参见郝修凯：《试论法人犯罪问题》，载《光明日报》1985 年 10 月 23 日。

② 参见陈广君：《试论法人犯罪的几个问题》，载《中国法学》1986 年第 6 期。

③ 参见何秉松主编：《法人犯罪与刑事责任》，中国法制出版社 1991 年版，第 527 页。

④ 参见全国人大法制工作委员会主任委员薛驹在第八届全国人民代表大会第五次会议主席团第三次会议上所做关于《中华人民共和国刑法（修订草案)》等三个法律草案审议结果的报告第一条第（二）项。

单位犯罪具有以下四个特征：

（一）单位犯罪是公司、企业、事业单位、机关、团体实施的集体行为，而非个人行为

公司，是指在我国登记注册的一切有限责任公司和股份有限公司。企业，是指除公司以外的一切其他企业单位。事业单位，是指国家兴办或允许兴办的各种国有或非国有的事业单位。机关，是指国家各级党政、立法、司法、军事等机关单位。但需指出的是，所谓机关犯罪，不是指其作为国家机器的组成部分之一的国家机关本身存在犯罪的问题，而是指其作为一个具有自身独立利益的单位，与公司、企业、事业单位、社会团体一样，也可能为了谋取非法的单位集体利益而实施依法应受刑罚处罚的社会危害行为。团体，是指除公司、企业、事业单位和国家机关以外的一切其他社会组织。既包括共青团、工会、妇联等全国性的人民团体，也包括各行业、各地方成立的各种协会、学会、研究会、联合会、联谊会、促进会、基金会、商会等社会团体。这些社会组织有的属于法人团体，有的属于非法人的团体，均可构成单位犯罪的主体。

所谓公司、企业、事业单位、机关、团体实施的集体行为，是指单位犯罪都是公司、企业、事业单位、机关、团体为本单位谋取非法利益，经单位集体决定或者由负责人员决定实施的，而不是个人为了谋取私利，擅自以单位名义实施的犯罪。即使是单位过失犯罪也不例外。因为单位过失犯罪也是单位为本单位谋取非法利益，经单位集体决定或者由负责人员决定，违反国家有关规定，因而造成重大损失的行为。如果某过失犯罪不是单位集体违反国家规定引起的，而是个人失职造成的，则只能视为个人犯罪，而不能作为单位犯罪处理。

由此可见，不论是单位故意犯罪还是单位过失犯罪，都是单位集体行为，而不是个人行为。

（二）单位犯罪是具有严重社会危害性的行为

单位犯罪跟个人犯罪相比并无本质上的不同，即都是严重危害社会的行为。在很多情况下，单位犯罪比起个人犯同一种罪来说，其社会危害性要严重得多。不同的是，单位犯罪对社会的危害范围受其自身特点所决定，是有一定限制的，这种限制主要表现在单位犯罪只能发生在单位可能构成犯罪的领域，去侵害其可能侵害的客体，而不能超出这些领域，侵害只能由个人侵

害的社会关系。正因为如此，所以新刑法才有选择性地规定了一部分犯罪可以由单位构成，而不是笼统地规定单位可以构成所有犯罪的犯罪主体。

(三) 单位犯罪必须以法律有明文规定者为限

新刑法第3条规定："法律明文规定为犯罪行为的，依照法律定罪处刑；法律没有明文规定为犯罪行为的，不得定罪处刑。"该规定也适用于单位犯罪。换言之，单位犯罪必须以法律有明文规定者为限。该特征表明，单位只能构成法律明文规定单位可以构成的犯罪。即使单位实施了某种社会危害行为，但是如果法律没有明文规定该行为可以由单位构成犯罪，则不能对该单位定罪判刑。

(四) 单位犯罪必须达到应受刑罚处罚的程度

新刑法第13条"但书"规定，"情节显著轻微危害不大"的社会危害行为尚未达到应受刑罚处罚的程度，因而"不认为是犯罪"。该规定对单位犯罪同样适用。与个人犯罪相比，应受刑罚处罚性这一特征对于单位犯罪来说显得尤为重要。因为对于单位实施的社会危害行为，只要不是情节相当恶劣，危害十分严重，达到了非用刑罚制裁不可的程度，立法者是不会轻易将其规定为犯罪的。由此可见，应受刑罚处罚性亦是单位犯罪的重要特征之一。

上述四个特征从不同的角度阐明了单位犯罪的基本性质，并指出了单位犯罪与个人犯罪的共性和个性。其共性在于单位犯罪与个人犯罪一样，都具有社会危害性、刑事违法性和应受刑罚处罚性这三个基本特征。其个性主要表现在单位犯罪是为单位谋取非法利益，在单位整体意志支配下实施的单位集体行为；而个人犯罪是为了谋取个人私利，在个人意识、意志支配下实施的个人行为，或者由于个人主观上的过失而给国家和人民利益造成重大损失的行为。弄清究竟是单位集体行为还是个人行为，是区分单位犯罪和个人犯罪（特别是个人假冒单位名义实施的犯罪）的关键所在。

二、单位犯罪的分类

据初步统计，新刑法中规定的单位犯罪共有一百三十多种。按照不同的标准对这些单位犯罪进行分类研究，对于深刻理解和准确把握单位犯罪的特点，正确适用新刑法关于单位犯罪的有关规定，都具有重要的意义。

（一）根据只能由单位构成，还是既可以由单位构成又可以由个人构成为标准，可以将单位犯罪分为纯正单位犯罪和不纯正单位犯罪

1. 纯正单位犯罪

如果法律规定某种犯罪只能由单位构成，个人不可能成为其犯罪主体，我们就把这种犯罪称为纯正单位犯罪。

新刑法规定的纯正单位犯罪主要有：企业非法制造、销售枪支罪，建设工程质量事故罪，提供虚假财会报告罪，公司、企业清算舞弊罪，逃汇罪，强迫职工劳动罪，挪用特定款物罪，非法出售、赠送文物藏品罪，单位违反检测操作规定采集、供应血液罪，单位违反检测操作规定制作、供应血液制品罪，单位受贿罪，单位行贿罪，私分国有资产罪和私分罚没财物罪。

2. 不纯正单位犯罪

如果法律规定某种犯罪既可以由单位又可以由个人构成其犯罪主体，当单位构成该种犯罪的时候，我们则将其称之为不纯正单位犯罪。

在新刑法规定的一百三十多种单位犯罪中，除上述列举的十多种纯正单位犯罪外，其余一百一十多种单位犯罪都是不纯正单位犯罪。例如：破坏社会主义市场经济秩序罪中的生产、销售伪劣商品罪，走私罪，妨害社会管理秩序罪中的破坏环境资源保护罪，制作、贩卖、传播淫秽物品罪等，都是既可以由个人构成又可以由单位构成的犯罪。当个人犯这些罪时，属于个人犯罪；当单位犯这些罪时，则属于不纯正单位犯罪。

将单位犯罪区分为纯正单位犯罪和不纯正单位犯罪的意义在于，可以帮助我们认识到纯正单位犯罪只能由单位构成这一主体特征，避免将个人误定为纯正单位犯罪的犯罪主体。另外，这种区分还有助于我们正确认识不纯正单位犯罪与个人主体所犯该罪之间的联系与区别，防止混淆个人犯罪与单位犯罪的界限。

（二）根据主观罪过形式的不同，可以将单位犯罪分为单位故意犯罪和单位过失犯罪

1. 单位故意犯罪

如果单位在集体研究或者负责人员决定实施某种行为的时候，就已经明知该行为必然或者可能发生危害社会的结果，但是为了谋取本单位的非法利益，不惜危害国家和社会利益，仍然决定实施了该行为，则由此构成的犯罪，是单位故意犯罪。新刑法规定的一百三十多种单位犯罪，绝大多数都是

单位故意犯罪。由此可见，我国刑法对单位犯罪的打击矛头主要指向单位故意犯罪。

2. 单位过失犯罪

如果单位在集体研究或者负责人员决定实施某种行为的时候，明知该行为是违反国家规定的行为（包括作为和不作为），不希望该行为引起危害社会的结果，应当预见可能引起危害结果，因疏忽大意而没有预见，或者已经预见却轻信可以避免，因而决定实施了该行为，并引起了严重危害社会的结果，则由此构成的犯罪，是单位过失犯罪。

新刑法规定的单位过失犯罪不多，主要有劳动安全事故罪，建设工程质量事故罪，教育设施管理责任事故罪，消防管理责任事故罪和为他人提供书号出版淫秽书刊罪。

区分单位故意犯罪和单位过失犯罪的意义主要在于帮助我们分清二者的界限，把握各自的特点，正确理解我国刑法重点打击单位故意犯罪，但也不放纵给国家和社会造成严重危害结果的单位过失犯罪这一刑事政策，以便准确适用新刑法中惩治单位犯罪的有关规定。

（三）根据法律对构成单位犯罪的主体单位是否具有特定限制条件，可以将单位犯罪分为一般主体单位犯罪和特殊主体单位犯罪

1. 一般主体单位犯罪

如果刑法规定某种犯罪可由单位构成，并对构成该罪的单位没有特殊限制条件之规定，任何公司、企业、事业单位、机关、团体均可构成，我们就把由单位构成的该种犯罪称为一般主体单位犯罪。构成这种单位犯罪的主体称为单位一般主体。

新刑法规定的一般主体单位犯罪共有八十多个，约占单位犯罪总数的60%。主要有：非法制造、买卖、运输、邮寄、储存枪支、弹药、爆炸物罪，非法买卖、运输核材料罪，消防管理责任事故罪，走私武器、弹药、核材料罪，走私伪造的货币罪，走私文物罪，走私贵重金属罪，走私珍贵动物及其制品罪，走私珍稀植物及其制品罪，走私淫秽物品罪，走私货物、物品罪，向公司、企业人员行贿罪，擅自设立金融机构罪，伪造、变造、转让金融经营许可证罪，高利转贷信贷资金罪，非法吸收、变相吸收公众存款罪，伪造、变造股票、公司、企业债券罪，擅自发行股票、公司、企业债券罪，编造并传播虚假证券信息罪，操纵证券交易价格罪，洗钱罪，集资诈骗罪，金融票据诈骗罪，使用伪造、变造的银行结算凭证罪，信用证诈骗罪，保险

诈骗罪，虚开专用发票罪，伪造或者出售伪造的增值税专用发票罪，非法出售增值税专用发票罪，非法购买增值税专用发票、伪造的增值税专用发票罪，伪造、擅自制造或者出售伪造、擅自制造的退税抵税发票罪，伪造、擅自制造或者出售伪造、擅自制造的其他发票罪，非法出售退税、抵税发票罪，非法出售其他发票罪，伪造、擅自制造注册商标标识罪，销售伪造、擅自制造的注册商标标识罪，假冒他人专利罪，侵犯著作权罪，销售侵权复制品罪，侵犯商业秘密罪，损害他人商誉罪，合同诈骗罪，非法经营罪，强制交易罪，伪造、倒卖伪造的有价票证罪，倒卖车票、船票罪，非法生产、买卖警服、警用标志、警械罪，干扰无线电通讯罪，骗取出境证件罪，私自向外国人出售、赠送文物罪，倒卖文物罪，违反传染病防治法规定罪，违反国境卫生检疫规定罪，逃避动植物检疫罪，非法排放、倾倒或者处置危险废物罪，进境倾倒、堆放、处置固体废物罪，擅自进口固体废物罪，非法捕捞水产品罪，非法捕杀珍贵、濒危野生动物罪，非法收购、运输、出售珍贵、濒危野生动物及其制品罪，非法狩猎罪，毁坏耕地罪，擅自采矿罪，破坏性采矿罪，非法采伐、毁坏珍贵树木罪，盗伐林木罪，滥伐林木罪，非法收购盗伐、滥伐的林木罪，走私、贩卖、运输、制造毒品罪，非法运输、携带制毒物品进出境罪，非法买卖制毒物品罪，制作、复制、出版、贩卖、传播淫秽物品罪，非牟利传播淫秽物品罪，组织播放淫秽音像制品罪，组织淫秽表演罪，非法生产、买卖部队制式服装、专用标志罪，向国有单位行贿罪和单位行贿罪。

2. 特殊主体单位犯罪

如果刑法规定某种犯罪可由单位构成，并对构成该罪的单位具有特殊限制条件，只有符合这些特殊条件的单位才能构成该罪，我们则把由符合这些特殊条件的单位构成的该种犯罪称为特殊主体单位犯罪。构成这种单位犯罪的主体称为单位特殊主体。

新刑法规定的特殊主体单位犯罪共有五十多个，约占单位犯罪总数的40%。主要有：企业非法制造、销售枪支罪，只能由依法被指定、确定的枪支制造企业、销售企业构成；非法出租、出借公务用枪罪和非法出租、出借配置枪支罪，只能由依法配备有公务用枪和配置枪支的单位构成；劳动安全事故罪，只能由工厂、矿山、林场，或者其他企业、事业单位构成；建设工程质量事故罪，只能由建设单位、设计单位、施工单位和工程监理单位构成；教育设施管理责任事故罪，只能由教育单位（包括国有或非国有的各级各类学校及幼儿园）及其主管单位构成；生产、销售伪劣产品罪等九种生产、销售伪劣商品的犯罪，只能由生产、销售商品的公司、企业构成；虚报注册资本罪，只能由申请公司登记的单位构成；虚假出资、抽逃出资罪，只能由作为公司发起人、股东的单位构成；欺诈发行股票、公司、企业债券罪，只能由发行股票或发行公司、企业债券的公司、企业构成；提供虚假财会报告罪，只能由公司构成；公司、企业清算舞弊罪，只能由进行清算中的公司、企业构成；内幕交易罪，只能由证券交易内幕信息知情单位构成；诱骗投资者买卖证券罪，只能由证券交易所、证券公司、证券业协会及证券管理部门等特定单位构成；非法向关系人发放贷款罪，非法向他人发放贷款罪，非法拆借、发放贷款罪，非法出具信用证明罪，对违法票据给予承兑、付款保证罪，此五种犯罪只能由银行或者其他金融机构构成；逃汇罪，只能由国有公司、企业或者其他国有单位构成；偷税罪，只能由负有纳税义务和缴税款义务的单位构成；逃避追缴欠税款罪，只能由负有纳税义务的单位构成；骗取出口退税款罪，只能由具有出口经营权的企业事业单位构成；非法使用他人注册商标罪和销售假冒注册商标的商品罪，只能由从事商品生产、经营的企业事业单位构成；虚假广告罪，只能由广告主、广告经营者、广告发布者三类特定单位构成；串通投标罪，只能由投标、招标单位构成；中介组织故意提供虚假证明文件罪，只能由承担资产评估、验资、验证、会计、审计、法律服务等职责的中介组织构成；逃避商品检验罪，只能由具有商品进出口贸易经营权的企业事业单位构成；强迫职工劳动罪，只能由招收、聘用职工的用人单位构成；挪用特定款物罪，只能由对救灾、抢险、防汛、优抚、扶贫、移民、救济款物具有分配、调拨、发放权的国家机关及有关单位构成；非法出售、赠送文物藏品罪，只能由国有博物馆、图书馆等具有文物藏品的国有单位构成；单位违反检测操作规定采集、供应血液罪和单位违反检测操作规定制作、供应血液制品罪，此二罪只能由经国家主管部门批准采集、供应血液或者制作、供应血液制品的单位构成；非法提供麻醉药品、精神药品罪，只能由依法从事生产、运输、管理、使用国家管制的麻醉药品、精神药品的单位构成；为他人出版淫秽书刊提供书号罪，只能由国家批准成立的出版单位构成；故意提供不合格武器装备罪，故意提供不合格军事设施罪，拒绝军事订货罪，延误军事订货罪，此四种犯罪只能由负有向部队提供武器装备、军事设施和其他军用物资供货义务的单位构成；单位受贿罪和私分国有资产罪，此二罪只能由国家机关、国有公司、企业、事业单位、人民团体等国有单位构成；私分罚没财物罪，只能由司法机关、行政执法机关这两类具有罚没权的国家机关构成。

上述所谓只能由某种特定单位构成某种犯罪之说，是仅就单位犯罪而言的。其中，除企业非法制造、销售枪支罪，建设工程质量事故罪等纯正单位犯罪外，其他不纯正单位犯罪，除了可以由符合上述特殊条件的单位构成特殊主体单位犯罪外，还可以由符合法定条件的自然人构成个人犯罪。

将单位犯罪区分为一般主体单位犯罪和特殊主体单位犯罪两类，有利于正确认定单位犯罪。有了这样的分类，我们在认定单位犯罪的时候，就可以首先考察其所涉嫌的单位犯罪属于一般主体单位犯罪还是特殊主体单位犯罪。如果属于前者，则无须考察其单位种类、所有制性质、行业特点等，只要其行为符合单位犯罪的一般主体特征和该罪主客观方面的构成要件，即可认定为单位犯罪；如果属于后者，则须考察其单位种类、所有制性质、行业特点等因素，看其是否与刑法所规定的该种单位犯罪的主体特征相符。符合的才能认定为单位犯罪，不符的则不能认定为该种单位犯罪。

三、认定单位犯罪中值得探讨的几个问题

（一）关于“以单位名义实施”是否属于单位犯罪的必要条件的问题

在以往关于法人犯罪问题的研讨过程中，有的学者主张法人犯罪“必须是以法人名义实施的”，[①] 换言之，即认为“以法人名义实施”是法人犯罪的必要条件之一。笔者认为上述观点值得商榷。

区分单位犯罪和个人犯罪，关键不应看是否以单位名义实施，而应看是否系为单位谋取非法利益且经单位集体研究或由单位负责人员决定实施。如果是，即使行为人在实施犯罪过程中没有明确宣称以单位集体名义进行，也不影响单位犯罪的成立；相反，如果是为个人或少数人谋取私利，由个人背着单位集体或负责人员实施的犯罪，即使打着单位“旗号”，冒用单位名义，也不能认定为单位犯罪，只能认定为个人犯罪。由此可见，“以单位名义实施”并非单位犯罪的必要条件。全国人大常委会《关于惩治走私罪的补充规定》第5条第3款中规定，“以企业事业单位、机关、团体的名义进

---

① 参见何秉松主编：《法人犯罪与刑事责任》，中国法制出版社1991年版，第538页。

行走私，共同分取违法所得，依照本规定对个人犯走私罪的规定处罚”，即是明证。

（二）关于对单位参与共同故意犯罪的，是否应当认定为共同犯罪的问题

在以往关于法人犯罪问题的论著中，有的学者认为，刑法关于“共同犯罪是指二人以上共同故意犯罪”的规定中的“人”，既包括自然人，也包括法人。因此，有法人参与的共同故意犯罪应当认定为共同犯罪，称之为法人共同犯罪。法人共同犯罪中的法人单位也可分别被认定为主犯、从犯、胁从犯或教唆犯。[①] 笔者认为，上述观点值得探讨。

刑法总则指导分则，这是无可争议的共识。新刑法总则第二章第三节和第四节对共同犯罪和单位犯罪都作了专节规定，但均未提到对单位参与共同故意犯罪应按共同犯罪处理的问题。前述观点将共同犯罪中的“人”扩张解释为包括法人（单位）缺乏法律依据，在今天看来也不符合新刑法第3条所规定的严格意义上的罪刑法定原则。

此外，由于单位犯罪的特点所决定，在许多情况下，单位与个人、单位与单位共同故意犯罪时所触犯的罪名并不完全相同，在操作上也不便按共同犯罪认定。例如，某单位犯企业非法制造、销售枪支罪，与之共同故意犯罪的个人却构成非法制造、买卖枪支罪。又如，某验资机构与某单位串通，由该机构向该单位提供虚假验资证明文件，该单位用其骗取了公司登记，结果该机构构成的是中介组织故意提供虚假证明文件罪，该单位构成的却是虚报注册资本罪。

综上所述，笔者认为，对于单位参与共同故意犯罪的，不应以共同犯罪论处；应当负刑事责任的，按照参与单位及个人所犯之罪分别处罚为宜。

（三）关于新刑法第135条、138条、139条规定的劳动安全事故罪、教育设施管理责任事故罪和消防管理责任事故罪能否由单位构成的问题

有人认为，上述三条刑法条文中并未直接指明其犯罪主体可以是单位，也没有对单位判处罚金的规定，因而这三种犯罪只能由有关直接责任人员个人构成；相反，也有人认为，这三个刑法条文规定的是对直接责任人员追究

---

① 参见何秉松主编：《法人犯罪与刑事责任》，中国法制出版社1991年版，第548—556页。

刑事责任，而这正是刑事立法上对单位犯罪实行单罚制处罚的立法模式，说明这三种犯罪不但可以由单位构成，而且只能由单位构成，属于纯正单位犯罪。

笔者认为，上述两种观点均失之偏颇。如果上述三种犯罪是有关责任人员个人对工作严重不负责任，对事故隐患熟视无睹，对有关部门及职工群众的整改要求、意见置若罔闻，拒不采取预防、整改措施，因而发生重大事故的，则属个人犯罪，应当依法追究有关直接责任人员个人的刑事责任。如果上述三种犯罪是单位为了节省经费或者担心采取整改措施影响当前的生产、营业等眼前利益，经单位集体研究决定或者由单位负责人员决定，故意违反国家有关安全规定，拖延、敷衍，拒不采取预防、整改措施，因而发生重大事故的，则属单位犯罪。在这种情况下，虽然也只是处罚直接责任人员（包括直接负责的主管人员和其他直接责任人员），但是这种处罚不应看作是对直接责任人员个人犯罪的处罚，而是对单位犯罪所采取的单罚制处罚方式的具体表现。

（四）关于新刑法第 273 条规定的挪用特定款物罪究竟是个人犯罪还是单位犯罪的问题

过去在刑法理论上一般认为挪用特定款物罪是挪用特定款物的直接责任人员个人犯罪。[①] 笔者认为值得探讨。全国人大常委会《关于惩治贪污罪贿赂罪的补充规定》第 3 条第 2 款规定，挪用救灾、抢险、防汛、优抚、救济款物归个人使用的，应当以挪用公款罪从重处罚。由此可见，挪用特定款物罪中的挪用并不包括将特定款物挪归个人使用，而是指将其挪作其他公用。例如，为本单位修建楼堂馆所、购买高档轿车、用作公费观光旅游经费，或者用于单位小团体利益方面的其他用途。这已成为刑法理论上不争的共识。既然如此，我们就有理由认为，挪用特定款物罪在主观上是为单位而不是个人谋取非法利益，在客观上只可能经单位集体决定或者由负责人员决定，而不可能由其他个人擅自决定，因此完全符合单位犯罪的主客观特征，应属单位犯罪，而且是只能由单位构成的纯正单位犯罪。刑法虽然规定犯本罪只处罚直接责任人员，但不能认为是对直接责任人员个人犯罪的处罚，而是对单位犯罪所采用的单罚制的处罚方法。

---

① 参见高铭暄主编：《刑法学》，法律出版社 1982 年版，第 401 页；苏惠渔主编：《刑法学》，中国政法大学出版社 1994 年版，第 477 页。

四、对单位犯罪的处罚原则

新刑法第 31 条规定："单位犯罪的，对单位判处罚金，并对其直接负责的主管人员和其他直接责任人员判处刑罚。本法分则和其他法律另有规定的，依照规定。"根据该规定，并结合新刑法分则中关于处罚单位犯罪的具体规定来看，我国刑法对单位犯罪采取的是以双罚制为主、以单罚制为辅的处罚原则。

所谓双罚制，是指对单位犯罪，既对单位判处罚金，又要对其直接负责的主管人员和其他直接责任人员判处刑罚的处罚制度。

新刑法中规定的单位犯罪多数采用的是双罚制的处罚原则，但是在对其直接负责的主管人员和其他直接责任人员的处罚问题上又作了两种不同的规定。一种情况是规定对其直接负责的主管人员和其他直接责任人员依照个人犯该罪的法定刑处罚。例如，新刑法第 125 条第 3 款规定，单位犯非法制造、买卖、运输、邮寄、储存枪支、弹药、爆炸物罪和非法买卖、运输核材料罪的，除对单位判处罚金外，对其直接负责的主管人员和其他直接责任人员依照个人犯该二罪的法定刑处罚。另一种情况是对有关责任人员单独规定不同于个人犯该罪的独立的法定刑（通常低于个人犯该罪的法定刑）。例如，新刑法第 383 条规定，个人犯受贿罪的最高法定刑为死刑，而第 387 条规定，单位犯受贿罪（即单位受贿罪）的，除对单位判处罚金外，并对其直接负责的主管人员和其他直接责任人员处 5 年以下有期徒刑或者拘役。

所谓单罚制，是指对单位犯罪，不对单位判处罚金，只对有关责任人员判处刑罚的处罚制度。

新刑法对少数单位犯罪采用了单罚制的处罚原则。例如，新刑法第 137 条规定的建设工程质量事故罪，第 161 条规定的提供虚假财会报告罪，第 162 条规定的公司、企业清算舞弊罪，第 224 条规定的强迫职工劳动罪等单位犯罪，都只规定了对直接责任人员或者直接负责的主管人员和其他直接责任人员判处刑罚，而无对单位判处罚金的规定。

新刑法之所以对单位犯罪作出上述各种不同的处罚规定，是因为各种单位犯罪本身具有各自不同的特点。正确认识这些特点，对于准确把握其立法精神，认真执行新刑法对单位犯罪的处罚规定，具有十分重要的意义。

犯罪与刑罚研究的基础及其方法*

张绍彦**

对犯罪本质、犯罪原因等犯罪基本问题的认识是整个有关犯罪问题研究的刑事科学的逻辑起点。① 因此，这些问题不仅是犯罪学，而且是刑法学、刑罚学、监狱学及刑事程序法学和犯罪侦查学都必然涉及并需要从各自的角度作出回答和说明的。所以，在“犯罪是什么”“犯罪是怎样产生的”以及“如何对待犯罪”等基本问题的解释上见仁见智，从中人们可以得到从不同角度审视犯罪的丰富认识。获取人们所谓犯罪哲学意义上的即“一般的”认识十分困难，却又十分必要。这无疑是一个问题。从这种“问题意识”出发，② 本文拟就此谈点个人管见。

---

* 本文原载于《法学研究》1999 年第 5 期。

** 西南政法大学法学院教授。

① 在犯罪问题的研究上，本人认为用“刑事科学”比“刑事法学”可能更妥帖些。因此，在“有关犯罪的”（从“刑事”的辞源意义上看）刑事科学中，对犯罪的研究和揭示是多方面、多角度和多层次的，法学和法律自然是其中的一个重要的方面。但是，显而易见，这种研究绝不是犯罪理论的全部，归根结底它们还是属于对犯罪的规范意义上的研究，是持有某种规范及这些规范中所蕴含的价值标准去认定、评判犯罪。然而，除此之外，对犯罪问题的认识还有更多更为广阔的领域。

② “问题意识”的确应当成为科学研究的基本精神之一。科学发达的历史也就是人类在这种意识的导引下不断探求新知的历史。对一门相对稚嫩的科学，比如像中国的犯罪学这样的科学而言，问题意识应当成为主体意识。否则，具有自己的理论基础、基本观点和体系的犯罪科学是难以建立起来的。陈兴良先生曾就问题意识。在《学术功底·问题意识·研究方法》中有过精辟论述。

一、原本的犯罪与犯罪的本原

（一）关于“犯罪产生”的命题

人们一般认为，原始社会没有犯罪，① 这当然不能归因于马克思主义创始人之一恩格斯对原始社会曾经有过十分“美妙”的描述。② 因为事实上，在人类进入文明社会之前所处的时代里，在蒙昧、野蛮状态下，那种侵害、杀戮的行为，在程度、范围、后果、方式等各个方面都远远地超过了文明时代的一般犯罪行为。但是，那时没有阶级、国家及其意志的表现——法律，因而也就没有谁或什么东西把它们规定为犯罪，杀人就是杀人，放火就是放火，仅此而已。在这里我们意图表明的是，其中至少存在着这样几个问题：

第一，犯罪的产生是客体（人的行为本身）自身发展的结果，还是主体（认识或规定者）觉悟或认识水平提高的产物。如果说主体觉悟程度、认识水平提高的本身也是事物发展的结果（比如物种的进化和社会的自然历史发展，等等），那么，犯罪的产生究竟是一种客观的结果，还是一种主观的认识，抑或是某种主、客观的统一？在这种犯罪产生的客观现象与犯罪认识的主观过程之间，各种因素的作用及其相互关系怎样？

第二，被确认的犯罪的存在同其产生的情形或者存在的实际状况是否一致。如果存在着的犯罪仍然是某种认定的结果，那么，又应当如何定义什么样的行为构成犯罪以及产生这种定义的原因是什么？这种定义与犯罪的发生之间有无关系？关系怎样？

第三，无论前面两个问题得到的答案如何，犯罪与社会的阶级、国家和法律等现象之间的密切联系是十分明显的。而这种联系的性状究竟如何？是否是由它们决定了犯罪的存在及其性状，或者是相反？还是另外一种什么样的关系？等等。

---

① 事实上，这一在政治学、法学等科学领域被广泛采行的逻辑前提或者理论基础是基于马克思列宁主义关于国家与法的理论观点。这一理论在我国及其他社会主义制度和意识形态的国家都居于绝对的主导地位。但是，离开了这一理论前提，人们就会形成有关于此的多元化的认识。比如，我国20世纪30年代的著名社会学家、犯罪学家严景耀先生的《原始社会中的犯罪与刑罚》中的论述启示我们，犯罪与人们或社会的认定密切相关。请参见严景耀：《原始社会中的犯罪与刑罚》，载《青少年犯罪研究》1998年第5—6期。

② ［德］汉斯·约阿希姆·施奈德：《犯罪学》，吴鑫涛、马君玉译，中国人民公安大学出版社1990年版，第2页。

自然，对上述问题的回答反映了人们不同的犯罪观和犯罪原因观。同时，对犯罪实质和犯罪原因的认识是相互联系和相互影响的。在一定程度上可以讲，有什么样的犯罪观就有什么样的犯罪原因观；同样，有什么样的犯罪原因观也就有什么样的犯罪实质观。比如，我国有的犯罪学者把犯罪本源和犯罪原因与人性联系在一起进行研究，得出了犯罪的本源在于人性与社会理性之间的冲突；而有的学者则从人性与社会的相互关系分析中得出了犯罪根源在于社会生产方式的结论。① 应当说在这种犯罪原因观里面已经包含了对犯罪实质认识的若干规定性。就总体而言，在犯罪的本原或实质问题上，除了一些具体的分歧之外，人们关注的是在基本的方面犯罪学与刑法学之间的分歧甚至是某种程度的对立。因为，在刑法学那里，哪怕是专门的犯罪本质的研究，也总是离不开法律的、规范的根据，或者使其成为法律和规范的依据。②“在论及关于刑罚之正当根据的任何问题前，必须明确一个基本的问题。这一问题便是：为什么某些类型的行为受法律所禁止，并因而被当作犯罪或违法？答案是，为了向社会宣告，不得实施这些行为并确保少发生一些这样的行为。这便是把某种行为当作刑事违法行为的一般直接目的。只有当我们有了按照这些基本目的制定的法律时，我们才有‘犯罪’及‘罪犯’的概念。不借助这样一种简单的理念即刑法在其规定中确立了行为的标准，以鼓励某些类型的行为遏制其他行为，我们便不能把罚金式的刑罚与对某一行为的征税区分开来。”③ 刑法学对犯罪的研究大致如此。即使在上述较具经典意义的刑法学关于犯罪本质论述中，也难以对刑法规定中确立的犯罪行为的标准的根据及其正当性作出有力的证明，或者说刑法的规定本身当然地不能成为刑罚的正当依据和理由。由此而言，此类关于犯罪本质的认识恰恰并未触及事物的实质——犯罪的本质。但是，从刑事法的角度，从规定的制

---

① 前一观点是皮艺军先生提出并加以论述的，参见皮艺军：《本能异化论》，载《青少年犯罪研究》1989 年第 2 期；后一观点由储槐植先生作出了充分的说明，参见储槐植：《刑事一体化与关系刑法论》，北京大学出版社 1997 年版，第 31 页以下；另参见储槐植等：《犯罪学》，法律出版社 1997 年版，第 162 页以下。

② 在这两种情形中，显而易见，后者比前者更具理性和深度，它试图回答为什么法律要对某些行为施以刑罚，加以禁止。但是，在刑法学中却几乎无一例外地没有对刑法规范和标准的正当根据作出令人信服的说明。比如，刑法学向来不回答为什么有的行为被规定为犯罪，而另外的行为却没有被规定犯罪之类的问题。犯罪的原因在刑法学中也不成其为问题。

③ ［美］H. C. A. 哈特：《惩罚与责任》，王勇、张志铭、方蕾译，华夏出版社 1989 年版，第 6 页以下。

定和实施的角度，上述认识却并不失为一种真实。

（二）对犯罪的刑罚及刑罚科学

可以说，某种行为之所以成为犯罪是因为它需要成为犯罪（或者说需要被定义为犯罪），并因此而受到相应的处罚，必须通过对犯罪的制止和惩罚来确保一种秩序和利益。所以，犯罪与刑罚，在国家、法权等一系列的范畴之中是孪生相随的。刑罚成为统治者用来对待犯罪的基本工具，犯罪问题也因而成为关系阶级统治问题的一个组成部分。犯罪与刑罚“互为体用”。可以认为，犯罪是刑罚的对象，因而是刑法学和刑罚学的研究对象；也可以认为，刑罚是为犯罪服务的，是对待犯罪的工具，因而刑罚也是在研究犯罪问题时所必须了解和给予关注的。同时，从目的性的角度考察，犯罪与刑罚是刑法学乃至整个刑事法学或者刑事学的“体”，而包括刑法、刑事诉讼法和监狱法等在内的刑事法律，即规范法或者法律规范本身，则是犯罪与刑罚的“用”。就是说，刑事法是为国家运用刑罚工具治理犯罪服务的。

耐人寻味的一个有趣的基本事实是，在犯罪与刑罚的“同步发展”中，刑罚作为犯罪的专门的工具与其所服务的对象——犯罪之间各自经历了独特的路程。一方面是犯罪不断增多、愈演愈重的趋势，另一方面非但没有出现刑罚的相应严厉，反而日趋平缓、民主与人道。这自然少不了人为的推动，特别是大师们不懈的理想追求的努力，但我认为这更是一个刑罚发展的自然历史过程，它反映了刑罚自身发展的固有规律。这一现象至少为我们提供了如下几点重要启示：

第一，人类为犯罪而专门设置的刑罚，虽然自始至终都充满了价值与理性的探索和追求，然而，犯罪与刑罚的事实又为我们提供了什么样的结果？这种结果是刑罚外因素的作用，还是犯罪与刑罚自身内在关系的必然？

第二，刑罚不是恒定不变的，因此，如果作为认识甚或界定犯罪的一个参量，应当如何认识刑罚的确定性？

第三，如果关于犯罪的一般的认识应当是持恒、一贯的，那么，刑罚是否因其确定性而失去了在犯罪定义中的参量意义？或者说，是应当先行预设确定犯罪，还是应当先行预制刑罚？

第四，如果由于刑罚与犯罪的上述问题，而使得它与犯罪之间的关系在某种时间出现剥离，那么，这是否又从理性上根本地威胁到了其作为犯罪的“天敌”而存在的必要性？

如果说上述问题的产生及其解决还不足以影响到刑罚存续和发展本身的

话，那么，也可以肯定地说，犯罪与刑罚之间的传统的对应关系是值得重新思考的。这种思考的起点可以建立在这样一些认识的基础之上：犯罪重于刑罚，犯罪先于刑罚，犯罪优于刑罚。我们不能再因为刑罚而论犯罪，恰恰相反，只有因犯罪而论刑罚以及那些比刑罚更为广阔和更具根本意义的东西。

二、犯罪的原因与责任

犯罪已经与人类文明同存了几千年，这种共存还将长期地延续下去。人类犯罪学思想的发展史已经表明：古今中外，人们对犯罪问题的认识与犯罪本身的产生、变化和发展是同步的，并且这种认识的重视程度及其水平的提高甚至超过了犯罪现象本身的变化和发展。虽然如此，摆在人们面前的事实只有一个：犯罪几乎是随着时间的推移而不是国家形态、社会制度、发展水平的变化而不断增长。这在某种程度上反映了这样一种论点：倘若把人类社会的文明发展作为一个有机体的“生命”或运动过程来考察的话，那么，犯罪就是发生在这一有机体的生命过程或运动过程中的一种自然现象，即社会学意义上的社会自然历史现象。犯罪是存在于社会有机体中的一种社会病态。从这里，人们至少可以得到有益的启示：

第一，犯罪是人类社会发展过程中特定阶段——按照马克思列宁主义的观点是进入国家文明以后，直到共产主义实现之前的阶级社会，不可避免的社会自然历史现象。在这个时期里，犯罪是可以控制的，但其必然发生却是不可避免的。也就是说，犯罪发生的性质、状况和程度是能够通过积极的预防措施有效控制在一定的限度或者范围之内，并减少其发生的数量和规模，但却无法制止其发生。如果如此，那么，刑罚及其他的犯罪对策共同构成的刑事政策应当是怎样的？犯罪的控制主要立足于犯罪的事后制裁，还是致力于事先的预防？这种立足点的确立和不同对刑罚的制定和实施，特别是刑罚的原则意味着什么？刑罚适用中的罪刑法定、罪刑相当等基本原则，事实上又在什么意义上反映或者体现了其价值理性的存在？这些都是问题。

第二，犯罪现象产生、存在和继续发生的原因便存在于其所存附的有机体——社会本身。就此而言，说犯罪是由社会造成的似乎并不为过，这与“时势造英雄”是一个意义完全相同的哲学命题。人们只能从现实社会的内在因素本身去认识犯罪，探求犯罪发生的特点和规律，研究犯罪产生的原因，寻求治理犯罪的对策。具体地讲，我们不能到封建社会，到资产阶级和帝国主义那里去寻找我国现时社会犯罪产生的原因，并制定治理犯罪的对策。我们只能主要地和根本上立足我们的现实社会本身去研究和解决这些问题。当然，这并不是说社会的发展是一个孤立的自然过程，它更是一个连贯的和联系的历史发展过程。因此，上述所谓现实社会的内在因素也必然是这种发展的一种结果和反映，但却不能由此而把这些因素归咎于现实社会的内在因素之外。换句话说，这时，这些由于历史发展的连续性和继承性而存在于现实社会之中的导致犯罪发生的因素，已经成为现实社会有机体的一个组成部分。之所以会这样，是因为现实的社会存在着使其成为自己组成部分的“基因”，而没有抵御这些犯罪因素的“抗体”。

第三，生来就注定犯罪的人是不存在的。犯罪的发生，是产生犯罪的社会因素综合作用于具体的行为人个体的结果。社会犯罪因素或者原因的存在决定了犯罪的发生是必然的，而由哪个具体的个体实施现实的犯罪行为则是偶然的。同时，在这种偶然中，犯罪行为人个体并不是毫无选择的，或者说并非没有行为人个体的主观过错，而这正是犯罪处罚或者说行为人个体承担责任的客观基础。否则，对犯罪的惩罚就成了一种客观归罪。同时，由于社会犯罪因素或者原因的存在，行为人对其犯罪行为所应当承担的责任也就是相对的、有限的，而不是绝对的和无限的。这一认识是我们正确理解国家对犯罪人的刑罚关系由绝对的“命令—服从”关系发展演变成为相对的“权利—义务”关系的一个重要的认识论基础。[①] 当然，刑罚关系的这种变化还取决于其他诸如国家性质、社会的法治观念、人权观念和价值理念以及法律关系特别是刑事法律关系的建构等众多的因素。

三、对犯罪的认识是思想、理论，还是手艺

人们对犯罪现象的认识是基于犯罪的危害而从犯罪原因开始的。这种认识源远流长，但直至18、19世纪才专门化、系统化，形成了犯罪学的理论体系。

---

① 参见甘雨沛、何鹏：《外国刑法学》（上册），北京大学出版社1984年版，第64页以下。作者认为这种变化是由行刑学的发展开始的，说明了犯罪后的行刑对犯罪、犯罪人及其刑罚的逆向的促动作用，也说明了犯罪发生、认定、处遇等过程的一体相互影响。这种演变使犯罪人取得了法律关系主体的地位，在刑事法律关系中成为与国家相对应的权利义务的主体。本人认为，这当然不只是刑事关系、犯罪关系和刑罚关系的变化，它实际上透射出在国家刑法中由以刑罚为中心向以人、犯罪人为中心转化的开始。

其实，由贝卡利亚和龙勃罗梭创立的犯罪学从一开始就包括了两个方面的问题，一是理论观点的即“世界观”的，二是方法论的，这两个基本方面的问题在犯罪学的历史发展中一直没有失去它们的意义，特别是在犯罪学知识属性的认定中更是如此。对于犯罪学学科属性的认定，不仅是其思想理论的反映，而且还会进一步反过来影响犯罪学理论本身的发展。同样，如果犯罪是一种社会现象或法律现象，那么，犯罪学就是一门社会科学或法律科学，并因此获取了社会学和法学的不同的研究方法。需要强调的是，尽管在当今中国的犯罪学领域里，人们尽可以折中地把犯罪视为一种社会法律现象或者法律社会现象，犯罪学也因而成为一门法社会学或者是社会法学，但是，我们始终不应忽略犯罪学首先是一门事实学。因此，犯罪学研究的着眼点只有一个，这就是客观存在着的危害行为——犯罪事实。当然，这并不排斥对犯罪有关问题研究中的思辨的思维方式，否则，“研究成果就不能转变为对实际工作的指导，因为那些希望保护犯罪学在刑事司法实践中不尽如人意状况的人就可以推托说‘专家们都不一致’。还有政治和经济利益集团都企图对犯罪学施加压力，使犯罪学为他们的目的服务。对于以事实和经验为依据的犯罪学来说，要达到科学的客观性也异常困难”。

所以，犯罪问题的研究必须实事求是，从实际出发，切实地观察犯罪行为和社会越轨行为，破除犯罪研究中的“成见与禁忌”，而不是先验地对他们抱有成见，把它们视为社会的异己力量。“科学与禁忌是一对矛盾。一种可以受禁忌影响的科学是毫无价值、毫无意义的。研究工作只能在思想自由的气氛中发展，真理不可能也不容许受到压制。”“直言不讳地说出不受欢迎的观点是科学的一部分。”犯罪学领域的一些问题的研究就是因为这些成见与禁忌而受到极大的影响。比如，在一些西方国家，“关于政治犯罪和经济犯罪的讨论遭到回避，因为国家和经济界那些享有下定义、定罪名大权的强有力人物往往就是作案人”。[①]

可见，犯罪学知识从开始就充满着思想性，一种基于某种事实的思想，同时它也并不排斥对问题进行思辨的思考。所以，这种基于一定的思想内核建立起来的知识体系，首先是作为一种理论存在着的；其次，关于犯罪的认识也必然因其一定的思想指导和理论体系影响和引导人们的行动，并因而成

① ［德］汉斯·约阿希姆·施奈德：《犯罪学》，吴鑫涛、马君玉译，中国人民公安大学出版社 1990 年版，第 2 页。

为一门手艺。同时，犯罪学知识的这种属性还决定了这门手艺不是操作性的，而是通过对操作犯罪的社会系统的影响发生作用的。从社会发展的应然的角度上讲，犯罪学应当成为一门社会决策性的科学，成为国家和社会规划、发展，特别是社会的文明和法治方面规划的决策性科学。正是由于犯罪学知识的这一价值和特点，才使得犯罪学在现代文明的国家管理中具有特殊的地位和作用。且不说国家刑事政策、刑事法律的制定必须以对犯罪系统、科学的认识为基础，即使是整个宏观社会政策的制定也离不开对犯罪问题的专门研究和对待。当然，上述必然性的要求都是建立在现代文明、民主和法治国家基础上的。因为离开了这种精神的国家，也就不需要或者至少并非必然要求犯罪问题处理的科学、民主、法治和效率。犯罪学的这一特点使得实证的研究方法在犯罪理论的发展中具有根本性的意义，从史实上看，作为一门科学的理论，犯罪学的产生也正是从对犯罪的实证的研究开始的。并且这一研究方法还进一步使得犯罪学理论能够在科学的殿堂里不断发展、壮大。对此下文还将专门论及。

以上论述在犯罪实际的研究方面凸现出如下两点结论：

1. 对犯罪的研究和了解，通过实证的包括犯罪统计在内的犯罪测量等手段是十分必要的。不掌握犯罪之丑也就难治犯罪之恶。因此，保障犯罪研究者对犯罪的切实了解是解决问题的必要基础。

2. 建立在科学基础之上的犯罪学理论和知识如果被束之高阁，其科学的意义也就形同虚设，基于现实、研究现实的科学，结果却与现实毫无干系。犯罪学为什么没有体现其决策性科学的特性，又如何实现其向现实力量的转化，是需要人们共同思考和解决的。

四、犯罪的对策——惩罚和预防

（一）刑事司法系统中的监狱、刑罚和刑法

犯罪通过刑罚中介而与监狱及现代刑事司法紧密地联系在一起。随着犯罪的增加、社会的发展与进步以及刑罚制度的变革，过去作为犯罪处罚的自然结果的存在物——行刑和监狱得到了越来越多的重视。在刑罚范围内看，监狱状况的上述变化现实地发生于自由刑发达之后。在以自由刑为主导的刑罚方法的刑罚制度下，监狱作为行刑机关，承担起了实现刑罚的目的与任务的作用。正是监狱及其行刑活动使刑罚对犯罪的惩罚和改造成为现实，而这

一点已经成为当代犯罪学的出发点和归宿：最大限度地预防和减少犯罪。因此，对监狱的深入调查和研究是当代犯罪学研究的一个不可或缺的重要组成部分。而在更根本的意义上，如果没有对犯罪及犯罪人的专业化程度的研究，那么对犯罪学理论的科学研究是难以想象的。

（二）对犯罪一体的研究

从贝卡利亚、龙勃罗梭、菲利等开创犯罪学那时起，真正的犯罪学家大都同时也是监狱学家或对监狱具有专业化水平的调查和研究者。而在现代犯罪学的研究当中，犯罪的预防和治理越来越重要，加之，新犯罪率世界范围内的不断上升，对监狱、犯罪人及行刑的研究更加成为犯罪学家们必不可少的“基础性”研究。因此，在中国不仅需要有众多的科学家、刑法学家投入犯罪学的研究，并且更加需要监狱学家们对犯罪知识的专业化研究。不只如此，在现时及今后相当时间的中国社会里，倡建一个关于犯罪的全方位的观念——刑事司法的观念是十分必要的，以犯罪为核心，围绕犯罪而展开的刑事司法科学以及刑事司法的实践活动是一个十分重要的“犯罪科学学科群”。在这个意义上讲，我国法学界 20 世纪 80 年代末、90 年代初提出的“刑事一体化”的思想，① 从犯罪学研究的角度考察，也就是“犯罪一体化”。并且，我们还进一步认为，在刑事一体化中，犯罪是体，刑罚为犯罪之用，而刑事法、刑事法学以及刑事学等则为犯罪与刑罚之用。

总之，对犯罪一体研究的观念昭示着理论思维或方向的重大变革，包括刑事一体化的观念，即不只是刑法学、刑罚学研究犯罪的责任及其惩罚，犯罪学、监狱学和刑事诉讼法学也要研究刑罚的适用程序、刑罚对犯罪的预防和改造。同时，上述学科对刑罚的研究不应是孤立的、壁垒的，而应当是融会贯通的，形成对犯罪与刑罚的刑事学研究。事实正在证明且实践将进一步证实，只有刑事学——有关犯罪问题的科学才能“一统天下”。在此理念下，实践范畴的刑罚制定、适用和执行应当是前后一贯、首尾一致的，至少犯罪的治理、刑罚的实现应当也能够成为它们起码的共同目标。这一点也是

---

① 请参见储槐植：《刑事一体化与关系刑法论》，北京大学出版社 1997 年版，第 31 页以下；储槐植等：《犯罪学》，法律出版社 1997 年版，第 162 页以下。储槐植教授将“刑事一体化”的刑事法学划分为犯罪学、刑法学和监狱学三个基本的组成部分。这从一个侧面有力地说明了犯罪学、刑法学和监狱学之间，以及犯罪、刑罚与行刑之间，还有犯罪的发生、认定、处罚和罪犯的改造之间“一体的”或者“联体的”的密切关系。

犯罪一体化理念的一项重要理论价值，而其实践意义则主要体现在刑事、刑罚和犯罪处遇一体化——“犯罪一体化”的立法、司法和理论体系的建立。[①]

（三）犯罪处遇中人的因素

在犯罪的预防和矫正等刑事司法的理论与实践领域里，强调人的因素是非常必要的。事实上，在全部可变的犯罪因素中，人的因素总是最为突出的，并具有根本性的意义。这里我们所要讲的，在犯罪问题的研究中，除了在犯罪原因的意义上，犯罪发生过程中犯罪行为人的因素十分重要之外，在对犯罪的预防和改造中，相关的人的因素同样是十分重要的。人的因素在犯罪问题的全过程中都表现出各自的特别意义：犯罪发生及侦查中的警察、犯罪检控中的检察官、犯罪审判中的法官都具有自己不可替代的影响作用，[②]而在对犯罪的矫正和改造中，特别应当认识到监狱管理人员的素质对罪犯的影响是十分重要的。一百多年前，菲利在其著名的经典性犯罪学著作《犯罪社会学》里对监狱人员的有关论述，同样地适合于我们的命题。[③] 就像好的法官执行一部不完善的法典比愚蠢的法官执行一部“不朽的”法典要好一样，一种有独创性而且协调的监狱制度如果没有相应的管理人员来执行，就也没有价值。

---

① 从刑事一体化的理念出发，本人更加倾向于称之为“犯罪一体化”，至少在许多场合下是这样。因为按照本人的理解，“一体化”的意旨就在于倡导对有关犯罪问题的科学进行全方位的系统的完整的研究，形成全体刑法学的最佳整体效益，而不是壁垒的和支离破碎的。由于法治原则下，犯罪必须是法定的——实体法律明文规定并按程序法律已经证实和依法确认的，所以，在有关犯罪的一系列活动中，大量的是处在犯罪法定性的不确定状态，虽然这并不足阻隔对之进行刑事科学方面的研究，却也说明这种研究是围绕犯罪而展开的。犯罪是刑事之体，是刑事的中心。而刑罚及刑事（包括法的和法律科学的）则为犯罪之形、犯罪之用。所以，犯罪一体化的益处至少有二：一是使这种一体化的目的凸显出来；二是可以突破人们认识上的些许羁绊，比如按照现行新的专业或学科目录，刑事侦查学或犯罪侦查学被列到法学之外的公安学当中，据此，在刑事法学中就无法涵括犯罪侦查科学，还有证实犯罪的物证技术也被列入工科门类等。上述种种恰好证明了一体化的必要性，同时这种情况也说明即使用法学也难以将之一统天下，用刑事法学则更是如此。是故，在考虑刑事一体化与犯罪一体化的选择上，本人以为用犯罪一体化具有更有力的无可争辩的特点，因为它确定为一种事实、一种现象，还并未牵涉人们对此包括学科的划分在内的种种认识。

② 参见［德］汉斯·约阿希姆·施奈德：《犯罪学》，吴鑫涛、马君玉译，中国人民公安大学出版社1990年版，第50页以下。

③ 参见［意］恩里科·菲利：《犯罪社会学》，郭建安译，中国人民公安大学出版社1990年版，第153页。

五、关于犯罪与刑罚研究的方法论问题

在犯罪学短暂的历史上，可以说，从方法论讲，犯罪学作为一门科学是从实证的研究方法开始的。虽然对于这一点我们还不能武断地讲，实证的方法对于犯罪的意义，就如同冯特的心理实验室对于心理学产生的意义一样，是学科产生的标志和根本；但犯罪学理论的产生和发展，却不容争辩地证明了实证的方法在犯罪学研究方法论中的主导地位。事实上，从方法论角度看，当代的犯罪学在基本的方面也就是实证犯罪学。“在某种意义上可以讲，所有的现代犯罪学在方法和基本阐述上都是实证主义的。”“就是说，大部分犯罪学者都是实证主义者。”①

在检讨犯罪学的方法论时，除了上述对实证方法的确认之外，我以为下述三个方面的情况也是十分重要的：

其一，关于犯罪学研究的专业化和“专业槽”问题。一门科学的成就意味着人类某方面知识的专门化和系统化，虽然这是社会发展的一个必然结果，但也必然需要一种专业化的人的力量的推动，因为科学的诞生毕竟不是一种纯粹的自然现象。这些专门从事某些方面研究的人形成了一门科学的相对的专业槽。当代的科学研究大都如此。然而，这一情况在犯罪学的研究中却时常表现出一些特别之处。从人类犯罪学思想发展的路程，到犯罪学理论和犯罪学成为一门科学，非专业化的犯罪学家的非犯罪问题专门研究，在犯罪学理论创建和发展中的贡献，似乎一点也不亚于专门化的犯罪学家们。这说明犯罪学的理论研究是不需要，还是难以实现专业化？如果应当而且能够建立起专业化和专业槽，那么，又应当如何着手实现之？

犯罪学理论的非专业化和非专业槽为犯罪学理论提供了广阔的空间和视野，也使得犯罪学对犯罪问题的研究从生物学、人类学、社会学、心理学和精神病学以及监狱学、刑罚学等众多科学中吸取了丰富的营养，得到广泛的发展。但是，这同时为犯罪学的研究提出了十分严肃的问题：难道这就是我们对犯罪问题的一体的研究，或者说我们根本就不需要这种对犯罪问题一体的研究？如果犯罪学依然由非专业槽的非专业化的研究成果堆砌而成，那么，犯罪学是否有成为现代科学丛中的“寄生科学”的危险？有关犯罪问

---

① ［美］理查德·昆尼、约翰·威尔德曼：《新犯罪学》，陈兴良译，中国国际广播出版社 1988 年版，第 47 页。

题的科学是否还是一门独立的科学？是否必须有这样一门科学？

我们认为，对犯罪认识和评价的多样原本是犯罪学理论的重要源泉，因为对犯罪进行评价的广泛性既是不可避免的，也是用不着去感到恐慌的，问题倒在于对犯罪的专门研究不能停留在这种一般的议论，更不能落于其后。当我们从先人的其他论述中发现早已产生类似今天对犯罪的专门的甚至是“较新”的认识时，我们作何感想呢？比如，我们几乎是在20世纪90年代才专业性地谈论到犯罪的社会定义和法律定义，而这在近七十年前文学巨匠鲁迅先生那里已经被论述过了。鲁迅先生在他1927年所作的《而已集》收录的《可恶罪》中讲道：“我以为法律上的许多罪名，都是花言巧语，只消以一语包括之，曰：可恶罪。……我先前总以为人是有罪，所以枪毙或坐监的。现在才知道其中的许多，是先因为被人认为‘可恶’，这才终于犯了罪。”① 这里不仅明白地告诉了人们犯罪被定义的真相，而且揭示了犯罪的定义与犯罪产生之间的关系。

其二，对犯罪的研究和研究的对待。犯罪实证研究的科学性及其价值已经无可争议，就此而言，中国现行犯罪学研究的问题和困难是十分明了而缺乏解决迹象的，这就是犯罪研究对犯罪的真实了解的状况令人担忧。无论是犯罪的调查还是犯罪的统计，都难于进行，更难于真实。如此，实证之事实、真实的基础就无从谈起，其证便只能假定为一种不实或者非实，那么“还有犯罪学吗”本身就成为问题。这与犯罪学研究成果的对待又密切相关。不论犯罪学研究的形式及其内容的水平如何，我认为它都应当成为一门决策性社会科学，或者社会决策性科学，但是当它没有或者不屑被人们用作进行社会决策的某种依据时，虽然未必会动摇其“金子总是亮的”那种价值，但却会影响到它自身会否真正能向人们射出睿智的光芒。这是一种根本性的威胁。中国的犯罪学研究正在面临着上述双重困难。当然，强调实证绝非意味着肤浅和放弃或者忽略了思辨和理性。如果说鲁迅在其杂文中尚且能够透析犯罪的定义与犯罪的产生之间的因果关系，那么何况几十年后的专业化犯罪研究呢？应该能够，而且更好。

其三，关于概念、范畴与事实。中国的犯罪问题研究由于专业化起步较晚，因此困扰甚或纠缠于一些基本的概念和范畴，不仅是必然，而且也是必要的，否则就会失去统一的标尺和交流、深化的形式与途径。犯罪学理论中

① 白冰编：《鲁迅全集》，甘肃人民出版社1998年版，第653页。

的基本概念和范畴自然必须合于修辞学的基本规律和要求，具有明确而科学的内涵和外延。但是作为思辨方法中演绎的“从概念到概念，从判断到判断的”论证，[①] 是公理也好，假说也罢，都必须是正确的前提才能保证其所得结论的真实与科学。由此看来，在犯罪学的研究中，是否一定能够甚至应当从对犯罪、犯罪原因等一系列基本概念的定义开始本身，便成为一个大大的问题。因为事实上，对犯罪等概念的定义是建立在相当认识基础上的，其中反映人们关于犯罪本质或者实质的见解，甚至透析着某些犯罪原因以及犯罪对策的观点。那么，在主观上以对其定义作为对之进行研究的逻辑起点，是否合于客观事实和逻辑规律呢？我认为，在犯罪学特别是中国犯罪学研究的方法论或者“思想路线”中，不妨采取二元论甚至多元论的尝试，试一下从事实开始也许可行，而这似乎回到了一个比较陈旧的命题：犯罪科学是一门事实学。

对刑罚的研究不仅建立于其自身的规律性之上，而且还有赖于犯罪问题研究方法论上的许多期待甚至要求。因为犯罪的处遇毕竟是建立在对犯罪问题基本认识基础之上的一个东西，必然格外复杂些。比如鲍桑葵在论及“作为惩罚的国家行动”时，曾就“惩罚的目的在于使罪犯变好”的观点讲道：“为了检验一下这种主张本身是否恰当，可能会提出这个问题：‘如果快乐能使罪犯变好，是否该让他获得快乐呢？’”“有一点可能是真的，即残酷的惩罚与其说会制止还不如说会激起人们犯罪的倾向；但不能就此而断言无须把恐怖和罪行联系起来。”[②] 如何把握对犯罪的惩罚实非易事。但是，基于刑罚之于犯罪的事实，至少我们可以思考：

1. 刑罚当真是为犯罪而设置的吗？它是为了制止已然的犯罪还是预防未然的犯罪？如果刑罚为犯罪所必需，那么，犯罪的发生是否又是因于刑罚的缺乏？照此推想又是否会导致刑罚虚无的危险？如果坚持了刑罚的存在，那么，其于犯罪是惩罚、预防还是改造？这样又是否会导致严刑峻罚，或者人人设防、未罪先刑，或者“必然会得出把不可救药的人消灭掉的推论”？[③] 这些危险又如何避免？

2. 刑罚的发展只能按照既定的轨迹前行，还是会或者应当受制于犯罪

---

① 参见储槐植等：《犯罪学》，法律出版社 1997 年版，第 50 页。

② ［英］鲍桑葵：《关于国家的哲学理论》，汪淑钧译，商务印书馆 1996 年版，第 220 页。

③ ［英］鲍桑葵：《关于国家的哲学理论》，汪淑钧译，商务印书馆 1996 年版，第 220 页。

的某种情形？抑或从根本上讲二者就是一回事、是一致的？

3. 刑罚对犯罪的作用过程，以及犯罪对刑罚的反应或者说是反作用，主要体现在刑罚的何种形态？是规范形态、宣告形态，还是实际地实现、实践或者说是现实形态？各个阶段中处于各种形态下的刑罚之于犯罪，是否应当需要一致的原则和精神？这些精神和原则又是些什么？它们之间的错落及选择是否可以确定某种层次和秩序？

论犯罪结局形态*

李昌林**

一、导论

犯罪结局形态是犯罪的预备、未遂、中止和既遂形式的总称。它与共犯形态（共同犯罪）、罪数形态一道被合称为犯罪形态。

理论界对犯罪结局形态的称谓颇多。早期多称为故意犯罪的阶段。后来，随着研究的深入，认识到了犯罪过程、阶段与形态的关系——完整的犯罪过程可以分为若干阶段，在不同阶段可出现不同的犯罪形态，于是改称为故意犯罪过程中的犯罪形态，也有称故意犯罪阶段形态、直接故意犯罪的犯罪形态、犯罪停止形态、犯罪停顿状态。

笔者未使用理论界已有的术语，而使用了犯罪结局形态一词，是因为已有的术语要么不够简洁，要么不够准确，都有不尽如人意之处，犯罪结局形态一词则克服了这一缺陷。我们知道，犯罪的预备、未遂、中止和既遂形态是实际犯罪过程结束后所表现出来的一种犯罪形态，这些犯罪形态与实际犯罪过程的关系是：任何一种犯罪形态出现，实际的犯罪过程即告结束；一个实际犯罪过程只可能有一个犯罪形态。把犯罪的这些形态称为犯罪结局形态，既显得简洁，又可以准确地揭示实际犯罪过程的犯罪形态唯一性特征，

---

* 本文为中国法学会部级法学研究课题资助项目（CLS2012Y37），重庆市教育委员会博士研究生科研创新项目（CYB14071），原载于《法学评论》2000年增刊。

** 西南政法大学法学院教授。

因为犯罪的这些形态是犯罪活动的“结局”。如果把犯罪结局形态称为犯罪过程中的犯罪形态、犯罪阶段形态，就难免使人误解：既然一个犯罪过程可以分为若干阶段，那么是否每个阶段都会有犯罪结局形态、一个犯罪过程可以有多个犯罪形态？可见这种称谓是不准确的。把犯罪结局形态的存在范围界定为故意犯罪或直接故意犯罪，并在术语中标明，不但冗长，也失之准确（详见下文“犯罪结局形态的存在范围”）。称为犯罪停顿状态，虽然简洁，也会有上述犯罪过程中的犯罪形态、犯罪阶段形态等称谓的缺陷。“犯罪停止形态”与“犯罪结局形态”相差无几，但“停止”一词仍不如“结局”一词准确，因为“停止”重在行为，“结局”重在状态。

以犯罪结局形态为研究对象的刑法理论，被称为犯罪结局形态论。它是犯罪形态论的组成部分。犯罪构成论与犯罪形态论是犯罪论的主要内容。

犯罪结局形态论以犯罪构成论为基础，着重解决犯罪的不同结局形态的刑事责任问题。其主要内容包括：（1）犯罪结局形态的基本理论，包括犯罪结局形态的概念、存在范围、区分标准，以及犯罪未完成形态负刑事责任的根据、范围和原则。（2）犯罪结局形态的司法论，主要研究犯罪结局形态的认定和处罚。（3）犯罪结局形态的立法论，主要研究犯罪结局形态的立法体例，探讨如何完善我国犯罪结局形态的立法。

上述犯罪结局形态理论的主要内容中，有些问题理论界已经研究得很深入，并达成了共识；有些问题则尚无人问津，或虽有较多研究但意见纷纭。本文限于篇幅，仅对一些有争议的或者研究不够深入的问题作些探讨，以此求教于方家。

二、犯罪结局形态的基本理论

（一）犯罪结局形态的存在范围

犯罪结局形态可以分为完成形态与未完成形态，前者指犯罪既遂，后者指犯罪预备、未遂和中止。

犯罪结局形态的存在范围，是指哪些犯罪才有犯罪的结局形态。理论界对此问题的认识并未统一，其分歧的焦点在于犯罪完成形态的存在范围是否与犯罪未完成形态的存在范围相一致。如果认为它们的存在范围不一致，那么就可以认为一切犯罪均有完成形态，犯罪未完成形态只存在于部分犯罪之中；如果认为它们的存在范围一致，则只有部分犯罪才有犯罪的结局形态。

笔者认为，犯罪完成形态的存在范围与犯罪未完成形态的存在范围应当是一致的。这可以从以下两个方面得到说明：一方面，从历史的角度来看，人类早期的立法和司法并不区分犯罪的结局形态；只有当立法和司法发展到一定水平，认识到了犯罪未完成形态应负的刑事责任应当有别于犯罪完成形态之后，才产生了区分犯罪结局形态的观念和立法、司法。可以说，犯罪完成形态是与犯罪未完成形态同时产生的，无犯罪未完成形态就无犯罪完成形态。另一方面，从实践的角度来看，对于只有构成与否之分的犯罪，根据犯罪构成理论即可解决其刑事责任问题；认为这种犯罪也有完成形态并在犯罪结局形态理论中加以研究，无多大理论意义与实践价值。只有对于有完成与未完成形态之分的犯罪，才有研究其属于犯罪的何种结局形态之必要。

既然犯罪完成形态的存在范围与犯罪未完成形态的存在范围是一致的，那么解决了犯罪未完成形态的在范围问题，也就解决了犯罪结局形态的存在范围问题。

根据理论界的通说，过失犯罪只有构成与否之分，而无所谓犯罪预备、未遂、中止。由此可知，只有故意犯罪才得谓有犯罪结局形态。故意犯罪可以分为直接故意犯罪与间接故意犯罪。间接故意犯罪有无犯罪未完成形态？这在理论界是有争议的。居通说地位的观点认为，间接故意犯罪无未完成形态，但也有肯定间接故意犯罪有未完成形态的。例如，王礼仁先生认为，当行为人放任特定危害结果但该危害结果因行为人意志以外的原因而未发生时，就应当认为是间接故意犯罪的未遂。他以下列案例来证明自己的观点：甲见邻居之猫常来家中偷吃碗柜中的食物，便投放毒药于碗柜中。甲预见到自己的妻子可能误食而中毒死亡（毒药剂量足以致人死亡），但放任这一结果。结果甲妻误食，因他人及时送往医院抢救而未死。王礼仁先生认为，对甲就应以间接故意杀人未遂论处。① 何秉松教授也认为，把犯罪未完成状态局限于直接故意的范围之内，是缺乏根据的。他指出："虽然从我国刑法的规定看，单纯的间接故意犯罪如果未造成危害结果一般不构成犯罪，因此，在这种情况下不可能有犯罪构成的未完成形态。但是，实际上，在准备犯罪阶段，主体的主观心理态度是直接故意还是同时具有间接故意是不明确的，因为主体尚未着手实行犯罪，不可能有明确的故意内容。对于在这种情况下

---

① 参见王礼仁：《间接故意犯罪未遂的理论价值与实践意义》，载《法学评论》1991年第4期。

的犯罪预备或犯罪中止，我们无法断定主体只具有直接故意的心理状态。在主体着手犯罪后，其心理状态虽然有时候可能是单纯的间接故意，但更多的场合是对某一危害结果间接故意与对另一危害结果的直接故意并存。如果由于主观或客观的原因犯罪未完成，任何一个后果都没有发生，在这种情况下出现的犯罪未遂和犯罪中止也不能把间接故意排除在主观心理态度之外。例如，某甲以杀害其妻的直接故意在妻子吃的饭菜中下毒，适逢其妻之好友某乙来与其妻共进午餐。甲以间接故意的心理态度让某乙一起进餐，某乙与甲妻一道中毒，后经别人送医院抢救才挽救了她们的生命。某甲构成了故意杀人未遂罪（对其妻是直接故意未遂，对某乙是间接故意未遂）。如果某甲把她们送到医院抢救，某甲就是杀人罪（包括直接故意和间接故意）的犯罪中止。"①

笔者认为，在间接故意犯罪有无未完成形态问题上，通说的观点是正确的。这可以从以下两个方面得到说明：

第一，犯罪预备行为只能是直接故意犯罪的非实行行为。刑法规定，犯罪预备行为是为了犯罪而准备工具或制造条件的行为。这里的"为了犯罪"表明行为人在主观上是希望其预备行为能为其实施特定犯罪创造条件的，而不可能对其预备行为持放任的心理态度。如果说因为行为人尚未着手实行犯罪，他就不可能具有明确的故意内容，这就无法区分犯罪预备行为与日常生活中的一般行为，也就无法对犯罪预备行为定罪处罚，因为犯罪预备行为并不是独立的罪名。并且，即使是预备行为人不具备明确的故意内容，也不能据此认为行为人在主观上就可以是间接故意，因为直接故意与间接故意的区别不在于故意的内容是否明确，而在于其意志因素是希望还是放任。可见，认为犯罪预备或犯罪阶段的犯罪中止可以由间接故意构成的观点，是值得商榷的。

第二，犯罪未遂、犯罪实行阶段的中止可否由间接故意构成？这要从间接故意本身谈起。犯罪故意被分为直接故意与间接故意，关键就在于某种危害结果是否是行为人所直接追求的。如果行为人直接追求某危害结果发生，他便对该危害结果具有直接故意；如果行为人直接追求的是一种结果，而放任其行为可能造成的危害结果，他对所放任的危害结果便具有间接故意。可见，间接故意的危害结果是行为人在追求直接结果时附带地产生的结果。

---

① 何秉松：《犯罪构成系统论》，中国法制出版社1995年版，第329页以下。

在间接故意的场合，行为人所追求的直接结果既可以是刑法上的危害结果，也可以是其他危害结果，还可以是合法的结果。

在行为人追求的直接结果是刑法上的危害结果时，如果行为人放任另一刑法上的危害结果，则行为人同时具有直接故意和间接故意。但此时间接故意是附随于直接故意而产生的，它已为直接故意所吸收，并不具有独立的刑法意义。以前述何秉松教授所举案例为例：甲为杀妻而放任乙死，其妻与乙中毒，但被他人救治而未死，因甲只有一个行为，把其行为作为直接故意杀人未遂和间接故意杀人未遂的实行行为，无疑是对行为人的行为做了双重评价，这是有违禁止重复评价原则的。如甲把其妻与乙送到医院救治，此时要说甲放任了乙的死亡就是不合逻辑的。甲在投毒后为防止乙死而放弃其实行行为，对乙的死亡也不具备间接故意的心理态度，而仅成立对其妻的杀人中止。可见，在行为人同时具有直接故意和间接故意的场合，如果要说同时具有直接故意犯罪和间接故意犯罪的未完成形态，就既会违背禁止重复评价原则，又可能与间接故意的本质不符。

在直接结果是合法结果或其他违法结果的情况下，能否说有间接故意犯罪的未完成形态？此时行为人的行为本身并不是刑法上的危害行为，只有当其放任的结果发生之后，其行为的性质才转化为刑法上的危害行为，我们才可据以认定行为人具有间接故意。如果某种刑法上的危害结果并未发生，我们便认定行为人具有间接故意，这会不合理地扩大刑事责任的范围，把合法行为或一般违法行为当成犯罪处理。例如，甲打兽（可能合法，也可能违法），见乙在兽旁，知开枪既可能杀兽也可能杀乙，于是便未开枪。如果此时认定甲有间接故意，并认定为间接故意杀人罪的犯罪中止，这就会不合理扩大刑事责任的范围，因为甲并未放任乙死亡结果的发生，不符合间接故意的特征。如果甲开枪击中兽而未击中乙，也很难说甲就放任了乙死亡的结果的发生，因为此时不存在认定间接故意的事实根据。即便是在甲开枪击中乙而未击中兽的场合，只要乙未死（枪击不足以致死；甲或他人救乙而使其未死），也不能认定为间接故意杀人或中止。这一方面是因为甲开枪并不一定就只能造成死亡的结果，也可能是造成伤害的结果，甚至可能不会造成任何危害结果，仅凭开枪的事实就认定行为人放任的是他人死亡的结果，无法律依据和事实依据；另一方面是因为甲若救乙，显然他就没有放任乙死亡的间接故意，乙若因他人的抢救而未死，也不能说甲放任了乙死亡，同样不能认定甲有杀人的间接故意。

综上，犯罪未遂和犯罪实行阶段的犯罪中止也不能由间接故意构成。

在排除了过失犯罪和间接故意犯罪有犯罪未完成形态之后，我们就可以说只有直接故意犯罪才有犯罪未完成形态了。

是否所有直接故意犯罪都有犯罪未完成形态呢？我国刑法对犯罪未完成形态负刑事责任的范围并无明文规定，似乎可以说一切直接故意犯罪均得谓有未完成形态。但是，结合《刑法》第 13 条“但书”的规定，下列故意犯罪即使有未完成形态，要把其未完成形态作为犯罪处理也是不合适的：（1）只有一个量刑幅度，而其最高法定主刑为 5 年以下有期徒刑的犯罪；（2）有两个以上量刑幅度，而其最轻的量刑幅度中最高法定主刑为 5 年以下有期徒刑的犯罪中，最轻的量刑幅度的犯罪构成。因此，可以说犯罪未完成形态只存在于部分直接故意犯罪之中（理由详见下文“犯罪未完成形态的刑事责任”）。“部分直接故意犯罪”一词的含义并不十分明确，这也是笔者未在犯罪结局形态一词前加上任何限制词的原因。

（二）犯罪结局形态的区分标准

在司法实践中，总是在肯定了某种行为已构成犯罪之后，再来时论犯罪属于何种结局形态。可见，犯罪结局形态的区分标准，就是指同一犯罪的不同结局形态相区别的标志。我们讨论的既然是犯罪问题，当然就应当从犯罪构成要件上来看各种犯罪结局形态的不同之处。

从犯罪构成要件看，同一犯罪的不同结局形态在主体、主观方面、客体三要件上都是相同的，不然它们就不能被称为是同一犯罪的不同结局形态。它们的不同之处仅在于犯罪构成客观方面要件要素上：犯罪预备形态只有预备行为，无实行行为的原因是出现了行为人意志以外的情况；犯罪中止形态既可能是只有预备行为，也可能是有实行行为，但行为人自动放弃犯罪或自动有效地防止犯罪结果的发生才能构成；犯罪未遂形态须有实行行为，但因行为人意志以外的原因犯罪未得逞；犯罪既遂形态则不但要有实行行为，还要以犯罪得逞为要件。可见，研究犯罪结局形态的区分标准，主要应研究以下三个问题：一是何谓预备行为和实行行为，二是何谓意志以内、意志以外的原因，三是何谓“得逞”。

犯罪预备行为是为了犯罪而准备工具、制造条件的行为。它是由刑法总则规定的危害行为，而不得是刑法分则规定的具体犯罪的实行行为。如果准备工具、制造条件的行为是刑法分则规定的具体犯罪的实行行为，就不得被认定为犯罪预备行为。明白预备行为与实行行为的这一形式上的区别，不但有助于正确区分犯罪结局形态，对于停止理论界对所谓犯罪预备与犯罪既遂的竞合的争论，也具有十分重要的意义。

理论界有一种观点认为，如果甲罪的预备行为与乙罪的既遂相当，这就是犯罪预备形态与犯罪既遂形态的竞合。为杀人（或抢劫）而盗枪，就存在故意杀人罪（抢劫罪）的预备形态与盗窃枪支罪的既遂形态的竞合的问题。这种情况应该如何处理？理论界的观点大致有五种：有的主张按甲罪之预备与乙罪的既遂实行数罪并罚，[①] 有的主张以甲罪的预备犯论处，[②] 有的主张应按牵连犯从一重罪处断，[③] 有的认为应按想象竞合犯从一重罪处断，[④] 有的认为如果仅有一行为，则应按想象竞合犯处理，如果行为人着手实行了甲罪，则应按牵连犯处理。[⑤] 如果我们认识到了预备行为与实行行为的上述区别，就会发现：如果仅有乙罪的实行行为，就应按乙罪论处，而不存在与甲罪竞合、牵连、并罚的可能性；如果乙罪在客观上成为实施甲罪的条件，即甲罪的实施以乙罪的既遂为前提，则要根据甲罪、乙罪之间有无牵连关系来确定是按牵连犯处理还是实行数罪并罚。可见，所谓犯罪形态的竞合的提法是不正确的。

犯罪实行行为从其形式上看，是由刑法分则性条文规定的危害行为；从其实质来看，则是实现犯罪故意内容的危害行为。有无实行行为，是犯罪预备和犯罪预备阶段的犯罪中止与犯罪未遂、犯罪实行阶段的犯罪中止、犯罪既遂相区别的标志，无实行行为的原因何在则是犯罪预备和犯罪预备阶段的犯罪中止相区别的标志；有犯罪实行行为，犯罪故意的内容是否实现就是犯罪未遂、犯罪实行阶段的犯罪中止与犯罪既遂相区别的标志，故意的内容未实现的原因何在则是犯罪未遂与犯罪实行阶段的犯罪中止相区别的标志。

综上所述，我们认为，犯罪结局形态的区分标准有二：从犯罪构成主观方面要件讲，是看犯罪故意的内容是否实现，以及未实现的原因何在；从犯罪构成客观方面讲，则是看有无实行行为，以及实行行为对故意的内容的实现程度。这是一种主客观相统一的区分标准。

---

① 参见［苏联］别利亚耶夫、科瓦廖夫主编：《苏维埃刑法总论》，马改秀、张广贤译，群众出版社 1983 年版，第 208 页。

② 参见张尚鹜：《中华人民共和国刑法概论（总则部分）》，法律出版社 1983 年版，第 163 页。

③ 参见杨春洗等：《刑法总论》，北京大学出版社 1981 年版，第 184 页。

④ 参见鲍遂献：《试论故意犯罪形态的竞合》，载《法律科学》1989 年第 6 期。

⑤ 参见马克昌：《论预备犯》，载马克昌：《刑法理论探索》，法律出版社 1992 年版。

理论界对如何区分犯罪既遂与犯罪未遂是有争议的。犯罪未遂的法定概念是:“已经着手实行犯罪，由于犯罪分子意志以外的原因而未得逞的，是犯罪未遂。”刑法对犯罪既遂的定义则未作规定。一般认为，犯罪是否得逞就是区分犯罪既遂与犯罪未遂的标志。但对于何谓犯罪得逞，则存在着不同观点。一种观点认为，法定的犯罪结果是否发生，是判断得逞与否的标志。这种观点被称为结果说。另一种观点认为，犯罪目的是否实现，即预期的犯罪结果是否发生，是得逞与否的标志。这种观点被称为目的说。第三种观点认为，是否齐备刑法分则规定的具体犯罪的构成要件是犯罪得逞与否的标志。这种观点被称为构成要件说，它是目前我国刑法理论界的通说。

近年来，构成要件说的通说地位也有了一些动摇。学者们纷纷撰文或在其专著中指出构成要件说的缺陷，论证目的说的合理性。概括起来说，构成要件说的缺陷表现为以下几个方面：（1）违背语词本身的含义。既遂的“既”是“已经”，“遂”是“如愿”，即已经达到犯罪目的。既遂也可以解释为“得逞”，而“得逞”的含义也是“坏主意实现”或“达到了某种目的”。故犯罪的完成指的是在具备犯罪构成的基础上是否把犯罪进行到底，而不是指犯罪构成的完成与否。以是否完成犯罪构成要件作为既遂、未遂的标志违背了既遂、未遂的语词含义。（2）混淆犯罪构成与犯罪既遂。犯罪结局形态都是齐备犯罪构成要件的。如果说犯罪既遂是齐备犯罪构成要件的犯罪形态，其他结局形态多不齐备犯罪构成要件，这无异是说只有犯罪既遂才构成犯罪，犯罪未遂、中止都不是犯罪。可见构成要件说违背了我国犯罪构成的基本理论。（3）前提不真实。构成要件说以既遂模式说为前提。既遂模式说认为，刑法分则的一切犯罪都是以既遂为模式来规定的。而我们知道，刑法分则规定的犯罪包括过失犯罪和故意犯罪。根据构成要件说，过失犯罪和间接故意犯罪也有既遂，这显然是不正确的。（4）理由不充分。持构成要件说的学者们认为其他观点都不能涵盖所有的既遂犯罪，因而是不正确的。这实际上是说刑法分则定的一切犯罪都是既遂形态，其他观点都不能涵盖这些既遂犯罪。在没有论证自己的前提正确的情况下，用简单否定他人的观点的方法来证明自己正确，难以让人信服。（5）给司法实践带来混乱。我国刑法分则规定的犯罪，并非是以既遂为模式来规定的。首先，过失犯罪与间接故意犯罪不存在所谓既遂、未遂问题。其次，危害公共安全罪中的“危险犯”，实际上是“实害犯”的未遂或中止形态，“实害犯”才是这些犯罪的既遂形态。最后，有些犯罪只以构成犯罪的要件作出规定，而未对犯罪的各种结局形态作出区别规定，即这些犯罪实际上包含了犯罪的各种形态，如故意杀人罪。根据构成要件说，危害公共安全罪中，未发生严重后果的是既遂，发生了严重后果的也是既遂，这就会出现同一犯罪有不同的既遂标准的情形；故意杀人罪中，无被害人是否死亡，都为犯罪既遂，这就会出现同一犯罪有不同的既遂标准的情形。这就会导致实践中本为未遂、中止的行为被当作既遂处理。

目的说的合理性在于：其一，它符合语言的本来含义，符合法律解释规则。其二，可以避免构成要件说与犯罪构成理论相抵触的缺陷。其三，正确地揭示了犯罪主客观要件的联系——预期的结果是行为人的犯罪目的的指向，在犯罪目的的支配下实行行为对犯罪目的实现——因而可以为司法实践认定犯罪既遂提供指南。其四，持目的说的学者们强调，作为既遂标志的“犯罪目的”，是直接故意的意志因素，而非超越故意的特定目的。这就回答了为什么某些犯罪其特定目的未实现仍可认定为犯罪既遂。①

笔者基本上赞成目的说。除了各位学者的上述理由之外，我们还可以另外一个角度论证目的说的合理性。我们知道，直接故意犯罪的行为人在主观上是希望某种危害结果发生的。这种希望态度，即为直接故意犯罪的意志因素，或称犯罪目的，它体现的是直接故意的内容。直接故意犯罪的实行行为是在主观上的直接故意支配下，去实现直接故意的内容的行为。犯罪要被称为既遂，当然应是主观与客观的一致。仅有主观上的希望态度，而无这种态度实现的事实，仅凭常理就难说行为人已经“遂愿”。可见，从直接故意和实行行为的本质上讲，犯罪既遂都只能解释为直接故意的内容已通过实行行为实现的犯罪结局形态。

细心的读者会发现，我们在论述犯罪既遂的标准时，使用的措辞与目的说是有区别的。目的说以犯罪目的的实现为既遂的标志，我们则以犯罪故意

---

① 参见陈彦海、张伯仁：《犯罪既遂定义浅谈》，载《西北政法学院学报》1988年第4期；张明楷：《再探犯罪未遂的特征》，载《中南政法学院学报》1989年第4期；刘之雄：《论犯罪既遂与未遂的区分标准》，载《法学评论》1989年第3期；张晓陵：《论“犯罪既遂的概念”》，载《法学论丛》1989年第4期；刘明祥：《我国刑法规定的犯罪并非已既遂为模式》，载《中南政法学院学报》1990年第4期；段立文：《“犯罪未得逞”含义辨析》，载《法学评论》1991年第3期；黄石勇：《关于犯罪既遂与未遂若干问题的探讨》，载《法学天地》1995年第6期；李居全：《关于犯罪既遂与未遂的探讨》，载《法商研究》1997年第1期；侯国云：《对传统既遂定义的异议》，载《法律科学》1997年第3期；刘艳红：《再论犯罪既遂与未遂》，载《中央政法管理干部学院学报》1998年第1期；张明楷：《未遂犯论》，法律出版社、成文堂1997年版，第5页以下。

的内容的实现为既遂的标志。这两者在实质上并无区别，但我们认为后者更为准确，它可以避免对目的犯之既遂的认定标准可能引起的误解；目的犯除犯罪目的外，还要特定目的，特定目的是否实现与犯罪是否既遂无关。但由于特定目的往往被误认为是犯罪目的，这也是构成要件说据以否定目的说的理由之一，所以我们在既遂的标准中避免使用“目的”字样。

犯罪既遂是犯罪故意的内容已经实现的犯罪结局形态。从这个意义上讲，犯罪预备、未遂、中止形态都是犯罪未得逞，即未把犯罪进行到底，未完成犯罪。这也是我们把犯罪预备、未遂、中止形态称为犯罪未完成形态的原因。

犯罪故意的内容只有通过犯罪实行行为才能实现。但是否一定要实行行为终了才能实现犯罪故意的内容呢？答案是否定的。“实行行为的终了”可以有两种解释：一是把它理解为客观的事实，二是把它理解为行为人设想的实行行为是否实行完毕。如果把实行行为终了理解为客观的事实，则犯罪未遂、中止（实行中止）、既遂都是实行行为停止（无论是自愿的还是被迫的）后表现出来的结局形态。如果把实行行为终了理解为行为人设想的实行行为是否实行完毕，则在实行行为不足（即不能犯）的情况下，实行行为也只能构成犯罪未遂，在实行行为过剩（如开枪杀人，一枪已杀死，误以为未死，继续射击）的情况下，未实行终了也已构成犯罪既遂。可见，无论对实行行为终了采取何种解释，都不能把它与犯罪既遂等同。

犯罪故意的内容的实现与犯罪结果的关系是什么？持目的说的学者们普遍认为，预期的犯罪结果的实现就是犯罪目的的实现。把犯罪结果理解为故意犯罪定义中的“危害社会的结果”，这种认识当然是正确的。但如果从狭义上来理解犯罪结果，即犯罪结果仅指物质性结果，要说犯罪故意的内容的实现是预期的犯罪结果发生，就只有把犯罪结局形态的存在范围界定为直接故意的结果犯，不然就无法解释行为犯的既遂问题。

有无实行行为，或有实行行为而未实现犯罪故意的内容是意志以内的原因还是意志以外的原因，是犯罪未完成形态相区别的标志。意志以内、意志以外的原因都包括主客观原因，都要作用于行为人，但其效果不同。意志以内的原因作用于行为人，使本可实现其犯罪故意的内容的行为人放弃其犯罪故意的内容的实现，因而成立犯罪中止。意志以外的原因作用于行为人，使行为人在客观上不能实现其犯罪故意的内容，因而成立犯罪预备或犯罪未遂。是主观上不愿还是客观上不能，就是区分意志以内、以外原因的主要标志。

三、犯罪结局形态的认定

（一）犯罪结局形态的认定与犯罪分类

1. “犯罪既遂的类型”评析

前述犯罪结局形态的认定标准，显得过于抽象。我国学者为了研究具体犯罪的结局形态的认定问题，创造了“犯罪既遂的类型（或形态）”一词。据笔者的不完全统计，在我国刑法学界，对犯罪既遂的类型至少存在着如下四类十三种分类法：

（1）二分法。

第一种二分法：将犯罪既遂的形态分为一般形态与特殊形态。前者包括行为犯、结果犯（实害犯）、危险犯、阴谋犯；后者包括结果加重犯、情节加重犯。这种观点为徐逸仁教授所倡导。[①]

第二种二分法：将犯罪既遂的形态分为基本形态与特殊形态。基本形态包括结果犯既遂（实害犯既遂）、举动犯既遂（即时犯既遂）、行为犯既遂、危险犯既遂；特殊形态指结果加重犯既遂。这种分类法见于叶高峰主编的《故意犯罪过程中的犯罪形态论》一书。[②]

（2）三分法。

第一种三分法：将犯罪既遂的形态分为行为犯、结果犯、危险犯三种。何秉松、林准、邓又天、苏惠渔等教授主编的某些刑法教材即持这种观点。[③]

第二种三分法：将犯罪既遂的形态分为行为犯、结果犯、结果加重犯三种。这种观点主要为高铭暄教授所主张。[④]

第三种三分法：将犯罪既遂的形态分为三种对比形态。一是行为犯与结

---

① 参见徐逸仁：《故意犯罪阶段形态论》，复旦大学出版社 1992 年版，第 215 页以下。

② 参见叶高峰主编：《故意犯罪过程中的犯罪形态论》，河南大学出版社 1989 年版，第 31 页以下。

③ 参见何秉松主编：《刑法学》，法律出版社 1987 年版，第 119 页；林准主编：《中国刑法教程》，人民法院出版社 1989 年版，第 105 页以下；邓又天主编：《中国刑法总论》，四川人民出版社 1990 年版，第 163 页以下；苏惠渔主编：《刑法学》，中国政法大学出版社 1994 年版，第 211 页以下。

④ 参见高铭暄主编：《刑法学教学大纲》，中国人民大学出版社 1985 年版，第 42 页；高铭暄：《刑法总则要义》，天津人民出版社 1988 年版，第 166 页以下。

果犯，二是危险犯与实害犯，三是结果加重犯与情节加重犯。这种分法见于高铭暄教授主编的《中国刑法学》一书。[①]

第四种三分法：将犯罪既遂的形态分为基本罪的完成形态、重罪的完成形态、轻罪的完成形态三类。其中，基本罪的完成形态包括阴谋犯、举动犯、行为犯、危险犯、结果犯、实害犯、数额犯、情节犯八种；重罪的完成形态包括主体加重犯、对象加重犯、手段（方法）加重犯、结果加重犯、时间加重犯、后果加重犯、数额加重犯、情节加重犯八种；轻罪的完成形态包括主体减轻犯、情节减轻犯、过失减轻犯三种。这种分类法是目前最为详尽、最为复杂的一种。它为陈小清先生所提倡。[②]

（3）四分法。

第一种四分法：将犯罪既遂的类型分为结果犯、行为犯、危险犯、举动犯四种。[③]

第二种四分法：将犯罪既遂的类型分为阴谋犯、行为犯（含举动犯）、危险犯、结果犯四种。这种分法主要见于王作富教授主编的《中国刑法适用》、何秉松教授主编的《刑法教科书》等书。[④]

第三种四分法：将犯罪既遂的类型分为行为犯、危险犯、结果犯、结果加重犯四种。这种分类法主要见于高铭暄教授主编的《刑法学》（自考教材）等书。[⑤]

第四种四分法：将犯罪既遂的类型分为行为犯、危险犯、结构犯、实害犯四种。这种分类法主要见于周道鸾教授主编的《中国刑法》等书。[⑥]

---

① 参见高铭暄主编：《中国刑法学》，中国人民大学出版社1989年版，第169页以下。

② 参见陈小清：《论犯罪的完成形态》，载《中南政法学院学报》1989年第4期；赵廷光主编（陈小清参编）：《中国刑法原理》（总论卷），武汉大学出版社1992年版，第413页以下。

③ 参见《论犯罪既遂的概念和类型》，载《法学学刊》1990年第4期；吴振兴等主编：《刑法学通论》，高等教育出版社1993年版，第189页以下；高铭暄主编：《刑法学》，中央广播电视大学出版社1993年版，236页以下；高铭暄主编：《刑法学原理》（第二卷），中国人民大学出版社1993年版，第296页以下。

④ 参见王作富主编：《中国刑法适用》，中国人民公安大学出版社1987年版，第150页；何秉松主编：《刑法学教科书》，中国法制出版社1994年版，第268页以下。

⑤ 参见高铭暄主编：《刑法学》，北京大学出版社1989年版，第202页以下；梁华仁主编：《中国刑法教学大纲》，中国政法大学出版社1991年版，第30页。

⑥ 参见周道鸾主编：《中国刑法》，中国政法大学出版社1991年版，第123页。

（4）五分法。

第一种五分法：将犯罪既遂的类型分为行为犯、结果犯、结果加重犯、危险犯、实害犯五种。这种分类法主要为梁世伟教授所倡导。[①]

第二种五分法：将犯罪既遂的类型分为结果犯、结果加重犯、举动犯、行为犯、危险犯五种。这种分类法见于马克昌教授主编的《犯罪通论》等书。[②]

第三种五分法：将犯罪既遂的类型分为阴谋犯、行为犯、危险状态犯、结果犯（实害犯）和情节犯五种。这种观点主要为姜伟博士所倡导。[③]

笔者在这里不厌其烦地罗列理论界关于犯罪既遂的类型的各种观点，并非要赞成其中某一种观点，而仅欲表明理论界对此问题的混乱程度。实际上，“犯罪既遂的类型（或形态）”的提法本身就是不科学的，根据这种提法来研究犯罪结局形态的认定，当然不能得出正确的结论。

我国学者所谓犯罪既遂的类型，在其他国家和地区的刑法理论界都是在犯罪分类专题中加以研究的。行为犯、危险犯、结果犯等都是犯罪分类概念。其中，行为犯（举动犯）是与结果犯相对的概念，它是根据犯罪构成客观方面要件是否以结果为要素而对犯罪作的分类；危险犯则相对于实害犯而言，是根据法益受侵害的程度而对结果犯作的分类。即成犯（即时犯）、继续犯（持续犯）、状态犯也是根据危害行为与危害结果之间的时间关系而对结果犯作的分类，它们都是结果犯。如果将行为犯、结果犯、危险犯、实害犯等概念作为平行的概念来使用，或者把举动犯等同于即时犯，这就难免让人不知所云了。因此，笔者没有使用犯罪既遂的类型的提法，而恢复了行为犯、结果犯等作为犯罪分类概念的本来面目，并在此基础上研究其结局形态的认定。限于篇幅，在下文中，笔者将分别对目的犯、共同犯、行为犯和结果犯的犯罪结局形态的认定问题作些探讨。

2. 目的犯的结局形态的认定

目的犯是以特定目的为主观方面要件要素的直接故意犯罪。目的犯之特定目的的功能有二：一是区分罪与非罪，二是区分重罪与轻罪（包括轻重

① 参见梁世伟：《刑法学教程》，南京大学出版社1987年版，第160页以下；梁世伟：《试论犯罪既遂》，载《政法学刊》1989年第4期。

② 参见马克昌主编：《犯罪通论》，武汉大学出版社1991年版，第469页以下。

③ 参见姜伟：《犯罪形态通论》，法律出版社1994年版，第112页以下。

不同的此罪与彼罪)。前种功能的目的犯被称为纯正目的犯，后种功能的目的犯被称为不纯正目的犯。不纯正目的犯的目的在我国刑法中多包含在“情节”一词中。纯正目的犯在立法上则多用“以……为目的”“意图……”“为了……”来表示（有个别不纯正目的犯也采用上述立法表述）。

目的犯之“目的”与作为犯罪故意之内容的“犯罪目的”是有区别的。作为犯罪故意之内容的犯罪目的，是行为人对其行为之危害结果的希望态度。目的犯之特定目的则可以分为两种：一是对行为的目的。这种目的通过犯罪构成要件的实行行为并不能达到，尚需新的行为才能达到。如走私淫秽物品罪的“牟利或者传播”目的仅有走私行为就不能达到，还要有出卖、出租、传播等行为才能达到。这种目的犯在理论上被称为缩短的二行为犯。二是对行为的结果的目的。这种目的通过实行行为一般可以达到。如倒卖文物罪之“牟利”目的，一般就可以通过倒卖行为达到，不需要再实行新的行为。这种目的犯在理论上被称为断绝的结果犯。可见，特定目的与犯罪目的之区别在于：第一，前者是独立于直接故意之外的犯罪构成主观方面要件要素；后者是直接故意的内容，不能脱离直接故意而存在。第二，特定目的是行为人满足自我愿望的内心期冀；犯罪目的则是行为人危害社会的愿望。我国学者往往在犯罪目的专题内论述目的犯之特定目的，因而难以得出正确的结论。

如前所述，犯罪故意的内容是否实现是判断犯罪既遂与否的标志。犯罪故意的内容实际上就是犯罪目的。因此，我们可以说犯罪目的是否实现就是犯罪既遂与否的标志。特定目的是独立于犯罪故意的犯罪构成主观方面要件要素，它不具备区分犯罪结局形态的功能。目的犯之既遂、未遂仍要以犯罪目的是否实现为标准，而不能以特定目的是否实现为准。

3. 行为犯和结果犯的结局形态的认定

行为犯在客观方面不具备结果要素，只要具有实行行为即为犯罪既遂。在我国刑法理论界，有一种比较流行的观点，即认为行为犯（举动犯）是一着手即为既遂的犯罪。[①] 这种观点把实行行为的着手与犯罪既遂等同起

① 参见《犯罪未遂的理论与实践》，中国人民大学出版社1987年版，第102页；陈小清：《论犯罪的完成形态》，载《中南政法学院学报》1989年第4期；叶高峰主编：《故意犯罪过程中的犯罪形态论》，河南大学出版社1989年版，第32页以下；《论犯罪既遂的概念和类型》，载《法学学刊》1990年第4期；马克昌主编：《犯罪通论》，武汉大学出版社1991年版，第472页以下；吴振兴等主编：《刑法学通论》，高等教育出版社1993年版，第189页以下。

来，并不能为实践中认定行为犯的结局形态提供多少依据；它在理论上也有一些不能自圆其说之处，因为犯罪着手毕竟是一个时间点，是犯罪实行行为开始的标志，而不是一种结局。行为犯的既遂，仍要以犯罪故意的内容是否实现为标准。

结果犯既包括故意犯罪，也包括过失犯罪。间接故意的结果犯和过失的结果犯（过失犯罪都是结果犯）都没有犯罪结局形态。直接故意的结果犯之既遂，要以法定的犯罪结果是否发生为准，因为行为人的故意的内容就是要造成危害社会的结果，法定的犯罪结果正是其犯罪故意的内容。

结果犯的结局形态的认定标准，一般较易把握。在理论界和实践中争议较大的，是状态犯的行为人在造成不法状态之后，又采取返还原物、恢复原状、赔偿损失等方式，使不法状态得以消除的，应当如何认定其结局形态的问题。例如，盗窃行为人在窃得财物之后，持有了盗得的财物，但出于悔悟、害怕等原因，而在案发前自动将原物返还给失主或者向其赔偿损失，从而消除了其所造成的不法状态。理论界有的把它称为自动挽回，有的把它称为恢复原状。① 我们认为把它称为自动消除不法状态或许更为准确。

对自动消除不法状态的行为应当如何处理，理论界有不同意见。有的认为应当参照中止犯处理，② 有的认为可以参照中止犯处理，③ 有的认为不能参照中止犯处理，④ 有的认为应当参照犯罪既遂处理。⑤ 在立法上，我国刑法虽未在总则中对此作出专门规定，却在分则（第383条第1款第3项）中规定："个人贪污数额在五千元以上不满一万元，犯罪后有悔改表现、积极退赃的，可以减轻处罚或者免予刑事处罚，由其所在单位或者上级主管机关给予行政处分。"最高人民法院1997年11月4日通过的《关于审理盗窃案

---

① 参见罗平：《关于犯罪的预备、未遂和中止》，载《辽宁大学学报（社科版）》1979年第5期；李光灿主编：《中华人民共和国刑法论》（上），吉林人民出版社1984年版，第280页；叶高峰主编：《故意犯罪过程中的犯罪形态论》，河南大学出版社1989年版，第242页；徐逸仁：《故意犯罪阶段形态论》，复旦大学出版社1992年版，第185页。

② 参见罗平：《关于犯罪的预备、未遂和中止》，载《辽宁大学学报（社科版）》1979年第5期；李光灿主编：《中华人民共和国刑法论》（上），吉林人民出版社1984年版，第280页；

③ 参见徐逸仁：《故意犯罪阶段形态论》，复旦大学出版社1992年版，第186页；《全国刑法硕士论文荟萃（1981—1988届）》，中国人民公安大学出版社1989年版，第339页。

④ 参见《全国刑法硕士论文荟萃（1981—1988届）》，中国人民公安大学出版社1989年版，第337页；姜伟：《犯罪形态通论》，法律出版社1994年版，第183页以下。

⑤ 参见马克昌等主编：《刑法学全书》，上海科学技术文献出版社1993年版，第129页。

件具体应用法律若干问题的解释》第6条第2项也规定，盗窃公私财物虽以达到“数额较大”的起点，但情节轻微，并且全部退赃、退赔的，可以不作为犯罪处理。从上述立法和司法解释的规定来看，立法机关和最高司法机关均未明确规定对自动消除不法状态的行为可以作为犯罪中止处理，但却都认为这种行为有别于一般犯罪既遂的情形，因此有条件地给予了从宽处理。自动消除不法状态的行为，既消除了犯罪的客观危害，同时也表明行为人的主观恶性降低，无论是从主观恶性还是从客观危害上看，都与犯罪中止无异。虽就一般观念而言，由于状态犯是结果犯，犯罪结果一产生，犯罪即告既遂，根据前述犯罪过程的犯罪形态唯一性原则，自无出现犯罪中止之可能，但如果简单地把它当成犯罪既遂处理，不考虑行为人的主观恶性已经降低和犯罪的客观危害已经消除的事实，有违罪刑相适应原则。同时，前述立法和司法解释的适用范围有较大的局限，为了切实贯彻罪刑相适应原则，对于立法和司法解释未作规定的自动消除不法状态的行为，应当适用《刑法》第63条第2款[①]的规定，对于犯罪较轻的，还可以适用《刑法》第37条[②]的规定。当然，这仅是笔者个人的意见。为了确保司法实践中都按上述意见办理，建议有关机关对此作出明文规定。

4. 共同犯罪的结局形态的认定

共同犯罪得分为简单共同犯罪与复杂共同犯罪。下面分述其结局形态的认定。

(1) 简单共同犯罪的结局形态的认定。

基于共同犯罪整体性理论，一般认为简单共同犯罪只要有一人的行为既遂，则全体共同犯罪人均应负既遂之责。这在通常情况下是正确的，但也有例外。

第一，简单共同犯罪中，有的实行了犯罪并达既遂，有的只参与了共谋而未着手犯罪实行行为。未着手实行行为者该负何种责任？如果行为人切断了自己的共谋行为与实行行为的因果关系，他就应负犯罪预备或犯罪中止之责（此时的共同犯罪行为仅限于共谋）；否则他就仍应负犯罪既遂之责。

---

① 1999年《刑法》第63条第2款规定：“犯罪分子虽然不具有本法规定的减轻处罚情节，但是根据案件的特殊情况，经最高人民法院核准，也可以在法定刑以下判处刑罚。”

② 1999年《刑法》第37条规定：“对于犯罪情节轻微不需要判处刑罚的，可以免予刑事处罚，但是可以根据案件的不同情况，予以训诫或者责令具结悔过、赔礼道歉、赔偿损失，或者由主管部门予以行政处罚或者行政处分。”

第二，各共同犯罪人均已着手犯罪的实行行为，且实行行为终了并发生了法定的结果，但分别地看，各共犯的行为有的未达既遂或全体共犯的行为均未达既遂，应如何处理？以故意杀人罪为例，甲、乙共谋杀丙，且均实施了杀人行为，致丙死亡。法医检验结果表明，甲或乙的行为分别地看均不足以致丙死亡。这种情况下，根据共同犯罪的整体性理论，甲、乙仍应负犯罪既遂之责，因为其共同的实行行为使他们的犯罪故意的内容得到了实现。

第三，在强奸罪、脱逃罪等所谓亲手犯的场合，有的着手了犯罪实行行为并达既遂；有的未着手犯罪实行行为，或虽已着手但中止了犯罪实行行为，或因行为人意志以外的原因犯罪未得逞。后者应否负犯罪既遂之责？实践中一般都没有以既遂论。在理论界则有不同认识，有的认为应当以既遂论，有的认为不应当以既遂论，但均未见有人作令人信服的论证。把故意的内容的实现作为犯罪既遂的标准，这一问题就迎刃而解了。亲手犯与一般简单共同犯罪的区别在于：一般简单共同犯罪中，各行为人的故意的内容结合在一起，形成一个密不可分的犯罪故意；而在亲手犯的场合，各行为人不但有与他人共同实行犯罪的故意，还要有亲自实行犯罪的故意，这是它与一般简单共同犯罪相区别的关键。因此，在亲手犯的场合，应当以各实行犯的犯罪故意的内容是否实现，来认定其行为属于犯罪的何种结局形态。

（2）复杂共同犯罪的结局形态的认定。

复杂共同犯罪的结局形态的认定，依赖于实行犯的实行行为的结局形态。具体说来：

第一，组织犯的结局形态的认定。实行犯既遂，组织犯即为既遂。如果犯罪集团未组织起来，或者虽组织了犯罪集团（就组织行为而言已为既遂，但这仅限于组织、领导、参加犯罪集团的犯罪），但实行犯的行为未达既遂（包括预备、未遂、中止，下同），则组织犯应负犯罪未遂之责。实行犯的行为虽已达既遂，但组织犯已切断了与实行犯的犯意联系的（即组织犯解散了犯罪组织，并阻止原有成员去实施预谋的犯罪；如原有成员已着手实行预谋的犯罪，组织犯还应阻止其继续实行犯罪并有效地防止犯罪结果的发生），组织犯就不应负犯罪既遂之责，而应负犯罪中止之责。

第二，教唆犯的结局形态的认定。被教唆的人接受教唆并着手犯罪实行行为而达既遂的，教唆犯既遂；被教唆的人未接受教唆或接受教唆但其行为未达既遂的，教唆犯未遂；如果被教唆的人实行犯罪而未达既遂是由于教唆犯的劝说、阻止，则教唆犯应负犯罪中止之责。

第三，帮助犯的结局形态的认定。实行犯接受了帮助并达既遂的，帮助犯既遂；实行犯未接受帮助或接受帮助而未达既遂的，帮助犯未遂；帮助犯撤回帮助使实行犯不能利用其帮助的，即使实行犯既遂，帮助犯也只应负犯罪中止之责。

（二）犯罪结局形态的认定与刑法上的错误

刑法上的错误可以分为认识错误与行为差误两种。下面分述其对犯罪结局形态的认定的影响。

1. 认识错误与犯罪结局形态的认定

认识错误包括法律认识错误与事实认识错误。

法律认识错误可能影响罪过形式。对于虽有法律认识错误但应认定为故意犯罪的犯罪而言，仍应按前述犯罪既遂的认定标准来认定犯罪是否既遂。

事实认识错误包括对象错误、客体错误、工具（手段、方法）错误、因果关系错误。

对象错误，是指行为人对其行为所作用的具体物或人的歪曲反映，仅限于对同一客体的不同对象之间的误解。如白糖与面粉均为财物，行为人把白糖误认为面粉而偷走，就属于对象错误。对象错误属于非构成要件错误，对犯罪结局形态的认定不产生影响。

客体错误，是指行为人对其行为所侵害的客体的歪曲反映，包括误无客体为有客体、误有客体为无客体、误此客体为彼客体。把兽当成人而加以杀害，即为误无为有；把人当成兽而射杀即为误有为无；把正在使用中的通信线路当成废弃的电线而偷割，即为误此为彼。在误无为有的情况下，行为人有故意，但其故意的内容不可能实现，故只应负犯罪未遂之责；在误有为无的情况下，可以排除行为人有故意的心理，故不产生犯罪结局形态的认定问题；在误此为彼的情况下，一行为触犯数罪名，应当根据想象竞合犯的处断原则，从一重罪处断，并应根据罪的故意的内容是否实现来认定其犯罪的结局形态。误此为彼与对象错误很易混淆，应注意区别。

工具错误，是指行为人对所使用的工具（方法、手段）能否造成危害社会的结果的歪曲反映，包括误能为不能和误不能为能。前者如误把砒霜当成白糖用来招待客人；后者如误把白糖当成砒霜而用来杀人。误能为不能，可以排除行为人的故意心理，不生犯罪结局形态的认定问题；误不能为能，属于工具不能犯，行为人应负犯未遂之责。

因果关系错误是行为人对其行为与结果之间的因果关系的歪曲反映，它包括三种：

一是因果内容错误，即行为人对其行为将造成两种结果的歪曲反映，包括误重为轻或误轻为重。前者如行为足以致人死亡却误认为只能致人重伤；后者如只能致人伤害却误认为足以致人死亡。前者一般为结果加重犯，后者为犯罪未遂。

二是因果有无的错误，即行为人对其行为与已生结果之间有无因果关系的歪曲反映，包括误无为有和误有为无。前者如甲击乙一拳，乙倒地死亡，但其死亡原因却系心脏病突然发作，而甲认为乙是其打死的；后者如甲击乙一拳，致其脾脏破裂而死，甲却误认为其行为不足以致人死亡。对于因果有无的错误，应以行为与结果之间实际上有无因果关系，结合行为人的罪过形式，来确定行为人应负的刑事责任。如果行为人在主观方面是直接故意，并且行为与结果之间有因果关系，无论行为人的主观认识如何，均应负犯罪既遂之责；如果行为与结果之间无因果关系，行为人就应负犯罪未遂之责。

三是因果进程的错误，包括前置因果关系错误和后置因果关系错误两种。前置因果关系错误，又称事前故意或韦伯的概括故意，它指的是行为人误认为其行为已造成预期的危害结果，乃实施后行为，而结果实际上是由后行为造成的。如甲杀乙，将乙打昏，误其已死，乃弃其于湖，致乙被淹死。对这种情况应当如何处理？理论界有认为是一行为的，有认为是二行为的，因此有的主张应以想象竞合犯的原则处断，有的认为实行数罪并罚。笔者认为，刑法上的行为不是一个个简单的动作，而是基于意思发动的一系列身体动静的有机整合。前述案例中，甲殴乙和弃“尸”的行为都是其杀人行为的有机组成部分，应以一行为看待，甲负杀人既遂的刑事责任。后置因果关系错误，是指行为已生预期之结果，而行为人误认为未发生结果，乃实施后行为的情况。如甲杀乙，致乙死，误其未死，乃弃其于湖，欲淹死乙。在这种情况下，行为人仍然只有一个行为，他应对所预期的犯罪负犯罪既遂之责。

2. 行为差误与犯罪结局形态的认定

行为差误，是指行为人对其行为的性质、侵害的对象等并未发生认识错误，但行为人在实施危害行为时，由于未能有效地控制行为的方向，而未侵害到其预期的对象，对其他对象（包括客体不同的对象）却造成了损害。

甲举枪杀乙，未击中乙却击中乙旁之丙或乙旁之价值万元的彩电，即为行为差误的适例。

对行为差误应如何处理？理论界意见纷纭。在英美刑法学界，有所谓“犯罪转移”理论。这种理论认为，只要预谋的犯罪与实际的犯罪系同一性质，不论二者是否完全相同，均按该罪的既遂论处。在苏联及我国刑法学界，则有应当认定为杀人既遂、应当认定为杀人未遂、应当数罪并罚等多种观点。我们认为，在行为差误的情况下，首先可以肯定行为人只有一个行为；其次，可以肯定行为人预期的犯罪是未遂；最后，可以排除行为人在主观上对行为差误造成的结果具有直接故意（如有直接故意则无行为差误可言），但行为人对行为差误的结果可能持放任的态度，也可能是出于过失或意外事件。如甲见丙或彩电在乙之旁，知其可能击中乙也可能击中丙或乙旁之彩电，为了杀乙而开枪，事实上却击中了丙或乙旁之彩电，甲对其行为所生之结果就是持放任的态度。在这种情况下，甲只有一行为，但杀乙未遂，杀丙或毁乙旁之彩电为间接故意杀人或毁坏他人财物，一行为触犯数罪名，应当以想象竞合犯的处断原则从一重罪处断。如果甲虽见丙或彩电在乙之旁，自恃枪法好而开枪，但实际上却击中了丙或彩电，甲对所生的结果就是过失。在这种情况下，由于过失毁坏财物不为罪，仅应以杀人未遂论处；如果杀死了丙，甲以一行为而触犯故意杀人罪（未遂）和过失致人死亡罪，仍应根据想象竞合犯的处断原则从一重罪处断。如果甲未预见到也不可能预见到乙旁有丙或彩电，甲对实际发生的结果就不应负刑事责任，而仅应对所预谋的犯罪负犯罪未遂之责。

（三）一罪的特殊形态的结局形态的认定

一罪的特殊形态可以分为三类：一是本来的一罪，包括继续犯、想象竞合犯、结果加过犯；二是法定的一罪，包括惯犯、结合犯；三是处断的一罪，包括牵连犯、连续犯、吸收犯。下面主要对法定的一罪和处断的一罪的结局形态的认定问题作些探讨。

1. 法定的一罪的结局形态的认定

（1）惯犯的结局形态的认定。

我国刑法理论所谓惯犯，是指以某种犯罪为常业，或者以犯罪所得为其挥霍或主要生活来源，或者犯罪已成习性，屡教不改，在较长时间内反复实施某种危害社会行为的犯罪。由此可见，我国刑法理论之惯犯包括惯习犯与常业犯两种。

与惯犯概念相关的还有所谓集合犯。集合犯包括营利犯、惯习犯与常业犯三种。营利犯即以营利为目的的犯罪。其犯罪结局形态的认定问题已如前述，在此不赘。此处主要讨论一下惯习犯与常业犯的结局形态的认定问题。

关于惯犯有无犯罪结局形态。在我国刑法理论界有不同意见。一种意见认为，惯犯构成要件齐备所要求的，并不是行为的得逞，而是犯罪的惯习性、常业性。一旦具备了惯习性、常业性这一条件，即使行为有一次、几次甚至每次都未得逞，也已经完全具备了惯犯的构成要件，谈不到未遂问题。因此，惯犯作为一种独立的和整体性的犯罪，只有是否构成的问题，而没有既遂、未遂之分。另一种观点认为，集合犯既然只成立一个犯罪，所以，只要行为人的数次犯罪行为有一次达到既遂的，整个集合犯都是既遂。只有行为人的数次犯罪均未遂的，整个犯罪才属于未遂。还有一种观点认为，惯犯只有构成与否之分，没有未遂问题。常业犯因只有一次犯罪也可以构成常业犯，第一次着手即被发觉而未得逞的，此时承认常业犯为未遂也是有道理的。若多次实施全部未遂，常业犯始为未遂；一次既遂，常业犯即为既遂。但论者又觉得这有以偏概全之嫌。笔者认为，惯习犯、常业犯要求的是行为的惯习性、常业性，仅有一次行为是不可能构成这类罪的。惯习犯、常业犯数次行为，分别地看，甚至不构成犯罪，只有当这些行为作为一个整体，才是惯习犯、常业犯的构成要件行为。而一旦有了惯习性、常业性，即成立惯习犯、常业犯，无此特征即不构成。故可说惯习犯、常业犯只有构成与否之分，而无所谓犯罪结局形态问题。

（2）结合犯的结局形态的认定。

结合犯是法律将原本数个独立的犯罪行为合二为一规定为一罪的情况，我国刑法中没有典型的结合犯，但是有些犯罪的重罪可以被认为是结合犯。例如，把强迫被拐卖的妇女卖淫作为拐卖妇女、儿童罪的重罪的构成要件，可以认为这是把强迫卖淫罪和拐卖妇女、儿童罪结合规定为拐卖妇女、儿童罪的重罪；杀害被绑架的人是绑架罪的重罪的构成要件，也可以说这是把故意杀人罪和绑架罪结合规定为绑架罪的重罪。

笔者认为，对结合犯的结局形态，首先可以肯定的是，在原罪与被结合之罪均既遂的情况下，应当认定为结合犯既遂；在原罪与被结合之罪均未达既遂的情况下，不能认定为结合犯既遂。但是，在原罪或被结合之罪仅有一个为既遂的情况下，能否认定为结合犯既遂？这不能一概而论。在原罪是被结合之罪的前提的情况下，原罪若未达既遂，就不可能实施被结合之罪，也就不存在结合犯的结局形态问题，在原罪与被结合之罪之间是并发关系，并且被结合之罪是原罪的重罪的构成要件时，若被结合之罪既遂，就应当适用重罪的法定刑——即这种结合犯的结局形态应当根据被结合之罪的结局形态来认定；在原罪与被结合之罪结合为新的罪名的情况下，如果其中一罪未达既遂，就不能说结合犯的犯罪故意的内容已经实现，应分别认定为这种结合犯的犯罪未遂或犯罪中止。

2. 处断的一罪的结局形态的认定

（1）牵连犯的结局形态的认定。

牵连犯，是指以犯某一种犯罪为目的，而其犯罪的手法行为或结果行为又触犯了其他罪名的一罪的特殊形态。我国刑法理论界对牵连犯的诸多问题还存在争议。笔者拟另撰文对此进行探讨。这里欲指出的是，禁止重复评价原则是牵连犯存在的理论根据（如果某一事实既是此罪的构成要件，又是行为人实施的另一犯罪的构成要件，此时实行数罪并罚，就对这一事实进行了重复评价）；罪刑法定原则之有罪应罚精神则是限制牵连犯之存在范围的理论根据。

构成牵连犯必须要有两个实行行为，即手段行为和目的行为或者原因行为和结果行为。首先，这两个行为都必须是实行行为。有学者把诸如盗罪既遂后持有赃物的事后不可罚的行为也称为结果行为，认为盗窃枪支后持有枪支的行为与盗窃枪支行为存在牵连关系，这是值得商榷的。其次，这两个行为之间必须存在牵连关系。牵连关系要根据前述禁止重复评价原则并结合刑法的有关规定来认定。

牵连犯的处断原则是从一重罪处断。因此，应当根据重罪属于犯罪的何种结局形态来认定牵连犯的结局形态。

（2）连续犯的结局形态的认定。

连续犯是基于同一的或者概括的犯罪故意，在一定时间之内反复实施数个独立的犯罪行为而触犯同一罪名的情况。

笔者认为，只要行为人主观上有连续的故意，客观上实施了连续数个行为，无论这些行为是否既遂，对构成连续犯均不生影响。连续犯只有构成与否之分，没有犯罪结局形态之分。

（3）吸收犯的结局形态的认定。

吸收犯是指有数个犯罪行为，由于其中一个犯罪行为吸收了其他犯罪行为，而仅按吸收的犯罪行为定罪处罚的犯罪形态。由吸收犯的概念可知，吸收犯的结局形态与吸收的犯罪行为相同。

四、结局形态的刑事责任

（一）犯罪既遂的刑事责任

对犯罪既遂应当如何追究刑事责任？我国刑法学界一般都是以简单的几句话一笔带过：犯罪既遂的行为人是既遂犯。由于刑法分则对各种犯罪规定的法定刑都是以既遂为标准的，因此，对于既遂犯就直接按照刑法分则有关条文的规定定罪量刑。

上述论断显得过于简单，因此有必要稍作补充。我们知道，行为符合的犯罪构成是行为人负刑事责任的基础。在追究既遂犯的刑事责任时，首先就应当认定其行为符合的是基本罪的犯罪构成还是重罪、轻罪的犯罪构成。这里所谓重罪、轻罪、基本罪，是就法定刑的刑度而言，不同于其他国家刑法中的重罪、轻罪、违警罪。我国刑法对于大部分犯罪都规定了几个刑度。其中，作为减轻或加重法定刑之基准的犯罪构成就是基本罪；刑度轻于基本罪的犯罪构成就是轻罪，刑度重于基本罪的犯罪构成就是重罪。基本罪、重罪、轻罪不但有刑度的差异，在构成要件上也有区别。因此，正确认定犯罪符合的犯罪构成是以既遂犯正确适用刑罚的前提。

犯罪既遂本身不是法定从重、从轻情节。确定了行为所符合的犯罪构成，只是确定了应适用的刑度。在此基础是哪个，还应根据行为人有无法定或酌定从宽、从严情节，以刑度为参照系，最终确定行为人应负的刑事责任。以故意杀人罪为例，刑法规定："故意杀人的，处死刑、无期徒刑或者十年以上有期徒刑；情节较轻的，处三年以上十年以下有期徒刑。"如果是防卫过当的杀人，则它符合的是故意杀人罪的轻罪的构成要件，基准刑度是3年以上10年以下有期徒刑；行为人有自首情节的，应当以此刑度为准，减轻或者免除处罚。

（二）犯罪未完成形态的刑事责任

本专题应研究以下课题：（1）犯罪未完成形态负刑事责任的根据；（2）犯罪未完成形态负刑事责任的范围；（3）犯罪未完形态负刑事责任的原则；（4）犯罪未完成形态的刑事责任的实现，即犯罪未完成形态的刑罚的量定。第一个问题已有定论，第四个问题较为简单，下面主要探讨犯罪未完成形态负刑事责任的范围和原则。

我国刑法对犯罪未完成形态负刑事责任的范围未作规定，似乎据此就可以说一切直接故意犯罪均得谓有未完成形态，都应追究其未完成形态的刑事责任。但是，行为是否构成犯罪，不但要看其是否具有形式上的刑事违法性，即是否符合犯罪构成，还要以刑法所规定的犯罪概念来衡量。犯罪概念是我国区分罪与非罪的总标准。从犯罪概念的“但书”的规定来看，有些直接故意犯罪如其故意的内容未实现，应视为情节显著轻微危害不大的情形，不应当以犯罪论处。

犯罪既遂是犯罪的最后完成形态，其社会危害性最大。犯罪未遂和犯罪实行阶段的犯罪中止距犯罪完成最近，其社会危害性大于犯罪预备和犯罪预备阶段的犯罪中止。犯罪预备的社会危害性大于犯罪预备阶段的犯罪中止，犯罪未遂的社会危害性大于犯罪实行阶段的犯罪中止，这更是不言而喻的。

由上述可知，犯罪预备阶段的犯罪中止的社会危害性是最小的。它应当被视为符合犯罪概念之“但书”的情形，即不构成犯罪。即使认为它构成犯罪，根据现行刑法的规定，也应当免除处罚。

犯罪预备的社会危害性仅重于犯罪预备阶段的犯罪中止。由于犯罪预备行为只威胁到犯罪客体，而不可能对犯罪客体造成现实的危害，把犯罪预备都当成犯罪处理有违犯罪概念的“但书”的规定。并且，由于犯罪行为不是实行行为，很难区别犯罪预备行为与日常生活中的行为，从刑事诉讼的角度考虑，宜把那些明显的、重大的犯罪的预备行为作为犯罪处理，不然就会出现在刑法上规定为犯罪而在刑事诉讼中无法证明因而不能处理的情形。所以，我们认为，应对犯罪预备负刑事责任的范围作一定限制。我们的初步设想是，以法定最低刑为标准，在刑法总则中对犯罪预备负刑事责任的范围作如下限制：对于法定最低刑为 10 年以下有期徒刑的犯罪的预备行为，不认为是犯罪。

对犯罪未遂和犯罪实行阶段的犯罪中止应负刑事责任的范围，也宜作出一定限制。这可以采用法定最高刑标准，即对于只有一个刑度的犯罪，其法定最高刑为 5 年以下有期徒刑，不罚其未遂和实行中止；对于有两个以上刑度的犯罪，其最轻的刑度的法定最高刑为 5 年以下有期徒刑，不罚其最轻的刑度的未遂和实行中止。

除了法定刑的限制以外，还可以从犯罪主体上对犯罪未完成形态负刑事责任的范围进行限制。我国刑法规定，已满 14 周岁不满 16 周岁的人只应对特定8种犯罪负刑事责任。为了更加体现对未成年人教育为主、惩罚为辅的精神，似可以进一步规定：相对刑事责任年龄人只对特定8种犯罪的既遂负刑事责任。

我国刑法对犯罪未完成形态负刑事任的原则作了如下规定："对于预备犯，可以比照既遂犯从轻、减轻者免除处罚；造成损害的，应当减轻处罚。"这些规定有以下问题值得探讨：一是预备犯、未遂犯是"可以"从宽，这是否妥当；二是预备犯、未遂犯"比照"既遂犯从宽，如何比照；三是未遂犯无论是否造成损害，均可以从宽，不加区别，是否有违罪刑相适应原则。

关于预备犯、未遂犯的处罚原则是可以从宽，理论界的解释是："与既遂犯相比，预备犯和未遂犯一般要从宽处罚，但是法律的要求又没有绝对化，虽然是预备犯和未遂犯，如果综合整个案情，其社会危害性和罪责程度并不小于既遂犯时，对个别预备犯尤其是对少数未遂犯也允许比照既遂犯予以同样处罚。法律对预备犯和未遂犯比照既遂犯从宽处罚规定了'可以'二字，这既充分注意到了一般情况下预备犯和未遂犯危害性小于既遂犯的客观事实，又没有忽略个别预备犯和少数未遂犯危害性等同于既遂犯的特碌情况，是原则性与灵活性的有机结合，从而使罪刑相适应的原则在各种情况下都能贯彻。某些实践中存在的对未遂犯一律从轻、减轻处罚或者一律与既遂犯同等处罚的理解和做法是不正确的，它们不符合法的规定和立法精神，也不利于在未遂犯上贯彻罪刑相适应原则和实现刑罚目的。"① 这种观点在我国刑法理论界是颇具代表性的。但是，如果我们稍加分析，就会发现这种观点是有一定缺陷的。所谓预备犯、未遂犯，只能是同一犯罪的预备犯、未遂犯。在同一犯罪中，可能出现预备犯或未遂犯的社会危害性等同于既遂犯的情形吗？以故意杀人罪为例，为杀人而磨刀，或者用刀杀人而人未死，能等于把人杀死了吗？即使把全世界的刀都磨遍，仅有磨刀行为也不能把受害人杀死（至多能把行为人累死）。即使把受害人杀成重伤，重伤也不能等于死亡。可见预备犯、未遂犯的客观危害是不可能等同于既遂犯的。社会危害性包括主观恶性和客观危害。就同一犯罪的主观性而言，预备犯、未遂犯与既遂犯可以是相同的。但因其客观危害不同，其社会危害性的大小当然也就不同。可见，认为预备犯、未遂犯的社会危害性可以等同于既遂犯，这是

---

① 参见高铭暄主编：《刑法学原理》（第二卷），中国人民大学出版社1993年版，第387页以下。

不正确的。我们或许可以说数个同种犯罪的未遂行为的社会危害性可能等同于一个犯罪既遂行为的社会危害性，如连续数个杀人未遂行为均致人重伤的，可能等同于杀人既遂的社会危害性。但这又违背了比较应遵循的逻辑准则，把不同的对象进行比较，有偷换概念之嫌。综上，无论在何种情况下，预备犯、未遂犯的社会危害性都小于既遂犯。与既遂犯相比，对未遂犯的处罚原则就应改为“应当”从宽而不是“可以”从宽。其中，预备犯的处罚原则以改为减轻或者免除处罚为宜；未遂犯的处罚原则可参照中止犯的处罚原则，改为“未造成损害的，应当减轻处罚；造成损害的，应当从轻处罚”。

预备犯、未遂犯是比照既遂犯从宽处罚。如何比照？预备犯、未遂犯不是共同犯罪。一个犯罪出现了预备、未遂形态，就不可能出现既遂形态。要比照既遂犯处罚，就只能说刑法分则规定的法定刑都是既遂犯的法定刑。而我国刑法分则规定的罪状包括了犯罪的各种结局形态，其法定刑就不能仅适用于既遂形态。可见“比照既遂犯”五字是多余的。

（三）犯罪结局形态的立法完善

综上所述，我们认为，对于我国关于犯罪结局形态的立法，应当作如下完善：

在《刑法》第17条第2款后增加下列规定作为第3款：“前款犯罪，只罚既遂。”

将《刑法》第22条修改为：“为了犯罪，准备工具、制造条件，因行为人意志以外的原因未着手犯罪实行行为的，是犯罪预备。前款所称准备工具、制造条件的行为，不得是本法分则规定的具体犯罪的实行行为。对于预备犯，应当减轻或者免除处罚。但是，对于本法分则规定的法定最低刑为十年以下有期徒刑的犯罪的预备行为，不认为是犯罪。”

将《刑法》第23条修改为：“已经着手犯罪实行行为，由于犯罪分子意志以外的原因而未实现犯罪故意的内容的，是犯罪未遂。对于未遂犯，应当从轻处罚；未造成损害的，应当减轻处罚。但是，下列犯罪的未遂，不认为是犯罪：（一）只有一个量刑幅度，而其法定最高刑为五年以下有期徒刑的犯罪；（二）有两个以上量刑幅度的犯罪的最轻的量刑幅度，并且其法定最高刑为五年以下有期徒刑的。”

将《刑法》第24条修改为：“已经着手犯罪实行行为，自动中止实行行为或者自动有效地防止犯罪结果发生，因而未实现犯罪故意的内容的，是犯罪中止。对于中止犯，应当减轻处罚；未造成损害的，应当免除处罚。下列犯罪的中止，不认为是犯罪：（一）只有一个量刑幅度，而其法定最高刑为五年以下有期徒刑的犯罪；（二）有两个以上量刑幅度的犯罪的最轻的量刑幅度，并且其法定最高刑为五年以下有期徒刑。”

道德义务不应成为我国不作为犯罪中作为义务的来源*

李　健**　　任成玺***

刑法理论中，道德义务能否成为不作为犯罪中作为义务的发生根据，中外刑法学者有不同的见解。刑法理论的通说认为，只有法律性质的义务才能成为不作为犯罪中作为义务的发生根据，单纯的道德义务不能成为作为义务的发生根据。但是，近年来无论是在刑法理论上，还是在司法实践中，许多人要求扩大不作为犯罪中作为义务的来源，把公共秩序、社会公德所要求的特定义务纳入其中。这表现在一些教材中，有的论者把特定条件下的公共秩序和社会公德所要求的特定义务作为不作为犯罪中作为义务的来源①，并有许多论者认为应当像西方国家那样实行道德法律化。许多人要求在刑法中增设“见危不救和见死不救罪”。笔者认为，这种做法与刑法的任务和机能相违背，与罪刑法定原则相冲突，与中国的国情不相适应。笔者将结合中外刑法的理论和实践对这一问题作深入探讨。

* 本文原载于《河南省政法管理干部学院学报》2001年第6期。

** 西南政法大学副教授。

*** 西南政法大学校友。

① 参见马克昌：《犯罪通论》，武汉大学出版社1997年版，第171页。

一、法益侵害说与立法伦理主义的冲突

道德义务能否成为不作为犯罪中作为义务的来源，与刑法的任务密切相关。刑法的任务是保护法益还是维持社会的伦理呢？如果承认刑法的任务是保护法益，就会得出单纯的道德义务是不能成为不作为犯罪中作为义务发生根据的结论。如果认为刑法的任务是维持社会伦理，那么就会得出与法益侵害说完全相反的观点。

法益侵害说的基本观点认为，犯罪是严重侵害或威胁法益的行为，而不是仅仅违反了社会伦理。只有对严重侵害或威胁法益的行为才能运用国家刑罚，伦理秩序的维持应靠刑法以外的其他社会机制。例如，日本刑法学者平野龙一认为，刑罚是一种重大的痛苦，并非维持社会伦理的适当手段，而且在现代社会中，何种伦理正确只是相对的，将维持社会伦理作为刑法的任务，不仅是对刑法的过分要求，而且容易在刑法的名义下强制他人服从自己的价值观。[①] 与此相反，立法伦理主义的观点则认为，刑法具有维持社会伦理的任务，刑法是伦理、道德的最低限度，刑法的目的是维持道义秩序、道德规范。例如，日本学者小野清一郎认为，刑法维持和发展国民的人伦文化秩序即道德秩序；团藤重光也认为，社会生活所必需的最小限度的道德规范，必须由法律强制推行，在此限度内，道德规范就归化为法律规范。[②]

在我国刑法理论中，也存在着上述两种对立的观点。反对将道德义务作为不作为犯罪中作为义务发生根据的论者认为[③]：（1）不真正不作为犯的作为义务，作为不作为犯的构成要件，是以引起一定的法律后果——刑事处罚为特征的。因此作为义务也必须以在一定的法律关系中承担某种义务为必要，只有在法律关系中的权利、义务才受到国家强制力的保护和约束，否则最多只能受到道德、伦理的谴责及制裁。但是所谓依公序良俗所确认的义务，显然不是指在一定的法律关系中形成的义务，而是按照长期形成的社会习惯，或者作为良好的社会风尚所要求人们应为的行为义务，因此，在国家法律尚未对其予以认可时，不具有法律效力。（2）传统和习惯，其本身就有好有坏，也在不断发展变化，内涵外延不很确定，如果将其作为义务，同

---

① 参见张明楷：《法益初论》，中国政法大学出版社2000年版，第94页。

② 参见张明楷：《外国刑法纲要》，清华大学出版社1999年版，第31页。

③ 参见熊选国：《刑法中行为论》，人民法院出版社1992年版，第174页。

一般的道德义务也很难划清界限，就会混淆罪与非罪的界限，因此对违反公序良俗所确认的义务的不作为，不能按不真正不作为犯追究刑事责任。相反，赞成意见则认为："在特殊场合下，公共秩序和社会公德要求履行的特定义务"可以成为不真正不作为犯中作为义务的来源。[①] 中外刑法理论中上述两种观点的对立，绝不仅仅停留在理论上的争议，而且对各国刑事立法和司法实践产生了重大影响。在20世纪中期以前，大多数欧美国家都把婚外性行为、同性恋行为、通奸等规定为犯罪行为而加以处罚。但后来，由于受法益侵害说的影响，这些国家纷纷认为这些行为只是违反了社会伦理从而对这些行为非犯罪化。与此相反，受立法伦理主义的影响，欧美许多资本主义国家（包括一些法益侵害说占通说的国家）正在对一些行为实行道德刑法化，将一些见危不救、不为他人申冤等行为在刑法上规定为犯罪，如法国、德国、意大利、西班牙、奥地利、加拿大等国的刑法典均有规定。当然，在上述国家中也并不都是严格贯彻法益侵害说或规范违反说的。有的国家，例如德国，在将一些行为非犯罪化的同时，又将一些行为道德刑法化。无论是采取法益侵害说的观点，还是立法伦理主义的观点，或者是以一种观点为主以另一种观点为辅，都是由各国根据自己的具体国情、文化传统和现实需要决定的。采取哪种观点，关系到一个国家刑法的价值取向，关系到国家刑罚权和个人自由的关系，关系到一个国家刑法的基本原则、任务和刑法的机能等一系列问题，必须慎重对待。

二、我国刑法的价值取向和法益侵害说的提倡

我国在过去相当长的一段时间内，由于实行计划经济体制，一切经济活动都要围绕国家行政命令进行，反映在刑法观念中，就是过于强调刑法的社会保护机能。社会主义市场经济体制的确立和罪刑法定原则的确立，使人们对刑法机能的认识发生了重大变化。在市场经济条件下，每个市场经济的主体是平等和独立的，市场主体自立、自主、平等竞争、讲求效率，行使权利适应现代文明的观念大大增强。这反映在刑法领域，就要求人们确立与时代发展和社会变迁相适应的刑法观念。罪刑法定原则的确立，使刑法的机能发生了重大变化，由过去单纯地强调刑法的保护机能转变为社会保护机能与人

---

① 参见马克昌：《犯罪通论》，武汉大学出版社1997年版，第171页。

权保障机能并重。为了实现社会保护机能与人权保障机能的动态平衡，“在立法方面，立法机关必须树立以人为本的人本主义观念，科学地协调打击犯罪与保障人权之间的矛盾，制度层面上对社会保护和人权保障、国家刑罚权和公民个人权利之间划定一个合理的分界线”①。如何划定这一合理的分界线呢？笔者认为，在我国刑事立法和司法实践中，应该严格贯彻法益侵害说。众所周知，当今刑法发展的世界性潮流与趋势是各国刑法都在朝着理性、良知、宽容和开明的方向发展。我国刑法也不例外。刑罚是强加于人的一种极大的痛苦，是不得已而为之的社会控制手段。正如我国台湾地区刑法学者林山田所言：“故刑罚之界限应该是内缩的，而不是外张的，刑罚应该是国家为达其保护法益与维持社会秩序的任务的最后手段。能够不使用刑罚，而以其他手段达到维护社会共同生活秩序及保护社会与个人法益之目的时，则务必放弃刑罚手段。”② 笔者赞同上述观点，认为在我国现阶段，刑罚并不是维持伦理道德的适当手段。对于伦理道德的维持应该靠刑法以外的道德建设机制来进行。那种以法律强制推行道德的做法，忽视了一个社会公民的爱心、责任、热情、勇敢等美好道德的形成，需要点点滴滴的道德教化，需要长期、系统的精神文明建设，而不仅仅是靠简单的刑罚的禁阻、惩罚就能实现的。这种急功近利、越俎代庖的做法，是“法治万能”观念在现实生活中的反映，其结果只能是“欲速则不达”。历史证明，依靠禁阻、惩罚的方法来提高人们道德的做法，从来就没有成功过。

三、西方的道德法律化与我国的以德治国

如上文所述，西方一些国家从20世纪中叶起，纷纷实行道德刑法化，在刑法中规定了一些见危不救罪、见危不报告罪、不代为申冤罪等。随着我国在社会主义市场经济时期类似现象的增多，一些学者和民众纷纷要求仿效西方一些国家的做法，实行道德刑法化。例如，有的学者认为，“通常被认为鼓励人与人之间冷漠自私的资本主义法，竟然有这样的强迫公民救人危难、为人申冤，把高尚的道德变成全民法定义务的规范，不是很令我们大开眼界吗”③，“中国法自古至今，未见有把‘见人危难必予救助’‘见人冤狱

① 高铭暄等：《刑法论丛》，法律出版社2000年版，第39页。

② 林山田：《刑罚学》，商务印书馆1987年版，第128页。

③ 刘海年、刘瀚、步云、李林：《依法治国与精神文明建设》，中国法制出版社1997年版。

必代申诉’规定为法定义务者，从未见惩罚见危难不救助者及见冤狱不代申诉者之法条或判例。因此，在格外标榜‘个人本位’‘权利本位’的现代欧美，竟有上述法条，实在出乎我们意料”①。上述论者由此得出了应对国民的冷漠、怠责与怯懦实行法律的治疗的结论。

笔者并不赞同上述观念，认为上述论者只是看到了资本主义社会道德刑法化的表面现象，而没有深入分析其内部原因。只要仔细分析资本主义的国情，就不会对其实行道德刑法化感到惊讶。中国的国情并不适合道德刑法化。众所周知，资本主义从其诞生的那一天起，实行的便是生产资料的私有制，由其经济基础所决定，形成了以“个人主义”“利己主义”为核心的伦理价值体系。马克思曾经将资本主义社会人与人之间的关系概括为“赤裸裸的金钱关系”。但是在19世纪末20世纪初，随着自由资本主义向垄断资本主义的过渡，这种“各人自扫门前雪，莫管他人瓦上霜”的极端个人主义已对资本主义社会的发展、存在造成了严重威胁。垄断资本主义的发展需要一种团体主义的精神，需要人与人之间的互帮互助，需要合作，这样资本主义社会才能继续存在。于是，适应这种需要，在20世纪末，欧美产生了一股“社会法学”的思潮，“社会本位说”取代“个人本位说”而盛行一时。而要实现由“个人本位”向“社会本位”的转变，靠资本主义的“个人主义的伦理价值体系”本身是无能为力的。个人主义是一种利己主义，社会本位需要一种利他主义。在整个自由资本主义时期所形成的以个人主义为核心的资本主义道德体系这块土壤，是无法使“社会本位”的利他主义思想在其中生根、发芽的。但是社会的发展又需要社会本位的思想，于是资产阶级只好通过法律来强制推行社会需要的道德。这样，欧美实行道德刑法化，就不足为奇了。它是由其个人主义的伦理价值体系所决定，是迫不得已之举。当然，笔者并不是否认资本主义社会也存在一些美好的道德，因为通过法律的强制，也可以形成一些不同于个人主义的道德。另外，西方资本主义社会虽然以个人主义为核心，但也不排除相当一部分人受基督教“爱他人如同爱自己”等宗教思想的影响，存在一部分美好的道德。当然，资本主义社会美好的道德都是在个人主义所容忍的范围内，超不出个人主义这一上限。

与资本主义社会不同，我国实行生产资料的社会主义公有制，与此相适

---

① 刘海年、刘瀚、步云、李林：《依法治国与精神文明建设》，中国法制出版社1997年版。

应的社会主义道德的核心是集体主义，“人人为我，我为人人”，团结互助、见义勇为、救死扶伤已成为整个中华民族的传统美德。社会主义道德从诞生之日起，就是以社会本位为主，强调个人对社会的贡献，强调“毫不利己、专门利人”的利他思想。当然，并不否认有一些个别的与社会主义道德不和谐的现象。笔者认为，这些现象的出现，有其深刻的原因。市场经济的发展激发了人的创造性，促使人们形成了适应现代社会发展的新观念。同时，在个人利益的驱动下，一些人受市场经济等价交换原则的影响，把人与人之间的一切关系都看成是商品交换关系、金钱关系，出现了“有偿救人”“有偿问路”等现象。但是我们不能“一叶障目，不见泰山”，与整个社会中“团结互助”的普遍社会风气相比，见危不救的现象只是极少数。我们不能因为这极个别的现象，就认为国民失去了热情、勇敢、责任心，就认为必须用法律来强制推行这种见义勇为的风气。

笔者认为，盲目效仿西方资本主义国家实行道德法律化的做法，混淆了法律和道德的界限，忽视了我国道德建设的实际状况，忽视了中国和资本主义国家具体国情的差别。众所周知，社会主义道德是一个多层次的体系。在这个体系中，从最基本的社会道德到较高层次的集体主义道德，以至高层次的共产主义道德，对人们提出了不同的道德要求。在今天的中国社会，“勿害他人”作为区分法律和道德的界限，作为社会主义道德的一个基本要求，已成公民日常生活的基本准则，被绝大多数公民所认同和接受。“依照现代法治理念，公民的行为，只要不侵犯他人的合法权益和国家的利益及公共秩序，就有其天然存在的合理性，只要他自己在行使这种自由的时候不妨碍他人的自由，就不应该受到谴责和限制”。[①] 我们平常所提倡的“见义勇为”“救人于危难之时”的确是中华民族的优良美德，但它只反映了一部分有较高道德观念者的愿望和要求。如果立法者置绝大多数社会成员所具有的“勿害他人”这种基本的道德于不顾，而把只有部分人所具有的“救人于危难之时”这种高尚的道德用法律规定下来，其结果只能使制定出来的法律为社会大多数成员可望而不可即，法律的适用便失去了最广泛的群众基础，立法者所设定的目标就会落空。另外，在现代社会，“罪责自负”这一现代刑法理念早已深入人心。当事人处于危险中的许多情况是由第三人的犯罪行为所造成，如果追究责任，也只能追究犯罪分子的责任。把犯罪分子所造成

① 陈杰人：《道德“入法”人人自危，设立该罪应当缓行》，载《法制日报》2001年5月21日。

的结果转嫁到一个无辜的路人身上，是否违反"罪责自负，反对株连"的刑法基本原则呢？笔者认为，从深层次考虑，见危不救现象的发生，也未必都与公民道德水平低有关，而是由社会的方方面面造成的。在现实生活中，一些人不顾自己的生命危险，救助了他人的生命和财产，而自己却身陷困境，孤立无援，或被歹徒残害，或救助他人反被诬陷。面对这些，社会需要有一套有效的社会保障体系来保证救助者的人身和财产安全。

在人类历史上，提高人们的思想道德，培养一国国民的优良思想品质，不外有两种方式：一是运用道德教化，二是通过法律强制推行。上文已详细探讨了运用法律强制推行道德，实行道德刑法化并不适合中国国情。相反，生产资料公有制的经济基础和以集体主义为核心的道德基础为运用道德建设的途径来提高公民的思想道德奠定了坚实的基础。也就是说，针对市场经济建设过程中出现的极端个人主义、物欲横流、寡廉鲜耻、见危不救等道德滑坡现象，完全可以通过道德建设本身来解决。而且相对于以法律推行道德的途径，道德教化依靠自律和社会舆论的压力，其源于人们的内心、习惯，能够做到标本兼治。而道德法律化则依靠刑罚的威慑、禁止，只能治标。

正是在这种大背景下，我们党和国家充分认识到法治建设的局限性，认为只有在建设法治国家的同时，加强社会主义精神文明建设，实行以德治国，才不致使将建成的社会成畸形发展。所以最近党中央提出把以德治国和以法治国一样，上升为治国的基本方略。在社会主义市场经济条件下，坚持以德治国，就是坚持社会主义道德风尚，树立坚定的共产主义理想和信念，大力倡导社会公德、职业道德、家庭美德，提高社会成员的思想认识和道德觉悟。以德治国方略的提出，不仅对我们在实践中正确处理法律和道德的关系具有指导意义，而且对我们的刑事立法也有借鉴之处。在刑事立法中，我们应该严格贯彻刑法谦抑主义，对于那些纯属道德领域的问题，不可要求过急，更不能急切地施以刑法强制。刑法不能介入国民生活的各个角落。对于那些个别价值失落、道德滑坡现象，点点滴滴、深入细致的道德教化更富成效。"以德治国"治国方略的提出，是我们党和国家在总结中华民族几千年治国安邦经验的基础上，对中国传统法律文化中所包含的"德主刑辅""先德后刑"等刑法基本思想的批判继承和发展。在儒家看来，治理国家最重要的是推行德治仁政，刑法固然不可缺少，但只能治标而不能治本，所以刑法只能作为治国的辅助手段。孔子曾经说："道之以政，齐之以刑，民免而无耻；道之以德，齐之以礼，有耻且格。"与儒家不同，法家则主张严刑峻法。《商君书·赏刑》中说："禁奸止过，莫若重刑。刑重而必得，则民不敢试，故国无刑民。"《韩非子·心度》中也说："治民无以常，唯法为治。"法家的这些主张在治理国家方面虽然取得了一些成就，有过短暂的辉煌，但实践证明，重刑主义、严刑峻法并非治国安邦的长久之计。于是，自汉代开始，儒家思想在治理国家方面重新占据主导地位。从汉朝的"罢黜百家，独尊儒术"开始，以后历朝历代几乎都用儒家理论来解释刑法。当然，我们今天所倡导的"以德治国"与以往的"德治"相比，无论在德治的主体、客体还是德治的内容、目的方面都发生了根本的变化。古今中外历史和现实的治国实践证明，只有法治、德治并用，既抓法治建设，实行依法治国；又抓道德建设，实行以德治国，才能实现国家的繁荣富强和长治久安。

论违法性认识的本质及其在责任概念构成中的地位*

——以《德国刑法典》第17条为视角

周国文**

责任①概念的构成中，要不要有违法性认识（又称违法性意识，下同）这一要素？自从宾丁的规范理论问世以来，围绕这一问题，学者们已经争论了一百多年。在德国，“故意理论”（Vorsatztheorie）主张违法性认识必要说，“罪责理论”（Schuldtheorie，又译责任理论）主张违法性认识不要说。1975年《德国刑法典》第17条关于禁止错误的立法，被认为是对罪责理论的跟随或者说是以责任理论为基础的②。1998年11月13日颁布的现行《德国刑法典》第17条又保留了“75刑法”第17条的规定。联邦宪法法院也

---

* 本文原载于《南昌大学学报（人文社会科学版）》2006年第6期。

** 西南政法大学法学院副教授。

① “责任”（schuld），又译“罪过”“罪责”。参见［德］格吕恩特·雅科布斯：《行为　责任刑法——机能性描述》，冯军译，中国政法大学出版社1997年版，第154页；陈忠林：《意大利刑法纲要》，中国人民大学出版社1999年版，第79页；［德］汉斯·海因里希·耶赛克、托马斯·魏根特：《德国刑法教科书》，徐久生译，中国法制出版社2001年版。

② 参见［德］克劳斯·罗克辛：《德国刑法学总论》（第1卷），王世洲译，法律出版社2005年版，第610—611页；［德］汉斯·海因里希·耶赛克、托马斯·魏根特：《德国刑法教科书》，徐久生译，中国法制出版社2001年版，第539页。

通过判例确认了这一规定的合宪性[①]。因此从法律角度看，违法性认识要与不要之争似乎可以休矣。“然而，这个规定在法政策方面还保留着争论。”[②]因此，责任概念的构成中违法性认识要与不要之争很难说经由这一立法已经解决。有鉴于此，本文将以《德国刑法典》第17条为线索，对违法性认识在责任概念的构成中的地位问题进行分析。

一、《德国刑法典》第17条及相关理论背景

“行为人行为时没有认识其违法性，如该错误认识不可避免，则对其行为不负责任。如该错误认识可以避免，则依第49条第1款减轻处罚。”这就是《德国刑法典》第17条的内容[③]。这一立法是对德国联邦法院大刑事判决委员会1952年3月18日的判决（BGSt2，194）的吸收[④]。该判决被认为在“德国刑法历史中是划时代的转折点”（耶赛克语）；“标志着一种历史性的转变”（罗克辛语）。评价是如此异乎寻常，第17条的重要性自不待言。本文感兴趣的是：为什么说1952年判决，或者说《德国刑法典》第17条是“划时代的转折点”，“标志着一种历史性的转变”？要满足这一好奇，就得考察违法性认识在责任理论中的地位的演变史。

19世纪上半叶，海德堡大学路登教授就提出了三分的犯罪概念，即行为、违法性和罪责。李斯特和贝林接受了这一犯罪概念并予以了改进。但此时违法性和罪责的概念还没从普芬多夫的归责概念中分离出来。因此不可能讨论违法性认识在责任概念的构成中的地位问题。当宾丁提出规范理论解决

---

① 《联邦宪法法院判例集》（第41卷），第121页，参见［德］克劳斯·罗克辛：《德国刑法学总论》（第1卷），王世洲译，法律出版社2005年版，第611页。

② ［德］克劳斯·罗克辛：《德国刑法学总论》（第1卷），王世洲译，法律出版社2005年版，第611页。

③ 选自徐久生译《德国刑法典》；需要指出的是，另有冯军教授的译本《德国刑法典》（附德文）与本表述差别很明显。冯译为：第17条禁止的错误。如果行为人在实施行为时缺乏实行不法的认识，那么，他就是无责任地行动的，如果他不能避免这种错误。如果行为人能够避免该错误，那么，可以根据第49条第1款轻处刑罚。如果行为人行为时不可避免地缺乏不法认识，则其不承担责任。两种译本最大区别在于徐译用的是“违法性”，冯译用的是“不法”。经查原文，确为“不法”（unRecht），而不是“违法性”（Rechtswidrigkeit）。但考虑到徐的译文与本次研讨会用词相符，故正文采用徐译。笔者倾向于冯译，后文将有论述。

④ 参见［德］克劳斯·罗克辛：《德国刑法学总论》（第1卷），王世洲译，法律出版社2005年版，第611页；［德］汉斯·海因里希·耶赛克、托马斯·魏根特：《德国刑法教科书》，徐久生译，中国法制出版社2001年版，第539页。

了刑法中的违法概念，并给予它独立的意义；A. 迈克尔提出特殊的罪责概念，将故意和过失融合到违反义务的意志决定这一大概念中后[①]，讨论违法性认识在责任概念中的地位才有了理论空间。

以李斯特为代表的心理责任理论[②]，从心理学角度和规范关系角度对罪责所包含的因素进行了研究。李斯特认为，从心理学角度看，罪责责难的可能性主要取决于，行为人至少根据经验可以认识到由其行为造成的符合构成要件适当性的结果，并同时明了不应当在社会生活中为这样的行为，亦即明了其行为的社会危害性。这一理论的其他支持者们或者认为，除要求公民认识何为"不应当做"或何为"社会危害性"外，并无更多要求，不必要求任何公民认识法规范，即认识法律条款，不以期望公民能严格区分道德和法；或者主张，公民只懂得不道德或社会危害性足已；或者认为"只要了解何为不允许的"，或者"只要知道何为违反义务"即可。李斯特评论说，每一个表述事实上都是正确的，因为，相对于特定的行为人而言，罪责问题被提出，确定行为的违法性总是先决条件。凡被认为有罪责的，社会危害性之意识总是涉及客观之违法性。在此，李斯特使用了"违法性意识"的表述方式[③]。我们知道，李斯特提出了形式违法性和实质违法性的概念，认为"实质的违法是作为危害社会的（反社会或者对社会有害的）举止行为的行为"[④]。既然社会危害性意识一方面是罪责的因素，另一方面又总是涉及客观之违法性（即对犯罪行为作出的客观上的、法律上的否定评价[⑤]），并且心理责任论将行为人与外界的所有心理关系定义为责任[⑥]，那么，罪责概念里就不可能没有违法性认识。因此，违法性认识也是责任的要素。

随着宾丁规范理论的提出，违法性被理解为对犯罪概念中具有的对法秩序的命令和禁止规范的侵害，由此出现了规范责任论。值得注意的是，在规

① 参见［德］汉斯·海因里希·耶赛克、托马斯·魏根特：《德国刑法教科书》，徐久生译，中国法制出版社2001年版，第248—249页。

② 参见李海东：《刑法原理入门（犯罪论基础）》，法律出版社1999年版，第102页。

③ 参见［德］弗兰茨·冯·李斯特：《德国刑法教科书》，徐久生译，法律出版社2000年版，第257页。

④ ［德］弗兰茨·冯·李斯特：《德国刑法教科书》，徐久生译，法律出版社2000年版，第390页。

⑤ 参见［德］弗兰茨·冯·李斯特：《德国刑法教科书》，徐久生译，法律出版社2000年版，第199页。

⑥ 参见李海东：《刑法原理入门（犯罪论基础）》，法律出版社1999年版，第102页。

范责任论内部，违法性认识的地位却有天壤之别，这使得规范责任论事实上成为对立的两种学说：故意理论与罪责理论。

在分析这两种对立的理论之前，我们需要清楚的是，无论是“故意理论”还是“罪责理论”，都有一个共同的理论前提。这就是：如果一个人不具有避免发生禁止错误认识的可能性时，实施了某行为，则其行为时是无责任的，不应因为其行为而受到刑事追究。这就是《德国刑法典》第17条第一句话的意思。其法理在于，一个不具有从规范的要求中认识避免发生这种禁止错误可能性的人，在规范上就是不可交谈的。

那么，当这种认识对行为人而言是可以避免的时候，即当行为人具有认识避免禁止错误发生的可能性，却仍然实施了禁止错误的行为时，应不应承担故意责任呢？《德国刑法典》第17条第二句话，回答的就是这一问题。故意理论与罪责理论的分野，正是基于对这一问题的不同回答。

“故意理论”的创始人是宾丁。其主张者仅有少数人。该理论认为，犯罪的本质在于行为人对规范的有意识的反对。因此只有当行为人有意识地实施反对规范的行为，即只有当行为人在违法性意识的支配下行为时，才认定故意的罪责。这样一来，违法性认识的有无就成了决定犯罪故意成立与否的条件。缺乏不法意识，就永远不可能出现故意的处罚问题。因此，故意理论是主张违法性认识必要说的①。也就是说，在故意理论的主张中，关注的只是行为时违法性认识事实上有还是没有，而不讨论有违法性认识可能性时，事实上行为时没有违法性认识的情形。不过其逻辑的结论应该是毫不含糊的：尽管有违法性认识的可能性，只要行为时事实上没有违法性认识，就不处罚故意。可以说，故意理论所否定的，实际上不是作为一种支配行为的意志过程的心理学意义上的故意，而是一种缺乏违法性认识支配下的行为故意的可罚性。当然，从刑法意义上讲，这就等于否定了犯罪故意的成立。

“二战”后占统治地位的“罪责理论”，其理论基础是目的行为论。目的行为论认为，自然人的行为是有目的的活动的实施。即自然人根据自己的因果性认识，在确定的范围内预见自己将要实施的活动所可能产生的后果。因此设立不同的目标，并且使自己将要实施的活动能够按计划地引向实现这

① 参见［德］克劳斯·罗克辛：《德国刑法学总论》（第1卷），王世洲译，法律出版社2005年版，第610—611页；［德］汉斯·海因里希·耶赛克、托马斯·魏根特：《德国刑法教科书》，徐久生译，中国法制出版社2001年版，第539页。

个目标。这一行为概念将不法和罪责区分开来，罪责不再像黑格尔的行为概念那样包括在行为概念中，故意一开始时也并不属于罪责，而是作为行为的组成部分属于构成要件。于是违法性意识（不法意识）就不是故意的条件，而是独立的责任要素①。易言之，如果有能够避免错误的可能性时，行为人却没有避免，无论此时他事实上是否充分了解面临的法律规范而作出行为决意，都表明他欠缺法律心理，正是由于该欠缺才对行为人进行谴责。因为法律规范发出的忠诚呼吁应当对行为人的意志形成产生直接的作用和影响。因此，当存在违法性认识的可能性时，只要行为人作出了违反法律规范的行为决意就应追究其故意责任，尽管缺乏不法意识②。也就是说，违法性认识不是故意的构成要素，主张的是违法性认识不要说。《德国刑法典》第 17 条第二句的含意就是，如果违法性认识是可以避免的，就应追究刑事责任，可以说没涉及故意概念。

综上所述，从李斯特的心理责任理论，到宾丁的故意理论，再到“二战”后占统治地位的罪责理论，最后到《德国刑法典》第 17 条，责任概念的构成要素中，从不必要求任何公民认识法规范或法律条款，只要认识何为“不应当做”或何为“社会危害性”，到要求行为人必须具有违法性认识，即认识到行为对法规范的违法，否则不成立犯罪故意，再到不考虑故意事实上的有无，只考虑违法性认识的可能性，违法性认识终于在法律上看上去与故意和过失断绝了关系。责任范畴也不再讨论违法性认识的有无，而只需要判断违法性认识的可能性。对此，帕多瓦尼称之为规范罪过论的新发展。他评论道：“最新的刑法理论（特别是德国的刑法理论），尽管总的来说仍未摆脱规范论的窠臼，但已对这种理论进行了根本性的修正。……故意与过失不再是谴责的标准，而同与它有内在必然联系的违法事实一样属于谴责的对象……故意和过失本身也被逐出了罪过（责任）的范畴。……作为犯罪成立条件之一的罪过，其内容就只剩下了一些用来评价主体是否应因故意或过失的违法事实而受责难的因素。”③ 可以说，正是在这个意义上，1952 年判

---

① 参见［德］克劳斯·罗克辛：《德国刑法学总论》（第 1 卷），王世洲译，法律出版社 2005 年版，第 151 页、第 611 页。

② 参见［德］汉斯·海因里希·耶赛克、托马斯·魏根特：《德国刑法教科书》，徐久生译，中国法制出版社 2001 年版，第 538—539 页。

③ ［意］杜里奥·帕多瓦尼：《意大利刑法学原理》，陈忠林译，法律出版社 1998 年版，第 186 页。

决，或者说《德国刑法典》第 17 条是“划时代的转折点”，“标志着一种历史性的转变”。

二、1952 年判决及《刑法典》第 17 条的冲击波

只要我们放宽视界便不难发现，联邦高等法院 1952 年的“划时代”判决以及《德国刑法典》将判决要旨引入第 17 条的做法，在国际上产生了一股无声的冲击波。很多国家的刑法都对自己刑法典中的相关条款或者提出了修改意见、或者进行了新的解释、或者进行了修改。

最先作出反应的是日本人。1974 年《日本改正刑法草案》第 21 条，在现行《日本刑法典》（1907 年）第 38 条第 3 项规定（“即使不知法律，也不能据此认为没有故意，但可以根据情节减轻刑罚。”）的基础上，增加了一项：不知自己的行为为法律所禁止而实施的，对此具有相当理由时，不处罚。

如果把违法性认识理解为不知法律的话，那么可以认为现行《日本刑法典》第 38 条第 3 项的理论基础是违法性认识不要说，不以违法性认识作为故意成立的要素。日本大审院和最高裁判所就持此立场，谓“违法性认识对犯意的成立并非必要”，“即使有刑法法令从公布之时起就即时实行，因而尚还无时间去认识该法令所规定的行为的违法性问题这一情况，也并不妨碍犯罪的成立”。在日本学界，有完全支持违法性意识不要说这一立场的；也有主张自然犯的违法性意识不是必要的，法定犯的违法性意识是必要的；但是更多的学者认为，违法性意识不要说对于违法性的错误无任何过失都要认定故意责任的看法，是违反责任主义的[①]。日本刑法受德国刑法影响之深是不争的事实，而《日本改正刑法草案》对联邦高等法院 1952 年判决的引进也是显然易见的。在德国判决作出后及《日本改正刑法草案》吸收了德国判例后，以具有相当理由的违法性误信而否定了犯罪成立的判例已经出现了很多，且被认为是正当的。这样的判例，虽然在《日本改正刑法草案》出台以前也有，但极罕见。因此，联邦高等法院 1952 年判决及《德国刑法典》第 17 条对日本的影响是明显的。

德国的邻邦意大利也受到了这一冲击波的影响。《意大利刑法典》第 5

① 参见［日］野村稔：《刑法总论》，全理其、何力译，法律出版社 2001 年版，第 308—314 页。

条规定："不得因不知法律而免除刑事责任。"同样，如果将不知法律理解为不具有违法性认识的话，这一规定的违法性认识不要说立场是勿庸置疑的。尽管今天意大利多数学者认为，行为人不知道自己的行为违法，一般都不能排除犯罪的理由，但是意大利宪法法院1988年通过第364号判决，宣布该规定部分违宪。这一判决，被认为明确支持了这样的观点：要使行为人为自己的行为负刑事责任，他就不应该是自己行为的"盲目"的原因，而应是一个有能力根据自己的价值标准来选择行为的方向、理性地控制自己的行为的人。换句话说，行为人只有在具有刑事责任能力时，才可能承担刑事责任。按帕多瓦尼的理解，第364号判决在实践上结束了是否应将危害性作为故意认识对象的讨论①。尽管这句话也暗示出理论上的分歧仍未消弭，但是很显然，行为人行为时没有不知法，如该错误认识不可避免则具有免除刑事责任的可能性，已经有了宪法性保障。

联邦高等法院1952年判决及《德国刑法典》第17条的冲击波，当然也波及德国的又一个近邻法国。在法国，"任何人都不被认为不知国法"是一条没有丝毫松动的规则，与"不知道法律即构成无罪之原因"的看法绝对对立。尽管如此，1992年通过的《法国新刑法典》第122-3条中还是规定："能证明自己系由于其无力避免的对法律的某种误解，本以为可以合法完成其行为的人，不负刑事责任。"行为人"在法律上的认识错误"便从狭义上进入了"不可归罪的原因"。从实务角度看，这一规定，即不论何种情形，不知法律，或者对法律发生解释上的错误，有时也可以作为一种对行为人不可归罪的原因，得到了刑事法官的承认。虽然，早在1870年就有"法律性命令"规定，如违警罪发生在法律颁布后整三日之内，法院可以依据情节接受违警罪行为人援用的"不知道法律之例外情形"；虽然，除了"精神紊乱"或"受到强制"之外，行为人在认识上的错误是否可以排除其刑事责任的问题在法律修改前就有人提了出来，并且，虽然不能全部作肯定回答，但至少在行为人由于对事实的认识错误而可能取消其意志的情况下，理论上可以作出肯定回答；虽然，还有一些理论工作者建议，对一些"人定的"违法行为，法院裁判可以灵活处理；虽然，《法国新刑法典》草案中，曾有允许任何人举证证明他是由于某种原因"其本人不可避免的对法律的

---

① 参见［意］杜里奥·帕多瓦尼：《意大利刑法学原理》，陈忠林译，法律出版社1998年版，第180页、第207页。

认识错误”，致使其误以为所完成的行为不是犯罪行为之类建议稿，但这些建议都没有在向议会提出的法律草案中保留。真正对《法国新刑法典》第122－3条的出台起到影响的，是参议院法律委员们效仿某些外国立法，所提出的一份旨在对“法律上的错误认识”加以规定的修正案①。至于这“某些外国”，应该主要就是指的德国。

限于资料与篇幅，这里当然不可能也没必要对德国联邦高等法院1952年判决及《德国刑法典》第17条的冲击波所波及的立法一一列举。但仅以上所析诸例，已经明白无误地传达出这样一个信息：在大陆法系国家的刑法实践中，法律上的认识错误，或者说禁止错误，或者说违法性认识错误，已经不再是决定犯罪故意成立与否的责任要素，取而代之的，是对行为人避免发生法律上的错误或者说禁止错误的可能性有无的判断。只有当错误认识不可避免时，才免除行为人的故意责任。

三、对《德国刑法典》第17条的反思

正如前文所述，对于德国联邦高等法院1952年的判决，罗克辛予以高度评价，认为是“标志着一种历史性的转变”，“不仅宣告了反对帝国法院（将刑法之外的法错误作为排除故意来处理的判决，《帝国法院刑事判例集》第50卷，第183页），而且也宣告了反对故意理论，并且，借助在这个判决中对罪责理论所表示的意见，确定了将来的发展方向。因此，罪责理论不仅为1962年草案和选择性草案所采纳，而且也为新的总则在第17条中所跟随”。我们知道，无论故意理论还是罪责理论，都是规范责任理论。其共同点在于，都承认违法性是指的对法规范的违反。何以故意理论从违法性是指对法规范的违反的立场出发，得出了违法性认识必要说，罪责理论也从违法性是指对法规范的违反的立场出发，却得出了违法性认识不要说的结论呢？笔者认为，原因就在于对行为违法性的认识途径的不同理解。

李斯特最先提出了形式违法性与实质违法性的概念。他认为，形式违法是指违反国家法规、违反法制的要求或禁止规定的行为；实质违法是指危害

---

① 参见［法］卡斯东·斯特法尼：《法国刑法总论精义》，罗结珍译，中国政法大学出版社1998年版，第392—396页。

社会的（反社会的）行为；违法行为是对一种法益的破坏或危害。① 但是A. 迈克尔和宾丁理解的形式违法性，却是指违反法秩序或者法规范。作为规范理论的提出者，宾丁特别指出，犯罪不是违反刑罚法规本身，而是违反了成为刑罚法规前提的规范，此即规范说。违法性的实质是违反社会伦理规范，这就是规范违法说②。因此，违法性认识，从形式违法的角度说，就是对行为违反法规范、法秩序的认识；从实质违法的角度说，就是对行为违反社会伦理、反社会性、危害社会性或侵害法益性的认识。

认为法规范是法规的前提，是法条背后的禁止性要求，这是故意理论与罪责理论的共识。违法性认识是指对行为违反法规范的认识，这也是两种理论的共识。但区别在于，行为人如何才能认识这些禁止性要求，如何才能认识这些法规范。在罪责理论看来，人们只能在认识法律的条款之后，才能获得不进行这些被禁止行为的冲动。可是“在附属刑法中，有着数以千计的刑法条文，没有人能够记得住”。既然如此，结论就只能是一个：没有人不缺乏禁止性认识，所有人的禁止性认识的缺乏都是不可避免的。如果认真坚持违法性认识必要说，就没有人会负刑事责任，于是只能统统宣告无罪。问题是，这样老百姓会答应吗？罗克辛不得不承认，这样做“在刑事政策上也并不是正确的解决办法，因为这样一种运用使得对法的认识的努力瘫痪了，并且，这些没有人能够认识的规范就在实践中变为无效了”，罪责理论丧失了说服力。③ 怎么办？罪责理论者们于是坚决主张违法性认识不要说。

可是，行为人真的一定要通过了解法条的具体规定才能了解该法条背后的禁止要求吗？当然不。行为人完全可能根据自己“法的理念”④ 而对法条背后的禁止规范有认识。一般人都是如此。比如我们很小的时候就知道不能杀人，不得盗窃等《刑法》第232条、第264条背后的法规范，但我们那时显然不知刑法为何物，更不可能知道这是第232条、第264条背后的禁止

---

① 参见［德］弗兰茨·冯·李斯特：《德国刑法教科书》，徐久生译，法律出版社2000年版，第201页。

② 参见马克昌：《比较刑法原理外国刑法学总论》，武汉大学出版社2002年版，第306—307页。

③ 参见［德］克劳斯·罗克辛：《德国刑法学总论》（第1卷），王世洲译，法律出版社2005年版，第612页。

④ 参见［日］小野清一郎：《犯罪构成要件理论》，王泰译，中国人民公安大学出版社2004年版，第35页。

要求。所以，对法规范的这种认识与行为人对法条有无了解没有必然联系，只与行为人的日常生活经验有关，是一种经验判断。即使没有法条将这一禁止要求表达出来，行为人也可以通过生活常识而对这一禁止要求有认识。禁止要求不是法条创造的，法条只是从社会规范中发现了它，并将它用文字表达出来。行政犯也是如此，哪一个行政刑法的条文不是对生活中多次出现的且不为人所容忍的生活经验或者教训的总结呢？用李斯特的话说，行为人所了解的这一禁止规范的内容是“前法学的”，“立法者从几乎不可能一览无余的违法行为方式中，将一些特定的行为筛选出来，并以此方式构成了应受刑罚处罚的具体犯罪的犯罪构成”①。责任理论之所以“丧失了说服力”，就在于其主张者们误以为，行为人必须先了解法条，通过分析法条，然后才能认识法条背后的禁止规范②。这显然是颠倒了法律与生活的关系，忘记了法律的源泉。最终事实上背叛了规范论，而堕落为庸俗的法条主义，最后连自己也说服不了。错误产生的直接原因，很显然是受到了1949年德国刑法对罪刑法定原则的确立的影响，被形式的罪刑法定原则引进了死胡同。至于说到间接原因，恐怕又要将批判的眼神投向始终徘徊在欧陆上空的理性主义与法律实证主义了。

所以，“法规范”，不应理解为法条产生的规范，而应该是指的产生了法条的规范。“法律作为社会共同意志面向社会成员，并告诉他何为正确，何为错误，而这种共同意志是由个人意志组成并最终代表个体的观点和立场。”③ 正如小野清一郎所言，这种规范实质上就是一种伦理，即人伦生活的事理、道理和道义，也就是社会生活中的“条理”，进一步又可以叫作文化规范或社会规范，④ 亦即常识、常理、常情⑤。而这种认识，一个生活在社会中的正常人是不可能没有的。如果一定要为这种“文化规范或社会规范”“常识、常理、常情”“由个人意志组成并最终代表个体的观点和立场”

---

① ［德］弗兰茨·冯·李斯特：《德国刑法教科书》，徐久生译，法律出版社2000年版，第202页、第168页。

② 其源头很可能应追溯到梅兹格的研究方法。参见［日］小野清一郎：《犯罪构成要件理论》，王泰译，中国人民公安大学出版社2004年版，第16页。

③ ［德］弗兰茨·冯·李斯特：《德国刑法教科书》，徐久生译，法律出版社2000年版，第252—253页

④ 参见［日］小野清一郎：《犯罪构成要件理论》，王泰译，中国人民公安大学出版社2004年版，第30页。

⑤ 参见陈忠林：《刑法散得集》，法律出版社2003年版，第37页。

找到一个法律依据，把它说成法规范的话，那么可以说，在现代法治国家，这一法规范就是指宪法。当然，不是指宪法的条文，而是指宪法的精神——尽管仍然不能说，是宪法创造了社会规范。

生活常识告诉我们，更多的人不是因为学习了法条才没去违反法律后面的禁止规范，相反，是因为认识到社会生活中的种种禁止规范才没去违反它们，从而才没有触犯法律。所以，不知法条并不能否定违法性认识（违反法规范的认识）的存在，这正是上述诸国刑法接受德国刑法影响的真正原因。这也正是"不知法不是辩护理由"这一古老法谚的合理性所在。如果指望在现代法治国家，通过提高公民教育水平或者通过普法来使人人都懂法而不去犯法，就是强人所难和不切实际的了。

表面看来，《德国刑法典》第 17 条否定了违法性认识必要说，是支持了责任理论。但实际上，这种否定与责任理论者们的主张根本不同。第 17 条所不要的违法性认识，正是责任理论所主张的通过了解法条然后了解禁止规范的所谓违法性（Rechtswidrigkeit）认识；肯定的是行为时的"不法"（unRecht）认识的可能性。这从第 17 条的用语即可以得出。"不法"是什么意思呢？罗克辛正确地论述道："这意味着，从实体上说：他是以不能容忍的方式实施了有社会危害性的行为。"[①] 换句话说，第 17 条的意思是：如果行为人行为时没有认识到他是在以令人不能容忍的方式实施有社会危害性的行为，且他不能避免这种无认识，那他就不负刑事责任。可以说，刑法的要求非常低，只要行为人有可能认识到自己是以不能容忍的方式实施了有社会危害性的行为，就要承担刑事责任，并不要求行为人认识到或者有可能认识到自己的行为具有"违反法律的禁止性要求"。这几乎可以说是回到了李斯特时代的学者们那儿。[②] 耶赛克指出，"如果说迄今为止，违法性受宾丁的影响，被视为对法规范的形式违反的话，那么，现在就不同了，人们从刑法规定的目的出发，将不法视为具有实质上的反社会性。如果事实上不存在任何利益侵害，那么，行为不可能违法"[③]，这可以说是对本文观点的一个

---

① ［德］克劳斯·罗克辛：《德国刑法学总论》（第 1 卷），王世洲译，法律出版社 2005 年版，第 135 页。

② 参见［德］弗兰茨·冯·李斯特：《德国刑法教科书》，徐久生译，法律出版社 2000 年版，第 257 页。

③ ［德］汉斯·海因里希·耶赛克、托马斯·魏根特：《德国刑法教科书》，徐久生译，中国法制出版社 2001 年版，第 255 页。

极好支撑。因此第 17 条不是像责任理论一样不要违法性认识，而是不要责任理论者所主张的那种违法性认识。恰如耶赛克所言，该规定已经明确地将不法意识作为完全责任非难的前提，而不是抛弃了不法意识。我怀疑，当罗克辛们为责任理论在法律上摆脱了沉重的精神压力而大松一口气时，他们很可能并没有真正理解高等法院的判例以及《德国刑法典》第 17 条的精神。

四、结论

如果说今天的刑法理论从刑法规定的目的出发，将违法性（不法）视为具有实质上的反社会性，那么违法性即实质违法性，形式违法性与实质违法性的区分已没有必要；同时，违法性即社会危害性，故在中国刑法中不存在讨论违法性认识的必要性，中国刑法中以明知自己的行为会发生危害社会的结果作为故意的要素，也就是坚持了违法性认识必要说。

法规范的内涵不能违反常识、常理、常情。违法性认识是一个社会生活经验判断，与是否知法没有必然联系。人们不是因为学习法条才理解生活的规范，而是因为了解生活规范才不去违法。在现代法治国家，法规范的精神可以说是宪法精神。《德国刑法典》第 17 条的立法，以对有无违法性认识（不法意识）可能性的判断取代有无违法性认识的判断，其实抛弃的只是那种认为违法性认识只有通过学习了解法条才能获得的错误理解。第 17 条的“不法意识”应该理解为社会危害性或反社会性认识，或者说违反宪法精神之认识。如此，则违法性认识在责任概念的构成中的地位不仅没有失去，反而获得了新的生命力。

被害人承诺探究*

——民权刑法视域中的利益衡量

肖　敏**

古罗马著名法学家乌尔比安曾言及“对意欲者不产生侵害”，即行为人实施某种侵害行为时，如果该行为及其产生的结果正是被害人所意欲的行为与结果，那么，对被害人就不产生侵害问题。① 可见，该法律格言中即蕴含着刑法中被害人承诺的思想。在近现代刑法学理论中，被害人承诺一般是指法益主体有权同意他人对自己可以支配之权益的处置或侵害。其在大陆法系刑事立法或犯罪论体系中往往被视为阻却违法性事由，只是在与法规范的关系问题上略有区别，如意大利、韩国等国家及我国澳门特别行政区的刑法中均明文规定了被害人承诺是阻却违法性事由，而法国、西班牙、比利时、荷兰等国对被害人承诺虽无刑法明文规定，但在理论上均视被害人承诺为超法规阻却违法性事由。

一、被害人承诺之刑法效果

如上所述，许多国家的刑事立法或刑法学界均认为，被害人承诺具有阻却违法性的刑法效果，但“在被害人的承诺之下进行的行为，很难看成是

---

* 本文原载于《政治与法律》2007 年第 4 期。

** 西南政法大学法学院副教授。

① 参见张明楷：《刑法格言的展开》，法律出版社 1999 年版，第 253 页。

典型的违法性阻却事由，而实际上被害人的承诺往往具有不同的意义”，[①]事实上，被害人承诺主要具有如下几种刑法效果。

（一）被害人承诺是构成要件阻却事由

被害人承诺，消除了犯罪性（社会危害性），阻却犯罪构成要件的成立，即犯罪成立的构成要件包括了违背被害人的意愿。举例言之，强奸罪是指违背妇女的意愿而与之发生性行为的犯罪，若性行为的接受者——妇女同意该行为对自己发生影响和作用，妇女的自愿性表明权利人对自己私权利的同意处分，不存在权利被侵害，其已不是刑法意义上的被害人，自然也没有所谓的加害人，两人之间的性行为不构成犯罪。

（二）被害人承诺是违法性阻却事由

被害人承诺虽然导致被害人利益的某种程度的损害，但这种损害和被害人自由决定权相比，被害人的自由决定权更为重要，所以，根据利益衡量说，被害人承诺阻却违法性。譬如，被害人同意加害人对自己进行性虐待，只要未超出法律允许的范围，没造成重伤或死亡等严重后果，加害人的承诺行为的违法性被阻却，不构成犯罪。

（三）被害人承诺是刑罚轻处的理由

被害人的承诺可影响量刑，指即使有被害人的承诺，得承诺行为依然构成犯罪，但在量刑时可作为从轻处罚的理由。因为，被害人的承诺作为犯罪构成要件中的伴随情节，反映加害人的主观恶性较弱，行为的违法性减少，故可成为刑罚轻处之理由。如我国虽未明文规定安乐死，但由于有被害人承诺的因素，且“加害人”是出于人道主义，为解除被害人的痛苦而实施该行为，在量刑上通常较普通的故意杀人罪为轻。

（四）被害人承诺是构成犯罪要素之一

被害人承诺，是其构成犯罪的事实之一，这主要集中于亲属之间的相奸和乱伦行为的犯罪。许多国家刑法明文规定，这种亲属间的乱伦行为并不因为双方的同意而不构成犯罪。1994 年的《法国刑法》第 222－24 条、第 222－28 条、第 222－27 条分别规定了尊亲属对卑亲属奸淫、猥亵者，处 20 年、10 年、5 年监禁或徒刑。《意大利刑法》第 564 条规定，与尊亲属或直系姻

① ［日］大塚仁：《犯罪论的基本问题》，冯军译，中国政法大学出版社 1993 年版，第 156 页。

亲，兄弟姊妹实施乱伦行为以致造成公共丑闻的，在保持乱伦关系的情况下，处2年至8年的有期徒刑。《德国刑法典》第173条规定，亲属间的性交，行为人与血缘的后裔发生性交的，处3年以下的自由刑或金钱刑；行为人与血缘的先辈亲属发生性交的，处2年以下的自由刑或者金钱刑。血缘的兄弟姐妹互相发生性交的，同样处罚。此外，对于某些对向犯，也存在权利人同意才能被实施。在这种情形下被害人同意反而更能说明其主观恶性，彰显其行为的社会危害性。

我们发现，上述四种情形是依据大陆法系的犯罪构成进行评价而得出的结论，其中第一种情况是社会正常行为，不具有刑法评价意义。第四种情况中的“被害人同意”是刑法明文规定的具体罪名构成要件之一，也是刑法予以否定评价的行为，故不是我们关注的重心。第三种情况，由于加害人得到被害人承诺而减少其行为的违法性，但毕竟并未改变这种行为违法的性质。第二种情况中的阻却违法性相当于我国刑法中的排除社会危害性行为，被害人承诺的地位相当于我国刑法规定的紧急避险和正当防卫，我们认为，这才是严格意义的被害人承诺，其他几种皆非被害人承诺，下文所论述的被害人承诺都是在这个范域中展开的。

二、被害人承诺之法理基础

被害人承诺为何具有阻却违法性之刑法效果？笔者认为，此需探寻被害人承诺的法理基础。被害人承诺的法理基础主要有法律行为说、利益缺乏说和利益衡量说。法律行为说是建立于民法的契约论基础之上的，被害人承诺被认为是被害人和加害人之间通过要约和承诺而达成的合意。依照民法之要求，平等主体的合意只要没有违反公序良俗、法律，都是合法有效的法律行为。利益缺乏说是利益放弃说和法律保护放弃说的结合，包含了被害人放弃自己的利益和被害人放弃法律的保护双重含义，该学说认为刑法的目的为保护合法利益，既然利益的主体（被害人）都放弃自己的利益或对自己利益的法律保护，加害人的行为也就未破坏法益，自然也无社会危害性，更无须追究加害人的刑事责任。而利益衡量说则认为应该牺牲价值较低利益以拯救价值较高的利益。[①] 利益衡量说之基础是功利主义哲学，即在两种不同利益

---

① 参见［日］大塚仁：《刑法概说（总论）》，冯军译，中国人民大学出版社2003年版，第319页。

之间进行选择时，择其价值更高者加以保护。当对被害人的自由决定权和被害人承诺放弃的权利进行比较、作出抉择时，若被害人自由决定权价值更高，被害人承诺具有阻却违法性；若被害人承诺放弃的权利更为重要，被害人承诺不阻却违法性，但可能会减少违法性。

对上述学说进行剖析，我们发现，法律行为说混淆了公法和私法的界限，民法作为私法主要调整平等主体之间的财产关系和人身关系，刑法作为公法之着眼点是保护人民、惩罚犯罪，刑法只能限于调整公共关系，而且是最低限度的公共关系，如国家安全、社会公共秩序等，而在私人领域内的各类关系，除非涉及社会公共利益，不然刑法只能作为消极、中立的旁观者，“任由”私法（主要是指民法）调整。由于这种学说混同了法律行为在民法和刑法中的不同意义，现在很少学者支持该观点。

利益缺乏说不能解释为何对于生命权，即使被害人承诺许可加害人剥夺自己的生命，国家仍然要追究加害人的刑事责任。笔者认为，这是因为生命权益是和公共利益紧密联系在一起的。被害人放弃的利益只能是自己有权处分的利益，但是有些利益是融个人利益、社会利益、国家利益于一体而无法分割的，被害人无权放弃这种综合的利益。利益缺乏说无法解决这类问题，因此，笔者不赞成这种观点。

利益衡量说所强调的利益衡量，实质是国家权力和公民权利两者的权衡。被害人承诺的正当性得到了公民权利的支持，因为被害人承诺体现了公民自由决定权。当公民自由决定权和被害人承诺放弃的权利相比较时，其权衡取舍会深深打上刑法类型的烙印。刑法的类型分为国权主义刑法和民权主义刑法。国权主义刑法的基本特点是，刑法所要限制的是国民的行为，保护国家的利益。民权主义刑法是以保护国民的利益为出发点，而限制国家行为的刑法。[①] 国权主义刑法在被害人承诺体现的公民自由决定权和被害人承诺放弃的权利相比较时会倾向于后者，其注重保护国家的整体利益——安全、秩序、稳定，而轻视和低估公民自由决定权。民权主义刑法则倾向于对个人自由的保护，即重视对人权的保护。可以说，刑法在一个社会中最敏感地体现着国家和公民的关系，以及社会的现实价值观念和社会对源于本身的弊端的责任感与态度。对此，德国学者耶赛克指出：“刑法在某种意义上是我们

① 参见李海东：《刑法原理入门（犯罪论基础）》，法律出版社1998年版，第5页。

文化状况最忠实的反映并表现着我们国家占主导地位的精神状态。”[①] 而被害人承诺就是刑法中的一块试金石，探测出公民自由权的范围到底有多大，多宽，多广。随着经济社会的发展，世界各国都已达成共识，保障公民基本人权不受侵犯，发展和丰富公民基本人权的内容，为公民基本人权的实现创造更好的条件，是现代国家存在的唯一目的。[②] 一般认为，一个保护人权的制度就是好制度，一个侵犯人权甚至根本不承认人权的制度便是坏制度。[③]民权主义刑法的勃兴已成为人类文明进步发展中不可阻挡的潮流，基于对公民权利的尊重和保护，国家必然会认可和支持公民在一定的权利范围内享有自决权，在这种范围内，公民所同意的事项理所当然地具备合法性。因此，笔者认为，体认对公民自决权的尊重和保护的利益衡量说可较好阐明被害人承诺之所以具有阻却违法性的原因。

三、被害人承诺之成立要件

一般而言，被害人承诺要成为刑事立法或刑法学界所认可和肯定的阻却违法性事由，需具备以下基本要件。

（一）承诺主体的适格性

承诺人应具有成熟的判断能力，即具备正确识别、判断事物的能力。有些国家、地区的刑法对此作了明确的规定，如 1996 年“澳门刑法典”第 37 条第 3 款规定：“同意之人必须满十四岁，且在表示同意时具有评价同意之意义及可及范围之必要辨别能力者，同意方生效力。”我国刑法在排除社会危害性行为中只规定了正当防卫和紧急避险这两项事宜，对被害人承诺并无明文规定。但我国刑法规定了犯罪人应负刑事责任的年龄，即以 16 周岁为起点，还规定了已满 14 周岁不满 16 周岁的人犯故意杀人、故意伤害致人重伤或者死亡、强奸、抢劫、贩卖毒品、放火、爆炸、投毒罪的，也应当负刑事责任。这说明，刑法认为年满 14 周岁的人对大是大非的问题具有辨别能力和控制能力。而且，我国《刑法》第 236 条规定行为人与幼女发生性行为时，即使不满 14 周岁的幼女表示同意，行为人仍然构成强奸罪，由此可

① 周光权：《法治视野中的刑法客观主义》，清华大学出版社 2002 年版，第 248 页。

② 参见陈忠林：《刑法散得集》，法律出版社 2003 年版，第 19 页。

③ 参见［英］A. J. M. 米尔恩：《人的权利与人的多样性——人权哲学》，夏勇等译，中国大百科全书出版社 1996 年版，第 1 页。

推知在双方自愿发生性行为中，女方年满 14 周岁才有性承诺权。因此，我们认为，从刑法体系的协调性和统一性出发，我国刑法中被害人承诺的年龄应始于 14 周岁，年满 14 周岁的精神正常的人，才具备承诺能力，是适格的主体。若是承诺人欠缺主体资格，则其“同意”属于无效承诺，如猥亵儿童罪、拐卖儿童罪等，即使加害人得到被害人的同意，其得承诺行为因被害人欠缺主体资格，仍然构成犯罪。若是承诺人的年龄未满 14 周岁或者有精神障碍，其监护人可否代为承诺，实践中曾发生双生子之间的器官移植问题，未成年人无能力判断和理解自己器官被摘掉或被移植的后果，其监护人可否享有代理承诺的资格？依据《民法通则》第 18 条规定：“监护人应当履行监护职责，保护被监护人的人身、财产及其他合法权益，除为被监护人的利益外，不得处理被监护人的财产。”既然法律规定监护人不得任意处理被监护人的财产，除非是为了被监护人的利益，而器官移植是对被害人器官的处置从而必然对其身体造成损害，这是任何意义的财产都无法比拟的，故监护人不能代为承诺而对被监护人的人身利益进行处理。①

（二）意思表示真实

承诺人的意思表示是承诺人将希望发生一定法律后果的意思，表示于外部的行为。意思表示包括两个构成要素：（1）内在意思。承诺人内心希望发生一定法律效果的意愿；（2）表示行为。承诺人将这种内在意思通过一定方式表达于外部的活动。其表示方式有明示和默示两种：明示的承诺是指承诺人用口头语言、书面文字或录音、录像等方式明确表示同意他人对自己可以支配的权益进行处置；默示的承诺则是承诺人在特定情况下，不以明示方法，而用作为或不作为的事实行为的方式来表明自己的同意。如被害人同意在科学实验中对自己进行一定期限的禁闭，若约定的禁闭期满后，仍继续关闭被害人，被害人没有异议地自愿待在密室里，其行为就是默示承诺。承诺人表示行为和内在意思一致时，即通过表示行为表达出来的意思是承诺人内心真实意思的表达，这就是意思表示真实。意思表示真实应涵括意思自由与表示一致两层含义。所谓意思自由，是指承诺人内在意思的形成与表示之决定是自由的，未受他人不当干涉与妨碍。所谓表示一致，是指行为人通过表示行为表达出来的意思与其内心意思是一致的。意思自由受干涉、妨碍，

---

① 当然也有学者认为像双生子移植器官的情形可用紧急避险的理论来解释，移植器官和拯救生命之间进行权衡，显然是被损害的利益小于被拯救的利益，符合紧急避险的限度条件，是合法行为。

与表示错误都会导致意思表示不真实。[①] 可见，意思表示不真实缘于意思表示不一致或意思表示不自由：意思表示不一致，主要指承诺人陷于错误中作出的外部表示，如诈骗罪客观上表现为行为人实施欺骗行为而致使被害人陷入或继续维持错误认识，并基于错误认识而“同意”给付财产，这种基于错误而作出的“同意”是无效的；意思表示不自由，着重于承诺人受强制、胁迫和其他不正当的影响作出的意思表示行为，如强迫交易罪、强迫卖血罪、强迫职工劳动罪中被害人的“同意”都是被强制的，这种“同意”是无效的。因此，凡是因承诺人意思表示不一致或不自由作出的承诺都是无效的，因为这都违背了承诺人的真实意思和自由决定。

（三）承诺权益的可处分性

承诺人所承诺的权益必须是其有权自由支配和处分的，这主要集中于承诺人享有处分权的财产权和人身权。

1. 对财产权的承诺。财产权是所有权人对财产的占有、使用、收益、处分的权利。财产权基本上属于可承诺的权利，承诺人可以自由处分其私人财产或委托他人代为处理，但处理财产的方式不得违反基本法秩序，如承诺人明知他人向自己借钱进行走私犯罪活动，还予以借贷，承诺人可能会构成走私罪。并且，承诺人对于公共财产和公共利益不得私自任意处分，如承诺人同意将公款私自借给他人使用，有可能会构成挪用公款罪。

2. 对人身权的承诺。人身权是民事主体依法享有的与其人身不可分离而无直接财产内容的民事权利，主要涉及生命权、健康权、性权利、人身自由权等基本权利。

（1）生命权是以自然人维持生命和生命安全利益为内容的人格权。一方面缘于个人是社会和国家形成的基本单位，社会化使个人生命具有社会意义而不再纯粹属于个人私利，另一方面鉴于警惕道德风险的考虑，国家限制个人对生命权的私自处分，故在现代社会，立法者对生命权采取限制的措施，规定私人无权承诺让渡自己的生命权。除荷兰等少数承认安乐死合法的国家以外，几乎所有国家和地区都认为得承诺人违反法律规定经被害人同意或承诺后剥夺被害人生命的行为，构成杀人罪。但国家从尊重个人自由意志角度出发，对经过被害人承诺的剥夺生命的行为多予以相对较轻的刑罚。

---

① 参见李开国：《民法总则研究》，法律出版社2003年版，第251页。

《日本刑法典》第 202 条（参与自杀与同意杀人）规定：“教唆或者帮助他人自杀，或受他人嘱托或者得到他人的承诺而杀之的，处六个月以上七年以下惩役或者监禁。”《德国刑法典》第 216 条（受嘱托而杀人）规定：“一、行为人受被害人明确且真诚之嘱托而将其杀死的，处六个月以上五年以下自由刑。二、犯本罪未遂的，亦应处罚。”1996 年“澳门刑法典”第 132 条规定：“受被杀之人认真、坚决及明示之请求所驱使而杀之者，处最高五年徒刑。”我国台湾地区“刑法”第 275 条（加工自杀罪）第 1 款明确规定：“教唆或帮助他人使之自杀或受其嘱托或得其承诺而杀人者，处一年以上、七年以下有期徒刑。”

（2）健康权是指自然人保持身体机能正常和维护健康利益的权利。我们认为，健康权属于有限承诺的权利。有限承诺是指，对健康权的侵害不能是对生命权造成严重威胁的重伤害，更不能违背公序良俗。1996 年“澳门刑法典”在侵犯身体完整性罪中规定了“同意条款”（第 143 条），“为着同意之效力，身体完整性视为可自由处分”，但其在第 2 款中规定对身体或健康的伤害不得违背善良风俗。《德国刑法典》第 266 条关于伤害罪中的被害人承诺规定：“被害人同意之伤害之行为不处罚，但以行为不违背良好风俗为限。”如莎士比亚的《威尼斯商人》中犹太商人夏洛克和安东尼签订合同，规定若是安东尼到期无法还钱，夏洛克就可从安东尼身上割一磅肉，这是典型的被害人承诺放弃健康的权利的例子。但夏洛克的行为以今日法律解读，显然违背了善良风俗，是无效的承诺行为。

（3）性权利基本上属于可承诺的权利。强奸罪的构成要件之一是违背妇女的意愿。如果妇女同意，原来可罚行为已不再是传统意义上的犯罪行为。但刑法规定，凡与不满 14 周岁的幼女发生性行为者，可能构成强奸罪或嫖宿幼女罪，幼女本人同意与否，不影响构成犯罪，这是基于幼女作为刑法中被害人承诺主体不适格，其承诺不具有阻却违法性的法律效果。

（四）承诺时间的适宜性

刑法上的承诺是事前承诺，而且承诺人有撤销权，只要在承诺行为履行前，承诺人都可随时要求得到承诺之人不再实行其事先同意之行为。事后承诺在民法上是可被追认的，由于刑法保护利益的方式更为严格，犯罪行为一旦既遂后，被害人的事后承诺就无法改变犯罪行为的性质，如小偷盗窃他人财物被发现后，被害人因怜悯小偷而自愿让其拿走自己的财物，但这并不能改变盗窃行为的性质。那么，事后承诺是否毫无意义？也并非如此，被害人的事后承诺可视为被害人的宽宥和谅解，因此在量刑上可以作为酌定从轻情节。此外，对于自诉案件，被害人一旦事后承诺，就不会提起自诉，这意味着该行为不会被纳入刑事诉讼程序，实质上从程序意义上肯定了事后承诺的法律效力。《芬兰刑法典》第17条“免于采取措施”（1995年/578号）规定：“如果伤害的被害人基于自愿不要求提起指控，公诉人可以免予提起指控，除非涉及重大的个人和公共利益要求提起指控。”《瑞典刑法典》第二编第四章第11条规定：“侵犯住宅安宁罪、不太严重的非法侵入罪，非在公共场所实施的骚扰罪，侵入安全保管处罪，仅受害方告诉，或为公共利益公诉人才提起诉讼。”可见，事后承诺在自诉案件中由于不会启动刑事程序或者即使启动刑事诉讼后又撤诉，而具有事实上的阻却违法性的法律效果。

四、被害人承诺过当之刑事责任

被害人承诺过当，又称为越权的承诺行为，即加害人的行为所造成的后果超越了承诺人有效承诺的范围，造成了不应该有的损害而应当负刑事责任的行为。被害人承诺和被害人承诺过当属于两种不同性质的行为，被害人承诺是阻却违法性事由，但被害人承诺过当是犯罪行为。被害人承诺过当意味着其行为已由量变过渡到质变，从合法行为嬗变为犯罪行为，诚如黑格尔所言：“只要量多些或少些，轻率行为会越过尺度，于是就会出现完全不同的东西，即犯罪，并且，正义会过渡为不义，德行会过渡为恶行。”① 被害人承诺过当的客观要件是加害人行为所侵害的权利超出了被害人有效承诺范围的限度，并造成了不应该有的损害，通常这种不应有的损害是指致人重伤、死亡或给被承诺人的财产造成重大损失等严重后果，譬如被害人承诺加害人可轻微伤害自己，但加害人所实施的行为造成了被害人重伤或死亡。被害人承诺过当的主观要件是加害人有罪过，加害人对造成不应有的损害的态度是故意或者过失。由于被害人承诺过当具备构成犯罪的主客观要件，应当负刑事责任，但毕竟加害人的行为是经被害人同意而实施的，其主观恶性较小，具有违法性减少的效果。所以大多数国家都明文规定，对过当犯罪（如正当防卫过当、紧急避险过当）应当（或可以）减轻或者免除刑罚。由于我国刑法所规定的排除社会危害性行为中并未涉及被害人承诺，因此，对被害

① ［德］黑格尔：《逻辑学》（上），商务印书馆1982年版，第405页。

人承诺过当的处理，应当参照紧急避险过当和正当防卫过当的处理情况，并根据实施过当行为的加害人的心理态度和其行为造成的客观危害后果，分别按下列几种情况定罪量刑。

1. 对于承诺行为过当造成被害人死亡的案件，如果加害人对于被害人死亡的结果已经预见且具有危害他人生命健康的故意，定为故意杀人罪。如果加害人对于被害人死亡结果的发生是因过失所致，则定为过失致人死亡罪。若加害人只能预见到造成被害人重伤的危害结果且放任这一结果的发生，导致被害人死亡的，定故意伤害致人死亡罪，可酌情从轻处罚。

2. 对于承诺行为过当造成被害人重伤的案件，如果加害人出于希望或放任的态度，则按故意伤害罪处理，若该重伤结果是加害人出于过失的心理态度而造成的，则定为过失致人重伤罪，可酌情从轻处罚。

3. 对于承诺行为过当造成被害人财产损失的案件，若加害人明知自己的行为会导致公私财产损失而基于希望或放任的态度造成财产损失，数额较大的，可以按故意毁坏公私财物罪处理，否则不构成犯罪，加害人只需承担民事责任。

五、结论

综上所述，凡是欠缺承诺成立的有效要件之一，如主体不适格、意思表示不真实、承诺不适时、承诺范围不恰当，均不成立被害人承诺，而一旦具备承诺成立的条件，得承诺行为阻却违法性，排除了行为的社会危害性。这是缘于被害人承诺以利益衡量理论为基石，突显出民权刑法中国家对公民自由决定权的尊重和保护。质言之，被害人承诺对个人犯罪具有正当化效力，是因为国家以民权刑法为根据进行利益衡量与取舍后，允许个人在自由主义的法秩序范围内按照自己的价值进行取舍。

共犯属性论[*]

陈世伟[**]

在刑法理论中，“共犯”一词一是作为与单独犯罪相对应的共同犯罪这一形态的简称；二是对实施共同犯罪之人即共犯人（者）的简称。后一种意义上讲的“共犯”一般又分为广义共犯和狭义共犯。广义共犯包括共同正犯、教唆犯以及帮助犯；狭义共犯则仅指与共同正犯相对的教唆犯与帮助犯，本文即采狭义共犯之内涵（为行文方便，以下简称“共犯”）。

共同犯罪是刑法理论中“最黑暗而混乱”的“绝望”之章。总的来讲，共同犯罪问题的核心或难点就在于正确揭示共犯行为的属性，从而科学解决教唆和帮助他人犯罪的人的罪责根据问题。本文以重新解读“行为”理论作为切入点，从新的视角重新诠释“共同犯罪行为”，进而揭示出共犯的属性，解决教唆、帮助他人犯罪的人的行为基础和罪责根据问题。本文的核心虽然在于科学解决共犯的独立行为基础和罪责根据，不过本文所得出的结论也同样适用于包括实行犯在内的所有共同犯罪人。

一、共犯属性论争述评

关于共犯的属性（也即共犯独立的行为基础和罪责根据），大陆法系刑法学界素有“共犯从属性说”与“共犯独立性说”之间的长期聚讼。实际

* 本文系重庆市哲学社会科学基金青年项目“共犯的本质属性及其定罪根据”（2007－FX05）成果，原载于《西南政法大学学报》2009 年第 1 期。

** 西南政法大学法学院副教授。

上，这是客观主义刑法理论与主观主义刑法理论所持的两种不同立场在共同犯罪问题上的具体反映。“共犯的本质论是犯罪论的基本的对立的投影。新派刑法学与旧派刑法学在犯罪论上最大的对立点之一，就是关于共犯本质的独立性说与从属性说之争。”① 为了调和“共犯从属性说”与“共犯独立性说”二者之间的矛盾，我国有学者于20世纪80年代初提出了教唆犯既具有“独立性”，也具有“从属性”的观点，从而首创“教唆犯（共犯）二重性说”。为了研究需要，本文将对国内外学者的这三种观点进行述评。

（一）共犯属性论争概述

1. 共犯从属性说

一般来讲，“共犯从属性说”是客观主义刑法论者的“共犯属性论”。“共犯从属性说”认为，共犯的成立和可罚性都是从属于正犯的。共犯具有罪责必须以正犯至少已经违法地着手犯罪的实行为前提。正犯如果没有实施犯罪行为，共犯也就不存在犯罪性和可罚性。“共犯的处罚要以正犯的处罚为前提，这是从属性的本质。”② 德国学者麦耶尔（M. E. Mayer）在承认“共犯从属性”的前提下根据从属的程度进一步提出了共犯的四种从属形式：“（1）最小限度的从属形式（minimal - akzessorische Form）凡对他人为教唆或帮助行为，而该他人（正犯）因之实行一定行为与构成犯罪事实相当者，则教唆或帮助者，即可从属于其行为而成立共犯，亦即被教唆或者被帮助者之行为有‘构成犯罪事实该当性’，纵或欠缺‘违法性’及‘有责性’，亦无碍于教唆或帮助者之成立共犯。（2）限制的从属形式（limitiert - akzessorische Form）只须被教唆或帮助者所实行之行为具备‘构成犯罪事实该当性’及‘违法性’，则教唆或者帮助之者，即可从属于对方之实行行为而成立共犯，纵或被教唆或被帮助者之行为欠缺‘有责性’，亦复无碍。（3）极端的从属形式（extrem - akzessorische Form）被教唆或者被帮助者之实行行为必须具备‘构成犯罪事实该当性’、‘违法性’及‘有责性’而成为正犯，然后教唆或帮助之者始能成立共犯。（4）夸张的从属形式（hyper - akzessorische Form）教唆或帮助之从属于正犯，除正犯须具备‘构成犯罪事实该当性’、‘违法性’及‘有责性’外，如因身份而发生刑之加重或减免

① 马克昌：《比较刑法原理（外国刑法学总论）》，武汉大学出版社2002年版，第658页。

② ［日］泷川幸辰：《犯罪论序说》，王泰译，法律出版社2005年版，第133页。

原因者，其原因之有无，亦须就正犯决之。”[1] 日本刑法学者对“共犯从属性”的内涵也存在着不同的看法。例如，植田重正认为，共犯的从属性具有三种意义，即实行从属性、犯罪（罪名）从属性、可罚从属性；平野龙一主张，共犯从属性具有实行从属性、罪名从属性、要素从属性三种意义；山中敬一指出，从犯从属性的概念在如下4种意义上使用：（1）实行从属性＝共犯的处罚从属于正犯的实行；（2）罪名从属性＝共犯的罪名从属于正犯的罪名；（3）可罚从属性＝共犯的处罚根据从属于正犯的犯罪；（4）要素从属性＝共犯的处罚从属于正犯的构成要件或者违法性或责任。[2]

2. 共犯独立性说

“共犯独立性说”（也称“共犯独立犯说”）是主观主义刑法学者的“共犯属性论”。主观主义刑法学者认为犯罪是反社会的主观恶性的一种表现，共同犯罪不过是共同犯罪人各自征表其主观恶性的行为。正因为只要表现出主观恶性就标志着犯罪成立，而直接实施犯罪行为（实行行为）的人、教唆或者帮助他人犯罪的人都体现出了行为人的主观恶性，所以他们都是独立存在且具有独立的可罚性，也即无论实行行为人是否成立犯罪，共犯都能够独立构成犯罪。当然，共犯也就无所谓“从属性”。同时，由于“共犯独立性说”认为各个共同犯罪人都是独立存在的，因此，在“共犯独立性说”的理论体系中也没有间接正犯存在的余地。

3. 教唆犯（共犯）二重性说

如前所述，“教唆犯二重性说”是我国学者试图调和“共犯从属性说”和“共犯独立性说”两者间的矛盾，并力图克服二者存在的缺陷，而在解决教唆犯属性问题时提出的一种共犯理论，是我国学者独创的一种有关共犯属性的理论。“教唆犯二重性说”认为，“教唆犯”是指他人本无犯罪意思，而教唆犯给予他人犯罪的意图，唆使他人进行犯罪活动。教唆犯的犯罪意图必须通过被教唆人的决意并且去实施所教唆的犯罪行为，才能达到犯罪目的。所以，就教唆犯与被教唆人的关系来讲，教唆犯处于从属地位，教唆犯具有从属性。“教唆犯二重性说”声称，教唆犯给予他人犯罪意图这一行为与单个人犯罪的犯意表示相比，其危害性是不同的。单个人犯罪的犯意表示还没有发生社会关系，只是个人犯罪意思活动的流露而已，所以不能认为犯

① 韩忠谟：《刑法原理》，中国政法大学出版社2002年版，第191—192页。
② 参见马克昌：《比较刑法原理（外国刑法学总论）》，武汉大学出版社2002年版，第659页。

罪。而在共同犯罪中，教唆犯的教唆行为则使教唆犯与被教唆人已经发生了人与人之间的社会关系，而且在这种社会关系中已经显示出了教唆他人犯罪这一行为本身对社会危害的严重程度。无论被教唆人是否去实行犯罪，教唆行为本身都应该被认为是犯罪，当然，在处罚时也必须考虑被教唆人是否已经犯了被教唆的犯罪这一事实。所以，从这个意义讲，教唆犯在共犯中又处于相对独立的地位，教唆犯具有“相对的独立性”。因此，教唆犯具有“二重性”，即“从属性”和“相对的独立性”。“教唆犯二重性说”最后指出，由于教唆犯具有相对独立性，教唆犯给予他人犯罪的意图这一教唆行为一经实施终了，其犯罪就成立，因此应当承担一定的刑事责任（即从轻、减轻处罚）。[①]

（二）共犯属性论争评析

1. “共犯从属性说”的评析

从前面的概述可以看出，总的来讲，“共犯从属性说”主张共犯的“成立”和“处罚”都从属于“实行行为”。但是，以此为理论基础的“共犯从属性说”将无法解决其存在的如下根本问题：

其一，“共犯从属性说”主张共犯行为从属于实行行为的最大障碍就在于根本不能解决行为人利用无刑事责任能力等主体实行犯罪的现实问题。正是为了调和并试图克服自身理论与社会现实之间产生的矛盾，“共犯从属性说”被迫在自己的理论体系之外提出了“间接正犯”这一概念。所谓间接正犯是指“将他人作为工具加以利用实现犯罪的情形”[②]，也即他人的行为不过是间接正犯人实施行为时所利用的客观条件而已。因此，我们以为，“间接正犯”这一概念的出现本身就宣告了“共犯从属性说”所主张和坚持的共犯行为理论的彻底崩溃，因为如间接正犯的行为构造一样，共犯也同样是将他人的行为作为自己行为所利用的客观条件，同样是通过利用他人的行为来实施犯罪的。这样看来，“共犯从属性说”的立场并不彻底！

其二，“共犯从属性说”主张共犯的可罚性从属于实行行为也同样存在着问题。这一主张并不能解决各个共同犯罪人独立的刑事责任及其大小问题。在主张“共犯从属性说”的论者看来，共同犯罪行为是一个行为，共

---

① 参见伍柳村：《试论教唆犯的二重性》，载《法学研究》1982 年第 1 期。

② ［日］大塚仁：《犯罪论的基本问题》，冯军译，中国政法大学出版社 1993 年版，第 24 页。

犯因从属于实行行为而具有可罚性。因此，按照这一逻辑，我们就只能要求共犯和实行行为人共同分担一个行为所产生的刑事责任，但事实上却是共犯和实行行为人一起就同一犯罪各自承担独立的刑事责任。例如，A和B共同实施了一个故意杀人罪，A是实行犯而B则是帮助他人犯罪的人。由于A、B共犯一罪就只能产生一个刑事责任，假定A应当被判处15年有期徒刑，根据共犯可罚的从属性主张，B就理应不受刑罚处罚，因为A一个人就承担了故意杀人罪的全部刑事责任。而现实中却是在A承担了15年有期徒刑的刑罚之后，B还得承担相应的刑事责任，这是“共犯从属性说”根本无法回答和解决的问题。因此，为了克服“共犯从属性说”的这一缺陷，“各国立法例为谋减轻共犯之从属性，大都在相当范围内使共犯之成立犯罪及处罚完全独立，不再以共同加功之对方成立罪责为前提”①。我们以为，由于没有认识到行为的本质特征，“共犯从属性说”既不可能真正探寻到共犯独立的行为基础，也不可能合理解决共犯的罪责根据。这样一来，缺乏事实基础的共犯就成为了纯粹刑事立法的产物，这为我们所不能接受。“事实上，以共犯的行为类型为基础（即将共犯分为教唆犯、帮助犯、共同正犯）的刑法制度（主要是德国的刑法制度），其中包括1889年的《意大利刑法典》所采用的共犯制度，是‘共犯从属性说’赖以产生并发展的前提。由于没有从一般意义上规定非实行行为为什么也是犯罪行为的理由，在上述刑法制度中，人们注意的重点只能是如何认定法律规定的各类共犯，而从属行为与主行为间到底应是一种什么样的关系问题，自然就被抛在了一边。总而言之，‘共犯从属性’理论不能解释主行为与从属行为联系的实质，原因很简单，如果刑法制度中没有关于共同犯罪的一般规定，人们看到的就只能是法律规定的各种共犯的类型。”②

2. “共犯独立性说”的评析

由于“共犯独立性说”从行为人共同表现反社会的主观危险性角度来主张共同犯罪人的行为独立性，因此，按照“共犯独立性说”的主张，共犯的行为只可能是那些先于构成要件、自然意义上的行为。但是，由于这类行为缺乏构成要件的定型性，会导致实践中共同犯罪成立范围过大从而危害

---

① 韩忠谟：《刑法原理》，中国政法大学出版社2002年版，第193页。

② ［意］杜里奥·帕多瓦尼：《意大利刑法学原理（注评版）》，陈忠林译评，中国人民大学出版社2004年版，第281—283页。

甚至侵犯公民的基本人权。这是“共犯独立性说”始终受到众多学者苛责（甚至被指斥为“纳粹的刑法理论”）的根本原因所在。笔者以为，如果不能重新科学揭示出行为的本质特征，“共犯独立性说”就永远无法解决共犯独立承担刑事责任的行为基础和罪责根据。

3. “教唆犯二重性说”的评析

从教唆犯立法的历史发展来看，教唆犯理论也由于受到当时立法的影响经历了一个从“共犯从属性说”（《暂行新刑律》）到“共犯独立性说”（民国时期刑法）的发展过程。[①] 根据我国现行刑法的规定，教唆犯的确既具有“相对的独立性”也具有“从属性”，因此，用“教唆犯二重性说”来解释现行的刑事立法应该是合理的。不过，教唆他人实施犯罪行为作为一种客观存在的社会现象，教唆犯理论和关于教唆犯的立法应当是对这些客观事实所做出的适当“反应”，也即真正科学地揭示出教唆犯的“二重性”就成为共同犯罪理论研究的重要使命之一。反观现有的“教唆犯二重性说”，它虽然看到了共同犯罪人之间存在着既“相对独立”又具有“从属性”这一现象，却未能揭示出教唆犯乃至整个共犯既具有“独立性”又具有“从属性”的行为基础。因此，现有的“教唆犯二重性说”只是“徒有其名”，实际上潜藏着巨大的理论危机，这也是现有“教唆犯二重性说”遭到诸多学者猛烈批判的根本原因所在。如前所述，“教唆犯二重性说”认为，教唆犯的“独立性”在于体现“教唆犯与被教唆人已经发生了人与人之间的社会关系”的教唆行为本身，因为它能够体现“教唆他人犯罪这一行为本身对社会危害的严重程度”；教唆犯的“从属性”表现为“教唆犯的意图必须通过被教唆人的犯意并且进而实施他所教唆的犯罪行为”。换言之，教唆犯的可罚性在于其教唆行为本身。我们以为，“教唆犯二重性说”用以说明教唆犯从属性和独立性的这两个理论基础都是值得推敲和商榷的。其一，教唆犯的“独立性”并不在于体现“教唆犯与被教唆人已经发生了人与人之间的社会关系”的教唆行为本身。道理很简单，如果教唆犯仅仅实施教唆行为（如怂恿、刺激等）而不利用被教唆人的行为，是根本不可能对刑法保护的利益造成任何现实侵害的。其二，教唆犯的“从属性”也并不表现为“教唆犯的意图必须通过被教唆人的犯意并且进而实施他所教唆的犯罪行为”。因

① 参见陈子平：《共同正犯与共犯论——继受日本之轨迹及其变迁》，学林文化事业有限公司2001年版，第235页。

为如果主张教唆犯从属于被教唆人，那么按照论者的这一逻辑推论，教唆犯的可罚性当然从属于被教唆人。这样一来，“教唆犯二重性说”就会陷入和“共犯从属性说”同样的理论和现实困境。我们以为，“教唆犯二重性说”仍然没有解决共犯行为的本质特征，它不仅不能解决教唆犯独立承担罪责的行为基础，而且更为重要的是它还兼有“共犯独立性说”和“共犯从属性说”两者的缺陷，因而该观点为我们所不取。

二、共犯的行为

（一）行为本质特征的重新揭示

“为了研究犯罪行为的客观性质，我们还必须从另外的角度，即行为人在客观上利用以作用于犯罪对象的条件的角度来进行考察。……研究行为人所利用的条件，不仅能说明行为的客观性，许多刑法理论上的重要问题也只有弄清了行为人的行为包括其利用的条件才能得到科学的说明。”① 人类起源过程告诉我们，人类正是通过改造自然界而实现了对自身的改造从而进化成为人的。“人猿相揖别，只几个石头磨过。”（毛泽东《贺新郎·读史》）这就说明从脱离动物界那一刻起，人类活动就与其所处的客观存在的外部条件紧密联系而须臾不可分离。正是通过在劳动过程中利用各种客观存在的自然条件，人才能够实现改造自然之目的。对此，马克思曾做出了精辟的分析，劳动者“利用物的机械的、物理的和化学的属性，以把这些物当作发挥力量的手段，依照自己的目的作用于其他的物。……这样，自然物本身就成了他的活动的器官，他把将这种器官加到他的身体的器官上，不顾圣经的训诫，延长了他的自然的肢体。”②

因此，全部人类活动的客观事实告诉我们，利用各种客观存在的条件来延展自己身体的功能，是人类行为最常见的表现形式。具体来讲，人类行为并不仅仅止于行为人自身的身体动静（身体举止），行为人所利用的各种客观条件，也是人类行为重要的组成部分。行为人总是，也只能通过控制某些客观条件来作用于特定人或物的存在状态，以实现自己行为的目的。比如，一个人要杀人，通常都会利用刀等这种能致人死亡的工具。这既是人的行为

---

① 陈忠林：《刑法散得集》，法律出版社 2003 年版，第 263 页。

② ［德］马克思：《资本论》（第 1 卷），人民出版社 2004 年版，第 209 页。

与其他动物活动的重要区别，也是刑法中行为的基本表现方式和其本质特征的体现。运用这一科学的结论，我们就能够克服现有共同犯罪理论中所存在的根本缺陷。

（二）共犯行为的重新诠释

“行为必须利用客观条件”这一本质特征，在共同犯罪行为中体现得尤为明显。在共同犯罪中，共同犯罪人都是通过利用他人的行为来实施犯罪的。因此，其他共同犯罪人的行为就成了行为人实施行为时所利用的客观条件之一。共同犯罪行为，也无非就是各个共同犯罪人利用其他共同犯罪人的行为，并作为自己行为组成部分的行为形式。具体来讲，“共同犯罪行为”具有如下两个基本特征：

第一，共同犯罪行为之间互为条件。这一基本特征表明，在实施共同犯罪的过程中，每个共同犯罪人都将其他共同犯罪人的行为作为自己实施行为所利用的条件，其他共同犯罪人实施的行为也就相应地成为该共同犯罪人行为的组成部分。在此基础上，对共同犯罪行为作整体的考察，我们可以发现共同犯罪行为之间表现为“你中有我、我中有你”的“相互利用关系”。这种“相互利用关系”既揭示出了共同犯罪行为“有机联系”的内涵所在，也是共犯能够独立存在的根本原因。从存在论上讲，行为人对其他共同犯罪人的行为加以利用这一特征是共同犯罪行为的本质特征，从根本上决定了共犯行为的属性即“独立性”和“从属性”。共犯行为的这一本质特征也是我们解决“共谋共同正犯”等现有共同犯罪理论和实践中的疑难问题的“金钥匙”。以“共谋共同正犯”为例，正是因为“共谋犯”（现有共同犯罪理论认为其并未实施“实行行为”）将其他共同犯罪人的“实行行为”作为自己行为的客观条件，因此，具有了独立承担刑事责任的行为基础。同时，也只有认识到共同犯罪行为的这一本质特征，我们才能够完全合理地解释我国现行刑法有关共同犯罪具体规定的事实基础和立法根据。我国《刑法》第26条第3款、第4款分别规定，对组织、领导犯罪集团的首要分子，按照集团所犯的全部罪行处罚；对于第3款规定以外的主犯，应当按照其所参与的或者组织、指挥的全部犯罪处罚。我们以为，这一规定的根本事实依据就在于，犯罪集团中的其他集团成员所实施的犯罪行为不过是首要分子或者主犯实施犯罪行为时所利用的客观条件，这些人的行为也就成了首要分子、组织者、指挥者行为的一个部分，因此，首要分子等理应对自己利用他人行为所实施的全部犯罪行为承担刑事责任。

第二，共同犯罪行为之间相互独立。在共同犯罪行为中，共同犯罪人都将他人的行为作为自己行为所利用的客观条件之一，即通过控制其他共同犯罪人的行为作为自己行为的客观条件，其他共同犯罪人的行为就成了该共同犯罪人行为的组成部分。因此，单独考察每个共同犯罪人，他都是实施了一个独立的犯罪行为，这是罪责自负的个人责任原则之必然要求。各个共同犯罪人也只能对自己所实施的符合犯罪构成（或者构成要件）的行为，而不可能是对“行为的一个部分”独立承担刑事责任。正因为如此，《俄罗斯刑法典》第 8 条才明确规定：“刑事责任的根据是，实施了含有本法典所规定犯罪构成的全部特征的行为。”从这个意义上来讲，相互独立的共同犯罪行为才是行为人独立承担刑事责任的行为基础。这一特征与本质特征表现为“表里”关系，是共同犯罪本质特征在逻辑和事实上的必然延伸。它既揭示出了存在“相互利用关系”的共犯行为之具体存在状态即“相互独立存在”，而且也进一步说明和证实了共犯的“独立性”。因此，它是共同犯罪行为的另一基本特征。

揭示出共同犯罪行为互为条件且相互独立这两个基本特征，不仅解决了共犯独立承担刑事责任的行为根据，更为重要的是廓清了我国及大陆法系刑法理论中共犯行为客观方面的本质特征。共同犯罪人之间既存在着行为上的“共同”，同时又表现为行为的“独立”。具体来讲，理由如下：

一是就我国的犯罪构成理论来讲，“作为犯罪构成客观要件的行为，只是犯罪行为现象的一部分——客观方面中能代表犯罪行为客观性质的那一部分特征”①。共同犯罪的构成也不例外。如前所述，行为必须利用客观存在的条件是行为客观方面的本质特征。因此，共犯行为之间的相互利用关系既是共同犯罪构成要件客观方面应有的具体内容，也揭示出了共同犯罪行为客观方面的本质特征。② 这种互为条件且独立的行为才是符合共同犯罪构成要件的行为。这是共犯独立承担刑事责任的行为基础。我们不妨以刑法理论中常讲的盗窃罪中的“把风”行为为例进一步阐释这一结论。例如，在共同盗窃犯罪中，A、B 负责入室实施盗窃财物的行为，C 负责在门外把风。但是，让现有共同犯罪理论特别是“共犯从属性说”犯难的是，C 并没有实施“窃取他人财物”这一“实行行为”，为什么要认定为盗窃行为而独立承

① 陈忠林：《刑法散得集》，法律出版社 2003 年版，第 262 页。

② 应当注意的是，此处所指仅仅是共犯行为的客观属性而不是行为的全部。

担盗窃罪的刑事责任。如前所述，对于这样的难题，现有的共同犯罪理论是难以给出让人心服的答案的。其实，道理非常简单，C正是通过利用A、B所实施的“窃取他人财物”的实行行为来实施了自己的“盗窃行为”，进而实现自己盗窃罪的罪过内容。因此，根据主客观相统一原则，C理应独立承担盗窃罪的责任。同样，本文的结论也能合理解释教唆他人犯罪的人独立承担刑事责任的行为根据。在教唆他人实施犯罪的过程中，教唆人只有通过利用被教唆人的实行行为才可能直接危害社会，也只有通过利用被教唆人的实行行为才可能实现自己的罪过内容。对此，我们反向思考一下这个问题就会更加明白其中的道理。如果教唆他人实施犯罪的人不利用被教唆者的行为，教唆行为本身（如怂恿、挑拨、侮辱等）能够直接危害社会吗？我想，答案是不言而喻的。因此，强调互为条件基础上的共同犯罪行为之相互独立性，不仅能够解决现有共同犯罪理论在共同犯罪行为方面遭遇到的难题，消除现有共同犯罪理论在这一问题上的“隐忧”，更为重要的是提出理解共犯行为构成的科学思维方法。

二是从大陆法系犯罪成立的条件来看，通说认为“符合构成要件、违法且有责的行为”就是犯罪。一般来讲，“构成要件符合性”是确定行为违法性和有责性的根据，也就是说，具备“构成要件符合性”的行为若无正当化和阻却责任事由的话，这一行为就成立犯罪。因此，“构成要件”就成了保障公民行动安全的一道重要阀门，它最重要的功能就在于通过对各种行为进行合理的定性，从而限制刑罚权的发动、保障公民基本人权不受刑罚的恣意侵犯。正因为承载着如此重要的任务，大陆法系刑法理论体系中的“构成要件”就只能是规范化的行为模式而不可能是“自然意义上的行为”。日本学者泷川幸辰在分析民法和刑法中行为模式的区别时也曾指出，和民法中的行为模式不同，“在刑法中犯罪行为的模式却不单单是个‘样板’的东西，而且还具有限定应罚行为的范围的意义”。在德国学者麦兹格尔（Mezger）所提出的“行为——不法——责任”犯罪论体系中，就因为该体系中所主张的“行为”是先于构成要件存在的“自然意义上的行为”，最终没有逃脱被现代刑法理论抛弃的厄运。

“站在罪刑法定主义的立场上论及犯罪的成立时，行为当然应该是作为犯罪的行为，它需要是符合法律规定的构成要件的东西。把仅仅是事实的行为作为讨论的问题，不仅是无用的逻辑操作，而且可以说没有认识到犯罪常常是刑罚法规所规定的具体存在物。"[①] 但是，令人遗憾的是，统观整个德、日刑法理论有关共同犯罪构成要件的研究，都没能"站在罪刑法定主义的立场上论及犯罪的成立"。可以说，现有共同犯罪理论几乎一致认为，共同犯罪是由各共同犯罪人共同实施的一个行为构成。不论主张共同犯罪人之间的关系是"参与""支配"还是"分担"，其前提都是认为共同犯罪是一个行为。当然，在这一个行为中，共犯就没有独立的"行为"，而只能"附属"于"实行行为"。然而，这样的共犯行为不仅不符合构成要件对于行为的定型，无助于解决共犯刑事责任的行为基础，而且也是违背责任自负原则的。"在西方近代刑法学中，通行的观点认为共犯是指一个犯罪有数个当事人或参与人的情形。这种观点至今在英国、美国及法国占居统治地位（在德国，这一点不明显，但仍残留着这种思想是不容争议的）。这种观点最终是肯定数人的一罪。然而'数人一罪'是和刑法中的个人责任原理相矛盾的。"[②] 由此看来，德、日刑法理论中所谓共犯也是"符合构成要件的行为"并没有事实依据，不过是刑法学者们"自说自话"而已。因此，我们以为，只有认识到共同犯罪行为存在相互利用关系这一本质特征才可能"定型"共犯的行为，也才可能让共犯真正对其"符合构成要件的行为"独立承担相应的刑事责任。

基于以上分析，我们可以很清楚地看到，"共同犯罪行为"实际上是由各共同犯罪人的独立行为构成的一个有机整体。因此，共同犯罪并不是像现有共同犯罪理论所主张的那样是一个行为，而应当是数个行为。"这种多主体构成要件说的优点在于，它用来解释刑法中的共同犯罪制度的理论，与解释整个刑法制度的理论重新达到了协调一致程度。这样，在分析共同犯罪的成立条件时，就完全可以运用适用于所有犯罪的统一模式，即将共同犯罪的构成也分为典型行为、客观违法性和罪过三部分。"[③] 相应地，共同犯罪也不是一罪而是数罪。

---

① ［日］大塚仁：《犯罪论的基本问题》，冯军译，中国政法大学出版社 1993 年版，第 87 页。

② ［日］小野清一郎：《犯罪构成要件理论》，王泰译，中国人民公安大学出版社 2004 年版，第 149 页。

③ ［意］杜里奥·帕多瓦尼：《意大利刑法学原理》（注评版），陈忠林译评，中国人民大学出版社 2004 年版，第 281—283 页。

三、"共犯二重性"新解

从上述对共同犯罪行为的分析可以看出，相互独立且相互联系的共犯行为决定了共犯是"独立性"与"从属性"的有机统一体。在共同犯罪行为中，他人的行为成了行为人所利用的客观条件之一。共同犯罪行为，也无非就是各个共同犯罪人利用其他共同犯罪人的行为并作为自己行为组成部分的行为形式。从每一个共同犯罪人的角度来考察，由于在共同犯罪中他控制了其他共同犯罪人的行为，使得其他共同犯罪人的行为成了该共同犯罪人行为的组成部分，因此，每一个共同犯罪人都独立地实施了一个犯罪行为，都应对自己控制的其他共同犯罪人的行为引起的危害结果独立地承担刑事责任。这就是"共犯的独立性"。另外，共同犯罪是两人以上共同故意实施的犯罪。因此，每一个共同犯罪人与其他共同犯罪人的行为之间必然存在相互利用、互为他人利用的条件、互为他人行为组成部分的关系。各个共同犯罪行为所引起的危害结果，必然是各共同犯罪人相互独立但又相互联系的行为共同作用的结果。这一客观事实又决定了在确定每个共同犯罪人的刑事责任时，不可能不考虑作为其行为条件和组成部分的其他共同犯罪人的行为。共同犯罪人的行为及其刑事责任之间的这种相互依存性，即"共犯的从属性"。

有必要强调指出的是，共犯所具有的这两重属性各自的地位并不完全相同，也非彼此完全相等。基于上述事实分析和理论总结，我们以为，共犯是以"独立性为主、从属性为辅"。形象地讲，共犯的"独立性"与"从属性"就是"皮"与"毛"的关系。离开了共犯"独立性"这张"皮"，共犯就不可能存在，当然就更无所谓共犯的"从属性"问题。具体来讲，共犯行为所具有的"独立性"是共犯存在的根本表现形式之一。从存在论上或者本质上来讲，共同犯罪行为正是由于具有"相互利用他人的行为作条件"这一本质特征才得以独立存在。如果共同犯罪行为不具有这一本质特征，共犯也就不会因其独立的行为而承担罪责，"无行为便无犯罪，更无刑罚"就是从这个意义上来讲的。因此，"共犯的独立性"是"第一位的""主要的"，而"共犯从属性"则是"第二位的""辅助的"。共犯所具有的处于不同地位的这两重属性贯穿定罪量刑始终。

根据本文的这一结论，"教唆犯的二重性"就可以得到科学、合理的解释。首先，教唆人是利用被教唆人的行为才得以实施自己危害社会的行为。

基于此，单从教唆人的行为来看，被教唆人的行为由于已经成为教唆人行为的组成部分，因此教唆人的行为是独立的，这是“教唆犯”的“独立性”。因此，教唆人的行为“独立性”在于他利用了被教唆人的行为，而并不像“教唆犯二重性说”所声称的在于体现出了“教唆犯与被教唆人之间所发生的人与人之间的社会关系”的教唆行为本身。正是因为教唆他人实施犯罪的人具有这样的“独立性”，即便被教唆人最终没有去实施所教唆的行为，他也应当构成犯罪（未遂）。同时，我们在确定教唆人之刑事责任大小时，又必须考虑被教唆人行为在整个共同犯罪行为中的作用。也就是说，由于教唆行为与被教唆行为相互利用、相互补充，我们只有通过比较教唆人与被教唆人行为在共同导致的犯罪结果中的作用大小，才能量定其刑罚。因此，从这个意义上（处罚角度）讲，教唆犯在整个共同犯罪中又具有处罚上的“从属性”。这就是“教唆犯二重性”的真正内涵。

犯罪参与论诸概念逻辑关系之辨正*

任海涛**

对犯罪参与①问题而言，无论各国之刑事立法与刑法理论有如何差异，皆习惯于从正犯概念入手，并将正犯概念作为整个理论体系之基点，以此为前提而展开讨论。既然如此，那就不得不从限制正犯概念与扩张正犯概念的分野谈起。限制正犯概念与扩张正犯概念来源于以德、日为代表的大陆法系刑法理论，国内已经有一些著述对其进行了简要介绍。

一、限制正犯概念与扩张正犯概念

什么是正犯？按照字面理解，正犯，就应该是真正的罪犯，但这样的回答似乎并未能切中实际，因为“真正的罪犯”含义仍然是模糊的，在罪刑法定原则被贯彻的今天，“真正的罪犯”的含义似乎只能从“真正地实现了

---

* 本文原载于《法学论坛》2010年第6期。

** 西南政法大学法学院副教授。

① 犯罪参与，就是指二人以上基于单向或者双向的相互加工，指向同一法益侵害，因而都可能涉及犯罪的问题。由于当今各国立法体制不同，有的国家并不使用“共同犯罪”一词，如意大利刑法中使用的是“犯罪中人的竞合”一语，其与我国刑法中的共同犯罪内涵与外延并不一致，从站在各国共通点的角度，此处使用“犯罪参与”概念似乎更为合适。但须注意的是：其一，此处的“犯罪参与”一词，并不是严格意义上的法律概念，而为事实概念；其二，从外延上看，“犯罪参与”一词包括我国的共同犯罪、间接正犯、片面共犯等，是这些概念的共同的上位概念。

犯罪的构成要件”这一角度加以理解。那么，问题就合乎逻辑地被转变为“到底什么样的行为算是实现了构成要件”。一般说来，某甲用刀杀了某乙，结论是某甲直接实现了刑法分则杀人罪的构成要件，这似乎没有什么疑问。但是，当某甲采用教唆、帮助的方式利用某丙杀了某乙抑或某甲直接利用无责任能力之某丙杀了某乙的时候，还能否认为某甲直接实现了刑法分则杀人罪的构成要件呢？从限制正犯概念这一视角出发，有如下结论：以自己的身体动静直接实现构成要件的人就是正犯，此外的参与者都是共犯。当某甲利用某丙实施杀人行为时，由于某甲并未亲自实施，则某甲不是正犯。反之，从扩张的正犯概念出发则认为，对犯罪的实现起任何条件作用的人，都是实施了符合构成要件的实行行为的人，因而都是正犯。因此，某甲虽然并未亲自实施，但某甲毕竟对某丙的杀人行为有所“贡献”，则某甲仍然成立正犯。

针对到底什么样的行为算是直接实现了刑法分则构成要件的行为这一问题，首先可能存在一个合理疑问：我们是否应该有一个明确的结论？通过不同学者对共犯论中一些具体问题的结论，可以发现对这一问题加以回避的后果——逻辑上产生混乱。比如，针对学理上一直处于争论之中的片面共犯问题，按照占国内多数说的否定说的结论：“对片面共犯的暗中帮助者以直接正犯论处，直接适用相应的法定刑幅度即可，当然，在处刑时可以参照对无共同犯罪意思的实行者所判处的刑罚而幅度从宽。”① 如上结论貌似在适用上也说得过去，但仔细深究，其结论建立在如下前提之上：暗中帮助者虽未以自己的身体动静亲自实现构成要件，但对犯罪的实现有所贡献，仍然视为其直接实现了构成要件，即成立直接正犯。这实质上是采用了扩张正犯概念的思路。又如，我国《刑法》第29条第2款关于教唆未遂的规定，引发了关于共犯独立性、从属性与二重性多年的争论，其中，独立性与二重性皆肯定教唆未遂的可罚性，一个合理的疑问是：在被教唆者并未实施杀人行为时，教唆者的劝说行为，到底是如何直接符合了《刑法》第232条中的“故意杀人”这一构成要件的呢？多数独立性与二重性支持者并未对这一问题加以解答。一个合理的推论就是，教唆者的劝说行为，直接符合了“故意杀人”这一构成要件。那么这也走向了扩张正犯概念的思路。再如，我国通说认为，教唆、帮助自杀应当处罚，如“下列情况下，行为人使他人

① 肖中华、左坚卫等：《刑法问题对谈录》，北京大学出版社2007年版，第196页。

自杀或者形似自杀，应当以故意杀人罪论处：……其三，故意教唆或者帮助他人自杀。即他人本无自杀的决意，为了致其死亡，而鼓动、怂恿其自杀，或者故意帮助他人自杀。有些国家刑法专门规定教唆或者帮助自杀罪，我国刑法无此种规定。但是，因为行为人教唆行为或者帮助行为与他人自杀死亡有因果关系，主观上有使他人死亡的故意（希望或放任死亡发生），是对他人生命权利的侵犯，应以故意杀人罪论处，但处刑一般应比直接故意杀人轻"①。上述论述的错误在于，认定行为人成立犯罪，仅有故意是不够的，尚需要论证其行为的构成要件符合性，如果以因果关系的具备来论证构成要件的符合性，那就走向了扩张正犯概念，但问题在于，通说到了参与论其他问题上却又都转向了偏向限制正犯概念的立场。并且按照通说本来的逻辑来解释，由于自杀者不成立犯罪，共同犯罪无法成立，如果尝试将教唆者纳入到间接正犯之中，亦会由于多数教唆者的教唆不具有强制性，也无法成立间接正犯，最终只能认为教唆、帮助他人自杀无法入罪。因此，通说的逻辑是自相矛盾的。

如上，针对参与论中具体难题，部分学者自觉或不自觉地采用了扩张正犯概念的思维架构，而采用扩张正犯概念作为基点建构的参与论，势必会与当前国内大致上是以限制正犯概念为基点建构的共犯论在诸多问题上发生对立，比如，在间接正犯的理论定位上，按照扩张正犯概念的思路，会得出如下结论：利用他人行为实现不法者，为间接正犯。此处"他人行为"，没有任何限制，既包括合法行为，也包括不法行为；既包括故意行为与过失行为，也包括既无故意又无过失的行为。因此，通说所说的间接正犯固然属于此处所谓间接正犯的范畴，但是教唆犯、帮助犯与共同正犯也都属于此处间接正犯的下位概念。又如，在共同正犯的结构分析上，共同正犯的定义是，与其他单独正犯共同犯罪的单独正犯。② 事实上，如上合乎逻辑的结论似乎并不能得到片面共犯否定论者及二重性、独立性论者的认可，这样为了解决此一难题而运用某一刑法理论，针对另一难题则又选择了与该刑法理论截然对立的刑法理论的做法，在逻辑上似乎有问题。

放弃了对"到底什么样的行为算是符合构成要件的行为"这一前提性问题的深究，匆匆对共犯论展开讨论，可以说是造成当今共犯论诸多乱象之

---

① 高铭暄、马克昌：《刑法学》（下编），中国法制出版社2006年版，第812页。

② 参见黄荣坚：《基础刑法学》（下），元照出版公司2004年版，第339页。

根本原因，也是当今共犯论被誉为黑暗之章、绝望之章的原因之一。因此，共犯论之研究必须回归于最基本的概念。从传统教材体例编排来看，在共同犯罪一章皆习惯于从两对相互对立的概念开始表述，即犯罪共同说与行为共同说，共犯从属性与共犯独立性。从逻辑上讲，限制正犯概念、扩张正犯概念与犯罪共同说、行为共同说相互独立，但限制正犯概念、扩张正犯概念与共犯从属性、共犯独立性却存在位阶上的包含关系，即限制正犯概念、扩张正犯概念是共犯从属性与共犯独立性的上位概念。抛开对限制正犯概念、扩张正犯概念的分析，直接进入到共犯从属性与共犯独立性的研习，常常会使刑法研习者不知所云。究其缘由，既然成立任何犯罪，必须以实施了符合构成要件的行为为前提，那么，判断是否符合构成要件，则必然是要前置于所有其他问题之上，共同犯罪亦应如此。也因此，共犯论的诸多问题，其实也都是在处理构成要件的问题，这是由于共犯论中基本概念的创设，其本身目的就是在解释构成要件的符合性。比如，教唆犯、帮助犯概念的创设是为了解释当行为人并未亲自实行刑法分则所预定的构成要件行为时，为何要对行为人加以归责；又如，共同正犯概念的创设是为了解释当行为人并未亲自实行全部刑法分则所预定的构成要件行为时，行为人为何要对行为的整体负责。所以，从构成要件符合性的判断出发而形成的限制正犯概念与扩张正犯概念，理应成为共犯论中的基石概念。遗憾的是，国内刑法学却并未从这一点出发而深入展开讨论。

一个可能的疑问：假如抛开这两个概念而独辟蹊径，抑或对这两个基本概念加以某种方式的折中，又是否可行？从德、日的理论现状来看，大多数人确实是走一条中间道路，只不过途径选择有所不同。在德国，目前确定正犯的通说是行为支配论，也就是说，对犯罪进行事实支配的是正犯，没有对犯罪进行事实支配的是共犯。在日本，实质的客观说是通说，即对犯罪的实现起重要作用的是正犯，没起重要作用的是共犯。最近，国内一些学者也采纳了行为支配论这一学说。[①] 笔者以为，走这样的中间道路并不合适，这是由于，限制正犯概念与扩张正犯概念之争，如前所述，在根本上是一个构成要件的观念不同之争。对这两种构成要件的观念加以折中，就会造成混乱的

---

① 可参见任海涛：《大陆法系正犯与共犯区分理论评述》，载《中国刑事法杂志》2006 年第 3 期；张明楷：《刑法学》（第三版），法律出版社 2007 年版，第 318 页；阎二鹏：《区分制共犯设立模式之前提》，载《国家检察官学院学报》2008 年第 5 期。

后果。比如，针对所谓的教唆杀人、帮助杀人的情况到底能不能被视为直接符合《刑法》第232条故意杀人罪的构成要件，限制正犯概念认为，不是直接符合的，只有结合总则第25条的规定才被视为符合第232条；扩张正犯概念认为，就是直接符合了第232条。可见，限制正犯概念与扩张正犯概念关于这个问题立场都是十分明确清晰的。但如果从中间道路来看，就会得出，这个问题不能直接回答，要看是不是符合了行为支配或者重要作用，符合了行为支配重要作用的，就被视为直接符合了第232条；没有符合行为支配重要作用的，就只能结合总则第25条的规定才被视为符合。所以针对两个教唆犯，一个是处于行为支配重要作用的教唆犯，一个是没有行为支配没有重要作用的教唆犯，按照中间道路就会得出不同的结论。但本来是大致相同的两个教唆犯，在行为方式上可能是相同的，却在是否直接符合分则构成要件上有不同的结论，这是否合适？最起码可以说这样的构成要件观念很混乱。所以笔者的看法是，不好折中，此二概念，为二选一的关系。那么，这里也印证了如上结论：限制正犯概念与扩张正犯概念是在犯罪参与论中无法予以回避的前提性问题。

二、统一正犯体系与扩张正犯概念

关于统一正犯体系与扩张正犯概念之间的关系，在学理上一直处于分不清、理还乱的状态。按照柯耀程教授的理解："虽然现阶段参与论对于参与形式的认知，在区分制结构下，较倾向采用限制行为人概念，而单一行为人体制则被归于采取扩张行为人概念。但并不表示限缩行为人概念，必然产生区分制，而扩张行为人概念下，必然产生单一行为人体制，或者径将二者划等号。单一制系源于扩张行为人概念，此种说法并不正确。盖扩张行为人概念下，亦可采行区分正犯与共犯的体制，所不同于限缩行为人概念者，仅系所用以诠释的理论不同而已。"①

针对上述表述，尚存如下疑义：首先，采用限制正犯概念，为何不必然产生区分制？既然以自己的身体动静直接实现构成要件的人才是正犯，那么教唆行为、帮助行为属于典型的未以自己身体动静直接实现构成要件，是当然不能划入正犯概念之中的。而刑法要对教唆、帮助行为加以规制，则必然

① 柯耀程：《刑法总论释义——修正法篇》（上），元照出版公司2006年版，第306页。

要创设教唆犯、帮助犯概念。故需要在正犯与教唆犯、帮助犯之间必须划定界限，即产生正犯与教唆犯、帮助犯相分离之体制。因而，结论应该是：采用限制正犯概念，必然产生正犯与共犯相分离的区分制。其次，采用扩张正犯概念，未必会产生统一正犯体系，其原因又何在？从扩张正犯概念之基本逻辑来看，教唆行为、帮助行为与正犯的行为一样，都是对构成要件之实现赋予条件之因果关系的行为，因而都是正犯，在这一点上，统一正犯体系与扩张正犯概念是一致的。其区别在于，按照通说的说法，在扩张正犯概念中，法律例外地将教唆犯与帮助犯规定为共犯，这种规定是限制了对正犯的处罚范围，以期达到一种从轻处罚的效果，亦即教唆犯、帮助犯的存在是一种刑罚限制事由。而统一正犯体系则认为，既然教唆犯、帮助犯与单独正犯在根本性质上是一致的，即都是正犯，那么在犯罪类型上，没有必要为了限缩刑罚而另外创设教唆犯、帮助犯等概念。其实，准确地说，在扩张正犯概念下，是不可能产生区分正犯与共犯的体制，这是由于扩张正犯概念从条件关系出发来考虑构成要件的实现，而所有的条件都是等价的，则从构成要件的角度是无法将教唆犯、帮助犯这样的共犯从所有的正犯当中区别出来的。也因此，从立法论上看，采用形式性统一正犯体系的意大利模式①不作正犯与共犯的区分；而在机能性统一正犯体系下的奥地利模式，虽然立法上持扩张正犯概念，也对所有参与者进行了一定的区分，但区分出来的子项并不能称为“共犯”，而只能称为“诱发正犯”“援助正犯”，这与德、日区分制下的教唆犯、帮助犯被认为是狭义共犯仍是有着逻辑及观念上的差别，所以，上述表述并不合适。

关于扩张正犯概念中的刑罚限制事由，尚须考虑：教唆犯、帮助犯概念之设定果真是为了限制刑罚？从各国和地区对教唆犯之处罚原则考察，《德国刑法典》第 26 条规定，故意教唆他人故意实施违法行为的是教唆犯，对教唆犯的处罚与正犯相同。《日本刑法典》第 61 条规定，教唆他人实行犯罪，判处正犯的刑罚。我国台湾地区“刑法”第 29 条规定，教唆他人使之实行犯罪之行为者，为教唆犯；教唆犯，依其所教唆之罪处罚之。从中可

① 以扩张正犯概念为理论根基进而演化的统一正犯体系，从当今学理之视角加以概括，依其内部之理论构造不同，大致上可以划分为如下几种模式：形式的单一正犯体系、功能性（机能性）的单一正犯体系、减缩的（限制性）单一正犯架构，其中意大利刑法归属于形式性统一正犯体系，奥地利刑法内部则出现了机能性统一正犯体系与限制性统一正犯体系的对立。

见，各国和地区刑法对于教唆犯并未设置减轻处罚的规定，亦即教唆犯与正犯一样，在同一刑罚幅度内予以量刑。因而说教唆犯概念之设定是所谓的刑罚限制事由，这恐怕未必准确。就帮助犯概念而言，如果说其设定是出于限制刑罚目的，似乎也说得过去。但学理上一直忽视的一个问题是：倘若从扩张正犯概念的基本前提出发，即所有赋予构成要件实现以条件关系的，都是构成要件符合，那么，抛弃了构成要件这一标准，所谓的正犯与所谓的帮助犯又如何能够加以区别，抑或说，如何能够认定某行为人是所谓的正犯中的正犯，而另一行为人是所谓的正犯中的帮助犯？因为，在扩张正犯概念逻辑下，帮助犯在实现构成要件之模式上与正犯本来就是一致的。此外，各国和地区刑法多在法条上明确规定了共同正犯，如《德国刑法典》第 25 条第 2 款规定，数人共同实施犯罪的，均以正犯论处。《日本刑法典》第 60 条规定，二人以上共同实行犯罪的，都是正犯。我国台湾地区“刑法”第 28 条规定，二人以上共同实行犯罪之行为者，为正犯。如上条文的明确规定，亦成为扩张正犯概念难以逾越的障碍，这是由于按照扩张正犯之基本逻辑，所谓的共同正犯本来就是正犯，没有必要在条文上明确规定，教唆犯亦是如此。

从现实的角度考察，进入近现代以来，在德国、日本等区分制典型国家，本来扩张正犯概念之出现是带着解决限制正犯概念下间接正犯无法入罪这一任务而登场的（尤其是在极端从属性立场上）。在既有限制正犯概念之立法模式下，扩张正犯概念论者首先是从解释论出发，以期运用扩张正犯概念思维对条文予以解读。在合理地解决了间接正犯这一难题后，却发现既有条文规定模式下，理论之逻辑与条文之规定发生了一些冲突。部分学者继续坚持扩张正犯思维，并力图对现实的条文规定做修正。① 但这一主张却始终未成为主流，在当今之德国、日本，限制正犯概念毫无疑问仍然是通说。反之，借由 20 世纪前半期之立法思潮，扩张正犯概念思维在意大利、挪威、丹麦、巴西等国却获得统治性地位，由于并无实定法现实条文之羁绊，扩张正犯概念思维始大放异彩。同时，教唆犯、帮助犯作为刑罚限制事由这一不得已而存在之主张方被去除，终衍生出统一正犯体系。

综上，从学说累进考察之角度，扩张正犯概念为理论之基本预设，在区分制国家以刑法解释论之面貌出现，并伴生刑罚限制事由这一屈从于解释论

① 在典型区分制国家，主张扩张正犯概念的学者有施密特、梅茨格尔、宫本英修、竹田直平等。

之名词，因此始终伴随着逻辑上的不彻底性。在统一正犯体系国家，扩张正犯概念以立法论与解释论之双重面貌呈现，并彻底放弃刑罚限制事由这一表述，而获得逻辑上之贯通一致。

三、扩张正犯概念与共犯独立性

关于共犯独立性，学理上常见的表述为："共犯独立性以近代学派之主观主义思想为基础，主张共犯行为本身已具备完整之违法性、犯罪性、甚至可罚性，因此，共犯之成立，并不以正犯着手于犯罪之实行为必要。亦即，共犯行为本身已完全显现共犯者之反社会危险性格（恶性），有无正犯之实行行为，皆不影响其违法性、犯罪性，而完全无须从属于正犯行为，正犯行为仅属于共犯之因果关系之历程或客观处罚条件而已。"[①] 其实这类表述并不一定准确，首先，并不能认为共犯独立性就一定会与主观主义相结合。笼统地说，如果以危险性格或主观恶性为视角进而导向共犯独立性，尚可被认为是主观主义作用的结果，但相反，如果走法益侵害结合因果关系（条件说）的路径，则在观念上尚不能轻率得出主观主义的结论，因此，客观主义仍会有导向共犯独立性的余地。其次，共犯独立性的问题存在于，其天然具有逻辑上的不彻底性。当前学理上涉及共犯独立性一词时，多是作为共犯从属性的对应概念而出现，并认为二者之差异在于是否以正犯着手犯罪为必要，其实，正犯是否着手犯罪仅为共犯独立性与共犯从属性的外在表现差异之一，造就该外在差异的背后，则是更深层次的观念上的不同，即构成要件实现模式的观念不同。这是由于，论证共犯到底应该是独立还是从属，如果不是站在对行为人"处罚的法律根据"这一视角上，则独立性与从属性之争就会偏离方向。而国内刑法中的诸种共犯二重性说，就是此种偏离作用后的不良产物。

例如，事实上主张扩张正犯概念的陈世伟博士认为：人类的行为并不像以前行为理论所声称的那样，仅仅止于行为人自身的身体动静（身体举止），行为人所利用的各种客观条件，也是人类行为重要的组成部分。共同犯罪行为，也无非就是各个共同犯罪人利用其他共同犯罪人的行为，并作为自己行为组成部分的行为形式。从每一个共同犯罪人的角度来考察，由于在

---

① 陈子平：《刑法总论》，中国人民大学出版社2009年版，第538页。

共同犯罪中他控制了其他共同犯罪人的行为，使得其他共同犯罪人的行为成为该共同犯罪人行为的组成部分，因此，就每一个共同犯罪人而言，他都独立地实施了一个犯罪行为，他都应对自己控制的其他共同犯罪人的行为引起的危害结果独立地承担刑事责任。这就是共犯独立性。另外，各个共同犯罪行为所引起的危害结果，必然是各共同犯罪人相互独立但又相互联系的行为共同作用的结果。这一客观事实又决定了在确定每个共同犯罪人的刑事责任时，不可能不考虑作为其行为条件和组成部分的其他共同犯罪人的行为。共同犯罪人的行为及其刑事责任之间的这种相互依存性，即共犯的从属性。因此，共犯具有二重性，即共犯独立性是第一位的、主要的；共犯从属性是第二位的，辅助的。①

笔者认为，如上关于共犯从属性之描述似乎有问题。共犯是否独立与是否从属，本来是同一个层面上的问题，即在归责层面上，共犯成立犯罪是否应当借助于正犯，质言之，就是共犯行为本身是否能够直接符合分则某罪的构成要件并据此定罪。就此而言，共犯独立性与共犯从属性本身互为水火，决不能相容。而关于这一层面，既然已经选择了独立性作为立论根据，却又为何要再跳出这一层面，将问题又转换到“各个共同犯罪行为所引起的危害结果必然是各共同犯罪人相互独立，但又相互联系的行为共同作用的结果”这一层面，并据此得出共犯具有从属性的结论呢？共犯论（抑或说整个刑法）就是在解决归责问题。而归责问题既然在一个层面已经解决完毕，完全没有必要跳至另一层面得出从属性的结论。退一步讲，跳至另一层面得出的结论也不应归结为共犯从属性。而换一个考虑问题的角度，论者的结论“共同犯罪并不是像现有共同犯罪理论所主张的那样是一个行为而是数个行为，相应地，共同犯罪也不是一罪而是数罪”② 是与扩张正犯论习惯于从单个人的角度来理解共同犯罪相吻合的，而依据单个人角度已经得出某教唆杀人者成立杀人罪（从归责层面上讲，被教唆杀人者的行为就是教唆杀人者自己的行为），还把两个人的行为合为整体再重新评价一次似乎就有画蛇添足之嫌。

共犯独立性认为，教唆者（此处姑且不论其理论定位是正犯还是共犯）的行为直接可以符合刑法分则某罪的构成要件并成立相应的犯罪，因而在成

① 参见陈世伟：《论共犯的二重性》，西南政法大学2006年博士学位论文，第2页。

② 陈世伟：《论共犯的二重性》，西南政法大学2006年博士学位论文，第15页。

立犯罪的法律根据上是独立的，在这一点上，教唆者与实行者并无不同，但问题却存在于，如果可以认为二者的结构相同，则又如何能得出一个叫“正犯”而另一个叫“共犯”的结论？其实，按照独立性的思维，教唆者与实行者只有都成立“正犯”方才符合逻辑，也因此，共犯独立性的叫法可能并不准确，依照其逻辑，其实应该表述为，教唆者、帮助者由于具有“正犯独立性”所以才能独立。至此，所谓的共犯独立性已经走向了立法论上的扩张正犯概念，而失去了独立存在的价值。

造就共犯独立性此种逻辑上的不彻底性的原因，可能要从解释论上的扩张正犯概念去寻求，在典型的区分制国家，由于立法上明确规定了教唆犯、帮助犯，并且从从属性的观念出发，普遍得出教唆犯、帮助犯是不同于正犯的参与形式，因而赋予其与正犯不同的法律地位及名称——共犯。按照扩张正犯概念的逻辑，本不应当亦不需要去区分正犯与共犯，但基于解释论的需要，为了迎合立法上的规定，不得不创造出限缩刑罚事由这一概念，对教唆犯、帮助犯进行解释说明，但于此过程中，却又不加甄别地继续沿用了从属性语境下的“共犯”一词，至此，共犯独立性这一表述应运而生。此后，这一表述获得学理上的普遍采用，作为从属性的对应物，共犯独立性一词于参与论中获得较高理论地位，相反，学理上对于共犯独立性的源头——扩张正犯概念本身却并未给予充分重视，这着实有本末倒置之嫌。

我国犯罪构成解释范式的功能论转向*

陈银珠**

一、引言

犯罪构成理论是我国刑法学界激烈争论的课题，这体现了刑法学者对法律规定的犯罪成立条件以及刑法适用过程的不同理解。这些不同的理解包含不同的理论资源、研究方法和知识背景。法律规定的犯罪成立条件是一种结构性存在，对这种结构的不同理解代表着不同的解释范式，体现刑法学者在建构犯罪论体系过程中寻求不同的正当性方式。

犯罪构成理论的主张及其正当性的论述有不同的面向，不同的学者基于不同的理论、学术背景、个人倾向和个人经历①等方面，看到犯罪构成理论不同的侧面。以一个面向为基础来批评另一个面向，使犯罪构成理论的不同面向得以深化，“片面的深刻”在交锋和碰撞中得以实现。

笔者从现有的犯罪构成理论的文献中总结出三种论证方式，这三种论证

---

* 本文原载于《刑法论丛》2013 年第 3 期。

** 安徽师范大学法学院副教授，西南政法大学校友。

① 个人的因素在学术讨论中经常被有意识地忽略，但是个人的学术背景、个人经历等因素以隐蔽的方式对自己的学术立场起着“四两拨千斤”的作用。高铭暄教授曾经受教于苏联教授贝斯特洛娃，何秉松教授钦佩的是塔干采夫教授的犯罪构成体系。陈兴良、周光权、张明楷、付立庆教授留学德日或者与德日刑法学者密切交流，这使得他们对德日的犯罪论体系赞叹不已。

方式既是基本立场也是方法论，从不同角度认识犯罪构成理论的三个面向。笔者描述了这三种论证方式的基本观点和基本逻辑，并指出其中的不足。发现理论的优点容易，发现理论的缺陷很难，而且要承受可能误解他人观点的风险。笔者对这三种论证方式缺陷的反思，是从这三种论证方式的逻辑中推导出来的，可能并不是该论证方式代表学者的明确表述。在指出其缺陷以后，笔者提倡一种功能论的研究范式和论证方式。功能论既是基本立场也是方法论，它试图吸收上述三种论证方式的精华，并克服这三种论证方式的缺陷。这三种观点的学者并不是不研究犯罪构成理论的功能，而是没有把功能放到理论的核心位置，而这正是功能论所要提倡的。

二、历史论：犯罪构成理论的传统

历史论从历史选择的必然性和历史合理性来论证犯罪构成体系的正当性。持历史论的学者有高铭暄教授等。高铭暄教授发表的相关论文有：《论四要件犯罪构成理论的合理性暨对中国刑法学体系的坚持》，载《中国法学》2009 年第 2 期；《对主张以三阶层犯罪成立体系取代我国通行犯罪构成理论者的回应》，载《刑法论丛》2009 年第 3 期；《关于中国刑法学犯罪构成理论的思考》，载《法学》2010 年第 2 期。

历史论的观点，是从犯罪构成理论的历史发展和现实存在中寻找犯罪构成体系的正当性，既然四要件的犯罪构成体系能够在中国的土壤中生根、发芽，并茁壮成长，必定有其合理性。“存在的即是合理的”，是历史论的核心观点。“我国四要件犯罪构成理论的形成，是一种历史性的选择，具有历史必然性；同时，四要件犯罪构成理论又经受住了历史的考验，具有历史合理性。”① 这是历史论最经典的总结。

中华人民共和国成立伊始，从当时的历史环境来看，中国学习、借鉴苏联四要件犯罪构成理论就成为一种必然选择。在选择了苏联的犯罪构成理论以后，犯罪构成理论就开始在中国生根、发芽，并慢慢地成为我国刑法理论和司法实践的背景知识和思维模式。“以四要件犯罪构成理论为核心的新中国刑法学建立后，迄今已五十余年，四要件犯罪构成理论经过生根、发芽、开花、结果，早已成为深深扎根于中华大地的本土化的东西。无论是立法

---

① 高铭暄：《对主张以三阶层犯罪成立体系取代我国通行犯罪构成理论者的回应》，载《刑法论丛》2009 年第 3 期。

界、司法界、教育界还是科研界，只要是分析和解决定罪问题，通行的做法都是运用四要件犯罪构成理论。教师教的是这个理论，学生学的是这个理论，刑事司法实务中用的还是这个理论。这个理论已深入人心，为司法实践所肯定、所接受、所熟练掌握。”① 犯罪构成理论被我国的立法者、司法者、刑法学者所普遍接受，说明苏联的犯罪构成理论有其合理性，能够满足我国刑法学理论和实践的需要。

三、系统论：犯罪构成理论的系统

从系统论的角度来论证犯罪构成理论的正当性，代表性著作是何秉松教授的《犯罪构成系统论》和《刑法教科书》。在1982年传统的犯罪构成理论确立后不久，一种新的犯罪构成理论，即犯罪构成系统论开始艰难地创立。这种新理论最初于1986年提出，1987年初步确立，1995年得到了广泛的承认，1997年后得到了新的发展。它与传统的犯罪构成理论一起，成为中国刑法学两种主要的犯罪构成理论。② 系统论的犯罪构成理论稍微晚于通行的犯罪构成理论，对通行的犯罪构成理论保持反思和批判态度。

这种解释范式以系统科学为基础来建构犯罪成立的条件。犯罪构成系统论以系统观和系统方法论为知识资源和学术支撑。犯罪构成系统论是根据系统论来研究犯罪构成问题所得出的一系列结论和观点。我国刑法学者指出：“本书所采用的‘犯罪构成系统论’，就是为了改革传统的犯罪构成理论而提出的犯罪构成理论新体系。它的最鲜明的特色是以现代系统科学丰富和发展的唯物辩证法系统观和系统方法论为其主要的理论基础。”③ “犯罪构成系统论与我国传统的犯罪构成理论以及其他国家的犯罪构成理论的最主要的区别，就在于它是建立在唯物辩证法的系统观和系统方法论的理论基础之上的。”④ 可见，系统论的观点是以系统论的科学和哲学思想和方法为基础，反思传统的犯罪构成理论所得出的结论。

系统论把犯罪构成作为一个开放的、动态的系统，强调犯罪构成要件之

---

① 高铭暄：《对主张以三阶层犯罪成立体系取代我国通行犯罪构成理论者的回应》，载《刑法论丛》2009年第3期。

② 参见何秉松、[俄] 科米萨罗夫等主编：《中国与俄罗斯犯罪构成理论比较研究》，法律出版社2008年版，第232页。

③ 何秉松主编：《刑法教科书》（上卷），中国法制出版社2000年版，第184页。

④ 何秉松主编：《刑法教科书》（上卷），中国法制出版社2000年版，第193页。

间的相互联系和相互作用，强调犯罪构成整体与周围环境的相互联系和相互作用。从系统论的角度来看，传统的犯罪构成理论存在两个问题："它一方面把犯罪构成看成是各个要件的简单总和，忽视了各个要件之间的以及各个要件与犯罪构成这个有机整体的内在联系，缺乏整体观念；另一方面，又把它看成是一个不受外界影响的、孤立的、固定不变的模式，忽视犯罪构成与外界客观环境的联系，缺乏全局观念。"[①] 系统论的犯罪构成体系是在反思传统犯罪构成理论不足的基础上建立起来的。从系统论的角度，可以看到我国传统犯罪构成理论的孤立性、封闭性和静止性。

系统论关于犯罪构成理论的主要观点：（1）犯罪构成的结构。犯罪构成的核心结构包括三个要件，即主体—行为—客体，这种结构被称为"主—客体"结构。主体和客体是两极，行为是中介，主体通过行为作用于客体。"在现实生活中，人的认识活动和实践活动都是对象化的活动，所以它的基本结构必然是主——客体结构：主体通过中介——认识活动、实践活动作用于客体。这种结构具有普遍性、真理性。犯罪活动作为人的认识活动和实践活动的一种，所以它也不例外，也是这种结构。"[②]（2）用"有机整体论"取代"总和论"。犯罪构成是有机统一体，用系统论的观点来分析它的内部结构和对外功能。犯罪构成是一个有机整体，它不是孤立于外部环境而存在的。犯罪构成与环境相互联系、相互作用，进行物质、能量和信息的交换和转换，从而表现出自己的整体性能。

四、分析论（移植论）：犯罪构成理论的逻辑

分析论以德日犯罪论体系为理论资源，从分析的角度、逻辑的角度来审视我国犯罪构成理论，代表人物有张明楷教授、陈兴良教授、周光权教授、付立庆教授等。因为分析论者大多主张通过移植德日犯罪论体系，或者对德日犯罪论体系进行改造，来解决我国传统犯罪构成理论所存在的问题，所以分析论也可以称为移植论。代表性论著有：张明楷教授的《刑法学》（法律出版社 2007 年版）；陈兴良教授主编的《刑法学》（复旦大学出版社 2003

---

① 何秉松：《对犯罪构成的哲学思考——论犯罪构成的概念》，载《政法论坛》1987 年第 3 期。

② 何秉松：《全球化视野下的中俄与德日犯罪论体系》，载《国家检察官学院学报》2009 年第 1 期。

年第1版，2009年第2版)；周光权教授的《犯罪论体系的改造》(中国法制出版社2009年版)；付立庆的《犯罪构成理论：比较研究与路径选择》(法律出版社2010年版)等。

分析论保持对德日刑法学理论的谦虚态度与对我国刑法学理论的批判态度。以德日犯罪论体系的理论资源和方法论为评价标准，来评判我国的犯罪构成理论。分析和逻辑是分析论最重要的理论工具，主要用来批判我国传统的犯罪构成理论。正如有的学者所指出的："逻辑在法律上更经常是一种批判性的工具，而不是建设性的工具。"① 从逻辑的角度，以德日犯罪论体系为标准，分析我国传统犯罪构成体系的缺陷。主要观点：(1) 德日犯罪论体系具有位阶性，我国的犯罪构成体系不具有位阶性。德日三阶层犯罪论体系的位阶性体现在：事实判断先于价值判断，客观判断先于主观判断，类型判断先于个别判断。这样很好地处理了事实与价值、客观与主观、一般与特殊的关系。而我国传统的犯罪构成体系是平面耦合，不具有位阶性。我国犯罪构成理论中，犯罪构成要件之间，根据不同的标准可以随意分开组合。"以犯罪构成为例，这是刑法知识的核心，现行的四要件的犯罪构成理论存在着内在的逻辑混乱，是对其进行简单的调整所难以克服的。因此，我力主引入德日为代表的大陆法系的犯罪论体系。……我认为，在定罪过程中，事实判断先于价值判断、客观判断先于主观判断、类型判断先于个别判断，这些规则都是为保证定罪的准确性所不可或缺的。它们是定罪的基本思维方法，其功能正如同形式逻辑之于思想。我国目前的犯罪构成并没有坚持这些原则，而是存在着事实判断与价值判断的混乱、客观判断与主观判断的混淆、类型判断与个别判断的混同。我之所谓引入德日的犯罪论体系，实际上是指引入这些定罪的基本规则。根据这些规则建构犯罪构成体系，就获得了德日犯罪论体系的精髓，因而具有可行性。"② (2) 我国的犯罪构成理论自相矛盾。在分析论看来，我国传统的犯罪构成理论既认为行为符合犯罪构成要件是承担刑事责任的唯一根据，又承认正当防卫、紧急避险等行为和"情节显著轻微危害不大的"行为虽然符合犯罪构成要件，但是不构成犯罪。(3) 在德日犯罪论体系中，排除犯罪的事由具有体系性的地位，违法阻却事由在违法性中研究，责任阻却事由在有责性中研究。我国传统的犯罪

① [美] 波斯纳：《法理学问题》，苏力译，中国政法大学出版社2002年版，第110页。

② 转引自曲新久：《刑法的逻辑与经验》，北京大学出版社2008年版，总序第2—3页。

论体系，对于排除犯罪性的事由并没有赋予体系性的地位，比如正当防卫、紧急避险等排除社会危害性的行为，比如“情节显著轻微危害不大的”行为，比如期待可能性等。分析论对我国犯罪构成理论的批判，主要基于德日犯罪论体系的理论资源和分析、逻辑的方法。

分析论者所建构的犯罪构成理论（或者称为犯罪论体系）虽然并不相同，但是基本立场是一致的，即坚持事实判断先于价值判断、客观判断先于主观判断、类型判断先于个别判断。比如张明楷教授以违法与责任为支柱建构的犯罪论体系。它包括客观（违法）构成要件与主观（责任）构成要件，前者分为客观构成要件符合性和违法性阻却事由，后者分为主观构成要件符合性和有责性阻却事由。[①] 陈兴良教授坚持的三阶层的犯罪论体系基本沿袭了德日传统犯罪论体系，即该当性、违法性、有责性。[②] 而周光权教授坚持的三阶层犯罪论体系则有所不同。它包括犯罪客观要件、犯罪主观要件、犯罪排除要件等三个阶层。犯罪客观要件主要讨论实行行为、危害后果、因果关系、行为的时间、地点、方式等反映犯罪客观方面的构成要件要素。犯罪主观要件主要讨论犯罪的故意、过失、认识错误、无罪过的事件以及犯罪的动机、目的等构成要件要素。犯罪排除要件则研究违法性阻却事由和责任阻却事由。[③] 在这些犯罪论体系中，虽然代表不同阶层的术语不同，不同阶层所包括的要素不同，但是基本上都坚持了德日犯罪论体系的方法论。

五、历史论、系统论、分析论的反思

历史论、系统论和分析论分别从犯罪构成理论的历史性、系统哲学观、逻辑角度寻找正当性根据和言说方式。这三种解释范式代表三种基本立场，也代表着三种研究方法。这三种解释范式依赖于三种理论资源，历史论依赖犯罪构成理论的历史，系统论依赖系统哲学，分析论依赖德日犯罪论体系和逻辑方法。这三种资源对于我国犯罪构成理论的反思和完善都具有重要意义，但是这三种资源仅仅是资源，而不是目的和评价标准。这三种资源只有用来解释和解决犯罪构成理论在我国现实中的问题，才有意义。

---

① 参见张明楷：《刑法学》，法律出版社2007年版，目录第2页。

② 参见陈兴良：《刑法学》，复旦大学出版社2009年版，目录。

③ 参见周光权：《犯罪论体系的改造》，中国法制出版社2009年版，第281页。

（一）传统的积淀与变迁

历史论说明了历史因素对理论移植和发展的限制和制约，强调了犯罪构成理论在各种社会制约条件下，我国一辈又一辈的刑法学者所付出的努力和所表现的智慧。历史论强调了法学理论发展的传统要素，法学理论只有在既有理论传统的基础上才能健康发展。割裂传统的法学理论受到历史论的批判。理论传统是刑法学者智慧的结晶，是学术成果的积累。当今刑法理论的发展和选择，无论是传承还是超越，都无法跨过刑法学理论传统。历史论也强调了传统犯罪构成理论被广泛接受的现实，这个事实说明犯罪构成理论具有合理性。①

历史论是继承传统和积累知识的理论，但不是改革的理论。历史论从犯罪构成理论在我国的生根、发芽、开花、结果中发现了历史合理性和现实合理性，这样的研究路径容易形成路径依赖，反对任何与传统历史路线不符合的改进。历史论强调理论传承的部分，而对改进持异常谨慎的态度。② 历史论强调现实，从犯罪构成理论合理性的角度去看待现实，导致它看不到犯罪构成理论在现实中存在的问题，从根本上失去理论创新的动力。历史论缺少的是批判和反思的动力。历史论具有趋于保守，而不是鼓励改革和创新。从犯罪构成理论与我国历史的联系中，更多看到的是犯罪构成理论优势，而不容易看到缺陷。在历史论中不容易看到评价犯罪构成理论的标准。

（二）系统的科学性与局限性

系统论的贡献在于发现犯罪构成理论是动态的、开放的系统，并且以此批判我国传统犯罪构成理论的孤立性、静止性和封闭性。系统论从犯罪构成要件之间的关系以及犯罪构成要件与外界环境之间的关系的角度，来论证犯罪构成体系的正当性。它把系统论的知识和方法引入到刑法学研究中，对传统的犯罪构成体系的静止性、孤立性作出了批评。系统论在批评传统犯罪构

---

① 我国刑法学者指出我国犯罪构成理论的“内在合理性”，即逻辑严密、契合认识规律和符合犯罪本质特征等。参见高铭暄：《论四要件犯罪构成理论的合理性暨对中国刑法学体系的坚持》，载《中国法学》2009年第2期。笔者认为这些无疑总结了我国犯罪构成理论在现实中被广泛接受的原因，也是对我国犯罪构成理论合理性的归纳。但是犯罪构成理论的合理性以及犯罪构成理论在我国实践中的经验有待更加深入的研究。

② 高铭暄教授认为，推翻我国现行犯罪构成理论，移植其他国家的犯罪构成理论要符合三个条件：紧迫性、必要性和可行性。这三个条件体现了历史论对犯罪构成理论成果的珍视，对现行犯罪构成理论进行重大改革的极其谨慎的态度。

成理论的基础上，建构了犯罪构成系统论。犯罪构成系统论把犯罪构成视为动态的开放的系统，通过研究犯罪构成要件的要素、结构、层次，通过研究犯罪构成要件与外界环境的关系来实现犯罪构成的功能。系统论的价值在于对传统犯罪构成理论的反思，以系统论为评价标准来批判传统犯罪构成理论的静止性、封闭性和孤立性，并以系统论为知识资源来建构犯罪构成理论，即犯罪构成系统论。犯罪构成系统论的特点在于弥补传统犯罪构成理论的静止性、封闭性和孤立性，犯罪构成系统论强调的是犯罪构成如何保持犯罪构成要件之间的联系，以及犯罪构成与外界环境之间的联系。

犯罪构成的功能在于对司法者的裁判规范和对于公民的行为规范，对司法者认定犯罪和公民决定自己的行为具有指导作用。犯罪构成要件之间的逻辑关系，只有在规范层面上才有意义，在事实层面上并没有多大意义。系统论把犯罪构成作为一个系统，又把每个犯罪构成要件视为犯罪构成这个系统的子系统，在事实上可以这样去认识，但是这在规范上并没有多大意义。系统论对犯罪构成要件之间所建构的关系对于司法者认定犯罪和公民决定行为而言，并没有什么指导作用。系统论的核心是“系统”而不是“功能”或者“目的”，对犯罪构成要件之间关系的挖掘远远多于对犯罪构成功能或者目的的关注。系统论建立在对传统犯罪构成理论批判和反思的基础之上，关注的是犯罪构成要件之间的关系事实上是什么，而不是根据犯罪构成的功能来研究犯罪构成之间的关系或者调整犯罪构成的结构。

笔者阅读系统论的文献的感觉是，没有发现自己特别想知道的东西。系统论强调犯罪构成要件之间的联系，这些犯罪构成要件之间的联系是什么，这些联系能够起到什么作用；犯罪构成与环境相互联系、相互作用，犯罪构成整体性能的实现依赖于一定的环境，这里的环境是什么，环境对犯罪构成的影响和作用如何体现在犯罪构成之中，犯罪构成如何影响环境；犯罪构成的整体性能是什么，如何根据整体性能来调整犯罪构成的结构；系统论的评价标准是什么，根据什么来评价犯罪构成的优劣。这些司法实践和理论特别关注的问题，笔者在相关文献中寻找不到明确的答案。

（三）逻辑的力量与弱点

分析论强调的是逻辑在犯罪构成体系中的正当性，把分析方法运用得淋漓尽致。分析论从逻辑的标准来评判我国传统的犯罪构成理论体系，并且主张我国的犯罪构成体系充满逻辑矛盾，应当移植逻辑清晰的德日犯罪论体系。而移植德日三阶层犯罪论体系的理由，是它“反映了定罪的逻辑过程，也使得被告人获得了较多的辩解机会，具有理论上的优越性”。[①] 这确实加深了对传统犯罪构成理论缺陷的反思，并为理解和解释犯罪构成提供新的选择和言说方式。

分析论除了把分析的方法运用得淋漓尽致以外，还充分运用了比较的方法。只有在比较中，才能真正认识自己。认识自己的长处和短处，才能在他人面前保持自信。但是，分析论把德日的犯罪论体系作为普适的评价标准，而不是作为学术资源；对我国传统的犯罪构成理论的反思建立在与德日三阶层犯罪论体系简单化的比较之中，而不是建立在我国犯罪构成理论的功能之中；对我国犯罪构成理论的完善或者重构就是简单化的移植或者“换汤不换药”式的改造，而不是在既有理论传统的基础之上贡献独特的知识增量。

分析论强调的是犯罪论体系建构中的逻辑因素，这里的逻辑是德日犯罪论体系的逻辑，忽视传统犯罪构成理论体系的历史性。分析的方法在排列组合犯罪构成要素被运用得淋漓尽致。遇到现实或者理论问题，分析论者动辄从德日的犯罪论体系出发来解决这些问题，这样固然省却了思考的麻烦，但是也失去了创新和发展理论的机会。

分析论者被错误的图示所支配，“推倒重来”和“毕其功于一役”的观念支配着分析论者的思想。“所有人都有一幅图画，并且他们都是根据同一幅图画在行动，无论他是否意识到。”[②] 自己辛苦获得的劳动成果在未来可能成为这种历史惯性和观念的牺牲品。分析论是基于我国传统的犯罪构成体系已经不能容纳新的知识，并且不能更好地解决问题的情况下，采取的“推倒重来”的立场。从历史来看，我国的刑法学研究总是充满了这种“推倒重来”的观念，认为传统的理论不能解决问题，只要引进国外的某种理念或者制度就可以解决问题。这种观念使我们的学术研究缺乏知识和传统的积累，总是处于开始阶段。因为缺少知识积累和传统的继承，导致法学理论缺乏根基，每当面对国外的法学理论或者法律制度，就没有了自己的理想图景，要么展开自我批判，要么推倒重来。推倒重来→缺乏知识积累和传统的继承→推倒重来，这样的循环没有休止。这种循环图示已经成为历史惯性，这种历史观念影响了法学理论在“批判——完善”中点滴积累的学术成熟过程。

---

① 陈兴良主编：《刑法学》（第一版），复旦大学出版社 2009 年版，序第 1 页。

② ［美］罗斯科·庞德：《法理学》（第一卷），余履雪译，法律出版社 2007 年版，135 页。

分析论者把德日犯罪论体系作为评价标准来评价我国传统的犯罪构成体系的优劣得失，其根本问题在于忽视了理论是从思考实践问题中发展成熟起来的。德日的犯罪论体系一步一步发展起来，发展动力在于德日的司法实践中出现的问题使既存的犯罪论体系无法解释，这样就需要发展犯罪论体系以解决司法实践中的问题。我国的分析论者，以德日犯罪论体系为标准，以我国传统的犯罪构成理论为评价的对象，以分析的方法和逻辑为批判工具，并且以法益保护和自由保障为后盾，忽视了理论发展的动力来自司法实践的需要。无论是德日的刑法理论，还是英美的刑法理论，我们需要借鉴而不是移植，其区别在于前者是把这些理论作为我们在既有的理论体系中解决问题的方法和知识资源，后者则把这些理论取代我们既有的理论和评价既有理论的标准。我国犯罪构成体系的知识容纳空间并没有得到充分的释放，吸纳国外犯罪论体系新知识的能力和总结提炼我国司法实践经验的能力有待发掘，而分析论动辄移植的思维方式排除了理论创新的机会和自觉努力。

分析论者不是把德日犯罪论体系作为研究中国问题的知识资源，而是作为评价标准。这种研究范式假设：中国与德日存在相同的问题，而且存在共同的解决问题的方法；德日的理论成功地解决了德日犯罪论体系中的问题，也能够成功地解决中国的问题，或者说面对相同的问题，德日的犯罪论体系比中国的犯罪构成理论能够更好地解决中国的问题。移植论者看到了问题的一个方面，而没有看到问题的另一个方面。中国犯罪构成问题与德日犯罪论体系问题具有共同性，但是也有自己的特殊性；德日犯罪论体系的提出针对的是德日存在的问题，而且建立在研究传统的基础之上，在中国，不可能完全割裂已经存在的研究传统及其在司法界的影响。关键的问题是，移植论者以德日犯罪论体系的眼光来看中国的犯罪构成问题，看到的问题是不全面的。陈瑞华教授指出："无论是来自外国的制度设计还是外国学者提出的理论，都只是为了解释和解决其本土问题而被提出来的，它们是否及究竟在多大程度上有助于解释和解决中国的问题，这是一个悬而未决的问题。更何况，研究者假如就连中国的问题究竟是否存在以及究竟是什么都不清楚，那么，这种对外国法律制度和外国法律理论的介绍和分析，又能够达到什么样的积极效果呢？"① 陈瑞华教授的这番言论虽然针对的是刑事诉讼法学，但是问题也存在于刑法学界。陈瑞华教授提出"法律的生命有机体理论"，该

---

① 陈瑞华：《刑事诉讼的前沿问题》，中国人民大学出版社2005年版，第150页。

种理论认为，法律制度属于一种生命有机体，法律制度本身是一个有机的系统，而且强调法律制度与其所赖以生存的社会发生着有机的联系。以此为哲学基础，陈瑞华教授认为："无论是'对策法学'，还是'引进法学''移植法学'，都将推进立法之完善、司法之改革、制度之革新作为法学研究的目标和归宿，而忽略了法律的生命有机体问题，无视法律制度所赖以存在的社会、政治、经济、文化传统等诸多复杂的因素。"①

（四）理论的起点与终点

无论是系统论，还是分析论，都强调理论逻辑，前者是系统论的逻辑，后者是德日三阶层的分析方法的逻辑，两者都忽视了实践。无论是系统论，还是分析论，都强调逻辑，忽视犯罪论体系与社会之间的互动关系，把犯罪论体系与社会发展割裂开来，使犯罪论体系成为仅仅体现作者思维逻辑的封闭体系。无论是从系统论的角度，还是从分析论的角度，来批判我国传统的犯罪构成，都因为没有触及司法实践中的问题，而对司法实践并没有太大的影响。对犯罪构成理论的批判，固然深化了对犯罪构成的认识，厘清了犯罪构成要件之间的关系，但是没有讨论犯罪构成在司法实践中的问题，也没有总结犯罪构成在司法实践中积累的经验，从而失去了问题意识。犯罪构成的讨论，在理论界热火朝天，在实务界冷冷清清。笔者认为，作为资源而言的理论，没有用到产生更大价值的问题上，是一种学术资源的"隐性浪费"。理论界在讨论犯罪构成体系问题时，不关注司法实践的论证，不关注司法实践问题的理论，就不会影响到司法实践的运作。

历史论、系统论和分析论都没有强调犯罪构成理论在我国立法和司法实践中存在的问题是什么，犯罪构成理论在现实中运行情况如何，如何评价现实中的犯罪构成理论，根据什么来评价我国的犯罪构成理论，以及根据什么来调整完善我国的犯罪构成理论。这些问题的解决不是从某一个方面论证就可以，需要综合的方法。

六、功能论的转向：功能的发现

功能论以功能主义研究范式为方法论，来考察我国犯罪构成理论在现实中的运行过程和效果。确定犯罪构成理论的目的或者价值，描述犯罪构成理

① 陈瑞华：《刑事诉讼的前沿问题》，中国人民大学出版社2005年版，第171页。

论在立法，尤其是司法实践中存在的问题。根据犯罪构成理论的目的对犯罪构成理论进行评价，并依据犯罪构成理论的目的，借助各种知识资源，对犯罪构成的结构进行调整。

功能论关注的不是历史传统、系统或者逻辑本身，而是犯罪构成理论在司法实践中的运行过程和效果。功能论并不把历史传统、系统论或者逻辑本身作为目的，而是作为影响犯罪构成体系效果的因素。影响犯罪构成效果的因素不限于这三种。把犯罪构成体系的社会效果作为评判优劣的标准，更加关注犯罪构成体系在司法实践中的运行机制，而不是抽象内容。

功能论的逻辑在于，承认不同国家在犯罪成立中存在着共同的问题，但是不同国家的司法者和民众对这些问题的态度是不同的，解决方法是不同的，无所谓好坏优劣之分。发现这些共同面对的问题，发现我国犯罪构成体系与其他国家犯罪论体系在解决这些问题上的不同方法和态度，并互相借鉴，方是功能论的立场所在。

从功能论的角度来研究犯罪构成的结构，就是弥补系统论研究范式和分析范式的不足。考察犯罪构成在司法实践中的作用，所遇到的问题以及所积累的经验，上升到理论高度，对司法实践起到指导作用。功能论走出强调系统或者分析的抽象的理论体系，强调犯罪构成理论与实践之间的关系，并根据这种关系对犯罪构成理论进行评价和完善。功能论尊重历史和传统，犯罪构成理论的历史联系是不能割断的，传统因素在犯罪构成理论的发展过程中不能被抛弃。但是功能论并不局限于历史和传统之中，并不认为历史应该为现在做主。犯罪构成理论在当今实践中遇到的问题必须面对，犯罪构成理论的发展应该是开放的。

功能论关注的问题：（1）犯罪构成理论的目的是什么。犯罪构成理论的目的也是犯罪构成理论的价值。犯罪构成理论的目的或者价值是民众和刑法学者认同的价值共识，是价值范畴。它应该成为评价标准，对理论具有价值导向作用。（2）了解并描述犯罪构成理论在立法和司法实践中的运行情况和效果，强调犯罪构成理论在实践中所存在的问题。现实问题属于事实范畴，是客观存在的，不是主观臆造的，也不是来自于外国。（3）以犯罪构成理论的目的为评判标准，来评价我国犯罪构成体系的优劣得失。犯罪构成理论在立法和司法实践中，是否以及在何种程度上满足了民众对刑法的期待和民众所认同的价值共识。（4）以犯罪构成的目的为目标，以我国犯罪构成理论在现实中所存在的问题为基础，借助各种知识资源，包括系统哲学和德日刑法学理论，来完善我国的犯罪构成体系。我国传统的犯罪构成体系在我国司法实践中运行的效果如何，影响效果的因素有哪些，哪些因素有利于犯罪构成目的的实现，哪些不利于犯罪构成目的的实现。（5）犯罪构成是犯罪成立条件的系统，是动态的开放的系统，是结构性存在。要把犯罪构成在实践中的具体问题与这种结构联系起来，不是个别化问题，而是结构问题。法律规定的犯罪成立条件是特定的，但是犯罪构成理论对犯罪成立条件的结构的建构不同，功能也不同。（6）历史论所强调的历史合理性和现实合理性是否影响犯罪构成体系目的的实现。系统论所强调的系统观念，犯罪构成要件之间的关系以及犯罪构成的系统与外界环境之间的关系，如果影响到犯罪构成理论功能的发挥，那么功能论就必须予以关注。同样，分析论所强调的分析方法也是如此。对待德日或者其他国家的刑法学理论，功能论将它们作为学术资源，而不是评价标准。如果其他国家的刑法学理论有利于解决我国犯罪构成理论的问题，有利于实现犯罪构成的目的，那么应该采纳。（7）以现实存在的问题为逻辑起点和归宿，考虑但不限于历史传统、系统哲学和德日刑法学理论成果。哲学知识资源仅仅具有工具性，并且互相之间并不排斥，以解决我国犯罪构成理论的现实问题为依归。

论并存罪过*

卢有学**

罪过是刑法理论和司法实践中最基本、最重要的问题之一，罪过形式理论虽然由犯罪故意和犯罪过失这两大支柱搭建起了牢固的框架，却在对个罪的解读上存在着诸多比较混乱的现象，这一方面缘于目前的这套罪过形式理论还无法适应纷繁复杂的罪名体系所规定犯罪的多样性，另一方面也缘于刑法理论通说所坚持的罪过形式理论本身还存在着不完善的地方。多年来，刑法理论界针对滥用职权罪的罪过形式不断提出新理论，使通说观点受到了一些挑战，但这些新学说又都或多或少地存在着理论缺陷或者实践困境。一些司法解释的颁布，包括对于《刑法》第 397 条和第 408 条之一罪名的概括，以及关于交通肇事罪共犯的规定，似乎也增添了问题的复杂性。这不禁让人思考：这到底是由于立法粗疏所带来的问题，还是理论跟不上实践的需要，抑或是司法解释对刑法理论的破坏？本文拟从分析理论界关于滥用职权罪罪过形式的各种观点入手，提出并存罪过概念，并对这一比较特殊的现象进行探讨。

---

* 本文原载于《法律科学（西北政法大学学报）》2015 年第 1 期。

** 西南政法大学法学院教授。

一、传统解读：一个罪名，一种罪过

（一）传统罪过理论概述

1. 罪过心理的客观内容

根据我国刑法理论通说，无论是犯罪故意还是犯罪过失，都必须具备认识因素和意志因素两大内容，[①] 而认识因素和意志因素作为主观的构成要件要素，其指向的对象是行为的客观的构成要件要素。但认识因素与意志因素相对于客观的构成要件要素而言，具有一种“不相等的对应关系”，[②] 即认识因素是对所有客观构成事实的认识，而意志因素只是对部分客观构成事实的心理：

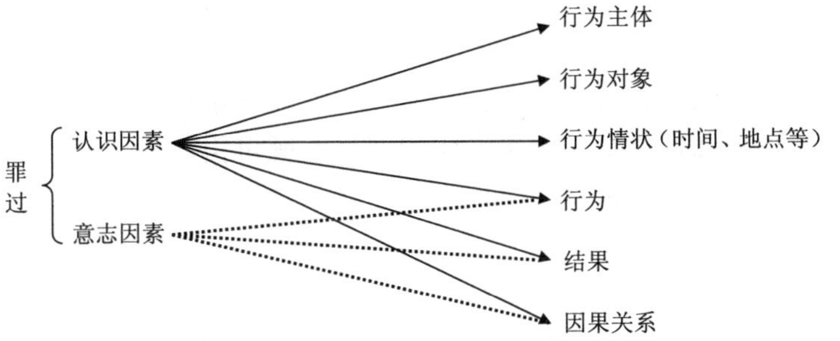

2. 罪过类型的判断基准

罪过心理虽然包括认识因素和意志因素两大组成部分，但确定罪过的具体类型时，原则上不考虑行为人的认识因素，[③] 而只以意志因素为准，具体而言，理论界又有“结果标准说”“行为标准说”和“双重标准说”等学说。对于过失犯罪和间接故意犯罪来说，由于它们以结果的发生为犯罪的成

① 参见高铭暄：《刑法学原理》（第二卷），中国人民大学出版社1993年版，第8页。

② 参见林钰雄：《刑法与刑诉之交错适用》，中国人民大学出版社2009年版，第186页。

③ 理论界对于“明知必然发生结果而放任”这一问题存在争议，这涉及认识因素对于罪过类型是否有影响的问题，对此有三种观点：（1）以意志因素为准，但将该情形下的“放任”等同于“希望”，进而得出其属于直接故意的结论，参见高铭暄：《刑法学》，法律出版社1982年版，第149页；林亚刚：《对“明知必然发生而放任发生”的再认识》，载《法学评论》1995年第2期；（2）以意志因素为准，认为该情形仍属于间接故意，参见马克昌：《犯罪通论》，武汉大学出版社1991年版，第344页；（3）兼顾认识因素与意志因素，并得出该情形属第三种意志类型即“容忍”的结论，参见《犯罪总论问题探索》（第二卷），法律出版社2003年版，第219页。

立条件，其罪过的依据自然是行为人对于该构成要件结果的意志。对于直接故意犯罪来说，由于存在着行为犯、结果犯和危险犯等种类，有的学者便对结果犯采“结果标准说”，而对于不以结果发生为既遂条件的行为犯或者危险犯，则将行为人对行为本身的意志因素作为罪过形态的判断标准，因而形成所谓的“双重标准说”。笔者认为，虽然意志因素指向的对象包括行为、结果及其因果关系等内容，但只有行为人对结果的意志因素才是判断罪过类型的依据，严格坚持“结果标准说”才是适当的。

3. 罪过与罪名之间的数量关系

刑法理论认为，一个具体的罪名只能对应故意或过失这两种罪过形式中的某一种，“一个犯罪，要么是故意犯罪，要么是过失犯罪，除此之外在主观罪过上不可能有其他形式的犯罪了”①，即“一个罪名，一种罪过”。其理论基础是：“由不同罪过形式支配的相同的危害行为，其产生的社会危害的性质和程度均有区别，在罪质上有明显不同，罪质不同则罪名不同，换句话说，相同的行为和社会危害结果在主观罪过上既可由故意支配，也可由过失支配，但其构成的犯罪绝不能是同一种罪质的犯罪，反映在罪名上即不能为同一个罪名。因此，一个犯罪中绝不能兼容两种性质对立的罪过形式。”②同时，犯罪故意与犯罪过失表现为“非此即彼”的“二值”逻辑关系，因而对于刑法分则所规定的任何一个具体犯罪而言，其主观方面要么是故意，要么是过失，而不可能既是故意又是过失。③

（二）传统罪过理论对滥用职权罪的阐释

1. 滥用职权罪的客观构造

滥用职权罪是1997年《刑法》第397条在1979年《刑法》第187条规定的玩忽职守罪的基础上新增的罪名，其罪状为：“国家机关工作人员滥用职权，致使公共财产、国家和人民利益遭受重大损失。”据此，滥用职权罪的客观构成要件要素主要包括三方面：行为——滥用职权；结果——公共财产、国家和人民利益遭受重大损失；因果关系——由于行为人滥用职权而

---

① 《刑法分则要论》，中国法制出版社2010年版，第712页。

② 董文辉、敦宁：《滥用职权罪与玩忽职守罪司法认定若干疑难问题研究》，载《刑法论丛》（第27卷），法律出版社2011年版，第335页。

③ 参见胡东飞：《“复合罪过形式”概念质疑——以对滥用职权罪为视角》，载《云南大学学报（法学版）》2005年第6期。

导致公共财产、国家和人民利益遭受重大损失。

2. 关于滥用职权罪的“单一罪过”理论

（1）故意论。

这是我国多数刑法学者坚持的立场，但不同的学者，就行为人对“公共财产、国家和人民利益遭受重大损失”这一结果的意志因素，[①] 仍然有不同的认识，有“直接故意说”[②]“间接故意说”[③] 和“故意说”[④]，“故意说”坚持“结果标准说”，认为行为人对“公共财产、国家和人民利益遭受重大损失”这一结果可能存在直接故意或者间接故意两种可能。[⑤]

（2）过失论。

我国有少数学者认为滥用职权罪的主观方面只能是过失，这类观点多从罪刑相适应原则出发，体系性地考察我国刑法所规定的过失犯罪的法定刑，从而得出滥用职权罪是过失犯罪的结论。[⑥]

（3）“单一罪过”理论的主要缺陷。

“单一罪过”理论坚持“一个罪名，一种罪过”的原则，似乎维护了刑法理论的统一性，但却存在以下问题：

第一，无论是故意论还是过失论，都未能完全概括滥用职权行为人对于“公共财产、国家和人民利益遭受重大损失”这一结果所可能存在的认识因素与意志因素的罪过心理。实践中的滥用职权案件，既有对该结果持故意的情形，也有对该结果存在过失的情形，这是不争的事实。

第二，具体罪过形式的确定，应当以《刑法》第 14 条、第 15 条的规定为指导，并结合刑法分则具体条文的罪状描述，以行为人对危害结果的意志因素为标准来进行。如果以罪刑相适应原则为依据，从法定刑来反推罪过类型，则犯了本末倒置的错误。事实上，我国刑法规定的法定最高刑在 2 年

---

① 我国刑法理论界对于滥用职权罪的主观罪过，还存在一种“行为故意论”，即明知自己的行为是滥用职权而有意为之，参见利子平、郭芾：《滥用职权罪罪过形式新探》，载《江西师范大学学报（哲学社会科学版）》2006 年第 2 期。

② 陈兴良：《刑法疏议》，中国人民大学出版社 1997 年版，第 650 页。

③ 刘家琛：《新刑法新问题新罪名通释》，人民法院出版社 1997 年版，第 1087 页。

④ 徐全兵：《滥用职权罪的罪过形式应为故意》，载《人民检察》2005 年第 2 期（上）。

⑤ 参见《新刑法教程》，中国人民大学出版社 1997 年版，第 804 页。

⑥ 参见陈忠林：《刑法散得集》（Ⅱ），重庆大学出版社 2012 年版，第 215 页；阮齐林：《论〈刑法〉第 397 条的若干问题》，载《中央检察官管理干部学院学报》1997 年第 10 期；李洁：《论滥用职权罪的罪过形式》，载《法学家》1998 年第 4 期。

有期徒刑以下的14种犯罪，无一例外地都是故意犯罪，而法定最高刑为3年有期徒刑的75种犯罪中，也只有极少数的犯罪是过失犯罪。

二、理论演进：罪过形式理论的再诠释

（一）“复合罪过形式”述评

“复合罪过形式”这一概念的提出，初衷是说明滥用职权罪的主观方面既包括间接故意、也包括过失这一法律现象，它是指“同一罪名的犯罪心态既有故意（限间接故意）也有过失的罪过形式”。① 论者基于人类认识具有模糊性的特征，在理论上和实践中难以准确地区分间接故意与过于自信的过失，借鉴国外刑法关于罪过形式的分类，将间接故意与轻信过失结合为复合罪过形式，② 突破了“一个罪名，一种罪过”的传统观念。但是，复合罪过形式并不是与故意、过失并列的第三种罪过形式或者第五种罪过形式。③论者同时认为复合罪过犯罪，都是结果犯，④ 具有多档法定刑。

这一理论自其提出开始就受到了刑法学界的普遍质疑，但正如它的倡导者所言，大多数批评者都误解了这个理论⑤。实际上，该理论不是想创立一种糅合间接故意与轻信过失的新罪过类型，以使之与现有的几种罪过形式并列，而是试图打破“一个罪名，一种罪过”的桎梏，为某些兼有间接故意与过失两种罪过的犯罪寻找理论依据。易言之，他们只是在传统的四种罪过具体运用时所采用的“单一罪过形式”之外，补充了一种可以同时兼有间接故意与过失的“复合罪过形式”而已。因此，他们仍然承认间接故意与轻信过失这两种独立的罪过形式，并没有从本质上否定罪过理论本身。而这些结论，多数都是笔者所认同的。

---

① 储槐植、杨书文：《复合罪过形式探析——刑法理论对现行刑法内含的新法律现象之解读》，载《法学研究》1999年第1期。

② 参见杨书文：《复合罪过形式论纲》，中国法制出版社2004年版，第116页。

③ 参见杨书文：《复合罪过形式论纲》，中国法制出版社2004年版，第8页。

④ 论者后来提出了修正，认为在“以行为造成了某种危险状态”作为客观要件的犯罪中也存在复合形式，参见储槐植、杨书文：《再论复合罪过形式——兼谈模糊认识论在刑法中的运用》，载陈兴良主编：《刑事法评论》（第7卷），中国政法大学出版社2000年版，第418—419页。

⑤ 如有学者认为：“按照储槐植教授的观点，复合罪过形式的实质内涵，就是把故意与过失之间的模糊状态解释为复合罪过，不再区别故意与过失，因此，又被称为‘第三种罪过形式’。”参见李兰英：《再议“合一论”与“复合罪过说”》，载《现代法学》2005年第4期。

但是，除学者们已经提出的一些批评之外，笔者认为，“复合罪过形式”理论及其提出还存在以下问题：（1）从方法论上讲，既然论者并未推翻现有的四种基本罪过形式，表明其仍然承认间接故意与轻信过失之间存在界限，那么，作为其主要依据的“模糊论”的意义就令人生疑了，因为“模糊论”只是间接故意与轻信过失界限可能不太清楚的认识论基础，而非“一个罪名兼含两种不同罪过”的认识论基础；同样，既然论者并非创立了一种可以与故意和过失并列的第三种罪过形式，也不是融合间接故意与轻信过失为“复合罪过”以使之与直接故意、疏忽大意过失并列，那么，论者研究外国刑法中罪过的“第三种罪过形式”或者“中间类型”并作为其主要论据，也就不太妥当。（2）从结论上看，论者实际上赞成滥用职权罪的主观方面既可以是间接故意也可以是过失，①因此其“复合罪过形式”也仅是间接故意与过失的复合运用，而必须排除直接故意于其外。笔者认为，这无论是从法理上还是从事实上看，都是不合理的。的确，很少有学者主张滥用职权行为人对于“公共财产、国家和人民利益遭受重大损失”这一结果可以是直接故意的心态，一般只是认为行为人对于“滥用职权”行为本身可以持希望的态度，或者“明知自己滥用职权的行为会发生侵害国家机关公务的合法、公正、有效执行以及国民对此的信赖的结果，并且希望或者放任这种结果发生”②。之所以有这样的认识，是因为他们认为一旦行为人对“公共财产、国家和人民利益遭受重大损失”持希望发生的态度时，就应该以故意杀人罪、故意伤害罪等追究行为人的刑事责任，而不存在适用滥用职权罪的可能。③笔者认为，这种顾虑是多余的，当行为人滥用职权而（直接）故意杀人、伤害时，同时符合滥用职权罪和故意杀人罪、故意伤害罪等罪的构成要件，的确应当从一重罪处断，但这并不意味着一概都要以故意杀人罪、故意伤害罪来定罪处罚，例如，行为人滥用职权故意防卫过当时，

① 在概括滥用职权罪的罪过形式时，我国理论界也有学者坚持其既可以是故意、也可以是过失的观点，参见李永鑫、吴步钦：《滥用职权散论》，载《人民检察》1998年第3期；侯国云、白岫云：《新刑法疑难问题解析与适用》，中国检察出版社1998年版，第251页；张兆松：《滥用职权主观要件研讨》，载《政法论坛》1998年第5期；薛荣、李麒：《滥用职权罪的司法认定及立法完善》，载《山西大学学报（哲社版）》2001年第2期；储槐植、杨书文：《滥用职权罪的行为结构》，载《法学杂志》1999年第3期；张穹：《贪污贿赂渎职侵权犯罪案件立案标准精释》，中国检察出版社2000年版，第123—124页。本文总体上同意这一观点，并将其命名为“并存罪过”。

② 张明楷：《刑法学》，法律出版社2011年版，第1094页。

③ 参见林卫星、齐心：《滥用职权罪的罪过形式》，载《人民司法》2008年第21期。

可能仍需定滥用职权罪；同时，当行为人滥用职权而直接故意地致使公私财产遭受重大损失时，却只宜定滥用职权罪，而不宜定故意毁坏财物罪或者破坏生产经营罪等罪，因为滥用职权罪的法定刑更高。因此，滥用职权罪的行为人完全可能对“公共财产、国家和人民利益遭受重大损失”这一结果持直接故意的意志心态。

（二）“客观的超过要素”述评

“客观的超过要素”是由我国著名刑法学家张明楷教授借鉴大陆法系刑法理论中“客观的处罚条件”和“主观的超过要素”概念而新创的一个术语。[①] 这一理论将滥用职权罪的客观结果区分为两种，一是法定的结果（“公共财产、国家和人民利益遭受重大损失”），二是论者概括的结果（“侵害国家机关公务的合法、公正、有效执行以及国民对此的信赖”），前者虽然属于滥用职权罪的构成要件，但却因不要求行为人对其存在故意或者过失的罪过心理而属于一种“客观的超过要素”，判断滥用职权罪罪过形式的依据是后一结果，行为人对该结果既可以是直接故意、也可以是间接故意。[②] 论者认为，客观的超过要素存在于那些具有“双重危害结果”的犯罪中，并据此来解释刑法规定的丢失枪支不报罪、违法发放贷款罪、擅自进口固体废物罪等罪的罪过形式。

“客观的超过要素”这一概念的提出，得到了不少人的赞同与追随，[③] 但也受到了一些质疑。[④] 笔者认为，这一概念看似巧妙、合理，实则存在漏洞。

首先，“客观的处罚条件”“主观的超过要素”是大陆法系刑法理论中具有一定对应关系的术语，与其犯罪成立“三阶层”体系本身有着密切的关系，是其构成要件与责任之间存在着相对分离关系的一种反映，但无论是站在大陆法系的立场，还是在我国刑法理论框架下，都不能推出“客观的

---

① 参见张明楷：《“客观的超过要素”概念之提倡》，载《法学研究》1999 年第 3 期。

② 参见张明楷：《刑法学》，法律出版社 2011 年版，第 1094 页。

③ 参见王昭振：《也论“客观的超过要素”概念——兼评复合罪过理论与严格责任理论》，载《刑法论丛》（第 12 卷），法律出版社 2007 年版，第 105 页；吴海涛：《客观的超过要素比较研究》，载《贵州警官职业学院学报》2003 年第 1 期；康诚：《“客观的超过要素”视野下的主客观相统一原则》，载《江西社会科学》2006 年第 4 期。

④ 参见杨书文：《质疑“客观的超过要素”概念》，载《福州大学学报（哲学社会科学版）》2002 年第 3 期。

超过要素”这一概念。“客观的处罚条件”作为大陆法系犯罪成立体系理论中“可罚性”的主要内容,[①] 是独立于犯罪实行行为及其结果的一些客观的外部因素或者第三人的因素,[②] 因而与行为人的罪过心理没有关系。而“主观的超过要素”意味着,成立某种犯罪,虽然要求行为人主观上必须具有某种因素,但却不要求有对应的客观因素出现。[③] 这一对概念,一个是客观要件,但却不需要体现行为人的主观罪过;一个是主观要件,也不需要作为其内容的客观事实发生。笔者认为,主观恶性的内容可以超出客观构成要件要素的范围,这是完全合理的,[④] 但是,客观要件不体现行为人的主观罪过,应仅限于独立于实行行为之外的客观要件,凡是实行行为及其结果,都必须被行为人的主观恶性所涵盖,这无论是在大陆法系还是我国的刑法理论中,都是肯定的。我国学者提出或者赞同的“客观的超过要素”概念,都是犯罪的实行行为本身产生的结果(这也是论者不直接采用大陆法系刑法理论中“客观的处罚条件”这一术语的原因),认为它可以超出主观罪过范围,显然与大陆法系的刑法理论冲突。同时,与大陆法系相比,在我国的犯罪构成理论中,主观方面与客观方面之间存在着更加紧密的关系,[⑤] 所有客观要件都是体现了行为人主观恶性的要素,我们将“行为”称为“危害行为”、将“结果”称为“危害结果”、将“因果关系”称为“刑法上的因果关系”、将“客体”称为“犯罪客体”等,正好体现了这一点,我国刑法

---

① 有部分学者赞成“可罚性”是德日体系中的“犯罪成立独立要件说”,参见冯军:《德日刑法中的可罚性理论》,载《法学论坛》2000年第1期。但是,也有学者认为,虽然可罚性是一种“超然于三级犯罪体系之外的第四个犯罪范畴,并不表示任何一般的刑事可罚性条件,因此也不能和行为构成、违法性和责任同等对待”。参见[德]克劳斯·罗克辛:《德国刑法学总论》(第1卷),法律出版社2005年版,第690页。

② 如《德国刑法典》第283条规定的破产罪以“行为人仅于停止支付或就其财产宣告破产程序或宣告破产之申请由于程序欠缺而被驳回时”才受处罚;《日本刑法典》第197条规定的犯罪以行为人“事后成为公务员或者仲裁人”为处罚条件。

③ 如外国刑法中的伪造货币罪规定了“以行使为目的”,但这只是对行为人成立该罪时主观目的的限定,并不以行为人在客观上实际行使了其所伪造的货币为成立条件。

④ 如各国刑法中颠覆国家政权的犯罪,行为人主观目的当然是想推翻现任政府,可是该罪的成立显然不可能以现政府实际被颠覆为条件;又如规定“以营利为目的”的犯罪,也不要求行为人事实上已经营利。

⑤ 我国刑法学者认为,在我国的犯罪构成中,“任何一个犯罪构成要件都不能离开其他构成要件而单独存在,任何一个构成要件都要以其他构成要件的存在为自己成立的前提”。参见陈忠林:《论犯罪构成各要件的实质及辩证关系》,载陈兴良:《刑事法评论》(第6卷),中国政法大学出版社2000年版,第358页。

理论中的犯罪客观方面不存在不在行为人意识、意志支配之下的“无色的白板”。所以，“客观的超过要素”这一概念，不仅超越了大陆法系刑法理论本身而成为一种空中楼阁，更是与我国犯罪构成理论水土不服的“天外来物”。

其次，将“公共财产、国家和人民利益遭受重大损失”视为“客观的超过要素”，不要求行为人对其具有罪过心理（认识与意志），而以“国家机关公务的合法、公正、有效执行以及国民对此的信赖”这一抽象“结果”作为评价对象，混淆了危害结果与犯罪客体的关系。我国刑法理论和大陆法系刑法理论对于滥用职权罪犯罪客体（法益）的认识很相似：大陆法系刑法理论一般将职权滥用罪的法益概括为“公务的公平切实执行以及国民对此的信赖”及“作为被害人的国民的自由与权利这种个人法益”两方面，[①] 我国刑法理论对滥用职权罪的客体也概括为“国家机关的正常管理活动”及“公民的合法权益与社会主义经济秩序”两方面，[②] 两者大致对应。不同的是，大陆法系刑法中普通的职权滥用罪只要求发生“使实施没有义务的行为，或妨害行使权利”的结果，而没有类似我国刑法规定的人员伤亡、财产损失等结果。[③] 因此，无论是在我国刑法中还是在大陆法系的刑法理论里，“国家机关公务的合法、公正、有效执行以及国民对此的信赖”都属于犯罪客体或者法益的范畴，而非犯罪的结果。将两者混同，而以所谓“双重危害结果”来加以区分，不仅混淆了危害结果与犯罪客体的关系，[④] 显得非常牵强，而且在方法论上也有点舍近求远、回避问题的意味。同时，将行为人对于“国家机关公务的合法、公正、有效执行以及国民对此的信赖”

---

① 参见［日］西田典之：《日本刑法各论》，刘明祥、王昭武译，中国人民大学出版社 2007 年版，第 372 页。

② 高西江：《中华人民共和国刑法的修订与适用》，中国方正出版社 1997 年版，第 875 页。

③ 大陆法系国家或者地区刑法中的滥用职权犯罪包括两类，如《日本刑法典》第 193 条至第 195 条规定的“公务员职权滥用罪”“特别公务员职权滥用罪”“特别公务员暴行、凌虐罪”的结果是“他人实施没有义务的行为”“他人权利行使受到妨害”；而其第 196 条规定的“特别公务员职权滥用致死伤罪”和“特别公务员暴行、凌虐致死伤罪”的结果则是“死伤”。参见［日］大谷实：《刑法各论》，黎宏译，法律出版社 2003 年版，第 447 页；［日］西田典之：《日本刑法各论》，刘明祥、王昭武译，中国人民大学出版社 2007 年版，第 372—378 页；［日］大塚仁：《刑法概说（各论）》，冯军译，中国人民大学出版社 2003 年版，第 582—587 页。

④ 参见张波：《对“客观的超过要素”的质疑——兼谈犯罪的故意》，载《中央政法管理干部学院学报》2000 年第 2 期。

这一抽象结果的态度作为判断滥用职权罪罪过形式的依据，这与将行为人对于滥用职权行为本身的态度作为该罪罪过的判断标准没什么两样，因此，该说在效果上等同于“行为标准说”，也与论者自己的主张矛盾。[①]

最后，为了维护“一个罪名，一种罪过”这一原则，避免所谓理论与实践上的困惑，不顾司法实践中行为人对“公共财产、国家和人民利益遭受重大损失”这些实害结果事实上存在认识因素和意志因素的事实，认为仅需要“有认识的可能性”即可，实不足取。考察我国的滥用职权罪案件事实会发现，被告人对于“公共财产、国家和人民利益遭受重大损失”都是有认识的，而不是只有“认识的可能性”。[②] 因为作为一名国家机关工作人员，自然深知正确行使自己所掌握职权的意义，其对于自己故意超越职权、玩弄职权、以权谋私、假公济私的行为所可能给国家和人民带来的实际危害结果不可能没有认识，也不可能没有意志因素。因此，虽然提出“客观的超过要素”这一概念的确是一种创举，但其在法理依据和事实层面，都缺乏说服力。

（三）“主要罪过论”述评

该理论认为，为了确定滥用职权罪等罪的罪过形式，“需要站在客观立场解释刑法的规定，首先从‘事实上’确定这些特殊犯罪中的行为人究竟有多少个罪过；然后从‘规范意义上’确定在这些罪过中哪一个是‘次要罪过’，哪一个是‘主要罪过’。最终确定的这个‘主要罪过’就是这些特殊犯罪的罪过形式”。这样，“对于滥用职权罪，可以认为行为人对于任意行使职权、超越职权行为是故意的，对于特定危害结果的发生是过失的。……在对行为人的罪过进行具体的最终的评价时，将有意滥用职权评价为基础罪过、主要罪过，将对结果发生的心态评价为过失……将滥用职权罪总体上定性为故意犯罪”[③]。论者认为，次要罪过中的故意是事实意义上

---

① 论者在罪过判断标准问题上，反对仅仅根据对行为的认识、意志态度与仅仅根据对结果的认识、意志态度来区分故意、过失的观点，参见张明楷：《犯罪论原理》，武汉大学出版社 1991 年版，第 270 页。

② 参见张明楷：《刑法学》，法律出版社 2011 年版，第 1095 页。笔者认为，论者一方面认为“公共财产、国家和人民利益遭受重大损失”是超过要素（即行为人没有罪过），另一方面又要求行为人对其有“认识的可能性”，这本身也是矛盾的，因为“认识的可能性”是疏忽大意过失即无认识过失成立的条件和核心，在结果发生的情况下，一旦有“认识的可能性”，就成立过失。

③ 周光权：《论主要罪过》，载《现代法学》2007 年第 2 期。

的故意；主要罪过中的故意，是规范意义上的故意，并以此理论来解释结果加重犯的罪过形式。

“主要罪过论”主张从不同的层面来研究一些特殊犯罪或者犯罪形态的罪过形式，这种思维方式是可取的。但是，笔者认为，该理论也存在比较明显的问题：(1) 以“规范意义上的罪过”与“事实意义上的罪过”来界定“主要罪过”与“次要罪过”，并不科学。实际上，刑法意义上的罪过都是规范意义上的罪过，仅具有“事实上”的罪过而不被刑法所规制，在刑法上没有价值。而且，所讨论的那些“次要罪过”其实都属于规范意义上的罪过。例如，在论者专门加以详细研究的结果加重犯的场合，[①] 行为人对于基本犯罪的罪过和对于加重结果的罪过，无疑都属于规范意义上的罪过。(2) 将滥用职权罪的主要罪过解读为“有意滥用职权”，即故意实施“任意行使、超越职权行为”，实际上是在罪过标准上采用了“行为标准说”，这本身是不可取的。同时论者认为滥用职权行为人对于“公共财产、国家和人民利益遭受重大损失”的心理只能是过失，[②] 试图在滥用职权罪的“行为故意说”与“过失说”之间找平衡、求折中。(3) 将罪过区分为“主要罪过”与“次要罪过”，这本身也不太科学。罪过作为一种对危害结果的意志心理，谈不上主次之分。实际上，是“基本罪过”而非“主要罪过”决定了某种犯罪的罪过形式。

三、概念新倡：并存罪过之合理性

我们不妨在坚持单一罪过形式的基础上，有限地承认某些复杂罪过形态，我们也不妨尊重客观事实，承认并存罪过这种实际上广泛存在的法律现象。笔者认为，所谓“并存罪过”，是指根据刑法的规定，在一个具体罪名中，行为人对于同一个犯罪结果，既可以是犯罪故意，也可以是犯罪过失的心理状态。并存罪过，无论是在法理上，还是在立法技术上，以及从国内外

---

① 论者列举了交通肇事“因逃逸致人死亡”的例子，但笔者并不认为这是一种结果加重犯，因为结果加重犯的加重结果是由基本犯罪的实行行为所直接导致的，如故意伤害致死中，死亡结果是故意伤害罪的实行行为本身导致的，但在交通肇事“因逃逸致人死亡”的情况下，死亡必须是独立于交通肇事罪实行行为之外的逃逸行为导致的（交通肇事行为只是死亡的前提），否则，如果死亡是由交通肇事行为本身导致的，就不能成立“因逃逸致人死亡”。

② 类似的情况还包括认为丢失枪支不报罪中行为人对“严重后果”也只能是过失、在交通肇事“因逃逸致人死亡”的场合下行为人对于死亡结果也只能是过失等。

的刑事立法经验上看，都有其合理性。

（一）例外与原则的对立统一

任何法律都是一个规则体系，而例外又都无处不在，以至于例外本身也成了规则的有机组成部分，甚至往往是更加精彩的部分。美国联邦最高法院大法官本杰明·内森·卡多佐（Benjamin Nathan Cardozo）认为，在司法实践中，那些一度被认为是例外的才是规则，而一度被认为是规则的只是例外。[①] 我国刑法对于贯彻刑法始终的罪过问题，鉴于罪名体系本身的纷繁复杂和犯罪现象的多样性，刑法理论和司法实践在不否定罪过基本理论的基础上，仅对于两种罪过形式在个罪的运用上允许少量的例外，这完全是可以接受的，也是罪过理论多样性的要求。

（二）故意犯罪和过失犯罪存在着危害性差异

犯罪的社会危害性是犯罪的本质特征，但它在故意犯罪与过失犯罪中的侧重点有所不同。过失犯罪强调的是客观危害，发生危害结果是犯罪成立的前提；而故意犯罪在重视客观危害的同时，更加强调行为人的主观恶性，是否发生危害结果通常并不影响犯罪的成立，而只影响犯罪的形态，我国刑法总则中的犯罪预备、犯罪未遂等规定，就是例证。同时，从我国刑法规定的48个过失犯罪来看，其客观危害必须是实际导致人员重伤、死亡、公私财产遭受重大损失这三种情况，而很多故意犯罪的危害结果要小很多，只需轻伤、数额较大即可。因此，我们很难说故意犯罪的危害性绝对大于过失犯罪，那种以过失犯罪的危害性一律远小于故意犯罪，因而不能被同一个犯罪所包容的观点，是值得商榷的。

（三）一定的罪过包容从立法技术上讲是必要的

通常情况下，由于故意犯罪与过失犯罪之间存在着位阶上的差异，立法和司法解释也应该将其区分为不同的罪名，但有的时候，尤其是一个犯罪本身就存在两个罪过时，其必要性并不大，将两种罪过包容于一种犯罪之中，从立法技术上讲更科学，这种例子在我国刑法中并不少。例如，《刑法》第239条“致使被绑架人死亡或者杀害被绑架人”明显包括了行为人对被绑架人死亡存在故意和过失两种不同的罪过；根据刑法理论和司法解释的规定，

---

① 参见刘作翔：《遵行先例：原则、规则和例外——卡多佐的司法哲学观》，载《判例与研究》2001年第1期。

《刑法》第263条抢劫罪中的“抢劫致人重伤、死亡”既包括故意杀死、重伤被害人的情况[①]，也包括抢劫行为过失导致被害人死亡、重伤的情况；《刑法》第133条规定的交通肇事“因逃逸致人死亡”，也包括逃逸人对死亡结果持故意和过失两种心态[②]；《刑法》第238条（非法拘禁罪）第2款、第247条（刑讯逼供罪、暴力取证罪）、第248条（虐待被监管人罪）、第292条（聚众斗殴罪）等条文中规定的“致人伤残、死亡”和“致人重伤、死亡”，行为人的主观方面实际上也都包括了故意与过失两种心态[③]。这些法例，由于行为人的基本罪过是确定的，只是加重部分的罪过既可以是故意（包括直接故意）也可以是过失，因而刑法笼统地将它们规定在一起并适用相同的法定刑，如果硬要区分故意与过失，并分别作单独的规定，则不仅没有必要（因为其整体危害性差异并不大），反而会使刑法变得繁杂不堪，与我国相对粗疏的刑事立法传统相悖。

（四）国内外的刑事立法支持并存罪过

所谓“一个罪名，一种罪过”的原则，原本就是有适用条件的，它其实是指的一个罪名只能包含一种基本罪过，并未完全排斥一个罪名可能有两

---

① 最高人民法院2001年5月23日发布的《关于抢劫过程中故意杀人案件如何定罪问题的批复》规定：“行为人为劫取财物而预谋故意杀人，或者在劫取财物过程中，为制服被害人反抗而故意杀人的，以抢劫罪定罪处罚。”

② 关于交通肇事“因逃逸致人死亡”情形下行为人的罪过形式，我国刑法学界有很多不同的观点：(1) 只能是过失。参见周光权：《论主要罪过》，载《现代法学》2007年第2期；侯国云：《论交通肇事后“因逃逸致人死亡”》，载《政治与法律》2003年第1期；林贵文：《交通肇事罪的“因逃逸致人死亡”罪过形式论析》，载《福建政法管理干部学院学报》2006年第3期。(2) 既可以是故意，也可以是过失。参见李洁：《析交通肇事罪的罪过形式》，载《人民检察》1998年第11期；韩哲：《交通肇事“因逃逸致人死亡”的罪过形式与司法认定》，载《人民检察》2005年第3期（上）。(3) 只能是间接故意。参见程宗璋：《对交通肇事罪中“因逃逸致人死亡”的再认识》，载《现代交通管理》2000年第11期。(4) 属于一种严格责任，即“行为人主观罪过具体形式不明确时，仍然对其危害社会并触犯刑律的行为追究刑事责任的制度”，参见李文燕、邓子滨：《论我国刑法中的严格责任》，载《中国法学》1999年第5期。

③ 这几个条文均规定，应以故意伤害罪、故意杀人罪定罪处罚，这在理论上被称为“转化犯”。我国刑法学者对于行为人对这些情形下的伤亡结果既可以是故意、也可以是过失，并无争议，但对于转化为故意伤害罪、故意杀人罪是否以行为人对这些结果有故意为必要，则有不同的看法：(1) 无论是故意还是过失，都转化为故意伤害罪或者故意杀人罪，并认为这属于刑法中的“拟制条款”。参见张明楷：《刑法分则的解释原理》，中国人民大学出版社2004年版，第262—280页。(2) 只有故意才转化为故意伤害罪或者故意杀人罪，过失不转化。参见卢有学、桑骊：《聚众斗殴定罪转化新探》，载《学术论坛》2009年第10期。

种罪过的现象。无论是大陆法系国家或地区的刑事立法，还是我国的刑法理论，从来没有否认过一个犯罪可以包含两个罪过，如结果加重犯、复行为犯、行为加重犯、结合犯等，甚至也已经出现了一个犯罪同时包括故意与过失两种基本罪过的立法例。实际上，立法本来就是对某些类型化行为的概括性规定，正是因为有并存罪过这种客观事实，才会出现相应的这些立法。

以结果加重犯为例，其必然同时存在着行为人对基本犯罪结果的罪过和对加重结果的罪过①，而对于很多情况下的加重结果，刑法允许行为人既可以是故意也可以是过失这种“并存罪过”。例如，《德国刑法典》第18条规定：“本法对特别结果的加重处罚，只有当正犯和共犯对特别结果的产生至少具有过失时，始适用。”② 很多国家都有类似的规定。而学者们普遍认为，所谓“至少具有过失”，在解释上包括故意。③ 显然，行为人对于加重结果是故意的情况，其危害性肯定大于对同样结果是过失的情况，但很多国家的刑法既不区分二者为两种犯罪，也不区分二者的法定刑，而由法官进行自由裁量。也就是说，纵然法定刑相同，法官仍然会根据行为人对加重结果的不同心态来宣告不同的刑罚，这种通过宣告刑来具体实现罪刑相适应原则的办法，也可以为“并存罪过”的立法提供足够的保障。

我国《刑法修正案（八）》增加的第408条之一，规定了一个基本罪过既可以是故意也可以是过失的犯罪（食品监管渎职罪），这也是一个典型的

---

① 这一情况被苏联刑法学者称为“双重罪过”。参见［苏］H. A. 别利亚耶夫、M. N. 科瓦廖夫：《苏维埃刑法总论》，马改秀等译，群众出版社1987年版，第160页。根据俄罗斯刑法，双重罪过是指以下情形：“如果由于实施故意犯罪造成依法应处以更重刑罚的严重后果，而这种后果又不包含在犯罪人的故意之中，则只有在犯罪人预见到这种后果发生的可能性却没有足够根据地轻信可以防止这种后果的发生，或者犯罪人应当预见或可以预见这种后果可能发生却未预见时，才应对这种后果承担责任。在总体上，此种犯罪被认为是故意实施的犯罪。”参见薛瑞麟：《俄罗斯刑法研究》，中国政法大学出版社2000年版，第189页。据此，苏俄刑法中的“双重罪过”类似于大陆法系刑法中的结果加重犯的罪过。我国有刑法学者将“双重罪过”称为“混合罪过”，认为其实质是一种罪过的转化，并认为无论是故意向过失的转化，还是过失向故意的转化，都应当一律定为故意犯罪。参见姜伟：《罪过形式论》，北京大学出版社2008年版，第321页。

② 《德国刑法典》，徐久生、庄敬华译，中国法制出版社2000年版，第48页。

③ 参见李邦友：《结果加重犯基本理论研究》，武汉大学出版社2001年版，第40页。

并存罪过法例。①

（五）并存罪过不会导致理论与实践问题

有的学者担心，一个罪既可能由故意构成也可能由过失构成，在司法适用与理论上会制造诸多难题，例如，认定共同犯罪案件，是否需要区分故意与过失；他人能否成立该罪的教唆犯。同时认为，这种模式还必然导致司法机关不判断行为人主观上是故意还是过失，结局必然形成结果责任，违反责任主义。

笔者认为，上述担心虽然有一定的道理，但并非无解，“并存罪过”理论不仅不与现行共犯理论、责任主义刑法观相悖，而且恰好能合理地说明一些曾引起广泛争议的规定。

认定具有“并存罪过”特征的犯罪的共同犯罪时，仍然要坚持《刑法》第25条的规定，只有各犯罪人主观上有共同的犯罪故意、客观上有共同的犯罪行为时才能成立共犯。如果有的人对结果的发生持故意的意志心态，而有的人对该结果的发生只存在过失的心理，他们虽然仍构成同样的罪名，但并不成立共犯，应当按照主客观相统一的原则，分别确定各自的刑事责任。这一原则对于解决教唆犯的问题同样适用，即行为人教唆他人实施某种犯罪行为，被教唆者如果对该行为的结果没有犯罪故意，对于教唆者应该按照相应的故意犯罪论处，而对于被教唆者，则视其是否有犯罪过失而认定为过失犯罪或无罪，他们当然不成立共犯。

承认并存罪过，的确方便了司法机关的指控和判决，但这也并不必然导

---

① 对于该条规定的犯罪，有文章指出：“《规定》（指最高人民法院、最高人民检察院《关于执行〈中华人民共和国刑法〉确定罪名的补充规定（五）》——引者注）未沿袭以往惯例，将《刑法》第408条之一规定的有关食品安全监管犯罪确定为‘食品监管玩忽职守罪’和‘食品监管滥用职权罪’两罪，而是确定为‘食品监管渎职罪’一罪。这主要是考虑：《刑法》第408条之一将食品安全监管滥用职权和玩忽职守并列规定，且法定刑完全相同，分别确定罪名没有实际意义；相反，实践表明，滥用职权与玩忽职守的区分，往往遇到困难、引发争议，将本条确定为两个罪名，难免会给司法适用和理论研究人为制造诸多难题，且可能引发不必要的上诉、抗诉或者申诉，浪费国家司法资源。至于本条确定为一罪后，所产生的与以往罪名确定不协调、不一致的问题，最高人民法院将总结司法经验，通过及时完善有关规范加以解决。”参见张军：《认真学习刑法修正案（八） 促进经济社会科学发展》，载《人民法院报》2011年第5期（理论周刊）。但也有不少学者认为，这是司法解释曲解了立法原意，即立法本来规定的是两个罪名，但司法解释不当地将其概括为一个罪名。笔者认为，鉴于司法机关具体审理刑事案件的职权活动以及我国立法机关人员构成的具体情况，我国采用的“司法确定”罪名的模式本身具有合理性，我们不能以学理解释来简单地否定司法解释。

致司法机关不判断行为人主观罪过的具体形态，从而形成结果责任，违反责任主义。司法机关仍然应该根据案件的具体情况，判断行为人的主观心态具体属于哪一种，并根据主客观相统一的原则在同一种犯罪的法定刑幅度内宣告不同的刑罚。

“并存罪过”理论能够解释关于交通肇事罪成立“共犯”的司法解释。最高人民法院《关于审理交通肇事刑事案件具体应用法律若干问题的解释》第5条第2款规定：“交通肇事后，单位主管人员、机动车辆所有人、承包人或者乘车人指使肇事人逃逸，致使被害人因得不到救助而死亡的，以交通肇事罪的共犯论处。”这一规定，不仅承认了行为人对于“因逃逸致人死亡”的结果既可以是故意也可以是过失，而且使用共犯理论规定了肇事人以外相关人员的共犯责任。也就是说，对于基本罪过是过失、加重罪过属于“并存罪过”的犯罪来说，如果各行为人对加重部分都有故意，那么他们可以承担共犯的责任。很多学者都质疑这一司法解释的合理性。[①] 但笔者认为，单位主管人员、机动车辆所有人、承包人或者乘车人明知交通肇事行为已经引起他人受伤，仍然“指使”肇事人逃逸，他们对于伤者可能因为得不到及时救助而死亡的结果，肯定是有认识的，因而也就有可能持故意（直接故意与间接故意）的意志态度，那么，他们对于“因逃逸致人死亡”这一加重部分，就与肇事者成立共同犯罪。总之，交通肇事罪的罪过形态比较复杂，其基本罪过是过失，但加重罪过中包含了故意，因此对于加重部分有成立共犯的前提，实际上这一司法解释并未突破共同犯罪的立法规定和理论基础。[②]

---

① 参见朱建华：《刑法分论》，法律出版社2011年版，第70页。

② 没有实施某个“行为加重犯”的基本犯罪行为，而只参与了加重部分的，对于不同的犯罪，在处理上有所不同。在交通肇事后指使他人逃逸并“因逃逸致人死亡”时，对指使者和肇事者都应当以交通肇事罪定罪并在7年以上有期徒刑的法定刑幅度内量刑。在他人实施绑架之后才参与“杀害被绑架人”，或者明知是被拐卖的妇女而与拐卖者共同奸淫的，后来的参与者与先前的实行者之间无疑可以成立共犯，但对于后参与者仅按参与部分的行为（即故意杀人罪、强奸罪）进行定罪处罚，可能更为恰当，因为应当“以后行者介入后侵害了何种法益为标准”来定性（参见任海涛：《承继共犯研究》，法律出版社2010年版，126页），但在量刑幅度的选择上对各共同犯罪人则不一样：对于绑架行为的先行者，应当以绑架罪处死刑，而对于参与杀害被绑架人者，则应当以故意杀人罪在10年以上有期徒刑、无期徒刑、死刑这一幅度内量刑；对于拐卖妇女的先行者，应当以拐卖妇女罪在10年以上有期徒刑、无期徒刑、死刑这一幅度内量刑，而对于后加入强奸被拐卖妇女者，则应当以强奸罪在3年以上10年以下有期徒刑内量刑。笔者认为，以上差别，并未否定在并存罪过犯罪上存在共同犯罪这一结论。

四、类型分析：并存罪过之表现形式

由于“并存罪过”存在于很多类型的犯罪之中，而“并存罪过”对于一个犯罪到底属于故意犯罪还是属于过失犯罪也具有不同的影响，因此，笔者认为应当从基本罪过与非基本罪过这两个层面来研究“并存罪过”。

（一）基本罪过是并存罪过的情形

一个犯罪的基本罪过是“并存罪过”，意味着该犯罪基本构成要件中的犯罪主观方面不是只有单一的犯罪故意或者犯罪过失，而是既包括故意、也包括过失的“复杂罪过”形态。因此，我们可以说，这个犯罪既可以是故意犯罪、也可以是过失犯罪，或者称其为“并存罪过犯罪”。我国刑法规定的丢失枪支不报罪、强令违章冒险作业罪、违法发放贷款罪、滥用职权罪、玩忽职守罪、食品监管渎职罪等罪，就属于这种情况。据此，我们可以根据行为人的主观方面，将犯罪分为三种类型而不是传统的两种类型：

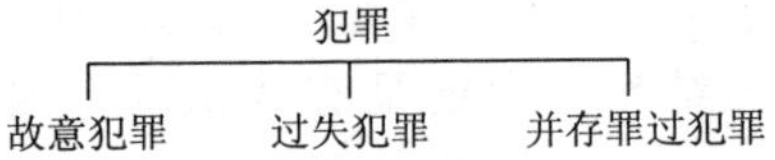

需要说明的是，笔者认为，《刑法》第 397 条规定的滥用职权罪和玩忽职守罪两个犯罪都是“并存罪过犯罪”，都既可以由故意构成、也可以由过失构成，两罪之间的界限就在于其行为方式不同：滥用职权罪只能由作为构成，玩忽职守罪只能由不作为构成①。有学者认为，按作为与不作为区分此罪与彼罪，既有悖生活事实，也不符合法律规定。笔者认为，这一说法不能成立。首先，虽然很多犯罪（如故意杀人罪）都是既可以通过作为的方式实施，也可以通过不作为的方式实施，但并不是所有的犯罪都具有这样的特点，事实上，在单独犯罪的情况下，很多犯罪只能由作为构成，也有少数犯罪只能由不作为构成，因此，说滥用职权罪只能由作为构成，玩忽职守罪只能由不作为构成，这与我国的刑事立法并不冲突。其次，从刑事立法实践来看，的确通常会将作为与不作为两种行为方式规定在一个犯罪中，如我国台

---

① 关于玩忽职守罪的罪过形式，在 1979 年《刑法》颁布实施之初，通说观点认为只能是过失，但随后理论上有越来越多的人认为它既可以由故意、也可以由过失实施。参见侯国云、白岫云：《新刑法疑难问题解析与适用》，中国检察出版社 1998 年版，第 251 页。

湾地区“刑法”第306条和《日本刑法典》第308条规定的“侵入住宅罪”，都包括“侵入”和“受退去之要求而仍留滞不退去”两种情况，前者是作为，而后者是不作为。但是，对于国家公职人员职务行为这种重要事项，大陆法系刑法通常也是将作为和不作为分开加以规定的，即职权滥用罪是作为形态的犯罪①，不作为形态的职权滥用行为则被归入其他犯罪中，如《日本刑法典》第279条规定的“保护责任者遗弃罪”② 和我国台湾地区“刑法”第294条“违背义务之遗弃罪”等。我国刑法中的玩忽职守罪就类似于这类特殊的遗弃罪，只是范围更宽、包括了财产损失而已。最后，将故意不履行职务的行为定性为玩忽职守而不是滥用职权，从刑法解释的角度看更恰当③，同时这也是司法实践比较一贯的做法④，并且能更合理地解释《刑法》第397条对两罪规定了相同法定刑的原因。更何况，法律和刑法理论都不禁止以作为和不作为来区分两个犯罪。

（二）加重罪过是并存罪过的情形

《刑法》的一些条文在规定基本犯罪的情况下，又明确规定了某种加重法定刑幅度的因素，这在刑法理论上被称为“加重犯”。在这种类型的犯罪中，行为人主观方面一定存在多个罪过，而其中的加重罪过可能属于并存罪过。一个犯罪的加重罪过是并存罪过，意味着我们仍然应以基本罪过为依据，将该犯罪从总体上归于“故意犯罪”或者“过失犯罪”的某一类型。

1. 结果加重犯之并存罪过

有的结果加重犯，行为人对于基本犯罪的结果和加重结果可能都只有一种罪过心理，如故意伤害致人死亡。而有的结果加重犯存在“并存罪过”，行为人对于基本犯罪的结果只存在故意，而对于加重结果则既可以是故意，也可以是过失，如抢劫致人重伤、死亡，强奸致人重伤、死亡，绑架过程中

---

① 日本判决指出：“所谓职权的‘滥用’，是指‘公务员就属于其一般职务权限的事项，假借行使职权之名，而实质性地、具体地实施违法、不恰当的行为’。”参见［日］西田典之：《日本刑法各论》，刘明祥、王昭武译，中国人民大学出版社2007年版，第375页。

② 日本学者认为，“基于警察职务执行法第3条所产生的警察的保护义务就是公法上的保护义务”，如果警察不履行该保护义务，就可以成立“保护责任者遗弃罪”。参见［日］大塚仁：《刑法概说（各论）》，冯军译，中国人民大学出版社2003年版，第74页。

③ 我国很多学者对于滥用职权罪客观行为方式的概括，都不包括故意不履行职务这种不作为方式，他们认为“滥用”必须是“用”，而“没有用”不属于“滥用”。参见朗胜：《〈中华人民共和国刑法〉解释》，群众出版社1997年版，第523页。

④ 如司法实践中通常都将警察故意不阻止他人犯罪的行为定性为玩忽职守罪而不是滥用职权罪。

故意杀害被绑架人或者过失致使被绑架人死亡等情形。由于这几种结果加重犯都是复行为犯罪中的结果加重犯[①]，存在“并存罪过”的加重结果都是手段行为导致的结果，而行为人对于目的行为的结果都是故意，所以可以将后者视为基本罪过，并作为该犯罪罪过的判断依据。

2. 行为加重犯之并存罪过

行为加重犯是指根据刑法规定，行为人在实施基本犯罪行为的基础上，又独立实施了某种被加重法定刑的其他行为的犯罪形态[②]。我国刑法学者通常将其视为结果加重犯或者情节加重犯。笔者认为，行为加重犯虽然也可能出现加重结果，但由于该加重结果不是基本犯罪的实行行为所导致，而是由独立于基本犯罪实行行为之外的其他行为所导致的，因而其不属于结果加重犯。

在交通肇事“因逃逸致人死亡”的情形中，基本犯罪是交通肇事行为，基本犯罪结果是伤害结果，而作为加重行为的“逃逸”导致了死亡结果的出现。在行为人明知他人受伤后可能因得不到及时救助而死亡的情况下仍然逃逸，此时行为人对于被害人的死亡既可以是故意（希望或者放任），也可以是过失（轻信过失），因此存在并存罪过。[③] 在奸淫被拐卖妇女的情形中，行为人对于基本犯罪结果（妇女被拐卖）无疑持故意的心态，而对于奸淫行为的罪过则比较复杂，可进一步分为两种情况：（1）采用强奸的方式奸淫，当没有发生被害人伤亡结果时，行为人存在两个故意罪过；当发生被害人伤亡结果时，行为人对于被害人被强奸的结果持故意的心理，而对被害人伤亡的结果既可以是故意，也可以是过失，因此存在并存罪过的情

---

① 在复行为犯罪中，即使不存在加重结果，也属于“复杂罪过”的一种情况，因为行为人必定存在对于手段行为所产生结果的心态和对于目的行为所产生结果的心态两个罪过。例如，在未导致被害人重伤、死亡的强奸罪中，行为人对于手段行为（暴力、胁迫或者其他方法）所导致的致使被害人不敢反抗、不能反抗的状态（结果）肯定持故意的心态，同时对于被害人被奸淫的结果也持故意的心态。笔者认为，我国刑法中的复行为犯罪，都是包含手段行为与目的行为的犯罪。参见卢有学：《复行为犯罪基本问题探讨》，载《学术交流》2005 年第 2 期。

② 结合犯从行为结构和罪过结构上看，与行为加重犯相似，也属于“复杂罪过”犯罪。

③ 因此，交通肇事罪的罪过形式可能存在以下三种可能：（1）只有基本罪过（过失）；（2）基本罪过（过失）+加重罪过（故意）；（3）基本罪过（过失）+加重罪过（过失）。

形。(2) 未采用强奸的方式奸淫被拐卖的妇女①，不存在并存罪过。

（三）结论：罪过形式类型

综上，根据具体情况，一个犯罪的罪过既可以是故意或者过失的单一罪过形式，也可以是兼含故意与过失的复杂罪过形式，其大致如下图所示：

- 罪过形式
  - 简单罪过
    - 故意
    - 过失
  - 复杂罪过
    - 无并存罪过（“故意＋过失”或“故意＋故意”）
    - 并存罪过
      - 基本罪过的并存（“故意/过失”）
      - 加重罪过的并存
        - 结果加重犯之罪过并存（“故意＋故意/过失”）
        - 行为加重犯之罪过并存（“过失＋故意/过失”等）

总之，理论虽然不是对法律现象的盲从，但当一种法律现象持续、稳固、广泛地存在并且与通行的理论产生某种冲突时，我们需要考虑的是，是否可以接受该法律现象并用新的理论来合理地予以解释。并存罪过就是这种广泛存在于各国法律规定之中，并且有大量的司法实践予以支持的罪过形式。

① 对于《刑法》第240条第3项规定的“奸淫被拐卖的妇女的”中的“奸淫”行为是否必须以违背妇女意志为必要，存在争议。最高人民法院、最高人民检察院1992年12月发布的《关于执行〈全国人民代表大会常务委员会关于严惩拐卖、绑架妇女、儿童的犯罪分子的决定〉的若干问题的解答》对此持否定的态度，它规定：“‘奸淫被拐卖的妇女的’，是指拐卖妇女的犯罪分子在拐卖过程中，与被害妇女发生性关系的行为。不论行为人是否使用了暴力或者胁迫手段，也不论被害妇女是否有反抗行为，都应当按照该项规定处罚。”但很多学者认为，违背妇女意志是必要条件，本项规定的奸淫就是强奸，参见付立庆：《“奸淫被拐卖的妇女”应如何理解》，载《法制日报》2007年9月9日。

人类图像与刑法中的超个人法益*
——以自由主义和社群主义为视角

贾　健**

一、引言

超个人法益（Superindividualinterests、Universalrechtsgüter）是指非专属于特定个人的法益，又称为全体法益、社会法益、普遍法益、公共法益、集体法益等①，其与个人法益一起构成了当今刑法学的教义学基础——法益理论。近年来，我国刑法学界已经普遍接受“刑法的目的是保护法益”这一刑法学的基本观点，但亦有学者开始注意到法益理论的问题，劳东燕教授就撰文对法益概念的实质批判功能表示了质疑，其指出：“当代法益论对构成要件解释的指导机能的强调，凸显的是法益不再具有超脱于实证法的性质的事实。在此种意义上，对作为构成要件解释工具的法益论的浓墨重彩的张

* 本文原载于《法制与社会发展》2015 年第 6 期。

** 西南政法大学副教授。

① 虽然这些称谓的所指基本相同，但具体选择何种称呼，并非随意决定，主张超个人法益建立在自由主义思潮之上的学者，一般将其称为“集体法益”，即多数的个人法益的集合，强调其与个人法益关联性的侧面。本文选择“超个人法益”的称谓，亦是想从社群主义的角度强调超个人法益相对独立性的侧面。

扬，或许只是为了掩饰其失落批判机能之后的不堪而已。”[①] 实际上，现今前实证的具有批判功能的法益概念，正是以验证超个体法益的真伪，进而限定刑罚权为建构目标的。其究竟能否存在？是否能够发挥限定刑罚权的效果？又该如何界定？这些疑问早已成为困扰法益论者的棘手问题，特别是在当下风险社会及其相伴随的风险共同体意识兴起的情况下，超个体法益的扩张似乎成为不可避免的趋势，如此一来，这一概念体系“应否存在”都成为值得质疑的问题。[②] 本文的观点是，对于这些问题的回答，不能站在已有的概念框架与分析思路基础之上[③]，而应该转化视角和方法，从观察超个体的真实状态入手，自下而上地建构一个合致存在论立场的超个体法益，即转变了以往法益论者惯用的方法——经由自身所持的价值的或宪法的规范论立场，自上而下地建构一个合乎论者自身态度设立的，具备所谓批判功能的超个体法益。[④] 当然，由本文所建构的超个体法益，最终具备怎样的机能（是否仍具备立法的批判机能），还有待下文的论述。但无论如何，由此设立的这一概念体系，必然是具有真实性并能被当下社会所普遍接受的。

二、经验与先验的图式：一元超个体法益中的人类形象

探讨超个体法益的样态与机能，首要的是明确“谁之益”的问题，或者说超个体法益的持有者（主体）是谁的问题，对超个体法益之主体的确定，能够折射出法益概念所秉持的基本价值观，进而从思想上框定什么是值

① 参见劳东燕：《风险社会与变动中的刑法理论》，载《中外法学》2014 年第 2 期。

② 例如关哲夫教授就指出，在当前危险社会的情况下，“方法论的、目的论的法益论认为对所有的犯罪设定妥当的、有内容的法益概念是不可能的，放弃实质的、实体的法益概念，仅仅从法益概念上寻求解释刑罚法规的方法论上的机能”。参见［日］关哲夫：《现代社会中法益论的课题》，王充译，载《刑法论丛》（第 12 卷），法律出版社 2007 年版，第 355 页。

③ 如果学者站在前实证的具有批判功能的法益概念立场上去思考这些问题，要么得出某种超个体法益的证伪结论，要么就去修正自己的概念体系接纳这一法益，这种方法论正是法益论者所普遍接受的经验论的试错法，但问题是通过试错法得出的结论更多的只是一个探索的过程。事实也证明，法益论者面对风险社会的扩张，似乎疲于应付各种纷至沓来的超个体法益的合法性检验问题，例如，涉及环境法益和信任法益的累积犯问题、国家和公共安全的法益扩张问题、国家尊严的法益合法性问题，等等。

④ 正如德国学者施图肯贝格所言：“‘法益保护’这个惯用语所追求的目标在于实现合理的刑事政策，以及实现自由和人道的刑法，这无疑是值得向往的。但是……相反，它是用来掩盖居于其背后之价值态度的工具……与其说我们精确地界定了它们，还不如说我们是感觉到了它们。”［德］克劳斯·罗克辛：《对批判立法之法益概念的监视》，陈璇译，载《法学评论》2015 年第 1 期。

得刑法保护的有价值的利益或健全的状态——即建构超个体法益的理论的本身，换言之，“人之形象”是超个体法益合理建构的基石。对此，我们有必要先考察一下作为有力学说的自由主义超个体法益理论中的人类形象。

一元个人法益概念代表人物 Marx 否认有独立于个人的超个体存在，其指出“法的目的是人，服务于人是法的任务……刑法的中心，本来的保护客体必须是人”；而“从人的人格性出发，人必须根据他的自由的自我决定权在诸行为中发展性地存在”。这样，超个体的存在被限制于人格的自我育成之外在诸条件的射程范围内，即在“前世纪的极端个人主义的以自我为中心的自由主义”的意义上才能理解。进而“所谓的公共的法益与个人的法益之间在原理上并没有不同，公共的法益只于它们被证明为个人的间接（媒介）利益时，才有正当性”。之所以是间接利益，原因在于 Marx 将超个体法益的主体理解为全体的个人，全体个人与个人之间只有量的区分，而不具有质的区别。①

在此基础上，法兰克福学派将其进一步引申为，超个体是由个体组成的，两者之间必须具有“推导关系”，超个人法益是“个人法益的保护可能性之条件”。法兰克福学派的代表人物 Hassemer 教授明确指出：“个人法益清楚地处于重要的地位，并且剩余的世界法益只是为了保护相关个人而居中协调的利益，并由个人保护的观点出发来运作与界定这些法益。”② 因而，其明确指出严格区分个人与超个人法益是无必要的，因为任何的超个体法益必须要与个人法益有关联，如果某种集体法益并不能显示出与个人保护的间接关联性，那么，这样的刑法规定就违反了体系批判的法益学说之传统，不

① 参见［日］伊东研祐：《法益概念史研究》，秦一禾译，中国人民大学出版社 2014 年版，第 315—321 页。转引自 MichaelMarx，ZurDefinitiondesBegriff“Rechsgut”. Prolegomenaeinermateriallen Verbrechenslehre （SchriftenreiheAnnalesUniversitatisSaraviensis. Rechts – undWirschaftswissenschaftlicheAbteilung. Bd65），1972，S40－45。

② ［德］许乃曼：《批判德国刑法学思潮》，钟豪峰、彭文茂译，载许玉秀、陈志辉编：《不移不惑献身法与正义——许乃曼教授刑事法论文选辑》，新学林出版股份有限公司 2006 年版，第 66 页。

具有合法性。[①]

借此切入到关于一元法益论中的人类形象问题，在上述一元论者看来，法益概念导源于洛克以规制政府权力为目标的社会契约论，Hassemer 认为，刑法的基础是社会契约，“社会契约的垂直面向有助于水平上已约定的抛弃自由之保护。人们可称呼该垂直面向为政府（Obrigkeit）或国家，并且就此注意到……该垂直面向同样地从让社会契约之参与者在法状态下相互存在，并在该法状态中使抛弃自由的契约上界限得以被到处遵循此一任务中，而得以自我正当化……仅有对社会契约所保护的自由加以侵害，始得视为犯罪行为。法益（Rechtsgut）仅作为正当入罪化的消极标准而取得一个体系性的地位：无具体清楚的法益侵害，则无犯罪行为。”[②] 由此决定了，一元法益论中的法益主体并非是作为整体的社会或国家，国家和社会只是缔结契约的个体的聚合，真正成为法益背后实体形象的，是独立的个人，从认识论的角度来说，是经验论图式的个体。

详言之，洛克认为人们的观念有两个来源：感觉和人们对自己的心灵活动的知觉，即反思。人们的思考只能通过感觉和反思获得的观念为基础，而这一切观念均自经验而来，因此，人们的任何知识都不能先于经验。这一结论被信奉一元法益论（包括状态说与利益说）者奉为圭臬，状态论的法益学者坚持认为，只有与人有密切联系的、真实的、可被损害的东西才是法益，换言之，无法被人在经验上所感知的东西，都是主观的恣意，而法益绝不可能是主观的。[③] 而利益论者更是将法益理解为客体之于主体（人）的价值（主观的需求），显然，只有可以被人经验到的对象才具备成为法益的前

---

① 参见陈志龙：《法益与刑事立法》，台湾大学丛书编辑委员会 1992 年版，第 150—151 页。陈志龙教授基于是否承认有独立的超个体法益的角度，将 Marx 称为一元论者，而 Hassemer 由于承认超个体法益具有导出个体法益的机能，而将其称为二元论者，但实际上，这一分类没有必要，因为 Marx 在使用个体法益的同时，也在使用超个体法益这一概念，且两者都赞成超个体法益与个体法益是质同量不同，如本文所述，由于两者都认为超个体与个体法益背后的主体形象是个体，因此本文将两者并称为一元论。

② ［德］Winfried Hassemer：《现代刑法的特征与危机》，陈俊伟译，载《月旦法学杂志》2012 年第 8 期。Hassemer 将建立在洛克的社会契约论基础上的以限制国家立法权为价值设定的法益理论作为古典刑法或曰“核心刑法”的根基，以此区别被归入或被划为“干预法”的现代刑法，在后者那里，法益概念由消极的入罪化标准转化为积极标准。

③ 参见陈志龙：《法益与刑事立法》，台湾大学丛书编辑委员会 1992 年版，第 17 页。

提条件。[①] 经验论的个人主体，将具象的个人作为唯一真实的超个体法益的主体，个人的人格发展才是个人唯一关心的，他人所要做的就是不要妨害自己的人格之发展。经验论的个人主体说，往往以《德国基本法》第2条第1项的规定“在不损害他人权利，不违背宪法秩序和道德规范的前提下，人人享有自由发展其人格的自由”，作为这一立论的规范根据。在此理论架构下，超个体法益只是被作为满足人格发展最低限度的保障，例如，只有最低限度的安全和社会秩序以及维护这一安全与社会秩序的国家机关的正常活动等，被认为是值得保护的超个体法益。至于国家的名誉与社会道德观念等非具象的法益类型，要么被还原为个人的人格名誉，要么被认为是个人人格发展的“目标”，而不是个人人格发展的选择前提，被排除在刑法所保护的适格超个体法益范围之外。总之，一元法益论背后的法益主体形象是经验图式的个体形象。但如下文所述，将经验式的个体同一地作为超个体法益背后的主体，其实并不能支撑起整个的理论架构，也不该当其理论所预设的价值内涵。

另外，有必要提到另一种一元个体法益论的思想，其法益主体背后的形象与上述经验式的个体恰好相反，是一种康德式的先验个体形象。单从其理论本身出发，这正好与经验式的一元法益论形成了一体两极的格局。站在一元论的角度看，其较之于经验式的超个体法益更能实现其宣扬的法益批判功能。

我国台湾地区学者周漾沂力主这一法益理论，其以康德的主体性概念来重构法益理论，他认为，所谓实质的法是一种多数人外在自由领域的并存关系，此关系是人透过内在自由驱动行为来建构，以对他人外在自由的承认为内容。因而实质法概念是以（内在）自由理念为基点，内在自由一方面是人的绝对价值的支撑，另一方面也是决定行为正确性的动力。所谓内在自由，周漾沂以康德的绝对命令为根基——即“我一定要这样行为，使得我能够立定意志要我行为的格准成为普遍规律”“你需要这样行为，做到无论是你自己或别的什么人，你始终把自己当作目的，总不把他只当作工具”[②] ——指出，内在自由是指设置行为原则（即康德的绝对命令）并且按

① 张明楷教授也主张一元论的“利益说”，认为法益必须与人相关联，只有人的利益才能被称为法益，超个体法益应当是可以还原为个人利益的法益。同时，利益的主观性不取决于个别人的主观认识，而是取决于一般人的认识。所谓一般人的认识，仍需要被社会上的大多数人所能够经验感受到。参见张明楷：《法益初论》，中国政法大学出版社2003年版，第166—170页。

② ［德］康德：《道德形而上学探本》，唐钺译，商务印书馆1957年版，第16、43页。

照原则而行动的能力，也就是一种超越所有感官欲望的自我引导能力。而外在自由则是将自己所设立之准则透过具体行为加以适用的能力。“法的关系存在于每个人和每个人之间，当每个人都承认每个人的外在自由之时，社会就会成为无数个正确地被建构的法的关系的集合。”

在此基础上，周漾沂文中的实质的法概念理论认为，所谓法益，就是外在自由领域的具体化条件，法益侵害是对从主体性面向法益之承认到否认的转换。而集体法益所指的是确保外在自由领域所不可或缺的体制。[①] 根据这一理论界定，所谓不可或缺的体制本身及其推导也必须在普遍有效性的范围内进行，“如果一个仅仅在可能涉及多数人的场域发挥作用的事态或制度，若只因有部分多数人以抽象法权地位为前提所为之具体决定方向的偶然聚合作为支撑，并以非专属于个人且使多数人可自由利用的形态呈现，就被设定为具有普遍有效性的刑法所要保护的对象，结果就是以强制力主张本质上为具体—特殊者得以成为抽象—普遍者，因而牺牲未作出相同方向之具体决定者的抽象法权地位，亦即剥夺其自由并因此否定其法主体性。在如此运作之下产生的集体法益，就不再是法的具体化，而是社会权利关系的具体化。因而欠缺法律意义上的正当性”[②]。综上，在所谓实质的法概念框架下的超个体法益背后之主体，实际上是一个摆脱了经验支配的具有普遍意志的先验、自律的个体形象。这一理论借由其法益主体的普遍有效性，获得了一个看似明确、清晰，能够最大限度地发挥立法批判机能的超个体法益概念，但如下文所述，这一超个体法益背后的主体形象同样存在问题。

三、一元论超个体法益中的人类图像批判

如上所述，一元论的超个体法益之主体是一个看似明确的个人形象，这被认为是赋予一元超个体法益以较为明确的批判立法功能的基础，但笔者认为，上述超个体法益的主体图像之理论架构有内在的缺陷。具体而言，经验论的个人形象，貌似是法益观念上的“坚实的基石”[③]，但仔细推敲，这一

---

① 参见周漾沂：《从实质法概念重新定义法益：以法主体性为论述基础》，载《台大法学论丛》2012 年第 3 期。

② 周漾沂：《从实质法概念重新定义法益：以法主体性为论述基础》，载《台大法学论丛》2012 年第 3 期。

③ Hassemer 教授认为，法益概念应该有类如“观念的石头”，能具体可感觉其存在者，始足当之。参见陈志龙：《法益与刑事立法》，台湾大学丛书编辑委员会 1992 年版，第 57 页。

"坚实的基石"可能更多的是一种源于论者自身个人主义价值取向的主观设定，在针对超个体法益之个例具体分析时，其不具有一个可以普遍化的评判标准。而认为超个体法益背后是先验个人的形象，更是一个缥缈的、没有实质内涵的观念设计。

一元论的经验个体图式说看似清晰，但问题在于，依赖个人经验维度的具象认知，不具有普遍性，无法发挥其所宣扬的甄别适格超个体法益的机能。因为什么是与人相关的并为人的经验所感知的，并不是一个明确的概念，如果一个道德规范或宗教观念被某个特定社会所普遍接受并内化至其生活状态，那么，一旦这种观念受损，就很可能会使这一社会中的大多数个体所感知，进而在情绪上受到伤害①，这种伤害一定程度上说，也是一种对个人有意义的不利益或称利益受损。这样一来，惯常被法益论者所排斥的伦理道德、意识形态、宗教观念以及社会禁忌等，都可以被认为是适格的超个体法益②。例如，虐待动物行为的可罚性问题"对法益理论来说始终都是一个难题"（罗克辛语）。德国刑法学者一直认为对该罪的处罚违背了法益的实质要求，但显然虐待动物同样会造成一个心智正常的人的感知伤害。③ 这正

① 具言之，经验"感知"的概念可以分为两个层次，一是客观认知，二是感性认识，陈志龙教授认为我国台湾地区"刑法"第312条"侮辱与诽谤死者罪"应该排除出"刑法"的服务范围："因已死之人，已无'人的实际存在'可言。古'人'（或历史之人）已不再属于共同生活范围圈内的人。"参见陈志龙：《法益与刑事立法》，台湾大学丛书编辑委员会1992年版，第63页。这更多地是站在客观认知的层面说的，但现代认知科学早已证明，客观认知与感性因素从来都是纠结在一起的，认知在任何场合都不能脱离感性而存在。正是因为这一点，一元经验论的法益论无可避免地有向着肯定情感的方向迈进的倾向。例如，德国学者福尔克（Volk）试图在承认法益论的同时，也肯认感情的地位，"刑法的目的在于保护感情。对被激发出来之法意识的信赖和满足……不过就是感情而已，这完全可以与法益理论协调一致"。金贝尔纳特也开始尝试在法益理论的框架内，肯认对"合法的感情"的保护。参见［德］克劳斯·罗克辛：《对批判立法之法益概念的监视》，陈璇译，载《法学评论》2015年第1期。但这样一来，可能会造成作为该观点理论基础的"坚实的观念基石"——一元论的法益论的崩溃，或者说，观点之"果"与理论之"根"异质化。

② 前注中金贝尔纳特的观点就证明了这一点。而主张不可罚的观点，具体可参见［德］克劳斯·罗克辛：《刑法的任务不是法益保护吗?》，樊文译，载陈兴良主编：《刑事法评论》（第19卷），北京大学出版社2007年版，第155页。

③ 这一点已被国内众多动物保护组织的行动及其众多的支持者所证实。罗克辛后来承认虐待动物行为背后的超个体法益是适格的，认为其与保护生态一样，是保护一个"上帝所创造的世界"，因为人类可以维护自然的多样性，人可以感受到动物的疼痛感，可以对被虐待的动物以感同身受的方式感到同情，如同对人一般。参见［德］克劳斯·罗克辛：《法益讨论的新发展》，许丝捷译，载《月旦法学杂志》2012年第12期。

如斯特拉腾韦特与库伦教授所言："只有当诸如歧视（第130条第2款），重婚（第172条），亲属间的通奸（第173条），虐待动物（《动物保护法》）等大量'特殊情况'被宣布为没有涉及个人利益或者被以沉默的方式加以忽略时，才坚持了这种法益论。"①

总之，一元个体法益论的"与人相关联且必须能为人所感知"这一认知标准，无法合乎逻辑地自洽其超个体法益理论的根基。换言之，经验论图式的个体形象因为经验与情感的内合，而并不能成为一个法益论的"观念的石头"，发挥其所宣扬的立法批判机能，甚而会导致前实证的法益概念的崩塌。

就一元论的先验个体图式而言，在这一理论支配下的超个体法益样态，虽然摆脱了经验式个人的束缚，但又走向了另一极端，即否定了社会及身处其中的个人之真实性。详言之，以超验的个人形象作为个体与超个体法益的连接，虽然克服了个人经验的随意，具备了普遍性特征，并且这一特征与其理论的推导之间具有严密性，但这一理论存在以下问题：以康德的法权理论作为超个体法益之主体——个人的人格形象，并不具有实质的内涵，在此基础上构建的社会同样只是形式上的。实质的法仅仅在形式上承认对方的主体性诫命，从中我们无法找到刑法所赖以存在的个体与社会多样性的质料，个体与社会必须是实质性的，法益的规范内容才能得以充实，虽然一个由欲望、感觉和经验所支配的行为准则具有相对性与偶然性，但无疑具有真实性。以盗窃罪为例，在纯粹的经验世界中，"饿了就要进食"确实是一种不确定准则，对此，在必须时刻将他人当作目的的主体性世界中，个体就必须遵循一种普遍性的准则，即"即使饿死也不能吃他人的食物"，如果有人要问"为什么不能"，回答是"因为你必须立定'不能盗窃'之的格准成为普遍规律""你必须无条件地承认他人是目的而非手段"的诫命，但如果这个人继续问"我何以知道你所说的诫命？事实上，我只感觉到饿"，回答只能是"作为一个人，你应该知道这一点"。"实质的"法益概念将这种诫命理解为"法"，"而法益和法视为同一"。但由上述论证可以看出，这种所谓的诫命并不能从中推导出什么对于个体的内在自由是重要的，也不能提供一种实质性的理由，而只是满足一种形式上的普遍性，或者说只是一种僵硬的自说自话式的教条。在此教条式的个人基础上组成的社会也必然只是形式的个

---

① ［德］冈特·斯特拉腾韦特、洛塔尔·库伦：《刑法总论——犯罪论》，杨萌译，法律出版社2006年版，第31页。

体的聚合，不具有社会的现实性。就超个体法益而言，其只是“外在自由领域所不可或缺的体制”，而外在自由是内在自由的外化，某种程度上说，所谓的外在自由只是内在自由的语义重复，超个体法益的实质，即“保障内在自由（绝对命令）外化的不可或缺的体制”，这一概念必然也是形式上的，不具有实质的指向性。

其实，周漾沂文中可以明确的超个体法益除了国家安定与文书的真实以外，很难再向前迈出一步，国家安定作为个体存在本身的保障当然是符合所谓的普遍性原则的，而文书的真实作为诚命主体的表达合致及其效果的回溯，同样必须具备普遍性，但除此之外，公共安全、公共秩序、国民健康、传统伦理等均因无法论证其普遍性，因此都不被认为是适合的超个体法益。[①] 但这样一来，一个消解了真实社会之特征，将个人直接暴露于危险与不安之中的社会形象跃然纸上，处于这一社会中的个体，无法避免地感受到人格特征的被剥夺，并时刻处于“焦虑”[②] 之中。这当然不是一个“以人为本”的刑法所期待看到的。

其实，无论是经验论还是先验论的个体形象，其背后有一个共同的实质，即自由主义的价值观念，这一点在超个体法益的价值层面更为明显，一元论的法益论的观点很明确，即认为超个体法益是“为了服务于个人”，而非以国家或社会自身为目的，“国家绝非自我为目的，在现今的宪法时代，国家终究为了人类而存在，而不是人类为了国家而存在”。一元经验论的个体图式，其自由主义价值背景，是处在以限缩国家权力的“夜警国”与功利主义政治哲学背景中考虑国家的任务的阶段[③]。而先验论的个人图式，则是建立在康德式的自由主义理解之上的。在康德看来，“只有一种天赋的权利，即与生俱来的自由。自由是独立于别人的强制意志，而且根据普遍的法则，它能够和所有人的自由并存，它是每个人优于他的人性而具有的独一无

---

① 参见周漾沂：《从实质法概念重新定义法益：以法主体性为论述基础》，载《台大法学论丛》2012 年第 3 期。

② 关于刑法视域中的国民“焦虑”及其解决问题，参见张建军：《刑法应如何应对风险社会的“焦虑”——通过商谈与重塑传统的治理》，载《法学评论》2015 年第 1 期。

③ 功利主义创始人边沁所得出的一个重要原则就是，个人幸福的增大，就是全体幸福的增大，公共利益由个人利益组成，离开了个人利益，就没有公共利益，因此，只有个人利益才是现实的，可以把握的，政府的基本职能就是保证个人充分自由地实现自己的利益。

二的、原生的、与生俱来的权利”。[①] 正如我国有学者所言：“自由主义始终是法益概念的精神内核。”但笔者不同意说“坚持法益论就必须坚持刑法的个人主义与规范主义”[②]。个人主义与自由主义并非必然关联，自由主义其实是一个极具包容性的思潮，前者只在古典自由主义阶段可以找到契合点。实际上，在极端的个人主义与极端的国家主义之间，存在诸多特征相异的自由主义流派，例如古典自由主义、福利自由主义[③]、社会自由主义等，除此之外，还存在社群主义的自由主义[④]、自由主义的民族主义[⑤]等，这些虽然不能归入严格的自由主义谱系，但都支持民主制度和基本的平等，在价值层面，归根结底都赞同“国家的存在是为了个人”，但必须指出，“为了个人”是一个很宽泛的价值设定，从长远看，究竟怎样“为了个人”，为了实现“为了个人”这一最终目标，国家需要采取何种措施和姿态，个人又是否需要负担相应的责任等，这些都值得探讨。总之，在个人与国家的平衡保护方面，各种政治哲学完全可以基于各自的立场，充当超个体法益背后之主体形象的思想根基。

---

① ［德］康德：《法的形而上学原理——权利的科学》，沈叔平译，商务印书馆1991年版，第13页。

② 苏青：《法益理论的发展源流及其启示》，载《法律科学》2011年第3期。

③ 德国刑法学家Würtenberger就曾言：“关于今日的人类亟需国家的生存照顾，法治国不应该停留在19世纪仅是‘维护权利的国家’，更应积极参与人类的社会发展，为确保生存照顾之目的，现代国家应引领社会秩序，已无疑问。在这复杂的社会现实中，若仅从个人角度重整法益秩序必将一事无成，国家与社会所需的经济基础若不保障，将无法提供个人必需的生活与自由。”参见［德］吴登堡：《德国刑法学的现状》，蔡墩铭译，商务书局1977年版，第59页。这即是在强调一种福利自由主义的思想。实际上，我国学者何荣功教授业已在学界明确地站在这种福利自由主义的立场论述刑法的样貌了，参见何荣功：《自由秩序与自由刑法原理》，北京大学出版社2013年版。某种意义上说，刑法基本观念的最高层面的对立，不应该是法益保护论与规范违反论，而应该是自由主义刑法观与社群主义刑法观的对立，选择不同政治哲学立场，相应地，其刑法目的观也将不同，刑法的政治哲学立场与刑法目的观均属于刑法哲学的研究范畴。在揭示自由主义刑法观的同时，有必要指出社群主义刑法观的相应立场，以在刑法哲学层面上形成除了刑法目的观之对立的另一组对立，一定程度上说，这会丰富当前学界关于刑法哲学研究的内容。

④ 参见［美］菲利普·塞尔兹尼克：《社群主义的说服力》，马洪等译，上海世纪出版社集团、上海人民出版社2009年版。我国有学者认为，社群主义并不能颠覆现代法治文明的元叙事，其只是现代西方法治社会责任连续性论证的缺乏与根本制度保证缺失的诊断者，或称修辞学。参见程关松：《现代法治文明元叙事中的社群主义修辞学》，载《法律科学》2011年第3期。

⑤ 参见［以色列］耶尔·塔米尔：《自由主义的社群主义》，陶东风译，上海世纪出版集团、上海译文出版社2005年版。

四、存在论图式：社群主义与超个体法益的真实构造

应该说，超个体法益与个体法益之间的一个关键区别在于是否着眼于个体之间的共存，个体法益关注个体的人格健康发展，而超个体法益以个体之间如何协调共同生存为关切点。虽然从某种意义上说，每个个体人格如果能够得到顺畅的发展，那么就能实现个体间的良好共存，但这一模式假设，在社会资源的有限性的现代社会，不具有现实性。实际上，超个体法益必须关注人类的“共存”如何实现的问题，而人类的共存，本质上是一个存在论的问题，不是基于价值的抑或先验的理论假设就可以任意推导出来的。对此，笔者的观点是，必须将个体置于社会现实之中，考察个体间的共存状态和自我决定作出的真实情境，进而才能讨论在刑法的视域中，什么是对保护这种共生状态最为重要的，什么又是有助于个体人格自由发展的东西。基于此，本文尝试从社群主义的视角[①]，考察人类的现实共存状态，进而透过这一人类图像，讨论超个体法益的真实结构。

社群主义是指，自20世纪80年代以来，在批判以罗尔斯为代表的新自由主义过程中，所兴起的一种强调社群价值重要性的新的政治哲学思潮。其思想渊源主要来源于两个方面，即亚里士多德的城邦论和黑格尔的国家伦理观。亚里士多德在《政治学》的开头就指出：我们观察到每个城邦都是某种社群组合，而每个社群的建立都是为了某种善（因为人们总是为了某种他们认为是善的结果而有所作为）。因此显然所有社群都在追求某种善，而其中地位最高、包含最广的社群当然就会追求最高最广的善。这个社群即所谓“城邦”，也可称为政治社群。黑格尔强调社会或政治共同体是历史与传统的产物，并有一个历史的发展过程，这一过程同时也是人的自由的发展与演进的过程，即人的自由不是任性的自由，而是体现在遵循伦理的善的方面，伦理的善也就是一个社会共同体所内含的伦理准则或价值标准。就当前社群主义的发展而言，虽然对于社群的侧面，秉持社群主义思想的学者之理解各有不同，但在关键的要点上达成了一致，即社群对个体生存和发展的前在性、个体对社群的构成性认同与社群的共同善。

---

① 之所以选择社群主义，并不完全是因为笔者本人的学术偏好，更重要的还是因为社群主义的观点正好击中了经验的与超验的个体主义的要害，能够将超个体法益的理论设计从虚无拉回到真实的社会共存之中。

首先，社群主义认为，个体的存在及其人格发展并非先于人类的共存状态，相反，自我并不是先天形成与完善的，而是在一定的社群文化中形成的。社群并不是个体的简单集合，更是一个整体。个体并非为了分享利益而组合在一起，无论某一个体是否愿意，其都必然身处一定的社群之中。社群主义的代表人物桑德尔认为，个人的个性、人格、感情等都是在社会中或者说是在自我与他人的相互关系中形成并得以表现的，自我不与他人发生关系，就不会有区别于他人的个性、人格，就没有感情、友谊，就没有表现于不同相互关系中的自主性、选择性与创造性，这种没有血肉，与他人没有任何差别的抽象的个人在现实中是不存在的。因此，他得出的结论是“个人依存于共同体”“个人后存于共同体”“个人被决定于共同体”。[①] 其次，在社群主义看来，个人并非超验的自我，而是锲入了社群的基因，换言之，社群主义的社群并非抽象个人的聚合，而是那些具有共同认知——锲入所属社群身份的认知——的参与者的组合。这一社群不但提供了个体的身份认同，且具有完整的生活方式，给身处其中的个体提供了思维方式、行为指引、价值判断和日常生活的背景。美国学者贝尔就曾指出：“人们在理性地选择事业与婚姻伴侣时，不一定遵循自己的‘最高利益’；与此相反，却常常凭直觉行动，为别人（家庭，朋友，社群集体，政府，上帝）替他们规定的目的与目标奋斗，并随命运支配生活。”[②] 最后，社群主义认为社群本身即有一种“内在善”，这个“善”的观念来自个体身处社群中的文化传统，从内在善衍生而成的共同价值和目标可吸引个人，对社会的运作亦具有凝聚性及连续性。这种共同善只有在特定的社群内才能达成，需要一个共同的历史和文化的特定社群，也需要社群成员的行为配合，一同实行具有共善标准的生活方式。

就前两点而言，实际上是指出了上述自由主义刑法法益概念的基因缺陷，即刑法法益之存在所关切的“个体的人格”，并不是一种抽象的、先在的人类图像，而是必须在社群中才能显现，正如德国联邦宪法法院在曾经的一个判决中所指出的：“基本法中的人的形象，并不是一个根据孤立自主的个人而来的人的形象，毋宁说，基本法已经从人格对于共同体的关联性与对

---

① Michael Sandel: Liberalism and the limits of Justice, Cambridge, 1982, p. 150, 179 - 181.

② ［美］丹尼尔·贝尔：《社群主义及其批评者》，李琨译，生活、读书、新知三联书店 2002 年版，第 7—8 页。

共同体的拘束性之中，认定了个人与共同体之间存在着紧张关系，并且，在此认定中，人格的内在价值，并不会因此受到侵害”[①] 即是说，个人形象并非是孤立自主的，个人的人格发展必然身处共同体的框架之中。在此理解之上，刑法中超个体法益的存在并非仅仅是为了服务于个体法益，以更好地实现个体法益，而是说刑法中的超个体法益的存在是个体法益存在的先在基石，不是“锦上添花”，而是“必不可少”。既然是“先在基石”，那么超个体法益的主体就并非如一元个体法益论者所宣扬的，超个体法益必须透过其背后的个体才能获得存在的意义，在此问题上，笔者认为超个体法益的主体形象并非一元个体，而是体现为国家和社会的整体[②]。

就“内在善”的特征而言，社群主义强调“公共的善”，其有两种基本形式，一是物化的利益，即公共利益；二是非物化的行为，通常指各种美德。[③] 实际上，自由主义的超个体法益论者一直专注的是对“公共利益”的界定与保护，而对非物化的行为，即“美德”，却向来持无视或拒斥态度。关于公共利益的界定，其实无论站在哪种法益的立场，都无法忽视经济学上对于“公共财”的界定，即使用上的非排他性、消耗上的非敌对性与不可分配性。[④] 但社群主义者认为，除了物化的公共利益以外，对社群存在与正常运转起重要作用的，还有“公共的善”即“美德”概念。对于美德的界定，社群主义者持一种开放的态度，总体而言，其普遍强调义务与责任的概念，这被认为是两个基本的公共美德。

将义务视为一种美德，是自荷马时代以来对于义务的一种传统界定，即美德是使个人负起他或她的社会角色的品质。美国社群主义的社会法学者塞

---

① BVerfGE4，715ff.

② 这一点与认为超个体法益和个体法益背后之主体异质异量的二元论的观点接近，其代表人物施密特霍伊哲尔教授就认为，个人法益与整体法益是不同的，唯有当系社会的成长上的条件者，始有资格为个人法益，而在整体法益的场合，必须自始对于社会而言是有价值的事情。但二元论者并未指明其论证的根基。

③ 参见俞可平：《社群主义》，台北风云论坛出版社1999年版，第78页。

④ 对此分类，社群主义者也基本是赞同的。所谓使用上的非排他性，即在自己享受的同时，无法排除他人享受该法益，人人得享用，例如，稳定的国防、安定的社会秩序、洁净的空气等，而个人的住宅、财物等则只能排他性地使用；消耗上的非敌对性是指众多主体可以一起参与享用该法益，即某一主体的享用不意味着剩余份额的减少；不可分配性，是指超个体法益不能拆分利用以分配给某一个体使用，例如，金融安全、公正的司法等无法只分配给某一特定个体或阶层，必然是全体社会成员同等享用。

尔兹尼克即指出："共同体最主要的美德是无限义务（open - endedobligations）这一特质……父母必须照顾所生的子女，不仅仅是照顾他们原本想生的子女；当父母年迈时，子女具有同样的义务。"除此之外，"凡关怀和承诺存在的地方，它（指无限义务）都有效……这些义务由契约或明确的职业责任限制决定"。[①] 在社群主义看来，只有负担了应该履行的义务，才能被视为共同体的成员，具有特定社群的归属，同时，也才能被视为一个整体的、有独特性的人。

而就责任这一点来说，一方面体现为个人对社群的责任，在社群主义者看来，国家是最重要的社群，是公民归属感的最重要源泉，同时也是公民资格的构成性基础，国家利益与个人利益具有同一性，个人的理想、荣辱与国家的目标和荣辱有机统一，人只有通过对国家的认同与热爱，才能去理解特定的社群生活和特定的善，即形成具有特殊伦理意义的自我认知。另一方面，社群主义所强调的责任，还体现在国家要对公民积极权利的实现负责方面。在权利观上，社群主义不同于自由主义的消极权利观，其强调公民的积极权利，即国家要对公民的受教育权、工作权、保健权、休假权、接受社会救济权等方面采取积极的态度，国家对于这些权利的实现负有不可推卸的责任。进一步而言，社群主义偏爱"强国家主义"，认为只有国家所代表的公共政治生活才能促进公共利益或曰公共福利的实现，某种程度上说，为了公共的利益，必要时甚至可以牺牲个人的利益。

行文至此，笔者尝试给超个体法益下一个简单的定义，即超个体法益是指站在共同体的立场上看，对保护个体间的共存有价值的现实或目标设定。必须指出，谋求"共存"虽然是一个客观的理所当然的事实，但在个人主义法益论那里，却并不具有实质意义，其只看到了个人"存"的一面，即如何更好地发展其人格自由，而"共"却被实质性地忽略。社群主义的超个体法益的概念基于社群的先在性事实——即"个人依存于共同体""个人后存于共同体""个人被决定于共同体"，而将其落脚点放在了个人必须面对的"共"的状态。日本刑法学者宗冈嗣郎从存在论哲学的立场出发，承认规范是共生法则，但这些法则是什么，如何共生，则没有揭示，只提到了要依赖洞见知。其意义在于建立或肯定了一个存在论的犯罪论体系，但这一

---

① 参见［美］菲利普·塞尔兹尼克：《社群主义的说服力》，马洪等译，上海世纪出版社集团、上海人民出版社2009年版，第24页。

存在并没有多少可具象的内容。[①] 相对于此，在如何使其更好地“共”存问题上，社群主义提供了两个策略指向（不是整体性的描述，这个任务太难）。第一，作为超个体法益背后的个人形象，并非经验的或先验的，而是一个内锲入社群的实质的、存在论意义上的形象，那么，为了获得自我的实存，就必须要对社群负责，因为否定了社群，就等于否定了自我，如此，个人就必须积极参与社群事务，包括积极履行角色的义务和承担责任，这意味着超个体法益可以具相在为了“他者”和积极的社群认同的场合，而非限于落脚在为了提供给个体人格发展基本环境的场合。第二，社群并非可以为了“自身目的”而存在，社群的存在必须是“为了个人”，这一基本价值观是一贯的，但不是消极地为了个人，也不是为了个人的消极权利，例如，不被他人的行为所侵害，而是积极地为了个人利益，或者说，是为了身处社群的个人之积极的利益。这意味着超个体法益可以且应该采取积极的家长主义的姿态，为个体的发展提供更多的公共福利，例如，更彻底的安宁权、环境权及健康权的保障等，在这些领域的保障界限，并非要等到已然恶化到严重影响个体生存的时点才能提供。

五、社群主义超个体法益之刑法保护的机能与原则

应该说，自由主义的超个体法益至少具备两种机能。一是一元论者所主张的“导出个体法益的机能”，“超个体法益……系由个人法益为其标准所推论出来的，亦即其具有‘系导出来的机能’”[②]。二是保护机能，超个体法益在对个人人格发展实属必要的范围内，保护国家安全、运作、可耗尽的重要社会资源、社会经济制度的安全等。所谓前实证法益的批判机能，也是以这两者为基础的，即不具导出机能、不属于保护个人发展的必要之界限，就将其排除出超个体法益的范围，认为其并不具有超个体法益的适格性。但正如本文的观点，这只是自由主义法益论的自我价值的外化，有其自身难以克服的弊端。在现代社会新的风险不断凸显的情况下，法益的上述机能日益松动，新的超个体法益被立法者越来越多地创设出来，这种新的超个体法益往往具有模糊性和非导出性，实际上是扩张而非批判了刑罚权。由此，如何在

① 参见［日］宗冈嗣郎：《犯罪论与法哲学》，陈劲阳、吴丽君译，华中科技大学出版社2012年版。

② 参见陈志龙：《法益与刑事立法》，台湾大学丛书编辑委员会1992年版，第136页。

原有的法益整体理论框架内容纳这些超个体法益，是否存在一个前实证的法益概念，开始成为自由主义法益论者感到棘手的问题。实际上，前实证法益是相对于方法论或曰系统内的法益概念而言的，后者在立法者划定的立法框架内专注于个案的刑法解释，由此，这两者的实质区分在于前者给刑事立法者以先在的目标指引，后者却是依赖立法者对罪名体系、个案构成要件的设立。因此，前实证的法益概念与其所具有的批判出罪机能并不是必然同一的。站在本文的立场看，前实证的法益概念是存在的，但并非完全发挥批判机能，而是在保留了基本的批判机能的同时（依据超个体法益的存在面结构），还具有积极应对风险、整合社群认同的机能（应对后传统社会道德支配体系崩塌的机能）。以下将指出后两种机能的具体显现。

第一，为环境犯罪的累积犯提供了正当的立论基础。正如日本学者关哲夫所言："现代社会中的危险，如果单独来看可能有害性非常稀薄，但是当它们不断复合地积累、重叠、连锁地作用时，就会导致社会发生不可逆转的深刻事态。当这些危险导致社会的深刻事态时，仅仅把握发生累积的、连锁作用的危险中最后的危险或者最显著的危险来进行规制显然是不够的。"① 对此，自由主义的超个体法益基于限缩个人义务、强调刑法保护个人责任的传统，对于此类还未显示出法益危险的累积性环境耗费行为，在处罚上总显得有所顾虑。② 而社群主义认为这类"搭便车"现象，是由公共利益的不排他性的特征导致的，但只"对没有奉献精神和公益精神的人来说，才会发生这样的困境"。③ 公民对于任何"公共财"的享用，都不能只讲索取和利用，而不讲付出和热爱，即必须承担责任，因此，虽然社群主义的超个体法益关注一个累积性地损害人类环境的行为，但首要的意图并不是通过刑罚来处罚这样一个造成了缥缈结果的行为，而是希望通过累积犯的概念，维护或者强化公民的"要对社群公益负责"的观念，其更多的是对公民非给付公共善的责难，最终达到保护脆弱的人类共生环境的目的。

第二，为有关象征性刑事立法提供了正当的立论基础。所谓象征性立

---

① ［日］关哲夫：《现代社会中法益论的课题》，王充译，载《刑法论丛》（第12卷），法律出版社2007年版，第338页。

② 例如，法兰克福学派的一元个人法益论认为，超个体法益的实害只是个人法益的危险，所以即便是设立超个体法益的危险犯，都应该尽量避免，因为这是"危险的危险"，与个人法益更远的累积犯概念，就完全不具有正当性。

③ 俞可平：《社群主义》，台北风云论坛出版社1999年版，第93页。

法，通常的理解是对保障和平的共同生活不是必要的，是为了向国内外表明国家的政治观、世界观的自我姿态的刑事立法。① 就象征性刑事立法的法益是不是刑法保护的适格对象，个人主义法益论者多有争议，罗克辛认为这些立法的目的是值得肯定的目标设立，但对这些犯罪的追究并不服务于法益保护，为此目的而投入刑法是不合法的。② 但基于风险刑法的预防主义扩张的背景，Hassmer 认为象征性立法是现代刑法的特征之一，日本学者关哲夫指出："由于刑事立法不仅具有作为社会成员的规范意识、价值意识的诉求的一面，而且还具有作为表现立法者的刑事政策的姿势的一面，因此该刑事立法是否是象征性刑事立法的判断并不容易。另外，假如能够确定该刑事立法是象征性的刑事立法，并不能因此就立即排除这种刑事立法。重要的是，这个刑事立法中的法益关联性能够被多大程度地确保。"③

事实上，如果专注于传统的以限缩刑罚权为己任的个人主义法益理论的话，这里就存在一个矛盾，即一方面认为刑事立法具有社会成员规范意识、价值意识诉求和立法者刑事政策表达的一面，另一方面又纠结于是否存在针对个人的危险，即与个人法益是否存在关联性的一面。④ 但站在社群主义法益论的立场看，公民的自我意识根植于社群的特定历史文化及传统，每一个个体都是在某个特定时空的社会中，诸多社会的属性、目的、传统形塑了个体的特殊性和个别性，是自我构成的特定要素。因此，否定了社群的历史，即是否定了公民自身。基于此，象征性刑事立法的目的并不是不保护法益，准确地说，是不保护一元个体论者所言的法益，但如果站在社群主义的立场看，则体现为一个事关社群稳定与团结的社群通念传统，这一通念是构成社群认同的最主要标志之一，也关系到身处其中之各成员的正当自我观的形成。

---

① 参见［德］克劳斯·罗克辛：《刑法的任务不是法益保护吗?》，樊文译，载陈兴良主编：《刑事法评论》（第19卷），北京大学出版社2007年版，第343页。

② 参见［德］克劳斯·罗克辛：《刑法的任务不是法益保护吗?》，樊文译，载陈兴良主编：《刑事法评论》（第19卷），北京大学出版社2007年版，第156页。

③ ［日］关哲夫：《现代社会中法益论的课题》，王充译，载《刑法论丛》（第12卷），法律出版社2007年版，第350页。

④ 罗克辛的观点某种程度上体现了这一点。他认为，只有那些"不带任何煽动成分的单纯否认行为"才不应受到处罚，但如果某人"对此类谋杀行为加以赞许，或者……声称，这些事情都是……杜撰出来的，那么对该行为加以处罚是妥当的"。参见［德］克劳斯·罗克辛：《对批判立法之法益概念的监视》，陈璇译，载《法学评论》2015年第1期。

第三，为国家的象征符号与尊严提供了刑法保护的正当性基础。典型的例子是刑法中的“侮辱国旗、国徽罪”。从世界范围看，虽然对于国旗、国徽等国家象征的刑法保护条款是普遍立法例，但有一元论者对此条款持批评态度。问题是，国家不单是外在的管理机构，还是一种思维习惯、生活方式、价值观念和历史传统的载体，是个人的自我认知、社会认同和归属感的来源，所以社群主义将爱国当作最重要的德性，国家不但给予了个人以外在利益，更是个人获得内在利益的源泉。德国当代公法学家齐佩利乌斯认为：“法律、伦理、社会道德，所有这一切都会进入人们的认知、愿望和行为中，构成人的存在。在客观的精神内容与个体对于这一内容生动地、执行性地以及创设性地参与过程之间，存在一种交互关系。而共同体也正是产生于这种稳定的实现过程中。”① 换言之，作为共同体的国家的稳定与被尊重，和个人的存在是相互依存的，自由主义的中立国家理论，将国家仅仅当作实现个人外在利益的一套客观运行机制的观点，不能被赞同。因此，社群主义超个体法益观赞同德国学者韦登博格的如下观点：处罚侮辱国家与国家象征符号的行为，有助于促进爱国思想与人们的忠诚，国家共同体的存在与团结，总是需要将情感寄托于具体物件上，国家象征符号可以帮助实现此事，随着国家象征符号的认同，人民凝聚起来，他们的认同也会加强。

第四，为社会安宁和秩序法益提供了更为积极的保护。自由主义超个体法益论将社会法益仅限于“维持个体人格自由得以发展的秩序框架内”，限于消极的最基本的保护，对于超出此范围的诸如侵害坟墓、尸体罪，散布淫秽物品罪，虐待动物罪，危害公共安全的犯罪，危害交通安全的犯罪等所保护的法益，统统建议分散归入个人法益或者删去。例如，许乃曼教授就认为对于交通安全法益，只能看作提前保护个人法益而已，并非适格的集体法益。② 罗克辛教授认为，如《德国刑法典》第 167a 条和第 168 条掘墓或者侮辱尸体等破坏死者安宁的犯罪，其保护的并非对逝者的尊重，而是现代人的共同生活与逝者继续有效的人格权。③ 这种自由主义法益观的实质在于限

---

① ［德］齐佩利乌斯：《德国国家学》，赵宏译，法律出版社 2011 年版，第 47 页。

② ［德］许乃曼：《法益保护原则——刑法构成要件及其解释之宪法界限之汇集点》，何赖杰译，载许玉秀、陈志辉编：《不移不惑献身法与正义——许乃曼教授刑事法论文选辑》，新学林出版股份有限公司 2006 年版，第 246 页。

③ 参见［德］克劳斯·罗克辛：《对批判立法之法益概念的监视》，陈璇译，载《法学评论》2015 年第 1 期。

制“强国家”的积极职能，通过其不作为而增进公民的利益。但这种观点在当前的风险社会与后传统社会道德支配式微的现实状态下，是无力维护一个安定运行的社会系统的。对此，社群主义的观点是国家没有做应该做的事情，如没有使其人民享受最低的教育、没有救济垂危中的个人，也是对人权的践踏。对这样的“弱国家”，就应当加强其职能，通过其积极作为来增进公民的个人利益。由此，笔者认为，国家有必要以积极的立法姿态，更好地维护相关社会的稳定和发展。

实际上，上述机能可以概括为应对风险机能、促进社群认同与整合机能、积极福利供给功能，在此之中，还蕴含了文化契合功能，即在促进社群认同、整合以及积极的福利供给过程中，必须且完全能够找到与传统文化——特定社群的价值共识之契合点，这一点无疑是自由主义法益论所缺失的。从上述整体样貌上看，社群主义的超个体法益观更侧重打击犯罪的一面，将刑法理解为一种发挥保护法益功能的“善法”，而非限缩人权的“恶法”，这正如王世洲教授所言：在现代人民民主国家中，刑法谦抑性的那种自下而上乞求式地限制刑法保护的思想已经过时，新的社会生产方式以及个人新的社会存在方式，在使个人获得空前自由的同时，也使个人形成了对国家的空前依赖。如果国家不能为个人提供前所未有的广泛保护，个人在社会上就必然要单独面对前所未有的广泛侵害，不仅有直接来自他人的人身攻击，而且更有那些在环境、食品、计算机、银行、证券、交通等方面发生的侵害。个人是无法独立地保护自己免受这些侵害的……社会发展的规律，成为刑法不断扩张的客观基础。非常自然，人们总是希望自己的利益得到最高等级的保护。[①] 但这并不意味着拓展保护范围、积极促进整合与认同的刑法就没有了限制，笔者认为，还要接受商谈原则的限制。在20世纪90年代兴起的十分负责任的社群主义者，例如塞尔兹尼克、加尔森等人，特别强调要确保强大的社群不会成为压迫个人权利的极权实体，其方式就是社群成员可透过公开讨论和沟通，对共善标准加以修正或排除。塞尔兹尼克就主张将审议的民主植入共同体组织，如哪些权利主张真正是基本的和必须得到尊重的，哪些在不给基本理想造成严重损害的情况下是可以被撤销的。这些必须

---

① 参见［德］克劳斯·罗克辛：《德国刑法学总论》（第2卷），王世洲等译，法律出版社2013年版，序言。

考虑设立一个正当性的辩论与审议制度。[①] 这意味着，超个体法益的正当性限制由自由主义的一元独断论转向了社群成员的商谈与辩论。这正如冯军教授所言，刑法中的实践理性表现在法共同体成员关于刑法规范的相互理解之中。符合实践理性的刑法解释结论，总是法共同体的成员在相互争论和相互沟通之后能够理解和接受的。[②] 其实不但是刑法解释的结论，对超个体法益的正当和合法的检验，亦是如此。

① 参见［美］菲利普·塞尔兹尼克：《社群主义的说服力》，马洪等译，上海世纪出版社集团、上海人民出版社2009年版，第81—83页。

② 参见冯军：《刑法教义学的立场和方法》，载《中外法学》2014年第1期。

中立的帮助行为与客观归责理论*

姚万勤**

中立的帮助行为是否具有可罚性以及可罚性的边界何在，逐渐成为晚近我国刑法学界关注的重要问题。从宏观层面考察，中立的帮助行为不仅具有日常性以及可替代性特点，而且与正犯实现犯罪存在某种关联，如果不能明确其处罚根据和界限，极有可能将正当民事活动归入犯罪之中。因此，本文在详细考察域外现有解决方案的基础之上，采取解构与建构的论证手法，进一步明确中立帮助行为处罚的理论根据并合理限缩其入罪范围，以期对我国的刑法理论发展有所裨益。

一、理论检视：从全面处罚到限制处罚的流变及其批判

中立的帮助行为可罚性的理论发展主要经历了从全面处罚到限制处罚的历程。在德国早期处于通说地位的全面处罚说认为，只要行为人对他人实施的违法行为予以帮助的，就应成立帮助犯。然而，全面处罚说不仅将国家查处犯罪的责任无故转嫁给个人，而且使社会个体基于对犯罪的恐惧而陷入永无止境的担忧，因而并未得到刑法学者的普遍支持而日渐凋敝。目前，限制

* 本文系西南政法大学青年教师学术团队资助项目（2016XZCXTD—07）的部分成果。原载于《法学家》2017 年第 6 期。

** 西南政法大学人工智能法律研究院副院长、副教授。

处罚说成为刑法学界通说主张，在其内部又可区分为“主观限制路径”“客观限制路径”以及“综合限制路径”三种不同的立场。

（一）主观限制路径的展开及其批判

主观限制路径主要依据中立帮助者的主观要件内容不同，区分为“仅有不确定故意还不足，还需要具有意欲或者确定的故意”（确定的故意说）以及“仅有故意还不够，还需要促进他人实行犯罪的意思”（促进意思说）两种不同见解。[①] 在确定的故意说看来，如果日常帮助行为不是基于确定的故意而实施就应排除可罚性；反之则应成立帮助犯。在促进意思说看来，中立的帮助者只是基于帮助犯的故意还不够，必须具有促进他人完成犯罪的意思才具有可罚性。

主观限制路径存在以下疑问：第一，众所周知，故意包括直接故意（确定的故意）与间接故意（不确定的故意）两种基本类型，按照确定的故意说的见解，必然排除了在不确定的故意（间接故意）支配下实施的中立帮助行为成立帮助犯的余地。这在实定法上难以具有说服力。第二，如果不考虑客观的促进，仅仅依据主观的意图进行处罚，本身并不妥当。“过早地关注主观方面，可能会将本来正当的行为因其具有反价值的意图而视为反价值的行为，即符合构成要件的行为。这与刑法规制外部行为的任务相矛盾，容易陷入心情刑法的困境。”[②]

（二）客观限制路径的展开及其批判

客观的限制路径意图从客观的构成要件进行判断并限定处罚的范围，主要存在相当性说以及利益衡量说的理论分野。

相当性说内部存在社会的相当性说以及职业的正当性说两种理论主张。社会相当性说最早由德国学者韦尔策尔（Welzel）所主张，其认为：“通常的中立行为，因为属于日常的生活行为而具有社会正当性，因此不符合构成要件该当性从而不具有可罚性。”[③] 但是，由于韦尔策尔并未就社会相当性

---

① 参见［日］山中敬一：《中立的行為による帮助の可罰性》，载《関西大學法學論集》2006年56卷1号。

② ［日］松生光正：《中立的行為による帮助（一）》，载《姫路法学》1999年第27·28合并号，第209页。

③ 转引自［日］西贝吉晃：《中立的行為による帮助における現代課題》，载《东京大学法科大学院ローレー》2010年第5期。

的具体内容展开详细阐释，因而遭到“因为标准暧昧或不明确而陷入处罚恣意”等批判。[①] 其后，哈塞默（Hassemer）为了克服判断标准的模糊正式提出职业的相当性说，并认为：“‘通常的情况，日常性、社会所允许的，并且合乎规则的职业性的行为’的问题，即使是职业行为者知道了主犯的犯罪计划，对于这样一定职业群者，应当认可其‘违法’被阻却了。”[②] 显然，职业的相当性说也存在以下问题：第一，如何对职业的性质进行限定并不明确，是仅仅意识到职业行为是“日常的”“常态的”就可以了吗？显然哈塞默是基于这点进行理解的，但是又没有提供规范正当性的基准。[③] 第二，仅仅以职业的正当性作为免罚事由，存在放纵犯罪的嫌疑。例如，“职业行为人明确知道了主犯的犯罪计划，而伪装成遵守职业规则的样子为他人犯罪提供帮助”,[④] 如银行职员明知他人逃税而只是遵守操作规则就极有可能使他人轻易偷逃税款,[⑤] 此时如果不处罚相关职业者，将造成危害结果的进一步恶化。

为了回避职业相当性说的不明确，主张从利益衡量的角度进行解释的克拉尔（Krahl）教授认为：“应当从德国宪法所规定的比例原则这一实定法依据出发，如果是远离正犯的行为，即便中立的帮助者不提供帮助，正犯也能基于不同的方法从其他地方得到相应的帮助，那么对法益的侵害就没那么危险，与此同时也就保全了没有被侵犯的优越法益，中立的帮助者的行为也就不具有可罚性。”[⑥] 但是该说存在以下疑问：第一，如果用比例原则将正犯的结果归属于中立的帮助者，帮助者的客观危险性判断将成为问题，至少中立的帮助者应当认识到了这种客观危险。[⑦] 只是从客观面把握而忽视主观面的内容所得出的结论，显然不符合主客观相统一立场的基本要求。第二，如何衡量利益的优越本身就充满了困难。“考虑中立帮助行为的特殊性，在判

---

① 参见转引自［日］西贝吉晃：《中立的行為による帮助における現代課題》，载《东京大学法科大学院ローレー》2010 年第 5 期。

② WinfriedHassemer, ProfessionelleAdäquanz, wistra, 1995, Heft2., S. 82.

③ 参见［日］上野幸彦：《日常行為と可罰的帮助》，载《日本法学》2011 年第 77 卷第 1 号。

④ ［日］小野上真也：《弁護士の職務行為による従犯の成否》，载《千葉大学法学論集》2011 年第 26 卷第 3 号。

⑤ 参见［日］上野幸彦：《日常行為と可罰的帮助》，载《日本法学》2011 年第 77 卷第 1 号。

⑥ OliverLwe - Krahl, SteuerhinterziehungenbeiBankgeschäften, 2000, S. 39.

⑦ Vgl. Frisch, TatbestandsmagigesVerhaltenundZurechnungdesErfolgs, 2012, S. 570.

断方法上不可能采用价值论上抽象的衡量标准。"[①] "特别是行为自由和法律上的利益价值本来就属于性质不同的价值，将两者比较本身就有困难。"[②] 并且此处采用比例原则有可能受到批判的是——至少从行为自由出发会被认为是恣意的基准，同样不利于具体案件的解决。[③]

（三）综合限制路径的展开及其批判

不同学者基于立场的侧重不同而寻求综合解决方案，如岛田聡一郎教授基于客观立场并将因果关系纳入中立帮助行为可罚性判断中；曲田统教授基于主观说立场并融入客观危险印象理论。

在岛田聡一郎看来，因果共犯论的妥当性取得了基本共识，那么就能考虑在中立帮助行为的可罚性问题上利用假定的代替行为进行盖然性的判断，并据此可以对共犯的成立范围进行限定。[④] 也就是说，如果该中立的帮助行为对正犯实现犯罪的可能性（盖然性）未造成明显的影响，就应否定该种中立的帮助行为具有可罚性，相反，则应肯定其具有可罚性。[⑤] 显然，该说不具有妥当性。第一，对于盖然性如何判断向来充满争议，对此，岛田主张援用相当因果关系中的盖然性进行具体判断，这将涉及如何确立盖然性的基准问题——究竟是依据一般人标准的客观说还是采取行为人标准的主观说一直以来尚未得到妥当解决，如果将其引入到盖然性的判断中同样面临着理论上的困境。第二，如何选择替代行为也不明确。如此，有可能因为标准的不明确导致处罚范围的扩张，从而进一步导致市民日常交易行为的萎缩。[⑥]

在曲田统看来，如果中立的帮助行为人从行为规范设定的角度出发，认识到对社会共同体具有一定危险的印象还提供相应的帮助，就应当对其判处

---

① HaraldNiwdermaier, StrafloseBeihilfedurchneutraleHandlungen? ZStW107 (1995), S. 537.

② 转引自［日］西贝吉晃：《中立的行為による幇助における現代課題》，载《东京大学法科大学院ローレー》2010年第5期。

③ 参见［日］松生光正：《中立的行為による幇助（一）》，载《姫路法学》1999年第27·28合并号。

④ 参见［日］岛田聡一郎：《他人の行為の介入と正犯成立の限界》，载《法学协会杂志》2000年第117卷3号。

⑤ 参见［日］岛田聡一郎：《広義の共犯一般的成立要件——いわゆる'中立的行為による幇助'に関する議論を手がかりとして》，载《立教法学》2001年第57卷。

⑥ 参见［日］上野幸彦：《日常行為と可罰的幇助》，载《日本法学》2011年第77卷第1号。

刑罚。[①] 该说最终需借助故意的类型进行具体判断，在确定故意的场合，因为中立的帮助者清晰知道他人的犯罪计划，因而具有可罚性；在不确定故意的场合，由于不知道他人的犯罪计划，因而不具有可罚性。但是该说存在以下问题：第一，知道他人的犯罪计划与犯罪故意并不存在一一对应的关系。中立的帮助行为人明知他人犯罪计划的主观目的也可能是阻止他人实行犯罪。第二，在不确定故意的场合，导致构成要件结果实现的可能性大大提高的情形下，再通过欠缺主观上的印象否定其可罚性本身并不妥当。

二、处罚依据的重新抉择：引入客观归责理论的具体方案及评析

鉴于限制处罚说的不妥当，学界最新理论动向表明，客观归责理论正逐渐成为解决中立帮助行为可罚性以及可罚范围的有力理论。

（一）引入客观归责理论的具体解决方案

1. 雅各布斯（Jakobs）的解决方案

雅各布斯认为，中立的帮助者对正犯继续实现构成要件确实提供了可能，对于构成要件的实现的危险就必须被考虑。[②] 具体来看，雅各布斯运用客观归责理论解决事案的最为重要的特色在于：立足古典意义的溯及禁止原则并将其作为制造风险的判断规则，从更加广泛的意义上来理解对他人帮助的类型。如果基于故意或者过失实施了充足客观构成要件的行为，但是只是由于帮助者无害的日常行为无意间实现了他人的犯罪计划，那么就需要在明确区分主体类型的基础上禁止溯及既往。雅各布斯列举了现实中的一则案例予以说明，即债权人截获正在还款途中债务人的资金后并用该资金实施犯罪的，就不能对债务人科以帮助犯的罪责。[③] 对中立的帮助者明知他人会实施犯罪而提供帮助行为该如何处断，雅各布斯进一步指出："虽然表面看来，帮助者与行为者之间因为行为的社会共同性而发生连接，但是由于帮助者不具有规范的保证义务，即使其具有回避结果的可能，也不应承担责任。"[④] 因此，"即便面包店的老板知道该顾客购买面包给客人下毒时仍然为其提供

---

① 参见［日］曲田统：《日常的行為と従犯——ドイツにおける議論を素材にして（二）》，载《法学新报》2005 年第 112 卷 1·2 号。

② Vgl. GüntherJakobs, StrafrechtAllgemeinerTeil, 2. Aufl, 1991, S. 698.

③ Vgl. GüntherJakobs, StrafrechtAllgemeinerTeil, 2. Aufl, 1991, S. 696.

④ Vgl. GüntherJakobs, StrafrechtAllgemeinerTeil, 2. Aufl, 1991, S. 698.

服务，其依然没有刑事可罚性”[1]。

2. 普珀（Puppe）的解决方案

虽然普珀也主张禁止溯及的观点，但是其与雅各布斯相比又明显将信赖原则融入其中。普珀认为，如果将这两者综合起来予以理解的话，作为主犯的犯罪时期将成为重要的切入点，就此可以认为，如果该犯罪行为处于较为急迫的侵害的场合，又不存在使主犯的犯罪变得更加容易的其他方法，该中立的帮助行为就应当受到处罚；[2] 当然，对那些容易得到的危险物品，要根据接近构成要件的程度来具体判定。如果该中立行为没有直接接近构成要件，即便明确知道实行行为人将该物品用于犯罪，也不具有刑事可罚性。[3]例如，虽然购买面包的顾客已经明确地告诉了面包店的老板将用该食品去毒死自己的妻子或者客人，由于面包店老板的行为没有直接接近杀人罪的构成要件，所以不具有可罚性；相反，如果面包店老板在顾客将要马上见到妻子或客人时仍向其出售面包，就能肯定该行为直接接近杀人罪的构成要件而具有可罚性。[4]

3. 罗克辛（Roxin）的解决方案

罗克辛分两种不同类型检讨中立帮助行为可罚性，其解决方案同样贯彻着客观归责理论。

其一，帮助者明确知道行为人的犯罪计划或目的时仍然提供帮助的类型。对于该种情形，罗克辛认为应当通过是否具有“犯罪意义上的关联”来进行具体判断，如果该中立行为本身就是合法的行为，但是其实施的唯一目的是使他人的犯罪行为变得可能或更加容易，那么此时这种行为就因具有“犯罪意义上的关联”而具有可罚性。[5] 罗克辛除了特别强调帮助者目的的“唯一性”，认为还应当排除一类情形在犯罪之外，即“帮助者实施的行为对实行者而言是构成犯罪的条件，但只要能够说明该行为对实行人来说是有

---

① GüntherJakobs, Akzessoriett, ZudenVoraussetzungengemeinsamerOrganisation, GA1996, S. 263f.

② Vgl. IngeborgPuppe, UrsKindhäuser, UlfridNeumann, Hans – UllrichPaeffgen (Hrsg.), NomosKommentarStraf – gesetsbuchBand1, 2. Aufl, 2005, Vor § 13, Rn. 173.

③ Vgl. IngeborgPuppe, UrsKindhäuser, UlfridNeumann, Hans – UllrichPaeffgen (Hrsg.), NomosKommentarStraf – gesetsbuchBand1, 2. Aufl, 2005, Vor § 13, Rn. 157.

④ Vgl. IngeborgPuppe, UrsKindhäuser, UlfridNeumann, Hans – UllrichPaeffgen (Hrsg.), NomosKommentarStraf – gesetsbuchBand1, 2. Aufl, 2005, Vor § 13, Rn. 157.

⑤ Vgl. ClausRoxin, StrafrechtAllgemeinerTeilBand, Band. 2. C. H. Beck, 2003, S. 207ff.

意义和价值的，那么此时该行为就因缺乏犯罪意义上的某种关联而不具有可罚性”[①]。对此，罗克辛举例予以说明：“一个向工厂提供原材料的人知道这家工厂正处于违反环境刑法的行为构成的加工过程之中，而继续向其提供原材料，但是该行为对工厂来说是有意义或有价值的，因此，不能认为该行为具有可罚性。”[②]

其二，帮助者仅仅估计到行为人犯罪计划或目的时仍然提供帮助的类型。对实践中该类型的案件，罗克辛认为：“应当援用客观归责理论中的信赖原则将其排除在犯罪之外，因为在日常的生活中，我们都应合理信赖他人不会实施犯罪行为，且该种抗辩在司法实践中处于较为有利的地位。”[③] 对此，罗克辛指出了在一种情形下援用信赖原则而可能招致失败，即以中立的帮助者主观印象为基础的“可疑的表现”足以支撑其看出行为人实施构成要件的行为倾向。[④] 例如，“在较为混乱的街斗场合，参加者在视线范围内的一家商店购买了武器，那么据此可以肯定帮助者的罪责”[⑤]。

（二）对上述观点的评析

回顾雅各布斯的解决方案，存在以下疑问：第一，对该问题的处理与其一贯主张的理论本身存在冲突。整体上看，雅各布斯的客观归责理论融入了卢曼的社会学系统框架，所以对该问题的阐释明显带有从社会整体性的约束出发的趣旨，旨在说明社会约束的不是每个具体的个体，而是抽象的人格体，因此社会被理解为规范性的世界，不属于规范的事物将被归属于社会的环境；责任归属表示了对规范的肯定以及对破坏规范的行为的不允许。根据行为人角色的不同，其行为的作用应当符合规范的期待。所以中立的帮助行为应当从客观的角度，在被保护的自由领域框架中进行探讨，且应当是被包含在溯及既往的行为之中，具有妥当性的一面。然而，在这一过程中，雅各布斯又特别主张在共犯领域引入“自我答责行为”等概念，如果将该观点贯彻到底，所有的中立帮助行为都不应具有可罚性，显然，这与司法实践的现状不符。第二，对法益的保护呈现出不利的一面。例如，就雅各布斯列举

---

① Vgl. ClausRoxin, StrafrechtAllgemeinerTeilBand, Band. 2. C. H. Beck, 2003, S. 207ff.

② Vgl. ClausRoxin, StrafrechtAllgemeinerTeilBand, Band. 2. C. H. Beck, 2003, S. 208ff.

③ Vgl. ClausRoxin, StrafrechtAllgemeinerTeilBand, Band. 2. C. H. Beck, 2003, S. 215ff.

④ Vgl. ClausRoxin, StrafrechtAllgemeinerTeilBand, Band. 2. C. H. Beck, 2003, S. 214ff.

⑤ Vgl. ClausRoxin, StrafrechtAllgemeinerTeilBand, Band. 2. C. H. Beck, 2003, S. 215ff.

的面包案而言，事前明知他人实施犯罪而出售面包显然与犯罪存在某种意义上的关联，此时这种表面“中立的”帮助行为就演变为对法益的攻击行为，一般来看，帮助者不能免除相应的责任。[①]

普珀根据不同类型予以区别对待的解决方案存在以下问题：第一，只是依赖具有预备性质的中立帮助行为作为责任承担的依据不充分。“因为人们从来就不可能在预备阶段就能明确他人将要实行构成要件的行为，即便在直接来临的构成要件行为中，不再依靠其他手段就能将犯罪进行到底也存在不明确性。”[②] 例如，购买面包并非杀人的类型化行为，只是依赖这一事实还难以明确他人将要实施犯罪，即便行为人购买了面包，只是单纯地依赖面包而不借助于如毒药的物质，是否能够实现杀人结果也同样不明确。第二，导致中立的帮助者可能依据运气的好坏承担不同的责任，因而在责任判断中充满了恣意的成分。按照普珀列举的案例和给予的说明来看，如果中立的帮助行为人运气尚好，顾客出门没有遇见将要侵害的对象，就能免除帮助犯的罪责。实施性质同样的行为，却因运气好坏导致迥然不同的处断结论，明显不当。第三，可能不利于法益的保护。在他人已经明确告知了将要实施犯罪的情形下，即使该行为不是直接接近构成要件，但是此时对于法益的侵害已经由一种不确定性转变为侵害的危险性，足以表明行为人的反规范意识的确立，如果放纵该类行为显然不利于保护法益。

罗克辛的分类型解决方案存在以下问题：第一，以“犯罪意义上的关联”为标准可能存在放纵犯罪的嫌疑。据罗克辛上文列举的排除犯罪的事案来看，不仅很难否定其具有“犯罪意义上的关联”，而且明知他人违反规范而提供帮助，难以“由于使对方获利而免除罪责”，况且在司法实践中，由于犯罪行为使他人获利的情形并不少见。例如，甲盗窃财物后将其分发给乞丐，显然不能以“乞丐获得利益”作为否定甲盗窃罪的抗辩事由。第二，虽然罗克辛主张在帮助者仅仅估计到行为人的犯罪计划或目的时仍然提供帮助的类型中，引入信赖原则进行判断具有妥当性的一面，但是其又主张需要依赖帮助者主观认识到的行为人的“可疑的表现”而将其排除出去，不仅加大了中立帮助者的判断责任，而且极易造成处罚范围的扩大。特别是，该如何判断“可疑的表现”，根据罗克辛的方案，一方面，这种可疑的表现在

① Vgl. ClausRoxin, StrafrechtAllgemeinerTeilBand, Band. 2. C. H. Beck, 2003, S. 208ff.

② Vgl. ClausRoxin, StrafrechtAllgemeinerTeilBand, Band. 2. C. H. Beck, 2003, S. 238ff.

司法实践中相当模糊；另一方面，如果仅仅由于“可疑的表现”而提供了帮助，就应承担刑事责任，也会导致不合理的结论。例如，出租车司机认为他人表情诡异并猜测其有可能实施强奸，而继续将其运往目的地，如果就此肯定出租车司机构成强奸罪的帮助犯，明显是将出租车司机主观上的模糊认识替代了帮助他人实施犯罪的主观故意，这不仅与故意的预见内容不符，而且与帮助犯的成立要件相背离。第三，虽然罗克辛一再强调自己的解决方案是基于客观归责的立场，但是其在具体解决方案中又特别强调犯罪的意思关联以及中立的帮助者模糊的主观认识内容，实质上主要依据故意来解决归责问题，这也与客观归责理论的要求渐行渐远。①

三、价值证成：引入客观归责理论的合理性论证

虽然上述学者根据客观归责的原理建构了具体的方案，力图限定中立帮助行为的处罚范围，但是其处理方案均存在一定的缺陷，为笔者所不取。不过，不容否认，基于以下理由，运用客观归责理论处理该类问题具有较大优势。

首先，客观归责理论所建构的阶层性判断，更有利于划定中立帮助行为的可罚范围。在客观归责理论中，“归责的根本要素是‘客观目的性’，而这个要素决定于两个彼此互相决定的要素：规范目的和行为的客观危险制造能力。根据这两个要素，客观归责理论的判断包含三个基本原则：制造不被允许的危险、实现不被允许的危险与构成要件的效力范围”②。“客观归责三个基本原则的适用实际上最终是由两个相互依赖的、逻辑严明的判断步骤组成：第一个步骤是，行为人的行为制造了不被允许的危险，且符合构成要件的结果实现；第二个步骤是，由不被允许的危险实现的结果须在构成要件的效力范围内。”③ 前者是分析行为的客观性质，而后者是划定构成要件的效力范围，只有满足了第一个步骤才能进入到下一个步骤的判断，从而起到限制处罚范围的作用。考察中立的帮助行为的处罚现状可以发现，或多或少都存在扩张趋势，甚至将那些完全不知情的中立行为认定为帮助犯的情形也时

---

① 参见［日］小島秀夫：《中立的行為による幇助——故意帰属の観点から》，载《刑法雑誌》2010年第50卷第1号。

② 许玉秀：《主观与客观之间——主观理论与客观归责》，法律出版社2008年版，第92页。

③ 王杨、丁芝华：《客观归责理论研究》，中国人民公安大学出版社2006年版，第31页。

有发生。“转换思维，再次试着重新考虑这个问题，极端地讲，虽然中立的帮助行为与社会中其他正常的行为并无严格的区分界限，但正是由于中立行为的存在，促进了主犯犯罪，或者说，中立的行为在某种程度上创造了法律上利益侵害的危险。”[①] 如果这种危险不具有类型化的社会相当的“允许”的危险，那么暂且可以认定其具有中立性的一面而不具有可罚性。但是，如果符合另外的“不被容许的危险创出”的要求，只能借助于客观归责理论中的“该种危险结果在构成要件中实现的场合”予以解决，除此之外，可能没有更好的解决方案了。[②] 也就是说，利用客观归责理论需要区分风险创设以及风险实现等类型，且根据逻辑顺序进行依次判断，如此，才能将那些不具有危险的中立的帮助行为逐步排除在犯罪之外。

其次，利用客观归责理论解决中立的帮助行为可罚性问题，不仅可以贯彻主客观相统一原则，而且能够克服判断标准不明确的弊端。虽然解决中立的帮助行为可罚性的方案层出不穷，但是作为判断的重要准则即判断标准尚未有效确立，具体表现为：其一，侧重于主观面或者客观面均不能与主客观相统一原则保持一致；其二，虽然在综合的判断路径中有所改善，但是判断标准又过于抽象。引入客观归责理论，则能够贯彻主客观相统一原则。“作为一种规范的必然，客观归责理论一直以来就强调行为客观面的判断，重视客观构成要件行为的重要，而作为供作判断依据的客观构成要件，必定是行为人主观上所认定的客观构成要件。”[③] 因此，在对中立的帮助行为进行客观归责的场合，作为前提，帮助者必须认识到参与行为的客观危险，而且帮助者对正犯的不法以及通过正犯发生特定的法益侵害结果也要存在认识，此外，帮助者还必须认识到自己的行为帮助了该种法益侵害结果的实现。[④] 如此，会将中立的帮助者不是基于故意创设危险的场合排除在犯罪之外。与此同时，引入客观归责理论还能够保证判断标准的具体化。构成客观归责判断的三个成立要件中，作为因果关系限定的危险创造关联以及危险实现关联，

---

① ［日］豊田兼彦：《狭義の共犯の成立要件について——“中立的行為による幇助”および“必要的共犯”の問題を素材として》，载《立命館法学》2006年第6号。

② 参见［日］豊田兼彦：《狭義の共犯の成立要件について——“中立的行為による幇助”および“必要的共犯”の問題を素材として》，载《立命館法学》2006年第6号。

③ 王杨、丁芝华：《客观归责理论研究》，中国人民公安大学出版社2006年版。

④ 参见［日］小島秀夫：《中立的行為による幇助——故意帰属の観点から》，载《刑法雑誌》2010年第50卷第1号。

需要对其构成要素的危险以及规范进行判断，从方法论意义上来说，这种判断是一种具体的判断而非抽象的判断。[①]

最后，利用客观归责理论解决中立帮助行为的可罚性，契合了共犯的处罚根据，因而能够保证处断结论的合理。关于共犯的处罚根据，在学说上一直存在责任共犯论、不法共犯论以及因果共犯论（惹起说）的对立。责任共犯论认为："共犯之所以受处罚是共犯者将正犯诱惑至责任和刑罚之中。"[②] 显然，如果支持该种理论，那么就必须重视行为无价值，且该种理论易基于伦理违反说的立场，将那些没有法益侵害但违反伦理的行为也给予规制，由此导致刑法的限制机能在该理论中并未得到很好贯彻，扩大了刑法的处罚范围。不法共犯论则认为："共犯的处罚根据应当在正犯实施符合构成要件的违法行为中探求，只要正犯的行为符合违法性，那么共犯就应当受处罚。"[③] 在不法共犯论看来，只要正犯实施了违法行为就成立共犯，虽然在理论中贯彻了"违法是连带的"的立场，但是在教唆自杀的案件中所得出的不当结论一目了然。例如，甲教唆乙杀死自己，毫无疑问，乙需要承担故意杀人的责任，但是该说认为在乙未成功的情形下，甲也需要承担故意杀人罪的教唆责任，显然有违一般人的法感情。惹起说认为："共犯的处罚根据应当是通过正犯的行为引起了法益侵害的符合构成要件的事实。"[④] 惹起说立足于法益侵害的立场，但是对法益侵害的样态存在"纯粹的惹起说""修正的惹起说"以及"混合惹起说"不同的理解。"纯粹的惹起说"认为共犯的违法性独立于正犯的违法性，即共犯具有独立的违法性，强调的是共犯的行为无价值。[⑤] 显然，该种主张与扩张的正犯概念如出一辙，如果将该理论贯彻到底的话就会得出"没有正犯的共犯"的怪异结论。"修正的惹起说"认为共犯的处罚根据在于共犯参与了正犯的不法侵害行为，因此可以肯定正犯与共犯的违法性具有同一性。[⑥] 但是在结论的贯彻上，其既否定"没有正犯的共犯"，也否定"没有共犯的正犯"，这样不免走向另一个极端。"混合惹起说"认为，"处罚根据在于对构成要件上的保护法益进行从

① 参见［日］山中敬一：《刑法总论》（第3版），成文堂2015年版，第292页。
② ［日］川端博：《刑法总论讲义》（第2版），成文堂2006年版，第507页。
③ ［日］西田典之：《刑法总论》（第二版），弘文堂2010年版，第335页。
④ ［日］日高義博：《刑法总论》，成文堂2015年版，第460页。
⑤ 参见［日］高橋則夫：《刑法总论》（第2版），成文堂2015年版，第429页。
⑥ 参见［日］佐久间修等：《刑法基本讲义》，有斐阁2009年版，第217页。

属性的侵害，共犯不法部分从属于、部分独立于正犯不法”[①]。这样在结论上就可以得出“没有共犯的正犯”和否定“没有正犯的共犯”的概念。显然，混合的惹起说具有妥当性。在中立的帮助行为的案件中，均是以正犯成立犯罪为前提，而中立的帮助行为是创造了不被允许的危险的行为，因此，其完全可以独立于正犯的行为而存在，而这显然是利用责任共犯论以及不法共犯论所不能解决的。[②] 所以，采取客观归责理论不仅能够合理解决中立行为的风险创设以及实现如何归责的问题，而且与共犯的处罚根据保持一致，其得出的结论不会偏离合理的范畴。

四、可罚范围的厘定：客观归责理论的具体适用规则

鉴于客观归责理论解决该问题的优势，本文将中立的帮助行为区分为“制造了不被允许的危险”以及“实现了不被允许的危险”两种类型进行阶层判断，以期限定可罚的范围。

（一）行为归责：制造不被允许的危险

客观归责理论的第一个判断规则是制造了法所不允许的危险。“对此，是要讨论何种行为所隐含的危险程度可被允许。如果行为的危险性是被允许的，那么，所引发的后果就不能归咎于该类行为。”[③] 一般而言，进入刑法评价领域的都是对法益造成实害或危险的行为，如果“将促成结果的每个原因都认定为是结果的风险因素”[④]，具有评价范围过大之嫌，因此，在内容上采取类型化的排除方式，将那些对法益没有危险的行为均排除在犯罪之外，具体包括“降低危险的行为”“未制造危险的行为”以及“制造被允许的危险的行为”。只是，“假设的因果流程”不能否定行为人制造了危险。

1. 降低危险的行为

如果一个行为是降低危险的行为，即该行为从某种程度上来说具有法益侵害的危险，但是与他人意欲实施的危害结果相比，又明显降低了危害结果

---

① ［日］島伸一编：《たのしい刑法Ⅰ》，弘文堂2016年版，第255页。

② 参见［日］豊田兼彦：《狭義の共犯の成立要件について——“中立的行為による幇助”および“必要的共犯”の問題を素材として》，载《立命館法学》2006年第6号。

③ 林东茂：《刑法综览》（修订五版），中国人民大学出版社2009年版，第66页。

④ ［德］乌尔斯·金德霍伊泽尔：《刑法总论教科书》（第六版），蔡桂生译，北京大学出版社2015年版，第94页。

的损害程度，那么就不能对该种行为进行客观归责。我国司法实践中似乎尚未发生该类案件，不妨以下列教学案例进行探讨：

案例1 药店老板甲与乙是好朋友。某日，乙与自己的丈夫丙吵架后赶到甲的药店打算购买让丙承受巨大痛苦但不会致命的药，并将此计划告诉了甲，甲先是拒绝，但在乙苦苦哀求之下，无奈将对人身体只有轻微反应（只具有出汗功效）的药交给了乙，乙回到家中将该药混入饭菜中给丙食用。

本案与前文其他学者列举的案件的不同之处在于，中立的帮助者将造成他人身体伤害的结果降低为轻微反应的结果，即便中立的帮助者主观上对他人的犯罪计划存在认识，但基于以下理由，不能对其进行归责。首先，甲偷换药的行为属于“降低危险”的行为类型。“降低危险”在刑法理论中主要包含三种类型：“其一，对于既存的危险在程度上加以修正；其二，在时间上延后危险行为对于结果的作用；其三，在方式上让该结果由另一种形态出现。”① 显然，甲偷换药的行为实质上修正了即将发生危险的程度（由伤害变成出汗），符合“降低危险”的第一种类型。其次，从刑事政策的角度考量，应当鼓励该类行为，而不是对该类行为进行归责。因为按照通常的观念，禁止没有使受保护的法益变得更坏的行为是不合理的。② 所以，通过上述综合判断，甲的行为不具有刑事可罚性。

2. 未制造危险的行为

虽然行为人的行为不是降低风险的行为，但是也没有在法律所重视的范围内制造新的风险，那么就不能对行为人进行客观归责。特别是提供饮食、住宿等类型化的日常行为，虽然表面看来中立行为者对其他行为人实行犯罪提供了某种协助或照顾，但是也不应归责。

案例2 被告人甲、乙（系夫妻关系）的儿子丙被某公安局通缉。其父甲以不给丙取消通缉就不走为理由，在公安局政委办公室内共滞留9日。甲妻子乙在其滞留期间多次送饭。法院审理认为：被告人甲、被告人乙二人的行为均构成寻衅滋事罪，两被告系共同犯罪，甲为主犯，乙为从犯。

基于以下理由，笔者认为，法院判决值得商榷。首先，单纯的送饭行为符合夫妻间互助义务的要求。日常膳食是社会个体生存的基本条件，我国婚

---

① 林东茂：《刑法综览》（修订五版），中国人民大学出版社2009年版，第66—67页。

② 参见张亚军：《刑法中的客观归属论》，中国人民公安大学出版社2008年版，第76页。

姻法明确规定，夫妻之间有相互扶养的义务，在本案中，如果禁止妻子为其送饭，极易导致行为人由于得不到照顾发生更为严重的后果。其次，该种行为并不符合寻衅滋事罪帮助犯的客观要件。根据帮助犯的成立要件，不仅要求帮助者在客观上具有促进他人犯罪的行为，而且还要求帮助者在主观上具有帮助他人的故意。乙的送饭行为只是为其丈夫提供最基本生存条件的行为，乙并未就甲寻衅滋事的客观行为提供物理的帮助，也未在心理上强化甲继续实施寻衅滋事罪。最后，虽然乙的送饭行为为甲继续实行寻衅滋事行为提供了可能，但是归根结底该种行为并不是刑法规范意义上创设危险的行为，如果法院将其评价为犯罪，实质上是对行为自由的过多限制。①

3. 制造被允许的危险

即便行为人制造了危险，如果该危险是被允许的，也不能对行为人进行归责。理论中通过何种标准判断“被允许的危险”存在“主观说”与“客观说”的争议。主观说是以行为人认识到的特殊事项为判断资料进行事前的判断，客观说则是以社会上一般人认识到的事项为标准进行事后的判断。如果彻底贯彻主观说将会架空“被允许的危险”的判断实质，因为人人都可以凭借行为当时主观认识为由否定自己对危险存在认识。如果将客观说贯彻到底，也存在扩大处罚范围的嫌疑。因为，中立的帮助行为从事后判断都是促成结果发生的重要条件，理应都具有可罚性，但是事实上有些行为并没有制造危险。因此，客观预测论的方案具有妥当性，即“尽管判断的资料是事后查明的全部事实，但关于行为能否创造法益危险的预测应当站在行为当时的社会一般人而非纯粹自然科学的立场上来进行。具体来说，法官应当站在社会上具有正常智力和知识水平的一般理性人的角度，以案件发生时存在的所有客观事实为依据，运用一般人掌握的经验法则，从行为当时出发来预测该行为是否制造了法所不允许的危险”②。

在司法实践中，特别是典型业务这类中立行为，司法机关极有可能将其作为帮助犯论处。本文拟就业务行为的两种类型——“销售商品”和“提供服务”分别予以检讨。

案例3 被告人平时主要以卖鸡为业，明知道他人购买鸡将用来斗鸡仍

---

① 参见陈洪兵：《中立的帮助行为论》，载《中外法学》2008年第6期。

② 陈璇：《论客观归责中危险的判断方法》，载《中国法学》2011年第3期。

向其出售。法院最终认定被告人的行为构成赌博罪的帮助犯。①

虽然日本轻犯罪法将斗鸡视为赌博行为，但是卖鸡这一行为本身，应当是一种被允许的行为。第一，卖鸡是法秩序所允许的行为，目前在世界范围内基本上都承认出售家禽具有正当性。从上述"允许的危险"的判断标准，即便从事后客观的立场来看，其所卖的鸡属于赌博工具，但是对危险的预测，无论是法官基于一般理性人的视角，还是社会一般人根据经验法则，都不能得出卖鸡是不被允许的危险行为。第二，从本案的现实情形来看，他人买鸡后也需要经过一系列的训练才能使鸡掌握战斗的本领，而这又远远超出了卖鸡行为本来的射程范围。因此，对卖鸡者不认定为犯罪较为妥当。

案例4 甲为了在天冷时节销售狗肉，收购了大量来源不明且无屠宰检疫及动物产品检疫证明的狗肉。乙大概知道上述情况后，使用面包车与甲将共同收购来的狗肉运输至本区某冷库储藏。法院审理认为，被告人乙明知甲为销售牟利而大量购进死因不明且未经检验检疫的狗肉，仍为其提供车辆及运输的便利，依法应按销售不符合安全标准的食品罪的共犯论处。

笔者认为，虽然被告人乙提供了车辆及运输的便利等行为，但是其主观上并未明知他人从事犯罪活动，这是其一。其二，基于制造被允许的危险判断标准来看，行为人是以帮人运输作为自己的正当业务，因此对于雇主的事项并不具有查处和审核的义务，且将狗肉送往冷藏室——无论是法官站在一般理性人的立场还是从社会一般经验法则出发——都是符合社会一般常识的行为。据此，法院对乙的判决值得商榷。

在理论探讨中，还有争议较大的出租车司机提供运营服务类型的案件。② 如：

案例5 出租车司机甲在乙和丙乘坐出租车之后，听到乙、丙共谋盗窃银行的犯罪计划，并在乙、丙的指示下将车开往该银行所在地。

对司机如何处断在理论中存在不同见解。如有学者认为，如果对司机追究刑事责任，等于额外增加了一份防止犯罪的义务，这不仅没有法律依据，

---

① 参见日本大审院1932年9月26日判决，载《大审院刑事判例集》第21号。

② 此处笔者探讨的只是出租车司机明知他人犯罪而提供服务的这一种类型，如果出租车司机主观上并不明知他人实施犯罪而将其载往犯罪现场的，应当属于"未制造危险的行为"而不能归责。参见［日］山中敬一：《中立的行為による帮助の可罰性》，载《関西大学法学論集》2006年第56卷1号。

而且司机还可能存在缺乏选择拒载的期待可能性。[①] 另有学者曾经认为："明知道对方正在或将要实施犯罪而将对方运往犯罪现场，向其提供工具或者实施其他有助于对方的实行行为的，应当认定为帮助犯。"[②] 笔者认为，第一，从帮助犯成立要件的角度可以明确司机成立帮助犯不具有妥当性。如前所论，作为共犯的帮助行为应当是一种类型化的危险行为，其类型主要包括物理的帮助以及心理的帮助，但无论是哪种情形，都应有利于正犯实施犯罪。本案中，出租车运输行为只是缩短了犯罪人的行程，并未在物理上提供诸如犯罪工具等，也未在心理上强化其犯罪意思，只是将其运送到犯罪现场，在其并未着手实施犯罪的情形下，很难说该行为对正犯盗窃的顺利实现有实质性的帮助。因此并不符合帮助犯的成立要件。第二，从制造被允许的危险来看，甲的运营行为应当是社会所认可的正当的职业行为，是保持社会交往和人类发展的必要条件，且出租车司机只是依据当事人的交谈内容而拒载的正当理由并不充分。所以，对于这种情形不认定为犯罪较为妥当。

4. 假设的因果流程不能否定行为人制造了危险

虽然结果必然发生，但是如果该种结果正是由于行为人的行为所导致的，就不能排除该行为人的责任。假设的因果流程不能否定行为人创设风险是基于以下的考量：第一，为了维护规范所确立的秩序。"当立法者仅仅允许特定的个人或者职能承担者来实施一种符合行为构成的行为时，这样的限制就只有在这个禁令面对其他人也能够完整地得到维护时，才能得到执行。"[③] 第二，不至于放纵犯罪之必需。如果否定假设的因果流程可以创设风险，那么将会导致明显荒唐的结论。在司法实践中同样存在类似的中立的帮助情形，笔者认为不应否定其刑事责任。

案例6 乘客李某、孙某于某晚搭乘张某的出租车并让其按照设计的路线在城中兜圈。两人上车后就拿出毒品吸食，张某看见后不但没有阻止，还按照原先路线继续行驶。约一小时后，两人多给了张某20元车费后下车。后案发，两人供述了在张某出租车上吸食毒品的事实。[④]

---

① 参见张伟：《中立帮助行为探微》，载《中国刑事法杂志》2010年第5期。

② 张明楷：《刑法学》（第三版），法律出版社2007年版，第347页。

③ ［德］克劳斯·罗克辛：《德国刑法学总论》（第一卷），王世洲译，法律出版社2005年版，第249页。

④ 参见时延安、韩晓雪：《出租车司机容留他人在车上吸毒应否追究刑事责任》，载《人民检察》2008年第6期。

对于本案，有学者从假设的因果流程否定危险创设的立场出发，认为如果该出租车司机因没有阻止乘客吸毒而需要承担容留他人吸毒罪的刑事责任，那么乘客一天之内不断打车并在车内吸毒，就极有可能导致其他的出租车司机都需要承担刑事责任，显然具有扩大处罚范围之嫌。[①] 但是，基于以下理由，不能免除出租车司机的刑事责任。首先，本案与单纯的出租车运营存在不同，因为本案中出租车司机在提供运营服务的过程中，又变相地为他人吸毒提供了一定的场所。从容留他人吸毒罪的客观构成要件来看，“‘容留’是指行为人利用自己的住房或者其他场所，长期或者短期为他人吸食、注射毒品提供场所”[②]。在司法实践中，“一般将行为人有一定控制权的空间都视为容留的场所，具体包括临时租用的交通工具、娱乐场所包厢等”[③]。因此，即便以默认的方式允许他人在出租车内吸食毒品，也符合“容留”的内涵和外延；从其主观要件来看，司机张某明知乘客上车后吸毒而不予以阻止，反而予以配合，将其认定为容留他人吸毒罪并未违背罪刑法定原则。但是值得注意的是，出租车司机表面上构成了“容留他人吸毒罪”的正犯，似乎不属于本文探讨的中立帮助行为的类型，其实不然。因为我国刑法不处罚吸毒者，虽然容留他人吸毒在本质上只是吸毒的一种帮助行为，但是正是为了打击毒品犯罪的需要，刑事立法将该类帮助行为予以正犯化。此时，该种帮助行为不再依赖刑法总则中关于共同犯罪的基本原理解决，所以可以视为中立的帮助行为。其次，从客观归责理论中的“假设的因果流程”不能否定行为人制造的风险来看，即使乘客利用其他出租车也能实现吸毒的目的，但是为了维护规范所确立的秩序以及不至于放纵犯罪，不能将此作为抗辩事由，总体上来说，明知他人在车上吸毒而不阻止属于创设危险的行为。最后，对此情形，即使出租车司机进行拒载甚至报警，也未额外增加其义务，所以不能利用期待可能性理论予以免责。

（二）结果归责：实现不被允许的危险

“危险行为是否引发特定的结果，是要追问，危险与结果间的关联是否常态。此外，行为如果升高既存的风险，可以肯定地回答，结果的发生应归

① 参见孙万怀、郑梦凌：《中立的帮助行为》，载《法学》2016 年第 1 期。

② 周道鸾、张军：《刑法罪名精释》，人民法院出版社 2007 年版，第 740 页。

③ 黄曙等：《容留他人吸毒罪的法律适用》，载《人民检察》2011 年第 6 期。

咎这行为。"[①] 如果行为人制造了不被允许的风险，但是结果发生并非由该行为所引起，就不能对其进行归责。在判断中，同样限于范围的广泛而无法进行具体的正面判断，一般采取反面限定的方式予以排除，具体来说，在行为人"未实现危险""未实现不被允许的危险"以及"结果不在注意规范的保护范围之内"时，均可排除行为人的责任，而在"危险升高"的场合不能免除其责任。

1. 未实现危险

"虽然行为人对结果的发生赋予了一定的危险，但是并非该危险造成了某种结果的发生，而只是由于该行为与该结果存在某种偶然性的关联，那么就不能对行为人进行归责。"[②] 在司法实践中，与之相关的是"房屋租赁""还债"等民事契约类型的中立帮助行为，笔者认为该类行为不构成犯罪较为妥当。

案例7 2016年10月开始，林某兰向连某洪租赁其楼房的一楼沿街店面后，设置3台游戏机供他人赌博并从中牟利。法院经审理后认为，连某洪虽只是出租房业主，但其在出租店面经过一段时间后，知道了林某兰开设赌场后仍提供场所，认定其成立赌博罪的共犯。[③]

可以说，房屋租赁行为人出租房屋而租赁人利用该房屋犯罪的情形在司法实践中并不少见。学界一般认为，出租人有阻止他人犯罪义务，而未履行该义务就应承担帮助犯的罪责。但是，第一，如果从不作为的实质义务来源来看，上述观点并不妥当。实质的义务来源主张对义务来源进行二分法的判断，只有"行为人一方面对法益负有保护的义务、另一方面对危险源负有监督义务"，才能视为不作为犯的义务来源。就租赁行为而言，出租人在核实租赁人身份、签订合同之后，对租赁人并不需要履行法益保护以及危险源监督的责任。第二，在本案中，出租人确实在租赁合同存续的过程中知道了他人从事赌博的事实，此时赌博的危险已经变成了现实的危害，那么是否还能对行为人进行归责？答案是否定的。因为，"客观归责理论对于行为人创设的危险是否在结果中以相当的程度得以实现的判断，考虑的是行为时对具

---

① 林东茂：《刑法综览》（修订五版），中国人民大学出版社2009年版，第67页。

② 于改之、吴玉萍：《刑法中的客观归责理论》，载《法律科学》2007年第3期。

③ 参见黄从余、陈富盛：《明知房客开赌场仍出租房屋房东被认定为共犯》，载新浪中心新闻，http://news.sina.com.cn/c/2017-02-16/doc-ifyarrcf4193459.shtml。

体发生结果的预见可能性问题”[①]。从其出租房屋开始，出租人主观上并不明知他人将要利用该房屋从事犯罪，由于欠缺预见可能性，所以不能以后期知道该犯罪事实作为归责的基础。综合来看，法院的判决值得商榷。

案例8 李某一直欠刘某借款若干。刘某在杀人后苦于没有路费逃窜，便至李某家中告知了杀人的事实，并索要欠款，后李某无奈将欠款还上，刘某得到钱款后迅速逃跑。法院最终以窝藏罪对李某论罪处刑。[②]

李某的行为是危险创设还是危险实现的类型？笔者认为，我国刑法规定窝藏罪的目的是禁止“明知是犯罪的人而为其提供隐藏处所、财物，帮助其逃匿”的行为。从本案实际情况来看，刘某已经明确向李某告知了自己杀人的犯罪事实，李某仍然向刘某还款，不能否定其创设了有助于刘某逃避处罚的危险。本案的特殊之处在于刘某与李某事先存在正当的债权债务关系，对此，肯定判决正当性的学者认为，如果放任这种情形，无疑将会导致“犯罪人平时广施钱款，待到犯罪后再索要钱款”的案件频发。[③] 但是，该种见解不具有妥当性。首先，虽然李某归还欠款创设了刘某逃跑的风险，但两者之间存在某种偶然的关联，即还款行为基于正当的民事契约而变得正当有效。其次，从民法的角度来说，即便是犯罪的人也有主张归还欠款的权利。虽然长期以来在债务人还款义务与阻止他人犯罪义务存在冲突时该如何处理存在较大争议，但笔者认为，如果该种债权是正当的，就应当优先履行民事义务。[④] 因为根据刑事诉讼法的规定，未经法院判决不得确定任何人有罪。如果在法院判决之前债务人均以他人犯罪为由不继续履行合同义务，势必会造成社会经济秩序的混乱，显然不利于保护债权人的合法权益。最后，与那些积极导致危害结果发生的行为相比，这类行为的帮助性质较弱。综上所述，没有必要将该类中立的帮助行为论罪处刑。

2. 未实现不被容许的危险

虽然从最终的结局来看，危险被实现了，但是该危险并非不被容许，那么就不能对行为人进行归责。在中立帮助行为的案件中，行为人借助于中立的帮助行为实现了构成要件的结果，如果该种风险并非不被允许，那么就不

---

① 周光权：《客观归责方法论的中国实践》，载《法学家》2013年第6期。

② 参见金首峰：《向犯罪分子归还欠款助其逃逸的行为如何定性?》，载《江苏法制报》2006年12月13日。

③ 参见孙万怀、郑梦凌：《中立的帮助行为》，载《法学》2016年第1期。

④ 参见陈洪兵：《论中立帮助行为的处罚边界》，载《中国法学》2017年第1期。

能对其归责。

案例9 李某与王某系同居的男女朋友关系，李某一直知晓王某贩卖毒品的犯罪事实。王某手机遗失后未及时购买，李某便将自己的手机给王某使用。王某用该手机联系贩卖毒品事宜，李某在明知的情况下仍然让王某使用其手机。后王某在贩卖毒品时被抓获。①

在本案中，李某在知道王某贩卖毒品的情况下还让其使用手机，显然有助于王某贩卖毒品，不能否定其创设了危险。不过，即便李某知晓王某从事犯罪的事实，但是基于同居时期的相互协助义务而将手机借给王某使用，这种“危险与结果实现之间的关联并非常态”。换言之，出借手机虽然有导致王某联系毒贩的风险，但是出借手机的行为本身应当是一种被社会所容许的风险，因而不能对李某以贩卖毒品罪的帮助犯论处。

3. 结果不在注意规范的保护范围之内

“客观归责理论最重要的归责标准，乃在于结果和法律所不容许的风险之间，除已经具备因果关系之外，结果尚且必须在避免风险的规范保护范围之内，或是必须是构成要件的保护效力所要掌握的对象者，则该结果始可归责于行为人。”② 就中立的帮助行为而言，可能存在行为人在提供帮助之时内心希望一种危害结果的发生，但如果该结果超出了规范保护目的，就不能对其归责。

案例10 甲知道乙好喝酒的习惯，在乙打算野外郊游烧烤时，甲将自己的汽车借给乙并在内心中希望其在饮酒后驾驶汽车，由此触犯危险驾驶罪而受到处罚。结果乙醉酒驾车后被交警查获。

表面看来，甲的借车行为是导致乙构成危险驾驶罪的重要条件，不能免除甲的刑事责任。其实不然。即使甲的内心有不可告人之秘密，但是醉酒驾驶的规范保护目的是禁止他人在极度危险状态下驾驶机动车辆，从而危害到其他不特定多数人的生命安全，而单纯的借车给他人并不在危险驾驶罪的规范保护范围之内，即使最后乙真的因醉酒驾驶而受到处罚，也不能追究甲的刑事责任。

---

① 参见丑丽、杨波：《对基于特殊关系的中立帮助行为的出罪思考》，载《学理论》2012年第12期。

② 林山田：《刑法通论》（上册）（增订十版），北京大学出版社2012年版，第142—143页。

4. 行为升高了危险

罗克辛创建的“危险升高理论”旨在说明：“一个人不可能因为违反一项即使履行了也没有用的义务而受到刑事制裁，但是如果违反了注意义务，提高了危险，那么就可归责。”[①]“危险升高理论”根据事后判断标准，特别是对根据不同要求来确定的危险结果中实现的不被允许的危险而言，有助于使行为人努力将危害结果限定在立法者所预设的规范范围内，如此将大大保护法益，有其合理性的一面。就中立的帮助行为而言，特别是在网络服务领域，如果网络服务商具有监管的义务而未能履行该义务导致危险结果发生的，不应免除其刑事责任。

案例11 快播公司自成立以来，自主研发了“快播软件”并公开为其用户提供免费的下载服务。其间，被告人明知快播软件的网络用户可能会进行下载、播放淫秽视频等，未及时阻止反而予以放任，导致了大量淫秽视频传播到互联网上。案发后，公诉机关以传播淫秽物品牟利罪对快播公司以及涉案人员提起公诉。[②]

在庭审中，被告人及其辩护人以技术中立作为无罪辩护事由获得了支持。学界也有学者持无罪的见解，如从利益衡量说的立场出发认为：“‘快播案’有无罪应当对使用该快播软件所带来的正当利益与用户利用该软件传播淫秽物品所带来的弊害进行衡量。”[③] 也即，如果正当利益大于弊害则不能认定为犯罪，反之则成立犯罪。显然，从利益衡量的立场很难对本案的处断结论提供充足的理论支撑，因为快播公司明知涉及淫秽物品而不及时处理，其侵犯的社会公序良俗的法益与他人正当使用快播软件的利益相比，明显更为严重。从客观归责理论视角出发，快播公司不能以技术中立作为抗辩事由。快播软件是由其公司开发和自行设定的产物，其在明知软件涉及缓存淫秽视频时，“完全可以在最初设定规则时将条件明确，采取一定的限制措施，在点播以及缓存环节中将那些具有淫秽物品性质的视频过滤掉”[④]。从快播案件的发展过程及其最终导致的结果来看，快播公司的放纵行为抑或不作为的行为实质是一种导致淫秽物品传播风险升高的行为，因而不能排除其

---

① 陈兴良、周光权：《刑法学的现代展开》，中国人民大学出版社2006年版，第159—160页。

② 参见北京市海淀区人民法院（2015）海刑初字第512号刑事判决书。

③ 参见陈洪兵：《论中立帮助行为的处罚边界》，载《中国法学》2017年第1期。

④ 周光权：《犯罪支配还是义务违反——快播案定罪理由之探究》，载《中外法学》2017年第1期。

刑事责任。值得注意的是，相对于上传淫秽物品的行为人来说，快播软件缓存淫秽物品的行为相当于“陈列”淫秽物品，陈列行为本身就属于传播淫秽物品的正犯行为，因此，可以对相关涉案人员以传播淫秽物品牟利罪的正犯论处。①

随着刑法人权保障机能的兴起，过于扩大中立的帮助行为的处罚范围显然会导致社会交易的停滞以及个人自由行为的萎缩，因此，如何限定处罚范围、明确处罚边界成为炙手可热的理论课题。基于主观的、客观的以及综合的限制路径诞生了多种学说，但都存在一定缺陷，为本文所不取。总体上来说，客观归责理论为该类案件的妥善处理提供了方向。“客观归责理论主要是基于危险升高即用发生结果的概率来确定某结果是不是可以归属某具体行为，与明确地以有无引起和被引起关系为主要内容的因果关系论本身是两套不同的理论。”② 即便中立的帮助行为与危害结果之间存在条件关系也不是归责的必然理由，只有行为人不仅“制造了不被允许的危险”，且“实现了不被允许的危险”，才能对其科以罪责。因此，在客观归责理论支配之下，按照其成立要件对中立帮助行为进行阶层判断，大多数案件由于排除客观归责而不构成犯罪。

① 参见张明楷：《刑法学》（上）（第五版），法律出版社2016年版，第425页。

② 黎宏：《刑法学总论》（第二版），法律出版社2016年版，第98页。

共犯与身份竞合时的罪责认定*

——以“密切关系人”参与受贿为视角

张永强**

一、问题的提出

近年来，有“密切关系人”① 参与受贿的共同犯罪案件越来越多，尤其是随着中央反腐力度的加大，在一些查处的腐败窝案中，都可见“密切关系人”的身影。这一现象的出现，给实践中司法机关确定“密切关系人”的罪责带来了新的难题。从已有案例来看，“密切关系人”属于“多面手”，在共同受贿中扮演着多重角色。具体而言，“密切关系人”既可以帮助或者

---

* 本文原载于《现代法学》2017 年第 5 期。

** 西南政法大学法学院讲师，西南政法大学高等研究院专职研究人员。

① 本文所称“密切关系人”，主要是指与国家工作人员关系密切的人，从《刑法》第 388 条之一的规定来看，主要包括国家工作人员的近亲属、其他与该国家工作人员关系密切的人、离职的国家工作人员及其近亲属，以及其他与离职的国家工作人员关系密切的人。关于“密切关系人”的具体内涵以及与“近亲属”“特定关系人”等概念的区分与联系，可参见梅传强、胡江：《〈刑法修正案（七）〉第 13 条之解读》，载《西南政法大学学报》2009 年第 5 期；张智辉：《论〈刑法修正案（七）〉第 13 条的法律适用》，载《法学杂志》2010 年第 7 期；李金明：《论利用影响力受贿罪》，载《法商研究》2010 年第 1 期。

教唆国家工作人员索取或者收受他人财物，也可以与国家工作人员分工合作，共同索取或者收受他人财物，还可以在国家工作人员的教唆或者帮助下索取或者收受他人财物。行为类型上的这种多样性，不仅体现出“密切关系人”在共同受贿中的具体分工不同，也反映出“密切关系人”在共同受贿中的作用和地位有差别。因此，如何对“密切关系人”在共同受贿犯罪中的这些行为在刑法上进行合理评价，并在此基础上科学地定罪量刑，成为司法实践中处理此类共同受贿案件的首要难题。不过，从现有的研究成果来看，学界对该问题的研究仍比较宏观和抽象，缺乏细致、深入的针对性研究，再加上我国现行刑法并未对此作出明确规定，导致司法机关在处理该类案件时仍显得比较捉襟见肘，尤其是在认定国家工作人员和“密切关系人”责任范围及大小时倍感伤神。

事实上，有“密切关系人”参与的共同受贿犯罪案件，之所以是司法实践中的重点和难点，主要是因为该类案件处理时往往涉及共犯与身份的问题。而共犯本身一直是刑法学研究中“最痛苦”的命题，不仅会涉及共犯的本质、立法及处罚根据，而且还会涉及共犯认定的逻辑及最终罪名的选择等，如果在该问题中再掺杂进“身份”这一“剪不断、理还乱”的行为主体要素，无异于“鸡毛炒韭菜”，会使该问题的处理变得愈加复杂。从学理上看，共犯与身份之间的纠葛，并非只是我们中国刑法理论中独有的问题，在德国、日本等大陆法系国家的刑法理论中，也对此展开过激烈讨论，在一定程度上可以说共犯与身份是德、日刑法学界不同理论学说的“试验场”或“比武场”,① 至今也未取得一致的认识，各种学说、观点仍处在激烈的交锋中。

从规范层面来看，我国“刑法总则中尚未确立处理共犯与身份关系的通则性规范”②，分则也仅是个别罪名有相应的规定,③ 但整体而言仍显得比较笼统、模糊，尤其是未区分有身份者与无身份者在共同犯罪中不同的分工和作用，以及这种不同的分工和作用对各共犯罪责大小判断的实质影响，由此导致实践中处理该类案件时会明显感觉到规范供给不足。就受贿罪而言，

---

① 参见王志远：《多元身份主体共同犯罪之定性难题及前提性批判》，载《法律科学》2010 年第2 期。

② 舒洪水、贾宇：《共同身份犯罪探析》，载《政法论坛》2009 年第 2 期。

③ 例如，《刑法》第 382 条第 3 款规定：“与前两款所列人员勾结，伙同贪污的，以共犯论处。”

出现共犯与身份竞合时，刑法规范中缺乏明确性指引，只能依据已有的裁判经验或者理论学说展开，但囿于经验的滞后性和学说的多元性，该问题仍不能够得到完美解决，尤其是在教义学层面很难得出前后逻辑一致的结论，往往很容易让司法工作人员在对无身份者进行罪责判断时陷入罪与非罪的两难中。

笔者认为，立足于我国现有的刑法规定，要解决好"密切关系人"参与受贿时共犯罪责的认定问题，要坚持从规范到理论再到实践的研究进路，即首先对现有的规范及其存在的问题进行检视，然后为该问题的研讨选择应有的理论立场，最后回归到实践中就"密切关系人"参与受贿时的具体情形展开类型化分析，进而为司法机关处理该类案件中共犯罪责认定问题提供学理参考。

二、"密切关系人"参与受贿时共犯罪责认定的规范检视

任何案件的裁判，不能脱离事实与规范。事实是裁判的基础，规范是裁判的前提，脱离事实会造成冤假错案，脱离规范会造成法律适用不当。"密切关系人"参与受贿时共犯罪责的认定，也同样需要遵循事实与规范。就规范而言，诚如前所述，我国现行刑法总则中尚未确立处理共犯与身份关系的通则性规范，刑法分则和司法解释也只是针对个别罪名出现共犯与身份竞合时的处理作出了规定，但从具体内容来看，尚无法涵盖共犯与身份竞合的所有类型。因此，在"密切关系人"参与受贿时共犯罪责的认定中，目前仍存在着规范供给不足的现象，由此也导致司法实践中对该类案件的处理缺乏统一性，影响了该类案件定罪量刑的准确性、公平性与权威性。

事实上，在1997年《刑法》之前，1988年1月21日全国人大常委会出台的《关于惩治贪污罪贿赂罪的补充规定》第4条第2款规定："与国家工作人员、集体经济组织工作人员或者其他从事公务的人员相勾结，伙同受贿的，以共犯论处。"就其含义，该款规定的"以共犯论处"是指国家工作人员等从事公务的人员之外的人，如果伙同国家工作人员等从事公务的人员进行了受贿，就应当按受贿罪的共犯处理。这是最早关于共同受贿中"密切关系人"罪责认定的规定。令人遗憾的是，1997年修改后的《刑法》第385条虽然规定了受贿罪，但并没有吸收上述规定或者对其作进一步的细化。虽然我们不能据此得出"密切关系人"伙同国家工作人员共同受贿时不成立共犯的结论，但至少在规范层面是缺乏明确指引的。例如，即使承认

此种情形中“密切关系人”构成受贿犯罪的共犯，但如何具体对其进行定罪量刑也是不无疑问的，尤其是不区分“密切关系人”在共同受贿中所起作用及所承担的分工，而“一刀切”地按受贿罪从犯处理的做法是不可取的。

从现有规定来看，有关受贿共犯罪责认定的规定主要体现在两个规范性文件中。一是2003年11月13日最高人民法院发布的《全国法院审理经济犯罪案件工作座谈会纪要》（以下简称《纪要》）。《纪要》规定：“根据刑法关于共同犯罪的规定，非国家工作人员与国家工作人员勾结，伙同受贿的，应当以受贿罪的共犯追究刑事责任。非国家工作人员是否构成受贿罪共犯，取决于双方有无共同受贿的故意和行为。国家工作人员的近亲属向国家工作人员代为转达请托事项，收受请托人财物并告知该国家工作人员，或者国家工作人员明知其近亲属收受了他人财物，仍按照近亲属的要求利用职权为他人谋取利益的，对该国家工作人员应认定为受贿罪，其近亲属以受贿罪共犯论处。近亲属以外的其他人与国家工作人员通谋，由国家工作人员利用职务上的便利为请托人谋取利益，收受请托人财物后双方共同占有的，构成受贿罪共犯。国家工作人员利用职务上的便利为他人谋取利益，并指定他人将财物送给其他人，构成犯罪的，应以受贿罪定罪处罚。”二是2007年7月8日最高人民法院、最高人民检察院发布的《关于办理受贿刑事案件适用法律若干问题的意见》（以下简称《意见》）。《意见》第7条规定：“国家工作人员利用职务上的便利为请托人谋取利益，授意请托人以本意见所列形式，将有关财物给予特定关系人的，以受贿论处。特定关系人与国家工作人员通谋，共同实施前款行为的，对特定关系人以受贿罪的共犯论处。特定关系人以外的其他人与国家工作人员通谋，由国家工作人员利用职务上的便利为请托人谋取利益，收受请托人财物后双方共同占有的，以受贿罪的共犯论处。”

整体来看，上述规定确立的一个基本原则就是不具有国家工作人员身份的“密切关系人”及“密切关系人”之外的人，如果伙同国家工作人员实施了受贿犯罪行为，就应当以受贿罪的共犯处罚，而不是不处罚。换言之，“密切关系人”伙同国家工作人员受贿的行为同样具有可罚性。显然，上述规定确立的这种精神和思路，是非常值得肯定的，不论是从我国反腐败的现实需要出发，还是从完善我国反腐败刑事法网的角度出发，都具有积极的意义，可以有力地打击那些“密切关系人”伙同国家工作人员索取贿赂或者收受贿赂的行为。

从理论层面来看，上述规定相当于承认了无身份者与有身份者共同实施纯正身份犯的场合，无身份者可以作为纯正身份犯共犯并予以处罚的原则。因为根据我国刑法的规定，受贿罪属于纯正的身份犯，“国家工作人员”这一身份是其必备的主体构成要件要素，不具备这一身份的主体，在单独犯的场合是不能成为受贿罪处罚对象的。但是，从“密切关系人”参与受贿的具体情形来看，上述规定对共同受贿犯罪案件处理的指导作用是有限的，其并不能涵盖“密切关系人”参与受贿时共犯罪责认定的所有情形，尤其是“密切关系人”在受贿中起主要作用，而国家工作人员仅仅是对其进行辅助性加工的场合。具体而言，上述规定本身及在适用于共犯罪责认定时，存在以下几方面不足：

首先，上述规定确立的受贿共犯罪责认定标准仍比较抽象、模糊，未区分具体的情形。《纪要》和《意见》均认为，非国家工作人员参与受贿时是否按受贿罪的共犯处罚，主要看其是否具有共同受贿的故意和行为。这虽然与我国关于共同犯罪的规定以及认定犯罪时主客观相统一的要求相契合，但从适用的明确性及指引性角度审视，《纪要》和《意见》的规定仍是一种比较抽象、宏观的判断，未区分身份与共犯竞合的不同情形。从内容上看，所列情形都属于“密切关系人”加功于国家工作人员受贿的情形①，而对于国家工作人员加功于“密切关系人”受贿的情形②以及国家工作人员与“密切关系人”分工合作、彼此利用的情形均未作具体分析。由此在司法实践中造成的结果就是，本不属于“密切关系人”加功国家工作人员受贿的情形被当作该情形处理，以致罪刑失衡，或者不按该情形处理，在罪与非罪之间徘徊。

其次，上述规定对“密切关系人”和“密切关系人”之外的人成立受贿罪共犯的认定标准不一。《纪要》和《意见》均规定，对于“密切关系人”，只要其基于故意参与实施了受贿行为就可以认定为受贿罪的共犯。但是，对于“密切关系人”之外的人，其除基于故意参与实施受贿行为之外，还需与国家工作人员共同占有受贿标的物（即贿赂）。换言之，“密切关系人”之外的人伙同国家工作人员受贿后不占有贿赂标的物的，就不构成受贿罪的共犯。虽然这种规定有助于限缩受贿共犯处罚的范围，适当缩小犯罪

① 即“密切关系人”教唆或者帮助国家工作人员受贿的情形。

② 即国家工作人员教唆或者帮助“密切关系人”受贿的情形。

圈，但同时产生的问题也不容忽视。一方面，有可能造成刑法适用的不公；另一方面，对定罪的逻辑会产生冲击。因为从理论上讲，在已经成立犯罪的前提下，事后分赃的行为及赃款赃物数额的大小，除对量刑有一定影响之外，并不能反过来影响定罪，否则会损害犯罪构成要件的应有机能及共犯认定的基本逻辑。事实上，只要承认非身份者能够成为身份犯的共犯，就应该统一认定标准，而不是在此基础上再作出有违逻辑的规定或解释。

再次，上述规定忽视了共同受贿中非国家工作人员也能够成为正犯的情形。根据《纪要》和《意见》的规定，似乎只要“密切关系人”或者“密切关系人”之外的人基于故意而参与实施了受贿行为（“密切关系人”之外的人还需要共同占有贿赂标的物），就应当按受贿罪的共犯处罚。这种规定背后暗含的意思就是，不管何种情形，国家工作人员永远且只能是正犯（按“主犯性质决定说”则永远是主犯），而“密切关系人”或者“密切关系人”之外的人则永远是共犯①，相应地在处罚上，对国家工作人员判处的刑罚也要重于“密切关系人”或者“密切关系人”之外的人。显然，这种逻辑忽略了共同犯罪中刑罚裁量的基础，即共犯人在共同犯罪中所起的作用的大小，而是将身份在一定程度上当成了刑罚大小的考量因素。众所周知，在受贿犯罪中，“国家工作人员”这一身份是违法身份，而不是责任身份，是否具备这一身份应当属于违法性判断的范畴，而不是责任判断的范畴。如果错误地以违法身份来判断责任的大小，就会造成量刑的失衡。例如，在“密切关系人”主导实施，而国家工作人员辅助性参与的受贿场合，根据各行为人在共同犯罪中所起作用的大小，应当对“密切关系人”科处比国家工作人员更重的刑罚，但根据上述规定，却会得出相反的结论。因此，为了避免在司法实践中出现这种量刑错位或失衡的问题，在有身份者与无身份者共同实施犯罪的案件中，要充分认识到无身份者可以支配犯罪且在其中起主要作用这一事实，然后根据各共犯人作用的大小确定刑罚的轻重。

最后，未注意到“密切关系人”与“国家工作人员”身份的相对性，容易让人产生以身份犯为中心认定共犯的错觉。《纪要》和《意见》都是以受贿罪（即身份犯）为中心展开的，即认为受贿罪是真正身份犯，国家工作人员是有身份者，而“密切关系人”则是无身份者。事实上，《刑法》第388条之一规定的“利用影响力受贿罪”也是真正身份犯，就该罪而言，

---

① 此处仅指狭义的共犯，即教唆犯和帮助犯。

“密切关系人”是有身份者，而国家工作人员则是无身份者。因此，受贿罪共犯认定时，需注意“密切关系人”和国家工作人员这种身份的相对性，尤其是在我国刑法已经将“密切关系人”利用国家工作人员影响力受贿的行为单独规定为犯罪的前提下，更需要注意身份对正犯认定的影响，以及在罪名选择与刑罚裁量方面所发挥的作用。此外，非常值得注意的是，正犯并不等同于身份犯，以正犯为中心认定共同犯罪并不是说以身份犯为中心认定共同犯罪。

三、“密切关系人”参与受贿时共犯罪责认定的立场

（一）坚持违法共犯论

在处理共同犯罪问题时，区分违法与责任是非常有必要的。然而，在我国传统的共犯认定理论中，并不区分违法与责任，而是采用抽象的混合认定法，即从整体上看是否有二人以上的主体基于共同的犯罪故意共同实施了犯罪行为。如果答案是肯定的，则成立共同犯罪，反之亦然。由此可见，这种认定方法最突出的特点就是不区分违法与责任、正犯与共犯以及不单独考察参与人的行为与最终的法益侵害结果之间是否有因果关系。[①] 可以肯定的是，在各参与人基于共同故意共同实施了犯罪行为的场合（即共同正犯的场合），如果各参与人均达到了刑事责任年龄且不存在其他责任阻却事由，这种认定方法得出的结论并无不妥。但是，在有责任能力者与无责任能力者共同参与实施犯罪、教唆和帮助有规范意识的未成年人共同参与实施犯罪、有身份者与无身份者共同参与实施犯罪、有故意者与无故意者或者认识错误者共同参与实施犯罪等情形中，上述抽象的混合认定方法会显得难以适从，不仅会不合理地限缩或者扩张共犯的处罚圈，而且由此得出的结论也会严重违背罪责自负和罪责刑相适应原则。

众所周知，对于共同犯罪到底是不法层面的“共同”还是有责层面的“共同”，理论界存在责任共犯论和违法共犯论的分野，责任共犯论的代表学说是“犯罪共同说”和“部分犯罪共同说”，而违法共犯论的代表学说是“行为共同说”。“犯罪共同说”认为参与实施犯罪的每个行为人的行为都必须符合构成要件才成立共同犯罪，换言之，无论是整体评价还是分别评价，

① 张明楷：《共同犯罪的认定方法》，载《法学研究》2014 年第 3 期。

所有行为人的行为都能够被评价为犯罪，且最终适用的罪名也具有同一性。据此，“密切关系人”由于不具有国家工作人员的身份，其与国家工作人员共同索取或者收受他人财物时，就不可能被认为是受贿罪的共犯而受到处罚。显然，这种结论是不合理且不能被公众接受的。由此可见，根据“犯罪共同说”得出的观点，会不当地限缩共犯处罚的范围，不利于共犯行为的充分评价。另外，“部分犯罪共同说”虽然能够较好地解决实行过限的场合共犯人归责的问题，即仅在故意重合的范围内成立共同犯罪并对共犯人给予相应的处罚，避免像“犯罪共同说”一样扩大共犯处罚的范围，但是，其仍然无法解决前述身份犯中有身份者与无身份共同实施犯罪时共犯罪责的认定问题。

相比之下，“行为共同说”认定共同犯罪并没“犯罪共同说”那么苛刻。“行为共同说”认为只要各行为人实施了不法行为即可，无须每个行为人的行为都构成犯罪。换言之，并不要求每个参与人的行为都必须构成犯罪，“只要行为具有共同性即可”①。显然，“行为共同说”仅是在违法层面讨论共同犯罪，即只要各行为人客观上共同参与了不法行为，就构成共同犯罪，至于各行为人是否需要承担责任以及承担多大的责任，在违法层面是不讨论的，而是在责任层面根据各行为人的责任要素进行单独判断。申言之，“行为共同说”所坚持的共同犯罪是一种不法形态，而且这种不法在各行为人之间是连带的，但具体进行责任判断时却是个别的。正如张明楷教授所言：“认定共同犯罪，实际上解决的只是不法问题。亦即，哪些参与人的行为与结果之间具有因果性，并据此应当将结果归属于其行为。至于各参与人的责任如何，则不是共同犯罪的立法与理论所要解决的问题。”②

显然，对“密切关系人”参与的共同受贿而言，坚持违法共犯论更为合理。因为按照“行为共同说”的观点，该情形中不具备国家工作人员身份的“密切关系人”和国家工作人员同样能够构成共同犯罪，而不会得出不构成犯罪这样让人难以接受的结论。至于该种情形中“密切关系人”该如何处罚（即如何判断其责任），则不再是共同犯罪立法或者理论所要解决的问题，而需要根据“密切关系人”自身是否具备相应的责任要素进行单独判断。如果“密切关系人”不具备责任阻却的事由且其行为与最终法益

---

① 张明楷：《刑法学》（第四版），法律出版社 2011 年版，第 358 页。

② 张明楷：《共同犯罪的认定方法》，载《法学研究》2014 年第 3 期。

侵害的结果之间具有因果关系，则当然需要承担相应的责任。

（二）坚持共犯从属性

共犯的从属性，是指“共犯成立犯罪至少要求正犯者着手实行了犯罪的原理”[①]。如果被教唆者没有实施被教唆的犯罪，或者被帮助者没有实施被帮助的犯罪，则教唆者的教唆行为和帮助者的帮助行为都不成立犯罪。相反，共犯独立性的观点则认为，共犯的可罚性在于共犯行为本身，即共犯行为本身的无价值，而不依赖于正犯，即使正犯（被教唆者或者被帮助者）没有实施相应的犯罪，对共犯也应当进行处罚。显然，共犯独立性的观点比共犯从属性的观点在共犯处罚上更宽泛，由此导致的结果就是即使没有实际的法益侵害结果或者危险，共犯行为也有可能被处罚。这显然与罪刑法定原则是不相符的，也会冲击刑法的人权保障机能。

事实上，共同犯罪与单个行为人犯罪的本质是一样的，都是通过实施一定的行为引起法益侵害的结果（或者危险），只不过具体的引起过程和表现样态有所差异。单个行为人犯罪是行为人单独实施行为并直接引起法益侵害的结果（或者危险），而共同犯罪是各参与人共同实施行为引起法益侵害的结果（或者危险），其中，正犯表现为通过实行行为直接引起法益侵害的结果（或危险），而帮助犯和教唆犯则通过介入正犯的实行行为间接引起法益侵害的结果（或危险）。正如有学者所言：“共同犯罪的‘共同’仅仅表现为各参与人实施的作用于法益侵害的违法行为或者因果关系的共同，而非同时包括主观责任的共同。只要二人以上共同实施违法行为、导致法益被侵害的危险或者结果，就应从客观违法层面考察其是否成立共同犯罪，并将该结果归责于各个参与人（违法的连带性或者共同性）。”[②]

因此，共犯处罚的根据与正犯处罚的根据一样，都是行为引起了法益侵害的结果（或危险），这是不能被轻易改变的。换言之，法益侵害的结果必须与具体行为之间具有因果关系，只不过在表现样态上有所差异，正犯是直接的因果关系，而共犯则是通过介入正犯行为引起的间接因果关系。申言之，共犯的处罚，并不仅仅在于其教唆行为或者帮助行为本身的无价值，还在于其介入正犯行为以后所体现出的行为无价值。所以，对共犯行为违法性

---

① ［日］西原春夫：《刑法总论》（下卷），成文堂1993年版，第377页。

② 钱叶六：《我国犯罪构成体系的阶层化和共同犯罪的认定方法》，载《法商研究》2015年第2期。

的评价，不能将其与正犯行为人为地割裂开，而应当依附于正犯行为的违法性判断共犯行为与法益侵害结果之间的因果关系。

事实上，坚持共犯从属性说，既会使罪刑法定主义得以坚持，构成要件的机能得以维护，共犯处罚的边界得以明确，也会“避免刑法将所有与结果具有因果性的行为都视为狭义的共犯，以致造成刑法界限之过度泛滥，严重破坏法的安定性”[①]。因此，坚持共犯从属性说，有利于防止处罚不当罚的行为，即使处罚，也会达至罪责刑相适应。另外，在从属程度上，德国刑法中采“限制从属性原则”，即“对于每个参加人都以一种符合行为构成的、违法的实行人构成行为为条件的原则”[②]。一方面，参加人的“依赖性”，应当从实行人构成行为来理解；另一方面，这种从属性是有限制的，仅仅限于违法性上，而不能扩展到有责性上。由此可见，限制的从属性与违法共犯论是相统一的，即“对于参加人（狭义的共犯）来说所必要的实行人构成行为，必须是符合行为构成的、违法的，但不必是有罪责的”[③]。在“密切关系人”参与的共同受贿中，对共犯的认定同样应当坚持共犯的从属性，而且是限制的从属性，进而避免处罚过当。

（三）坚持正犯中心主义

关于共犯认定的中心，理论界观点纷呈，主要有“主犯性质决定说”[④]“实行犯性质决定说”[⑤]“主职权行为决定说”[⑥]“义务重要者正犯说”[⑦]及“违法责任区分说”[⑧]等。限于篇幅，笔者在此就不再对各观点具体展开论述，仅就我国传统刑法理论及司法实践中通常所采纳的“主犯决定说”做简要分析。

“主犯决定说”认为，共同犯罪的认定（即定罪量刑）应当围绕主犯来展开，而主犯是指在共同犯罪中起主要作用的人。我国传统刑法理论和司法

---

① 何庆仁：《我国刑法中教唆犯的两种涵义》，载《法学研究》2004年第5期。

② ［德］克劳斯·罗克辛：《德国刑法学（总论）》（第2卷），王世洲等译，法律出版社2013年版，第99页。

③ ［德］克劳斯·罗克辛：《德国刑法学（总论）》（第2卷），王世洲等译，法律出版社2013年版，第99页。

④ 参见樊凤林、宋涛：《职务犯罪的法律对策及治理》，中国人民公安大学出版社1994年版。

⑤ 参见马克昌：《犯罪通论》，武汉大学出版社1999年版，第584页。

⑥ 参见《共犯与身份问题研究——以职务犯罪为视角》，载《中国法学》2004年第1期。

⑦ 参见周光权：《论身份犯的竞合》，载《政法论坛》2012年第5期。

⑧ 参见陈洪兵：《共犯与身份的中国问题》，载《法律科学》2014年第6期。

解释均持这种观点。例如，早在1985年7月18日最高人民法院、最高人民检察院公布的《关于当前办理经济犯罪案件中具体应用法律的若干问题的解答（试行）》指出："内外勾结进行贪污或者盗窃活动的共同犯罪……应按其共同犯罪的基本特征定罪。共同犯罪的基本特征一般是由主犯犯罪的基本特征决定的。"再如，2000年6月30日最高人民法院出台的《关于审理贪污、职务侵占案件如何认定共同犯罪几个问题的解释》指出："公司、企业或者其他单位中，不具有国家工作人员身份的人与国家工作人员勾结，分别利用各自的职务便利，共同将本单位财物非法占为已有的，按照主犯的犯罪性质定罪。"

不过，近年来"主犯决定说"受到了学界的批判。例如，有学者认为："第一，在我国，行为人在共同犯罪中所起的作用大小，是确定共犯人种类的依据，而不是定罪的依据；主从犯是在确定了共同犯罪性质的前提下认定的，而不宜相反；否则便是先确定量刑情节后认定犯罪性质。第二，如果一般公民与国家工作人员在共同犯罪中都起相同的主要作用，便无法确定罪名。第三，为共犯人避重（刑）就轻（刑）指明了方向。"① 除此之外，还有学者认为，"主犯决定说"违背了有利于被告人的原则。因为当不能确定主从犯时，应作出有利于被告人的推定，而不能一概以重罪名的共犯论处。②

事实上，上述批判并非空穴来风，"主犯决定说"在实践中确实会遇到上述批判中指出的尴尬。根据共犯的从属性，在共同犯罪中共犯是以正犯为存在前提的。换言之，共犯从属于正犯，不存在没有正犯的共犯，因为不管是教唆之人还是帮助之人，首先都是以实行人的"构成行为"为前提的。"在不法层面，任何复杂的共同犯罪都有正犯，不可能存在没有正犯的共同犯罪。在认定复杂的共同犯罪时，不应当整体判断哪些人成立共同犯罪，而应当先判断正犯，再以正犯为中心判断其他参与人是否成立共犯。"③ 因此，在共同犯罪的具体认定中，应从主犯中心主义转向正犯中心主义，即先确认正犯，在正犯的行为符合构成要件且违法的前提下，再判断是否存在教唆犯、帮助犯。

---

① 张明楷：《刑法学》（第四版），法律出版社2011年版，第358页。

② 参见陈洪兵：《共犯与身份的中国问题》，载《法律科学》2014年第6期。

③ 张明楷：《共同犯罪的认定方法》，载《法学研究》2014年第3期。

不过，我国也有学者对正犯为中心的共犯认定路径提出了批判和质疑，认为："在数人参与犯罪的场合，与单个人犯罪时的定罪规则相同，仅从参与人客观上是否实施了侵害法益的行为（包括组织行为、实行行为、教唆行为和帮助行为），主观上是否有犯罪故意，就可以认定其是否构成犯罪，处罚时则根据其在共同犯罪中所起的作用的大小确定为主犯或者从犯，给予轻重不同的处罚。"① 事实上，该种质疑的观点仅在一般情形（如实行犯是主犯）下成立，但在一些特殊场合就难以得出可接受的结论。例如，在"密切关系人"劝说国家工作人员向他人索贿，国家工作人员仅表示同意，但未实施任何行为，而是由"密切关系人"具体实施索贿的场合。按照上述思路，"密切关系人"主观上有索贿的故意，客观上有索贿的行为，且在整个犯罪过程中起主要作用，应当以受贿罪的主犯给予处罚，而国家工作人员由于没有实施侵害法益的行为（包括组织行为、实行行为、教唆行为和帮助行为），所以不处罚。

显然，上述这种结论是极不合理的。一方面，"密切关系人"不具备国家工作人员的身份，不可能成为作为真正身份犯的受贿罪的主犯；另一方面，此种情形中国家工作人员不可能不受处罚，而是应当对其按受贿罪处理。本质上，"只有实行行为才是刑法分则中规定的具体构成要件的行为，其他共同犯罪人的犯罪意图都是通过实行行为实现的，所以，实行行为对共同犯罪性质起着决定性的作用"②。"根据共犯从属性的原理，对教唆犯与帮助犯的认定依赖于正犯，只有当正犯的行为具备构成要件符合性且违法时，教唆行为、帮助行为才可能成立犯罪。"③

此外，坚持以正犯为中心的共同犯罪认定思路，需要解决的首要难题就是如何确定正犯。在德、日等采取"区分制"共犯立法的大陆法系国家（地区），正犯的认定也是其教义刑法学一直以来重点讨论的话题，可以说是学说林立、百家争鸣。④ 目前来看，罗克辛教授提出的"犯罪行为支配说"仍占据主导地位，为理论界和实务界所接受。在罗克辛教授看来，正犯是行为实施过程中的"核心人物"（相比较而言，教唆犯和帮助犯是"边

---

① 刘明祥：《主犯正犯化质疑》，载《法学研究》2013年第5期。

② 舒洪水、贾宇：《共同身份犯罪探析》，载《政法论坛》2009年第2期。

③ 张明楷：《共同犯罪的认定方法》，载《法学研究》2014年第3期。

④ 关于这方面的具体讨论，可参见钱叶六：《双层区分制下正犯与共犯的区分》，载《法学研究》2012年第1期。

缘角色”)，而“核心人物”的判定是“一种评价性的区分标准”[①]，需要依据既有的真实情况展开具体分析：(1) 在“支配犯”场合是指支配犯罪并导致犯罪实现的人；(2) 在“义务犯”场合是指违反特定的而不是每个人都要履行的义务的人；(3) 在“亲手犯”场合是指亲手实现了构成要件的人。另外，罗克辛教授还把正犯行为对犯罪事实的支配，细分为行为支配、意思支配和功能支配。

四、“密切关系人”参与受贿时共犯罪责认定规则

如前所述，在认定共同犯罪时，我们首先要判断正犯，在正犯实施了符合构成要件且违法的行为的前提下，再判断教唆行为与帮助行为，然后单独地判断教唆者与帮助者的责任内容，进而确定其应当适用的罪名。“在有身份者与无身份者共同犯罪的案件中，同样要先认定正犯，成立身份犯的正犯，既要求行为人具有特殊身份，也要求行为人实施了符合构成要件的行为。”[②] 有“密切关系人”参与的共同受贿犯罪的认定也不例外，首先也需要确定正犯，其次需要以正犯为中心，判断其他参与人是否成立狭义的共犯（即教唆犯和帮助犯），最后根据参与人各自的责任要素确定罪名。具体而言，“密切关系人”参与的共同受贿，可以分为以下四种情形展开讨论。

（一）“密切关系人”对国家工作人员受贿加功的场合

“密切关系人”对国家工作人员受贿的加功，主要是指“密切关系人”教唆或者帮助国家工作人员利用职务上的便利，索取他人财物，或者非法收受他人财物，为他人谋取利益的情形。显然，这种情形属于无身份者教唆、帮助有身份者实施纯正身份犯。例如，公务员甲的情妇乙唆使甲向丙索贿，或者明知丙欲向甲行贿，在甲的授意下仍然帮助其收受并保管贿赂的情形。可以看出，该情形中国家工作人员对整个受贿犯罪过程起着支配性作用，同时其具备“国家工作人员”这一纯正身份犯（即受贿罪）之身份。“在身份为相应构成要件中的保护法益奠定了侵害可能性的基础，即属于非法身份的场合，由于非身份者若是介入身份者的话也可能间接地引起法益侵害，这就

---

① ［德］克劳斯·罗克辛：《正犯与犯罪事实支配理论》，劳东燕译，载陈兴良主编：《刑事法评论》（第25卷），北京大学出版社2009年版，第1—5页。

② 张明楷：《共同犯罪的认定方法》，载《法学研究》2014年第3期。

奠定了其成立身份犯之共犯的罪责基础。"[①] 因此，该种情形中首先应当将国家工作人员（即有身份者）认定为正犯。由于"密切关系人"（即无身份者）通过自己的教唆或者帮助行为介入到了国家工作人员（即有身份者）的实行行为（即受贿行为）中，间接引起了公职行为的廉洁性和不可收买性（即保护法益）被侵犯的结果，因此"密切关系人"也应当对该法益侵害的结果承担相应的责任，即按受贿罪的共犯定罪处罚。

（二）国家工作人员对"密切关系人"受贿加功的场合

国家工作人员对"密切关系人"受贿的加功，主要是指国家工作人员教唆或者帮助"密切关系人"索贿或者收受他人贿赂的情形。从国家工作人员的角度来讲，该种情形属于有身份者教唆、帮助无身份者实施纯正身份犯。例如，某县城建局局长王某经老同学张某（个体户）介绍认识了地产开发商李某，后王某得知李某欲在该县开发房地产项目，便唆使张某向李某索贿，并表示需要帮忙的时候他一定会帮，随后张某果真向李某索贿 10 万元。在该情形中，可以肯定的是在不法层面肯定成立共同犯罪，但问题是客观上具体负责实施身份犯并对犯罪过程起支配作用的是无身份者（即"密切关系人"），而有身份者实施的仅仅是教唆或者帮助无身份者的行为，那么是否能够认为无身份者可以成为身份犯之正犯？

对此，学界存在肯定说、否定说及间接正犯构造说等观点的纷争。肯定说认为："在有身份者加功于无身份者的场合，有身份者没有分担实行行为，直接行为者是无身份者，但其行为也可能实现可罚的违法类型，因而无身份者应该是正犯，而有身份者应该是共犯（即教唆犯或者帮助犯）。"[②] 此外，还有学者从客观实质正犯论的角度出发，认为："亲自实施构成要件实行行为的人当然是正犯，没有亲自实施构成要件实行行为但参与了犯罪事实并对其完成发生了重要作用的人也是正犯。"[③] 否定说认为："作为直接行为人的非身份犯者不能肯定其身份犯的构成要件该当性，当然，身份者不能成立身份犯的共犯。"[④] 换言之，"身份是身份犯之正犯必须具备的构成要件要

---

① ［日］山口厚：《刑法总论》，付立庆译，中国人民大学出版社 2011 年版，第 336 页。
② 马克昌：《犯罪通论》，武汉大学出版社 1999 年版，第 586 页。
③ 刘艳红：《论正犯理论的客观实质化》，载《中国法学》2011 年第 4 期。
④ ［日］山口厚：《刑法总论》，付立庆译，中国人民大学出版社 2011 年版，第 337 页。

素"[①]，无身份者不符合身份犯对构成身份的要求，所以不能成为身份犯的正犯。间接正犯构造说认为，此种情形可以按照间接正犯的构造思路认定正犯，即由于无身份者不具备身份犯构成要件中对主体所要求的资格（即身份），所以即使其具有强烈的实施故意及客观行为，也不能成为身份犯的实行犯，只不过是"无资格而有故意的工具"[②] 而已。有身份者利用了"无资格而有故意的工具"，所以应成立正犯，[③] 不过值得注意的是这种正犯性是间接的。

比较而言，肯定说虽然严格坚持了犯罪事实支配理论，但其忽视了身份犯对构成要件要素的特殊要求，最终认定的"正犯"不符合该当性要求，所以不可取。而否定说虽然坚持了构成要件的该当性，即无身份者不能成为身份犯之正犯，但其却对有身份者是否应认定为正犯没有回答。如果做出肯定回答，就意味着仅实施教唆、帮助行为的"边缘角色"也可以成为正犯，这明显与前述理论相矛盾，亦不可取。由此可见，肯定说与否定说在处理该问题时都显得比较纠结，都是"能破敌而不能自保"，究其原因主要是因为二者均难调和犯罪事实支配理论与身份犯之构成要件该当性之间的冲突。相反，间接正犯构造说将无身份者当作"无资格而有故意的工具"，进而将有身份者加功于无身份者实施身份犯场合，等同于有身份者利用工具实施身份犯的场合，进而肯定其正犯地位，显然这种构造思路是可取的。事实上，区分正犯与共犯的犯罪行为支配标准并不适用于身份犯和亲手犯，在有身份者加功于无身份者实施身份犯的场合，犯罪行为支配标准要让位于身份义务。[④]

综上，有身份者对无身份者实施身份犯的行为进行加功的场合，应认定有身份者为正犯，然后以此为中心认定无身份者为身份犯之共犯。据此，在国家工作人员教唆、帮助"密切关系人"索取或者收受他人财物的场合，应认定国家工作人员为受贿罪的正犯，然后以此认定"密切关系人"为受贿罪共犯。至于处罚，则根据国家工作人员和"密切关系人"的责任要素

---

① 张明楷：《共同犯罪的认定方法》，载《法学研究》2014 年第 3 期。

② ［德］克劳斯·罗克辛：《德国刑法学（总论）》（第 2 卷），王世洲等译，法律出版社 2013 年版，第 99 页。

③ ［日］大谷实：《刑法讲义总论》，成文堂 1994 年版，第 470 页。

④ 参见［德］乌尔斯·金德霍伊泽尔：《刑法总论教科书》，蔡桂生译，北京大学出版社 2015 年版，第 402 页。

单独判断，如果“密切关系人”存在其他责任阻却事由，则不对其处罚，反之亦然。

（三）国家工作人员与“密切联系人”共同实施受贿的场合

国家工作人员与“密切联系人”共同实施受贿，是指国家工作人员与“密切关系人”共同利用国家工作人员职务上的便利，索取他人财物，或者非法收受他人财物，为他人谋取利益的情形。该情形最大的特点就是国家工作人员和“密切关系人”均承担了一部分受贿犯罪的实行行为。理论上，该情形属于有身份者与无身份者共同实施纯正身份犯的情形。该情形中，国家工作人员和“密切关系人”之间形成了紧密的联合体，是个统一的整体，共同引起了身份犯的构成要件结果，都是“核心人物”。因此，该情形应该属于理论上的“共同正犯”。在该场合，“犯罪行为支配则在于互相协作的行为方式，借助于这种行为方式，每个人的贡献都共同决定着（犯罪）行为的成功”①。

不过，共同正犯仅是承认了无身份者与有身份者共同实施身份犯时，可以构成共同犯罪，即在不法层面承认共同犯罪的成立。但是，对于共同正犯的性质并未予以回答，即此时应按照有身份者还是无身份者，抑或分别按照有身份者和无身份者各自触犯的罪名确定共同正犯的性质。对此，我国以往是按主犯的性质确定的，在共同正犯的场合这种认定确实具有一定的合理性。但是，这种处理忽视了该情形中正犯的相对性以及存在想象竞合犯。例如，“密切关系人”与国家工作人员共同实施索贿的场合，就受贿罪而言，国家工作人员实施的是实行行为，而“密切关系人”实施的则是教唆行为或者帮助行为；但就利用影响力受贿罪而言，“密切关系人”实施的是实行行为，而国家工作人员实施的则是教唆行为或者帮助行为。所以，国家工作人员既是受贿罪的正犯，也是利用影响力受贿罪的教唆犯或者帮助犯；而“密切关系人”既是利用影响力受贿罪的正犯，也是受贿罪的教唆犯或者帮助犯。这说明不论是国家工作人员还是“密切关系人”，都同时触犯了受贿罪和利用影响力受贿罪，属于想象竞合犯。

因此，按照“想象竞合从一重罪处罚”的原则，应根据重罪的性质确定共同正犯的性质。不过，值得注意的是，这并不是说受贿罪的法定刑要重

---

① 参见［德］乌尔斯·金德霍伊泽尔：《刑法总论教科书》，蔡桂生译，北京大学出版社2015年版，第400页。

于利用影响力受贿罪的法定刑，所以笼统地认为按受贿罪定罪处罚，而是说是否属于重罪，要根据各行为人的罪责单独判断。例如，如果对“密切关系人”按受贿罪的共犯处罚要重于按利用影响力受贿罪的正犯处罚，则按受贿罪对“密切联系人”定罪处罚；相反，如果对“密切关系人”按利用影响力受贿罪的正犯处罚要重于按受贿罪的正犯处罚，则按利用影响力受贿罪定罪处罚。对国家工作人员而言，上述逻辑同样适用。由此可见，即使在共同正犯场合，也会出现国家工作人员定受贿罪，“密切关系人”定利用影响力受贿罪的结局。事实上，这并不矛盾，反而是贯彻不法共犯论和正犯中心论的应有结论。因为共同犯罪仅仅是不法形态，而不是罪责形态，其中“违法是连带的，责任是个别的”，共犯对正犯的从属并不体现在罪名上，而是在行为与保护法益侵害结果上。

（四）国家工作人员对“密切关系人”受贿事后认可的场合

国家工作人员对“密切关系人”受贿事后认可，主要是指国家工作人员事后知晓了“密切关系人”的受贿事实（即利用影响力受贿）而予以认可的情形。立足于我国刑法关于共同犯罪的规定及对其展开的教义学解读，共同犯罪是行为人基于共同故意而共同实施的侵害法益的行为，如果主观上没有共同故意，就不成立共同犯罪。事后对他人犯罪行为以及法益侵害的结果予以认可的行为，如果不存在窝藏、包庇等情形，仅仅是口头上表示认可的，应该不具备可罚性，不能将其作为犯罪处理。据此，国家工作人员对“密切关系人”受贿事实事后知晓并予以认可的，不能作为犯罪处理。

不过，值得注意的是，我国司法解释持相反的观点。2016 年 4 月 18 日最高人民法院、最高人民检察院公布的《关于办理贪污贿赂刑事案件适用法律若干问题的解释》（以下简称《解释》）第 16 条第 2 款规定：“特定关系人索取、收受他人财物，国家工作人员知道后未退还或者上交的，应当认定国家工作人员具有受贿故意。”这意味着，国家工作人员如果事后知晓了特定关系人受贿的事实，没有退还或者上交特定关系人所收受的他人财物的，就应当认定国家工作人员具有受贿故意，并给予相应的处罚。虽然在政策层面该规定迎合了反腐的需要，即给国家工作人员课以监督特定关系人不利用其影响力受贿，以及知情后退还和上交特定关系人受贿财物的义务，能够在更大程度上打击腐败犯罪，但是，据此将国家工作人员认定为受贿罪或者受贿罪共犯的做法是值得商榷的。因为该情形下，国家工作人员并无受贿故意支配下的受贿行为（无论是单独行为还是共犯行为），有的仅是对特定关系人受贿不法的一种事后知情（这与事前或事中的默许或默认有本质区别）和未退还或者未上交特定关系人受贿财物的状态，并不存在受贿的故意和行为。或许有观点认为，该情形属于国家工作人员不作为的一种特殊受贿，但笔者认为，“两高”通过司法解释的形式给国家工作人员设定退还或上交特定关系人受贿财物的义务的做法，其合法性与有效性本身是值得商榷的，虽然单纯地看国家工作人员未退还或者未上交特定关系人受贿财物的行为确属于事实上的不作为，但这种不作为与刑法意义上的不作为犯是有区别的。

笔者认为，对《解释》第16条第2款规定的适用，应当进行限缩解释，只适用于“特定关系人索取、收受他人财物，国家工作人员知道后未退还也未上交，而是利用其职务上的便利为请托人谋取利益”的情形，此时认定国家工作人员具有受贿故意才是恰当的，且基于后续利用其职务便利为请托人谋取利益的行为予以刑事追责，才不违背罪刑法定和主客观相统一的原则。因为一个行为能否最终被认定为犯罪并科处刑罚，仅有构成要件该当性和违法性是不够的，还必须进一步对责任的有无展开判断。“仅就存在故意、过失这样的责任要素的人来说，对应于这些责任要素的责任非难才是正当化的，所以即便是在共犯人之间，责任也应该个别地加以判断。”① 笔者认为，仅是对他人业已实施完毕的犯罪行为及犯罪行为造成的法益侵害结果知情甚至是默认，而没有实施其他行为的，无论如何也不能评价为犯罪，更不能评价为已实行完毕的犯罪行为的共犯进行处罚。否则，就会违背罪刑法定原则和共犯认定的基本原理。

五、结语

从近年查处的腐败案件来看，“密切关系人”参与共同受贿是受贿犯罪发展的一个新特征，其不仅增加了查处的难度，而且对司法机关的定罪量刑提出了挑战。概言之，司法机关在处理有“密切关系人”参与的共同受贿案件时的难点，主要集中在各共犯人的罪责认定上，因为此时涉及共犯与身份竞合的问题。从规范层面来看，我国现有的规范缺乏对共犯与身份竞合时的明确指引，由此也导致司法机关对此类案件的处理缺乏统一性。对于有

---

① ［日］山口厚：《刑法总论》，付立庆译，中国人民大学出版社2011年版，第316页。

“密切关系人”参与的共同受贿中各共犯人罪责的认定，在立场上应该选择违法共犯论、共犯从属性及正犯中心主义，抛弃主犯中心主义。在具体认定时，应当以正犯为中心，并区分“密切关系人”加功国家工作人员、国家工作人员加功“密切关系人”及“密切关系人”与国家工作人员相互加功的不同场合展开认定。

间接危害行为犯罪化一般限制原则研究*

姜　敏**

我国刑法学界通常以风险行为、风险刑法等术语，分析没有实害结果的行为的犯罪化问题，但风险行为术语本身并非一个纯正的刑法概念，而且其具有有益和有害的两面性，这决定了反对论和支持论似乎均有道理的局面。在英美法系国家，立法者以标准危害原则为根据，建立了刑法的核心犯罪体系。随着社会的发展和社会结构的变化，对于危险驾驶行为和持有行为等没有实害结果的行为，英美法系学者创造了间接危害行为的概念。① 有学者认为，间接危害行为的犯罪化是对危害原则的挑战，也有学者认为其是对危害原则的发展。无论哪一方，都是围绕着间接危害这一纯正的刑法概念探讨的，所以争点更为集中。从风险行为和间接危害行为自身的概念及对两者进行的比较来看，间接危害行为不具有两面性，并与危害原则紧密联系。因此，笔者尝试引入间接危害行为这一概念，分析对没有实害结果且距离实害结果有一定距离之行为的犯罪化，这也许能消解风险行为、风险刑法理论的诸多分歧。

---

* 本文原载于《政治与法律》2019 年第 5 期。

** 西南政法大学外国与比较刑法研究中心主任。

① 参见姜敏：《英美刑法中的“危害原则”研究——兼与“社会危害性”比较》，载《比较法研究》2016 年第 4 期。

一、间接危害行为概念及其与关联概念的区别

要真正明白间接危害行为诱发的法治危机，关键必须从间接危害行为的概念界定入手。提出或使用间接危害行为的英美法系学者，对其进行了界定。另外，如前所述，基于当代风险社会背景和风险刑法观，在研讨惩罚没有造成实害结果行为之犯罪化时，是以风险行为或危险行为为切入点的。因此，还有必要对间接危害行为与风险行为或危险行为予以区别，据此进一步研判间接危害行为的犯罪化限制，才更具有针对性。

（一）间接危害行为概念界定

1. 安德鲁·阿什沃斯的“机会创设论”

安德鲁·阿什沃斯认为：“间接危害行为是指本身不具有过错和危害，但为最终导致严重危害结果创造了机会的行为。”根据阿什沃斯的“机会创设论”，间接危害行为为最终实害结果的出现创造了机会。因此，考察某些持有枪支和毒品的行为，虽然持有行为本身没有危害，而且行为人也没有征表出将要实施犯罪的主观心态，但持有这些物品的行为却为实施严重犯罪提供了机会或平台。同样，某些中立的帮助行为等，也为犯罪提供了机会。虽然中立的帮助行为人本身没有要实施严重犯罪的动机或主观心态，但其帮助行为属于间接危害行为。阿什沃斯的该界定，没有明确阐述间接危害行为就是风险行为。

2. 安德鲁·冯·赫希的“风险行为论”

安德鲁·冯·赫希的定义则明确认为间接危害行为就是风险行为：“间接危害行为是涉及多种偶然性因素的风险行为。”[①] 间接危害（remote harm）中的“remote”本意是指距离实害结果有一定时空距离，但赫希认为当把“remote”和“harm”联系起来时，“remote”不是指时空距离。之所以认为“remote”是间接的，是从其可能导致实害结果发生的角度分析的。[②] 很显然，赫希认为间接危害就是风险行为，其持“风险行为论”。

---

① Andrew Von Hirsch, Extending the Harm Principle “Romote” Harmsand Fair Imputation, in A. P. Simester&A. T. H. Smithed Harm and Culpability, 1996, p. 263.

② Andrew Von Hirsch, Extending the Harm Principle “Romote” Harmsand Fair Imputation, in A. P. Simester&A. T. H. Smithed Harm and Culpability, 1996, p. 263.

3. 丹尼斯·贝克的“诱因论”

丹尼斯·贝克对间接危害行为的界定是：“如果行为人的行为不具有危害，但事实上诱使其他独立主体实施具有危害性的犯罪行为，则该行为是间接危害行为。”① 从该定义分析看，贝克虽然认为间接危害行为不具有实害，但把间接危害行为视为实害结果的诱因行为。贝克对间接危害行为的定义进行界定后，还举例进行了阐述：当X这一无害行为导致Y决定实施犯罪行为时，X便是间接危害行为；X与直接的（主要的）危害之间只是存在间接的联系，因为对其引起的而由Y独立选择实施犯罪的决定而言，X只是偶然因素。其还举例：当X给Y一张传单，Y基于自己独立的选择将该传单扔到大街上而污染了环境。X的行为所产生的危害就是间接危害，因为对环境污染这种直接危害的导致，是取决于Y随意丢弃垃圾的自由选择，但X的派发传单本身是无害的。②

从上述界定看，学者对间接危害行为的界定是有区别的。然而，无论学者的界定有何区别，有一个共识却不容置疑，即间接危害行为是没有实害结果的行为。根据间接危害行为概念、共识性特征以及实践中的犯罪化情况，间接危害行为确实有不同样态。正因为其样态不同，离实害结果的距离不同等，导致间接危害行为犯罪化后生成的罪名不同，因此，其诱发的法治危机也不同。

（二）间接危害行为与风险行为及危险行为的区别

间接危害行为被一些学者界定为没有造成实害结果的风险行为，但并不意味着间接危害行为和风险行为可以等同。③

间接危害（remote harm）中的“harm”的英文含义是：“injury，loss，damage，material or tangible detriment（伤害、损失、毁坏，物质的或具体的毁坏）。”④ 从解释看，其都带有恶害性。权威的汉语词典对“危害”的解

---

① dennis J. Baker. The moral limits of criminalizing remote harms, New Criminal Law Review（Summer），2007（03），p. 372.

② dennis J. Baker. The moral limits of criminalizing remote harms, New Criminal Law Review（Summer），2007（03），p. 372.

③ 参见姜敏：《危险驾驶行为犯罪化研究——从间接危害行为的视角》，载《现代法学》2016年第6期。

④ Bryan A. Garner ed.，Black's Law Dictionary（9th edition），Thomason Business，1999，p. 784.

释是："损害，使受破坏。"[①] 所以从翻译的中文意思看，也带有恶害性。因此，无论是"harm principle"（危害原则）和"remote harm"（间接危害）中的"harm"（危害），还是翻译的"危害"，其基本含义都是"使受破坏，损害"。因此，间接危害行为不具有两面性，没有"利"的一面，其中的"危害"不具有可容忍性。

风险行为中的"风险"在英语中的表达是"risk"。无论是中文"风险"还是英文"risk"，都仅仅意味着可能性。如权威汉语词典对"风险"的解释是："有可能发生的危险。"[②] 权威的英语词典对"risk"的解释是："the uncertainty of a result，happening，or loss；the chance of injury，damage，or loss（某种结果、发生或损失的不确定；伤害、损害或损失的机会）。"[③] 因此，风险意味着某种结果的可能性，当然也包括某种伤害、破坏或损失的可能性。这也就意味着风险行为有两面性——损害的一面和无损害的一面。其无损害的这一面还意味着其可能是有"利"一面。既然风险行为具有两面性，那么有些风险行为就具有可容忍性。特别是作为概率或者可能性的风险与利益关联时，就不得不在一定程度上容许其存在。

间接危害与风险行为两者的范围大小有区别。间接危害行为是具有"害"这一面的风险行为，其"害"的内涵便是"危险性"。换言之，风险行为的范围大于间接危害行为的范围，后者只是具有高度"危险性"的风险行为。"危险是一种根据科学视角和社会大众的一般生活经验认为刑法所保护的法益处于负面的、可能会遭到破坏的危急状态。"[④] 正因为这个缘故，刑法将其犯罪化从而打击和抑制其"危险性"。当某种行为被视为具有"危险性"时，则意味着该行为不具有"利"的价值而只有负价值。比如，站在陡壁悬崖上的行为，是非常"危险"的行为，这种行为只有"害"并无"利"。因此缘故，有学者在区分危险行为与风险行为时，把危险行为视为

---

① 《新华汉语词典》编委会：《新华汉语词典》（第1版），湖北长江出版集团崇文书局2006年版，第911页。

② 《新华汉语词典》编委会：《新华汉语词典》（第1版），湖北长江出版集团崇文书局2006年版，第246页。

③ Bryan A. Garner ed., Black's Law Dictionary (9th edition), Thomason Business, 1999, p. 144.

④ 胡彦涛：《风险刑法的理论错位》，载《环球法律评论》2016年第5期。

没有“社会利益盈余”的风险行为。[①] 风险行为仅是具有“害”之可能性的行为，但其本身并不一定就具有“危险性”。比如经济领域的投资行为，可被视为风险行为，但其本身并不必然具有“危险性”，因其还具有“利”的性质或说是有“社会利益盈余”的行为。因此，正当的投资行为显然不应考虑是否应被纳入刑法规制的问题，把其称为危险行为也难以接受。换言之，某行为是风险行为，不意味着该行为就应入罪。甚至从某种意义看，风险行为具有高价值，比如前述提及的商业投资行为，所以有学者认为风险行为并非人们谈之色变的恶魔，恰恰相反，风险是获取更高安全标准的钥匙。[②] 简言之，间接危害行为是风险行为中的仅剩下“危险性”且没有“社会利益盈余”的那部分行为，其范围小于风险行为。

风险行为与间接危害行为虽有联系，但不宜互相替用。在刑法学界，“风险刑法”概念几乎成了学者们的口头语，甚至到了滥用或混用的境地。日本有学者分析了“风险”的一般使用场合：“如果检索日语中的报刊用语，会发现‘风险’一词经常在经济与商务（金融、投资、保险等）中使用。并且在表示企业及个人的经济的危害可能性方面占据了绝大多数，但在环境问题上基本不采用该词。”[③] 从这个现象看，“风险”一词多用于经济领域。所以如前所述，投资可视为风险行为，但一般很难接受把站在悬崖峭壁的行为称为风险行为。当然，不可否认的是间接危害行为和风险行为是有联系的。从时间上看，风险行为分为风险创设行为和风险现实化行为。因此，如果某种风险行为不是“有利”可能性的风险行为，而是“有害”可能性的风险行为，则其“害”之实现并不总是一步到位，而是有个发展过程，即从风险到实害的发展过程。从这个过程看，间接危害行为是具有“害”之风险行为的“害”的进一步现实化行为。据此，间接危害行为和风险行为的联系可以更精确地表述为：间接危害行为是有害风险的现实化行为，即风险已转变为危险。所以可以说风险是概率性概念，而间接危害是有害风险的现实化概念。只不过这种现实化程度，与实质危害对行为之风险的现实化相比，具有程度上的区别。正因为如此，间接危害行为和风险行为虽然具有联系，但仍有巨大差别。

---

① 参见梁宾：《危险驾驶罪研究》，中国人民公安大学出版社2016年版，第18页。

② 参见胡彦涛：《风险刑法的理论错位》，载《环球法律评论》2016年第5期。

③ ［日］甲斐克则：《刑法におけるリスクと危険性の区別》，法政理論，2013（第4号）。

如前所述，间接危害行为是具有危险性的那部分风险行为，因此，还需要追问：当把间接危害行为视为危险性行为时，是否可用危险性行为替代间接危害行为？毫无疑问，危险性是间接危害行为的特征，如要将两者互相替代不是很妥当。首先，间接危害行为是英美学者，比如冯·赫希等，提出的一个学术概念，而危险行为仅是这类行为的特征，不应用概念的特征替代概念。其次，间接危害行为衍生于危害原则，从渊源上看，用“危害”（harm）比用“危险”（danger）更能体现其与危害原则（harm principle）的渊源关系。最后，间接危害（remote/indirect harm）中的“remote/indirect”是与标准危害原则中的直接危害（direct harm）或最终危害（ultimate harm）相对应，其直观且形象地描述了该类仅具有危险性的行为与最终实害结果的距离、与最终实害结果的关系以及对最终实害结果的加功的大小。总之，不宜用危险性行为代替间接危害行为。

二、间接危害行为的类型及各自犯罪化应直面的问题

间接危害行为虽然是没有实害结果的行为，但不同的间接危害行为有不同的特点，且有较大差异。比如，前述提及的危险驾驶行为和持有行为，就属于不同的类型，同时，不同类型的间接危害行为，其犯罪化会直面不同的问题和质疑。

（一）间接危害行为的类型

安德鲁·冯·赫希不仅对间接危害行为进行了界定，同时还进一步列举了间接危害行为的类型。[①] 具体而言，间接危害行为大致包括以下三类。第一类是抽象危险行为（抽象危险犯），如醉酒驾驶行为。第二类是需要进一步介入性行为才会创设危险或严重后果的行为。基于对严重危害后果风险的担忧，立法者认为某些行为本身不会产生危害后果，但会通过行为人自身或第三者的进一步行为，产生严重危害或危害风险，比如持有行为。第三类是联结型/累积型危害行为。该类行为在英语中的表达有两种，即联结型危害（conjunctive harm）和累积型危害（accumulative harm）。该两种表达均是赫

① See Andrew Von Hirsch, Extending the Harm Principle: “Remote” Harms and Fair Imputation, in A. P. Simester&A. T. H. Smith eds. Harm and Culpability, 1996, p. 263—265.

希在不同的著述中使用的术语，且指的是同一内容。[①] 无论用语如何有差异，均指的是某些风险只有与其他人的类似行为相结合或累积时，该行为才会造成令人担心的严重危害。比如，向河流中倾倒生活垃圾，被视为会对健康造成危害的风险行为，但只有当许多其他人也这样做的时候，该行为才会实际上危害健康。在这种情况下，被禁止的行为只是累积型危害行为的一个代表。

冯·赫希对间接危害行为的分类，具有代表性。对于第一种情况，赫希仅把其限于抽象危险行为。实际上，具体危险行为也是没有实际危害的高危险行为，也是间接危害行为。因此，笔者认为，第一类间接危害行为应扩大至危险行为。从立法实践看，立法把没有造成实害结果的行为予以犯罪化，大致可以归入上述三类情况。比如，我国刑法中的危险驾驶罪，就属于第一种情况。持有型犯罪、预备型犯罪、帮助型犯罪和成员身份型犯罪等，属于第二种情况。《德国刑法典》第 324 条第 1 款规定的水污染犯罪和我国《刑法》第 338 条规定的污染环境罪，属于第三种情况。虽然累积犯一般是在生态环境犯罪中存在，但学者对累积犯的适用范围作出了实质性拓展。特别是德国学者黑芬戴尔（Hefendehl），主张把累积犯适用于对制度信赖法益的保护。因此，某些保护制度信赖法益的犯罪，比如，保障货币的流通功能与公共信用的伪造货币罪以及保护资本市场正常运行的内幕交易罪，都是累积犯，[②] 也属于第三种情况。无论上述三类间接危害行为有何区别，其犯罪化对于控制风险和维护安全，均具有积极意义。

（二）基于公平归责，三类间接危害行为犯罪化必须直面的问题

从立法实践看，间接危害行为犯罪化的典型情况包括的事实有：（1）被犯罪化的当前行为是 V 行为——间接危害行为；（2）立法机关推断或以经验判断，V 行为能创设或者帮助创设某种可能导致最终严重危害后果的不可接受风险；（3）刑法规定的主观罪过仅是行为人针对当前实施的 V 行为的故意，行为人对 V 行为是否可能会引起最终实害结果，可能不明知；（4）行

① See Andrew Von Hirsch, Extending the Harm Principle: "Remote" Harms and Fair Imputation, in A. P. Simester&A. T. H. Smith eds. Harm and Culpability, 1996, p. 265; A. P. Simester&Andrew Von Hirsch, crimes, harms, and wrongs—on the principles of criminalization, Hart Publishing, 2011, p. 59.

② 参见张志钢：《论累积犯的法理——以污染环境罪为中心》，载《环球法律评论》2017 年第 2 期。

为V与最终实害结果犯罪有一段“距离”；行为V与实害结果并不必然具有因果关系，或因果关系会被切断。间接危害行为犯罪化对上述情况的包含，会引发质疑：（1）没有实害结果的V行为，为什么被犯罪化？其被犯罪化的正当根据是什么？（2）立法机关的推断和检验判断是否可靠？并且，多大危险才可入刑？（3）行为人为什么应对其无意识的实害结果分担责任？（4）其中的“距离”到底应是多远？立法可以无限延展吗？（5）因果关系如果切断，则行为人不应对后续结果承担责任，但立法依然把行为人的行为予以犯罪化，则意味着必然被分担责任。因果关系切断还被分配责任，是否违背罪责自负原则？在立法实践中，虽然有必要且应把某些间接危害行为予以犯罪化，但因上述问题和质疑没有得到很好解决，从而诱发了下文论及的法治危机。

当然，尽管前述三类间接危害行为都是没有实害结果的行为，但除此共性外，它们还是有极大差别的，因此，它们各自直面的问题也不同。无论是哪种类型，其犯罪化均是为了避免严重危害后果，如果其他问题的解决能使其避免法治危机，则上述第二类间接危害行为的犯罪化，具有正当性。除此之外，对于第一类行为，危险行为的犯罪化还包括了上述第二类事实。因此，该类行为的犯罪化，必须准确回答多大危险的行为才应入罪，以及立法机关的推定或经验判断是否可靠？也就是说，这类情况不会引起因果关系或罪责自负等原则的检视。对于该类情况所涉及的问题，如下文论及的，通过危害原则标准分析，就可以限缩其犯罪化，保证其正当性。第二类情况和第三类情况，则几乎包括典型情况中的所有事实要素，因此，如果不受到限制，则会引起更多理论讨伐，比如违背刑法谦抑原则和罪责自负原则等。该两类行为的犯罪化，除了直面第一类行为犯罪化必须直面的问题外，还应直面因果关系问题、规范问题和罪责自负问题等。对于该两类情况，单凭危害原则标准分析方式难以解决，还必须寻找其他路径，保证其分配责任的公正性。概言之，在实然层面上，正因为当前很多间接危害行为的犯罪化，没有遵循刑法原则对其进行指导和限制，所以也就没有解决上述论及的这些问题，导致其犯罪化不符合法治精神。

三、间接危害行为犯罪化对于传统刑法的改变

间接危害行为犯罪化立法，是积极预防观的体现，虽有前述的问题等待解决，但在司法实践中，其已在实然上突破了传统刑法的格局，并导致刑法

理念的转变。为了更好地理解间接危害行为犯罪化，也为了更深入地理解间接危害行为犯罪化是如何诱发法治危机的，有必要梳理其犯罪化对刑法的改变。

（一）改变了刑法的打击目标，使设置的罪名没有实害结果

传统刑法立法是把实害结果和行为联结在一起的，但间接危害行为犯罪化立法，导致“刑罚的干预包含了距离实害结果较为遥远的侵害行为，使得‘行为’与‘危害结果’间出现了分离”。[①] 其直接的后果就是间接危害行为成为刑法的打击目标。间接危害行为成为刑法的打击目标，征表的是要在尽可能多的情形下，监控和控制犯罪风险，事前切断危害结果发生的路径。正是这种超前预防，重塑了潜存于刑法体系下的打击目标，[②] 即惩罚的对象不是实害结果行为，而是可能导致或诱发实害结果的行为，比如持有行为和危险行为等。虽然其逻辑根据是犯罪的暴力和无序是通过可预测的、不断发生的行为实现的，但这种行为的发生是与社会性的、精神的甚至生物的诱发性变量因素有关联的。不仅如此，间接危害行为犯罪化理论和立法认为微小危害或风险行为，甚至无害行为，也能反映个体的危险性格，因此，为了阻止严重后果发生，立法者便把这些行为予以禁止。立法的这种逻辑根据，意味着立法者重视人类行为与某种事态的关联性，期冀通过对某种行为的禁止而切断某种事态发生的路径。由此产生的结果就是设置的罪名没有实害结果。这样，间接危害行为犯罪化，突破了传统刑法惩罚实害结果的范式。

（二）侧重推定或经验预测风险有无，弱化或消弭针对实害结果的主观要件

间接危害行为犯罪化产生的罪名，不仅没有实害结果，而且弱化或消弭了针对实害结果的主观要件。积极预防立法观是一种事前预防观，侧重于对客观世界的保护，对严重后果的避免。这种立法重在塑造个体的行为，阻止个体实施可能会引起严重后果的行为，同时，又因为其认知的风险或危险是推定的或经验上的，立法就缺乏对行为人针对实害结果的主观罪过的关注。因此，如前所述，在间接危害行为犯罪化中，并不关心行为人对实害结果是

---

① Bernard E. Harcout, The Collapse of the Harm Principle, 90J. Crim. L. &Criminology, 1999, p. 109.

② 参见姜敏：《刑法反恐立法的边界研究》，载《政法论坛》2017 年第 5 期。

否有认识，只考证行为人对间接危害行为是否有罪过。与之相反，传统刑法秉承消极预防观，侧重事后预防，一般是以刑罚的当罚、报应和道德罪责为基础的，且借助于心理强制，寄希望于刑罚威慑阻止犯罪人再犯或潜在的犯罪人重蹈覆辙。因此，其更关注行为人的道德可罚性，关注行为人针对实害结果的主观罪过。基于此转变，实施间接危害行为犯罪化后的立法设置的罪名，其道德可罚性轻于传统刑法的核心犯罪。

（三）被惩罚之行为的不法程度降低甚至缺乏

因传统刑法立法侧重报应，故其不仅重视实害结果和行为人对实害结果的主观罪过，而且重视行为本身的不法。不仅如此，传统刑法惩罚的行为之不法性还非常严重。比如，故意杀人行为和抢劫行为，其行为的不法性程度就非常严重。以间接危害行为之名进行犯罪化时，立法者以推定或经验上的风险为根据，把某些不具有不法但被立法者视为可能诱发某种犯罪风险的行为予以犯罪化。比如，贝克列举的某些国家对被动乞讨行为的犯罪化,[①] 就是这种情况。基于“破窗理论”，立法者认为被动乞讨行为会诱发社会混乱或其他犯罪，所以其应被犯罪化。然而从实质看，被动乞讨行为仅可被列为不文明行为，不具有不法性。同样，越轨行为、禁忌行为、日常生活行为等“微害”行为，甚至“无害”行为，被视为风险行为或更严重犯罪的逻辑先导，从而被犯罪化。因此，间接危害行为犯罪化如果不受限制，就会导致刑法无限扩张，并使其惩罚之行为的不法性极低或缺乏。

（四）赋予刑法新功能并改变刑法预防犯罪的实现方式

犯罪化间接危害行为，既征表社会生态演化语境下危害原则面临的挑战,[②] 又征表社会的发展赋予了刑法新功能。间接危害行为的犯罪化，是对内在于工业社会与现代社会的各种风险的回应，因此，间接危害行为的犯罪化，虽导致了刑法制度设计的转变，但也是社会外部环境与刑法知识形态互动的结果。实际上，这种制度设计的转变，赋予了刑法风险管理这一新功

---

① Dennis J. Baker. The moral limits of criminalizing remote harms, New Criminal Law Review (Summer), 2007 (03), p. 370.

② 参见姜敏：《英美刑法中的“危害原则”研究——兼与“社会危害性”比较》，载《比较法研究》2016 年第 4 期。

能，并让刑法积极参与社会治理。① 在传统刑法理念中，刑法应通过事后打击的方式威慑犯罪，然而间接危害行为犯罪化，重构了刑法目的之实现方式，即由威慑转向超前预防。虽然威慑实质也是传统刑法中的预防理论模型，但超前切断实害结果出现的预防理论模型，与之有巨大差异。超前预防犯罪理论模型，是企图在尽可能多的情形下监控和控制犯罪风险，事前切断危害结果发生的路径，所以，这种预防犯罪的理论模型，侧重的是事前防御。从唯物主义立场看，刑法的存在、发展和演化必然依附于一段具体的历史时空和特定的社会结构，同时，社会变迁铸就某种历史图景，历史图景铸就的语境也影响刑法立法及刑法的发展。因此，任何刑法理论、理念或原则均要受到社会发展和变化的影响，并随之发展且与之相适应。风险社会与犯罪高频发生的迭加，迫使刑法犯罪化间接危害行为，以期维护安全。任何事情均会过犹不及，同样，如果刑法立法把距离实害结果极为遥远的行为予以犯罪化，则会陷入法治危机。

四、间接危害行为犯罪化诱发的法治困境

任何一个国家、社会或个体，均希望预防犯罪，因此，从宏观角度看，间接危害行为犯罪化的初衷并不应被诟病。然而，从具体设罪的微观维度看，间接危害行为犯罪化把设罪规范位置移到最终实害结果行为之前，甚至更远的位置，导致对刑事责任分配不公或不当，使其被质疑和诟病。

（一）轻微不法，不文明的行为或日常生活行为被惩罚

刑法是社会的最后一道防线，刑罚的施加也仅能针对具有严重不法行为或严重后果的情况，因此，轻微不法或日常生活行为入刑法，违背刑法的最后手段原则和谦抑原则。如前所述，该行为是否具有风险，是由立法机关予以推定的。基于防范风险，立法者如格外保守，则会把诸多行为推定为风险行为，进而把其犯罪化。贝克教授在举例反对某些间接危害行为犯罪化时，就举到了轻微不文明的“被动乞讨行为”犯罪化的例子。根据“破窗理论”，立法者把被动乞讨行为视为诱发更多严重犯罪的先兆——被动乞讨的行为给其他不法分子传递该被破坏的领域是无人监管的领域的讯息，从而使之更容易成为犯罪的目标。因此，为了防止其他独立主体在该被破坏的领域

① 参见周光权：《转型时期刑法立法的思路与方法》，载《中国社会科学》2016 年第 3 期。

实施犯罪，被动行乞行为被犯罪化。[①] 一般而言，被动乞讨行为仅是轻微不文明行为，甚至不具有不法性。在某些情况下，被动乞讨行为甚至是公民唯一的谋生行为。因此，不应被犯罪化。同样，将“缠访”行为入罪，也与此类同。“缠访”行为本身并没有直接危害后果，仅是轻微不法行为。甚至在某些情况下，“缠访”行为是权利被侵犯公民走投无路的表现。然而立法者基于“破窗理论”的潜在思维，害怕该类行为会酿成重大的管理秩序混乱局面，因而将其入罪。对于“缠访”行为，无须动用刑法——改善公民权利受到侵害后获得救助的机制，增加公民维权的方式，提高司法等裁判机制的公信力等，就可解决公民的“缠访”问题。对于贝克论及的被动乞讨行为而言，其仅是主流社会所谓的不文明行为，本身并不具有不法性，本身就不应被刑法规制。因此，间接危害行为的犯罪化如果不受限制，就会导致其违背刑法最后手段性原则和谦抑原则。

（二）设罪不当而致惩罚过度，殃及无辜行为

设置抽象危险犯把某种危险行为予以犯罪化，就面临这种质疑。以危险驾驶行为入罪为例，一般而言，某些危险驾驶行为确实会导致严重危害后果，且其本身也具有高度危险性。因此，从宏观上看，把危险驾驶行为犯罪化，具有合理性和必要性，然而，具体到某个犯罪，则并不必然如此。比如，虽然行为人十分清楚街道上空寂无人，喝酒之后在该空无一人的街道上驾车，或者行为人自己酒量特别好，喝酒之后仍然如同正常人一样开车，但是根据刑法规定，行为人的行为还是会受到惩罚。设置抽象危险犯的立法，担心的是风险，且这种风险通常并没有规定在法条中。换言之，法律只规定禁止达到特定血液酒精浓度的驾驶员的驾车行为，并推定其具有应被禁止的风险，无须在法条中明文规定是否具有某种风险。也就是说，有些国家的立法机关在设置抽象危险犯时，会把刑事责任施加于一些可能不具有危险的行为，由于某些行为人实施该类行为可能危及他人，因此，立法机关仍然把该类行为予以禁止。冯·赫希以瑞典为例，对此进行了阐述：瑞典对血液中的酒精浓度相当低的驾车行为予以禁止，大多数人在这种酒精浓度下仍然能够非常安全地驾驶，只有极少数酒量不好的人不能正常驾驶，但是，为了避免少数人不致危及他人，该国立法机关还是设置此罪，禁止公民从事这种危险

---

① See Dennis J. Baker, The moral limits of criminalizing remote harms, New Criminal Law Review (Summer), 2007 (03), p. 370.

程度相当低的行为。[1] 一旦该类犯罪被设置，则适用于所有人，即使某些人实施这些行为根本不会产生任何危险，也予以禁止。对于这些人，刑罚的施加就是殃及无辜。因此，对于这种行为的犯罪化，必须有足够的理由证成其正当性，否则也是对法治精神的侵害。

（三）让初始行为者对自己或第三人将来之行为承担刑事责任

冯·赫希分类中的第二类，即“需要进一步介入性行为才会创设危险或严重后果的行为之犯罪化”就属于这种情况。持有型犯罪是其中的典型，比如，某人为了防身而持有枪支，自身并没有犯罪的故意，也没有为第三人提供枪支予以犯罪的故意。就其持有枪支本身的现状而言，仅可能是为自己或他人将来使用枪支犯罪，无意识地构建了一个“平台”。根据现有刑法规定，其仍然会被惩罚。实际上，立法机关之所以将这种行为予以犯罪化，是担心随后的介入因素导致严重犯罪。然而，随后的介入性因素，只有在少数情况下才可能发生。比如，大多数持有枪支的人不会滥用枪支，行为人自身并不必然会有进一步介入性行为。同样，第三者是否会有进一步的介入性行为，也并不确定。从实践经验看，介入性因素确实会偶然发生。因此，立法者基于预防将来发生严重后果，便把持有枪支的行为予以犯罪化。实际上，这是让持有者对自己或第三者将来的行为分担刑事责任。然而，当行为人并没有后续实施犯罪或者为第三者提供帮助的故意时，该责任并不应由行为人承担，因后续的行为才是实害结果产生的决定性因素，其切断了因果关系。因此，这类犯罪化违背罪责自负原则。

（四）累积犯立法无法在各个累积危害行为之间划清道德界限

对累积危害行为的犯罪化，产生的是累积犯。从前述冯·赫希对累积危害行为的描述看，单独的累积危害行为不会产生实质危害，也不具有造成实质危害结果的可能。比如，单独的公民个体向河流倾倒一次污水的行为，并不会导致河流被污染的严重后果。如果不禁止该类行为，公众却又有足够的理由相信现实中有诸多类似的行为，其累积会对河流造成严重的污染。因此，立法者基于避免河流被严重污染，对这类行为予以犯罪化。这种行为之所以被犯罪化，主要在于其与其他人的类似行为累积，便会产生累积效应，

---

[1] See Andrew Von Hirsch, Extending the Harm Principle: “Remote” Harms and Fair Imputation, in A. P. Simester&A. T. H. Smith eds. Harm and Culpability, 1996, p. 263—264.

即产生严重实害后果。从立法现状看，累积犯是一种特殊的犯罪形式，并不是刑法立法设置的常态犯罪。一般而言，“累积犯集中于环境犯罪和经济犯罪领域”[①]。累积行为犯罪化，是刑法最为极端的扩张形式。[②] 因此，累积行为的犯罪化饱受质疑。比如，有学者认为处罚累积犯的“理论基础是脆弱的”[③]。也有学者认为对累积犯的惩罚，是集体责任的体现，违背罪责自负原则。[④] 姑且不论其是否属于集体责任，但就累积危害行为犯罪化而言，确实使行为人无法在自己的行为与促成该实质危害的其他人行为之间，划清道德界线。还需要澄清的一点是，该种情况必须有行为人自己或第三人的介入性行为，实质危害结果才会发生，与风险行为的犯罪化情况不同，对于后者，行为本身是不具有危害或危害风险的，其仍然被犯罪化主要是因为其被推测可能会引起或诱发自己或第三者实施进一步的危害行为；在累积性风险行为中，被犯罪化的行为本身具有一定的风险，但程度较轻，只有与其他人的类似行为结合，才可能产生实质性结果，因此，两者引发的主要问题也是不同的。

因存在上述法治困境，间接危害行为的犯罪化遭遇反对和质疑。比如，丹尼斯·贝克质疑其“违背了公平和罪责自负原则的要求”[⑤]。伯纳德·E.哈考特对间接危害行为的犯罪化也表示了担忧：“当危害原则的适用范围被扩大至包含更加间接的危害行为时，事情就改变了——因为我们所为的各种表面上看来清白无辜的行为，可能最终均会引起危害性后果。”[⑥] 换言之，间接危害行为犯罪化，会导致惩罚范畴无限扩大，殃及无辜。冯·赫希等对此也极为担忧：“当涉及更加间接的风险时，使行为人对可能的有害结果承

---

① 参见张志钢：《论累积犯的法理——以污染环境罪为中心》，载《环球法律评论》2017年第2期。

② 参见黎宏：《法益论的研究现状和展望》，载《人民检察》2013年第7期。

③ 姚贝、王拓：《法益保护前置化问题研究》，载《中国刑事法杂志》2012年第1期。

④ 参见王永茜：《论现代刑法扩张的新手段——法益保护的提前化和刑事处罚的前置化》，载《法学杂志》2013年第6期。

⑤ Dennis J. Baker, The moral limits of criminalizing remote harms, New Criminal Law Review (Summer), 2007 (03), p. 370.

⑥ Bernard E. Harcourt, The Collapse of the Harm Principle, 90J. Crim. L. &Criminology, 1999, p. 105.

担责任，就变得更成问题。"① 无论理论如何质疑和担忧，立法实践是谨慎而义无反顾地把诸多间接危害行为予以了犯罪化。因此，间接危害行为的犯罪化，是成熟的犯罪化理论必须重视的客观事实，甚至其本身已是成熟的犯罪化理论的重要内容。实质上，学者担心的并不是间接危害行为犯罪化本身，也不是质疑其犯罪化的必要性，而是担心由此而产生的不公正。因此，真正具有实际意义的，便是探寻保证其犯罪化符合法治精神的路径，将其犯罪化限制在公平与法治的框架内。

五、间接危害行为犯罪化一般限制原则

任何行为的犯罪化，都必须有根据、守"规矩"，否则，启动刑罚权的犯罪化决策便会变得肆意而狂傲。这意味着间接危害行为的犯罪化也必须受到限制，保证给其分配的刑事责任是其该当的。至少，应通过一般限制原则，把间接危害行为犯罪化限制在合理的框架内，避免其对法治精神的践踏。

（一）坚守"危害原则标准分析范式"

间接危害行为衍生于危害原则，其应践行危害原则的法哲学意义。要践行危害原则的法哲学意义，就必须铭记危害原则是划分刑法合理范畴的限制自由原则。为了使刑法对危害行为（包括间接危害行为）的犯罪化具有正当性，学者提出了"危害原则标准分析范式"。"危害原则标准分析范式"实际上就是"范伯格范式"，其主要针对的是危害原则在面对某些棘手或疑难问题时，如何进行选择和决策。在范伯格的话语体系中，除了论及实害行为犯罪化外，也关涉危害原则在实践中必须面对的一些反例，比如轻微危害、可能危害、合理及不合理危害风险、综合危害、可以阻止却须以过分损害其他利益为代价的危害、结构性冲突的危害、累积危害、模拟危害等情形——其中已包含间接危害行为。范伯格清醒地认识到，如果要让危害原则解决这些棘手和疑难问题，就必须借助于其他补充性原则对危害原则予以完善。范伯格以"调和准则"作为概括性术语，指代这些完善和补充危害原

---

① A. P. Simester&Andrew Von Hirsch, crimes, harms, and wrongs—on the principles of criminalization, Hart Publishing, 2011, p. 54.

则的参考因素。[①] “调和准则”主要包括危害的大小、危害发生的可能性、整体性危害、统计歧视与危害净减、危害的相对重要性、自由利益在天平上的位置等因素。[②] 因此，“危害原则标准分析范式”就是“危害原则 + 调和准则”范式。间接危害行为的论及者，均坚守了危害原则标准分析范式。冯·赫希在论及间接危害行为的犯罪化时，把该标准分析范式分解为三步：“第一步考虑最终危害的严重程度及其可能性。严重程度与可能性越大，其犯罪化的可能性就越大。第二步权衡和评估没有犯罪化前行为的社会价值以及犯罪化将对行为人自由选择的侵犯程度。行为的社会价值越高，或者犯罪化产生的刑法禁令对自由的限制越大，则不应犯罪化的理由就越充分。第三步考量某些将会阻却犯罪化的边际约束。例如，禁令不应该侵犯隐私权或自由表达权。”[③] 依靠危害原则标准分析范式，能解决某些类型的间接危害行为的犯罪化问题，特别是危险行为的犯罪化问题。对于部分累积型危害行为是否应予以犯罪化的问题，根据危害原则标准分析范式，也能获得答案。比如，在公共场所高声吹唢呐的行为，如果汇聚人数众多，会造成公共秩序的混乱。其虽属于累积危害行为，但与向河流倾倒污水的行为不同。从经验和常识看，前者发生的危害结果可能性和频率均很低，后者却很高。因此，前者不应犯罪化，后者应被犯罪化。

除冯·赫希外，米歇尔·M. 登普西在主张附条件地犯罪化间接危害行为时，也首先坚持了危害原则的标准分析范式。比如，登普西把教唆嫖娼视为间接危害行为，主张应附条件地将其犯罪化，并指出应首先遵循危害原则的标准分析范式，其次才以其他原则予以补充。[④] 确实，附加了调和准则的危害原则及其内涵，不仅能解决实害行为的犯罪化问题，也能解决部分间接危害行为的犯罪化问题。然而，危害原则及其调和准则主要是针对实害结果行为及部分危险或风险行为的犯罪化，并不是直接针对间接危害行为的犯罪

① 参见［美］乔尔·范伯格：《刑法的道德限制》，方泉译，商务印书馆 2013 年版，第 210—211 页。

② 参见［美］乔尔·范伯格：《刑法的道德限制》，方泉译，商务印书馆 2013 年版，第 210—239 页。

③ A. P. Simester&Andrew Von Hirsch, crimes, harms, and wrongs—on the principles of criminalization, Hart Publishing, 2011, p. 55.

④ Michelle M. Dempsey, Rethinking Wolfenden: Prostitute Use, Criminal Law, and Remote Harm, 2005 Crim. L. R. 449.

化，因此，其并不能解决所有间接危害行为的犯罪化问题。比如，“危害原则标准分析范式”难以解决持有行为的犯罪化问题，尤其是在面对为什么犯罪化持有枪支的行为，而不犯罪化持有刀具等行为的诘问时，更加显得捉襟见肘。具体言之，对如冯·赫希论及的“介入干预型”犯罪和某些累积型犯罪，单凭危害原则标准分析范式，是无法圆满解决问题的，还必须寻找其他的限制路径。

（二）被禁止的行为本身应具有不法性

被禁止的行为本身应具有不法性，源于刑法固有的可责罚性特征。刑法是一种复杂的、权威的和谴责性的手段，其通过犯罪化宣示某种行为是应受责备的不法行为。立法者将某行为犯罪化，就是对该行为不法的质的评价。[①] 然而行为之不法的质是指行为人有罪过地实施某行为，具有应受刑罚惩罚性。从表现看，应受刑罚惩罚的行为，客观上有危害或有危险，不应被容忍，而行为人主观上也具有罪过，应被责罚。因此，根据不法性要件，行为人无意中实施的某个风险行为，虽引起了严重后果，但不能把这种风险行为犯罪化。同样，从客观上看，行为人的行为本身是合法行为，或是可容忍行为，虽然具有诱发严重犯罪的可能，但亦不宜犯罪化。比如，如果销售者知道购买者购买菜刀之目的是杀人，仍然把菜刀销售给购买者，因销售菜刀是合法行为，即使把菜刀销售给购买者会助力于杀人行为，也不宜予以犯罪化。当然，在实践中，某些行为在客观方面的不法，并不是立即就征表出来的。其不法是在一定的过程中慢慢展现的。对于这种情况，就需要等到行为已征表出不法时，才应予以犯罪化。一般而言，客观行为要征表出不法性，行为人要有朝向实害结果的实质步骤，即只有行为人的主观意思和实施的行为已具有实质意义，导致行为人将来的选择不再对危害结果是否发生具有决定作用时，才可认为行为人的行为具有不法。比如对持有菜刀、石头和木棒的行为，是否具有不法的判断就是如此。很显然，仅对这些物品持有本身，无论是从行为人主观视角看，还是从行为的危险性角度看，均不具备不法性，同时，这些行为本身并不能决定严重后果必然发生，相反，是行为人将来进一步的行为决定严重后果是否发生。因此，就当前的持有状态看，严重后果是否会发生具有极大的偶然性，对于这种状态下的对普通物品的持有，

---

① 参见严明华、张少林、赵宁：《刑法分则条文罪状的理解与相应法定刑配置关系研究》，载《政治与法律》2010年第12期。

还不具有不法性，不应予以犯罪化。

同样是持有行为，为什么持有枪支的行为被犯罪化了，且在一定的文化语境下，还具有极高的认同度呢？持有枪支的行为，虽然也属于需要进一步的介入因素才可能导致严重后果的行为，行为人也没有征表出实施犯罪的故意和朝向严重危害的实质步骤，但与持有前述物品的行为相比，还是有不同。对于持有枪支这种行为，范伯格是把其放入“整体性危害”予以论证。按照经验推定，该类行为确实会产生有害结果，但实际本身还是无害的。在这种情况下，一律禁止尽管（可能）会消除或减少一般性损害，却要以阻止无害或有益行为作为代价。[①] 其之所以在整体上被认为是有危险的，是因为有少数人会滥用某种自由。[②] 持有枪支行为本身并不一定就有损害或损害风险，有些人可能会用持有的枪支实施犯罪，有些人持有枪支则是为了防身。因此，对于持有枪支到底是否予以刑法禁止，就会处于进退维谷中。最终其仍被犯罪化，是因持有枪支行为具有内在危险性，这种内在危险性使其具有不法性。从现实经验看，一把装有子弹的手枪确实很容易走火，且会让人身权利遭受严重侵害。对此情况，范伯格主张对具有内在危险性的行为“应予以禁止，而只对值得信任且有特殊需要的少数人予以特许”，即刑法以禁止或特许证的方式规制这种情况。[③] 换言之，不一律允许，也不一律予以刑法禁止。即对于普通公民持有枪支的行为，因其具有内在危险性，予以刑法禁止，而对于特殊人群，比如猎人等的持有行为，采用许可证的方式予以允许。

（三）阻止的最终危害必须是重大危害

刑法要把某类间接危害行为予以犯罪化，必然会限制行为人的部分自由。以限制自由的方式早期化干预公民没有实害结果的行为，阻止的最终危害必须是重大危害，才能使这种早期化干预具有正当性。该限制原则其实已包含在“危害原则标准分析范式”中，但当专门论述间接危害行为的犯罪化时，有必要把其单独作为一个一般限制原理提出来，突出在间接危害行为犯罪化中，其具有重要性。很多学者在论及犯罪化时，均认为刑法阻止的最终危害应是重大危害。胡萨克认为国家让公民承担刑事责任，其原因必须在

---

① 参见［美］乔尔·范伯格：《刑法的道德限制》，方泉译，商务印书馆2013年版，第217页。

② 参见［美］乔尔·范伯格：《刑法的道德限制》，方泉译，商务印书馆2013年版，第221页。

③ 参见［美］乔尔·范伯格：《刑法的道德限制》，方泉译，商务印书馆2013年版，第221页。

于阻止重大危害，且把该要件视为犯罪化的内部限制原则。[①] 间接危害行为的犯罪化，是把不具有实害结果的行为予以犯罪化，因此，更应是为了阻止重大危害，才能使其犯罪化具有正当性。登普西在分析间接危害行为的犯罪化时，也认为应考虑危害的严重性。其把引诱嫖娼行为视为间接危害行为，并认为其应被犯罪化，首先的原因便是其可能导致强奸罪的发生，而强奸的危害是极其严重的，并且传统上刑法都将强奸的危害视为最严重的危害之一。因此，把引诱嫖娼行为犯罪化，符合阻止重大危害的旨意。基于此原理考察，把恐怖犯罪领域、公共安全犯罪领域、食品安全犯罪领域和国家安全犯罪领域的间接危害行为犯罪化，也是有根据的。

（四）被禁止的间接危害行为，应与拟阻止的严重犯罪具有规范性联系

现代法治国家一般均应秉承罪责自负的原则，这要求应把刑事责任分配给应该承担之人。在间接危害行为犯罪化中，立法的旨意明显是因要避免最终危害结果，才将其犯罪化。因此，从实质意义上看，其分担的是最终实害结果行为的刑事责任。然而，间接危害行为为何应分担不是自己本身造成的最终实害结果的刑事责任呢？根据罪责自负原则，间接危害行为不应分担和其自身毫无关联的最终实害结果的刑事责任。即使要给某些间接危害行为分配刑事责任，其承担的也应是其本身就应承担的刑事责任，即承担的是其自身对严重犯罪的“加功”作用所对应部分的刑事责任，这样的责任分配才是公平的。冯·赫希就认为：“应以行为人在危害风险创设中扮演的角色为根据，对行为人公平分配合作义务。”[②] 贝克也认为：“因为其他人的行为而被犯罪化，这在道德上是没有正当理由的，因为这忽略了每个人作为一个承担责任的、自主性的个体，具有的独立性。”[③] 因此，对间接危害行为的犯罪化，还必须限于与后续严重犯罪具有牵连的情形之中。

然而，该牵连关系不是任何牵连关系，是规范性卷入关联关系。贝克明确提出，间接危害行为犯罪化必须符合规范性卷入要件，“只有当某人与其

---

① 参见［美］胡萨克：《过罪化及刑法的限制》，姜敏译，中国法制出版社2015年版，第189页。

② Andrew Von Hirsch, Extending the Harm Principle: “Remote” Harms and Fair Imputation, in A. P. Simester&A. T. H. Smith eds. Harm and Culpability, 1996, p. 269.

③ Dennis J. Baker, The moral limits of criminalizing remote harms, New Criminal Law Review (Summer), 2007 (03), p. 372—373.

他人的犯罪行为，具有规范卷入关联关系时，才应该对其他人的犯罪行为承担责任”。[①] 如前所述，虽贝克认为被动乞讨行为是间接危害行为，但反对其犯罪化，原因在于其与“破窗效应”没有规范性卷入关联关系，因此不应被犯罪化。有的学者则认为：“与破窗理论相反，轻微扰乱社会秩序的行为，与抢劫以外的犯罪行为之间，不存在必然的联系。”[②] 贝克还通过剖析犯罪发生的原因，否定被动乞讨行为与严重扰乱社会秩序的犯罪之间的经验因果关系，进一步否定规范性卷入关系的存在。“促使犯罪发生的因素，是社会结构的缺陷和集体效应的弱化，而不是扰乱社会秩序的行为。”[③] 贝克认为：“行为人实施的间接危害行为，只有在对直接实施犯罪者的后续犯罪选择，具有相当的归咎于他的谴责理由时，才应该承担刑事责任。”[④] “相当的归责理由”，当然包括规范性卷入这一要件。间接危害行为的犯罪化，明显体现的是功利主义，其被立法实践采纳的重要原因在于其犯罪化可以降低整体的犯罪率。亦正因为其明显的功利主义色彩，所以受到理论界质疑。然而，贝克认为：“如果有足够的规范性理由，对该类间接危害行为的犯罪化以追求功利，也是可容许的。”[⑤] 贝克支持的原因在于，当间接危害行为与最终严重后果犯罪有规范联系，那么对其归责便是公平的。换言之，某种间接危害行为与最终实害结果具有规范性卷入关联，意味着间接危害行为犯罪化的功利目的，是以报应为基础的——行为人对最终实害犯罪，具有指使、实施、预谋、计划或者积极鼓励的行为受到归责。因此，对其归责是该当的。

---

① Dennis J. Baker, The moral limits of criminalizing remote harms, New Criminal Law Review (Summer), 2007 (03), p. 370.

② Robert J. Sampson, Stephen W. Raudenbush, Felton Earls, Neighborhood and Violent Crime: A Multilevel Study of Collective Efficacy, 277Sci. 918 (1997); Robert J. Sampson&Stephen W. Raudenbush, Systematic Social Observation of PublicSpaces: A New Look at Disorderin Urban Neighborhoods, 105Am. J. Soc. 603 (1999).

③ Robert J. Sampson, Stephen W. Raudenbush, Felton Earls, Neighborhood and Violent Crime: A Multilevel Study of Collective Efficacy, 277Sci. 918 (1997); Robert J. Sampson&Stephen W. Raudenbush, Systematic Social Observation of Public Spaces: A New Look at Disorderin Urban Neighborhoods, 105Am. J. Soc. 638 (1999).

④ Dennis J. Baker, The moral limits of criminalizing remote harms, New Criminal Law Review (Summer), 2007 (03), p. 372.

⑤ Dennis J. Baker, The moral limits of criminalizing remote harms, New Criminal Law Review (Summer), 2007 (03), p. 373, note6.

值得注意的是，规范性卷入关联关系，仅是一个概括性概念。就实践而言，有不同的表现形式。同时，不同的间接危害行为类型，对最终实害的加功作用力或说因果力不同，且距离远近也不同，甚至主观罪责程度也不同，因此，其与最终实害结果的规范联系、方式和程度等也不同。然而，无论类型如何不同，规范性卷入关联关系，始终包括客观和主观两方面的因素。前者如“帮助”“教唆”“计划”和“鼓励”等行为，后者如“明知”和格伦威尔·威廉姆斯提出的“特定目的论”① 等。一般而言，在“帮助”“煽动”或“教唆”他人实施犯罪中，如果要把“帮助”“煽动”或“教唆”予以犯罪化，则行为人主观上应具有“明知”。在研判某些其他间接危害行为是否应予以犯罪化时，行为人在实施间接危害行为时，仅有明知是不充分的。比如，某种间接危害行为的发生，仅可能会“影响”后续的某些严重后果。在这种情况下，行为人仅有“明知”是不够的。针对此种情况，威廉姆斯提出了“特定目的论”，即“在‘影响犯罪’的情形下，具有‘特定目的’是建立规范联系的非常重要的决定因素。仅仅因为行为人应当‘预见’其合法的间接行为对主要危害产生有影响，而对其进行谴责是不符合道德法则的。”② 贝克论证的被动乞讨行为，也属于这种情况。被动乞讨行为对他人犯罪有“影响”意义，但如果行为人在主观上仅仅只有“明知”，还不足以与他人犯罪建立规范上的联系。从被动乞讨者本身看，其不具有“特定目的”，其与后续可能的严重犯罪不能建立规范联系，不能予以犯罪化。当然，针对不同的间接危害行为，还有其他的规范卷入判断标准。这需要立法机关在把间接危害行为予以犯罪化时，找出恰当的规范卷入因素，把间接危害行为的犯罪化限制在公平归责的要求内。

---

① Glanville L. Williams, Complicity, Purpose and the Draft Code—1, 1990Crim. L. R. 4, 10 (1990).

② Glanville L. Williams, Complicity, Purpose and the Draft Code—1, 1990Crim. L. R. 4, 10 (1990).

刑事责任篇

悔罪是自首成立的要件吗[*]

王者香[**]

悔罪和自首都是罪犯在犯罪后的表现。二者既有联系，又有区别。可以互相结合，但并非不可分开。铭山同志发表了两篇文章《谈自首的成立要件》（北京《法学杂志》1982年第6期）和《试论对自首罪犯的从宽处理》（上海《法学》1983年第1期），两文都给了我很多启发。但是，他认为“自首的本质在于悔罪”“悔罪贯穿于自首的全程。自首成立的每一个要件都是悔罪的表现。不悔罪就无所谓自首”，并认为早自首，悔罪就早就好；晚自首，悔罪就迟就差。我觉得这是把悔罪与自首混为一谈，与司法实践中实际情况不符。现在就这个问题提出个人浅见。

一、悔罪不是自首的本质

自首是罪犯在犯罪被发觉前主动向司法机关投案的行为，也就是罪犯使自己由触犯刑法的人，成为法律面前的受审人。这一行动的实质就是罪犯对国家审判权的态度的根本改变，即由对抗转变为屈服。有的亡命之徒，在犯罪后闯进政府机关，扬言作案的就是他，要关就关，要判就判，他毫不在乎。这种行为虽然在形式上是接受审判，但实质上不是屈服于国家审判权的

---

* 本文原载于《法学》1983年第5期。

** 西南政法学院教授。

权威，而是对国家法律的公然藐视，是犯罪后态度恶劣的一种表现。如果经教育不改，拒不悔罪，不真诚接受审判，是不能以自首看待的。

自首和自首制度的本质是受国家政权的阶级本质制约的。在我们人民民主专政的社会主义国家里，自首是向人民低头和走改恶从善、重新做人的道路。我们向犯罪做斗争主要是靠专门机关与群众相结合，而不是靠罪犯的自首。自首制度作为刑罚制度的有机组成部分，是为刑罚的预防犯罪的目的服务的。它固然有利于分化瓦解犯罪集团、消除隐患和防止枉纵，使案件得到及时正确合法的处理；而其主要目的乃是争取、挽救犯罪者，以减少其人身危险性，使之易于改造，所以具有积极的教育作用。自首是我国历来的刑事政策规定为可以从宽处理的情节。

悔罪是罪犯对其所犯罪行的一种追悔的心理态度。在社会主义制度下，真诚悔罪应当是：罪犯不仅对其罪行的违法性和应受惩罚性有一定程度的认识，而且对其罪行的社会危害性这一犯罪的本质特征也有一定程度的认识；基于此，从法律上、政治上和道义上由衷地作自我谴责，从而因其犯罪对国家和人民利益的侵害而后悔莫及。这种态度表明罪犯愿意放弃犯罪立场，自觉改恶从善、重新做人。

基于此，悔罪很可能导致自首，自首也很可能导致悔罪；但两者之间的联系，并不是必然的。有的罪犯在犯罪后虽然痛悔前非，但由于种种原因并没有自首，而是在被捕后成为受审人。个别罪犯虽然悔罪，但既没有自首，也没有被捕归案，而是在社会的影响下，经过一定时间自觉改过自新，成为安分守法的公民。这种情况也是我国刑法追诉时效制度的根据之一。有的罪犯是在自首后经过教育才开始悔罪，还有的罪犯则在自首后直到判决以前，一直无悔罪表现，但屈服于国家审判权的权威，被迫受审。可见，悔罪既可能是自首的前提，也可能是自首的效果，也可能始终未能与自首相结合。认为“自首的本质特征是悔罪”和“不悔罪，就无所谓自首”的说法，是与复杂的实际情况不完全相符的。

二、悔罪不是自首的成立要件

罪犯在犯罪后如果打消隐匿、逃跑念头，转而屈服于国家审判权的权威，自愿接受审判，就必须自动投案，主动交待罪行。审判的前提是罪犯本人到案，审判的先决条件是查明罪犯。罪犯主动交代罪行，是提供顺利查明其罪的条件。所以自首的成立要件是：罪犯在犯罪后的一定时间内，即在犯罪事实未被发觉，或者犯罪事实已被发觉而犯罪人未被发觉，或者犯罪事实和犯罪人都被发觉、在司法机关讯问或采取强制措施以前，或者正在被追缉中，自动投案、主动如实交代自己的犯罪事实、自愿接受国家的审判。

所谓自动投案，就是罪犯自己充当自己案件的“检举人”，并将自己的人身置于司法机关可以实行强制措施之下的主动行动。如果只交代罪行和赃款赃物，不主动投案，则不能成立自首。如有些经济罪犯慑于人大常委会的决定，将赃款寄给报社，这不算自首。投案的动机，即引起和推动罪犯自动投案的内心起因是多种多样的，悔罪只是其中之一，而且不是常见的。因为犯罪是一种严重蔑视社会秩序的行为，行为人要认识其行为的本质特征并由衷地作自我谴责、自我追悔是不容易的。在社会主义制度的优越条件下，法律的权威也只能较多地迫使罪犯“放下屠刀”，投案自首，而不能同样多地促使他们在投案前真诚悔罪。投案的动机较常见的是罪犯从个人利害出发的单纯的畏罪心理，单纯畏罪虽然也可能后悔不该犯罪，但出发点是慑于法律的权威，不能表明其有放弃犯罪立场的意愿。因此，多数是在投案后经过教育在认识提高的基础上才转化为悔罪。此外，投案还可能出于其他的动机，虽无悔罪表现，但并不因此影响投案的自动性和有效性。因此，所谓“悔罪是投案的动因，投案是悔罪的表现”“构成自首的投案必须悔罪”的绝对说法，是不能成立的。

主动交代罪行是罪犯在自动投案的基础上，进一步充当自己犯罪事实的“证人”，主动供述便于查明罪行的材料，以表示其自愿受审的诚意。如果投案的动机是悔罪，其交代罪行就会是主动的、彻底的。但是，由于悔罪的程度较差，加上畏罪的心理，以及思想动摇等原因，不能排除虽然悔罪投案，但交代罪行的主动性较差和交代不彻底等情况存在，而有赖于侦查、审判人员的教育作用。另外，有的自首罪犯，其投案和交代罪行虽然不是出于悔罪，但并不一定影响交代的主动性和彻底性。例如，某些自以为因受打击迫害而报复犯罪的罪犯，他们认为仇已报、恨已消，犯罪是“值得”的，并不后悔；不仅自动投案自首，并且主动彻底交代犯罪事实，自愿受审，甚至不要求从宽处理。这些人中有的经过教育可能悔罪，但也有个别的，虽经反复教育，一直没有悔罪之心。然而，这并不影响自动投案的成立，也不影响主动交代罪行的成立。因为自动投案和主动交代罪行的心理态度，只须基于对其罪行的违法性的认识，不必是对其罪行的社会危害性这一犯罪的本质特征的认识。所以，认为“如实供述犯罪事实，说明犯罪分子确有悔罪”

“供述犯罪事实一定要悔罪”的绝对说法，也是不能成立的。因而，自首的每一个要件都不必然是悔罪的表现，相反，不少自首罪犯的悔罪往往是经过侦查，审判人员教育所起的效果。可见，所谓“悔罪贯穿于自首的全过程，自首成立的每一个要件都是悔罪的表现”，不仅会限制自首的范围，同时也会忽视人民司法机关的侦查、审判对罪犯的积极教育作用。

三、悔罪是自首从宽的主要根据

我国的刑事政策一贯坚持自首从宽的原则。它要求自首和悔罪都必须是真诚的。自首并不一定悔罪。为了尽可能多地挽救犯罪者，不以悔罪为自首的成立要件，而作为教育争取的目标。根据《刑法》第 63 条的规定，自首不是一律从宽，更不是“宽大无边”，而是在《刑法》第 57 条规定的以事实为根据、以法律为准绳的量刑基本原则的基础上有条件地从宽。是否从宽和从宽的程度必须以自首的情节、程度为转移，而有无悔罪表现和悔罪的程度应当是衡量自首情节、程度的主要根据，从而也是衡量自首是否从宽和从宽程度的主要根据。

自首的情节，如投案的时机早晚，动机好坏，交代罪行的主动、彻底程度，有无悔罪和立功表现及其程度等，都是衡量自首程度的根据。从预防犯罪来说，除立功表现受客观上有无可立之功的制约外，自首而无悔罪表现只能说明人身危险性相对减小，不能说明罪犯具有自觉接受改造的思想基础。因为自动投案只具有客观上的不能再犯而主观上的不敢再犯的现实性，主动交代罪行也只具有自愿接受审判的现实性和早日接受改造的可能性。如果自首而又悔罪，则由于罪犯不仅在法律上而且在政治上和道义上对罪行的自我谴责与追悔心理，说明其主观上有自觉接受改造不愿再犯的思想基础。因此，其人身危险性相对减小，具备了较易改造的前提，也就是具备了应当从宽的前提。从宽的程度必须考虑悔罪的程度，一般说来，悔罪越早越好，因为早意味着有较多的时机接受侦查审判人员的教育。但是，有的也会出现思想动摇和反复。反之，某些在投案后甚至在交代罪行后悔罪程度较差的罪犯，由于侦查审判人员的教育，也可能在判决前达到沉痛悔罪的深度。因此，认为自首早，悔罪就早，自首晚，悔罪就晚，悔罪早就好，悔罪晚就差，并以之作为衡量悔罪程度的标准，是不确当的。

从以上分析，适用《刑法》第 63 条除以犯罪事实为基础和考虑立功表现外，应当以悔罪为主要根据。对于其罪应处死刑，但其人有自首和真诚悔罪表现，足见其有后效可观，不是必须立即执行，可以考虑依法判处“死缓”，否则便会削弱自首制度的争取挽救作用。只有对那些罪大恶极的犯罪分子，自首的动机又不好，例如，预期杀人自首，或者在追缉中走投无路才投案自首，或者勉强交代罪行，但主动和彻底的程度很差，而且经反复教育毫无真诚悔罪表现的，则决不宽贷，以防止怙恶不悛之徒钻自首从宽的空子。

罪刑冲突论*

孙　渝**

罪刑冲突是罪刑相适应的逆命题。

罪刑冲突是一种司法现象，是最为常见的一种刑事审判错误。具体说，它是法官对刑事被告所作出的轻罪重罚、重罪轻罚以及同罪异罚的错误判决。

罪刑冲突，是采用相对确定法定刑的国家所普遍存在的问题。

在美国，不仅各州法院和上下级法院之间对于同类案件的处理存在量刑上的差异，而且在美国最高法院同各级法院之间，下级法院彼此之间，甚至同一法院内各法官之间对于同种犯罪的处理都存在着量刑上的矛盾。此外，来自日本、加拿大、澳大利亚、苏联等国的调查也都表明，围绕罪刑冲突的困惑和烦恼正与日俱增，罪刑冲突已经成为烦忧刑事法律界的世界性问题。

在我国，是否也存在罪刑冲突现象？笔者认为这是肯定的。不管从二审对一审判决的否定情况或是再审案件的改判数看，还是从同一法院、不同法院对相似案件或不同案件的处理看，及对审判人员的量刑问卷调查看，都表明在我国刑事司法中存在一定的罪刑冲突情况。可以说，凡是奉行罪刑法定主义的国家都难免存在罪刑冲突现象。

---

* 本文原载于《现代法学》1992 年第 2 期。

** 西南政法大学校友。

一、罪刑冲突产生的主要原因

在我国，罪刑冲突产生的原因是什么？笔者认为主要是：

（一）失之偏颇的量刑依据

《刑法》第57条[①]将量刑依据的内容，限定为犯罪事实、犯罪的性质、情节和对社会危害程度的总和，而对能够说明犯罪人个人情况的诸多因素则未予明载。其使审判人员对于那些能够反映犯罪人主观恶性程度、人身危险性大小，以及接受改造难易程度的种种主观类量刑因素，在取舍和重视程度上存在明显差异，由此影响量刑结果。

（二）模糊晦涩的量刑情节

目前，世界上许多国家的刑法都采用了明文列举量刑情节的立法方式，来保证立法上罪与刑的适应。然而，我国刑法没有采用这种立法方式，而是概括性地以“情节恶劣”“情节较轻”等规定来作为划分罪行层次并借以区分相应罪责等级的标志。至于所谓“情节恶劣”“情节较轻”的内涵是什么，刑法未作详解。据说，这种立法方式是为了适应我国国情，避免刑事立法冗长烦琐，从而方便司法机关掌握运用。然而，不能不看到，我国刑法分则的此类量刑情节的模糊观念，极易使法官们因对同种量刑情节的理解不同而造成同罪异罚的结果。

（三）罪刑结构的倾斜和刑刑关系的失调

任何一部刑法，如果缺乏一个罪刑结构平衡和刑刑关系协调的分则内容，要想摆脱刑事审判中的罪刑冲突是不可能的。国际刑法学会主席、前西德著名教授耶塞克曾指出：“在德国，要保证罪刑相适应，其有效途径是在刑法中首先对犯罪及其相应的刑罚作出明文的合理规定。在此前提下，法官按照所规定的做就可以了。”笔者认为，这话明确地肯定了设计平衡协调的罪刑结构和刑刑关系对实现罪刑相适应原则的重要作用。

我国现行刑法对罪刑结构和刑刑关系的设计是否合理，迄今尚无一个全局性的、经过科学论证的评价。但是，有一点在法学界已经取得共识，即我国刑法中对罪刑结构和刑刑关系有些规定不合理的现象是客观存在的，而且

---

① 1979年《刑法》第57条规定：“对于犯罪分子决定刑罚的时候，应当根据犯罪的事实、犯罪的性质、情节和对于社会的危害程度，依照本法的有关规定判处。”

这种立法缺陷同罪刑冲突之间的渊源关系也是不容否认的。

(四) 陈旧的量刑方法和量刑模式

以习惯来看，我国的法官一般都采用综合估量式的量刑方法和奉成文法为“单一法源”的量刑模式。长期的司法实践表明，传统的估量式量刑方法虽然具有简便、灵活的优点，但由于其缺乏严格的程式和限制，因而缺乏客观性、标准性和科学性，会使量刑产生不统一、不平衡甚至畸轻畸重的现象。同样，奉成文法为“单一法源”的量刑模式虽然具有宏观适应强的优点，但这一优点又酿成了它微观具体适用性差的缺陷。具体说，由于法官们对于立法上的一些抽象表述理解不同，在宽幅性的法定刑中选择刑罚时缺乏一种联结法律与事实的中间媒介（判例），结果是法定刑幅度的弹性愈大，不同法官对类似案件的处刑差异也愈大，从而导致量刑活动中前后矛盾、左右矛盾的罪刑冲突现象。

二、抑制罪刑冲突的根本途径

在我国抑制罪刑冲突的根本途径是什么？笔者认为应注意以下几个问题：

(一) 重构完整的量刑依据

在“罪”与“刑”这一对范畴中，对“罪”应当如何取义，历存争议。以贝卡利亚为代表的刑事古典学派认为，刑罚的轻重应与犯罪的客观损害相适应。贝氏主张，“使民众遭受到的危害是衡量犯罪的唯一的真正标准”。这种排斥犯罪人主观恶性作为量刑依据的刑罚观，在理论上被称作客观主义。与之相左的是李斯特、边沁等为代表的刑事实证学派，他们主张“以行为人的社会危险性作为适用刑罚的根据和尺度”。这种置客观损害于不顾的刑罚观在刑法理论上被称作主观主义。客观主义和主观主义各自演绎出的罪刑相适应结论，都存在理论上的片面性：前者未能脱离原始复仇观念的窠臼，极易走向同态复仇的极端；后者则抛弃了犯罪的基本概念，有造成罪刑擅断的危险。我国社会主义刑法理论克服了上述两种观点的不足，而代之以主客观主义辩证统一的刑罚观，认为能够成为“罪”的内容并说明其社会危害程度的因素有两个：一是客观损害，二是犯罪人主观因素。正是这两个要素的交融组合，构成了完整科学的量刑依据。目前，这一观念在我国刑法学理论界已经取得了共识。

然而，被视为罪刑相适应原则之立法表现的《刑法》第57条却未能明确体现出上述主客观相统一的思想，应该成为量刑依据之一的犯罪人主观因素在法条中没有得到明确肯定，故这一量刑依据至少在表述上带有“客观主义”之嫌。鉴于此，笔者认为，在修改刑法时，除了继续将犯罪事实和社会危害程度作为最重要、最根本的量刑依据加以肯定外，还应当将说明犯罪人主观恶性、人身危险性以及接受改造难易程度的种种主观因素也作为量刑的依据加以明确规定。只有这样，才能确保量刑的统一性、公正性和科学性。

（二）确定科学、统一的量刑模式和量刑方法

我国刑法所采用的量刑模式同大陆法系的量刑模式没有大的区别。为了消除量刑模式因过于抽象和死板而容易引起罪刑冲突之弊端，在继续坚持以成文法作为我国刑法主要法源的大前提下，有必要借鉴英美法系判例法的优点，引入判例法来弥补成文法之不足，建立以成文法为主、判例法为辅的新型量刑模式。在这方面，一些大陆法系国家进行了许多可资借鉴的尝试。比如，法国是大陆法系的发源国，传统理论显然不承认判例的法源地位，但在许多场合下，最高法院或行政法院的判决已经开始具有几乎不低于制定法效力的约束力。今天，大陆法系中的许多国家，如法国、德国、西班牙、意大利、瑞士、土耳其等国家都有许多官方公布的判例或判例汇编，作为法官在量刑时加以引用或参考的潜在法源。

在我国，判例同样也应当作为一种联结法律与事实的理想媒介受到重视。如果其能在我国刑法宽幅性的法定刑幅度内得到合理运用，量刑的公正化就有了操作上的保障。实践中，最高人民法院在1985年第3号公报中向国内外公布了两件以制造、贩卖有毒酒的方法致人伤亡案的判例，借此创制了“以制造、贩卖有毒酒的危险方法致人死亡罪”的罪名及量刑标准，这是运用判例的成功尝试。遗憾的是，由于此类判例的法源地位尚未得到立法的正式认可，下级法院以此为根据审理同类案件至少在形式上是与“罪刑法定原则”相抵触的。据此，从立法上明文承认成文法和判例共同成为量刑的法源，无疑是必要的。

同传统量刑模式一样，我国长期沿用的综合估量式的量刑方法也是罪刑相适应原则得以实现的一大障碍。因此，改革传统量刑方法，同样是抑制罪刑冲突的重要手段。目前，我国刑法学界提出了三种新的量刑方法，包括罪刑等级式的量刑方法、数量化的量刑方法、电脑量刑方法。这三种量刑方法

谁最可取，众说纷纭。笔者认为，在择定新的量刑方法时，应遵循科学性、实用性、经济性三大原则。据此，我国刑法应兼采罪刑等级式的量刑方法和数量化的量刑方法。

罪刑等级式的量刑方法是美国最先采用的一种量刑方法，其特征是刑事立法中把各式各样犯罪分为重罪和轻罪两大类（有些还加上了轻微犯罪一类），并进而在重罪和轻罪的基础上划分若干罪行等级以及与之相对应的刑种刑度，以便法官在与犯罪等级相对应刑种和刑度中酌情量刑。由于我国刑法中许多条文存在量刑幅度太宽的缺陷，故很适合采用这种量刑方法，在法定刑中设定诸多轻重不同的罪刑等级，以使法官们更好地把握量刑的具体标准，减少罪刑之间、刑刑之间的矛盾，使量刑活动逐步标准化。值得一提的是，近几年在全国人大常委会颁布的《关于惩治走私罪的补充规定》《关于惩治贪污罪贿赂罪的补充规定》中，已经尝试性地采用了罪刑等级式的量刑方法，有效地控制了以前对走私、贪污等罪量刑时忽轻忽重的混乱局面。实践证明，这种量刑方法是符合中国国情的，应在未来的刑法中推而广之。

罪刑等级式量刑方法的采用，并不意味着变原来相对确定的法定刑为绝对确定的法定刑，故在绝大多数罪刑等级中，其法定刑仍表现为幅度刑（只不过其幅度较以前要窄得多），法官的自由裁量权也相应得到了保留（其权力已比以前小得多）。因此，同样还存在一个运用何种量刑方法来选择具体刑种和刑度的问题。笔者认为，数量化的量刑方法不仅在科学性上与电脑量刑方法有异曲同工之效，而且更符合我国审判人员文化素质普遍偏低的实情，同时还完全顺应了刑罚经济的思想，不失为一种可以广为推行的好方法。建议立法者将其作为一种标准量刑方法加以明确规定。

（三）完善量刑情节的法律规定

笔者主张摒弃现行刑法中空洞抽象的情节规定，并对之进行如下改革：

1. 酌定情节法定化

酌定情节之所以能够成为左右量刑的重要因素，是因为它们具有说明行为的社会危害程度和行为人的主观恶性等主客观情况的功能。实践中，常见的酌定情节包括犯罪动机、犯罪手段、犯罪时间、犯罪人的一贯表现和事后态度等。尽管这些情节已被公认为具有影响量刑的作用，但在实践中，司法人员仍然经常就案件酌定情节的认定和取舍等问题发生争执。鉴于此，笔者认为有必要将那些确能说明犯罪危害程度的酌定情节加以法定化。这种建议并非异想天开，世界上许多国家，如罗马尼亚、苏联、蒙古国、意大利、德国都在刑法中将“卑鄙动机”“残酷手段”等情况作为量刑的法定情节加以明确规定。这种立法经验值得我们借鉴。

2. 法定情节翔实化

在我国刑法中，“情节轻微”“情节严重”的用语比比皆是，与此相对应的是轻重不同的法定刑。立法者的本意是想用这种对犯罪情节和法定刑的双向定量方法，求得犯罪与刑罚的平衡。然而，由于“情节严重”之类的用语过于抽象，内容飘忽不定，致使审判人员不易掌握，很难求得量刑上的平衡，甚至造成畸轻畸重的结果。为此，我认为，立法上应坚决抛弃“情节严重”之类的模糊用语，代之以翔实、具体的情节内容。在刑法尚未作出全面修改之前，全国人大常委会和最高人民法院可分别以“补充规定”和“司法解释”等形式，尽可能将各种抽象的量刑情节具体化。

3. 轻重情节等级化

在肯定了法定情节翔实化的前提下，立法上还应当将某些犯罪的量刑情节依其轻重顺序加以排列，并辅之以相应的刑罚档次（包括绝对刑和幅度刑）。这样，便使审判人员在量刑时能够根据犯罪人情节的轻重，择定与之对称的刑罚，以减少量刑上忽轻忽重、彼此矛盾的情况。此外，我国现行刑法中不少条文都将从轻、减轻、免除处罚的处罚原则集于一体。例如，《刑法》第 19 条第 2 款规定：“对于预备犯，可以比照既遂犯从轻、减轻或者免除处罚。”在这里，从轻处罚、减轻处罚和免除处罚实际上是轻重有别的三个量刑档次，但究竟什么是与之相对应的情节内容却不得而知。因此，从立法上将该类法条增设三个等级的情节内容，使之与法定刑的三个档次相对应，不失为减少量刑偏差的重要手段。

（四）重构合理的罪刑结构和刑刑关系

笔者建议对刑法分则部分条款作如下三方面的修改：

1. 适当缩小死刑的适用范围

亦即将某些犯罪法定刑中的死刑条款予以取消，代之以无期徒刑或者较长期限的有期徒刑。这些罪名包括盗窃罪，故意伤害罪，拐卖人口罪，投机倒把罪，传授犯罪方法罪，引诱、容留妇女卖淫罪等。我认为，取消上述罪名的死刑条款绝不是意在博取一个“刑罚缓和化”的空名，而是因为这些犯罪本身无论从性质上讲，还是从社会危害程度看，均不足以被判处死刑。

2. 提高部分犯罪的法定刑

表面与上述情况相反但实质无异的情况是罪重刑轻的立法规定，同样也意味着“罪”与“罚”的冲突。在我国刑法中，这种罪重刑轻的规定并不是当初设计之误，而是随着社会发展和犯罪情况变化而逐渐形成的。犯罪作为一种社会现象，其社会危害性不断地随着其赖以存在的具体历史条件的发展变化而变化。在一定历史条件下，某种行为不具有社会危害性或者社会危害性由小变大，反之亦然。现行刑法中，一些犯罪的社会危害性在立法时相对较小，故规定了较轻的法定刑。其后，由于商品经济体制的逐步确立和其他社会情况的变迁，这些犯罪的社会危害性日益增大，原来规定的较低的法定刑已不足以遏制其不断增多的势头，从而需要从立法上加以调整，做到罚当其罪。这些罪名包括偷税、抗税罪，假冒商标罪，盗伐、滥伐林木罪，非法捕捞罪，非法狩猎罪，等等。其法定刑提高的幅度，应与整个刑法分则内容相协调。

3. 重新调整一些相关罪名的法定刑

如果说以上两类罪刑结构倾斜的立法内容将直接导致司法中的罪刑冲突，那么，彼此近似但罪名不同的各罪之法定刑的失调，则会在更深层次上引起司法中的罪刑冲突，只不过后者常常容易被人们忽视罢了。以投机倒把罪和贩卖假药罪为例。该二罪虽然性质、特征各异，但其表现出来的犯罪手段、危害后果及其程度往往大同小异。然而，立法者为其设定的法定刑上限一个为死刑，一个为7年有期徒刑。相比之下，悬殊太大，使人易生不公平之感，从而需要在立法上加以协调，使之趋于平衡。在现行刑法中，与此相似的相关罪名还包括过失杀人罪与厂矿重大责任事故罪、交通肇事罪、玩忽职守罪，投机倒把罪与假冒商标罪，挪用公款罪与挪用特定款物罪，盗窃罪与诈骗罪、抢夺罪，诈骗罪与神汉、巫婆造谣诈骗罪、冒充国家工作人员招摇撞骗罪，等等。调整上列相关罪名的法定刑时，究竟是将轻刑改重，抑或是重刑改轻，应认真研究各罪的社会危害性程度并照顾到刑法分则中其他罪名的法定刑内容综合考虑。

除以上四项建议外，笔者还认为，提高法官的个人素质，改革传统的司法审判体制，完善量刑的配套设施，也是抑制罪刑冲突的重要手段。

强化监狱职能促进罪犯改造*

夏宗素**

监狱法于1994年12月29日经第八届全国人大常委会第十一次会议审议通过，并颁布实施。这是新中国成立以来第一部有关监狱的重要法典，也是我国第一部刑事执行法。监狱法作为国家法律颁布实施，标志着我国刑事法律体系的完善，是我国法制建设的一大成就。

健全的民主与法制是一个国家文明的进步的标志，而健全的监狱法律体系则是一个国家监狱制度文明与进步的标尺，监狱作为刑罚执行机关和人民民主专政的重要工具之一，它的基本职能就是对罪犯实施惩罚和改造，从而达到预防犯罪、减少犯罪、维护社会治安秩序的目的。监狱能否实现自己的职能，这首先需要有法律做保障。新中国成立四十余年，我国监狱工作根据1954年政务院颁布的《劳动改造条例》，公安部1962年制定的《监狱、劳改队管教工作》等法规制度，对罪犯实施惩罚和改造，取得了巨大成就，积累了丰富的经验，创立了中国特色的监狱工作，为巩固人民民主专政的国家政权，维护社会正常秩序、保障社会主义建设顺利进行作出了特殊的贡献。

但是，在进入20世纪90年代的今天，原有的条例、细则等法规已远远

---

* 本文原载于《现代法学》1995年第2期。

** 西南政法学院教授。

不能适应形势的需要，监狱工作又面临着许多新问题难以解决。为适应改革和发展的要求，监狱法在全面总结我国监狱工作的基础上，将几十年积累的成功经验和理论研究成果用法律形式固定下来，并对监狱工作面临的长期未能解决的问题作出明确规定，将监狱管理进一步纳入规范化、法制化的轨道。这对于强化监狱职能，有效执行刑罚，促进罪犯改造，预防和减少犯罪具有十分重要的现实意义和深远的历史意义。

一、监狱法明确界定了监狱的性质、任务，确定了国家对监狱的财政保障体制

《监狱法》第2条规定："监狱是国家的刑罚执行机关。依照刑法和刑事诉讼法的规定，被判处死刑缓期二年执行、无期徒刑、有期徒刑的罪犯，在监狱内执行刑罚。"作为刑罚执行的场所，行使国家刑罚执行的权利，监狱具有强烈的阶级性，在打击和惩罚犯罪、巩固国家政权、保卫社会主义革命和建设中，它与公安机关、人民检察院、人民法院、人民军队共同构成人民民主专政强有力的国家机器。从对敌斗争的总体需要来看，监狱并不是单纯的行刑机关，它仍然是人民民主专政的工具之一，它的专政职能决不能削弱，应该加强。

《监狱法》第3条规定："监狱对罪犯实行惩罚和改造相结合、教育和劳动相结合的原则，将罪犯改造成为守法公民。"我国监狱作为国家的刑罚执行机关，它的首要任务就是对罪犯实施惩罚，即依法予以监禁，限制其人身自由，并以强制手段规范其服刑期间的活动，任何服刑罪犯都不能抗拒这种强制性惩罚。但我国监狱对罪犯执行刑罚，不是单纯实施惩罚，不是惩办主义，我们更注意改造罪犯，一贯坚持"惩罚与改造相结合，以改造人为宗旨"的方针，把对罪犯的改造作为监狱工作的基本任务，以将绝大多数罪犯改造成为守法公民和社会主义建设的有用之材为目的。为此，我国监狱承担着惩罚与改造罪犯的双重任务，这也是我国监狱的基本职能。同时，监狱还担负着一定的经济任务。《监狱法》第69条规定："有劳动能力的罪犯，必须参加劳动。"监狱组织罪犯生产劳动，一方面是为了改造罪犯的思想和恶习；另一方面也是为了化消极因素为积极因素，为社会主义经济建设贡献一份力量，但经济任务必须服从监狱执行刑罚、实施惩罚和改造的基本任务。

为了从人、财、物方面确保监狱执行刑罚，实施惩罚和改造，《监狱

法》第8条规定:“国家保障监狱改造罪犯所需经费。监狱的人民警察经费、罪犯改造经费、罪犯生活费、狱政设施经费及其他专项经费,列入国家预算。国家提供罪犯劳动必需的生产设施和生产经费。”第9条规定:“监狱依法使用的土地、矿产资源和其他自然资源以及监狱的财产,受法律保护,任何组织或者个人不得侵占、破坏。”这就为监狱工作提供了有力的法律保障。

二、监狱法确立了监狱人民警察的法律地位和职权范围

监狱法规定,监狱的管理人员是人民警察;监狱的人民警察依法管理监狱、执行刑罚,对罪犯进行教育改造等活动,受法律保护。这一规定确立了监狱人民警察是国家人民警察体系中的一个警种,依法执行国家公务。刑罚的执行,对罪犯的惩罚与改造都是由监狱的人民警察具体实施。因此,监狱法确定监狱在执行刑罚和改造罪犯活动中的各种权限20余条,收监时的人身检查、对罪犯的管理教育、对罪犯的考核奖惩、狱内侦查、警戒隔离带的设置、戒具及武器的使用、罪犯离监探亲的批准、对减刑及假释的建议等权力均由监狱人民警察依法行使,任何组织或者个人不得侵犯。每个服刑罪犯都应当无条件服从监狱人民警察依法对罪犯进行的监管和教育,任何抗拒的行为,都将视情节轻重,给予严肃处理,直至追究刑事责任。

监狱管理人员作为人民警察就必须具有人民警察的素质和警容风纪。为了确保监狱人民警察准确执行刑罚,防止因特权思想而违法乱纪,《监狱法》第13条特别对其职业道德和工作纪律作了严格的规定:“监狱的人民警察应当严格遵守宪法和法律,忠于职守,秉公执法,严守纪律,清正廉洁。”第14条还规定了在执行监狱管理公务中必须禁止的九种行为。监狱的人民警察如有所列行为,构成犯罪的,依法追究刑事责任;尚未构成犯罪的,应当予以行政处分。

以上规定对于从严治警、依法治监、加强干警队伍建设、提高干警队伍素质具有十分重要的意义。

三、监狱法确认了监狱与侦查、起诉、审判各机关之间分工负责、互相配合、互相制约的关系

在同刑事犯罪做斗争中,侦查、起诉、审判、执行如一条生产线里的四

道工序，缺一不可，每一个环节都至关重要，而且他们都担负着打击、惩罚犯罪，维护社会治安、保卫国家和人民生命财产安全的共同任务，他们的目标是一致的，他们的地位是平等的，只是职责分工不同而已。但在司法实践中，作为执行机关的监狱总是处于被监督、受指导的被动地位，对于前几个环节出现的问题无法制约，常常影响到有效执行刑罚和改造罪犯。

监狱法依据我国司法实践，对刑罚执行程序作出了一系列严格明确的规定。除监狱执行刑罚活动接受人民检察院依法监督外，增加了互相制约和配合内容。《监狱法》第24条规定："监狱在执行刑罚过程中，根据罪犯的申诉，认为判决可能有错误的，应当提请人民检察院或者人民法院处理，人民检察院或者人民法院应当自收到监狱提请处理意见书之日起六个月内将处理结果通知监狱。"第30条规定："减刑建议由监狱向人民法院提出，人民法院应当自收到减刑建议书之日起一个月内予以审核裁定；案情复杂或者情况特殊的，可以延长一个月。"第42条规定："监狱发现在押罪犯脱逃，应当即时将其抓获，不能即时抓获的，应当立即通知公安机关，由公安机关负责追捕，监狱密切配合。"这些规定确认了在刑罚执行过程中，作为刑罚执行机关的监狱与刑事案件的侦查、起诉、审判各机关之间的分工负责、互相配合、互相制约的关系。这为监狱有效完成惩罚和改造罪犯的任务提供了法律保证，改变了监狱过去在执行刑罚过程中的被动地位。

四、监狱法进一步确定了罪犯改造的三大手段

罪犯改造，是指通过一定手段和方法，使罪犯的犯罪思想和犯罪恶习得到转化和矫正，使之适应出狱后重返社会的需要。我国监狱从改造罪犯、实现预防犯罪和减少犯罪的刑罚目的出发，经过几十年的实践，逐步也建立了具有中国特色的改造手段体系——狱政管理、教育改造、劳动改造三大基本手段。其中，狱政管理是罪犯改造的前提和保证。通过依法严格管理，保证刑罚合法、有效执行，防止狱内犯罪，确保监狱安全；通过科学管理手段，贯彻社会主义人道主义原则，矫正和规范罪犯的行为。教育是罪犯改造的根本措施。通过对罪犯进行系统的思想、文化和技术教育，供罪犯深刻认识犯罪的危害，逐步消除犯罪思想，树立正确的人生观、道德观、法制观，提高文化素质，掌握一定的科学技术，使之刑满后成为守法公民和社会主义建设的有用之材。劳动是罪犯改造的基本途径。强制罪犯劳动，自古有之，但我国监狱组织罪犯生产劳动，与古代劳役有本质区别，我们的根本目的是使罪

犯在生产劳动中改造犯罪思想、矫正恶习，并学到一定的生产技能。由于我国监狱正确地运用了三大手段，使改造罪犯的工作取得显著成就。新中国成立几十年来，使绝大多数罪犯通过改造成为守法公民，有的还成为工程师、农艺师、医生、企业家、先进生产者、劳动模范。

监狱法在总结我国改造罪犯基本经验的基础上，进一步明确规定："监狱对罪犯应当依法监管，根据改造罪犯的需要，组织罪犯从事生产劳动，对罪犯进行思想教育、文化教育、技术教育。"并在"狱政管理""教育改造""未成年犯教育改造"等章节中对三大手段作了具体规定。如第39条规定："监狱根据罪犯的犯罪类型、刑罚种类、刑期、改造表现等情况，对罪犯实行分别关押、采取不同方式管理。"第61条规定："教育改造罪犯，实行因人施教、分类教育，以理服人的原则，采取集体教育与个别教育相结合、狱内教育与社会教育相结合的方法。"第70条规定："监狱根据罪犯的个人情况，合理组织劳动，使其矫正恶习，养成劳动习惯，学会生产技能，并为释放后就业创造条件。"第75条规定："对未成年犯执行刑罚应当以教育改造为主。未成年犯的劳动，应当符合未成年人的特点，以学习文化和生产技能为主。"监狱法这些规定不仅肯定了我国几十年监狱工作中形成的罪犯改造的手段体系，而且使监管改造、教育改造、劳动改造三大手段具有法定性和强制性的特点。监狱要依法实施，罪犯也要自觉接受和运用三大手段改造自己。

五、监狱法强调了罪犯的法律地位及奖惩的实施

罪犯虽然因违法犯罪被判处刑罚，但他们仍然是中华人民共和国的公民，作为公民就应该有一定的法律地位，应该享受一定的权利，履行自己的义务。但是，罪犯又不同于普通公民，按照法律规定有的权利被剥夺，有的权利因服刑而受到限制，有些义务也无法履行。为此，根据罪犯在监狱服刑的特殊情况，监狱法对罪犯的主要权利、义务作了明确规定。如第7条规定："罪犯的人格不受侮辱，其人身安全、合法财产和辩护、申诉、控告、检举以及其他未被依法剥夺或者限制的权利不受侵犯。罪犯必须严格遵守法律、法规和监规纪律，服从管理，接受教育，参加劳动。"另外，监狱法还在有关部分强调对罪犯权利的法律保障。如第71条规定："罪犯有在法定节日和休息日休息的权利。"第23条规定："罪犯的申诉、控告、检举材料，监狱应当及时转递，不得扣压。"第72条规定："监狱对参加劳动的罪

犯，应当按照有关规定给予报酬并执行国家有关劳动保护的规定。”第14条还规定，监狱的人民警察不得刑讯逼供或者体罚、虐待罪犯，不得侮辱罪犯的人格，不得殴打或者纵容他人殴打罪犯，等等，情节严重构犯罪的，要依法追究刑事责任。

监狱法对罪犯法定权利的保障充分体现了我国监狱的文明和进步，体现了对罪犯的人道主义原则。同时，也对我国监狱工作和监狱警察的素质提出了更高的要求。

为了促进罪犯的改造，增强罪犯改造的自觉性和积极性，监狱法规定对罪犯建立日常考核制度，并以考核结果作为奖惩的依据。行政奖励有表扬、物质奖励、记功、离监探亲；刑事奖励有减刑、假释。这些规定中既有几十年来的成功经验，也有适应新形势的改革措施。如对执行原判刑期二分之一以上，服刑期间一贯表现好，离开监狱不致再危害社会的，可以准其离监探亲。这一奖励措施有利于社会和家庭对罪犯改造实行综合治理。又如对罪犯的管理方面，监狱法对破坏监管秩序的情形列了八条，其中包括聚众哄闹监狱，辱骂或者殴打人民警察，偷窃、赌博，有劳动能力拒不参加劳动，等等，轻者给予警告、记过或者禁闭7—15天，构成犯罪的，依法追究刑事责任。对罪犯在服刑期间故意犯罪的，依法从重处罚。这些规定不仅体现了刑罚的威严，也有利于依法治监，维护正常的监管秩序，为绝大多数积极改造的罪犯创造一个良好的环境。

监狱法的颁布，使对罪犯的惩罚和改造有了完备的法律保障，对于创建现代化文明监狱也将起到积极的推动作用。但是，监狱法能否全面贯彻实行不仅要求各级监狱管理机关，执法部门和广大从事监狱工作的人民警察严格执行，而且需要各级党委、政府、各有关部门及全社会的支持，尤其是公、检、法、司的相互配合，中央和地方财政保障，至关重要。一部监狱法开创了我国监狱工作的新纪元，也将促进我国社会治安综合治理的建设和发展。

刑罚目的应该是“一般预防”*

肖　洪**

刑罚的目的是什么？这是刑法学界乃至社会学界永恒的话题，它就像“狮身人面”斯芬克斯，吞噬着无数学者毕生的精力，永无止境，但是，这些学者的努力没有完全白费，通过皓首穷经的研究，在刑法学界对刑罚目的的认识主要有三种：报应论、一般预防论和特别预防论。三种观点派生出的学说林林总总，众说纷纭，旁征博引，向我们展现了刑罚学说永恒的魅力，但是，遗憾的是，没有哪个学说能够真正告诉我们刑罚的存在究竟意欲何为，刑罚真正的目的究竟是什么。

在这些学说当中，我国刑法学界主流的观点是并合论（折中论）①。表面上，并合论比较好地解决了刑罚目的问题，但是实际上，如果三种观点发生冲突，究竟以哪种观点为主，哪种观点为辅，究竟应该怎样量刑，仍然不能进行很好地说明。如一个人基于保护社会的角度大义灭亲杀死自己的亲人，从报应的角度讲，应该对这个人判处较重的处罚，因为他毕竟杀人了；从特别预防的角度讲，应该不处罚，因为这个人人身危险性很低，再犯可能性几乎没有；从一般预防的角度来讲，为了遏制社会一般人犯这种罪，就应

---

* 本文原载于《现代法学》2007 年第 3 期。

** 西南政法大学校友。

① 参见张明楷：《刑法学》，法律出版社 2003 年版，第 396 页。

当根据社会上一般民众对这种罪行的评价的严重程度来考虑应该判处何种刑罚。因此，站在三种不同的观点角度，就会得出三种不同的处罚方式，那么，在上述情况下，究竟对这个人是施以较重处罚，还是施以较轻处罚，乃至不处罚呢？并合论并没有给我们提出一个满意的答案。[①] 正如德国刑法学者费德·卡尔·特奥多布·赫布先生所言："把各种学说相互混合地聚在一起的方法，对于刑法学来说毫无用处。"[②] 因此，刑罚的目的至今仍是困扰着我们的"歌德巴赫猜想"。笔者也是深陷"斯芬克斯之谜"的人，愿意不揣自陋，去探究谜底。

一、本问题解决的基础

我国刑法学界在论述刑罚的目的时一般仅仅将刑罚的目的作为整个刑法中一个独立存在的对象，没有考虑将刑罚与刑法中的其他问题联系起来，特别是没有将刑罚的目的与刑法的目的联系起来。实际上，刑法的目的和刑罚的目的密切相关，甚至是从不同角度分析的同一个事物。刑罚的目的——国家为什么要动用刑罚制裁犯罪人，就等同于刑法的目的——国家制定刑法的动因是什么。笔者认为，一般情况下，刑法的目的和刑罚的目的是可以相互交换使用的。

实际上，刑法的目的也就是国家为什么要制定刑罚来惩罚犯罪人的原因。国家为什么要制定刑罚来惩罚犯罪呢？按照日本学者西原春夫先生的观点："人是不能对人进行裁判的，但是，人不对人进行裁判而产生的非正义，与人对人进行裁判而产生的非正义，两者相比较，显然是前者要严重得多。"[③]

根据人性的特点，即人具有需求永不满足和社会性的特征，[④] 因此，人

---

① 并合论此时也能够提出一个解决的方案，即按照报应、一般预防和特别预防的各自要求，对这个人的刑罚折中处理，判处一个既不较重，也不较轻的刑罚，但是，这样的所谓的折中处理，实际上等于什么都没有说，它并不能给我们一个为什么判处这样刑罚的满意的解释理由。

② ［德］费德·卡尔·特奥多布·赫布：《刑罚学说的主要分类》，载邱兴隆主编：《比较刑法——刑罚基本理论专号》，中国检察出版社 2004 年版，第 303 页。

③ ［日］西原春夫：《刑法的根基与哲学》，顾肖荣等译，上海三联书店 1991 年版，第 2—3 页。

④ 人性的特点是人的需求永不满足，而人要生存和争取满足自己永不满足的需要，就需要人类组成社会，因而人具有社会性。由于文章篇幅有限，笔者这里对此就不赘言，相关内容可以参考陈忠林：《自由、人权、法治——人性的解读》，载《现代法学》2001 年第 3 期。

要能够在自然界生存和要尽量满足自己的需求，只能依靠社会的力量和社会的存在才有可能。法律就是要保护社会的存续，而刑法的目的只能是保护人类共同生活的社会。德国的学者们语重心长地告诉我们："刑法的任务是保护人类社会的共同生活秩序。没有一个人能够永远与世隔绝地生活，相反，所有的人均基于其生存条件的要求，需要生活在一个彼此交往、合作和相互信任的社会里。在维护人类社会关系的和平秩序和保护秩序方面，刑法具有重要的意义……刑法通过国家强制最终确保法秩序的不可破坏性。"① "在单靠赔偿损失、警察强制无法完全消除危险的情况下，为了确保公共安全，作为国家的剩余手段，国家只能制定刑罚对这种侵害进行惩罚。因此，刑罚的目的是维持和促进公共安全。"② 这些金玉良言都告诉我们，刑法只能将保护人类社会的共同生活秩序作为自己的目标和唯一任务。

但是，我们同时也应该看到，刑法虽然以保护人类社会的共同生活秩序为自己的目标和任务，但是，这个人类生活的共同秩序，在现代社会，③ 不是封建统治者暴力压制的秩序，不是纳粹法西斯统治下没有自由、民主和权利的秩序，而是充满自由、民主和权利的人类生活的新秩序，是充满人类的个性和灵性的社会秩序，④ 因此，现代刑法对人类社会的共同生活秩序的保护，"只有通过以下的方式来进行，即保护公共和平秩序，同时尊重个人的行为自由，反对非法强制，根据公正原则对严重的违法行为进行制裁"⑤。

---

① ［德］汉斯·海因里希·耶赛克、托马斯·魏根特：《德国刑法教科书》，徐久生译，中国法制出版社 2001 年版，第 1—3 页。

② ［日］西原春夫：《刑法的根基与哲学》，顾肖荣等译，上海三联书店 1991 年版，第 296 页。

③ 在人类社会的早期，由于人类的需求主要停留在生存和安全的需要上，对自由、尊重等需要就要求不高，甚至没有要求，因此，统治者建立一个以暴力压制民众自由的有秩序的人类社会，民众可以接受，但是，随着人类社会的发展，人类的生存和安全的需求基本得到满足，由于人类的需求永不满足的特性，人类此时就不得不要求统治者给予自己自由、尊重、权利和自我实现等需要的满足；因此，此时民众要求的人类社会的秩序就不仅是有秩序的生活，更应该是具有自由、民主、保障基本人权的人类生活，这就是现代社会所需要的秩序与古代社会的秩序的不同之所在。

④ 我们也应该注意的是，并非每一个社会都已经达到满足生存和安全的需要，因此，并非每一个人类社会都将自由、人权作为社会秩序的基本内容。同时，即使要求以自由、人权为建立社会秩序的基础，对自由、人权的理解由于现阶段面临的主要的需求的不同、文化的差异，也会得出不同的结论，因此，德国学者告诫我们，对用刑法保护人类社会共同生活的秩序的，"只能以公民整体的文化状况和个人的权利相吻合的方式来实施"。参见［德］汉斯·海因里希·耶赛克、托马斯·魏根特：《德国刑法教科书》，徐久生译，中国法制出版社 2001 年版，第 2 页。

⑤ 李海东：《刑法原理入门（犯罪论基础）》，法律出版社 1998 年版，第 2—3 页。

现代社会的人类社会秩序是以保障每一个公民基本人权为内容、核心和目的的秩序。而刑法的任务就是以保护全体公民基本人权为核心，只有保护全社会每一个成员的基本人权，才能说完成刑法的任务，满足刑法的目的。当然，有学者可能认为这是老生常谈，因为我国《刑法》第1条就明确地规定“为了惩罚犯罪，保护人民”。然而虽然刑法条文早就作出了明确的规定，但是我国还是有学者主张刑法只是“犯罪人的人权宣言”[①]，将犯罪人的人权说成是刑法唯一保护的对象，不顾无辜被害人的受伤的心灵和社会上一般人对犯罪人的残暴犯罪的恐惧的心声，似乎有矫枉过正之嫌。犯罪人的人权应该得到保护，那么，对被害人的人权和社会一般人的人权难道就可以忽视了吗？刑法的任务是保护全社会每一个成员的基本人权，而不是仅仅对少数的犯罪人的人权予以保护，否则，就违背了国家成立的初衷。当然，作为全体社会的每一个成员，包括被害人、犯罪人和社会上的一般公民。[②] 因此，保护人权就不能理解为仅仅是保护犯罪人的人权，对被害人、社会上的一般公民的人权也要进行保护，因此，刑法应该既是“犯罪人的大宪章”，也是“被害人的大宪章”，但最终是“全体公民基本人权的大宪章”。

刑法的目的是保护包括犯罪人在内的全体公民的基本人权。而犯罪侵害了整个社会的利益，是犯罪人对整个社会的侵害，是“孤立的个人反对统治关系的斗争”。有学者没有意识到这一点，主张将没有被害人的犯罪非犯罪化，主要理由是这些犯罪由于没有被害人，就没有侵害任何现实的利益。[③] 笔者认为，犯罪是对整个社会的侵害而不仅仅是对被害人的侵害，如果某种行为仅仅侵害了被害人而没有对整个社会造成侵害的话，就不能被认定为犯罪；相反，如果某种行为虽然没有具体的被害人，但是其严重危害了社会的公共利益，造成社会秩序紊乱的情形，就应该认定为犯罪行为而处罚。正如德国学者费德·卡尔·特奥多布·赫布告诉我们：“应被考虑为犯

---

① 李海东：《刑法原理入门（犯罪论基础）》，法律出版社1998年版，第4页。

② 所谓对社会上一般人人权的保护，是指犯罪行为是破坏法律制度的行为，对这种破坏行为如果不处罚的话，将导致社会秩序的崩溃，使社会难以存续。试想，当社会不复存在的时候，社会上的一般人的基本生活还能得到保障吗？因此，犯罪行为的发生使社会上的一般人的人权受到威胁。而刑法惩罚犯罪，就能够保障受到威胁的社会上的一般人的人权。参见肖洪：《刑法的调整对象》，载《现代法学》2004年第6期。

③ 参见余捷：《和谐社会的构建与刑法改革》，中国检察出版社2006年版，第3页。

罪的被害者的不光只是那些直接的被害人，国家和全体国民也是被害者。”[①]“犯罪行为可罚性的主要观点并不是被害人个人的观点，而是作为被害人的国家和社会全体的观点。”[②] 因此，可以说，犯罪就是对全体公民基本人权的侵害。

要实现刑法的目的，保护包括犯罪人在内的全体公民的基本人权，就必须减少犯罪。早在两百多年以前，贝卡利亚就指出：“刑罚的目的仅仅在于：阻止罪犯再重新侵害公民，并告诫其他人不要重蹈覆辙。”[③] 意大利刑法学者加罗法洛在其起草的《国际刑法典所依据的原则纲要》中第 1 条明确规定：“该法典的目的是与其他社会力量协同起来规定一种制度，以便消除或者至少逐渐减少犯罪现象。”[④] 减少犯罪并不等于完全消灭犯罪。“公共安全不是没有犯罪的一种状态，而是将犯罪控制在一定的范围以内，使之处于国家的控制之下。”[⑤] 为减少犯罪，人类社会采用的手段多种多样。刑罚的报应论、一般预防论和特殊预防论都是针对如何减少犯罪提出的学说。报应论主张，减少犯罪应该通过对犯罪人实施惩罚来实现社会报应的观念，抚慰被害人[⑥]受伤的心灵，这样就可以避免被害人去对犯罪人实施报复而产生犯罪行为，从而达到减少犯罪的效果。一般预防论认为，减少犯罪应该通过对犯罪人的惩罚来威吓社会上的一般潜在犯罪人，告诫他们这种行为是要受到严厉的刑罚制裁的，使他们由于害怕刑罚而不犯罪，从而减少犯罪。特殊预防论主张，减少犯罪应该通过对犯罪人的教育和改造，消除这些犯罪人的再犯罪可能性，从而达到减少犯罪的目的。应该说，这三种观点的共同点都是要实现减少犯罪，实现的方法都是通过预防犯罪的发生从而减少犯罪，只是预防犯罪的对象不同。三种学说从各自的理论基础出发，认为预防犯罪的对象分别是被害人、一般潜在犯罪人和犯罪人，并提出如何实现预防犯罪的方法，都有一定的合理性。笔者认为，减少犯罪的方法主要是通过预防犯罪的发生，这是完全正确的，但是，仅仅将预防犯罪的对象局限于某部分人，

---

① ［日］西原春夫：《刑法的根基与哲学》，顾肖荣等译，上海三联书店 1991 年版，第 22 页。

② ［日］西原春夫：《刑法的根基与哲学》，顾肖荣等译，上海三联书店 1991 年版，第 26 页。

③ ［意］贝卡利亚：《论犯罪与刑罚》，黄风译，中国大百科全书出版社 1993 年版，第 2 页。

④ ［意］加罗法洛：《犯罪学》，耿伟等译，中国大百科全书出版社 1996 年版，第 359 页。

⑤ 李海东：《刑法原理入门（犯罪论基础）》，法律出版社 1998 年版，第 3 页。

⑥ 这里的被害人是一个广义的概念，是包括了被害人及其家属、朋友。由于他们的利益受到直接或间接的损害，容易产生报复的心理而引发新的犯罪。

虽然能够达到减少犯罪的目的，但从要保障全体公民基本人权的刑法目的出发，只有最大可能地减少犯罪，实现刑罚运用的最优化，达到最大的“帕累托效应”，才应该是刑罚的目的。要想减少犯罪，预防犯罪的对象应该尽量扩大化。从犯罪学的角度来看，社会上的任何成员都可能犯罪，刑罚都应该对之实施预防。由于处于不同的角色和地位，不同类型的人的犯罪动因和遏制其犯罪的方法又不完全相同，因此，要达到预防犯罪的发生的效果，就需要具体分析刑罚措施对其能够发挥效力的人的类型、发挥效力的方式以及发挥效力所需要的具体的量是多少，才能真正预防犯罪，达到减少犯罪的效果。笔者认为，要分析刑罚究竟会产生什么样的效果，就必须对社会中的人的各种类型予以划分，具体分析每一种类型的人对刑罚的态度以及刑罚对其发生效力的条件和内容。

二、对减少犯罪可能性的分析

边沁指出，犯罪行为除了本身能够产生主害（对被害人及其关系人造成的直接损害）以外，还会产生次害，就是对其他人产生的痛苦和危险，而这些“危险和惊恐各自都可以再分解为两个亚形态：一是可能易由同一行动者的未来行为所引起的惊恐或危险，二是可能易由别人的行为所引起的惊恐或危险，这里的别人是指可能去从事同类并具有同种倾向的行动的那些人”①。因此，要预防犯罪，既要预防“同一行动者的未来行为”，即预防犯罪人的再犯罪，又要预防“别人的行为”，即预防具有“从事同类并具有同种倾向的行动”的一般潜在犯罪人和可能由于愤怒而产生报复心态的被害人。从犯罪学的分析来看，社会上的成员可以被分为三种类型：犯罪人、被害人和其他社会成员。要减少犯罪，就必须同时对这三种类型的人进行分析，看刑罚发挥效力的方式以及适用多大的刑罚的量才能真正预防这些人的犯罪，从而实现减少犯罪、保护全体公民基本人权的刑法目的。

（一）对减少社会上的其他成员犯罪的分析

对于社会上的其他社会成员来说，刑罚是否具有效力，适用刑罚究竟应该具有多大的量能够遏制这部分人的犯罪呢？

根据犯罪社会学派的观点，对社会上的其他社会成员可以分成三个类似

---

① ［英］边沁：《道德与立法原理导论》，时殷弘译，商务印书馆2002年版，第204—205页。

的阶层来考察：

第一个阶层是最高阶层，他们基本上是诚实的，由于受道德、宗教感和公众舆论及遗传的道德习惯的约束而不犯任何罪行。对于这个阶层来说，任何刑法都是不必要的。

第二个阶层是最低阶层，由那些抵制各种诚实情感的人组成。由于未受过教育，他们不断被物质和精神上的双重贫乏拖回到生存竞争的原始状态中去。他们从其父母那里继承了变态的生理结构，再加上退化和隔代遗传的疾病又一并传给他们的子女。这就成为天生犯罪人的滋生地。对于这种天生犯罪人来说，作为法律威慑的刑罚没有任何意义，因为他们不具备能够区分刑罚与其他从事各种日常的诚实工作时所产生的危险的道德感。

第三个阶层的人并不是天生注定要犯罪，但也不一定诚实，在善与恶之间徘徊。他们的道德感、所受的教育和训练不完善。刑罚对他们可以真正起到心理威慑的作用。正是在这一阶层中产生了大批偶犯。对于这些偶犯来说，如果在执行刑罚过程中能够遵循科学的心理规律，尤其再附之以减少犯罪机会的社会预防措施的话，就会产生效果。[①]

对于第一个阶层的人来说，严重的刑罚对其有威慑力，但是，即使不用严重的刑罚，用其他较轻的刑罚予以制裁，乃至仅仅进行名誉上的制裁，这些人也不会选择犯罪。因为这些人实施行为的主要决定因素不是恐惧惩罚的威慑，而是“行为被基于道德、信仰或者伦理的理由而否定的范围”[②]。对这些人来说，严重的刑罚的威慑力太大了，完全没有必要。对这些人来说，仅仅适用很轻微的刑罚，也能遏制行为人触犯很严重甚至收益很大的犯罪，严重的刑罚就没有任何价值。故这些人不是利用刑罚来预防犯罪的对象，也不能作为判断刑罚的量的对象，否则只会导致刑罚太轻而无法遏制社会其他人的犯罪。

对于第二个阶层的人来说，由于其犯罪不是自己选择的产物，而是生理、自然和社会的共同推动导致其实施犯罪的，因此，不对其从生理、自然和社会因素作任何改进，仅仅对其进行任何处罚都无济于事。对这些人的最轻微的犯罪即使用最残酷的死刑，也不能遏制这些人犯罪。对这些人来说，

---

① ［意］恩里科·菲利：《犯罪社会学》，郭建安译，中国人民公安大学出版社 2004 年版，第 50 页。

② 邱兴隆主编：《比较刑法——死刑专号》，中国检察出版社 2001 年版，第 336 页。

即使很严重的刑罚，也不能遏制行为人去触犯很轻微的犯罪，故对这些人是不可能利用刑罚来预防犯罪乃至减少犯罪的。任何刑罚都不能对他们发生减少犯罪的效果，只能通过其他的社会措施，如改造其社会环境等因素才能减少其犯罪的发生。

对于第三个阶层的人来说，由于在善恶中间徘徊，犯罪主要是由其自由意志[①]来选择实施的。既然是具有自由意志，那么，人是趋利避害的，基于功利的选择，人在实施行为时肯定会进行成本与收益的比较，因此，要遏制这些人犯罪，刑罚作为一种痛苦，就有存在的必要；而且，适用刑罚的量就必须考虑成本和收益的比较，如果犯罪的成本小于收益，这些人就可能去犯罪，如果犯罪的成本大于收益，相应地，这些人的犯罪就会受到遏制。对社会上处于中间状态的一般人来说，要减少犯罪，就必须使犯罪的成本——刑罚的痛苦大于犯罪所得的收益，才能够威慑这些人不犯罪。

刑事社会学派根据对这三种不同种类的人进行考察的结论是：刑罚的威慑对第一阶层的人用不着，对第二阶层的人又不起作用，而只对在善恶之间徘徊的一部分人，即我国刑法学界称为潜在犯罪人的人有效。[②] 因此，要减少犯罪，就只能利用犯罪成本大于收益的刑罚对潜在犯罪人发挥威慑的效果。

（二）对减少犯罪人再犯罪的分析

对已经实施了犯罪的犯罪人来说，犯罪已经发生，因此，要减少犯罪，只能是减少其再犯罪的可能性，即预防其再犯罪。

怎么样才能减少其再犯可能性呢？犯罪人的再犯可能性，我国刑法学界称为人身危险性。犯罪人的人身危险性的形成，既有社会、环境和生理因素的影响，也有犯罪人的对抗社会的主观恶性的推动；而对犯罪人处罚的不公平，如轻罪重罚等也会加重犯罪人对抗社会的心理。当然，对于社会、环境和生理因素的影响而形成的人身危险性，单靠刑法和刑罚是无能为力的，只能同时依靠其他社会政策和社会的共同努力才有希望克服；同时，对于因为

---

① 人是否享有自由意志，我国刑法学界认为这是刑事古典学派和实证学派的区别。笔者认为，人不可能享有完全的意志自由，但一般人也不是完全没有意志自由。刑法要求一般人在行为时只有具有辨认和控制能力，才能承担刑事责任，说明一般行为人在是否选择犯罪行为时是具有主观能动性的，因此，笔者认为，用主观能动性来取代自由意志更妥当一些。相关的内容可以参考陈忠林：《刑法散得集》，法律出版社2003年版，第246页。

② 参见邱兴隆主编：《比较刑法——死刑专号》，中国检察出版社2001年版，第49页。

处罚不公平导致犯罪人的对抗社会的主观恶性的增强，刑罚应该克服这种倾向，因此，刑罚的量刑就应该公平，而不能出现重刑主义。

什么样的量刑才被犯罪人认为是公平的呢？笔者认为，犯罪人一般也是具有理智、基于功利的考虑的人，[①] 在判断量刑是否公平时，是根据犯罪成本与收益的比较来考虑的。犯罪人在选择是否犯罪时，往往就是根据犯罪成本与收益的比较进行衡量的。如果对犯罪的成本（刑罚）规定得大于犯罪所获得的收益，但犯罪成本只是刚刚超过收益，犯罪人也会认为该量刑是公平、合理的；只有当犯罪成本（刑罚）过多地超过了犯罪的收益，犯罪人才会觉得量刑是对自己不公平的。

要减少犯罪人的再犯可能性，除了相关的社会政策以外，还应将犯罪的成本规定得大于犯罪的收益，但只能刚刚超过，这样既能威吓理智型的犯罪人不犯罪，[②] 也能因为量刑的公平性减少犯罪人对抗社会的心理，使犯罪人的人身危险性减少，从而减少再犯可能性。

（三）对减少被害人的犯罪的分析

对被害人来讲，由于犯罪给自己带来了直接或间接的物质或精神损失，容易产生对犯罪人的报复心理，这是朴素的公平观念的产物，无可厚非。但这种相互报复而导致的“冤冤相报何时了”的情形将导致社会秩序的混乱乃至社会的崩溃。国家为了避免这种情形，就通过刑法对犯罪人制裁，这样既能遏制犯罪，又能抚慰被害人，使被害人消除报复心理，因此，刑罚在处罚犯罪人时就不得不考虑对被害人的抚慰功能。如果刑罚对犯罪人的处罚使被害人觉得不公平，是放纵了犯罪人的话，那么，刑罚对被害人的抚慰功能就没能完全实现，就容易产生因为被害人的报复而导致的新的犯罪。

对被害人来讲，对犯罪人的处罚要以什么为标准才能使被害人觉得公平，才能抚慰被害人受伤的心灵呢？笔者认为，刑罚一般来讲不能完全以被害人的所有要求，特别是被害人还处于完全伤心欲绝的状态的要求为量刑的基础，因为被害人在悲痛之余对惩罚犯罪人的要求往往是没有止境的，甚至

---

① 虽然在是否选择犯罪时，犯罪人并不一定是理智的，可能基于冲动等原因而不顾后果地犯罪。然而，在判断对其的刑罚制裁是否公平、合理时，犯罪人往往还是理智的。

② 犯罪人在选择再犯罪时也分为理智型的犯罪人和非理智型的犯罪人。非理智型的犯罪人选择犯罪往往是冲动的产物，规定任何严重的刑罚对其也不会发挥遏制犯罪的效果，而理智型的犯罪人是根据成本与收益的比较来考虑是否犯罪的，因此，将犯罪的成本规定得大于收益，理智型的犯罪人将不会选择犯罪。

很多时候被害人要求等害报复。如果完全满足被害人的要求的话，可能导致刑罚非常残酷。如美国学者托马斯·杰佛逊所言："任何犯强奸、重婚、与男人或女人鸡奸之罪的人，如果是男人，应予去势之惩罚，如果是女人，则应予以在其鼻子的软骨上割一个直径至少为半英寸的洞的惩罚。任何使他人残废或毁人容貌者……应受类似的残废或毁容。或者，如果因缺乏某一部位而无法做到，那么，应尽可能相近地毁损至少价值相等的某一其他部位。"[①] 因此，如果完全满足被害人的要求，只能导致刑罚的残酷性和不公平性，以及对犯罪人的过多的侵害。

被害人觉得刑罚是否公平必须基于理智的被害人来分析。理智的被害人觉得基于什么标准的刑罚才是对犯罪人应有的惩罚呢？笔者认为，被害人认为犯罪人应得的惩罚应该是基于报应的惩罚，但是，由于报应一般无法具体作为量刑的标准，[②] 因此，被害人觉得刑罚是否公平只能凭借一种感觉，而且这种感觉主要来源是基于社会上其他人对此量刑所作的评价。笔者认为，当对犯罪人的量刑的依据是犯罪成本大于犯罪收益，对犯罪人适用的刑罚能够遏制其他潜在犯罪人犯罪的时候，虽然不一定完全满足了被害人的愿望，但至少也是让被害人能够容忍的，因为如果被害人意识到其他人都觉得这样的刑罚已经足够了，被害人还是不会轻易与社会上的其他人的观念背道而驰的。这样的量刑基准在一定程度上是能够抚慰被害人受伤的心灵的，从而减少被害人基于报复而引发的犯罪。

三、刑罚的目的应该是以"一般预防"为中心

刑罚的目的是保护包括犯罪人在内的全体公民的基本人权，而实现这个刑罚目的的手段就是减少犯罪。通过上述对社会中的成员减少犯罪可能性的分析，笔者认为，为了最大限度地减少犯罪，保护全体公民的基本人权，量

---

① 邱兴隆主编：《比较刑法——死刑专号》，中国检察出版社2001年版，第253页。

② 报应虽然是最朴素的公平、正义观的反映，但是强调"以眼还眼、以牙还牙"的报应观实际上是无法作为量刑的具体标准的。除了针对杀人案件的"以死还死"的死刑外，对其他的犯罪只能适用"以眼还眼、以牙还牙"的肉刑才能真正体现报应的观念；但是，肉刑在现代社会由于其不人道性，是不可能被刑法学界接受的。虽然黑格尔提出法律报应论，对于一个杀人之外的犯罪究竟应该适用什么程度的刑罚，法律报应论是无法给出答案的，最后只能归结为法律的规定，即法律如何规定就该如何对犯罪人实行刑罚进行报应，这又回到了立法者权力。立法者的量刑的决定又是以什么为基础呢？法律报应论对此无法解释，因此，报应主义是无法作为量刑的具体标准的。

刑的基准只能是犯罪成本刚刚大于犯罪收益。量刑的基准是犯罪的成本大于收益，首先可以遏制一般潜在犯罪人不犯罪，达到刑罚一般预防的效果；可以遏制理智型的犯罪人不去再犯罪，达到刑罚特殊预防的效果。其次，犯罪的成本是刚刚大于收益，没有过多地超过收益，使犯罪人能够心平气和地接受刑罚的制裁，减少对抗社会的心理态度，从而减少人身危险性而减少再犯罪，对犯罪人特殊预防的同时也能保障犯罪人人权，实现保障包括犯罪人在内的全体公民基本人权的目标。最后，量刑的基准是犯罪的成本刚刚大于收益，也使被害人觉得量刑是公平的，至少是被害人可以容忍的结果，从而减少被害人基于报复而引发的新的犯罪，实现刑罚的报应效果。

因此，只有量刑的基准是犯罪的成本刚刚大于收益，才能最大限度地减少犯罪，从而保护社会上更多人的人权不受到犯罪的侵犯；同时，这个量刑基准要求只能是足以遏制一般潜在犯罪人犯罪，不能超过这个要求，这样才能保护犯罪人的人权不受到国家刑法额外的侵犯，才不会导致对犯罪人更多人权的剥夺，从而达到保护更大范围的公民基本人权的目的。

笔者认为，从上述内容可以看出，要实现刑罚的目的——保护包括犯罪人在内的全体公民基本人权，就只能确立量刑基准是犯罪的成本刚刚大于收益。由于这种理论的核心是以预防犯罪为中心，预防的对象包括犯罪人、被害人和社会的一般人，预防这些人犯罪的主要方法是认定这些人中的大部分人是理性的功利人，是以根据犯罪的成本与收益相比较之后作出是否犯罪的选择为基础。这种理论的思维方式是典型的一般预防论的观点，因此，笔者认为自己的观点也可以称为“一般预防论”；但是，笔者的“一般预防论”是经过改造的一般预防论，与传统的只考虑遏制一般潜在犯罪人犯罪的一般预防论有天壤之别，是一种同时兼顾了报应（即正义）和特殊预防的内容为核心的“一般预防论”。

首先，如前所述，笔者的“一般预防论”对犯罪人的量刑基准是根据犯罪的成本大于收益来认定的，这本身就是一种正义的体现，是符合社会一般人的正义观的，也可以为被害人所接受，包含了对犯罪人报应的内容。

其次，笔者的“一般预防论”要求必须根据社会上一般人对具体的案件事实进行具体的评价。如果犯罪人的人身危险性比较小，如出于良好的动机等，社会上的一般人对此的谴责必然就比较轻，遏制出于同样动机的潜在犯罪人触犯这种具体的犯罪所要求的刑罚就算比较轻微也能实现目的；相反，如果犯罪人的人身危险性比较大，如出于卑劣的动机等，社会上的一般人对此的谴责就肯定要大，遏制出于同样动机的潜在犯罪人实施同样的犯罪所要求的刑罚就要比较重才可以。因此，笔者的"一般预防论"就已经包含了对犯罪人人身危险性评价的特殊预防的内容。

最后，笔者的"一般预防论"要求量刑的基准是犯罪的成本刚刚超过犯罪的收益，没有过多地剥夺犯罪人的人权，没有对犯罪人实行重刑主义相威吓，这样就更大限度地保护了犯罪人的人权，实现对包含犯罪人在内的全体公民的基本人权的保障。①

笔者的"一般预防论"不是我们刑罚理论抨击的"一般预防理论"。可以说，笔者的"一般预防论"是借一般预防的"外壳"实现保障包括犯罪人在内的全体公民的基本人权的"内核"，只有这样理解刑罚的目的，才能真正实现刑法的目的。

---

① 按照刑法学界的观点，一般预防有导致重刑主义和惩罚无辜的倾向（参见韩轶、刘雯：《刑罚一般预防目的质疑——刑罚目的不应包括一般预防》，载《中外法学》1998年第2期），但是，笔者这里的"一般预防"强调对犯罪惩罚的根基是犯罪的成本刚刚超过犯罪的收益，故不会导致重刑主义倾向；同时，由于强调犯罪人的人权也需要保护，因此，绝不能允许惩罚无辜的倾向出现，这样，就能克服一般预防的弱点。

对常见犯罪量刑基准的经验分析*

王利荣**

量刑是由来已久的法律活动，这个社会却至今没有读透其间技术方法与法律规则、实践智慧间的应然关联。在一个理性社会，既应找到解决疑难刑事案件的标准，更应实现一般意义上的公正量刑，因为量刑结果的不可预测只会令正义、秩序等价值遁形，没有规则和标准也必将事事存疑，处处受阻，为此立法者一直在精心打造系统完整、层次分明的法定刑体系。而在往返规范与具体事实间寻找个案的法的过程中，我们很快获知法律追求的平等其实并非数值可计算的平等，这种基于比例、几何的与关系的平等①存在极大变数，原因是渗透于量刑中影响因子及其复杂关联时常超出人们预想，真正的难题得靠主审法官在刑法框架下和具体案件中解决，于是法官的良知和智慧成了实现量刑公正的最终希望；直到继续追问两者如何互动，那些能定型法官常规做法和具体实现法律要义的技术方法才浮现出来，它们介于两者结合地带，比规范直观、比个案做法抽象，用之得当是联通两者的桥梁，反之会偏离规范或瓦解个案裁量基础。制度制衡连同人的理性能力在这个敏感而有限的空间受到极大的挑战，量刑方法体系的生成、运用至今未被刑法理

* 本文原载于《法学研究》2009 年第 2 期。

** 西南政法大学法学院教授。

① 参见［德］考夫曼：《法律哲学》，刘幸义等译，法律出版社 2005 年版，第 238 页。

论和制度实践清晰解答，尽管量刑基准存在于司法思维之中①，作为地方性和历史性的知识或工具，它的作用却至今仍未真正定位。在我国，一些法院部门细化量刑基准的做法和方向亟待理论考量，理论方案又缺乏制度验证，致使量刑技术的运用长期徘徊于初始阶段。

一、何以取法于经验

个案裁量中，法官在刑法框架下会根据不同需要运用标准，找到量刑规律显然须对其有所梳理。法官确认行为人有罪后，可以根据刑法规定的罪质罪量找到对应的刑罚空间，却不能直接得知其具体刑量，即使同一罪名有多个法定刑幅度，每一幅度框定的仍是涵括所有情形的处罚空间，除非该犯罪对应绝对法定刑或存在免予处罚情节可简化步骤，此时法定刑设置对于其量刑已没有多少帮助，他在裁量刑罚时自然而然会参照自己或同行先前做出的相同犯罪包括相似情节运用的裁量结果；很多时候，他还预定一个刑量作为运用量刑情节的基础；假设主审法官试图在更阔视野、更深层面上清晰量刑规律或弥补法定刑的缺陷，他不仅须有明确的价值选择，通晓相关学说观点，梳理刑法规范及解释的内涵，还须比较相关罪名的罪刑结构，按其法益侵害程度辨明罪与罪的等重线，甚至那些先于个案判决存在的源于其他罪名法定刑的进入线也可能帮其找到参考标准。对此，就近观察分析明显有助于我们认清复杂的实践论证过程。

涉及量刑基准的理论观点大致有二，并且大多立足于实证分析。

第一，量刑基准是法官直接找到宣告刑的参照标准，有平衡个案结论的作用。日本学者中有人将其理解为先于个案存在的对应犯罪事实和行为人因素的经验刑量，是长期审判实践经验蓄积而逐渐形成的“量刑幅度变化值”。② 我国学者的相同观点是，“从法定刑与宣告刑的关系入手，提出需要为每一法定刑找出基准点，可以提升量刑的可操作性和精确度”，并认为刑事发案率是确定量刑基准的参照因子。③

---

① 参见周光权：《法定刑的配置》，中国方正出版社2000年版，第154页。

② 参见［日］大谷实：《刑事政策学》，黎宏译，法律出版社2000年版，第177页；［日］曾根威彦：《量刑基准》，载苏惠渔、西原春夫主编：《中日刑事法若干问题》，王亚新等译，上海人民出版社1992年版，第61页。

③ 参见郑伟：《法定刑的基准点与量刑的精雕细琢》，载《人民司法》2003年第7期。

第二，量刑基准的作用是细化量刑层次和清晰情节适用。德国学者认为：“由行为人实现了的犯罪构成要件的刑罚幅度，为确定制裁指明了最初有约束力的方向。”“这就向（往往是很宽的）刑罚幅度提出了一个切入点问题，该点所以有意义，是因为只有从其出发始可确定加重处罚和减轻处罚的影响。”[①] 另言之，“量刑的罪责与法官进行量刑的起点性行为构成有关，与那些在具体案件中对刑罚严厉程度有重大意义的全部因素有关”[②]。此时由于刑罚的上限对应的是“罪责”即行为责任，行为人因素明显被置后评价。我国学者定位基准刑大多与其类似，其中较有影响的观点认为，量刑基准指“对已确定适用一定幅度法定刑的抽象个罪，在不考虑任何量刑情节的情况下仅依其构成事实所应当判处的刑罚量”[③]。论者之所以隔开复杂的量刑情节运用尤其排除运用反映犯罪形态的情节确立基准刑的可能性，无外乎是要清晰量刑起点和步骤，这在我国量刑程序缺损和刑事判决说理不足的情形下极具现实意义，因为如果把未遂、从犯等修正犯罪的“构成事实”对应量刑基准，后者必是一个模糊区间。加之论者强调只有实证方法才能找到基准刑，它因此得到了司法部门的青睐。另一观点以以上基准事实很难被找到为由，把量刑基准定义为“某种犯罪各组权威示范性案例样本之间相互独立的平均刑量”[④]。显然，即便经论者解释，理解这一由诸多技术缩语组成的概念仍须花些气力，但其对前一观点的判断是准确的，强调对基准刑的客观求证也值得称道，而且如果笔者没有误读其所谓“构成事实”，论者想寻找的是那些存在于先前判决中对应于触犯同一罪名且同一法定刑幅度的犯罪事实以及包括了罪中情节的平均刑量，这就更能回归罪刑均衡的本义，其作为其他情节适用的轴心似更得当。不过，它的缺陷同样明显：（1）量刑基准被视为一个被发现的法，即法中之法，从多幅度分离从重从轻的情况将其格式化，都会带给司法实践更大的困扰；（2）这一基准的发现有严格前提，即示范案件个案量刑说理层次清晰、样本足量，现阶段显然不具备这些条件，加之其量刑步骤并不清晰，结论是否准确同样值得置疑。论者自行

---

① ［德］汉斯·海因里希·耶赛克等：《德国刑法教科书》，徐久生译，中国法制出版社2001年版，第1044页。

② ［德］克劳斯·罗克辛：《德国刑法学总论（第1卷）》，王世洲译，法律出版社2005年版，第573页。

③ 周光权：《量刑基准研究》，载《中国法学》2000年第1期。

④ 白建军：《量刑基准的实证研究》，载《法学研究》2008年第1期。

验证失败也表明在具体总结量刑经验的基础上运用统计分析方法，才具实践意义。

我国法院系统普遍认同在清晰量刑步骤意义上使用量刑基准。[①] 目前量刑基准不只是隐现于主审法官的思维层面，江苏、山东、上海等地法院量刑指导意见都已明确它的作用。比如江苏省及所属泰州市、姜堰市三级人民法院制定的指导意见都明确要求，刑事法官"为防止量刑失衡，应当确立各罪的量刑基准"。量刑基准具体指"对已确定适用一定幅度法定刑的个罪，在排除各种法定和酌定情节的情况下，仅依其一般既遂状态的犯罪构成的基本事实而应判处的刑罚"。后两个法院还分别确定了30—32个常见罪名不同法定刑幅度内的基准刑，以此制衡量刑。制定规范性文件只是整理量刑思维的初始阶段，各种文本中有创见的规范要求有待予以确认；30余个犯罪基准刑的确立根据有待阐释，司法如何弥补立法不足须予拓展；有些做法值得检讨。而桌面理论明显不能承担重任。值得注意的是，那些悖于逻辑和经验的文本要求往往发生在对基准刑的类型化概括，以及确定减轻加重构成对应的基准刑方面，这不仅表明指导者忽视基层司法经验难有正果，也暴露了划分法定刑等级的立法缺陷和量刑学说的苍白，进而对这些文本的去粗取精、去伪存真得有司法经验在场。

况且，确定量刑基准和清晰量刑步骤是法律人共谋的结果。量刑既然是刑事法实践，那么无论是在诉讼还是在理论平台上形成质辩与对话，目前除了运用一套法律人通识的符号语言、经验式论述方式，为发现个案的法打造一套知识工具，没有更好的选择。

也正是以经验分析为基础，本文将一般量刑基准界定为：对已确定适用法定刑幅度的个罪，对应于既遂状态下反映该罪手段特点或者犯罪实害程度的事实所预定的刑量。特殊情形下，量刑基准指个罪法定刑等级间上一幅度的下限。

二、何以隐化犯罪构成择取基准事实

本文对量刑基准的界定没有超出我国量刑学说中的主要因素论，即择取

---

① 这与德国司法情形有些不同。德国法院有判例否定在法定刑内确定基准，潜在原因是"正确的起始点的艰难的审核，（使得）上诉审法院的负担过重"。[德] 汉斯·海因里希·耶赛克等：《德国刑法教科书》，徐久生译，中国法制出版社2001年版，第1044页。

最能反映本罪特征的因素为基准事实，但淡化犯罪构成概念讨论基准事实，须予清晰交代，否则有整体分离定罪量刑活动和倒退量刑学说之嫌。

有很多理由支持以犯罪构成标准择取基准事实。笔者也曾经深信这一点。从学说结构看，刑法理论既然自称是最精密的法科学，犯罪构成学说又是其核心理论模块，那么以基本犯罪构成框定基准事实且对应基准刑，加重或减轻构成也有相同作用，似是必然结论；从规范要求看，《刑法》第 61 条规定应当根据犯罪事实、性质、情节和对于社会危害的程度适用刑罚，这似乎揭示了构成事实的基础作用，因为此处构成事实与情节各有所指，基准刑量对应的构成事实具有完整性，情节作为片断事实用于调整刑量，其整体与局部的关联能递进评价罪质、罪量与对应的刑度。从司法思维规律看，循着定罪量刑进程贯通适用一套标准，行为人责任评价不致偏离行为，由常模到特殊情节评价也符合认知规律。至于法院及法官也在抽象层面上普遍强调这一点。

然而，深入探讨具体个罪的量刑基准，以上分析结论遇到了挑战。事实上，用以定性包括定型犯罪的理论模型并不总能为量刑提供思路：第一，在刑法分则条文指引下，运用所谓基本或派生构成事实寻找相应的法定刑等级是在幅度内确立基准刑量之前的步骤，据其继续寻找基准刑量就得从标准事实中分离基准事实，因为根据刑法分则的“抽象事实”对应个案事实可以概括评价行为性质和确立法定刑等级，但经其标准化的事实仍包含了反映不同罪量的丰富的个案情况，可见指望沿用应定罪需要确立的范式清晰量刑的起点是不够的。对此，有人提出了相似的看法：“以往多数研究以假设存在的无从重或从轻情节的抽象个罪为分析对象，通过计算已决个案宣告刑的算术平均数来代表量刑基准。或直接对法定刑进行分格来确定基准。由于这种假设的抽象个案在司法实践中是不存在的，所以获得的量刑基准往往不具有实践意义。”① 第二，作为规范刑法学的产物，修正犯罪构成是特殊形态下行为定性的根据，它不像基本和派生构成那样能够指示法定刑幅度，因此在完成修正定性后，反映犯罪未完成、主体责任能力、共犯等形态的情节被归入量刑情节。如果从决定基准刑的构成事实中明确排除这些情节，那么用构成事实模糊指代基准事实就不如直接界定后者；如果将其包含在内，这类情节的从宽程度就得先于基准刑确定，而问题是它们并不都取决于自身特性，

---

① 李安：《刑事司法视野中的量刑基准》，载《法治研究》2007 年第 2 期。

还可能受制于其他因素,[①] 这无疑加大了确立基准刑的难度。此外，所谓“构成”事实往往令人们的注意力集聚于定性和定型犯罪的标准及其演绎的过程，忽略了“事实”的主语地位，甚至忘记“并非生活为概念而存在，而是概念为生活而存在”。[②] 进而一个应用标准被拉向抽象层面，标准对应标准反而会阻碍法官的眼光在规范与事实之间往返。

因此完成有罪认定后，应当将反映具体犯罪危害程度的手段与结果作为量刑基准。

以下立法引导和司法解释中可以印证这一点。第一，根据刑法分则规定，行为人容认且已发生的结果决定了对危险犯的加重处罚；行为人应当预见且已发生的特别严重结果决定了部分过失犯罪的加重处罚；行为实害程度普遍决定对侵犯人身权利的犯罪人的处罚程度；数额是提高破坏市场经济秩序、侵财性、涉毒及贪污贿赂等犯罪法定刑等级的依据；部分侵犯人身权利、妨害社会管理秩序等犯罪的处罚中，手段因直接标示其对社会心理秩序的破坏程度而具有定基作用。归言之，对应法定刑等级的典型事实通常是手段和结果尤其是犯罪数额。刑法总则中反映未完成形态的因素不直接对应法定刑，既遂作为常态处罚方式和客观结果状态对应的刑量通常是这类情节适用的起点。第二，最高人民法院对具体犯罪定性定量的司法解释致力细化以上立法内容，比如有关抢劫罪、盗窃罪定性处罚的司法解释是这类解释中最详明、最系统的文本，它们均将具体犯罪数额及计算方法、手段方式、物质损害及其他危害后果等作为重点解释内容，以此在刑法与个案经验间搭起桥梁，其紧靠刑法且对个案经验做类型化处理，因而能够反映量刑规律。第三，各种量刑指导意见中，对应个罪基准刑的事实也是反映该罪特点及危害

---

① 比如未成年人犯罪应当从轻还是减轻处罚，很多时候取决于犯罪危害程度。另外，所谓的构成事实的标签极易让人们在量刑中有意无意分裂理解同一事实。比如基于杀人故意用极其残忍手段致使被害人完全丧失生活自理能力的，法官就有理由据此不以犯罪未遂从轻处罚。而通常人们把未遂事实视为构成事实，把未遂导致的结果视为非构成事实，于是非构成事实似乎决定了构成事实有无实际作用，这反而让人自困其中。去标准化，造成结果的未遂反而被整体理解。

② 耶林语。转引自［德］科殷：《法哲学》，林荣远译，华夏出版社 2002 年版，第 218 页。

程度的手段与结果。①以姜堰市人民法院量刑指导意见为例，该意见确定32个罪名对应基准刑的事实分别是：（1）犯罪数额，盗窃，非法持有、私藏枪支、弹药，生产、销售伪劣产品，诈骗，贪污，贿赂，走私、贩卖毒品等19个犯罪，均以此为基准事实；（2）其他犯罪结果，反映交通肇事死伤和物质损失，故意伤害、强奸人数，引诱、容留、介绍卖淫次数及人数，玩忽职守和滥用职权造成人身或物质损害等程度的事实，均是基准事实；（3）犯罪手段，抢劫、妨害公务、聚众斗殴、寻衅滋事以具体手段方法为基准事实；（4）兼而有之，抢劫、聚众斗殴等犯罪中，手段、结果都是可供选择的基准事实。

以此确定基准刑也符合由客观到主观、由现象到本质、由一般到特殊的认知规律。首先，将犯罪危害程度或手段对应基准刑量，便于找到过失犯罪、法定刑等级单一且幅度较小的犯罪的宣告刑，并能为评价行为人罪过程度和运用行为人因素奠定客观基础。由于确立量刑基准只是步骤之一，反映犯罪动机、目的甚至反映某种复合罪过状况的情节都可以后续调整刑罚力度，因而没有客观定罪和偏重某一情节作用之虞，相反它有利于完成对行为人犯罪意志程度的准确评判，保证情节运用的连贯性和可操作性。其次，这样做不会分割犯罪事实评价。物象事实不受任意涂抹和变形有两个作用：避免遗漏量刑情节的运用，由于基准事实具有先在于个案事实存在的常态特性，只要个案事实中手段或结果程度没有被足量评价，其作为调整刑罚的因素就仍会被提取；同时避免情节的重复评价，反映犯罪主客观程度及行为人态度的情节适用层次清晰，有助于法官准确甄别诸多从重从轻情节。最后，便于清晰情节犯的量刑步骤，在刑法分则概括性条款中，将其用于确定所谓"情节犯"量刑基准的事实，从手段中找到对社会心理秩序的危害程度，从具体实害分析对法益实际侵害程度，可以做到标识明晰、定位合理。

由此可见，将犯罪构成视为量刑前的规范概念，根据手段和结果作为基准事实，理论意义是适度分离刑罚论与犯罪论，揭示刑罚适用规律，实践意

---

① 三级地方法院中省级法院的量刑规则是最具宏观指导性的。以江苏省高院量刑指导规则为例，它的量刑基准概念与确立方法之间存在逻辑矛盾，除数额型犯罪中数额是这类犯罪的构成基本事实外，一般情形下，以中间刑度或中间刑种作为确立量刑基准已表明不必追问什么是基准事实，这就架空了其先前做出的量刑基准的定义。更重要的是，它没有涉及具体个罪的基准刑。这一现象似乎暗含了一种司法规律，在强调刑罚个别化的当下，指导法院制订的量刑指南更宜采取案例指导的方式，基层和中级法院则可以采取相对系统的量刑规则。

义是提示法官确信自身经验，避免因某种误导陷于盲目、被动状况。[①]

三、何以在历史起点上确立基准刑量

在历史起点上清晰基准刑量仍是确认经验的主导地位，因此中线论不足为取。

国内外量刑理论中，以法定刑中间线为量刑基准自成一派。据德国学者介绍，德国有人认为应“选择规范的平均值，亦即实现构成要件的平均严重程度作为理想的切入点”[②]。早些时候我国有学者认为：“如果某罪的法定刑只有一种，并规定有一定幅度的，从重的应在最高与最低法定刑幅度的二分之一以上判处，从轻的在二分之一以下判处。如果某罪法定刑规定有两种以上刑罚的，从重应按次重或最重的刑罚判处，从轻的按二分之一以下判处。”[③] 现阶段，主张情节积分制的量刑方案，在完成对无期徒刑和死刑的系数折算后，实质上是把法定刑幅度的等分线作为情节适用的基准刻度。[④]有人则明确主张应以中间刑为基准刑的最高点，下浮一定百分比作为最低点，形成量刑基准区间。[⑤] 还有学者以自己的统计数据接近于等分线或法定刑幅度中间值的现象形成了中线论的支持。[⑥] 我国司法实践中，中线论也很有影响力，江苏省高院相关量刑规则要求，非数额型的一般犯罪以法定刑中间刑度或刑种为量刑基准，法定刑为两个刑种的以其结合点为量刑基准，法定刑 3 年或 5 年有期徒刑以下的有所微调。山东省高院确定的基本方案是在中间刑度上下浮动 6 个月确定非数额型犯罪的量刑基准。具体方案是：某罪法定刑幅度仅为有期徒刑的取中间值，但如果某罪法定刑幅度由 7 年以上有期徒刑、无期徒刑或死刑等多刑种组成，中间刑是无期徒刑，然后将其换算

---

① 从两层意义上看，确定基准事实不只是为了清晰常规思维的步骤，而且是为了解决特殊问题。比如盗窃珍贵文物未遂须予定罪量刑时，由于其最高法定刑等级对应事实是盗窃珍贵文物且情节严重，因而比照既遂找到法定刑等级是有难度的；至于犯罪实施后，行为人恢复原状或赔偿无论作为出罪情节还是从宽情节，都可能颠覆基于行为的评价规则，这就需另行确立适用规则。

② ［德］汉斯·海因里希·耶赛克等：《德国刑法教科书》，徐久生译，中国法制出版社 2001 年版，第 1045 页。

③ 李光灿：《中华人民共和国刑法论》，吉林人民出版社 1984 年版，第 356 页。

④ 参见赵廷光：《量刑公正实证研究》，武汉大学出版社 2005 年版，第 279 页以下。

⑤ 参见王恩海：《论量刑基准的确定》，载《法学》2006 年第 11 期。

⑥ 参见白建军：《量刑基准的实证研究》，载《法学研究》2008 年第 1 期。

为20年有期徒刑，得到的量刑基准为13年10个月到15年有期徒刑。[①] 至于笔者问卷调查和访谈刑事法官时，中线论也被他们显性或隐性认同。

中线论为省级法院普遍接受的原因还有：第一，量刑标准简便易行，直接从法定刑幅度的中线择取基准刑虽非良策，它作为权宜之计却比经验估量更容易掌控，以此推理遭遇的阻力也更小一些；第二，指导者要在较大区域统一量刑步骤，以其作为非数额性犯罪的量刑基准最省时省力，通过司法统计和分析论证确定具体犯罪的基准刑则是长期细致烦琐的工作，这对于希望看到结果的法官们来说“远水解不了近渴”；第三，在审判法院，法官岗位的流动导致量刑经验破碎而零散，即便审判部门能够掌握判决数据和岗位人员相对固定，由于长期以来刑事判决书基本不涉及量刑理由，其自身在调查研究中仍然感到直接提取相关信息，清晰展开量刑思维有相当的难度。也正是因为没有自信，审判法院才会转而求助立法标准。

然而，笔者问卷调查涉及具体犯罪量刑基准时，被询问者的看法有明显转变。至于法院量刑指导意见中，以数额型犯罪为例外本身已表明中线论的局限，具体犯罪的基准刑也大多不以此取值。以姜堰市法院量刑指导意见为例，数额型犯罪的基准刑均呈等级分布；以结果为基准事实的犯罪也按程度细分基准刑，如故意伤害罪根据被害人伤残程度兼顾犯罪手段，分别在其法定刑三个等级中形成六个基准刑，强奸罪量刑基准也分别是5年、7年、11年、12年、14年、15年；以手段为基准事实的情形也是如此，如妨害公务罪基准刑分别是拘役、管制、8个月有期徒刑。另外，以上海高院毒品犯罪量刑指导意见为例，该意见根据走私、贩卖、运输、制造毒品罪的数额和其他情节程度，在不同法定刑幅度内按每两年一个等级划分基准刑，并允许法官应案件需要偏离量刑指南。[②] 显然，这些基准刑形成的刑格类似于美国哥伦比亚高级法院自愿适用量刑指南中的“box”。[③] 尽管不能简单断言它们的具体划分就是精当的，但以处罚等级对应犯罪危害程度的思路比中线刑更能体现罪刑均衡。

以历史为起点还能提示法律人运用生活经验且透过司法解释、地方法院

---

① 参见谢萍：《关于确定量刑基准方法的新思考》，载《法学论坛》2005年第4期。

② 这一规范性文件取自朱小琳律师工作室，网址 http：//www. lawyerzhu. cn/mylaw。

③ The District Columbia Sentencing Commission 2006 Practice Manual; The Superior Court of The Districtof Columbia Voluntary Sentencing Guidelines for Pleas And Verdicts Entered On June 14, 2004.

量刑意见和个案做法，清晰具体犯罪的基准刑。

经验选择与目前通过案件统计分析寻求基准刑的主张略有不同，其具体观点是：

第一，在我国，司法解释和地方法院量刑意见一向是集聚审判经验的主要方式，充分利用其资源有事半功倍的效果。由于它们涉及的量刑规则提供给公众和法律人具体的评判对象，因此透过文本分析有助于清晰量刑思维，而步骤清晰使得统计分析方法得以有效运用。反之，多级司法指南和常规量刑步骤不明的情形下，量刑均值的统计意义不明显。而且脱离目前已呈系统的经验记忆寻求基准刑，困扰可能多于澄清。至少数额型和结果型犯罪基准刑的确定目前还不是源于精确的数据统计而是基于经验估量。

第二，微观分析基层法院和中级法院司法指南和个案量刑的细节部位，以找准基准刑。从姜堰、泰州两级法院量刑指导意见看，它们所确定的故意伤害罪的基准刑相对合理实用，但另一些个罪基准刑仍很含糊，比如姜堰法院仅要求根据数额提升抢劫加重情节对应的基准刑，这可能与其审判管辖有关，于是泰州法院指导意见只是照搬了刑法条文，这样做还另有原因：(1) 以中间刑种或等分线为基准明显不当，《刑法》第 263 条规定，行为人抢劫且具八个情节之一的，判处 10 年以上有期徒刑、无期徒刑或死刑，其中以故意杀人方式抢劫应参照杀人罪的基准，将入户、在公共交通工具上、持枪、冒充军警人员抢劫、以银行、军用救灾物资为抢劫对象的起点刑定在 10 年就已嫌过重，甚至手段竞合时起点刑未必都得 10 年；[①] 立法缺陷明显；至于抢劫故意致人重伤如果比照故意伤害罪的基准刑必呈等级特性，这同样比一律以无期徒刑或以等分线为基准更合理；(2) 下级法院相关标准没有普适性；(3) 按加重情节性质分别确定基准又可能招致变相造法的批评，比如入户抢劫以 10 年为基准刑的话，行为人不是累犯且无其他减轻情节宣告刑就是 10 年，而且论证不周密还会不当限制法官的裁量权。

显然，此时要继续论证直至解题，须细致考察个案量刑时法官裁量的结论及理由，从中找到那些富有司法创见的经得起理性考问的技术规则。应当看到以上指导意见之所以提不出具体标准，根由还是处理这类情况的普遍结论不甚明确，此时依赖于统计数字可能只是将糊涂进行到底。但实践中不乏结论精当的个例，选择典型案例无疑是法律人汲取同行经验和整理自身思维

① 参见李洁：《法定刑设定根据与设定技巧研究》，载《江苏行政学院学报》2006 年第 4 期。

的途径。因为具体案件判决实质上是法律人加工的结果，抽取哪些案例为司法指南又离不开选择者的价值权衡和理性算计，典型案件生产中个案经验再次经过理性加工，这些案例的指导作用非常明显。而典型案件积累到一定量时，统计方法的运用就有了基础，数字符号所指代的内容如果更明确，法律人就始终会是数字的主人而不会被其俘获。

目前最高人民法院指导性案例中已有一些案例在指示基准刑，比如第391号李政（系累犯）等在公共交通工具上抢劫、[①] 第466号韩维等入户抢劫[②]等案，其重点虽是廓清加重情节即基准事实的问题，但由于不存在其他情节的独立适用或量刑情节单一，我们很容易从两案同是12年的宣告刑中发现其基准刑在12年或更低。

四、何以强调确立常见犯罪的量刑基准

首先，集聚现有司法资源解决主要问题，满足重点需要。所谓常见犯罪，指在审结的刑事案件总数中比例靠前或在类罪名案件中比例靠前的个罪，以及其他传统犯罪。根据最高人民法院在历年法律年鉴中公布的刑事案件审判率，始终居于犯罪类型前列的有盗窃，抢劫，故意伤害，交通肇事，诈骗，抢夺，寻衅滋事，走私、贩卖、运输、制造毒品，强奸等犯罪，确立这一类犯罪的基准刑意义是：（1）由于这些犯罪的审判频率较高，有关媒体舆论、被害人和犯罪人对量刑看法信息反馈较多，审判部门对其手段特点的类型化整理和对其客观危害程度的系统评估都有相应的经验基础，基准刑的预定及调整有反复验证的条件，控辩双方质证有丰富的案例或数据支持，量刑资料的积累也有利于学者独立论证，因而整理量刑步骤的难度相对较小，通过法律人的共同努力和重点攻关清晰量刑过程是一个可以期待的结果。（2）明确了这些犯罪的基准事实和对应刑量，有利于整理这些犯罪的量刑层次或为主审法官直接指示宣告刑，这本身就满足了最迫切、最普遍的量刑需要。（3）逐步深入揭示基准刑等级即刑格与个罪情节适用之间的微妙关联，发展形成一套具有多功能指示作用的、开放的常规标准体系，由于

---

① 中华人民共和国最高人民法院刑事审判第一、二、三、四、五庭主办：《刑事审判参考》（总第49集），法律出版社2006年版，第19页。

② 中华人民共和国最高人民法院刑事审判第一、二、三、四、五庭主办：《刑事审判参考》（总第59集），法律出版社2008年版，第40页。

有此个罪的基准刑可以成为另一些个罪特殊情节适用力度的标准，这可以鼓励法官凭借学徒式传承的实践理性，发现个案的法。（4）为清晰其他犯罪的量刑层次和透明量刑活动，提供思维方法和路径，以点带面，由具体到类型化，逐步形成量刑方法体系。

其次，逐步推知刑罚等重线。就需要与可能而言，确定刑法典包括修正案中四百余个罪名的量刑基准和情节适用标准既不现实也不必要，发挥常见犯罪的量刑基准甚至情节适用规则的辐射作用，既可应对需要又能避免过度技术化。比如类罪名中通常有一般和特殊罪名之分，取前者量刑标准就可以起到举一反三的作用，具体地说，玩忽职守罪、滥用职权罪的量刑基准可指导其他渎职罪的量刑；作业生产责任事故罪的基准刑为其他危害公共安全的业务过失犯罪提供参照。再如故意杀人和故意伤害罪是最常见的传统的严重侵害人身权利的犯罪类型，它们的基准刑等级可引申适用于确定那些危害公共安全、人身权利且故意造成人身伤亡犯罪处罚，而且越传统的犯罪，公众、法律人对其危害程度的判断就越清晰，法官把握犯罪手段和结果程度，分离基准事实与情节都要容易一些，以此为等重线的基点，不仅有助于他们遇到不多见犯罪类型时找到合理的量刑结论，在必须适用有缺陷条文时，也能做到有效识别和尽力弥补。

量刑方法包括基准刑和情节作用力度的探讨不是真理判断或创制新的刚性规则，它更像是在围棋黑白世界中“做活”而演绎招数，法官对其灵活理解和运用理应有利于整体掌控刑罚包括对死刑立即执行的有效限制。比如普通诈骗罪的量刑基准经过适度调整，可以成为确定合同诈骗、票据诈骗等犯罪的基准刑，盗窃罪、强奸妇女罪（奸淫幼女）的量刑基准可以经过调整分别成为确定其他单纯财产性犯罪、嫖宿幼女罪的基准刑；除非犯罪人故意致人死亡，多个加重情节并存的抢劫罪不适用死刑。应当看到，类推量刑结果似乎倒退到了我国刑事类推制度上，甚至不及后者严谨，它预示着某种必然规律还是因为目前量刑阶段同于犯罪化技术不成熟的当年情形，或许两者都有？本文还不能简单下结论，但可以确知的是：（1）现阶段，这样做有利于摸索一套合理而明智的司法规则。它不仅能有效控制个案裁量权的滥用和确认法律人有创见的成果，还使体系拥有自行甄别和完善的功能作用。（2）这种做法不应处于做得说不得的状态，而是堂而皇之作为判决理由。从思维规律上看，在刑之法定的框架下刑罚与行为的等量等价本身是算计结果，这种权衡既发生在同一性质的不同犯罪案件间，也发生在此罪与彼罪刑量的选择上。至于刑事立法、司法活动和相关研究中，类推方法同样运用普遍。它既被立法者用于配置类罪名中行为危害程度相同的法定刑，立法提示的罪名转化实际也是刑量比较的结果；又被学者用于考察立法、司法中的量刑平衡情况，比如有人据此质疑盗窃金融机构与抢劫金融机构、嫖宿幼女罪与强奸罪的配刑，[①] 至于规范法学中谈及法条竞合和想象竞合下的以刑定罪的规则，表面上看是罪名选择，实为刑罚轻重的比较。它还被法官用于确定具体犯罪案件的宣告刑，比如有人认为行为人误将装在麻袋里的尸块当成毒品运输的应定运输毒品罪，基准刑在 15 年有期徒刑上，运用未遂情节降低法定刑时应当参照包庇罪加重法定刑等级的基准刑判处 5 年有期徒刑，理由是其与包庇罪在客观危害程度上是相同的，这可谓匠心独运。[②] 看来，量刑确有自身的规律，这就难怪德国学者罗克辛把量刑法视为实体刑法最重要的相邻法律领域，而不是实体刑法本身。[③]

最后，通过分析常见犯罪的基准刑与情节作用，合理简化量刑步骤，突显量刑中的难点、疑点。在个案审理中，法官并非必须在法定刑幅度内寻找基准刑，如果那些反映主体责任能力、共犯形态、防卫过当等罪中情节，或者因自首且有重大立功、恢复原状或全额赔偿等情节具有降低法定刑等级作用，相应法定刑幅度的起点刑就是基准；如果存在免予处罚的情节，法官就更是不必执意追问基准所在。此外，由于常见犯罪问题讨论较为集中，量刑难点和疑点也会很快显现出来。量刑难点是情节提取和作用判断，如果说量刑基准更靠近规则标准，那么如何从犯罪事实中提取并独立评价情节就更靠近个案经验，后者更难以定型，此时，继续应用等重线找到标准是一个不错的具体选择，建立合理有效的量刑程序是基本的技术保证，通过法官职业化促使其有能力说明理由则是长远之计。（2）量刑疑点是与犯罪对应的罚金刑幅度不能被准确框定，要求法官说明量刑理由更显苛刻。由于刑法分则包括修正案中涉及并处罚金的条文没有数额要求，加之罚金受个人经济能力的影响过大，罚金判罚率虽高，空判率也高，目前确立相应的量刑基准缺乏经验支持，短期内这一司法困扰无法消除。当然，罚金作为国家之债与赔偿作

---

① 参见李洁：《法定最高刑与最低刑之设定研究》，载《河南省政法管理干部学院学报》2008 年第 3 期。

② 参见黄祥青：《刍议量刑的一般规则》，载《政治与法律》2004 年第 6 期。

③ ［德］克劳斯·罗克辛：《德国刑法学总论（第 1 卷）》，王世洲译，法律出版社 2005 年版，第 5 页。

为个人之债有一个合理取舍的问题，有直接被害人情形下同是金钱之债的话，保护被害人原生之债比追讨犯罪人的国家之债更显迫切，如果强调后者将在很大程度降低罚金的判决率，对犯罪人更多适用限制自由刑刑种而搁置罚金基准刑的讨论，也无可厚非。

综上所述，司法逻辑是证成结论并说服他人，如果说在无法精确量刑的领域听随任意是危险的，制定刚性标准又不能实现刑罚目的，那么学者只能跟其他法律人一道完善一套守规则和讲道理的量刑机制。笔者不能肯定本文的结论让人们实现量刑公正的所有预期得以实现，却可以接近想要破解的答案，可以保证整个机制在一种合理的、递进的期待中得以维持、改进。当然，取法于经验构建制度的确受自己能力所限，因此自知仅靠经验求证维系基本的判断力明显不及那些既取法于经验又工于算计的方法选择，好在有人早早地为经验做了以下辩护："经验法所要求于哲学者有两件事情：第一，精练的方法和产物应追溯到它们在原始经验中在它的全部丰富和错综复杂的状态中的来源，因而就要承认它们所由以及它们所必须满足的需要和问题。第二，派生的方法和结论要放回到平常经验的事物中来，在它们的粗糙和自然的状态中，求得实证。"①

① ［美］杜威：《经验与自然》，傅统先译，江苏教育出版社2005年版，第25页。

交通肇事后的报警行为不成立自首之法理抉微[*]

陈荣飞[**]

引言

为统一重大、恶性交通肇事案件适法尺度，2009年8月26日浙江省高院公布了作为内部指导意见的《关于审理交通肇事刑事案件若干意见》（以下简称浙高院《意见》），对全省法院在交通肇事案件中缓刑的适用、自首的认定、人身损害赔偿与量刑、无能力赔偿数额的确定等问题作出了规定。该意见一经公布，旋即引起了社会各界的热议，专家、媒体、网友普遍对浙高院《意见》提出质疑，而质疑的焦点就在于浙高院《意见》有关于交通肇事自首认定的规定，其具体内容为："交通肇事后报警并保护事故现场，是道路交通安全法规定的被告人交通肇事后必须履行的义务。人民法院依法不应将交通肇事后报警并在肇事现场等候处理的行为重复评价为自动投案，从而认定被告人自首。交通肇事逃逸后向有关机关投案，并如实供述犯罪事实的，可以认定自首，依法在三年以上七年以下有期徒刑的幅度内从轻处罚，一般不予减轻处罚。"而后，最高人民法院于2010年12月22日发布了《关于处理自首和立功若干具体问题的意见》（以下简称最高院《意见》），

---

* 本文原载于《西南政法大学学报》2010年第1期。

** 西南政法大学法学院副教授。

该意见规定："交通肇事后保护现场、抢救伤者，并向公安机关报告的，应认定为自动投案，构成自首的，因上述行为同时系犯罪嫌疑人的法定义务，对其是否从宽、从宽幅度要适当从严掌握。交通肇事逃逸后自动投案，如实供述自己罪行的，应认定为自首，但应依法以较重法定刑为基准，视情决定对其是否从宽处罚以及从宽处罚的幅度。"

笔者在数年前也曾接触过一个与该问题密切相关的案件，该案的基本案情为：2002 年 4 月 24 日下午 4 时许，被告人万某驾驶其单位某派出所的警车，与同事钟某从石桥铺办案后返回单位，当车行至沙坪坝区碚青路青木关镇中心小学路段时，正逢天下大雨，被告人万某因会车时处理不当，将在路边行走的被害人瞿某、张某、肖某等撞到，万某随即抢救伤员，并打电话向某交警中队、某区公安分局指挥室、某镇政府报告出事情况。后被害人瞿某抢救无效死亡，张某、肖某受伤程度经法医鉴定为轻伤。案发后被告人及单位全部赔偿了被害人及其亲属的损失。经交通管理机关认定，被告人万某负事故的全部责任。对于万某交通肇事后抢救伤员、打电话报警的行为应否认定为自首，当时在实务部门工作人员中存在较大的分歧，一种意见认为，被告人打电话报警、抢救伤员的行为完全符合刑法规定的自动投案，如实交待自己犯罪事实的自首条件，理当认定为自首；另一种意见则认为，被告人打电话报警、抢救伤员是履行其应当履行的义务，不属于刑法规定的自首。显然，最高院《意见》偏向于第一种见解，而浙高院《意见》持第二种见解。几番思虑后，笔者赞同后一见解，即认为最高院《意见》失之偏颇，浙高院《意见》之见解并无不妥。兹将理由分述如下：

一、认定为自首确有重复评价之虞

针对浙高院《意见》有关自首认定的批评，浙高院《意见》的起草者进行了回应，指出："刑法已将交通肇事后逃逸的行为规定为加重处罚情节，交通肇事后报警并保护事故现场是道路交通安全法规定的当事人交通肇事后必须履行的义务。如果将这种当事人本来就应该做的事情也认定为自首，那就等于对一件事作了双重评价，不符合立法精神。"该回应立即遭到了专家学者们的反驳，如中国政法大学的邬明安教授驳称："履行道路交通安全法的义务并不是自首的例外规定，履行报警义务并不能排斥自首规定的适用；肇事后报警并在肇事现场等候处理的行为与主动去司法机关投案有相同的法律效果，不存在重复评价的问题。"因此，是否存在重复评价便成为争议的焦点之一。

禁止重复评价是刑法在对犯罪行为进行非难时应当遵循的一个重要原则，违反该原则将导致处罚上的不公正。何谓禁止重复评价？我国刑法学家陈兴良教授指出，所谓禁止重复评价是指在定罪量刑时，禁止对同一犯罪构成事实予以二次或二次以上的法律评价。重复评价之禁止必须发生在同一诉讼之内就同一犯罪构成事实而言，且数次评价具有同质性，即均为刑事评价。[①] 就此而论，道路交通安全法因系行政法律规范，故其对肇事者之义务评价不属于刑事评价之畛域，换言之，即便道路交通安全法与刑法规范就同一事实作出了完全不同评价，其中所牵涉的也只是司法者的规范选择问题而不属于刑法禁止重复评价之讨论范围。可见，浙高院《意见》的起草者在刑法禁止重复评价问题上存在误解，此等误解势必使其回应浮于皮相而缺乏论辩力道。因此，将肇事者报警并保护事故现场的行为认定为自首是否有违刑法禁止重复评价原则，应当立足于刑法规范场域，借此审视刑法规范的内在逻辑，从中得出肯定抑或否定之评断。

如若撇开《刑法》第133条的规定，单就刑法总则有关自首的规定而论，交通肇事者肇事后报警并保护事故现场的行为无疑符合自首之成立条件，[②] 但众所皆知的是，对于法律规范的理解不应断章取义、割裂法规范间的内在关联，否则便不能正确地理解和适用法律。而我们知道，刑法总则与分则间系一种一般与特殊、抽象与具体、共性与个性的关系，在分则规范无除外规定时，总则的一般性规范适用于所有罪刑规范（含刑法分则规范），反之，分则规范之规定将排除总则规范的适用。[③] 可见，对于交通肇事者肇事后报警并保护事故现场的行为能否认定为自首，关键就在于刑法分则有关交通肇事罪的罪状描述中是否包含了此种符合刑法总则规定的自首情节，若已为其所包含再认定为自首，则显然属于对同一情节进行了两次评价，进而违反刑法禁止重复评价原则，反之则否。

---

① 参见陈兴良：《禁止重复评价研究》，载《法学论坛》1993年第6期。

② 一般说来，肇事者实施了报警并保护事故现场的行为，在其归案后都会如实供述自己的罪行，故本文所言及的报警并保护事故现场的行为实际包含了归案后如实供述自己罪行之内容，浙高院《意见》所表达的意思也当如此。有不少论者指出，虽有报警并保护事故现场的行为但若未如实供述自己罪行的还是不成立自首，以此为由为浙高院《意见》作辩解，笔者认为，此等辩解实未得要领。

③ 其法律依据是我国《刑法》第101条之规定，该条规定："本法总则适用于其他有刑罚规定的法律，但是其他法律有特别规定的除外。"

依据我国《刑法》第133条之规定："违反交通运输管理法规，因而发生重大事故，致人重伤、死亡或者使公私财产遭受重大损失的，处三年以下有期徒刑或者拘役；交通运输肇事后逃逸或者有其他特别恶劣情节的，处三年以上七年以下有期徒刑；因逃逸致人死亡的，处七年以上有期徒刑。"通过对该法条的逻辑结构辨析可知，适用第三个法定刑（7年以上有期徒刑）的情形是"因逃逸致人死亡"，根据最高人民法院《关于审理交通肇事刑事案件具体应用法律若干问题的解释》（以下简称《解释》）第3条之规定："'交通运输肇事后逃逸'，是指行为人具有本解释第二条第一款规定和第二款第（一）至（五）项规定的情形之一，在发生交通事故后，为逃避法律追究而逃跑的行为。"该解释第5条还规定："'因逃逸致人死亡'，是指行为人在交通肇事后为逃避法律追究而逃跑，致使被害人因得不到救助而死亡的情形。"由此可知，交通肇事逃逸之实质是对责任认定及救助义务的逃避，而不应简单地理解为没有逃离事故现场，相反，对于那些肇事后仅仅滞留于事故现场，不及时履行救助义务（含报警）以及不保护或者破坏事故现场的肇事者，依据刑法的规定及《解释》之精神，依然可以将其认定为与"逃逸"等价的"有其他特别恶劣的情节"。适用第二个法定刑（3年以上7年以下有期徒刑）的情形是交通肇事后逃逸但未致被害人死亡（含被害人的死亡与肇事者之逃逸无因果关联情形）或者有其他特别恶劣情节的情形。准此以推，本罪基本法定刑（3年以下有期徒刑或者拘役）的适用情形就当是，交通肇事致人重伤、死亡或者使公私财产遭受重大损失而没有逃逸或者没有其他特别恶劣情节。由于逃逸是对责任认定及救助义务的逃避，故"没有逃逸"就理当是肇事者肇事后及时履行了救助义务且未逃避责任认定，而"没有其他特别恶劣情节"的具体表现形式，刑法和司法解释均未对其进行明确，在现实中，笔者认为，除了肇事者丧失报警及保护事故现场能力之外难以找到其他的适例。这样，仅就本条规定而言，交通肇事罪的基本法定刑就只适用于两种情形：一是肇事者未逃避责任认定和及时履行了救助义务，即实施了报警以及保护事故现场的行为，二是肇事者丧失了实施报警和保护事故现场的行为能力。但众所周知，最为常见的是前种情形，后种情形在现实中是较为罕见的。由是，若认为交通肇事罪的基本法定刑的适用情形中不包含报警并保护事故现场之情形，将有使本法定刑的适用被架空虚置之虞；再者，作如此认识也势必使得此时自首之从轻或者减轻处罚所参照的，将不应是基本法定刑而只能是第二或者第三个法定刑。[①] 推讨至此，我们完全有理由认为交通肇事罪的基本法定刑适用于符合自首条件之情形，根据刑法总则规范与分则规范间的一般与特殊关系，特殊规定排除一般规定的适用。因此，对于交通肇事者肇事后报警并保护事故现场的行为不能另行认定为自首，否则，将导致对同一犯罪构成事实进行两次评价进而违反刑法禁止重复评价原则。

二、同质罪间的法定刑比对否定自首之成立

我国刑法虽然将交通肇事罪和过失致人重伤罪、过失致人死亡罪分别置于不同的犯罪类型之中，交通肇事罪属危害公共安全罪之犯罪类型，而过失致人死亡罪、过失致人重伤罪则属侵犯公民人身权利罪之犯罪类型，但根据我国刑法有关过失致人死亡罪和过失致人重伤罪的规定，此二罪均有在特定情况下排除自身适用之规定，即都规定有“本法另有规定的，依照规定”。依据我国刑法理论通说之见解，“本法另有规定的”是指对其他因过失致人重伤或死亡的情况，如失火致人重伤或死亡、交通肇事致人重伤或死亡、重大责任事故致人重伤或死亡等，[②] 换言之，交通肇事罪与普通过失致人重伤罪、过失致人死亡罪只是发生场合有别而已，在本质上仍具一致性。

基于上述认识，通过对比交通肇事罪与过失致人重伤罪、过失致人死亡罪的法定刑配置，我们可以发现，交通肇事哪怕致人死亡只要没有逃逸或者具有其他特别恶劣的情节，仍应在基本法定刑幅度内判处刑罚，即只能判处3年以下有期徒刑或者拘役（仅相当于过失致人重伤罪的法定刑）。反观过失致人死亡罪的法定刑配置，依据我国《刑法》第233条之规定：“过失致人死亡的，处三年以上七年以下有期徒刑；情节较轻的，处三年以下有期徒刑。”可见，过失致人死亡罪的基本法定刑是3年以上7年以下有期徒刑，唯有在情节较轻时，方得处3年以下有期徒刑。而我们知道，交通肇事罪所

---

① 因为自首之从轻或者减轻处罚是相对于其他情节相同但未自首而言的，因此，若将报警并保护事故现场的行为认定为自首，那么对其从轻或者减轻处罚所参照就应当是未实施报警及保护事故现场的情形，而如上所述，在有行为能力的情况下不实施报警和保护事故现场的行为本质就是逃逸，所以对其从轻或者减轻处罚所应参照的就只能是第二或者第三个法定刑，这或许为多数肯定论者始料未及。

② 参见高铭暄、马克昌：《刑法学》，北京大学出版社、高等教育出版社2000年版，第473—476页。

侵犯的客体系作为公共安全内容的交通运输安全，即涉及不特定多数人的生命、健康和重大公私财安全，故一般说来，发生于公共安全领域内的过失致人死亡行为，其社会危害性即便不说必然大于但至少可以说不应小于普通过失致人死亡行为的社会危害性，这一点也可以从其他多数过失危害公共安全犯罪的法定刑配置中获得验证，如失火罪、过失决水罪、过失爆炸罪、过失投放危险物质罪、过失以危险的方法危害公共安全罪、过失破坏交通工具罪、过失破坏交通设施罪、过失破坏电力设备罪等，这些罪的基本法定刑与过失致人死亡罪的基本法定刑完全相一致，均为3年以上7年以下有期徒刑，逾两倍于交通肇事罪的基本法定刑。同质罪间如此悬殊的基本法定刑配置使我们有足够的理由确信，交通肇事罪的基本法定刑适用情形中应当包含了实施该罪后的自首情节。

三、法律义务阻绝自首之成立契合整体法的精神

浙高院《意见》的起草者指出，因交通肇事后报警并保护事故现场是道路交通安全法规定的肇事者必须履行的义务，[①] 故不能另行认定为自首，换言之，自首并非犯罪人犯罪后的法定义务，法律一旦为犯罪人设定了义务，该义务就将阻却自首之成立。据笔者手头所掌握的资料来看，该理由几乎是迄今为止所有持否定意见的论者提出的支撑其论点的唯一论据。但持相反意见的论者早就对该理由进行了批驳，指出，其他部门法规所规定的义务不能与刑法相冲突或者直接违背刑法的明文规定，固然肇事后的抢救以及保护现场等均为相关法规规定为因肇事行为所产生的义务，但这并不能成为阻却自首成立的理由，[②] 言外之意，道路交通安全法为肇事者设定的报警、保护事故现场及抢救伤员之类的义务由于违反了刑法的明文规定，故刑事法官在认定此类行为是否成立自首时完全可以不理会其他法律、法规的相关规定，直接依据刑法有关自首的规定评断即是。

通过分析否定论与肯定论各自所持的论据，不难发现，二者事实上都立

---

① 事实上，除了《道路交通安全法》第70条的规定之外，1984年1月1日起施行的《海上交通安全法》第34条、第42条以及2002年6月28日国务院发布的《内河交通安全管理条例》第50条都赋予了肇事者此等义务。

② 参见林维：《交通肇事逃逸行为研究》，载陈兴良主编：《刑事法判解》（第1卷），法律出版社1999年版，第261页。

足于一共同的逻辑前提，那就是，否定犯罪人犯罪后具有自首之义务。只不过肯定论者基于该前提否定了道路交通安全法为肇事者所设定的义务的合理性，由此得出成立自首之论断，而否定论者则是在肯定自首并非犯罪人之义务的同时也肯定道路交通安全法设定义务的合理性，进而得出不成立自首的结论。基于同一逻辑前提却得出了截然相反的结论，依据逻辑学的基本常识，就中必有正谬之定分。笔者认为，就肯定论与否定论现有的论证来看，肯定论无疑更具说服力，因为只要肯认自首在任何情况下都不能成为犯罪人之义务，那么其他法律、法规把原本属于自首的行为转化为义务行为就必然缺乏理据，否定论者即或找到所谓的理据也必将与该逻辑前提相抵牾。如此看来，欲避免理论内部的根本性冲突，否定论就有必要对该逻辑前提进行重新审视。

不容否认，在绝大多数犯罪中，自首不能成为罪犯的法律义务，理由在于，依据犯罪心理学的研究，行为人之所以实施犯罪多是因为在实施犯罪之前心存侥幸，自以为犯罪后不会被发觉，可以逃避刑罚处罚。此种心理状态支配下的罪犯在犯罪后往往都会千方百计地掩盖犯罪事实，如遁逃、毁灭罪证、窝藏赃物等，故而罪犯一旦具备此种心理状态，就将不再有期待他针对已然罪行实施合法行为之可能性，刑法此时也并不会因为罪犯的此等罪后行为而加重其刑事责任，这便是刑法中的“事后不可罚行为”。显见，在此种类型的犯罪中，自首确实不应该成为罪犯之法律义务，要不然，无异于要求罪犯在罪前即否定其犯罪行为。但同样显白的是，为罪犯设定自首义务所引起的心理悖反只存在于故意犯罪中而并不存在于过失犯罪中，因为过失犯罪的行为人对危害结果的发生所持的是一种反对、否定的态度，以是即便立法为行为人设定罪后自首之义务也并未违背该心理事实。① 因此，我们不能完全否定立法为特定类型的罪犯设定自首义务的合理性。并且，通过考察我国的现有立法将发现，其他法律、法规赋予犯罪主体以自首义务的并不为交通肇事罪所独有，在其他过失犯罪中，如重大飞行事故罪、铁路运营安全事故罪、重大责任事故罪等，立法同样赋予了这些犯罪的主体以自首之义务。② 且

---

① 当然，如果过失犯罪行为人犯罪后产生了此种侥幸心理则另当别论。

② 如1996年3月1日起施行的《民用航空法》第49条，2004年12月27日国务院发布的《铁路运输安全保护条例》第68条，2002年11月1日起施行《安全生产法》第17条、第70条、第91条，均赋予了事故责任者以强制性的告知义务及不予报告所应承担的法律责任，尤为引人注目的是2006年6月29日通过的《刑法修正案（六）》第4条的规定，该条直接将负有安全事故报告职责的人员不报或者谎报事故的情况上升为犯罪行为。

通过对比这些罪的法定刑我们还将发现，但凡立法赋予主体以自首义务的犯罪，其法定刑配置便与交通肇事罪完全相一致而异于其他同质罪的法定刑配置。自此，再一次印证了交通肇事罪基本法定刑的适用情形中应当包含了实施该罪后的自首情节。

虽然，立法赋予过失犯罪主体以自首义务有其心理学依据，但事实是，我国的现行立法仅仅将该义务赋予了少量的过失犯罪主体，那么立法仅赋予这少量的过失犯罪主体以自首义务的理据又何在呢？这也是否定论最后需要解决的一个核心性问题。笔者认为，该问题的答案潜藏于我们所处的时代背景之中，我们所处的时代境况是，伴随着工业社会的步伐，日新月异的科学技术在为人们带来巨大便利及创造巨量财富的同时也大规模地制造出各类风险，这些风险随时威胁着不特定群体的生命、健康及财产安全，对此，德国社会理论家乌尔里希·贝克使用了“风险社会”一词描绘了我们所处时代的特征。“社会运动既是实践性搏击的原初动力又是其表现形式，它不仅表现为社会运动，还包含建立积极的社会机制”[①]，在风险社会，“建立积极的社会机制”表现为风险应对机制之构建，其基本价值理念是“既不妨害现代化进程又不超出‘可以容忍的’界限”[②]。风险应对机制构建理论投射于法学论域就是“被容许的风险理论”，被容许的风险理论的基本内容为：随着交通工具的发达，矿山、工厂、土木建筑等规模的扩大，以及科学试验的发展，社会生活日益复杂化，各种危险行为明显增加。要维持现代化社会生活，这些危险行为就是必不可少的。[③] 其要旨在于，为使现代社会生活得以维系和发展，社会对于制造风险的行为本身不应过于严苛，而应抱持一种适度宽容的态度。这种宽容在刑法规范领域就变现为，对于诸如交通肇事罪、重大飞行事故罪、铁路运营安全事故罪、重大责任事故罪等罪的基本法定刑，明显低于其他过失犯罪的基本法定刑。不过，在被容许风险行为的理论架构内，社会规范并非在任何情况下都一如其名而无条件地对其纵容姑息，正如德国学者雅格布斯所指出的：“制造风险的人，虽然法律基于相对利益的考量而容许其制造风险，但是还是有义务随时控制其风险。”[④] 可见，风

① ［英］安东尼·吉登斯：《现代性的后果》，田禾译，译林出版社2000年版，第121页。

② ［德］乌尔里希·贝克：《风险社会》，何博闻译，译林出版社2004年版，第16页。

③ 参见张明楷：《外国刑法纲要》，清华大学出版社1999年版，第141页。

④ 转引自黄荣坚：《刑罚的极限》，元照出版公司2000年版，第37页。

险的容许附设条件，它以风险制造者随时控制风险为条件，个中就包含风险制造者在实施风险行为时应尽适当注意之义务，以及在已经造成危害后果的情况下防止其进一步扩大之义务。据此可知，交通肇事罪、重大飞行事故罪、铁路运营安全事故罪、重大责任事故罪等均因系发生在风险领域内的犯罪，此类行为之所以构罪皆因主体未尽适当注意之义务，而立法之所以赋予主体以自首义务则正是因其担负有防止危害后果进一步扩大之义务！

综上所述，其他法律、法规将原本符合自首条件的行为转化为责任者的义务行为，不仅有其心理学基础，而且契合作为整体法的内在精神，更兼如前所析，即便在刑法规范内考察否定自首之成立也并未违反刑法的明文规定。因此，此等义务的设定具有阻绝刑法自首成立之功效。

余论：否定上述情形自首之成立并不否定本罪自首的存在

在肯定交通肇事罪的基本法定刑适用情形中包含了符合自首条件的情节后，最后就本罪的其他法定刑适用情形中是否存在自首的问题进行探讨。报警及保护事故现场因系肇事者的法定义务，义务的违反势必意味着责任的加重，其在立法上的具体表现就是《刑法》第 133 条明确规定的“交通肇事后逃逸或者有其他特别恶劣情节”及“因逃逸致人死亡”而分别适用第二、第三个法定刑。由于后两个法定刑的适用情形包含有行为人决意违反义务之内容，故不能期待他针对已然之罪实施合法行为的可能性，换言之，此时自首已不能成为肇事者的法定义务。因此，在肇事者逃逸后又自动投案并如实供述自己罪行的仍然能够成立自首。对于该结论或许有论者会提出质疑，认为未逃逸者不能成立自首，逃逸者反而成立自首，而自首系法定从轻、减轻情节，这岂不鼓励肇事者逃逸吗？笔者认为，提出此种质疑其实是对构成本罪自首之从轻或者减轻处罚选择了错误的参照标准。我们知道，自首之从轻或者减轻处罚所参照的只能是未自首之情形，故交通肇事逃逸后所成立之自首，其从轻或者减轻处罚所参照的就只能是逃逸未自首之情形而非未逃逸之情形，即此时只能参照第二、第三个法定刑而非基本法定刑从轻或者减轻处罚，如此认定也就不会出现处罚上的不公正了。

从极端到理性：刑罚个别化的进化及其当代意义*

石经海**

在刑事法理论与实践中，刑罚个别化问题已是一个备受关注的老问题。然而，有生命力的“老问题”不会故步自封，会随刑法现代化而进化并彰显其时代意义。在发展历程上，刑罚个别化已经历了一个“早期极端形态—近代极端形态—现代理性形态”的进化历程，其实质是刑法现代化在刑罚问题上的发展体现和刑事责任评价根据在理论认识上的进化表现，并使罪刑法定、罪责刑相适应等刑法基本原则具体在刑罚适用问题上，从绝对走向相对、从形式走向实质、从机械走向灵活。然而，从既有理论及其争论来看，因理论上对刑罚个别化进化过程的梳理不够，仍有众多论者坚守其“极端”形态，并由此否定刑罚个别化的现代意义对其进行或“支离破碎”或“断章取义”的理解与应用。这不仅使实质化刑法基本原则难以在刑罚适用中贯彻施行，而且会导引当今量刑规范化改革走向片面。

一、早期极端的刑罚个别化

这是以社会危害性为根据的刑罚个别化。按照理论上的通说，刑罚个别化萌生于近代刑事实证学派。事实上，这是对刑罚个别化发展历程的误解。

* 本文原载于《中外法学》2010 年第 6 期。

** 西南政法大学法学院教授。

从刑罚权运行及刑罚个别化的固有特性来看,[1] 刑罚个别化实际上早在近代刑事实证学派产生之前就已存在。按当前的观点，近代刑事实证学派形成于1872 年,[2] 而据资料显示，在这之前的200 多年，就已事实上存在以社会危害性为根据的刑罚个别化的朴素形态。现代犯罪社会学的代表人物、美国学者齐林（John Lewis Gilin，1871—1958）认为，刑罚个别化即法官按照个别情况确定刑罚的理论，是由罗马教会法庭开始的。在当时，对罪犯的惩罚，是按照犯人的个人责任，也即应按照犯罪人犯罪时的自由意志及责任加以处置,[3] 这个自由意志及责任，按犯罪时的环境作为推断的根据。[4] 考察罗马教会法庭时的相关资料,[5] 齐林的以上观点是可信的。如 1563 年佩鲁贾地方教会法学家保罗·兰斯洛特，仿效 2 世纪罗马法学家盖尤斯的《法学阶梯》，出版了《教会法体制》一书，其中，将教会法分成一般准则（第一篇)、论人（第二篇)、论物（第三篇)、论程序（第四篇）及论罪与罚（第五篇）等五篇。其中，第五篇“论罪与罚”，讲一般惩罚、特别惩罚和非常罪行的惩罚。[6] 以上体例及其具体阐述的内容，虽不是立法，但从中可洞察当时的教会法在刑事处罚问题上，就已有在立法和司法上区分一般与特别（个别）的刑罚个别化思想。

显然，以上以个人责任为根据的刑罚个别化，不同于以人身危险性为根据的刑罚个别化。这个刑罚个别化，建立在犯罪者的自由意志及责任的基础上，基于对犯罪行为的正义报应的要求而产生，是“恶有恶报、善有善报”

---

① 在固有特性上，刑罚个别化并非只能以人身危险性为根据，现代理性的刑罚个别化表明，它也可以以社会危害性为根据。

② 以龙勃罗梭、加罗法洛和菲利在这一年发表了有代表性的论文为标志。参见吴宗宪：《犯罪人论·龙勃罗梭及其犯罪学研究》，中国法制出版社 2000 年版，序言第 3—4 页。

③ 自由意志论，是刑事古典学派（旧派）倡导的一种刑法理论，以报应刑主义的基本观念，认为自由意志是负刑事责任的基础，刑罚是对于自由意志结果的报应。无责任能力人的不良行为之所以不罚，以及限制责任能力人的犯罪行为之所以要减轻处罚，主要是因为他们不具备自由意志或他们不具备完善的自由意志。参见曾庆敏主编：《法学大辞典》，上海辞书出版社 1998 年版，第534 页。

④ 参见［美］齐林：《犯罪学及刑罚学》，查良鉴译，中国政法大学出版社 2003 年版，第338—339 页。

⑤ 据考证，罗马教法庭，是罗马教廷的司法机构。罗马教廷（CuriaRomana）是天主教会的中央行政机构，协助教皇处理整个教会的事务，它从古代罗马主教府发展而来，最初无固定机构，1588 年教皇西克斯图五世设立教廷各部门，罗马教廷始告形成。

⑥ 参见丘日庆主编：《各国法律概况》，何子恒译，知识出版社 1981 年版，第 110—112 页。

的体现和反映，与刑事实证学派（新派）否定人的意志自由、以犯罪人的人身危险性为根据的刑罚个别化，很是不同。正如我国学者陈兴良教授所言，以上刑罚个别化，“只是个人责任意义上的刑罚个别化，而不是刑事实证学派所主张的以人身危险性为根据的刑罚个别化”[①]。既然在自由意志与社会危害性的内在关系上，[②] 只对基于有责任能力人的自由意志的犯罪行为处以作为报应的刑罚，[③] 则以上以自由意志为核心的个人责任上的刑罚个别化，在本质上就是以犯罪行为的社会危害性为根据的刑罚个别化。但由于这种意义上的刑罚个别化，还没有成型的话语载体、专门的概念，更没有成熟的理论，只是作为一种贯穿于司法和立法中的理念和表现，因此，它还只是刑罚个别化的朴素形态。[④]

实际上，这种朴素的刑罚个别化，在近代刑事实证学派产生之前的理论和实践中，都有广泛体现。在理论上，前期刑事古典学派（旧派）关于刑罚的观点中，实际上包含了这种以社会危害性为根据的刑罚个别化思想。例如，作为前期旧派重要代表人物的边沁（Bentham，1748—1832），其关于刑罚的阐述，在一定意义上就是关于刑罚个别化的阐述。在其名著《立法理论——刑法典原理》中，边沁主张，刑罚应该具有“本身平等”的特质，认为它应该在某种程度上对所有犯同样之罪的人都一模一样，适应他们不同层次的感受力。这就需要注意年龄、性别、条件、命运、个人习惯以及许多其他情节；然而，同样的名誉刑却经常对一些人太严厉，对另一些人太温和，因此或者惩罚过量，或者难以奏效。由法律固定的罚金对不同命运的人也绝不是一个平等的刑罚。放逐亦具有某些不方便性，对一些人过分严厉，对另一些人则毫无意义。[⑤]

显然，边沁在这里主张的“本身平等”，不是仅刑罚一般化意义上的形

---

① 陈兴良：《刑法的人性基础》，中国方正出版社1996年版，第424页。

② 理论上认为，犯罪的社会危害性包括法益的客观侵犯性与行为人的主观罪过性等两个有机统一的内容。其中，犯罪过程中所反映出的主观危害性，应归入行为人的主观罪过性；犯罪行为前后的情况所反映出的人身危害性，不应归入社会危险性。按照这个观点，犯罪人犯罪时的自由意志，自然应归入社会危险性。参见张明楷：《刑法学》，法律出版社2003年版，第97页。

③ 参见张明楷：《刑法学》，法律出版社2003年版，第9—10页。

④ 由此，有论者把这种形态下的刑罚个别化称为刑罚个别化思想，以区别于成熟形态的刑罚个别化理论。

⑤ 参见［英］边沁：《立法理论——刑法典原理》，陈兴良等译，中国人民公安大学出版社1993年版，第77页。

式平等，而是刑罚一般化与刑罚个别化相统一意义上的实质平等。于是，他进一步主张，应选择与罪行相似的个别化刑罚，认为“如果刑罚具有某种与罪行类似或相似的特性，即与罪行有共同属性，那么就极易加深记忆，给人留下强烈印象”，表现为“根据其罪孽方式进行处罚”，具体为“贪利犯罪最好用罚金处罚，只要罪犯的财力允许；侮辱类犯罪通过羞辱刑处罚，游手好闲的犯罪通过强制劳动或强迫安宁处罚”。[①] 显然，边沁的如此思想，已是刑罚个别化的思想。不仅如此，即使是极力反对刑事法律解释的“刑法之父”贝卡利亚，其所谓的“刑罚阶梯”，[②] 与其说只是在追求刑罚统一化，不如说是在追求以社会危害性为根据的刑罚统一化下的刑罚个别化。因为，这个“刑罚阶梯”，一方面，需以犯罪行为通常所具有的社会危害性为根据，针对抽象人、一般人予以立法设置，以使刑罚适用获得统一的法律根据；另一方面，需以犯罪行为具体所具有的社会危害性大小为根据，针对具体人、个别人予以司法适用，以使刑罚适用获得个别化的量刑结果。[③] 但无论是其立法设置还是其司法适用，都应与犯罪行为的社会危害性程度相适应。[④] 除了前期旧派以外，后期旧派也在客观上认同刑罚个别化问题。众所周知，旧派关于刑罚正当及目的的核心观点是刑罚报应主义，无论是康德（Kant，1724—1804）主张的等量报应，[⑤] 还是黑格尔（Hegel，1770—1831）主张的等价（等值）报应，[⑥] 在本质上都表现为罪刑相适应，也即刑罚与个体犯罪者所实施的行为及其危害（已然之罪）相适应。在以上刑罚报应主义的责任主义的基本立场中，无论是康德的道义责任主义，还是黑格

① 参见［英］边沁：《立法理论——刑法典原理》，陈兴良等译，中国人民公安大学出版社1993年版，第77—83页。

② 参见［意］贝卡利亚：《论犯罪与刑罚》，黄风译，中国方正出版社2004年版，第17—18页。

③ 正如张明楷教授所言，旧派在解释刑法规范本身时，根据规范的特点，注重的是抽象人、一般人；但在适用规范时，则注重考虑具体人、个别人。参见张明楷：《刑法学》，法律出版社2003年版，第11页。贝卡利亚作为旧派的重要代表人物，其重要观点和阐述当然也具有这个特点。

④ 这才是对贝氏“刑罚阶梯”意义的准确理解。

⑤ 参见［德］康德：《法的形而上学原理——权利的科学》（中译本），商务印书馆1991年版，第166—167页。

⑥ 参见［德］黑格尔：《法哲学原理》，范扬、张企泰译，商务印书馆1961年版，第100、104页。

尔的法律责任主义,[①] 都强调刑罚与基于不同自由意志的道义责任或法律责任相适应。因此，虽然后期旧派绝对否定、反对法官自由裁量权，但在核心内容上与前期旧派一致,[②] 也都包含了以责任主义及社会危害性为根据的报应刑刑罚个别化思想。除了理论上散见的刑罚个别化思想外，在立法上，在近代新派产生之前，也已有了以社会危害性为根据的刑罚个别化实践。例如，1791 年法国刑法典虽然以绝对确定法定刑为特色，但其法定刑设置，也是以犯罪行为所通常具有的社会危害性为根据的，并且其轻重不同的法定刑设置，体现出刑罚轻重与犯罪行为的社会危害性大小相适应。而 1810 年法国刑法典以相对确定法定刑替代 1791 年法国刑法典的绝对确定法定刑，不仅“证明了启蒙大师们用纯粹理性的热情所设想的那种形式的罪刑法定原则，不可能在现实中找到实现的基础”[③]，而且表明这个时期刑罚已经是“个人化”。[④]

以上刑罚个别化，主要是一种建立在报应刑论基础上的刑罚个别化。这种刑罚个别化因仅以犯罪行为的社会危害性为根据，而体现了刑罚报应主义，与仅以犯罪人的人身危险性为根据的近代刑罚个别化（体现了刑罚目的主义），以及与兼以犯罪行为的社会危害性和犯罪人的人身危险性为根据的现代刑罚个别化（体现了刑罚并合主义），都有着根本的不同。

因此，在近代新派产生之前，刑罚个别化就已客观存在，只不过其不是以行为人的人身危险性为根据，而是以行为的社会危害性为根据。虽然旧派学者不主张以人身危险性为根据的预防刑刑罚个别化，但他们不自觉地主张了以社会危害性为根据的报应刑刑罚个别化。[⑤] 然而，这种刑罚个别化，因只以刑罚报应主义为刑事责任的基本立场和只以行为的社会危害性为刑事责任的评价根据，忽视或反对考虑刑罚预防主义和行为人的人身危险性情况，

---

① 笔者认为，康德和黑格尔的学说属于后期旧派，但并非产生于新派产生之后。据史料显示，新派的形成标志是其创始人龙勃罗梭（1836—1909）于 1872 年发表《对 400 名威尼斯犯人的人体测量》的论文。而这个时候，甚至在龙勃罗梭诞生前，康德和黑格尔均已经去世，自然也就不存在反驳新派理论而形成后期旧派问题。

② 参见张明楷:《刑法的基本立场》，中国法制出版社 2002 年版，第 10 页。

③ 陈忠林:《刑法散得集》，法律出版社 2003 年版，第 163 页。

④ 参见［法］安塞尔:《新刑法理论》，卢建平译，香港天地图书有限公司 1989 年版，第 11 页。

⑤ 刑罚个别化并非意味着与报应刑主义相对立。刑罚与个体犯罪者所实施的行为及其危害即已然之罪相适应，本就是报应刑主义的主张。

因而从现代理性主义视角来看，它不仅是朴素的，而且还是极端的。对这个朴素和极端的刑罚个别化的发现和认识，既是客观对待刑罚个别化历史和匡正刑罚个别化误区①的需要，也为刑罚个别化发展成兼以社会危害性和人身危险性为根据的现代理性形态提供了可行性论证。

二、近代极端的刑罚个别化

这是以犯罪人的人身危险性为根据的刑罚个别化。② 在发展史上，人身危险性是标志新派出现，并区别于主观恶性的一个重要概念。③ 从责任视角来看，道义责任论与社会责任论为旧派与新派的基本对立点。旧派主张道义责任论，把行为的主观恶性所表现出来的社会危害性作为评价行为人刑事责任的根据，认为犯罪是基于人的自由意志实施的行为，具有责任能力的人均具有自由意志；故意、过失实际上是对基于自由的意志活动所实施的犯罪的认识要件；基于这种自由意志活动而实施犯罪行为时，才能受到伦理上的非难，对行为人处以作为报应的刑罚才是正当的，④ 从而行为人是否承担责任及责任的大小，均需基于实施违法行为时的意志自由及其状况即主观恶性的大小。因而，在旧派那里，因只关注自由意志支配下的行为而不关注行为人，自然就没有以行为人为中心的人身危险性概念的地位，其所主张的刑罚个别化，也就不可能以人身危险性为根据。与旧派不同的是，新派主张社会责任论，把行为人的人身危险性作为评价行为人刑事责任的根据，认为由于不同的犯罪人具有不同的情况，每个人犯罪的原因存在着差异，为了使社会免受具有犯罪性格和倾向的人的侵害，也为了消除、改正这些人的犯罪倾向，就不应当以其犯罪行为的外部表现和客观损害来确定刑罚，而应以犯罪人的反社会倾向即人身危险性大小来分别处理，⑤ 也即实行以人身危险性为根据的刑罚个别化。由此，人身危险性概念既是刑事法学从旧派转变到新派的重要标志，也是刑罚个别化从以社会危害性为根据转变到以人身危险性为

---

① 主要是把刑罚个别化仅等同于以人身危险性为根据的近代形态的诸多认识。

② 本文赞同，人身危险性是独立于社会危害性的范畴。在有关犯罪人主观人格方面的情况中，犯罪过程中所反映出的主观危险性归入行为人的主观罪过性，犯罪行为前后的情况所反映出的人身危险性，应独立于社会危害性。参见张明楷：《刑法学》，法律出版社 2003 年版，第 97 页。

③ 主观恶性的概念在刑事实证学派产生之前就已存在。

④ 参见张明楷：《刑法学》，法律出版社 2003 年版，第 12 页。

⑤ 参见马克昌主编：《刑罚通论》，武汉大学出版社 1999 年版，第 269 页。

根据的重要标志。

按当前理论通说，以上意义上的刑罚个别化，首先由龙勃罗梭、菲利等新派代表人物提出，经过德国沃尔伯格等刑法学者的进一步发展，于20世纪末形成较为完备的体系，在世界范围内得到多数刑法学者的支持，逐渐成为近代各国刑罚裁量的一项重要原则。① 具体是，意大利的龙勃罗梭在利用比利时人凯特莱的犯罪统计学，对犯罪人进行大量实证研究的基础上，于1872年发表了第一篇关于刑事实证学派的基石论文——提出一种关于犯罪人生来就具有犯罪本能假说的《对400名威尼斯犯人的人体测量》，并于1876年出版了著名的《犯罪人：人类学、法理学和精神病学的思考》（即《犯罪人论》），从而使以人身危险性为根据的刑罚个别化走向理论化，② 并在理论和立法上产生了巨大的影响。在理论上，在这之后的1898年，③ 法国学者萨雷伊（Raymond Saleilles）在其名著《刑罚个别化》中，对以上刑罚个别化思想予以理论化，并认为刑罚个别化包括法律上的个别化、裁判上的个别化和行政上的个别化。所谓法律上的个别化，是指法律预先着重以行为作为标准，细分其构成要件，规定其构成要件，规定加重或减轻情节等；所谓裁判上的个别化，是指法官根据犯罪分子的主观情况适用不同的制裁方式；所谓行政上的个别化，是指刑罚执行机关根据罪犯的具体情况执行刑罚。④ 这一理论一方面使刑罚个别化成为包括制刑个别化、量刑个别化和行刑个别化三个有机组成部分的完整体系；另一方面在以上刑罚个别化中，真正以人身危险性为根据的，只是量刑个别化和行刑个别化，制刑个别化不可能不以社会危害性为根据。这种理论化后的刑罚个别化思想，在当时，虽然

---

① 马克昌主编：《刑罚通论》，武汉大学出版社1999年版，第270页。可从现有资料来看，这个通说可能存在问题。据不充分的资料显示，沃尔伯格（W. E. Wahlderg）早在1869年在其《刑事司法中的个别化原则》一书中就提出了刑罚个别化问题，比龙勃罗梭、菲利等在1872年论述刑罚个别化理论，至少要早3年左右。有论者认为，刑罚个别化首先由沃尔伯格提出，后为新派予以理论化。参见邱兴隆、许章润：《刑罚学》，中国政法大学出版社1999年版，第22页。如此观点，与人身危险性概念的历史渊源不合，或者说沃氏的这个刑罚个别化，并不是以人身危险性为根据的。

② 主张把犯罪看作主要由于人类学原因产生的必然现象，为了科处与犯罪性质相适应的刑罚，有必要确立其他犯罪对策，刑罚必须根据犯人的危险程度来决定。参见［意］龙勃罗梭：《犯罪人论》，黄风译，中国法制出版社2000年版。

③ 法国学者戴奥多雷·巴芭戴奥多鲁认为，萨雷伊（Raymond Saleilles）提出刑罚个别化是在1897年。参见［法］戴奥多雷·巴芭戴奥多鲁：《法国新刑法典中的刑罚个别化》，魏武译，张若思校，载《外国法译评》1998年第4期。

④ 参见翟中东：《刑罚个别化研究》，中国人民公安大学出版社2001年版，第8页。

受到旧派的极力反对，[①] 但因实际的必要性而逐渐得到承认。[②] 在立法上，在这之后的1893年，在瑞士的刑法草案（司特士案）里最先引进的保安处分制度，实际上就是采用了刑事实证学派以上刑罚个别化的主张。[③] 意大利的墨索里尼在1930年制定的新刑法典，规定不论是否实施了犯罪，只要是法官推定为“对于社会有危险性的人”，就可以适用保安处分，自然也是这种仅以人身危险性为根据的刑罚个别化的极端表现。联邦德国、日本、芬兰、巴西、韩国乃至苏联和许多东欧国家的刑法，也都在刑法中写入量刑时要考虑“个人情况”的条款，[④] 致使这种以人身危险性为根据的刑罚个别化制度成为20世纪刑法的特色。[⑤]

以人身危险性为根据的刑罚个别化，本是刑事实证学派（刑事人类学派和刑事社会学派）在批判刑事古典学派基础上发展起来的近代刑罚个别化。无论是以龙勃罗梭和加罗法洛为代表的刑事人类学派强调犯罪人的生物学因素，还是以菲利、李斯特为代表的刑事社会学派强调犯罪人的社会学因素，他们都主张刑罚应建立在行为人的人身危险性的基础上，主张用社会的责任代替道义的责任，根据行为人的人身危险性有针对地适用相应的刑罚，并特别强调用“刑罚的替代物”（相当于今天的社会政策和经济政策）作为刑罚的预防补充手段，[⑥] 以期教育改造罪犯，实现刑罚特殊预防的目的。与以社会危害性为根据的刑罚个别化的朴素形态不同的是，这种刑罚个别化既有专门概念又有相对成熟的话语载体，已是一种成熟的理论形态。正是因为其理论形态的存在而容易为后继研究者们发现和研究，因而当今理论上所广泛探讨的刑罚个别化，也大多停留在这种意义上。然而，这种刑罚个别化建

---

① 确实因割裂立法和司法的内在关系而并不可取，表现在，立法上的制刑个别化是司法上的量刑个别化的基础和前提，司法上的量刑个别化不能无视立法上的制刑个别化的存在而我行我素地仅以人身危险性为根据。

② 参见［日］木村龟二主编：《刑法学词典》，顾肖荣等译，上海翻译出版公司1991年版，第417页。

③ 参见［日］木村龟二主编：《刑法学词典》，顾肖荣等译，上海翻译出版公司1991年版，第417页。

④ 参见马克昌主编：《刑罚通论》，武汉大学出版社1999年版，第270页。

⑤ 参见［日］木村龟二主编：《刑法学词典》，顾肖荣等译，上海翻译出版公司1991年版，第417页。

⑥ 参见［日］木村龟二主编：《刑法学词典》，顾肖荣等译，上海翻译出版公司1991年版，第417页。

立在行为决定论上，认为犯罪是行为人生理和心理情状与其周围环境交互影响的产物，并非由于意志自由，更无所谓人人相同的自由意志，[①] 把刑罚的裁量标准唯一界定为犯罪人的反社会的心理状态。[②] 因而，这种个别化，并不坚持罪刑法定原则，并不注重量刑公正，只是片面地追求量刑的社会效果，其结果虽与早期仅追求量刑公正的朴素刑罚个别化根本不同，但因其仅追求量刑的社会效果和拒绝量刑实质公正，而走向了另一个片面和极端。

当然，从发展的观点来看，以上"片面"也是刑罚个别化的发展和进步，也是刑罚个别化走向成熟中的必不可少的一步。正如有论者所指出，"片面"虽只及一点不及其余，但这"一点"恰恰是以往的"全面"中所没有的，是深刻的。[③] 显然，无论早期朴素刑罚个别化还是近代极端刑罚个别化，它们在刑罚个别化发展史上都只是片面的"一点"，但正是这些"一点"，才使得刑罚个别化思想和理论逐渐走向全面、深刻和理性。就近代刑罚个别化而言，针对早期朴素刑罚个别化时期日益高涨的犯罪浪潮，近代刑事实证学派把以社会危害性为根据的早期朴素刑罚个别化，发展为以人身危险性为根据的近代刑罚个别化，从而使早期的刑罚报应主义发展为近代的目的刑主义。这不仅是刑罚个别化及其刑罚观念的一次进化，而且还为现代理性刑罚个别化的发展奠定了坚实基础。

三、现代理性的刑罚个别化

这是兼以社会危害性和人身危险性为根据的刑罚个别化。刑罚个别化的以上进化发展表明，仅以行为的社会危害性或仅以行为人的人身危险性为根据的刑罚个别化都是极端和片面的。仅以行为的社会危害性为根据，过分强调犯罪人的反社会倾向，忽视犯罪行为的现实危害大小，割裂了行为与行为人、行为的主观方面与客观方面的联系，只能使刑罚仅为报应犯罪行为的工具，其结果必然会因其极端性而没能控制和减少犯罪。仅以犯罪人的人身危险性为根据，虽然使刑法及其科学的重心从行为向行为人发生转变，但这必定会导致无罪施罚、轻罪重罚、同罪异罚、有罪不罚等不公正现象，为法官

---

① 参见陈兴良：《刑法的人性基础》，中国方正出版社1996年版，第424页。

② 参见［日］木村龟二主编：《刑法学词典》，顾肖荣等译，上海翻译出版公司1991年版，第417页。

③ 参见陈兴良：《刑法的启蒙》，法律出版社1998年版，第261页。

主观臆断、为国家恣意干涉公民自由，留下了方便之门，从而又走向了另一个极端。事实上，刑法现代化的进程本就是从片面走向全面、从极端走向理性的过程。“自从刑事古典学派、刑事人类学派与刑事社会学派的深刻的片面以后，在刑法领域中不再有片面”；“现代刑法理论，无不以一种折中与调和的形式出现：吸收古典学派和实证学派之所长，形成所谓综合理论”。[①]具体到刑罚个别化问题上，现代刑法学者“扬弃”新派和旧派的刑罚个别化理论，吸收它们的合理内核，坚持并合主义的刑罚基本立场，既考虑犯罪的个别预防（特殊预防），又考虑刑罚的报应，兼以社会危害性与人身危险性为根据，从而使刑罚个别化进化到现代理性形态。

从当代各国刑法理论的发展来看，这个意义上的刑罚个别化，已是全球化趋势。在理论上，在美国，由于康复模式（rehabilitation model）、重新回归模式在实施中效果不尽如人意，刑罚适用考虑报应主义成为众多学者的共识。[②] 在日本，由于小野清一郎、泷川幸辰等主张报应主义的学者的思想传播，学者们主张，刑罚适用既要考虑预防犯罪，也要考虑犯罪分子的责任承担。[③] 在意大利，刑法学家帕多瓦尼指出，在刑罚裁量时既要考虑报应，又要考虑犯罪的特殊预防，而在刑罚执行中要着重考虑特殊预防。[④] 在立法上，法国1994年新刑法典，不仅以专节（第二编第二章第二节）规定了“刑罚个人化的方式”，而且据其具体规定，如第132－42条明确规定“法院在法律规定的范围内，依据犯罪情节和罪犯人格，宣告刑罚并规定刑罚制度”，表明其刑罚个别化是兼以社会危害性和人身危险性为根据，从而修正了萨雷伊（Raymond Saleiles）1897年提倡根据犯罪人的人格衡量犯罪行为的轻重、犯罪行为的社会影响及其性质适用公正有效刑罚的主张。[⑤] 事实上，不仅如此，法国1810年刑法典以相对确定法定刑替代其1791年刑法典

---

① 参见陈兴良：《刑法的启蒙》，法律出版社1998年版，第262页。

② 参见［美］理查德·霍金斯、［美］杰弗里·P. 阿尔珀特：《美国监狱制度——刑罚与正义》，孙晓雳、林遐译，中国人民公安大学出版社1991年版，第106—116页；［美］巴特勒斯：《矫正导论》，孙晓雳等译，中国人民公安大学出版社1991年版，第20—23页。

③ 参见［日］曾根威彦：《量刑基准》，载西原春夫主编：《日本刑事法的形成与特色》，李海东译，法律出版社、成文堂1997年版。

④ 参见［意］帕多瓦尼：《意大利刑法学原理》，陈忠林译，法律出版社1998年版，第348—349页。

⑤ 参见［法］戴奥多雷·巴芭戴奥多鲁：《法国新刑法典中的刑罚个别化》，魏武译，张若思校，载《外国法译评》1998年第4期。

的绝对确定法定刑，就意味着其刑罚个别化，已是兼以犯罪行为的社会危害性和犯罪人的人身危险性为根据，[①] 否则，仅以行为的社会危害性为根据，而不考虑行为人的人身危险性因素，就只需绝对确定的法定刑，无须相对确定的法定刑。因此，法国当代法学家安塞尔认为1810年法国刑法典的刑罚已经是以人身危险性为根据的“个人化”的观点，[②] 虽然看到了在刑事实证学派产生之前，就已存在以人身危险性为根据的刑罚个别化立法实践，但把这种立法实践仅看成是以人身危险性为根据的刑罚个别化，也是片面的。而且1832年修订后的法国刑法典普遍采用从轻处罚情节，使从轻情节的以前适用例外变成了普遍规则，[③] 也表明这时的刑罚个别化兼以人身危险性和社会危害性为根据，否则，“从轻情节”就不是以法定刑（以社会危害性为根据设置）为法律依据的量刑情节。这同时表明，作为近代里程碑意义的1810年法国刑法典，不仅确立了现代刑法的基本原则和基本精神，也确立了具有现代刑法理性的刑罚个别化思想。只可惜，该思想没被当时及后来理论研究者们所洞察，使刑罚个别化理论从一个极端（仅以社会危害性为根据）走向另一个极端（仅以人身危险性为根据）。

以上意义的刑罚个别化，在新中国刑法理论上，并非自始得到认同。据考证，新中国最早阐述刑罚个别化的，应是中国政法大学的何秉松教授。他早在1986年就指出，在行为人已经实行某种违法行为的前提下，不仅要根据行为的性质、情节、危害性大小实行区别对待，而且也要根据行为主体的具体情况区别对待。[④] 综观何教授关于刑罚个别化的阐述，其把罪刑相适应与刑罚个别化相并列，共同作为一项刑法基本原则，并分别以社会危害性与人身危险性为二者的根据，实际上是在主张以人身危险性为根据的近代极端的刑罚个别化。在同一时期，王作富教授也持类似的主张，只不过他把罪刑相适应与刑罚个别化作为两个独立的刑法基本原则，认为对于罪犯不仅要根

---

① 这表明，1810年刑法典所体现的刑罚个别化，实际上也不是仅以人身危险性为根据的近代极端的刑罚个别化，而是兼以社会危害性和人身危险性为根据的现代理性的刑罚个别化。

② 参见［法］安塞尔：《新刑法理论》，卢建平译，香港天地图书有限公司1989年版，第11页。

③ 参见卢建平：《社会防卫思想》，载高铭暄等主编：《刑法论丛》，法律出版社1998年版，第144页。

④ 参见何秉松：《建立具有中国特色的犯罪构成理论新体系》，载《法学研究》1986年第1期。在1987年，他又在其主编的《刑法教程》中重申了同一主张。参见何秉松：《刑法教程》，法律出版社1987年版，第10页。

据其所犯罪行之轻重，考虑对其是否应当判刑或者本应重判或轻判，而且要考虑根据罪犯个人情况是否需要判刑或者是否需要重判或轻判，既贯彻了罪刑相适应原则又体现了刑罚个别化原则，是原则性与灵活性的统一。[①] 后来，樊凤林教授在其主编的《刑罚通论》中，把刑罚个别化仅界定为“在裁量刑罚的时候，应当考虑犯罪人的人身危险性因素，使刑罚的轻重与犯罪人的人身危险性相适当”，[②] 从而主张刑罚个别化仅以犯罪人的人身危险性为根据。后来，随着比较刑法学和外国刑法学在我国的发展，到20世纪90年代中期，一些刑法学者开始认识到传统刑罚个别化理论的片面性，并提出了与国际社会接轨的现代理性刑罚个别化主张。如赵廷光教授主张，审判机关在量刑时，应当根据犯罪人所犯罪行的社会危害程度和犯罪人的人身危险性大小，在相应的法定刑范围内或以该法定刑为基础，判处适当的刑罚或者刑期。[③] 陈兴良教授也认为，只根据孤立的外在行为特征，而不考虑犯罪人的人格特征，显然不足以反映法律对犯罪的全面评价，主张在对犯罪人确定刑罚的时候，在考虑犯罪的社会危害性的基础上，兼顾犯罪人的人身危险性。[④] 张明楷教授也主张在量刑上，刑罚一方面必须与罪行的轻重相适应（即与行为责任相适应），另一方面必须与犯罪人的人身危险性相适应（即考虑预防犯罪的需要）。[⑤] 而对刑罚个别化有专门研究的翟中东教授更是认为，现代刑法由于确立刑罚适用的预防与报应一体的思想，因而刑罚个别化不仅要着眼于犯罪人的再犯可能性，而且要着眼于犯罪所造成的危害、社会对犯罪行为的评价；[⑥] 审判机关在刑罚裁量时，充分考虑案件的具体情况，包括犯罪方面的情况与犯罪人方面的情况，使案件裁量符合刑罚适用的目的。[⑦] 如此等等之阐述，实际上是在主张兼以社会危害性和人身危险性为根据的现代理性刑罚个别化。

不过，在今天，我国也仍有众多学者坚守近代极端的刑罚个别化理论，

---

① 参见王作富：《谈谈刑罚个别化》，载《中国人民大学学报》1987年第4期。

② 樊凤林主编：《刑罚通论》，中国政法大学出版社1994年版，第128页。

③ 参见马克昌主编：《刑罚通论》，武汉大学出版社1999年版，第271页。

④ 参见陈兴良：《刑法的人性基础》，中国方正出版社1996年版，第424—425页。

⑤ 参见张明楷：《刑法学》，法律出版社2003年版，第440页。

⑥ 参见翟中东：《刑罚个别化的蕴涵：从发展角度所作的考察》，载《中国法学》2001年第2期。

⑦ 参见翟中东：《刑罚个别化研究》，中国人民公安大学出版社2001年版，第71页。

认为刑罚个别化只是“以人身危险性为核心的一种刑罚理念”,[①] 把裁量上的个别化或司法上的个别化，理解为“由法官根据犯罪人的人身危险性状况作出的处罚或者不处罚以及是否适用刑罚替代措施的决定”，认为“刑罚的轻重与社会危害性相适应，就是刑罚与犯罪相适应，即罪刑相当；刑罚的轻重与人身危险性相适应，就是刑罚与犯罪人相适应，即犯罪人与刑罚相当，即刑罚个别化”[②]。如此等等之理解，实际上都是对现代理性的刑罚个别化的误解。基于如此误解，对于如何对待刑罚个别化问题，有消极与积极的两种态度。消极者主张否定刑罚个别化，认为：“即使个别化的后天不足在将来可以弥补，个别化的天生不良也注定了它是永远不应予以贯彻的一种刑罚理念。因为撇开对刑罚一般预防功能的追求而实现的刑罚效益永远不可能是刑罚的最大效益；不奠基于犯罪人已然犯罪之上而奠基于未然犯罪之上的刑罚即使得之社会效益也失之对个人的公正，刑罚的人权保障功能将会在防卫社会的需要下丧失殆尽。”[③] 积极者则主张对刑罚个别化发扬光大，认为，我国1997年《刑法》第5条在确立罪刑相当原则（第一位原则）的同时隐含着刑罚个别化原则（第二位原则）的内容，是我国修订刑法后的一个突出特点，“这是完全正确的”。[④] 我们不能因其为法官擅断打开了缺口而一概否定它，它是我国刑法中刑罚目的的必然要求，也是实现我国刑法的任务的有力手段，应当在批判的基础上继承它。[⑤] 对于以上两种态度，第一种因其既是片面的逻辑推理，又是片面的现实描述，而应被否弃；第二种虽主张发扬刑罚个别化，但把刑罚个别化定位为近代极端的刑罚个别化，既不合现代立法实际，也不利于刑罚个别化在理论上的真正发扬光大和在实践中的贯彻实施。既然刑罚个别化经历了从片面到全面、从机械到灵活、从极端到理性的发展历程，则其仍是有着强大生命力的“新事物”，在促进刑法制度、刑罚裁量、刑罚执行性合理化上正在并且仍将发挥着重要的作用。[⑥]

综观新中国的1979年刑法和1997年刑法，虽然有这样或那样的缺憾，

---

① 邱兴隆:《刑罚个别化否定论》，载《中国法学》2000年第5期。

② 曲新久:《刑法的精神与范畴》，中国政法大学出版社2000年版，第506、497页。

③ 邱兴隆:《刑罚个别化否定论》，载《中国法学》2000年第5期。

④ 曲新久:《刑法的精神与范畴》，中国政法大学出版社2000年版，第494—498页。

⑤ 参见胡学相:《量刑的基本理论研究》，武汉大学出版社1998年版，第36—38页。

⑥ 参见翟中东:《刑罚个别化的蕴涵：从发展角度所作的考察》，载《中国法学》2001年第2期。

但其基本原则和具体制度、具体措施也都不同程度、不同侧重地体现了现代理性刑罚个别化的思想。就刑法的基本原则而言，我国现行刑法确定的三项基本原则，之所以不是形式化而是实质化的，在很大程度上就是因为它们均是以刑罚个别化为其在刑罚权运行上的重要具体内容。对于罪刑法定原则，刑罚个别化不仅不能违背罪刑法定原则，而且还应在该原则的框架下依法运行，是实质化罪刑法定原则对刑罚权运行的必然要求和具体体现。在形式化的罪刑法定原则中，不仅不包含刑罚个别化而且排斥刑罚个别化，旨在追求刑法的形式公正，这种形式上的公正往往因掩盖了实质公正而表现为实质上的不公正。在罪刑法定原则从形式化走向实质化后，不仅不排斥反而要求刑罚个别化，使其对刑法公正的追求，既不是单纯的形式公正也不是单纯的实质公正，而是二者的有机协调和统一。对于罪责刑相适应原则，随着刑法现代化的发展，罪责刑相适应原则已经从传统的“罪刑均衡”“罪刑相当”（刑量等于罪量，表现为单纯的形式公正）发展为现代的“罪责刑相适应”（刑量并非等于罪量，表现为刑法的形式公正与实质公正的统一）。在现代化的罪责相适应原则中，罪和责的相适应并不表现为简单的等量对应，而是轻重程度的“阶梯对应”，即“罪”大，而“责”也相应地大些。之所以如此，是因为“罪”与“责”有不同的认定根据：“罪”的认定根据是已然犯罪行为及反映其社会危害性方面的基本事实；而“责”的认定根据除了包括反映社会危害性方面的事实外，还包括反映犯罪人人身危险性方面的事实。对于刑法面前人人平等原则，它在刑罚问题上主要表现为刑罚适用上的人人平等。但这个“平等”不是形式上的平等，而是实质上的平等，也即通过罪责刑相适应而表现出的人人平等。从形式上看，不分性别、职业、家庭出身、财产状况等，都一律针对同样的犯罪行为处以同样的刑罚，这似乎是刑法面前人人平等；而从实质上看，这恰恰可能是实质上的不平等，也即在性别、职业、家庭出身、财产状况等不同而表现出犯罪人不同的人身危险性时，刑法面前人人平等原则在刑罚适用上应表现为量刑结果的不同，而不是相同。因此，刑法面前人人平等原则在刑罚适用上的实质表现，应是每个罪犯的量刑结果与反映其犯罪的社会危害性和犯罪人的人身危险性及刑法人道（如对怀孕的妇女不适用死刑）、人性关怀（如对未成年人、老年人的从宽）和人权保障（如刑期折抵）等方面的事实相适应。这样，现代理性的刑罚个别化，一方面是实质化罪刑法定、罪责刑相适应和刑法面前人人平等的现代刑法基本原则的重要内容和外在表现，另一方面也是刑法三大基本原则间所存在的内在相关性的重要中介所在。另外，我国刑法中各种法定或酌定的关于从轻处罚、从重处罚、减轻处罚、免除处罚的原则性规定和具体规定，以及缓刑、减刑、假释等制度和刑法分则对不同主体、不同行为应受处罚的不同规定，[①] 也都是现代理性的刑罚个别化思想的具体体现。因此，完全可以说，现代理性的刑罚个别化是贯穿于我国现代刑法立法、司法及理论的一个核心范畴。

四、刑罚个别化进化的量刑规范化意义

既然在理性形态下，刑罚个别化仍为贯穿于我国现代刑法立法、司法及理论的一个核心刑法概念，则它不仅是实质化罪责刑相适应等现代刑法基本原则的重要内容和外在表现，而且其量刑个别化还是量刑规范化的必要内容和内在要求。这不仅表现在有刑罚个别化的存在就必有量刑个别化的存在，而且还决定了，量刑规范化并非就是量刑统一化，而是量刑个别化与量刑统一化的有机统一。

（一）刑罚个别化的存在，决定了量刑个别化在量刑规范化中的存在

综观理论上对于刑罚个别化的阐述，关于刑罚个别化与量刑个别化的关系，大致有同一关系与包含关系两种理解。前者如日本著名刑法学者木村龟二认为，刑罚的个别化，“是指反对以离开行为人的犯罪行为本身为标准，来科以统一的刑罚，主张应该按照犯罪人的个人情况科以与此相应的不同的刑罚，由此使犯罪人能够回到社会上来的思想”。[②] 这个把刑罚个别化的范围限定在“科以与此相应的不同的刑罚”的定义，显然是把刑罚个别化等同于量刑个别化。我国学者关于刑罚个别化含义的界定，同样如此。[③] 后者如认为，刑罚个别化是制刑个别化、量刑个别化和行刑个别化等三个方面的

---

① 如对于公职人员实施的通常由普通主体实施的犯罪，要从重处罚；对于同一类犯罪如贿赂犯罪，分别不同主体或行为方式而设置不同法定刑，等等。

② 参见［日］木村龟二主编：《刑法学词典》，顾肖荣等译，上海翻译出版公司 1991 年版，第 416 页。

③ 参见马克昌主编：《刑罚通论》，武汉大学出版社 1999 年版，第 293 页；梁华仁、王洪林：《试论刑罚个别化的根据》，载《时代法学》2004 年第 2 期；等等。

有机统一。[①]

其实，量刑个别化与刑罚个别化的关系，取决于刑罚权与审判权的运行情况。从刑罚权来看，[②] 其运行一般包括刑罚创制权、刑罚发动权、刑罚裁量权和刑罚执行权等 4 种情况。从理论上看，这 4 种情况下的刑罚权运行都发生“个别化”问题，并分别表现为制刑个别化、求刑个别化、量刑个别化和行刑个别化等 4 种情况。据此，量刑个别化与刑罚个别化的关系，不是同一关系，而是包含关系，表现为在刑罚权视角下，量刑个别化是刑罚个别化在量刑问题上的具体体现。

然而，量刑个别化与刑罚个别化的以上关系，只发生在刑罚权的运行中。在审判权视角下，二者并非仍是包含关系，而是交叉关系。这是因为在现代刑法上，量刑权并非等同于刑罚裁量权；量刑权除了包括刑罚裁量权外，还包括对非刑罚处理方式的裁量权和对单纯宣告有罪方式的裁量权。在这个意义上，量刑个别化既包括刑罚裁量的个别化，也包括非刑罚裁量的个别化，甚至还包括单纯宣告有罪的个别化，即根据案件的具体情况而作出单纯宣告有罪的处罚。[③]

因此，基于刑罚个别化在现代刑法实践中客观存在的事实，以及量刑个别化与刑罚个别化在刑罚权下的包含关系和在量刑权下的交叉关系，一方面量刑个别化也同时在现代刑法实践中客观存在着，另一方面决定了量刑规范化不能脱离量刑个别化。

（二）刑罚个别化反对量刑规范化片面地追求量刑统一化

量刑不均是世界各国量刑中的一大顽症，它不仅影响法院的公信力，而且也有损量刑的公正有效性。可到底什么是量刑不均？量刑不均是否就等同于同案异判？尚值得研究。[④] 事实上，“同案异判”与“量刑不均”是根本

---

① 参见曾庆敏主编：《法学大辞典》，上海辞书出版社 1998 年版，第 432 页；邱兴隆、许章润：《刑罚学》，中国政法大学出版社 1999 年版，第 22—24 页；翟中东：《刑罚个别化研究》，中国人民公安大学出版社 2001 年版，前言第 1 页；等等。

② 理论上认为，所谓刑罚权，是指国家能够处罚犯罪人的权限。参见马克昌：《比较刑法原理》，武汉大学出版社 2002 年版，第 827 页。

③ 虽然理论上认为刑罚裁量包括给予刑罚和不给予刑罚处罚两种情况，但把非刑罚裁量的个别化和单纯宣告有罪的个别化包括在刑罚裁量的个别化中，肯定是不合适的，因为，非刑罚的裁量和单纯宣告有罪的裁量无论如何都不是“刑罚裁量”。

④ 参见石经海：《“量刑规范化”解读》，载《现代法学》2009 年第 3 期。

不同的两个问题。对于前者，固然非理性的“同案异判”确属“量刑不均”而应摈弃；但理性的“同案异判”，不仅不是“量刑不均”，反而对实现量刑的实质公正及量刑效果来说，是必要而又重要的。在一向注重刑法精密化的德国，在长期追求“量刑统一”未果后，理性地发现，基于多种原因，不同地区间的量刑差异不仅是合理的，而且还是法律和公正所要求的。[①] 在我国，近来也有学者认识到，我国地域辽阔，人口众多，各地发展不平衡，这会合理地影响不同地区的法官对所谓相同案件的违法性与有责性的评价，因而必然造成量刑上的差别。[②] 确实，“同案不同判”有时是重视一些必须重视的重要差异；相反，那种齐头式的等同处理（划一式的“同案同判”）有时会忽略掉一些重要的差异。因为，对于“同一时空条件下，对性质相同、情节相当的犯罪”，不仅社会危害性可能不同，而且人身危险性也可能不同；并且，对于具体案件，也只能要求同类案件“适用相同的法律”，而不能要求它们的量刑结果也必须相同。因此，虽然量刑规范化以实现“量刑均衡”为重要目标，但它并非要绝对消除“同案异判”和“同罪异罚”，并非就等同于量刑统一化。否则，就是对量刑规范化的异化，使量刑规范化走向片面。

基于一般与个别的辩证关系原理，量刑规范化实际上是量刑统一化与量刑个别化的辩证统一。表现在，量刑统一化与量刑个别化是一组相对概念。所谓量刑统一化，又称量刑一般化，是指在不考虑量刑情节的情况下，同样的案件应当有同样的法律根据（包括量刑基准），即所谓的“同案同判”“同罪同罚”；所谓量刑个别化，是指每个具体案件有其个体性的量刑结果，表现在量刑结果与反映犯罪的社会危害性、犯罪人的人身危险性等方面的事实相适应。从表面上看，量刑统一化与量刑个别化似乎是矛盾和冲突的，但实际上它们是有机统一的，表现在量刑统一化针对抽象个罪，量刑个别化针对具体个罪。这个“抽象个罪”与“具体个罪”的关系，实际上就是哲学上一般与个别的关系，并决定了量刑个别化不仅不是对量刑一般化的否定，而且还以量刑一般化为前提。

综上，量刑个别化与量刑统一化都是量刑规范化的必要组成部分，量刑

---

① 参见［德］耶赛克、魏根特：《德国刑法教科书》，徐久生译，中国法制出版社 2001 年版，第 1045—1047 页。

② 参见张明楷：《刑法学》，法律出版社 2003 年版，第 433 页。

规范化是量刑一般化和量刑个别化的有机统一。[1] 在司法实践中，有两种错误倾向：一是片面强调量刑个别化而忽视量刑一般化。表现为，片面强调量刑的个人情况而忽视其罪行的危害性大小以及法律的明确规定，造成处罚过重或过轻，这是对量刑个别化的不正确理解。二是片面强调量刑统一而忽视量刑个别化。表现为，试图以极其细密化的量刑规范挤压法官裁量权，试图实现划一性的同案同判，搞“一刀切”，不问犯罪人的具体情况，不问是否有利于犯罪的改造和回归社会情况等，这同样是对量刑个别化的不正确理解。因此，在当前量刑规范化改革中，针对当前量刑裁量权滥用，量刑不规范、不统一等不良量刑现象，正确的做法不是片面地强调量刑统一化和违背量刑规律地挤压量刑裁量权，而应当是采取措施（设置完善的量刑程序制度）规范量刑裁量权的行使，使量刑一般化与量刑个别化的关系得以协调。案例指导制度等量刑规范化措施，其正确动因只能是为了统一量刑标准，解决法律规范层面上的“同罪不同罚”问题，而不能划一地要求量刑结果“同案同判”“同罪同罚”“基本一致”。[2]

---

① 参见石经海：《量刑个别化研究》，中国社会科学院研究生院2008年博士学位论文。

② 量刑结果公正并不意味着，在同一时期、同一地区以及同一法院对于具有类似情节的类似犯罪的刑事被告人的量刑结果应当基本一致，而是表现为具体案件的罪责刑相适应。

教育刑与刑罚的教育功能*

陈　伟**

近现代以来人们对刑罚的自我反省是相当惹人注目的事情，随之而来的刑罚变革也如火如荼地进行着。教育刑作为其中具有代表性的刑罚理念，给我们的理论探讨和实践操作带来的究竟是希望还是危机，需要我们仔细甄别，并在科学认识的基础上给出理性回答。因此，笔者拟对教育刑的理论渊源、产生背景、基本内涵进行深入查探，对教育刑的价值理念进行理性质疑与反思，对教育刑在我国存在的现实困惑、刑法教育功能与刑罚教育功能之间的关系、刑罚教育功能的展开等问题作一理论上的考察。

一、背景溯源：教育刑理论的萌生

（一）教育刑思想受到了自然科学方法论和科学工具理性主义的推动

教育刑的萌发得益于自然科学向社会科学的延伸，这一过程很大程度上是思维方式与研究方法意义上的。在18、19世纪，自然科学的研究成果迭出，微分数学、量子物理、人工合成化学等领域都给人耳目一新的感觉，在

---

* 本文原载于《法学研究》2011年第6期。

** 西南政法大学法学院教授。

公式运用、定律推导、逻辑演算等方面更是把自然科学带入了更加微妙且能量化的领域。在此阶段，起步相对较晚的社会科学虽然较之以往也取得了长足进展，但是受研究对象和方式方法的束缚，与自然科学相形见绌。但是，社会科学的主体性与价值取向性并没有阻挡它前进的步伐，自然科学方法论在实践中的不断运用给了社会科学诸多启发，也提供了无限的动力。因此，尽管两大领域性质的差异决定了二者不具有实质可比性，但是同在一个科学屋檐下的内在关联却时时震动着社会科学的神经，促使社会科学以自然科学为鉴，在自然科学已经取得的基础性成果之上，开拓社会科学研究的新境域。他们相信："科学不仅能使人正确地认识和对待自然，而且也能使人正确地认识和对待社会与人的精神生活。"① 在此基础上，探究心理学的自然科学基础已然成了一种趋势。② 受此启发和催动，自然科学的研究成果和研究方法得以被借鉴和引用：从经济学始，后逐渐波及刑事学科，其中贝卡利亚的"罪刑阶梯理论"③ 是受其影响的明显体现。

在思想意识形态上，西方的科学哲学传统，尤其是近代以来弗兰西斯·培根和笛卡尔等人开启的科学工具理性主义，功不可没。与资本主义上升时期的先进生产力发展相一致，在工业化浪潮的席卷之下，这一科学工具理性主义随之蔓延开来，它以"科学技术不仅有能力改变客观世界，也有能力改变主观世界"的感召力，以气势恢宏的精神力量催生了心理科学的诞生。④ 通过科学工具理性主义的推动，研究心理学的学者坚定不渝地相信，人的心理是主观见之于客观的，有明确规律可循并可以具体描述的行为人外

---

① 马来平：《中国现代科学主义核心命题刍议》，载《文史哲》1998 年第 2 期。有学者直接指出："社会科学要想获得自然科学同样的发展水平与速度，一个重要的问题便是研究方法的改进。首先是对自然科学研究成果的吸纳和对自然科学研究方法的借鉴与移植。"吴建国：《社会科学研究对自然科学研究方法的借鉴与移植》，载《北方论丛》1998 年第 2 期。

② 参见［苏］A. A. 斯米尔诺夫、A. P. 鲁利亚等：《心理学的自然科学基础》，李翼鹏等译，科学出版社 1984 年版，第 13 页。

③ ［意］贝卡利亚：《论犯罪与刑罚》，黄风译，中国法制出版社 2002 年版，第 75 页。近年来，我国学者在罪刑的定量分析方面也进行了大量的富有见地的研究，相关内容可参见赵廷光：《量刑公正实证研究》，武汉大学出版社 2005 年版，第 126 页以下；白建军：《刑罚轻重的量化分析》，载《中国社会科学》2001 年第 6 期；白建军：《犯罪轻重的量化分析》，载《中国社会科学》2003 年第 6 期；白建军：《罪刑均衡实证研究》，法律出版社 2004 年版，第 103 页以下；白建军：《死刑适用实证研究》，载《中国社会科学》2006 年第 5 期。

④ 参见［美］加德纳·墨菲等：《近代心理学历史导引》，林方等译，商务印书馆 1980 年版，第 104 页。

在行为的动力之源；在纷繁芜杂的行为背后，一定有一个因特殊个体差异而存在的心理运动轨迹的谱系，既然主观的心理活动是现实行动的向导，那么正是这一内在动力的牵引才造就了如此缤纷多彩的行为世界。于是，当思想狭窄的洞门一旦打开，嫁接于社会心理学之上的犯罪心理学的诞生也就是顺理成章的事情了，以致后来的行刑个别化、行刑专业化、特殊预防理论、保安处分、教育刑理论等纷纷出炉，都寄生于这一谱系的枝干上汲取营养。信奉者们期待，这些饱含“科学成分”的新理念有朝一日能结出累累硕果。

（二）刑罚学者对教育刑理念的升华

刑罚理念时时受着外在力量的触动，然而研究的“专业槽”决定了刑罚的更新和变革终归是刑罚学家的事情。首先开启这一历史先河的是贝卡利亚。他说：“预防犯罪的最可靠但也是最艰难的措施是：完善教育……教育的基本准则：教育不在于课目繁多而无成果，而在于选择上的准确，当偶然性和随意性向青年稚嫩的心灵提供道德现象和物理现象的摹本时，教育起着正本清源的作用；教育通过感情的捷径，把年轻的心灵引向道德，为了防止它们误入歧途，教育借助的是指出需要和危害的无可辩驳性，而不是捉摸不定的命令，命令得来的只是虚假的和暂时的服从。”① 在其之后，龙勃罗梭、菲利、边沁、费尔巴哈、巴也尔等人也考察了罪刑关系，对刑罚的教育及威慑作用作了相应的探讨，阐释了剥夺、威慑、教育、改造与预防犯罪之间的关系。比如，龙勃罗梭认为：“所有人都应当被逐个地加以监管，接受真正称职的领导和老师的指导，这些人应当从事布道者的工作。我认为：与其徒劳无益地制定大量针对恶行的条例，不如去研究一下塑造、发掘和改造这些孩子的办法。”② 菲利说：“在人类处于最野蛮的状态下流行只有惩罚规定而没有关于矫正罪犯规定的刑法典。人类文明的逐渐进步将导致与此相反的只有矫正而没有惩罚的观念。”③ 边沁指出：“在下列情况下惩罚无必要：用较小的代价便可以有效地防止犯罪行径的目的，例如教育，就像依靠恐惧一样有效；依靠晓之以理，就像依靠直接影响意愿一样成功。”④ 然而，综观上述这些学者的思想，可以说他们的主要贡献是揭示了教育作为感化犯罪人的

---

① ［意］贝卡利亚：《论犯罪与刑罚》，黄风译，中国法制出版社2002年版，第132页。

② ［意］龙勃罗梭：《犯罪人论》，黄风译，中国法制出版社2005年版，第349页。

③ ［意］菲利：《实证派犯罪学》，郭建安译，中国人民公安大学出版社2004年版，第126页。

④ ［英］边沁：《道德与立法原理导论》，时殷弘译，商务印书馆2006年版，第223页。

一种特殊方式有其积极的意义，认识到刑罚惩罚对于预防犯罪的固有作用，但是他们在论述中并未将教育理解为行刑过程中有别于刑罚惩罚的一个独立的行刑要素。[①] 质言之，以上学者在论述刑罚的效用与目的时，确实不经意间流露出刑罚具有教化改造、心理强制、威慑众人、计算幸福与痛苦等教育性的一面，但是偶尔的惊鸿一瞥过于短暂，也过于浮浅，根本没有尝试用教育手段来统筹和贯穿整个刑罚理念，更遑论提出与系统概述教育刑的理论。

众所周知，教育刑的集大成者是李斯特。作为刑法学新派的代表和社会防卫论者，他坚持犯罪原因的个人性与社会性以及二者的相互作用，并以犯罪原因为对症下药和实现预防犯罪目的的根据。根据从犯罪原因论到目的刑罚论这一整体解决问题的思路，李斯特需要时不时地把眼光投掷于具体的犯罪行为人，注重刑罚的预防功能，从行为人思想的改造入手，最终让行为人矫正不良行为，回归社会，"改造可以改造者，不可改造者不使为害"。他以"全体刑法学"的研究思路，把刑法同刑事政策统一起来综合考虑问题的研究方法，超越了犯罪、刑罚等主要解决事实的"存在"范畴，而以刑事政策学来解决事实的"当为"。[②] 他从犯罪现实问题出发，以在当时刚进入法学领域的自然科学的"因果—经验"研究方法为先导，指出现行刑法缺少犯罪统计结果，并视刑事政策为社会改革有组织的一部分（实证主义）。[③] 李斯特根本性地转变了刑罚本质是恶的传统认识，把刑罚与教育的内在机能对接起来，认为刑罚的本质是教育而非惩罚。他说，"刑事政策是针对个人而非社会的，以对个人的改善教育为己任"；[④] 而以改善教育为内容的刑罚个别化是目的刑的根本要求，目的刑即为教育刑。[⑤] 因而在李斯特的理论构架中，传统的刑罚已经不合时宜，为了与新的目的刑论相一致，需要里里外外地重新解构传统刑罚以迎合教育刑的需要，即为了获得行刑中的教育效果，就应该依照教育的规律区别对待受刑人，并运用多样的教育手段达到使受刑人改恶从善、不致再犯的目的。至此，教育刑理念经李斯特的进一步阐释得以脱胎问世。

---

① 参见郭明：《学术转型与话语重构》，中国方正出版社2003年版，第142页。

② 参见陈兴良：《刑法的启蒙》，法律出版社2003年版，第250页。

③ 参见［德］汉斯·海里因希·耶赛克、托马斯·魏根特：《德国刑法教科书》〈总论〉，徐久生译，中国法制出版社2001年版，第92页。

④ 张甘妹：《刑事政策》，台湾三民书局1979年版，第12页。

⑤ 参见陈兴良：《刑法的启蒙》，法律出版社2003年版，第262页。

（三）教育刑理论的背景底蕴

其一，宪法化运动思潮的影响。18、19世纪，宪法化运动席卷了整个欧洲。在各国掀起立宪高潮的过程中，民主、自由、人权、平等、正义等宪法精神也随之波及开来，逐渐深入人心。教育刑的立足点就是要关注具体犯罪行为人，强调个别正义，通过影响和改造具体行为人的思想来最终实现行为人个体的自主和自律。毫无疑问，教育刑与这些宪法精神所追求的目标是彼此暗合并相互纠缠的，正是这些宪法理念把人，尤其是受刑人，提高到了一个自觉认识的阶段，并在这一自觉认识的基础上寻求刑罚价值和受刑人自我价值的重新定位。

其二，人道化运动的推动。受人本主义所倡导的人道化理念的影响，自然法的个人本位价值观在18世纪西方各国的法律实践中得到体认。[①] 处在资本主义上升时期的资产阶级既是先进生产力的代表，也是开明思想的先驱，他们抨击欧洲中世纪所遗留的酷刑和专制统治，把人的主体性提升到前所未有的高度，倡导人本主义成为这一时期的显著特征。并且，社会进化本身就是一个从野蛮到文明逐渐推进的过程，在此过程中，人的客体性特征逐渐减少，主体性特征不断被彰显。"人类文明的这些成果，在狱政法治中的体现就是重视人权和人道精神，强调对罪犯合法权益的法律保护。"[②] 受人本主义思想的影响，促发了理性对待犯罪人、尊重犯罪人自由意志的理论思潮，保障犯罪人的人权为整个世界所关注，重刑传统不断受到挑战与质疑，刑罚变革因而成了理所当然的事情。在此影响下，以国家强制力为后盾的刑罚从非人的暴虐转向提倡人道的世俗化运动。

其三，市场经济价值理念的影响。18、19世纪的欧洲各国，正处于自由竞争资本主义时期。与之相伴随，"由市场经济的特殊特质所决定，人们的主体意识、权利意识、自由思想、平等思想与民主观念出现了较大变化"。[③] 自由、公平、平等理念在生活中成了人人信奉的基本信念。受其熏陶，罪与刑也成了某种意义上可予转换的实物商品——外在形式是无足轻重的，重要的是价值对等或者说同值。质言之，通过价值的转换，刑罚学者无形中已经承认，用身体刑的惩罚与用教育刑的改造就手段形式的差异而言已

---

① 参见徐岱：《中国刑法近代化论纲》，人民法院出版社2003年版，第31页。

② 张绍彦：《刑罚实现与行刑变革》，法律出版社1999年版，第183页。

③ 李步云：《人权法学》，高等教育出版社2005年版，第95页。

经无关大碍，既然二者追求的目标都是减少和预防犯罪，因此从商品经济价值规律的视角来看，用身体刑的惩罚与用教育刑的改造就是等值的，这完全符合价值规律等价交换的原则。基于此理由，二者的转换不仅明智而且极具可行性。

其四，科技知识与教育普及的促进。资本主义工业化是以科学技术的力量为后盾的，而工业化的迅猛发展又反过来推动了科学技术翻天覆地的变化。等到科学技术的力量渐行渐长的时候，它的影响就不再受缚于工业一面，而是以其为中心辐射开来并带动相关事物的变化。工业化的技术需求明显促进了教育的快速发展，而且教育既满足了人们对未知世界的探求欲望，也直接或间接地推动着社会的进步。在刑事法学者眼中，教育尤其可贵之处在于，由于个人素养的提高，行为人既能提前预防潜在犯罪动机和排解外在因素的干扰，也能有意识地积极规避内在犯罪原因力的左右，通过自主消减主观恶性或强化规范意识的途径使自己的行为符合教育的内容。除此之外，监狱这一国家机器与学校这一文化形态相比，在开放程度、施受关系、运作模式等方面有极大的相似性，即二者外在环境的封闭或相对封闭，主体与对象的支配与被支配关系，受教对象的集中，心理锻炼、智识和技能的渐进提高等方面都有较大相同之处，这些内在牵连使刑事法学者相信教育与刑罚有着浑然天成割舍不断的联系，常态教育已经取得的成果，教育刑同样可以企及。

其五，刑罚自身变革的及时跟进。就整个世界的刑罚演进史来看，生命刑—身体刑—自由刑为中心的运动轨迹是不得不承认的事实。[①] 笔者认为，这一演进最直接的原因在于外在社会情势与众多生活基本理念的碰撞与启迪，根本原因在于刑罚内在对立统一矛盾所要求的刑罚的顺势反思与合理调整，并在这一调整之后与主流价值保持适时跟进。详言之，刑罚的矛盾性表现为，一方面要求刑罚对应犯罪的严重社会危害性，通过“以刑抗罪”强调刑罚的惩罚性和严厉性，另一方面又要求刑罚的谦抑性、人道性、节俭性等。因此，由于刑罚自身对立统一矛盾特性的客观存在，并且为了防止矛盾

---

① 甚至有学者认为，刑罚已经演进或即将演进到以罚金刑为中心的刑罚时代。参见王宏玉：《刑事政策与刑罚结构变化之考察》，载《中国人民公安大学学报》2003 年第 3 期。另有学者指出，在 20 世纪以后，特别是 20 世纪末，罚金刑的地位极大地提高了，已上升为刑罚体系的中心刑。邵维国：《罚金刑论》，吉林人民出版社 2004 年版，第 54 页。

双方的冲突过于激化，刑罚就要不断进行自我调整。可以说，正是伴随刑罚变革而出现的以自由刑为中心的刑罚体系的确立，才为教育刑的时空条件奠定了基础，也为热衷于教育刑的理论学者和实践家留下了无数遐想与施展抱负的空间。“通过执行教育刑……自由刑的执行中包含教育和矫正思想的原则被确定下来，所有其他一些具体规定均在这一总原则规定之下。”① “从监狱行刑基础理论出发，教育刑已成为现代世界行刑思想的一种潮流。”② 以自由刑为中心的刑罚体系的优势在于，教育刑倡导者可以利用现有条件个别化地观察、处遇、改造、改善受刑人，把教育的理念直接付诸刑罚的实践，并在行刑实践的具体活动中通过与受刑人零距离相处，现实地推行自己的全套方案，并以实践反馈的信息进行相关环节上的不断调谐。

二、追问与反思：教育刑理念难以遮蔽的多元困惑

（一）教育刑的内涵

在对教育刑的价值理念与社会背景进行了考察之后，我们必须明了这样一个问题，即什么是教育刑。毫无疑问，这一前置性的概念揭示是所有问题的出发点。从词条或辞源上分析，代表性的界定主要有：一般认为，教育刑是刑罚理论之一，其适用刑罚的目的是教育犯罪人改恶从善，复归社会。③ 有学者称教育刑为“教育改造原则”（the doctrine of the reformatory education），④ 认为在这一总的原则之下，具体又包括因人施教、以理服人、循序渐进等分原则，它依据教育改造罪犯工作的客观规律，是指导监狱人民警察尊重规律，提高教育改造工作质量必须依据的准则。⑤ 还有学者直接把教育刑称为“教育刑主义”（the doctrine of education - oriented punishment），⑥ 即以教育刑为中心的刑罚原则，教育要贯穿刑罚活动的全过程并在其中释放最大功效。

在刑罚学理论上，不同学者的认识和表述并不完全一致。德国学者李普曼最为直接地指出，刑罚本身就是一种教育；李斯特同样认为，刑罚的目的

① ［德］弗兰茨·冯·李斯特：《德国刑法教科书》，徐久生译，法律出版社 2000 年版，第 428 页。

② 王耿心：《行刑学》，法律出版社 2004 年版，第 398 页。

③ 参见李伟民编者：《法学辞源》，黑龙江人民出版社 2002 年版，第 2932 页。

④ 在教育刑的整体框架下，教育、改造、矫正、教化、治疗等语词的意义并无二致。

⑤ 参见李伟民编著：《法学辞源》，黑龙江人民出版社 2002 年版，第 1514 页。

⑥ 薛波主编：《汉英法律词典》，外文出版社 1995 年版，第 395 页，

即教育。“教育刑思想的主张者认为，刑罚的目的就是对有罪者的再教育，刑罚的本质是教育，否则监狱就没有存在的理由。”① 而我国传统的观点认为：“教育改造是指我国监狱在刑罚执行过程中对在押罪犯强制实施的以转变罪犯思想，矫正犯罪恶习为核心内容，结合文化、技术教育进行的有目的、有计划、有组织的系统的影响活动。”② 也有学者认为：“教育刑论，是在刑罚目的主义的基础上发展起来的，教育刑论认为行刑的目的不在于惩罚，而在于对犯罪人的教育和改善作用。”③ “行刑教育原则源于教育刑主义，指监狱在执行刑罚过程中运用教育的方法改造罪犯，以促进他们改过自新，将教育活动贯彻刑罚执行始终的准则。”④ 另有学者认为：“教育刑就其字面理解，不过是认为刑罚本质应该是一种教育，其旨在通过以教育为目的和内容的刑罚使罪犯改恶迁善，并使其复归社会后不致再危害社会。”⑤

综合以上对教育刑的界定，笔者认为，教育刑的内涵囊括了以下三个层面的内容：其一，教育刑视教育为刑罚的本质；其二，教育刑以教育作为刑罚的目的；其三，教育刑中的教育理念要贯穿和指导刑罚适用的全过程。结合三者，可以认为教育刑是指把教育定位于刑罚的本质与目的，并在此基础上以教育理念贯穿和指导刑罚适用（行刑）全过程的刑罚思想。如果对此做一个大致的分类，可以明显地看出，教育刑内涵的三要素是基于不同层面的描述：其中前两点是静态层面的，限定的是教育刑质的规定性，与刑罚基本理念关系密切，带有明显的抽象性；第三点是动态层面的，是对教育刑具体行刑实践的现实表述，通过刑罚实践可以直接把握和检验，相对前两点而言，内容更为具体。教育刑的内在三要素是教育刑内涵的实质所指，明确界定教育刑的内在三属性，将是笔者下文以此为中心展开阐述的关键所在。

（二）教育刑的现实存在并不代表其合理性

在很大程度上，对教育刑背景的揭示很可能让人误解，认为这是教育刑合理存在的正当性根据。笔者认为，其实并非如此。自然科学方法论和科学工具主义以及多元的背景要素只是催生教育刑产生的外因而已，但是，事物

---

① ［日］木村龟二：《刑法总论》（增补本），有斐阁1984年版，第46页以下。

② 司法部政治部监狱管理局编：《监狱专业基础知识》，法律出版社2004年版，第132页。

③ 王耿心：《行刑学》，法律出版社2004年版，第398页。

④ 张全仁：《监狱行刑学》，中国物价出版社2003年版，第75页。

⑤ 郭明：《学术转型与话语重构》，中国方正出版社2003年版，第140页。

的产生只是一个事实范畴，并不能代表价值评判（褒或贬、正或负、优或劣等），应然的价值如何并不与实然的存在与否具有同等意义。教育刑的存在是客观的，但是这一客观性根本不是证明其正当性的根据。

20 世纪 70 年代，美国曾经出现过围绕“教育是否有效”展开论辩的“马丁森—帕墨”一案，[①] 德国出现了著名的“维耶兰德研究”，[②] 其最终都对教育刑的效果持否定态度。甚至在现在的美国，他们也认识到对罪犯过于宽大并不是一件好事，从而少数州不再实行假释制度，州立法机关更是对判决的实践进行了更改，以强调刑罚的惩罚对应犯罪的严重性。[③] 这样，人们就不得不承认，“在现代实践中，改造是主要的被明确宣布的目的，但是，它是一个困难的，几乎不可能达到的目的”[④]。理论可以早于社会发展的阶段提前出现，也可以在事物成熟或成型之后的某个阶段出现，但是，一项理论要付诸实践并带来预期的效果必须要有大量的现实条件予以辅助。毕竟，理论要转化为现实的作用力，一方面需要符合自身规定性的内在逻辑，另一方面离不开外在多元因素的支撑以及相关实践的检验。进而，需要进一步深究的是，对教育刑予以断然否定的理论根据何在，教育刑注定挥之不去的困惑究竟是什么，何种排他性力量使教育刑难有作为。

（三）教育刑难以消褪的多元困惑

1. 教育刑视教育为刑罚的本质存在定性上的根本偏差

刑罚的本质是刑罚自身存在的特质，是刑罚区别于其他事物的根本标志。毫无疑问，刑罚的本质在于应受刑罚的惩罚性，因为一旦将危害社会的行为界定为“应受刑罚惩罚”，实际上就界定了对危害行为用刑事法律加以调整的必要性，并基于调控方式的特殊性（是刑罚惩罚而非民事、行政处罚）说明了行为质的内容。[⑤] 危害行为应不应受刑罚惩罚，要考虑危害行为

---

① 参见［美］查理德、霍金斯等：《美国监狱制度》，孙晓雳、林遐译，中国人民大学出版社 1991 年版，第 249 页。

② 参见［美］罗伯特·J. 威克斯：《各国矫正制度》，郭建安译，中国政法大学出版社 1988 年版，第 67 页。

③ 参见刘强：《美国刑事执行的理论与实践》，法律出版社 2000 年版，第 14 页。

④ ［英］戴维·M. 沃克：《牛津法律大词典》，光明日报出版社 1988 年版，第 684 页。

⑤ 这里实际上牵涉到刑民分界的问题，有学者认为，“刑、民分界的标准即为严重脱逸社会相当性理论”。于改之：《刑民分界论》，中国人民公安大学出版社 2007 年版，第 205 页。在笔者看来，“严重脱逸社会相当性”的同等话语就是“应受刑罚惩罚性”，因为我们在评判行为人的行为是否“严重脱逸社会相当性”时，仍然需要根据是否“应受刑罚惩罚”给出答案。

和危害行为所征表的人身危险性的严重程度是否与刑罚作为最严厉的处罚手段相匹配：危害行为和人身危险性程度轻的时候，刑法务必保持谦抑品格，刑罚的惩罚性应该自动避让；危害行为和人身危险性严重到其他部门法不可调整的时候，具有惩罚性的刑罚就要从幕后进入幕前，勇于肩负职责，积极地对危害社会的行为进行有效规制。

可以说，正是达到了应受刑罚惩罚的程度，我们才可以清楚地鉴别该行为是犯罪而非一般的违法行为。国家或者立法者认为某种行为应用刑罚手段予以调整，就表明了该行为的社会危害性及行为人的人身危险性已经高于其他危害行为，需要界定的社会危害性在这里就直观地表现为"应受刑罚惩罚性"。就此而论，应受刑罚惩罚性具有区分罪与非罪的质的规定性。另外，应受何种刑罚，刑罚的种类是什么，刑罚的程度是多少，是应受刑罚惩罚的第二层意思，在此层面上，应受刑罚性又具有了量的规定性。因此，应受刑罚惩罚性是犯罪质与量最为直接的外观显现，是区别民事侵权行为、行政违法行为的标尺。刑罚既然是由审判机关作出决定并由执行机关执行的对行为人的谴责或者对其行为的否定评价，那么这种否定与谴责必然要求惩罚性是第一要义，刑罚的本质不可能偏离这一实体而另选其他。就教育刑所依附的自由刑而言，同样离不开刑罚本质所映照的范围。即使在刑罚施行过程中能够达到"作用于心""行拂乱其所为"的预防效果，在相当程度上，也仅仅是自发而非自觉的过程，是伴随刑罚的实施而"种瓜得豆"的副产品而已。

在一定程度上，通过教育可以让行为人在具体犯罪过程中避重就轻。正如边沁所言："在两项罪过彼此竞争的场合，对那项较大的罪过的惩罚，必须足以诱导一个人宁愿去犯那项较小的。"[①] 照此推论，行为人可以通过违法性认识的自觉教育过程而知晓刑罚的孰轻孰重，从而在自己行为过程中自觉地对行为的可选择项目予以理性选择。可是，这一理性思维活动也并不给教育刑积极的理论支持，因为迁恶从善的教育目的是要杜绝犯罪，而不是告诫行为人不犯重罪或者在能够犯重犯的情况下去犯轻罪。否则，如果教育的目的仅限于此，那么这种教育担当的不是积极禁止犯罪的角色，而是充当了行为人犯意的惹起者或者犯罪行为的教唆者，即教唆行为人尽可能地犯轻罪而不要实施重罪，而非告诫行为人不要犯罪。显然，这不是教育刑的最初旨趣所在。并且，依照上述理解进一步推论，教育的效果也根本无法防止重罪的产生，

---

① ［英］边沁：《道德与立法原理导论》，时殷弘译，商务印书馆2006年版，第227页以下。

因为完全以行为人“存乎于心”为标准的轻重界限划分是模糊或混乱的，比如故意伤害相对故意杀人是轻罪，孰轻孰重以不同的参照系就会得出截然相反的结论。既然行为人实施何种罪行都可以是避重就轻的结果，那么通过教育刑让行为人有意识地规避重罪恰恰从侧面说明了教育刑的弊端，即教育刑以这样的方式教导行为人进行行为选择是无效的，希望在具体个罪上依靠教育达到避重就轻的预防是徒劳的，甚至在某种意义上，这种引导不是在扼止行为人的犯罪意图，而是在助长行为人的主观恶性。

2. 教育刑以教育作为刑罚的目的存在方向上的失误

刑罚目的理论是整个刑罚理论体系的基石，贯穿于整个国家的刑事立法、司法审判和行刑三个阶段，犹如人体内的中枢神经，高屋建瓴地发挥着指挥作用。确立得当，可使国家的刑事立法、司法审判和行刑配合默契、协调运作；反之，则可使国家的刑事活动各行其是，使刑罚理论大厦建立在泥淖之中，危机重重。在此，笔者把刑罚目的分为存在论与价值论两个层面。存在论意义上的刑罚目的，是就刑罚在什么条件下发动而言的。从罪刑关系角度分析，刑罚的发动只能呈被动应对式的介入，即先有犯罪行为而后才有刑罚，即我们常说的“因为有犯罪所以有刑罚”，颠倒这一基本关系不仅不合常态逻辑，而且还将导致刑事程序的贬值以及人权价值的沦丧。因此，存在论的刑罚目的必须围绕犯罪来确立，报应刑是其应有之义。在价值论意义上，刑罚的视线必须触及犯罪背后更深的追求，惩罚犯罪是为了不罚、少罚、“刑期于无刑”，即我们常说的“为了没有犯罪所以有刑罚”“刑罚的目的仅仅在于：阻止罪犯再重新犯罪侵害公民，并规诫其他人不要重蹈覆辙”①。就此而论，预防犯罪就是价值论上刑罚目的的应有之义。

笔者认为，就预防论中的特殊预防而言，事实告诉我们现阶段不要对它存有过大的幻想。简要的一点也是至为关键的一点是：由于犯罪的个人原因与社会因素的综合影响，对于身处人造社会（监狱）之下的所谓特殊预防措施而言，即使有完善的测评系统表明行为人已经改恶从善、回归主流社会，然而时空转换之后，服刑人要从人造社会（监狱）顺利过渡到常态的社会关系圈中，原有的教育效果依靠什么来巩固和维系终究是一个无法攻克的难题。因而，遵照存在论先于价值论的逻辑思路，笔者认为，在刑罚目的

① ［意］贝卡利亚：《论犯罪与刑罚》，黄风译，中国法制出版社2002年版，第49页。

价值体系之中有一个内在的位阶关系，即报应一般预防—特殊预防。[①] 这一兼顾了报应、一般预防和特殊预防的刑罚目的论既有制约又有互动：制约体现在，一般预防和特殊预防要受制于报应的原则性要求，特殊预防要受制于报应和一般预防的原则性要求，位阶关系中的任何后者都不能为了自己价值的最大化而不顾前者对自己的限制；互动体现在，一般预防和特殊预防是报应之后目的性的进一步要求，正是通过对报应刑的不断修正，预防论使得刑罚的适用逐渐趋于价值平衡的理想状态。但是，无论是制约还是互动，一般预防与特殊预防都必须在报应的框架内才能有所作为。原因在于，公正制约效益、手段限制目的作为常识性存在，是刑罚实践目的性追求必须遵循的准则，否则，超脱这一关系束缚，最终必将既失之于公正也失之于功利。毕竟，报应是基于公正观念而生的对刑罚的正当性要求，预防是基于效益观念而生的对刑罚的正当性要求；单纯的预防因为使刑罚具有一定的目的性价值而是正当的，但又因使刑罚不具有公正性而是不正当的，只有将报应作为限制功利的手段，才能使刑罚既因为是公正的而具有预防犯罪的手段的正当性，又因为具有正当的目的而是正当的。[②] 报应是一般预防与特殊预防不可逾越的屏障，若不其然，单独的一般预防必将因为强调刑法的社会防卫机能而法外施刑导致重刑化，单独的特殊预防则将无视报应的要求而缺失公正。在报应—预防（包括一般预防和特殊预防）的位阶被厘清之后，一般预防与特殊预防的层级关系将更为明了：既然预防论都是基于功利价值被阐释的，那么扼止多数人犯罪的一般预防论，较之防范具体行为人再次犯罪的特殊预防论，从“最大多数人的最大幸福”的功利价值上进行比较和权衡，显然是更加优越的。因此，通过上述分析，刑罚目的的位阶已经清楚地显明，预防必须受制于报应，特殊预防必须受制于一般预防，这是刑罚公正与功利价值的辩证要求。

教育刑难以等同于公认的刑罚目的的任何话语，这种语义上的转换虽然可以代表一种目的观的新思路，但是数典忘祖的另辟蹊径已与刑罚本身背道而驰了。存在论意义上的刑罚目的注重报应，以回顾过去、留意已然之罪为

① 关于刑罚目的的层次性，韩轶教授在其博士学位论文中有深入论述，他把刑罚目的视为一个完整的整体，统揽三个层次：公正惩罚犯罪、有效预防犯罪、最大限度地保护法益。参见韩轶：《刑罚目的的建构与实现》，中国人民公安大学出版社2004年版，第78页。

② 参见邱兴隆：《关于惩罚的哲学——刑罚根据论》，法律出版社2000年版，第299页。

己任，教育目的论以前瞻未来、注视未然之罪、防卫社会为宗旨。前者的“顺理成章”与后者的“曲径通幽”形成鲜明的对比。一般预防的任务是宽慰被害人、防范不稳定分子和一般民众，虽然与教育观的方向一致（前瞻未来），但是行为对象的差异注定了二者只可能是平行线的上下支，相似而永不相交。不可否认，教育目的观与特殊预防论存在天然的姻亲关系，表面上似乎可与特殊预防论相互等置，其实不然：尽管教育刑可归之于特殊预防的手段之列，但特殊预防并不仅仅限于教育刑，这种关系说明教育刑只能充当特殊预防的分支发挥有限的作用。既然教育刑尚且要寄居于特殊预防之中，而特殊预防又位居刑罚目的层次之末，那么遵照刑罚目的的报应——一般预防—特殊预防的整体位阶关系，可以十分清楚地得出结论：教育刑根本不是刑罚目的的全部内容，教育刑也根本无法担当刑罚目的的重任。试想，特殊预防在刑罚目的位阶中尚且处于弱势，寄其篱下的教育刑又如何能够越过一般预防与报应主义而在刑罚目的中独当一面？并且，教育手段的多样性与个别化要求，通过刑罚实践将不自觉地改变犯罪三要素（社会危害性、应受刑罚惩罚性、刑事违法性）和犯罪的本质特性，会相当程度地软化刑罚的必然性、刑罚的等价性、刑罚的惩罚性和统一性规定。①

3. 教育刑以教育为中心的刑罚主线难以贯穿始终

前述内容是对教育刑静态层面的剖析，动态层面如何是实践层面必须查探清楚的；动静两个层面是分析教育刑必不可少的一体二面，完整的表述构成反思教育刑的全貌。教育刑要求从教育始，到教育终，以教育温馨可人的亲和面目，通过教育的精神渗透力，感召落入歧途的犯罪人，让他们在教育中忏悔，在忏悔中知罪，在知罪中远离犯罪。确实，教育如果能够在洗去他们污浊的双手的同时，也涤荡和洗刷他们的灵魂，那将是一个多么令人向往的情景！然而，对其结果梦寐以求的畅想，一不小心就跳跃式地步入了思维的藩篱之中。这里有两个问题：教育刑如何始？教育刑如何终？

在教育刑的现实操作层面，为着教育刑的顺利施展配置一般的教学设备，单就刑罚资源排挤性的障碍而论，这一问题似乎总有解决之道。可是，抛开物质条件和硬件要求，就教育刑如何始的宏观设计，无法回避地会遭遇以下难题：（1）教育刑主体的适格问题如何解决？即施教者为谁，是犯人

---

① 参见邱兴隆：《刑罚理性评论——刑罚的正当性反思》，中国政法大学出版社1999年版，第635页。

还是专家？从我国现实情况来看，依靠犯人管教犯人是普遍存在的事实，如果把教育主体确定为犯罪行为人，那么与受教对象无地位差异的施教主体如何获得受教人的心理认同从而育人服众（其他行刑人）？如果是专家，采用集体教育方式不免有走过场之虞，而采用一对一的教育方式，面对庞大的犯罪群体又如何现实地配置资源以满足不断高涨的犯罪人群的需求？（2）教育内容为何？教学计划如何安排？面对参差不齐的受教人群，以及受个性特征、教育背景和受教环境等差异的制约，在现实中并不存在一种横向的可以一体遵行的现成教育方案。然而，教育的基本原则是因人施教，教育刑必不可少地要求现今的行刑实践从僵硬到灵活的转变，而这无疑是一种难以应对的挑战。（3）受教对象如何分类？标准何在？现行的分押制度是出于监管秩序的需要而设置的，如果不按照教育的原则要求加以变革，教育刑如何顺利展开？（4）如何解决主流文化与监狱亚文化之间的冲突？这种抵触与碰撞不仅是对监管环境的破坏，也是教育刑面临的最大障碍，拿不出行之有效的解决问题的办法，必将阻滞教育刑的顺利施展，并对前期效果的维系带来毁灭性的颠覆。①

就教育刑如何终的问题，笔者的疑问主要有：（1）教育刑的绩效如何测定？以什么标准认定行为人通过教育刑已经达到了改恶从善、不致再犯的效果？（2）如何解决教育刑与不定期刑、罪刑法定、罪刑均衡的关系？涉及刑法基本原则的这些问题是必须直接面对的，绕开这些原则性的刑法范畴不是解决问题的根本之道，回避锋芒和掩盖矛盾对固守教育刑的根基无益。（3）刑期已满与受教对象回归社会的认定发生冲突时，以何者为准？如何调适？如果受刑人的刑期已经服完，如何面对教育的绩效评定尚未达到预设标准的具体情形？（4）如何解决行为人受特定利益驱使而故意迎合教育评

---

① 我国台湾地区学者认为，教化受刑人，应本着仁爱之观念与同情之心理，了解其个别情况与需要，予以适当之矫正与辅导。其目的在于增强受刑人之自尊与内省其行为，并助其控制自己与改善人际关系，激发受刑人良知良能，培养其崇法精神，促进其变化气质，重建完整人格，使其成为健全国民。为使监狱教化发挥其功能，应遵守下列原则：（1）避免集体教化，采用个别教导。（2）避免依循一成不变之老套计划与例行之常规。（3）认识受刑人教育乃是一种成人教育。（4）监狱教育社会化，因此设计课程应广泛，且能适用受刑人之需要。（5）教化内容应引起受刑人之兴趣，乐意接受教化，不宜施以强迫。（6）教化之成功，必事先分析在监受刑人。许福生：《刑事政策学》，中国民主法制出版社2006年版，第335页。根据上述列举出来的原则，我们可以略为思考一下，如果要真正按照教育刑的要求行事，如何满足全部条件？在常态的学校教育尚无法做到的情况下，教育刑要想在高墙院网中实现这些标准又谈何容易？

定系统的虚假情形？是按照绩效标准的符合情况减少刑期，还是以行为人故意迎合行为所表征出来的主观恶性延长刑期？（5）教育刑与保安处分有何内在关联，在我国保安处分尚未建立的现阶段，教育刑的倡导究竟是一种契机还是现实的难题所在？（6）如果行为人始终达不到教育评定系统的标准，如何处置行为人？释放行为人会违背教育刑的绩效评定标准，延长关押又显然不符合刑事判决的确定性和罪刑法定原则的明确性要求。① 笔者提出上述问题，不是要留下什么悬念，实际上，即使刑事司法发展到今天，教育刑对上述困惑仍然无法给出圆满的回答。因此，这些瓶颈性问题集中地说明了一点，即教育刑以教育为中心的刑罚主线难以贯穿始终。

4. 教育的异质性与刑罚难以契合

教育刑力主把教育的要素纳入行刑过程的始终，在刑罚实践中遵照教育规律行事，把犯罪人的思想改造、精神治疗、行为矫正等委之于常规形态下的教育。就此来说，教育刑主导的教育内容的实质成分是教化而非惩罚，教育刑只不过借助“教育万能”的先入为主意识，侵占了本应属于传统刑罚的领域。孟德斯鸠鲜明地指出：“有两种腐化，一种是由于人民不遵守法律，另一种是人民被法律腐化了。被法律腐化是一种无可救药的弊端，因为这个弊端就存在矫正方法本身中。”② 我们知道，教育和刑罚是两种性质不同的人类实践活动，富有理性的教育活动与刑罚本质上的强制存在根本冲突，二者在应用的对象、追求的目标和实现的条件方面都有自身的规定性。③ 这种自身的规定性是彼此特质所在，是维系二者自身整个体系的血脉，面对任何异己力量的介入，其固守自我的本性都将予以抗制，互斥性的结果必将是出现排异现象。问题在于，社会现象的排异并不给人直观的体验和真切的感受，正是这种隐性特征，导致了教育刑论者把理论困惑和实践困难当作挑战，把步履维艰视作积聚力量的必要代价。教育刑论者对教育刑的“成效”津津乐道，并在教育刑的手段方式上苦心孤诣，在细枝末节上大做

---

① 抱歉的是，笔者在此提出了众多问题，却没有给出只言片语的答案。理论是行动的先导，欠缺正确的理论就无法达致正确的实践。由于教育刑缺乏科学的内在合理根据，注定了其在践行中危机重重。仅仅局限于单方面的补救同样无济于事，难以化解的各方冲突显现的反倒是其捉襟见肘的窘境。由于缺乏稳妥的理论根基，注定了教育刑的困境无法通过零碎的修修补补得到根本改善。因此，不给出问题的答案，是笔者认为迄今为止尚没有正确的答案。

② ［法］孟德斯鸠：《论法的精神》（上册），张雁深译，商务印书馆2005年版，第102页。

③ 参见郭明：《学术转型与话语重构》，中国方正出版社2003年版，第145页。

文章，而唯独在基础理念上疏于体察，缺乏论证。笔者认为，教育只能作为外在因素或内在功能影响刑罚的顺利实施，积极地对刑罚实现有所推动，不可能取代刑罚，如果教育刑要凭借教育彻底占据传统刑罚的全部领域，那么充其量不过是一场鸠占鹊巢的闹剧而已。亡羊补牢的做法应该是，教育刑的践行者应该在拨云见雾的理论指引下尽早认识到自己的误区所在，尽快调整自己的整体思路和司法活动中的践行方式，以免愈趋愈远以至积重难返。

有人肯定会质疑，教育刑的受教对象受时空的束缚、身心的疲惫、精神的压力、自由的受限等这些特征，不正说明教育刑的本质仍在于惩罚，教育与刑罚又何来难容彼此的排异现象？就此，笔者认为我们应该注意以下两点：其一，如果承认教育刑的本质在于惩罚，那么感化受刑人思想的教育又岂能与惩罚其身体的刑罚同日而语，毕竟前者的着力点在于行为人的思想，而后者却着眼于行为人的人身自由，因此，作用力方式上的不同决定了二者的根本差异。何况，姑且承认上述论点，但是当我们把思绪拉回到前面已阐明的教育刑的三要素上，两相对照就会发现，对于教育刑把教育视为刑罚本质与目的的内容要素，教育刑论者难以自圆其说。毕竟，教育刑的教育本质与教育刑的刑罚惩罚形式并没有任何调和的余地，要求两者兼顾却又互斥互排的非相容性导致的最终结果只能是一个非驴非马的异物而已。如果教育刑真的一方面期许借助教育来彻底改造犯罪人，另一方面还要在刑罚的框架内进行有效操作，那么可以看出，欠缺原则性立场本身就说明了教育刑论难以遮蔽的理论缺憾。既然行为人的过错在于其行为损害了刑法保护的法益，刑罚调整的是行为人的行为而非思想，那么如果仍然坚持认为教育刑的本质在于惩罚，惩罚的基础也应该只是其危害法益的行为，为何又要虚张声势地假借教育的手段折磨行为人的思想？其二，承认教育刑的本质在于惩罚，其根据是从教育的需要出发，反推刑罚惩罚手段与教育目的的关系，这在主观上是为了突出教育改造在行刑中的作用。然而，就罪犯的教育改造而言，刑罚实际上是它所不能选择的前提。一个非常明显的事实是，刑罚必须对应犯罪行为的应受惩罚性，刑罚根本不是为了教育而存在，教育也不是在刑罚之下才能生存，否则刑罚与教育就根本没有必要分成两个领域，也没有必要采用两套不同的运作方式。如果过多强调教育前提下的刑罚惩罚，惩罚与教育两种结构因素的潜在冲突就可能导致刑罚本性与行刑功能的实际分裂。[①] 教育

① 参见王利荣：《行刑法律机能研究》，法律出版社2001年版，第170页。

刑论者没有清楚认识到教育原本是什么，也不清楚刑罚是什么，他们既强调受刑者的人权及作为人的尊严，又追求符合预防犯罪目的的犯罪对策，二者明显形成了二律背反的紧张关系，这种寄求于歪打正着的良愿注定只是背离刑罚实质的乌托邦而已。

三、诘问与澄清：教育刑在我国的两个疑惑的排解

教育刑理论上的困惑是不分国界的，就理论的共通性而言，似乎已无必要在此画蛇添足。但是思绪牵牵绕绕走得太远，就极易忘了自己周遭的事情。当把目光收回予以内省时，有两个疑惑是笔者不能回避的：其一，我国的传统文化难道不是教育刑成长的天然温床？拥有几千年中华悠久历史传统和优良道德素养的培育，有着孔孟之道的“尚儒追求”“仁政”的宽广胸襟、“德主刑辅，明刑弼教”的政治宣言、以“礼刑”为标准的中国传统文化的支撑，教育刑在我国的优势可谓深厚绵延，为何笔者要熟视无睹这一本土文化事实而对教育刑理论另眼相待？在中国传统文化的滋润下，这些积极因素难道不能让教育刑有别于教育刑的一般困惑而在中国风骚独领？其二，受刑罚轻缓化潮流的牵引和宽严相济刑事政策的影响，对未成年人“教育为主，惩罚为辅”的事实难道不是教育刑最好的明证吗？鲜明的生活事实不是已经切切实实地感受着教育刑带来的恩泽吗？为何要对落入现实的“教育刑”所取得的“成效”视而不见？

（一）礼的传统不是教育刑的理论根基

确实，我国有悠久的礼的传统，这一建立于血亲关系之上的包罗万象的行为规则体系，自上而下地波及世俗生活的各个角落。然而，封建社会所宣扬的礼教精神都是服务于政治结构需要的，由于它自身的性质，与其说礼不可能注重个人，毋宁说它是否定个人的。由于“人的位置也只能在亲疏贵贱的等级序列中确定。因此，要求于每一个人的，首先是对于社会（可以是家族，也可以是国家）的各种义务，它主要表现为要求与禁忌，缺少的，正是权利赋予人‘能为’的东西”[①]。所谓礼刑关系，可以简化为“刑不上大夫，礼不下庶人”“礼之所去，刑之所取”，正因为如此，“德主刑辅”“明刑弼教”在实质上化为了统治者安抚百姓和稳定人心的口号，标榜政绩

---

① 梁治平：《法辨》，中国政法大学出版社 2002 年版，第 148 页。

的意味甚浓，而与广大民众的切身利益干系甚微。

有学者认为："在中国古代刑罚制度由肉刑向徒刑的发展沿革中，也包括着建立教育刑制度。"① 笔者对此不以为然。因为纵观中国刑罚制度史就可以明确地看出，专制社会中生命刑、身体刑比自由刑在体系上更加成熟，在适用上更加广泛，并且法外滥用生命刑、身体刑更是比比皆是，在中国古代刑罚体系中徒刑（自由刑）远不是主流。② 因此在非主流的自由刑条件下，教育刑缺乏依附的载体，难以有实质的用武之地，这就注定了教育刑难以有成长的空间。尽管封建统治者提出了"德主刑辅""明刑弼教"的口号，但是，笔者认为，"德主刑辅""明刑弼教"在专制制度的社会结构下并没有多少于个人而言的权利享有，"德主刑辅"的"德"是统治阶层自身的以德服人（民众），是稳固专制政治所需要的凭借。正所谓："政者，正也。子帅以正，孰敢不正？"③ "政者，正也。君为正，则百姓从政矣。君之所为，百姓之所从也。君所不为，百姓何从？"④ "其身正，不令而行；其身不正，虽令不从。"⑤ 而"刑"，主要是针对"愚顽不化"的百姓的，是礼治教化的主要工具。在形而下的层面，实际的情形不是以德统刑，而是以刑统德，即通过重刑威严来强调三纲五常、礼仪教化，把本属于道德治理的精神范畴强行纳入刑罚之中，以达到安抚民心、天下大治的局面。"明刑弼教"充其量也不过是"弼教于重刑"，通过生命刑或肉刑的痛苦来威慑受刑人与一般民众。这就是所言的"吾以是明仁义爱惠之不足用，而严刑重罚之可以治国也"⑥。因此，即使有人认为其中或多或少含有教育的成分，也是礼和刑交互进行的"奴化教育"，与教育刑的实质与目的相去甚远。

从中国法律史来看，刑罚的酷烈和繁多不仅在夏商周三代，即使在整个中国古代法中也是一个显著的特点。正如学者所言，肉刑在古代刑罚体系中历来占有主导地位，徒刑相对五刑而言呈萎缩之态。⑦ 然而，令人吃惊的

---

① ［日］西田太郎：《中国刑法史研究》，段秋关译，北京大学出版社 1985 年版，第 203 页。

② 参见周密：《中国刑法史纲》，北京大学出版社 1998 年版，第 442 页。

③ 《论语·颜渊》。

④ 《礼记·哀公问》。

⑤ 《论语·子路》。

⑥ 《韩非子·奸劫弑臣》。

⑦ 参见高绍先：《中国刑法史精要》，法律出版社 2001 年版，第 410 页以下。

是，这种野蛮残酷竟然与四千年的文明共存，与古代发达的道德哲学并行不悖。[①] 笔者认为，其中的原因在于，统治者奉行的是政教合一的治国方略，道德法律化现象相当明显。道德哲学作为刑的基础信念，“原心论罪”而不“原心教化”。在注重安全而不注重自由的价值取向下，刑法极力强调“入罪”功能而淡化“出罪”机制，强调刑罚的威慑力、重刑化而疏忽刑罚的教育成分。这样，就必然不仅要扩大刑罚的适用范围，也要大大加强刑罚受处的力度。

何况，儒家道义也并不是一成不变的。荀子言：“不教而诛，则刑繁而邪不胜；教而不诛，则奸民不惩。”[②]“杀人者不死，而伤人者不刑，是谓惠暴而宽贼也，非恶恶也。”[③] 荀悦在此基础上进一步扭转了“德主刑辅”的根本原则，旗帜鲜明地提倡“德刑并行”。他认为：“夫德刑并行，天地常道也，先王之道，上教化而下刑法，右文德而左武功，此其义也。”[④] 由此可见，儒礼精神随着时代的演进而逐步走上了一条“明儒暗法”“内法外儒”的道路。[⑤] 因此，笔者认为，虽然礼教在历史的长河中不断积淀并有所变迁，但是作为治国方略，在法治的意义上，它无法在民主政治中占有一席之地；寄望于国家强制力把它自上而下地贯通于刑罚适用全过程，显然又违背了礼的本意而难有实质性作为。

（二）对未成年人的特殊保护无法辅证教育刑的合理性

之所以会出现第二个疑惑，源于人们对现实的感悟。当教育刑论者心中完全被教育刑所盘踞时，其眼中闪现的也全然都是教育刑了。在这里，未加思索的结果要么是倒果为因，要么是把部分视为全部，更荒唐的是把外部的间接联系当成了教育刑合理化的实质证据。刑罚轻缓化与轻轻重重的刑事政策，直接推动了刑罚个别化的出现，并通过个别化处遇措施的施行促生了教育刑。因此，在因果关系的顺序链上，教育刑并不是因，刑罚轻缓化潮流与轻轻重重的刑事政策也不是果，前述二者根本不是教育刑强力推动的结果。如果真正要从因果链条上把二者扯上关系，现下所言的教育刑只不过是源自

---

① 参见梁治平：《法辨》，中国政法大学出版社2002年版，第88页。

② 《荀子·富国》。

③ 《荀子·正论》。

④ 《后汉书·荀悦传》。

⑤ 参见高绍先：《中国刑法史精要》，法律出版社2001年版，第444页。

其基本理念的部分衍生物而已。如果说生命刑—身体刑—自由刑的演进代表了刑罚进化的历史，而刑罚轻缓化的意义也在此的话，这一世界各国莫不如此的客观现象说明教育刑的有无在此演进过程中无足轻重。因为，这一演进环节中的“生命刑—身体刑”无可非议地代表了刑罚的轻缓化，但是由于欠缺自由刑的行刑环境，连坚定不移的教育刑论者也不会赞同在这一演进过程中蕴含有一丝一毫教育刑的影子。最明显的道理也在于此，刑罚演进是随着社会环境渐进推行的过程，是综合多种因素的产物，它无法直接为教育刑注入新鲜血液，教育刑更不能直接借助刑罚之外的教育来促动整个刑罚体系的进化。撇开刑罚演进史的宏观角度，在现实意义上，刑罚轻缓化和轻轻重重刑事政策与具体行为人的切身利益密切相关，如禁止类推、禁止重法溯及既往、排斥习惯法、排斥绝对不定期刑、有利被告原则、前科消灭制度、非犯罪化、非监禁刑等都是其明确内涵所在。然而，这实际上也极大程度地只涉及对行为人的定罪与量刑，而与教育刑的功能发挥无涉。这说明了，教育刑不能把刑罚轻缓化的潮流以及刑事政策对定罪与量刑的民主化效果强加在自己的功劳簿上。

针对未成年人“教育为主，惩罚为辅”的刑事政策，同样不是教育刑理论辉映的结果显现，以此作为教育刑现实根基的佐证并不恰当。对此，笔者在此提出以下几点以作澄清：其一，以主辅次序把“教育”与“惩罚”分而置之，这与教育刑要求教育与刑罚应该浑然一体的原则明显相悖。按照教育刑以教育为刑罚本质和目的的原则性要求，极力张扬教育的强势地位实际上将彻底掩盖刑罚的本来面目，那么在此基础上，“惩罚为辅”又何以有容身之所？并且，这种主辅次序的划分从侧面说明的正是教育刑本身内在教育的有限意义而非全部，如果承认此点，这显然又与教育刑的实质内涵明显不符。其二，就未成年人的特殊性而言，教育刑的外延缺乏周延性，并且也不符合教育刑三要素的旨意。在教育刑内涵的界定上已经清楚地显明，教育刑对主体范围并没有作特殊的限制，何况，从目前实践层面来看，教育刑的触及面并不以未成年人为已足，而是寄求于通过教育刑理念的扩张而覆盖行刑实践的全体。因此，以未成年人作为自己的防护盾牌暴露的反而是自己更多的软肋。其三，对未成年人“教育为主，惩罚为辅”的原则，虽然程度上主次有别，但是在作用方式上是由惩罚外在的行为而深及行为人的思想——由外而内；与之相反，教育刑由思想（改造）而及行为人的外在行为——由内而外。由此可以清楚地看到，二者在作用力的方向上存在根本差异。所以，尽管对未成年人的“教育为主，惩罚为辅”很大程度上突出了教育的功能，可是它与教育刑并不能形成相互印证关系，以此作为辩护理由明显不能成立。其四，如果严格按照教育刑的思路对未成年犯的刑事归责进行操作，教育与刑罚惩罚的界限就会变得异常模糊，并且对未成年人的保护性教育很可能会演变为苛厉重刑。因为，教育刑论者主张刑罚的轻重应以犯罪人的性格、主观恶性或人身危险性的强弱为根据，这样，对轻微的客观危害行为就有了适用重刑的可能。李斯特特别举例说明：“德国普鲁森地方司法省曾命令法官，对于少年被告事件，所处自由刑较成年者为长，因为根据少年的心理特征，与其处以短期自由刑，不若处以长期自由刑有利。……这样做的根据不是因为少年实施的犯罪行为较成年为重，而是少年行为者因行为表征的意向有注意的必要。实际上就是因为要使刑罚在行为者方面发生作用，达到实施感化教育的目的。”① 很显然，教育刑论者一方面强调对未成年人的保护性原则，在刑罚适用上体现从宽精神，而另一方面却以未成年人心理不成熟需要着重教育为由延长刑期，这样，原本的保护初衷很自然地就滑入重刑。由此可见，在理论标准上，教育刑论者对未成年人采用何种处遇原则是混乱的；在实践操作上，教育刑又极可能彻底颠倒对未成年人“教育为主，惩罚为辅”的主辅关系。因此，上述理论与实践层面的双重困惑注定了只是虚张声势而已。

可以说，对未成年人“教育为主，惩罚为辅”很大程度上是以不足量的惩罚（我国《刑法》第 17 条第 3 款明确规定，已满 14 周岁不满 18 周岁的人犯罪，应当从轻或者减轻处罚②）来达到教育未成年人的最大效果，否定刑罚而极力推崇教育的手段性意义并不明显。对未成年人的任何保护性处罚措施，都是源于未成年人较之于成年人的特殊性，正是这一特殊性使得刑

---

① 马克昌：《近代西方刑法学说史略》，中国检察出版社 2004 年版，第 214 页。

② 此处所引为 2011 年《刑法》相应条款内容，经 2020 年 12 月 26 日第十三届全国人民代表大会常务委员会第二十四次会议通过的《中华人民共和国刑法修正案（十一）》修正后，现行《刑法》第 17 条规定：“已满十六周岁的人犯罪，应当负刑事责任。已满十四周岁不满十六周岁的人，犯故意杀人、故意伤害致人重伤或者死亡、强奸、抢劫、贩卖毒品、放火、爆炸、投放危险物质罪的，应当负刑事责任。已满十二周岁不满十四周岁的人，犯故意杀人、故意伤害罪，致人死亡或者以特别残忍手段致人重伤造成严重残疾，情节恶劣，经最高人民检察院核准追诉的，应当负刑事责任。对依照前三款规定追究刑事责任的不满十八周岁的人，应当从轻或者减轻处罚。因不满十六周岁不予刑事处罚的，责令其父母或者其他监护人加以管教；在必要的时候，依法进行专门矫治教育。”——编者注

罚在未成年人刑事法律中刻意收敛，从而也使得常态下的刑罚功能有所减损。这就可以得出一个结论：对未成年人的保护性措施，不是教育刑的作用使然，更非教育刑的现实佐证。

四、走出迷途：刑罚的教育功能与教育刑的关系厘定

刑罚的功能是指国家创制、适用与执行刑罚所可能产生的积极的社会作用。[①] 刑罚的功能是伴随着刑罚在刑事实践活动中的具体适用而呈现的，其功能性发挥与呈现的动态过程相伴随。“如果说，刑罚的内在属性是惩罚与谴责，刑罚的功能应当是刑罚的内在属性在其运动中的外在表现，是刑罚内在属性的外化。”[②] 由于刑罚的运作模式不是单向和封闭的，加上人的心理受外在物理强制（刑罚）必然会有不同心理反应，刑罚外化的功能就有多元性。学界较为一致地认为，刑罚有剥夺、矫正、感化、教育、威慑、补偿、安抚、鼓励等功能。[③] 那么，刑罚的教育功能与刑法的教育功能区别何在？刑罚的教育功能是如何展开的呢？教育刑与刑罚教育功能的关系如何释清？

刑法的功能，也称刑法的机能，是指刑法在其运行过程产生的功效和作用。[④] 宽泛地讲，刑法功能是刑法本身所可能具有的在国家创制、适用、执行及其他一切与刑法有关的活动过程中所发挥出来的，对于全体公众的积极作用与影响。[⑤] 在规范学上，刑法的教育功能主要通过命令规范和意思决定规范来发挥作用。刑罚的教育功能与刑法规范的指引、预测、评价机能无

---

① 参见邱兴隆、许章润：《刑罚学》，中国政法大学出版社1999年版，第63页。

② 陈兴良：《本体刑法学》，商务印书馆2003年版，第630页。

③ 有学者认为，刑罚功能包括横向和纵向两个层面，横向功能又包括对犯罪人的功能、对潜在犯罪人的功能、对受害人的功能和一般守法者的功能，纵向功能包括制刑功能、量刑功能和行刑功能。参见邱兴隆：《撩开刑罚的面纱——刑罚功能论》，载《法学研究》1998年第6期，论者没有区分刑法功能与刑罚功能，导致了把本属于刑法功能的一部分划进了刑罚功能之中。但是我们仍然可以从横纵层次的论述中看出，教育功能只是刑罚功能的一部分“次生性功能”，它无论如何都不是刑罚功能的全部，也不是其中最重要的一部分。关于教育改造在行刑法律机能中的地位，我国有学者已经明确指出，教育改造在行刑法律机能层面只能低于“以恶制恶”，教育改造在自由刑的执行中只能处于次生法律机能的地位。参见王利荣：《行刑法律机能研究》，法律出版社2001年版，第158页以下。

④ 参见陈兴良：《本体刑法学》，商务印书馆2003年版，第37页。

⑤ 参见储槐植、宗建文：《刑法机制》，法律出版社2004年版，第28页。

关，如果行为人按照刑法规范的指引、预测、评价行事，所有的行为都将处于正常的行为范式之内，无所谓刑罚，更无所谓刑罚的教育功能。在法规范意义上，刑法的运行过程只局限于刑法法规的废除、创制、修改、宣传、解释等活动，而不涉及具体的刑事程序和诉讼参与人，因此这一特定意义上的运行过程使得刑法的教育功能具有同样的特性。与之相反，刑罚的教育功能必须与具体的犯罪人紧密相连，必须与具体的刑事审判程序和诉讼过程不可分割。由刑法对人们行为控制的间接性所决定，刑法的教育功能不可能直接加功于特定行为人的行为之上，只有借助刑罚和刑罚的教育功能才能最终影响具体行为人的主观心理，从而规制他们的行为。因此，二者的根本区别在于刑法的教育功能是观念形态的，而刑罚的教育功能是现实形态的。刑法的教育功能要向刑罚的教育功能转变，就必须由静态层面转入动态层面，必须从观念形态向现实形态纵向深化。

刑罚教育功能的展开有时间和主体上的特征。在时间上，对具体的刑事被告人，刑罚的教育功能以刑事审判的结束或刑事判决的生效为开始的标志，在行刑期间得以强化：通过应当承受的刑罚惩罚，受刑人认识自己危害行为的性质，反省自己行为的恶性，谴责自己内心的不良动因。对相当长时间内未犯罪的受刑人来说，刑罚的教育功能没有明显的结束标志，未犯罪的事实说明刑罚正在潜在地发挥作用，刑罚的教育功能收到了比较好的预期效果。但是，如果行为人再犯罪，再次犯罪的事实说明上次刑罚的教育功能对行为人未达效果，需要新的刑罚对行为人予以再次责难，刑罚的教育功能必须重新展开。对潜在的犯罪行为人（包括有报复倾向的被害人及其亲属）而言，刑罚的教育功能以具体犯罪人的受刑时间作为开始的标志。如果潜在犯罪行为人对客观对象实施犯罪行为，原来的刑罚教育功能因为潜在犯罪分子实施犯罪而结束，并以针对自己的刑事审判程序的结束或判决的生效再次启动刑罚的教育功能。对一般民众而言，以具体犯罪人的受刑时间为起点，通过外在的刑罚活动使他们对自己的行为有所预测与评价，刑罚的教育功能因此得以展开，但是刑罚的教育功能并无明显的结束迹象，并且一般民众可以通过自己感触到的受刑人事例不断强化刑罚的教育功能。[①] 由此可见，刑罚的教育功能是一个动态的运行过程，是以具体受刑人为中心辐射的，如果

① 以上述标准来划分时间点，同样是基于刑法教育功能与刑罚教育功能的差异性原则进行的界分，即观念刑罚向现实刑罚的转换是刑罚教育功能展开的原点。

没有具体受刑对象的存在和具体刑事程序的开始，刑罚的教育功能只能凭借观念形态的刑法教育功能对抽象行为人发生作用，刑罚的教育功能就只能处于静止状态而无法自行展开。并且，刑罚的教育功能又是非封闭性的，在其展开过程中它必然随着主体和时间（在具体行为人所处的一定社会环境内）周而复始地不断运行，并在其能够影响的范围内释放功能和能量，从而或显或隐地改变具体行为人的主观内容和行为方式。

刑罚的教育功能通过现实形态的刑罚运转而展开，在时间的起点上各主体并无二致，但是在刑罚教育功能展开的运作方式上各主体并不划一。对具体的犯罪人，刑罚的现实存在就是对行为人自身的谴责和对其行为的否定评价，同时以物理强制作用施加于身，通过生理上可感知的痛苦反作用于行为人的心理，进而使其对自己行为的性质、刑法保护法益的态度、规范约束力、司法机关的立场、自己的价值取向有所鉴别。[①] 这一鉴别过程自始至终都是“己—己”的，是通过自己的刑事审判过程和现实的刑罚惩罚进行的自我教化，对此，笔者把这种运作模式称为“内省性方式”。当然，“内省性方式”并不局限于受刑人单纯的自觉行为，由于受刑活动中参与的心理专家、教育专家、精神病医学家等都是作为整个行刑环境的一部分而影响受刑人的，因而他们采取的“治疗”和“感化”措施对刑罚的教育功能可以产生积极的推动作用。与之相反，对潜在的犯罪行为人和一般民众而言，刑罚教育功能的运作方式是“人—己”的，它需要借助其他犯罪人的犯罪事例和惩罚事实才能影响潜在犯罪行为人的认识因素和意志因素，对此，笔者把这种运作模式称为“外发性方式”。“外发性方式”的性质决定了，外在的力量愈强对内的触动就愈大，刑罚愈公正刑罚的教育效果就愈好。然而，教育刑论者采用的各种非刑罚措施，由于撇开了刑罚的本质要素，贬抑了刑罚的公正价值，弱化了刑罚的外在力量，从而使得“外发性”的教育功能效果大打折扣。如此，对否定规范（刑法规范）的人采用非刑罚措施，就在相当程度上减弱了规范否定的效果，动摇了潜在犯罪人与一般民众坚守规范认同与强化守法规范的意识。

刑罚的教育功能必须通过刑罚具体活动的过程来展开，脱离了具体的刑罚实践，刑罚的教育功能根本不可能实现。在这一过程中，现实的受刑人所

---

① 有学者认为，鉴别的实质就是教育功能。参见陈兴良：《本体刑法学》，商务印书馆2003年版，第635页。在相当程度上这无疑是对的，因为鉴别过程就是明是非、辨真假、知善恶的过程。

受的刑罚是整个刑罚教育功能展开的中心，并逐渐影响到其他主体。刑罚要把教育功能发挥到最佳状态，必然要注重刑罚的必然性、及时性和刑罚的强度。刑罚的必然性是犯罪与刑罚之间的因果关联，是行为人实施危害社会的行为之后所应负担的责任后果，是国家谴责其行为的一种可能性，只有这种可能性近于一种必然因果关系的时候，一旦行为人产生犯罪动机和犯罪目的的萌芽，才能把自己即将实施的行为及时地与刑罚的惩罚后果现实地对接，扼止自己进一步步入深渊。刑罚的及时性是对司法机关办案效率的要求，是能不能马上对行为人兑现刑事责任的表现。如果行为人在实施犯罪后的相当一段时间内仍然未能承担刑事责任，应然的刑罚仍然遥不可及，这样一方面行为人因犯罪产生的罪责心理会随着时间的流逝而消散，另一方面行为人通过犯罪所得之物也将被消耗殆尽，即使最终行为人成为刑事处罚的对象，他也会怀着一种淡然的心态来坦然面对“迟到的处罚”，并通过自己深切的感性经验，在利与弊、苦与乐的衡量中精确地算出胜负比率，日后一旦面临合适的犯罪机会，仍然会再次铤而走险实施犯罪。何况，由于“迟到的刑罚”距离现实的犯罪行为人太远，刑罚自身的功能无法触及具体对象，刑罚效果无从施展并显现出来，致使刑罚给人一副软弱无力的形象，其外在尊严因此受到贬损。这也使得行为人在犯罪与刑罚处罚的间隔期中拥有足够多的时间为逃避刑事责任做好准备，积极防御应受的刑事责任，这样又使得刑罚的必然性大大降低。当然，强调刑罚的必然性和及时性，对司法机关提出了更高的要求，需要他们在刑事技能操作上完善相应的机制，实现实践运用技能的不断提高与创新。最后，刑罚的力度与刑罚的教育功能同样有着内在关联，因为刑罚教育的背后存在国家强有力的威慑。无论是行为人“己—己”的“内省式教育”，还是刑罚对潜在犯罪行为人和一般民众的“人—己”式“外发性教育”，不可否认，外部的压力越大，内部的回应就越显著；外在力量的强度越高，就越能高效强化刑罚的教育功能。但是，要注意的是，在现今社会主流价值多元的时代背景下，重刑主义的威吓已经失去了市场，刑罚的轻重力度应该与时俱进，并随着社会文明进程中的价值观念而相应转移。综上而言，要真正发挥刑罚的教育功能，就应该把刑罚的必然性、及时性和惩罚强度三个方面统一起来，使之能够和谐互动，兼顾公正和功利的价值要求，在刑罚自身合理延伸的基础上进行正当化的拓展与重塑。遗憾的是，由于教育刑偏离了界限范畴，寄望于彻底重构的突发奇想，难免就在根本上忽视了自己的立场所在。

必须指出，对实质三要素构成的绝对教育刑论的否定，并不是回归重刑和酷刑的同义语。刑罚的轻重“本质上是犯罪与社会控制之间的关系在立法者头脑中的主观反映。这种关系的冲突性质的隐显，激化程度的强弱，或者犯罪控制效果如何，或者社会文明程度的高低，都会表现为刑罚轻重的变动”①。要知道，无论轻刑或重刑都必须以该行为是否应受刑罚惩罚为中轴上下波动，只有达到了应受刑罚惩罚的程度，行为才能进入刑罚的视线之内，才有区别刑罚轻重的必要。由于教育刑论撇开了刑罚的本质要素，脱离了刑罚的轨道，它所主张的已经不是刑罚的轻缓化之路，而是刑罚的异化。否定教育刑，是为了更好地重新定位刑罚的教育功能，只要我们在刑罚的调整范围内合理地重视其教育功能，就必将能够在相当程度上避免我们的刑事立法和司法实践中的重刑化。再则，否定教育刑并非必然步入酷刑的歧途。酷刑是指过分严厉的、故意施加的、残忍的、不人道或有辱人格的待遇或处罚，但是，按照《囚犯待遇最低限度标准规则》施行合法处罚而引起的、必然产生的或随之而来的痛苦或苦难不在此列。② 何况，承认教育刑并非就能自然而然地对轻缓化的刑罚（非酷刑）产生积极效用。因为刑罚的轻缓是一个历时性的过程，不可能一蹴而就，就现阶段处于社会转型时期的我国而言，一味的轻缓或过度的苛厉都非明智之举。“至于何谓‘严厉’、何谓‘轻缓’，应以本国国情、本国人民群众的物质、精神生活水平以及社会的平均价值观念为标准进行衡量；而且我们应当牢记：刑罚是惩罚，是痛苦，否则它就不是犯罪的法律后果了。”③ 笔者认为，我们的刑罚变革不能激情有余而理性不足，不能力求高歌猛进而鄙视缓慢推行；对于现阶段的我国，只要我们在调整刑罚结构的时候，以宽严相济的刑事政策为总的指导方向，注重刑罚教育功能的适当发挥，以刑罚的功利性和人道性原则进行双重制约，那么我们的整个刑罚体系就会不断趋于科学。

行文至此，已经可以清楚地显明教育刑与刑罚教育功能的关系了。教育刑并不否认刑罚的教育功能，正是刑罚教育功能被过分张扬才催生了教育刑。也正是源于此，教育刑论者才犯了根本性的错误：他们忘了，“刑罚总

---

① 白建军：《刑罚轻重的量化分析》，载《中国社会科学》2001 年第 6 期。

② 参见张燕玲：《联合国预防犯罪领域活动概况及有关文件选编》，法律出版社 1985 年版，第 21 页。

③ 张明楷：《刑法的基本立场》，中国法制出版社 2002 年版，第 377 页。

是惩罚犯罪的方法，离开了刑罚的强制，片面强调教育，刑罚就很难发挥其应有的作用”[①]。他们也忘了，教育刑的各种措施与刑罚内在的非排解性冲突，以及教育刑的非刑罚措施与最一般正义之间的关系。[②] 他们更忘了，“通过教育或者通过非教育的措施或者通过其环境的改变最终要通过也威吓其他潜在犯罪人的刑罚来威吓有再犯危险性的犯罪人和实现其社会化”[③]。就这样，教育刑与刑罚的教育功能以功能性的教育为共同的出发点，最后却产生了原则性的分歧。[④]

五、结语

对教育刑理论的批判性反思，并不代表我们要否定刑罚的教育功能，刑罚作为有效调处社会问题的一种手段，其多元功能的发挥仍然无法遮蔽实践运转中刑罚教育改造犯罪人的积极效果。区别教育刑，刑罚的教育功能，是在刑罚理论和行刑实践中理性审视教育的结果，也是对刑罚正本清源之后更好发挥刑罚教育功能的需要。因此，否定教育刑并不是要否定教育刑论者所做的一切。无论教育刑论者以教育改造刑罚的努力多么不切实际，但是正如“教育的缺陷——也是在较少争论的事例中——可能经常只是一种状态，把它解释为缺陷并不意味着要怀疑整个秩序”[⑤]，刑罚的教育功能是教育刑论者大力推动的结果，从刑罚内核往外围的延伸大大拓展了刑罚的视域。尽管教育刑的基础理念与刑罚的本质和目的并不契合，但是教育刑论者以此为信念所做的实践努力，却极大地促进了刑罚教育功能的展开以及特殊预防的实现。

---

① 马克昌：《近代西方刑法学说史略》，中国检察出版社 2004 年版，第 219 页。

② 参见邱兴隆：《关于惩罚的哲学——刑罚根据论》，法律出版社 2000 年版，第 245 页，

③ [德] 格吕恩特·雅科布斯：《行为责任刑法——机能性描述》，冯军译，中国政法大学出版社 1997 年版，第 9 页。

④ 或许教育刑论者对刑罚教育功能的夸张，以及对教育刑理念的大力张扬，根本不是理论上的疏忽所致，而是有意为之——映衬着“求乎其上（教育刑），得乎其中（刑罚的教育功能）”的良苦用心与动机。若果真如此，教育刑和教育刑论仍然难究其责，因为真理与歪理之间存在截然有别的界限，绝对不能为了自己的目的诉求而不择手段，混淆视听；并且无论教育刑论者的动机如何，它都导致了在无法得到预期所设的真理道路上吸引了众多不明所以的后继者盲目追随。何况，学术的理性探讨与生活态度的狡黠策略是万不可混为一谈的。

⑤ [德] 格吕恩特·雅科布斯：《行为责任刑法——机能性描述》，冯军译，中国政法大学出版社 1997 年版，第 30 页。

教育刑与刑罚的教育功能的界限厘清，具有如下意义：其一，有利于明确罪刑关系，使刑量和刑质与犯罪的应受刑罚惩罚性相对应，使行刑实践按照行为人的犯罪行为和归责原理有序进行。刑罚作为罪刑关系统领下的实践展开，必须按照行为人征表于外的危害行为进行行为性质的客观认识，并在理性评判之后合理配刑，做到不枉不纵，罚当其罪，达致主观与客观相统一。其二，有利于澄清刑罚本质与刑罚目的，通过排除外界因素的干扰而遵照刑罚的客观规律办事，并在正本清源之后的刑罚理念的指导下使刑罚回归理性。我们的行刑实践理当与刑罚目的的位阶相一致，按照刑罚目的的层次性要求具体构建刑罚实践，使刑罚一方面随着时代发展而有所变迁，同时保持刑罚的内在特质。其三，有利于在刑罚运转过程中通过刑罚的教育功能更好地改造行为人，体现刑罚人道化、宽容化的精神，摆正监狱在“受刑人教育社会化”过程中的地位。其四，有利于刑罚与宽严相济的刑事政策相呼应，通过刑罚教育功能的实践展开实现宽严相济刑事政策的价值追求。宽严相济刑事政策的提出，不仅是重新调整刑法结构的政策性导向，也是重塑刑罚理念与司法实践的指导性方针，这一“轻轻重重”的刑事政策是刑罚的惩罚性与教育性的统一，刑罚的教育功能是宽严相济刑事政策的具体化与现实化。

社区矫正司法适用问题思考*

戴勇才**

社区矫正是与监禁矫正相对的行刑方式，是指将符合社区矫正条件的罪犯置于社区内，由专门的国家机关在相关社会团体和民间组织以及社会志愿者的协助下，在判决、裁定或决定确定的期限内，矫正其犯罪心理和行为恶习，并促进其顺利回归社会的非监禁刑罚执行活动。① 社区矫正是西方国家首先推行的一种刑事执法模式，其理念始于19世纪末近代学派的行刑社会化思想，根据监禁刑罚的缺陷和不足，提出了非监禁刑罚措施和对罪犯人格的改造，社区矫正便由此出现。20世纪西方国家普遍推行社区矫正，并被联合国预防与控制犯罪组织予以肯定与倡导。有的国家称之为"社区矫治"，国外较常见的包括缓刑、假释、社区服务、暂时释放、中途之家、工作释放、学习释放等。② 相比国外，我国社区矫正制度推行较晚。过去，我

* 本文原载于《西南政法大学学报》2012年第1期。

** 西南政法大学法学院副教授。

① 社区矫正这一定义来源于最高人民法院、最高人民检察院、公安部、司法部2003年7月10日发布的《关于开展社区矫正试点工作的通知》和2009年9月2日发布的《关于在全国试行社区矫正工作的意见》。

② "中途之家"是国外专门为那些刑满释放或假释放后，无家可归、生活困难的人提供临时住处和生活的场所，也称"中途旅馆"或"更生旅馆"。目前，我国北京、上海等地建有类似场所，称"中途之家"。

国没有使用“社区矫正”这一概念。但是，在我国的刑罚制度中的管制、缓刑、假释、暂予监外执行、剥夺政治权利等非监禁刑或非监禁执行刑罚方式中，包含了社区矫正的有关内容。不过，我国的做法在矫正对象、方法、内容、力度等方面与国外都有些不同，也没有较完善的矫正制度。[①] 我国从2003年才正式使用社区矫正这一概念，并把其作为一项制度在六个省（市、自治区）开始试行；2005年确定增加十二个省（市、自治区）为第二批试行地区；2009年在全国全面试点。[②] 试行取得了突出成绩，积累了经验，达到明显效果。目前，社区矫正工作已经覆盖全国各个省（区、市）和新疆生产建设兵团，各地累计接收社区矫正人员60多万人，累计解除矫正30多万人，现有社区矫正人员30万人，社区矫正人员在矫正期间再犯罪率一直保持在0.21%。[③]

2011年2月，《刑法修正案（八）》首次将社区矫正写入刑法，并规定对被判处管制、宣告缓刑、裁定假释的犯罪人依法实行社区矫正。考察《刑法修正案（八）》规定的社区矫正与我国从2003年已经开始试点实施的社区矫正情况，不难看出在实施社区矫正中还存在一些需要解决的问题。

一、社区矫正的适用范围与对象

总的来说，社区矫正的范围与对象，针对的是罪行较轻、主观恶性较小、社会危害性不大的罪犯或者经过监管改造、确有悔改表现、没有再犯罪危险的那些不需要、不适宜监禁或者继续监禁的罪犯。

（一）刑法规定的社区矫正范围与对象

1. 矫正对象

《刑法修正案（八）》规定的社区矫正对象为三种犯罪人：被判处管制

---

① 矫正对象上国外只适用于监禁刑（自由刑），不适用于非监禁刑（资格刑），矫正的内容、方法比我国要宽泛。

② 最高人民法院、最高人民检察院、公安部、司法部先后联合发布三个关于社区矫正试点工作文件：2003年7月10日发布《关于开展社区矫正试点工作的通知》，确定北京、天津、上海、江苏、浙江、山东六省、直辖市从2003年开始为进行社区矫正工作的试点省市；2005年1月31日，发布《关于扩大社区矫正试点范围的通知》，确定将重庆、广东、内蒙古、海南、四川、黑龙江、安徽、湖北、湖南、河北、广西、贵州等十二省、直辖市、自治区为第二批社区矫正试点地区；2009年9月2日发布《关于在全国试行社区矫正工作的意见》。

③ 参见李吉斌、陈丽平：《社区矫正制度上升为法律规定》，载《法制日报》2011年4月27日。

的犯罪人，被宣告缓刑的犯罪人，被裁定假释的犯罪人。

2. 法律规定依据

2011年2月15日发布的《刑法修正案（八）》首次将社区矫正作为一种刑罚执行方式法定化。《刑法修正案（八）》第2条将《刑法》第38条第3款修改为："对判处管制的犯罪分子，依法实行社区矫正"；第13条将《刑法》第76条修改为："对宣告缓刑的犯罪分子，在缓刑考验期限内，依法实行社区矫正……"；第17条将《刑法》第85条修改为："对假释的犯罪分子，在假释考验期限内，依法实行社区矫正……"

（二）现实社区矫正中的矫正范围与对象

1. 矫正对象

从2003年开始在北京、天津、上海、江苏、浙江、山东六省、直辖市试点试行以来，现实社区矫正中的矫正对象为五种犯罪人：被判处管制的犯罪人，被宣告缓刑的犯罪人，被裁定假释的犯罪人，被暂予监外执行的犯罪人，被剥夺政治权利并在社会上服刑的犯罪人。

2. 司法文件规定依据

最高人民法院、最高人民检察院、公安部、司法部《关于开展社区矫正试点工作的通知》《关于在全国试行社区矫正工作的意见》以及司法部《司法行政机关社区矫正工作暂行办法》三个司法文件所确定社区矫正适用对象为：（1）被判处管制的；（2）被宣告缓刑的；（3）被暂予监外执行的（具体包括：1）有严重疾病需要保外就医的；2）怀孕或者正在哺乳自己婴儿的妇女；3）生活不能自理，适用暂予监外执行不致危害社会的）；[①]（4）被裁定假释的；（5）被剥夺政治权利，并在社会上服刑的。在符合上述条件的情况下，对于罪行轻微、主观恶性不大的未成年犯、老病残犯，以及罪行较轻的初犯、过失犯等，应当作为重点对象，适用上述非监禁措施，实施社区矫正。[②]

---

① "适用暂予监外执行不致危害社会的"这是《刑事诉讼法》第214条规定中所使用的语言，过去在刑法中也使用同样语言表述，但2011年《刑法修正案（八）》已将刑法中"不致危害社会的"修改为"没有再犯罪危险的"。

② 《关于开展社区矫正试点工作的通知》第二部分"社区矫正的适用范围和任务"、《关于在全国试行社区矫正工作的意见》第二部分"全面试行社区矫正工作的指导思想、基本原则和适用范围"、《司法行政机关社区矫正工作暂行办法》第5条规定了社区矫正适用对象。

（三）刑法规定与现实社区矫正对象的冲突

1. 矫正对象冲突表现

冲突一：五种人与三种人。2011 年的《刑法修正案（八）》规定的社区矫正适用对象没有涉及被判处剥夺政治权利在社区服刑的人以及暂予监外执行的人，这与自 2003 年已开展的社区矫正在适用对象上存在范围冲突。见表一：

表一：矫正对象的冲突

法律及司法文件规定	《刑法修正案（八）》	相关司法文件
适用对象	管制、缓刑、假释	管制、缓刑、假释、暂予监外执行、在社会上执行剥夺政治权利的

刑法修正案只规定了对判处管制、宣告缓刑、裁定假释的实行社区矫正，而在现行的社区矫正中除上述三种犯罪人外，还包括暂予监外执行和被判处剥夺政治权利在社区服刑的犯罪人。

冲突二：暂予监外执行的适用范围冲突，刑事诉讼法与监狱法的冲突。1996 年《刑事诉讼法》第 214 条规定："对于被判处有期徒刑或者拘役的罪犯，有下列情形之一的，可以暂予监外执行：（一）有严重疾病需要保外就医的；（二）怀孕或者正在哺乳自己婴儿的妇女……对于被判处有期徒刑、拘役，生活不能自理，适用暂予监外执行不致危害社会的罪犯，可以暂予监外执行……" 1994 年《监狱法》第 25 条规定："对于被判处无期徒刑、有期徒刑在监内服刑的罪犯，符合刑事诉讼法规定的监外执行条件的，可以暂予监外执行。"全国人大常委会 2011 年 8 月 30 日公布征求意见的《刑事诉讼法修正案（草案）》第 88 条对原《刑事诉讼法》第 214 条做了相应修改，规定对于被判处无期徒刑有严重疾病需要保外就医的及怀孕或者正在哺乳自己婴儿的妇女的罪犯，可以暂予监外执行（但不包括被判处无期徒刑生活不能自理，适用暂予监外执行不致危害社会的罪犯），同时，修改草案对暂予监外执行的对象仍规定的是被判处有期徒刑或者拘役的两类犯罪人。两个法律所规定的适用暂予监外执行的对象范围是不一致的，存在冲突。见表二：

表二：暂予监外执行的对象冲突

法律规定	《刑事诉讼法》第 214 条	《监狱法》第 25 条
适用对象	有期徒刑或者拘役	无期徒刑、有期徒刑

诉讼法规定的暂予监外执行的对象是被判处有期徒刑或者拘役的犯罪人，而监狱法规定的暂予监外执行的对象则是被判处无期徒刑、有期徒刑的犯罪人。

2. 社区矫正对象适用冲突

《刑法修正案（八）》实施以后，社区矫正在适用对象上面临是按照现行刑法规定只对被判处管制、宣告缓刑、裁定假释的犯罪人实行，还是继续按照 2003 年试点试行和 2009 年全国试行社区矫正所确定的对象（即被判处管制、宣告缓刑、裁定假释的犯罪人，暂予监外执行和被判处剥夺政治权利在社区服刑的犯罪人）的问题。

通常情况下，法律实施的规则是：法律的效力大于司法解释及司法文件或部门规章，新法替代旧法。如果按照此规则，只能执行 2011 年《刑法修正案（八）》的规定，相比过去实行社区矫正的司法文件，它既是法律，又是新法。如严格执行刑法，在社会上执行剥夺政治权利刑罚的犯罪人则不属于社区矫正对象，因为《刑法修正案（八）》没有规定对在社会上执行剥夺政治权利刑罚的犯罪人实行社区矫正。对于“暂予监外执行”的犯罪人继续作为社区矫正对象是可行的。因为，在我国刑事法律规范中，暂予监外执行不是放在刑法中规定，而是由刑事诉讼法和监狱法规定，在 2011 年《刑事诉讼法修正案（草案）》中已有规定。①

但是，社区矫正已推行近 10 年，按照过去的法律以及司法文件，对包括在社会上执行剥夺政治权利刑罚的犯罪人实行社区矫正，已成为事实，如果以《刑法修正案（八）》没有规定对在社会上执行剥夺政治权利刑罚的犯罪人实行社区矫正为由，把在社会上执行剥夺政治权利的犯罪人排除在社区矫正对象以外，则不仅与现实不符，还与社区矫正的性质不符。

---

① 全国人大常委会 2011 年 8 月 30 日公布征求意见的《刑事诉讼法修正案（草案）》第 91 条将原《刑事诉讼法》第 217 条修改为：“对于被判处管制、宣告缓刑、假释或者暂予监外执行的罪犯，依法实行社区矫正，由社区矫正机构负责执行。”

二、社区矫正的执行机关

按照过去刑法、刑事诉讼法、监狱法的规定，社区刑罚执行机关是公安机关，1997年《刑法》第38条（管制刑）、第43条（拘役刑）、第58条（剥夺政治权利）、第76条（缓刑考察）、第85条（假释考验）以及1996年《刑事诉讼法》第241条（暂予监外执行）和1994年《监狱法》第27条（暂予监外执行）等法律及条文对公安机关的刑罚执行权都作出了明确规定。

在现行社区矫正的实行中，尽管大多是司法行政机关负责，但由于相关法律修订的不同步，存在执行机关不统一的情况，需要相关法律对社区矫正执行机关和执行权做进一步明确、统一的规定。否则，不利于社区矫正工作的开展和取得效果。

（一）现实中社区矫正的执行机关

1. 司法文件规定及实施情况

在最高人民法院、最高人民检察院、公安部、司法部联合发布的《关于开展社区矫正试点工作的通知》和《关于在全国试行社区矫正工作的意见》以及司法部发布的《司法行政机关社区矫正工作暂行办法》三个司法文件中，规定社区矫正工作由司法行政机关牵头，人民法院、人民检察院、公安机关密切配合，司法行政机关具体实施，省（自治区、直辖市）、市（地、州）和县（市、区）司法行政机关建立专门的社区矫正工作机构，乡镇、街道司法所具体负责实施社区矫正。公安机关参与对社区服刑人员的监督考察。自2003年推行社区矫正工作试点以来，现实中的实际做法都是按照有关司法文件规定来实施的。

2. 《刑法修正案（八）》规定

《刑法修正案（八）》对社区刑罚和社区矫正的执行权作了调整，规定管制、缓刑、假释不再由公安机关负责，而是笼统地规定为“依法实行社区矫正”，并对缓刑、假释的考察、考验的相关事项监督管理由“国务院公安部门”修改为“国务院有关部门”。社区刑罚和社区矫正的执行权不再由公安机关行使。①

---

① 参见李吉斌、陈丽平：《社区矫正制度上升为法律规定》，载《法制日报》2011年4月27日。

（二）社区矫正执行机关存在冲突

1. 剥夺政治权利的执行机关仍是公安机关

由于《刑法修正案（八）》没有将剥夺政治权利列入社区矫正对象范围，也没对剥夺政治权利的刑法规定做任何修改，剥夺政治权利的执行机关仍然是公安机关，同时，2011 年 8 月 30 日公布征求意见的《刑事诉讼法修正案（草案）》也规定剥夺政治权利的由公安机关执行。[①]

2. 禁止令由司法行政机关负责执行，违反禁止令的由公安机关治安行政处罚

刑法规定对被判处管制刑、被宣告缓刑的犯罪人可以适用禁止令，其禁止令“由司法行政机关指导管理的社区矫正机构负责执行”[②]。

《刑法》第 38 条第 4 款规定：“违反第二款规定的禁止令的，由公安机关依照《中华人民共和国治安管理处罚法》的规定处罚。”

按照上述规定，人民法院所宣告的禁止令由负责社区矫正工作的司法行政机关负责执行，如果被判处管制或被宣告缓刑的犯罪人违反禁止令尚不属情节严重的，由负责执行禁止令的社区矫正机构所在地的公安机关依照治安管理处罚法相关规定处罚。虽然对两机关各自权力与职责有明确的规定与划分，但实际实行中需要两机关密切协调与配合。

3. 相关法律修订滞后与刑法修订不同步

《刑法修正案（八）》对社区刑罚和社区矫正的执行权虽然做了调整，规定管制、缓刑、假释不再由公安机关负责，但在有关法律中仍然存在公安机关也有权执行社区矫正的规定，出现矫正机关不统一情况。《刑事诉讼法修正案（草案）》对上述问题虽然作了修订建议，但监狱法中的相关规定的修订还未涉及。

三、社区矫正的内容

社区矫正其性质是一种刑罚执行方式，刑罚执行的特点即具有强制性，这种强制性体现在矫正内容方面，主要表现为刑法和相关法律所规定的被矫

---

① 全国人大常委会 2011 年 8 月 30 日公布征求意见的《刑事诉讼法修正案（草案）》第 92 条将原《刑事诉讼法》第 218 条修改为：“对于被判处剥夺政治权利的罪犯，由公安机关执行……”

② 最高人民法院、最高人民检察院、公安部、司法部《关于对判处管制、宣告缓刑的犯罪分子适用禁止令有关问题的规定（试行）》。

正的犯罪人对禁止性事项与监督性事项的遵守。但社区矫正作为教育改造犯罪人的一种措施，其矫正内容必然还包括按照有关法律、司法文件和刑事政策规定对犯罪人进行的教育与帮助。从目前的社区矫正的内容来看，还存在统一性、规范性不足的情况。

（一）现实实施的矫正内容

目前，社区矫正的内容主要根据刑法、刑事诉讼法、监狱法、司法文件及刑事政策的规定来确定。主要包括三大方面：禁止性事项与监督性事项的遵守；对社区矫正的犯罪人的教育；对社区矫正的犯罪人的帮助。

1. 禁止性事项与监督性事项遵守的矫正内容

矫正机构通过刑罚的执行，来矫正社区服刑的犯罪人的不良行为。包括：社区矫正的犯罪人必须遵守执行法律、行政法规、监管规定以及会客、请销假、离开居住或迁居限制性规定；被判处剥夺政治权利、管制刑的限制或禁止行使言论、出版、集会、结社、游行、示威自由权利的执行遵守；被判处管制、裁定缓刑的禁止令所禁止事项执行遵守；被判处剥夺政治权利的禁止行使选举权和被选举权、禁止从事国家和社会有关管理活动、担任职务的权利的执行遵守；因疾病暂予监外执行的遵守执行指定医院接受治疗和转院治疗规定；遵守执行定期报告活动情况规定；必要公益劳动参加情况等。

2. 教育性矫正内容

组织、举办、开展培训、讲座、参观、参加社会活动等多种形式，对社区服刑人员进行形势政策教育、法制教育、公民道德教育、文化知识教育。针对服刑人员的情况，采取个别谈话的方式，对社区服刑人员进行经常性的个别教育。对社区服刑人员的思想动态进行分析，遇有重大事件，应当随时收集分析，并根据分析的情况，进行有针对性的教育。

3. 帮助性矫正内容

组织社区服刑人员进行免费技能培训和开展就业指导，提高就业谋生能力；帮助居住有困难的临时安置住处，解决基本生活保障等方面的困难和问题；聘请社会专业人员，定期为社区服刑人员提供心理咨询服务，开展心理健康教育；组织社会团体和社会志愿者对社区服刑人员开展经常性的帮教活动，并通过社区服刑人员的亲属加强对社区服刑人员的教育。

（二）社区矫正的内容适用问题

1. 社区矫正的内容规定分散，缺乏统一

从前述现实实行的社区矫正内容看，多散见于刑法、刑事诉讼法、监狱法、司法文件及刑事政策的规定。如刑法规定剥夺政治权利的禁止行使资格，管制中限制性权利行使，管制、缓刑的禁止令，管制、缓刑、假释所要求遵守的法律、法规、监管规定以及报告制度、会客制度、离开居所、迁居制度等内容；同样，刑事诉讼法中也对管制、缓刑、假释、剥夺政治权利的执行内容与方法作了规定，还规定了暂予监外执行的监督考察内容；监狱法同样对假释与暂予监外执行的考验、监督内容作了规定；而有关教育性矫正内容和帮助性矫正内容则主要规定在监狱法、司法文件和刑事政策中。社区矫正内容在法律规范上缺乏统一性，尤其是司法文件和刑事政策中规定的矫正内容有待于上升为法律规定。

2. 矫正内容存在重复交叉与不协调

法律与法律规定重复，如管制、缓刑、假释、剥夺政治权利的矫正内容，刑法、刑事诉讼法均有规定；缓刑、假释的矫正内容在监狱法中也有规定；暂予监外执行的考验、监督内容刑事诉讼法和监狱法都作了规定。

法律规定缺乏协调。如《刑法修正案（八）》规定，对被判处管制、被宣告缓刑的犯罪人可根据情况同时宣布禁止犯罪人在执行期间从事特定活动，进入特定区域、场所，接触特定的人的禁止令，但对同样需要在社会上考验监督的被裁定假释的犯罪人却没有规定可以宣布禁止令。而刑法对被判处管制的、被宣告缓刑的、被裁定假释的犯罪人在执行中所应当遵守的事项内容规定大致是一样的（《刑法》第39条、第75条、第84条）。[①] 另一个问题，《刑法修正案（八）》在对被判处管制刑同时宣告禁止令的犯罪人，规定在执行期间如果违反禁止令的“由公安机关依照《中华人民共和国治安管理处罚法》的规定处罚”，但同样有禁止令的缓刑则没有规定违反禁止令的相关处罚。对此，2011年4月28日最高人民法院、最高人民检察院、公安部、司法部联合发布的《关于对判处管制、宣告缓刑的犯罪分子适用禁止令有关问题的规定（试行）》第11条做了解释性规定：“判处管制的犯

---

① 刑法规定被宣告缓刑的、被裁定假释的应当遵守的四项规定内容一致，被判处管制的比被宣告缓刑的、被裁定假释的多一项即“未经执行机关批准，不得行使言论、出版、集会、结社、游行、示威自由的权利”。

罪分子违反禁止令，或者被宣告缓刑的犯罪分子违反禁止令尚不属情节严重的，由负责执行禁止令的社区矫正机构所在地的公安机关依照《中华人民共和国治安管理处罚法》第六十条的规定处罚。”但法律对相同问题规定的不协调、不一致情况依然存在。

3. 禁止令适用的相关规定不明确

最高人民法院、最高人民检察院、公安部、司法部《关于对判处管制、宣告缓刑的犯罪分子适用禁止令有关问题的规定（试行）》第 3 条规定，人民法院可以根据犯罪情况，禁止判处管制、宣告缓刑的犯罪分子在管制执行期间、缓刑考验期限内从事五项活动，其中第一项禁止的活动是“个人为进行违法犯罪活动而设立公司、企业、事业单位或者在设立公司、企业、事业单位后以实施犯罪为主要活动的，禁止设立公司、企业、事业单位”。

从上述规定的语言表述来看，存在含义不清、逻辑混乱等问题。

问题 1：首先，任何人为犯罪设立公司都是不允许的、禁止的，何况是社区矫正的服刑人员。

问题 2：“为犯罪设立公司……禁止设立公司、企业、事业单位”，在设立前或设立时，是无法判定所申请设立公司、企业、事业单位是为进行违法犯罪活动而设立。即使申请人是为犯罪而申请设立，但在申请时也绝不会将经营项目写成走私、洗钱、制造贩卖毒品或是生产销售假冒伪劣产品或是销售赃物等。因此，在设立公司时是没理由禁止设立的。

问题 3：“……或者在设立公司、企业、事业单位后以实施犯罪为主要活动的，禁止设立公司、企业、事业单位”，这是对公司、企业、事业单位设立后所实施的行为性质的确定。这属于同意设立公司、企业、事业单位，因为其以实施犯罪为主要活动，再禁止设立，这与禁止令适用存在时间矛盾。禁止令是在对犯罪人因犯罪被判管制（审判中、判决时）或决定缓刑（审判中、判决时）时同时作出，而非在管制和缓刑执行中作出。禁止令所确定的禁止事项，通常是与所审判的犯罪有关的事项，即不让犯罪人有再犯同样罪的条件。其禁止令禁止从事的活动应当表述为“因实施……犯罪的，禁止其……”，而不是“为实施……，禁止其……”。这一规定简单套用了最高人民法院 1999 年 6 月 25 日发布的《关于审理单位犯罪案件具体应用法律有关问题的解释》第 2 条对单位犯罪认定的司法解释：“个人为进行违法犯罪活动而设立的公司、企业、事业单位实施犯罪的，或者公司、企业、事业单位设立后，以实施犯罪为主要活动的，不以单位犯罪论处。”

四、社区矫正司法适用冲突的协调思考

社区矫正已试点实行近10年，有关部门为此先后制定颁布了多个司法文件，《刑法修正案（八）》也将其作为非监禁执行刑罚方式正式写入刑法。作为一项刑罚执行方式、一项制度还没有完善的法律规范，社区矫正的适用对象、内容等方面存在一些问题，从目前情况看，虽以维持现状为宜，但维持现状不等于不遵守刑法，在大力推进社区矫正工作的同时，对适用中的问题加以协调解决也是急需、必要的。

（一）剥夺政治权利作为社区矫正的范围对象应当法定

《刑法修正案（八）》未将在社会上执行剥夺政治权利刑罚的犯罪人规定为社区矫正对象，应当说不是立法的疏忽，而是一个认识问题。一般理解是，只有被判处自由刑的人才适合接受教育矫正，其中被剥夺自由刑的人在监所接受教育矫正，被限制自由刑的人在社区接受教育矫正。生命刑、财产刑、资格刑由于其刑种的限制，一般很难对犯罪人进行教育矫正。剥夺政治权利是资格刑而不是自由刑，所以不宜提社区矫正。此次《刑法修正案（八）》可能接受了这种观点，没有增加规定对于被剥夺政治权利在社区服刑的人进行社区矫正。这种观点总体上是对的，但是否适用于我国刑法规定的“剥夺政治权利”这种资格刑，还有待商榷。从剥夺政治权利刑罚的适用对象、执行内容、执行方法来看，把在社会上执行的作为社区矫正对象符合社区矫正的性质与目的；从严格遵循罪刑法定原则和社区矫正的法律性质来讲，亦是应当的、需要的。鉴于《刑法修正案（八）》刚刚出台，法律的威慑性及稳定性特点，不宜频繁地修改法律情况，建议全国人大可以对此做一个决定或立法解释，以避免和解决现实中对剥夺政治权利实行社区矫正而刑法未作规定的冲突。

（二）有关法律修订应同步协调

从目前我国刑事法律规范来看，涉及刑罚执行的法律在刑法、刑事诉讼法、监狱法三个法律中都有规定，由于法律修订没同步协调，难免出现对相关问题法律规定得不一致不协调的情况。就社区矫正中在矫正对象、执行机关、矫正内容等方面存在的法律冲突问题，文章前述三部分都做了分析，有必要对相关法律进行同步修改，并且要做到规定的内容一致性，如刑事诉讼法、监狱法要将暂予监外执行规定为社区矫正的对象，同时两个法律也要对

适用暂予监外执行的刑种修订一致；在有关管制、缓刑、假释的执行机关规定方面，刑事诉讼法、监狱法也要修订为与刑法规定一致。

关于暂予监外执行的法律归属问题，在刑事诉讼法和监狱法中规定暂予监外执行是适当的，但在刑法中更有理由加以规定，《刑法》总则第四章“刑罚的具体运用”中对缓刑、减刑、假释作了规定，而没有规定同样是执行制度的暂予监外执行是不协调的；另外，社区矫正作为一种非监禁执行刑罚方式，从立法结构和逻辑看，在刑法中统一规定在总则第四章“刑罚的具体运用”较为恰当，而不是分散规定在管制、缓刑、假释的条文中。可以在《刑法》总则第四章“刑罚的具体运用”中增加两节，作为第八节“暂予监外执行”、第九节“社区矫正”，把原第八节“时效”作为第十节。

（三）制定社区矫正法

鉴于我国目前社区矫正制度的开展，没有统一的法律规范，所依据的是刑法、刑事诉讼法、监狱法以及相关的司法文件和刑事政策，在社区矫正适用中矫正对象、执行机关、矫正内容以及法律文书送达、公益劳动时间等方面存在不协调、不统一，不规范情形，有必要制定专门的社区矫正法。当然，也可以考虑制定一部统一的刑罚执行法，将监狱法规定的内容和社区矫正内容统一规定在刑罚执行法中。

论“后劳教时代”我国轻罪制度的建构*

梅传强**

党的十八届三中全会通过的中共中央《关于全面深化改革若干重大问题的决定》指出：“废止劳动教养制度，完善对违法犯罪行为的惩治和矫正法律，健全社区矫正制度。”这标志着历经了半个多世纪的劳动教养制度终于“寿终正寝”，我国已悄然步入了“后劳动教养时代”。在后劳教时代我们所应关注的问题已不再是劳教制度的存废之争，而是如何在有限的司法资源制约下合理地分配国家的行政权与司法权，建构“科学、合理、有效”的违法犯罪行为法律制裁体系。笔者认为，不管从违法犯罪行为制裁体系自身完善的角度来讲，还是从我国目前司法实践中处理违法犯罪行为的实然需求来看，建构具有中国特色的轻罪制度应当是一种理性的选择。

一、逻辑起点：轻罪制度建构的必要性分析

轻罪制度作为从普通刑事处罚制度中分离出来的一种制度，主要是指专门针对较轻违法犯罪行为的一整套体系化制度设计，既有实体法上的对象范

---

* 本文原载于《现代法学》2014 年第 2 期。本文初稿是作者指导的研究生张永强根据作者的讲座内容整理而成的，特表感谢！基金项目：国家社会科学基金项目“社会转型期群体性事件的心理疏导与犯罪防范对策研究”（11BFX104）。

** 西南政法大学法学院教授。

围和处罚措施，也有程序法上的规范流程和处遇保障。考察域外立法，不管是英美法系国家还是大陆法系国家，大多数都有较为完备的轻罪制度体系，但在我国，由于长期存在诸如劳动教养之类的强制性教育措施的制度设计，导致轻罪制度一直处于缺位状态，整个刑法体系也表现为一种“重罪重刑”的特征。从刑法立法进程来看，不管是1979年的刑法立法，还是1997年刑法的全面修订，都没有将轻罪作为一种专门的制度在规范层面进行系统设计。

多年的实践已经证明，这种较为特殊的制度安排，不仅造成了违法犯罪行为制裁体系自身的混乱，不利于法律体系自身的完善，而且也无法实现刑法规范的人权保障机能。劳动教养制度的废止，为我国建构中国特色的轻罪制度提供了良好的契机，不管从“宽严相济”刑事政策的内涵出发，还是从“轻缓化”处遇潮流的要求出发，在后劳教时代建构具有中国特色的轻罪制度都有极大的必要性：一方面，有利于司法资源在轻罪案件处理上的优化配置，有效地解决当前我国司法实践中轻罪案件“案多人少”的资源配置难题；另一方面，有利于违法犯罪行为制裁体系的自身完善，合理地弥合当前我国违法犯罪行为制裁体系中存在的结构性断层。

（一）弥合违法犯罪行为制裁体系断层的结构性需求

长期以来，我国的违法犯罪行为制裁体系属于一种典型的“三级制裁体系”，其中，刑事处罚处于最底层，以相关刑事法律为支撑，惩罚具有严重社会危害性的犯罪行为；治安处罚处于最底层，以治安管理处罚法为依托，处罚一般的行政违法行为；而处于中间环节、衔接刑事处罚与治安处罚的是我国特有的强制性教育措施（包括劳动教养制度、收容教养制度、强制隔离戒毒、收容教育制度等），主要处罚轻微的犯罪行为和严重的行政违法行为。从惩处的严厉程度来看，刑罚最为严厉，劳动教养次之，治安处罚最轻。从表面上看，“三级制裁体系”逻辑严密、界限清晰、衔接顺畅、轻重适格，能够对社会中的各种越轨行为实现从轻到重的规制，无须建构轻罪制度。

揭开“三级制裁体系”在形式逻辑上的迷惑性，从以往“三级制裁体系”在实然层面的运作现状来看，“三级制裁体系”实则是“盛名之下其实难副”，不仅三级制裁所依据的法规在内容上存在冲突，而且三级之间的界分也并没有想象中的那么明晰，劳动教养经常表现为一种警察权力的膨胀，向上以行政权篡夺司法权的危险之举损害刑法的谦抑性适用，向下以行政权的异化为导向挤压治安处罚的合理性。正是劳动教养在适用上的这些不良表现，导致“三级制裁体系”出现了如下弊病：一是在实体法上，“罚”出多头；二是在组织上，司法权与行政权混淆，国家权力分配混乱；三是在程序上，“刑罚”施与过程的法治化、程序化严重不足；四是在适用对象上，相互交叉、重叠、杂乱无章。①

具体而言，首先，未经司法审判，劳动教养直接限制或剥夺人身自由的程度已经远远超越了刑事处罚中的管制刑、拘役刑及短期自由刑，一方面损害了公权力行使的公正性与正当性，另一方面也剥夺了被处罚人对自身权利的司法救济，容易产生“违法不如犯罪，劳教不如判刑”的畸形社会印象。其次，《治安管理处罚法》第2条规定的四类危害社会的行为，凡依照刑法的规定构成犯罪的，依法追究刑事责任，尚不够刑罚处罚的给予治安处罚。《刑法》第37条也规定对于犯罪轻微不需要判处刑罚的，在免予刑事处罚的同时可以由主管部门予以行政处罚或行政处分。这说明，我国刑法和治安管理处罚之间是互相衔接的，并没有给劳动教养制度预留适用的空间，劳动教养所调整的相当一部分对象属于犯罪行为，只是不够或不予以刑事处罚而已。最后，在权力性质上，治安管理处罚制度所依靠的是国家的行政权，刑法处罚制度所依靠的是国家的司法权，而劳动教养所依靠的权力归属处于一种不伦不类的地位，时而冒行政权之名行司法权之实，时而冒司法权之名行行政权之实。

由此可见，劳教制度的废止能够暂时避免上述弊病的再发生，但并不能简单地得出我国“二元制裁体系”已经形成的结论，违法犯罪行为制裁体系中出现的这种结构性断层仍然需要相关制度进行弥合。轻罪制度的建构，可以消解“三级制裁体系”内部的不协调，也可以弥合行政制裁与刑事制裁之间的断层，使两者在制度化、程序化、合法化的轨道上运行，而不再是相互之间的僭越或者挤压。

（二）优化轻罪案件司法资源配置失衡的制度性需求

如何分配有限的司法资源，达到社会效果与法律效果的有机统一，是当前世界各国司法实践中遇到的主要难题。一种基本的判断是重罪案件所占的司法资源应该多于轻罪案件，这不仅是重罪案件处理程序和手段上的复杂性

① 参见叶希善：《犯罪分层研究——以刑事政策和刑事立法意义为视角》，中国人民公安大学出版社2008年版，第133—139页。

所决定的，也是重罪案件社会控制成本自身属性所决定的。

就当前我国轻罪案件的司法处理而言，轻罪案件的多发性与司法资源的紧缺性之间表现出了强烈的冲突关系，“案多人少”的现象比较突出。究其原因，一方面，由于大多数轻罪案件属于“街头犯罪”，本身就具有多发性、再发性的特征，而且我国当前处于社会转型期，社会矛盾集中凸显，轻罪案件的多发趋势在一定程度上又具有必然性；另一方面，由于我国的司法资源本身是极其稀缺的，不仅表现在人力、物力和财力等有形资源上，还表现在制度、文化、经验及观念等无形资源上。

制度供给不足也是我国轻罪案件司法资源配置失衡的主要原因，尤其是在后劳教时代，由于我国尚未建立一套完整的轻罪制度，轻罪案件的处理缺乏专门的制度支撑和指导，大多数轻罪案件只能按照一般刑事案件处理程序进行，而且处罚上也不得不依赖当前“重罪重刑”结构下的刑法规定。因此，现有刑事案件处理程序上的复杂性和实体上的严厉性，势必会影响司法资源在重罪案件和轻罪案件之间的分配，容易形成轻罪案件在资源上对重罪案件的挤占。具体而言，表现在以下几个方面：

第一，从劳动教养规制对象中分流出来的一部分行为需要刑法进行调整。劳教制度废止以后，面临的首要问题是如何对先前由劳教制度调整的对象进行分流处理，而先前由劳教所规制的一部分行为具有违法犯罪的性质，只是由于“不够刑事处分”而被排除在刑法调整的范围之外，现在劳教废止后对这部分行为的调整只能重新纳入刑法规制的范畴，而不应将其放到治安处罚的范畴，否则，会再一次造成行政处罚与刑事处罚之间的混乱与冲突。虽然将这些行为纳入刑法调整的范畴是必然的选择，但存在的问题就是在现有的“重罪重刑”刑法结构下对这些行为进行规制，存在“泛刑化”与罪刑不相适的弊端，与当下刑罚“轻缓化”的趋势相背离，也容易对人权造成侵害。因此，基于这种现实的紧迫性和长远的考量，建立与较轻违法犯罪行为相适应的轻罪制度是一种理性的选择。

第二，“轻罪入刑”的趋势使得刑法调整的范围进一步扩大。近年来，我国的刑事立法开始表现出一种“轻罪入刑”的趋势，尤其是《刑法修正案（八）》通过以后，盗窃罪、敲诈勒索罪、寻衅滋事罪、抢夺罪等罪名的入罪门槛降低，而且增加了法定最高刑只达到拘役的危险驾驶罪。正是由于立法上的这种调整，导致“醉驾”案件、扒窃案件和寻衅滋事案件成了基数较大的案件，所占据的司法资源增加，大案、要案所需的司法资源被不当地压缩，而且整个司法体系运行的经济性也大打折扣。因此，从某种程度上而言，在“轻罪入刑”趋势已经在立法层面展开的时候，轻罪制度的建构不再是应不应该的问题，而是如何建构的问题。

第三，现有的刑事诉讼程序对轻罪案件的处理存在“程序过剩”的弊端。我国现有的刑事诉讼程序构造，主要是依照刑法“重罪重刑”结构设计的，相较于轻罪案件的处理而言，对轻罪案件的程序过滤功能没有实现，在纵向上表现得过于冗长，在横向上却又表现得过于单一。用现有的刑事诉讼程序处理轻罪案件，不仅无法实现轻罪案件快速处理的效率要求，反而会由于“程序过剩”造成大量案件的积压，浪费司法资源。由此可见，探索与轻罪案件处理相配套的诉讼程序，并将其纳入轻罪制度的建构之中，既是轻罪案件司法处理的实然需求使然，也是轻罪制度建构体系完善的应然需求使然。

（三）促进违法犯罪行为制裁体系完善的内生性需求

构建一套完备的违法犯罪行为制裁体系，不仅是社会管理控制的需求，而且是体现一国法治发展水平的重要标志。考察域外立法和司法，大多数国家在违法犯罪行为制裁体系上采取的是一种“二元”结构，要么是刑事制裁与保安处分的组合，要么是刑事制裁与治安处罚的组合，在制裁范围与轻重上二者紧密衔接。在刑事制裁体系内部，根据罪刑的轻重对犯罪行为进行了分层，并按照轻重程度设置了与之相称的惩罚程序和措施。

从长远来看，我国违法犯罪行为制裁体系也应该坚持一种“二元”走向，将我国的治安处罚与刑事处罚紧密衔接起来，使得不同程度的违法犯罪行为能够得到与之相适应的程序和实体性规范规制。事实上，在立法上我国已经坚持的是一种“二元”化走向，如《治安管理处罚法》第2条就规定：“依照《中华人民共和国刑法》的规定构成犯罪的，依法追究刑事责任；尚不够刑事处罚的，由公安机关依照本法给予治安管理处罚。”但以往由于劳教制度的存在，我国的治安处罚与刑事处罚之间并未实现真正的衔接，在这个意义上劳教制度的废止为轻罪制度的建构排除了制度性障碍。

从宏观上讲，追求法律制度体系的完善与协调，既是全球化背景下我国法治建设的必由之路，也是我国法治建设经过多年探索以后自身成熟的表现。具体到微观，建构轻罪制度，实现违法犯罪行为制裁体系中行政制裁与刑事制裁之间的有效衔接，既是我国社会行为控制语境下社会效果与法律效果的统一，也是刑事法律内部结构追求自我完善的重要表征，有利于我国刑事立法与国际接轨。因此，从某种意义上而言，在后劳教时代建构轻罪制度是违法犯罪行为制裁体系完善的内生性需求。

（四）彰显“宽严相济”刑事政策内涵的政策性需求

“宽严相济”是我国建构社会主义和谐社会进程中必须坚持的一项基本刑事政策，对新形势下预防和减少犯罪、化解社会矛盾以及维护社会和谐稳定具有极其重要的意义。“宽严相济”刑事政策在精神实质、内容、用语上都更与时俱进、更符合法治和社会发展的潮流。[①] 因此，不管是立法还是司法，都必须贯彻落实“宽严相济”的刑事政策。同样，任何一项法律制度的建构，在现阶段也都必须遵守“宽严相济”刑事政策的基本要求。

“宽严相济”刑事政策的基本内涵是“该严则严，当宽则宽；严中有宽，宽中有严；宽严有度，宽严审时”[②]。其中，“在宽严相济刑事政策中，该宽则宽，该严则严，对于‘宽’和‘严’加以区分，这是基本前提。因此，宽严相济是以区别对待为根本内容的”[③]。具体到轻罪案件的处理，就是要求以“轻缓化”的处遇为基本前提，注重对较轻或者轻微违法犯罪行为的教育、矫治，而不是一味地严惩。而从我国现有的刑法构造来看，不仅刑法结构上表现为“重罪重刑”的设计，而且在违法犯罪行为追究程序上也是以重罪的追诉为基本框架。虽然刑罚中有管制刑、罚金刑等非监禁刑的存在，诉讼程序上也有自诉、简易程序等制度上的尝试，但整体而言，非监禁刑的适用率较低，诉讼程序上依然存在程序分流功能不强的弊端。此外，尽管近年来对违法犯罪行为的社会化处遇有所探索，取保候审、暂予监外执行、缓刑及假释等制度在不断完善，诸如社区矫正、禁止令等也开始在立法和司法层面上不断体现，但这些制度在轻罪案件的处理上依然缺乏系统性，处于一种零散的状态，适用效果的评价也只处于个案层面上，缺乏整体性的评价和整合。

由此可见，在后劳教时代建构系统的轻罪制度，是我国“宽严相济”刑事政策内涵的必然延伸，是当下我国轻罪案件处理过程中落实“宽严相济”刑事政策的必然要求。从本质上而言，建构轻罪制度，就是体现“宽严相济”刑事政策中的“当宽则宽”的基本要求。一方面，轻罪行为本身

---

① 参见高长见：《轻罪制度研究》，中国政法大学出版社 2012 年版，第 156 页。

② 马克昌：《“宽严相济”刑事政策与刑罚立法的完善》，载《法商研究》2007 年第 1 期。

③ 陈兴良：《宽严相济刑事政策研究》，载《法学杂志》2006 年第 1 期。

的社会危害性较小，行为人的主观恶性轻微，通过教育改造可以达到较好的矫治效果，这就要求对轻罪行为进行“从宽”处理；另一方面，“宽严相济”刑事政策也是对国家有限的司法资源进行配置的指引，对于轻罪案件的处理，就应该在一套系统化的轻罪制度体系下进行，追求社会效果与法律效果的统一。

二、进路阻隔：轻罪制度建构的理论困境

一项制度的建构，既可能源于实然层面社会发展需求的外在驱动，也可能源于应然层面制度本身的新陈代谢，但不管是外部驱动型的制度重构，还是内部代谢型的制度改革，两者所面临的共同基础问题就是理论根基的选择。虽然大陆法系和英美法系国家的轻罪制度理论已经相当成熟，但基于法治土壤和法律文化传统的差异性，我国轻罪制度的理论根基不能机械地直接将域外经验照搬适用，可取路径是以域外轻罪制度理论为借鉴，以本土法治环境为前提，通过对劳动教养制度进行检讨，逐步消解“定性 + 定量”的犯罪概念困境和“终身化”的犯罪“标签效应”。

（一）“定性 + 定量”的犯罪概念困境

在我国刑法中，不管是《刑法》第 13 条关于犯罪概念的总则性规定，还是《刑法》分则中个罪的罪状表述，对犯罪概念的界定基本上采取的都是一种“定性 + 定量”的模式。[①] 定性主要是基于“质”的考量而对某一行为进行伦理上的评价，将不具有伦理可责性和较低伦理可责性的行为排除在犯罪之外，而将具有较高伦理可责性的行为纳入犯罪圈进行严厉程度不等的规制，表现为“入罪”的单一向度。定量主要是在定性的基础上对“量”进行考察，对同类具有伦理可责性的行为进行程度上的区分，将程度较轻的伦理可责性行为进行出罪处理，进一步限缩“定性”层面的犯罪圈，表现为“逆向限缩”的复合向度。

显然，定性基础上再定量的犯罪概念模式，必然要将一部分具有伦理可责性的行为排除在犯罪圈之外，容易限缩轻罪制度在刑法中存在的空间，而将较低伦理可责性行为的规制委之于劳动教养制度、治安处罚制度等。但就

① 在我国刑法分则的个罪罪状表述中多见“定量”因素的表述，例如“情节严重”“情节恶劣”“造成严重后果”“数额较大”“数额巨大”等。

定量因素的界定而言，其具有极大的模糊性和概括性，对于情节是否恶劣、结果是否严重、动机是否卑劣、数额是否较大或巨大等定量程度的认识，不仅超越普通公众的预期，而且也容易给司法实践造成极大的不便，也与罪刑法定原则下刑法所应有的明确性要求不相协调。正如李洁教授所言："无论在分则之罪的规定上采取列举方式还是采取概括方式，均难以符合罪刑法定的明确性要求，难以具有合理性。而且至今为止，尚未发现可以采用的既可以明确又可以有效限定量之程度的有效方法。在这个问题上，立法具有绝望性，根本没有有效方法予以解决。"① 从域外立法来考察，不论是英美法系国家，还是大陆法系国家，大多都采取的是以"质"为单一向度的犯罪概念界定模式，很少采用"定性＋定量"的界定模式。

"定性＋定量"的犯罪概念界定模式是当下我国建构轻罪制度的首要理论瓶颈。"定性＋定量"的犯罪概念使轻"罪"行为难以进入刑法划定的犯罪圈，这也导致我国刑法理论只承认有责性层面的犯罪，而不承认违法性层面的犯罪。② 事实上，刑法在立法上对犯罪概念以定量因素作为对定性因素的二次限定，并非一种宽容刑罚观的表现，尽管其表面上宽容刑罚观的意蕴很浓。被"定性＋定量"犯罪概念界定模式排除在外的较低伦理可责性行为，本应在处罚上轻于刑法规范中的犯罪行为，但劳动教养制度却可以施以1至3年的限制人身自由的处罚，必要时还可以延长1年，这明显在处罚上

---

① 李洁：《罪刑法定之明确性要求的立法实现——围绕行为程度之立法规定方式问》，载《法学评论》2002年第6期。

② 近年来我国学者也开始对"定性＋定量"的犯罪概念进行反思，认识到这种"入罪到出罪"的犯罪概念复合向度模式的弊端所在，开始向单一向度的犯罪概念转变。对犯罪概念的界定不能单从有责性层面来进行界定，必须承认违法性层面的犯罪概念，只有这样才能消解传统刑法理论中共同犯罪认定过程中的矛盾，使得"犯罪共同说"向"行为共同说"转变，不再将主体不适格的"教唆犯"或"帮助犯"排除在共同犯罪之外。实际上，撇开定量因素，承认违法性层面的犯罪概念，可以将《劳动教养试行办法》第10条第1项规定的"结伙杀人、抢劫、强奸、放火等犯罪团伙中，不够刑事处分的"和第6项规定的"教唆他人违法犯罪，不够刑事处分的"行为按照共同犯罪的相关规定认定、处罚，有利于避免实践中共同犯罪的主犯被判处拘役或有期徒刑的缓刑，而不认为是"犯罪"的"从犯"却被公安机关适用1年以上劳动教养的怪现象。

重于刑罚中的罚金刑、管制刑、拘役刑以及其他短期自由刑。[①] 形式上以刑法的谦抑性和罪刑法定原则的绝对性为抗辩事由阻止轻罪行为进入刑法规范的评价范畴，使得轻罪与刑法划定的犯罪圈保持一定的距离，但实质上对轻罪行为的处罚却超越了刑法规范的范畴。显然，这种实质与形式之间的冲突，不仅不利于国家法律制度整体理性的实现，而且从保障人权的个体层面来讲，也无法与当下的人权保障理念相协调。

（二）犯罪评价“终身化”的“标签效应”

在我国的传统刑法文化观念中，“犯罪”一词是极具贬义色彩的词汇，尽管规范层面上评价犯罪并没有夹杂过多的否定性主观色彩，但根深蒂固的社会性道德评价观念会将规范评价的负面影响无限放大，给行为人贴上终身化的犯罪标签，产生“一朝为贼，终身为贼”的“标签效应”。在我国，这种标签效应不仅存在于法律制度外部的社会性评价中，而且在法律制度内部也存在明确的规定。例如，《刑法》第100条规定：“依法受过刑事处罚的人，在入伍、就业的时候，应当如实向有关单位报告自己曾受过刑事处罚，不得隐瞒。犯罪的时候不满十八周岁被判处五年有期徒刑以下处罚的人，免除前款规定的报告义务。”显然，这种制度性的强化会给行为人带来工作、生活、就业等方面的影响，既不利于对行为人的教育、矫正，也容易诱发二次违法犯罪行为。仅从此意义上而言，轻罪制度容易扩大犯罪圈，使得犯罪的“标签效应”进一步扩张，这也是反对轻罪建构的学者所持的理由。

正是由于这种犯罪“标签效应”的存在，在我国刑法学界引起了关于“犯罪化”与“非犯罪化”的激烈讨论。主张刑事立法“非犯罪化”的学者认为，应当对微罪进行非犯罪化处理，即将一部分较为轻微的犯罪行为从

---

① 单就限制或剥夺人身自由的期限长短来看，劳动教养制度的期限为1—3年，必要时可延长1年，而作为主刑的拘役期限是1个月以上6个月以下，管制的期限是3个月以上2年以下。虽然劳动教养的调整对象大多是大法不犯、小法常犯、恶习较深、具有犯罪危险性格的刑法边缘人物，较之于刑法规范层面的犯罪而言，不论是行为的社会危害性还是行为人的人身危险性，都要轻于刑事犯罪。事实上，虽然劳动教养人员的处罚不在刑事处罚之列，但与受到刑罚处罚的犯罪人员没有本质区别。（参见刘中发：《单独立法——为劳动教养立法模式定位》，载司法部劳教局、中国劳动教养学会组编：《劳动教养立法研究》，法律出版社2000年版，第48页。）除此之外，根据我国刑法的规定，对于判处拘役、3年以下有期徒刑的犯罪分子，在符合法律规定的条件下，还可以适用缓刑，而且对被判处管制、宣告缓刑、裁定假释和决定暂予监外执行以及被剥夺政治权利的罪犯可以依法实行社区矫正，相反，劳动教养制度并没有这些规定，而是将被劳教人员长时间的限制在封闭的劳动教养场所。

刑法中剥离出来通过其他社会控制手段进行控制。[1] 持此观点的学者还从刑事政策的角度出发，认为我国刑事立法应当坚持的是“非犯罪化”，而不是“犯罪化”，并指出目前我国立法上可以进行非犯罪化的主要有两类：一是无被害人的犯罪，二是经济领域的一些由于转轨时期规范缺失导致的危害行为。[2] 显然，主张刑事立法“非犯罪化”的学者是反对轻罪制度建构的，一方面的担忧是犯罪圈扩大之后可能会造成人权的不当侵害，另一方面是基于“犯罪化”处理以后对犯罪“标签效应”的担忧。基于此，可以从逻辑上合理地推出两个结论：一是基于因“犯罪”身份给公民带来的社会排斥性，应考虑将犯罪圈进行必要的限制，将导致轻微社会损害和单纯秩序违反的行为置于犯罪圈之外；二是只有超出公众容忍度的行为，才应纳入犯罪圈之中。[3]

在形式逻辑上，上述观点具有一定的合理性，但在事实层面，犯罪“标签效应”背后因为轻罪制度的缺失而造成的负面影响更为严重。例如，劳动教养制度也限制人身自由，而且限制人身自由的时间动辄能达 3 年之久。从近年来的一些劳教案例看，劳动教养制度已经在部分地区沦为一种“维稳式”的社会管控工具，而且劳动教养制度在适用上表现出了严重的随意性，被劳动教养人员虽然没有被贴上犯罪标签，但所受到的负面评价并不比罪犯少。由此可见，反对将部分劳动教养规制的行为进行“轻罪化”分流的学者，只是对犯罪“标签效应”背后“名”的担忧，其并未在实质层面消减被劳教人员受到的真正处罚。笔者认为，与其选择不被贴上犯罪标签的虚名而放任一种实质上严重侵犯人权的制度，不如选择犯罪标签下轻罪制度的司法化、规范化运作。

事实上，将部分先前的劳教行为分流到轻罪中，不但不会对行为人产生较为严重的“标签效应”影响，而且还可以从程序上给予行为人更多的权利救济。轻罪制度中的处罚也并非重罪结构下创设的刑罚，而是处罚“轻缓化”理念下的轻微处罚。正如有学者所言，在我国选择犯罪化，主要是需要规定相当量的轻罪，选择犯罪化的目的是通过严密法网来强化人们的规

---

① 参见贾学胜：《非犯罪化与中国刑法》，载《刑事法评论》2007 年第 2 期。

② 参见钊作俊、刘蓓蕾：《犯罪化与非犯罪化论纲》，载《中国刑事法杂志》2005 年第 5 期。

③ 参见时延安：《刑罚权的边界：犯罪的定义与被定义的犯罪——对新一轮犯罪定义争鸣的基本态度》，载《法学论坛》2009 年第 2 期。

范意识，而不是用严厉的刑罚来处罚轻罪。[①] 因此，对于轻罪制度的建构，应该坚持一种实质理性，从观念上逐渐转变对犯罪“标签效应”的担忧，寻求一套科学、合理的“轻缓化”处罚制度对轻罪行为进行规制。

三、困境突围：轻罪制度建构的实体内涵

轻罪制度的建构，并非后劳教时代的新兴事物，在以往对劳动教养制度的批判和反思中，已有学者对其进行深刻的思考，并形成了一些富有见地的学术观点。例如，张明楷教授指出：“我国应当建立轻罪制度，可以通过立法，制定《轻犯罪法》，将违反治安管理处罚法、劳动教养法的相关危害行为纳入其中。”[②] 遗憾的是，学者的这些呼吁并没有在立法层面得到回应，其仍然处于学界的理论探讨阶段。劳动教养制度的废止，为再次讨论轻罪制度的建构提供了良好的契机。

（一）“定性不定量”概念模式

轻罪作为与重罪相对的概念，其概念的确立面临的首要问题就是轻罪与重罪之间的界限划分。由于我国刑事立法是直接以重罪为基点进行罪刑体系建构的，因此，在我国成文的刑事法律规范中并没有对什么是“轻罪”做出界定，“轻罪”只是一种学理上的概念。

重罪与轻罪的界分，学界存在不同的观点。以法定刑为标准的学者认为：“我国刑法中较重罪和较轻罪的划分，是指将刑法规定的全部犯罪划分为较重罪和较轻罪，而不是对同一犯罪的罪行进行划分。决定犯罪轻重的主要因素是对社会的危害性，而在立法上的标志就是犯罪的法定刑。法定刑重的表示犯罪性质重，法定刑轻的表示犯罪性质轻。因此，选择哪一种法定刑作为划分较重罪和较轻罪的标准，是刑法理论和刑法实践中值得研究的问题。一般认为，以法定最低刑三年以上有期徒刑为划分标准较为适当，即凡是法定最低刑为三年以上有期徒刑的，都属于较重罪，反之，则属于较轻罪。”[③] 以宣告刑为标准的学者认为：“应当判处的刑罚为三年以上有期徒刑的犯罪可视为较重之罪，应当判处的刑罚为不满三年有期徒刑的犯罪可视为

---

① 参见冯军：《犯罪化的思考》，载《法学研究》2008 年第 3 期。

② 参见张明楷：《犯罪定义与犯罪化》，载《法学研究》2008 年第 3 期。

③ 高铭暄、王作富：《中国刑法词典》，北京学林出版社 1989 年版，第 410—411 页。

较轻之罪。”① 也有学者认为应当综合考虑罪行的成立要素来界分轻罪与重罪：“罪刑轻重的认定应当综合考察行为人的罪过、主观恶性、人身危险性、社会危害性、情节等因素。”② 同时，也有学者试图跳出刑法的框架，在刑法的外部寻找界分轻罪与重罪的标准。分析以上观点可知，大多数学者都是从“定罪＋定量”的罪刑构造模式出发的，并没有注意到“定量”因素对轻罪制度建构的根本性制约。不管是以法定刑还是以宣告刑作为界分标准，都是在重罪结构下对罪刑轻重进行划分，对轻罪制度建构并没有较多的指导意义。因为轻罪制度关注更多的应该是处于刑法边缘、以往被劳动教养所调整以及刑法内部较为轻微的犯罪行为，而不仅仅是刑法内部罪刑的轻重。

从域外立法来看，由于其对犯罪的界定主要考虑“定性”因素，而较少关注“定量”因素，轻罪与重罪的界分也因此相对比较容易，而且对于轻罪的界定多见于成文法典之中。如《法国刑法典》第 111－1 条规定：“刑事犯罪，依其严重程度，分为重罪、轻罪和违警罪。”《奥地利联邦共和国刑法典》（2002 年修订）第 17 条规定，重罪是指应当科处终身自由或 3 年以上自由刑的故意行为；轻罪是指所有其他应受刑罚处罚的行为。《德国刑法典》第 12 条规定，重罪是指最低刑为 1 年或 1 年以上自由刑的违法行为；轻罪是指最高刑为 1 年以下自由刑或科处罚金刑的违法行为。此外，德国以法定刑为标准将犯罪分为重罪、轻罪、违警罪三类，其中轻罪是指 5 年以下要塞监禁，普通监禁或并处 150 个帝国马克以上罚金或单处罚金的犯罪；违警罪是指应当科处拘役或 150 个帝国马克以下罚金的犯罪行为。③ 美国《模范刑法典》也将犯罪分为重罪、轻罪、微罪和违警罪，其中，除前三种可能涉及剥夺人身自由以外，违警罪只能被处以罚金或者其他民事制裁。

基于域内与域外的双重考虑，我国轻罪概念的界定，应该选择“只定性不定量”的刑事立法模式，即对于具有犯罪性质的行为都需界定为犯罪，

---

① 周振想：《刑法学教程》，中国人民公安大学出版社 1997 年版，第 271 页。

② 郑伟：《重罪轻罪研究》，中国政法大学出版社 1998 年版，第 144 页。

③ 参见［德］李斯特：《德国刑法教科书（修订译本）》，徐久生译，法律出版社 2006 年版，第 173 页。

至于“量”的影响，只能在具体的处罚上得以体现。[①] 只有这样，才能将游离于刑法边缘的违法犯罪行为重新纳入刑事法律的范畴进行规制，保持对违法犯罪行为处罚上的统一性和权威性，而不再是由诸如劳动教养之类的制度在刑法的边缘再构造一个违法犯罪行为的打击圈。值得注意的是，此种制度的选择，并不是排斥治安处罚对刑法外围社会行为的规制，只是强调在统一的刑事制裁体系内部建构轻罪制度，将一部分具有犯罪性质，但又比较轻微的行为进行“轻罪化”处理。

目前，学界依然有学者质疑“只定性不定量”的刑事立法模式会不当地扩大犯罪圈，存在“泛犯罪化”风险，而且我国目前的犯罪圈已经处于扩张的极限，只能限缩，不能再进行扩张，否则，会增加刑法过度干预社会的风险。显然，这种质疑是一种保守立场的担忧，事实上，犯罪圈本身就不是固定不变的，而是随着社会的发展不断伸缩调整的，有些行为退出犯罪圈的同时，总会有一些行为进入犯罪圈。不仅不会因犯罪圈大而浪费司法资源，相反，会因大量适用简便快速的程序或者分流出占犯罪大部分比例的轻罪或微罪，从而节约出大量的司法资源，使国家能更加从容面对重罪。[②]

诚然，刑事立法从“定性+定量”向“只定性不定量”的转变是一个长期的过程，不可能一蹴而就。事实上，近年来，我国刑事立法已经开始尝试这种立法模式。例如，《刑法修正案（八）》对盗窃罪、敲诈勒索罪、寻衅滋事罪等进行的修改表明，这些罪的入罪门槛降低，轻微刑事犯罪行为入刑的趋势较为明显。[③] 由此可见，立法实践已经走到理论思考的前面，当前值得思考的问题应该是如何建构相应的制度保障立法上的这种选择，而不是质疑与批判。正是由于这种制度性保障的缺失，导致目前我国部分犯罪入罪门槛降低以后，出现了司法资源调配失衡与制度供给不足的现象。庞德曾言：“司法真正的危险在于对合理改革的胆怯抵制，对法律陈规的顽固坚

---

① 当然，在轻罪制度的处罚上，需要继续扩充和完善与轻罪相对应的刑罚或者非刑罚处罚措施，而不是直接适用现有刑法中以重罪为基点建构的重刑处罚措施，否则，只是去除犯罪概念中的“定量”因素并没有实际意义，而且会走向另一个极端。

② 参见田兴宏：《宽严相济语境下的轻罪刑事政策研究》，法律出版社2010年版，第147页。

③ 例如，就盗窃罪而言，《刑法修正案（八）》将原“盗窃公私财物，数额较大或者多次盗窃的”规定改为“盗窃公私财物，数额较大的，或者多次盗窃、入户盗窃、携带凶器盗窃、扒窃的”，显然这种“非数额型”盗窃行为的增加，降低了盗窃罪的入罪门槛，将原本不构成犯罪的行为进行犯罪化处理。

持。"[①] 事实上，庞德对司法改革阻力的这种担忧，在当前我国轻罪制度的建构中同样存在。

（二）轻罪调整范围的界定

轻罪制度得以建构和适用，清晰的调整范围是前提。在"只定性不定量"的犯罪概念前提下，轻罪制度的调整范围也应该坚持"定性"层面的约束，而不再过分迁就"量"的制约。因此，总体上而言，轻罪所调整的应该是具有犯罪性质，但又相较重罪而言比较轻微的行为。具体主要包括三种：

一是部分以往由劳动教养处罚的行为。不难发现，以往由劳动教养制度所调整的行为，大部分与刑法中规定的犯罪行为在特征上存在竞合。梳理目前学界的观点可知，在后劳教时代对劳动教养处罚对象的处理主要有三种观点：第一种是"分流说"，主张将原先由劳动教养制度规制的行为对象一部分下降到治安管理处罚层面，一部分上升到刑法处罚层面；第二种是"刑法调整说"，主张将原先由劳动教养制度规制的行为全部纳入到刑法规制的范畴；第三种是"行政处罚说"，主张将原先由劳动教养制度规制的行为全部纳入行政处罚的范畴，该说为反对犯罪化的学者所坚持。笔者认为，"刑法调整说"和"行政处罚说"都过于绝对和极端，无法对《劳动教养试行办法》第 10 条规定的劳动教养对象进行合理的处理，相较而言，"分流说"具有一定的合理性。将《劳动教养试行办法》第 10 条规定的部分具有"社会危害性质，不够刑事处分"的行为纳入轻罪调整的范围，如罪行轻微的聚众斗殴、寻衅滋事、教唆他人犯罪以及群体性事件中煽动闹事、恶意打砸的行为等，而将卖淫、嫖娼行为等纳入到行政处罚的范畴。事实上，从近年来的立法来看，原先由劳动教养制度规制的行为已经在刑事制裁与行政制裁之间进行了分流，例如，《刑法修正案（八）》关于盗窃罪、敲诈勒索罪、寻衅滋事罪的相关修改，以及 2013 年"两高"出台的关于审理"盗窃案件"和"寻衅滋事案件"的两个司法解释已经将《劳动教养试行办法》第 10 条第 2、3、4 项规定的部分行为纳入刑法调整的范畴。

二是治安管理处罚中与刑法规定的犯罪行为特征竞合的行为。治安管理处罚法所调整的行为中，有一部分行为与刑法中规定的犯罪行为不管是性质

---

① ［美］罗斯科·庞德：《普通法的精神》，唐前宏译，法律出版社 2000 年版，第 8 页。

上还是特征上都存在竞合,[①] 为了保持轻罪制度调整的完整性和刑事处罚与行政处罚之间的有效衔接，应该将治安管理处罚法所调整的部分行为纳入轻罪处罚体系中。例如，《治安管理处罚法》第 67 条规定:“引诱、容留、介绍他人卖淫的，处十日以上十五日以下拘留，可以并处五千元以下罚款，情节较轻的，处五日以下拘留或者五百元以下罚款。”而《刑法》第 359 条规定:“引诱、容留、介绍他人卖淫的，处五年以下有期徒刑、拘役或者管制，并处罚金；情节严重的，处五年以上有期徒刑，并处罚金。”显然，对于情节较轻的“引诱、容留、介绍卖淫的”行为，治安管理处罚法与刑法的规定存在竞合，且处罚上相差悬殊。

三是现有刑法中规定的，罪刑较为轻微的犯罪行为。虽然我国刑法是在“定性 + 定量”的犯罪界定模式下建构的重罪重刑体系，但随着近年来刑法轻缓化思潮的影响和刑法自身的完善，我国刑法规范中也出现了一些罪刑较为轻微的犯罪行为。例如《刑法修正案（八)》增设的危险驾驶罪，法定最高刑只能达到拘役，对于此类犯罪可以由轻罪处罚制度来进行调整。笔者认为，可以参照法定最高刑，将法定最高刑为 3 年以下有期徒刑的犯罪行为纳入轻罪制度调整的范畴。

（三）轻罪制度的性质界定

从劳动教养制度创设以来的变迁历程来看，劳动教养制度的性质一直相对模糊，其也因此受到了不少诟病。总体上而言，劳动教养所规制的是一种处于刑法边缘的违法行为，从对象上看应该属于行政处罚的序列。但由于劳动教养在处罚上对刑法的僭越，从处罚手段和程度上来看其又相仿于刑事制裁。因此，轻罪制度作为对劳动教养制度的消解之策，在性质上不能再重复劳动教养制度的老路，而应该坚持性质界定的一元立场。

事实上，正如前文所述，纵观我国的刑罚制度的演进，都是以重罪为主要内容进行建构的，并未将轻罪纳入刑罚的处罚体系当中。对于游离于刑法边缘的轻微刑事违法犯罪行为，都是委之于刑法之外的诸如劳动教养、治安

---

① 例如《治安管理处罚法》第 23 条第 1 款规定的“扰乱机关、团体、企业、事业单位秩序，致使工作、生产、营业、医疗、教学、科研不能正常进行，尚未造成严重损失”的行为、第 25 条第 1 项规定的“散布谣言，谎报险情、疫情、警情或者以其他方法故意扰乱公共秩序”的行为、第 30 条规定的“违反国家规定，制造、买卖、储存、运输、邮寄、携带、使用、提供、处置爆炸性、毒害性、放射性、腐蚀性物质或者传染病病原体等危险物质”的行为等。

处罚之类的制度进行规制，并未建立起一套完整的、层级分明的、轻重相适的犯罪行为及违法行为的惩罚体系。我国当下正处于社会转型的特殊阶段，较之于以往轻微刑事案件频发，现有以重罪为骨架建构的刑法难以对其进行调整，容易造成适之于刑法过严、出之于刑法却又难以达到规制效果的尴尬局面。

因此，为了保持刑事处罚体系内部的完整性和统一性，弥合刑事制裁与行政制裁之间的断层，完善我国社会行为控制的严密体系，轻罪制度的建构应该纳入刑事制裁体系当中，在性质上也将其界定为刑事处罚制度，只是程度上区别于我国现有的刑事处罚制度。这种性质的界定，能够有效地祛除在刑法之外再建构重于刑事处罚制度的弊端。

（四）轻罪制度的立法选择

对于轻罪制度的立法选择，学界存在不同认识。第一种观点是单设轻犯罪法。如张明楷教授从轻微犯罪的危害、程序公正以及法治原则等方面阐述了建立轻罪制度的意义，提出将《治安管理处罚条例》[①]、劳动教养法规所规定的各种危害行为纳入轻犯罪法中，并规定非常简易的审理程序，使各种犯罪行为得到法院的依法审理。[②] 第二种观点认为，应该参照域外重罪、轻罪和违警罪的三分法，直接调整现有刑法结构，将轻罪制度纳入刑法规范体系当中。例如，刘仁文教授从完善我国刑法结构的角度提出："重罪、轻罪和违警罪三分法大抵是当今世界各国刑法关于犯罪的基本分类方法，而保安处分被系统纳入刑法典也是不少国家的做法。与之相比较，我国的刑法典大约只包括了西方国家刑法典的重罪部分，而缺少违警罪、轻罪和保安处分三大块内容。实现刑法结构的统一化应是我国刑法未来发展的一个方向。"[③] 第三种观点认为，应设立违法行为矫治法，作为对劳动教养制度的替代。这一观点在近年来人大代表的提案中较为多见，不过，违法行为矫治法在我国至今难产，其根本原因在于，该法有可能是劳动教养制度的改头换面。笔者认为，第二种观点相对比较合理，将轻罪制度统一到刑事法律制度体系当中，一方面，可以保持刑事法律制度自身的完整性，另一方面，也符合国际立法的潮流，能够使我国的刑事法律制度以一种"主体性"地位在全球化

① 2005 年已修改为治安管理处罚法。

② 参见张明楷：《刑事立法的发展方向》，载《中国法学》2006 年第 4 期。

③ 刘仁文：《关于调整我国刑法结构的思考》，载《法商研究》2007 年第 5 期。

法律话语中进行平等对话，而不再是以往被动地接受质疑和批判。第一种和第三种观点都容易使轻罪制度再次陷入劳动教养制度所面临的困境，即表面上游离于刑法之外，却实质上延伸至刑法之内。

四、必然延伸：轻罪制度建构的程序支撑

轻罪制度的建构，是一项系统而又复杂的工程，不仅涉及对现有刑法内部结构的调整，而且涉及对我国目前违法犯罪行为制裁体系的整体权力配置。除了实体法上的这种调整和配置以外，轻罪制度能够顺畅地运行，还需要程序性法律制度的支撑，通过实体与程序的双向支撑，轻罪制度才能够在规范层面和实践层面真正建立。为了整合我国有限的司法资源，提高轻罪制度的运行效率，应该建立“轻罪速裁”和“程序分流”制度；为了消解轻罪制度建构中对犯罪“标签效应”的担忧，实现轻罪制度的人权保障机能，应该建立“前科消灭”和“轻缓处遇”制度。

（一）“轻罪速裁”制度

“轻罪速裁”制度旨在轻罪与重罪的司法处理过程中合理地配置有限的司法资源，在保障人权与公平公正的前提下，实现资源的优化配置。整体上而言，由于重罪案件社会影响较大，处理过程比较繁杂，需要投入较多的司法资源，而轻罪案件社会影响相对较小，社会危害性也弱于重罪案件，司法资源的投入也应相对较小。需要注意的是，就目前我国的司法实践而言，轻罪案件的数量远远多于重罪案件，一方面是诸如盗窃、抢夺、寻衅滋事等“街头犯罪”案件本身具有多发性，另一方面是《刑法修正案（八）》及相关司法解释降低了盗窃罪、寻衅滋事罪、敲诈勒索罪、抢夺罪的入罪门槛，将扒窃、“醉驾”等纳入刑法调整的范畴。在我国轻罪制度目前尚未建立的背景下，这种“轻罪入刑”的趋势必然会增加司法机关的办案压力，“案多人少”成了公安机关、检察院及法院共同面临的难题。事实上，这也从反面印证了我国在后劳教时代建构轻罪制度的必要性和紧迫性。

“轻罪速裁”制度目的是在重罪与轻罪的司法处理过程中建立一套繁简有别的诉讼程序，使轻罪案件能够在最少的司法资源投入下快速、高效、公正地处理。具体而言，从目前我国司法实践中的办案需求来看，在尊重当事人选择权的前提下，轻罪案件应该尽可能地通过简易程序进行审理，在法庭组成上采用审判员独任制；从长远来看，我国应该借鉴日本、意大利、德国

及美国等轻罪案件的快速审理程序，逐步建立一套专门的轻罪速审制度。可以考虑对于事实清楚、证据充分，被告人对指控的基本犯罪事实没有异议的轻罪案件进行书面审理，即经过控辩双方协商一致，人民法院可以直接通过阅卷作出判决而不需要开庭审理。对于开庭审理的轻罪案件，除案件有异议，需要公诉机关当庭支持公诉的以外，公诉机关可以直接以书面形式支持公诉，而无须再派员参加审理。在条件允许的情况下，可以建立专门的轻罪法庭，配备经过专门培训的轻罪案件审理人员。此外，也应当注意轻罪案件处理过程中调解与和解的运用，能从简结案的尽量从简结案。

（二）“程序分流”制度

对于刑事案件进行程序上的分流，是各国处理刑事案件都坚持的一项原则。目前，我国刑事诉讼法规定了法定不起诉、酌定不起诉、存疑不起诉和附条件不起诉制度，使得一部分刑事案件在审查起诉阶段通过程序的过滤而得到处理，不再进入法庭审判。从目前司法实践来看，我国审查起诉阶段可以适用不起诉制度的案件主要有未成年人犯罪案件、因人民内部矛盾引发的轻微刑事案件和轻微犯罪中的初犯、偶犯等，整体上过于狭窄，程序分流力度不大。

建立我国的轻罪制度，应该进一步扩大审查起诉阶段检察机关对轻罪案件的程序分流作用，对于事实清楚、证据充分、行为人认罪悔罪、积极赔礼道歉、赔偿损失、被害人谅解的轻罪案件，检察机关能够通过训诫、责令具结悔过、赔偿损失等方式进行处理而无须提起公诉的，尽量不提起公诉。对于确需提起公诉的，检察机关可以依法向法院提出从宽处理、适用缓刑等量刑方面的意见。事实上，对轻罪案件进行“程序分流”已经在国外取得相当成功的经验，例如，在德国大约有1/3的轻罪案件在起诉阶段被分流，而且分流方式上除附条件不起诉外，还建立了刑事处罚令程序①，而在属于英美法系的美国，有接近90%的刑事案件通过辩诉交易制度进行处理，在英国有接近95%的刑事案件通过简易程序得到处理。

（三）“前科消灭”制度

长期以来，我国实行的是刑事犯罪记录终身入档的制度，不仅使重刑主

---

① 德国检察机关适用的刑事处罚令程序，主要是指一种针对被告人认罪的轻罪案件，由检察机关做出的用于代替审判程序的书面定罪程序，一般由检察官起草处罚令文书，文书中载明案件事实，并提出具体的处理方案，然后连同案卷材料一并移交给法院。

义留下的犯罪“标签效应”得到了制度性的强化，也使部分学者对轻罪制度建立以后犯罪圈的扩大产生了更大的担忧。必须承认，在我国目前“重罪重刑”的刑法结构体系下，扩大犯罪圈会增加犯罪“标签效应”扩大的风险，但也应当认识到，不能因此而排斥轻罪制度的建构，可以通过一系列的制度设计尽量降低犯罪“标签效应”对刑事被告人产生的不利影响。

《刑法》第100条规定：“依法受过刑事处罚的人，在入伍、就业的时候，应当如实向有关单位报告自己曾受过刑事处罚，不得隐瞒。犯罪的时候不满十八周岁被判处五年有期徒刑以下处罚的人，免除前款规定的报告义务。”2012年《刑事诉讼法》第275条也明确规定了对涉嫌刑事犯罪的未成年人实行犯罪记录的封存制度，从而来避免以往刑事犯罪记录入档对未成年人后续升学、就业、生活带来的不良影响。笔者认为，可以借鉴这种制度创新，在对未成年人刑事犯罪记录封存制度的基础上，继续探索在轻罪制度建构中的前科消灭制度。即对受过轻罪处罚的行为人的犯罪记录予以封存，等刑罚及相应的处罚措施执行完毕以后，可以将轻罪前科予以消灭，不进行入档登记。正如有学者所言：“法律可以根据罪行轻重分别设立长短不一的前科消灭考验期限，期限一过就不再保存犯罪记录，或者永久封存，其有关权利也自动恢复。”① 即使由于某些案件的特殊性而予以保存的，必须建立严格的查阅制度，而且轻罪前科记录应该与普通的档案信息材料分开管理。

（四）“轻缓处遇”制度

轻罪制度建构必须有一套与轻罪相适应的轻罚体系，在缺乏轻罚体系的前提下，对纳入刑法范畴的轻罪行为适用重刑体系，不仅会造成侵犯人权的嫌疑，而且也有违轻罪制度建构的初衷。轻罪制度本身所追求的就是“轻罪轻罚，罪刑相适”的处罚目标，尤其是在宽严相济刑事政策的指导下，对轻罪施以重刑是逆时代潮流之举。从近年来我国刑事立法来看，我国刑罚在逐步实现“轻缓化”的同时，也注重社会化处遇措施的探索和创新。如《刑法修正案（八）》首次规定的禁止令制度，不断完善的社区矫正制度等。笔者认为，对于轻罪制度中轻罚体系的建构，应该坚持轻缓化和社会化的处遇原则，少用、慎用短期自由刑，多用资格刑和财产刑，能通过社区矫正、禁止令等社会化处遇方式达到矫正效果的，尽量适用社会化处遇方式。此

① 田兴宏：《宽严相济语境下的轻罪刑事政策研究》，法律出版社2010年版，第152页。

外，在轻罪处遇实践中应该注重轻罪处遇措施的创新，因为“单独考察，没有任何一种刑罚独自具备所有刑罚的必要属性。为实现刑罚目的，必须有不同的刑罚方法可供选择，并使其存在差异，其中几个可以适用于相同犯罪”[①]。具体设置上，如对初次“醉驾”的行为人可以给予一定期限的“禁驾”，对于多次“醉驾”的可以吊销驾照或者剥夺驾驶资格等。

诚然，轻罪制度的建构，是一个系统而又复杂的过程，并非解决以上问题就可以确立和运行，本文只是一种宏观的构想。至于具体的细节设计和制度安排，仍需理论界和实务界的不断探讨，而且在轻罪制度以后，仍需通过实践的检验对其进行完善。只有实体与程序相支撑，理论与实践相结合，中国特色的轻罪制度才能够建立和运行。

① ［英］吉米·边沁：《立法理论》，李贵方等译，中国人民公安大学出版社2004年版，第392—393页。

规范化量刑方法构建基础之检讨*

骆　多**

量刑规范化改革是我国近年来备受瞩目的司法改革项目之一，其中动作最大、最具争议性的便是量刑方法问题。自20世纪80年代末以来，虽然我国法学界已针对传统的“估堆”式量刑方法的弊端提出了多种新的量刑方法，① 但是这些量刑方法或因过于僵化或因不具有可操作性而无法实现量刑公正的目标。为解决上述问题，我国对量刑方法进行了规范化改革，即在定性的基础上结合定量分析，通过量刑起点、基准刑和宣告刑的依次裁量，最终决定量刑结果。② 然而事实表明，由量刑技术、制度文本以及量刑程序构建起来的规范化量刑方法并未彻底打消人们的疑虑，仍暴露出各种各样的问题。笔者认为，基础理论研究薄弱，尤其是对量刑方法应当以什么为构建基础的问题认识不清、思路不明，是导致出现上述问题的根本原因。因此，笔

* 本文原载于《法商研究》2016年第6期。基金项目：中国法学会部级法学研究课题资助项目（CLS2012Y37）；重庆市教育委员会博士研究生科研创新项目（CYB14071）。

** 西南政法大学量刑研究中心副主任。

① 例如，数学模型量刑法、层次分析量刑法、分格式量刑法，等等。

② 在量刑规范化改革的过程中，规范量刑方法的具体内容变化较大，现行的规范化量刑方法由2013年12月23日最高人民法院发布的《关于常见犯罪的量刑指导意见》所确定，主要包括：根据基本犯罪构成事实在相应的法定刑幅度内确定量刑起点；根据其他影响犯罪构成的犯罪数额、犯罪次数、犯罪后果等犯罪事实，在量刑起点的基础上增加刑罚量确定基准刑；根据量刑情节调节基准刑，并综合考虑全案情况，依法确定宣告刑。

者在本文中将对规范化量刑方法的构建基础问题做些检讨，以期有助于我国量刑规范化改革的进一步深入。

一、现行量刑方法存在的问题

（一）基准刑的细化方法有待斟酌

根据最高人民法院《关于常见犯罪的量刑指导意见》（以下简称《量刑指导意见》）的规定，个罪的基准刑是建立在量刑起点基础之上并根据其他影响犯罪构成的事实增加刑罚量而得出的。这就涉及如何将犯罪手段、犯罪次数、犯罪数额以及犯罪结果等其他影响犯罪构成的事实转化为刑罚量进而确定基准刑的问题。对此，《量刑指导意见》并未直接作出规定，而是交由各地高级人民法院制定实施细则去落实。例如，2014 年 4 月 14 日天津市高级人民法院发布的《〈关于常见犯罪的量刑指导意见〉实施细则》规定，故意伤害罪基准刑的确定依据“每增加轻微伤一人，增加两个月以下刑期”“每增加轻伤一人，增加 3 个月至 6 个月刑期”；又如，2014 年 7 月 23 日河南省高级人民法院发布的《〈关于常见犯罪的量刑指导意见〉实施细则》规定，盗窃罪的基准刑按照“犯罪数额每增加 2000 元，增加 1 个月刑期”来确定。[①] 然而细加思忖，上述规定存在如下诸多不妥之处：

1. 司法实践中“漠视说理”的倾向有可能被进一步强化

显而易见，制定实施细则的背后是规则主义的司法传统在作祟，所谓“万民皆知所避就”“吏不敢以非法遇民”[②] 大概就是其所追求的效果；但如此一来法官对于裁判说理的兴趣可能会降到更低——毕竟系统性制度文本的出台可以诞生新的量刑标准、参考案例以及量刑习惯，如果重新回到法律论证的层面进行基准刑的确定，那么反倒成为一种累赘。

2. 有可能会导致量刑规范化工作处于被动

虽然德国学者考夫曼曾经指出“法律使用中真正明确的、不需要解释也根本不可能解释的就是数字概念（例如 18 岁）”[③]，但是这一观点并不能成为限制扩大数字使用范围的依据。法官在量刑过程中作出的任何一个决定

---

① 参见天津市高级人民法院、河南省高级人民法院《〈关于常见犯罪的量刑指导意见〉实施细则》第四部分“15 种常见犯罪的量刑”。

② 《商君书·定分》。

③ ［德］阿图尔·考夫曼：《法律哲学》，刘幸义等译，法律出版社 2011 年版，第 77 页。

都应当经得起严格的推理论证和价值考察，而作为解释依据的法律规范的合理性也不应该存在令人怀疑的地方。我们当然相信各地高级人民法院的实施细则是在充分调研的基础上制定的，但是这些调研资料和统计数据是不可能在司法实践中伴随出现的，如果民众对实施细则本身产生不信任感，那么规范化量刑就会陷入被动。

3. 增大了基准刑能否超出法定最高刑的疑问

从司法实践看，人们对于基准刑能否超出法定最高刑的问题一直存在争论：有人主张量刑依法应当在相应的法定刑幅度内确定，基准刑不能超出法定最高刑；也有人主张，基准刑并非最终的宣告刑，可以突破法定最高刑。① 对此，最高人民法院认为，基准刑只是阶段性结果，如果不允许其超出法定最高刑，那么确定基准刑时就无法反映出量化分析的过程，亦无法客观地反映犯罪行为的社会危害性，从而导致量刑不平衡。② 然而，这种观点值得质疑：一方面，基准刑来自犯罪构成事实，而犯罪构成事实对应着某一特定的法定刑幅度，从逻辑关系上讲前者不可能超越属于它自己的法定刑幅度范围，否则就是法定刑选择的错误，何来超越一说？另一方面，如果基准刑的确定是严格按照责任主义原则并且是在法官充分发挥自由裁量权的情况下进行的，那么重责任者的判罚轻于轻责任者判罚的情况就不可能出现，又何必要故意超出法定刑规定来“留有余地”？

（二）同种数罪既未遂的处理方式存在矛盾

按照我国传统刑法学理论和司法习惯，对于同种数罪一般不予数罪并罚，而是按一行为从重处罚。③ 因此，在同种数罪皆为既遂或者未遂时，按照《量刑指导意见》的规定进行量刑并无疑问，但是如果出现同种数罪部分未遂、部分既遂的情况，那么如何量刑的问题就变得复杂起来。例如，由于有相关的司法解释作参照，④ 各地高级人民法院发布的实施细则在处理数额型犯罪的部分既遂、部分未遂时较为统一：既遂部分所对应的量刑幅度较

---

① 参见最高人民法院刑事审判第三庭编著：《量刑规范化实务手册》，法律出版社2014年版，第29页。

② 例如，在共同犯罪中罪责较重的被告人因为具有酌定从轻处罚情节而被判处法定最高刑以下的刑罚，而罪责较轻的被告人因为没有从轻处罚情节反而被判处了最高刑。

③ 参见侯国云：《刑法总论探索》，中国人民公安大学出版社2004年版，第404页。

④ 例如，最高人民法院、最高人民检察院《关于办理诈骗刑事案件适用法律若干问题的解释》以及最高人民法院、最高人民检察院《关于办理盗窃刑事案件适用法律若干问题的解释》。

重，或者既未遂所对应的量刑幅度相同的，可以既遂部分确定基准刑，未遂部分作为酌定从重处罚情节调节基准刑；未遂部分对应的量刑幅度较重的，可以未遂部分确定基准刑，既遂部分作为酌定从重处罚情节调整基准刑，并且明确了酌情从重处罚的幅度。[①]

然而，在非数额型犯罪中就不能照搬上述经验。因为评价被告人刑事责任的事实因素增加了，再加上犯罪形态与主体责任能力[②]相结合等，不能再简单地以部分犯罪的既未遂情况来确定基准刑。面对这一尴尬的局面，《量刑指导意见》采取了回避的态度，但是从最高人民法院刑事审判第三庭编著的《量刑规范化实务手册》（以下简称《实务手册》）中我们还是可以发现其处理这一问题的态度："应当以全部犯罪构成事实来确定基准刑，在此基础之上，将部分未遂、部分未成年人犯罪、部分从犯情节作为酌定从轻处罚情节，在定性分析的基础上，确定从轻调节的幅度，并对基准刑进行调节。"这种做法或许能够解决司法实践中的量刑问题，但是也暴露了《量刑指导意见》在量刑的处理方面存在不足：第一，《量刑指导意见》无法解决同种犯罪部分既遂、部分未遂的问题说明其在文本制定之初是以独立个罪作为技术指标的，这或许能够适应刑事裁量与刑罚执行相分离国家（如美国）的需要，却不能与我国对同种数罪实行"择一重处"的司法原则相适应，这种非适应性无疑是一种缺陷。第二，在同种犯罪部分既遂、部分未遂时，是否需要根据"基本的犯罪构成事实"来确定量刑起点，《实务手册》并未作明确的说明，而"以全部犯罪构成事实来确定基准刑"的表述是否意味着前两个步骤的合二为一？进而言之，如果此种做法符合量刑规律，那么其他情况下的量刑为何不能由"三步骤"简化为"两步骤"？第三，《实务手册》关于此问题的解决方法颠覆了《量刑指导意见》对于基准刑的调整规定，"同向相加、逆向相减""部分连乘、部分加减"的分步处理原则变得不再适用，而规则不能在内部实现融贯的现象又恰恰说明此量刑方法具有局限性，制度设计与量刑规律之间还存在一定的隔阂。

上述问题的产生或许有人会归咎于"新生事物尚待完善"，然而，规范化量刑方法在经历十多年的修改论证之后仍然存在这样或那样的问题，其背

---

① 参见最高人民法院刑事审判第三庭编著：《量刑规范化实务手册》，法律出版社2014年版，第34—35页。

② 例如，跨法定年龄阶段连续犯的既未遂问题。

后的根源非常值得我们思考。笔者认为，当前我国量刑方法的研究多是针对传统量刑方法的弊端而进行的，应用性突出，策略色彩浓厚，在量刑规范化改革的推动下很多成果实属应景之作，缺乏深入系统的理论论证。另外，在量刑规范化改革的过程中涌现出很多理论命题，[①] 这些命题将人们的注意力长期集中于量刑基准、量刑幅度等技术层面，反而忽视了基础理论的研究，其中就包括量刑方法应当以何为构建基础的问题。因此，很有必要就规范化量刑方法的构建基础问题展开详细和深入的检讨。

二、现行量刑方法存在问题的根源

（一）量刑技术不宜作为量刑方法的构建基础

长期以来，学者们在研究量刑方法时均将目光聚焦于量刑技术的完善上。有学者指出，我国的量刑改革需要“从技术到制度的逐步推进”，在程序和实体方面加快量刑技术的革新。[②]

的确，量刑技术在量刑方法的构建方面发挥着重要作用：第一，可以解决量刑过程中很多“重复性问题”，使法官的“有限理性”用得其所；第二，技术作为一种理论结晶，可以解决因为法官理性不足而带来的司法难题；第三，技术的无感情化特征可以将法官从“关系网”中解救出来，以抵御人情世故的腐蚀；第四，现代科学技术是先进生产力的代表，这对于提高审判效率大有裨益。[③] 可以说，以上几点是量刑技术长期获得青睐的根本原因。然而，以量刑技术作为量刑方法的构建基础至少存在以下两个问题：

1. 以量刑技术作为规范化量刑方法的构建基础会导致量刑方法的重点缺失

众所周知，在法律领域存在立法技术与司法技术的分野。前者包括结构技术、程序技术和文本技术，[④] 涵盖效力位阶、概念界定、逻辑修辞以及风

---

① 这些命题包括：量刑究竟是刑之量化还是刑之裁量，法官经验是被吸取还是被摒弃，计算机信息技术是主导技术还是辅助技术，等等。

② 参见高一飞、陈海平：《从技术到制度：我国量刑程序改革述论》，载《政法论丛》2006 年第 6 期。

③ 参见高一飞、陈海平：《从技术到制度：我国量刑程序改革述论》，载《政法论丛》2006 年第 6 期。

④ 参见杨玉豪：《立法技术和理念对立法质量的影响》，载《五邑大学学报（哲学社会科学版）》2007 年第 4 期。

险分析等诸多范畴；后者包括语义分析、逻辑推理、利益衡量、政策运用以及后果评估的技术和方法，囊括法律解释、法律交流等旨趣。如果量刑方法以技术手段作为“起始”和“根基”，那么就应该厘清量刑技术是在上述何种意义上被使用，因为不同意义上的规范化量刑方法的构建重点会有所不同。例如，如果从立法技术的意义上使用量刑技术，那么人们就会将更多的精力投放到技术体系内部的逻辑自洽和协调统一上，反倒降低了对量刑效果的关注程度；如果从司法技术的意义上使用量刑技术，那么人们就会更多地关注具体个案，并且将精力放到量刑技术微观层面的运用上，[①] 而这并不利于量刑方法的抽象化和系统化。事实上，量刑规范化的改革一直是在上述两种意义上同时使用量刑技术的，即一方面不断修改《量刑指导意见》中的技术性规范，另一方面又长期组织各级人民法院开展有关司法技巧的学习和探讨。如此一来，规范化量刑方法的构建重点就会出现“失焦”的局面，既分散了人们的精力，也造成某种程度的困惑——弄不清某个疑难问题的产生究竟是因立法缺陷所致还是因司法错误所致。

2. 以量刑技术作为规范化量刑方法的构建基础还会导致规范化量刑方法不稳定

因为量刑技术在司法实践中通常不是以单一技术状态呈现的，而是融入了数学、统计学、计算机信息技术、[②] 心理学[③]等诸多内容，如果以量刑技术作为规范化量刑方法的构建基础，那么要考虑量刑技术内部的主次结构和彼此之间的关系。然而，人们并没有特别有效的手段对此做出预先判断以及合理的安排，只能通过实践来不断摸索，这就导致规范化量刑方法长期处于“待检修”的不稳定状态。另外，随着时代的发展和科技的进步，量刑技术自身也在不断发展变化，同种类型的量刑技术之间可能会发生质的差异，这也会导致规范化量刑方法不稳定。例如，“数值量化”是一种典型的量刑技术，但是随着数学科学的发展，“数值量化”出现了精确量化与模糊量化的区分，[④] 且后者更能适应人文学科量化工作的要求，因此重新调整原有的技术架构就成为必然。

---

① 参见田鹏辉：《量刑技术探究》，载《法商研究》2011 年第 6 期。

② 例如，澳大利亚、荷兰等国以及我国台湾地区使用的量刑资讯系统。

③ 如部分学者提到的各种量刑沟通技巧。

④ 参见杨纶标等：《模糊数学原理及其应用》，华南理工大学出版社 2011 年版，第 1 页。

(二) 制度文本不宜作为量刑方法的构建基础

量刑规范化改革启动以来，人们一直都很重视制度文本的建设，量刑的基本原则、方式、步骤以及指导思想等均可以在《量刑指导意见》[①] 中找到相应的规定。纵览世界各国的量刑方法改革，也无不是以各种规范文本作为推进载体的。例如，美国加利福尼亚州、明尼苏达州、华盛顿州和宾夕法尼亚州从 1977 年开始相继制定了本州的《统一量刑法》或《量刑指南》，而 1987 年的《美国联邦量刑指南》则作为数字式的量刑指导文本在全球范围内产生重大影响；又如，英国自 2004 年 3 月正式启用新的量刑指南体系后，也出台了一系列规范文本，较为重要的有 2005 年生效的《总的原则：犯罪严重性》和《2003 年刑事审判法新刑罚的适用》以及 2007 年生效的《认罪的量刑减让》等，这些规范文本使英国成为伦理式量刑方法的代表。[②]

不可否认，制度文本作为量刑方法的实践载体有极为明显的优势。因为制定具有司法解释性质的文本既符合我国的司法惯例，又具有系统高效的特点。详言之，我国的法官、检察官乃至律师都习惯从司法解释中寻找办案的法律依据，通过制定规范文本来细化量刑步骤或量刑标准，符合人们的一贯期待。此外，由于最高人民法院公布的典型案例在数量和质量上尚不能完全满足司法实践的需要，因此系统化制度文本的出台可以解决量刑参照标准的问题，顺带降低量刑信息的分析成本，便于在司法实践中快速推广。[③] 然而，试图通过制度文本来构建起一个科学合理的量刑方法，是违背量刑基本规律的。具体而言：

1. 以制度文本作为规范化量刑方法的构建基础增大了迷信规则主义的风险

规则主义是指以法律的确定性为法律适用的前提，排除法官的自由裁量

---

① 在 2014 年全国量刑规范化改革正式开始以前，规范化量刑方法的制度文本还包括最高人民法院、最高人民检察院、公安部、国家安全部、司法部印发的《关于规范量刑程序若干问题的意见（试行）》，但由于 2012 年修正的刑事诉讼法肯定了量刑程序改革的重要性、吸收了部分改革成果，并且在相关的司法解释中进一步细化了量刑程序的规定，因此在量刑规范化正式开始时未再出台新的量刑程序意见。

② 参见熊选国主编：《〈人民法院量刑指导意见〉与"两高三部"〈关于规范量刑程序若干问题的意见〉理解与适用》，法律出版社 2010 年版，第 3 页。

③ 参见王利荣、张孟东：《记载量刑经验的制度方式——以〈最高人民法院量刑指导意见〉为分析样本》，载《人民司法》2012 年第 23 期。

权，严格依照法律条文的规定进行裁决的一种司法观念。自近代以来，规则主义在我国一直具有强大的生命力，其中既有“慎徽五典，五典克从”[①]“有旨无简不听”[②] 的传统法文化影响，又与我国政治主导型的法治建设模式有关。[③] 事实证明，我国传统量刑方法弊端丛生的原因，除规则缺失外，更重要的是量刑说理的阙如。[④] 制度文本试图依靠整套繁杂精密的操作规程来将量刑活动改造成看得见、摸得着的“客观”过程，将会继续弱化原本薄弱的量刑说理，[⑤] 从而不利于量刑结果的实质公正。例如，为了保障量刑规则被一体遵循，制度文本以刑罚量化作为其核心内容，期望利用刑罚量化的严谨客观来克服因法官理性、知识、技术、良知的不同而带来的量刑失衡问题，但如此一来，诸如法律原则、社会影响、伦理道德、刑事政策等诸多对量刑至关重要的因素都会被排除在外，法官的辩证思维也无从展开，更不用说充分合理的量刑说理了。前面谈到的基准刑问题，从某种意义上讲就是规则主义的表现——量刑情节的简单量化和叠加，难以准确地反映犯罪行为的社会危害性和犯罪分子的人身危险性。

2. 将制度文本作为规范化量刑方法的构建基础有本末倒置的嫌疑

事实上，制度文本的生命在于对量刑经验的记载，文本能否得以长期遵循的根本条件在于经验记载的可靠与否。然而，量刑经验在总结提炼成可被法官普遍借鉴的制度规则时，会面临归纳思维的局限性问题。例如，我们可以说“构成交通肇事罪致人重伤、死亡或者使公私财产遭受重大损失的，可以在 2 年以下有期徒刑、拘役幅度内确定量刑起点”是通过对大量司法实践经验的总结得出的，以此为起点进行量刑的其他步骤最有可能实现罪刑

---

① 《尚书·舜典》。

② 《礼记·王政》。

③ 随着我国法治建设的重新起步，亟须建立一整套新的概念体系和逻辑体系，没有规则主义的支撑，这一艰巨任务根本不可能完成，而政治主导型的法治建设模式也使得民众习惯于法律来自官方的决定或统治者的命令。将日常生活中的秩序、习惯和经验“用法律形式肯定下来”或“用法律形式固定下来”已成为大多数人的固定思维。

④ 参见王利荣：《量刑说理机制》，中国人民公安大学出版社 2012 年版，第 4—9 页。

⑤ 量刑说理的本质是对刑罚裁量进行充分合理的法律论证，需要运用各种法律论证的知识和技巧（如当然论证以及悖谬论证等），能够展现出法官的法哲学倾向和道德选择。目前，部分地方人民法院所说的量刑说理程序，实际上是将法条或者制度文本进行一次规则引用而已，并非针对每一步骤展开专业详尽的法律论证。换言之，“量刑有明确根据”与“量刑有妥当理由”是两种完全不同的含义。

均衡和实质公正，并且最大限度地避免上诉、抗诉以及社会舆情的诘难，但是我们不能保证这一标准在任何情况下都是“金科玉律”。① 正如有的学者所言，同一情况在不同环境中具有复杂性，即任何一个影响刑事责任的因素从某种意义上讲都是一个变量，以作案时间为例，如果是在社会治安状况好、夜不闭户的情况下作案，那么是白天作案还是晚上作案对刑事责任的影响可能不会很大；如果社会治安状况严峻，那么行为人作案的时间对刑事责任的评价将会产生重大的影响。② 因此，为保证量刑的准确，法官依然要在制度文本之外综合考察案件事实和其他相关因素，而后者也是量刑方法需要介入的地方。由此可以看出制度文本与量刑方法之间的距离：制度文本只能在相对合理的意义上总结量刑经验，而量刑经验又不完全等同于量刑方法。因此，以制度文本为构建基础，试图“创制”或“决定”某种量刑方法的做法实属本末倒置，③ 并不符合量刑方法的发现和运用规律。上文提及的同种数罪既未遂的处理问题，便是这种本末倒置的典型后果——预先设计的量刑规则难以应对司法实践中的复杂情况，而后续的补充规定又在规则体系之间制造了矛盾，因而徒增了法治的成本。

（三）量刑程序不宜作为量刑方法的构建基础

量刑程序是指在特定法律原则的指导下以诉讼参与人为主体，按照一定的法律规则和步骤对犯罪分子进行刑事责任裁量的法律实施过程。④ 有学者认为，量刑方法包括量刑程序，甚至要以量刑程序的建立来塑造新的量刑方法，并指出：“量刑方法，是指审判人员依法对犯罪分子裁量决定刑罚的步骤、程序、手段和模式的总和。”⑤ 还有学者认为：“量刑方法，是指根据案件具体情况，基于法定刑经由处断刑达至宣告刑，法院所采取的具体操作模

---

① 参见石经海、骆多：《量刑过程视野下量刑方法分段构建研究》，载《中国刑事法杂志》2015 年第 1 期。

② 参见李洁、于雪婷、徐安怀：《量刑规范化的规范方式选择》，载《当代法学》2011 年第 3 期。

③ 从 2007 年开始，《人民法院量刑指导意见》数易其稿，其指导思想也在不断变化，以致给人们一个错觉——一个制度文本代表一种量刑方法。实际上，文本的背后是广泛的理论研究和实践探索，是一个发现量刑规律的过程，规范化量刑方法的出台只是对规律进行总结的结果。换言之，量刑方法是由量刑规律决定的，而不是由制度本文决定的。

④ 参见皮勇、王刚、刘胜超：《量刑原论》，武汉大学出版社 2014 年版，第 237 页。

⑤ 高格：《定罪与量刑》，中国方正出版社 1999 年版，第 247 页。

式与程序。”①

不可否认，量刑方法与量刑程序之间确实存在非常紧密的联系：相对独立的量刑程序使得量刑情节的调查认定得以展开，为量刑方法的革新提供了制度保障；量刑程序具有公开性和参与性的特征与量刑方法的价值取向不谋而合，完整有效的量刑程序能够帮助法官更好地发现量刑信息、听取量刑意见，从而公正量刑；量刑程序赋予诉讼参与人表达意见的机会，增进了诉讼参与人对量刑结果的理解和信服，降低了上诉率和抗诉率，提高了审判的社会效益。然而，量刑程序与量刑方法毕竟属于性质不同的两个范畴，以前者作为后者的构建基础会存在诸多问题：（1）量刑程序是相对实体规则而言的一系列制度规范，除涉及量刑调查、量刑辩论、被告人最后陈述、量刑评议等内容外，还包括量刑建议、庭前准备、证明责任、证明标准以及裁判说理和量刑释明等相关内容。② 如果说量刑程序是量刑方法的基础的话，那么上述内容都应成为量刑方法不可或缺的一部分，而事实上诸如证明责任之类的内容很难与量刑方法产生直接的联系。换言之，量刑程序的主要功能是对诉讼结构和诉讼职能进行调整和安排，虽然量刑程序会与量刑方法产生交集，但是量刑方法本身妥当与否并不是前者关注的对象。我们可以说完整的量刑程序为量刑方法提供了展示自己的空间，但是不可以说先进的量刑程序将直接带来先进的量刑方法，因此从量刑程序的本质属性出发，量刑程序不宜作为量刑方法的构建基础。（2）量刑程序既有工具价值也有本体意义，而对后者的强调并不能直接产生正确的量刑方法，相反还有可能干扰正确的量刑方法被发现。有学者认为，传统量刑方法中量刑程序的缺失使得控辩双方无法充分参与到量刑活动中来，法官“暗箱”操作的做法极大地贬损了量刑活动的公正性，因此特别强调量刑程序的重要作用。③ 然而，“主体参与”只是为了实现程序对等和程序理性，是为了让量刑信息在控辩的基础上更加全面和清晰，进而方便法官进行裁量，其自身并未深入到量刑方法的内部；同样，“过程公开”虽然可以促进量刑说理机制的形成，但是其自身不会直接导致量刑方法被发现。某些现代量刑方法夸大了程序价值的效果和功用，将客观、透明放到至关重要的位置，进而依赖数学程式来实现这一目

① 张小虎：《刑罚论的比较与建构》，群众出版社 2010 年版，第 374 页。
② 参见陈卫东：《量刑程序改革理论研究》，中国法制出版社 2011 年版，第 360—390 页。
③ 参见皮勇、王刚、刘胜超：《量刑原论》，武汉大学出版社 2014 年版，第 234 页。

标，最终导致量刑方法过于机械和脱离实际。如果不纠正这一现象，那么今后的量刑恐怕会出现每个裁量都有据可循，但裁量的理由仍不充分的现象。因此，量刑程序虽然具有举足轻重的作用，但是将其作为量刑方法的构建基础并不合适。

三、规范化量刑方法应当以量刑过程为构建基础

基础，除指称建筑物的根脚以及与“上层建筑”的意思相对外，最为普遍的语义就是“事物发展的根基或起点”[①]。从上文的分析看，无论是量刑技术、制度文本还是量刑程序，均无法为量刑方法的构建提供可靠的理论根基和现实支撑。笔者认为，量刑方法的构建基础当然要到量刑本体中去寻找，而能够代表量刑本体的唯有量刑过程，也就是说，量刑过程应当成为规范化量刑方法的构建基础。

（一）量刑过程具有相对稳定性

量刑过程，简而言之就是从量刑开始到量刑结束的经过程度。这种经过程度并非量刑活动的纯粹衍生，而是同一定时期的法制思想和司法建设状况密切相关，具有相对的稳定性。例如，在我国自西汉以降的封建刑法中，刑罚的裁量以考察被告人的主观恶性为重点，观察其所谓的“心”“志”是否符合儒家经典的教化，刑罚的高低取决于被告人对封建礼教僭越程度的轻重，量刑过程呈现出明显的主观性和道德性。[②] 此外，庭审程序与量刑程序合二为一，[③] 被告人很少享有现代意义上的诉讼权利。这种“外儒内法、礼法结合”的现象直至清末修律方才结束。又如，西欧中世纪的教会刑法历来强调人们对宗教道德义务的遵守，而非纯粹维持世俗社会的秩序，刑罚是对违反“上帝法律”的罪孽的救赎，其量刑过程也体现出明显的宗教色彩和救赎思想，该特征一直持续到17世纪启蒙运动的到来。[④]

近代刑法对“罪刑法定主义”“罪刑等价主义”以及“刑罚人道化”

---

① 中国社会科学院语言研究所词典编辑室编著：《现代汉语词典》，商务印书馆2005年版，第631页。

② 参见曾宪义主编：《中国法制史》，北京大学出版社2009年版，第114—115页。

③ 虽然在西汉时期审理与判决分别被称为“鞫狱”与“断狱”，但是在通常情况下两者是紧密联系在一起的，因此在西汉时期依然没有独立的量刑程序。

④ 参见［美］伯尔曼：《法律与革命——西方法律传统的形成》，贺卫方等译，中国大百科全书出版社1993年版，第226—227页。

等精神的贯彻，使得该时期的量刑过程体现出对公民基本人权前所未有的尊重，其“自由、平等、博爱”的集体理性极大地改变了刑事司法的具体面貌。例如，1864 年《瑞典刑法》的第三编便对刑事制裁作出了专门的规定，其内容包括罚金、监禁、附条件刑、缓刑、刑罚的确定以及制裁的免除、交付特别照管、还押候审期间的扣除、数罪并罚、变更制裁等，充分贯彻了人人平等、罪刑均衡、权利保障等先进理念；同时期的德国、法国、荷兰的刑事立法与司法也呈现出相同的特征。①

时至今日，整个刑法立法及其适用已经从绝对走向相对、从形式走向实质、从极端走向理性，表现在刑法公正方面并非只强调形式公正，而是强调形式上的一般公正与实质上的个别公正有机统一；罪刑法定并非仅在形式上遵循某个立法规定，而是需要结合刑法总则和分则的所有相关规定乃至刑罚目的、任务、精神、刑事政策等做出实质性的解读。这就意味着，量刑并不是简单地把抽象的法律规范应用于具体个案的自动化过程，而是把抽象的法律规范与具体的案情事实相结合并上升到理性具体（法律真实上的量刑判决）的动态过程。在这个过程中，既需要针对抽象个罪预设的法律规范（量刑基准及其他相关法律规范），以实现量刑的罪刑法定与平等，又需要针对具体个案提取的关于犯罪行为的社会危害性和犯罪分子的人身危险性以及其他方面的法定情节和酌定情节，以实现量刑的罪责刑相适应，还需要运用法官的理性、良知、知识、技术以及形式逻辑（技术）与辩证逻辑（智慧）进行充分论证，最终形成理性的量刑判决。②

由此说明，量刑过程并非空洞的时空推进，而是同刑事司法的理论和建设水平相契合的量刑全貌（本体），并不随人们主观意志的转移而转移。虽然量刑过程在某些情况下会受到一国经济、政治、文化等因素的干扰，但是仍能够在整体上保持相对稳定，否则人们对量刑公正的评价就会丧失参照标准。③ 例如，现代并合主义的刑法观决定了量刑活动紧密围绕着被告人的刑事责任裁量而展开，量刑过程也被大致分为具体法定刑的裁量、处断刑的裁

① 参见何勤华、夏菲：《西方刑法史》，北京大学出版社 2006 年版，第 270—271 页。

② 参见石经海：《刑法现代化下的量刑解构》，载《中国刑事法杂志》2010 年第 3 期。

③ 例如，现在人们对量刑公正提出了是否符合刑事法治精神、是否符合公开透明的法治原则、是否具有科学完整的量刑步骤、是否具有充分合理的量刑说理等评价标准。如果人们对“量刑过程”没有一个抽象、稳定的期许或轮廓，那么这些评价标准是无法诞生的。

量以及宣告刑的裁量等几个阶段,[①] 人们在构建量刑方法时秉承的设计思路、具体步骤以及技术特征等无不受到上述量刑阶段的影响。因此,相对于流变性强的量刑技术而言,量刑过程具有显著的稳定性。这种稳定性赋予量刑方法某种“定力”,进而避免规范化量刑方法因为技术层面的争论而丧失发展的方向。

(二)量刑过程具有相对客观性

量刑过程作为量刑方法构建基础的另一重要根据是量刑过程具有相对客观性。人们曾经认为,量刑的程序就是量刑过程,量刑程序决定量刑的过程,量刑程序的发展变化决定量刑过程的发展变化。[②] 事实上,量刑程序与量刑过程是两个既互相联系又互相区别的概念,将两者简单地等同起来会影响对量刑过程的正确理解。

具体而言,量刑过程是一种经历,具有相对客观性,而这是量刑程序所不具备的。首先,“过程”意味着一种时空上的“流变”,本身并不带有主观评价色彩。[③] 同理,量刑过程作为量刑活动在时空上的“流变”,其价值判断也应当是客观中立的,我们不能因为不同时期量刑过程的不同面貌而否定量刑过程的客观本质;相反,正因为量刑过程具有客观性和包容性,才使得其能够随着人类社会文明程度的发展而发展,随着刑事司法理念的进步而进步,不断吸收包容新的司法制度和程序规范,否则古今中外的量刑实践都将在新旧制度的碰撞下而变得举步维艰。其次,量刑程序实属程序法的范畴,蕴含大量的规则范式以及权利义务关系,常常会因为立法者注意力、学识见解的不同或者现实需求的不同而呈现出各种形态,属于典型的主观设计。总之,量刑过程与量刑程序并非同等概念,两者的最大区别在于量刑过程是一种经历,而量刑程序是一种设计;量刑过程可以被看作是有待加工的“客观存在”,而量刑程序则是包括各种原则、规范、技术的制度升华。

因此,以量刑过程作为规范化量刑方法的构建基础,可以赋予规范化量刑方法更加中立、客观的司法地位,即卸下程序本位主义施加给量刑方法本身多余的价值负担,使得“公开”“透明”等要素重新回到其原本的位置,

---

① 参见石经海、骆多:《量刑过程视角下量刑方法分段构建研究》,载《中国刑事法杂志》2015年第1期。

② 参见黎其武:《量刑公正论》,法律出版社2011年版,第24页。

③ 参见李世雁:《论过程哲学》,载《清华大学学报(哲学社会科学版)》2004年第2期。

进而避免其对规范化量刑方法的发现和运用产生不利的影响。换句话说，以量刑过程作为规范化量刑方法的构建基础，可以促使人们认识到量刑程序的效用边界，将注意力重新集中到量刑经验的总结、量刑标准的建立等实体意涵上来，防止量刑方法概念的泛化，[①] 从而有利于量刑规范化改革的进一步深化。

（三）量刑过程有利于量刑说理的展开

在量刑规范化改革过程中人们逐渐达成一个共识，那就是必须加强量刑的说理。[②] 正如有的学者所言，传统量刑方法遭受诘难的关键“不在于判决结论存在的差异，而是这些结论的证立过程和理由均不明确。因为只要量刑过程、步骤是清晰和相同的，法官所附具体理由能够让人们看到所适用的规则具有一致性，解释规则具有连贯性，价值选择具有同一性，罪刑均衡在相对意义上得以体现，量刑的差异就能够被解读为个案事实所致，结论就具有正当性”[③]。但是，从目前各地的实际情况看，量刑说理远未达到其应有的广度和深度，判决书格式呆板、所用语句笼统含混的特点并未发生根本性的改变。

笔者认为，造成这一现象的原因除司法资源紧张等客观因素外，量刑说理缺乏施展功能的空间和对象也是主要因素。事实上，量刑说理的本质是法律论证，[④] 而法律论证既要在规范要件与事实要件之间建立起牢固的涵摄关系，又要为法律决策的做出进行合乎逻辑的说明，其中就包括庭审法官与诉

① 在以量刑程序为量刑方法构建基础的情况下，所有推动量刑进展的程序性动作都可以被理解为广义上的量刑方法，因为它们在实现量刑公正（包括程序公正）目标的过程中也发挥着重要的作用。如此一来，量刑方法的概念就会被泛化，政治学、心理学、社会学的相关内容都有可能被纳入量刑方法的理解中，进而形成一种“方法论”。但是，这种现象并不利于量刑经验的总结以及量刑标准的确立，从长远看会影响量刑规范化改革的可持续发展，因而需要予以纠正。

② 例如，2012 年最高人民法院《关于适用〈中华人民共和国刑事诉讼法〉的解释》第 246 条便将裁判说理作为刑事诉讼程序不可或缺的一环；而最高人民法院刑事审判第三庭编著的《实务手册》更是对裁判文书的制作内容和标准提出了明确的要求，其中包括对控辩双方的量刑依据和理由是否采纳的说明以及人民法院量刑理由和依据的说明等。

③ 王利荣：《量刑说理机制》，中国人民公安大学出版社 2012 年版，第 4 页。

④ 受理论背景多元化的影响，法律论证的确切含义在德、日等国尚不确定，而按照美国学者诺依曼的理解一般可以分为三大类：逻辑证明的理论、理性言说的理论和类观点——修辞学的构想。近年来，我国学者在讨论法律论证的概念时普遍认为，法律论证是指通过提出一定的根据和理由来证明某种立法意见、法律表述、法律陈述、法律学说和法律决定的正确性与正当性。参见葛洪义：《试论法律论证的概念、意义与方法》，载《浙江社会科学》2004 年第 2 期。

讼参与人之间的各种意见交流、争点讨论以及理由阐释。换言之，法律论证的开展需要一定的空间。然而，我国司法实践能够提供给量刑说理的空间极为有限，几乎局限于裁判文书这一种途径，并且裁判文书的作出往往意味着诉讼活动的终结，其裁判理由单向、被动、格式化的叙述方式也难以获得当事人的认可。

可喜的是，量刑过程能为量刑说理提供必要的论证空间。一般而言，量刑说理主要围绕量刑情节的运用展开，而量刑情节的运用需要完整科学的量刑过程。以立功情节为例，法官首先需要明确有关立功的法律规范，然后通过比较、归纳以及演绎的方式对具体案件中的相关情节进行认定，在认定的基础上结合案件事实综合作出决定，其中涉及对罪行轻重、伦理道德、社会舆论、刑事政策等诸多因素的考量。因此，立功情节的认定需要一个充分完整的量刑过程以及必要的程序性保障。过去某些量刑方法的提出者虽然也很重视量刑情节的运用，但是其没有意识到这种运用应当建立在量刑说理的基础上，因而其在设计量刑方法时并未给予量刑说理以必要的空间，那些表格化或刻度化处理量刑情节的方式最终也陷入了机械主义的泥潭。

除此之外，量刑过程还为量刑说理的展开提供了明确的对象。在过去的理论研究中，量刑说理的对象其实并不明晰。以决策分析法为例，采用该种方法的学者主张用决策科学的基本原理来处理量刑中的各种问题，但是对哪些量刑决策应当成为量刑说理的对象、说理应当按照什么样的顺序进行都未作明确的说明，这就难免导致法律论证混乱、杂糅和无规律性。[①] 量刑过程却很好地解决了这一问题。

一般而言，量刑说理中需要论证的对象分为 3 类，即量刑实体规范的论证、量刑程序规范的论证以及具体量刑结果的论证。这 3 类论证在量刑活动中交叉出现，需要通过量刑过程来明晰自己的位置，以便在论证时不被混淆甚至遗漏。例如，量刑过程将量刑活动分为具体法定刑的裁量、处断刑的裁量、宣告刑的裁量，这实际上是进一步明晰了所需论证的量刑实体规范：在具体法定刑的裁量过程中，法官主要围绕刑法分则中相关罪刑规范的适用与否进行论证，包括在特殊情况下对罪刑规范中相关概念的理解、对选择的具体法定刑幅度的说明以及近似罪刑规范之间的比较，等等；在处断刑的裁量过程中，法官主要围绕减轻处罚情节的相关内容进行论证，包括在被告人是

① 参见高格：《定罪与量刑》（上册），中国方正出版社 2001 年版，第 254 页。

连续犯的情况下甄别其是否属于“犯罪时未满18周岁的未成年人”、在被告人自然流产的情况下结合羁押期限甄别其是否属于“审判的时候怀孕的妇女”、在被告人年满75周岁的情况下甄别其犯罪行为是否属于“以特别残忍的手段致人死亡”等；在宣告刑的裁判过程中，法官要针对从轻、从重的量刑情节适用做出论证，重点说明是否适用以及适用的程度。以上事例表明，量刑过程的介入可以让量刑说理中的论证更加分门别类、更加细致规范，不至于出现混乱或者疏漏，对于量刑结论的客观公正也大有助益。

至此可以看出，量刑过程在实现量刑说理方面具有制度文本不可比拟的优势，这就自然而然地摆脱了迷信规则主义的桎梏，重新回到“情—理—法”三位一体的正确轨道上。更为重要的是，量刑说理受到重视的背后是审判智慧和量刑经验的广泛运用，使得法官能够在复杂的案件事实面前充分发挥主观能动性和行使自由裁量权去处理案件，并且在处理大量案件的过程中进一步总结经验、完善量刑方法，如此一来，人们也就不必再担心因为过分依赖制度文本所导致的“本末倒置”问题，量刑规范化改革一直遭遇的“僵化”困境也就迎刃而解。

（四）量刑过程有利于量刑目标的整合

目标是人们进行实践活动所希望达致的效果和境界，也是决定人们采取何种具体步骤、策略或手段的根本力量。只有“目标”可求，才有继续商讨“方法”的可能。因此，谨慎对待、选择目标，是实践活动取得成功的关键。量刑活动作为人类实践活动的一种，当然也具有某种目标，但是自从量刑规范化改革开始以来，人们对于量刑目标的认识并不一致，有的强调“公开透明”，①也有的强调“客观精准”，②还有的强调“程序参与”，③更多的人则强调“指引自由裁量权的正确行使”。④上述现象的出现给量刑规范化的改革带来了不小的困扰。

---

① 参见赵廷光：《实现量刑公正性和透明性的基本理论与方法》，载《中国刑事法杂志》2004年第4期。

② 参见郑昌济：《量刑数量化的可能性与必要性》，载苏惠渔、史建三、张国全主编：《量刑方法研究专论》，复旦大学出版社1991年版，第20—26页。

③ 参见马秀娟：《量刑程序研究》，法律出版社2012年版，第36—41页。

④ 参见刘远、汤建国主编：《量刑规范化理论探要》，中国人民公安大学出版社2010年版，第4页。

事实上，量刑活动的最终目标只有一个，那就是量刑结果的公正。换言之，刑事责任的裁量结果需要同犯罪行为的社会危害性以及犯罪分子的人身危险性相匹配，并且这种匹配能够被社会公众所接受和认可。此目标既指引着量刑改革的发展方向，也是检验量刑理论或量刑方法是否科学合理的唯一标准。当然，我们也不能借此就武断地认定诸如“量刑均衡”“公开透明”“客观精准”等目标无价值。众所周知，任何一个根本性目标的达成，都要经历一个渐次推进的过程，是在诸多阶段性目标依次达成的基础上形成的最终结果。量刑实践同样要遵循这一基本规律，其公正结果的得出必然需要实体规范和程序规范的双重支撑，也需要重视量刑的整个过程。因为任何一个步骤的疏忽或者缺失，都有可能影响到裁量结果的正确性。从另一个角度看，公平正义的现实意义在于被认可、被接受或者被说服，在于相关利益人主观上的感受。[①] 如果量刑过程不具有公开性、透明性和一定的客观性，那么量刑公正的说服力就会大打折扣。这说明在量刑过程中还存在其他目标，它们同量刑公正一起构成量刑活动的目标体系。

须注意的是，虽然理论层面的目标体系是主次分明、结构合理的，但是在量刑实践层面却不见得如此。一方面，我国的量刑改革起步不久，人们对于量刑规律的掌握还处在摸索过程中，很多量刑理论还不甚成熟，难以为量刑实践活动提供绝对有效的指导；另一方面，“估堆”量刑方法在司法实践中盛行已久，留下的积弊甚多，无论是量刑实体还是量刑程序方面都亟须改革，很多工作必须齐头并进地进行，因此分散了人们的注意力，妨碍人们对量刑目标的主次之分、层次之别的认识。然而，量刑实践活动又必须实现这些目标，并且建立起完整的目标体系，否则量刑实践活动必将陷入混乱。量刑过程恰恰提供了整合这些目标的有效途径。

从程序方面讲，量刑过程可以分为很多阶段，每个阶段可以侧重实现某个或某几个量刑目标，从而形成层次递进、主次分明的量刑目标体系。例如，在庭前准备阶段，法官可以对控辩双方提供的量刑事实、量刑证据、量刑建议进行考查，还可以召开庭前会议整理与量刑有关的争论点和证据，此时“程序独立”的目标便能率先实现，让当事人在量刑伊始便感受到程序正义；又如，在法庭调查阶段和法庭辩论阶段，法官可以中立地主持对量刑

---

① 参见［爱尔兰］约翰·莫里斯·凯利：《西方法律思想简史》，王笑红译，法律出版社2010年版，第310—311页。

事实及相关证据展开举证和质证，在这一过程中，“公开”“参与”和“透明”等一系列目标追求都能够得到很好的实现，而不必依靠量刑情节的量化和量刑规则的严格执行，从而避免机械地量刑；再如，在量刑释明阶段，[①] 法官对于量刑理由的说明具有程序上的保障和制度上的安排，法律规定、刑事政策、刑罚目的、认罪悔罪情况、赔偿情况以及被害人的态度等都能够在这一阶段的量刑过程中得到充分的说明，“量刑监督”的各种要求也能够得到满足。因此，量刑过程为各种量刑目标的实现提供了充分的说理空间，也形成了层次递进、各有侧重的局面，为量刑目标体系的形成奠定了基础。

从实体方面讲，量刑过程又是一脉相承的整体，各种量刑目标均被量刑公正这一根本目标所指引、约束和修正。以强奸罪的量刑为例，在量刑时应当随时以量刑公正为圭臬，以使所判刑罚符合被告人的刑事责任、契合双重预防的刑罚目的，因此在量刑的某些阶段，对部分量刑目标需要进行适当的调控，以免干扰根本目标的实现。例如，在具体法定刑的裁量阶段，法官需要根据案件的基本事实选择正确的具体法定刑，即“以暴力、胁迫或者其他手段强奸妇女”或“奸淫不满14周岁的幼女”的，处“3年以上10年以下有期徒刑”；“强奸妇女、奸淫幼女情节恶劣，强奸妇女、奸淫幼女多人，在公共场所当众强奸妇女，2人以上轮奸，致使被害人重伤、死亡或者造成其他严重后果”的，处“10年以上有期徒刑、无期徒刑或死刑”，从而为最终裁定的刑罚与被告人的刑事责任相适应打下牢固的基础。此时，在量刑活动中正确反映犯罪行为的社会危害性便成为核心目标，对于“公开透明”和“诉讼参与”等目标则不宜做过多的考虑。因为基本犯罪事实已经过定罪程序查明，此时法官只需要运用演绎推理的思维，将抽象的法律规定结合案件事实进而转变为具体的法律后果即可，而“公开透明”和“诉讼参与”等目标的实现与否对本阶段量刑活动的公正性并无实质性的影响；[②] 相反，过多的媒体关注以及舆论介入会影响法官作出正确的判断，干扰具体法定刑的确立，严重时还会形成案外因素主导量刑的局面，从而不利于量刑公正目

---

① 正如上文所述，量刑理由的释明在本质上是对量刑理由的法律论证，它实际上存在于量刑的各个阶段，只不过根据目前量刑的实际情况，其仍然集中于裁判文书的说理之中，在制度安排上处于量刑程序的末尾。

② 实际上，根据2012年修正的《刑事诉讼法》第183条的规定，强奸案件因涉及个人隐私，一般不予公开审理，但是应当公开判决。

标的实现。

四、以量刑过程为基础分段构建量刑方法的内容和意义

（一）分段构建量刑方法的主要内容

以量刑过程为基础构建量刑方法，意味着规范化量刑方法的完善应当围绕量刑过程来进行。从上文的分析可以看出，量刑过程大致可以分为具体法定刑的裁量、处断刑的裁量以及宣告刑的裁量等几个阶段。一般而言，量刑过程的每一个阶段因量刑任务不同而呈现出不同的特点。例如，在具体法定刑的裁量阶段，量刑的主要特点是将抽象的法律规范与案件事实相衔接，根据基本构成事实（加重或减轻）确定具体的法定刑种类和幅度；而在宣告刑的裁量阶段，则是结合案件内外事实综合考虑量刑情节的适用。[①] 因此，规范化的量刑方法应当根据量刑阶段的不同特点做不同的处理，即应分段构建量刑方法。

分段构建量刑方法，是指根据量刑过程的逐渐推进而给予方法论上的区别对待。例如，在具体法定刑的裁量阶段，规范化量刑方法的构建重点在演绎推理的运用上，其中不乏“量刑反制定罪”的逻辑反思和实践探讨，如何在规范文意的辩证解释中避免随意突破刑法教义学的应有束缚，[②] 则是该阶段量刑方法构建的重点；又如，在宣告刑的裁量阶段，量刑的主要任务是量刑情节的认定，量刑方法的构建重点不再是演绎推理，而是辩证逻辑和量刑经验的准确运用，其中包括法律论证的运用方法、[③] 量刑参考信息的搜集方法以及裁判文书的修辞方法等。

需要指出的是，量刑方法的“分段”并不会对量刑理论或刑事司法实践造成颠覆性的破坏。从理论发展的层面看，“量刑方法围绕量刑过程而展开，并呈现出一种层次递进的形态”已经被越来越多的人所接受，以往围绕基准点或基准刑的确定方法而展开的各种激烈争论，恰恰说明人们在内心深处已经将量刑活动看作是从量刑起点到宣告刑的裁量过程，因此根据量刑

---

① 参见石经海：《量刑个别化的基本原理》，法律出版社2010年版，第312—313页。

② 参见劳东燕：《刑事政策与刑法解释中的价值判断——兼论刑法解释论中的“以刑制罪”现象》，载《政法论坛》2012年第4期。

③ 该方法具体包括法律论证“正确性”的标准、达致“正确”的方式以及所需遵循的论证规则等。参见焦宝乾：《法律论证的几个基本理论问题》，载《比较法研究》2005年第6期。

过程分段构建量刑方法并未超出人们的理解范围。从司法实践的层面看，当前的量刑规范化改革实际上已经将量刑过程划分为量刑起点、基准刑与宣告刑 3 个阶段，量刑活动的新常态已经形成，分段构建量刑方法实际上可以被看作在此基础上的修正与细化，并不会对量刑规范化的现有体系造成冲击或者破坏。[①]

（二）分段构建量刑方法的重要意义

分段构建量刑方法的实质是对不同量刑阶段量刑规律及量刑方法的深度挖掘，这种构建方式有利于突破思维惯性，解决量刑方法长期存在的“瓶颈”问题。具体而言，分段构建量刑方法的重要意义主要体现在以下几个方面：

1. 分段构建量刑方法可以做到兼容并蓄、博采众长

上文提到，量刑方法中存在很多量刑技术，这些量刑技术为量刑方法带来了标准、便捷和效率。然而，任何一种技术都存在局限性，以单一技术手段为支撑的量刑方法通常很难应对复杂多变的现实情况，只有技术复合型的量刑方法才能够扬长避短，尽可能保持其在司法实践中的灵活性与主动性。分段构建量刑方法可以很好地实现上述目标，因为此时的量刑方法是根据量刑过程的不同阶段而分别构建的，相对于原来整体性的构建模式具有更大的独立性和灵活性，不必为了遵循某种量刑理论而放弃其他量刑技术或量刑手段。例如，在量刑起点的裁量阶段，可以辅以现代化的量刑辅助系统，[②] 以

---

① 由此可知，量刑方法的“分段”有别于过去提出的量刑方法的“分类”。笔者认为，在我国综合定义刑事责任以及情节规范竞合的情况下，根据刑种或刑度对量刑方法进行分类并不科学。有关量刑方法分类的观点，参见唐亚南：《量刑方法类型化研究》，载《人民司法》2015 年第 1 期。

② 该系统又称量刑资讯系统，是指通过计算机信息技术建立起类似案件量刑情况的数据库，届时由法官提取相关信息以供相关案件的主审法官在量刑时作参考的数据系统。此类系统已被澳大利亚、德国、日本等国以及我国台湾地区广泛运用。

计算机信息技术保障量刑的基本均衡;① 在宣告刑的裁量阶段，可以引入决策分析技术，以帮助法官全面正确地适用量刑情节。

2. 分段构建量刑方法可以实现简繁适当、取舍有度

量刑方法兼顾科学性和操作性是司法实践对其提出的基本要求，但是该要求往往很难满足。因为量刑理论与量刑技术的简繁之间并无必然的联系，笼统适用量刑技术会存在牺牲量刑方法科学性的风险。分段构建量刑方法不必通盘考虑量刑技术的“标准一致”，而是根据量刑阶段的任务和特点进行有针对性的设计，这与工作在司法实践第一线的法官追求量刑方法实用性的思维也相吻合。例如，具体法定刑裁量阶段的量刑方法就不必过多考虑法律论证方面的技术问题，只需要保证刑罚裁量不超出相似案件的平均水平即可。

3. 分段构建量刑方法可以做到责任优先、兼顾效率

刑事责任是整个刑法学范畴体系的基石，所有刑事立法和司法活动都是围绕刑事责任展开的。② 然而，曾经出现的某些量刑方法却违背了“量刑是刑事责任之裁量”的基本原理，仅仅将量刑看作是“刑罚之量化”，因而最终走向失败。分段构建量刑方法以量刑过程为基础，这种内在关系决定了此时的量刑方法可以为刑事责任的裁量提供充分的司法条件，并且明确犯罪行为的社会危害性和犯罪分子的人身危险性进入刑法评价的时机，进而实现刑事责任裁量的优先和有序。此外，分段构建量刑方法与量刑规范化并无冲突，每一阶段的量刑方法依然可以被总结、提炼和规范，量刑规范化所带来的效率优势在分段构建量刑方法时依然可以发挥。

五、结语

现行的规范化量刑方法自诞生以来便饱受争论，一方面是最高人民法院

---

① 量刑辅助系统的基础是对既有案例的实证分析和总结，但是传统的实证分析方法会面临样本不精准（既判案例并非裸露的量刑起点或量刑基准，而是经过量刑情节调节、刑事政策调整、伦理道德评价以及相关利益平衡后的结果，是法官主观思维的产物）以及分析过程不客观（人们基于现实案例探寻量刑基准等时，实际上存在一个将各种量刑情节重新剥离出量刑结果的还原过程，这同样是一个主观能动的思维过程）等多种不利因素的影响。因此，笔者认为量刑参考信息的实证分析应当以众数理论为基础，其意义在于可以在观测样本中取频次最多的数值，避免极端数据对测评结果的影响，所得之结果可以最大限度地反映被检测事物的普遍情况。因此，在量刑参考信息的实证研究中引入众数理论，既可以直观分析案例样本、避免人们主观思维的干扰，又可以较为准确地反映某一时期人们对罪刑关系的理解和接纳程度。

② 参见张文等:《刑事责任要义》，北京大学出版社 1997 年版，第 1 页。

在提高审判效率、降低诉讼纠纷的期待中持续推进，另一方面是法学理论界和资深法官的怀疑和排斥。[①] 出现这一现象的原因，主要在于人们对量刑方法的构建基础缺乏系统深入研究。将量刑过程作为规范化量刑方法的构建基础或许仍是一个值得探讨的问题，但是它打破了人们对于量刑技术以及制度文本的过度迷信，提醒我们在构建量刑方法时不能忽视对事实情况的细致观察以及对先进理论研究成果的运用。这也许是我国在进行量刑规范化改革时需要特别注意的地方。

① 参见石经海、严海杰：《中国量刑规范化十年检讨与展望》，载《法律科学》2015年第4期。

单位主体制裁体系的碎片化缺陷及其修复*

李　洁**

单位作为一个拟人化的独立个体，在当下市场经济活动和社会活动中发挥的作用日益显著，对其行为的管理的科学性也就愈加凸显，其中对其制裁的一面就需要慎重。尤其在党和国家积极鼓励"大众创业，万众创新"的时代背景下，活跃在市场经济领域的单位不仅会越来越多，而且其作用也会越来越明显，其行为也无时无刻不处在不同法律部门的调整之下。当下，中国特色的社会主义法律体系已经形成，各部门法亦日臻完善，形成了各自的理念、逻辑和规范，同时我国传统的诸法合体的格局被扭转，公法私法分立被推向极致。然而，在各部门法的建构过程中，由于缺少必要的沟通，导致有关单位法律责任的规定尤其是对单位具有惩罚性的法律责任被分割化规定，形成了单位制裁碎片化的局面，由此也导致司法实践中对单位责任的评价出现了交叉和重叠问题。单位制裁的碎片化，不仅在形式上无法彰显法秩序的统一性和有机性，而且在实质上也影响单位合法权益的保护和司法权威的维护。因此，在单位制裁体系于规范层面已经初步建立的基础上，有必要进一步思考各规范文本之间和规范体系内部的科学性，并为碎片化的修复寻

---

* 本文原载于《西南政法大学学报》2017 年第 2 期，被人大复印资料《刑事法学》2017 年第 9 期转载，并获第三届中华法学硕博英才奖三等奖（中国政法大学和法制日报社共同主办）。

** 西南政法大学法学院讲师。

找可取之道。

一、单位制裁的基本意蕴

（一）何为制裁

“单位制裁”由单位和制裁构成，而制裁是其核心。现实当中，我们也不乏听到“制裁”，制裁的意义也较为宽泛，如“受到法律的制裁”“民事制裁”“行政制裁”“刑事制裁”等。《现代汉语词典》将“制裁”解释为“用强力管束并惩处，使不得胡作非为”。英语通常为“sanction”，有三个层面的意思：其一为法律之外的制裁，通常表现为国家、组织间采取政治、经济等方面的打压；其二为法律之内的制裁，通常表现为一国内对违法犯罪者实施的惩罚；其三则指具有威慑效力的惩罚性后果。[①] 从域内外关于制裁的语意剖析可以看出，制裁不仅包含了过程中的管束、控制，也包含了结果上的不利益、惩罚；不仅包含法律规范内的管控，也包含法律规范外的管控。

从法律规范的视角考察制裁，学界出现了不同的观点。例如，有学者认为，法律制裁泛指特定国家机关对违法者实行某种惩罚措施，包括刑事制裁、行政制裁、民事制裁和违宪制裁。[②] 也有学者认为，法律制裁是国家授权机关对违反法律义务的行为人依其所应承担的法律责任实施惩罚的强制性措施。[③] 亦有学者区分补偿与惩罚，认为两者在实现载体、目的效果、成立基础和道德评价因素等方面显著不同，惩罚具有人身性、报应—预防性、主观恶性、道义性。[④] 还有学者未采用制裁，而采用法律责任与法律责任的实现方式来界分，认为法律责任与法律责任的实现方式存在本质上的差别。[⑤] 不管采用哪种表述，法律制裁的核心内核包含了对其对象的惩罚性的法律责任是较为一致的。这种法律制裁的内核明显具有以下三个特点：第一，强制性而非协商性，即这种后果的启动、适用、执行都是法律强制规定的，非参

---

① 参见邓子滨：《法律制裁的历史回归》，载《法学研究》2005年第6期。

② 参见沈宗灵：《论法律责任与法律制裁》，载《北京大学学报》1994年第1期。

③ 参见邓建：《论法律责任》，载《广西大学学报（哲学社会科学版）》1998年第5期。

④ 参见孙笑侠：《公私法责任分析——论功利性补偿与道义性惩罚》，载《法学研究》1994年第6期。

⑤ 参见张旭：《民事责任、行政责任和刑事责任——三者关系的梳理与探究》，载《吉林大学社会科学学报》2012年第2期。

与主体可自由协商；第二，惩罚性而非恢复性，即这种后果不仅是一种“任何人不能从其违法犯罪中获利”和“任何人遭受违法犯罪的损失都应得到补偿”的体现，更是一种对违法犯罪人合法权益的限制、剥夺的谴责性评价；第三，实体性而非程序性，即这种后果并非过程性、程序性的保障，而是一种结果性、实体性的评价。

本文所探讨的“单位制裁”，正是在客观存在的普遍的同时被法律纳入调整范畴的制裁现象，是对单位主体而为的一种“法律制裁”。众所周知，法律与法律的后果有如硬币的两面，相伴相生，没有法律后果的法律不能称之为法律，顶多只能算作是一种宣示。而法律的后果一般指法律对具有法律意义的行为赋予的某种结果，其大致可以分为肯定性法律后果和否定性法律后果。前者意味着这种行为合法、有效并加以保护甚至奖励；相反，后者则是法律上对其不承认、加以撤销乃至要进行惩罚。对于肯定性法律后果，并不在本文的讨论范围，本文所要讨论的是针对单位而为的、隶属于否定性法律后果的“制裁”，这种单位制裁同时具有强制性、惩罚性、实体性。

正确认识“单位制裁”，应该准确区分法律制裁和法律责任的关系。从概念上看，法律责任通常是指因违反了法定义务或契约义务，或不当行使法律权利、权力所产生的，由行为人承担的不利后果，这种不利后果根据否定性的不同和承担方式的不同，可以分为补偿性方式和制裁性方式。因此，从概念所揭示的法律责任的内涵可以看出，法律责任的内涵是大于法律制裁的，法律制裁可以说是只包括制裁性的法律责任，而不包括补偿性的法律责任。这也更揭示出单位制裁的惩罚性。

（二）缘何单位制裁

“单位制裁”的另一关键词是单位，而单位并非自始即是制裁的对象，而是有一定的演变过程。单位制裁现象的出现是伴随着单位在经济、社会事务中主体性地位的确立而产生的必然结果，其作为行为发动者、利益的承担者必然导致其作为后果承担者。随着人类社会治理的发展，产生了各种各样的管理组织；随着资本经济的发展，产生了各种各样的法人实体，以这些管理组织、法人实体为代表，构成了单位与自然人共存的社会。虽说这些单位是人类为了更好地管理或创造财富等利己目的而创设的，但随着社会制度的构建，这些单位也逐渐取得了各个领域的主体地位，不管是采用拟制性的理念还是实体性的理念为指导。由此也引发了单位对人类及社会的深远影响：正如国家在保护公民的同时也有发展成为“利维坦”的风险，这些单位在有利于人类及社会的同时，也存在给人类及社会秩序带来风险甚至危害的可能。

相较于自然人的行为，因其“为单位利益”而具有的肆意性、因其主体合法而具有的隐蔽性、因其实施的组织性或整体性而具有的严重破坏性，[①] 而具有更甚于自然人的社会危害性。[②] 因此，单位在民事法、行政法乃至刑事法领域中被确立了主体地位，这一方面将有利于维护单位合法行为，保护或鼓励其有利于人类及社会发展的行为；另一方面也能就其违法乃至犯罪的行为进行规制，对其在法律上不承认、加以撤销乃至进行惩罚，以保护人类及社会的利益，确保单位实现其建立初衷。在这样的语境下，在法律制裁的体系内，在重视“单位”主体的利弊影响下，单位成了制裁的对象，也就出现了“单位制裁”的现象。“单位制裁”现象的出现意味着单位在民商法领域、行政法及刑事法领域开始承担惩罚性的法律责任，而不仅仅是补偿性的。

二、我国单位制裁部门化的流变

（一）民商法领域的单位制裁

回溯我国法律化的轨迹可以发现，近代以前的封建经济时代，对包括法人在内的单位的认知都还未形成，因此也就谈不上规制乃至制裁。直到近现代开始，随着资本主义经济的萌芽、域外经济组织的涌入，近现代法人制度作为“舶来品”被被动引入，这在《大清民律草案》和后续的《民国民律草案》所确立的“法人”制度中都有所体现。历经后来“六法全书”的适用与废除以及新中国成立后法治的波折进程，单位才正式成为我国民事法律关系领域的重要主体。根据《民法通则》（2009）的规定，中华人民共和国民法调整平等主体的公民之间、法人之间、公民和法人之间的财产关系和人身关系。因此，作为享有民事权利、承担民事义务的法人也就成为民事权利、民事义务和民事责任的承担主体。同时结合其第134条规定，以法人为代表的单位承担民事责任的方式主要有：停止侵害、排除妨碍、消除危险、返还财产、恢复原状、修理、重作、更换、赔偿损失、支付违约金、消除影

① 参见林荫茂：《单位犯罪理念与实践的冲突》，载《政治与法律》2006年第2期。

② 参见王强：《单位犯罪与定量因素》，载《刑法论丛》2011年第2期。

响、恢复名誉、赔礼道歉。以上承担民事责任方式，可以单独适用，也可以合并适用。

除此之外，人民法院审理民事案件，除适用上述规定外，还可予以训诫、责令具结悔过、收缴进行非法活动的财物和非法所得，并可以依照法律规定予以罚款、拘留。《民法总则》（2017）第179条作出修正，单位承担民事责任的方式主要有：停止侵害、排除妨碍、消除危险、返还财产、恢复原状、修理、重作、更换、继续履行、赔偿损失、支付违约金、消除影响、恢复名誉、赔礼道歉；法律规定惩罚性赔偿的，依照其规定；该条规定的承担民事责任的方式，可以单独适用，也可以合并适用。从上述规定可以看出，除了民法通常意义上的“填平”、补偿性责任，民事法律已经开始出现具有侵权惩罚性的规定，而这种具有制裁性质的责任还在不断扩张，部分规定如下表所示。

法律、法规、司法解释	条文
《旅游法》（2016）	第70条重申2013年立法时的意旨：“旅行社具备履行条件，经旅游者要求仍拒绝履行合同，造成旅游者人身损害、滞留等严重后果的，旅游者还可以要求旅行社支付旅游费用一倍以上三倍以下的赔偿金。”
《食品安全法》（2015）	第九章“法律责任”不仅全面规定了相关主体的民事赔偿的连带责任和行政责任，① 第148条第2款中再次重申：“生产不符合食品安全标准的食品或者经营明知是不符合食品安全标准的食品，消费者除要求赔偿损失外，还可以向生产者或者经营者要求支付价款十倍或者损失三倍的赔偿金；增加赔偿的金额不足一千元的，为一千元。但是，食品的标签、说明书存在不影响食品安全且不会对消费者造成误导的瑕疵的除外。”

① 如第122、123、130、131、136、139、140条等均有“使消费者的合法权益受到损害的，应当与……承担连带责任”的规定。

续表

法律、法规、司法解释	条文
《消费者权益保护法》(2014)	第55条："经营者提供商品或者服务有欺诈行为的，应当按照消费者的要求增加赔偿其受到的损失，增加赔偿的金额为消费者购买商品的价款或者接受服务的费用的三倍；增加赔偿的金额不足五百元的，为五百元。法律另有规定的，依照其规定。经营者明知商品或者服务存在缺陷，仍然向消费者提供，造成消费者或者其他受害人死亡或者健康严重损害的，受害人有权要求经营者依照本法第四十九条、第五十一条等法律规定赔偿损失，并有权要求所受损失二倍以下的惩罚性赔偿。"
《侵权责任法》(2010)	第47条："明知产品存在缺陷仍然生产、销售，造成他人死亡或者健康严重损害的，被侵权人有权请求相应的惩罚性赔偿。"
《食品安全法》(2009)	第96条规定："违反本法规定，造成人身、财产或者其他损害的，依法承担赔偿责任。生产不符合食品安全标准的食品或者销售明知是不符合食品安全标准的食品，消费者除要求赔偿损失外，还可以向生产者或者销售者要求支付价款十倍的赔偿金。"
最高人民法院《关于审理商品房买卖合同纠纷案件适用法律若干问题的解释》	第8条规定："可以请求解除合同、返还已付购房款及利息、赔偿损失，并可以请求出卖人承担不超过已付购房款一倍的赔偿责任……"第14条规定："买受人同意继续履行合同，房屋实际面积大于合同约定面积的，面积误差比在3%以内（含3%）部分的房价款由买受人按照约定的价格补足，面积误差比超出3%部分的房价款由出卖人承担，所有权归买受人；房屋实际面积小于合同约定面积的，面积误差比在3%以内（含3%）部分的房价款及利息由出卖人返还买受人，面积误差比超过3%部分的房价款由出卖人双倍返还买受人。"

上述民事法领域中突破“填平”、补偿性原则出现的惩罚性赔偿，体现

出了民事法领域中打破了平等主体间的人身、财产平等法律关系的“破坏—修复”的逻辑，而构建起例外的“破坏—修复—惩罚”的路径。这种责任无疑是具有制裁意味的，单纯依靠平等主体的权利义务的结构是难以解释的，更有可能的一种解释是有权主体介入对某些民事关系，不仅作出了否定性的评价，甚至作出了谴责性的评价，即制裁。这种制裁条文的适用领域更多的在单位活动的领域，对象也更多的是对单位。因此，在民事领域中，随着《民法总则》的通过，单位制裁的范围、方式和程度正在不断扩展。

（二）行政法领域的单位制裁

从行政法的角度看，在该领域的单位制裁被广泛、碎片化地规定在了相关法律、法规中。相关数据显示，截至2015年12月，我国共有行政法领域的法律法规23项843部，经济法领域法律法规17项901部。[①] 要进行全部梳理无疑是一项浩瀚的工程，因此，笔者拟从一般性、代表性的治安管理处罚和行政处罚方面来进行考察。[②]

从《治安管理处罚条例》（1957）开始，即确立了对单位违反治安管理的行政处罚，只不过采用了转嫁的处罚原则，只对自然人进行警告、罚款或拘留，其第24条规定：“机关、团体、学校、企业、合作社的违反治安管理行为确系出于本单位行政管理负责人的命令的，处罚行政管理负责人。”《治安管理处罚条例》（1986）第15条进一步扩大了单位行政处罚的处罚对象，将直接实施行为的“手”与行为引发者的“脑”一并纳入，即“机关、团体、企业、事业单位违反治安管理的，处罚直接责任人员；单位主管人员指使的，同时处罚该管理人员”。《治安管理处罚条例》（1994）对此种制裁方式一以贯之。而在后续的治安管理处罚条例修改审议期间，就单位实施违反治安管理行为是否应该进行双罚制的问题进行过讨论。有观点就认为，对容留卖淫、赌博、吸毒的娱乐场所，仅处罚责任人而不对娱乐场所进行经济处罚，处罚的严厉性明显不足。但最终审议认为，违反治安管理行为毕竟不构成犯罪，治安管理处罚的目的在于教育违反治安管理行为人，而不是依赖

① 参见法律出版社法规中心：《中华人民共和国法律法规全编》，法律出版社2016年版。

② 笔者粗略统计北大法宝的数据，可能涉及414部现行有效的法律、734部生效的行政法规，这里所称的“414部现行有效的法律”包含行政法、刑事法、经济法等的所有法律，而行政法律在其中占的比例不小。

于提高罚款幅度，且在其他行政法律中有单位相关违法处罚的规定。[①] 因而，《治安管理处罚法》（2006）虽然在警告、罚款和行政拘留外，增加了吊销公安机关发放的许可证和附加适用限期出境或者驱逐出境的行政处罚，但也不对单位进行单独处罚，只是在第 18 条后段补充规定，“其他法律、行政法规对同一行为规定给予单位处罚的，依照其规定处罚”。《治安管理处罚法》（2012）也保留了这种规定。

《行政处罚法》（1996）第 3 条规定“公民、法人或者其他组织违反行政管理秩序的行为，应当给予行政处罚”，并确立了 7 种行政处罚，即警告，罚款，没收违法所得、没收非法财物，责令停产停业，暂扣或者吊销许可证、暂扣或者吊销执照，行政拘留以及法律、行政法规规定的其他行政处罚。《行政处罚法》（2009）也继承了这种规定。

除上述一般性的规定外，在行政法领域的机关事务、机构编制、人事、监察、外交、国防、国家安全、公安、海关、司法行政、民政、教育、科学技术、环境保护、文化、文物、新闻出版广电、体育、卫生和计划生育、食品药品监督管理、旅游、气象、地震、档案、保密、华侨、民族、宗教等方面，在经济法领域[②]的发展和改革、国有资产监管、财政、审计、税务、金融、国土资源、住房和城乡建设、交通运输、水利、农林牧渔、工业和信息化、商务、工商行政管理、质量监督检验检疫、统计等方面，相关的单位行政制裁也进行了翔实的“目”的规定。在这些领域中，单位违反行政法律、法规，对单位多施以警告、罚款、没收违法所得、没收非法财物、责令停产停业、吊销暂扣或者吊销许可证、暂扣或者吊销执照，并对相关责任人员处以警告、罚款、没收违法所得、没收非法财物、暂扣或者吊销执照、行政拘留以及在一定期限内不得重新申请相关资格证或者从事相关业务等行政处罚。

由此可以看出，以治安管理处罚和行政处罚方面为一般、统摄性的规定为“纲”，对单位违反行政管理的法律、行政法规的行为，基本形成对单位的行政处罚体系，而这种行政处罚体系，在本质上就是对单位的制裁体系。

---

① 参见高铭暄等：《新中国刑法立法文献资料总览》，中国人民公安大学出版社 2015 年版。

② 笔者认为，虽然学理上对法律部门作出了宪法、民商法、行政法、经济法、刑事法、诉讼法等的区分，但归根结底，经济法方面的调控主体针对调控对象所使用的调控手段还是行政手段，因此，其处罚也具有行政处罚的性质，也就具有行政制裁的内涵。

行政法中没有明确规定单位的范围和性质，所以通常认为，行政法中的单位是比照刑法的规定进行适用的。同时，考察法律、行政法规对单位违法的行政法律后果，通常采用警告、罚款、没收违法所得和没收非法财物、责令停产停业、暂扣或吊销许可证、执照、拘留等手段予以规制，形成了申诫罚、行为罚、财产罚、人身罚轻重衔接的行政法制裁体系。

（三）刑事法领域的单位制裁

从刑事法角度看，刑罚是最严厉、最典型的制裁，对单位可否构成犯罪进而判处刑罚，我国经历了由否定到肯定的历程。现行刑法对单位犯罪系统中的“犯罪单位”处以罚金的单位制裁体系，同时对其“直接负责的主管人员和其他责任人员”处以刑罚。经过1997年的刑法大修，其第一编第二章第四节明确规定了“单位犯罪”，第30条和第31条也明确了单位负刑事责任的范围和单位犯罪的处罚原则；同时，第二编分则中分别规定了单位犯罪的罪名、罪状和刑罚，刑法总则性的规定辅之以刑法分则具体条文的规定，确定了我国的单位主体的犯罪群。据笔者统计，截至《刑法修正案（九）》的规定，我国单位犯罪共涉及124个法条，共计157个罪名，其中包括《刑法修正案（九）》新增或修改12个单位犯罪罪名。

值得注意的是，同行政制裁的规制现状相类似，我国刑法目前究竟是在什么内涵下使用“单位犯罪”的称谓是存在争议的，即所使用的“单位犯罪”究竟是指单位主体犯罪，还是包括单位主体和相关自然人主体的单位系统犯罪，学界的认识并不统一，长期存在一元论与二元论的争议，由此导致对“单位犯罪”处罚、制裁的理解也存在差异。一元主体论以法人责任与个人责任一体化论①、刑事责任连带论②、组织体刑事责任论③、单位主体组成部分论④、复合主体论⑤及新复合主体论⑥等为代表，认为单位是单位犯罪的唯一主体，当然是法定刑的配置对象，单位成员是单位整体的组成要素或部分，而无独立的主体地位，仅是刑事责任的承担者或受刑对象。二元主

---

① 参见娄云生：《法人犯罪》，中国政法大学出版社1998年版，第75—76页。

② 参见张文、刘凤祯、秦博勇：《法人犯罪若干问题研究》，载《中国法学》1994年第1期。

③ 参见黎宏：《单位刑事责任论》，清华大学出版社2001年版，第284页。

④ 参见石磊：《单位犯罪关系论》，山东大学出版社2005年版，第24—26页。

⑤ 参见马长生、胡凤英：《论新刑法对单位犯罪的规定》，载《政法论坛》1997年第6期。

⑥ 参见熊选国、牛克乾：《试论单位犯罪的主体结构——“新复合主体论”之提倡》，载《法学研究》2003年第4期。

体论以双层犯罪机制论[①]、人格化社会系统责任论[②]、“一个单位犯罪、两个犯罪构成”论[③]、单位责任与单位成员责任分离论[④]、系统矛盾论[⑤]及嵌套责任论[⑥]等为代表，其认为在单位犯罪中，单位和单位成员是两个独立的主体，单位成员是因其自身行为和罪过承担刑事责任。如果认可“单位犯罪”是单位系统犯罪，则存在所谓的纯正单位犯罪与不纯正单位犯罪的差异，则会得出目前我国刑法中规定了16个纯正的单位犯罪和141个不纯正的单位犯罪的结论，其中根据惩罚对象的差异，采单罚制的单位犯罪9个、双罚制的单位犯罪148个。而如果认可“单位犯罪”是单位主体犯罪，则纯正单位犯罪与不纯正单位犯罪的分野重要性则会随之消弭，在进行规范研究时，对单位刑事制裁的理解恐怕则会完全不同。毫无疑问，不管是哪一种理解，刑法确立了单位实施犯罪行为的规制规则，虽然使用了“对单位判处罚金”“对其直接负责的主管人员和直接责任人员判处相应刑罚”的表述，但至少可以得到单位主体配置的刑罚为罚金的结论；同时，鉴于单位系统犯罪规定中出现的单位责任人员与相应的一般自然人罪刑失衡、法疏漏罪等问题[⑦]的反思，将单位犯罪理解为单位主体犯罪而非单位系统犯罪更加恰当。由此，考察文本，刑事法领域对单位的制裁规定了唯一的罚金刑罚，同时，该罚金除了少数罪名下设置了相应的幅度[⑧]，大部分的罪名下均为无限额罚金。

三、单位部门化制裁的碎片化问题检视

上述民商事领域、行政法领域和刑事法领域中对单位制裁的文本检视，勾勒出了单位制裁的规范图景与知识谱系。然而，部门分立化、规定碎片

---

① 参见卜维义：《法人犯罪及其双层机制与两罚制》，载《经济与法》1991年第6期。

② 参见何秉松：《单位（法人）犯罪的概念及其理论根据》，载《法学研究》1998年第2期。

③ 参见刘晓军：《一个单位犯罪，两个犯罪构成——双罚制理论依据新探》，载《政治与法律》2001年第3期。

④ 参见叶良芳：《论单位犯罪的形态结构——兼论单位与单位成员责任分离论》，载《中国法学》2008年第6期；蒋熙辉：《论公司犯罪的刑事责任构造》，载《中国法学》2005年第2期。

⑤ 参见王能武、马荣春：《再论单位犯罪双罚制的根据》，载《人民论坛》2014年第29期。

⑥ 参见陈忠林、席若：《单位犯罪的“嵌套责任论”》，载《现代法学》2017年第2期。

⑦ 参见李洁：《单位犯罪法定刑配置研究》，西南政法大学2015年硕士学位论文。

⑧ 《关于惩治骗购外汇、逃汇和非法买卖外汇犯罪的决定》第1条新增骗购外汇罪，第3条修改逃汇罪，并对两罪的单位罚金规定了比例罚金，即“对单位判处逃汇（骗购外汇）数额百分之五以上百分之三十以下罚金”。

化、内容失衡化的规制模式所引发的理论冲突和实践困惑也隐隐浮现。鉴于此，笔者拟从单位制裁现状中所反映出的种类定性、内容涵盖、适用竞合、程序保障等四个方面对其所揭示的碎片化问题予以检视。

（一）制裁外溢与法律属性的矛盾

制裁，是对主体行为的谴责性和惩罚性的法律评价，不同于否定性的法律评价，其将在一定程度上强制性地引发对行为主体合法权益的某种限制或剥夺，因此，法律对之需慎而又慎。然而，当下单位制裁现状所反映出来的却是种类高度重合与法律属性的矛盾，成为单位制裁理论构建的重大逻辑症结。

由民商法领域到行政法领域再到刑事法领域，部门法的分立是遵循什么样的逻辑，其中所运用的规制手段又是什么关系，这是立法者设置相应法律责任乃至制裁时首先要思考的问题。从单位的制裁这一视角考察，在民商事领域，单位是作为平等的民事主体而发生人身、财产方面的法律关系，要论到在该领域对其制裁，也并非普遍现象，而是明显带有人身侵权性的财产侵害，方出现了零星的惩罚性赔偿，而这种惩罚性赔偿通常表现为有限制的“加重”“赔偿”。在行政法领域，单位与相关行政管理部门形成的是一种管理与被管理的法律关系，对其的“行政处罚”通常认为是一种对秩序违反的“秩序罚”，通常表现为警告、罚款、没收违法所得、没收非法财物、责令停产停业、吊销暂扣或者吊销许可证、暂扣或者吊销执照。在刑事法领域，单位作为行为主体，当其实施了严重侵害国家、社会和公民权益时，方才落入刑罚的惩罚范围，通常表现为罚金。

从人为分立的部门法的制裁实践可以看出，行政法领域和刑事法领域本就是监管与被监管的主体关系，出现“违反—制裁”的逻辑自属应当。但是，本是平等主体的民商事领域对人身和财产法律关系的修正不再是弥补性和填平式的，而出现了一方对另一方主体的强制性的惩罚性赔偿，法院甚至可以在民事领域启动“拘留”，动用了惩罚性的制裁，则是与其法律平等的法律属性的逻辑不相容的，这种公法领域的制裁外溢将给法律属性的保持带来巨大挑战。

（二）严厉性与法律效果的失衡

制裁体系的科学性，不仅表现在行为应否设置制裁，而且表现在制裁体系内部的种类及其轻重设置，置于当下部门法分立的法律体系下，还要考虑部门法制裁之间的严厉性设置。

从单位制裁在不同部门法中的种类及轻重阶梯来看：在民商事领域中，《民法总则》编纂，将《民法通则》“还可予以训诫、责令具结悔过、收缴进行非法活动的财物和非法所得，并可以依照法律规定予以罚款、拘留”的规定修改为“法律规定惩罚性赔偿的，依照其规定”，使惩罚性赔偿成为唯一的制裁，而通常惩罚性赔偿的上限被规定为2倍、3倍、10倍；在行政法领域，行政处罚形成了警告，罚款，没收违法所得、没收非法财物，责令停产停业，暂扣或者吊销许可证、暂扣或者吊销执照，行政拘留以及法律、行政法规规定的其他行政处罚7种类别的轻重衔接的制裁体系，而对单位适用的是除拘留以外的其他6种；在刑事法领域，对单位则直接规定了罚金的刑罚。

从既定的规则看来，首先，部门法内部制裁的体系性差异明显，撇开不同部门法领域制裁的正当性而言，民商法领域和刑事法领域中的制裁都只有一种，即“惩罚性赔偿”和“罚金”，内部体系性显著不足，而曾经民商事领域中存在的训诫、责令具结悔过、收缴进行非法活动的财物和非法所得等手段也为《民法总则》所修改。其次，部门法之间的制裁体系性欠缺，从部门法分立的实践看，相对于民事赔偿，民事惩罚性赔偿更加严厉；相对于民事赔偿和民事惩罚性赔偿，行政法领域中的7种行政处罚和刑罚的罚金的惩罚性意味更加明显，且同样的金钱给付，从民事惩罚性赔偿、罚款、罚金以上呈现出严厉性升高趋势，但却难以比较出针对单位的刑罚的罚金与行政处罚的没收违法所得、没收非法财物、责令停产停业、暂扣或者吊销许可证、暂扣或者吊销执照以及法律、行政法规规定的其他行政处罚等的严厉性程度，甚至在一般人的认知当中，会得出“刑罚的罚金也不过是换一种程序的单位的破财免灾”“更加严厉的制裁在刑罚之外”等直观的感觉，有违法律体系的严厉性分工，打破了应有的制裁阶梯。

（三）制裁竞合与法律适用的混乱

法律经过近现代的理念和技术革新，基本确立了“一事不二罚”的原则，力图保障相关行为人免受双重迫害。但是这样一种一事不二罚的原则究竟是在什么样的语境下理解？《民法总则》第187条规定：“民事主体因同一行为应当承担民事责任、行政责任和刑事责任的，承担行政责任或者刑事责任不影响承担民事责任；民事主体的财产不足以支付的，优先用于承担民事责任。”《行政处罚法》（2009）第24条规定：“对当事人的同一个违法行为，不得给予两次以上罚款的行政处罚。”《刑法》第87条规定不同犯罪的追诉时效期限，经过期限不再追诉。在部门法分立的法律格局下，民商事法律责任、行政法律责任与刑事法律责任两者以上的同时适用似乎并不违反一事不二罚原则，但民事制裁、行政制裁、刑事制裁的两者以上的同时适用是不是违反一事不二罚原则，对这个问题的回答不论是理论的探讨还是实务的操作则都还存在分歧。

针对单位而言，单位的一行为往往可能同时触发民商事责任、行政责任与刑事法责任，导致民商事领域的制裁、行政法领域的制裁和刑事法领域的制裁。例如，A食品生产公司生产不符合食品安全标准的食品，可能触发民商事领域的赔偿损失的民事责任，同时会招致被要求支付价款十倍或者损失三倍的赔偿金；在行政法领域，行政机关查证其生产不符合食品安全标准的食品，会给予A公司警告、罚款、没收违法所得、没收非法财物、责令停产停业、暂扣或者吊销许可证、暂扣或者吊销执照以及法律、行政法规规定的其他行政处罚；甚至当A公司的行为达到《刑法》第143条规定的生产、销售不符合安全标准的食品罪的追诉标准时，对A公司可以依据第150条的规定对其判处罚金。对该行为导致的民事责任中的填平损失的责任自当优先于所有制裁先行，但对A同时适用三领域内的制裁是否该当、怎样协调，在理论和实务中都异常混乱，没有统一的标准。同样的混乱还较多地存在于税收征管等环节。

如果三领域的责任从性质上看仅仅是发挥对“受害人损失的填平+对行为人违法所得的剥夺+对行为人违法犯罪行为的制裁”，那不存在违反一事不二罚的原则，但在我国现有的制裁体系下，民商事领域、行政法领域和刑事法领域都分别构建了包含制裁性质的责任，在这样一种情景下，三部门法应该如何协调、如何适用，方能达到不枉不纵、比例适当，是解决一行为导致法律制裁责任竞合适用混乱的关键。

（四）认定标准与法律救济的失当

法律体系现代化的一大成就是完成了部门法分立所欲追求的效果和实现的途径，其中最为昭著的就是证明标准的差异。无论是在理论中还是实务中，都形成了对不同部门法证明责任程度较为一致的认知，即民商事领域“人民法院审理民事案件，必须以事实为根据，以法律为准绳”①，要达到优

① 《民事诉讼法》（2012）第7条。

势证明标准、谁主张谁举证；行政法领域“设定和实施行政处罚必须以事实为依据，与违法行为的事实、性质、情节以及社会危害程度相当”[①]，“人民法院审理行政案件，以事实为根据，以法律为准绳”[②]；刑事领域中要达到确实、充分且排除合理怀疑标准。这种不同的认定标准在不同的部门法中基本达到了法律效果与实现手段的一种平衡，不会因为证明标准过高而导致效率低下，如在民商事领域中责任的认定；也不会因为证明标准过低而导致法律效果受损，如在刑事法领域造成冤假错案。但是，随着法律责任中制裁性质的责任在除刑事法领域外的民商事、行政法领域中的外溢，导致制裁性责任有制裁法律效果之实，而无制裁性责任的程序保障之形，最终产生公民法律救济手段与可能遭受的制裁之间的不匹配。这种不匹配在民刑交错、行刑交错的案件中极为常见。

四、单位制裁碎片化的修复路径

我国单位制裁的碎片化是不同部门法清晰的主导逻辑下界限逐渐模糊的体现，一方面反映出部门法各自因分工而繁盛，另一方面也反映出社会治理并非单纯部门法所能完成。这就倒逼法律的理论和实践去探索碎片化修复之道。而立足当下的问题，放眼古今中外，顺应公法与司法分立之下的融合大趋势，同时厘清司法公法化与公法私法化的界限，是探索修复之道必经且可行的路径。

（一）顺应公法与私法分立下融合的趋势

源自古罗马法中公法与私法的划分及延续影响了近现代法律部门的分立，使得大陆法系“刑民峻别”，作为公法的刑法覆盖国家有关犯罪和刑罚的惩罚性评价领域，作为私法的民法则囊括平等主体可自由协商地达至恢复性领域。随着社会治理的法治化深入，行政法日益膨胀，形成了在纯粹公法的刑法与纯粹私法的民法之间的过渡，其内容涵盖了兼具惩罚性与恢复性的广泛领域，这就使得传统“刑民峻别”的法律格局分立为“民法—行政法—刑法”三足鼎立的格局，同时这三“足”之间的界限也越来越模糊，甚至出现了交叉的局面。在涵盖领域日益交叉的前提下，不同部门法的责任承担

---

① 《行政处罚法》（2009）第4条。

② 《行政诉讼法》（2014）第5条。

也随之出现不同程度的融合，尤其是单位成为三大部门法的规制对象，单位制裁性责任也就逐渐分明，也逐渐融合。

因此，单位制裁部门化所带来的碎片化问题正是法律分立大背景下融合趋势的一种显现，正如米海依尔·戴尔玛斯—马蒂在其著作中提到的网络比喻：不同的领域代表着不同的网络，因此有着刑事网络和其他网络之分，不同的网络有着自己清晰的主导逻辑，如刑事制裁为报复，行政制裁为管理，民事制裁为赔偿，调解制度为调和，不同的逻辑各不相同甚至是相互对立的，但却不是相互分离的，他们因社会的变迁状况共同被联接在统一的结构之中兼具统一性和二元性。① 正因为如此，刑法逻辑并不一定是报复性从而是惩罚性的，反之，报复的思想在行政法、民法领域也存在。这就恰好证成了现实中“刑法民法化”② 的观察。

同时，这种公法与私法分立下的融合在制裁责任的设计上将更加有助于我国目前的社会治理格局的体系化和治理效果的经济化。从我国本土的实际看，历经诸法合体、刑民不分的历史惯性导致目前我国社会治理的威权主义和重刑主义倾向仍旧比较明显，对个人和单位的制裁仍旧是轻重不均的。顺应公法与司法分立中的融合趋势将有利于在理念和实际操作中改善这种倾向，在构建单位制裁部门专业化和经济性的同时，可以使得不同部门法单位制裁体系更加具有梯度性、衔接性，有区别地实现刑法的轻刑化，有利于非监禁刑、包括刑事损害赔偿在内的非刑罚处理方法的发展和运用，使刑事责任的惩罚性、破坏性色彩淡化，实现良性的刑事法治。③

（二）把握私法公法化与公法私法化的限度

顺应部门法分立下融合的趋势并不等于消解部门法分立化，更多的是边缘领域的处理更加灵活、柔性，而非彻底改变部门法内核的逻辑和路径，因此，也需要把握好交融的限度，进而在实现现代法治社会公法在体现法治刚性品质的同时兼具柔性的特质，展现其道德蕴涵和人文关怀。④

---

① 参见［法］米海依尔·戴尔玛斯—马蒂：《刑事政策的主要体系》，卢建平译，法律出版社2000年版，第90页。

② 姚建功：《论刑法的民法化》，载《华东政法学院学报》2001年第4期。

③ 参见刘东根：《刑事责任与民事责任功能的融合——以刑事损害赔偿为视角》，载《中国人民公安大学学报（社会科学版）》2009年第6期。

④ 参见梁根林：《“刀把子”、“大宪章”抑或“天平”？刑法价值的追问、批判与重塑》，载《中外法学》2002年第3期。

这种部门法融合的限度一方面体现在维护部门法的核心逻辑层面。其意味着在民事法领域、行政法领域、刑事法领域应该保持各自的主导逻辑，落实到本文探讨的问题，就是建立与自己意旨相匹配的责任体系，即民商法领域需要完善平等主体的恢复性责任体系，刑事法领域需要完善具有与犯罪相匹配的刑罚体系，在两个领域中间的行政法领域则需要完善取其间的行政处罚和手段。另一方面，这种限度体现在对制裁性责任扩张的慎重。针对单位制裁最典型的就是民事领域的惩罚性赔偿。民商事领域中的惩罚性赔偿在大陆法系和英美法系有着不同的命运，大陆法系国家建构了“精神抚慰金”或“恢复性损害赔偿”制度，而英美法系国家则代之以“惩罚性损害赔偿”，以达到“惩罚制裁预防遏制违法行为”，但采用民事诉讼程序来审理和决定，在法律效果上也不认为其具有刑事责任的性质，所以并不违反“禁止双重处罚”的宪法原则。[①] 但这种惩罚性赔偿在民商事领域也并不能普遍推广，其对民商事法律的“可预测性”“可操作性”的风险、滥诉风险、超额不当得利风险等也必须慎重对待。

（三）修复单位制裁碎片化的具体路径

正如边沁所言，“刑罚的选择是诸多因素的结果，他们应该具有在量方面大小的可感受性、本身的平等性、可成比例性、与罪刑的相似性、示范性、经济性、改善性、受人欢迎性等”[②]，单位制裁体系的构建也是如此。其顺应部门法分立融合趋势而出现，有其正面效果，但其碎片化带来的负面效果也必须正视。在理念上理顺了顺应趋势和保持限度的基本关系后，其具体路径的构建逻辑也就清晰了，笔者认为可以从以下方面去破解其碎片化带来的难题。

首先，建构一体化的单位制裁体系。虽然古代选择了诸法合体的法律格局，近现代采取了部门法分立的法律格局，但两种选择是殊途同归的，都是为了实现当下时代最大化的正义与公平。碎片化之所以会出现，是人为割裂法律部门、设置差别的程序所产生的，因此，从单位制裁这一现象来看，从“制裁结果”这个出口进行统一，采用一体化的制裁体系，将会消解碎片化

---

① 参见王云海：《日本的刑事责任、民事责任、行政责任的相互关系》，载《中国刑事法杂志》2014 年第 4 期。

② ［英］吉米·边沁：《立法理论——刑法典原理》，孙力等译，中国人民公安大学出版社 1993 年版，第 81—85 页。

带来的重叠或空白，不会使得制裁被重复适用或互相推诿。具体而言，一体化的单位制裁可以统一将单位制裁建构为警诫制裁类、财产制裁类、行为制裁类、资格制裁类以及其他，具体来看：警诫制裁类包括原来民商事领域中的训诫、责令具结悔过以及行政法领域中的警告；财产制裁类包括民商事领域中的惩罚性赔偿，行政法领域中的罚款①，刑事法领域中的罚金②；行为制裁类包括责令停产停业、限制从事特定行为或进入特定行业、增加报告义务；资格制裁类包括暂扣或者吊销许可证、暂扣或者吊销执照、相关资质降等。同时，从上述制裁的严厉性来看，警诫制裁类最低，财产制裁类、行为制裁类、资格制裁类针对的面向有区别，其随着其内部金额、行为、年限等的增加而趋于严厉。

其次，明确单位制裁在不同程序中的竞合适用。这就需要在不同的诉讼程序中予以区别判断。例如，在民事诉讼程序中，当单位在民事诉讼中已触犯惩罚性赔偿条款，可能招致惩罚性赔偿制裁的单位，法院可以直接适用财产制裁类（惩罚性赔偿）和警诫制裁类；在刑事诉讼程序中，当出现对单位提起刑事附带民事诉讼或单独提起的民事诉讼，若单位行为同时触犯刑法的规定和相关民事惩罚性赔偿的规定，法院应当根据单位的犯罪情况对单位判处刑罚③，同时不再重复适用惩罚性赔偿的规定，而只适用填平性的赔偿损失。此外，法院应将单位的犯罪行为和定罪量刑情况抄送相关行政执法部门，建议行政机关进行行政处罚，行政处罚中包含刑罚同类的制裁时，应当作出相应扣减，不同类时应当由行政机关执行；在行政处罚程序中，行政机关发现单位的行政违法行为已涉嫌犯罪，应当移送司法机关，由其判断是否启动对单位追究刑事责任。总之，同种类型的制裁不得重复适用，法院可以对行政机关提出司法建议权，由行政机关作出不同性质的制裁。

再次，提升单位制裁的认定标准。公法与私法的分立确立了两者不同的认定标准，这顺应了杜尔凯姆所称传统社会向工业社会转型的趋势，这意味

---

① 笔者认为，作为实体结果的制裁应当将程序性制裁的“没收违法所得、没收非法财物”排除，正如刑法中，追缴或者责令退赔违法所得财物、没收违禁品和供犯罪所用的本人财物，这在行政法中也是如此，民商事法中的“没收违法所得”也当同理。

② 笔者认为，针对自然人的“没收财产”的财产制裁类并非刑罚发展的趋势，更不可能扩展到单位主体。随着罚金刑的适用完善，没收财产刑将逐渐消解。

③ 笔者对扩充单位犯罪的刑罚内容持谨慎的态度，故这里的单位刑罚主要还是目前单位刑罚体系。

着在发达社会里刑法会逐步萎缩，刑事制裁网络将逐渐让位于其他复原性制裁网络①。制裁在除刑事法领域的扩展导致了行政制裁、民事制裁的增多，但却并没有刑法般的认定标准。因此，结合制裁的正义需要和现实程序的建构，理当提升单位民事制裁的证明标准，而不能简单顺用优势证据标准，同时严格审查单位行为是否达到惩罚性赔偿所应内涵的恶劣性，即是否具有恶意、欺诈、鲁莽、轻率或者滥用权力等特性，以达到兼顾鼓励私人执法、赔偿受害人与合理惩罚单位、阻遏不法行为的效果。②

最后，促进单位制裁与非制裁性法律责任的联动。单位在社会中的巨大能量使其成为一柄双刃剑，因此形成了对其的保护和制裁双向的作用力。从制裁的相对方来看，制裁并非最终追求，而是为了使不同程度被破坏的社会秩序和社会关系得到恢复，因此，制裁应该有助于其他非制裁性法律责任的实现。对此，一方面，应该在具体案件制裁与非制裁性法律责任冲突中，优先保障对具体受害人的非制裁性法律责任；另一方面，可以借鉴保险的理念，形成制裁类收益补偿非制裁类责任的损失，即建立用罚款、罚金反哺、助推民事赔偿的工作机制。

五、结语

本文以单位为切入点反思了单位部门化制裁中出现的碎片化问题。之所以选择单位为切入点，一方面，由于单位在现代社会、经济活动中日趋重要的作用；另一方面，也由于脱离传统自然人的制裁体系，单位制裁的体系更具有建构性。然而，囿于文章的篇幅和研究的进度，本文只能采用宏观叙事的方式对单位制裁中的碎片化问题进行检讨，对单位制裁体系的科学化建构，还有待后续研究进一步深入。具体而言，对单位制裁的进一步研究还有待从以下几个方面展开：首先，传统制裁的历史惯性对现状影响，从纵向反思中去发现问题和本土化的解决之道；其次，古有诸法合体的法律实践，到近现代部门法分立细化，这种法律理念及实践的变迁体现了什么，解决了什

---

① 杜尔凯姆区分惩罚性制裁与复原性制裁，在他看来，前者适用于建立在机械连带主义基础之上的传统社会，后者适用于建立在有机连带主义基础之上的、有着社会劳动分工的工业社会。其他复原性制裁网络，主要指与刑法相对立的范畴包括了其他法律部门，如行政法、民法和商法。参见［法］米海依尔·戴尔玛斯—马蒂：《刑事政策的主要体系》，卢建平译，法律出版社2000年版，第89页。

② 参见余艺：《惩罚性赔偿研究》，西南政法大学2008年博士学位论文。

么，优势在何处，隐含的弊端如何克服；再次，制裁的域外横向视角，我国制裁体系中的问题中国独有的问题还是一种更为普遍的问题，他山之石，可以攻玉；最后，在制裁问题，不管是单位角度还是扩展到自然人的角度应该如何破解，其理念、路径、技术支撑何来，等等。

论法定刑修改对追诉时效的影响[*]

——以贪污受贿犯罪为例

王登辉[**]

随着经济社会发展，刑法经常需要立、改、废，以适应现实需要。1979年刑法是新中国第一部刑法，自1980年1月1日起施行，于1997年被全面修订，即现行刑法。随后立法机关发布了一部单行刑法，截至目前对刑法共作了九次修订，不少犯罪的法定刑随之修改。追诉时效如何适用，亦经常成为疑难问题。有鉴于此，最高人民法院发布了《关于〈中华人民共和国刑法修正案（八）〉时间效力问题的解释》和《关于〈中华人民共和国刑法修正案（九）〉时间效力问题的解释》，分别自2011年5月1日、2015年11月1日起施行，以指导司法实践，不过相关争议依然存在。从其中禁止令、限制减刑、终身监禁等内容来看，仅从实定法的角度而言，这两部刑法修正案是可以有限溯及既往的，即“禁止溯及既往”和“禁止事后法”两项规则的适用不是绝对的，而是存在例外的。① 诚然，存在的现实合理性不等于价值正当性，不过这在很大程度上说明当前主流观点如此。

---

* 本文原载于《政治与法律》2017年第7期。

** 西南政法大学法学院讲师。

① 也有学者认为：“最高人民法院相关司法解释对禁止令、限制减刑问题的相关规定，没有严格遵循从旧兼从轻的溯及力原则，存在一定的不合理性。”刘宪权、王丽珂：《我国〈刑法修正案（八）〉时间效力司法解释规定评析》，载《法学杂志》2011年第8期。

追诉时效具有丰富的内容，包括追诉时效完成、追诉时效终止、追诉时效中断、无限期追诉、核准追诉等。追诉时效不等于有限追诉，也不等于无限期追诉，更不能将其混同于办案期限。1997年《刑法》第87、88、89条规定了追诉时效的期限、起算、终止、核准追诉、中断，并未规定延长。追诉期限与追诉时效期限的含义相同，在不少地方将其与追诉时效通用一般也未引起误解。追诉时效完成、经过、届满的含义与“超过追诉期限”相同。追诉时效完成的法律效果规定于《刑事诉讼法》第15条，即犯罪已过追诉时效期限的，不追究刑事责任；已经追究的，应当撤销案件，或者不起诉，或者终止审理，或者宣告无罪。①

一、从旧兼从轻原则是分析刑法的时间效力、追诉时效的指南

追诉时效的适用，与刑法的时间效力存在密切联系。1997年《刑法》第12条第1款规定：“中华人民共和国成立以后本法施行以前的行为，如果当时的法律不认为是犯罪的，适用当时的法律；如果当时的法律认为是犯罪的，依照本法总则第四章第八节的规定应当追诉的，按照当时的法律追究刑事责任，但是如果本法不认为是犯罪或者处刑较轻的，适用本法。”该款被认为确立了从旧兼从轻原则，即一般应当适用旧法（行为时法），如果适用新法更有利于犯罪嫌疑人、被告人，则适用新法；在适用旧法或者新法无差别时，应当适用旧法。根据1979年《刑法》第9条、1997年《刑法》第12条，中华人民共和国成立以后至现行刑法施行以前的行为，只要当时的法律、法令、政策或现行刑法之一不认为是犯罪的，就谈不上追诉问题，即以刑法的溯及力问题代替了追诉时效问题。但当时的法律、法令、政策和现行刑法都认为是犯罪的，并且在追诉时效期限内的，适用从旧兼从轻原则依法进行追诉。总体而言，这种观点可基本赞同，亦是通行做法。不过，这里的“适用从旧兼从轻原则依法进行追诉”语焉不详，易引发分歧——关键在于如何识别是否“在追诉时效期限之内”。张波认为：“由于刑法第12条肯定了追诉时效的溯及力，只要符合第88条的规定，无论过去（按照旧刑

① 对该条的正确解释，请见王登辉：《追诉时效延长抑或终止——〈刑法〉第88条之教义学解释及其展开》，载《当代法学》2016年第2期。

法计算）是否超过追诉期限，都应当予以追诉。”[①] 然而，刑法有溯及力，不等于追诉时效有溯及力，也不等于肯定了追诉时效的溯及力。“追诉时效的溯及力”这一表述比较少见，似可采用“追诉时效的效力”这一更通俗的表达。“无论过去（按照旧刑法计算）是否超过追诉期限，都应当予以追诉”，明显违反法律和司法解释的规定，即使仅从学理而言也是不成立的，后文将详述。1979 年 12 月 31 日以前实施的犯罪，如果在追诉期限内已经立案，且在采取强制措施后有逃避侦查或者审判的行为，则可以无限期追诉，而其何时到案在所不问；如果未刑事立案、无追诉时效中断，则至迟在 1999 年 12 月 30 日已过追诉时效，不能再追诉。考虑到时过境迁，本文主要探讨 1997 年刑法施行后发生的犯罪的追诉时效问题。

有人认为，从旧兼从轻原则适用于全部刑事领域，是所有司法活动的指导思想；追诉时效是刑法在某一方面的具体规定，其适用理应服从于前者。从轻的范围包括一切与定罪量刑有关的情节，包括时效延长问题。凡是发生在 1997 年 9 月 30 日以前的行为，在时效延长方面应该并且只能适用 1979 年刑法的规定，最高人民法院的司法解释也持相同意见。[②] 不过，追诉时效延长不属于“与定罪量刑有关的情节”，何况我国刑法并未规定“追诉时效延长”——笔者已经论证《刑法》第 88 条规定的是追诉时效终止，而不是追诉时效延长。[③] 1997 年最高人民法院《关于适用刑法时间效力规定若干问题的解释》（以下简称《解释》）第 1 条要求“在……立案侦查或者在人民法院受理案件以后”，1979 年《刑法》第 77 条要求“采取强制措施后”，二者之间存在矛盾，并非“持相同意见”。如果不涉及新法、旧法的适用问题，则无所谓适用从旧兼从轻原则。从旧兼从轻原则只是刑法适用原则，而不是“所有司法活动的指导思想”——这样认识并非贬低、也无损于其重要价值。

《解释》第 1 条规定：“对于行为人 1997 年 9 月 30 日以前实施的犯罪行

---

① 张波：《论追诉时效的溯及力》，载《北京航空航天大学学报（社会科学版）》2008 年第 2 期。由于人们对《刑法》第 88 条的理解存在较大分歧，故对“符合第 88 条的规定”“是否超过追诉期限”的理解会有较大争议。

② 参见冯英菊：《试析从旧兼从轻原则与追诉时效问题》，载《人民检察》2002 年第 5 期。

③ 参见王登辉：《追诉时效延长抑或终止——〈刑法〉第 88 条之教义学解释及其展开》，载《当代法学》2016 年第 2 期。下文提到的“笔者的观点”，亦出自该文。由于先自首后刑事立案且未逃避侦查却无法破案的情况极少，故可以忽略不计。

为，在人民检察院、公安机关、国家安全机关立案侦查或者在人民法院受理案件以后，行为人逃避侦查或者审判，超过追诉期限或者被害人在追诉期限内提出控告，人民法院、人民检察院、公安机关应当立案而不予立案，超过追诉期限的，是否追究行为人的刑事责任，适用修订前的刑法第七十七条的规定。”① 然而，“超过追诉期限”与“在追诉时效期限之内”实际上是一个硬币的两面——在追诉时效期限之内，则等于没有“超过追诉期限”；超过追诉期限，则必然不“在追诉时效期限之内”。欲判断是否超过追诉期限，需要考察时效起算点、期限长短、有无中断和终止等方面。根据 1997 年《刑法》第 89 条第 1 款、第 88 条，追诉时效从犯罪之日（一般理解为犯罪成立之日）或者犯罪行为终了之日起开始计算，在追诉期限内刑事立案或者受理（自诉案件），则产生“不受追诉期限的限制”的效果，即追诉时效终止、停止计算，可以无限期追诉，不存在超过追诉期限的问题，也就不因后来修改法律、出台司法解释而超过追诉时效；在相应期限内未刑事立案的（不包括经控告符合立案条件而不立案的），会超过追诉期限。可见，该条规定的两种情形根本不可能“超过追诉期限”。究其根源，大概是忽视了立案或者受理对追诉时效的影响所致。该条词不达意，必然成为争议焦点。该条如果表述为“对于行为人 1997 年 9 月 30 日以前实施的犯罪行为，有下列情形之一的，是否追究行为人的刑事责任，适用修订前的刑法第七十七条的规定：（一）在人民检察院、公安机关、国家安全机关立案侦查或者在人民法院受理案件以后，行为人逃避侦查或者审判，从犯罪之日起经过相应期间②（五年、十年、十五年或者二十年）的；（二）被害人在追诉期限内提出控告，人民法院、人民检察院、公安机关应当立案而不予立案，从犯罪之日起经过相应期间的”，似乎更符合本意，也可以在一定程度上减少分歧。但是，如何“适用修订前的刑法第七十七条的规定”，是一个难以解决

① 1979 年《刑法》第 77 条规定：“在人民法院、人民检察院、公安机关采取强制措施以后，逃避侦查或者审判的，不受追诉期限的限制。”据此，犯罪嫌疑人在被采取强制措施前逃避侦查或者审判的，受追诉期限的限制。

② 严格而言，期间不同于期限。“期间”有两种基本含义，一是“在这段时间内”，二是“一段特定的时间”；而“期限”则表示“在特定时间内特定主体应当做某事”之意。《刑事诉讼法》第 103 条第 2 款规定：“期间开始的时和日不算在期间以内。”《刑法》第 89 条规定：“追诉期限从犯罪之日起计算；犯罪行为有连续或者继续状态的，从犯罪行为终了之日起计算。在追诉期限以内又犯罪的，前罪追诉的期限从犯后罪之日起计算。”可见，期间与期限的主要区别在于二者的计算规则不同，且期限一般长于期间，不过二者经常可以通用且不致造成混乱。

的问题，因为《解释》第 1 条与 1979 年《刑法》第 77 条规定的条件相差较大。前者似乎可以解释为立案或者受理后逃避侦查或者审判的，不受追诉期限的限制，可以无限期追诉；后者似乎可以解释为采取强制措施后逃避侦查或者审判的，不受追诉期限的限制，可以无限期追诉。但这样解释仍欠缺合理性，也不利于实现打击犯罪和保护法益两大价值的平衡。

张波认为，对于新刑法生效前实施的犯罪行为，如果犯罪人逃避侦查或者审判的，就不会超出追诉期限，如果对“立案侦查”作不同于“被采取强制措施”的字面解释，只有部分情况和被害人控告应当立案而不予立案的情况，可以导致超过追诉期限，但是解释的条文明确使用了“超过追诉期限”的术语，其意义是对已经超过追诉时效的，就按照旧刑法和刑事诉讼法的规定，不予追诉。因此对结论的准确表达应该是“适用修订前刑法第七十六条”不予追诉（超过追诉期限的自然不予追究），而不是“适用修订前刑法第七十七条”。《解释》第 1 条“确实直接违背了刑法第 12 条的规定”这一观点值得商榷。其一，对“立案侦查”的解释显然不同于对“被采取强制措施”的解释，不需要假设。前者比后者早一日、早一年、早十年均有可能，甚至一直未查明犯罪嫌疑人的身份而未能采取强制措施也有可能。其二，“犯罪人逃避侦查或者审判的，就不会超出追诉期限”，是不成立的。“不会超出追诉时限”的原因在很大程度上不是犯罪人逃避侦查或者审判，而是在追诉期限内已经刑事立案或者受理了。如果未在追诉期限内刑事立案，即使逃避侦查或者审判也会超过追诉期限，即完成追诉时效；如果在追诉期限内刑事立案，就不会超过追诉期限。犯罪黑数远大于明数，因未立案、未提起自诉会超过追诉期限，且超过追诉期限的情形众多、总量巨大，而非相反。其三，“被害人控告应当立案而不予立案的”，即“被害人在追诉期限内提出控告，人民法院、人民检察院、公安机关应当立案而不予立案的”，1979 年刑法对此情形未予规定，而 1997 年《刑法》第 88 条第 2 款作了补充性的特别规定，其法律效果是“不受追诉期限的限制”，即无限期追诉，实际上具有视为已经在追诉期限内立案的法律效果，便不会超过追诉期限，可以继续追诉。易言之，由于被害人在追诉期限内提出控告且符合立案条件，即使犯罪之日以后经过相应期限（5 年、10 年、15 年或者 20 年）才得以刑事立案或者受理（即符合第二部分中 $a+x<b$，c 和 y 为任意值的条件时），仍然可以追诉，不因法定刑修改等原因而超过追诉时效，并不违反《刑法》第 12 条的规定。有人认为，1997 年刑法的规定更为合理，

这一《解释》的规定有画蛇添足之嫌，建议废除《解释》关于追诉时效的规定。[①] 可见，这一观点更为中肯，颇为可取。不过，人们通常忽视了刑事立案（或者受理）这一时间节点的重要意义，后文将详述。

二、法定刑修改对追诉时效适用的影响的具体表现及规则

在刑法溯及力问题上规定的是“行为时”，旨在强调对公民的行为预测可能性的保护，在追诉时效起算上规定的是“犯罪之日”，是因为只有犯罪成立之后国家才能行使刑罚追诉权。行为时与犯罪日的确定面临共同的问题，即何时可以追诉犯罪，或者说，国家可以行使追诉权的起止时间如何确定。[②] 因为一犯罪行为的时效在可罚性上不可能有任何变更，延长只是涉及其可追诉性，只要时效期间还没有经过，时效期间就可在不违反禁止溯及既往情况下予以延长。[③] 诚然，刑事立案不表明当然提起公诉，之后有可能撤销案件、不起诉，但不可否认立案才是追诉的起点。《刑事诉讼法》第二编第一章规定“立案”、第三章才规定“提起公诉”，便是明证。假如一个人知道自己被立案侦查，其必然认为自己被追诉了，而不会等到提起公诉才认为自己被追诉。刑事立案既是一种法律行为，也是一种诉讼行为，具有确定力、拘束力、公定力和执行力。[④] 法律将来如何修改，是行为人在犯罪时（修法前）难以预料的，侦查机关在立案时也不必考虑。如果要求立案时适用后来修正的法律，或者用修正后的法律去衡量、评判之前合法有效的立案行为，显然属于强人所难，违反了法治原则。如果“由后推前”，则追诉时效可能长期处于游移不定的状态，会令司法机关无所适从。如果一律要求立案适用犯罪成立时的法律，则可能异化为在初查阶段就必须查明确切的犯罪日期，或者因不知道确切的犯罪日期而不知道如何适用法律，还可能造成侦

---

① 参见陶琦、韩少华：《应完善追诉时效延长制度立法》，载《人民检察》2011 年第 8 期。

② 参见杜文俊：《论行为时、犯罪日确定对犯罪追诉的意义》，载《犯罪研究》2014 年第 3 期。原文中的“刑罚追诉权”一词欠妥，应为“追诉权”。第二句比较费解，若表述为“国家针对具体的犯罪何时可以行使追诉权的问题，首先在于确定行为日和犯罪日”，似乎更符合本意。

③ 参见［德］汉斯·海因里希·耶赛克、托马斯·魏根特：《德国刑法教科书》，徐久生译，中国法制出版社 2001 年版，第 1088 页。这里的“延长”与我国法学界所说的“延长”基本相同。不妨认为我国的追诉时效缩短是上述论断的例外情况。笔者认为，可罚性是刑事立法解决的问题，而可追诉性蕴含的程序属性大于实体属性。

④ 尽管立案决定书并未载明执行的内容，但人们都明白应当继续侦查，收集证据，查明真相，抓获犯罪嫌疑人，直至侦查终结、移送审查起诉，除非撤销案件。

查机关需要执行已经失效的法律、把无罪当有罪，皆有违修改法律的初衷。若在新刑法实施前已经刑事立案，显然应当依据旧刑法（即立案时的法律）规定的法定刑确定追诉时效，不因后来法律修改而改变。某一犯罪的追诉时效未届满而新法已经实施、新法实施后才刑事立案的（特指下文中的 $a+x>b>c$ 时），其追诉时效可能因为法定刑修改而变化；若因法定刑改轻从而相应地缩短追诉时效，修法带来的这种利益归于犯罪嫌疑人是合适的，也可以被从旧兼从轻原则所包含，故应当依新法（立案时的法律）适用较短的追诉时效。如果修改后的法律不认为该行为是犯罪，只要一审未判决均不予追究，而不论何时立案。可见，追诉时效的效力有特殊性，有的案件中可以溯及既往（从轻），有的案件中不能溯及既往（从旧），不能笼统地说追诉时效有无溯及力。刑事立案应当适用立案时有效的法律，除非适用犯罪时的法律对犯罪嫌疑人更有利，而且原则上不应受到立案后法律修改的影响——如果修改后的法律认为该行为不构成犯罪，则不能追究其刑事责任，这是例外。

笔者认为，正确分析三个时间节点和两个时间段的关系，并加以类型化提炼，是研究法定刑修改对追诉时效适用的影响的关键，也是贯彻从旧兼从轻原则的难点。设犯罪成立之日为 a，侦查机关刑事立案（不区分对事立案与对人立案）之日为 b，修正的法律实施之日为 c，且修正后的法律依然认为该行为属于犯罪，按修正前的法律追诉期限为 x，按修正后的法律追诉期限为 y，则 $a\leqslant b$，$a<c$，x、$y\in\{5, 10, 15, 20\}$，单位：年。若 $a=b$，即在犯罪之日已经刑事立案，法律效果与 $a+x>b$ 相同，是追诉时效终止，可以无限期追诉。由于刑罚轻缓化是大趋势，故 $x>y$ 的情形远多于 $x<y$ 的情形。若 $x=y$，则意味着虽然法条存在修改，但法定刑未变；或者虽然法定刑修改，但追诉期限未变，[①] 此时不会发生追诉时效争议。如果依旧法、新法皆在追诉期限内，或者均超过了追诉期限，也不会有争议，几乎无区分的必要。关于 a、b、c、x 和 y 的关系，存在以下六种类型，可见表一。

---

① 例如，法定最高刑由 2 年改为 3 年，追诉期限仍为 5 年；法定最高刑由死刑改为无期徒刑，追诉期限仍为 20 年。

表一：犯罪日期、立案日期、修法日期与追诉时效关系表

类型	条件	释义	追诉时效的适用	原则
情形1	$a+x<b<c$，y为任意值	新法实施以前已刑事立案，但立案时追诉时效已过	不能再追诉	从旧
情形2	$a+x>b$，$b<c$，y为任意值	新法实施以前已刑事立案，且在追诉时效期限内	应当追诉	从旧
情形3	$a+x<c<b$，且$a+y<c<b$	新法实施以后才刑事立案，但两种追诉时效均已过	不能再追诉	从旧
情形4	$a+x>b>c$，且$a+y>b>c$	新法实施以后才刑事立案，但在两种追诉时效内	应当追诉	从旧
情形5	$a+x>b>c$，$a+y<b$	新法实施以后才刑事立案，按旧法时效未过，按新法时效已过	不能再追诉	从轻
情形6	$a+x<c<b<a+y$	新法实施以后才刑事立案，按旧法时效已过，按新法时效未过	不能再追诉	从旧

上面的“应当追诉”，是可以无限期追诉的意思。其中，情形2、5、6下关于追诉时效的分歧较大，有必要进一步阐释。情形2下，由于刑事立案早于新法实施而只可能适用旧法确定追诉时效，因在追诉期限内立案而发生追诉时效终止的效果，无论犯罪嫌疑人何时到案均可追诉，那么法定刑修改对追诉时效不产生任何影响。情形5下，刑事立案晚于新法实施而具有适用新法的可能性，由于新的法定刑轻于旧的法定刑而适用从轻原则，又因为按新法追诉期限已过而按旧法追诉期限未过，应适用新法（立案时的法律）确定追诉期限，不能再追诉。情形6下，新的追诉期限长于旧的追诉期限，按新法追诉期限未过而按旧法追诉期限已过，则适用旧法更有利于犯罪嫌疑人，基于从旧原则，应当适用旧法确定追诉期限，不能再追诉。此时，若适用立案时的法律而予以追诉，则直接违反了《刑事诉讼法》第15条，是不可取的。不难看出，情形1—5均适用了立案时有效的法律，立案后法定刑修改对追诉时效几乎无影响。确定追诉期限，不是一律以犯罪时的法律为基准，也不是一律以新法为基准，而应当以立案时有效的法律为依据，除非适

用犯罪时的法律更有利于犯罪嫌疑人。这与一审法院解决定罪量刑问题时依循从旧兼从轻原则而适用较轻的新法不存在矛盾，可以并行不悖——因为所解决的问题不同。[①] 可能有人认为，修改前后的法条在一份裁判文书中同时适用是被禁止的，但这只是无根据的臆想，至少最高人民法院《关于在裁判文书中如何表述修正前后刑法条文的批复》《关于在裁判文书中如何引用刑法修正案的批复》《关于在裁判文书中如何引用修订前、后刑法名称的通知》等规范以及诸多裁判文书并无体现。有人认为，依据罪刑法定原则，犯罪嫌疑人的行为认定和科处刑罚，应当以“立案”作为追诉时效时间审查的节点，并以当时的法律规定作为法律标准和依据。立案后，司法解释对于法律规定的调整和变动，并不影响立案时刑事法律的应用，立案后的法律效果应当继续有效。[②] 这一观点可基本赞同，美中不足是不能涵盖情形6——当然，修改后的法定刑更重的情形很少见。

三、贪污受贿犯罪的法定刑修改对追诉时效适用的影响

法定刑修改对追诉时效适用的影响颇大，其中以贪污受贿犯罪案件最为突出。这里以《刑法修正案（九)》对贪污受贿犯罪的修改为例，探讨法定刑修改对追诉时效适用的影响这一问题。

（一）追诉时效与贪污受贿犯罪的法定刑之间的对应关系

自2015年11月1日起施行的《刑法修正案（九)》将《刑法》第383条第1款修改为：“对犯贪污罪的，根据情节轻重，分别依照下列规定处罚：(一) 贪污数额较大或者有其他较重情节的，处三年以下有期徒刑或者

---

① 如果被告人、辩护人提出了超过追诉时效的辩护意见，法官在裁判文书“本院认为”部分应当辨法析理、有所回应，会涉及法条引用，按2012年最高人民法院《关于在裁判文书中如何表述修正前后刑法条文的批复》处理即可解决。

② 参见杨继文：《追诉时效的程序性审查逻辑：期限缩短与司法应对——以适用〈刑法修正案（九)〉和〈关于办理贪污贿赂刑事案件适用法律若干问题的解释〉为视角》，载《中国刑事法杂志》2016年第3期。“行为认定和科处刑罚”，从根本上说是审判阶段应解决的问题，一般应当适用审判时的法律，除非适用犯罪时的法律对被告人更有利。无论如何都不应表述为“适用立案时的法律”——即使立案时的法律和审判时的法律是一样的、未曾修改，也是如此。“立案后的法律效果”表述不明，似宜改为“立案的法律效果”。司法解释对法律规定的“调整和变动”——不包括细化，从某种角度上也可以说是违反了法律规定。如果法律规定不合理而司法解释的规定更合理，考虑到这种“良性违法”在刑事法领域总量甚少、多为限缩处罚范围且有较深厚的民意基础，笔者以为司法人员不妨择其合理者适用。

拘役，并处罚金。（二）贪污数额巨大或者有其他严重情节的，处三年以上十年以下有期徒刑，并处罚金或者没收财产。（三）贪污数额特别巨大或者有其他特别严重情节的，处十年以上有期徒刑或者无期徒刑，并处罚金或者没收财产；数额特别巨大，并使国家和人民利益遭受特别重大损失的，处无期徒刑或者死刑，并处没收财产。”2016 年 4 月 18 日起施行的最高人民法院、最高人民检察院《关于办理贪污贿赂刑事案件适用法律若干问题的解释》（以下简称《贪污贿赂解释》）第 1 条规定：“贪污或者受贿数额在三万元以上不满二十万元的，应当认定为刑法第三百八十三条第一款规定的‘数额较大’，依法判处三年以下有期徒刑或者拘役，并处罚金。贪污数额在一万元以上不满三万元，具有下列情形之一的，应当认定为刑法第三百八十三条第一款规定的‘其他较重情节’，依法判处三年以下有期徒刑或者拘役，并处罚金……”该解释第 2 条规定了“数额巨大”和“其他严重情节”，第 3 条规定了“数额特别巨大”和“其他特别严重情节”，限于篇幅，此处从略。结合相关规定，制成表二。

表二：《刑法修正案（九）》实施前后贪污或者受贿“数额 + 情节”与法定刑的对应关系表

《刑法修正案（九）》实施前			《刑法修正案（九）》实施后		
数额 + 情节	法定刑（主刑）	追诉时效	数额 + 情节	法定刑（主刑）	追诉时效
个人贪污数额不满五千元，情节较轻；个人贪污数额在五千元以上不满一万元，犯罪后有悔改表现、积极退赃	无；可以减轻处罚或者免予刑事处罚①	—	—	—	—

① 从这里的“可以减轻处罚”可知并非绝对地排除定罪量刑的可能性，那么追诉时效为 5 年。而实践中，这种情形事发后没有被追究刑事责任的，几乎都是做无罪处理（当然，党纪政纪处分在理论上是不可避免的），故相应的追诉时效一栏可为空。

续表

《刑法修正案（九）》实施前			《刑法修正案（九）》实施后		
数额＋情节	法定刑（主刑）	追诉时效	数额＋情节	法定刑（主刑）	追诉时效
a. 个人贪污数额不满五千元，情节较重	二年以下有期徒刑或者拘役	五年	h. 贪污或者受贿数额在一万元以上不满三万元，具有“其他较重情节”	三年以下有期徒刑或者拘役	五年
b. 个人贪污数额在五千元以上不满五万元	一年以上七年以下有期徒刑	十年	i. 贪污或者受贿数额在三万元以上不满二十万元	三年以下有期徒刑或者拘役	五年
c. 个人贪污数额在五千元以上不满五万元，情节严重	七年以上十年以下有期徒刑	十年	j. 贪污或者受贿数额在十万元以上不满二十万元，具有“其他较重情节”	三年以上十年以下有期徒刑	十年
d. 个人贪污数额在五万元以上不满十万元	五年以上有期徒刑	十五年	k. 贪污或者受贿数额在二十万元以上不满三百万元	三年以上十年以下有期徒刑	十年
e. 个人贪污数额在五万元以上不满十万元，情节特别严重	无期徒刑	二十年	l. 贪污或者受贿数额在一百五十万元以上不满三百万元，具有“其他较重情节”	十年以上有期徒刑、无期徒刑或者死刑	二十年
f. 个人贪污数额在十万元以上	十年以上有期徒刑或者无期徒刑	二十年	m. 贪污或者受贿数额在三百万元以上	十年以上有期徒刑、无期徒刑或者死刑	二十年
g. 个人贪污数额在十万元以上，情节特别严重	死刑	二十年	—	—	—

设 y = f（x）是一个函数，x 含有“数额 + 情节”的综合性意义，取值为上表中的 a、b、c……m，则 f（a，h，i）= 5，f（b，c，j，k）= 10，f（d）= 15，f（e，f，g，l，m）= 20，单位：年。二者的对应关系可以用下面的分段函数图象来表示：

贪污或者受贿“数额 + 情节”与追诉时效的关系示意图[①]

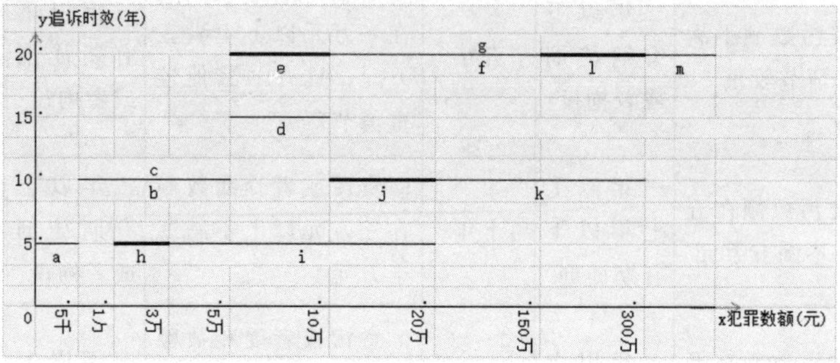

上图第一象限中表示线段的 a、b、c、d、e、h、i、j、k、l 分别是 f（a）、f（b）……f（l）的图像，表示射线的 f、g、m 分别是 f（f）、f（g）、f（m）的图像，线段 b 与 c 重合，射线 f 与 g 重合（线段 l 和射线 m 也是 f、g 的一部分），大体上与表二对应，也不难区分开来。

如果依现行法不构成犯罪，则探讨其追诉时效问题无意义。如果从 x 轴取值 9 万元、19 万元，则分别与三、四条线段（或射线）相交，颇有代表性，值得探讨。经过深入分析贪污或者受贿犯罪终了之日、立案之日与追诉时效的关系（后文将以示例解读），可以得出一定的规律，即立案日期符合相应条件才可追诉，制表三如下（可以将表三理解为十个小案例）。

---

① 该图存在三个瑕疵，特此说明：(1) 由于制图技术方面的局限性，也因为一个线段中不包含的点有时是相邻线段所包含的点，临界点的包含或者不包含关系很难在线段上反映出来。(2) 点本来不应画在 x 轴上方和 y 轴右方，而应画在 x 轴、y 轴中。可是，倘若如此，又无法看出该处有点的存在。(3) 由于 5000 元只有 300 万元的 1/600，A4 纸横边长 210mm（姑且不考虑左右页边距），如果 x 轴很精确，则表示 5000 元的线段仅长 0.35mm，难以识别。考虑到严格按比例显示的必要性不大，粗略显示也不会引起误解，故图像中的 x 轴不求精确，只能大体符合。

表三：贪污或者受贿9万、19万元的时间节点与追诉时效对应表[①]

犯罪数额（x）	情节	犯罪终了之日(p)	追诉时效f（x）	立案日期（q）
x=9万元	—	1997.10.01≤p≤2015.10.31	f（d）=15年	1997.10.01≤q≤2015.10.31，q<p+15
	情节特别严重	1997.10.01≤p≤2015.10.31	f（e）=20年	1997.10.01≤q≤2015.10.31
	—	2010.11.01<p≤2015.10.31	f（i）=5年	2015.11.01≤q<p+5
		2015.11.01≤p		
x=19万元	—	1997.10.01≤p≤2015.10.31	f（f）=20年	1997.10.01≤q≤2015.10.31
	情节特别严重	1997.10.01≤p≤2015.10.31	f（g）=20年	
	—	2010.11.01<p≤2015.10.31	f（i）=5年	2015.11.01≤q<p+5
		2015.11.01<p		
	具有其他较重情节	2010.11.01<p≤2015.10.31	f（j）=10年	2015.11.01≤q<p+10
		2015.11.01≤p		

可见，之前构成贪污受贿罪的行为现在可能不构成犯罪，或者已过追诉时效。具体而言，国家工作人员在2011年11月1日以前贪污或者受贿不满20万元的罪行、2005年11月1日以前贪污或者受贿不满300万元的罪行、1995年11月1日以前的贪污或者受贿罪行，如果在2015年10月31日以前未立案侦查，则追诉时效已经完成，不能在2015年11月1日以后再立案追诉，除非其在上述犯罪终了之日以后又实施了贪污受贿的犯罪行为——依据是《刑法》第383条第2款："对多次贪污未经处理的，按照累计贪污数额处罚。"故笔者认为，凡未处理的贪污或者受贿均可追究，累计其数额（包括单次不构成犯罪的数额），综合考虑情节严重与否，依法确定追诉时效分别为5年、10年、15年、20年，除非已查明的犯罪数额累计仍未达到追诉标准。

有人提出，在2015年11月1日至2016年4月18日之间立案审查的贪污贿赂案件，可能因适用新司法解释而导致追诉时效期间的缩短，即追诉时效期限从原来刑法中规定的"十五年"减少为"五年"，进而引发一系列的实体和程序问题。这种观点值得商榷。其一，这种观点误解了刑法司法解释的效力与刑法效力的关系。由于"刑法司法解释的时间效力全面从属于刑法的时间效力，依附于刑法条文的生效与失效时间而定"[②]，故2001年最高人民法院、最高人民检察院《关于适用刑事司法解释时间效力问题的规定》

---

① 由于q<p+20是当然成立的，故"立案日期（q)"一列将其省略三处。

② 刘艳红：《论刑法司法解释的时间效力》，载《中国刑事法杂志》2007年第2期。也有人认为："刑法解释不能与刑法同时生效，不能任何刑法解释都具有溯及力。"（陈佑武、彭辅顺：《刑法解释的时间效力与人权保障》，载《中国刑事法杂志》2011年第6期。）较多情况下，在新法施行一段时间后才会显现相关问题，此时出台司法解释的时机较为成熟，也更有针对性。若一概不可溯及既往，又会破坏法制统一。总体而言，刘艳红教授的观点更为可取，如果加上"除非被废止"则更全面。

第1条规定："司法解释……自发布或者规定之日起施行，效力适用于法律的施行期间。"《贪污贿赂解释》第20条规定"本解释自2016年4月18日起施行"，其实应当理解为：2016年4月18日以后法院审理和裁判贪污贿赂刑事案件应当执行该解释，而不论贪污贿赂行为何时实施。该解释的效力实际上始自《刑法修正案（九）》施行，即2015年11月1日。实践中，《刑法修正案（九）》出台后，全国法院审理贪污贿赂案件几乎都中止了，等待《贪污贿赂解释》实施后再宣判。[①] 其二，有的追诉时效是从20年缩短为10年、5年（如贪污11万元），也有从15年、10年缩短为5年的（如贪污7万元、3万元），并非只有15年减为5年这一种情况。其三，2015年11月1日以后立案侦查的贪污贿赂案件，显然应当依《贪污贿赂解释》细化了的标准确定追诉时效。如果该贪污受贿犯罪在2015年11月1日后刑事立案，又满足 $a+x>a+y>b>c$ 或者 $a+x>b>a+y>c$ 两个条件之一，且在2015年10月31日以前累计金额低于300万元，追诉时效才有缩短的可能性。

（二）贪污受贿犯罪无限期追诉的条件

1982年最高人民检察院《关于贪污罪追诉时效问题的复函》（2002年失效）规定："检察机关决定立案时未过追诉期限的贪污犯罪，在立案以后的侦查、起诉或者判处时超过追诉期限的，不认为是超过追诉时效的犯罪，应当继续依法追究。"有人认为，该复函将立案作为追诉时效延长的情况是缺乏法律依据的，会造成许多案件久悬不决，使罪犯可能终生都在被追诉中，时效永无完成之日。[②] 这种批评是不成立的。理由如下：其一，"罪犯"[③] 终生都在被追诉中，在很大程度上是行为人选择的结果。观念的刑罚权转变为现实的刑罚权的关键在于犯罪嫌疑人到案。若犯罪嫌疑人到案，则可以推进诉讼程序，能够现实地追诉；若其不到案，则难以推进诉讼程序，无法实现追诉目标。犯罪嫌疑人何时到案在很大程度上是不可控的，既有因

---

① 法律将要修改、司法解释将要出台，并不是法院中止审理的法定理由，且这种做法可能造成一些案件事实上严重超审限。而中止审理的裁定赋予了其表面上的程序合法性，而这并不足以自证其正当性。

② 参见高憬宏：《如何理解我国刑法的"时效延长"》，载《法学杂志》1990年第5期。而笔者认为，这规定的不是追诉时效延长，而是无限期追诉。

③ 由于未经法院判决认定有罪，故这里用"罪犯"一词欠妥，又由于有的被确定为犯罪嫌疑人，有的未被确定为犯罪嫌疑人，故用"犯罪人"一词较为妥适。

犯罪嫌疑人自首而立案的，也有立案后自动投案或者费九牛二虎之力才将其抓获归案的，还有无法查明犯罪嫌疑人的身份或者查明了身份也未能现实地抓获犯罪嫌疑人的。实践中，犯罪人未意识到自己已经犯罪了、很可能涉嫌犯罪，或认为被害人不会报案，或认为自己不会被确定为犯罪嫌疑人，或认为证据不足以定罪，或认为不会被抓获归案，或认为自己的“关系网”足够可靠故安全无忧，或早已逃至境外，甚至自鸣得意、引以为荣、向人炫耀——百态皆有，故不能一概而论。如果犯罪嫌疑人不愿意长久处于被无限期追诉的境况，可以选择自动投案——就不会无法侦破，也不会久悬不决。可以说，这种终生追诉的境况在很大程度上是其自身选择的结果，与犯罪嫌疑人的意志有莫大关联，不因其他主体的主观愿望而改变。其二，提升破案率是一个世界性难题，与侦查力量、水平、手段有限及其他各种客观因素限制有关，也与犯罪嫌疑人的逃避行为存在密切联系。不存在悬案、侦破每一起悬案，只是理想状态。因为案件久悬不决、久侦不破就主动放弃追诉、不了了之，无异于缴械投降、自欺欺人、鼓励逃避。尽管犯罪嫌疑人久未到案，[①] 保留追究其刑事责任的可能性仍是有必要的。纵然放弃追诉，其仍不会由悬案变为已侦破的案件。其三，时效可否完成，受多种因素的影响。在追诉期限内刑事立案且犯罪嫌疑人到案的，绝大多数会在法定办案期限内办结，追诉时效几乎不会成为一个争议问题。犯罪因刑事立案而成案，绝大多数因立案而追诉时效终止，便不能完成追诉时效。未立案则成为犯罪黑数（狭义），且远远大于犯罪明数，前者的时效皆可完成。纵然有的追诉时效永无完成之日，也绝不表明可以一事再罚、施以双重危险。可见，“时效永无完成之日”没有什么消极影响，不应把完成每个案件的追诉时效作为追求目标，不能将其作为反对无限期追诉犯罪嫌疑人的理由。按笔者的观点，只要刑事立案是在追诉期限内的，就发生追诉时效终止的效果，追诉期限不再计算，在“侦查、起诉或者判处时超过追诉期限”是不可能的。认为必须在相应的 5 年、10 年、15 年、20 年内完成侦查终结、提起公诉、宣判（也有人认为不包括宣判），否则就超过了追诉期限的观点，是错误的，根源在于把追诉时效错误地理解为办案期限，也可能是将刑事诉讼法规定的犯罪嫌疑人到案后的相关办案期限误以为是立案后的办案期限。因此，这一复

---

① 按笔者的观点，久未到案与“犯罪嫌疑人、被告人逃避侦查或者审判”高度重合，因在追诉期限内刑事立案而追诉时效终止。

函的观点可基本赞同，若表述为“检察机关决定立案时未过追诉期限的贪污犯罪，在立案以后的侦查、起诉或者判处时超过相应的五年、十年、十五年或者二十年的，没有超过追诉时效，应当继续依法追究”，则分歧会更小。

2017年2月13日发布的最高人民法院《关于被告人林少钦受贿请示一案的答复》① 指出：“追诉时效是依照法律规定对犯罪分子追究刑事责任的期限，在追诉时效期限内，司法机关应当依法追究犯罪分子刑事责任。对于法院正在审理的贪污贿赂案件，应当依据司法机关立案侦查时的法律规定认定追诉时效。依据立案侦查时的法律规定未过时效，且已经进入诉讼程序的案件，在新的法律规定生效后应当继续审理。”这里的“进入诉讼程序”，不能理解为检察院提起公诉以后，而应当理解为刑事立案即进入诉讼程序，司法机关已经在依法追究犯罪分子的刑事责任了。这里的“犯罪分子”，应当理解为“犯罪人”，而不能解释为“罪犯”，不能认为“犯罪分子”这一前提并不存在，也不能认为这是循环论证。这尽管只是针对贪污贿赂案件的答复，其实在宏观层面上明确了这一规则：追诉时效意味着须在追诉时效期限内刑事立案（公诉案件）或受理（自诉案件），才可以追究行为人的刑事责任，而不意味着司法机关必须在相应期限内完成侦查、起诉、审判等活动。一个案件没有超过追诉时效的判断标准是，在追诉期限内刑事立案。刑事立案时依据立案时的法律在追诉期限内的，追诉时效停止计算，不因后来法律修改而改变，不可能超过追诉期限。刑事立案若不在追诉期限内，则追诉时效已过，无法追究刑事责任，除非最高人民检察院核准追诉。法院在审理刑事案件时，应当审查侦查机关立案是否在追诉期限内；若否，应当终止审理或者宣告无罪。同理，检察院在审查起诉时，也要审查侦查机关立案是否在追诉期限内；若否，应当不起诉。美中不足的是，最高人民法院在此没有重申从旧兼从轻原则，即没有重申对被告人定罪量刑时一般应当适用审判时的法律，但适用犯罪时的法律对其更有利的除外。可以预见，今后司法实践中解决某个犯罪的追诉时效、定罪量刑问题需要同时适用修改前后的法律

① 又名最高人民法院《〈关于立案追诉后因法律司法解释修改导致追诉时效发生变化的案件法律适用问题的请示〉的答复》。2007年最高人民法院《关于司法解释工作的规定》第6条第1款规定：“司法解释的形式分为‘解释’、‘规定’、‘批复’和‘决定’四种。”那么，该答复不是司法解释，归入“司法解释性质文件”也许较为妥当，但其实际效力与司法解释无异。

的情况下，必然产生相当多的疑问和不必要的分歧。此外，这一答复似乎有忽略犯罪黑数的倾向，因为很多犯罪黑数未被发现、未被立案，司法机关无法追究其刑事责任，却难谓司法人员渎职。总体而言，这一司法解释对于澄清认识误区、减少不必要的分歧、正确解释法律、促进规范办案具有重要意义，应予肯定。

（三）从三个贪污受贿案例看《刑法修正案（九）》对追诉时效的影响

例一：被告人2006年贪污15万元，2014年被移送司法机关立案侦查，2015年被提起公诉，一审法院2015年11月开庭审理，现在是否超过追诉期限？即这个贪污15万元的案件，按旧标准没有过追诉时效，但是按新标准过了追诉时效，怎么处理？苗有水法官认为，该案已经超过追诉时效，实质理由在于从旧兼从轻原则的适用。在计算追诉时效期限时讲究从旧兼从轻，即适用对被告人有利的量刑规则来计算追诉时效期限。今天有效的法律和司法解释，才是有利于被告人的量刑规则。如果在对该案定罪量刑时适用新的司法解释，而在计算追诉时效期限时援引以前的量刑标准，就会形成一种适用法律和司法解释不统一的局面，是不妥当的。适用《刑法修正案（九）》生效后的刑法，则贪污15万元属于数额较大，法定最高刑为3年，经过5年就超过追诉时效。本案行为终了之日在2006年，已经超过追诉时效。[①] 而笔者认为，该案未超过追诉时效。理由如下：其一，计算追诉时效与找到对应的法定刑密切相关，却与定罪量刑规则基本无关，不存在适用量刑规则的问题。严格地说，精确地计算追诉时效在绝大多数情况下是不必要的，分析刑事立案时是否在追诉期限内便可。计算追诉时效，是侦查机关在刑事立案时已经完成的工作——尽管可能因后来查明精确的犯罪时间而重新

---

① 这个案例是最高人民法院的苗有水法官虚拟的。佚名：《苗有水解析〈贪贿解释〉二十个疑点》，载 http：//toutiao. com/i6285832430754464257/。原文中的“去年”，依原意改为2015年；原文中的“现在”似可理解为2016年5月。不过，笔者认为在分析追诉时效问题时应当尽量精确到日，且应当叙明犯罪之日、立案之日这两个时间节点，而起诉日期和开庭审理日期是无关紧要的时间节点。事实上，《刑法修正案（九）》施行后、《贪污贿赂解释》施行前，司法人员很难判断贪污15万元是否适用“三年以下有期徒刑或者拘役”的法定刑，也就无定判断追诉期限是5年抑或其他。如果在《贪污贿赂解释》实施后宣判，显然应当适用新的法定刑作为基准刑。此外，这一案例表述似乎暗含了这一观点：追诉时效开始计算后，不受立案等因素的影响，不会发生终止，而是一直计算到期限届满。倘如此，则对追诉时效存在重大误解——这种误解是广泛存在的、颇有代表性的。

审视，且会受到审查起诉、审判的检验（多数情况下不成为问题、不存在争议）。法院对刑事案件进行全面审理，有必要检验刑事立案是否在追诉期限内，但不能认为这是在审判阶段才进行的工作。其二，2014 年对该贪污犯罪刑事立案时，依据《刑法》第 383 条、第 87 条——不可能依据《刑法修正案（九）》，其贪污 15 万元的法定刑是“十年以上有期徒刑或者无期徒刑”，追诉期限为 20 年，在追诉期限内立案则发生追诉时效终止的效果，追诉时效不再计算，不因后来修改法律而有所变化，不可能因时间经过而超过追诉期限。不能因为一审宣判会适用《刑法修正案（九）》，就认为追诉时效不是 20 年而是 5 年，更不能反过来认为立案时已经超过了追诉时效。其三，退一步讲，既然认为该案追诉时效完成于 2011 年，那么如果是在 2012 年立案侦查、2013 年提起公诉并宣判，是否需要依据《刑法修正案（九）》而重审呢？答案显然是否定的，用归谬法亦可知其不能成立。就该案而言，适用 1997 年《刑法》第 383 条和第 87 条解决追诉时效问题，适用经《刑法修正案（九）》修正后的《刑法》第 383 条解决定罪量刑问题，完全可以并行不悖。当然，该案如果在 2015 年 11 月 1 日以后刑事立案，会因为《贪污贿赂解释》实施而不能再追诉。

例二：假设国家工作人员甲在 2010 年 11 月 1 日最后一次受贿若干元，且其受贿金额累计达 19 万元，无其他较重情节，也未再实施犯罪行为。依据《刑法》第 383 条，其法定刑为“十年以上有期徒刑或者无期徒刑”，追诉时效为 20 年；依据《刑法修正案（九）》，其法定刑为“三年以下有期徒刑或者拘役，并处罚金”，追诉时效为 5 年。分歧主要存在于下列两种场合：一是如果在 2015 年 11 月 1 日以后才刑事立案，依旧法在追诉期限内，依新法超过了追诉期限，还可否追诉；二是如果在 2015 年 10 月 31 日以前刑事立案、在 2015 年 11 月 1 日以后审判的，如何适用刑法。笔者认为，如果在 2015 年 11 月 1 日以后刑事立案，基于从旧兼从轻原则应当适用立案时的法律（适用新法也有殊途同归的效果，即使此时未出台《贪污贿赂解释》），追诉时效为 5 年，据此立案时已经超过追诉期限，便不能再追诉，应当按《刑事诉讼法》第 15 条办理。如果在 2015 年 10 月 31 日以前刑事立案，依据当时的刑法在追诉期限内，则产生追诉时效终止的效果，不存在适用新法重新确定追诉时效的问题，不因《刑法修正案（九）》《贪污贿赂解释》实施而缩短以致超过追诉时效，故可以继续向前推进诉讼程序。在对被告人进行定罪量刑时，如果审判时的法律规定的法定刑较轻，则适用审判时的法律，反之适用犯罪时的法律。对于在追诉期限内刑事立案且早于修法的犯罪，依据修改前的法条确定追诉时效，又依据修改后的较轻的法条确定其罪名和刑罚，并不存在矛盾，上文已详述。

例三：假设国家工作人员乙每年2月1日收受一次贿赂，具体情况如下。2001年2月1日受贿1万元（如果没有中断，也未立案，则2006年1月31日是追诉时效完成之日），2002年2月1日受贿2万元，2003年2月1日受贿3万元……2015年2月1日受贿15万元，之后未实施任何犯罪行为（即不再发生追诉时效中断的情况）。则2002年受贿2万元导致2001年受贿1万元的追诉时效中断，2003年受贿3万元导致前两次受贿的追诉时效中断……2015年2月1日受贿15万元导致前面14次受贿犯罪的追诉时效中断，故都从2015年2月1日重新计算追诉时效。如果在2015年10月31日以前刑事立案，显然皆可追诉。如果在2015年11月1日以后、2025年1月31日以前刑事立案，依据《刑法修正案（九）》《贪污贿赂解释》，其受贿120万元的追诉时效为10年（假设相关条文未再修改），仍可以对上述15次受贿犯罪予以追诉。其实，如果不适用追诉时效中断的规定，而是适用《刑法》第383条第2款，径直累计其犯罪数额而认定其受贿120万元，也可以得出相同结论。

四、结语

综上所述，法定刑修改对相关犯罪的追诉时效的适用存在重大影响，值得研究。刑事案件涉及新法和旧法的适用问题时，应当遵循从旧兼从轻原则。除非适用犯罪时的法律更有利于犯罪嫌疑人，一般应当适用立案时的法律确定追诉期限，适用审判时的法律解决定罪量刑问题。在一个犯罪案件中同时适用修改前和修改后的法律，可以并行不悖，并不违反罪刑法定原则。在追诉期限内刑事立案的，不可能完成追诉时效，也不因后来法律修改而超过追诉时效。只有正确解释法律，厘清误区，才有利于准确适用法律，更好地贯彻宽严相济刑事政策。

现实中，大多数贪污受贿犯罪存在犯罪生涯黑数，鲜有“一锤子买卖”。由于职务犯罪侦查部门（以前是检察院反贪污贿赂局或者职务犯罪侦查局，今后可能是监察委员会）在立案之时通常未掌握全部犯罪事实，恐怕不能较早准确认定贪污受贿的确切数额及其追诉时效，故在立案阶段难免存在一定的障碍。《刑法修正案（九）》实施后，不少贪污贿赂犯罪因法定刑降低而缩短追诉时效，会因为追诉时效已过而无法追诉，恐怕会影响肃清贪腐的实效。尽管行为人可能不能被追诉、定罪，但其贪污贿赂行为为法纪所不容，仍应承担相应的行政责任、政治责任，例如“双开”。设官员甲贪污 2 万元且受贿 2 万元，乙贪污 4 万元，丙受贿 4 万元，甲的社会危害性不逊于乙、丙，依现行法却不能追究甲的刑事责任，这是另一个值得探讨的问题。

刑法分论篇

刑法宜增设重大医疗责任事故罪*

郭　裕**　　王芝祥***

重大医疗责任事故是指医务人员在医务工作中由于严重不负责任，不遵守有关医疗规章制度，造成伤病员残废或死亡等严重后果的行为。近年来，这类事件屡有发生，情况较为严重。然而，由于缺乏刑法根据，司法机关在认识和处理这类事件时就出现众说纷纭、各行其是的不良情况。

有的同志主张对重大医疗责任事故类推或者直接以过失杀人罪或过失重伤罪定罪量刑。我们认为这种观点值得商榷。重大医疗责任事故罪同过失杀人罪、过失重伤罪虽然同是出于过失，而且侵犯的同类客体都是公民的人身权利，但是它们之间却有不同之处。首先是犯罪主体不同，过失杀人罪和过失重伤罪均是一般主体，而重大医疗责任事故罪却必须是特殊主体——医务人员。其次是犯罪的直接客体不同，重大医疗责任罪侵犯的直接客体只能是伤病员的生命或健康，而过失杀人罪和过失重伤罪侵犯的直接客体却是一般公民的生命或健康。并且虽然这三个罪在客观方面均有死亡、残废（重伤）的严重后果，但是重大医疗责任事故却只能由行为人在医务工作中所造成的严重后果才能构成，所以重大医疗责任事故罪不能直接或类推定为过失杀人

---

* 本文原载于《现代法学》1986 年第 1 期。

** 西南政法学院讲师。

*** 西南政法学院副教授。

罪或过失重伤罪。

有的同志主张重大医疗责任事故应按重大责任事故罪定罪量刑。对此，笔者不敢苟同。重大医疗责任事故罪与重大责任事故罪之间确有相似之处，例如，两罪都只能由特殊主体构成，主观上都有过失的心理态度，客观方面都有严重不负责任或不遵守有关规章制度的行为。难怪持这种观点的同志认为两罪之间不仅“貌似”——都发生了责任事故，而且“神合”——犯罪构成的各个要件都基本上相同。然而，我们认为重大医疗责任事故罪与重大责任事故罪之间根本不是“貌似神合”，而是“貌合神离”，两者在犯罪构成的各个方面并不是基本相同，它们之间有着原则区别。其最大的区别就在于侵犯的客体不同，重大医疗责任事故罪侵犯的客体是公民的人身权利，其具体指向只能是就医的伤病员；重大责任事故罪侵犯的客体是公共安全，其具体指向是不特定多数人的人身安全。两罪发生的地点也不相同，重大医疗责任事故一般只能在医院发生，有时也可能在病人家中或旅馆里（家庭病床），重大责任事故罪主要发生于工厂、矿山、林场、建筑行业或其他企业事业单位。有的同志认为其他事业单位就包括医院在内，我们不同意这个观点。《刑法》第 114 条指的主要是厂矿重大责任事故的犯罪，是直接从事生产的过程中，由于严重不负责任，违反规章制度而发生的重大事故。在本条企业之后所说的“事业单位”指的是校办工厂、科研所办的工厂等也有责任事故的单位，我们不能把所有的事业单位都包括进去。医院虽然也是事业单位，但它并不直接从事物质生产，而是通过广大医务人员辛勤的医疗和护理来使伤病员恢复健康。此外，重大医疗责任事故罪和重大责任事故罪虽然都只能由特殊主体构成，但重大责任事故罪的主体只限于上述企业事业单位的职工，而且不是这些单位的所有职工，只能是直接从事现场生产的人员才能构成，而重大医疗责任事故罪的主体只能由医务人员才能构成。

还有的同志主张重大医疗责任事故应按玩忽职守罪追究刑事责任。他们认为玩忽职守罪与重大医疗责任事故罪的犯罪主体相同，都是国家工作人员，犯罪的客体都是国家机关的正常活动，都是不履行其职务上应尽的义务，犯罪的客观方面都是在工作中严重不负责任，马虎草率，致使国家和人民的利益遭受重大损失，犯罪的主观方面都具有过于自信或疏忽大意过失的心理态度。我们认为，这些看法失之偏颇。其实玩忽职守罪与重大医疗责任事故罪除了主观方面有相同之处外，其他方面均有原则区别。首先，我国的医务人员不一定都是国家工作人员。实际上除了在全民所有制和集体所有制的医院里从事医务工作的人员以外，还有一些医务人员经卫生部门核准在私人医院里工作或自行开业（医务个体户），一些离休、退休的医务工作者经批准自己挂牌行医等，这些人不能全都视为国家工作人员，但其行为可能构成重大医疗责任事故，如按玩忽职守定罪，就不符合主体的构成要件。其次，重大医疗责任事故罪侵犯的同类客体不是国家机关的正常管理活动，而是公民的人身权利，再说重大医疗责任事故罪在客观方面有其特定的表现形式，这就是只能在医疗护理工作中对伤病员的生命或健康造成严重危害，而玩忽职守罪一般是在行政管理过程中发生，其客观方面的表现也不尽相同。

由上可见，重大医疗责任事故罪有其本身的犯罪构成。从犯罪的客体来看，它侵犯的同类客体是公民的人身权利，直接客体是伤病员的生命或健康。从犯罪的客观方面来看，表现为行为人在医务工作中严重不负责任，马虎草率，不认真履行其职责的行为（作为或不作为）直接造成了伤病员死亡或残废（重伤）的严重后果。从犯罪主体看，行为人必须是医护人员这类特殊主体。犯罪的主观方面是出于过失。正因如此，我们认为把重大医疗责任事故罪直接或类推定为过失杀人罪、过失重伤罪或按重大责任事故罪、玩忽职守罪论处，都显然失当。所以，为了解决目前司法实践中和刑法学界所遇到的这一问题，我们建议修订刑法时在我国刑法第二编分则第四章侵犯公民人身权利、民主权利罪中增设有关医疗责任事故罪的条文。这样对惩治、预防和减少重大医疗责任事故犯罪，保护伤病员的人身权利，保护医务人员医疗、科研、教学的积极性和创造性，保障医务部门正常的工作秩序，都具有重大的意义。

胁迫式抢劫与敲诈勒索辨异*

郭旦霞**

胁迫式的抢劫同敲诈勒索这两种行为，虽然都具有暴力威胁、要挟、恫吓等手段，但是，有其明显的不同。

实现威胁内容的时间不同。敲诈勒索罪实现威胁内容的时间，一般是将来，而抢劫罪则是扬言当场付诸实现。例如，被告人陈某听说钟某家藏有一块价值人民币一千元的金表。一天，陈某持跳刀闯进屋，用刀对准钟某的头部，威胁钟某说出放金表的位置，而将金表拿走。这种情况是陈某用胁迫的手段使钟某不能抗拒而说出了放表的位置，抢定了表，当然应以抢劫罪论处。如果，陈某持跳刀闯进屋后，用刀对准钟某的胸部说，两天内将金表送到X地，不然就要烧毁钟某的房屋，然后离开。到了第二天，钟某怕被害，也怕自己的房屋被烧，而到X地交出了金表给陈某。这种情况，就是以暴力相威胁的手段，使被害人畏惧而交出财物，同时，又有一定的期限，所以，应当以敲诈勒索罪论处。

是否抓被害人的隐私。胁迫式的抢劫，不抓他人隐私，无论被害人有无隐私，都实施精神胁迫，取定其财物。敲诈勒索行为，一般地以揭发被害人的隐私相威胁，扬言毁坏其名誉、人格，进行恐吓。这种威胁，主要是行为

---

* 本文原载于《人民司法》1987年第2期。

** 西南政法学院教授。

人向组织或他人揭发被害人的弱点、短处，如行为人以泄露被害人曾与人通奸、以泄露被害人的健康状况等相威胁，以获取财物。

是否借用第三者的力量实施胁迫。胁迫式的抢劫，行为人总是直接胁迫被害人，而敲诈勒索的胁迫，有的由行为人自己实施，有的则借用他人或组织的力量实施。例如，青年女工甲去商店买一包针，趁售货员不注意，就悄悄地多取了三包针，旁边的乙看得清清楚楚。当甲刚走出店门时，乙挡住去路，叫甲把手表给他，否则他就要向商店的售货员和甲的厂长告发。甲当时十分惊惶，央求乙不要告发，把手表撸下给了他。这里乙借用了售货员和厂领导的力量进行恫吓，使他敲诈勒索的目的得逞。

是否必须当面实施胁迫。胁迫式的抢劫，行为人只能是而且必须是面对被害人实施胁迫。而敲诈勒索的威胁，可以面对或者不面对被害人实施。如有的敲诈勒索，就是托人口头转告威胁内容，以迫使就范。

是否必须取得财物。胁迫式的抢劫只能取得有形的财物。而敲诈勒索取得的非法利益的性质，可以是财物，也可以是非财物，即财产性质的利益。如叫被害人无偿为其提供劳务、免费治病或取得某种财产权等。

取得非法物质利益的时间不同。胁迫式的抢劫，是当场取得非法财物。敲诈勒索取得非法物质利益的时间，可以是当场或者指定以后的一定时间。

是否以毁坏财产相威胁。胁迫式的抢劫，其目的是非法劫取财物、不以毁坏财产相威胁。而有的敲诈勒索以毁坏财产相威胁，这种威胁一般是指毁坏财产造成的损失比较大，其价值是几倍或几十倍于行为人向被害人所索要的财物。其目的，是使这种威胁足以影响被害人，使他迫于压力，按照行为人的要求办。如果行为人威胁被害人说，到期不寄出五千元钱，就拔掉他的一棵青菜，则被害人不会感到有多大的威胁，这种敲诈勒索行为，很难形成既遂犯罪。

胁迫内容的危害对象有时不相同。胁迫式的抢劫，胁迫的内容只能是直接地危害被害人，而敲诈勒索胁迫的内容，可能危害被害人，也可能危害被害人的亲属或其他关系人。如甲对乙说，限你三天内给我两千元钱，否则，我把你的独生儿子杀死，这也是一种敲诈勒索的行为。

是否利用被害人的困境相威胁。行为人利用被害人遇到难以抗拒的困难，威胁被害人，若不交出一定数量的财物，就不帮他解脱困境。例如，甲从银行里取出一万元存款，在距回家仅半公里的路上，突然发生了急性阑尾炎，肚子疼得厉害，倒在路旁直打滚。甲请求同行的乙叫一下甲的亲人来背他回去。可是，乙却借机说要甲当即给他五千元钱才去叫，不然，经过甲的家门口，也不帮忙叫人。这时，甲无可奈何，只好心疼地给乙五千元钱。这就是利用他人处于难以抗拒的困境，进行敲诈勒索的一例。胁迫式的抢劫作案，虽然在作案环境上有所选择，但是，一般都不是非选择在被害人难以抗拒的困境下不可，而只是选择在实施胁迫抢劫行为时，无人救援的环境即可。

是否利用被害人的急切要求相威胁。所谓急切要求，诸如招干招工、调动工作、入党提级、升学、参军、分配住房、平反冤假错案等。行为人以不给一定数量的财物就不给解决相威胁。例如，某人以不给一定数量钱或物就不给平反威胁被害人，在半年时间内，就向八个被害人索取人民币三千三百元，不仅使被害人在经济上遭受损失，而且在政治上使党和政府的威信遭受到严重的损害。而胁迫式的抢劫，无论被害人处于什么心理状态下，有急切要求也罢，无急切要求也罢，都可能实施其抢劫行为。

是否以栽赃诬陷相威胁。甲、乙、丙、丁四人，探知章某有五千元钱。四人合谋后，对章某说："昨晚县供销社营业柜被小偷撬开偷走了一大笔钱，公安局正在破案寻找罪犯，你的钱是偷县供销社的，赶快拿出来作五股分，不然，我们就要去政法机关告你，我们四人一起作证，你就是跳进黄河也洗不清。"章某惧于威胁，只好拿出四千元给四人分了。这就是栽赃诬陷式的敲诈勒索。而抢劫的胁迫内容，是不必栽赃诬陷的，若受害人不满足其要求交出财物，就将胁迫的内容直接加害于受害人。在一定条件下，事物是不断发展、变化的。敲诈勒索罪，在一定条件下，可能转化为抢劫罪。如果行为人在进行敲诈勒索时，当即遭到被害人的拒绝而当场对被害人采用了暴力行动，抢走其财物，这时，敲诈勒索转化为抢劫，应以抢劫罪论处。

另外，在一定条件下，敲诈勒索罪也容易转化为数罪。在对犯罪行为定性量刑时，必须十分注意。行为人实施敲诈勒索行为，实现了既定目的，就构成了敲诈勒索罪既遂。假若受到被害人拒绝，而行为人把威胁的内容付诸实现，则往往触犯了毁坏公私财物、故意伤害、故意杀人或其他罪名。这时，就应当将敲诈勒索罪和其他犯罪，按照数罪并罚的原则，进行处罚。

敲诈勒索罪和抢劫罪，尽管都是侵犯财产罪，但是，严格区分它们，仍然有着极为重要的意义。其一，从主体上看，能够划清罪与非罪的界限。抢劫罪与敲诈勒索罪虽然同是一般主体，但是，主体条件也不完全相同。根据《刑法》第 14 条的规定，一般的敲诈勒索罪，只有满 16 周岁的人才负刑事责任，而已满14周岁的人对抢劫罪就应当负刑事责任了。若一个已满14周岁而未满16周岁的人进行了敲诈勒索（不是严重破坏社会秩序的犯罪〉，不认为是犯罪，当然不负刑事责任了。相反，若错误地将其定为抢劫罪，就造成了错案。所以，正确区分出胁迫式的抢劫，还是敲诈勒索，有时，也是区分罪或非罪的界限。其二，从法定刑来看，抢劫罪最高法定刑为死刑，还可并处没收财产，而敲诈勒索罪，最高法定刑是有期徒刑7年。由此可见，正确区分抢劫罪同敲诈勒索罪，既可以使无罪之人不受冤判，有罪之人不漏法网，也可以防止适用刑罚处罚犯罪时造成畸轻畸重、该杀不杀，不该杀而错杀的恶果出现。

谈谈交通肇事罪的认定和处罚*

张炳明**

近年来，随着各种现代交通工具的发展，交通肇事出现了上升趋势，不仅公路交通肇事日益增多，就是过去少见的海损事故、火车事故、航空事故也时有发生。值得注意的是，有些犯罪分子利用交通工具进行犯罪活动，混杂于交通肇事之中，这就出现了更为复杂的新情况。因此，笔者就对交通肇事罪经常碰到的几个界限问题提出共同探讨。

一、对交通犯罪客体的再认识

根据《刑法》第113条规定，交通肇事罪是指从事交通运输的人员违反规章制度，因而发生重大事故，致人重伤、死亡或者使公私财产遭受重大损失的行为。该条第2款又规定："非交通运输人员犯前款罪的，依照前款规定处罚。"据此，交通肇事罪侵犯的直接客体，是交通运输秩序和安全。所谓安全，是对不特定多数人的人身安全和重大公私财产的安全而言，亦即公共安全而言。所谓交通运输，仅指空中运输、水上运输、陆上火车运输和公路交通运输中，一旦发生事故就可能危及不特定多数人的生命、健康或者使公私财产遭受重大损失之运输。至于板车、自行车、人力车、鸡公车、牛

* 本文原载于《现代法学》1988年第3期。

** 西南政法学院教授。

车等运输，不包括在《刑法》第113条的交通运输之中，因为这类交通工具即使发生事故，也不能危及不特定多数人的生命，使公私财产遭受重大损失。这类运输中，造成了致人死亡、重伤的情况，不构成交通肇事罪，可构成过失杀人罪或过失重伤罪。有同志认为交通肇事罪中所说的交通运输仅指“现代化交通运输”，这种概括与事实不符。比如，水上运输中的木船、牛皮船等并非现代化交通运输，而系古老的交通运输工具，但它乘人载物多，一旦发生事故，不仅可能危及不特定多数人的人身安全或公私财产的重大损失，甚至造成更严重的后果。这类古老的交通运输也应包括在《刑法》第113条的交通运输之中。据此，《刑法》第113条的交通运输，应当包括一旦发生事故便可能危及交通运输方面之公共安全的一切运输。

二、注意划清交通肇事罪同利用交通工具故意杀人的界限

一般的故意杀人同交通肇事容易区别，但用交通工具杀人或者交通肇事后故意杀人的情况，往往容易混淆。实践中与交通活动有关的故意杀人有以下几种情况：一是犯罪分子把交通工具作为杀人的工具，可分为直接故意杀人和间接故意杀人。前者如郎某头天在舞厅跳舞与人发生口角，被朱某打伤，第二天郎某行车中见朱某一人在公路边行走，即将车拐向路边将朱某轧死后逃走。这显然是故意杀人罪。后者如司机高某一天停车在路边，开车时故意将附近一挑蜂窝煤压烂，煤主发现跳上踏脚板，手抓车门，喊高某赔煤。高某叫煤主下去，煤主不从，高某就一面加速开车，一面把煤主推下车去，致煤主被高某的车子后轮压死。高某虽不希望煤主死亡，但明知在快速行车中将煤主推下造成伤亡的可能性是存在的，却持放任的态度。故高某对煤主的死亡应负间接故意杀人罪责。二是行为人交通肇事后，发展为故意杀人的情况，这种情况也有直接故意杀人和间接故意杀人之分。交通肇事后行为人希望被害人死亡，客观上直接把被害人杀死或将其置于必死之地，此系直接故意杀人。行为人肇事后，为逃避罪责，置被害人的生死于不顾，将被害人转移到不易被人及时发现的偏僻之地造成死亡，或者行为人将人致重伤后，明知不及时抢救可能死亡，却弃之不管，因而造成被害者死亡。这是交通肇事后的间接故意杀人。

以上几种故意杀人的情况，从表面看都与交通活动有关，但与交通肇事罪却是不同的。两者的主要区别在于：在主观方面，故意杀人之行为人不仅明知会发生死亡结果，而且希望或者放任死亡结果的发生；交通肇事罪致人

死亡的情况，行为人不管对死亡结果是否有预见，他们都是反对死亡结果的发生。在客观方面，故意杀人之行为总是针对特定的人实施的，而且都是有条件制止死亡结果发生而故意不制止；交通肇事罪的行为人在何时、何地、致何人死亡是无法预定的，往往发生于危难紧急状态下，想避免而避免不了。只要抓住上述特征，就不难把两者划分开来。

三、要分清交通肇事罪同故意危害公共安全罪的界限

近年来多处发现有犯罪分子利用汽车、摩托车等在公共场所故意向人群撞压，使不特定多数人的人身安全处于危险状态，甚至造成很严重的恶果。这类情况不是交通肇事罪，而是以汽车撞轧人群的危险方法危害公共安全罪。因为行为人不仅是故意，而且有意使不特定多数人死伤，使公共安全遭受危害和破坏。交通肇事虽然发生在公共场所的不少，但纯系过失所致，行为上无所谓针对性。

四、要分清一罪与数罪的界限

一般情况下交通肇事罪与数罪是无关的。但在特殊条件下，比如，盗窃汽车后，将其开去出卖或者将其用于运输的过程中，发生车祸，致他人重伤死亡、重伤的，或者把车毁掉等，这类情况就产生是一罪还是数罪的区分问题。盗车后，开去出卖、用于运输中发生车祸致人重伤、死亡的，应以盗窃罪和交通肇事罪数罪并罚。因为行为人的行为既符合盗窃罪的构成，也符合交通肇事罪的构成。然而，发生车祸只是把盗来的车毁了，或者故意把盗来的车毁了，却不成立数罪。因为这里的毁车仅属对盗来的车支配问题，构不成新的犯罪，故对行为人只能以盗窃这一个罪定性。

对交通肇事罪的处罚，总的来说不外乎两个问题：

一个问题是排除干扰，依法惩处。这方面的情况复杂，常见的有“司机肇事，单位出钱”“以钱赎罪”“发现易，判罪难”“惩外不惩内”“惩软怕惩硬”“大事化小，小事化了”等。为了防止和减少交通肇事的发生，在处理上应注意以下问题：第一，加强经济处罚，根除司机肇事、单位出钱的弊端。长期以来国营、集体单位的交通肇事均是个人肇事，单位出钱负责赔偿、安葬、治疗、修复交通工具等费用。肇事人员在经济上毫无压力，很不利于警戒肇事者。这类情况必须彻底改变，使肇事人承担全部或相当经济责

任，以利于防止交通肇事。第二，杜绝以钱赎罪，使一切构成交通肇事罪而又不具备免除条件者，均受到刑罚处罚。对于那种犯交通肇事罪隐瞒不报，用金钱收买被害人及其亲属私下解决的，应追究法律责任。第三，排除干扰，一视同仁。即不管是何人，无论是外地人还是本地人，是亲人、熟人还是生人，只要情节相同，都应以同一尺度处罚。

另一个问题是分清情节、恰当处罚。分清情节问题，主要解决在构成交通肇事罪的前提下，情节是否特别恶劣的问题。从司法实践看。以下情节应视为恶劣：经常或多次违章肇事，屡教不改，发生重大事故的；重大事故发生后，畏罪潜逃的，破坏现场、毁灭罪证的，隐瞒事实真相、嫁祸于人的；造成多人死亡、重伤，或者使公私财产损失特别重大的；串通收买他人作伪证，以图蒙混过关的；抗拒逮捕或者对检举人、证人、有关司法人员行凶报复的；等等。行为人只要具备上述特别恶劣情节之一又无从轻、减轻、免除处罚情节的，就应在 3 年以上 7 年以下有期徒刑范围内，处以适当刑罚。其余不具备上述特别恶劣情节的，应在 3 年以下有期徒刑或者拘役范围内，处以适当刑罚。

关于非法所得罪的若干问题*

廖中洪**

《关于惩治贪污罪贿赂罪的补充规定》（以下简称《规定》）第11条第1款规定了非法所得罪，这是立法上为了清廉政风，有效地同国家工作人员的渎职犯罪行为做斗争而确立的一个新罪名。这一罪名不仅在诉讼证据上有较大突破，而且，其犯罪构成也有别于一般罪名。《规定》实施一年多来，理论界与司法界对于该罪有关问题的认识一直存在争论，有必要作进一步的理论探讨。

一、非法所得罪的犯罪客体与归类问题

非法所得罪侵害的是什么客体？应当如何归类？目前理论界基本上是三种观点：(1) 非法所得罪侵害的客体不特定，不能具体归入刑法分则八类犯罪中的任何一类。其理由在于，非法所得的犯罪方式多样化，既可能有贪污、诈骗，又可能有走私、投机倒把，还可能有受贿、出卖经济情报等。如果归入渎职罪，它实际上可能主要是贪污或诈骗所得；如果归入侵犯财产罪，它实际上可能主要是走私、投机倒把所得；如果归入破坏社会主义经济秩序罪，它实际上可能主要是受贿、出卖经济情报所得。因此，归入刑法分

---

* 本文原载于《法律科学》1989年第5期。

** 西南政法大学法学院教授。

则任何一类犯罪都不恰当。(2)非法所得罪侵害的客体,是公共财产和公民私人合法财产的所有权,应当归入侵犯财产罪。其理由在于,非法所得罪在构成上必须以非法所得数额巨大为必要条件,也就是说,在该罪中非法所得数额的大小,不仅决定了非法所得的罪与非罪,也决定着非法所得的罪重罪轻。换言之,行为人没有非法所得,或者非法所得尚不够巨大,即没有侵犯公私财产关系,或尚不到严重程度的,都不构成非法所得罪。因此,应归入侵犯财产罪。(3)非法所得罪侵害的客体是复杂客体。一方面是国家工作人员清正廉洁的声誉、形象,另一方面是公私财产的所有权。两者之中主要侵害的是前者,因此,应归入渎职罪。

笔者认为,上述前两种观点值得商榷,赞同第三种观点。

非法所得罪有无特定的犯罪客体,能否进行归类以及怎样进行归类,涉及犯罪客体的一些基本理论问题,特别是犯罪客体的认定和归类标准问题。因此,应当首先确定犯罪客体的一般认定和归类标准。

所谓犯罪客体,法学界通行的观点是指刑法保护的,而为犯罪行为所侵害的社会主义社会关系。按照这种公认的观点,成为我国刑法犯罪客体的社会关系必须具备两个条件。一是为某种犯罪行为所侵害;二是被立法者纳入了刑法保护范围。也就是说,在刑法上某种社会关系之所以成为某种犯罪的客体,主要取决于两面的因素。一是侵害行为的特征;二是立法者的意志。前者是指在性质上具有犯罪构成意义的行为特征,后者是指立法目的和立法思想。即在构成上,行为的特征不同,犯罪的社会政治意义及其侵害的社会关系就不同。在法律上,由于作为犯罪客体的社会关系已不是一般的社会关系,而是被立法者纳入刑事范畴,加以刑事保护,并作为一种评价标准而存在的法律规范。因而,某种行为是否侵害一定的社会关系,以及侵害的是哪种社会关系,又无不取决于立法者的意志。即同一种犯罪行为,由于立法者所要保护的侧重不同,归入的类别,即立法上认为它侵害的社会关系也不同。例如,同是遗弃行为,在联邦德国、瑞士刑法上被视为侵害生命、健康的犯罪,而在我国刑法上却是一种破坏家庭关系的犯罪。又如同窝藏赃物的行为,在苏联刑法上是一种危害公共安全、公共秩序的犯罪,在罗马尼亚刑法上是一种侵害个人财产与私有财产的犯罪,在我国刑法上却是一种妨害司法机关活动的犯罪。

就非法所得罪的性质而言,目前法学界比较统一的看法是一种事实推定的犯罪。所谓事实推定的犯罪,是指由客观存在的不法状态推定的犯罪。这里的不法状态，是指行为人非法拥有巨额来路不明财产的事实。推定，是指排除一切合法来源基础上的证明。这种证明对于行为人的犯罪事实而言，由于不是通过证据的直接证实，而是由司法人员在排除一切合法可能性基础上做的推定，因此，被推定行为的犯罪性虽然确定不移，但是，获取这些财物的具体犯罪方式却是不确定的。有可能是贪污，也有可能是受贿，还有可能是走私、投机倒把等。也就是说，非法所得罪实际上是在不能证实行为人是贪污还是受贿，或者是其他犯罪，同时也不能证实行为人巨额来路不明财产合法性的情况下构成的犯罪。如果能够证实财产的合法性，或者能够直接证实财产确系某种或几种犯罪所得，都不构成非法所得罪。由于行为获取巨额财产的具体犯罪方式不能确定，也不能证实，所以，非法所得罪构成意义的行为，只能是行为人非法拥有巨额来路不明财产本身，而不能是可能获取这些财物的具体犯罪方式。即在构成上，不论行为人以什么手段，通过什么方式去非法获取财物的，都不影响该罪的成立。该罪所要惩治的是行为人非法拥有巨额财产本身，而不是不能证实的犯罪手段和方式。因为，不论行为人非法所得的犯罪方式如何，国家工作人员非法拥有巨额不明财产本身都不可避免地直接危害国家工作人员的声誉、形象。第一种观点把非法所得可能具有的多重犯罪方式统视为该罪构成意义的行为，并由此结论非法所得罪是多重犯罪客体，就行为标准上看，不仅与推定性犯罪的基本行为特征相违背，而且，在构成上也混淆了非法所得罪与其他犯罪的界限。

对于非法所得罪的立法目的，王汉斌同志指出："近几年，国家工作人员中出现了个别财产来源不明的暴发户，或者支出明显超过合法收入，差额巨大，不是几千元，而是几万元、十几万元，甚至更多，本人又不能说明财产的合法来源，显然是来自非法途径。对这种情况，首先应当查清是贪污、受贿、走私、投机倒把或者其他犯罪所依照刑法有关规定处罚。但有的很难查清具体犯罪事实，因为没有法律规定，不好处理，使罪犯逍遥法外。事实上，国家工作人员财产超过合法收入差额巨大而不能说明犯罪事实，一些国家和地区的法律规定这种情况属于犯罪。因此，草案规定：国家工作人员的财产或者支出明显超过合法收入，差额巨大的，可以责令说明来源。本人不能说明来源是合法的，差额部分以非法所得论，处五年以下有期徒刑或者拘役，并处没收其财产的差额部分。"这一说明十分明确地表明了立法上设立这一罪名的主要目的，那就是以特殊的刑法规定来严厉打击国家工作人员中不择手段，以权谋私，腐败堕落的"暴发户"，肃贪倡廉，从而保证国家工作人员的廉洁。显然，国家工作人员清正廉洁的名誉、形象，是立法上设置该罪所要保护的主要内容。认为非法所得罪犯罪客体不特定，即没有特定保护内容的观点，与立法上设置这一罪名的宗旨是不相吻合的。

第二种观点把公私财产所有权作为非法所得罪的犯罪客体，并将此罪归入财产犯罪所持的基本依据，是非法所得罪构成上必须以非法所得数额巨大为必要条件。这种观点注意到了非法所得行为对于财产关系的侵害，以及非法所得数额在该罪构成中的意义，是无可非议的。但是，由此结论非法所得罪属于财产犯罪，却是值得研究的。

首先，就犯罪数额与犯罪构成的关系来看，不可否认，刑法上大多数财产犯罪都是以一定的犯罪数额为构成条件的，在财产犯罪中，犯罪数额不同行为的社会危害程度就不同，性质也不同。犯罪数额既是衡量财产犯罪社会危害程度的根据，也是定罪量刑的主要依据。只有当行为人的犯罪数额达到一定程度，进而表明其社会危害性达到严重程度时，才可以定罪处罚。对此，笔者并无异议。但是，这并不意味着大多数财产犯罪是以一定的犯罪数额为构成条件，就可以推而广之，任何以犯罪数额为构成条件的犯罪都是财产犯罪。因为，刑法上以一定犯罪数额为构成条件的犯罪，并不限于财产犯罪。走私、投机倒把、偷税、行贿、受贿等罪，按照刑法规定和有关司法解释，都是以一定犯罪数额为构成条件的，而这些犯罪绝非财产犯罪。这种主张在逻辑上的错误是显而易见的。

其次，就犯罪主体与犯罪客体的关系来看，虽然，在刑法中大多数犯罪主体与其侵害的客体并无必然联系，即行为人的身份关系如何并不影响其侵害的客体内容。但是，在某些情况下，同种犯罪行为由于主体身份关系不同，犯罪行为所侵害的客体以及社会政治意义也是不尽相同的。例如，同是非法隐匿、毁弃、开拆他人信件的行为，按照刑法有关规定，如果实施者是一般公民，侵害的是公民的通信自由权利，构成破坏通信自由罪，如果实施者是邮电工作人员，侵害的则是邮电工作的正常秩序，构成邮电工作人员的渎职罪。这两种犯罪由于主体身份不同，侵害的客体也各异。从法理上看，同种形式的犯罪行为在侵害的犯罪客体上之所以会产生这种差异，其主要原因，是法律上对于不同行为主体具有不同的责任要求。所以，非法所得罪作为国家工作人员的犯罪，虽然也非法占有公私财产，但是，这种行为主体对于公私财产的非法占有，与一般财产犯罪的社会政治意义是不完全相同的。一般财产犯罪不具有这一主体身份，非法占有公私财产侵害的只能是财产所有关系，而国家工作人员是依法代表国家执行社会各项管理职能的人员，受其身份、职业责任的限制，其非法占有公私财产侵害的就不仅仅是公私财产关系，更重要的是国家工作人员作为社会公仆所必须具有的清正廉洁的声誉和形象。这是没有这一特定身份关系的一般财产犯罪所不具备的。即虽然同是对于公私财产的非法占有，由于行为主体的特征不同，行为的社会政治意义就不同，侵害的客体也不同。第二种观点把非法所得罪对于财产关系的侵害，摆到首要位置，视为该罪的唯一客体，忽略了这种犯罪与一般财产犯罪的区别，即更深入一层的社会政治意义，是不甚全面的。

综上所述，主张非法所得罪没有特定犯罪客体或侵害的仅仅是公私财产所有权的观点，是难以令人信服的。国家工作人员作为国家职能工作的具体执行者，担负着组织、领导、管理国家各种职能活动的重大责任，其行为是否公正，为政是否廉洁，直接关系到整个国家和政府的形象，如果居官不正，为政不廉，以权谋私，非法取利，不仅侵害公私财产所有权，而且必然败坏国家工作人员的声誉、形象，从而影响国家机关的正常活动以及党和政府在人民群众中的威信。因而，在法律上对于这类人员作高于一般行为主体的要求，是维护国家工作人员的声誉，以及保证国家机关职能活动正常进行的保证。立法上之所以增设这一罪名，是为了从国家机关内部修明政治，整饬吏治，清除腐败现象，以维护国家工作人员清正廉洁的声誉和形象。这两者中，由于后者是主要的，根据我国刑法复杂客体以其主要直接客体决定其同类客体归属的原则，应归入渎职罪。

二、非法所得的范围问题

构成非法所得罪客观上必须具有非法所得的事实，这是毋庸置疑的，然而，什么是非法所得，应当怎样理解非法所得，理论上也存在不同认识。一种观点认为，非法所得是指的犯罪所得；另一种观点认为，非法所得是指的犯罪所得和其他的违法所得。这两种观点争执的焦点在于非法所得是否包括其他违法所得。笔者认为，非法所得既包括犯罪所得，也包括其他违法所得。其理由在于：

就非法所得的字面含义来看，非法所得的本意是包括了犯罪所得和其他违法所得的。所谓非法所得，是指一切不合法的收入，而一切不合法的收入，在外延上又包括一般违纪所得、一般违法所得和犯罪所得。也就是说，犯罪所得与其他违法所得实际上不过是层次不同的非法所得，即非法所得与犯罪所得和其他违法所得之间，存在逻辑上的包容关系。因此，就字面含义而言，非法所得当然包括了犯罪所得。

就非法所得罪的构成来看，按照《规定》，国家工作人员只要拥有的财产或者支出明显超过合法收入，差额巨大，且不能说明是合法的，就构成了该罪，至于行为人是采用什么手段，通过什么方式非法获取的，并不影响犯罪的成立。也就是说，在构成上对于非法所得行为的性质、范围，立法上并未作特殊要求。之所以如此，其根本原因在于，无论这些财产是因犯罪所得，还是其他违法所得，都不可避免地危害国家工作人员的声誉、形象。所以，在构成上非法所得是包括了犯罪所得和其他违法所得的。

就非法所得罪的法定刑来看，非法所得罪最高只能判处 5 年有期徒刑，这种法定刑幅度与同属于国家工作人员的渎职犯罪，或者具有渎职性质的贪污、受贿等罪相比，差距较大，后者的法定刑不仅大大高于非法所得罪，而且情节特别严重的可以判处死刑。之所以如此，究其原因，我们认为主要是因为非法所得的来源有多重性，立法上正是考虑到了非法所得的性质比较复杂，不同于单纯的贪污、受贿等犯罪所得，所以，在法定刑上才作出如此悬殊的规定，如果非法所得的立法本意纯粹是指犯罪所得，那么在处罚上作出如此悬殊的规定，就有些不可思议了，因为很明显，这种罚不当其罪的规定与罪刑相适应的刑法基本原则是相悖的。因此，把非法所得均解释为犯罪所得，在法理上也是不能成立的。

三、非法所得的数额问题

按照《规定》，构成非法所得罪客观上必须要具有非法获取财物数额巨大，且不能说明来源合法这一条件。而何谓数额巨大？目前立法、司法上均无明确解释，因而，司法实践中在掌握上差别较大。有同志认为，数额巨大的标准应按照贪污罪数额巨大的标准执行，其理由在于，非法所得罪与贪污罪属于同一类型的犯罪。有同志认为，数额巨大的标准应由各地按照其不同的社会经济生活状况灵活掌握。笔者认为，这两种观点都是不甚妥当的。

首先，在立法与司法上没有对数额巨大的标准作出明确解释前，我们认为，各地在犯罪数额的掌握上应有一个统一的参照标准。如果没有统一的参照标准，而是由各地按照其地区经济生活状况灵活掌握，那么在经济发达地区与不发达地区的掌握上，势必出现较大差别，这不仅会破坏非法所得罪本身的规定性，而且，在法律上也是极不严肃的。因此，对于数额巨大标准的掌握应有一个统一的参照标准。这个参照标准应当是目前立法上关于贪污罪数额巨大所规定的标准。

其次，现行的贪污罪数额巨大的标准，仅仅是一个参照标准，而不能是实际执行标准。因为，贪污罪与非法所得罪虽然具有某些相同点，但毕竟不是同一种犯罪，两种犯罪在主、客观方面都存在较大差别，所以，只能是参照标准。也就是说，非法所得罪数额巨大的标准，应在参考贪污罪数额巨大标准的基础上，结合非法所得罪的具体情况加以掌握。一般地说，非法所得罪数额巨大的标准应高于贪污罪数额巨大的标准，其幅度应视非法所得的性质而定。如果有证据表明非法所得均系贪污、受贿，只因证据不足，无法直接评判的，那么，高于贪污罪数额巨大标准的幅度应小一些，如果没有证据说明非法收入系犯罪所得，只能证实收入的非法性，那么，高于贪污罪数额巨大标准的幅度就应当大一些。

关于欺诈性犯罪的若干问题研究*

邓又天** 李永升***

欺诈性犯罪是一类古老而常新的犯罪，历来为法律所不齿。然而，由于历史的相因相习，这类犯罪却从未销声匿迹过，相反地，一有适宜的气候便狂滋猛长，成为社会上难以根治的痈疽。近年来，在我国，随着改革开放的日益深入和市场经济的逐步建立，各种不同类型的欺诈性犯罪也在新的历史条件下出现了不断上涨的势头，成为严重制约和破坏市场经济形成与发展的重大障碍。因此，如何更好地惩治各种各样的欺诈性犯罪活动，就成为当前发展社会主义市场经济亟待研究解决的问题。本文拟就惩治欺诈性犯罪的立法完善和司法适用问题略陈粗浅看法，以资共同研究。

一、欺诈性犯罪的概念和本质属性

在国外，大多数国家一般不把欺诈归类于刑法管辖的范围，而将其归类于民事法律关系。他们一般只有"欺诈"这一概念，无论是触及刑法的欺诈还是隶属于民事法律关系上的欺诈，都是在同一意义上来使用的。

在我国，按照《现代汉语词典》的解释，所谓欺诈就是用狡诈的手段

---

* 本文原载于《现代法学》1996 年第 5 期。

** 西南政法大学教授。

*** 西南政法大学教授。

骗人。这是从语言学的角度对“欺诈”一词所做的解释。那么在法律意义上“欺诈”又是指的什么呢？最高人民法院《关于贯彻执行〈中华人民共和国民法通则〉若干问题的意见（试行）》第68条规定：“一方当事人故意告知对方虚假情况，或者故意隐瞒真实情况，诱使对方当事人作出错误意思表示的，可以认定为欺诈行为。”虽然“欺诈”一词从单纯的语言学意义上与“诈骗”无实质性区别，但由于我国在法律上对它们作了不同的区分，因此这两种行为就带有不同的法律色彩。一般说，欺诈属于民法处理的行为，行为人实施该行为，只须承担民事责任，无须承担刑事责任，而诈骗则属于刑法惩治的行为，行为人实施该行为，则要承担刑事责任。

欺诈性犯罪是诈骗犯罪以及与诈骗有关的其他犯罪的总称，也即是以欺诈为手段构成的一切犯罪的总和。欺诈性犯罪作为研究该类犯罪的理论概念，其外延不仅包括刑事立法中规定的各种以欺骗方法为基本手段的犯罪，而且还包括刑事立法中所规定的某些涉骗性的犯罪。因此，从欺诈性犯罪的外延来看，其内涵与传统意义上的一般诈骗犯罪有很大差别。根据欺诈性犯罪的涵盖范围及其行为特点，我们可以对其概念作如下表述：凡是行为人出于欺骗的故意，以虚构事实或者隐瞒真相的欺骗方法，使受害人误无为有或者误假为真而受骗上当，依照刑法的规定应受刑罚处罚的行为，都属于欺诈性犯罪。

从欺诈性犯罪的上述概念中，我们不难发现，无论是从主观故意内容还是从客观表现形式来看，欺诈是构成该类犯罪的本质特征。那么对这一本质属性应当如何理解呢？笔认为，可以从以下两个方面来把握。

（一）从犯罪人的角度来理解，欺诈性犯罪的本质属性就是虚构事实与隐瞒真相，借此达到欺骗的目的

所谓虚构事实就是行为人凭空捏造根本不存在的事实或者夸大事实，故意使对方产生与事实不符的错误判断，从而诱导对方按照自己的犯意行事，最终达到欺诈的目的。所谓隐瞒真相就是行为人有意掩盖客观事物的本来面目，将本应告知对方的真实情况不告诉对方，使对方在不知底细的基础上陷入行为人设置的圈套，最终达到欺诈的目的。在司法实践中，无论行为人是采取虚构事实的欺骗方法，还是采取隐瞒真相的欺骗方法，或者二者同时或交叉使用，其本质都是制造假象，蒙骗被害人，从而使被害人受骗上当，因而均可构成欺诈性犯罪。

（二）从被害人的角度来理解，欺诈性犯罪的本质属性就是误无为有与误假为真，因此受骗上当

所谓误无为有就是被害人听信犯罪人的谎言，从而作出与事实完全相反的错误判断，把根本不存在的事实当作已经存在的事实，以致“自愿”交出自己的财物或者其他利益，使犯罪人的欺诈行为得逞。所谓误假为真就是被害人对犯罪人的所隐瞒的真实情况不知底细，从而作出错误的判断，把虚假的事实误认为真实的事实，以致“自觉”地陷入犯罪人设置的圈套，蒙受无辜的损失。误无为有与误假为真从实质上来讲并无多少差异，都是被害人听信谎言，产生认识上的错误，从而作出与事实完全不符的错误判断，以致陷入对方设置的圈套而上当受骗。所不同的是前者是受害人将根本不存在的事实当成已经存在的事实而受骗，而后者是受害人将一种虚假的事实误认为另一种真实的事实而受骗。在司法实践中，无论受害人误无为有还是误假为真，都可以作为受骗的事实并据此追究犯罪人的法律责任。

综上所述，欺诈性犯罪的本质属性关键就在于一个“骗”字，从犯罪人的角度讲是欺骗，从被害人的角度讲是受骗。这两种相对的行为特点，既反映了犯罪人的狡猾奸诈，也反映了被害人的盲从轻信。因而，对欺诈性犯罪来讲，一方面要强调惩治与打击，另一方面也要强调警惕与防范。

二、欺诈性犯罪的立法规定及其分类

根据我国现行刑法以及全国人大常委会颁布的单行刑法的规定，关于欺诈性犯罪的类型，根据刑事立法所规定的内容，从总体上可将其分为以下三个方面。

（一）传统型欺诈性犯罪

所谓传统型欺诈性犯罪是指那些由来已久，在社会上长期流传且人所周知的各种欺诈性犯罪的总称。这类犯罪按照我国刑法的规定，又可将其进一步分为普通型欺诈性犯罪与特殊型欺诈性犯罪两大类。

1. 普通型欺诈性犯罪

普通型欺诈犯罪是欺诈性犯罪的最基本的表现形式。根据我国刑法的规定，这类犯罪主要包括《刑法》第 151 条规定的诈骗罪和第 152 条规定的惯骗罪。所谓诈骗罪是指行为人以非法占有为目的，用虚构事实或者隐瞒真相的方法，骗取数额较大的公私财物的行为。所谓惯骗罪是指行为人诈骗已

成习性，并以诈骗所得为其挥霍或生活的主要来源的犯罪行为。这两种犯罪虽然在作案时间、次数、数额以及主观恶性和社会危害程度上均有较大差异，但由于它们犯罪的基本行为方法都离不开虚构事实与隐瞒真相这两种方法，因而同属普通型欺诈性犯罪。

2. 特殊型欺诈性犯罪

特殊型欺诈犯罪是欺诈性犯罪的特殊表现形式。这类犯罪从广义上讲包括一切除普通诈骗犯罪以外而与之相对应的其他特殊形式的诈骗犯罪，但从传统意义上来讲，这类犯罪主要指那些由特殊主体或者采用特殊手段构成的欺诈性犯罪。根据刑法规定，这类犯罪主要包括第 165 条规定的神汉、巫婆造谣、诈骗罪和第 166 条规定的冒充国家工作人员招摇撞骗罪。这两种欺诈性犯罪与普通型欺诈性犯罪之区别：一是主体不同，二是采取的手段和方法不同，但从本质上来讲都离不开一个“骗”字，因而属于欺诈性犯罪之列。

（二）经济型欺诈性犯罪

所谓经济型欺诈性犯罪是指在我国经济领域中出现的各种带有经济欺诈性质的诸种犯罪的总称。由于该类犯罪主要是在我国改革开放的新形势下于生产、交换、分配、消费等经济领域中形成的，具有很多新的特点，因而亦可称之为新兴型欺诈性犯罪。与传统型一般性欺诈犯罪相比，该类犯罪虽然在犯罪的基本方法上没有质的变化，然而在犯罪构成的其他方面都有诸多明显的区别，这主要表现为：（1）侵犯的客体不同。传统型一般性欺诈犯罪侵犯的客体是公私财物所有权；而经济型欺诈性犯罪侵犯的客体不仅侵犯了公私财物所有权，还侵犯了社会主义经济秩序。因此，前者为简单客体，后者为复杂客体。（2）犯罪的主观方面不同。传统型一般性欺诈犯罪在主观上只能由直接故意才能构成，且具有非法占有之目的；而经济型欺诈性犯罪在主观上既可以由直接故意构成，也可以由间接故意构成，且不一定以非法占有为目的。（3）犯罪主体不同。传统型一般性欺诈犯罪的主体只能由自然人才能构成；而经济型欺诈性犯罪的主体既包括自然人，也包括法人，二者均可以构成其犯罪主体。

根据我国刑事立法的规定，关于经济型欺诈性犯罪按其侵犯的具体经济关系不同，可将其分为妨害税收管理的欺诈性犯罪，侵犯商标管理的欺诈性犯罪，妨害产品质量的欺诈性犯罪，违反公司管理的欺诈性犯罪，破坏金融秩序的欺诈性犯罪和妨害票证管理的欺诈性犯罪等六种类型。

1. 妨害税收管理的欺诈性犯罪

妨害税收管理的欺诈性犯罪主要是指妨害国家税收管理正常活动的各种欺诈性犯罪的总称。根据我国现行刑法和《关于惩治偷税、抗税犯罪的补充规定》的规定，属于这种类型的犯罪有《刑法》第121条规定的偷税罪和该补充规定第5条规定的骗取国家出口退税款罪。

2. 侵犯商标管理的欺诈性犯罪

侵犯商标管理的欺诈性犯罪主要是指侵犯国家的商标管理制度和他人注册商标专用权的各种欺诈性犯罪的总和。根据我国现行刑法和《关于惩治假冒注册商标犯罪的补充规定》的规定，属于这种类型的犯罪有《刑法》第127条规定的假冒注册商标罪和该补充规定第1条第2款规定的销售假冒注册商标的商品罪。

3. 妨害产品质量的欺诈性犯罪

妨害产品质量的欺诈性犯罪主要是指侵犯产品质量管理制度和消费者合法权益的各种欺诈性犯罪的总称。根据全国人大常委会颁布的《关于惩治生产、销售伪劣商品犯罪的决定》的规定，属于这种类型的犯罪有该决定第1条规定的生产、销售伪劣产品罪，第2条规定的生产、销售假药罪和生产、销售劣药罪，第3条规定的生产、销售不符合卫生标准的食品和生产、销售有毒、有害食品罪，第4条规定的生产、销售伪劣医疗、卫生器材罪，第5条规定的生产、销售不符合安全标准的产品罪，第6条规定的生产、销售伪劣农业生产资料罪，第7条规定的生产、销售伪劣化妆品罪。

4. 违反公司管理的欺诈性犯罪

违反公司管理的欺诈性犯罪主要是指违反公司登记管理制度和侵犯股东、债权人和公众利益以及公司合法财产权益的各种欺诈性犯罪的总称。根据全国人大常委会颁布的《关于惩治违反公司法的犯罪的决定》的规定，属于这种类型的犯罪有决定第1条规定的公司登记欺诈罪，第2条规定的出资欺诈罪，第3条规定的欺诈发行股票、公司债券罪，第4条规定的提供虚假财会报告罪，第5条规定的公司清算欺诈罪，第6条规定的提供虚假资产证明文件罪。

5. 破坏金融秩序的欺诈性犯罪

破坏金融秩序的欺诈性犯罪主要是指破坏我国金融管理秩序和银行信用以及商业信用的各种欺诈性犯罪的总称。根据全国人大常委会颁布的《关于惩治破坏金融秩序犯罪的决定》的规定，属于这种类型的犯罪有该决定

第 1 条规定的伪造货币罪，第 4 条规定的使用伪造的货币罪，第 5 条规定的变造货币罪，第 6 条规定的伪造、变造金融机构经营许可证罪，第 8 条规定的集资诈骗罪，第 10 条规定的贷款诈骗罪，第 11 条规定的伪造、变造金融票证罪，第 12 条规定的金融票据诈骗罪，第 13 条规定的信用证诈骗罪，第 14 条规定的信用卡诈骗罪，第 16 条规定的保险诈骗罪。

6. 妨害票证管理的欺诈性犯罪

妨害票证管理的欺诈性犯罪主要是指侵犯国家对各种票证进行管理的各种欺诈性犯罪的总称。根据我国现行刑法和《关于惩治虚开、伪造和非法出售增值税专用发票犯罪的决定》的规定，属于这种类型的犯罪有《刑法》第 120 条规定的伪造计划供应票证罪，第 123 条规定的伪造有价证券罪，第 124 条规定的伪造有价票证罪，上述决定第 1 条规定的虚开增值税专用发票罪，第 2 条规定的伪造或者出售伪造的增值税专用发票罪，第 5 条规定的虚开退税、扣税发票罪和虚开一般发票罪，第 6 条规定的伪造或者出售伪造的退税、扣税发票罪和伪造或者出售伪造的一般发票罪，第 7 规定的骗取发票罪。

（三）涉骗型欺诈性犯罪

所谓涉骗型的欺诈性犯罪是指那些不以诈骗为基本形式而是在犯罪过程中或者使用的手段上牵涉欺骗方法的一种犯罪类型。这类犯罪的特点是：其一，每种犯罪的基本行为不完全都是以欺骗为手段，而同时还兼杂其他犯罪手段。其二，每种犯罪虽然不是以欺诈为基本形式，但在犯罪过程中或者使用的手段上又牵涉欺骗的方法。根据我国现行刑法以及全国人大常委会颁布的单行刑事法律的规定来看，属于这种类型的犯罪主要有：

1. 投机倒把罪

根据我国《刑法》第 117 条规定，该罪是指行为人以牟取非法利润为目的，违反国家金融、外汇、金银、物资、工商管理法规，非法从事工商业活动，扰乱市场，破坏社会主义经济秩序，情节严重的行为。本罪从总体上讲不属于典型的欺诈性犯罪，但行为人在客观上使用的以次顶好、以少顶多、以假充真、掺杂使假、买空卖空等手段均属于欺诈性行为，因此属于涉骗型欺诈性犯罪的范畴。

2. 拐卖人口罪

根据《刑法》第 141 条规定，该罪是指行为人以营利为目的，采用欺骗、利诱、胁迫等手段，将他人卖给第三者的行为。本罪在客观上虽然没有将欺骗作为基本形式，而是作为一个选择使用的方法，但由于其手段涉及欺骗方法，因而亦属于涉骗型欺诈性犯罪的范畴。

3. 贪污罪

根据我国《刑法》第155条和《关于惩治贪污罪贿赂罪的补充规定》第1条规定，该罪是指国家工作人员、集体经济组织工作人员或者其他经手、管理公共财物的人员，利用职务上的便利，侵吞、盗窃、骗取或者以其他手段非法占有公共财物的行为。本罪从本质上来讲属于渎职犯罪的范畴，不属于欺诈性犯罪之列。但由于该罪行为人利用职务之便骗取公共财物的行为属于欺诈性行为，故而将其划入涉骗型欺诈性犯罪的范围。

4. 伪造、变造公文、证件、印章罪

根据《刑法》第167条规定，该罪是指对行为人伪造、变造机关、企业、事业单位和人民团体的公文、证件、印章的行为。由于伪造、变造的公文、证件、印章本来就是假的，因此只要行为人予以使用就带来欺诈性质，故该罪亦应划入涉骗型欺诈性犯罪之列。

5. 拐骗儿童罪

根据《刑法》第184条规定，该罪是指行为人拐骗不满14周岁的男女儿童脱离家庭或者监护人的行为。该罪与拐卖人口罪一样，在客观上虽然欺骗方法不是唯一的基本方法，但属于行为人选择使用的主要方法，因此，亦可将其列入涉骗型欺诈性犯罪之中。

6. 侵犯著作权罪

根据《关于惩治侵犯著作权的犯罪的决定》第1条规定，该罪是指行为人以营利为目的，侵犯他人著作权，违法所得数额较大或者有其他严重情节的行为。本罪的客观表现形式很多，且大多数不属于欺诈性行为。根据该决定之规定，在该罪中，只有制作、出售假冒他人署名的美术作品的行为才带有欺诈性质。故从涉骗的角度来理解，本罪部分行为属于欺诈性犯罪之列。与本罪相同，该决定第2条规定的销售侵权复制品罪也属于这种情况。

三、欺诈性犯罪的立法缺陷及其完善

（一）立法缺陷

我国现有的刑事立法尽管对欺诈性犯罪的规定种类繁多，门类较为齐全，但由于受立法技术和时代发展的影响，仍存在这样或者那样的缺陷与不足。概括起来，主要有以下几个方面。

一是我国现行刑事立法对欺诈性犯罪的规定十分零散，很不集中，难以形成立法上的规模效应，同时也不便于司法机关掌握和运用。此外，由于立法分散，在罪与罪之间、罪与刑之间、刑与刑之间存在的不协调现象也十分突出，往往带来一些被动、消极的立法效果。

二是我国现行刑法对欺诈性犯罪的基本犯罪行为的规定与其他的犯罪行为并列在一起，这种立法方式不仅难以突出诈骗罪的独立地位，同时也容易造成司法适用上的某些困难且容易造成误解。此外，这种立法方式把几种罪质不同的行为规定在一起，且规定的法定刑相同，很难体现区别对待的原则以及罪刑相适应的原则。

三是我国现有的刑事立法的罪名的规定基本上沿用归纳暗示式的立法方法，因而在某些欺诈性犯罪的罪名确定上，往往是众说纷纭，莫衷一是，难以形成共识。例如，对现行《刑法》第 165 条的规定，有的人认为该条的罪名应为“神汉、巫婆造谣、诈骗罪”，有的人认为应定“借封建迷信造谣、诈骗罪”，还有的人认为应定“利用迷信造谣、诈骗罪”等；又如对《关于惩治违反公司法的犯罪的决定》第 3 条的规定，有的人认为应定“制作虚假文件发行股票、公司债券罪”，有的人认为应定“虚假发行股票、公司债券罪”，还有的人认为应定“欺诈发行股票、公司债券罪”等。诸如此类的情况还十分普遍，在此不作枚举。之所以出现上述情况，究其原因在于刑事立法对这些具体犯罪的罪名没有作出明确规定。这样，一方面导致理论上学术纷争迭起，另一方面严重影响司法适用上的统一性与严肃性。

四是从我国现有的刑事立法对欺诈性犯罪的规定来看，自进入 20 世纪 90 年代以来，我国刑事立法在这一方面取得了较为重大的进展，为了适应市场经济发展的需要，对于破坏市场经济秩序的欺诈性犯罪在许多方面都已经有了明确的立法规定。尽管如此，我国现有的刑事立法还不足以适应司法实践的需要，在现实生活中有很多具有严重社会危害性的欺诈性行为尚未纳入刑法调整的范围，诸如信息诈骗行为、证券诈骗行为、计算机诈骗行为、投标诈骗行为、国际贸易诈骗行为等。尽管这些行为都具有相当严重的社会危害性，但由于立法机关尚未制定明确的刑事法律对其加以刑罚处罚，因而司法机关只好望“骗”兴叹，无能为力。

（二）立法完善

针对我国刑事立法中存在的上述问题，笔者认为，为了适应社会主义市场经济发展的需要，不失时机地严惩各种破坏市场经济秩序的欺诈性犯罪活动，根据我国现有的立法与司法需求，应当对我国刑事立法中规定的欺诈性犯罪作进一步完善。具体构想如下：

1. 将欺诈性犯罪集中规定，独立成章

鉴于我国现有的刑事立法对有关欺诈性犯罪的规定分散、不集中的情况，我们认为应采取化零为整的立法方式，将散在于现行刑法与各种单行刑事法律中的欺诈性犯罪统一集中起来，作为刑法分则中的一章来规定，章名可概括为“经济欺诈罪”或“欺诈性犯罪”。其具体内容可采取先一般后特殊的立法方法，在该章的前面规定有关欺诈性犯罪的普通条款，继后再规定某些具有特殊要求的特别条款。这样不仅在立法上形成体系，减少罪刑冲突，形成立法上的规模效应，同时对司法机关来讲也便于掌握和适用。

2. 实行“一罪一条”或“一罪一款”的立法方式，对各种具体犯罪的规定实现明确化

鉴于我国现行刑法与某些单行刑事法律在欺诈性犯罪规定上存在的问题，我们认为，对某一具有独立性质的犯罪应采取“一罪一条”或者“一罪一款”的方法来加以规定，切忌将不同罪质的行为混杂规定在一起，以免将各种犯罪之间的界限弄得模糊不清，从而更好地实现刑事立法明确化的要求。

3. 对刑事立法中规定的各种欺诈性犯罪，应对具体罪名作出明确的法律规定

这不仅是罪状与罪名相互统一的需要，也是保证立法与司法统一的需要。具体来讲，对绝大多数约定俗成、形成共识的罪名，可直接按现有的规定纳入刑法规定的条文中，对于学术界、司法界尚不统一的罪名，可选择一个或者重新确定一个最能反映其罪状本质特征的罪名加以规定。

4. 为弥补欺诈性犯罪立法之不足，应增设某些新罪名

尽管我国现有的刑事立法对欺诈性犯罪的规定较为具体、细致，但从司法实践的角度来讲仍存在这样那样的漏洞。为严密法网，我们认为，在现有刑事立法的基础上，尚需增设以下新罪名：

（1）经济合同诈骗罪。

所谓经济合同诈骗罪是指行为人明知自己没有履行合同的实际能力或者根本就不准备履行合同，而采取欺诈手段与他人签订合同，骗取公私财物数额较大的行为。利用经济合同进行诈骗行为是一种特殊形式的欺诈性犯罪，

按照有关司法解释的规定是按照一般诈骗罪进行处理。考虑到这类犯罪在主观上与客观上同一般诈骗罪均有不同，因此对经济合同诈骗宜独立设置新罪名。

（2）证券诈骗罪。

所谓证券诈骗罪是指证券经营机构、证券交易机构、证券登记机构以及上述机构的工作人员，在证券交易及相关活动中，违反证券法规及证券业务规章的规定，采取欺诈的手段，损害客户利益情节严重的行为。证券业在我国尚处于初始阶段，由于各方面的法律、法规和制度不健全，证券市场的管理尚未实现规范化和有序化的目标管理模式。为了促进我国证券业的发展，以适应市场经济发展的客观需要，一方面应加强对证券市场管理的经济立法，另一方面也应适时加强对违反证券市场管理的犯罪活动的惩治，从而促使我国的证券业朝着健康、有序的方向发展。有鉴于此，在刑事立法中增设有关证券诈骗方面的犯罪，确实是十分必要的。

（3）虚假信息诈骗罪。

所谓虚假信息诈骗罪是以行为人以牟取非法经济利益为目的，采取制作、发布、传播虚假信息的方式，欺骗公众与客户情节严重的行为。近年来，在经济交易活动中，某些不法分子利用信息渠道，对于某些商品的品质、特性、用途、原产地、价格或其他重要的交易资料大做虚假不实的各种形式的广告，使很多人上当受骗，从而蒙受重大的经济损失。这种形式的欺诈性行为不仅危害面较广，而且给广大消费者带来的经济损失也非常惨重，因此，鉴于这种犯罪手段的特殊性，将其增设为一种独立的新罪已势在必行。

（4）电脑诈骗罪。

所谓电脑诈骗罪即利用电子计算机诈骗罪，它是指行为人以非法占有为目的，利用电子计算机骗取他人公私财物，数额较大的行为。由于银行系统的电脑存取款业务的设立和发展，利用电脑作案在我国已经出现。随着电脑在我国金融界的普遍应用，某些犯罪分子通过软件的设计和破坏来骗取巨款的犯罪活动也将随之出现。为了遏止和预防这方面犯罪的发生和蔓延，在刑事立法中设立电脑诈骗罪是非常必要的。

（5）投标诈骗罪。

所谓投标诈骗罪是指在公共工程、房地产以及其他公开投标中，投标人非法串通，协定投标报价，严重损害招标方利益情节恶劣的行为。公平竞争是市场经济的内在、必然要求，在投标活动中通过欺诈手段牟取非法经济利益，不仅损害了招标方的利益，同时也严重破坏市场经济秩序，因此对于这类欺诈行为依法追究刑事责任，不仅是保证公平竞争和招标方利益的需要，也是维护社会主义市场经济秩序的需要。

（6）国际贸易诈骗罪。

所谓国际贸易诈骗罪是指国际间的贸易过程中，行为人利用国际贸易中存在的漏洞或者利用外国商人，以欺诈性的手段骗取国家经济利益，情节恶劣的行为。随着我国改革开放的不断深化和对外贸易的日益扩大，在国际贸易中出现的诈骗性犯罪案件也势必有所上升。为了维护我国的经济利益，有必要在刑事立法中增设这方面的新罪名，给此类犯罪活动予以严厉打击。

四、欺诈性犯罪认定中应注意划清的界限

根据我国现行刑事立法之规定，欺诈性犯罪在各种犯罪中占有较大的比例。由于这些犯罪的基本行为大多颇为相似，加上彼此联系、相互交织在一起，因此在司法实践中有时很容易混淆。为做到定罪准确，量刑适当，我们在认定欺诈性犯罪的过程中必须注意划清以下几方面的界限。

（一）欺诈性犯罪与民事欺诈行为的界限

一般来讲，由于欺诈性犯罪与民事欺诈行为的基本行为方式都带有欺诈的性质，因此在很多方面都颇有相似之处。如它们都会导致所签订的合同无效；行为人在主观上都具有欺骗对方、使对方陷入认识误区的直接故意；客观上都具有欺骗的行为，并且由于该行为的实施使对方遭受某种财产损失等。但是，根据我国法律的规定，由于欺诈性犯罪与民事欺诈行为隶属于不同的法律关系，一个属于刑事法律关系调整的范围，一个属于民事法律关系调整的范围，因此，它们在法律性质上存在重大的差异。有鉴于此，在司法实践中必须认真区分它们之间的界限。具体来说，它们二者之间的主要区别有以下几方面：

1. 主观故意内容不同

虽然欺诈性犯罪与民事欺诈行为在主观上都存在故意，但二者在故意的内容上有所不同。前者以自己直接无偿地非法占有他人财物为目的，而后者则是以希望通过双方履行民事行为来间接获取非法利益为目的。由此可见，行为人在主观上是否具有非法地、无偿地占有他人公私财物的目的，是区分

欺诈性犯罪与民事欺诈行为的重要标志之一。

2. 客观行为方式不同

在实施欺诈性犯罪的过程中，行为人总是企图将被害人引向自愿支付财物继而加以非法占有的方向，因此在无任何法律事实的情况下只有通过虚构事实或者隐瞒事实真相的方法进行，欺骗的内容无任何限制，只要能达到骗取财物或财产性利益的目的即可。而民事欺诈行为往往是使对方陷于错误并依其错误而为不真实的意思表示，在这种不真实的意思表示下来履行民事合同或契约，欺诈行为的内容总是与合同或契约的履行有关。

3. 法律效果不同

欺诈性犯罪的行为人由于在主观上根本无意履行由其欺诈行为所产生的虚假的民事权利义务，其行为本身不可能产生民事法律关系。民事欺诈行为可以形成民事法律关系，而且这种法律关系只要得到双方的认可，当事人之间无争议，所形成的权利和义务仍然有效。

4. 处罚方式不同

由于欺诈性犯罪隶属于刑事法律关系，只要行为人的行为依照刑法的规定一旦构成犯罪，就应当给予刑罚处罚。而民事欺诈行为隶属于民事法律关系，对于由该种行为所造成的损失，只能通过依法追究行为人在民事方面的法律责任来实现。

（二）欺诈性犯罪中此罪与彼罪之间的界限

我国现有的刑事立法关于欺诈性犯罪的法律规定较为复杂，既有各种较为典型的欺诈性犯罪，又有各种涉骗性的欺诈性犯罪。对于这些众多的欺诈性犯罪如何一一加以甄别？这就需要我们从不同的角度分清它们在犯罪构成方面的差异性。鉴于各种欺诈性犯罪的规定太多，本文仅就其中某些较为重要且带有疑难性的界限作一辨析。

1. 诈骗罪与投机倒把罪的界限

诈骗罪与投机倒把罪都是以追求非法经济利益为目的，在弄虚作假、隐瞒真相、欺骗他人等方面具有相同之处。尤其是近年来在司法实践中以签订假合同进行诈骗的案件屡有发生，而投机倒把罪也往往采取买空卖空、掺杂使假、以假充真等手段欺骗顾客，两罪互相交织在一起，有时很难辨别。然而，按照具体的犯罪构成的条件来分析，它们二者之间又有着本质的区别，这主要表现为：（1）侵犯的客体不同。前者侵犯的客体是公私财产所有权；后者侵犯的客体是金融、外汇、金银、物资、工商管理制度。（2）客观表现形式不同。前者以虚构事实、隐瞒真相的方法，使受害人信以为真而自动地付财物；后者是通过从事非法的工商业活动，欺骗顾客，谋取非法利益。（3）主观目的不同。前者以非法占有为目的；后者以获取非法利润为目的。在司法实践中，区别利用签订经济合同进行诈骗还是搞投机倒把，主要看合同是否具有实际的经济活动的内容，并以此来鉴别行为人的犯罪目的。诈骗是以签订假合同作为诈骗手段，合同标的及其他各项条款都是空的，是根本无法履行的一纸空文，其目的在于非法占有对方的预付款或全部货款。投机倒把罪在与对方签订合同时，主要是违反诚实信用原则，一般在产品质量和数量条款上存在严重问题，或者故意夸大履约能力，以给对方造成重大经济损失为代价达到牟取暴利的目的。

2. 诈骗罪与生产、销售假药罪的界限

诈骗罪与生产、销售假药罪客观行为方式都是采取非法手段骗取他人财物或者其他利益，在主观上都属于故意犯罪的范畴。它们之间的区别主要表现在以下几个方面：（1）侵犯的客体不同。前者侵犯的客体是公私财产所有权；后者侵犯的客体是国家对药品的管理活动以及他人的健康权利。（2）客观行为方式不同。前者是通过采取各种欺骗方法，直接将公私财物骗归已有；而后者是通过生产、销售假药的行为来牟取非法利润或者其他利益。在司法实践中，应当注意的问题是，对行为人以非药品冒充药品骗取财物的行为，是属于生产、销售假药罪还是诈骗罪，在刑法学界尚有争议。有人认为，对这种行为应按诈骗罪处理，其理由是，用非药材冒充药材，虽然药品管理法把它列入假药之中，实际上根本不属药品范畴，以此骗取财物，纯系诈骗，同利用伪造证件骗取财物没有本质区别，因此应将上述行为从生产、销售假药罪中分离出来，以诈骗论处。我们认为，上述意见虽有一定的道理，且更符合实际情形，但由于此说缺乏法律依据，因此不能随便采用。在药品管理法对此没有作出更改之前，凡属以非药品冒充药品骗取财物的行为，仍应按照生产、销售假药罪论处，而不宜定为诈骗罪。

3. 诈骗罪与骗取国家出口退税款罪的界限

骗取国家出口退税款罪是全国人大常委会在《关于惩治偷税抗税犯罪的补充规定》中增设的新罪名。这种犯罪与诈骗罪在客观行为方式上都共有一个“骗”字，但在以下方面却有不同的区别：（1）侵犯的客体与对象不同。前者侵犯的客体是公私财产所有权，对象是公私财物；后者侵犯的客体是国家出口退税管理制度，对象是出口退税款。（2）客观表现形式不同。

前者是以采取虚构事实或者隐瞒真相的方法，直接将他人财物骗归已有；后者则是采取对所生产或者经营的商品假报出口等欺骗手段，通过退税的方式来非法占有国家财产。（3）主体要求不同。前者的主体是一般主体，任何人均可构成；后者的主体是特殊主体，只限于企业事业单位。在司法实践中，对于行为人骗取国家出口退税款的行为，究竟如何定性？关键就要看其主体有无生产或经营出口商品的权限，若非此种特定的企业事业单位、机关、团体以及公民个人，通过骗取出口退税的方式诈骗财物的，不能按骗取国家出口退税款罪处理，而只能定为诈骗罪。

4. 诈骗罪与公司登记欺诈罪的界限

公司登记欺诈罪是全国人大常委会在《关于惩治违反公司法的犯罪的决定》中增设的新罪名。这种犯罪与诈骗罪在主观罪过形式与客观方面的基本行为上都是颇为相似的。它们之间的主要区别是：（1）侵犯的客体不同。前者侵犯的客体是公司登记管理制度；后者侵犯的客体是公司财产所有权。（2）发生的场合不同。前者只能存在于公司登记过程中：而后者可以发生于任何场合。（3）客观行为方式不同。前者是申请公司登记的人使用虚假证明文件或采取其他欺诈手段虚报注册资本，欺骗公司登记主管部门，取得公司登记，虚报注册资本数额巨大、后果严重或者有其他严重情节的行为；而后者则是行为人采取虚构事实或者隐瞒真相的方法，骗取数额较大的公私财物的行为。（4）犯罪主体范围。前者的主体既包括自然人，也包括法人；后者的主体只能是自然人。

5. 诈骗罪与贪污罪的界限

诈骗罪与贪污罪本是两个界限比较分明的犯罪，但由于我国刑事立法将国家或集体公务人员利用职务之便骗取公共财物的行为也纳入贪污罪的客观方面之中，因此在司法实践中对于某些由特殊主体实施的诈骗活动是定贪污罪还是定诈骗罪，就需要加以认真辨别。一般地，从犯罪构成的特征来分析，诈骗罪与贪污罪有以下主要区别：（1）犯罪主体不同。前者是一般主体，任何人均可构成该罪的主体；后者是特殊主体，只有国家工作人员、集体经济组织工作人员和其他经手、管理公共财物的人员才能构成。（2）犯罪对象范围不同。前者侵犯的对象是他人的财物，这里的财物指的不是行为人合法经管而是非法骗取的一切公私财物；而后者侵犯的对象只限于行为人自己经管的公共财物。（3）客观方面的条件不同。前者行为人在客观上没有利用职务上的便利这一条件存在；而后者在客观上则必须是以利用职务上的便利为前提条件。鉴于以上区别，在司法实践中，对凡是利用职务之便骗取公共财物的，应定贪污罪；对凡是没有利用职务之便骗取公私财物的，就只能定为诈骗罪。

6. 诈骗罪与冒充国家工作人员招摇撞骗罪的界限

诈骗罪与冒充国家工作人员招摇撞骗罪在基本犯罪行为方面都是用欺诈方法，但是两种犯罪在以下几个方面却有本质的区别：（1）侵犯的客体不同。前者侵犯的客体是公私财物所有权；后者侵犯的客体是国家机关、企业事业单位的正常活动秩序和信誉。（2）犯罪对象不同。前者侵犯的对象只限于公私财物；后者侵犯的对象除了公私财物之外，还包括荣誉、地位、职务、爱情等。（3）主观目的不同。前者以非法占有公私财物为目的；后者以谋取某种非法利益为目的。（4）客观行为方式不同。前者是采取一般欺骗方法，将公私财物骗归已有；后者是采取冒充国家工作人员身份的方法进行诈骗，属于诈骗的一种特殊方法。行为人冒充国家工作人员骗取他人财物，其行为既触犯了诈骗罪，又触犯了冒充国家工作人员招摇撞骗罪，此种情形属于想象竞合犯。在这种情况下，究竟依何罪定性，不能一概而论，应具体情况具体分析。如果行为人骗取的公私财物尚未达到数额较大的标准，按照特别法条优于普通法条的适用原则，可按冒充国家工作人员招摇撞骗罪论处；如果行为人骗取的公私财物达到数额较大的标准，则可依处理想象竞合犯的原则从一重处断。由于这两种犯罪中诈骗罪的法定刑高于招摇撞骗罪，因此可按诈骗罪处理。

7. 诈骗罪与神汉、巫婆造谣、诈骗罪的界限

诈骗罪与神汉、巫婆造谣、诈骗罪在犯罪的基本行为方面颇有相似之处，但在以下几个方面都有本质的差别：（1）犯罪主体不同。前者的主体是一般主体，任何人均可构成该罪的主体；而后者的主体是特殊主体，只能由神汉、巫婆才能构成。（2）犯罪客体不同。前者侵犯的客体是公私财物所有权；后者侵犯的客体是社会管理秩序。（3）犯罪手段不同。前者是行为人以虚构事实或者隐瞒真相的方法骗取公私财物；而后者则是利用封建迷信活动来骗取群众的财物。

8. 诈骗罪与伪造、变造公文、证件、印章罪的界限

诈骗罪与伪造、变造公文、证件、印章罪本来并没有密切的关系，是两个相互独立的罪名。然而在司法实践中，对于行为人为了实现诈骗财物的目的而采取伪造、变造公文、证件、印章手段来进行犯罪的情况，由于行为人

实施的手段行为与目的行为之间具有某种牵连关系，因此属于刑法理论上所说的牵连犯。对于这种情形，按照从一重处断的原则，应按诈骗罪一罪处理，而不实行数罪并罚。另外，还有一个应当注意的问题是，对于行为人伪造或变造了公文、证件、印章后，正要或正在用之行骗，由于犯罪分子意志以外的原因未得逞时，究竟是以伪造、变造公文、证件、印章罪的既遂论处，还是以诈骗罪的未遂或预备论处，在刑法界尚存不同看法。有人认为，应当根据既遂行为吸收未遂行为的原则，以伪造、变造公文、证件、印章罪的既遂论处。有人认为，应当根据重行为吸收轻行为的原则，以诈骗罪的未遂论处。我们认为，对于上述情况按照处理牵连犯的原则处理是比较合适的。当然，在具体案件中究竟应当适用哪一条原则，应依诈骗犯罪的进程而定。当伪造、变造公文、证件、印章等行为已经完成，但诈骗行为尚处于准备阶段或者刚开始实施即被发觉，诈骗罪的性质和危害还没有充分地显示出来，诈骗罪的证据还不够充分，对于此种情况，按照既遂行为吸收未遂行为的原则，以伪造、变造公文、证件、印章罪论处较为合适。如果行为人的诈骗行为已经终了，只是由于意志以外的原因，没有骗到财物或者没有骗到主观上所希望骗取的数额较大的财物，就应当适用重行为吸收轻行为的原则，以诈骗罪的未遂论处。因为从犯罪的性质看，对这种情况定诈骗罪比定伪造、变造公文、证件、印章罪更能反映这种行为所侵犯的客体和犯罪故意的内容。因此，对于这一方面的犯罪问题的定性应视具体情况而定，而切忌采取“一刀切”的方法进行处理。

关于我国刑法中性犯罪问题的几点思考*

李培泽**

《刑法》第236条、第237条分别对强奸罪，强制猥亵、侮辱妇女罪以及猥亵儿童罪作了明文规定。除猥亵儿童罪中“儿童”没有性别限制外，其他二罪的主体为男性，女性只能成为教唆犯或帮助犯；犯罪对象只能是女性。毋庸置疑，在司法实践中，多数或绝大多数这类犯罪是符合刑法规定的，但同时必须承认，在现实生活中，客观上还存在女性暴力、胁迫或其他手段强制男性（包括男童）与之发生性行为以及同性之间情节严重的强制性交、强制猥亵的事件，由于缺乏法律依据，犯罪者得不到相应制裁，受害者的权益得不到充分保障，这不能不引起我们深思。此外，本文对最高人民法院《关于行为人不明知是不满14周岁的幼女，双方自愿发生性关系是否构成强奸罪问题的批复》感到困惑，借此表明个人主张。

一、强奸罪的主体、对象

根据我国刑法对强奸罪的规定，刑法理论界一般将强奸罪界定为“违背妇女意志，使用暴力、胁迫或者其他手段强行与妇女发生性交的行为”，

* 本文原载于《现代法学》2004年第4期。

** 西南政法大学教授。

奸淫幼女罪是“指同不满 14 周岁的幼女发生性关系的行为”[①]。这一概念已经成为通说。与我国刑法中强奸罪的规定相类似的国家不在少数，其独立构成犯罪的主体均为男性，侵害对象为女性。这是因为长期以来社会制度、传统观念以及女性自身条件限制，女性通常处于弱势地位，尤其在性自主权上，因而立法者对性权利的保护自然偏重于女性。然而，随着社会的变迁、时代的进步、男女平等的倡导，人们性观念、性意识也在发生变化。基于种种原因和动机，女性对男性性侵犯事件也时有发生，在定性和适用法律方面也变得复杂起来。如 13 岁男童伍某在一成年女性苏某的诱导、威迫下与其多次发生性交。致使原本性格开朗的他变得忧郁、狂躁、恐惧、成天魂不守舍，最终被迫弃学。这一事件中，虽然伍某身心健康备受摧残，然而在我国刑法中很难给苏某找到一个恰当的罪名。按照有的学者对猥亵儿童罪的理解，似乎可以定猥亵儿童罪。其认为：“如果儿童为幼男，妇女对之实施猥亵行为时，则包括性交行为与性交意图。”[②] 笔者认为，猥亵是指性交行为以外的一切满足行为人性欲的行为，是否发生性交行为，正是区分奸淫和猥亵的关键所在，不能因为我国刑法将强奸罪主体限于男性而混淆二者的界限。成年女性与幼男性交，实质上符合强奸罪构成要件，正因为如此，我们才有必要对我国刑法中强奸罪主体性别问题进行反思。

其实，不少国家对强奸罪的规定，在犯罪主体、犯罪对象上，已经取消了性别上的限制。例如 1994 年 3 月 1 日施行的《法国刑法典》第 222 - 223 条规定：“以暴力、强制、威胁或者出其不意的手段对他人实施任何性质的性之进入的行为，均构成强奸罪，处 15 年有期徒刑。”第 222 - 224 条第（2）项规定：“对不满 15 岁的未成年人实施的，处 20 年有期徒刑。”[③]《意大利刑法》第 519 条规定：“以强暴、胁迫强制他人性交者，处 3 年以上 10 年以下徒刑……与未满 14 岁、未满 16 岁人相奸者亦同。”《瑞士刑法》第 191 条规定，奸淫未满 16 岁之儿童或为相类似行为者，处重惩役或 6 个月以上轻惩役。值得注意的是，中国 1935 年“刑法”第 221 条强奸罪的规定中，犯罪对象限于妇女和未满 14 周岁的幼女。而在我国台湾地区 1999 年 4

---

① 奸淫幼女罪罪名已取消，统称“强奸罪”。

② 张明楷：《刑法学》（下册），法律出版社 1999 年版，第 713 页。

③ 取消猥亵罪的国家例外，如《法国刑法典》取消了“强制猥亵等性犯罪，统称‘其他性侵犯罪’”，增加“性骚扰罪”并作专节规定。也有的国家将猥亵做扩大解释。

月第10次修正“刑法”中，则将妨害性自主罪从妨害风化罪中独立出来，认为妨害风化罪为纯粹对社会法益之侵害，而妨害性自主罪系对于性的自由之侵害。修正后的“刑法”将强奸罪分为基本类型的普通强制性交罪以及加重类型、减轻类型、独立类型等14个罪名，在犯罪对象的规定上发生了明显变化，无论何种类型的强奸罪，在犯罪对象上均无性别限制。以普通强制性交罪为例，该“法典”第221条第1项规定，对于男女以强暴、胁迫、恐吓、催眠术或其他违反其意愿之方法使其丧失抵抗力而予以奸淫者，成立普通强制性交罪。蔡墩铭先生在论述普通强制性交罪之沿革中指出：“罗马法视强制性交为暴行行为之一种，不限于对妇女为之，亦得对男子为之。”[①] 可见早在罗马法中，立法上便对男女性自主权给予了同等保护。

长久以来，人们之所以普遍认同强奸罪侵犯的对象只能是女性，独立构成本罪的主体只能是男性，除认为对处于弱势女性群体性自主权应当着重保护外，还在于对“性交”究竟应当如何界定未达成共识。通常认为“性交”是指男女性器交接，称自然性交行为，而将非自然性交行为（同性相奸、鸡奸、口交等）纳入猥亵的范畴。如果这样理解，强奸罪的对象为女性。[②] 然而，现实生活中犯罪分子（包括女性）采用种种手段实施的形形色色的强奸案，迫使人们对“性交”含义产生新的认识，也使一些国家或地区在将强奸罪的犯罪对象由女性修订为“他人”“男女”的同时，对“性交”的含义作了明文规定。如我国台湾地区1999年修正“刑法”第10条第5项，增订了“性交”的立法定义：“亦称性交者，指下列两类性侵入行为：一为以性器进入他人的性器、肛门或口腔的行为；另一为以性器以外的其他身体部位或器物进入他人的性器或肛门的行为。包括女对男、女对女、男对女、男对男等各种不同的常态性行为、异态性行为与变态性行为。”[③] 蔡墩铭先生在论述该问题时认为，强制性交谓异性与同性间不正当性行为，在性行为之过程中，有由男性主动，亦有由女性主动，对其成立之犯罪，并无影响。[④]《美国模范刑法典》第213·1条明确表述：“性交包含口或肛门之交接在内，最少限度以插入为必要，惟不以射精为必要。”

① 蔡墩铭：《刑法各论》（修订四版），三民书局2001年版，第393—394页。
② 参见张明楷：《外国刑法纲要》，清华大学出版社1999年版，第532—533页。
③ 林山田：《刑法通论》（上册），台大法学院图书部2002年版，第145页。
④ 参见蔡墩铭：《刑法各论》（修订四版），三民书局2001年版，第399页。

众所周知，强奸罪是侵犯人身权利犯罪中最为严重的罪种之一，法定最低刑为3年，最高至死刑。强制猥亵罪法定最低刑为拘役，最高刑为15年。两罪从满足行为人性欲这一犯罪意图看，并无本质区别。如果将性器以外的身体部位或器物进入他人性器或肛门的非自然性交行为都排除在强奸罪之外，很难做到罪刑相当。事实证明，非自然性交给被害人造成的生理及心理伤害并不比自然性交轻。笔者认为，我国有关部门应当对“性交”作出明确解释；我国台湾地区“刑法”中关于性交的解释值得借鉴，无论男女使用性器或者以身体其他部位以及各种材质的器物进入他人性器或肛门的，均可成立强奸犯罪；同时建议将强奸罪的犯罪对象由“妇女”“幼女”修订为“他人”“儿童”。这样，发生在现实生活中形形色色的强奸犯罪就难逃法网了。

二、强制猥亵、侮辱妇女罪的罪名、主体、对象

依照《刑法》第237条第1款的规定，刑法理论界将本罪定义为：“是指使用暴力、胁迫或者其他手段，违背妇女意志，强制猥亵、侮辱妇女的行为。”[①] 本罪是1997年的刑法新增罪名，正如有学者指出，强制猥亵与侮辱，在客体、行为目的、行为形式、犯罪对象是否在场等方面，都有着明显的区别，将猥亵行为包含在侮辱行为中是不妥当的。[②]《刑法》第246条已经对侮辱罪作了明文规定，该法条中“公然侮辱他人”当然包括对妇女的侮辱。如果将《刑法》第237条第1款中的“侮辱妇女”删去，修订为“强制猥亵他人”就顺理成章了。其一，符合现实情况。成年男女均可能遭受强制猥亵，他们的人身权、性自主权均应当受到法律保护。其二，在修订刑法过程中有先例可循。例如1997年刑法在总结1979年刑法“强迫妇女卖淫罪”（第140条）之不足后，修订为“强迫他人卖淫的”（第358条），这无疑是一个进步。其三，有国外、境外立法例可借鉴。在笔者能查到的法典中，除极个别国家将强制猥亵罪对象限于妇女外，绝大多数国家、地区的立法对本罪对象无性别限制。以《日本改正刑法》为例，该法对强奸罪对象是限于妇女的，而在第297条（强制猥亵）却作了如下规定：“对于他人使用暴行或胁迫而为猥亵行为者，处6月以上7年以下惩役。”《韩国刑法》第

---

① 陈忠林：《刑法》（分论），中国人民大学出版社2003年版，第153页。

② 参见陈兴良：《刑法疏议》，中国人民公安大学出版社1997年版，第402—403页。

298 条规定："以暴行或胁迫强制他人猥亵行为者，处 10 年以下劳役或……"《德国刑法》第 178 条、《瑞士刑法》第 188 条、我国台湾地区"修正刑法"第 224 条都作了类似规定。蔡墩铭先生根据"修正刑法"的规定，对普通强制猥亵罪下了一个定义："对于男女以强暴、胁迫、恐吓、催眠术或其他违反其意愿之方法，使其丧失抵抗力而为猥亵之行为者，成立普通强制猥亵罪。"① 张明楷先生将强制猥亵罪定义为："是指以暴力、胁迫等方法对他人进行猥亵的行为。""与强奸罪不同的是，本罪的对象不限于女性，而是既包括女性，也包括男性。""概括起来有如下情形：男性对女性实施猥亵行为，男性对男性实施猥亵行为，女性对男性实施猥亵行为，女性对女性实施猥亵行为。"② 对猥亵的含义，学者们通常解释为：刺激、满足行为人或第三者的性欲，伤害普通人的正常的性羞耻心，违反善良的性道德观念的性交以外的行为。按照上述解释，猥亵对象也不应当有性别限制。为此，笔者认为，应当将《刑法》第 237 条第 1 款修订为"强制猥亵他人"，删去"侮辱妇女"字样。

同理，基于被强迫、引诱卖淫的不仅为幼女，也包括幼男。因此，建议将《刑法》第 258 条第 1 款第 2 项"强迫不满 14 周岁的幼女卖淫的"修订为"强迫不满 14 周岁的儿童卖淫的"；将《刑法》第 359 条第 2 款"引诱不满 14 周岁的幼女卖淫的"，修订为"引诱不满 14 周岁的儿童卖淫的"。这样修订，与该条第 1 款的"……他人卖淫"更加协调统一。对强迫、引诱不满 14 周岁的儿童卖淫的，应当依法从重处罚。

三、奸淫幼女的罪过形式及罪名设置

由于幼女身心发育尚不成熟，缺乏辨别是非的能力，对性行为的后果、意义不理解，因而在现实生活中会发生幼女自愿与成年男子发生性交的情况。为了幼女的健康成长，《刑法》第 236 条第 2 款规定："奸淫不满十四周岁的幼女的，以强奸论，从重处罚。"依照上述规定，奸淫幼女构成犯罪的，不要求以使用暴力、胁迫或其他手段为要件，只要求奸淫的对象是不满 14 周岁的幼女，这充分体现了刑法对幼女身心健康权利的特殊保护。但如何判断行为人明知对方是幼女而奸淫？特别是当幼女身体发育超常、衣着打

① 蔡墩铭：《刑法各论》（修订四版），三民书局 2001 年版，第 410 页。
② 张明楷：《外国刑法纲要》，清华大学出版社 1999 年版，第 531 页。

扮入时、言谈举止得体而又自愿与行为人性交的情况下，就更难判断女方年龄了。为了指导解决这一难题，最高人民法院2003年1月17日公布了《关于行为人不明知是不满十四周岁的幼女，双方自愿发生性关系是否构成强奸罪问题的批复》。该批复有两层意思：第一，“行为人明知是不满十四周岁的幼女而与其发生性关系，不论幼女是否自愿，均应依照刑法第二百三十六条第二款的规定，以强奸罪定罪处罚”；第二，“行为人确实不知对方是不满十四周岁的幼女，双方自愿发生性关系，未造成严重后果，情节显著轻微的，不认为是犯罪”。本文认为，该批复第一层意思清楚明确。行为人明知对方是幼女，有奸淫幼女的故意；客观上实施了奸淫幼女的行为，损害了幼女的身心健康。至于行为人是以暴力、胁迫等手段与幼女性交，还是幼女自愿与行为人性交，不影响本罪的成立，只影响量刑。正如有专家指出：“不满14周岁幼女的身心发育尚不成熟，即使幼女同意发生性关系，但由于她对同意的内容缺乏生理上和社会阅历的认识，对同意发生性关系之后可能产生的后果不能正确认识，在这种情况下，不论幼女是否同意，都应当追究行为人的刑事责任。”本文认为该批复第二层意思值得再探讨。按照这一层意思，似乎可以理解为：行为人虽然无奸淫幼女的故意（他“确实不知对方是不满14周岁的幼女”），但是，只要与该幼女发生性交（双方自愿），就可能构成犯罪。只有当性交行为“未造成严重后果，情节显著轻微”，才不构成犯罪。易言之，只要与行为人自愿性交者事实上是幼女，该幼女因与行为人性交造成了严重后果，且情节并非显著轻微，尽管行为人主观上没有奸淫幼女的故意，也构成犯罪。如果可以这样理解的话，是否存在客观归罪之嫌？

众所周知，我国刑法规定的强奸罪是故意犯罪。《刑法》第14条规定：“明知自己的行为会发生危害社会的结果，并且希望或者放任这种结果发生，因而构成犯罪的，是故意犯罪。”在奸淫幼女这一故意犯罪中，侵犯的客体是未满14周岁幼女的身心健康权利，因此，未满14周岁这一法定年龄，是该犯罪构成的事实要件，“明知”这一认识因素自然集中表现在明知对方是幼女而故意奸淫这一点上。由于幼女自身的特殊性，决定了奸淫幼女的行为具有相当严重的社会危害性，如果行为人缺乏对“幼女”这一客观事实的认识，也就意味着行为人对自己行为的性质以及会产生严重摧残幼女身心健康这一结果缺乏认识。为此，本文认为，如果行为人确实不知对方是幼女，因缺乏奸淫幼女的故意不构成犯罪。

有一种意见认为："从故意的内容看，以奸淫为目的并不一定必须明知被害人是幼女。只要行为人主观上以奸淫妇女为目的，客观上实施了奸淫行为，受害人又确是幼女，就足以表明行为人对自己的奸淫行为处于直接故意状态。至于行为人确实不知对方是幼女，那只是对象的误认问题。"本文认为上述观点未能把握住强奸（妇女）罪与奸淫幼女的强奸罪的本质，根据《刑法》第236条第1款的规定，构成强奸（妇女）罪必须以暴力、胁迫或者其他手段强行与妇女性交，违背妇女意志是该款犯罪的本质特征。因此，只要行为人有奸淫目的，具有法定的强奸行为便成立犯罪。而该条第2款规定的奸淫幼女以强奸论的强奸罪，并不要求以使用暴力、胁迫或者其他手段为法定要件，只要求奸淫的对象是不满14周岁的幼女。因此，要求行为人必须对幼女有认识。如果行为人确实不知对方是幼女，而对方又愿意与其性交，只能说明行为人有性交的意图，但不能说明有与幼女性交的意图。至于说"那只是对象误认问题"，言外之意是不影响定罪。本文认为，如果是对同一性质对象的误认，比如甲企图强奸妇女乙，将丙误认为乙加以强奸，因为乙和丙均为妇女，这种对象上的误认并不影响该犯罪构成的整体性质。但是，如果将幼女误认为妇女，女方自愿性交，则不存在犯罪问题，因为与成年妇女自愿性交不构成犯罪；对幼女年龄的误认，属于对构成要件的认识错误，自然阻却了行为人奸淫幼女的故意，而刑法没有规定过失奸淫幼女构成犯罪，因而，行为人不构成犯罪，不负刑事责任。

基于以上理由，本文认为批复第二层意思违背了刑法关于故意犯罪的规定，不符合主客观相统一的定罪原则。那么，刑法是否可以设置过失奸淫幼女罪呢？

从各国刑事立法对强奸罪的规定看，主要有以下两种情况：第一种，多数国家对"明知"无明文规定。以《法国刑法典》为例，该法典第222－223条规定，对已满15岁之人犯强奸罪的，处15年有期徒刑；第222－224条第2项规定："对不满15岁的未成年人实施的，处20年有期徒刑。"有学者指出："虽然在条文上未规定'明知'，但大陆法系国家的刑法理论界，包括教科书在内，一般都主张明知对方是儿童。"[①] 第二种，故意、过失均可构成。以《瑞士刑法》为例，该法典第191条第1项规定，对奸淫未满16岁之儿童或相类似之行为者，处重惩役或6个月以上轻惩役。第2项规

---

① 张明楷：《外国刑法纲要》，清华大学出版社1999年版，第530页。

定，猥亵未满16岁之儿童或引诱此等儿童为猥亵行为者，或于此等儿童面前猥亵行为者，处5年以下重惩役或轻惩役。第3项规定，“行为人因未充分注意而误认该儿童为16岁以上而为前述行为，若妥加注意，即可避免错误者，处轻惩役”。从条文各项的文字表述，以及轻重不同的法定刑规定来看，第1、2项为故意犯罪，第3项由于行为人对儿童年龄的错误认识，阻却了奸淫儿童的故意，正如条文所述，若妥加注意，即可避免误认而不发生与儿童性交行为，因而存在过失。《瑞士刑法》第19条（事实错误）第2款规定：“行为人如尽其应尽之注意义务，即可避免此一错误时，以法律明定处罚过失者为限，按过失犯处罚之。”据此，将《瑞士刑法》第191条第3项的规定理解为过失奸淫幼女罪是有法律依据的。

上述立法中，瑞士立法模式最具特色。本文认为，将过失奸淫幼女行为犯罪化，对处理这类案件具有理论和实践价值，值得借鉴。

事实上，行为人与幼女自愿性交过程中，的确存在对幼女年龄重大误解的情况。如果这种误解是因为行为人的过失造成的，不处罚又感到轻纵了行为人，处罚又无法律依据，因而出现了对“明知”含义扩张解释的尴尬。远期有1993年“两高”对于窝赃、销赃罪“明知”的解释：“认定窝赃、销赃罪的明知……只要证明被告人知道或者应当知道是犯罪所得的赃物而予以窝藏或者代为销售的，就可以认定。”近期有《关于“明知”“确实不知”的司法认定问题》一文中，对“明知”的权威理解：“按照理论界和司法实践中的通说，‘明知’是指知道或者应当知道。所谓应当知道，司法实践中一般是指根据行为人的智力、精神状态、社会阅历等综合素质，在对某种行为、事物的性质、状态等进行判断后，应当得出的结论。在处理奸淫幼女的案件中，行为人‘应当知道’是不满14周岁的幼女，也应参照上述内容进行判断，并结合案件的具体情况和其他证据进行认定。”上述解释或者理解，是否符合犯罪故意的本来含义？能否帮助人们划清故意和过失的界限呢？

刑法理论界一般认为，我国刑法中犯罪的故意包括认识因素和意志因素两个方面的内容。“认识因素中最根本的内容是对行为的危害后果的认识。但是，这并不排斥行为人对其行为的性质、犯罪客体和作为选择要件的犯罪对象等客观事实情况的认识。”[①] 有学者在论述“明知”时，以销赃、窝赃

① 马克昌：《犯罪通论》，武汉大学出版社2000年版，第332页。

罪为例，认为"'赃物'是构成这种罪的必要条件，因此，必须明知是犯罪所得的赃物而予以窝藏或为代为销售才构成窝赃、销赃罪。反之，他不知道是犯罪所得的赃物，就说明他不是故意窝赃、销赃，就不构成此罪"①。笔者十分赞同。尽管刑法理论界对"明知"的内容、程度在认识上还存在差异，但"明知"意味着行为人对自己实施行为的性质及其将会产生某种危害社会的结果有所认识或有预见这一点是没有分歧的。将"明知"解释为"知道"或者"应当知道"显然缺乏内在逻辑性。"知道"固然是明知的应有之义，而"应当知道"则与"不知道"相对应，显然与"明知"相冲突。如果行为人有能力知道或预见，只因他没有认真履行注意义务，才使得本来可以避免的后果未能避免，行为人承担法律责任的根据是存在过失。这正符合《刑法》第 15 条关于疏忽大意过失犯罪的规定。笔者在此不厌其烦地探究"明知"内容，目的在于说明奸淫幼女行为人"应当知道"对方是幼女属于过失范畴，按照现行刑法的规定是不能定罪的。但笔者同时认为，刑法有必要设立过失奸淫幼女罪，并坚持本类罪的主体、对象不应限制性别的主张。建议将过失奸淫儿童的犯罪作为《刑法》第 236 条第 4 款加以规定："过失奸淫儿童的，处 3 年以下有期徒刑。"

鉴于奸淫儿童与强奸已满 14 周岁的人在犯罪构成要件上有明显区别，宜将奸淫儿童作为独立罪名。那么，《刑法》第 236 条第 1、2、4 款相应的罪名应当是：强奸罪、奸淫儿童罪、过失奸淫儿童罪。

① 王作富：《中国刑法研究》，中国人民大学出版社 1988 年版，第 159 页。

虚拟世界中的真实恐怖*

——网络恐怖犯罪及其防范对策

陈小彪**

21世纪进入美国学者曼纽尔·卡斯特（Manuel Castells）所勾勒的未来信息化社会（Castells将其称为网络社会），网络社会因其开放性而迅速将世界变成了地球村，但问题亦随之而来。“随着文明的发达，社会邪恶的总量也在增长”（康德语）。由于技术的缺陷或应用后果的不确定性、人类自身行为的不检点和对技术不适当的应用以及犯罪分子和居心叵测者将技术应用于越轨行为，网络给社会带来便利的同时也成了隐藏犯罪的温床。极端的恐怖分子逐渐开始利用网络的特性改变传统的恐怖犯罪行为，以至于美国有议员声称：“如果这种新恐怖主义致力于信息战，那么它的破坏力将远远超过它过去运用的任何手段的破坏力——甚至比生物和化学武器还厉害。”笔者拟对网络恐怖犯罪的存在与否、行为方式及分类、防治对策进行探讨，以求教于方家。

一、网络恐怖犯罪是真实存在的吗

目前有不少安全专家注意到了网络恐怖犯罪这一新型的恐怖行为方式，随着计算机及因特网技术在全球政治、经济、科技与军事生活中的广泛应

---

* 本文原载于《新疆社会科学》2010年第1期。

** 西南政法大学法学院副教授。

用，针对通信网络的计算机恐怖主义活动的危害就越发严重。例如，美国有情报官员声称，“给（他）10亿美元和20个网络黑客，他能使美国停止运转”，人们有理由相信，“他能做得到，恐怖分子也能做得到”。美国国会有议员甚至称：“无论是导弹扩散还是大规模毁灭性武器的威胁都比不上网络恐怖主义的威胁。”国内也有学者对恐怖活动进行过预测，认为“计算机恐怖主义活动将越来越突出，并将成为一种日益重要的恐怖主义活动方式”①。

联合国有关组织对恐怖分子利用网络技术而实施的恐怖袭击也表示了高度关注，并呼吁各国采取各种措施防止网络恐怖袭击的犯罪行径。1997年1月16日，联合国大会通过的决议《消除国际恐怖主义的措施》第3条（c）提及，注意恐怖主义分子利用电子或有线通信系统和网络实施犯罪行为的危险，并须寻求符合本国法律的办法来防止这种犯罪行为，以及酌情促进合作。2005年10月19日，各国议会联盟第113届大会一致通过的决议意识到：“恐怖行为的意图主要在于打乱公民社会结构，损害其凝聚力，因此公民社会必须反击对其价值观念的攻击，而不减损其开放性、博爱精神、对人权和个人权利及自由的承诺。了解到恐怖分子空前利用媒体，特别是利用因特网，在世界各地尽力大造声势，尽力招人注目。”在此决议的第11段极力谴责播放极端暴力的图像，在因特网上或通过其他媒体展示虐待或处死人的场景。2008年9月15日，在联合国大会通过的《联合国全球反恐战略》第2节“行动计划”中第12段大力呼吁各国：“与联合国一起，在适当顾及保密、尊重人权和遵守国际法所规定的其他义务的情况下，探讨各种途径和方法，以期：（a）在国际和区域各级协调努力，打击因特网上一切形式和表现的恐怖主义；（b）利用因特网作为对抗恐怖主义蔓延的工具，同时也认识到有些国家在这方面可能需要援助。”

但是，也有一些专家认为：“目前还没有一起真正有效的全世界范围内的‘网络恐怖活动’，虽然恐怖分子们使用因特网来进行相互之间的通信，并且将因特网作为一种研究工具，但是他们使用因特网作为一种媒介来发动有意义的、数字化的恐怖攻击还只是一种恶梦中的场景，在现实中还无法实现，不会有生命的危险和财产的损失。”② 他们觉得人们对网络恐怖活动所

---

① 胡联合：《当代世界恐怖主义及对策研究》，中共中央党校2001年博士学位论文。

② 佚名：《网络恐怖袭击真实存在吗》，载 http://www.sudu.cn/infio/html/edu/network_security/20Q50608/207084.html。

存在的风险估计过高，对于互联网及其他通信网络的破坏可能只是让人们感到有些不方便，而不会让人感到恐惧。

笔者以为，或许目前网络恐怖袭击并不常见，但是目前的少有并不意味着未来依然会罕见，之所以造成这种分歧，一方面是由于部分专家对网络安全的自信，另一方面也源自专家们对“恐怖犯罪”本身界定的纷争。

二、网络恐怖犯罪与暴力：虚拟世界中有暴力吗

（一）恐怖犯罪的理论争鸣

虽然对于什么是恐怖主义具有纷繁复杂的定义，缺乏共通的认知标准，但是，分歧中亦有一定的共识，将形形色色的定义归纳后共有 21 种要素出现在这些不同的定义中，包括：（1）暴力；（2）政治性；（3）对恐惧感的强调；（4）恐吓；（5）（心理的）影响与预期的反作用；（6）牺牲者与目标的差别；（7）有目的的计划系统和有组织的行动；（8）战斗方法及战略与策略；（9）超常规破坏公认的推则，不受人道主义约束；（10）强制敲诈与劝诱服从；（11）任意、非个人的偶然特性；（12）平民、非战斗人员、中立者、局外人成为牺牲品；（13）胁迫；（14）强调牺牲品的无辜性；（15）作恶者为集团运动或组织；（16）象征性地向他人示威；（17）暴力发生的难以预测；（18）秘密隐蔽性；（19）反复性；（20）犯罪性；（21）对第三方的要求。①

在国际法层面上，恐怖犯罪的认定有多种主张。主流国际法学者认为恐怖主义的认定有三要件：一是在多数国家的法律体系该行为是刑事犯罪行为；二是行为必须针对政府或特别团体人员为攻击目标；三是必须有政治上的动机与目的。② 持有不同见解的另一些国际法学者则强调，恐怖主义应涉及对无辜平民百姓造成死亡或大规模伤害，且从事加害行为之恐怖分子应被送往国际刑事法庭或国际司法机构受审。其中，确立“对平民百姓的攻击与伤害为恐怖主义的核心界定”为关键所在，因为这项原则的确立也是在

---

① Alex P. Schmid, Albert J. Jongman, ETA L., Political Terronism: A New Guideto Actors, Authors, Concepts, Data Bases, Theories, and Literature, 1988, p. 5 - 6.

② Antonio Cassese, International Law, London: Oxford University Press, 2001, p. 258 - 259.

保障国际人权结构与人道法之核心，而可以不去论及政治目标与动机为何。[1] 国际法学者大多数同时关注各国法律尤其是刑事法律对该类行为的法律定性，对于恐怖主义的核心定义亦存有诸多争议。

相比而言，国内法对于恐怖行为的刑事法律定性几乎不存在争议。几乎所有国家的法律体系都禁止相关的恐怖行为，并有相配合的惩罚规范，包括谋杀、纵火、挟持及对于他人财产的毁损等都是各个不同法律体系共同禁止的行为。[2] 因此，与国际法学者关注焦点不一样，国内法学者则更多地关注恐怖主义犯罪的构成要件：目的、动机、行为方式与手段、对象和后果等。不过人们普遍认为，恐怖主义的最主要特征是暴力性、政治性和恐怖性。

但是笔者以为这些特征并非恐怖犯罪的本质特征，目前定义的最大误区就在于试图用恐怖主义犯罪的外部特征（主要包括行为主体、行为对象、行为方式等方面）来界定恐怖主义犯罪，但是试图从事物的外部特征界定显然难以真正揭示事物之本质，而易犯以偏概全、挂一漏万之错误。鉴于此，笔者赞同陈忠林教授界定恐怖活动犯罪之路径：从主观入手，因为从恐怖犯罪的主体、客体和客观方面均无法找出区别恐怖活动犯罪与其他刑事犯罪的典型特征，而恐怖活动犯罪主观方面的实质就在于恐怖活动犯罪独特的犯罪目的——制造社会恐怖，这是恐怖主义犯罪最直接的目的，直接目的背后的根本目的是实现行为主体特定的社会价值（这一社会价值往往与社会主流、公认的价值相悖）。[3] 换句话说，不管行为主体采取何种外部特征的行为手段，只要其实施该种行为是为了制造社会恐怖以实现其特定的与主流社会价值相悖的价值时，就基本可以界定为恐怖主义。

（二）虚拟世界中有暴力吗

网络恐怖主义是“网络”与“恐怖主义”的结合。互联网在发展的同时，也成了恐怖分子新的武器和新的攻击对象。“网络恐怖主义”，也有人称之为“虚拟恐怖主义”或“信息恐怖主义”。目前对网络恐怖主义也没有一个统一的标准定义。美国联邦调查局的特别助理马克·波力特对网络恐怖

---

① Paul Hoffman, Human Rightand Terrorism", Human Right Quarterly, Vol. 26, No. 4, p. 932 - 955.

② Frank E. Vogel, The Trialof Terrorists Under Classical Islamic Law, Harvard Journal of International Law \ Winter2002, Vol. 43, No. 1, p. 53 - 64.

③ 参见陈忠林：《我国刑法中“恐怖活动犯罪”的定义》，载《现代法学》2002 年第 5 期。

主义下的定义是："网络恐怖主义是由亚国家团体或秘密代理人有预谋的、带有政治动机的，对信息、计算机系统、计算机程序和数据发起的攻击，并导致平民目标的巨大伤害。"①

前述学者对虚拟世界中是否存在恐怖袭击存有疑问，其中很重要的原因就在于这些学者认为在虚拟世界中不存在暴力，恐怖分子只是通过因特网进行相互之间的通信，还无法使用因特网作为一种载体来发动有意义、数字化的恐怖攻击，不会造成生命的危险和财产的损失。当然这种质疑的前提之一就是认为恐怖活动犯罪最直观的外部特征就是恐怖活动的暴力性，在此前提下，网络环境下只能进行非暴力攻击，非暴力性攻击不具有暴力性的外部特征，因而结论自然就是：虚拟世界中并不存在真实的恐怖活动犯罪。

我们不禁要问：虚拟世界的网络空间中是否存在恐怖活动所指陈之暴力呢？暴力作为通常的对恐怖活动犯罪的界定，我们应该如何界定暴力呢？

有论者指出，非暴力性是网络恐怖主义犯罪的特殊特点，并且认为此一特性改变了恐怖犯罪之传统，但同时也指出，其非暴力性丝毫未能改变其恐惧性、政治性和被袭击目标的无辜性等恐怖主义内涵。② 我们认为论者结论正确，但是其论证方式却并不可取，原因在于其对"暴力"一词的界定过于狭窄。陈忠林教授认为恐怖活动犯罪的"暴力性"，是指作为恐怖活动犯罪的客观方面应该具有使用暴力或以使用暴力相威胁的内容。这里的"暴力"，是指任何足以严重危害公民人身或重大公私财产安全的行为，不应仅限于传统意义的物理性、化学性、生物性的破坏性力量，也应包括现代意义的足以破坏计算机信息系统等财产安全的信息技术的内容，这种暴力造成的"危害"，也不仅限于对被害人人身或公私财产造成实际损害的物质性力量，也可能表现为足以使被害人或社会公众感到人身、重大财产安全处于实际危险之中的语言或其他形式。③

即使我们把"暴力性"界定为恐怖活动犯罪的显著外部特征，此处的暴力也必须做比较宽泛的解释。故我们认为，与直接的物理、化学、生物性攻击一样，网络袭击同样具有足够的破坏力。因而，我们并不能因为网络之

① 林喜庆：《网络发展对国家安全的影响》，载《中共云南省委党校学报》2005 年第 1 期。

② 参见刘优良：《网络恐怖主义对公共信息安全的挑战与对策)，载《湖南大学学报（社会科学版)》2007 年第 1 期。

③ 参见陈忠林：《我国刑法中"恐怖活动犯罪"的定义》，载《现代法学》2002 年第 5 期。

“虚拟性”而否认网络暴力之存在，更不能进而否认网络恐怖犯罪之真实。即使目前典型的网络恐怖活动犯罪并不常见，但是我们也必须未雨绸缪，采取积极措施予以防范。

三、网络恐怖犯罪的行为方式

我们有必要认真分析恐怖分子实施网络恐怖犯罪的行为方式，加以类型化，借以寻找出网络恐怖犯罪的某些规律，为积极防范提供条件。根据不同的分类标准，网络恐怖犯罪行为方式可以做出多种分类，本文拟以网络在网络恐怖犯罪中的地位和作用作为分类标准，将之分为两类：利用网络作为恐怖犯罪手段的网络恐怖犯罪，以网络作为恐怖犯罪攻击对象的网络恐怖犯罪。

（一）利用网络作为恐怖犯罪手段的网络恐怖犯罪

网络作为一种技术手段，同样也可能被恐怖犯罪分子所利用。恐怖分子利用网络作为犯罪手段的行为主要有以下几种：

1. 利用网络宣传恐怖主义

从很大程度上讲，“恐怖分子的真正目标不是受害者，而是公共意见”。网络由于其匿名性与开放性，使其成为恐怖分子和我们争夺“公共意见”宣传战的制高点。如“东突信息中心”长期利用各种媒体特别是互联网进行恐怖主义、极端主义、分裂主义的宣传，赤裸裸宣传宗教极端思想，煽动、教唆以暴力恐怖手段进行“圣战”。

2. 利用网络组织恐怖活动

恐怖犯罪分子利用网络的快速、便捷和隐蔽性，组织恐怖组织内部成员进行恐怖活动，通过网络进行联络、策划、训练、招募和筹集资金等。如本·拉登的组织已广泛采用信息技术，该组织设计了一个依靠因特网电子邮件和电子布告栏的通信网络，可使其成员不必冒着被美国反恐怖组织抓获的危险而交换信息。

3. 在网上发布制造原子弹、炸弹、生化武器、计算机病毒等具体方法，为恐怖活动提供技术支持

“东突信息中心”通过互联网向境内“东突”分子秘密传授了有关毒剂和爆炸物等各种恐怖武器的制作方法和技术。因特网已成为恐怖分子廉价的“武器库”。

4. 利用心理战术，在网上散布真实或虚假恐怖信息，造成社会恐慌

互联网覆盖范围广泛和速度的便捷性使之成为恐怖分子发动心理战的最佳途径。网上散布恐怖袭击信息，一方面能制造社会恐慌，给对方造成经济损失，引起社会混乱；另一方面能为真实的恐怖袭击打掩护，真假恐怖袭击构成一体，能使对方国家长时间笼罩在恐怖袭击的阴云之下。

（二）将网络作为恐怖犯罪攻击对象的网络恐怖犯罪

一般来说，恐怖主义打击的是象征性的目标，或者至少具有某种象征性价值，旨在通过这种恐怖主义活动发出某种信息，制造恐惧、害怕和恐怖气氛。“恐怖主义比较高的有效性，是由于它的象征性。因此，恐怖分子常常企图使其选择目标的象征价值最大化。”网络在现代社会中占据着极为重要的意义，很多行业和人们已经越来越离不开网络，因而，网络就成了恐怖分子极具象征意义的攻击目标。恐怖分子可以利用网络的脆弱性攻击网络设施，造成网络瘫痪，影响正常的社会秩序。除网络本身外，电话网、油气管道、电力网、交通管理系统、金融系统和卫生保健系统等事关国计民生的各个方面都越来越依赖于网络的安全性，对信息中枢系统的攻击可能会导致如火车运行路线的改变继而出现撞车、航空管理软件中被植入复杂的“逻辑炸弹”从而出现航空事故以及可能引发全国性电网短路等。针对网络系统的袭击效果比任何传统的恐怖活动和战争方式的破坏力更大，造成危害的速度更快、范围更广，而袭击者本身的风险却很小。[①] 新加坡律政及内政部高级国务部长何炳基曾经说道：“和携带爆炸的恐怖分子不一样的是，对于那些必不可少的服务——比如发电站，恐怖分子可能仅仅只需要向计算机系统通过大量发送精心构建的数据包就可以控制网络，从而造成最大程度的破坏。”这种攻击主要技术方法有超级蠕虫、隐秘攻击、信息隐藏、针对路由和 DNS 发动攻击、制造并传播病毒等。具体可以分为两类：一类是针对网络本身的攻击；另一类是针对形成网络控制的某些行业、特定区域或重点对象的攻击。不过，后者因为这些行业、区域或对象本身已经形成了网络控制，因此，此种网络恐怖攻击中网络既是对象又是手段。

2008 年 5 月，国际网络安全专家在马来西亚举行的世界网络安全峰会（WCSS）上说，网络恐怖主义的威胁日益增长，大多数国家都易被攻击，

---

① 参见佟晖、刘长文、齐莹素：《网络恐怖活动及防范措施》，载《警察技术》2005 年第 1 期。

从而危害到重要的基础设施。来自国际电信同盟的 Hamadoun Toure 说，严峻的事实是信息技术已成为网络犯罪和网络恐怖主义的工具，技术使恐怖主义发生了改变；小型组织甚至个人就能控制成千上百万台计算机，将它们用于攻击一个国家的关键基础设施。① 因此，我们对网络恐怖犯罪活动必须保持足够的警醒。

四、网络恐怖犯罪的防范对策

网络空间是虚拟世界，但是借由网络而实施的恐怖活动却是真真切切的，正如安全专家所言："我们必须摒弃这样的危险思想：发生在虚拟世界的事情对物质世界的影响是有限的。"② 因此，我们必须积极采取各种措施，打击、防止网络恐怖犯罪。

（一）加强各种文明之间的沟通与对话，尽量消除恐怖活动犯罪之生成环境

从某种意义上讲，恐怖犯罪的生成原因主要是在于恐怖组织和恐怖分子持有异于主流社会价值而得不到主流社会的认可，同时又得不到合适的释放，所以选择了与主流社会价值的极端对抗。因此，如果要根治恐怖主义犯罪，就必须尽量消除恐怖活动犯罪之生成环境。Huntington 认为恐怖主义的发生主因是在全球化过程中所生成的，因为各种文明中不相容的本质所造成的冲突，那么要解决恐怖主义的问题最主要的方法便是文化的沟通。③ 只有不同的文明进行积极的沟通与对话，形成相互的信任和价值认同与尊重，才能最终消除恐怖活动犯罪。联合国在《消除国际恐怖主义的措施》中也特别强调，容忍和不同文明之间的对话，以及加强不同信仰和文化之间的了解，是促进在反恐行动方面合作和取得成功的最重要因素之一，并欢迎为此作出的各种倡议。

---

① 参见佚名：《IT 专家警告：小心网络恐怖主义的威胁》，载 http://www.cioage.com/art/200805/70175.htm。

② 参见佚名：《IT 专家警告：小心网络恐怖主义的威胁》，载 http://www.cioage.com/art/200805/70175.htm。

③ ［美］Giovanna Borradori：《恐怖时代的哲学》，王志宏译，华夏出版社 2005 年版，第 40、67 页。转引自林芝郁：《"恐怖行动" 刑事责任之研究》，台湾大学 2007 年硕士学位论文。

（二）提高网络信息安全，积极进行技术防范

网络恐怖犯罪具有高技术性，利用网络进行恐怖袭击往往具有高度的隐蔽性，针对网络恐怖袭击的高技术性，我们必须采取针锋相对的甚至更高的技术来防范网络恐怖袭击。针对网络袭击的突然性，我们有必要采用封闭式的措施进行全方位反恐：弃用无线网络，对一些重要的数据库系统实施网络隔离，拒绝使用智能卡，采用高等级的监控系统和对资料进行多重备份等。针对网络恐怖犯罪的技术隐藏、密写技术，我们可以充分利用信息挖掘技术和反密写技术挖掘出隐藏在网络中的恐怖犯罪的信息。目前，我们进行的第三代密码应用体系在解决数字世界的个人隐私问题的同时，也必须和对抗信息恐怖主义一起综合加以研究。① 技术防范主要是通过对网络的物理层、代码层和内容层来实现控制。②

（三）加强网络监管，有效抵御网络恐怖攻击

网络不仅传播速度快、范围广、信息量大，而且可以匿名、匿源传播，成本低廉，隐蔽性好，灵活性强，降低了“舆论攻击”和渗透的门槛，有利于一些团体掩饰自己的介入。加强网络监管、发展网络安全力量，已成为维护社会稳定和国家安全的迫切需要，必须采取有力措施，有效抵御网络攻击特别是各种颠覆性犯罪活动，避免互联网成为敌对势力的一支新的“毒箭”。网络监管主要可以通过设置关键词过滤内容、适度进行网络限制等方法实现监管（当然网络监管需要平衡国家安全和公民个人权利尤其是言论自由权利），建立和完善监测、预测、预报、预警体系，对可能发生的社会安全事件尤其是恐怖袭击进行预警，不断提高预警的准确度和时效性，并有效抵御网络恐怖攻击。

（四）建立健全网络立法，加强网络恐怖主义的法律控制

近年来，许多国家为了加强网络恐怖主义的法律控制，逐步建立和完善网络立法。英国2000年2月实施的“反恐怖主义法案2000”第一次在法律上正式提出“网络恐怖主义”③。“9·11”事件后，布什总统在白宫设立了

① 参见吕述望：《信息安全与信息恐怖主义》，载《数码世界》2008年第5期。

② 参见［美］劳伦斯·莱斯格：《思想的未来：网络时代公共知识分子领域的警世喻言》，李旭译，中信出版社2004年版，第162—163页。

③ 参见千省利、邵梦：《网络恐怖主义法律问题研究》，载《理论探讨》2008年第2期。

网络安全办公室。为了更好地防范来自网络恐怖主义的威胁，美国于2002年通过了《网络安全加强法案》以及《网络空间国家安全战略》。该法授予联邦政府在确保国家基础设施和计算机系统安全上以更多的权限，扩大了警方在监视互联网或监听电话的职权范围。2008年2月21日，法国内政部长米谢勒·阿利奥·马里表示，恐怖组织在互联网上越来越频繁地发起宣传和招募活动，这是法国警方今后的打击重点。他还表示，法国将就此补充专业人员和设备，完善相关法律，把打击网上恐怖主义宣传作为工作重点之一。目前我国刑法中对网络恐怖犯罪没有专门的条款，现有条文主要有：第120条组织、领导、参加恐怖组织罪；第120条之一资助恐怖活动罪；第285条非法侵入计算机信息系统罪；第286条破坏计算机信息系统罪；第287条利用计算机进行的其他犯罪（当然包括网络恐怖犯罪）；第291条之一投放虚假危险物质罪，编造、故意传播虚假恐怖信息罪。鉴于我国规定的组织、领导、参加恐怖组织罪是一个类似于类罪之规定，其内涵非常丰富，外延自然可以囊括网络恐怖犯罪的各种行为方式。但是，从罪刑之明确性而言，此种规定似有不妥，立法有必要更为详细地规定网络恐怖犯罪行为。

（五）建立特定的国际组织和合作平台，加强国际合作

网络犯罪具有高整合性、跨国性、去中心化及高犯罪黑数的特色，网络的规范管理恐非一国法律所能应付。因此，世界各国都充分意识到单凭一国一区域之力，自然难以防范网络恐怖犯罪。联合国《消除国际恐怖主义的措施》中也充分认识到亟须加强国际、区域和次区域合作，以增强各国的国家能力，有效防止和制止一切形式和表现的国际恐怖主义。目前，打击网络恐怖主义正在成为世界各国的共同行动，各国进行了一些卓有成效的合作。2000年10月26日，西方八国集团在柏林召开会议，专门讨论如何提高网络安全水平和防范网上犯罪的问题。2000年底，欧洲委员会制定的《打击计算机犯罪公约草案》正式出台，包括美国在内的40多个国家都加入了此公约。不过，目前，这种合作还更多地停留在理论层面，国际社会还需进行更大力度的合作，包括统一恐怖主义犯罪的界定，加强彼此的信任，加强信息安全技术交流，建立反恐信息共享平台，建立反对网络恐怖主义犯罪专门队伍等。据《朝日新闻》报道，2009年5月在越南河内召开的东盟警察长官会议上，为防止恐怖袭击，日本提议各国分工收集网上有关煽动恐怖袭击、指导炸弹制作方法等危险的信息，并将其制作成数据库，由各国共享。这一提议已被采纳，将由日本出资开发相关系统。

（六）严格网络服务提供者（ISP）的社会责任和法律责任

互联网服务提供商（Internet Service Provider，ISP），即向广大用户综合提供互联网接入业务、信息业务和增值业务的电信运营商。网络恐怖分子一般都需要利用 ISP 进行网络恐怖活动，ISP 在一定程度上负有过滤、管理网络传输的责任。所以，我们有必要严格 ISP 的社会责任和法律责任，至于如何追究其法律责任尤其是刑事责任，理论上存有共同正犯说、帮助犯说、不作为犯说等诸多主张。对此，理论还需深入探究，但是有一点我们可以肯定，对于严格 ISP 的社会责任和法律责任是刻不容缓的，当然我们需要通过立法来确定 ISP 的权利、义务和责任。

（七）组建技术含量高、装备精良的网络警察队伍

网络犯罪是智能犯罪，猎人自然应该熟练掌握网络技术。为了及时有力地打击各种各样的网络恐怖活动，必须组建专门打击网络恐怖的队伍，以维护国家安全。可以在公安、国安现在的网络监管队伍基础上，加强网络技术专门人才的培养，尤其是继续教育（网络技术日新月异，继续教育尤为重要），建立从中央到各省、市、县以破获网络恐怖为主旨的由经过专门训练的计算机高手组成，包括侦探、计算机和网络技术专家以及其他方面的专家网络警察部门。

论非法经营罪的几个问题*

吴仁碧**

非法经营罪是由1979年颁布的刑法规定的投机倒把罪分解而来，因近年来不断出台阐明“其他严重扰乱市场秩序的非法经营行为”含义的司法解释，学界发出了此罪已成新的口袋罪的惊呼，出现了要求废除或分解此罪的观点。同时，现实生活中不属于《刑法》第225条明文规定的非法经营行为且又不属于司法解释的“其他严重扰乱市场秩序的非法经营行为”范围的行为不断出现，此类行为是否应入罪争论很大。此外，《刑法修正案（七）》新增组织领导传销罪，前后刑法关系如何？再者，非法出版、盗版音像制品行为泛滥，非法经营罪与侵犯著作权方面的犯罪界限混淆不清。为促进理论研究和实践中正确定处该罪，笔者试对以上争议问题予以探讨。

一、关于此罪的存废改

因为《刑法》第225条兜底条款“其他严重扰乱市场秩序的非法经营行为”抽象概括，对其理解因人而异。出于对适用中会违反罪刑法定原则

---

* 本文原载于《政治与法律》2010年第2期。

** 西南政法大学法学院副教授。

的担忧，学界有人提出了分解此罪为几罪的观点，① 还有人提出废除此罪的观点，② 但也有学者认为不能废除，只是应严格解释。③ 笔者赞同第三种观点，其理由有如下几点。一是我国经济、政治体制处于改革期，需要该罪有灵活性或说具有一定的口袋罪性质。处于改革深化过程中的我国，由于政治、经济形势的变化，对经营活动进行管理的政策和具体措施会随之不断调整，限制或禁止经营的主体、种类、方式及对违反国家法律法规的经营行为打击的力度均会有变化，而刑法和附属刑法相对稳定，不可能随时更改，如刑法规定太死，国家根据情势变化所作出的调整就无法反映到刑法中，如无法对原来未规定可以追究刑事责任但现在必须动用刑罚制裁的非法经营行为入罪，也无法对社会危害性减小甚至已没有的非法经营行为及时出罪，相关附属刑法立法不当之处也不能通过最高司法机关的扩张或限缩解释以适应社会需要，使国家难于对国民经济秩序进行有效的管理。故国情需要此罪有灵活性、有一定的口袋性质才能适应打击经营失范行为的需要。二是国家对经营活动的管理体现在各行各业，加之我国经济体制是社会主义市场经济，这决定我国限制或禁止经营的主体、种类、方式比资本主义国家多，如每一项限制或禁止均规定一罪，将会增加许多罪名；且社会处于变革时期决定了若过细规定此罪名，则要随时补充或废除相关罪名才可满足社会需要，这从近年来立法对其的修改就可见一斑。1997 年刑法颁布以后，短短十余年，全国人大常委会以单行刑法的方式对该罪的修改就达三次之多：1998 年全国人大常委会《关于惩治骗购外汇、逃汇和非法买卖外汇犯罪的决定》第 4 条规定，在国家规定的交易场所以外非法买卖外汇的构成本罪；1999 年全国人大常委会通过的《刑法修正案》第 8 条规定，未经国家批准，非法经营证券、期货或者保险业务的行为构成本罪；为打击一些以典当行、担保公司、理财咨询公司等形式存在的“地下钱庄”非法经营活动，2009 年 2 月的《刑法修正案（七）》第 5 条在本罪的“未经国家有关主管部门批准非法经营证券、期货、保险业务的”之后增加规定了“或者非法从事资金支付结算业务的”。另外还有附属刑法和国务院行政法规规定可纳入本罪的行

① 参见曹坚：《论非法经营罪》，载顾肖荣主编：《经济刑法》（第 5 卷），上海人民出版社 2007 年版，第 229、245 页。

② 参见徐松林：《非法经营罪合理性质疑》，载《现代法学》2003 年第 6 期。

③ 参见张天虹：《罪刑法定原则视野下的非法经营罪》，载《政法论坛》2004 年第 3 期。

为。一个罪名在十余年内就多次修改是十分罕见的，故建议分解该罪罪名的观点不切实际。我国社会主义市场经济体制性质和社会处于深化改革的国情需要一个较为概括的规定，不能废除此罪的兜底条款。三是只要正确理解和把握“其他严重扰乱市场秩序的非法经营行为”的本质和范围，对解释主体作出严格限制就不会造成破坏罪刑法定原则的后果，如何限制正是下文要探讨的问题。

综上所述，本罪既不能废除也不能分解，且不能废除兜底条款，但确需探究如何防止此兜底条款对罪刑法定原则的破坏。

二、“其他严重扰乱市场秩序的非法经营行为”的解释主体和解释原则

哪些主体有权对该兜底条款的含义作出解释，学界有不同的看法。第一种观点认为，必须由立法机关的法律明确是否可以追究刑事责任，最高司法机关无权自行作出规定，立法机关可以通过制定单行刑法或设立附属刑法的方式予以明确；[①] 第二种观点认为，不需要依赖于附属刑法是否有明确规定，法院也可以依法律法规的禁止性规定自行确定；[②] 第三种观点认为，国家立法机关制定的法律和决定及国务院制定的行政法规、规定的行政措施、发布的决定和命令可以界定某经营行为是否为“非法”的性质，至于何为严重扰乱市场秩序宜由司法解释作出统一的具体规定。[③] 笔者对以上观点均不赞同。

第一种观点实质上是认为只有全国人大及其常委会才有权解释。但如只能由立法机关以单行刑法或附属刑法方式解释，一是达不到根据社会情况变化及时将法律明文禁止的非法经营行为入罪或者及时将一些尽管违法但已无

① 参见曹坚：《论非法经营罪》，载顾肖荣主编：《经济刑法》（第5卷），上海人民出版社2007年版，第229、245页。

② 林维认为，从最高人民法院颁布的一些司法解释所体现出来的精神看，对于尚未明确规定给予刑事处罚的行政违法行为，是否要进行刑事制裁，法院拥有独立的判断权，而不需要依赖于附属刑法是否有明确规定。但从法理上讲，刑事处罚至少必须建立在该行为已经被确定为违法因而具有违法性的基础之上，如果行为本身没有被规定为行政违法，司法机关就不应该主动去追究其刑事责任。参见北京市人民检察院政治部教育培训处：《侵犯知识产权罪与非法经营罪之区分》，载《法制日报》2008年12月7日。

③ 陈泽宪：《非法经营罪的若干问题》，载《人民检察》2000年第2期。

社会危害性或社会危害性减小的行为出罪的目的；二是法律不可能将应追究刑事责任的行为无遗漏地进行规定，因为立法者不可能准确地预见将来可能发生的行为；三是这种看法不符合《刑法》第 96 条规定的“国家规定”，即其包含国务院的规定，实际上是将“违反国家规定”理解为“违反国家立法机关的规定”（法律），这也不符合《刑法》第 225 条和第 96 条的规定。第二种观点认为对于尚未明确规定要给予刑事处罚的行政违法行为，是否要进行刑事制裁，法院拥有独立的判断权，但其未限定只有最高人民法院以司法解释的形式规定是不科学的。因“其他严重扰乱市场秩序的行为范围”太抽象概括，易因不同人员认识不同得出不同结论，“违反国家规定”的面也太广，如不进行限制将其明确为“司法解释”而任由办案司法机关或人员个人理解入罪难以避免破坏罪刑法定原则。第三种观点认为只有违反法律法规的非法经营行为，且司法解释规定了的行为才入罪是合理的。但它未说明是否为最高司法机关的司法解释，在我国，地方特别是省一级司法机关也在对刑法的适用作解释，一般认为其属于广义的司法解释，并且其未认可国务院有权作出哪些属于非法经营行为的解释也不合理。笔者认为，“其他严重扰乱市场秩序的非法经营行为”范围一是指立法机关通过附属刑法规定的可追究刑事责任的行为，二是指国务院根据法律的禁止性规定确定的可以依法追究刑事责任的行为，三是最高司法机关通过司法解释确定的违反国家法律、法规规定，且规定可追究刑事责任的经营行为。

国务院经常在管理经济、社会的行政法规中，规定对社会危害性严重的违反法律、法规的行为除追究民事责任、行政责任外可依法追究刑事责任。如 2007 年国务院《人体器官移植条例》第 25 条规定：“违反本条例规定，有下列情形之一，构成犯罪的，依法追究刑事责任……”又如 2002 年国务院《互联网上网服务营业场所管理条例》第 27 条规定：“违反本条例的规定，擅自设立互联网上网服务营业场所，或者擅自从事互联网上网服务经营活动的，由工商行政管理部门或者由工商行政管理部门会同公安机关依法予以取缔，查封其从事违法经营活动的场所，扣押从事违法经营活动的专用工具、设备；触犯刑律的，依照刑法关于非法经营罪的规定，依法追究刑事责任……”而且赋予国务院根据社会变化对那些属于其他严重扰乱市场秩序行为作出解释的权力，并不违反立法法。《立法法》第 8 条第 4 项规定，犯罪与刑罚只能由法律制定，但上述国务院的行政法规有关追究刑事责任的规定并非在设立新罪名，只不过在细化有关的附属刑法。按《刑法》第 96 条规定："本法所指的违反国家规定，是指违反全国人民代表大会及其常务委员会制定的法律和决定，国务院制定的行政法规、规定、行政措施、发布的决定和命令。"故那些属于《刑法》第225条第4项"其他严重扰乱市场秩序行为"没有必要也不可能全由法律来规定，国务院按附属刑法或刑法作出细化规定只是在行使《宪法》第89条规定的权力而已。

最高人民法院、最高人民检察院对刑法适用过程中进行解释的权力是宪法赋予的，其依国家法律、法规的禁止性条文，具体规定哪些行为属于严重扰乱市场秩序的行为，只是在行使对《刑法》第225条的司法解释权，只要此解释与刑法的基本原则、精神和国家的法律法规不冲突，谈不上僭越立法权问题。况且我国的立法技术并不十分成熟，在制定管理社会经济方面的法律法规时注重的是以行政、经济等手段制裁，不可能每一条文均涉及如何与刑法接轨，法律对某一行为未规定可追究刑事责任并不表明立法者认为不能或不应追究刑事责任。故只要国家法律法规禁止此行为，只要该行为与《刑法》第225条明文规定的非法经营行为社会危害程度相当，且只有动用刑罚才能遏制的，就可以在第225条规定之内解释刑法。这并非是最高司法机关在造法，最高人民法院、最高人民检察院有此权力才能保持此罪一定程度的灵活性以适应社会。如2003年"非典"时期最高人民法院为打击囤积可防"非典"的板蓝根等药品和必用的口罩等物，然后以正常价的数倍甚至数十倍价格倒卖的一类行为，出台的《关于办理防害预防、控制突发传染病疫情等灾害的刑事案件具体应用法律若干问题的解释》第6条将此类行为解释为其他严重扰乱市场秩序的行为，很好地遏制了类似行为，为抗击"非典"成功提供了刑法保障。

不管是国务院规定还是最高人民法院的司法解释，甚至是立法机关制定的与本罪有关的附属刑法，要将非法经营行为纳入本罪，均应遵循以下原则：一是法律法规已明文禁止此类行为；二是属于经营行为；三是属于刑法其他罪名不能容纳的非法经营行为，相关罪名可以容纳的非法经营行为则不能纳入本罪，如擅自设立证券经营机构、投资基金公司等只能构成《刑法》第174条的擅自设立金融机构罪；四是行为的社会危害程度与《刑法》第225条前三项行为相当或更重；五是此行为情节严重，达到必须动用刑罚才能有效制裁的程度。

三、“其他严重扰乱市场秩序的非法经营行为”的种类

目前，按最高人民法院司法解释、全国人大常委会补充规定及国务院的规定，“其他严重扰乱市场秩序的非法经营行为”包括以下九类：（1）1998年国务院《关于禁止传销经营活动的通知》发布以后的传销或变相传销行为，为2001年最高人民法院《关于情节严重的传销或者变相传销行为如何定性问题的批复》和国务院2005年《禁止传销条例》所规定，但《刑法修正案（七）》以后的非法传销不再定此罪。（2）在国家规定的交易场所以外非法买卖外汇或介绍非法买卖外汇或代理骗购外汇的，为1998年全国人大常委会《关于惩治骗购外汇、逃汇和非法买卖外汇犯罪的决定》第4条、1998年最高人民法院《关于审理骗购外汇、非法买卖外汇刑事案件具体应用法律若干问题解释》第4条及1999年最高人民法院、最高人民检察院、公安部《办理骗汇、逃汇案件联席会议纪要》所规定。（3）出版、印刷、复制、发行宣扬封建迷信等非法出版物，或没有相应资质而从事出版、印刷、发行活动等的行为为1998年最高人民法院《关于审理非法出版物刑事案件具体应用法律若干问题的解释》第11条至第15条所规定。（4）擅自经营国际电信业务或涉港澳台电信业务进行营利的，为最高人民法院2000年《关于审理扰乱电信市场管理秩序案件具体应用法律若干问题的解释》所规定，2001年最高人民检察院、公安部《关于经济犯罪案件追诉标准的规定》也作了规定，2002年最高人民检察院又作了相应规定。（5）违反国家在预防、控制突发传染病疫情等灾害期间有关市场经营、价格管理规定，哄抬物价，牟取暴利的，为最高人民法院、最高人民检察院《关于办理防害预防、控制突发传染病疫情等灾害的刑事案件具体应用法律若干问题的解释》第6条所规定。（6）擅自设立互联网上网服务营业场所，或者擅自从事互联网上网服务经营活动的，为2002年国务院《互联网上网服务营业场所管理条例》第27条所规定。（7）未经批准发行、销售彩票的，为2005年最高人民法院、最高人民检察院《关于办理赌博刑事案件具体应用法律若干问题的解释》第6条所规定。（8）未取得药品生产、经营许可证件和批准文号，非法生产、销售盐酸克仑特罗等禁止在饲料和动物饮用水中使用的药品，扰乱药品市场秩序，情节严重的，或者在生产、销售的饲料中添加盐酸克仑特罗等禁止在饲料和动物饮用水中使用的药品，或销售明知是添加有该类药品的饲料，情节严重的，为2002年最高人民法院、最高人民检察

院《关于办理非法生产、销售、使用禁止在饲料和动物饮用水中使用的药品等刑事案件具体应用法律若干问题的解释》规定。（9）伪造、变造、买卖国家机关颁发的野生动物允许进出口证明书、特许猎捕证、狩猎证、驯养繁殖许可证等公文、证件，构成伪造、变造、买卖国家机关公文、证件罪，同时又构成非法经营罪的，依照处罚较重的规定处罚。这是2000年最高人民法院《关于审理破坏野生动物资源刑事案件具体应用法律若干问题的解释》规定的。当然此解释视为对《刑法》第225条第2项的解释而非对“其他严重扰乱市场秩序的非法经营行为”的解释更为恰当。

除司法解释，国务院、全国人大常委会上述规定外的其他严重扰乱市场秩序的非法经营行为，为不破坏罪刑法定原则，不宜以本罪定处。但在实践中也有以本罪定处的，如2008年11月20日北京市第一中级人民法院对两名倒卖奥运会门票的被告人分别以本罪判处有期徒刑2年零6个月和1年零6个月，并各处罚金人民币44万余元，另对如倒卖废物、国外旧衣，买卖尸体、人体器官等行为也有以本罪论处的。

四、《刑法修正案（七）》颁布后的非法传销行为与组织领导传销罪的关系

《刑法修正案（七）》第4条规定：“组织、领导以推销商品、提供服务等经营活动为名，要求参加者以缴纳费用或者购买商品、服务等方式获得加入资格，并按照一定顺序组成层级，直接或者间接以发展人员的数量作为计酬或者返利依据，引诱、胁迫参加者继续发展他人参加，骗取财物，扰乱经济社会秩序的传销活动的，处五年以下有期徒刑或者拘役，并处罚金；情节严重的，处五年以上有期徒刑，并处罚金。”这就是《刑法修正案（七）》增设的组织、领导传销罪，但作出此规定后非法传销行为还能以非法经营罪定处吗？《刑法修正案（七）》生效后审判的以前发生的传销行为适用《刑法修正案（七）》还是适用1997年《刑法》第225条？

审视《刑法修正案（七）》的规定与《禁止传销条例》第7条和最高人民法院有关传销的司法解释，如只从文字看，二者之间并不重合，后者范围更大。《禁止传销条例》第7条可追究刑事责任的行为不只是组织领导传销的行为，还有介绍、诱骗、胁迫他人参加传销的人也可追究其刑事责任。《刑法修正案（七）》是为加强打击组织领导者才将其从一般人员中分列出来增设一个新罪，若不属于组织领导者但介绍、诱骗、胁迫他人参加传销的

还是应定非法经营罪，学界也有人如此认为。[①] 但笔者不赞同上述观点，笔者认为，《刑法修正案（七）》的立法意图是只有组织、领导传销的行为才构成犯罪，其他传销行为不构成犯罪，理由如下。第一，原我国刑法无专门对传销行为入罪的规定，但近些年传销行为日益猖獗，已成导致群体性事件和威胁社会稳定的重要因素，正是为明确传销行为如何入罪的问题，《刑法修正案（七）》才专门规定本罪。第二，如果只是将组织领导者专门定罪，其余的传销行为定非法经营罪不合我国刑法分则的立法规律。因我国刑法分则将组织领导者与参加者或实施者规定为一罪的罪名很多，如组织、领导、参加黑社会性质组织罪，组织、领导、参加恐怖活动组织罪，背叛国家罪，分裂国家罪，武装叛乱、暴乱罪，颠覆国家政权罪，聚众斗殴罪等，假如立法者认为非组织领导传销行为也该定罪，会在《刑法修正案（七）》中一并规定。第三，除了组织领导者外的人员不宜纳入犯罪圈。组织领导者外的人员本人也是受害者，对处于塔底人员或非组织领导者的介绍、引诱、胁迫行为不应作为犯罪论处。对并非处于塔尖又非塔底的中间层传销人员，因其必然有组织、领导下层级人员的情况，通过对组织领导含义作扩大的解释就可入罪；对非组织领导人员，可作治安处罚，这符合刑法谦抑原则。故生效后发生的传销行为只能适用《刑法修正案（七）》，不能再定非法经营罪。对发生在《刑法修正案（七）》生效前的传销行为，《刑法修正案（七）》生效后才审判或才生效的法律适用问题，按我国刑法从旧兼从轻原则分析，如其不属于组织领导传销的人员则适用《刑法修正案（七）》，应判决不构成犯罪。组织、领导传销罪与非法经营罪的法定刑均有两个量刑档次，法定最高刑相同，但二者的法定最低刑和附加刑不同。如案件事实只应适用第一档法定刑，则非法经营罪处刑更轻，因其法定最低刑可单处罚金。组织、领导传销罪法定最低刑是拘役，故对发生在《刑法修正案（七）》以前的非法传销行为，如只是构成犯罪不属于情节特别严重的，应适用1997年刑法定非法经营罪；从两个罪的第二档法定刑看，法定最低刑和最高刑相同。组织、领导传销罪的附加刑只有罚金，非法经营罪的附加刑除可处罚金外还可选并处没收财产，故对发生在《刑法修正案（七）》以前的情节特别严重的非法传销行为，应定组织、领导传销罪。

---

① 参见马志萍：《“非法传销”入罪化之评价》，载《法制日报》2008年12月7日。

五、非法经营罪与侵犯著作权罪的联系与区别

最高人民法院1998年《关于审理非法出版物刑事案件具体应用法律若干问题的解释》第11条规定："违反国家规定，出版、印刷、复制、发行本解释第一条至第十条规定以外的其他严重危害社会秩序和扰乱市场秩序的非法出版物，情节严重的，依照刑法第二百二十五条第（三）项的规定，以非法经营罪定罪处罚。"2001年国务院公布施行《出版管理条例》第55条规定："未经批准，擅自设立出版物的出版、印刷或者复制、进口、发行单位，或者擅自从事出版物的出版、印刷或者复制、进口、发行业务，假冒出版单位名称或者伪造、假冒报纸、期刊名称出版出版物的，由出版行政部门、工商行政管理部门依照法定职权予以取缔；依照刑法关于非法经营罪的规定，依法追究刑事责任。"按上述规定，出版、印刷、复制、发行宣扬封建迷信等非法出版物，或没有相应资质而从事出版、印刷、发行宣扬封建迷信或他人不享有著作权作品行为构成非法经营罪不存疑义，因宣扬封建迷信等作品不存在著作权问题。但如行为人无出版、印刷、发行活动的资质进行出版、印刷、发行他人享有著作权的作品的，其行为既符合非法经营罪又符合侵犯他人著作权罪或销售侵权复制品罪，此时如何定性？中国政法大学曲新久教授认为，从相关司法解释的精神看，对于非法经营盗版物品的行为，应定侵犯著作权罪，而不宜定非法经营罪。① 中国青年政治学院林维教授认为，凡以营利为目的而发行，就等于销售，这是单纯的销售行为，应按《刑法》第218条销售侵权复制品罪认定，不能定侵犯著作权罪。而司法实践中有人认为是普通法与特别法的法条竞合的关系，在依特殊规定（销售侵权复制品罪）不能处理的情况下，可以按照一般规定（非法经营罪）处理。② 笔者赞同二者之间是普通法与特别法关系，但不赞同重法优先。从刑法规定侵犯他人著作权罪的行为方式看，与销售侵权复制品罪的行为人一样均有销售行为，从本质上说，不具备出版、印刷、进口等资质的主体进行出版、印刷等行为就属于非法经营行为，只是侵犯著作权罪、销售侵权复制品

---

① 参见北京市人民检察院政治部教育培训处：《侵犯知识产权罪与非法经营罪之区分》，载《检察日报》2007年2月1日。

② 参见北京市人民检察院政治部教育培训处：《侵犯知识产权罪与非法经营罪之区分》，载《检察日报》2007年2月1日。

罪的对象更特殊，系他人享有著作权且行为人未经著作权人许可的作品而已，故非法经营罪是普通法，侵犯他人著作权罪或销售侵权复制品罪是特别法。对法条竞合犯的定处原则与想象竞合犯是不同的，后者是重法优先适用，而法条竞合犯是特别法优先适用，除了法律明文规定可以重法优先适用或适用特别法量刑明显违背罪刑相适应时，才可能适用普通法。最高人民法院 2004 年对侵犯知识产权犯罪案件作出司法解释以前，侵犯著作权犯罪定罪起点为非法经营额 10 万元以上，而非法经营罪定罪起点是 3 万元以上，对犯罪数额未达 10 万元的，实务部门就以非法经营罪认定。这样做的量刑结果使犯罪数额 3 万元的可能比犯罪数额 10 万元以上的量刑还重，非常不合理，也违背法条竞合犯特别法优先适用的原则。另外从该种行为的危害指向对象来看，非法经营罪危害的是国家，后两罪不仅危害国家，更危害知识产权权利人的合法权益，定后者更易为被害人等接受。故笔者反对构不成侵犯他人著作权罪或销售侵权复制品罪就定非法经营罪的做法。且 2004 年最高人民法院、最高人民检察院已作出的司法解释大大降低了侵犯知识产权罪的定罪门槛，二者的定罪起点基本一致，故实务中定不上侵犯他人著作权罪或销售侵权复制品罪就定非法经营罪的做法应杜绝。

新中国六十年知识产权刑法立法发展与评价*

刘湘廉**

知识产权刑法作为保护知识产权的最后法律规范，其必要性与重要性日益凸显。回顾与检视六十年来关于知识产权刑法立法历程，分析其得失，对促进全社会对知识产权刑法的认识，促进知识产权刑法的立法完善，更为有效地对知识产权进行刑法保护，是很有意义的。

知识产权作为一种私权受到法律保护，特别是为刑法所保护，在共和国的六十年里从认识到立法都经历了从无到有、从缓慢创制到快速发展、从内容粗疏散乱到内容丰富形成体系的发展过程。笔者以为，中华人民共和国的知识产权刑法之立法发展历程可划分为缓慢的初创阶段、快速发展阶段和体系形成阶段。这一发展历程决定于中国社会的政治、经济、法治发展，总体顺应了社会发展要求，成就巨大，但也有不足。

一、知识产权刑法立法缓慢的初创阶段

自中华人民共和国政府成立至1979年第一部刑法的制定、颁布，可谓新中国知识产权刑法的初创阶段。

早在中华人民共和国政府成立前夕的1949年2月，中共中央就发布了

---

* 本文原载于《广西民族大学学报（哲学社会科学版）》2010年第3期。

** 西南政法大学法学院副教授。

《关于废除国民党的六法全书与确定解放区的司法原则的指示》，同年 4 月，中国共产党领导的华北人民政府颁布了《废除国民党的六法全书及一切反动的法律的训令》。[①] 因而，包括知识产权法律制度以及保护知识产权的刑法规范在内的共和国的法律制度与法律体系完全是重新开始，并没有沿用旧的法律。就确认与保护知识产权而言，在共和国成立初期只颁行了一些零星的法律规范，如 1950 年 7 月当时的政务院制定并颁布了《商标注册暂行条例》及其实施细则，从总体上确认了对注册商标进行保护的原则；[②] 1950 年 8 月政务院又颁布了《保障发明权与专利权暂行条例》，确立了以发明证书、专利证书保护发明；[③] 1953 年出版总署发布了《关于纠正任意翻印图书现象的规定》。这些法律规范对知识产权的确认与保护无论是在范围上还是内容上都很狭窄和不完整，且这些法规中都未设定刑罚规范。而关于保护知识产权的刑法规范的制定，也只是在拟定并多次修改的中华人民共和国刑法草案中设立了一个条文，即关于侵犯商标犯罪的规定，如中央人民政府法制委员会于 1950 年 7 月印发的《中华人民共和国刑法大纲草案》第 104 条即为“伪造或冒用已登记公私营企业商标号牌的，处六个月以下监禁，并可酌处罚金，或责令公开道歉”[④]。实际上没有生效的知识产权刑法规范，在司法实践中也鲜有惩处侵犯知识产权犯罪的情形。

1978 年，中国开始实施改革开放，中国的法制建设也开始了历史的新篇章。1979 年 7 月 6 日颁布并于 1980 年 1 月 1 日开始施行的第一部刑法规定了有关侵犯知识产权犯罪的条文，标志着中国知识产权刑法立法开始有了实质性的成果。但它只设计了一个罪名，即第 127 条规定的假冒商标罪。

二、知识产权刑法立法快速发展阶段

20 世纪 80 年代至 90 年代中期，是中国知识产权法律制度与知识产权刑法飞速发展的时期。为适应中国快速的经济发展与对外经济贸易的需要，从 1980 年开始，中国陆续加入有关保护知识产权的国际公约，[⑤] 如 1980 年

---

① 参见张晋藩：《中国法制史》，群众出版社 1982 年版。

② 参见吴汉东：《知识产权基本问题研究》，中国人民大学出版社 2005 年版。

③ 参见赵国玲：《知识产权犯罪调查与研究》，中国检察出版社 2002 年版。

④ 高铭暄等：《新中国刑法立法文献资料总览》（上），中国人民公安大学出版社 1998 年版。

⑤ 参见国家保护知识产权工作组：《领导干部知识产权读本》，人民出版社 2006 年版。

6月加入《建立世界知识产权组织公约》，此后至1995年7月又先后加入了《保护工业产权巴黎公约》《集成电路知识产权保护公约》《商标国际注册马德里协定》《保护文学艺术作品伯尔尼公约》《世界版权公约》《保护录音制品制造者防止未经许可复制其录音制品日内瓦公约》《专利合作条约》《国际承认用于专利程序的微生物保存布达佩斯条约》。在这期间，中国政府还参加了《与贸易有关的知识产权协定》（即TRIPs协定）的谈判；与此同时，国家立法机关审议通过了一批知识产权法律文件，如1982年的商标法、1984年的专利法、1986年的民法通则、1990年的著作权法、1993年的反不正当竞争法；1995年国务院发布了《知识产权海关保护条例》。1992年、1993年全国人大常委会还修订了专利法与商标法。至此，中国的知识产权法律制度体系已经形成。相应地，在这一时期里，国家立法机关制定了有关惩治侵犯知识产权犯罪的决定或补充规定，对1979年刑法的内容进行了大量补充，增设了多种侵犯知识产权的犯罪。

这一时期，中国知识产权刑法立法发展的主要内容有：

（一）关于侵犯商标权犯罪规定的修改、补充

随着经济体制改革的不断深入，社会经济迅速发展，侵犯商标权犯罪的情况也逐渐变得非常严重，据有关统计，自1985年起，全国检察机关每年受理假冒商标案件一千多起。[①] 1982年商标法及1979年《刑法》第127条的规定已严重不能适应社会发展的情况。为此，全国人大常委会于1993年2月22日通过了修改后的商标法，并同时通过了《关于惩治假冒注册商标犯罪的补充规定》（以下简称《补充规定》）。在《补充规定》中，对假冒商标罪做了三个方面的修改：一是扩大了假冒商标罪的主体范围，其主体包括自然人和企事业单位；二是明确规定了假冒商标罪的行为特征："未经注册商标所有人许可，在同一种商品上使用与其注册商标相同的商标，违法所得数额较大或有其他严重情节的"；三是修改了假冒注册商标罪的处刑标准，将原刑法规定的一个量刑幅度修改为两个量刑幅度，提高了法定刑，并注重对罚金刑的运用。《补充规定》还增加了销售假冒注册商标的商品罪与非法制造、销售非法制造的注册商标标识罪，并规定这两个罪的主体包括自然人和单位。

---

① 参见高铭暄：《经济犯罪和侵犯人身权利犯罪研究》，中国人民公安大学出版社1995年版。

（二）关于侵犯专利权犯罪的规定

由于在1979年中国尚无专利制度，因而在当时制定的刑法中没有关于侵犯专利权与专利制度犯罪的规定。1980年1月国务院决定在中国实行专利制度，并成立国家专利局。由此，中国专利制度发展进入了新时期。1984年3月颁布了专利法。在该法中设置了三个刑法规范，即第63条增设了假冒专利罪，并规定比照假冒商标罪的规定处罚；第64条规定，“违反本法第二十条规定，擅自向外国申请专利，泄露国家秘密的……情节严重的依法追究刑事责任”；第66条规定，“专利局工作人员及有关国家工作人员徇私舞弊……情节严重的，比照刑法第一百八十八条的规定追究刑事责任”。

（三）关于侵犯著作权犯罪的规定

1990年9月制定了中国第一部著作权法，第一次以国家法律较全面、系统地规定了著作权。而此前的四十多年时间里，中国虽然承认著作权，但保护著作权的主要依据只是宪法、民法通则、继承法等规定的一些原则及一些行政法规、政策规定，没有关于保护著作权的刑法规范。就是在1990年著作权法中，对侵犯著作权的行为也只规定了民事责任与行政责任，仍然没有关于刑事责任的规定。虽然最高人民法院、最高人民检察院于1987年11月27日、1991年1月30日先后发布了两个关于打击非法出版犯罪活动方面的通知，[①] 其中也包含了以刑罚惩处某些侵犯著作权的行为，但其目的与主要内容并不是关于著作权的刑法保护的。这样，虽然在很大程度上照顾了本国国情，但却落后于国际社会。美、英、法、德、日等许多国家都对严重侵犯著作权的行为规定了刑事责任，不少国际公约也要求缔约国或者参加国对著作权进行刑法保护，例如，1971年10月29日在日内瓦签订的《保护唱片制作者防止唱片被擅自复制公约》第3条即有“通过刑事制裁的方式加以保护”的内容；1994年4月15日中国政府签署的TRIPs协议的第61条则有更明确的规定。为此，全国人大常委会于1994年7月5日通过了《关于惩治侵犯著作权的犯罪的决定》（以下简称《决定》），规定了侵犯著作权罪和销售侵权复制品罪两个罪，并规定自然人与单位都可以成为其主体。

---

① 1987年11月27日最高人民法院、最高人民检察院发布了《关于依法严惩非法出版犯罪活动的通知》；1991年1月30日最高人民法院、最高人民检察院和公安部联合发布了《关于严厉打击非法出版犯罪活动的通知》。

（四）关于侵犯商业秘密犯罪的规定

由于中华人民共和国成立以后的很长时期里，我们实行单一制的计划经济，几乎没有商业竞争，也就没有商业秘密存在的社会基础，自然也就不会有对商业秘密的法律保护制度，更谈不上有惩治侵犯商业秘密的刑法规范。即使有关于经济或经营方面的秘密，也都将其连同政治、军事秘密等一起作为国家秘密来保护。但是随着经济体制改革的不断深入，市场经济开始发育、发展，市场竞争开始活跃。与此相对应，商业秘密的经济价值日益凸显，侵犯商业秘密的事件也不断发生。社会现实生活要求国家通过立法保护商业秘密。于是，国家在20世纪80年代中期开始颁布了一些法律、行政法规等确认商业秘密权并给予相应的保护。例如，1987年6月颁布的技术合同法就肯定了技术成果、技术秘密的财产性而予以保护；1991年4月颁布的民事诉讼法第一次明确使用了"商业秘密"这一法律术语，并规定在民事诉讼中采取相应措施予以保护；1993年4月22日国务院发布的《股票发行与交易管理暂行办法》第64条与同年4月28日国家工商行政管理局发布的《期货经纪公司登记管理暂行办法》第7条都明确规定禁止泄露商业秘密的行为；1993年9月2日全国人大常委会通过了反不正当竞争法，在立法上第一次对商业秘密进行了界定，并明确规定对商业秘密要予以行政法与经济法上的保护。1996年5月全国人大常委会通过的促进科技成果转化法在第34条第一次明确规定了"以唆使窃取、利诱胁迫等手段侵占他人的科技成果"的侵权者的刑事责任。但至1997年刑法出台前，中国也没有专门的刑法规范明确地将严重侵犯商业秘密的行为犯罪化并设置相应的刑罚制裁措施。

通观这一阶段中国的知识产权刑法立法，可谓迅速发展，在短暂的十多年时间里就制定出了两个专门惩治侵犯知识产权犯罪的单行刑法和一个附属刑法规范，即1993年2月制定的《关于惩治假冒注册商标犯罪的补充规定》《关于惩治侵犯著作权犯罪的决定》以及《专利法》第63条，修改了1979年刑法规定的假冒商标罪，增设了5个新罪。

此外，1982年全国人大相关部门决定开始研究全面修改刑法，1988年组建相应机构开始了大规模的刑法修改工作。从历次形成的刑法修改稿对知识产权刑法规范的设计来看，也在积极推进知识产权刑法规范的系统化与体系化。[①]

三、知识产权刑法立法体系形成阶段

1997年刑法的通过，是中国知识产权刑法体系正式形成的标志。修订后的刑法在分则第三章专门设立了一节并使用“侵犯知识产权罪”之类罪名，用八个条文将此前散乱繁杂的知识产权刑法规范予以系统化、协调化，也更具可操作性了。其规定包括了四类共七个罪名，即关于侵犯商标权方面的三个，包括假冒注册商标罪，销售假冒注册商标的商品罪，非法制造、销售非法制造的注册商标标识罪；关于侵犯专利权方面的假冒专利罪；关于侵犯著作权方面的两个，包括侵犯著作权罪和销售侵权复制品罪；关于侵犯商业秘密权方面的侵犯商业秘密罪。

与以往的知识产权刑法相比，修改后的刑法有以下几个方面的变化：

（一）增设了侵犯商业秘密罪

以反不正当竞争法的相关规定为基础，以第219条之规定设立了侵犯商业秘密罪，明确规定了构成侵犯商业秘密罪的四种情形，并明确界定了商业秘密及商业秘密权利人。

（二）为假冒专利罪规定了独立的法定刑

接收了原专利法规定的假冒专利罪，并为其设立了独立的法定刑，从而彻底摆脱了十几年来都是比照假冒注册商标罪的法定刑来处罚假冒专利罪犯的不正常、不合理状况。

（三）修改了侵犯商标犯罪的构成条件与法定刑适用情节

《刑法》第213条、第215条将《补充规定》对假冒注册商标罪和非法制造、销售非法制造的注册商标标识罪成立所要求的“违法所得数额较大或者有其他严重情节”修改为“情节严重”；相应地，将原来的法定刑适用情节的“违法所得数额巨大的”修改为“情节特别严重的”。《刑法》第214条将《补充规定》对销售假冒注册商标的商品罪成立所要求的“违法所得数额较大”修改为“销售金额数额较大”；相应地，将原来的法定刑适用情节的“违法所得数额巨大的”修改为“销售金额数额巨大的”。

---

① 参见高铭暄等：《新中国刑法立法文献资料总览》（中），中国人民公安大学出版社1998年版。

（四）对侵犯著作权犯罪规定的修改

修改后的刑法完全接收了《决定》关于侵犯著作权罪的规定，但对《决定》规定的销售侵权复制品罪的构成条件与处刑标准作了修改，将原来的“违法所得数额较大”的犯罪构成条件修改为“违法所得数额巨大”，并将《决定》规定的法定刑予以了降低。

（五）扩大了侵犯知识产权罪的犯罪主体范围

此前的刑法规范虽然确认了已满16周岁并具有刑事责任能力的人都能成为当时所规定侵犯知识产权罪的主体，也规定了单位能够成为犯罪主体，但是，单位不能成为假冒专利罪的犯罪主体，有关惩治侵犯商业秘密的犯罪行为的刑法规范也排斥单位成为犯罪主体。修改后的刑法在第220条明确规定，单位能够成为所有侵犯知识产权罪的犯罪主体，并都实行双罚制。

四、对知识产权刑法立法发展的评价

通过对中国的知识产权刑法立法发展的梳理，可以看出，中国的知识产权刑法立法发展与中国的知识产权法律制度的发展、完善紧密伴随，且二者都与中国的改革开放、经济体制改革、社会经济发展紧密相连。在改革开放以前，由于长期实行高度集中的单一制计划经济模式，扼制了中国知识产权法律制度的生长、发展，又虚化了知识产权刑法的社会需要。这就使得中国的知识产权刑法的初创阶段历时漫长而又几近无所成就；随着改革开放的不断深入，社会经济的飞速发展，尤其是对外经济交往的不断扩大与增强，现实社会生活对知识产权制度的渴望日益强烈，对知识产权刑法的需求也愈发增强，国家也就不得不开启所有的立法、立规机构并不得不开足马力，以应付社会需求。从立法上看，可谓一片繁忙与“繁荣”，又比较杂乱，知识产权制度的构建迅速发展并走向完善，知识产权刑法立法也快速发展并形成体系。整个过程，可谓再次验证了“经济基础决定上层建筑，上层建筑又反作用于经济基础”的原理与规律；既表现出了应当肯定的突出特点，也存在着急需改进与完善的方面。

（一）中国知识产权刑法立法的主要特点

从中国整个知识产权刑法立法发展的过程来看，有以下几个应当肯定的突出特点：

1. 积极适应经济发展需要，努力实现与国际接轨

不论是第一部刑法设立假冒商标罪、专利法中设立假冒专利罪、1988年颁布《关于惩治泄露国家秘密罪的补充规定》，还是此后颁布《补充规定》《决定》以及修订后的刑法增设侵犯商业秘密罪，都是以维护中国经济秩序、保障中国经济快速、健康发展为宗旨；同时又努力实现与国际社会接轨，特别是20世纪90年代初开始，为适应中国经济的不断开放与对外贸易的不断扩大，使中国适应经济全球化发展，中国的知识产权刑法立法，在努力达到符合中国所参加的相关国际公约的要求，并呈现出明显的国际化趋势。

2. 坚持国家主权原则，谨慎确定调控范围

随着国际贸易一体化、经济全球化，知识产权制度也逐渐走向全球化，特别是随着TRIPs协议的生效实施以及越来越多的国家加入这一国际公约，知识产权法在逐步全球化，知识产权刑法的全球化趋向也越来越强。中国的知识产权刑法立法也是在这一国际环境下快速发展起来的。它的快速发展既是应维护中国经济秩序、保障与促进经济发展之需，也是国际社会强烈要求的结果。即便如此，就中国每一个知识产权刑法规范的内容来看，无不充分考虑中国当时的现实国情，审慎确定知识产权刑法的调控范围。如关于刑法对著作权的调控范围，就只设立了两个罪，且对侵犯著作权罪范围只规定四个方面的行为，充分体现了立法上坚持国家主权原则。即便是在20世纪90年代，中国刑法立法使犯罪化不断扩展的情况下，对知识产权刑法调控范围的确定始终非常谨慎，就是在1995年至1997年初大规模、全面修订刑法的过程中，最终也只增加了一个罪名即侵犯商业秘密罪，直接关涉知识产权的罪名也只有七个。这与整个刑法扩大犯罪化形成很大反差。

3. 注重财产刑的适用与对单位犯罪的惩处

考虑到侵犯知识产权犯罪的贪利性特点，中国的知识产权刑法立法从一开始就重视对财产刑的适用。无论是1979年《刑法》第127条关于假冒商标罪的法定刑的设置，还是后来出台的《补充规定》《决定》以及1997年修订后的刑法关于所有侵犯知识产权犯罪规定的法定刑，都无一例外地包括了罚金。同时，还考虑到侵犯知识产权犯罪发生、实施的特点，从1993年的《补充规定》开始将单位纳入犯罪主体的范围，并实行双罚制。修订后的《刑法》第220条规定，单位可以成为所有侵犯知识产权犯罪的主体，并对单位犯该类罪，一律实行双罚制。

4. 适时系统化、体系化

在20世纪80年代至90年代前期，因忙于应付社会现实生活的急需，对知识产权刑法规范的制定频繁、分散，也很零乱。而在大规模修订刑法活动的后期，为改变这种乱象，将散存于单行刑法、附属刑法中的知识产权刑法规范进行集中、梳理，并在修订后的刑法分则中设立“侵犯知识产权罪”专节。由此，中国的知识产权刑法系统化，并形成体系。这既有利于全面、充分地揭示知识产权犯罪的共同特征，又有利于把握各种具体侵犯知识产权罪之间的关系，从而有效实现罪刑设置的系统化、合理化；更便利于中国民众了解、掌握知识产权刑法，全面、正确而牢固地树立刑法保护知识产权的观念；还有利于国际社会了解中国知识产权的刑法保护状况及其发展，促进中国的对外经济交往。

（二）中国知识产权刑法立法的主要不足

中国的知识产权刑法立法虽历经艰辛，但在最近的二十多年时间里其发展速度与所取得的成就可谓举世瞩目，诚如世界知识产权组织前总干事阿帕德·鲍格胥博士所说的，“在知识产权史上，中国完成所有这一切的速度是独一无二的”①，就在2009年初WTO争端解决机构会议审议通过的中美知识产权WTO争端案专家组报告中也广泛地肯定了中国对知识产权的法律保护制度。② 但是，我们也应清醒地看到，由于受到历史传统与认识观念的影响，还有社会快速发展的需要，中国目前的知识产权刑法立法也还存在明显的缺陷与不足。这主要表现在：

1. 侵犯知识产权行为犯罪化不够

如前所述，在中国整个知识产权刑法的立法发展过程中，对确定刑法保护知识产权的范围始终非常谨慎。在立法过程中，对待犯罪化问题予以谨慎是应该的。但是过于谨慎，以至于立法不足，从而导致缺乏必要的刑罚规范来有效遏制严重侵犯知识产权行为，不能有效规制市场主体、维护市场秩序，则是不恰当的和必须及时纠正的。如关于假冒注册商标犯罪的规定中，仅限于“在同一种商品上使用与其注册商标相同的商标”一种情况，而将服务商标完全排斥在刑法的保护之外，这也是不符合TRIPs协议对各成员方

① 王志广：《中国知识产权刑法保护研究（理论卷）》，中国人民公安大学出版社2007年版。

② 参见龚雯：《世贸组织通过中美知识产权WTO争端案专家组报告》，载《人民日报》2009年3月21日，第2版。

的基本要求的；又如反向假冒他人注册商标的行为即“未经注册商标人同意，更换其注册商标并将该更换商标的商品又投入市场的”行为，实质上与《刑法》第213条规定的正向假冒他人注册商标犯罪行为一样严重侵犯注册商标专用权人的权利，还严重侵害了广大消费者的权益、严重破坏市场秩序的，许多国家也是将其规定其为犯罪的；[①] 在中国已发生过多起反向假冒的严重事件，如作为中国驰名商标的天津某油漆厂“灯塔”油漆商标、北京某服装厂的“枫叶”商标均被反向假冒，[②] 中国理论界也多主张将其犯罪化，[③] 中国刑法至今还没将其规定为犯罪；还有传统型的知识产权如商号以及新型知识产权如植物新品种等都未纳入刑法的保护范围。

2. 与相关知识产权法不相协调

在1997年以前，中国的知识产权刑法立法与当时相应的知识产权法的规定是协调一致的。在1997年刑法修订过程中，将所有知识产权刑法规范系统化的同时也集中于刑法中，形成了典型的知识产权刑法的刑法典立法模式，相应的知识产权法中的附属刑法规范只起照应性规定的作用。采用这种立法模式虽有如上文所述的好处，但由于近年来知识产权刑法立法发展过于迟缓，以致知识产权刑法立法与相应知识产权法律不相协调，从而影响到对某些知识产权的有效保护。自1997年以来，为适应社会发展需要，也为正式加入WTO后全面履行中国政府所承担的相应公约义务，国务院于2001年颁布了《计算机软件保护条例》，国家立法机关又先后对商标法、著作权法和专利法进行修改，增加了一些侵犯知识产权的行为，其中有的还明确规定“构成犯罪的，依法追究刑事责任”，如修订后的《著作权法》第47条将追究刑事责任的侵犯著作权的行为增设为八种，并对各种行为的方式、内容进行了具体界定；但没有对刑法的相应内容进行增补，导致两种法律之间不协调，部分附属刑法规范成为摆设。

3. 对侵犯知识产权罪的刑罚种类配置不够

现行刑法对侵犯知识产权犯罪设置的刑罚方法只有自由刑和财产刑两类，没有剥夺或禁止从事有关知识产权方面的职业或者活动之资格的资格刑。资格刑设置严重不足可谓中国整个刑罚体系一个明显且严重的缺陷，而

---

① 参见郑成思：《知识产权——应用法学与基本理论》，人民出版社2005年版。

② 参见郑成思：《知识产权轮》，社会科学文献出版社2007年版。

③ 参见《中国知识产权的刑事法保护及对欧盟经验的借鉴》，法律出版社2006年版。

这在侵犯知识产权犯罪的刑罚配置中又尤为突出。因为对各种犯罪配置刑罚种类必须考虑两个方面：必要性与有效性。前者主要考虑的是罪刑相适应；后者主要应考虑的是犯罪实施的基本条件等因素。而剥夺或禁止从事有关知识产权方面的职业或者活动之资格，既剥夺了犯罪者再次侵犯知识产权的条件，又能对其他社会成员起到足够的威慑与警戒作用。因为对于任何社会成员来说，剥夺某种资格就意味着剥夺了机会，而“在控制人类的行为中，机会比目标具有更大的作用”①。

4. 对侵犯知识产权罪的罪状类型采用不当

中国知识产权刑法对各种具体侵犯知识产权罪的基本罪状的描述，大都采用叙明罪状。这虽充分体现了罪刑法定原则之明确性要求，也便于理解与司法适用，但却不适合于知识产权刑法的刑法典立法模式。知识产权的发展与进步离不开刑法的保护，但由刑法的严厉性与最后性特征决定了，刑法必须保持相对的稳定性，其内容不能经常变动。在中国，作为整部刑法中的一部分的知识产权刑法亦是如此。所以，在刑法中以叙明罪状的方式规定具体的侵犯知识产权罪，就无法应对现实社会生活中不断出现的严重侵犯知识产权的新情况、新问题，从而导致刑法不能有效保护知识产权的局面。侵犯知识产权犯罪本来就是法定犯，以行为违反相应的知识产权法律规范为前提，因而既完全能够也很有必要在刑法中对各种侵犯知识产权罪的基本罪状之规定采用完全的空白罪状，只指出其所违反的法律规范，而在知识产权法律文件的相应条文里详细描述具体的罪行状况。这样，既能保持知识产权刑法体系化的长处，又能有效应对不断发展变化的侵犯知识产权犯罪，还有利于维护刑法的稳定性，增强刑法的包容性与超前性。

对于中国现行知识产权刑法存在的上述不足与问题，应尽快通过人大常委会的修法活动予以解决，以完善知识产权刑法，满足社会需要，促进社会快速发展。

---

① 林飞：《经济违法行为的法律经济学分析》，载《法学论坛》2001年第6期。

日本危险驾驶致死伤罪的立法探析*

——以对我国危险驾驶罪的立法借鉴为视角

谢佳君**

一、问题的提出

自2009年中国进入汽车社会（AutoSociety）以来，中国成为全球最大的汽车生产国和最大的新车消费市场，这给人们的生活带来了方便，同时也给公民的人身、财产等权利带来极大的安全风险。据公安部交通管理局统计，2010年全国发生道路交通事故3906164起，同比上升35.9%。其中，涉及人员伤亡的道路交通事故219521起，造成65225人死亡、254075人受伤，直接财产损失9.3亿元。① 在当今风险社会下，我们只有有效地控制交通风险，才能既保障公民的合法权益又在最大限度内保证汽车服务于社会。因此，我国立法机关于2011年2月25日通过《刑法修正案（八）》，在刑法第133条交通肇事罪之后增设了第133条之一危险驾驶罪，并于2011年5

---

* 本文原载于《刑法论丛》2015年第3期。

** 西南政法大学法学院副教授。

① 参见公安部交通管理局统计信息，载http：//www.mps.gov.cn/n16/n85753/n85870/2758752.html，2014年9月2日访问。

月1日开始生效，自此危险驾驶罪成为刑法学者以及普通民众关注的焦点。

对比邻国日本，其在平成13年（2001年）的刑法改正案中设置了“受酒精或药物影响，在难于正常驾驶的状态下，驾驶四轮以上机动车，致人伤害的……”之危险驾驶致死伤罪，随后分别于2004年、2007年两次刑法改正对交通犯罪做了补充规定，并且于2013年11月27日公布、2014年5月20日施行了特别刑法《驾驶机动车致死伤行为等处罚有关的法律》。根据上述条文规定，无论从对危险驾驶致死伤罪的行为类型，还是该罪与其他罪之间的罪刑均衡等方面来看，日本对危险驾驶罪的规定及理论研究均相对比较全面、完善。目前不管是经济、社会正高速发展的我国，还是早已步入汽车社会成为发达国家的日本，都正积极致力于防止交通事故的刑事对策研究。对日本与危险驾驶有关犯罪的立法进行比较研究，将有助于我国司法机关结合我们目前实际需要，进一步对我国危险驾驶罪进行立法完善，有利于保障国家、公共利益，本人或者他人的人身、财产和其他权利。

二、日本危险驾驶致死伤罪

日本于20世纪50年代进入汽车社会，汽车的迅速增加导致因交通事故伤亡的人数不断增加，这也给日本带来了严重的社会问题。昭和45年（1970年）日本因交通事故导致死伤的人数上升为997861人，其中死亡人数为16765人，达到自进入汽车社会以来的最高值。[①] 平成23年（2011年）死伤人数降低到859105人，其中死亡人数为4612人，虽然降低到昭和30年（1955年）以来最低，[②] 但目前日本仍然将预防交通犯罪对策研究作为重要的课题之一。日本司法实务界以及理论界主流观点一直注重责任主义并避免刑罚过剩，然而为了减少并防止交通事故的发生，该国最近也加强了交通犯罪对策的刑事立法。正如后文将做详细论述的那样，平成13年（2001年）通过日本刑法改正，新增设了危险驾驶致死伤罪。并且平成25年（2013年）12月公布了《驾驶机动车致人死伤行为处罚法》，该法进一步缓

① 参见日本交通事故死伤交通事故统计，载 http://www.moj.go.jp/content/000102733.pdf，2014年9月12日访问。

② 有学者推测，交通事故死亡人数比以前有所减少的重要原因之一乃日本现在的急救医疗有了飞跃的进步。参见［日］桥爪隆：《危险驾驶致死伤罪·机动车驾驶过失致死伤罪》，载［日］山口厚、甲斐克则编：《21世纪日中刑事法重要课题》，成文堂2014年版，第126页。

和了危险驾驶犯罪的成立要件，并重新设置了准危险驾驶致死伤罪。

（一）日本危险驾驶罪的立法经纬

1. 刑法改正案法律第138号（2001年）施行前——业务过失致死伤罪

平成13年（2001年）法律第138号施行前，在日本因驾驶汽车导致他人死伤的，以《日本刑法典》第211条业务上过失致死伤罪定罪处罚。《日本刑法典》第28章“过失伤害罪”第211条规定：“因怠慢业务上的必要注意义务致人死伤的，处五年以下惩役或者禁锢，[①] 或者百万以下罚金。因重大过失致人死伤的，同样依照该条规定定罪处罚。”由于该条文并非仅针对交通事故犯罪的处罚规定，其他一般业务行为，如工厂作业操作失误、狩猎误杀等一切业务上的过失行为都依据该条规定定罪处罚。然而与其他过失行为相比，驾驶机动车辆引发的过失对国民的生命、身体等具有较高的危险性，并且该条规定并没有对受害人受伤害的程度进行具体规定。另外，在日本大半部分国民都持有驾照并驾驶机动车辆，一般国民若稍加不注意而引发了轻微的交通事故，则均有可能构成本罪而受到处罚。基于上述考量，日本近期的刑事立法活动将交通事故犯罪与一般的过失犯罪脱离开来，开始着手推进关于驾驶机动车引发的过失致人死伤的独立处罚规定。

2. 平成13年刑法改正案法律第138号（2001年）——新增设危险驾驶致死伤罪

1999年的东名高速饮酒驾驶事故[②]与2000年的小池大桥饮酒驾驶事故[③]，经媒体报道宣传引起了日本国民的广泛关注，从而激发了受害人家属对以业务上过失致死伤罪来处理危险驾驶致死伤犯罪的不满，以此为契机，在日本掀起了一轮重新对危险驾驶进行立法的新运动。2001年10月，37万

---

① 根据《日本刑法典》第12条、第13条规定可知，日本的徒刑分为惩役与禁锢两种。其中惩役分为无期和有期，有期惩役的期限为1个月以上20年以下，惩役在刑事设施中执行，并强制劳动。禁锢分为有期和无期，有期禁锢的期限为1个月以上20年以下，禁锢在刑事设施中执行，不参加劳动。

② 1999年11月28日东名高速路上发生了一起因犯罪嫌疑人饮酒驾驶撞上另一辆载有一家四口的普通家用轿车的交通事故，该事故引发家用轿车燃烧，导致一对年幼姐妹（3岁、1岁）无法逃出该车而被活活烧死，其父则全身25%被烧伤。

③ 2000年4月9日神奈川座间市发生一起严重交通事故，犯罪嫌疑人因饮酒驾驶为逃避警察检查而超速驾驶车辆试图逃跑，车辆行驶至小池大桥附近时导致步行于该桥的2名大学生当场死亡。后查明该犯罪嫌疑人除饮酒驾驶外，还属于无照驾驶、无车检驾驶。最终该犯罪嫌疑人以业务上过失致人死伤罪判处5年6个月有期徒刑。

4339名普通民众向法务大臣联名上书，同年6月最终法务省通过了道路交通法改正案。并于同年11月通过了刑法改正案法律第138号，在第27章“伤害罪”中新增设了最高刑可判处15年有期徒刑的第208条之二危险驾驶致死伤罪。该条文具体规定如下：

“①受酒精或药物影响，在难于正常驾驶的状态下，驾驶四轮以上机动车，致人伤害的，处十五年以下惩役，致人死亡的，处一年以上有期惩役。以难以控制的高速度行驶，或者不具有控制行驶的技能而驾驶机动车并致人死伤的，同样依照该条的规定处罚。

②以妨碍他人或车辆通行为目的，近距离驶入行驶中的其他机动车面前，明显靠近其他通行中的人或者机动车，并且以可能导致重大交通危险的速度驾驶四轮以上的机动车，致人死伤的，依照前款的规定处罚。故意无视红色信号或者与之相当的信号，并且以可能导致重大交通危险的速度驾驶机动车，致人死伤的，同样依照前款的规定处罚。”

需要引起大家注意的是，该条规定所指的机动车仅限于四轮车或四轮以上的机动车。从上述规定来看，危险驾驶致死伤罪由以往业务过失致人死伤罪最高刑的5年提高到15年。另外，2004年（平成16年）12月刑法改正案法律156号第12条第1项将有期惩役的最高刑期限由15年提高到了20年，因此依照第208条之二“……致人死亡的，处一年以上有期惩役”的规定，危险驾驶致死罪的最高刑也有15年提高到了20年。然而自该条文颁布以来，理论界及司法界面临着认定该罪的必要要件之一“难于正常驾驶”的举证难的困境。由于酒精检测要求一定的“当场性”，于是出现为了逃避饮酒检查，饮酒造成交通事故后逃逸无法进行调查取证，最终只能以业务上过失致死伤罪（最高刑为有期惩役5年）与违反救护义务罪（最高刑为有期惩役5年）进行数罪并罚，而根据《日本刑法典》第47条数罪并罚[①]后最高刑为有期惩役7年6个月。从而出现刑罚不均衡的现象，即性质更为恶劣的“肇事后逃逸”的刑罚比危险驾驶致死伤罪更轻。[②] 于是日本制法委员会又开始酝酿一场新的交通犯罪的刑法改正案。

① 《日本刑法典》第47条规定：“数罪并罚中被判处2个以上的罪的有期惩役或者禁锢时，以其中重罪规定的刑的最高刑期加上其二分之一为数罪并罚的最高刑。但是不能超过数罪的总和刑期。”

② 参见［日］曾根威彦：《特集·有关交通事犯的现代课题“交通刑法改正之问题”》，载《刑事法ジャーナル》2007年第8期。

3. 平成 19 刑法改正案法律第 54 号（2007 年）——新增设驾驶机动车过失致死伤罪、改正后的危险驾驶致死伤罪

基于第 208 条规定之危险驾驶致死伤罪存在可能导致刑罚不均衡等缺陷，[①] 2007 年 5 月 23 日公布了新的刑法改正，新增设了第 211 条之二驾驶机动车过失致死伤罪，该条规定具体内容如下：

“因怠慢驾驶机动车所需的必要注意义务，致他人死伤的，处七年以下的惩役或禁锢，或者一百万以下罚金。但是致人轻伤的，根据具体情况可以免除处罚。”

该罪与第 211 条之一业务上过失致死伤罪相比，法定刑提高了 2 年，从某种程度上填补了有关交通犯罪在危险驾驶致死伤罪与业务过失致死伤罪之间刑罚幅度差异较大的空隙。另外，值得注意的是，本次刑法改正将 2001 年刑法改正中危险驾驶罪的适用对象由仅限于四轮或四轮以上的机动车，扩大到包含两轮摩托车以及电动自行车在内的机动车，即将第 208 条之二危险驾驶致死伤罪修改为：

“①受酒精或者药物影响，在难于正常驾驶的状态下，驾驶机动车致人伤害的，处十五年以下惩役，致人死亡的，处一年以上有期惩役。以难以控制的高速度行驶，或者不具有控制行驶的技能而驾驶机动车并致人死伤的，同样依照该条的规定处罚。

②以妨碍他人或车辆通行为目的，近距离驶入行驶中的其他机动车面前，明显靠近其他通行中的人或者机动车，并且以可能导致重大交通危险的速度驾驶机动车，致人死伤的，依照前款的规定处罚。故意无视红色信号或者与之相当的信号，并且以可能导致重大交通危险的速度驾驶机动车，致人死伤的，同样依照前款的规定处罚。”

根据立法责任人的解说，之所以新增设第 211 条之二“驾驶机动车过失致死伤罪”是基于以下两个原因：第一，在道路上驾驶机动车的行为是对人的生命、身体具有高度危险性的行为；第二，其与铁路、航空器等具有机械化、组织化的安全事故防御系统不同，无法期待其有这些系统来有效地防止事故的发生，因此为了减少驾驶机动车引发的事故，基本上在很大程度

---

① 对此，也有日本学者认为该两种罪之法定刑出现较大差别是构成要件的“限定类型化所具有的风险”，是理所当然的事情。参见［日］亀井源太郎：《特集·有关交通事犯的现代课题“刑事立法的时代与机动车驾驶过失致死伤罪”》，载《刑事法ジャーナル》2007 年第 8 期。

上需要依靠驾驶人的个人注意力，因此尤其重视对机动车驾驶人员赋以高度的注意义务。①

4. 日本交通犯罪的最新法律动向

正如前文所述，根据2007年刑法改正的第208条之二“危险驾驶致死伤罪”与第211条之二“驾驶机动车过失致死伤罪”之规定，在饮酒驾驶致人死伤的情形中，若符合“危险驾驶致死伤罪”的构成要件，便成立危险驾驶致死伤罪，则可判处1年以上20年以下惩役（致人死亡时），或者15年以下惩役（致人受伤时）。然而当无法举证犯罪嫌疑人危险驾驶时，则只能以“驾驶机动车过失致死伤罪”定罪处罚，处以7年以下惩役或者禁锢或者100万元以下罚金。因此出现了发生交通事故后，对被害人不施救逃逸以逃避酒精检测，由于无法取得“危险驾驶”的证据，犯罪嫌疑人最终反而以较轻的“驾驶机动车过失致死伤罪”被定罪处罚，这使交通犯罪在量刑上存在着较大的反差，也在某种程度上伤害了日本国民的法律情感。因此，2013年12月，日本公布了特别刑法《驾驶机动车致死伤行为等处罚有关的法律》②（以下简称处罚法），并于2014年5月20日该法律正式施行。该处罚法中与危险驾驶有关的主要内容有：

（1）将刑法典条文中的“危险驾驶致死伤罪”条文全文引用。该处罚法第2条规定：“有下列行为之一，致他人受伤的，处十五年以下惩役，致他人死亡的，处一年以上有期惩役。”该条以列举的方式将《日本刑法典》第208条之二规定的内容分为五项进行了规定，增加了第六项：“在禁止通行的（政令所规定的道路标识或道路标记，或者其他法律规定禁止机动车通行的道路或道路的一部分，在该类道路上行驶可能会给人或车带来交通危险）道路上行驶，并且以可能导致重大交通危险的速度驾驶机动车的行为。”

（2）新设立“准危险驾驶致死伤罪”。该处罚法第3条规定：“受酒精或药物影响，在行驶过程中可能给正常驾驶带来障碍的状态下，驾驶机动车，因该酒精或药物影响陷入难于正常驾驶的状态，致人伤害的，处十二年以下惩役，致人死亡的，处十五年以上有期惩役。”同时，该条之二规定：

---

① 参见［日］伊藤荣二、江口和伸、神田正淑：《有关“改正刑法部分条文的法律”》，载《法曹时报》2007年第8期。

② 该处罚法全文载http：//hourei. hounavi. jp/hourei/H25/H25HO086. php，2014年9月22日访问。

“因政令规定的有可能给机动车驾驶带来障碍的疾病的影响，在行驶过程中可能给正常驾驶带来障碍的状态下驾驶机动车，受该疾病影响陷入难于正常驾驶的状态，致人死伤的，依照前项的规定处罚。”值得注意的是将2007年《日本刑法典》第208条之二危险驾驶致死伤罪中的“难于正常驾驶的状态”之定罪标准，降低到“给正常驾驶带来障碍的状态”；并且将刑罚措施致人死亡的最高刑由20年降低到15年，致人受伤的最高刑由15年降低到12年。

（3）新增设为逃避酒精、药物等被发现的行为的处罚措施。该处罚法第4条规定：“受酒精或药物影响在行驶过程中可能给正常驾驶带来障碍的状态下驾驶机动车，因怠慢驾驶上必要的注意义务致人死伤时，以逃避驾驶时有无酒精或药物影响或程度被发现为目的，进一步摄取酒精的、或者逃离现场以减少身体存有的酒精或药物浓度的，或其他可逃避检查有无其影响或程度的行为的，处十二年以下惩役。”此规定将为逃避饮酒驾驶事故被发现而逃逸或者继续饮酒等情形也作为处罚对象，进一步完善了危险驾驶致死伤罪的相关规定，有利于贯彻量刑均衡的原则。从而饮酒驾驶发生交通事故后逃逸对受害人不加以救助的，与《日本道路交通法》“违反救护义务”① 之规定数罪并罚，可判处18年以下惩役。

（4）过失驾驶致死伤罪。处罚法第5条规定：“怠慢机动车驾驶所必需之注意义务，致人死伤的，处七年以下惩役或禁锢或者百万以下罚金。但是致人轻伤的，根据具体情况可以免除处罚。”该条规定虽然改变了具体罪名的名称，但是将《日本刑法典》第211条之二的条文内容原封不动地照搬了过来。对未达饮酒驾驶的标准以及违反驾驶机动车时违反“注意前方、确认后方义务”等行为，可适用该条规定。填补了“危险驾驶致死伤罪”与“义务过失致死伤罪”之间存在的沟壑。

（5）增设无照驾驶的加重处罚。该处罚法第6条规定：“1. 犯本法第二条（除该条第三项规定外）规定之罪（仅限使人负伤的），在犯罪的时候属于无照驾驶的，处六个月以上有期惩役。2. 犯第三条规定之罪，在犯罪的时候属于无照驾驶，致人受伤的，处十五年以下惩役，致人死亡的，处六个

① 《日本道路交通法》第72条（发生交通事故时应采取的措施）规定，“发生交通事故时，该交通事故相关车辆的驾驶人及其他乘务人（以下章节中间称为‘驾驶人等’），应当立即停车车辆驾驶，救护受伤人，并采取防止发生道路危险等必要措施。……（罚则第一项前段依照本法第一百一十七条第一项）”即犯该项规定之罪的，处5年以下惩役或百万以下罚金。

月以上有期惩役。3. 犯第四条规定之罪，在犯罪的时候属于无照驾驶的，处十五年以下惩役。4. 犯前条规定之罪，在犯罪的时候属于无照驾驶的，处十年以下惩役。”由此可知，犯该处罚法第 2 条、第 3 条、第 4 条、第 5 条规定之罪的人在犯罪时属于无驾驶证驾驶的，将被加重处罚。例如，为逃避责任肇事后逃逸且实施犯罪行为时没有驾驶资格的，数罪并罚后可判处 15 年以下惩役。

综上可知，为控制对国民生命、身体有着高度危险性的交通事故的发生，近年日本实施了几次刑法改正与新的立法活动，完善了交通犯罪的相关规定，对交通犯罪的认定标准越为细化，充分地考虑了量刑的均衡原则，对罪犯的刑罚措施也越为合理。从日本现行刑法至今交通犯罪的立法变动如下表所示：

<table>
<tr><th>2001 年以前</th><th>2001. 11</th><th>2004. 12</th><th>2007. 5</th><th>2013. 12</th></tr>
<tr><td colspan="3">（旧）
业务上过失致死伤罪
死亡：惩役 5 年以下
受伤：惩役 3 年以下</td><td>（新设）
驾驶机动车过失致死伤罪
死亡：惩役・禁锢 7 年以下
负伤：惩役・禁锢 7 年以下
轻伤：根据具体情况可以免除处罚</td><td rowspan="2">（新法）
过失致死伤罪
死亡：惩役/禁锢 7 年以下
负伤：惩役/禁锢 7 年以下
（旧）
危险驾驶致死伤罪
死亡：惩役 20 年以下
负伤：惩役 15 年以下
（新设）
（准）危险驾驶致死伤罪
死亡：惩役 15 年以下
负伤：惩役 12 年以下
为逃避酒精、药物等被发现的行为（为逃避饮酒驾驶被发现而逃逸或者继续饮酒）
惩役 12 年以下
无证驾驶加重处罚</td></tr>
<tr><td>—</td><td>（新设）
危险驾驶致死伤罪
死亡：惩役 15 年以下
受伤：惩役 10 年以下</td><td colspan="2">（改正）
危险驾驶致死伤罪
死亡：惩役 20 年以下
负伤：惩役 15 年以下</td></tr>
</table>

从日本上述系列的立法动向中我们可以看出，随着社会发展的需要，日

本对交通犯罪的处罚日趋严厉，虽然理论界与实务界存在少数批判的观点，[①] 但从最终结果来看，危险驾驶致死伤罪、驾驶机动车过失致死伤罪的设立的确对一般日本国民发挥了威慑作用，对控制交通事故的发生具有一定的效果。例如，自2001年设立危险驾驶致死伤罪以来，因饮酒驾驶发生的交通事故大量减少，2005年（平成17年）已经减少到十年前的一半。另外，从2007年刑法改正新增设第211条之二“驾驶机动车过失致死伤罪”起，至2013年12月“机动车驾驶致死伤行为处罚法”公布之前，据日本警视厅统计，交通事故发生总数呈下降趋势。[②] 其中2013年交通事故发生总件数为42041件，其中死亡人数168人，受伤人数48855人（其中重伤人数309人，轻伤人数48546人）。[③]

（二）日本危险驾驶致死伤罪的罪质

如前文所述，危险驾驶致死伤罪对实施危险驾驶行为重罚化的同时，驾驶机动车过失致死伤罪中又存在可免除处罚的规定，导致交通犯罪存在“两极化”的对应。[④] 和我国刑法一样，日本刑法典也是以处罚故意犯为原则，处罚过失犯为例外，即仅限于法律明文规定对过失犯进行处罚的情形。[⑤] 另外，从责任非难的程度上来看，故意犯与过失犯存在质上的差别，因此过失犯罪的法定刑比故意犯要低得多。2007年日本刑法改正新增设的“驾驶机动车过失致死伤罪”最高法定刑为惩役7年，在日本刑法典的过失犯处罚规定中乃处罚最重的过失犯罪。[⑥] 然而“危险驾驶致死伤罪”最高法定刑可判处惩役20年（致人死亡的）。与位于《日本刑法典》第28章“过

---

① 有学者提出，交通犯罪“最好不要科以刑罚，应当尽量以禁止驾驶、没收违反车辆、停止/取消驾驶证件等处分措施来追求统一的效果，这才是其应有的发展方向”。参见［日］高山佳奈子：《交通事犯与刑法改正》，载《刑法杂志》2005年第3期。

② 参见日本警视厅：《人口、刑事犯、交通事故、机动车保有台数年次推移统计（明治23年（1890年）——平成25年（2013年）》，载 http：//www.keishicho.metro.tokyo.jp/toukei/bunsyo/toukei25/pdf/kt25b001.pdf，2014年9月24日访问。

③ 参见日本警视厅：《平成25年（2013年）交通事故发生状况统计》，载 http：//www.keishicho.metro.tokyo.jp/toukei/bunsyo/toukei25/k_ tokei25.htm，2014年9月24日访问。

④ 参见［日］井上宏、山田利行、岛户纯：《刑法部分改正法律解说》，载《法曹时报》2002年第4期。

⑤ 《日本刑法典》第38条第1项规定：“没有实施犯罪意思的行为，不处罚。但是，法律有特别规定的除外。”

⑥ 参见桥爪隆：《危险驾驶致死伤罪·机动车驾驶过失致死伤罪》，载［日］山口厚、甲斐克则编：《21世纪日中刑事法重要课题》，成文堂2014年版，第116页。

失伤害罪”的驾驶机动车过失致死伤罪有所不同，危险驾驶致死伤罪设置于第27章“伤害罪”之中。然而危险驾驶致死伤罪对致人死伤的结果的认识程度又不能完全等同于一般的故意伤害对结果的认识程度。那么，危险驾驶致死伤罪的罪质是什么呢？其究竟是故意犯罪还是过失犯罪呢？

虽然日本刑法典没有对危险驾驶致死伤罪的基本犯作出任何规定，但是日本判例、通说均把其理解为结果加重犯的一种，[①] 认为危险驾驶致死伤罪从结构上看与结果加重犯具有相同的构造，即故意实施对生命、身体具有高度危险性的危险驾驶行为，但对加重结果（死伤结果）却没有认识。由于交通犯罪具有种类繁多、形式多样及高度危险性等特点，同时从其保护的法益来看，存在保护人的生命、身体之法益与保障交通安全之公共法益等双重法益。因此，从危险性上看其实施的危险驾驶行为可准照故意的暴力行为来理解，本罪的法定刑可基本与因暴力致人死伤情形（故意伤害罪、故意伤害致死罪）的程度相当。由此可知，该罪是以危险驾驶行为为基本犯，以死伤结果为加重结果的结果加重犯。那么，行为人必须对自己驾驶行为的危险性具有事实上的认识，同时要求该基本犯与加重结果之间具有因果关系。目前的判例、通说认为，在实行行为的危险被实现（危险的现实化）的程度上，即可肯定实行行为与发生结果之间存在刑法上的因果关系，即在危险驾驶行为内在的危险性实现死伤结果的程度上肯定因果关系。[②]

综上可知，在危险驾驶致死伤罪中，虽然危险驾驶行为大多以违反道路交通法来进行处罚，危险驾驶行为本身不是刑法典的处罚对象，但是若把结果加重犯理解为是因一定的危险故意行为而实现了加重结果的犯罪类型的话，那么刑法要对基本行为进行处罚就不再是结果加重犯的必要要件。从立法形式上看，把危险驾驶致死伤罪作为结果加重犯来理解[③]也是具有充分正当理由的。[④]

---

① 参见［日］佐久间修：《特集·危险驾驶致死伤罪的诸问题“危险驾驶致死伤罪中的故意过失”》，载《刑事法ジャーナル》2010年第26期。

② 参见［日］佐伯仁志：《交通犯罪的刑法改正》，载《法学教室》2002年第258期。

③ 有学者认为，危险驾驶致死伤罪虽然不能完全等同于故意杀人罪、故意伤害致死伤罪，但又不能被评价为过失犯，其是为了对所谓“中间领域”行为进行合理评价而被设置的特殊法律形式。参见［日］星周一郎：《特集·危险驾驶致死伤罪的诸问题“危险驾驶致死伤罪中的故意过失的意义及其认定”》，载《刑事法ジャ－ナル》2010年第26期。

④ 参见桥爪隆：《危险驾驶致死伤罪·机动车驾驶过失致死伤罪》，［日］山口厚、甲斐克则编：《21世纪日中刑事法重要课题》，成文堂2014年版，第119页。

（三）日本危险驾驶致死伤罪的构成要件

《日本刑法典》第208条规定的“危险驾驶致死伤罪”，以及最新施行的处罚法第3条新设立“准危险驾驶致死伤罪”与第4条规定的为逃避酒精、药物被发现的行为的处罚措施，都对危险驾驶致死伤的构成要件内容作出了规定。

1. 酩酊驾驶（《日本刑法典》第208条之二第1项前半段、处罚法第2条第1项）

危险驾驶致死伤罪的酩酊驾驶等危险驾驶行为，是指受酒精或药物影响，在难于正常驾驶的状态下驾驶机动车而致人死伤的行为。此处的机动车包含两轮摩托车以及电动自行车在内（2007年刑法改正）。其中，该行为类型中的“药物”是指使驾驶人精神、身体能力下降并陷入“难于正常驾驶的状态”的具有药理作用的药品（包括毒品、兴奋剂、稀释剂、医药品、安眠药等）。[①] 该项规定并没有囊括所有饮酒、服“药”的行为，而仅限于饮酒、服用药物使驾驶人陷入“难于正常驾驶的状态”，并且本人对自己陷入“难于正常驾驶的状态”具有认识却依然驾驶机动车的行为，即酩酊驾驶的行为。

2. 高速驾驶、无技能驾驶（《日本刑法典》同项后半段、处罚法同条第2、3项）

该类型的危险驾驶行为是指以难以控制的高速度驾驶机动车的行为，或者不具有足以控制机动车行进的技能而驾驶机动车的行为。具体而言，以“难以控制的高速度”驾驶是指由于速度过快，根据当时道路状况、车的性能、状态等具体情况，该驾驶人难于控制车辆行进而仍然驾驶。“不具有足以控制机动车行进的技能”是指不具有操作方向盘、刹车等机动车的基本技能而驾驶机动车，其并不仅限于无证驾驶，虽然没有驾驶证但具备一定的驾驶技能以及驾驶证过期的情形除外，另外还包括持有驾驶证但长年没有驾驶经验的情形。[②] 这些行为都符合高速驾驶、无技能驾驶的危险驾驶行为。故意内容上仍然要求对“高速度”或者“无（不娴熟的）技能”具有认识。

---

① 参见［日］山口厚：《刑法各论》，有斐阁2003年版，第54页。

② 参见［日］高桥则夫：《刑法各论》，成文堂2011年版，第64页。

3. 妨碍驾驶（《日本刑法典》同条第2项前半段、处罚法同条第4项）

以妨碍他人或车辆通行为目的，近距离驶入行驶中的其他机动车面前，明显靠近其他通行中的人或者机动车，并且以可能导致重大交通危险的速度驾驶机动车的行为。“近距离驶入行驶中的其他机动车面前，明显靠近其他通行中的人或者机动车”的行为具体表现在，以强行并道、加塞、强行超车等方式冲撞被害车辆，或者迫使被害车辆的驾驶人操作错误而导致发生死伤事故。并且，根据条文“以妨碍他人或车辆通行为目的”之规定，要成立本罪，上述危险行为中仅限于积极意图妨碍他人自由以及安全通行的情形。[①]“以可能导致重大交通危险的速度”是指若发生冲撞则会导致重大事故发生的速度，与《日本刑法典》第208条第1项中的“高速度”不同，其根据对方车辆的驾驶人或者车辆的不同而有所区别，不仅限于“高速度”。另外，要成立本罪要求驾驶人认识到“可能导致重大交通危险的速度”为要件。

4. 无视信号驾驶（《日本刑法典》同条第2项后半段、处罚法同条第5项）

本罪的无视信号驾驶行为指故意无视红色信号或者与之相当的信号，并且以可能导致重大交通危险的速度驾驶机动车，致人死伤的行为。由于机动车驾驶员以及步行人都是基于信任（信赖原则）其他车辆会遵守交通信号来通行的，因此无视交通信号驾驶机动车极易发生交通事故，具有相当高的危险性。另外，与妨碍驾驶型危险驾驶致死伤罪一样，该类型的危险驾驶致死伤罪同样要求“以可能导致重大交通危险的速度”行驶才成立本罪。虽无视交通信号但以足以避免发生事故的速度行驶的行为，或者无视交通信号虽以平常的速度（该路段允许范围内的速度）但难于避免发生交通事故的速度行驶的行为，均不成立本类型的危险驾驶致死伤罪。

另外，危险驾驶致死伤罪中的“无视信号”驾驶要求“故意”无视，即对红色信号有确定认识且具有在停止位置处停止的可能，却仍然继续行驶的行为。其也包括“即使对红色信号不具有确定的认识，由于其本身不打算遵守交通信号的规制，也没有任何意向表示，以即使信号灯变成红色也对其无视的意思驾驶的行为”。

---

① 参见［日］井上宏、山田利行、岛户纯：《刑法部分改正法律解说》，载《法曹时报》2002年第4期。

5. 在禁止通行道路上驾驶（处罚法同条第 6 项）

该类型的危险驾驶致死伤罪是由处罚法作出的补充规定，具体指在道路标识、道路标记或其他法律规定禁止机动车通行的道路或该道路的一部分上行驶，或者在该类道路上行驶可能会给人或车带来交通危险而政令所规定的禁止通行的道路上行驶，并且以可能导致重大交通危险的速度驾驶机动车的行为。与妨碍驾驶、无视信号驾驶一样，要成立本罪除了行为人在禁止通行的道路上驾驶以外，还以“以可能导致重大交通危险的速度”为必要要件，同时还要求行为人对以可能导致重大交通危险的速度在禁止通行的道路上行驶具有认识。

6. 准危险驾驶致死伤罪（处罚法第 3 条）

由于危险驾驶致死伤罪成立的必要要件“难于正常驾驶的状态”，对酒精、药物使用的程度要求较高，且在认定上存在一定的难度，现实生活中还存在大量虽然不能确定为“危险驾驶”，但仍然具有高危险性以及恶劣性质的情形，同时危险驾驶致死伤罪与过失驾驶致死伤罪之间有一道法定刑差异过大的沟壑。为此，处罚法新设置了介于两罪的中间法定刑的准危险驾驶致死伤罪，即受酒精或药物影响，在行驶过程中可能给正常驾驶带来障碍的状态下驾驶机动车，因该酒精或药物影响陷入难于正常驾驶的状态致人死伤的行为；以及受政令规定的有可能给机动车驾驶带来障碍的疾病的影响，在行驶过程中可能给正常驾驶带来障碍的状态下驾驶机动车，因该疾病影响陷入难于正常驾驶的状态，致人死伤的行为。准危险驾驶致死伤罪把认定危险驾驶致死伤罪的“难于正常驾驶的状态”降低至“可能给正常驾驶带来障碍的状态”，法定刑也作出相应的调整，填补了危险驾驶致死伤罪与过失驾驶致死伤罪之间的空隙。

7. 为逃避酒精、药物等被发现的行为（处罚法第 4 条）

行为人因危险驾驶发生致人死伤的交通事故后，为逃避酒精、药物检测而对受害人不加以救助逃离现场，致使无法对“难于正常驾驶的状态”进行取证而不能成立危险驾驶致死伤罪，该行为性质恶劣具有高度的危险性。因此，处罚法第 4 条对此类行为加以了规制，处 12 年以下的惩役。该行为具体表现在，受酒精或药物影响在行驶过程中可能给正常驾驶带来障碍的状态下驾驶机动车，因怠慢驾驶上必要的注意义务致人死伤时，以逃避驾驶时有无酒精或者药物影响或者程度被发现为目的，进一步摄取酒精、或者逃离现场以减少身体存有的酒精或药物浓度的，或其他可逃避察觉有无其影响或程度的行为。

8. 无照驾驶的加重处罚（处罚法第6条）

犯处罚法第2条危险驾驶致死伤罪（除第3项无技能驾驶外）、第3条准危险驾驶致死伤罪、第4条逃避过失致死伤酒精等影响被发现行为、第5条过失驾驶致死罪所规定之罪的人在犯罪时属于无驾驶证驾驶时，将被加重处罚。由于无证驾驶是一种明显缺乏规范意识的行为，且具有潜在的危险性，当出现了死伤结果的交通事故时就实现了该行为的危险性，因此加重刑罚处罚也是合理的。①

由此可知，日本从驾驶机动车的行为对人的生命、身体具有的高度危险性出发，来开展对机动车引发的致人死伤的交通事故的立法活动。判例与通说把上述故意实施危险的驾驶导致死伤结果的行为理解为结果加重犯，且近年的刑法改正以及最新施行的处罚法都具有扩大该罪基本行为的趋势。从实际结果来看，起到了有效控制交通事故的发生及有效保障国民的生命、身体法益的作用。虽然在日本理论界与实务界还存在质疑将危险驾驶行为纳入刑事处罚等少数批判，但无论从立法论上还是从解释论上看，该特别刑法都相对比较全面完善。② 正如前文所述，我国目前对危险驾驶罪的立法存在较大缺陷，日本的交通犯罪规定尤其是危险驾驶罪的规定对我们有相当大的借鉴意义。

三、日本危险驾驶致死伤罪的立法对我国之借鉴

前文对日本危险驾驶致死伤罪的立法进行了详细探讨，那么我国的危险驾驶罪正面临何种困境呢。2011年5月我国《刑法修正案（八）》新增设了第133条之一："在道路上驾驶机动车追逐竞驶，情节恶劣的，或者在道路上醉酒驾驶机动车的，处拘役，并处罚金。"自危险驾驶罪设置以来，我国交通事故的发生总量有所减少，全国各地加大力度查处醉酒驾驶，其中被刑事追诉的情况也逐渐披露了出来，据公安部交通管理局交通事故统计信息显示，在危险驾驶罪设立4个月以后的2011年9月，全国共接报道路交通

---

① 参见桥爪隆：《危险驾驶致死伤罪·机动车驾驶过失致死伤罪》，载［日］山口厚、甲斐克则编：《21世纪日中刑事法重要课题》，成文堂2014年版，第125页。

② 日本采取刑法典与特别刑法相结合的模式对交通事犯进行立法。其中1960年（昭和35年）12月20日施行的道路交通法与2014年5月20日施行的处罚法属于特别刑法。

事故319471起，同比减少18442起，下降5.4%。其中，涉及人员伤亡的道路交通事故17442起，造成5138人死亡、19214人受伤，直接财产损失1.1亿元。发生适用简易程序处理的道路交通事故302029起，同比下降5.5%。[①] 由此可知，将醉酒驾驶由行政处罚转化为刑事处罚之后，增加了刑法禁止醉酒驾驶行为的威慑力度，对公民的人身、财产等权益具有极大危险性的醉酒驾驶有所减少，可以说醉酒驾驶入刑在很大程度上对一般公民起着威慑作用，从而较少了交通事故的发生。但自该罪设立以来，我国理论界一直对危险驾驶罪的性质、成立要件以及第13条“但书”可否成为醉酒驾驶出罪的依据等问题存有较大分歧。

（一）我国危险驾驶罪的现状

1. 我国危险驾驶罪的罪质

《刑法》第133条之一规定的危险驾驶罪究竟属于故意犯罪还是过失犯罪，抑或是故意的抽象危险犯还是过失的抽象危险犯，即危险驾驶罪的本质是什么？就此我国理论界尚还存在较大的争议。

危险驾驶罪的本质与两种犯罪分类有关，一种犯罪分类是以行为人的主观罪过形式为标准，分为故意犯与过失犯；另一种犯罪分类是以是否发生法益侵害的实际结果为标准，分为实害犯与危险犯。[②] 实害犯以被保护的法益受到侵害为处罚根据，危险犯是指以发生侵害的危险状态为处罚根据。危险犯又可根据危险是否实际存在，而分为具体的危险犯和抽象的危险犯。具体危险犯是指以行为人实施的危害行为对法益造成的具体危险状态作为犯罪既遂标志的危险犯，抽象危险犯是指以行为人实施的危害行为对法益造成的抽象危险状态为犯罪既遂标志的危险犯。

有学者认为，如果行为人故意在道路上醉酒驾驶了机动车，却完全没有产生危害公共安全的危险，那么，其行为就不成立危险驾驶罪，行为人对在道路上醉酒驾驶机动车的故意就不是成立危险驾驶罪所要求的故意；如果刑法人不仅故意在道路上醉酒驾驶机动车，而且故意通过该行为来危害公共安全，那么，其行为也不成立危险驾驶罪，而是成立以危险方法危害公共安全

① 参见公安部交通管理局《2011年9月全国道路交通事故情况》，载 http://www.mps.gov.cn/n16/n85753/n85870/3008560.html，2014年9月12日访问。

② 参见陈兴良：《过失犯的危险犯以中德立法比较为视角》，载《政治与法律》2014年第5期。

罪。因此危险驾驶罪完全不可能是故意犯,[①] 即认为危险驾驶罪是过失犯罪。[②] 并进一步提出，从《刑法》第133条之一的表述来看，该罪并与要求行为人对危险驾驶行为产生实际的损害，危险驾驶罪不是实害犯。同时从该条文被规定在刑法分则第二章“危害公共安全罪”中来看，必须要求危险的驾驶行为至少产生了危害公共安全的抽象危险，才成立危险驾驶罪，因此危险驾驶罪是过失的抽象危险犯。《刑法》第133条之一的规范目的是弥补现行刑法规定存在的漏洞，即弥补在对作为过失的具体危险犯或者过失的抽象危险犯的醉酒刑事行为上所存在的处罚漏洞，为了处罚过失的抽象危险犯。[③] 持反对意见的学者提出，从保护法益的角度来看，危险驾驶罪与交通肇事罪具有相同的罪质，都是为了保护公共安全。在保护法益相同的情况下，危险驾驶罪的罪质当然轻于交通肇事罪，前者造成了抽象危险，而后者造成了实害结果。危险驾驶罪是交通肇事罪的基本犯，而交通肇事罪属于结果加重犯，即故意的危险驾驶行为过失致人伤亡的，成立交通肇事罪，此时的交通肇事罪属于结果加重犯，危险驾驶罪是故意犯罪。行为人要认识到自己在道路上醉酒驾驶机动车，认识到自己的行为会发生公共安全的抽象危险，并且希望或者放任这种危险发生，即危险驾驶罪是故意的抽象危险犯。[④]

从目前我国刑法对危险驾驶罪的规定来看，本罪是故意的抽象危险犯。由于《刑法》第133条之一把“在道路上驾驶机动车追逐竞驶，情节恶劣的”与“在道路上醉酒驾驶机动车的”作为危险驾驶的行为类型，只要实施了该类型性的行为，即使没有出现具体的危害对象或没有给任何对象造成现实紧迫的威胁，其也具有侵害法益的危险从而构成本罪。如前文所述，抽象的危险犯正是指以类型性的行为所具有的一般的、普遍的危险作为处罚根据的犯罪，因此，危险驾驶罪属于抽象的危险犯。另外，虽然危险驾驶罪作为第133条之一被设置在过失犯“交通肇事罪”之后，但是从社会常识来

---

① 参见冯军:《论〈刑法〉第133条之一的规范目的及其适用》，载《中国法学》2011年第5期。

② 另有学者从社会评价层面上认为危险驾驶罪是过失犯罪。参见《北京首位醉驾入狱公务员出狱 单位称按程序处理》，载《北京晚报》2011年7月14日。

③ 参见冯军:《论〈刑法〉第133条之一的规范目的及其适用》，载《中国法学》2011年第5期。

④ 参见张明楷:《危险驾驶罪及其相关犯罪的关系》，载《人民法院报》2011年5月11日，第6版。

看，在道路上“情节恶劣的追逐竞驶”以及醉酒驾驶等行为是具有高度危险性的，行为人对行为本身的危险性即将给社会公共安全带来危险都是具有认识的，既然明知此类行为的高度危险性却仍然选择继续实施的，则表明行为人对自身行为会给公共安全带来危险持“希望”或者“放任”的态度。因此，根据刑法目前对危险驾驶罪的规定来看，无论是从成立故意犯的认识因素还是意志因素来看，我国的危险驾驶罪都是故意的抽象危险犯。[①]

2. 我国危险驾驶罪的成立要件

(1)“醉酒”型危险驾驶罪的成立要件。

《刑法》第133条之一规定，“在道路上醉酒驾驶机动车的……”构成醉酒驾驶型危险驾驶罪。首先，我们需要对条文中的“道路”进行界定。最高人民法院、最高人民检察院、公安部于2013年12月18日联合出台了《关于办理醉酒驾驶机动车刑事案件适用法律若干问题的意见》（以下简称《意见》）明确指出，“前款规定的‘道路’‘机动车’，适用道路交通安全法的有关规定”。根据《道路交通安全法》第119条的规定，“道路”是指公路、城市道路和虽在单位管辖范围但允许社会机动车通行的地方，包括广场、公共停车场等用于公众通行的场所。换句话说，该条所指的“道路”不局限于通常的“公路”，只要是在用于不特定的、多数人或车辆通行的路段，醉酒驾驶机动车的行为可能给公共安全造成危险的，均可纳入本罪规定中的“道路”的范畴。“机动车”是指以动力装置驱动或者牵引，上道路行驶的供人员乘用或者用于运送物品以及进行工程专项作业的轮式车辆。然而虽有动力装置驱动但设计最高时速、空车质量、外形尺寸符合有关国家标准的残疾人机动轮椅车、电动自行车等交通工具则被纳入“非机动车”的范畴。但是，无论是从目前我国电动自行车拥有的数量及引发交通事故的频率[②]等来看，还是从电动车本身潜在的危险性来看，电动自行车均应当纳入本罪所指的“机动车”的范畴。“醉酒驾驶机动车”是行为人在醉酒的状态下驾驶机动车的行为。“醉酒”是规范意义上的醉酒，指行为人的饮酒量达

---

① 有学者主张在判断醉酒驾驶的主观罪过时，必须考虑原因自由行为论。这给我们讨论危险驾驶罪的罪质提供了一个新的视角。参见张克文：《也论危险驾驶罪的基本问题——与冯军、张明楷两位教授商榷》，载《当代法学》2014年第1期。

② 据浙江省交管部门统计，2011年全省发生涉及电动自行车的事故5916起，接近事故总数的1/3，死亡958人，受伤6556人。详情请参见中国新闻网，载 http://www.chinanews.com/sh/2012/10-21/4263983.shtml，2014年9月27日访问。

到法定标准。[1] 根据质检总局、国家标委会于2004年5月31日发布的《车辆驾驶人员血液、呼气酒精含量阈值与检验》[2] 以及《意见》的相关规定，车辆驾驶人员血液中的酒精含量大于或者等于80mg/100mL的驾驶行为属于醉酒驾驶。因此，行为人故意在醉酒状态下驾驶机动车的行为即符合本罪的犯罪构成。

（2）“追逐竞驶”型危险驾驶罪的成立要件。

《刑法》第133条之一规定：“在道路上驾驶机动车追逐竞驶，情节恶劣的……”因同为危险驾驶罪的不同行为类型，因此毫无疑问，此处的“道路”与“机动车”的界定应当与“醉酒”型危险驾驶罪作相同理解。追逐竞驶，是指行为人在道路上高速、超速行驶，随意追逐、超越其他车辆，频繁、突然并线，近距离驶入其他车辆之前的危险驾驶行为。以上述行为足以威胁到行人及其他合法行驶车辆安全通行为为标准。因此，追逐竞驶并不一定仅限于“高速”行驶，应当根据行为时的路况、行为人驾驶车辆的车况以及周边行人和其他车辆的情况等综合要素来进行判断，即可能导致重大交通危险的速度或方法驾驶机动车的危险驾驶行为。最后，由于本类型的危险驾驶罪以规定“情节恶劣”来限制处罚的范围，因此成立“追逐竞驶”型危险驾驶罪以情节恶劣为成立要件。判断是否属于“情节恶劣”也应当根据行为时的道路情况、行为人驾驶车辆的车况、道路上车辆与行人的状况等综合因素来判断其是否对行人及其他车辆的通行安全带来危险。另外，如上文所述，本文认为危险驾驶罪是故意的抽象危险犯，要成立“追逐竞驶”型危险驾驶罪则除要求追逐竞驶的驾驶行为对公共安全之法益造成抽象危险的状态外，其罪过形式应当是故意。即其明知自己的追逐竞驶危险驾驶行为会给不特定或多数人的生命、财产带来危险，并希望或者放任此危险的发生，仍然实施追逐竞驶的危险驾驶行为。

（3）第13条“但书”可否成为醉酒驾驶型危险驾驶罪出罪的依据。

由于本条只对“追逐竞驶”明文规定了罪量要素“情节恶劣的”，而对醉酒驾驶则没有规定同样的罪量要素。司法实务中也出现了某些醉酒驾驶若成立危险驾驶罪后果过重的情形。《刑法》第13条“但书”规定，“情节显

---

① 参见曲新久：《危险驾驶罪的构成要件及其问题》，载《法学经纬》2012年第1期。

② 参见百度百科。访问地址：http://baike.baidu.com/view/2600471.htm? fr = aladdin，2014年9月26日访问。

著轻微危害不大的，不认为是犯罪”，然而其是否作为于本罪出罪的根据呢？理论界与实务界对此存在不同的见解。有人认为只要达到醉酒标准驾驶机动车的，就一律构成醉酒驾驶型危险驾驶罪。[①] 但是有人认为可根据“但书”对情节显著轻微危害不大的醉酒驾驶予以出罪。[②] 还有人认为无须适用“但书”也可以认定某些醉酒型危险驾驶行为不构成犯罪。[③]

在没有车辆与行人通行的深夜或者荒野道路上醉酒驾驶的行为，是否可根据“但书”被排斥在犯罪行为以外呢？我们姑且不谈立法论上的“但书”的利弊与存废问题，单从《刑法》第13条“但书”是作为类似于国外重罪出罪的理论根据来看，其便不适宜作为“处拘役，并处罚金”的危险驾驶罪的出罪依据。从立法目的来看，虽然自2004年5月1日起施行的道路交通安全法对饮酒驾驶机动车以及醉酒驾驶机动车有了较为严厉的处罚措施，[④] 但是正如上文所述，我国醉酒驾驶机动车的行为并没有得到有效控制，其不断引发各种交通事故，给公共安全带来了极大的危害，其行为本身对不特定或多数人的生命、身体、财产具有重大危险。且根据《刑法》第114、115条以危险方法危害公共安全罪与第133条交通肇事罪又无法有效认定此类行为，此乃立法者增设第133条之一的根本原因，并将其以抽象危险犯而非实害犯的形式加以制定。从醉酒驾驶行为本身来看，无论行为是在行人或车辆稀少的深夜还是在人迹罕至的荒野的道路上醉酒驾驶，只要其处

---

① 参见黄丽勤：《醉驾型危险驾驶罪司法适用问题研究》，载朱孝清等主编：《社会管理创新与刑法变革（中国刑法学年会文集2011年度）（下）》，中国人民公安大学出版社2011年版，第1265页。

② 参见李永升、李涛：《生命的守护还是疏离——评醉驾入刑的情节》，载朱孝清等主编：《社会管理创新与刑法变革（中国刑法学年会文集2011年度）（下）》，中国人民公安大学出版社2011年版，第1221页。

③ 参见曲新久：《醉驾不一律入罪无需依赖于“但书”的适用》，载《法学》2011年第7期。

④ 《道路交通安全法》第91条规定：“饮酒后驾驶机动车的，处暂扣六个月机动车驾驶证，并处一千元以上二千元以下罚款。因饮酒后驾驶机动车被处罚，再次饮酒后驾驶机动车的，处十日以下拘留，并处一千元以上二千元以下罚款，吊销机动车驾驶证。醉酒驾驶机动车的，由公安机关交通管理部门约束至酒醒，吊销机动车驾驶证，依法追究刑事责任；五年内不得重新取得机动车驾驶证。饮酒后驾驶营运机动车的，处十五日拘留，并处五千元罚款，吊销机动车驾驶证，五年内不得重新取得机动车驾驶证。醉酒驾驶营运机动车的，由公安机关交通管理部门约束至酒醒，吊销机动车驾驶证，依法追究刑事责任；十年内不得重新取得机动车驾驶证，重新取得机动车驾驶证后，不得驾驶营运机动车。饮酒后或者醉酒驾驶机动车发生重大交通事故……终生不得重新取得机动车驾驶证。”

于醉酒状态，在有可能有行人或其他车辆通行的道路上驾驶机动车，其行为本身的危险性都是存在的，该行为都是符合本罪的构成要件的，只要其不存在违法阻却事由或责任阻却事由，都应当构成本罪。

有实务工作者对此提出，将危险驾驶行为尤其是醉驾入罪，使有限的刑罚资源被大量的醉驾案件占用，例如2013年广东省某区法院共受理危险驾驶案件301件，均为醉酒驾驶犯罪案件，占刑事受案数的23.6%。[①] 但司法资源等配套不足或分配不合理等事由，不能成为危险驾驶罪设置不合理的原因。的确，从我国的“前科报告制度”以及其他法律法规对受过刑事处罚的人的后果等相关规定来看，对于将“醉驾”一律入刑有违背刑法的谦抑主义之嫌，并且还存在不利于犯罪人回归社会等问题。之所以会造成这样的矛盾冲突，与刑法传统的犯罪分类，抑或理论界与实务界对危险驾驶罪的立法类型没有达成共识有很大的关系。实际上从危险驾驶罪所具有的现实特性来看，本罪应当被理解为类似于国外的违警罪，[②] 乃至轻罪的立法类型。[③] 要根本解决上述矛盾，需要我们在立法上作出更大的努力。自危险驾驶罪设立以来，有效地控制了危险型驾驶引发的交通事故，在保障公共安全、公民的人身、财产等权利方面发挥了重要作用。但是交通犯罪具有种类繁多、形式多样及高度危险性等特点，目前我国对危险驾驶罪行为类型的规定还尚不全面。虽然仍然有部分学者及司法实务者从刑法的谦抑主义原则出发，对危险驾驶罪的设置持保留态度，[④] 但是从危险驾驶行为的高度危险性以及我国目前所面临的交通犯罪现状来看，危险驾驶罪的设立是有必要的。从目前理论界对危险驾驶罪的认定、“醉酒”驾驶型危险驾驶罪的出罪根据等问题存有较大分歧，以及目前司法实践所面临的困境来看，我们还需要进一步完善

① 参见广东省民政厅网，载 http：//jqgov. com/a/minzhengyanjiu/20140329/1089. html，2014年9月12日访问。

② 参见刘艳红：《醉驾型危险驾驶罪刑事证据规则研究——基于刑事一体化的常识性结构》，载《法律科学》2014年第2期。

③ 虽然我国刑法没有法定分类意义上的轻罪概念或轻罪制度，但是轻罪概念或制度有利于我国控制行政权滥用、贯彻罪刑均衡原则，帮助解决我国目前立法与司法实务中面临的难题。尽管目前是否有必要在我国建立轻罪制度仍是一个悬而未决的重大课题（参见梅传强：《论“后劳教时代”我国轻罪制度的建构》，载《现代法学》2014年第2期），但引入轻罪理念来对部分罪名进行立法改革的尝试是具有现实意义的。

④ 参见李琳：《新型危害行为入罪标准之确定——以质疑“毒驾入刑”为视角之分析》，载《法学评论》2014第2期。

危险驾驶罪的立法。

综上可知，在立法模式上，日本采取刑法典与特别刑法相结合的模式对交通事犯进行立法；我国只在刑法中以危险驾驶罪、交通肇事罪或以危险方法（危险驾驶的方法）危害公共安全罪来认定交通犯罪立法。在保护法益方面，日本以保护国民的生命、身体为主要法益将危险驾驶致死伤罪置于《日本刑法典》第27章“伤害罪”之中，而我国则以不特定或多数人的公共安全为主要法益将危险驾驶罪置于《刑法》第二章“危害公共安全罪”。虽然中日两国在立法模式以及保护的主法益上等方面存在差别，但是两国所面临的现实状况以及对危险驾驶行为本身具有的高度危险性之认识上都是相同的。日本2014年5月20日施行的处罚法对包括危险驾驶致死伤罪在内的造成实害结果的交通事犯作出了系统、全面的规定，无论是从其对危险驾驶行为类型的规定，还是从相关罪之间的罪刑均衡考量来看，都对我国的交通事犯罪尤其是危险驾驶罪有着重要的借鉴意义。

（二）日本危险驾驶致死伤罪危险行为类型之借鉴

我国危险驾驶罪规定了追逐竞驶与醉酒驾驶两种行为类型，这也是由于追逐竞驶与醉酒驾驶的危险驾驶行为在我国对公共危险具有典型的风险且该风险极易发生等特点所决定的。我国对醉酒驾驶认定确立了标准，但却没有规定追逐竞驶的认定标准。追逐竞驶不完全等同于一般意义上的超速、高速行驶，因此给司法实务认定带来了一定的难度。另外，危险驾驶行为的表现形式多种多样。如上文所述，虽然日本刑法典对危险驾驶致死伤罪只以结果加重犯来进行规定，但是危险驾驶的基本行为依然来源于对基本行为规定了处罚罚则的特别刑法道路交通法。尤其是最新施行的处罚法将《日本刑法典》中的第208条之二“危险驾驶致死伤罪”与第211条之二“驾驶机动车过失致死伤罪”的规定纳入其中，并再一次补充了危险驾驶的行为类型，其具体的危险驾驶行为类型主要有酩酊驾驶、高速驾驶、无技能驾驶、妨碍驾驶、无视信号驾驶、在禁止通行道路上驾驶、患有可能给机动车驾驶带来障碍的疾病驾驶、无照驾驶（加重处罚）等。其中，酩酊驾驶是指受酒精或者药物影响，在难于正常驾驶的状态下驾驶机动车的行为。同样被我国《道路交通安全法》第22条第2款①规定为驾驶机动车的禁止行为之一的

① 我国《道路交通安全法》第22条第2款规定：“饮酒、服用国家管制的精神药品或者麻醉药品，或者患有妨碍安全驾驶机动车的疾病，或者过度疲劳影响安全驾驶的，不到驾驶机动车。”

"服用国家管制的精神药品或者麻醉药品"的行为，却未被纳入我国的危险驾驶罪。近年来，我国有关吸食毒品后驾驶机动车而发生交通事故的报道时而可见，[①] 并且随着现代社会的发展，新型毒品不断流入社会，由此部分学者提出危险驾驶罪在追逐竞驶与醉酒驾驶以外应当增设"毒驾"，即将"毒驾"入刑的立法建议。然而除了吸食毒品以外，其他危险驾驶行为，例如因疾病长期服用某种药物可能影响安全驾驶的人驾驶机动车的行为等，都将对国家、公共利益、本人或者他人的人身、财产等权利带来极大的危险。因此我国刑法有必要重新审视危险驾驶罪的行为类型，对危险驾驶行为进行细致的分类，当然同时也要避免刑罚过剩。

因此笔者认为，应当在即将或正在进行的我国刑法修正案的立法活动中对危险驾驶罪进行修正。应当明确扩大危险驾驶行为并细致分类，同时为了避免理论界及实务界误将醉酒驾驶型危险驾驶罪以"行为犯"来加以认定，还应当考虑将此罪以危险犯与实害犯相结合的形式（例如在危险驾驶行为类型后增加"危及他人身体、生命或公私财产的，处……伤害他人身体或者使公私财物遭受较大损失的，处……致人重伤、死亡或者公私财物遭受重大损失的，处……"等）来进一步完善立法。

（三）日本危险驾驶相关犯罪之间罪刑均衡考量之借鉴

根据我国《刑法》第133条"交通肇事罪"的相关规定，仅以下行为构成该罪：①违反交通运输管理法规（其中也包含了危险驾驶的行为）发生重大事故，致人重伤、死亡或者使公私财产遭受重大损失的行为，②交通运输肇事后逃逸或者有其他特别恶劣情节的行为，以及③因逃逸致人死亡的行为。并且违反交通运输管理法规除了危险驾驶的行为外还有其他许多行为表现形式。另外，我国《刑法》第114、115条第1款中的"以危险方法危害公共安全罪"中，包括了④以其他危险方法给公共安全造成一定危险但尚未造成严重后果的行为，以及⑤以其他危险方法致人重伤、死亡或者使公私财产遭受重大损失的行为。第115条第2款中的"过失以危险方法危害公共安全罪"指⑥过失以危险方法危害公共安全致人重伤、死亡或者使公私财产遭受重大损失的行为。其中行为①处3年以下有期徒刑

① 据不完全统计，2010年1—6月，全国有关吸毒后驾驶机动车引发交通事故的报道约有40起。转引自李文君、续磊：《论道路交通安全领域中的吸毒驾驶行为》，载《中国人民公安大学学报（社会科学版）》2010年第4期。

和拘役，行为②处 3 年以上 7 年以下有期徒刑，行为③处 7 年以上有期徒刑，行为④处 3 年以上 10 年以下有期徒刑，行为⑤处 10 年以上有期徒刑、无期徒刑或者死刑，行为⑥处 3 年以上 7 年以下有期徒刑，情节较轻的处 3 年以下有期徒刑或者拘役。正因为行为①与行为⑤在量刑上存在巨大差异，所以才引发了孙伟铭案[①]与胡斌案[②]出现不同结果。也以此为契机，《刑法修正案（八）》增设第 133 条之一的危险驾驶罪。危险驾驶罪包含了⑦追逐竞驶情节恶劣的行为与⑧醉酒驾驶的行为，行为⑦、⑧处拘役并处罚金。然而第 133 条之一的增设是否能彻底解决上述问题呢？我国目前对危险驾驶罪的处罚较轻，由于第 2 款规定"有前款行为，同时构成其他犯罪的，依照处罚较重的规定定罪处罚"，因此也有学者指出"因危险驾驶过失致人伤亡而成立交通肇事罪，是结果加重犯"[③]，"危险驾驶机动车同时以危险方法危害公共安全罪的成立以危险方法危害公共安全罪"[④]。但是同样无法根本解决可能会再次发生的第二个孙伟铭案与胡斌案，依然会给理论以及司法实践带来困惑。

因此笔者认为，应当将危险驾驶罪彻底以刑法分则第二章"危害公共安全罪"的特别法条，从交通肇事罪与以危险方法危害公共安全中独立出来，在扩大危险驾驶行为类型（违反交通道路运输管理法规中具有高度危险性的行为）的前提下，以危险犯与实害犯相结合的形式（"有下列危险机驾驶行为行为之一的，处……因上述行为危及他人身体、生命或公私财产的，处……伤害他人身体的或使公私财物遭受较大损失的，处……致人重伤、死亡或者公私财物遭受重大损失的，处……"）进行立法修正。即将危

① 2009 年 7 月 23 日，成都市中级人民法院对发生在 2008 年底的孙伟铭无行驶证且醉酒驾车造成四死一重伤案进行了公开宣判。法院一审认定孙伟铭的行为已构成以危险方法危害公共安全罪，且情节特别恶劣、后果特别严重，故依法判处其死刑，剥夺政治权利终身。孙伟铭不服一审判决提出上诉，2009 年 9 月 8 日上午，四川省高院作出二审判决，改判无期徒刑，剥夺政治权利终身。

② 2009 年 7 月 20 日下午，杭州市西湖区人民法院对同年 5 月 7 日胡斌超速驾驶改装三菱车致 1 人死亡的交通肇事案进行了一审公开宣判，以交通肇事罪判处被告人胡斌有期徒刑 3 年。

③ 参见张明楷：《危险驾驶罪的基本问题——与冯军教授商榷》，载《政法论坛》2012 年第 6 期。

④ 冯军教授主张以"吸收犯"的原理将危险驾驶机动车同时以危险方法危害公共安全罪的成立以危险方法危害公共安全罪。而张明楷教授虽从结论上支持冯军教授，但认为应从法条竞合的结果加重犯来认定危险驾驶机动车同时以危险方法危害公共安全罪的成立以危险方法危害公共安全罪（参见张明楷：《危险驾驶罪的基本问题——与冯军教授商榷》，载《政法论坛》2012 年第 6 期）。

险驾驶行为作为特别法条优先试用，把“危险驾驶同时造成以危险方法危害公共安全罪后果”的行为也设置在危险驾驶罪中，彻底排除适用第114、115条第1款以危险方法危害公共安全罪。当然，还应当根据造成危害结果的不同程度，设置与第114条、第115条第1款之法定刑相当的法定刑。第133条交通肇事罪则应当适用于以危险驾驶以外的其他违反交通运输管理法规的驾驶行为构成的犯罪。其中危险驾驶行为以外的其他一般违规驾驶行为但又没有造成第133条“交通肇事罪规定”的后果的，则以道路交通安全法等其他非刑罚处罚措施进行处罚。由于危险驾驶行为比其他违规驾驶行为的危险性要高，因此危险驾驶致人重伤、死亡或公私财产遭受重大损失的行为之法定刑，应当高于交通肇事致人重伤、死亡或公私财产遭受重大损失的行为之法定刑。另外，从目前我国查处醉酒驾驶型危险驾驶罪来看，我们还应当明确规定“情节轻微的，根据具体情况可以免除处罚”。

四、结语

《刑法修正案（八）》对危险驾驶罪的设立在某种意义上填补了交通肇事罪、以危险方法危害公共安全罪的空隙，对控制交通事故、降低交通风险起着积极的作用。但由于我国目前对危险驾驶罪的立法存在一定的缺陷，给理论界及司法实务界带来了困惑，因此我们近期迫切需要通过的立法活动来完善危险驾驶罪。通过对日本最新施行的特别刑法处罚法进行比较研究，可以发现有值得我们借鉴之处。因此，我们应当结合我国的社会背景、实际情况及同类犯罪的相关条文，在对危险驾驶罪进行修正时，立足于适当扩大危险驾驶行为的范围，以及注重区分与以危险方法危害公共安全罪与交通肇事罪的界限等立场，采取危险犯与实害犯相结合的形式，进一步完善危险驾驶行为的刑法规制。

具体立法建议如下：“有下列危险驾驶行为之一驾驶机动车，危及他人身体、生命或公私财产的，处三年以下有期徒刑或者拘役，并处罚金。情节轻微的，根据具体情况可以免除处罚。伤害他人身体或使公私财物遭受较大损失的，处三年以上十年以下有期徒刑，并处罚金；致人重伤、死亡或公私财物遭受重大损失或者有其他特别恶劣情节的，处三年以上有期徒刑、无期徒刑或者死刑，并处罚金。（一）饮酒、服用国家管制的精神药品或者麻醉药品，或者患有妨碍安全驾驶机动车的疾病，在处于影响安全驾驶的状态下驾驶机动车的；（二）以高速、超速等无法控制的速度驾驶机动车的；（三）无视交通信号灯、交通标志、交通标线或者交通警察的指挥并以足以造成重大交通危险的速度驾驶机动车的。无驾驶证犯本罪的，从重处罚。”①

① 笔者认为关于危险驾驶罪的行为类型尚有进一步探讨的余地，具体哪些危险行为应纳入危险驾驶罪之中，还需要根据行为本身的危险性以及我国的社会背景、实际情况等综合因素进行判定。就此问题，笔者拟另文论述。

侵犯公民个人信息罪中“违反国家有关规定”的限缩解释*

胡　江**

为了加大对公民个人信息的刑法保护，2015 年颁行的《刑法修正案（九）》对《刑法》第 253 条之一进行了修改，将原来的出售、非法提供公民个人信息罪和非法获取公民个人信息罪这两个罪名调整为一个罪名，即侵犯公民个人信息罪。与此同时，《刑法修正案（九）》将原条文中“违反国家规定”修改为“违反国家有关规定”。理解和确定“违反国家有关规定”，是准确适用侵犯公民个人信息罪的前提。对此，2017 年 5 月发布的最高人民法院、最高人民检察院《关于办理侵犯公民个人信息刑事案件适用法律若干问题的解释》（以下简称法释〔2017〕10 号司法解释）第 2 条对“违反国家有关规定”的内涵做了相应的解释，但从学理层面考量，该规定的内容不当地扩大了刑法条文的含义。在适用侵犯公民个人信息罪时，对“违反国家有关规定”做限缩解释才是符合罪刑法定原则的合理选择。

* 本文原载于《政治与法律》2017 年第 11 期。

** 西南政法大学法学院副教授。

一、从“违反国家规定”到“违反国家有关规定”：立法修正带来的适用难题

侵犯公民个人信息犯罪本身在我国刑法中经历了一个发展演变的过程，其条文内容也经过刑法修正发生了相应的变化，与立法的这种变化相伴随的就是犯罪认定和适用上的困难。

（一）《刑法修正案（七）》之前的规定

我国对公民个人信息进行刑法保护的立法起步时间较晚，在 1997 年刑法中，并无直接针对侵犯公民个人信息的犯罪行为，只有侮辱罪、诽谤罪、侵犯通信自由罪等罪名可以间接地体现对公民个人信息的刑法保护。此后，在 2000 年 12 月 28 日全国人大常委会通过的《关于维护互联网安全的决定》中明确规定了对于侵犯他人电子邮件或其他数据资料的，可以依照刑法关于侵犯公民通信自由和通信秘密的犯罪处理。我国刑法中首次直接针对侵犯公民个人信息的行为作出规定是在 2005 年通过的《刑法修正案（五）》中，该修正案新增了第 177 条之一，相应地增加了窃取、收买、非法提供信用卡信息罪这一针对公民个人信息的罪名，但刑法并未将“违反国家规定”或者“违反国家有关规定”作为构成本罪的前提，因而在理解和适用本罪时不会面临参照其他法律法规的困难，真正面临适用上的困难是在《刑法修正案（七）》通过之后。

（二）《刑法修正案（七）》中的“违反国家规定”

2009 年 2 月通过的《刑法修正案（七）》在刑法中新增了第 253 条之一，“两高”的司法解释将其概括为两个罪名，即出售、非法提供公民个人信息罪和非法获取公民个人信息罪。按照刑法规定，出售、非法提供公民个人信息罪，是指国家机关或者金融、电信、交通、教育、医疗等单位及其工作人员，违反国家规定，将本单位在履行职责或者提供服务过程中获得的公民个人信息，出售或者非法提供给他人，情节严重的行为。不难发现，要成立出售、非法提供公民个人信息罪，必须具备一个前提条件，即行为人的行为必须“违反国家规定”。这就给本罪的司法适用提出了一个新的任务，即在判定一个行为是否构成犯罪时，除了要考察刑法的规定之外，还应当考察其他法律法规的规定，对其作出是否“违反国家规定”的判断。但是，这一司法适用的任务却面临着两个方面的困难：

第一个方面的困难在于缺乏明确的判断依据。在当时有效的法律法规中，并无关于公民个人信息法律保护的明确规定，当然也就难以找到违反法律法规侵犯公民个人信息的直接判断标准。之所以出现这样的情况，主要原因在于我国法律对公民个人信息保护的理念较为落后，相关法律的规制较为落后。例如，早在2003年就有学者提出要制定统一的公民个人信息保护法并提出了专家建议稿，但时至今日该法都还没有出台。此外，在当时的民法、行政法中都没有明确的规定，以致有学者直言，我国尚未确立统一、完备的行政法律制裁体系与刑事制裁相衔接，连治安管理处罚法都未将侵犯公民个人信息的行为作为行政违法行为规定处罚的措施。这就使得《刑法修正案（七）》关于侵犯公民个人信息犯罪的规定成为颇为尴尬的立法。[①] 其他法律法规关于公民信息保护规定的阙如，使得刑法关于侵犯公民个人信息犯罪中“违反国家规定”的判断缺乏法定依据，成为侵犯公民个人信息犯罪在适用上的一个现实困难。

第二个方面的困难在于如何理解“违反国家规定”的内涵。在我国刑法条文中，“违反国家规定”的内容多达30余处，有20多个罪名要求以“违反国家规定”作为成立犯罪的前提条件。因此，究竟应当如何理解“违反国家规定”的内涵就成为一个绕不开的问题。对此，《刑法》第96条明确规定：“本法所称违反国家规定，是指违反全国人民代表大会及其常务委员会制定的法律和决定，国务院制定的行政法规、规定的行政措施、发布的决定和命令。”应该说，《刑法》第96条的规定是非常明确的，“违反国家规定”中规定的制定主体仅限于全国人大及其常委会、国务院，规定的范围仅限于全国人大及其常委会制定的法律、决定和国务院制定的行政法规、规定的行政措施、发布的决定和命令。理论上的主流观点也是认为，由地方国家权力机关制定的地方性法规、由国务院各部委和地方政府制定的行政规章，不能将其列入“国家规定”的范围内。[②] 但是，“违反国家规定”在实践运用中出现了偏离《刑法》第96条规定的情况，要么对明显符合“违反国家规定”的情形视而不见，要么将不符合“违反国家规定”的情状也认为符合“违反国家规定”，这不仅可能导致《刑法》第96条被虚置，而且

① 参见《公民个人信息刑法保护问题研究》，载《华东政法大学学报》2014年第1期。

② 参见刘德法、尤国富：《论空白罪状中的“违反国家规定”》，载《法学杂志》2011年第1期。

可能使得行政犯中的空白罪状本身的不明确性被无限放大,[①] 这在非法经营罪等罪名的适用中表现得尤为突出。其中的关键问题在于地方法规、部门规章、政府规章是否属于“违反国家规定”中的“规定”,违反地方法规、部门规章、政府规章能否认定为“违反国家规定”,这在侵犯公民个人信息犯罪的理解和适用中表现得非常明显,给犯罪的认定带来了较大的困难。

(三)《刑法修正案(九)》中的“违反国家有关规定”

在理解和适用“违反国家规定”中面临的困难尚未得到有效化解的情况下,2015年颁行的《刑法修正案(九)》对《刑法》第253条之一作出了修改。此次刑法修正不仅将原有的两个罪名调整为侵犯公民个人信息罪一个罪名,而且将原条文中的“违反国家规定”修改为“违反国家有关规定”。在之前的我国刑法条文中,虽然存在“有关规定”的条文内容,如《刑法》第330条中有“国务院有关规定”的内容,第331条有“违反国务院卫生行政部门的有关规定”的内容,但是在刑法条文中明确使用“违反国家有关规定”的表述,《刑法修正案(九)》却是首次。如此一来,侵犯公民个人信息罪也就成了目前我国刑法中唯一一个规定了“违反国家有关规定”的罪名。

如果说在《刑法修正案(九)》之前,对出售、非法提供公民个人信息罪中“违反国家规定”的理解和适用尚且有《刑法》第96条这一明确的法定依据作为标准,但在《刑法修正案(九)》将其修改为“违反国家有关规定”之后,在现有刑法条文中已经找不到明确的认定依据和标准,也没有其他条文的相同规定可资借鉴。由此带来的问题就是,“违反国家有关规定”和“违反国家规定”是什么关系,怎么判断和理解“违反国家有关规定”的内涵,这些问题比此前“违反国家规定”的判断更为困难。所以,在刑法已经作出修改的背景下,如何确定侵犯公民个人信息罪中“违反国家有关规定”的内涵,其难度较之前不是降低了,更不是消解了,而是增加了,从而使得侵犯公民个人信息罪在认定中面临着一个基础性的困难,这显然难以适应加强公民个人信息保护新要求。

---

① 参见蒋铃:《刑法中“违反国家规定”的理解和适用》,载《中国刑事法杂志》2012年第7期。

二、“违反国家有关规定”的刑法地位：空白罪状中构成要件要素的确立

在我国刑法分则条文中，存在为数不少的“违反……规定”这样的表述，对于其含义和作用，有学者认为需要具体分析，其中有的是提示存在违法阻却事由，有的是要求行为违反行政管理法规，有的是表示未经许可，有的是强调行为的非法性质，还有的是相关表述的同位语。[①] 这就表明，“违反……规定”的表述在不同的条文中可能具有不同的意义，其地位和作用也会存在差异。作为侵犯公民个人信息罪中所规定的“违反国家有关规定”，也属于“违反……规定”的具体表现，对于其刑法地位，应当以侵犯公民个人信息罪的犯罪构成特征为基础，结合《刑法》第253条之一以及其他相关法律的规定予以确定。

（一）作为犯罪认定前提的“违反国家有关规定”

从犯罪分类上看，侵犯公民个人信息罪属于法定犯。和自然犯不同，法定犯并没有明显违反社会伦理的特征，而是“以违反一定的经济行政法规为前提，认定这类犯罪，需要熟悉相关的法规”[②]。对于侵犯公民个人信息罪而言，其行为方式包括2种，一是违反国家有关规定，向他人出售或者提供公民个人信息，情节严重的行为；二是窃取或者以其他方法非法获取公民个人信息的行为。此外，《刑法》第253条之一第2款还作了特定主体从重处罚的规定，即违反国家有关规定，将在履行职责或者提供服务的过程中获得的公民个人信息，出售或者提供给他人的，应当以侵犯公民个人信息罪从重处罚。

从立法关于本罪行为方式的规定可以看出，对于第二种行为方式而言，立法并未作出“违反国家有关规定”的要求，其原因在于《网络安全法》第44条对此明确规定“任何个人和任何组织不得窃取或者以其他非法方式获取个人信息”，可见窃取或者以其他方法非法获取公民个人信息本身就是非法行为，是为法律所禁止的，因而对于这类行为的判断不需要结合其他规定，而是直接考察行为人是否实施了窃取或者其他非法行为即可。

---

① 参见张明楷：《刑法分则的解释原理》（下），中国人民大学出版社2011年版，第542—560页。

② 马克昌主编：《犯罪通论》，武汉大学出版社1999年版，第39页。

但是，对于第一种行为，立法则明确规定了“违反国家有关规定”的要求。这就意味着，出售或提供公民个人信息的行为，并不必然就是违法的，更不意味着就是犯罪。对此，从网络安全法的相关规定中也可以得到肯定的答案，该法第44条规定：“任何个人和组织不得窃取或者以其他非法方式获取个人信息，不得非法出售或者非法向他人提供个人信息。”网络安全法的这一规定表明，出售、提供与窃取的性质并不相同，窃取等方式是直接为法律所禁止的非法行为，而对于出售、提供，法律所禁止的是“非法出售”或“非法提供”的行为。这就意味着，只要符合法律规定，对于公民个人信息也是可以依法出售或提供的，这为公民个人信息的交易和流动留足了法律空间，符合互联网信息技术发展的需要。特别是按照法律规定，有关机关在查处犯罪等活动中可以依法查询公民个人信息，有关单位应当依法予以提供。可见，对于依法出售或者提供公民个人信息的行为，是不能成立侵犯公民个人信息罪的。因此，对于出售、提供公民个人信息的行为，其是否违法以至于是否构成犯罪，都必须要判断其是否属于“非法”的性质，而其标准或依据就是行为是否“违反国家有关规定”。在这个意义上，对于出售、提供公民个人信息的犯罪行为，判断其是否“违反国家有关规定”就成为犯罪认定的前提。

（二）作为犯罪构成要件要素的“违反国家有关规定”

虽然侵犯公民个人信息罪以“违反国家有关规定”为前提，但具体落实到刑法中的犯罪认定上，却应当结合犯罪构成的相关理论来考察其在犯罪构成中的地位。在刑法理论上，一般认为犯罪构成包含了行为成立犯罪所必须具备的全部要求，为划分罪与非罪、此罪与彼罪的界限提供了标准，是追究犯罪人刑事责任的根据。① 虽然各国学界存在不同的犯罪构成理论体系，但由于其任务都在于解决犯罪是否成立的问题，因而不同体系均大体包含了一致的内容，只是因为民族文化和法律制度的不同而存在差异。② 以我国通说的四要件犯罪构成理论为例，其作为一个有机整体又包含了四个要件，即犯罪构成要件，而每个要件又包含了不同的要素，即犯罪构成要件要素，这在每一个具体罪名中都是如此。

---

① 参见高铭暄、马克昌主编：《刑法学》（第7版），北京大学出版社、高等教育出版社2016年版，第51页。

② 参见胡江：《文化视野下的犯罪论体系研究》，法律出版社2014年版，第296页。

在侵犯公民个人信息罪中，“违反国家有关规定”应当属于其犯罪客观方面里面的具体内容或具体要素。根据《刑法》第253条之一的规定，侵犯公民个人信息罪的客观方面表现为，行为人违反国家有关规定，向他人出售或者提供公民个人信息的行为，以及窃取或者以其他方法非法获取公民个人信息的行为。实际上也就包含了两种行为方式，如前所述，只有第一种行为方式才存在“违反国家有关规定”的要求。具体而言，这种行为方式必须同时具备三个条件：（1）行为必须违反国家有关规定；（2）实施了向他人出售或者提供公民个人信息的行为；（3）行为必须情节严重。这三个条件缺一不可，任何一个条件的不成立都会影响到侵犯公民个人信息罪的成立。所以，“违反国家有关规定”理所当然地属于本罪的犯罪构成要件要素，它直接影响到犯罪成立与否，是犯罪认定中必不可少的要素之一。

（三）作为空白罪状内容的“违反国家有关规定”

《刑法》第253条之一在对侵犯公民个人信息罪的罪状进行规定时，应该说已经尽可能做到了详细的描述，对行为方式、行为对象等内容都有明确规定，特别是在《刑法修正案（九）》之前，当时对出售、非法提供公民个人信息罪的主体还作了非常详细的限定，因而有学者将其作为立法的进步之处予以肯定，认为该条文以叙明罪状详尽规定犯罪成立的全部要素，在一定程度上增强了司法实践中认定和处理侵犯公民个人信息犯罪行为的可操作性。[①]

不过，刑法条文虽然较为详细地规定了行为对象、行为方式等，但如前所述，“违反国家有关规定”系成立本罪必须具备的构成要件要素，当然地属于本罪罪状里面的内容，而究竟哪些情形属于“违反国家有关规定”，刑法条文并没有也难以做出明确界定，只能结合刑法之外的其他规定才能确定其内涵。可见，这应当属于空白罪状而不是叙明罪状。因为空白罪状的本质特征在于刑法条文本身未对具体犯罪构成的行为要件作出具体、明确的表述，而是由相关的规范或制度加以具体、明确的规定。[②] 具体而言，《刑法》第253条之一只是规定了侵犯公民个人信息罪的构成要件中必须包含“违反国家有关规定”的要素，但并未明确规定其具体内涵，因而只能在刑法之外的其他规定中去寻找相应的法定依据。这就使得侵犯公民个人信息罪构

---

① 参见《公民个人信息刑法保护问题研究》，载《华东政法大学学报》2014年第1期。

② 参见刘树德：《罪刑法定原则中空白罪状的追问》，载《法学研究》2001年第2期。

成特征和罪状的既需要考察刑法的规定，也需要考察刑法之外的其他规定，这是空白罪状典型的表现。空白罪状的规定，反映了侵犯公民个人信息犯罪的复杂性，具有其合理性，但同时也给司法适用增加了考察其他规定的任务。

三、司法解释的选择及其问题：惩治犯罪需要与坚守罪刑法定的冲突

在《刑法修正案（九）》施行一年多之后，“两高”联合发布了法释〔2017〕10号司法解释，该司法解释第2条明确规定，违反法律、行政法规、部门规章有关公民个人信息保护的规定的，应当认定为《刑法》第253条之一规定的“违反国家有关规定”。对比《刑法》第96条的规定不难发现，司法解释在法律、行政法规之外，将部门规章也作为“国家有关规定”的范围。对于司法解释的这一扩张性规定，我们一方面要承认其所具有的现实价值，但另一方面也有必要对其存在的不合理之处提出质疑。

（一）法释〔2017〕10号司法解释的现实价值

1. 回应了司法认定的实践困难

如前所述，按照《刑法修正案（九）》的规定，对于出售、提供公民个人信息的行为，成立侵犯公民个人信息罪必须以“违反国家有关规定”为前提，但由于立法并未明确“违反国家有关规定”的内涵，司法机关在面对具体案件时难以判断其是否属于“违反国家有关规定”，从而导致实务认定上的困难。此次司法解释明确规定了“违反国家有关规定”的含义，直接回应了侵犯公民个人信息罪在实践认定中的困难。由于司法解释属于有权解释，对刑法适用和犯罪认定具有法定的约束力。因此，该规定的出台为实践中一直存在的认定争议提供了法定的依据，回应了司法实务工作的期待和要求，对侵犯公民个人信息罪的实践认定必然产生广泛的影响。

2. 契合了惩治犯罪的现实需要

此次司法解释出台的一个重要背景，就是侵犯公民个人信息犯罪行为呈现出持续增长的严峻态势。数据显示，2016年，全国公安机关共侦破网络侵犯公民个人信息案件数量2100多起，查获公民个人信息500多亿条，抓获的犯罪嫌疑人5000多人。2009年2月至2015年10月，全国法院共审结出售、非法提供公民个人信息、非法获取公民个人信息刑事案件969起，生

效判决人数1415人。[1] 在这样的犯罪态势之下，发动刑法的武器对此类犯罪进行严厉惩治就成了司法机关青睐的一项选择。如果将“违反国家有关规定”作限制性解释，可能会导致部分具有社会危害的行为无法追究刑事责任。正如有学者所说，如果不将一般性规定纳入“国家有关规定”的范畴，则会出现处罚漏洞，导致具备当罚性实质标准的出售或者提供行为免于法律之绳。[2] 因此，司法解释扩张“违反国家有关规定”含义的做法，与惩治犯罪的需求是一致的。

3. 解决了规范层面的立法不足

毋庸置疑的是，我国关于公民个人信息保护的法律规范还不够完善，在《刑法修正案（七）》颁行时，几乎没有法律、法规对侵犯公民个人信息的行为作出明确规定，及至《刑法修正案（九）》颁行时，相关法律规范对公民个人信息的保护都还比较薄弱，直到之后网络安全法、《民法总则》等法律的出台，才在一定意义上解决了公民个人信息保护的立法问题。但即便如此，我国公民个人信息保护的立法还不够完善却是一个客观事实，如果将“违反国家有关规定”限定于法律和行政法规，将会导致很多情况下找不到判断的法定依据。这个问题在《刑法修正案（九）》颁行之前就已经显现出来，当时的出售、非法提供公民个人信息罪要求以“违反国家规定”为前提，但事实上并无这方面的明确的“国家规定”，对于部分出售或者提供公民个人信息的行为找不到相应的违法依据，导致司法适用上于法无据的尴尬局面。[3] 因此，如今法释〔2017〕10号司法解释对“违反国家有关规定”作出扩张性解释，将部门规章也纳入其中，这在当前我国公民个人信息保护立法存在不足的情况下，不失为一种务实的选择。

（二）法释〔2017〕10号司法解释对罪刑法定的背离

虽然法释〔2017〕10号司法解释第2条具有一定的现实价值，但也应该看到，这样的价值主要是源于现实的需要，特别是从有效惩治犯罪和方便司法适用的角度所作的规定，然而也正是在这种现实合理性之下，刑法的理

---

① 参见罗书臻：《两高发布办理侵犯公民个人信息刑事案件司法解释》，载《人民法院报》2017年5月10日，第1版。

② 参见李谦：《侵犯公民个人信息罪的法解释学释义》，载《北京邮电大学学报（社会科学版）》2017年第1期。

③ 参见胡江：《互联网时代惩治侵犯公民个人信息犯罪的困境与出路》，载《山东警察学院学报》2016年第5期。

性却在不经意间被忽视了，其中主要体现在对罪刑法定原则的背离。

罪刑法定的核心意义在于，定罪量刑必须以刑法的明文规定为依据。这里的“法”或“明文规定”，绝不限于刑法分则条文，也应当包括刑法总则条文，换言之，对罪刑法定中的“法”应当从全部刑法规定整体上去把握，而不能仅从部分条文的具体规定上去把握。之所以应当这样，主要是源于因为刑法总则和分则二者的关系，总则作为一般性规定，其对刑法分则具有指导和制约意义。因此，对《刑法》第253条之一以及其中“违反国家有关规定”的理解，都应受到刑法总则的指导和制约。

具体来看，刑法总则第96条明确规定了“违反国家规定”的内涵，从中可以看出，所谓的“国家规定”并不包括部门规章。而司法解释在规定“违反国家有关规定”时，不仅包含法律、行政法规，而且也将部门规章纳入其中。法律、行政法规原本就属于“违反国家规定”的范围，因而这样的解释并无不妥。但部门规章不属于第96条中的“国家规定”，司法解释却直接将其与法律、行政法规等同视之。显然，司法解释的这一规定并没有很好地解决第96条和分则具体条文的关系，也忽视了刑法总则对分则的指导和制约意义。

即便是承认司法解释这一规定的合理性，其同样存在难以自圆其说的问题。因为在我国的立法体系之下，除了法律、行政法规和部门规章之外，还有地方性法规、自治条例、单行条例、政府规章等，这些都可以依照法定权限和程序对有关问题进行规定。司法解释将部门规章纳入“违反国家有关规定”之中，却未将地方性法规、自治条例、单行条例、政府规章一并纳入，也存在不合理之处。当然，其中可能的原因在于，部门规章是适用于全国范围的，而地方性法规却只适用于特定的区域。但是，我们对立法的比较不能仅看其适用的范围，更要看其效力层级。从《立法法》第89条、第91条、第95条的规定来看，地方性法规的效力高于本级政府规章，而部门规章和地方政府规章具有同等效力，当地方性法规与部门规章之间出现不一致不能确定如何适用时，由国务院提出意见，国务院认为应当适用地方性法规的，应当决定适用地方性法规定；认为应当适用部门规章的，应当提请全国人大常委会裁决。因此，地方性法规在我国的立法体系中具有重要的地位，其效力甚至可以说高于部门规章，即便是认为地方性法规和部门规章的效力难以比较，也不能否认地方性法规的重要地位。正如有学者所指出的，将地方性法规、规章乃至规范性文件解释为“国家有关规定”也具有一定的合理性。[①] 司法解释已经将部门规章纳入其中了，却对地方性法规这一如此重要的立法规范视而不见，仅仅因为两者的适用范围不同就予以区别对待，这样的解释理由显得十分牵强，其合理性是值得怀疑的。

四、“违反国家有关规定”的限缩解释：罪刑法定要求下的理性选择

罪刑法定原则是现代刑事法治的基石。由“两高”对刑法适用中的具体问题进行解释，对于刑法适用和犯罪认定是非常必要的，但司法解释本身并不是立法，其规定也不得违背法律的规定。法释〔2017〕10号司法解释第2条关于“违反国家有关规定”的解释，在理论上存在不合理之处。但是，考虑到刑法适用中的现实难题，如果要废除这一条规定，将会使侵犯公民个人信息罪的实务认定重新回到无所适从的境地；如果要修改这一条的规定，在短期之内可能又难以实现。因此，在该司法解释仍然具有法定效力的情况下，最理想的方式就是在实践中对“违反国家规定”进行限缩解释，从而使侵犯公民个人信息罪的认定符合罪刑法定原则的理性要求。

（一）厘清“违反国家规定”与“违反国家有关规定”的关系

《刑法》第96条系对“违反国家规定”含义的解释，由于其是总则性条文，因而对刑法分则条文具有指导和制约意义。因此，在理解第253条之一关于“违反国家有关规定”的含义时，不能脱离刑法总则第96条的内容。考察我国刑法条文内容可以发现，刑法总则中存在关于“违反国家规定”含义的内容，刑法分则中则存在“违反国家规定”“违反规定”“违反……规定”“违反……法规”“违反法律规定”等不同的表述。对于分则中这些不同的条文内容，都应当将其置于第96条规定的总体框架下予以理解。

具体到第253条之一，其中“违反国家有关规定”应当是“违反国家规定”的下位概念，是对“违反国家规定”的细化。“违反国家有关规定”实质上也应当是“违反国家规定”，只不过是属于侵犯公民个人信息罪这一

---

① 参见高贺、刘科：《侵犯公民个人信息犯罪中的三个问题》，载莫洪宪、齐文远等主编：《中国刑法改革与适用研究》（上卷），中国人民公安大学出版社2016年版，第528页。

具体犯罪中的规定，并非所有的国家规定都与本罪的认定有关，因而用“有关”这一语词对国家规定进行限制，即“违反国家有关规定”只限于与公民个人信息保护有关的国家规定。换言之，在理解“违反国家有关规定”时应当从两个方面予以把握：第一，行为人违反的是“国家规定”，其范围应当限于第96条的范围，而不能将其理解为国家层面的规定，因而不应包括部门规章等其他规定。第二，行为人违反的是与公民个人信息保护“有关”的“国家规定”，即“有关”是对“国家规定”的限定。这样的理解，一方面符合“违反国家规定”和“违反国家有关规定”的文义，另一方面也符合刑法总则与分则的关系。

（二）“违反国家有关规定”与刑法分则其他相似规定的关系

事实上，在刑法分则条文中，不乏“违反……规定”的条文表述。例如，第126条、第128条中的“违反枪支管理规定”，第35条之一中的“违反安全管理规定”，第136条中的“违反爆炸性、易燃性、放射性、毒害性、腐蚀性物品的管理规定”，第159条中的“违反公司法的规定”，第230条中的“违反进出口商品检验法的规定”，第343条中的“违反矿产资源法的规定”，第345条、第407条中的“违反森林法的规定”等。

这些分则条文的具体规定，不同于第96条和其他部分分则条文所使用的“违反国家规定”，因而存在理解上的困难。对此，有关司法解释也曾作出明确解释，如“两高”《关于办理非法采矿、破坏性采矿刑事案件适用法律若干问题的解释》第1条就明确规定，“违反矿产资源法的规定”是指违反矿产资源法、水法等法律、行政法规有关矿产资源开发、利用、保护和管理的规定，其范围仅限于法律和行政法规，不包括地方性法规、部门规章、政府规章等。而《刑法》第253条之一中的“违反国家有关规定”，也应当和前述刑法分则条文的相关内容具有一致性，只是由于我国公民个人信息刑法保护的法律法规不健全，所以刑法使用了“国家有关规定”的表述，但其实质仍然是关于公民个人信息保护的“国家规定”，并未超越和突破第96条中“国家规定”的范围，甚至于完全可以像第159条、第343条、第345条、第407条那样，直接将这里的“违反国家有关规定”替换为“违反公民个人信息保护法的规定”。

（三）“违反国家有关规定”与其他法律法规的关系

侵犯公民个人信息罪作为法定犯，立法上采用空白罪状的方式本身有其合理性，因为空白罪状并不违反罪刑法定原则，[①] 只不过在认定其行为是否属于“违反国家有关规定”时，必然要结合其他法律法规的规定予以考察确定，这就涉及刑法与其他法律法规的衔接问题。“解释一个刑法规范的含义，不仅应该以该规范本身的文字为基础，而且应该从该规范与全部刑法规范乃至整个法律制度的关系中来把握。”[②] 因此，最合理的解释方式是在第96条的指导下，对“违反国家有关规定”的含义在全国人大及其常委会的法律、决定和国务院制定的行政法规、规定的行政措施、发布的决定、命令中予以确定。但问题的关键是，在法释〔2017〕10号司法解释第2条已经对“违反国家有关规定”的含义作出扩张性规定的情况下，该司法解释的规定对刑法适用具有法定效力，而司法解释的这一规定从学理上看又是不合理的，此时如何在坚持罪刑法定的同时确保该司法解释的合理适用？对此，笔者认为，应当对司法解释第2条的内容做限缩解释，即“违反国家有关规定”仅限于违反法律、行政法规关于公民个人信息保护的规定，部门规章只有是在对法律、行政法规中的规定予以明确、细化的情况下，才能够与法律、行政法规一道作为判断行为是否“违反国家有关规定”的标准。

之所以对部门规章作出这样的限定，其理由在于，法律适用的关键不在于对文字的服从，而在于真正想达到和应该达到什么目的，对法律可能是错误或有漏洞的情形，法律适用者应当“通过解释来纠正这些缺陷”[③]。根据前文关于“违反国家有关规定”的阐述，部门规章本身不属于这里的有关规定，其本身不能作为判定行为是否“违反国家有关规定”的依据。但是，法律、行政法规关于公民个人信息保护的规定往往较为宏观，对法律、行政法规的相关内容很多情况下还需要结合部门规章才能确定。因此，在这种情况下，部门规章实际上承担了确定法律、行政法规相关条文含义的功能。此时，作为判断依据的仍然是法律、行政法规，只是在确定法律、行政法规的条文含义时，同时考察了部门规章的规定。

对此，我们可以通过相关的法律规定予以具体说明。例如，《网络安全法》第42条规定，未经被收集者同意，网络运营者不得向他人提供个人信

---

① 参见陈兴良：《罪刑法定主义》，中国法制出版社2010年版，第163页。

② 陈忠林：《刑法的界限——刑法第1—12条的理解、适用与立法完善》，法律出版社2015年版，第121页。

③ ［德］魏德士：《法理学》，吴越、丁晓春译，法律出版社2005年版，第310页。

息。但是，经过处理无法识别特定个人且不能复原的除外。如何理解其中的“被收集者同意”“经过处理无法识别特定个人且不能复原”等，直接关系到网络运营者提供个人信息行为的违法与否，进而影响到行为是否符合刑法关于“违反国家有关规定”的认定，但网络安全法本身对此并无进一步详细地规定。此时，如果有部门规章对其内涵作出了细化规定，我们就可以结合部门规章的规定来确定《网络安全法》第42条的含义，进而判断网络运营者的行为是否违反了法律的规定。在这个过程中，判断行为非法与否的依据是网络安全法，部门规章本身并不是判断行为违法与否的依据，只是起到了确定法律条文含义的辅助作用。

可见，通过对法律、行政法规和部门规章的关系作出这样的限缩解释，既反映了刑法与其他法律法规之间的衔接关系，也符合“违反国家有关规定”的应有之义，在坚守罪刑法定原则和照顾刑法适用实践这两个方面实现了合理平衡，是一种在理论上具有合理性，同时又在实践上具有务实性的理性选择。

五、结语

随着经济社会的发展，犯罪将会更加复杂，刑法中的法定犯将会越来越多，因而有学者提出了“要正视法定犯时代的到来”这一理论命题。[①] 法定犯的增加意味着空白罪状等也会相应地增加，对犯罪构成要件的确定往往离不开对其他法律、法规的考察，因而在适用刑法时将会越来越重视刑法之外其他法律、法规的作用。但是，作为刑法的基本原则之一，罪刑法定原则的地位不容置疑，对刑法条文的理解和具体犯罪的适用都应当严格遵循罪刑法定原则的要求，这并不会随着法定犯的增加而改变。侵犯公民个人信息罪中“违反国家有关规定”的设立以及法释〔2017〕10号司法解释第2条对其含义的解释，反映了惩治犯罪的现实需求，有其存在的现实价值，在一定意义上甚至可以说是不可避免的，但是这样的需求也应当接受罪刑法定原则的考验，不得因为强调惩治犯罪就忽视了刑法的理性要求。因此，既然这样的规定无可避免，那么最合理的方式就是对其作出符合罪刑法定原则的限缩解释。

---

① 参见储槐植：《要正视法定犯时代的到来》，载《检察日报》2007年6月1日，第3版。

电子商务中“恶意退货（款）”行为的刑法评价*

刘沛谞**　王　雨***

随着信息网络技术的“井喷”式发展，在线电子商务的类型和规模呈迅猛增长态势，这在繁荣市场经济的同时，也使部分传统违法犯罪的存在场域向虚拟空间延展，危害手段亦有变异，其中尤以纷繁芜杂的网络恶意行为为甚。网络恶意行为分为狭义和广义两种，前者指利用电商平台，以破坏他人经营活动或非法牟利为目的之各类违法犯罪行为，大致包括恶意注册、恶意刷单和恶意订单三种亚类型，后者还包括网络寻衅滋事、散布虚假信息、侮辱诽谤等。就狭义网络恶意行为中的恶意订单而言，又分为恶意不付款、恶意评价、恶意投诉和恶意退货（款）四种子类型。近年来，法律界围绕恶意注册、恶意刷单、恶意评价、恶意投诉等论题相继展开讨论，并就部分问题达成基本共识。而关于恶意退货（款）问题，由于具体表象较多，又关涉诸多刑法理论，很多问题学界尚未形成定论，一些司法判例也存在抵牾之处。因此，从类型化视角对网络恶意退货（款）行为逐一进行解析，并就其中所涉及的民刑交叉、行刑交叉问题进行探讨，具有重要的理论价值和

---

* 本文系教育部人文社会科学研究一般项目“‘民刑交叉’问题的基本理论与践行机制研究——基于部门法复合研究的视角”（13YJA820027）的阶段性研究成果，原载于《人民检察》2019年第6期。

** 西南政法大学法学院副教授。

*** 西南政法大学校友。

现实意义。

一、恶意退货以假换真

恶意退货以假换真是指行为人将网购货物“狸猫换太子”后再行退货，或者直接“退空包”，利用卖家因业务繁忙等原因疏于核实真伪这一疏漏，通过欺骗卖家达到既收回已付货款又非法占有卖家商品的目的。[①] 关于该行为的定性，主要存在合同诈骗罪与诈骗罪的争论。笔者认为，该行为的定性不能一概而论，应结合两罪的界限区别处理。

关于诈骗罪与合同诈骗罪的关系，应从以下几个方面具体把握：第一，从危害行为的实施方式看，合同诈骗罪要求危害行为系在签订、履行合同过程中实施，故该罪所要求的合同形式以书面为主，但如果行为人与被害人系曾经合作过的商业伙伴等熟人关系，也常体现为口头形式。诈骗罪的危害行为则不以合同为必要手段，如果采取合同方式，通常体现为口头形式。据《合同法》第 11 条之规定，书面形式是指合同书、信件和数据电文（包括电报、电传、传真、电子数据交换和电子邮件）等可以有形地表现所载内容的形式。当行为人借助互联网与商家在电商平台上就商品买卖实施选择、确认、付款、发货等一系列点击操作时，其实质正是通过电子数据交换以确定、签署电子合同，合同主体涉及买家、卖家和平台三方，各方均有相应的权利和义务。可见，恶意退货以假换真行为采取的是书面合同形式。第二，从犯罪客体看，合同诈骗罪与诈骗罪的犯罪客体具有交叉性，均侵犯了公私财产的所有权。但诈骗罪是简单客体，这说明该罪被害人通常是日常生活领域的普通公民；而合同诈骗罪还破坏了社会主义市场经济秩序，这意味着该罪的被害人并非一般身份者，而是市场经济中参与剩余价值生产、分配的生产者、销售者或经营者。从业态上看，无论是线下实体商家，还是线上电商，视不同情形可以成为诈骗罪或合同诈骗罪的被害人。第三，从犯罪对象看，当被害人系从事商品销售活动的电商时，加害人成立诈骗罪还是合同诈骗罪？有观点认为，合同诈骗罪中的合同宜限于经济合同，即合同的文字内容是通过市场行为获得利润。[②] 根据最高人民检察院、公安部《关于公安机关管辖的刑事案件立案追诉标准的规定（二）》第 77 条的规定，对骗取对

---

① 参见广东省广州市荔湾区法院（2017）粤 0103 刑初 748 号刑事判决书。

② 参见张明楷：《刑法学》，法律出版社 2016 年版，第 835 页。

方当事人财物数额在2万元以上的合同诈骗行为应予追诉立案，可见，合同诈骗罪的追诉标准明显高于诈骗罪。因此，合同诈骗罪的被害人宜界定为从事商品批发活动的商家，涉案交易具有规模性和大宗性特点。综上，以消费者身份就少量商品恶意退货以假换真的，成立诈骗罪；而冒充下游商家，就大量商品恶意退货以假换真的，成立合同诈骗罪。

恶意退货以假换真还可能牵涉法条竞合问题。具体而言，合同诈骗罪与诈骗罪系特殊罪名与一般罪名的法条竞合关系，前者的追诉标准高于后者，当行为人冒充下游商家规模性实施恶意退货以假换真，而涉案数额又介于合同诈骗罪与诈骗罪之间时，能否以诈骗罪论处，此时存在复合制①和单一制②的分野。前者认为，法条竞合之罚则应采取“特殊罪名优先＋重罪名优先”的双层次模式，如果危害行为达不到特殊罪名之追诉标准抑或特殊罪名的刑罚较普通罪名为轻，应适用普通罪名；后者主张特殊罪名是法条竞合犯的唯一选项，即便危害行为达不到特殊罪名的追诉标准也不能转而适用普通罪名，只能做无罪处理。笔者赞同单一制，因为设立特殊罪名的考量在于特殊法律关系需要特定犯罪构成及罚则加以规制。就合同诈骗罪而言，被害人为商事主体，一方面其经济实力和抗风险能力较普通民众高，另一方面其一般具有商业经验，对诈骗活动的甄别能力也较强。因此，合同诈骗罪的数额门槛虽高于诈骗罪，但分别达到追诉标准的合同诈骗行为与普通诈骗行为在社会危害性上是等量齐观的，如果将数额较低的合同诈骗行为以诈骗罪论处，实则属于拔高定性的不合理入罪。

二、以退货为由要挟卖家

以退货为由要挟卖家是指行为人先购买大量商品，后利用部分商品七天无理由退货的法律规定和电商平台规则频繁退货，引起卖家重视后遂与卖家协商，扬言如不花钱息事宁人就继续退货，而卖家迫于无奈只好就范。③ 关于该行为的定性，牵涉简单一罪和复杂一罪两个维度。

---

① 参见鞠佳佳：《合同诈骗罪与诈骗罪的双层界分》，载《中国刑事法杂志》2013年第6期。

② 参见周光权：《法条竞合的特别关系研究——兼与张明楷教授商榷》，载《中国法学》2010年第3期。

③ 参见广东省佛山市顺德区法院（2017）粤0606刑初2537号刑事判决书；广东省广州市荔湾区法院（2017）粤0103刑初748号刑事判决书。

首先，如果行为人借助上述行为讹取卖家数额较大的财物或多次实施的，应成立敲诈勒索罪。理由是：敲诈勒索罪具有威胁或者要挟的客观行为特征，前者体现为针对他人人身或财产的暴力胁迫，后者表现为以揭发他人违法犯罪事实、泄露他人隐私等为手段的精神强制。上述情形中，一些卖家何以屈从于恶意利用规则者索取财物的非法诉求？这源于电商平台对出现频繁退货问题的卖家可能启动的惩戒机制。① 退货需经网络操作，这将在平台上“留痕”，当短时间内涉及同一卖家的退货数量达到临界点时，系统就默认卖家的商品存在普遍性瑕疵，因而自发启动惩戒机制，具体内容涉及扣分、扣保证金、搜索降权、不展示等。其中，当扣分累积到一定数值时，平台就会扣划卖家预先向平台缴纳的保证金，这种罚款会给卖家造成经济上的不利。而搜索降权、不展示等意味着潜在顾客将很难甚或无法通过电商平台搜索到卖家的店铺或商品。众所周知，在互联网商务背景下，电商平台是联结海量卖家与买家的枢纽，潜在买家根本没有时间和精力——比较众多商家和商品，更多倚赖平台的各种搜索排序功能进行选择，因此，排名愈靠前的卖家，其“上镜率”和成交率就越高。如果卖家被平台采取搜索降权、搜索屏蔽、默认不展示等处罚措施，势必直接影响卖家的经营业绩和经济效益。不难看出，恶意频繁退货足以使卖家产生心理上的畏惧感，从而“愿意”花钱买平安，这属于典型的要挟型敲诈勒索。

其次，即便前述行为未达敲诈勒索罪的追诉标准，也可能触犯其他罪名。例如，当频繁退货行为触发平台的惩罚机制，就会切实影响到卖家的正常经营活动和经济收益，如果达到追诉标准，将涉嫌破坏生产经营罪。该罪从 1979 年刑法的“破坏集体生产罪”演变而来，后者主要是针对第一产业的犯罪，而 1997 年刑法在“生产”后增加了“经营”一项。生产经营是一个概括说法，应当理解为“生产 + 经营”。② 传统生产经营活动体现为以有形的厂房、实体店铺、设备与工具、耕畜等物质条件为基础，生产、销售产品或提供服务的过程。及至信息时代，经营活动的方式方法有了质的改变，

---

① 例如，淘宝网《天猫规则》第 40 条规定，淘宝可以按照规则规定的情形对会员及其经营行为采取警告、商品下架、单个商品搜索降权、全店商品搜索降权、单个商品搜索屏蔽、单个商品单一维度搜索默认不展示、全店商品单一维度搜索默认不展示、限制参加营销活动、单个商品监管、店铺监管、支付违约金、商家绑定的支付宝收款账户的强制措施等十二项临时性市场管控措施。

② 参见高艳东：《破坏生产经营罪包括妨害业务行为——批量恶意注册账号的处理》，载《预防青少年犯罪研究》2016 年第 2 期。

商家开展经营不再以传统实体店铺和有形工具为必要条件，而可以通过在线经营虚拟网店销售商品或提供服务。尽管经营方式发生了根本变革，但线上与线下不过是本质相同的不同经营模式，二者在产生利润、提供就业、繁荣经济等方面并无二致。传统破坏经营行为通过损毁物质性设施设备达到阻碍正常营业的目的，步入互联网时代，妨害虚拟网铺经营的行为无须再以有形的物质性条件为介质，而可以借助电商平台这一虚拟空间，由此产生的消极后果与传统破坏经营手段并无实质区别。虽然破坏电商经营的行为无法造成物质性设施设备的损失，但根据最高人民检察院、公安部《关于公安机关管辖的刑事案件立案追诉标准的规定（一）》第 34 条第 4 项之规定，其他破坏生产经营的行为也可以构成破坏生产经营罪。用破坏生产经营罪规制妨害互联网电商经营的行为，是符合规范法益保护目的的扩大解释。在具体适用环节，可以参考妨害电商经营的次数、时间长短、预期经营数额或营利数额损失等因素，综合判断行为人是否达到追诉标准。

最后，以退货为由要挟卖家还可能出现复杂的一罪情形。具体而言，当行为人基于非法占有目的，利用平台惩罚机制，以频繁退货为手段要挟卖家花钱消灾时，手段行为和目的行为可能同时触犯破坏生产经营罪和敲诈勒索罪，此种情况属于典型的牵连犯情形，应按牵连犯罚则论处。

三、恶意退货（款）直接造成卖家损失

恶意退货（款）直接造成卖家损失包括报复卖家型和故意利用卖家瑕疵型两种类别。关于报复卖家型，相关判例反映出两种情形：一是冒充“买家”的行为人原系卖家员工，双方存在利益纠葛，行为人遂多次向卖家购物，然后利用所掌握的卖家账号进入操作系统表示缺货，后又以买家身份申请退货和以卖家身份同意退货。一番操作造成卖家经营困难的假象，进而导致卖家被平台采取扣分、扣除保证金、搜索降权或不展示等惩戒措施，这属于破坏生产经营行为。[①] 二是行为人以不知情的第三人地址或虚假地址为接货地，大量购买某商家商品，结果由于无人接收被迫退货，从而给卖家造成运费损失、平台惩罚等多重消极后果，该行为亦涉嫌破坏生产经营罪。[②]

① 参见广东省广州市中级法院（2017）粤 01 刑终 869 号刑事裁定书。

② 参见河北省衡水市桃城区法院（2018）冀 1102 刑初 52 号刑事判决书。

（一）恶意以缺货为由获取违约金

该行为指行为人刻意挑选因法定长假等特殊原因不能按时发货的卖家，下单后再虚构商家缺货的事实（实则并非缺货）向平台申请退款，平台产生商家缺货的错误认识，并基于此在退回货款的同时，向买家另行支付了违约金。关于该情形的定性，学界存在盗窃罪、诈骗罪与合同诈骗罪的分歧。笔者认为，首先，该情形不成立盗窃罪，窃取行为的实质是以秘密手段攫取他人所占有的财物，使他人对财物的控制状态变为失控状态，这种改变从本质上讲是违背他人意志的。反观上述情形，行为人所取得的违约金是基于平台的交付行为，而非自身的秘密窃取行为。其次，根据电商平台规则，当行为人在线下单时，即与平台和卖家缔结了一份数据电文形式的三方书面合同，平台和卖家都是合同相对人，故行为人骗取违约金的行为发生在签订、履行合同过程中，但据此并不能径行得出行为成立合同诈骗罪，因为诈骗罪也不排除借助书面合同形式。该情形究竟构成诈骗罪还是合同诈骗罪，区分仍在于涉案交易是否具有规模性和大宗性特点，以及卖家是否属于从事批发活动的商家。最后，无论定诈骗罪还是合同诈骗罪，皆须明确被害人究竟是平台还是卖家。一方面，买家虚构事实行为指向的是平台而非商家，产生认识错误并向行为人支付违约金的也是平台。另一方面，违约金出自卖家向平台在先缴纳的履约保证金，其所有权仍在卖家，但占有权与处分权却已归平台，系财产权能分离的情形，卖家对行为人的欺诈行为虽不知情，但真正遭受财产损失的是卖家而非平台。可见，该情形符合刑法中的“三角诈骗”模型，即虽然被害人没有处分财产，也没有产生认识错误，而是由受骗人处分财产，但受骗人处分财产的原因仍然是行为人的欺骗行为，处分财产的结果是使被害人的财产遭受损失，具体表现为将被害人的财产转移为行为人或者第三者占有。[①] 可见，在恶意以缺货为由获取违约金的情形中，被骗对象系平台，财产被害人为卖家，犯罪数额乃违约金金额。

（二）恶意只退款不退货

恶意只退款不退货情形是指行为人收到货物后即在网上以“只退款不退货”的方式退货，目的在于利用卖家疏于回复的行为瑕疵和卖家未在规定时间内处理退货诉求，平台便自动将货款返还行为人的规则，不仅拿回了

---

① 参见张明楷：《论三角诈骗》，载《法学研究》2004 年第 2 期。

货款，也保留了货物。该情形可细分为确认收货后申请只退款不退货和不确认收货直接申请只退款不退货两种情形。第一种情形下，买家通过技术分析精心挑选疏于售后管理的卖家下单，货到后买家虽留下货物却不在网上确认收货，此时交易尚未完成，买家支付的货款尚保留在平台，然后买家向卖家申请只退款不退货，由于卖家未及时处理，经过规定时间后平台自动默认卖家同意退款，便将货款直接退给买家，如此买家就达到了不花钱得便宜的目的。第二种情形的发生机制与前一种部分重叠，差异在于买家收货后在网上确认了收货，平台遂将买家在先支付的货款打给了卖家的平台账户，后由于卖家未及时处理只退款不退货诉求，经过规定时间平台便自动将卖家账户上的已收货款“抽出”并退给买家。曾有判例涉及第一种情形，法院认为行为人构成直接针对卖家的合同诈骗罪。[①] 另有观点认为，第一种情形下平台基于受骗而处分了应归卖家的货款，因而属于合同诈骗中的“三角诈骗”，但犯罪所得并非货物本身，而是货款。

笔者认为，上述两种情形的部分事实差别不足以影响定性，都属于诈骗类活动，具体构成诈骗罪还是合同诈骗罪，仍应判断涉案交易是否具有规模性和大宗性特点，以及卖家是否属于从事批发活动的商家。理由如下：其一，实际上买家直接打交道的对象是卖家，下单和申请只退款不退货的行为均直接指向卖家，当行为人基于非法占有目的下单时，卖家上当受骗发出了货物，货物抵达买家时诈骗行为就已既遂。其二，尽管买家在下单时、发货前就支付了货款，但此时货款的功能无非是一种有价值的犯罪工具，买家在收货后所实施的申请只退款不退货行为，本质是在犯罪得逞后回收犯罪工具的行为。无论成功与否，此种罪后行为不能影响先前行为的性质。其三，这两种情形不属于“三角诈骗”。尽管从表象看平台处分了其临时占有或者能够支配的卖家货款，但这是卖家在规定时间内未及时处理买家诉求而触发的系统自动行为，并非基于平台的认识错误，因为机器不能被骗在刑法界已有基本共识。如果认定为“三角诈骗”，就会出现买家的钱走了一圈后成了他人的钱，而卖家的货成了买家的货之费解现象，其隐含逻辑是，买卖行为发生后，买家支付货款以取得货物所有权，卖家交付货物以取得货款所有权，因而之后买家非法取回货款的行为就成为针对他人财物的诈骗。事实上，由于买家一开始就基于非法占有目的实施上述行为，根据合同法规定，行为整

① 参见浙江省杭州市上城区法院（2013）杭上刑初字第513号刑事判决书。

体的非法性导致了买卖合同的无效，货款和货物权利人的身份互换并未实现。综上，前述两种恶意只退款不退货行为视情形不同成立诈骗罪或合同诈骗罪，但犯罪对象均为卖家，犯罪数额即货物价值。

四、恶意退货骗取保险费

近年来，网络恶意骗保案越发多见，包括虚构交易型、买家投保型和卖家投保型三种情形。虚构交易型，指行为人分别以买家和卖家身份注册多个账号，然后向保险公司投保运费险，接着频繁虚构交易和退货事实，从而骗取保险公司的运费理赔。[①] 买家投保型是指买家在网购过程中投保运费险，然后频繁下单，收货后随即退货，并选择运费较低的快递公司，以赚取保险赔付和实际运费之间的差额。卖家投保型是指卖家为吸引客户向保险公司购买运费险，具体形式为每单交易卖家须向保险公司支付一笔保费，而恶意买家通过大量下单、频繁退货赚取保险赔付和实际运费之间的差额。

笔者认为，上述三种情形均成立保险诈骗罪，但所依据的法条有所区别。首先，就虚构交易型而言，行为人并未进行真实交易，而是通过技术手段虚构交易记录和物流信息，或者从网上购买虚假的物流订单号以虚构物流信息，营造发货和退货假象，实际上并没有真实的发货和退货过程，然后向保险公司理赔，因而符合《刑法》第198条第1款第1项之规定，即投保人故意虚构保险标的，骗取保险金。其次，后两种情形下，行为人刻意寻觅低运费快递公司将货物退回，实际支付了一定的运费，而后又向保险公司理赔，以赚取二者之间的差额。由于每次行为仅有数元收益，恶意买家唯有通过规模化实施的方式牟利。鉴于买家并非空手套白狼，其实际承担的退货运费是犯罪成本投入，故应适用《刑法》第198条第1款第4项之规定，即被保险人故意造成财产损失的保险事故，骗取保险金。应当注意的是，就后两种情形而言，行为人除针对保险公司成立保险诈骗罪外，由于其在较短时间内频繁退货，势必影响平台对卖家的评价指标，进而触发平台对卖家的惩罚机制，这种妨害卖家正常经营活动的行为也可能构成破坏生产经营罪，进而出现牵连犯情形（方法行为与目的行为的牵连），此时应按牵连犯罚则

---

① 参见浙江省湖州市吴兴区法院（2014）湖吴刑初字第1221号刑事判决书；上海市黄浦区法院（2018）沪0101刑初659号刑事判决书；湖北省武汉东湖新技术开发区法院（2016）鄂0192刑初222号刑事判决书；上海市第二中级法院（2018）沪02刑终1195号刑事裁定书。

处理。

五、网络恶意退货（款）行为中的部门法交叉问题

（一）网络恶意退货（款）行为的危害

与传统实体经营模式相比，电子商务背景中的恶意退货（款）行为在危害性方面呈现如下几个新特点：一是多样性。网络恶意退货行为包括恶意退货以假换真、以退货为由要挟卖家等四种基本类型，在某些基本类型之下，还包括二级类型和三级类型。某些恶意退货（款）行为在传统环境中根本不可能发生，如恶意退货骗保案的发生就离不开网购行业及其所催生的快递业和运费险业务。二是规模性。实施网络恶意退货（款）行为无须走出家门，一台终端、一根网线、一个账号即可实现。操作的便捷性和高效性使得某些不法者为追逐高额不法利益，频繁多次实施同种危害行为。三是隐蔽性。借助电商平台这一虚拟市场环境，不法分子无须抛头露面，鼠标轻轻点击就能作案。四是多种入刑可能性。各类网络恶意退货（款）行为，可能涉嫌合同诈骗罪、敲诈勒索罪、破坏生产经营罪、保险诈骗罪等多种罪名。此外，网络恶意退货（款）案件不仅可能成立一罪，还可能出现复杂的一罪和数罪情形。正因为如此，正确办理网络恶意退货（款）案件，应在罪刑法定和罪刑相适应原则的指引下，审慎厘清此罪与彼罪、轻罪与重罪、一罪与数罪的界限。

（二）注重人权保障与惩治犯罪间的平衡

重视网络恶意退货（款）行为的刑法规制，并不等于搞任意降低犯罪门槛的“泛刑化”，还须注意保障人权与惩治犯罪之间的平衡。某些行为虽然出于恶意，但根据法治原则，既不成立犯罪，也不构成民事违法或行政违法行为。例如，《消费者权益保护法》第24条规定了七天无理由退货内容，国家工商行政管理总局（现国家市场监督管理总局）《网络购买商品七日无理由退货暂行办法》进一步明确网络商品销售者应当依法履行七日无理由退货义务。现实中确实存在个别消费者在购买商品时缺乏必要的审慎、理性，经常性随意购物后又频繁退货，或者购买服装鞋包等时尚用品，试穿几日后又予退回的现象。虽然上述行为浪费了社会资源，违反了公平、诚实信用的法律原则，但根据现行立法，很难认定其构成某种具体的违法犯罪。尽管如此，电商平台、卖家完全可以借助现有技术手段甄别退货率畸高的异常

消费者，通过发送信息、电子邮件等方式进行提醒、劝诫。对于累教不改者，可以通过取消 VIP、取消免费退货等优惠待遇或限制、取消交易账号等方式进行自力救济。

（三）处理好网络恶意退货（款）中的部门法衔接问题

第一，民事维权与刑事犯罪的界限。某些恶意退货（款）行为的不法性显而易见，如恶意退货以假换真、报复卖家型恶意退货、虚构交易型恶意骗保等，其主观具有非法占有或报复泄愤等不正当目的，达到追诉标准就成立相应犯罪。但对于以退货为由要挟卖家、恶意以缺货为由获取违约金、恶意只退款不退货、真实交易型恶意骗保等案件，行为人常以维权过度、平台规则漏洞、不当得利、错误操作等理由进行辩解，此时究竟属于民事纠纷，还是成立刑事犯罪，可从如下几个方面进行综合判断：首先，商品是否存在品质问题。如果商品存在或可能存在质量问题，消费者依法有权要求退换货或与商家协商赔偿、补偿问题，即便诉求偏高，也属于维权过度。如果商品确无质量缺陷或瑕疵，所谓的索赔求偿行为就具有非法占有嫌疑。其次，前述多种网络恶意退货（款）行为都利用了平台针对卖家的惩罚规则、自动返还货款规则等，那么相关行为究竟是刑事犯罪，还是利用规则漏洞的不当得利？笔者认为相关行为成立刑事犯罪，理由有二：其一，从民法上看，不当得利是指无法律上的原因而受益，致他人受损害的事实。可见，缺乏法律原因和法律依据是不当得利的法律属性。如果在买家与卖家通过平台实施交易的过程中，规则漏洞、平台缺陷自动发生，进而导致买家无对价获益时，属于民事不当得利。但如果行为人不正当获利的原因是基于犯罪行为，这显然属于法律（刑法）有规定、有评价的情形，自然不能以不当得利抗辩。其二，当买家基于对平台规则的熟悉并积极利用以实施恶意退货（款）行为时，规则就成为行为人有意识运用的犯罪工具，而非可能中断因果关系进程的独立介入因素。实质上，规则与规则漏洞是不同的两个范畴，包括电子商务在内的任何行业都有特定的游戏规则，如果按照规则正常操作时发生异常结果，才可称之为规则漏洞，此时如果某游戏参与者获益就不能评价为非法，而是规则漏洞之过；反之，如果故意利用规则本身通过异常行为牟利，这是人之过，而非规则之失。

第二，行政违法与刑事犯罪的边界。不同类型的恶意退货（款）行为可能分别成立合同诈骗罪、敲诈勒索罪、保险诈骗罪等。但是，如果上述危害行为达不到追诉标准，并不等于实施者可以高枕无忧。《治安管理处罚法》第49条规定，盗窃、诈骗、哄抢、抢夺、敲诈勒索或者故意损毁公私财物的，处5日以上10日以下拘留，可以并处500元以下罚款；情节较重的，处10日以上15日以下拘留，可以并处1000元以下罚款。因此，对于网络恶意退货（款）中出现的尚不构成犯罪的合同诈骗、保险诈骗、敲诈勒索行为，应按照治安管理处罚法追究行为人的行政违法责任。

黑社会性质组织犯罪之预防性刑法规制研究*

童春荣**

一、问题的提出

近年来，随着社会转型的矛盾加剧、经济利益的外部促动，黑社会性质组织犯罪的行为方式日渐升级，行为手段日趋隐蔽，给刑事法治带来诸多困窘。“村霸”与“蝇贪”深度交织，对上精心掩饰宗族恶行，对下肆意侵害良善百姓；暴力涉黑团伙转向公司运营，以商养黑、以黑护商，依仗公司合法外衣庇护悄然渗透经济领域；① 黑社会性质组织非法服务供给侵入套路贷、债务追讨等“消费需求”空间，借助高额利息与丰厚回报滋养蔓延，发展壮大，危害社会秩序，威胁政治稳定。② 鉴于黑社会性质组织犯罪的严峻形势、高危风险，刑事政策层面和刑事法治层面均予以惩罚加重，防卫提

---

* 本文原载于《当代法学》2019 年第 5 期，系 2017 年度国家社科基金重点项目“预防性反恐刑法问题研究”（17AFX017）的阶段性成果。本文在写作过程中得到了导师西南政法大学法学院梅传强教授的悉心指导，在此深表感谢。

** 西南政法大学法学院讲师。

① 参见姜涛：《当前我国黑社会性质组织犯罪若干问题研究》，载《中国人民公安大学学报（社会科学版）》2010 年第 4 期。

② 参见张小虎：《有组织犯罪的犯罪学类型性考究》，载《江苏社会科学》2016 年第 6 期。

前的预防性策略应对。①

不可否认，黑社会性质组织犯罪的社会危害严重，辐射范围广泛，有早期干预、惩罚提前的预防必要。但是，预防总是与无限制相联系，存在与生俱来的“越早越好”的内在扩张逻辑。在扫黑除恶的严打高压态势之下，刑法惩罚苛厉，立见成效的迷人魅力极有可能嬗演为强权镇压的工具，且不当挤压其他预防性管控措施适用空间，使国家和个人两受其害。如何科学界定黑社会性质组织犯罪的预防性刑法介入节点，均衡调适黑社会性质组织犯罪预防性刑法的内外衔接机制，合理匹配黑社会性质组织犯罪预防性刑法的刑名罪量，有效遏制并最大限度地减少黑社会性质组织犯罪的发生，对于依法惩治黑社会性质组织犯罪，仍然具有十分重要的现实意义。纵观当前研究，虽肯定黑社会性质组织犯罪预防性刑法规制的重要作用，但其聚焦视角大多局限于黑社会性质组织犯罪的作用范围、防控手段、打击力度等具体措施的表象阐述，而鲜有涉及刑法边界界分、刑罚匹配设置等预防性刑法规制的内在机理，难以为扫黑除恶专项斗争提供明确的预防性刑法进路。有鉴于此，本文试图以实证研究为依托，基于对中国裁判文书网 461 件黑社会性质组织犯罪的案例统计，剖析当前黑社会性质组织犯罪的聚讼焦点，明辨预防性刑法的规制机理，并破解扫黑除恶专项斗争中的刑法规制难题。

二、黑社会性质组织犯罪之预防性刑法规制的现实困境

（一）入刑争议：社会危害与犯罪阶段的选择困境

当前，争议焦点主要纠葛于扫黑除恶政策文件与刑法涉黑规范的预防策略选择，在主导地位、概念对接、黑社会性质组织构成要件等问题上陷入困境。

黑社会性质组织犯罪的主体是黑社会性质组织。欲先探讨黑社会性质组织犯罪的预防性刑法规制问题，必先统一黑社会性质组织的内涵和外延。黑社会性质组织是刑法规范的专业术语，被明确载于《刑法》第 294 条。“黑

① 刑事政策层面：党的十九大报告将惩治黄赌毒黑拐骗等违法犯罪活动纳入社会治安防控体系建设。与此同时，中共中央、国务院下发《关于开展扫黑除恶专项斗争的通知》，明确从“打黑除恶”到“扫黑除恶”的政策转向，凸显打早打小、露头就打的社会综治政策。刑事法治层面：《刑法修正案（八）》修订组织、领导、参加黑社会性质组织罪，旗帜鲜明亮剑黑社会性质组织犯罪的预防性立场。

恶势力”“村霸”“宗族恶势力”是扫黑除恶文件的通俗用语，面临黑社会性质组织能否包摄此类概念的问题，需在合理转换的基础上予以有效对接。在中国裁判文书网，分别键入“村霸”“宗族恶势力”“黑恶势力”查询，可发现此三类案件并非尽由刑法调整，而是在民法和行政法领域兼有涉及。[①] 其中，以“黑恶势力”定性的刑事案件有 197 件，民事案件 411 件，行政案件 152 件；以“村霸”定性的刑事案件 98 件，民事案件 160 件，行政案件 53 件；以“宗族恶势力”定性的刑事案件 1 件，民事案件 1 件，行政案件 8 件。

由此可见，扫黑除恶文件中“黑恶势力”“村霸”“宗族恶势力”与刑法黑社会性质组织并非等质概念，需在有效甄别的基础上予以实质判定。那么，什么样的主体概念符合黑社会性质组织特质？依据《刑法》第 294 条，黑社会性质组织应当具备组织特征、经济特征、行为特征、危害性特征（非法控制特征）。但是，对于四个特征是否需要完全契合存在较大争议，主要观点可大致分为完全符合说、系统符合说和部分符合说三种。完全符合说主张，黑社会性质组织是否成立以四特征的全面符合为前提。[②] 系统符合说从整体平衡的角度出发，强调将黑社会性质组织四特征放入一个有机整体中做相关性评价。[③] 部分符合说则认为，黑社会性质组织的认定需根据其本质特征予以判定，而无须尽数符合。[④] 总体来看，司法实践中黑社会性质组织的成立以四特征齐备为前提，在中国裁判文书网键入“黑社会性质组织”“刑事判决”两个查询关键词，可检索出 613 份判决书，剔除 152 份无关案例，剩余 461 份。这些判决中有 427 份判决系统阐述了黑社会性质组织的四特征，占比 92.6%。[⑤] 但是，对于黑社会性质组织具体特征的符合性标准则存在分歧，面临四特征符合程度的判断问题。以非法控制特征的判断为例，引入何某某组织、领导、参加黑社会性质组织、寻衅滋事、敲诈勒索案。一

---

① 案例统计截至 2018 年 5 月 15 日。

② 参见张忠斌、张子豪：《黑社会性质组织四个特征的逻辑关系》，载《人民法院报》2019 年 4 月 25 日，第 6 版。

③ 参见石经海、李佳：《黑社会性质组织本质特征之系统性理解与认定》，载《法律适用》2016 年第 9 期。

④ 参见陈世伟：《黑社会性质组织基本特征的实践展开》，载《河南大学学报（社会科学版）》2012 年第 1 期。

⑤ 案例统计截至 2018 年 5 月 15 日。

审法院认为何某某参与张某某犯罪集团，涉足建筑行业，实施寻衅滋事、敲诈勒索等一系列非法犯罪活动，凸显该组织欺压百姓、称霸一方的非法控制特征，应当以参加黑社会性质组织犯罪予以定罪量刑。而二审法院则认为，何某某参与的张某某犯罪团伙虽具有一定的组织特征、经济特征、行为特征，但这一系列非法犯罪活动并未形成一种非法控制或者形成较大的影响力。同时，涉足建筑行业并不足以建立一种与合法社会相对抗的秩序，不构成参加黑社会性质组织罪。[①]

深入探究，以四特征的符合程度作为判断黑社会性质组织成立的标准，实质上凸显的是四特征之间的组合排序问题，争议的核心乃是何种具体特征要件可以去除，以及对具体特征要件做何解释的问题。纵览既有研究，主要聚焦于暴力要件的去除，“保护伞”的存否，以及多次违法犯罪的解读等方面。

首先，暴力要件去除的争议。持暴力要件保留的观点认为，暴力手段是黑社会性质组织区别于一般犯罪组织的重要指针，应予保留。[②] 持暴力要件去除的观点则认为，赤裸裸的暴力注定是短命的，严厉打击的高压态势，往往迫使黑社会性质组织进军合法行业，[③] 转向平和手段。[④] 故有必要去除暴力限制，从是否形成非法控制的实质效果予以刑法打击。但是，不以暴力手段为据，必然面临如何有效区分公平竞争之下的私权救济与涉黑性质之强买强卖行为的问题。扩张与限缩之间作何取舍？如受雇讨债的“大妈讨债团”，推搡谩骂的扰民方式与无事生非之黑道匪帮刀刃相见的暴力行径有着本质区别，且与公众之于黑社会性质组织为非作恶，欺压、残害群众的直观印象相去甚远，因何理由将合法债务的私力索取与非法利益的强拿硬要等而

---

① 参见亳州市中级人民法院（2016）皖16刑终36号刑事判决书。

② 参见阴建峰、万育：《黑社会性质组织行为特征研析》，载《政治与法律》2011年第7期。

③ 传统的赌博、走私、敲诈和卖淫等发财手段的犯罪特征过于明显，容易遭警方取缔，而且赚钱不够快，不如经营企业、投资股票或搞房地产，这样既合法又来钱，于是许多暴力团伙纷纷“上岸”，披上了公司的外衣，大举向经济界渗透。参见蔡军：《我国有组织犯罪企业化的现状、特点及原因初探》，载《河南大学学报（社会科学版）》2015年第6期。

④ 参见张远煌：《中国有组织犯罪的发展现状及立法完善对策》，载《法治研究》2012年第2期。

视之，并予以重刑规制？[①]

其次，存否“保护伞”的争议。就社会危害性而言，“保护伞”庇护增加黑社会性质组织的施害能力，需提前惩罚阶段，加重惩罚后果，从预防性刑法的视角予以切入。从稳定公众预期来看，黑社会性质组织的认定必须基于刑法明文规定，利用国家工作人员的包庇和纵容（“保护伞”庇护）仅是黑社会性质组织危害性特征（非法控制特征）中的一个选择性要素，不当成为刑法加重处罚和惩罚前移的条件。重惩与前移之间如何合理衔接？从461件黑社会性质组织犯罪的统计数据来看，黑社会性质组织犯罪的成立暂未涉及以“保护伞”存否定性黑社会性质组织的现象，而是在成立黑社会性质组织的前提下予以数罪并罚的加重惩罚。

最后，对于多次进行违法犯罪活动的解读争议。“多次”以三次以上进行理解，理论和实践并无疑议，但对于“违法犯罪”的解读则存较大争议。就预防犯罪层面而言，犯罪是违法的高级阶段，规制违法始有预防犯罪的可能，故应以实施三次违法行为作为黑社会性质组织犯罪的入刑底限。从犯罪构成要件剖析，黑社会性质组织犯罪是一般共同犯罪的特殊类型，应以成立犯罪为前提，故违法犯罪行为的底限当以至少实施一次犯罪行为为刑法介入条件。[②] 违法与犯罪如何抉择？根据中国裁判文书网检索的461件黑社会性质组织犯罪案例统计，以违法行为和犯罪行为入罪的均有之。其中，违法行为入罪体现于黑社会性质组织的独立罪名论处，共有25件，占比5.4%。犯罪行为入罪显见于黑社会性质组织犯罪与其他犯罪的数罪并罚，共有436件，占比94.6%。鉴于实践中的此种分歧，有必要统一入罪标准。

（二）罪数分野：数罪并罚与一罪论处的适用困境

黑社会性质组织犯罪的预防性刑法规制不仅包括事前预防，亦涵括事后

---

① 河南商丘平均年龄约50岁的“大妈讨债团”，受人雇用，采取辱骂、恐吓、殴打、损毁财物、占用公私财物等手段，替人索债，被定性黑社会性质组织，获刑2年至7年有期徒刑。而对于“云南帮”“贵州帮”“文车帮”“东门帮”组成人员为20岁左右青壮年的黑帮组织，实施暴力看场、设置地下钱庄、开设赌场、放高利贷、寻衅滋事等系列暴力违法犯罪活动亦同处黑社会性质组织罪名，其刑量在1年至10年有期徒刑之间，形成一定反差。参见商丘市中级人民法院（2017）豫14刑终289号刑事判决书、贵州省盘州市人民法院（2017）黔0222刑初348号刑事判决书、惠州市惠阳区人民法院（2017）粤1303刑初356号刑事判决书、湛江市赤坎区人民法院（2017）粤0802刑初89号刑事判决书、万载县人民法院（2017）赣0922刑初142号刑事判决书。

② 参见张寒玉：《黑社会性质组织的司法认定》，载《中国检察官》2010年第6期。

管控，需从预防再犯的角度予以罪数认定的均衡考量。当前，黑社会性质组织犯罪的罪数裁量分歧主要源于刑法总则和刑法分则的适用冲突。就刑法总则规定而言，黑社会性质组织犯罪属共同犯罪的范畴，应根据《刑法》第26条、第27条主犯和从犯的规定进行罪数判断。对主犯中的首要分子按集团全部罪行予以数罪并罚；一般主犯，按具体参加或指挥的犯罪予以数罪认定；从犯依据实际参与的犯罪数量裁量。从刑法分则来看，情形则大不相同，黑社会性质组织成员不仅要就组织所犯具体罪行承担刑责，还需就组织、领导、参加黑社会性质组织行为单独成立《刑法》第294条的罪名，并依照数罪并罚的规定处罚。

黑社会性质组织犯罪刑法总则和刑法分则的适用偏差也引发了学界重复评价的争议。部分学者认为，在刑法上应禁止对同一事实的同一属性或侧面进行定性处罚上的二次或二次以上的法律评价。[①] 组织、领导、参加黑社会性质组织行为包摄于黑社会性质组织的具体犯罪行为中，属同一行为的不同阶段，不当予以数罪并罚的重复评价，而应基于法的正义性，择一罪处理。但是，对于选择何种罪名，观点内部并无统一认识。如包庇、纵容黑社会性质组织犯罪同时构成刑法分则第九章渎职犯罪的行为，取径法条竞合的观点认为，应按照特别法优先于一般法的法则予以相关渎职罪名的处理。[②] 坚持罪刑均衡的观点则强调，突出刑法的打击重点，定性包庇、纵容黑社会性质组织罪。[③] 与禁止重复评价观点相对的则是社会危害实质评价的观点，这种观点认为，黑社会性质组织犯罪能否脱离刑法总则共同犯罪的限定，适用独立的数罪并罚罚则，应当根据黑社会性质组织犯罪特殊的社会危害性进行评判。黑社会性质组织犯罪属有组织犯罪的范畴，较其他类型的共犯而言，具有独特的典型特征与反社会倾向，有必要设置重于一般共同犯罪或者普通集团犯罪的特殊罚则，且这一观点也在域外一些国家、地区和联合国公约的相

---

① 参见石经海：《黑社会性质组织犯罪的重复评价问题研究》，载《现代法学》2014年第6期。

② 参见杨迎泽、郭立新：《刑法分则适用疑难问题解析》，中国检察出版社2000年版，第269页。

③ 参见骆多：《黑社会性质组织犯罪“保护伞”定罪疑难问题实证研究——以全国46起涉黑案件为样本》，载《重庆理工大学学报（社会科学版）》2015年第2期。

关规定中予以体现。[①]

逐层推展，黑社会性质组织犯罪罪数争议的核心乃是“共同犯罪”“集团犯罪”和“有组织犯罪”的关系判定。若有组织犯罪属共同犯罪、集团犯罪的范畴，则刑法总则有关共同犯罪的规定通适于刑法分则，黑社会性质组织犯罪不能恣意突破刑法总则底线，设置较刑法总则更高之刑。若有组织犯罪与共同犯罪、集团犯罪分属不同犯罪类型，且犯罪形态高于两者，则刑法分则可以就黑社会性质组织犯罪设置较刑法总则共同犯罪、集团犯罪更高之刑。根据中国裁判文书网 461 件黑社会性质组织犯罪案例统计，独立构成黑社会性质组织犯罪的数量较少，仅有 25 件，占比 5.4%，表明黑社会性质组织犯罪在实践中倾向于数罪认定，与《刑法》第 294 条第 4 款数罪并罚的规定较为一致。

（三）刑罚偏差：一律从重和宽严相济的量刑困境

首先，关于黑社会性质组织犯罪形态的认定纠葛于主观说和客观说，争议的焦点在于行为人尚未实施违法犯罪行为的情况下，能否成立《刑法》第 294 条之罪。客观说认为，黑社会性质组织犯罪以成立黑社会性质组织为前提，且属行为犯的范畴，其违法犯罪行为一经实施，犯罪即告成立且已达既遂。[②] 主观说则认为，黑社会性质组织犯罪的成立与否，以行为人的主观意志内容为标准。若“行为人明知其所参加的是由多人组成，具有一定层级结构的团体，且明知其所参加的组织主要是从事违法犯罪活动，情节严重确有处罚必要的，可以组织、领导、参加黑社会性质组织罪的预备形态处罚”[③]。详考 461 份黑社会性质组织犯罪的司法判决，均以既遂形式呈现，难以针对行为人的意志控制进程对未达黑社会性质组织四特征的行为予以及时预防、有效阻遏。

其次，黑社会性质组织多样犯罪形态和刑法规范单一量刑情节的适用冲突。黑社会性质组织犯罪在实践中呈现多种复杂样态，面临不能有效规制的难题。如大妈纠集讨债案和黑帮寻衅滋事案，依据具体的行为样态，两者的社会危害是截然不同的，若依循刑法规范区分组织者和参与者，积极参加者

---

① 参见蔡军：《我国有组织犯罪刑法立法 20 年的回顾、反思与展望》，载《河南大学学报（社会科学版）》2017 年第 6 期。

② 参见王志祥：《论黑社会性质组织的界定》，载《法治研究》2010 年第 2 期。

③ 阴建峰、万育：《黑社会性质组织行为特征研析》，载《政治与法律》2011 年第 7 期。

和一般参加者的主体身份，并在此基础上予以量刑，显然无法与具体的行为样态相适，导致两者同等量刑的窘境。[①]

最后，黑社会性质组织犯罪累犯适用的困境。鉴于黑社会性质组织犯罪较一般犯罪更为严重的社会危害性，《刑法修正案（八）》将其与危害国家安全犯罪、恐怖活动犯罪一并纳入特别累犯的规制范畴。但是，黑社会性质组织犯罪和危害国家安全犯罪、恐怖活动犯罪的法益侵害内容是截然不同的，予以特别累犯的同等适用有罪刑失衡之虞。危害国家安全犯罪与恐怖活动犯罪分属刑法分则第一章和第二章，涵括国家安全和公共安全的内容，包摄政权稳定和政治安全的考量，是刑法保护的重大安全法益。而黑社会性质组织犯罪属刑法分则第六章妨害社会管理秩序罪的规制内容，侵害的是社会管理秩序法益，是刑法众多保护法益中的一种，且无涉政治安全的内容，不当与危害国家安全犯罪和恐怖活动犯罪保护法益等量齐观。加之，黑社会性质组织犯罪中，既有积极参加者，亦有被动参加者，若不加甄别一概适用特别累犯，不利于为罪刑轻微者创设复归金桥。此外，黑社会性质组织犯罪特别累犯规定未能限定主体范围，难以充分关照未成年犯罪主体的差异性以及改造可能性，不利于挽救失足青年。值得注意的是，黑社会性质组织犯罪以区域性和行业性的非法控制组织为依托，借助暴力、威胁或者其他手段，多次实施违法犯罪活动，较一般犯罪而言社会危害性更大，亦不当同等适用一般累犯罚则，陷入两难选择困境。

三、黑社会性质组织犯罪之预防性刑法规制的运行机理

黑社会性质组织犯罪的预防性刑法规制涵括两个层面，一个层面是预防性刑法的介入节点，另一个层面是预防性刑法的刑量配置。前者以刑法惩罚的正当性为基框定预防性刑法的规制范畴，后者以社会危害性为据匹配轻重相当之刑。黑社会性质组织犯罪就整体而言表现为纷繁复杂的行为样态，就单一个体来看展露为不同犯罪阶段的社会危害特征，包摄初阶到高阶的运行轨迹，并以渐进发展的社会危害予以递次呈现。黑社会性质组织犯罪预防性

① 大妈讨债案中，一般参与者定性黑社会性质组织犯罪的刑量是2年有期徒刑，而“贵州帮”寻衅滋事案中黑社会性质组织犯罪一般参加者的最低刑量仅1年有期徒刑。参见商丘市中级人民法院（2017）豫14刑终289号刑事判决书，福州市仓山区人民法院（2016）闽0104刑初892号刑事判决书。

刑法规制的以往分歧，归根结底在于对犯罪阶段的认识偏差，这是基于不同犯罪阶段之社会危害多维面向的片面解读。刑法介入节点之暴力手段的取舍，多次违法犯罪的内涵界定均旨在描述不同犯罪阶段的行为特征；罪数判断之承载基础“共同犯罪”“集团犯罪”“有组织犯罪”意在揭示不同犯罪阶段的行为类型；刑罚轻重裁量之犯罪形态认定，特别累犯适用、量刑情节考量力求测量不同犯罪阶段的实害大小。有鉴于此，黑社会性质组织犯罪预防性刑法规制需在厘清黑社会性质组织犯罪发展进程与社会危害相互关系的基础上，科学界定预防性刑法的介入节点，合理匹配轻重相当之刑，并在黑社会性质组织犯罪的各个节点予以针对性的预防布控，以期有效防止黑社会性质组织犯罪的发生。

（一）入刑节点：统合犯罪阶段和社会危害的预防需求

黑社会性质组织犯罪的预防性刑法规制是较一般犯罪而言的提前防卫，无论其基于何种预防目的，都应当以刑法惩罚的正当性为基。根据《刑法》第 13 条，“一切危害国家主权……以及其他危害社会的行为，依照法律应当受刑罚处罚的，都是犯罪……”。即具备社会危害性是黑社会性质组织犯罪预防性刑法的介入根据。考虑到社会危害性的抽象特质，直观判断社会危害性的程度较为困难，且易陷入主观臆断之中，需独辟蹊径，从黑社会性质组织犯罪与一般犯罪社会危害的相当性比较予以切入。黑社会性质组织犯罪较一般犯罪而言，社会危害性更大，公众惩罚意愿更强，应在同等阶段加重处罚，并相应前移刑法介入节点，从预防性刑法的角度予以切入。事实上，“法律应符合人性、人文、自然、经济、政治、社会等的规律……科学立法的核心在于尊重和体现客观规律”①。根据事物发展规律，黑社会性质组织的社会危害是渐进发展的，随犯罪阶段的升级而逐渐累加。因此，明辨黑社会性质组织的发展阶段，并予以针对性的预防性刑法布控，将有助于避免发展高阶的刑法打击低于初阶惩罚的做法。从司法实践来看，对黑社会性质组织犯罪的认定通常立足于社会危害的单向向度，较少综合犯罪阶段和社会危害的双重面向。如连某某、郭某某等组织、领导、参加黑社会性质组织案中，行为人注册公司，豢养黑社会性质组织成员，以商养黑、以黑护商，依托实业实施寻衅滋事、敲诈勒索等系列违法犯罪行为，较传统黑社会性质组

① 张文显：《治国理政的法治理念和法治思维》，载《中国社会科学》2017 年第 4 期。

织暴力镇场、收取保护费、聚众斗殴而言，虽客观危害相当，但犯罪阶段更高，综合两者应处较重之刑。然而，此案以客观危害的单维向度定性组织、领导黑社会性质组织罪的刑量仅为7年有期徒刑，较李某某等传统黑社会性质组织犯罪判处10年有期徒刑而言更为轻微，且与大妈讨债案之7年刑量相当，[①] 有违罪刑均衡原则。需要强调的是，在黑社会性质组织犯罪阶段的判断上要从实际发展进程予以切入，避免依循时间上的先后顺序机械判断黑社会性质组织犯罪发展阶段的做法。

综观有组织犯罪实践，将打击的重点环节放在犯罪组织刚刚出现，或者正处于向典型有组织犯罪过渡之时，已然成为一条金科玉律般的立法原则。[②] 依据《刑法》第13条，黑社会性质组织犯罪前移惩罚阶段的依据是社会危害性，介入节点的判定是应受刑法惩罚性，其实质是对社会危害性的程度考量。[③] 深入剖析，应受刑法惩罚性就规范而言是刑法明文规定之罪，就法理依据来看是公众惩罚意愿的凝练，即对刑法规范的设计和解释应当以公众意愿为基。就此而言，应受刑法惩罚性源自公众意愿，取决于私权让渡的内容。"人们牺牲一部分自由是为了平安无忧地享有剩下的那份自由。"[④] 同时，基于个人趋利避害的需求，"每个人都希望交给公共保存的那份自由尽量少些，只要足以让别人保护自己就行了"[⑤]。这就需要在让渡自由和保护自由之间寻求平衡。严加审视，公民让渡的权利是财产、自由、生命等，是刑法本应普遍保护的基本人权。[⑥] 从理性人的角度，基本人权剥夺只能基于全民最迫切保护的需求。依据马斯洛需求层次，公民最基本和迫切的需求是生理需求和安全需求。[⑦] 其中，生理需求可通过自身努力满足，无涉外力帮助，进而将侵害全民人权的内容限定在安全需求范围内。换言之，牺牲犯罪人基本人权是为了保障全民安全内容之人权，且任何人在无知之幕下均会

---

① 参见湖北省高级人民（2017）鄂刑再6号刑事判决书、广东省人民法院（2002）粤高法刑一终字第806号刑事判决书、商丘市中级人民法院（2017）豫14刑终289号刑事判决书。

② 参见张远煌：《犯罪研究的新视野：从事实、观念再到规范》，法律出版社2010年版。

③ 参见徐岱、刘佩：《刑事辩护律师之法律伦理思考——涉黑案件中的正义、道德、尊严之辩》，载《当代法学》2012年第1期。

④ ［意］贝卡里亚：《论犯罪与刑罚》，黄风译，中国法制出版社2005年版，第11页。

⑤ ［意］贝卡里亚：《论犯罪与刑罚》，黄风译，中国法制出版社2005年版，第9页。

⑥ 参见王勇：《国际刑法维度的人权思考》，载《当代法学》2005年第5期。

⑦ 参见［美］马斯洛：《动机与人格》，许金声、程朝翔译，华夏出版社1987年版，第40—49页。

做出此种选择。

此外，刑法是以恶去恶的惩罚方式，对社会并无积极促进意义，应当谨慎适用，在别无他法的情况下予以选择。在黑社会性质组织的社会危害已达侵害全民安全内容之人权的情况下，还应进行必定性、及时性和紧迫性的复核考量。在具体判断标准上，以其他法律能否有效调整，以及不予刑法规制相应的法律制度是否崩溃予以精准测量、有效评估。对于黑社会性质组织犯罪的刑法预防，可从黑社会性质组织犯罪独立成罪数量予以直观考量。前已述及，根据461起刑事案件统计，独立构成黑社会性质组织犯罪的仅有25件，占比5.4%，数罪并罚的436件，占比94.6%。据此观之，绝大多数黑社会性质组织犯罪是在确已触犯其他罪名基础上的数罪并罚，采取的是“养肥再打”模式，[①] 呈现重者衡重、轻者衡轻的怪象，难以施力于黑社会性质组织犯罪的形成前阶。

（二）数罪并罚：承继共同犯罪的加重处罚

考虑到黑社会性质组织犯罪发展阶段与社会危害大小的正相关，探寻不同犯罪组织之间的相互关系，并寻求黑社会性质组织犯罪发展阶段的对应节点，可以将刑法的一般组织和黑社会性质之特殊组织有效对接起来，进而在有效界定黑社会性质组织犯罪发展阶段的基础上，甄别社会危害的大小，并予以相应的预防性刑法规制。当前，对于犯罪组织的属性分歧主要聚焦于“共同犯罪”“集团犯罪”和“黑社会性质组织犯罪”的相互关系，纠葛于通适刑法总则共犯罚则和选择刑法分则第294条与具体罪行数罪并罚的问题。

直观考察“共同犯罪”“集团犯罪”“黑社会性质组织犯罪”的属性特征，均包摄共同犯罪的内容，是承继“共同犯罪”之上的升级发展。其中，“黑社会性质组织犯罪”属于“有组织犯罪”，指“三个或者三个以上的人组成相对稳定的团体，为了获取物质利益，共同参与一个或多个严重的犯罪行为”。[②] 详剖“共同犯罪”“集团犯罪”“黑社会性质组织犯罪”概念内涵，可清晰获知，黑社会性质组织犯罪经由“共同犯罪”“集团犯罪”“有组织犯罪”演变而来，“共同犯罪”是黑社会性质组织犯罪的萌芽阶段，

---

① 参见张远煌、林德核：《试析有组织犯罪的演变特征及存在形态》，载《法学杂志》2012年第3期。

② 马兵：《犯罪防范控制纲要》，群众出版社2015年版，第121页。

"集团犯罪"是初具成形阶段，"有组织犯罪"则属成熟阶段，脱胎于"共同犯罪"，承继于"集团犯罪"，是从一般松散组织犯罪到有组织犯罪的演变过程。按图索骥，"共同犯罪""集团犯罪""有组织犯罪"在黑社会性质组织犯罪发展阶段的坐标位置，可清晰透视三者的社会危害是逐渐递增的。依据罪刑相适应原则，"有组织犯罪"的刑罚应重于"集团犯罪""共同犯罪"，且呈梯度发展。对于"共同犯罪""集团犯罪"的刑事责任已明确载于《刑法》第 26 条、第 27 条，且"集团犯罪"刑罚重于"共同犯罪"，较为妥当。而"黑社会性质组织犯罪"在刑法总则中未见踪迹，由此引发"共同犯罪""集团犯罪"条款能否通适黑社会性质组织犯罪的问题。从行为的发展进程来看，"黑社会性质组织犯罪"与"共同犯罪""集团犯罪"的关系并非完全独立，亦非绝对等同，而是承继其上的升级发展，应在"共同犯罪""集团犯罪"罚责基础上予以加重，类似于结果加重犯。鉴于黑社会性质组织犯罪在刑法总则中没有明确规定，有必要在"集团犯罪"罚则基础上进行刑罚加重。就此而言，刑法分则条款在承继"集团犯罪"罚则的基础上独立《刑法》第 294 条组织、领导、参加黑社会性质组织犯罪等罪名，并与黑社会性质组织实施的其他具体罪行予以数罪并罚，充分考虑到"集团犯罪"与"有组织犯罪"的承继关系，是基于黑社会性质组织犯罪较集团犯罪更为严重之社会危害的整体性调整，并不会导致重复评价。从这个层面上说，当前司法实践中对黑社会性质组织犯罪予以数罪并罚的惩处，既是对《刑法》第 294 条第 4 款的严格遵循，亦是充分考虑黑社会性质组织犯罪发展阶段的理性抉择。

（三）刑罚裁量：具化犯罪情节的类型化考量

黑社会性质组织犯罪预防性刑法的规制目的旨在预防犯罪，不仅要从罪数上进行精准限定，亦需从刑罚轻重裁量上予以科学应对。刑罚的轻重裁量承基刑法惩罚的正当性，当从社会危害予以展开。而社会危害与黑社会性质组织的发展阶段呈正相关，需通过阶段形态予以双向确证。此外，考虑到黑社会性质组织犯罪从具象的多样化特质，抽象为单一犯罪阶段的偏差性，可在糅合社会危害和犯罪阶段的基础上予以类型化考量。具体可通过犯罪形态的类型化、情节样态的类型化以及累犯适用的类型化比对予以切入。

首先，黑社会性质组织犯罪形态的类型化比对。黑社会性质组织犯罪形态类型化比对的前提基础，是黑社会性质组织存在独立的犯罪形态，可以在形态上进行区分。笔者认为，就客观危害而言，黑社会性质组织的社会危害是渐进发展的，有着萌芽、发展到成熟的过程，是主观见之于客观的实践活动。[①] 就主观方面来看，行为人的主观计划是黑社会性质组织社会危害累积加码的驱力，是行为人有目的、有意识的控制结果。[②] 且“主观计划必须要被客观行为所征表，进而避免仅仅是对作为行为人内心自由的‘邪念’加以处罚”[③]。同时，这种主观计划和客观危害之间的连接通过行为人主观意志的具体控制予以实现，即行为人的意志支配。黑社会性质组织的犯罪形态取决于行为人主观意志的内容及其实现程度，可据此进行犯罪形态的区分，具体可分两个步骤进行。第一步，判断行为人的主观意志是否属于支配黑社会性质组织犯罪的不法意志。第二步，判断行为人不法意志的支配程度并予以犯罪形态的认定。从这个层面上说，以黑社会性质组织四特征的客观齐备作为入罪标准，并一律予以既遂认定的做法是有失妥当的，有必要加强黑社会性质组织犯罪的未遂认定力度，以此及时阻遏犯罪发展进程。同时，跟进犯罪分层立法，着力形成轻微罪、轻罪、重罪并举的刑罚结构。[④]

其次，黑社会性质组织犯罪情节样态的类型化比对。对处于同一阶段的黑社会性质组织犯罪，需进一步考量犯罪情节，并在比对社会危害程度的基础上予以刑罚轻重裁量。具体可从单一情节、复合情节以及对等情节予以微观审视。对于单一情节的类型化考量，应从黑社会性质组织四特征齐备以及齐备程度予以具体判断。对同一类型的黑社会性质组织，四特征齐备的社会危害性大于阙如部分特征者，对于四特征齐备程度相当，仅部分特征存在偏差的，则根据该特征的符合程度予以裁量，如暴力手段的社会危害性大于暴力威胁手段，严密非法控制的社会危害性大于一般非法控制。对于复合情节的类型化考量，可从复合情节的数量以及复合情节之间的量刑比对予以社会危害的程度考量。若复合情节均属同一倾向的量刑情节，则复合情节的社会危害性大于或小于单一情节。必须强调的是，若复合情节中的加重量刑情节与减轻量刑情节并存，不能予以简单折抵，而应综合权衡，从行为所致的社会危害予以实质考量。从经验来看，社会危害的消弭总是较社会危害的增加

---

① 参见［德］乌尔里希·齐白：《全球风险社会与信息社会中的刑法——21世纪刑法模式的转换》，周遵友、江溯等译，中国法制出版社2012年版，第198页。

② 参见韩树英：《马克思主义哲学纲要》，中国出版集团、人民出版社2004年版，第216页。

③ ［德］乌尔里希·齐白：《全球风险社会与信息社会中的刑法——21世纪刑法模式的转换》，周遵友、江溯等译，中国法制出版社2012年版，第198页。

④ 参见高铭暄、孙道萃：《预防性刑法观及其教义学思考》，载《中国法学》2018年第1期。

更为缓慢，需投入更多的时间和精力才有望平复心理创伤、身体损害。因此，在兼具加重量刑情节和减轻量刑情节的情况下，其社会危害性较一般情节而言更大，应在实证分析的基础上科予更重之刑。对于对等情节的类型化考量，对等情节社会危害大小相当，应处相似之刑。

最后，累犯适用的类型化比对。《刑法修正案（八）》明确将黑社会性质组织犯罪纳入特别累犯范畴，面临妥当性考量的困境。笔者认为，黑社会性质组织犯罪当否适用特别累犯规定，以及适用何种累犯罚则，应当从社会危害程度和犯罪发展阶段予以双向考量。特别累犯属再次犯罪的范畴，居于犯罪的高级阶段，社会危害性较大，可处较重之刑。值得注意的是，这种社会危害的程度考量和犯罪阶段认定并非恒常不变的，不能单纯依循时间上的先后顺序予以机械判断，而是根据黑社会性质组织成员的主体身份、主观意志予以有效甄别。同时，立足于社会危害和犯罪阶段的双重考量，黑社会性质组织犯罪的累犯罚则应重于普通犯罪的一般累犯罚则，轻于恐怖活动犯罪、危害国家安全犯罪的特别累犯罚则，可以考虑适用类似毒品犯罪的特别再犯制度。

四、黑社会性质组织犯罪之预防性刑法规制的实践策略

黑社会性质组织犯罪预防性刑法以刑法惩罚的正当性为基础，在惩戒机理上遵循事物发展规律，从抽象和具象两个维度双向确证黑社会性质组织犯罪之社会危害的演变规律，洞彻黑社会性质组织犯罪的发展阶段。抽象层面的社会危害旨在明晰黑社会性质组织犯罪对全民安全内容之人权的侵害程度，具象层面的犯罪发展阶段则意在征表黑社会性质组织犯罪社会危害的演变规律。抽象层面的社会危害是具象层面犯罪阶段所致危害的提炼总结，具象层面的犯罪阶段是社会危害的直观体现。有鉴于此，黑社会性质组织犯罪的预防性刑法规制应当从具象层面的犯罪阶段予以切入，知悉社会危害的演变轨迹；从抽象层面的社会危害程度予以综合权衡，明辨刑法介入节点和刑罚轻重设置。

（一）精准限定黑社会性质组织犯罪预防性刑法的介入节点

黑社会性质组织犯罪预防性刑法的介入节点需以刑法惩罚的正当性为基，从具象层面犯罪阶段的发展进程予以切入，从抽象层面社会危害演变规律予以探究，以黑社会性质组织犯罪是否已达侵害全民安全内容之人权，精

准限定预防性刑法的介入节点，并予以两者的双向确证。

具体而言，扫黑除恶政策文件中的“村霸”“宗族恶势力”“黑恶势力”是否等同刑法规范中的“黑社会性质组织”，是适用预防性刑法的前提基础，应从黑社会性质组织四特征的齐备性予以考察，而不能不加甄别一概认定为黑社会性质组织，并予以严刑打击。从实证数据来看，重刑并非中国民众的刑法偏好，轻重相当、罚当其罪才是众望所归。[①]

同时，基于预防性刑法的视角，对黑社会性质组织的四特征符合应进行实质性判断；对于满足特征要件，但不符合数量要件，亦可根据社会危害的相当性考量予以黑社会性质组织的认定。从这个层面上说，2009年《北京纪要》、2015年《北海纪要》明确四特征齐备，但部分特征要件不符合数量要求，仍可成立黑社会性质组织是较为妥当的，[②] 应予以严格执行。必须强调的是，对黑社会性质组织四特征的符合性判断应坚持主客观相统一的标准，并予以既未遂的裁量。对于行为人主观上追求四特征实现，客观上由于意志以外的原因而未得逞的，以犯罪未遂论处，对于全面实现的，以既遂判定。

此外，对于黑社会性质组织特征要件中暴力手段的去除，“保护伞”存否，以及多次违法犯罪的解读争议，亦可通过犯罪阶段和社会危害的双向确证明确刑法介入节点。暴力手段或以暴力相威胁是黑社会性质组织犯罪的主要特征之一，不当去除暴力要件。但此处的暴力应做扩张解释，包括显性和隐性的暴力威胁。同时，对暴力威胁的认定应以一般人的心理感知为标准。实践中，大妈型讨债团队在客观上不具备实施暴力侵害的生理条件，主观上无通过暴力、威胁或其他心理强制手段为非作恶，欺压、残害群众的内心意愿。受雇讨债即便方法过激，也与公众之于黑社会性质组织称霸一方的直观印象相去甚远，不当定性黑社会性质组织犯罪，而应在寻衅滋事罪中予以调整。对于黑社会性质组织转向合法企业经营，采用平和手段能否继续成立该罪？笔者认为，应从暴力手段或威胁手段进行实质考量，并就组织所属的犯罪阶段判断社会危害的程度。若黑社会性质组织转向合法企业经营后，仍然通过向他人传递本组织存在涉黑成员，或前身属涉黑组织的信息进行合法经

① 参见白建军：《中国民众刑法偏好研究》，载《中国社会科学》2017年第1期。

② 参见石经海、李佳：《黑社会性质组织本质特征之系统性理解与认定》，载《法律适用》2016年第9期。

营或非法经营，则属暴力威胁增加的更高层级犯罪阶段，社会危害更大，应当纳入刑法规制范畴，并处较重之刑。对于黑社会性质组织撇离暴力手段，隐匿过往黑社会性质组织身份，经营合法企业，但营业所得用于豢养黑社会性质组织成员，或为黑社会性质组织犯罪提供经济支持的，则暴力手段或威胁手段的隐匿仅具暂时性，就总体犯罪阶段来看，从事合法经营行为是为了维系黑社会性质组织或实施更为严重的黑社会性质组织犯罪，应当认定具有暴力威胁，纳入预防性刑法的规制范畴。对于黑社会性质组织改旗易帜，洗白过往经历，从事合法经营的行为，由于行为人阙如实施黑社会性质组织犯罪的不法意志，犯罪阶段呈回落趋势，不当将合法经营行为纳入刑法规制范畴，但对于过往实施的黑社会性质组织犯罪，倘若未超过诉讼时效，应当予以定罪量刑。对于“保护伞”的存否，依据《刑法》第294条危害性特征（非法控制特征），利用国家工作人员的包庇和纵容是选择性条件，并非该罪成立的前提基础，其存否不改变预防性刑法的介入节点。但是，“保护伞”庇护较阙如“保护伞”庇护之黑社会性质组织的犯罪阶段更高，应设置较重之刑。

对于多次违法犯罪的组织特征解读，显然实施三次以上违法较实施一次以上违法，犯罪阶段更高。同时，实施多次违法足以征表组织有继续实施犯罪的倾向，其可能造成的社会危害与一次犯罪较为相当，应基于预防需求纳入刑法规制范畴。在刑事立法中，最高法应出台专门解释，明确《刑法》第294条有组织地多次进行违法犯罪活动中的“多次违法犯罪”以实施三次违法行为为底线。在刑事司法中，加强对多次违法行为的入刑规制，确保在黑社会性质组织实施具体犯罪行为之前，予以《刑法》第294条独立罪名的预防规制。

（二）科学决策黑社会性质组织犯罪预防性刑法的罪数认定

黑社会性质组织犯罪是承继共同犯罪、集团犯罪基础上的有组织犯罪，其犯罪阶段脱胎于共同犯罪、接续集团犯罪，是延续两者之上更高犯罪层级的演化，社会危害性更大，难以被共同犯罪、集团犯罪的一般罚则包摄，需另辟疆土，自成天地，在刑法分则中予以加重处罚的规定。

《刑法》第294条，对黑社会性质组织犯罪的组织行为、领导行为、参加行为、入境发展成员行为，以及包庇、纵容黑社会性质组织行为予以独立罪名规制，并明确同时有其他犯罪行为的，依照数罪并罚的规定处罚，进而通过分则调整使该罪的刑罚重于集团犯罪，符合罪责刑相适应原则。黑社会性质组织犯罪数罪并罚规定旨在弥补刑法总则阙如有组织犯罪一般罚则的缺陷，不属重复评价的范畴，而是基于有效规制黑社会性质组织犯罪的考虑，避免通适共同犯罪、集团犯罪一般罚则所致的恶行褒奖。此种特殊罚则规定有助于使黑社会性质组织成员在数罪并罚的重刑惩戒下不敢再犯，并阻遏潜在犯罪者继续施害的决心。

实践中，在黑社会性质组织犯罪数罪并罚的判定上，应依据社会危害性，从犯罪阶段予以实质性考量。包庇或纵容黑社会性质组织犯罪，同时构成刑法分则第九章渎职罪的，较单纯实施任一个罪的犯罪阶段更高，社会危害性更大，应处较重之刑，予以包庇或纵容黑社会性质组织犯罪与渎职罪的数罪并罚。对于实施包庇行为后又实施纵容行为，且同时构成受贿罪的，犯罪阶段继续升级，且包庇行为和纵容行为并非承继关系，[①] 应成立包庇黑社会性质组织罪、纵容黑社会性质组织罪和渎职罪的数罪并罚。

对于组织、领导、参加黑社会性质组织，同时构成多个其他犯罪行为的罪数认定，依据犯罪阶段，实质考量社会危害程度的方法亦能轻松解决。组织、领导、参加黑社会性质组织罪属于选择罪名，依据行为人实施的具体行为进行罪名选择。此外，其他多个犯罪行为之间的数罪判定由于并未脱离刑法总则一般罚则的规定，不当一概予以数罪并罚，而应通适刑法总则法条竞合的一般罚则，进行数罪并罚的选择。如组织、领导、参加黑社会性质组织，同时构成聚众斗殴罪的，根据聚众斗殴的结果予以数罪并罚。造成重伤害的，故意伤害罪吸收聚众斗殴罪，成立组织、领导、参加黑社会性质组织罪与故意伤害罪的数罪。反之，未达重伤害结果的，故意伤害罪的刑量低于聚众斗殴罪，被其吸收，成立组织、领导、参加黑社会性质组织罪与聚众斗殴罪的数罪。

（三）合理匹配黑社会性质组织犯罪预防性刑法的刑名罪量

黑社会性质组织犯罪的社会危害是渐进发展的，存在阶段之分、大小之别，应根据犯罪阶段的高低，社会危害的程度，匹配相当之刑。就整个黑社会性质组织犯罪来看，由多个顺序接洽的犯罪阶段节点连接。黑社会性质组织犯罪预防性刑法旨在明晰犯罪进程中的这些节点，并予以精准布控，进而确保处于每一犯罪阶段节点的黑社会性质组织犯罪均能得到与犯罪阶段相

---

① 参见牛忠志：《包庇黑社会性质组织罪与纵容黑社会性质组织罪是并列罪名》，载《法学杂志》2010 年第 3 期。

适、社会危害相当的刑罚。同时，轻重相当的刑罚惩戒有助于实现犯罪预防目的，避免一概重刑适用鼓励犯罪初阶迈向犯罪高阶，亦可防止高阶犯罪因行为褒奖而变本加厉。但是，纯粹的犯罪阶段判定和社会危害考量，亦是较为困难的，且存在主观臆断的风险，需将两者融合于具体黑社会性质组织犯罪行为中，并予以类型化的考量，具体可从犯罪形态的类型化、犯罪情节的类型化、累犯适用的类型化几个维度予以层层切入。

在犯罪形态的类型化考量中，应从黑社会性质组织犯罪不法意志的内容，判断社会危害，甄别犯罪阶段。首先，甄别行为人主观上是否有实施黑社会性质组织犯罪的主观计划。其次，考察主观计划在客观世界的实现情况。最后，判断主观计划在客观世界的展开是否是行为人能动控制的结果。对于行为人阙如黑社会性质组织犯罪不法意志的予以其他非罪措施管控。对于具备黑社会性质组织犯罪不法意志，但由于意志以外原因未能实现主观计划追求结果的，予以未遂认定；对于全面实现的以既遂论处。同时，考虑到科处犯罪预备可能导致行为人逃离刑罚惩戒，有悖预防性刑法初衷，应前移着手阶段，将犯罪预备纳入犯罪未遂的惩处范围。在确定犯罪既未遂形态的基础上，进一步予以犯罪中止的细化认定。

犯罪形态的类型化通过既未遂区分、中止认定，框定黑社会性质组织的犯罪阶段，对于社会危害的程度判断、刑罚轻重裁量具有一定的指示意义。但是，这种犯罪阶段的框定仍然是较为粗略的，且面临如何在犯罪未完成形态中进行从轻、减轻处罚的选择，以及犯罪完成形态中较大幅度刑量的梯度选择问题，需要进一步细化，从犯罪情节予以类型化考量，具体可从犯罪主体的作用力大小和具化情节进行比对。

黑社会性质组织犯罪的组织者、领导者对犯罪起决定作用，在同种犯罪阶段社会危害性更大，应处较重之刑。积极参加者实质性助推犯罪结果的发生，社会危害介于组织领导者和一般参与者之间，应居中量刑。其他参与者，对黑社会性质组织犯罪结果的发生作用一般，可处较积极参加者更轻之刑。《刑法》第 294 条对黑社会性质组织犯罪的组织者、领导者、积极参加者和其他参加者逐次设置递减梯度刑量，与这些犯罪主体在黑社会性质组织犯罪中的作用力大小相当，较为妥当。

在确定黑社会性质组织犯罪主体作用力大小的基础上，继续具化情节要素，并予以进一步的对比分析。在单一情节的类型化考量上，从四特征的符合性以及符合程度予以刑罚轻重裁量。暴力手段重于以暴力相威胁，以暴力相威胁重于软暴力，软暴力重于隐形暴力影响。同时，对黑社会性质组织所涉地区、行业、领域进行类型化比较。横行乡里、为非作恶的“村霸”型黑社会性质组织的社会危害大于肆掠城市的黑社会性质组织，渗透金融领域之套路贷的社会危害大于侵扰一般领域的非法讨债，从事黄赌毒非法营生的社会危害大于从事合法营生的企业行为。从中国裁判文书网461件黑社会性质组织犯罪的统计数据来看，2002年至2009年的黑社会性质组织犯罪均无实业依托，从2010年开始出现介入特种行业，形成企业经营的迹象，统计案件中共有52起是以企业和行业为依托。由此可见，黑社会性质组织的犯罪阶段日渐升级，已从传统的镇场、讨债、高利放贷转向依托实业的房地产、煤炭、加油服务、客货运输、建筑业、烟花爆竹业等重点领域，并通过暴力或以暴力威胁形成垄断经营，需在甄别犯罪阶段，比对社会危害的基础上，予以预防性刑法规制。在复合情节的类型化考量上，根据多种情节的整体复合是否增高黑社会性质组织犯罪的风险予以刑罚轻重裁量。对于有“保护伞”庇护的黑社会性质组织的惩戒应重于阙如“保护伞”庇护的黑社会性质组织，黑白勾结的黑社会性质组织重于纯粹黑道施恶的黑社会性质组织，“村霸”叠加“宗族恶势力”的黑社会性质组织重于单一“村霸”或“宗族恶势力”黑社会性质组织。在对等情节的考量上，需根据情节的实质等同性予以刑法轻重裁量。对于给黑社会性质组织提供包庇、纵容帮助的国家工作人员与接受包庇、纵容的黑社会性质组织，两者社会危害性相当，犯罪阶段趋同，有同等量刑的必要，需要在《刑法》第294条中予以增加。

在框定犯罪阶段，具化犯罪情节之后，黑社会性质组织犯罪的刑量应该说已得到精准定位。

但是，此种刑量设置或刑罚裁量是基于现有犯罪行为之上的考量，而未能考虑行为人的过往经历，不能展现行为人的整体犯罪阶段和社会危害性，一定程度上掣肘犯罪预防的效果，有必要通过累犯罚则予以整体性调整。前已述及，综合犯罪阶段和社会危害的双重考量，黑社会性质组织犯罪的累犯罚则应介于一般累犯罚则和特别累犯罚则之间，并以刑罚梯度的形式呈现。有鉴于此，需剔除《刑法》第66条黑社会性质组织犯罪特别累犯的适用，并在《刑法》第294条中增加黑社会性质组织犯罪再犯从重处罚的规定。特别再犯罚则不受一般累犯前罪与后罪最多5年间隔的限制，可施力于刑罚执行完毕或者赦免5年后再次实施黑社会性质组织犯罪的行为主体，较一般累犯而言处罚范围更广。特别再犯罚则无不得适用减刑、假释的束缚，总体上又呈低于特别累犯罚则的态势。值得注意的是，一般累犯和特别再犯存在交织，在适用中，应以形成刑罚梯度为原则，选择竞合规则，对于既符合一般累犯，又符合特别再犯，一般累犯的处罚高于特别再犯，应适用一般累犯规定，[①] 进而使黑社会性质组织犯罪的累犯罚则整体上高于一般犯罪的累犯罚则。考虑到黑社会性质组织犯罪再犯适用的前提是基于犯罪阶段的发展和社会危害的升级，应将前罪范围从黑社会性质组织犯罪拓展至更高犯罪层级的恐怖活动犯罪和危害国家安全犯罪，防止复合此两类前罪类型的黑社会性质组织犯罪纳入一般累犯调整。至此，黑社会性质组织犯罪的再犯条文应明确规定为，“因黑社会性质组织犯罪、恐怖活动犯罪、危害国家安全犯罪被判过刑，又犯黑社会性质组织犯罪的，从重处罚”。此外，需畅通再犯排除适用的通道，严格犯罪阶段和社会危害的双向确证。对于初次犯罪主动参加，复次犯罪被动参与的，社会危害降低，犯罪阶段回落，有排除再犯适用的必要。对于未成年人复次实施黑社会性质组织犯罪，较深思熟虑的成人犯罪而言社会危害性更小，应基于宽严相济刑事政策排除再犯适用。对此，司法解释应跟进排除胁从犯和未成年犯的再犯适用规定。

---

① 参见胡东飞：《毒品累犯与毒品再犯竞合之处理》，载《法商研究》2017 年第 1 期。